八閩文庫

文獻集成

260

福建文獻集成

續編 史部 二〇

吴格 主編

海峽出版發行集團
THE STRAITS PUBLISHING & DISTRIBUTING GROUP
福建人民出版社

本册目次

古今人物大觀三十八卷（卷一至卷一一）

〔清〕侯官林涵春撰

日本内閣文庫藏清刻本

古今人物大觀三十八卷，清林涵春撰。涵春字奕善，號雲林，侯官人。明天啓三年（一六二三）生，貢生。甲寅遺事謂林涵春初名曇春，依附耿精忠，官户曹，嘗爲精忠建生祠於西湖，及精忠敗，詭將飲藥，卒不死，已而薙髮，與林雲銘遁建寧山中。及事平，清廷置不問，乃改今名云云。不知所謂林曇春者，乃涵春族兄。閩江金山志林涵春傳已作辨白。撰有節義文章十二卷、塔江樓文鈔六卷等。

書前有自序，稱「余於讀史暇輯古今人物，譜爲大觀，上起周秦，下迄明季，按氏分疏，依四韻綜列，書名書字書地書爵，凡忠孝節義、經濟文章及騷人墨士、閨貞媛德，概爲編入，雖閲世久遠而記載足徵」。其博識縱横，闡幽發微，自序感慨「故明二百八十餘年」事跡半屬草野，例言又謂「有明三百載」聖君賢相，因時忌諱而多湮没，故撰此書以備國史採擇，蓋以明遺民自居。

是書非編年、紀傳體，以韻繫姓，以姓繫人，以人繫事，頗似類書體例，小傳既採前人典籍，亦録近代見聞。每姓介紹得姓之由，下分列歷代同姓名人，如首條「馮始平，周畢公高後畢萬食采馮城，因氏」，下依時序列「能斷」馮簡子，「世宦」馮亭，「彈鋏」馮驩，「白首郎」馮唐，「建節封侯」馮奉世等，以評語起頭，頗不易檢閲。人物擇選，以表揚節烈、彰顯名教爲重，尤重明末之忠臣，如「馮」下有「愧死詩書」馮雲路，崇禎末閉門隱居，流寇過楚湘，訪之授官，路曰：「欲我愧死詩書乎？」大罵不屈，觸死。或有所寄託也。

是書傳本甚罕，上海圖書館藏明刻本僅存九卷。此日本内閣文庫藏三十八卷本，内封面題「二十一史人物大觀，濟陽堂藏板。德州莪山孫太史鑒閲，晉安林雲林先生輯著」。正文前有翁葉峻序，自序，孫勷題辭，黄德裕、龔嶸、藍陳略序，季麒光題辭，金潮序，門人張國柱跋，例言十則。據孫勷題辭及例言，全書撰成於康熙三十年（一六九一），原欲梓諸浙中，有忌其成者「寓書西陵、吴淞」以阻之，遂擱置。康熙三十二年得孫勷之助授梓都門，又梓閩板云云。另見中國科學院圖書館藏稿本，僅存卷一至卷十七，前有陳軾序，爲此刻本所無。

（張桂麗）

文苑彙輯古今氏族全載

德州莪山孫太史鑒閱

晉安林雲林先生輯著

二十一史人物大觀

濟陽堂藏板

是書上自天地初分下迄明季例倣史氏書姓書名書地書爵凡天文地理君臣禮樂經籍食貨百家萬國兵刑及忠孝節義理學文章勳名經濟仙釋女德閨貞各從類著無不具備復依氏譜用四韻臚列摘取數字標首文從義見綜七十二代成書增四千一年紀載攷氏七百九十餘姓徵事一萬二千有奇海內巨眼諒共快心云

古今人物大觀者傳古今人物而成觀也天有晝夜道有陰陽人有美惡義有褒刺此作者之所繇著也善言詩者無如風人三百篇立言微婉能使讀者發諷而刺微然其時列國有史或臧否並存聊寓旨也務以垂勸而示戒獨孔子作春秋綜二百四十二年人物行事長善善而短惡惡具有忠厚遺意焉嗣是司馬遷班固之徒序次人物雖不及古然猶有足採者魏晉而降作者類寡特識或錄遠而遺近詳今爾

略古既隱惡之無存復揚善而失實嗚乎史備徵重
何其至此耶凡以作者非其人也林君奕畬負
獨立言操行弗詭于道壯歲遇非所用鬱不得志
困益甚奔走天涯歷寒暑不輟著河橋舒嘯閣海音
觀塔江樓前後集累數十萬言行世其人人口吻俊
輯古今人物五函依韻譜編次訂譌史廢缺補近代
未備誠洋洋大觀也書成示余伏而誦之雨風暝晦
殘檠明滅之下恍千百孤臣孝子烈士貞閨欷嘘感
涕歔然於筆來研石讀者快心作者可知詩曰有斜

之道吾知冥冥中有默護是編者夫豈偶然哉倘詒

徵信上追麟經下接風雅眞與不朽盛業也歟

愚表弟[illegible]　[illegible]惟幾氏拜題

自序

自火熄秦滅六經散而復出漢興漢世學者用意於史乘記載遂有博士其人其文學掌故導天下以忠信德藝使風歸醇古人鮮固陋其時劉賈董楊之徒或於石渠於虎觀於天祿人人各抒所抱文章之盛與治術媲隆故兩漢藏書之目三千餘種見之升菴楊氏紀略雖盛未備也及讀歷代藝文志惟唐開元最盛分經史子集四庫著於錄者五萬三千九百學者自爲書又二萬八千四百何其備也此歐陽子志

自序

論詳言之也大抵聖賢作述開天人理數儒生詮注
補經史跋遺生其世者雖圖書足供參稽辯言得藉
攷證然不遇右文之代徒空負貌論已今
國家興學重道秘書弘文之府帙裒漢唐煌煌典策
猶之辟雍鐘皷無遠不届也其加意勝國君臣既悼
其哀復憫其忠一切忌諱悉除於靖難遜國士木璫
禍至北都殉節死事諸行實咸得闡幽抉微普天率
土莫不感興流涕昔漢文帝行寬大之政唐肅憲二
帝行自新之令自後豪俊挺生邁越前古矢藎報忠

熺爀耳目者終漢唐之世比比可數信表彰之功與激勸相表裏余於讀史暇輯古今人物譜爲大觀上起周秦下迄明季按氏分疏依四韻綜列書名書字書地書爵凡忠孝節義經濟文章及騷人墨士閨貞媛德繫爲編八雖閱世久遠而記載足徵獨故明二百八十餘年事蹟半屬草野遺聞渺無傳信恭奉綸音頒採烈魄忠魂揭然日新其爲天地綱維爲名教軌範誠重也嗟乎以學士大夫搜討見聞未廓不無錄百漏千以

聖君賢相揚扢灌摩感奮何啻海網山藪藉之測蠡有裨成昔互見從茲命世之英連彙輩出翼經學光史乘軼漢唐而駕明代也豈僅脩文事先資哉

閩中布衣後學林涵春雲林氏盟序

大觀集題辭

余性固且滯每藉流暢性情幾爲解脫居恒結想炙固瘵滯之方有三曰既奇絶山水以博趣曰友高明同儕以助益曰讀古今異書以長識兀兀勉緊戶閾之外視天地間人我遐絶何處慊人願望也於不獲意中設爲宗少文作壁間丘壑千倣萬項揮絃動操令四山皆響愜登臨之願一今世鮮繪事者安得陸探微輩摹往來好友于卷頭時時把玩倣晉人圖宗茂深小像作香供故事適求友

之願二生平覩古今人集錄恍獲異寶夢與文俱
貧澁囊空思傍萬卷樓前充富家兒筆傭日供膳
寫夜檢書帙如渴漢于逢漿便飲盡入腹笥快嗜
奇之願三不覺荏苒十年願與心違志亦漸衰矣
仲夏　大宗伯奉
命簡文學詞臣分各省鄉闈校士勅謬叨典試入閩
矢愼兢兢計自　都循閩四千里道北下江涯南
浮海嶠濤激地戸峯突天際奇勝之狀不讓峨嵋
艷瀕約人文自唐常觀察興學課士拔歐陽詹獨

孤至及之輩歷宋元明于茲士之俊爽與文之[illegible]
傑適相遭也余獲雋五十有四不敢盡英英秀士
而教學相長起予助我嘉賓肆好亦云盛也獨是
閩罹兵燹藏書散佚世家巨室遺篋寥寥間有宿
學大儒賫志負奇避跡山阿罕與世接願中之願
余僅獲二猶歉其三也逮試事告竣艤舟洪渚意
有披裘澤畔鼓枻蘆中者蒹葭秋水能無伊人悵
望哉適諸門士餞送江滸遥指前村溪色榕樹菁
葱有雲林先生者絶軌杜門著述甚富願見其人

其文大破岑寂不令棹聲清響嚦嚦而先生惠然
相過方屐寛袍儀狀偉然挾篋中印證余讀塔江
前後集河橋舒嘯閩海奇蹟諸編傾倒欣賞再閱
古今人物大觀肅然起拜曰何其博識縱横闡幽
抉微補古今史乘所未及際天苞地奇矣絶矣非
獨一家言也勃受教敬爲先生授梓　都門與海
内共溯不朽嗟乎結想數十年未得者忽遇之一
朝不亦三願共獲快心也哉先生命掮序其槩行
踪惓幸未獲探微究蘊聊志聲氣相遭續古人賦

詩執贄之意少待行李息肩神定志閒寫願學之
忱於將來也
康熙癸酉仲冬望後
典閩試史官孫勷莪山氏題於舟次

序

雲林先生之輯錄古今人物大觀也葢有所托非□

識不能作非同調不能知書完四載挾篋西陵授梓

爲忌成者不果今夏余買舟書林剞劂俚章得閱大

觀全編悉先生用意在闡幽抉微借前史紀載爲綱

錄近代未列爲目遠搜博採詳故明三百年忠孝節

烈備見全書靡持爲文史先資也抑亦正人心厲靡

恥維綱常名教以不墜眞西山覽唐史張許死事本

末悲喜交集謂做人樣子直如是如是先生輯殉君

盡節先正三百有奇其於臨難決裂不無髮指目眥於絶命悲歌不無慷慨嗚咽躍躍筆端斯時斯景直令天地震怒日星晦暝百世下覽是編者忠孝之心油然而生豈僅立言有用嗚呼先生不朽矣使先生得以科目民社尊顯一時安能於風雨殘檠欣對忠良咄叱奸佞哉更使災梨蚤竣亦安能盡收夢中所未見未聞哉凡例稱忌公原是愛公人疾徐成毁殆非人力所能操也峩山孫太史岱生龔郡守既有專序乎葢有志慕悅者也聊附數言為先生喜云

同學弟東園黃德務題於書林旅次

序

邵子曰古今者天地之間猶旦暮也惟通晝夜之道通古今之理則千古之前千古之後皆可自我觀之夫陽闢而陰闔潛見躍亢乘數而起古今事業可即此而類舉揚子雲論易首象中乎謂天地之心于茲可見其千聖之所歸萬物之所息歟雲林先生愽綜衆有扃戶江湖詡然曠然殆康節之無將無逆無拘無忌者也近著古今人物大觀一書乞正于余讀之不覺輾然曰先生是書爲功甚大而志良苦矣

夫以一堂之上論列古人使苟且卒業何以云卓識巨眸古無遁情今無隱智也且詮敘人物與史記傳之體同司馬遷不虛美不隱惡論出處退處士而進奸雄論貨殖崇勢利而羞貧賤班固不激詭不抑抗敘世教則貴取容賤直節記時務則詳詞章略事實班馬不能無譏況于陳壽而降揭傒斯曰有學識文章知史事者必心術正然後用之人物之志未可輕議也文中子曰天下是非無定世各是其所是非其所非然剞劂銷鋸非艮工不能制木鑪槖埵坊非功

冶不能冶金夫必神調于心手衆慮之間而後絶進平直此至論也先生採攄勞苦慮心勘讐可謂勤至鄉里小兒不知者呼之為狂為顛吾見其目光閃閃無有矐而瞭之也視世之谷聲谷聾者可哀也門牆溷厠皆置刀筆貧且老不嘗倦也顛也云乎哉吾敬師之矣

年家眷會姪龔嶸題于松江公署

序

天地間奇絶山水稱蜀與閩然蜀以峨眉灔澦勝閩以武彜九曲勝居恒結想莫由至止幸忝司鐸潭陽去武彜咫尺信宿藍輿得厭遊其際每遇古人題詠雖苔封藤蔓必力窮探索自哂斗室寒氊曠然胸次因述紀要公同遊之好遐思司馬子長放屐天外歷龍門窺禹穴上下千百年人事興衰咄咤而出稽中散所謂指下忽然片雲生眼前劃見孤峯起也嗟乎山川清淑之氣盛而不過則鍾靈人物彼峨眉雪窖

萃省山父子劍浦芝城誕考亭雲莊愧身履聖域無
能探究淵源徒勞仰止彌歎滋多也況於其博綜衆
有參稽今昔備一代典故乎適甥孫雲林林子纂輯
人物大觀挾篋書林授梓請序於余展讀之下見立
言修詞例倣史氏與紀傳同體大約善善從長具忠
厚遺意焉典古型今軌世厲俗嘉言也余知其非徒
從匡居孤坐齋心澹想中來林子爲言播越亂離南
浮諸羅北陟醫閭過都越國憑吊古人闡幽抉微甫
戒一書用心良苦矣如余則驅車百里載酒郊原對

幔亭十次聽籟聲濤激與山花翡翠作倡酬律呂[illegible]

所得只此也因書近事以塞子請

潭陽司鐸梁浦藍陳畧勳卿甫題

大觀集題辭

雲林先生窮於世而富於文者也從千百年後論列古人短幅數行使大節奇行躍躍筆端有如坐隅右如把鬚眉如聆謦欬嵇中散所謂我得古人快意古人得我亦快意也嗟乎古人大節奇行遭時會湮沒若不少遇傳者之瞻狥猥瑣湮沒固多也古人有及身弗傳身後而傳歷世代荒遠愈久愈傳蓋亦時數使然耶先生輯古今人物不循常載於耳目未經者務闡幽抉微其敘經濟則於大識量大仔肩叙學術

則於眞宗滙眞辯晰忠孝節義不專慷慨激烈於幽
衷婉孿者敘之文章品行不專磊落軒軼於行爲世
忌語出鬻俗者敘之至閨媛遺逸各有深意約而詳
簡而易見可補信史遺編增氏譜鈌略新詞雅麗與
世説頡頏洵洋洋大觀也聞先生是輯既竣有忌其
成者寓書西陵吳淞阻抑剞劂譏者傷焉嗟乎以先
生表彰苦心上續三千百年紀載下發有明十七代
奇忠異節既不湮於瞻徇猥瑣豈伲仇怨家能蝕其
輝光者哉余客閩前後十載與先生朝夕唱酬不下

蘇白郵傳既序塔江文鈔又序河橋舒嘯又序閩海奇觀茲再讀是編憫先生之困恨先生之不能透脫逢世輙遭仇者之牽引指日也嗟乎先生非今世人也世有能容先生者余爲執鞭

梁谿同學弟季麒光題

序

潮從姑歸　雲林先生十載潮甫成童每隨先大過從見圖史充積案多未見之書日閉戶著述先大夫拈而訓曰學務經史而貴實用然史學之難必識深才縱抒所見聞抉微闡幽以幾于道近世弇州芝臺而外鮮有當者惟先生文情筆性差近敬佩斯訓莫識所從又十載歷亂離播越無自究心有志未逮嗣先大夫以罹難告殞先生亦避地羅川窮年著述讀塔江樓文鈔載清湖夢記敘先大夫幽衷苦志悲

憤蒼涼之狀無可告人非先生仝患難不能言非先生諄摯誼不能悉亘云一賡再賡而托之深也嗟乎今先生又能上下古今三千百年間人物編爲一書於其遺言軼行前史未及者取之若揭日月而其覩貧能樹立可不朽矣使先大夫而在其欣慕景從又何如也獨是先大夫以蒙難而悲先生以作述而娛能無感慨係之潮遂宦羈踪弗獲偕子弟函侍覩例言神遊楮間恨未竟全編聊附徽言于大槩云

外姪金潮海門氏盥題

跋

國柱小子也帖括之是循箋註之是守其童而習之終身而遺之者乎近雲林先生詔以大觀諸函手屬編校讀之茫乎不知津涯也翻閱經旬甫知以韻繫姓以姓繫人以人繫事分函彙輯搜古録今爲功甚鉅也以先生之曠懷高潔與古人相對神思遐矚數行寫照闡發未經其蘊天地之精華開古今之事業起千百載幽魂烈魄於筆床硯席之間讀者忠孝節義之心油然而生矣

因敬識所得如此殆亦以蠡測海也歟

受業張國柱孝肇甫盥題

例言

一前輩向有古今事彙人物備攷成書灑洋耳目獨有明三百載奇忠奇孝異節高隱因時忌諱湮沒不傳在草野固多遺聞而作述終爲缺憾是編上起周秦下逮明季其於忠孝節義勳名經濟理學文章一言一事有關綱常名教者悉爲搜入騷人學士詞賦入選者閒取不遺閨貞壼範可風世厲俗者特錄表見綜七十二代成書垂三千百年記載

凡例

一遵康熙二十一年綸音褒忠錄節邑請悉除寬大之典軼駕漢唐曾天率土烈魄忠魂旣闡幽於聖世不遺憾於當年赤膽冰心生氣凛然宇宙令讀者流涕感興人人共有忠臣孝子之思

一資右輯今作述淵源是編採輯萬條未免泛而無綜竊依氏譜一姓之下代有名賢遞次臚列文比史家小傳書氏書名書地書爵行實事蹟舉其大綱取數字標目下爲分疏務簡而該約而易見其女德閨詞隨姓附後準用平上去入編爲四函以

便翻閱

一昭代挺生命世勳業方隆自有名公巨手揚扢他年篇中補遺數則就目前聞見增入其科名事蹟屬啓禎之世者仍歸明代或經營世縉紳先生品論悉載不遺寓後賢景慕盛心

一有明靖難遜國土木璫禍及南北都閩粵滇黔西蜀殉節諸君子臨難絕命詩詞片畫隻字皆與日月爭光萬古不磨天地間絕大文章篇中不厭詳述更先後死節臣民官爵里居事蹟未詳者總屬

忠孝兩字牽連得書古人云一死了生平千秋有信史嗚乎盡之矣

一閒氣英賢不鍾草昧初開則産陽九運末或血碧九原荒投四裔寒煙蔓草半是孤憤離憂務期蒐討發潛德幽光間有遯跡晦身如雪菴和尚東湖樵者盡網先生另編逸姓遂前人高節不留姓字人間

一纂輯之難如入海探驪無從問渡在前朝固有史鑑傳記氏譜可搜而近代紀載異同 又各傳疑尤

甚如明史本末吾學編續藏書從信録明季、闕
軼事綴蒐紀畧不過撮舉大要而咀華含英尤藉
錢牧齋詩傳蘇長石詩語王財大靖難弔詩王冊
麓今世說掇事証據最後讀謝青門閩中節義録
喜孤忠清節梓里特盛得補見聞之闕益歎鄒魯
遺風有自也

一是編竣事在辛未春杪買棹浙中授梓有忌其成
者寓書西陵吳淞互相阻抑因之輟刻兩載癸酉
冬月　太史孫子未先生典閩試返棹艤舟塔江

覽是編喜為表揚先烈闡名教甚鉅索副藁授梓
都門嗣同學李君子基張君孝擘鄭君命孫以北
書少入南地懼文獻遺落鳩金再梓闕板抉幽闡
微異地同心信忠孝節烈不泯人間默有主者使
不遭譏搆不過罣鷄林賈肆安能登花磚几上作
京華巨觀昔邵二泉贈張東海云忌公人是愛公
人噫可慨也

一參稽攷訂功半作述其編次校讐尤為煩難是書
鑒定則有太史孫子未先生勘參閱則有先正靜

機陳公軾文山毛公鳴岐崖園黃公若庸東園蘋
公德裕晥仲何公徵蘭慕菴黃公輿岱生龔公[illegible]
濟菴翁公煌望士鄭公基生允仲曾公斌玉友[illegible]
君國璇元侯王君安策明侯王君九徵惟幾翁君
葉峻岸甫翁君元登銓新陳君文遴若士張君日
愷勳鄉藍君陳畧蔚若孫君起宗克緒曾君輝纘
其雲曾君希韓孔御陳公聖泮立人薩君位是程
劉君世楷叔威黃君鶩來魯山江君岱元哲葉君
修明儀張君昉編次校讐則有子煥李君承章子

凡例五

基李君承國命孫鄭君維忠孝孳張君國柽暨家
弟特叔應春克勤昌祚義孺璣侄釆若蘅子持玉
秦裕見敬侄孫文聚霖培文載坤常礎秉桂豚子
裕薦爾觀裕敷爾覲膳體莆田蕭樂馭安民合詒
家之搜討歷歲月彌艱請證大方用登博雅
一閩僻海濱見聞隘陋錄一漏千仰藉諸先生同
學翻閱之下多方博採郵置增補庶免開罪于前
賢資教益不淺也

閩中林涵春盥識

古今人物大觀目錄

四卷上平函

于俞涂朱藍池屠邳戎

秉酈庸眭麋彌綦胥巫

都胥居訾蘧魚聞烏危

韋歸

五卷上平函

齊黎倪嵇柴裴來眞申

辛荀梅雷塗毋扶開郇

崇邦兒儀夷容符离斯

關安云寒懷

九卷上平函

韓潘千雲君原源轅輪

新彬爰垣言敦論渾繁

乾邢冠環宛根臺蘭官

恭松哀棓郵無盱初門

猗眉茨鉏踈闇如沮於

東

十卷下平函

唐方梁姜成臧桑常郎

湯商厓杭強萇鄭莊

十五卷下平函

何和柯凌滕車家麻巴

查沙佘章昌皇襄倉將

明戈應遷濮經京荊庚

滎

十六卷下平函

曾邢丁彭程年衡尤游

求裘區州勾

二十卷下平函

岑金林甘閻嚴詹廉氾

咸談脩尋鐔

二十一卷上函

董鞏項孔史許

二十二卷上函

紀李

二十三卷上函

卒邴丙顓井冼栁苟后

郗洗毋丑范

二十六卷上函

呂楮楚汝巨魯伍米杜

解禰浦海鄢

二十七卷去函

宋冀季知摯義利暨貢

仲魏費喻路傅芮龔漏

沃

謝孟盛干甯鄧寇鄭賁

三十一卷入函

陸穆祝谷郁卜木沐麴

鞠竺繆伏服續束樂岳

復

三十二卷入函

葉聶蓋墨習汲席翟石

白郭法隰酈力

三十三卷入函

卓畢漆吉栗帥郅折蘄

菅霍郝駱莫索欽

二十四卷 入函

戚鐵易栢伯麥赤劇屈

尉扈庞曲郤叔鹿玉欒

劉洛郗闞郟逯鬱牧國

查揭薩笪佟蔚

二十五卷

逸姓

三十六卷

覆姓上

三十七卷

覆姓下

三十八卷

姓名函

目次終

古今人物大觀卷之一

上平函一　　　　　　龔　嶸岱生叅閱

太史孫子未先生鑒定　閩中林涵春奕簪父纂輯

　　　　　　　　　　姪孫霖培文聚編校

馮始平　周畢公高後畢萬食采馮城因氏

能斷○馮簡子鄭大夫能斷大事鄭國有諸侯之事與裨諶乘以適野使謀可否簡子斷之

世官○馮亭爲秦上黨太守馮去疾爲秦丞相馮無擇爲秦將馮敬爲魏車騎皆亭後以世官稱

彈鋏○馮驩躡蹻見孟嘗君置傳舍君問舍長曰客何爲曰先生甚貧止一劍又蒯緱三彈其鋏而歌君異之遷幸舍令收債於薛盡焚其券而還曰爲君市義後君廢客皆去驩獨存賴以復位

白首郎○馮唐漢文帝輦過郎署與論將帥帝拊髀思問頗牧拜唐都尉時年九十餘不能官以子遂代稱白首郎官

建節封侯○馮奉世字子明習春秋兵法漢宣帝時持節使大宛與嚴昌擊莎車王威震西域得龍象名

馮遷賜節關內侯有子九人四子四經

大小馮立五原太守徙西河郡與兄野王相代

公廉相似民歌曰大馮君小馮君兄弟繼踵相因循

萬石君馮楊漢宣帝時弘農太守八子皆二千石

趙魏間榮之號萬石君

大樹將軍馮異字公孫漢光武徇河北天寒衆饑

異至蕪蔞亭上豆粥南宮復進麥飯破赤眉帝降璽

書勞之曰始雖垂翅回溪終能奮翼黽池可謂失之

東隅收之桑榆及諸將論功獨退居樹下號大樹將

軍。

扶輦上殿○馮偃自耻短陋、爲子娶長妻、生子勢八尺三寸、會計光武除郎官、曰隹乎吏也。毋年八十、朝見詔令御者扶上殿、曰使勤貴寵者、此毋也。

托盲○馮信加定、八公孫述徵之不就、托青盲以避。述敗、洗盥更視、曰世適平、目即清。

顯志賦○馮衍字敬通、幼有奇才、更始官立漢將軍。光武即位不見用、作顯志賦自勵、曰人生不碌碌如玉、落落如石。雲興雨蒸、一蛇一龍、與道翺翔、偕時變

化寧守一節已哉

一州寄○馮道根字巨卿少孤至孝梁天監出刺豫州宴別武德殿帝曰道根所在能使朝廷不復憶此州矣

疾風勁草○馮慈明隋大業中尚書詔安集瀍洛爲李密所執不屈曰直道事君有死而已史稱疾風勁草歲寒松栢千載之後凛凛生氣

東隣騏驥○馮素弗北京人慷慨有大志交結時豪南宮令成藻有高名造焉藻奇之曰吾遠求騏驥不

知近在東隣何識之晚也遂妻以女

九登科選○馮萬石唐聖曆初第進士大定中嫉惡科神龍才高位下科景雲懷能抱器科開元重考及第六年中超羣拔類科十三年考判入第十六年考入等二十六年中文詞壯麗科凡九登科選

生平懽○馮道明謁雍陶時陶為簡州牧呵曰與公素昧生平明日誦員外詩仰員外德遂吟云閉門客到尚疑病蒲院花開未是貧陶延上座如生平懽

龍虎榜○馮宿字拱之唐貞元中陸贄試明水賦宿

第一榜多天下孤雋偉能之士號龍虎榜
玄武湖○馮延魯南唐人銳於仕進喜言髙退曰玄
宗賜賀監鑑湖三百里魯願得玄武湖亦足遂意徐
鉉曰上豈惜一玄武湖但恨無賀知章耳
賜錦屛○馮拯字道濟童子時以文謁趙普奇之曰
子祿位名壽他年我若也宋興國中及第太宗詩曰
三千客裏成事七十人中少年仁宗朝上賜錦綺屛
耆英○馮行已字肅之宋元豐中與富弼十三人為
耆英會行已齒序居七飲酒賦詩云自愧樗材非逵

器誰知齒髮亦遐年

三魁天下○馮京雋邁不群宋仁宗朝策試第一張堯佐欲妻之女擁入家示以奩飾不屑後富弼以女妻殁妹女亦繼之有日兩娶相國之女三魁天下之儒

五老會○馮平宋至和中與杜衍王涣畢世長朱貫宴集爲五老會詩云醉遊春圃煙霞煖吟聽秋潭水石清

金陵定鬮○馮國用定遠人爭勝喜讀書談兵法明

高帝畧地妙山、率衆附、上奇之、曰爾被服儒者耶。問安天下計。曰金陵龍蟠虎踞、帝王之都、願先拔定鼎。然後命將四出、掃除群兇、救生靈于水火。上大悅、兄弟俱居帷幄、領大將軍兵符征討。國用贈郢國公、勝封宋國公、

元輔○馮京、武功人、洪武徵授翰林脩撰、永樂侍郎、洪熙贈少傅、以碩德倚重。史贊云、端厚而正。淳質有文。靖恭不渝。夷險一節。

徙亡遯名○馮灌、黃巖人、建文金川門之變、焚宮出

亡。淮官刑部司務，與程濟、廖平二十二人從帝。後淮寓蜀夔州，訓蒙爲業。無何，遁去，會帝於天台石梁，稱塞翁，又號馬二，又名馮翁，又名東湖樵者。

酒史○馮時化，字應龍，嘉靖人。著酒史，有招胥歡詩云：先生名在華胥譜，先生家在洞庭湖。萬事莫遮風雷起。一笑能排天地空。時時復有半床病，何以文爲兩鬢蓬。三萬六千爻掌事，教人翻咤獨醒翁。

鶺鴒詩○馮惟訥，字汝言，華亭人，光祿卿。與兄惟重同嘉靖進士，惟健、惟敏同嘉靖鄉薦。訥傳極群書，輯

詩紀一百五十卷寄兄詩云燕山木落鴈來遲遠寄
思歸未有期明月雙懸湖海淚秋風一寄鶺鴒詩湘
留賈誼心空折飄泊馮唐鬢欲絲最是昭王遺恨處
黃金臺畔草離離
月令廣義〇馮應京盱眙人萬曆進士學粹經史著
月令廣義經世定用編以忤權璫謫歸贈官賜謚
快雪〇馮夢禎字開之號具區秀水人萬曆進士第
一官祭酒退隱孤山名堂曰快雪禪燈丈室訪道頤
眞錢牧齋稱其位不大齒不尊風流弘長衣被海內

安石之對奕吹律之携琴天下以王佐目之不以用不用爲軒輊也

愧死詩書○馮雲路楚中明經崇禎末隱居杜門流急階楚湘訪其名授之官路曰欲我愧死詩書乎大罵不屈觸死門人諸生汪陛亦死

憂民如病○馮曾櫰萬曆進士擢禮員奉册楚藩王以養子冐襲疏糾謫瀘州判瀘酋亂困圍中三月保孤城功晉學憲時誦云憂民如有病對士若無官

題橋○馮小瑞燕人中使厮養流落百川橋大師夜

入南都題橋云三百年來養士朝誰爲殉節此今宵綱常留在卑田院乞丐羞存命一條遂躍秦淮河死

重食金桃○馮氏陳堯佐母封燕國夫人嘗入宮誤食金桃宮人大笑後再入宮再食宮人皆問馮曰吾長兒生夢食金桃叩恩狀頭今再兆次兒必復作狀元宮人遂以金桃爲瑞競取之

熊 江陵 黃帝有熊後鬻熊爲文王師封楚

弄鈴○熊宜僚楚人白公勝欲殺子西訪力士人告曰市南有熊宜僚者可敵五百矣善弄九鈴八鈴

常在空中一鈴在手楚與宋戰宜僚披胸受刃於軍
前弄鈴宋軍停戰視之遂敗
滅矢○熊渠子夜行見寢石疑臥虎射之滅矢飲羽
新序云渠子藝精于誠金石爲開況人心乎
通介○熊克字子復宋哲宗學士著九朝通畧官制
新典帝王經譜史稱文有顏延之錯綜之工史有陳
壽叙事之長牧民得曾參清静之旨制行達徐公通
介之方
金匱○熊襄南齊人著齊書名河洛金匱

多謀畧○熊浹字悅之、號北原、明正德進士、都御史
宸濠異謀、阻絕封事、巡撫孫燧告密、七上不達、公曰
謀貴速緩難圖也、授草御史蕭淮上之、濠擒、多公謀
畧會勘詔獄、有持公者、援筆曰、殺人媚人、吾不爲也○
有勾曲人、援朱家巷冒國姓、公曰、天親不可人爲、況
跡湮年遠、牽合非禮也○
榜名○熊卓字士選、豐城人、弘治進士、令平蕪、擢御
史、雷震養鷹坊、疏斥時政、劉瑾勒科道同日致仕、四
十八人、榜名於朝、士選與焉、卒于家、瑾誅、李獻吉遍

其墓哭吊以詩

壞長城○熊廷弼字芝岡江夏人文武鄉薦第一萬曆進士初按遼左策遼警請嚴餙以備尋瀋陽失事代楊鎬經畧公至鎮期年克復諸城衛軍聲大振本兵張鶴鳴與公不合任王化貞旁落其權魏璫以麋餉誣公并連楊左諸諫臣一網其心遂壞萬里長城天下爲公扼腕崇禎輔臣韓爌訟公寃謚襄愍

筆𨱕○熊汝霖字雨若明進士給諫弘光南遷馬士英專政傾陷正人霖疏曰朝端之上玄黄交戰以一

人之用舍使人人重足始以勳臣繼以方鎭固圉。之不聞惟舌鋒筆鍔是務難免天下萬世之譏矣。

童鴈門顓頊生老童子孫以王父字氏

咒虎。童恢字漢宗後漢不其令有虎噬人恢捕二虎咒曰王法殺人者死傷則論罪一虎垂頭。一虎鳴吼。遂殺一釋一。吏民爲歌遷丹陽守

百歲童。童參歐寧人惇樸隱耕宋仁宗時百歲有三賜勅曰古帝廵狩方岳就見高年今汝黄髮鮐背。以上壽聞可同齒編氓乎。

擬陶詩。童龔字中州、金華人、博聽詩文、明初徵入蘭臺、授湘州教官、落落不屑仕進、有擬陶詩、去少無簪組志、雅意在幽岑、踵門無深轍、入座有鳴琴。

務本。童軒字士昂、鄱陽人、景泰進士、官侍郎、少傅、疏言、帝王之治有本末、隆聖德、重賢士、納言愛民、本也、簿書刑名、末也、務本爲先、弘治改元日蝕、疏當脩身以謹天戒、史稱公擇地而蹈、擇言而出、蔬食飲水、澹如也。

弇宮詞。童承叙字漢臣、沔陽人、正德進士、官春坊、才思雄辨、與張咍廖道南、金稱世廟從龍、籓宮詞詩、云三三兩兩不知愁。結束羅裙學打毬。向曉傍閘天樂近分明只在殿東頭。

尋樂。童世堅連城人、有文名、正德孝廉、不上謁選、竭貲葬三世之親、嘆曰時際閹寺、薰灼、道與世違、可以隱矣、結廬晝錦橋、扁曰尋樂、與王陽明講學、充然有得、

淇 燉煌 古其、工、後避仇、改淇、

三瑞堂。淇皓、字光弼、鄱陽人、宋政和進士、攝寧海

今鬭貧弱稅四千八百戶縣境揷荷花桃實竹幹有連理之異建三瑞堂後子适以貳車行縣題詩云久矣馳䰟夢今登三瑞堂故山有喬木近事詰甘棠皓建炎擢徽猷待制禮部尚書使金金人流之冷山二十載方歸謚忠宣

食報○洪适字景伯皓長子宋官僕射次子遵官樞密季子邁官秘苑洪氏一代儒宗中興人物之冠制云父子相承四上鑾儀之直兄弟繼美三陪鳳閣之○遊時論忠義食報

封龔○洪英、字實夫、懷安人、明永樂進士第一、同修
三禮、歷銓部郎、正統初都御史、撫山東、賜璽書文綺、
詔察群吏、英微時、過人家、有厲鬼呼龔元至、避入甕
中、公書甕口、投之江流、厲遂絕、性峻削可畏、
南峯居士○洪鍾、錢塘人、成化進士、由刑部郎歷尚書、
總制川陝兩湖、號南峯居士。
客艷詞○洪貫、字唯卿、鄞人、隱士洪性之子、成化孝
廉、今崇化、客詩尤長、繡閣艷詞有隔花大件笑呼名。
新試宮鞋月下行。倦剗歸來更漏永。一簾秋水浸桃

笙句○

不汚身○洪富字國昌閩縣人嘉靖進士未第時嚴分宜官祭酒奇其才延爲子師上書以正身明道歛德用晦期效古大臣及分宜官政府富居臺垣人勸慫恿得釜筆宮曰汚其身以潤身市蛆也志決歸隱嘯歌○洪都青蒲人萬曆進士令歸化政平訟簡日以琹書自娛題其署曰民風僻壤原鄉曾吏治青山但嘯歌○

种河南 仲山甫後仲氏避難改种

一門殉節○种拂字隱伯漢獻帝朝太常卿李傕郭汜之亂長安城潰百官奔散拂揮劍出曰爲國大臣不能止戈除暴使兇燄向闕去欲何之遂戰死子卲出刺益州會父死不之官曰我父以身殉國不能復仇何面目立朝事主哉與馬騰討汜亦戰死

雲溪醉叟○种放字明逸又沉逸宋人築別業終南山性嗜酒躬耕於豹林谷居有林泉之勝號雲溪醉叟眞宗聞其地幽絕遣畫工圖之一日見陳希夷作樵夫拜庭夷挽之上曰君豈樵夫者耶三十年後當

顯官放曰某爲道義來官祿非所願也夷笑曰君骨
相應爾後官司諫
鐵心腸○种世衡字仲築青澗城開營田經畧使
龐籍奏曰世衡披荆闢土功甚鉅徙環州别龐嘆曰
世衡心腸鐵石也不幾今日爲龐公淚下矣
柱石○种師道字彝叔世衡孫知兵有謀巍然柱石
之望靖康中金人圍城師道以河東北制置使將援
兵至闕陳戰守之計除樞密宣撫使
終南陽睦終後以字爲姓

終童○終軍、字子雲、濟南人、漢武朝十八選博士弟子、初步入關、關吏與軍繻、軍曰、丈夫西遊、終不復傳還。棄繻而去。後爲謁者給事中、建節東出關、吏識之曰、此使者前棄繻生也。後爲諫議大夫、請長纓、繫南越王頸致闕下。時年二十餘。世謂終童。

不遇詞○終慎思從學、以書謁董生、不遇、取書歸。詞云、魯箭高飛謂聊城之必下。泰都不割懷趙璧而空歸。

翁媼官周宣王庶子食采翁山因氏

詩辯○翁君西漢人傳春秋穀梁之學作詩辯、

雨金○翁仲孺渭川人種竹千畝爲廬舍過丗一日、大雨金於竹旁得十斛叢出以章陂築堤民賴其利、

詠槐○翁承贊字文饒唐乾寧進士擢弘詞官閩鹽鐵使過建陽贈亞齋僧詩蕭蕭風雨建陽溪溪畔維舟見亞齋一軸新詩劍潭北十年舊識華山西又中書咏槐云雨中粧點望中黃勾引蟬聲送夕陽憶得當年隨計吏馬蹄終日爲君忙、

祐木詩○翁洮字子平壽昌人唐進士主客郎居田

里、徽宗徵之、不就、作枯木詩答詔、帝嘉慕、遣使賜曲

江魚、

辨音○翁偉、漢襄陽守、有慧才、一日跨馬出聞嘶馬

嘶、能辨其音、按之皆驗、

品詩○翁靈舒、善著作、以品詩傳、劉後村贈云、徧問

諸郎皆冠帶、自言遺老可樵漁

六秀○翁仲通、字濟可、崇安人、興化軍僉書、有子三

彥約、彥深、彥國、咸以進士顯仕、約子撝、李綱稱其文

雄深雅健、絕出筆墨畦町、國子蒙之、護趙鼎喪車見

忤秦檜、時稱翁門六秀。

血漬門閭○翁延慶、字德甫、崇安人。以父蔭補官。靖康中舉兵勤王、從王名訥、戰南薰門、金人斷其首、望中猶呼血漬門閭。

懸牌鶴○翁理、饒平人。明弘治進士、興化司理。有鎮守中官按郡、攜二鶴、頸懸兩牌、爲民間犬噬斃、屬公判理。判云、鶴雖懸牌、犬不識字、禽獸相殘、于人何尤。衆服不阿不撓。

直史○翁正春、字兆震、號青陽、侯官人。毋夢紅日入懷生萬曆進士廷試第一歷詹事侍郎經筵吏局二十載蹟爭皇貴妃塋塟代某濟奪嫡楊璉詔獄光廟季年權璫用事有勸公委蛇就枚卜公曰吾曩經載筆掄才典禮咎隨流而進不幾田鼠犧牲乎以終養歸晉尚書宮保謚文簡父興賢兩浙鹺判稱理學子登彦叅蜀藩平蘭酋樊龍稱經濟

麵傭○翁公白門玄廟觀小工以賣麵業翁操作婦當鑪有過飲者輒與北都陷時時仰天涕泣大師入金陵盡收釜盂飲器散隣里翁婦一夕對經

鍾潁川微子後州犁仕楚食采鍾離因氏

操土音○鍾儀楚人囚於晉晉侯曰南冠而繫者楚伶也樂操土音不忘本也

知音○鍾子期與伯牙友善牙善鼓琴期善聽牙志在高山期曰峩峩若泰岱志在流水曰洋洋若江河子期死絕絃以世無知音

九雋台輔○鍾皓字季明少稱篤行隱密山前後九辟皆不就李膺嘆曰鍾君至德可師與陳寔荀淑韓韶稱潁川四長桓帝朝爲林慮長諸儒頌曰林慮懿

御井禮不處悅此詩書琴絃樂古五就州招九脣台
轉遊巡王命卒歲容與
偉人○鍾繇字元常仕魏平陽侯文帝賜五熟釜銘
曰一代偉人與胡昭同師劉德升草書繇筆若飛鴻
戲海舞鶴遊天世傳胡肥鍾瘦長子會書法絕似荀
勗嘗作勗書就勗母鍾夫人取寶劍次子毓有父風
松操○鍾雅字彥胄繇弟有志節蘊峻之亂百官奔
散惟雅常侍帝側或曰公性直亮必不見容盍去雅
曰君危不能匡國亂不能平遜遁以求免吾恐董狐

執簡而進矣史稱正直當官崎嶇寇難匪石爲心寒
松比操
小鍾○鍾紹宗繇十代孫工草書世號小鍾唐中宗
官中書
圖夢○鍾馗唐武德應舉不第觸階死後明皇晝寢
見一小鬼盜玉笛俄一大鬼搏而噉之問爲誰對曰
臣鍾南進士鍾馗願爲除天下虛耗之孽上命吳道
子圖之儼夢中所見
搏虎圖○鍾傳潁川人少射獵醉與虎格不置人得

刺虎及貴畫搏虎圖戒子弟曰士生于世惟尚忍勿爲暴虎也官節度潁川虎門村傳居也

畫珍○鍾隱後唐人字晦叔清曠不攖塵俗好畫竹石花鳥無與匹者金昌宗題畫鶻云爲厭翻翔下葦叢戢翰側頸思何窺侍兒莫使褰簾過只恐驚依入碧空世稱畫珍○

血濡○鍾同字世京吉安人明景泰進士授御史懷憲太子卒請立沂王以固國本杖獄時年三十二骸掩園土裕陵復辟上曰同忠誠節義予贈謚妻請遺

骸歸葬啟視血濡骸骨見者流涕○
詩歸○鍾惺字伯敬竟陵人萬曆進士督學閩中襟
期瀟洒文藝一軌純古深嗜風雅與譚友夏纂選古
今詩歸學士大夫艷稱之有彭城候潮詩云氷腹寒
猶觧河身下反高所爭惟尺水厥利在千艘句奇削
臨池○鍾昌字繼文東莞人萬曆進士歷滇南叅政
簡朴恬靜臨池賦詩翛然物外羨鍰悉貯公帑視篆
晚
○鍾建楚小臣昭王避亂使負其妹季芊逃及反國

芊曰所以爲女子者遠丈夫也鍾建常負我矣願
歸之楚王命爲樂尹
○鍾夫人琰繇孫女数歲能屬文適王渾禮儀爲中
外所稱王湛妻郝氏有德行閫範素聞時稱鍾夫
人之禮郝夫人之法

宗京兆周大夫宗伯後以官爲氏

遺珠○宗預字德豔南陽人仕蜀漢爲丞相亮器重
官主簿兩使孫吳才辦侃侃權嘉其伉直遺大珠文
綺

拜床下○宗世林魏人常薄武帝爲人不與交及魏武作司空總朝政曰今子可與交乎答曰松栢之操猶存以忤旨疎文帝每過其門猶執子弟禮拜床下

八顧○宗慈漢末目爲黨人名列八顧顧者以德行引人也

卧遊○宗炳字少文東晉南陽人好書琴善圖畫每臨山水住處忘歸劉毅領荆州辟不就曰吾栖霞隱谷三十年肯於王門折腰耶西陟荆巫南涉江漢嘆曰老病俱至恐難徧覩惟有澄懷觀道卧以遊之凡

所經涉圖之於室謂人曰吾撫琴動操欲令四山皆響遠公蓮社炳居一

小學士○宗懔少聰穎鄉里呼小學士梁元帝鎮荆州令掌記室作荆楚歲時記

小宗香○宗茂深少文孫清逸風雅有祖風貴人慕交不得使陸探微畫小像懸壁間深性愛香競作香供時時饋之少文號大宗茂號小宗別之謂小宗香

囊莊○宗測字淑微性靜退每出遊囊老莊自隨魚候復鎮江州招之禮餉甚盛辭曰少有狂疾尋山採

藥至此耳、量腹而進、松木度形而衣、薜荔澹然、已足、豈當横施。

乘風破浪○宗慤、字元幹、五代南宋人、少時、宗炳問其志、曰、願乘長風破萬里浪、仕宋益州牧、曰、得一州斗大、何展吾志、後爲振武將軍、伐林邑、入象浦、其國装象與戰、慤製獅子禦象、象驚奔、克林邑、珍貝山積、無所取、惟携琴書圖史歸。

忠憤○宗澤、字汝霖、義烏人、有文武才、宋建炎初、東京留守、與金人對壘、忠憤氣激士卒、李忠定薦可大

用爲汪王所沮、憂憤死、自是宋社日削、臨終涿杜詩云、出師未捷身先喪、長使英雄淚滿襟、

明七子○宗臣字子相、號方城、明嘉靖進士、官閩副使、備兵禦倭、時難民來奔、公令儎薪穀入城、倭至、有備無害、閩人祀之、與李于鱗、徐中行、王世貞、梁有譽吳國倫、謝榛、稱七子、過楊州云、隋苑雲殘楊柳色、邗溝夜斷荻蘆煙、送友云、夜月啣杯燕市上、春風載筆鳳池頭○

○宗少文妻、羅玉娘、慧辦能詩、少文臨池○玉娘奉卮○

潑墨號筆醉娘○

○宗愨甥樂藹幼穎悟日誦萬言愨奇之以宗女館

上賓號宗家門楣○

龍武陵虞書龍作納言子孫以王父字氏

口無擇言○龍伯高爲仙都長馬援訓子曰龍伯高

敦厚周愼口無擇言謙約節儉廉公有威吾愛之重

之願汝曹效之

揣骨○龍復祄宋開成中人無目善聽音揣骨知人

官祿壽夭置笏品題揣蕭寘笏曰宰相笏揣宋祈笏

口長官笏○後皆驗

夢龍騎○龍起宋進士時丁咸序居末第夢乘龍而○起有駱駝在後後登第臚唱次其下者乃龍起駱起也○

詩人○龍太初以詩人刺謁王荊公公與郭功父座○談郭曰相公前敢稱詩人令賦沙詩答曰茫茫黃出塞漠漠白鋪汀鳥去風平篆潮回日射星功父閣筆由此知名

蘉玉篆○龍澄游瀼水見水中石合藏玉印五篆文

如星霞傍有九天女侍謂曰此上帝所賓可授原殿後第宋進士

不屈憤死○龍鐔萬載人明洪武以人才薦用歷官副使改授晉府長史靖難兵入文皇招降厲罵不屈死之

退思○龍韜曲江人明正統令長樂平易得民築室顔曰退思政暇靜坐其中默念所行之失追悔改易

半閒○龍瑄字克溫宜春人喜聲氣時謂過金陵不識龍克溫徒行也子龍霓弘治進士築室半閒堂詩

云氣迴簷雪融還細雨濕樓煙重不飛濯濯雅致
風裁○龍遂永新人嘉靖進士給事中建言切直忤
嚴嵩謫漳州同知以廣介聞凛凛大吏風裁
思婦吟○龍仲春字雨仙嘉興人嘉靖中以文學遊
長安公卿爭下席傾接性不合俗作思婦吟云身在
天涯夢在秦歸時未卜見時頻潯陽江上秋風起傳
得琵琶與別人

封 渤海封鉅爲黃帝師因氏

文苑○封肅字元邕博涉經史仕元魏侍中與邢臧

廬觀、全列文苑

四箴○封軌北魏散騎常侍、爲務德慎言遠佞防姦

四箴、

復來○封隆之北魏人寬而有量四爲冀州刺史、每

臨郡民喜曰封君復來矣後從神武過冀民追頌其

德爲之流涕

識量○封德彝幼名倫舅盧思道摩其頂曰此兒識

量過人當自致卿相楊素與彝論事奇之妻以妹撫

牀曰封郎終據此地貞觀官僕射

玉帶宮錦○封敖字顥夫唐會昌學士李德裕平劉稹功進太尉命敖草制曰謀與吾同言不他試裕辭下帶贈之武宗命作慰邊將吏傷詔曰傷居爾體痛在朕躬上喜賜宫錦

閑雅○封孝琰字士元宫秘書風流卓立威儀閑雅雨臨閣攄管雲行雨潤珠璣傾倒

少室仙妹○封陟字少登居少室山一夕有仙妹授陟詩交爲風流瀟灑雲錦廻風陟遂偶焉

龔 武陵晉人 龔堅後

牛劍之化○龔遂字少卿漢宣帝渤海太守单車至府勸農桑使民賣劍買牛賣刀買犢

楚兩龔○龔勝字君賓三舉孝廉漢哀帝諫議大夫王莽秉政遣使奉安車拜上卿勝謂門人高暉曰誼豈以一身事二姓乎遂不食死龔舍字君清與孔休卓茂同志不仕世稱楚兩龔

彭城老○龔勝死老父謂以名致禍哭之悲既曰嗟乎薰以香自燒膏以明自煎龔先生竟夭天年非吾徒也哭畢而去

白鹿吟○龔玄之字道玄好學潛脩於臨湘山中常廬養一白鹿爲偶當雨霽風清徃來山中結籃鹿背採芑摘青作白鹿吟徵博士不就

秀水○龔穎爲常德太守篆斗門秀水四字劉海蟾遊斗門曰此秀水乃武陵郡一條玉帶也宋端拱御史

孝義○龔愼儀邵武人仕南唐李煜歸宋儀刺歙盧絳爲亂請儀正詞叱曰吾已受命歸宋肯從敗耶絳殺之其子穎隨李煜入朝盧絳亦歸宋入朝穎曰右

之殺人以義者今勿佹絳不義縱殺若不討佹非孝也袖鐵簡擊之太祖驚問以狀對嘆曰江南小國有孝子義士如是乎

金川卒○龔翊字大章昆山人年十八爲卒守金川門靖難兵至翊大哭宣德中廵撫訪其人曰賢者也欲薦用翊曰仕無害義但負往日城門一慟耳

投死○龔太字叔安義烏人明洪武進士第一給諫府中文皇渡江與妻訣曰事至此我分一死汝携幼子東歸否則溺井無辱俄宮中火起太馳赴執見文

身以非奸籍令去大呼躍出投城觸石死

恬澹○龔錡建安人宣德進士第二翰林編修孝友博學性恬淡好吟咏精篆隸著蒙齋集

忠感○龔遂京衛千戶正統北狩將歸廷議迎駕毋盛衛恐召釁有投匿名帖於朝景帝捕之急衆懼遂挺身云迎上皇禮宜厚實投此與感動無他腸也并死無悔尚書林俊亦言社稷綱常大計毋從薄廷議共韙之

博學風雅○龔福閩縣人幼習三禮自壯至老好學

不倦蔚有文名登正統賢書官留都助教旋擢翰林檢討仍以司鐸訓士為京畿模範稱博學風雅郡誌云誠慤能詩澹薄明志號澹菴居士

東皋先生○龔潭閩縣人詩文澹遠風致尤長臨池屬書者屢滿弘治鄉舉初筮海鹽教諭粵東聘試分闈名宿俱出其門擢提舉粵東鹺課號樂林泉居東山之勝號東皋先生著東皋集

風流名翰○龔用卿字鳴治閩縣人嘉靖進士廷試第一丰神秀朗嚴峻少合歷官翰林祭酒疏陳三事

皆切邊左機宜有先事之籌使朝鮮明靈章去觀國王敬禮乞翰墨公書聯云萬國琪球重譯至九天雨露尺書來王建樓藏翰顏以金碧著雲岡集王應鍾序其集文雄富典贍詩不專於一家經緯體裁鏗越秀潤之槩

躍秦淮○龔廷祥崇禎進士弘光南遷與陳嬪俱中書掌誥制嬪善楷篆祥嫺文辭二人相得大師南下抵城祥曰桃葉渡頭是吾輩葬身所也攜手同躍入嬪子孝廣伯俞亦同死

死聖庭○龔元祥霍山教諭流落破和州同訓導趙世逸姚允恭冠服嗚鑼曰我輩與聖賢相見日也再拜共死殿廡下○

○龔氏陶侃妻也侃歷官二十載夜寐夙興勸勉勤於忠義

卷之一終

古今人物大觀卷之二

龔山爕岱生甫參閱

太史孫子未先生鑒定　閩中林涵春奕善父纂輯

上平函二　姪孫霖培文聚編校

雍　京兆文王雍伯後

謀主○雍子楚人用時奔晉晉人以爲謀主

咀齒封侯○雍齒漢人爲上將群臣坐沙中偶語上望見問張良曰分封不及欲反急取素所憎者封之高祖乃封齒爲什方侯諸將曰雍齒且封吾屬無患

矣

善詩剌史○雍陶字國鈞成都人唐授簡州剌史工詩詞有善政○

術精灵素○雍孝聞宋崇寧時廷對力詆時政授官不仕變姓名爲道人入內說法徽宗謂得灵素之術

宦轍遺愛○雍太陜西人明正德中爲縣令素性廉厲稜峻難干以私有敢死之節克敵之才廷官不謝

劉璿宦轍所至皆有遺愛

江　濟陽伯益後封於江

說客。江乙說安陵君曰、以財交者財盡而交絶、以色交者色衰而交渝。是以嬖女不敝席、寵臣不敝軒。

子孫博士。江公、瑕邱人。漢時受詩書春秋於申公、以詩授韋賢、以春秋授榮廣。子孫皆博士。

巨孝。江革字次翁、齊郡人。事毋至孝、鄉里無間言。漢元和中、舉孝廉。賜穀千斛。巨孝傳天下。

爇雞。江逌字道載、晉殷浩北伐姚襄。逌取雞数百。繫火於足、飛集襄營、乘乱擊之。

江左驍声。江統字應元、静默有遠志。晉惠朝、為太子洗馬。時戎狄處內地。統作徙戎策以進。史贊彪係統弟也。二人江左馳聲。

酒豪〇江績字仲元。有志氣。晉時爲會稽主簿。多所規諫。無所屈撓。性嗜酒。嘗曰。酒可千日不飲。不可一飲不醉。

夌筆〇江淹字文通。考城人。少時貧。賣薪養母。于樵所獲一蟬冠。母曰。此汝休徵也。待得侍中時著之。後果如言。嘗夢人授以五色筆。自是文藻日新。

御龍驄驥〇江革字休映。考城人。行傭供母。賊感其

而去、與弟俱詣太學、性嗜學、篤志不倦。時大雪、節
單席而枕、謝朓見之、脫所著襦、併割半氊與革及苐、
觀充爲臥席、梁建安王召其兄弟爲記室、沈約任昉
與書、曰、卿昆季可謂御雙龍于長途、騁騏驥于千里。
剌燭賦詩。江洪與蕭文琰、邱令楷、並以文稱、竟陵
王夜集賦詩、約四韻、剌燭一寸而成。又共鉢立韻、響
絕而成。南史、
江高齊名。江文蔚、字君章、南唐舉進士、後爲御史、
彈馮延巳、常夢錫曰、白麻雖佳、要不如文蔚一疏、有

詩云屈原若李高堂在安得抱石赴汨羅詩賦擅名
江表
隨月勤學江泌字上清家貧好學常倚樓隨月以
閱經史
少微星現江贄字文圭號少微隱居不仕太史奏
福建紫微星現宋主三聘不起著有通鑑詳節行世
文采甚奇江公望字民表宋徽宗爲司諫抗論時
政疏陳堯舜之道累數百言內有一池四魚未知其
孰守十羊九牧未知其孰從陛下不以先入巳信之

言宿于心。不以未入遽告之言拒於耳。決事如流。從理如破竹。上悅之。稱曰。卿文采甚奇。

氣節○江萬里。字古心。饒州人。文章氣節。當代推敬。宋咸淳拜右相。值元革命。赴水死。弟万頃。號古崖。

奇士○江充爲人魁岸。漢武異之。曰。燕趙固多奇士。拜直指繡衣使者。後治巫蠱獄。追促衞太子坐斬。

解珮○江妃二女。不知何許人。出遊江濱。逢鄭交甫。解珮二珠與之。交甫受而懷之。行數十步。二女不見。珠亦隨失。

驚鴻舞。江氏名采蘋唐開元入宮性愛梅明皇戲名曰梅妃吹白玉笛作驚鴻舞

我顧伊。江彩娶諸葛恢長女此女初適庾亮之子會庾子死改適彩次女適羊楷又子衡娶鄧攸女于時謝尚求婚其小女恢曰羊鄧是平婚江家我顧伊庾家伊顧我

金盤梹榔。江嗣女妻劉穆之穆之微時嘗往妻家食畢求梹榔江之兄弟曰君嘗飢何須此後爲丹陽令召妻兄弟以金盤貯梹榔一斛以進

龐始平畢公高之後
兵法〇龐涓魏人與孫臏同師鬼谷後與臏戰臏偽
人減灶書樹曰龐涓死此涓夜至伏兵起涓敗自剄
忠直〇龐參字仲達緱氏人奇偉多智先零反參以
恩信招誘諸羌皆降累遷太尉三公中最名忠直
却祿遺安〇龐德公襄陽人山居不入城市劉表曰
先生却官祿何以遺子孫曰世人遺之以危我遺之
以安司馬徽兄事之孔明每拜之牀下初不令止
鳳雛〇龐統字士元蜀主令守耒陽不治魯肅曰士

元非百里才使處治中別駕之任當展其驥足耳司馬德操以爲鳳雛

圖史書生○龐籍字淳之武城人爲唐御史時言官論事多觀望宰相意淳之獨持法深刻後致仕作詩有云田園貧宰相圖史舊書生

純孝○龐天祐江陵人以經籍教授父疾刲股食之疾愈失明號泣祈天以舌舐之父目復明朝廷旌表其門曰純孝

齎酒邀會○龐通之陶淵明之故人也王弘仰慕欲

識淵明不能致命遁之齋酒粟里半道邀之坐請有○龐蘊字道玄衡陽人潔身修行嘗謂刺史盧顒曰但願空諸所有勿實諸所無言訖而化世號龐居士與江西馬祖說偈曰不與萬化爲侶者是甚麼人待汝吃盡江西水却向汝道隨大悟

貧宰相○龐籍字醇之宋明道中官御史與程文惠同戊子生程貴顯而籍職微程戲曰君是小戊子及籍大拜程賀曰今日大戊子却被小戊子壓倒矣家居食貧有詩云田園貧宰相圖史舊書生

聾醫○龐安常黃州人善醫而聾性穎悟人以指畫字示之多會意東坡戲之曰余以手爲口君以眼爲耳○

龐青天○龐嵩字振卿居南海弼唐鄉學者稱弼唐先生嘉靖進士天性嚴明嶄不可犯守曲靖單騎按部一蔬片楮不以煩民嘗云手中存白簡頭上有青天○

條鞭法○龐尚鵬南海人嘉靖進士御史中丞閩賦日繁公貫以條鞭之法按畝分糧立綱徭役站四差

歸其綜奸胥莫欺微時聘尚書王吉女倏以貧悔婚女矢不二死之公終身不娶宦轍所至設空幨相隨稱義夫閩人德公伏臘必祭呼龐公福

榜罪○龐瑽南海人成化進士令羅川邑狡黠吏者多爲所中公以廉慎持之一蔬一草咸自給廉胥猾之最者榜其罪民悚然稱治

○龐盛女妻姜詩養姑篤孝姑好飲江水汲不時至詩怒遂逐之龐氏止隣家紡織供其旨

○龐居士女靈照以竹漉籬自給後得道山中有色

雲捲地千丈蓮香蒲室

支郤陽支雄傳稱其先月支胡人

談玄○支遁字道林天竺人與許詢談維摩經杜詩

云空添許詢輩難辭支遁詞史稱任心獨往風期高

亮與王謝諸公共談玄理

三支○支讖唐人受業支亮亮受支讖世傳天下博

聞不出三支○

真實學者○支大綸嘉善人明萬曆進士淵博有史

才詩文不減王李以持正不阿忤江陵謫官林居樂

道著作、彿事浮屠、當世稱爲眞實學云、

白鵲之異○支叔才性至孝母亡廬墓有白鵲止其旁高宗表異其門。

郗 山陽

儒雅著名○晉郗鑒字道徽、爲漢御史慱覽經籍、躬耕隴畝吟咏不倦以儒雅著名與王導同受遺詔輔少主、拜司空、

修禊成詩○郗曇字重熙、爲中書郎遷御史中丞永和修禊、成五言一首見王姓、

入幕之賓○郗超字景興卓犖不羈父愔字方回襲爵爲南昌令歛錢數千萬一日散與親故俱盡桓溫辟爲府掾府中語曰髯參軍短主簿能令公喜能令公怒超多髯而王珣短也謝安與王坦之詣溫所溫令超臥帳中聽客語風動帳開安笑曰郗生可謂入幕之賓矣

伊川田父○唐鄭上美字和夫張九齡稱之自拾遺七遷至中書舍人還東都德宗召拜學士不就世高其節。

坦腹東床○郗鑒嘗使門生求壻於王導、導使遍觀東廂一人坦腹東床、啖餅者訪之乃逸少也遂妻之、

戒弟勿至○右軍郗夫人戒二弟曰王家見汝輩來平平耳可毋煩再至也、

因果生天○郗氏夫人梁武帝后也梁皇作懺郗氏得以生天、

施吳與魯惠公子施父邑生後因氏

兵學得祿○施氏二子一好學一好兵皆以得祿孟氏二子尤而效之、皆以得禍、

執經聖門○施之常、字子恒、魯人、孔門弟子、贈乘氏伯、封臨濮侯、贊曰開國乘氏有德斯彰參稽百行贊理三綱、

論經石渠○施讎、字長卿、從王孫受易、梁丘賀薦之拜博士、爲諸儒論難五經、同異於石渠閣、以經授張禹、

脩道上昇○施岑、字太玉、棲紫玉府、修道晉寧康二年御蒼虬上昇、

朝士執經○施士匄存太學十九年、爲博士、韓愈銘

嶽記。
歸老○施漸字子羽。無錫人。嘉靖鄉薦。官海鹽丞歸老。蠡川。少從父宦粵西。詠云。千里月明來楚峽。五更猿斷憶巴城。桃花浪濶三江水。楊柳絲長百尺樓。其人風流天合也。殁學士華察輓之云。憐君家徒四壁立。中歲罷官常不給。生前獨行姝寡合。死後遺編有誰輯。
殉難○施邦曜字四明。天啓進士。官刑部侍郎。冦薄都城。賦詩云。慚無半點匡時策。惟有微軀報聖恩。引

頸自縊諡忠節

仰藥○施溥崇禎末蔭補經歷甲申國變不食數日自誓殉節及都陷飲藥不死起酌水和藥覆面而絕同衛毛維長哭罷亦仝死

祁太原尭伊祁氏後

三善○祁奚晉悼公時軍尉請老公問代稱解狐其讐也狐卒又問曰臣之子午可君子謂外舉不避仇內舉不避親建一官而三善備

車右勇士○祁彌明趙盾車右勇士也晉靈公伏甲

攻肩明知之日臣侍君飲過三爵非禮也急扶而下

公數胡奏搏殺之日棄人用畜雖猛奚爲鬭且出死

之

祁儒〇祁孔賓清貧好學博通經史聞人夜呼曰祁

孔賓歸去來修餝人間事甚苦不可諧隨斷煙火茹

松脂人呼祁儒

勿玷清名〇祁順字致知東莞人明弘治布政使持

大體私謁不入於庭惠澤殷流平日吏民服公之清

歛金以贈公將暝戒家人曰玷我名節受不暝矣

爭詔獄○祁彪佳字徑齋上虞人天啓進士官御史弘光時馬士英專政設廠衛詔獄緝事疏曰君以鍛煉羅織爲事口詞從迫勒而來罪案從指授而定即舉朝盡知其枉法司諱雪其冤國家徒受拒諫之名臣子反歸忠義之譽至血濺玉墀魂飛金陛雖恤典下頒已肉殘骨削矣大師入赴水死

杜耗折○祁熊佳字文載紹興人崇禎進士初令南平當要衝仕宦絡繹公爲平驛站杜耗折民困一清尋以京秩歸

在十五頁上 逢萌之注

綱維矣不去、禍將及、遂掛冠東都門歸、乃携家小浮海去、光武連徵不起、

隨　河內　晋大夫隨武子後

師友不忘○隨武子、周時人、納諫不忘其師、踐言不失其友、事君不佞進、言不阿、

直臣○隨會、晋文公登隧、會不扶、曰、臣忍其君罪重死、若君忍其臣、知士不爲謀、辨士不爲言、仁士不爲行、勇士不爲死、文侯謝之、

豊　括陽　武王封諸叔于豊

水清衡平○豊稷字相之鄞人知谷城廉平人歌曰清如水平如衡宋哲宗爲御史中丞首論蔡京之罪疏言近習之非

卻燭不受○豊慶明時爲河南方伯有縣令笽篕不餙惧以白金爲燭餽之慶誤受次日謂曰兩燭不燃盡出之以易燃者

鄭京兆　周鄭侯後因姓

三雋才○鄭舒赤狄潞子之相也有三雋　才胥伯宗曰狄有五罪雋才雖多何補爲遂滅潞殺舒

宫太原魯南宫适後

三復白圭○宫縚、孔子曰、獨居思仁公言仁義、一日三復白圭之玷、是縚之行與、

見幾○宫之奇、虞人、晋荀息請以璧馬假道于虞伐虢、奇諫不聽、遂以族行、

上神書○宫崇、瑯琊人、漢順帝時上神書一百七十卷、上受之、

風　伏羲後古風后黄帝臣、

魯僖公毋須向國風姓、友故曰成風、

連在十八頁上

蒙安定周封太皡于蒙

始製筆〇蒙恬秦始皇爲上將築長城始造筆

内外主謀〇蒙毅仕秦位上卿恬主外事毅主内謀

徐東海顓頊後嬴姓伯益先封於徐因氏

入海求仙〇徐市因始皇游海上上書請與童男女各五百人入海求不死之藥

甘露連理〇徐積字仲車獨行人也母喪守廬風雨不敝每歲甘露降墓所有杏樹一本兩枝一日兩枝之端相合自成連理

北征扈從累兵部侍郎尚書賜葬謚鴻文俊才政多
奇績
逢 譙國 夏有逢公伯陵封齊子孫因氏
圖霸○逢同越大夫佐句踐圖吳教以深自韜晦臣
事自下
掛冠○逢萌字子康爲亭長嘆曰安能爲人役哉
王莽專政謂友人曰三綱絶矣不去禍將及身掛冠
出東都門挈妻子浮海○光武連徵不起
得死所○逢龍廣州人宋靖康中隨文丞相勤王抗

呂師夔力戰曰今日得死所矣

隨 河內 晉隨武子後

登隧○隨會晉大夫文侯登隧諸大夫皆扶會獨不扶文侯曰人臣而忍其君乎曰君獨不問人君而忍其臣文侯曰奚若會曰知士不爲謀仁士不爲行勇士不爲死臣之忍君宛哉文侯下車以謝

謁者○隨何爲漢王謁者以口辯說九江王黥布歸漢江以西大定

豊 括陽 鄭穆公子豊之後以王父字氏

密室焚稿○豐稷字相之鄞人宋嘉祐進士諫議大夫論蔡京章惇貶南海建元追謚清敏三居言路凡章奏藏密室焚稿薦士陳瓘鄭鑒皆知名人服藻鑑

死國存孤○豐存芳字公茂太平州倅宋末蒙古兵至州守以城降芳不屈蒙古屠其家同死十八人令人匿其孤以逃君子謂死國存孤得其兩是

鄪京兆周文王所都國名子鄪侯因氏

三雋才○鄪舒赤狄路子之相有三雋才晉伯宗曰狄有五罪雋才雖多奚庸遂同舒滅狄

舉制科○鄭蒙之淳安人傳學文譽宋紹興舉文行
科進士
天放野人○鄭越字正元子建明天啓進士以詩名
著天放野人集澹於仕進有多病疲于謁秋風下小
舠句
宮鄅 鄅南宮敬叔後
三復○宮韜字子容曰獨居思仁公言懷義白圭之
玷兢兢三復是韜之師也
璧馬之諫○宮之奇晉荀息以垂棘之璧屈產之乘

假道於虞奇諫曰虢虞表裏輔車相依唇亡齒寒虞
不聽奇以族行晉滅虢遂并虞
神書○宮崇瑯琊人漢順帝時上神書百七十卷奇
奧幻秘世莫究其說
風解涼伏羲後向國風氏名成凡
夢大風○風后解州人黃帝夢大風吹天下塵垢曰
風爲號垢去土而后存也天下有風姓名后者乎訪
之海濱得后爲相
辨星文○風胡古遼人識寶劍能辨地氣星文

蒙安定東蒙主以蒙山氏

辟穀○蒙穀楚大夫昭王自隨反郢穀典五官百姓大治王欲封之逃入山辟穀不食

世秦將○蒙驁爲秦將攻韓置三川郡攻魏拔高都攻趙定太原三十七城子蒙武伐齊取河東爲九縣孫恬將秦卒三十萬北築長城威振匈奴始皇崩沙丘趙高胡亥矯詔殺扶蘇恬飲藥自殺

制筆○蒙毅秦三川守位上卿治內恬任外事將相莫與抗始制筆以判文書

徐東海顓頊後伯益封徐

懸榻○徐稺字孺子南昌人躬耕自給人服其德漢桓帝以安車驅馬徵不就郭林宗母死往吊之置生芻一束而去林宗曰必南州高士徐孺子也太守陳蕃慕之爲特設一榻去則懸之

薦亮○徐庶字元直走薦諸葛亮於昭烈曹操執其母庶辭昭烈云本欲與將軍圖興漢室今失老母方寸亂矣請從此辭請曹母就縊庶終身不設一謀

晉七子○徐幹字偉臣魏人擅名東土與陳琳阮瑀

應瑒劉禎曹植王粲以文章號建安七子賛曰騁騏
驥於千里仰齊足而並馳

海岱清士○徐寧字子期東晉人桓彝謂庾亮曰爲
卿得一佳吏部矣人所應有彼不必有人所應無彼
不必無眞海岱清士也

月觀風亭○徐湛之字孝源兗州刺史廣陵舊有高
樓置月觀風亭吹臺琴室招延文士遊玩之適伎樂工
妙冠絶一時

識眞主○徐洪客隱於黃冠素與虬髯公張仲堅友

舍、初欲佐鬚髯舉大事、識太原有眞主、因詣文皇、退語髯曰、此世界非君世界也。他方可矣。借髯入扶餘國、髯殺其主自立、洪客飄然而去。後、以書授李密、有米盡人散之。憂時服其讜論、

談風月○徐勉之、字修仁、徐孝嗣見之曰、人中騏驥也、王儉謂有宰相器、事梁官尚書、集宴、客有求進者、曰今夕止可談風月。不宜他事。

石麒麟○徐陵、字孝穆、母夢五色雲、化爲鳳、集左肩、生陵、沙門寶誌、摩其頂、曰天上石麒麟、也官尚書爲

一代文宗○

無冤民○徐有功武后朝蒲州司法不忍杖罰民相約曰犯徐公杖者共棄訖代不杖一人天下相賀曰徐公斷獄天下無冤民矣○

河東三絕○徐伯彥七歲能文對策高等官參軍時司戶韋宗善判司士李亘工書伯彥屬文稱河東三絕○

怒猊○徐嶠善書以法授子浩書八體備諸家之妙如怒猊抉石渴驥飲泉○

五膺爵士○徐温、海州人、初爲楊行密指揮、後唐天祐鎭海節度使、温五子、知詢、知諫、知訓、知證、知諤、養子知誥、驍勇多謀、行密子溥奄有江南、以誥爲樓船將軍、屯金陵、總朝政、大營金陵城、脅溥禪位於誥、復李姓、更名昪、號南唐、追温爲義祖、徐氏諸子咸賜爵、知詢洪王、知諫鄂王、知訓廣陵王、知證江王、知諤饒王、世居宣州、人物冠裳、盛甲江南、

儒脫遺靈○徐知證、南唐江王、知諤饒王、率軍入閩、平王延羲亂、所至有雲霓之望、復平青埔巢苗、駐節

鰲峰樂風土居焉民紀其德立祠王郎其地養性棲眞往來經湖武夷諸勝經歲不返民啓室題壁云亦是棲眞地鰲峰别有天雲封石室冷歸去學無生宋乾道元泰定兩降神於青埔詔建祀曰靈濟眞人明永樂病疽夢二神按病遣官祈神取藥自閩至京四千里凡十一日至上服劑兩日視朝如故御製碑文以賚子孫仕閩者多邑侯徐公杰題其署曰先王遺跡地後世潤身堂云

不負國）徐晦素與楊憑厚李夷簡彈憑貶臨賀尉

徐獨送之藍田夷簡擢爲御史曰素不負楊臨賀肯負國乎

白髮詩○徐遯中宋特奏狀元詩曰白髮青衫晚得官瓊林頻覺酒腸寬平康半夜無人問留得宮花醉後看

象物賦○徐奭宋祥符狀元試鑄鼎象物賦足惟下正詎云覆餗之敵傾鉉乃上居實取王臣之威重

闔門忠節○徐應鑣號巨翁越姑蔑人寓錢唐宋咸淳太學生時元將伯顏入臨安遷帝后三宮及太學

諸生北行獨鑣不從二子進士奇嶽女元娘四人積書自焚家人撲救俱逸井死鑣未死先酹酒岳武廟泣誓詩云二男弁一女隨我上雲梯烈士甘焚死丹心照紫雯妻方氏識宋運已傾勸鑣隱遁嘆曰不忍見子女之被髮也作哀歌見志投瑞蓮沼死子奇自悼詩有忠報君恩名不朽孝隨親死義難忘句嶽自悼詩有可恨奸回移宋祚闔門厲鬼泣秦師句文元娘自悼詩有頸從一死名忠孝碧血應留萬古青句鑣端宗贈秘閣修撰諡正節

元勳○徐達中山王鳳陽人仗劍從明太祖以王霸略進帝曰國士也授將符專征破士誠擒友諒諸將欲阬降卒達不可以狀聞帝曰天下戰方始縱殺是距敵也達嘗言多涉世則智明久歷患難則慮周每出師必兢兢凜約束克元都勳位居一帝曰吾欲以吳時舊邸居弟一日強沃之酒醉舁邸寢醒伏地驚謝病革上臨視曰世世無忘爾功追祖父三世中山王

紀臣今子○徐輝祖中山王長子嗣爵魏公每讀書

建文拜宮傳靖難兵駐江上與開國公常昇分道禦戰文皇踐元議與齊黃等論死念中山王功曲赦公絕無一言乞憐史臣曰文皇后祖女弟也怡然趨死而不求援何其決也不特爲建文純臣於中山爲令子且識見高卓蚤知高煦悍勇叛變信詩書之力可益忠孝錫山王時大帝詩云開代麒麟第一功中山節鉞假安東只今回首吳宮路惟見荆榛細雨中

佩劍行○徐尊生嚴陵人洪武徵脩元史書成官待制引去作佩劍行願得辭榮歸故山莫道金華赤松

間精氣摇光會霹靂便令飛去無遲時
信宿孤臣○徐貞陝人洪武進士建文工部尚書靖
難後家居帝游五臺道遇貞信宿其家後去哭别鄉
人上其事族誅妻妾發入教坊
滄江吏○徐舫桐廬人傳學尚志劉基宋濂仝應洪
武徵召引舫俱赴舫荷簑不顧乘漁舸亂流而去有
滄江集
治平賢相○徐溥號謙齋宜興人童子袖錄小册出
之輯古聖賢省身克己諸事塾師嘆異登景泰榜眼

居親喪廬墓有白鳩白鴈來集三知貢舉得王鏊謝遷劉寬號稱得人任大政極力輔導開言路斥邪佞海內富庶四陲宴平爲治平賢相師范文正義田千畝以贍族

口吻香○徐禎卿字昌穀常熟人弘治進士大理丞性穎無書不覽號文雄有文章江左家家玉煙月楊州樹樹花句雖沈宋無加讀之口吻猶香世載卿而讀李獻吉詩盡焚其稿隨著廸功集王元美見之曰精英無復可憾矣

拔木○徐有貞字元玉宣德進士侍講土木之變于謙薦公可用後以奪門功晉尚書武功伯與御史楊瑄劾石亨亨上疏訴曰內閣專權欲圖奴輩下公詔獄是日雷電交作大風拔木承天門火上釋公謫粵藩論者以于謙之死公不及救君子惜之

飛魚服○徐霖字子仁蘇州人七歲能詩九歲能文李長沙奇之曰周伯仁流亞也武宗南巡召見試詩過幸置酒進蔬笋盡懽後駕數過賜飛魚服欲官禁近會上賓天年八十文徵召贈詩云樂府新傳桃葉

句。彩毫濡染薛濤箋。

白鹿表○徐渭字文長、山陰諸生、胡少保宗憲鎮浙、致記室、海上獲白鹿、屬表進、上覽大悅、名噪海內、自言吾書第一、詩第二、畫第三、文四、著櫻桃集、楚人袁中郎、陶石簣、稱爲嘉靖一人、

手釆○徐階字子升、號存齋、華亭人、嘉靖進士、祕官編脩、張永嘉議撤聖像、公條三不可、忤謫、鄒元標劾嚴嵩、上輟直廬、賜公首揆、反嵩政、收人心、天下想望丰釆、史、公世廟如白日麗天、忽而雷電、公劑之以霖

雨穆廟如白日當空浮陰翳之公解翳爲青天

徐氏家學○徐熥字惟和閩縣人萬曆孝廉詩文名重一時有宿石鼓禪房詩松際窺人孤嶂月山中留客半床雲句爲詞壇傳誦早夭遺幔亭集行世熥弟惟起名𤊹又字興公博學群書海內以聲氣歸之著鼇峰集詩文子延壽字存永孫鍾震字器之皆諸生稱徐氏家學貧三世不具葬友人謝青門醵金卜窆張遠超然贈云揮淚作文傳死士賣書買塚葬詩人

殉王○徐石麒崇禎侍郎性剛直以道自任弘光甬

遷官尚書斥馬阮諸奸矯旨勒休大師至麒自經僕
祖徽徐錦殉麒畢同死
支解○徐學顏楚人今江夏中途與賊格鬬被支體
片解目猶睜聘都司朱士鼎來援戰敗手駡賊斷臂
同死
忠沉虎溪○徐研字九一長洲人崇禎進士官少詹
侍經筵論馬阮諸奸降謫大師入金陵朝服沉虎溪
死子枋字昭發崇禎孝廉痛國難父喪終身不入城
市不接人事至父諱誼身座師登題宦者墓一面一下

得作書畫易米不著姓名方之倪雲林寫意寓墨塚蒙○徐世淳隨州守崇禎末流賊破隨淳埋篆躍馬巷戰矢貫於頤刀屬於頰眼鼻横斷聲猶喊鬬子肇渠奮呼同死

儒癖○徐英字振烈侯官人少豪俠負販爲業得酒長歌擊劍自書其戶曰門喜無題午目慚不識丁縉紳學士爭與之曹石倉宗伯目爲儒癖英答曰儒癖到門眞可笑覊才題贈也無驚國變不食死張留憪臣爲作傳

義僕○徐阿寄淳安徐氏僕也徐昆弟析產伯得一牛仲得一馬季寡媳一老僕媳泣曰馬可騎牛可耕蹌踉老奴費我藜羹阿嘆曰主毋謂奴不若牛馬耶入山種漆十年致貲萬金爲主母嫁二女婚二男阜然一邑奴病革曰牛馬之報已矣出枕中二楮授主人視之凡所積貲銖分目也僕雖卑賤於義可貴足愧天下之不爲僕者

○徐賢妃長與人名惠唐太宗才人上書曰作法於儉猶懼其奢作法於奢何以制後

○徐元娘錢唐人宋正節先生女年十六元兵入臨安從父兄闔門自焚投井死作自悼二章一日毓秀含華十六秋慈幃口授十三經奇文不欲撑天地大節偏教揭日星誰氏移劉亾漢室何人復楚泣秦庭願從一死明忠孝碧血應留萬古青二日弱質原歸玉女峰家亾國破恨重重萱椿已遂抒忠志昆弟先教殉難從熱血千年啼杜宇寒泉三尺照芙蓉誰憐宮院齊收比忍聽天朝長樂鐘

皮 天水周卿士仲皮後

問氣布衣○皮日休字襲美襄陽人舉唐進士與孟
浩然隱鹿門號間氣布衣又曰酒民作酒箴與陸龜
蒙友善著松雪集子光業撰皮氏見聞錄孫文燦能
詩官鴻臚卿

直對○皮龍榮子起霖醴陵人宋淳祐進士官侍講
直對云一過改而一善著百過改而百善融

風神機悟○皮子信宋人機悟有風神位儀同三司
於勳貴子弟稱識鑑過人

神異○皮翁明淄川人嘗衣鹿皮岑山有神泉築室

以居一日呼宗黨登山方半而淄水决一郡淪没人
叱神與

卷之二終

文化癸酉

古今人物大観

三之五

古今人物大觀卷之三

卒函三

余舒虞胡盧哭

古今人物大觀卷之三

上平函三　　龔　爕岱生甫參閲

太史孫子未先生鑒定　閩中林涵春奕篕父纂輯

姪孫霖培文聚甫編校

余新安秦由余後以王父字氏

四諫○余靖字安道曲江人宋慶曆中與歐陽修王素同擢諫官蔡襄詩曰御筆新除三諫官喧騰朝野競相歡當年流落册心在千古忠良得路難上聞詩亦除襄諫官時號四諫

劍瑞○余中熙寧狀元常州有劍井每先歲瑞氣上騰邑人隨占大魁

空中聲○余端禮字處恭十歲時婺州大水與里人共處一樓將沉俄空中有聲曰當護余宰相一物如黿鼉狀長十餘丈負樓達於平地後光宗朝大拜

鐵石將軍○余闕元守臣鎮荆襄明太祖徇其地屢爲所窘會諸軍雲合猶堅壁不下上屢褒諭之稱將軍心鐵石也城破不屈死詔立廟以祀練子寧過安慶拜而吊之詩云將軍忠節冠荆楊千載精英日月

完血戰孤城身已殞。名垂青史汗猶香。殘碑墮淚宿
秋草折戟沉沙自夕陽。我亦有懷追國士。爲君感慨
奠椒漿。

投海存孤○余學夔台州諸生。尚氣節。不避艱險。
正學籍没時。寧海尉魏澤抱遺孤寄托。學夔隨匿海
島。結網爲生。撫孤數歲。授先生門人俞允育爲俞姓
爲子。謝文肅鐸所謂霜枝一葉。亦君恩若此也

青春不再○余艮弼學士教子詩云。白髮無憑吾老
矣。青春不再汝知乎。

心法○余閈星子人明永樂進士翰林修撰傳學全
文修高皇實錄聖學心法晉侍講號南坡先生
邊防○余子俊字士英青神人景泰進士官戶部出
守西安民苦水鹻公開渠引泉號余公渠撫延綏既
稱延地土廣民稀無險可據我列戍在外邊騎夊馳
突於內莫若依山隨勢築堡砦西接寧夏以固邊圉
積玉○余琮字元玉嘗遊赤松山愛隹麗號赤松山
農倪青谿贊理南畿薦其文字高古文待詔得牛紙
皆裝潢題曰積玉傚逃禪老人梅花世傳金陵一時

一爲史癡一爲元玉有冊霞擁日出陰壑帶氷流句

忠義勃興○余逢辰字彥章宣城人燕府教授靖難兵起逢辰矢死泣諫史臣謂逢辰居燕邸附會以成功名不失從龍佐命乃矯然矢死立節抑元世輕儒賤士一旦文物改觀忠義之氣勃興理必然乎

赴水殉節○余煌崇禎進士弘光尚書大師渡江煌戰守力盡恐民塗炭啓九門與民自便衣冠投水死

舒京兆　舒子後以國氏

玉篆○舒元輿唐元和進士獻書八萬言出入今古

嘗作玉篆志云斯去千年冰生唐時冰復去矣後來者誰千載有人誰能作篆千載無人篆止於斯嗚乎主人爲吾寶之

赤城霞○舒亶字信道熙寧中夢入空中見金碧樓臺有瓔珮者揖亶乞詩且曰此間文章要似鸞鳳隱起可與織女分巧亶吟曰天風吹散赤城霞染出連雲萬樹花誤入醉鄉迷去路傍人應笑我還家一人曰未免近凡令臨海有民逐其叔母者亶執而斷其首題判云一鋒不斷元兇首千古誰知將相才

雪月菴○舒堯夫菴學東坡過其家戲云先生堂前雪月菴弟子講書喧兩廡撞門入室書縱橫蠟紙紗燈似雲母。

忠孝狀元○舒芬字國裳幼作馴雁賦蔡清見而奇之曰天下奇士也明正德進士廷試第一宸濠異謀武宗議巡疏曰親王信異濠之謀大臣懷馮道之心以陛下爲棋局華除爲故事上怒褫杖卧院中掌院者懼而推出公曰吾官此死此謫閩河泊先時羅一峯建言亦謫其地閩人有一峯之後見先生句公始

生鬼呼舒狀元來殁空中聞呼忠孝狀元止此○
清奸○舒應龍字時見金州人嘉靖進士任閩方伯
精敏廉介積蠹通奸一見立清官至大司空總漕河
刺時政○舒弘志萬曆丙戌進士廷策多刺時政閣
臣以忌諱下之上覽策嘆異拔探花中外咸稱得人
虞陳留舜封商均於虞武王封虞仲
虞氏春秋○虞卿游士躡屩擔簦說趙孝王一見黃
金百鎰白璧一雙再見為趙上卿著書號虞氏春秋
別利器○虞詡字升卿漢順帝時朝歌長時邑多盜

故舊皆爲詡慮曰不遇盤根錯節何以別利器帝以詡有將帥材使偹羌令士卒作兩竈日增之以疑敵

不受腐芥○虞翻字仲翔年十三客有候其兄者不過翻翻與書曰琥珀不受腐芥磁石不受曲針

褒毋○虞潭晉爵武昌侯有勲業碩德帝嘉毋賢詔定國夫人孫氏金紫王導以下皆拜年九十褒壽毋

越王石○虞愿字士恭宋晋安太守郡有越王石嘗隱雲霧清廉者觀之清徹無蔽愿視皎皎褚彦囘詣愿見床頭止積塵書數箧嘆曰虞公一清至此拂床

掃地而去

南金之貴○虞世基陳人與弟世南歸隋時比二陸基博學俊才善草書孔奐見之嘆曰南金之貴屬在斯人○

秘書五絕○虞世南字伯施外謹懦而內抗烈唐太宗弘文館學士人謂登瀛洲圖形凌煙閣稱五絕一德行二忠直三博學四文詞五書翰上出有司請圖籍上曰世南在行秘書從我也○

翹林館○虞允文字彬父十歲詩能驚人宋紹興督

師江淮提聞劉錡執其手曰朝廷養士百年一旦大功出諸儒者我輩愧死矣作相置翹才舘四方賢士一善必書懷袖中引胡銓張震諸君子

經世○虞集字伯生生三歲即知書長從吳澄學仕元官學士修經世大典謝病歸封仁壽公謚文正著道園集有折芙蓉詩白髮多情憶劍南秋風溪上逐杏酬剪來一尺吳江水擬比于花濯錦潭

玉雪齋○虞謙字伯益金壇人明洪武給諫仁宗都御史命賑江淮稱汲黯再見楊文貞謂其儀觀偉然

瀟洒絕俗詩賦繪事有倪雲林風致著玉雪齋條畫聲○虞信汚陽人永樂御史歷河南藩伯學粹行潔家居廉且幹材蒞政有條畫聲稱能吏

生蓮花○虞淳熙字長孺生三歲見室生蓮花以杖擊空中見龍沉於海鶴喚松間忽唱龍藏海底日鶴喚松間風父母異之萬曆進士職方主事護昭陵邊騎躪入熈結方陣隱林間駭之退去公善禪理與棲霞蓮池大師結方外友

胡安定　武王封舜後胡公滿因氏

白鶴臺○漢胡安隱邛州白鶴山一日乘鶴沖飛弟子立白鶴臺顏曰先生授易堂泉有滴珠樹有木蓮巖有翠竹萬竿

菊潭水○胡廣字伯始五月五日生父母棄之啼聲如鐘復舉之官太傅語曰萬事不理問伯始天下中庸有胡公荆州有菊潭水廣飲之年八十猶健狄梁公云餌胡廣延年之菊○

清畏人知○胡威字伯虎嘗策蹇省父不止傳舍父與縑威曰大人清貧何以得此給父帳下人晉武問

日卿清何如父曰臣父清畏人知臣清畏人不知

玉爐香○胡杲唐會昌合尚齒爲香山九老會詩云

閑居同舍此三春大抵歷年最出群霜鬢不嫌杯酒

興白頭仍愛玉爐香

春秋硯○胡旦字周父有俊才尚氣節嘗曰應舉不

狀元仕宦不宰相虛生也咏鴈云明年春色裏領取

一行歸與國初魁天下有硯可數尺鑱其旁曰胡旦

作春秋硯嘗稱渴醉漢家具茶觴壺矢

四真曰○胡瑗字翼之以布衣對策授教授置經術

治行兩齋歐陽修詩云吳興先生富道德詵詵子弟多賢才王荆公云先生作棟樑以次收拾椽與桷時有四眞之目富公眞宰相包公眞御史歐公眞學士翼之眞先生號安定

獨秀○胡安國字康侯著胡氏春秋嘗言未論義理先看文章便識胸中間架謝顯道稱康侯如嚴寒百草枯萎惟松柏挺然獨秀楊龜山欲留公禁閣詩云欲驅殘臘變春風只有寒梅作選鋒莫把疎英驅鬭雪好藏清豔月明中公風度凝遠蕭然塵表視浮世

名利直蟣蠓之過前也
陶然猷誦○胡寅字明仲號致堂建炎起居郎與諸子講學數杯之後歌孔明出師表陳了翁奏草陶然有得曰此豪傑正大之言也
大小規模○胡宏字仁仲號五峯築室衡岳葛衣藜杖著書五十三篇井田學校封建兵制皆經世大事朱元晦謂其正蒙一書規模大知言一書規模小
芸香閣○胡憲字原仲紹興正字朱晦翁贈詩云先生去上芸香閣閣老新峩豸角冠留取幽人臥空谷

一川風月要人看。號藉溪先生

聖學淵源○胡憲與劉子翬劉致中爲道義友朱松屬其子曰籍溪胡原仲白水劉致中屏山劉彥冲三人得聖學淵源可往師之

千金購書○胡銓號澹庵官樞密乞斬王倫秦檜孫近懸首藁街金人以千金購其書貶新州詩云夢入瓊崖身瓮壯煙銷金搗直空傳張魏公云秦檜專政二十年只成就一箇胡澹庵耳

百花莊○胡槃字仲方爲憲使楊東山贈云繡衣玉

斧鉞惠每施鎮閩三山作百花莊
才肅五兵○胡直孺字少汲能詩劉直贈云我無健
筆翻三峽君有長才肅五兵同是行人各分手不堪
風樹作離聲
宴坐畫圖○胡逸號致虛築山居書室王山谷贈云
山隨宴坐畫圖出水繞明窗風雨來兄致堂與山谷
分題賦藕云平生氷雪姿七星羅其胸豈無絲毫才
上補天子聰而不自薦達胡爲乎泥中沉痾且無賴
安得君從容其子亦可憐風味乃如翁

血祭○胡大海虹縣人明洪武拔采石海先登隨克
嚴徽衢廣諸郡上以婺浙通甌引越設行省參政府
命守之苗帥蔣英叛挾刃刺公爲公帳下執送京師
上命懸公像刺英血以祭贈越國公謚武莊勛位居
一
訪異人○胡濙字源潔武進人建文進士永樂給事
中時遜國舊臣多出亡遣濙訪異人歸報上已寢披
衣召入曰不足慮也疑遂釋太子監國諸藩謀奪嫡
時時以七國事告諸王周旋家國於父子叔姪君臣

問忠之最徽者官尚書謚忠安
題竹○胡潤字松友鄱陽人高皇帝征陳友諒過鄱陽見壁間題竹云幽人無俗懷寫此蒼龍骨九天風雨來飛騰作靈物上召見官少卿靖難遠見不屈文皇命力士以金瓜落其齒齒盡罵不絕縊殺之以石灰脫其皮實草懸之抄燬其家鄉井斷煙哀猿夜號錫山王紱大呂詩云蒼骨曾經過品題諸曹清共白雲齊憐君落盡睢陽齒一路哀猿入夜啼
兩間正氣○胡子昭字仲常大足人少師方正學蜀

獻王奇其才薦拔訓導建文檢討靖難被執臨刑云兩間正氣歸泉壤一片丹心上帝鄉父毋年八十同謫戍弟子龔翊昭死匿跡避世吊以詩曰一區廢宅棠山下半畝荒塘夕照中鄉國匪遙身自遠乾坤雖大足難容蜀獻王憐之今視髮白全錫山王時大吊詩云自信丹心在帝鄉棄官逃隱亦天常鶺鴒原上春光度花落年年芳草長

今日中庸○胡廣字光大廬陵人建文進士第一靖難文淵閣學士謚文穆有人投詩作西楊姓名云漢

朝胡廣號中庸今日中庸又見君兩箇模稜都一樣

天生名姓正相同館閣由是多齟

玉堦近地○胡儼字若思南昌人洪武鄉薦永樂以

儼諳天文入翰林供事修祖訓實錄天下圖志典試

首擢楊溥許其文曰玉堦近地能爲董子正言不效

公孫曲說○

白鹿院○胡居仁字叔心號敬齋餘干人從吳康齋

得心學之傳功在主敬因名敬齋築室曰體吾曰南

容淮王執賓師禮講大易於饒城主白鹿洞學○

南都四君○胡世寧字永清仁和人弘治進士號南都四君子宸濠僭恣跡乞裁以禮法濠遣人賊公公變姓名赴獄三上書云逆藩彰露朝野共聞微臣愚忠天日可表濠叛即獄中拜都御史鄭曉稱公論事如結舌章奏如懸河贈宮保謚端敏

犴中八景○胡纘宗字孝思秦安人正德進士傳臚與焦芳子中黃仝授簡討焦敗連謫武宗南幸佞者指公有穆天子馳騁之訕逮獄作犴中八景衆咋舌公笑曰作詩因死不作能免耶謝榛贈云白首生全逢

聖主青山何意戀騷人

經畧臣○胡宗憲新安人嘉靖進士都御史撫浙閩江右奉詔經畧平倭寇內修外攘殫畫機宜遭陸奸之誣死獄天下寃之賜葬謚

武庫○胡松字汝茂嘉靖都御史尚書上便宜十二事經畧邊防臨事輒應人稱公武庫之儲百器畢具致政築尚友軒聚天下奇書墨跡

呼客星○胡應麟字元瑞太原人嘗詩題嚴陵臺云高臺倚空雙突兀釣緡下墜桐江口客星倏澹呼不

應是片片飛來向人立憶昔眞龍起新野百萬昆陽碎如瓦朝中但訪赤伏符澤中那問羊裘者

斗南老人○胡奎字虛白海寧人弘治間泊舟番君望湖亭見石刻東坡句云黒雲推雨來遮山歸和書於壁怒一老叟來誚曰子非斗南老人耶長揖不見

螢火繞棺○胡夢泰江西沿山人崇禎進士以清介擢諫垣比都變走江南集義旅至閩旋大師抵境經死絕命云蕭蕭數莖髮一髮重千鈞笑指泉臺路無慚所付身有僧義而殮之停棺劍州爲洪水漂流隨

波而下有螢火千百爲群繞棺爍如列星鄉人祝其
上書孤臣胡夢泰遺骨閩士楊觀方潤瘞之鼓山積
翠巖任僧爲霖爲之立碣
觧愁杯〇胡上琛字席公福州人通經史著武備輯
要年十六過易水詩云一死酧知已丈夫非所難至
今渡易水猶恨悮燕册甲申勤王至江上撤歸唐藩
入閩王柄者解體令妻奉毋避兵吳航留妾恵娘偕
綫懸大師入冠服北面叩首畢取酖酒蕙娘曰君終
口愁藉一杯以解卒分妾先奪飲琛書絶命詞孝既

存宗忠難盡節欲求死所於斯爲得蕙娘揖大士像叩頭云嚴粧朝大士大士也低眉死忠君得所殉節妾安辭璆悲歌一飲而絕

○晉胡芳有姿德入選以絳紗繫臂詩絳綵猶繫臂

○胡氏胡廣女廣與解縉同官生女未樂命許縉子縉遭謗戍邊廣欲易婚女取刀截耳呼曰薄命之婚上主之父承之有死無二後縉蒙宥卒歸解氏

盧范陽齊晏之後食采於盧

牟酒賀○盧綰與漢高祖同里閈同生日兩家交以

斗酒賀漢高帝起沛以故人從封燕王

楨幹○盧植字子幹涿郡人聲如洪鐘獻帝拜中郎曾操曰植名著海內學爲儒宗士之模楷國之楨幹

居盧前○盧照隣字昇之與王勃楊炯駱賓王爲四傑世稱王楊盧駱炯曰吾愧居盧前耻居王後

伴食○盧懷慎清儉得祿盡賜故人親戚唐開元中與姚崇並相每事推讓於崇人呼伴食宰相

玉川子○盧仝號玉川子唐時人所作月餅詩茶歌爲世所稱有所思云相思一夜梅花發忽到窗前疑

是君

大曆十子○盧倫字允言與韓翃錢起司空曙俱能詩號大曆十子

奪錦○盧肇宜春人與黃頗同舉郡守獨餞頗明年肇中狀元歸太守請觀競渡詩云向道是龍君不信果然奪得錦標歸

紅綾餅○盧延遜唐人及第賜曲江宴有詩云莫欺老大殘牙齒曾喫紅綾餅餤來

玉京遊○盧儲舉進士投卷於尚書李翺有女潛窺

曰此人必狀元也翙擇爲婿果大魁合卺儲詩云昔年曾向玉京遊第一儒人許狀頭今日已成秦晉約早教鸞鳳下西樓

九老圖○盧真年八十三官御史致政燕居集九老會詩云先時其作三朝貴今日猶逢九老翁但願酥醪當酌蕭煙霞萬里會應同

琉璃瓶○盧文紀唐人末帝擢相悉書清望官姓名置琉璃瓶中祝天以筯挾之得文紀大拜

比玉○盧士琛宋人文采風流當入試主司楊愔曰

盧郎朗潤比玉時吏唱名果得士琛愔喜自負識鑑天台文選○盧原質字希魯浙江寧海人明洪武進士官太常卿孝孺曰江南異才也遺以詩云奉天樓上榜新開其貫江南得異才好與青蘿居士說今年文選屆天台建文太常卿靖難兵至不屈死族其家絕火○盧迥僊居人建文侍郎疏爽不屑拘曲大節皎皎飲酒輒歌或稱其狂目其顛靖難兵至絕火不食文皇逮之獄向獄神長歌而絕

史覽○盧文政領洪武鄉薦官僕丞性溫雅年耄手

不釋卷輯經史彙義史覽

雪賦○盧儒字爲己崑山人博學善文天順鄉薦給

事閣中每臨池觀者喜羨一日應制雪賦中使促急

諸公束手儒獨立就上嘉賜白蜀錦以書

指南○盧一誠字誠之福清人萬曆進士以風節自

持與葉臺山、林楚石同譜友善二先生居大僚不以

片刺通謁登第十載閉戶著述筮仕僅歷南度支、極

生平研究輯四書講述學者奉爲指南

盧閣王○盧象昇字九台以材勇[illegible]頗未賜冠[illegible]

江北昇倫兵天雄與賊遇每格殺鋒不可當賊相戒日此盧閻王也晉七省經略秦關一帶悉平溫體仁忌功以熊文燦代之旋戰死松杏

○盧徹吉州刺史有一女靜婉馬暢求之卜者曰辭夫人入門而媼御皆喜既饋而公姑皆賀人謂克受成福

吳 延陵周太伯仲雍封吳之孫因氏

掛劍○吳季札聘魯過徐徐君好札劍不敢言札心識之及使還聞徐君已死解劍掛冢上而去從者曰

彼已死尚誰與乎札曰吾心許之豈以死背吾心哉

談兵○吳起衛人善談兵與魏文侯浮西河曰在德不在險

番君○吳芮爲秦鄱陽太守得江湖間心民號番君

治行第一○吳公漢文時河南守治行爲天下第一

差強人意○吳漢字子顏佐光武中興伐蜀與公孫述八戰八克帝曰吳公差強人意隱然一敵國矣位大司馬廣平侯繪像雲臺

南皮遊○吳質字季重南皮人雅與魏文帝善築燕

友臺招貧遺書云泛甘瓜於清泉沉朱李於寒冰憶
昔南皮之遊不可忘也
不易心○吳隱之字處默有介節與韓伯康友善康
母曰汝若掌銓衡當舉此輩人後刺廣州酌貪泉吟
云古人云此水一歃懷千金試使夷齊飲終當不易
心晉慶支尚書廣州十賢堂隱之居一
渡扇○吳猛晉人性孝夏月不驅蚊恐去而噬親從
丁義學道回豫江波濤震撼猛以白扇渡水
袖中奇士○吳武陵唐元和博士爲崔郾爲禮部貢

士武陵曰君爲天子求奇士敢獻所知搢笏出袖中杜牧阿房宮賦讀之曰請以此爲第一八

畫聖○吳道玄字道子善畫下筆有神傳術於張旭旭號書顛吳稱畫聖元宗召畫大同殿蜀中嘉陵三百里山水一日而畢

求識面○吳中復字仲庶孫忭聞其賢舉御史欲識之曰昔人耻爲呈身御史今日求一識面臺官仁宗書鐵御史賜之

第二家○吳玠字晉卿性沉毅尙氣節日讀七書佐

高宗中興保有全蜀上賜錦袍謝曰大丈夫當自結主知何必附人以進○官開府謚武安玠子拱弟璘子挺宋朝兄弟建節者七家○玠璘其一○拱挺其二也○

草廬先生○吳澄字伯操崇仁人學以聖賢爲期仕元官學士閉戶著述學者稱草廬先生謚文正明追配廟庭

精誠錄○吳沉金華人明洪武徵授侍講東閣學士著精誠錄有比闕詩縈風細作千秋業捧日高懸一朶黃內苑詩萬年枝上紅雲擁五色屏中繡幙開後

以應對失次謫博士

聞過○吳海字朝宗博學負氣節著命本書禍二編以斥佛老申韓之說顏其齋曰聞過明太祖累徵不赴學者稱聞過先生

修明律○吳毅南城人性敏學贍洪武初以人才徵拜博士修大明律令著學海集學者稱學海先生

玉光劍氣○吳宗伯金谿人十歲通舉業先達見其文嘆曰玉光劍氣終不可掩洪武開科第一官司業性剛直忤胡惟庸坐謫後召武英殿學士著玉堂成

均集

遯跡雪庵○吳成學和陽人金川之變祝髮爲僧雲遊會帝于吳江史仲彬水月觀伏地泣帝贈詩云江水無情去不還惟留兩岸好青山輕雲歛跡惟歸岫不向東風見素顏入蜀隱松灘稱雪庵和尚錫山王騎大吊詩云秋水孤帆下五湖低飛白鷺隱孤蒲驚心縐弋寒江路一帶蒼煙草樹枯

古崖○吳溥字德潤崇仁人建文進士第一官編修永樂司業清修苦節與世寡合著古崖歸隱採藥微

言詩云洗藥臨溪頭水流溪尾香石路曲盤白山花
鬭錦黃日暮春攜藥歸香風蒲薜裳
識王○吳亮洪武中官建文焚宮祝髮遯去正統中
有僧自田州來稱建文皇帝曰我自蜀到此今老矣
還骨故鄉朝廷莫識以吳亮曾入侍審問帝見亮曰
爾吳亮也昔便殿食子鵝棄塊肉於地爾時執壺匍
匐之亮伏地哭不能仰視遂自經死
一代人豪○吳與弼字子傳號康齋深嗜濂溪語錄
咏詩云九仞始一簣千里方跬步又曰誠當通神明

志嘗貫金石大臣累薦不起賜璽書曰一代人豪也
授詔德命行人送還山
嗜蘇○吳寬字原博長洲人成化會試廷試俱第一
累官尚書經明行修酷愛蘇長公文寢食與俱書亦
形肖號匏菴澹世務家居結茅屋日以文酒自娛歿
謚文定
琵琶曲○吳儼字克溫宜興人成化進士歷官尚書
謚文肅性方嚴清慎文章詩詞清麗著琵琶曲有子
夜猿啼殘月白上林鶯老落花紅句

七遷七謫○吳廷舉字獻臣嘉魚人身長瘠面如削瓜成化進士順德守有御史囑曰某大璫葺家廟藉助其役公謝云守舊制一夫一錢非朝廷經制不敢用其止一身用則往役官四十載七遷七謫終不變節位止二卿

眉壽上卿○吳文華字子彬連江人嘉靖進士巡兩廣制府尚書具文武才精籌畫屢平倭亂詔參機務便宜考核將校謚襄惠眉壽八袠

龍[illegible]文窩○吳國倫字明卿興國人嘉靖進士居兵

垣時會楊繼盛冤戮經紀其喪忤嵩遂謫嵩敗擢督學滇南歷中州黎政歸與王世貞徐中行宗臣李攀龍謝榛梁有譽稱嘉靖七子家居疊石爲洞曰麤甕文窩賦詠自娛

白簡飛霜○吳裕中江夏人萬曆進士拜御史建言忤璫詔獄鞫問廷杖至百立死部題云白簡午夜霜飛明廷一時雲黯賜贈謚

不畏死○吳正志字徹如宜興人初名秉忠萬曆進士官刑部主事疏劾李春開稱黨護輔臣排擠善類

忤執政廷杖蓆藁待命愛公者曰須備黑羔皮以防腐潰公曰如是畏死矣畏死則不言言則不畏死一時正人爭重之文定公申白謫縣尉旋復職著雲棲集

文章氣節○吳默字因之號無障吳縣人萬曆進士第一歷官通政時吳江令劉時俊爲李三才所枉公力白之劉未識公面公晤劉亦不言其事朝士韙之

文章氣節師表一世

五經曲○吳炳字可先號石渠宜興人萬曆進士祁

今蕭圻歷江西學副善交詞音律嘗倣湯若士五經曲世傳誦之崇禎乙酉典閩闈國變絕食死衡陽七郎廟絕命詞云君恩未報生猶死徒死偷生更辱生不吉天公直夢夢祗令人世笑啞啞又云荒山誰與收空骨明月留教照短纓五十年華彈指過一朝夢醒郎詞鯨時通政與從魯以全髮不屈死賦詩明志學方山。吳麟徵字聖生號磊齋海陽人天啟進士崇禎國變走三元祠痛飲絕筆云身居諫垣無匡國救民法應褫當殮以角巾青麻覆以單衾草薦狂呼

投繯諡忠節嘗言曰吾志文山學文山耳○
風雨秋○吳甡來字受和新昌人天啓進士崇禎翰
林簡討甲申國變托子與友詩云君臣義命乾坤晚
狐鼠干戈風雨秋初寇警迫兄泰來至寓執手泣曰
有死無二城陷聞上尙在日土木袁彬遂國程濟可
爲也及聞上崩煤山遂躃踊而絕○
請擇用○吳适字幼洪長洲人崇禎進士弘光給事
馬士英欲撤湖撫楊鶚适識其奸疏曰楊鶚忠誠可
任大事且大敵當前屢撤大師兵法所忌寧擇後用

審於未事之先。無用後擇輕置。既用之後。時論韙之。爲奸黨撼獄死

對繆壯○吳應箕字次尾。南畿國子生。博學才辯。大師南下。以節自勉。聞尚書高倬。郎中劉成治。主事吳佳胤經死。箕披髮走雞鳴山。對繆壯侯刎死

詮輿○吳易字日生。吳縣人。崇禎進士。釋褐杜門。著述探微抉幽。潛心詮輿。丙戌九月。與黃陶菴仝殉節。作絕命詞七章。讀者哀之

一指歸報○吳爾壎字介子。崇德人。吳之屛翳齋先

生于先生督閩學政試拔卑寒爲有明二百年文衡之冠擴崇禎進士初官庶吉士學士范景文薦召德政殿泣言流寇情形請間使西邊未及行都城陷偕舉人祝淵南奔與相國史可法倡義持杯酒別祝淵南歸囑曰君歸吾以一指見托遂拔佩刀斷左指付日歸報父母賊倘未至兒不歸矣李與史相國同難家人以一指俱衣冠葬焉

抱聖牌死○吳鍾巒字巒稚號霞舟崇禎進士武進人夙學淹於仕進初筮長興令擢儀部郎南北都繼

陷閩關入粵晉宗伯知事局已解收生平著作彙經
象解諸集及篆章積薪學宮抱聖牌焚死
清夜詞○吳偉業字駿公號梅村崇禎進士思宗殉
社稷感傷作秣陵口號易餅市傍王殿瓦換魚江上
孝陵柴被老讀之流涕尋爲文章聲氣所牽以趨時
會每清夜欷歔云我本淮王舊雞犬不隨僊去落人
間嗟乎安得蘇坡僊題李白碑陰具千古隻眼爲後
人洗刷哉
夢遠高堂○吳貞毓字元聲貞啓弟崇禎進士毓國

變後閒關楚粵黔滇累官大司徒時馬吉翔龐天壽諸奸網羅正人同列不能挋望闕涕泣詠云躬逢多難惟依漢奮迹高堂亦報劉又云擊奸未遂身先喪一片丹心死不休其諸寮屬曰後事付諸君就縊宛白謚文忠

○吳繹儒以紅綾箋進詩唐太宗曰繹儒才調女相如也

○吳隱之女妻謝石石知其貧素移厨帳就之使者見其婢方牽一犬賣之此外蕭然　卷之三終

古今人物大觀卷之四

太史孫子未先生鑒定　閩中林涵春奕善父纂輯

姪孫霖培文聚編校

上平函　四

于　河內尉武王第二子邘叔後因氏

門容駟馬○漢于公門閭壞父老共治之公曰少高大令容駟馬高蓋車我治獄多陰德子孫必有興者○後子定國拜相封西平侯永爲御史大夫

三老○于謹字思敬後周位太師爲大夏之棟梁作

巨川之舟楫、耆年碩德、與高望重、爲三老、上賜延年杖、封藍田縣公、

三代學士○于志寧字仲謐、唐太宗時瀛洲十八學士、志寧與焉、撰諫苑二十篇、能直言諫太子、上賜金帛、孫休烈、曾孫益肅、三代四學士、

玉音嘉賞○于公易在李晟幕下、平朱泚、作露布云、臣肅清宮禁、祇謁園陵、鐘簴不移、廟貌如故、德宗讀之泣下、嘉嘆一再、

救時宰相○于謙字廷益、錢塘人、骨格異常、僧蘭古

春見之曰、此他日救時宰相也、永樂進士、巡河南入京、並無土物賄當路、嘗作詩曰、手帕蘑菰與線香、本資民用反爲殃、清風兩袖朝天去、免得閭閻話短長。後爲权奸所害、

俞河間

医國○俞拊、良医也、太古有岐伯、俞拊、中古有扁鵲、秦和、論病爲医國、原診以知證。

二俞○俞紫芝、字秀老、有高行、得浮屠心法、工詩、荆公與相往來、嘗有夜深童子呼不起、猛虎一聲山月

高之句公爲稱賞〇俞澹字清老滑稽善謔洞曉音律荆公亦喜之一日見公云欲爲浮屠公爲置祠部約日祝髮既而見曰吾思僧不易爲所贈祠部已送酒家還旧債矣公爲大笑

古君子〇俞尚字退翁東坡與友及卒有詩悲其節推云吳興古君子淡如朱絃琴一唱三嘆息至今有遺音

關羽自擬〇俞伯完臨川人身長面赤美髯鳳目慨勇義奮元末陳友諒聞而召之遂委身仕陳友諒得

關羽完亦以關公自擬會友諒殪太祖命諸將生致伯完者予千金卒爲常遇春所獲上優待之携歸金陵毋就問詞終不易居三年題梅詩於壁曰疏蕋雖含憔悴色灵根尚有嫡傳心上見詩怒殺之既嘉其義乃厚葬優恤其母

涂　南昌洪州人因水爲姓

豫章記○涂廙南唐人博學弘才著有豫章記

有古人風○涂大經宜黃人慷慨有古人風因日食應詔請復元祐之政

毅然請行○涂俊生字友良番禺人黄蕭反部許白
新求人賞無應者俊生毅然請行至則諭以禍福
皆羅拜聽命
三妙○涂端字祥才學書法儀表各擅其長人號爲
翰林三妙
朱沛國周封曹挾於邾後去阝從朱
濺虎○朱亥力人也魏公子無忌使亥奉璧使秦王
怒置亥虎圈中亥瞋目視虎背裂血出以濺虎虎不
敢動嘗袖四十斤鐵椎殺晉鄙奪其兵擊秦存趙

書錦○朱買臣字翁子、採樵自給、謂妻曰、吾年五十當富貴、漢武擢爲會稽太守曰富貴不還故鄉如衣錦夜行

角檻兩折○朱雲、倜儻有大節、與五鹿充宗論易連柱、諸儒語曰、五鹿岳岳朱雲折其角、漢成帝朝爲槐里令上書願借尚方劍斬張禹佞臣、上怒欲斬之御史將雲去雲攀檻折殿檻

志士○朱暉字文季、世衣冠、性矜嚴、陰就徙侯之、不見致禮不受、就曰、志士也、勿奪其節、爲臨淮太守人

歌曰、强立自遂、南陽朱季、吏畏其威、人懷其惠。

奇士○朱穆字公叔、梁冀曰、公叔文武兼資、海内奇士、舉爲御史、著崇厚論、傷時澆薄也、著絶交論、言鴟鳳異域、爲劉伯宗作也、

金山玉海○朱異字彦和、偏覽五經、明山賓表薦云、金山萬丈、緑浤未登、玉海千尋、窺映不測。

讓畔○朱仁軌字德容、唐人、隱居養親、誨子弟曰、終身讓路、不枉百步、終身讓畔、不失一段、孝感赤烏白鵲之祥、

睢陽五老。朱貫年八十、詩云、名還朝政遇堯年。霍
鬢但宜頂道冠。乍到林泉能放曠。全拋簪紱尚盤桓。
序云、蹈榮名而保終吉。卻貴勢而蹈艱者。白首一節。
人情所難。
坐春風。朱廷光字公掞、登宋嘉祐第、明道曰、光廷
在春風坐了一箇月。學以格致誠正爲本。溫公薦爲
正言左司諫、
刺血寫經。朱壽昌字康叔、少失恃、後刺血寫經、棄
官求母于陝州、得之、士多歌美之、

神仙風致○朱希真字敦儒宋紹興間以詩詞名有

仙致自云我是清都山水郎天教分付與踈狂曾批

給月支風券屢上留雲借月章詩萬卷酒千觴幾曾

着眼看侯王玉樓金殿慵歸去且插梅花醉洛陽

道學○朱熹字元晦稱紫陽從學屏山心窮造化之

原身體天地之運發明聖賢大義維持萬古綱常紹

熙中除待制理宗贈太師封徽國公子孫世襲博士

國朝從祀聖殿四配之列

十歲通經○朱善字備萬豊城人總穎好學十歲通

五經、值元亂隱居養親、惟以著述爲事、洪武初、爲教授、薦翰林、以奏對失旨放還、尋復職、著有詩經解頤等書行世、

蘇武功 祝融之後、封於蘇、因氏

六國相印○蘇秦說秦王書十二上而說不行、裘敝金盡、遂負書歸、後併相六國、乃曰、使我有負郭二頃田、安能佩六國黃金印。

齧雪○蘇武字子卿、天漢元年、持節使匈奴、齧雪咽氈、杖節牧羊於沙漠十九年、昭帝時漢使詭得爲書

還朝李陵別詩云兩鳧俱北飛一鳧獨翔南五言詩
始此人號蘇李體
二天○蘇章字孺文漢順帝朝爲冀州刺史與故人
清河太守飲守喜曰人皆一天我獨有二天
乘雀仙○蘇仙公名耽得修真術隱柳州淵秀峯有
摘泉元結詩云灵摘無根井有泉世間如夢又千年
鄉閭不見重歸雀姓字今爲第幾仙時跨雀來郡城
玉堂之署○蘇易簡字太簡爲宋學士上書玉堂之
署四字賜之曰美卿君清華之地也時召賜酒上曰

君臣千載會对曰忠孝一生心上喜賜以席上金盃

飛仙○蘓舜欽字子美長詩歌居蘓州作滄浪亭後崔文過問曰世傳學士仙矣曰瀛洲有召遂飛去詩曰崑崙氣候四時春紫府光陰夜如曉來時不出五雲車跨着清風下蓬島

老蘓文章○蘓洵字明允號老泉年念七始發憤閉户讀書下筆数千言嘉佑中歐公上其權書衡論二十二篇于朝除校書郎文章擅名學者以其父子俱知名故稱老蘓以別之

出入頭地○蘇軾、字子瞻、號東坡、歐公試其文、語梅聖俞曰、老夫當避此人一頭地、宣仁后曰、先帝見卿文、必嘆奇才、命坐賜茶、以金燭送歸院、山谷詩云、赤壁風月、玉堂雲霧窓、又贊云、嬉笑怒罵、皆成文章、解組歸來、紫薇玉堂、

東軒長老○蘇轍、字子由、號潁濱、元豐謫監酒稅、假部刺史府以居之東半、作堂爲軒、種杉蓄竹、爲宴林之所、自號東軒長老、著東軒記、

璇璣圖○蘇蕙、字若蘭、適將軍竇滔、滔鎮襄陽、攜寵

姬趙陽台之在蘇織廻文錦趙詩二百餘首凡八百四十字名璇璣圖以獻滔善遇之

池 西平

善政○池瑗漢時爲中牟令邑多善政

特科狀元○池夢鯉宋咸淳甲戌中特科狀元

屠 陳留

才高行潔○屠隆字長卿漢朝人善文才早而氣高言誕而行潔驅車窮轅懷刺滅字奇東方之傲守子雲之玄

強項御史○居高甯稱簡肅巡按江西宸濠有逆謀語

所親曰奈何令此強項御史來

邳　清河

不顧家○邳彤信都人歸光武都人反捕彤父兄使

爲書招彤彤曰事君者不顧家封靈壽侯

戎　江陵

功著邊陲○戎漢爲漢高祖功臣有边功封柳溪侯

著詩觀風○戎昱荊南人唐登進士工詩文觀風問

俗爲節度使

裴汝南魯哀後

誓不再仕〇裴愉寧都人爲南唐尚書唐降宋愉誓曰吾終身不仕矣遂遁隱

鬷　鄭國

一言而善〇鬷蔑字然明晉叔向如鄭然明從受器者立于堂下一言而善向曰必然明也遂下堂執手曰子如不言吾幾失子矣

問政見心〇鬷然明見知于子產子產問爲政爲且曰吾它日見蔑之面而已今吾見其心矣

庸膠東　商侯國

尚書法派○庸譚膠東人漢時孔安國以尚書授都尉朝朝以授談焉馬融作傳謂得尚書法派云

眭趙郡

明經大儒○眭弘字孟從嬴公受以春秋成大儒漢昭帝時爲議郎因推大石起立枯柳復生之異霍光惡之奏言惑衆伏誅

何劳國士○眭夸高邑人有大度好書與崔浩爲莫逆交浩徵夸爲郎辭曰何劳國士

糜汝南

出資助軍○糜竺字可仲朐人進妹爲先主夫人出金銀貨帛助軍貲後益州平拜安漢將軍

有大臣節○糜溧字子長知廣濟惠澤旁及擢御史言事激發風裁凜然立朝剛直有大臣節

持節不阿○糜鍇字公範郢人由博士持使節與秦檜不合棄官去

彌 魯弥牟後

戒衆勿犯○彌遠知冀州宋時金人犯河朔捐金帛

致勇士邀擊其遊騎郤獲甚衆兀朮北還戒衆勿犯
其境

綦　綦連氏後

眞學士〇綦崇禮字叔厚北海名家除學士詔令悉
出其手南渡後上曰綦崇禮之文有體直學士也居台
州一介之士亦約以禮凡故家子弟淪落者推橐以
賑其乏

脂

節比栾布〇脂習京兆人與孔融相善及曹操殺融

習徃收之曰文舉捨我死吾何用獨生爲文帝以爲有桑布之節加中散大夫

巫 平陽

巫咸巫陽之王卜筮因氏

任職○巫咸商時爲太戊之臣書曰巫咸乂王家子巫賢爲祖乙相克任其職

都 黎陽

苦學○都頡字光遠餘干人少貧苦學後宋時官司農少卿多殊政

畫梅不暴○都維明博學多藝務爲韜晦常畫梅尋

悔曰有一節卽蔽一能何自暴耶

胥　瑯琊　晋臣大夫後

仗義輕財○晋偃字安道長沙人宋時爲學士仗義輕財有良田数十頃既貴悉分族人歐陽修愛其文以女妻之

鎮方面　晋開繁峙人官平章達吏事爲政鎮靜南遷後書生鎮方面者惟開一人而已

居　雁門　晋大夫先且居後

功封○居般功勇敢兼人輔漢有功封宋城侯

訾渤海帝嚳妃訾娵氏後

樓虛侯○訾順漢人驍勇善戰陣後封樓虛侯

守眞子○訾亘宋人不求聞達學道自號守眞子

蘧

知非守節○蘧瑗字伯玉衛人孔子弟子淮南子云伯玉行年五十始知四十九年之非靈公與夫人南子夜坐聞車聲轔轔至闕而止夫人曰此伯玉也公曰何以知之曰大臣不爲昭昭伸節不爲冥冥惰行伯玉賢大夫也豈以闇昧廢禮是以知之

魚雁門宋司馬子孫後以字爲氏

魚公陂○魚思賢唐時人令任邱開通利渠百姓利之號其陂曰魚公陂

不愛錢○魚侃常熟人明時爲郡守以清廉聞王吏部稱曰富不愛錢是錢所貧不愛錢是魚侃

閩吳興

登進士○閩見昌古筠人宋咸平中登陳堯咨榜進士第

敷奏直亮○閩克新秦州人洪武時爲司訓入覲上

問民間得失數奏直亮擢左賛善

烏 頴川烏桓氏後

轅門二龍○烏承玭唐開元中與族兄承恩皆爲平盧先鋒沉而勇決號轅門二龍玭拜冠軍將軍封昌化郡王

禮羅○烏重胤鎮河陽聘禮名士石洪溫造韓愈送二處士序云以禮爲羅羅而致之幕下平蔡有功封邪國公

危 汝南

道關去晋○危稹字逢吉號驪塘宋加定中柴與之
徂謫積送以詩有云人才自係國輕重吾道亦關公
去晋爲世所推

國史莫亡○危素字太朴金溪人以文學知名授學
士承旨上命達克燕京欲死難報恩寺僧曰國史非
公莫知公死是忘國史也得不死達以素歸時年六
十八矣

代父作劳○危孝先臨海人爲臨川丞坐法謫役江
浦子貞昉爲郡學生員奔訴郡守願代父役守難之

左右爲請始允昉詣京上疏曰臣父不幸羅吏輸作
江濱力衰不能執大事臣馬齒方殷願代作勞聽其
歸養臣死無恨上從之就役七日卒時年十八聞者
悉爲之悲

韋京兆 顓帝大彭后封于豕韋因氏

鄒魯大儒○韋賢字長孺漢宣帝朝拜相賜第一區
封扶陽侯自韋孟至賢凡五世爲大儒

雜論石渠○韋玄成字少翁爲河南守以侯爵讓弟
漢帝高其節召爲郎與五經諸儒雜論于石渠閣父

子俱明經爲相、

明珠出蚌○常端二子長元將、次仲將、孔融與書曰、不意雙珠近出老蚌○前日元將來、雅度弘毅、經世之才也、昨日仲將來、文敏篤誠、保家之主也、

徑丈之勢○常仲將、字善、太魏初鄴宮觀就、詔召仲將題著、奏曰若用張芝筆左伯紙、及臣墨又得臣手、然後可以逞徑丈之勢、

竹如意○常勵、字懷文、深武、爲名將、臨陣手執竹如意、指麾軍令、進止、制勝、克敵無往弗捷、進爵侯、

動搖山嶽。韋思謙字仁約唐高宗朝擢御史曰御不使動搖山嶽者爲不任職又曰大丈夫敢當言路須明目張膽以報天子安得碌碌保妻子耶

並秀。韋承慶武后朝代父爲天官侍郎韋嗣立代兄爲鳳閣舍人韋安石復爲鳳閣侍郎制曰芝之蘭並秀見謝石之階庭騏驥齊驅有劉山之昆季

五雲躰。韋陟字殷卿安石長子年十歲爲文詞開元侍郎嘗以五彩箋爲書記使侍妾主之陟惟署名自謂名若五朶雲時號韋公五雲躰

裴

碧鸛 ○ 韋詵爲潤州刺史族望清華擇參軍裴寬爲婿寬衣碧瘦而長呼碧鸛雀詵曰愛女必妻賢公卿奈何以貌取人

不識貴人 ○ 韋皋微時張延賞妻苗夫人選爲婿賞不爲禮皋西遊改名韓翱唐德宗幸奉天以功持節代延賞賞慙恨郭園詩云當時可惜張延賞不識韋皋是貴人

凝香 ○ 韋應物工詩代宗朝蘇州太守作凝香齋自娛日與文士宴集詩云兵衛森畫戟燕寢凝清香可

恩風致

賜璽○韋正明洪武河州指揮西民艱於輓運至鎮令民以茶布易粟公以茶布給軍使自貿易歲省經費之劳河州遂成樂土賜璽書慰問

氷鑑○韋斌山陽人天順進士弘治督學文章清操爲時雅重諸生服其氷鑑

定婚店○韋固於旅次宋城店議司馬潘昉女爲婚見月下老人檢書云此婚不合後題其店爲定婚店

歸京兆春秋時晉有歸生子孫因氏

清德○歸崇敬字正禮吳人傳孝經與唐天寶中對
策第一累官孝士使新羅国東夷服其清德
願竄名○歸登之唐德宗策賢良爲左拾遺陽城論
裴延齡以疏示登之登之動容曰願竄吾名雷霆之
下君难獨處聯署其名以進
韓歐繼起○歸有光字熙甫號震川明嘉靖進士令
長興鄒長江引爲太僕修世廟実錄王弇州主文壇
光不少下王晚歲題其像曰千載有公繼韓歐而起
吾敢異趨乎著熙甫集

卷之四終

古今人物大觀卷之五

上平函五　　　　龔　嶸岱生甫參閱

太史孫子未先生鑒定　　閩中林涵春奕菴父纂輯

　　　　　　　　　　姪孫霖培文聚甫編校

齊　汝南　炎帝姜姓後太公封齊

志恠○齊諧志恠也諧之言曰鵬之徙南也水擊三千里摶扶搖而上九萬里

明水賦○齊若季唐正元中陸贄主試試明水賦御溝詩得韓愈歐陽詹賈稜諸人悉皆天下孤雋偉能

之士。

解事。齊澣、字洗心、年十四、李嶠稱其有王佐才、開元初、姚崇薦澣中書舍人、朝廷大赦、咨之、號解事。崇嘗曰、欲知今問齊澣、欲知古問舒仲

却異珍。齊廓、會稽人、宋天聖進士、官秘書監、仕有賢聲、弟唐、舉制科、南雄僉判、交趾進麒麟、引經珍禽異獸不入於國、却之、著學苑精英

受顧命。齊泰、初名德、溧水人、明洪武進士、歷官兵部尚書、太祖召泰問邊將姓名、歷數不遺、又問古今

圖籍應對如響受顧命輔建文時諸藩擁兵專制與黃子澄議削其權靖難兵至不屈族誅錫山王時大吊詩云智囊堪嘆悞蒼生興復空謀事不成東市朝衣休一旦非關袁盎謗言傾

問侍○齊晉山東人宣德進士令長樂素秉內行事親以孝每出蒞政必整衣問侍方出以寬率下凡可利民者殫心以圖

黎京兆殷侯國因氏

減騶○黎幹唐代宗朝為京兆尹出入騶從以百數

聞楊綰相，卽減騶撤樂。

經術○黎醇，字希聲，治春秋。東坡故人，歐陽公重之。宋英宗朝爲學士。上問蜀士，對曰：文行蘇洵，經術黎醇。

戴笠圖○黎子望，昌化軍城南有載酒堂。東坡在儋耳，一日訪之，遇雨，坡戴笠着屐而歸，婦人小兒相隨爭笑，邑犬群吠。周小隱詩：持節歸誇海上蘇。前身應是牧羊奴。爲嫌朱紱當年夢。故作黃冠一笑娛。遺跡與公歸物外。清風爲我襲衣襦。憑誰與起王摩詰畫作東坡戴笠圖。

湘江賦○黎淳字大樸華亭人少從父宦楚圖湘江作賦明天順進士廷試第一翰林修撰修大明一統志官至尚書謚文僖

人鑑○黎擴字大量臨川人成化薦舉官貴池學訓博學深識雅有品望客問吳士器局曰江南才藪魁天下者必吳寬也時服知人之鑑

墨妙○黎民表字惟敬從化人嘉靖鄉舉直閣中書歷象藩濬雅有姿墨妙筆致詩文擅名嶺表得文待

詔筆法有擅春曲云薰人欲醉憐花氣送客無情是

○柳絲牽纖迴隨蘭浦入金尊還傍竹陰多

懸書○黎元寬字左嚴號博菴江西人天啓進士學粹行醇歷官部郎學憲自甲申國變杜門著述每臨池每客求書命兩童子牽帛懸空走翰風流瀟雅翛然物外精內典晉夙參大乘者雖高僧老衲不能叩底蘊

繫帛完節○黎弘慧以文名噪聲氣崇禎末守和州流賊破和與總兵周廷儒學正康正諫懸印於樑結

弔携手相對而絕。

○黎瓊僊、唐時麻姑壇女道士、餐花絕粒、年八十、面顏色益腴、

○黎媧、東坡侍妾也、胡澹菴居海外二十年、飲黎園、詩云、君恩許歸時一醉、傍有黎頰生微渦、謂黎倩也、朱文公詩云、十年浮海一身輕、歸對黎媧却有情、

倪　千乘鄭武公封子於倪、因氏

帶經○倪寬、漢武帝時人、束髮治尚書、家貧、帶經而

鋤以謝箕爲掌故遷内史

更直記載○倪若水字子泉藁城人唐進士汴州刺史玄宗遣取珍禽異獸於南方水諫止之家聚藏書数萬卷命子弟更直記載

藥石○倪稱字文舉宋南渡人居吳興錦山受業張横浦之門有文名與芮國瑞序云吾與子不交以面而交以心珠玉之贈不如藥石之規

淨名居士○倪鑽字元鎭號雲林無錫人元末高士築清閟閣藏書萬卷箬笠簑衣扁舟湖泖舍詩工畫

每落墨。不圖人物。以時無人物也。有鄉村靜日無塵焉。從見寒雲伴鶴歸句。畫不著名。或曰淨業居士雲林子、

四乳異質〇倪岳字克讓、號舜咨、江寧人、明正統進士廷試第三、初父謙官尚書、謚文僖、奉命祀北岳禱於神、母夢緋衣神入室生公、遂名岳、四乳異質重瞳耿耿、官翰林學士、經筵侍郎、謚文毅、國朝父子並謚以文自公始、

名重天下〇倪元璐字鴻寶、號玉女、上虞人、博學善

文名重天下萬曆進士翰林侍郎畧官尚書甲申國
變璐紗幘絳袍以酒酹漢壽亭侯坐南向自縊諸家
人云必大行殯後方收吾屍謚文正有文集百卷
號佛歸節○倪舜年浙水醫士南都陷大師下浙不
食經旬正襟危坐思得死所忽躍入磁缸中覆面號
佛千聲而絕

嵇譙國夏少康封季子季杼於嵇山因氏
竹林友○嵇康字叔夜嘗云導養得理則安期彭祖
之倫可及著養生論好鍛煉宅邊一柳夏月常鍛其

下山濤舉康自代與濤告絕云但得濁酒一杯素琴
一曲志意足矣仕晉中散大夫與阮籍王戎爲竹林
友○

毫丘子○嵇含字君道與二陸談論豁然若春日之
判薄氷秋風之掃落葉號毫丘子門曰歸德室曰慎
終仕晉中書侍郎

鶴立鷄群○嵇紹字延祖或謂王戎曰昨於稠人中
見延祖昂昂若野鶴之在鷄群戎曰君未見其父耳
從惠帝與成都王戰蕩陰紹獨以身捍衛被害血濺

御衣事定左右欲浣衣帝曰此嵇侍中血勿浣

鳳客○嵇喜善音律每挾琴賞酒題門曰鳳客

柴平陽齊文公子高柴後

舞女破敵○柴紹字嗣昌尙唐高祖平陽公主主與紹對置幕府號娘子軍吐谷渾寇邊勑紹禦之敵南下矢石如雨士皆失色紹令二女子對舞彈琵琶送之敵退紹掩擊之

槐影日○柴與之字申行宋嘉定州守與時宰不合危逢吉送以詩云力爲君王乞得州補天未了石還

收人才自昔關輕重吾道亦行在去留殿角繞辭槐
影日船頭偏覆荻蘆秋競誇祖帳東門外誰識勤勞
尚未休
紀功錄○柴鑛明嘉靖孝廉性俠遇艱險敢爲劾令
永春流徙絕境躬擐介冑語人曰儒者之勇豈三軍
可奪十幾平之作記功錄
棄瞿○柴直錢塘人嘉靖鄉薦武選主事以清愼名
入閩採大木道經廣信信守餽一瞿發視悉白鏹棄
瞿曰故人知君君不知故人呼還之

○柴翁、名禮、有女居唐莊宗掖庭、明宗入洛出宮人予歸、謂父曰、見鄆舍官郎、黥邑花項、形表甚異、翁曰、豈有花項天子乎、歸之、即周太祖威也

裴　河東伯益後、秦子孫封裴鄉、因氏

三眷○裴遵、從光武平蜀、曾孫茂、爲侍中尚書、生子長曰輯、號東眷、次曰軒、號西眷、曾孫天明、號中眷

五兵縱横○裴頠、字逸民、博學稽古、周弼曰、頠若五兵縱横、一時之傑也、晉俗尚虛無、著崇有論、矯之官侍中、

玉山○裴楷字叔則時稱玉人近之如玉山照人也○與王戎齊名仕晉光祿卿

八裴○裴徽兄弟子侄善談玄理時人以方八王徽比王祥楷比王衍康比王綏綽比王澄瓚比王敦遐比王導頠比王戎邈比王玄

一經○裴昭之齊永明高陵守罷郡無宅常曰一身之外何須乎子孫不才我聚彼散若能自立不如一經○

獨立使君○裴俠北魏人河北守上命俠別立曰清

慎奉公爲天下最衆中有如俠者可與並立衆無敢
應號獨立使君
擲聲甚清○裴行儉字守約唐高宗侍中與李玄馬
藏同典選稱行儉有知人之鑑一日出瑪瑙盤供宴
軍吏碎之儉自若徐謂客曰擲聲甚清
卧護北門○裴度字中立威譽德業侔郭汾陽以身
繫天下安危歷四朝終始一德平淮蔡入覲韓愈詩
云將軍舊壓三司貴宰相新兼五等崇東征詩六旗
穿曉日雲霞段擁山倚秋空劍戟森上命留守東都諭

日爲朕卧護北門。白樂天詩云。天子旌旗分一半。八方風雨會中州。作緑野堂娛老。號曲江公。封晉國公。謚文忠。

還帶○裴度。唐人。幼有相者曰。君當餓寒。一日遊香山。有婦人父被罪。假玉帶以遺要津。置欄楯忘收。裴拾之。訪所失以還。後復遇相者曰。子有陰隲。貴當三公。後果驗。

舞劍揮毫○裴旻爲唐將軍。延吳道子畫天宮寺。道子請旻舞劍作氣以助揮毫。旻舞劍。道子奮筆立就

如有神助稱二絶

玉峯高○裴智明宣德中令慶陽清介自持存心莅事一以仁恕出之致仕歸民肖像玉峯山以玉峯高比公德

懶雲集○裴應章清流人隆慶進士莅仕行人奉使德藩歸謁上顧曰舉止端肅正士也擢臺垣疏止捕鷹罷水衡錢晉南太宰謚恭靖著懶雲集

歛奸○裴天祐淮安人嘉靖進士會歲荒民苦於編役公條議十事諸奸猾歛跡悉按邮以法

○裴寛唐潤州刺史韋詵有女擇適會休沐日登樓見寛於後苑瘞鹿盒人餉寛不屑者詵呼妻曰吾得佳婿矣時寛衣碧而長人呼爲碧鸛雀

○裴航唐人維舟襄漢同舟有樊夫人殊色航屬婢裊煙達詩夫人答曰一飲瓊漿百感生玄霜搗盡見雲英藍橋便是神僊宅何必區區上玉京航不觧後經藍橋驛若渴見茅舍老嫗緝麻航揖求漿嫗呼雲英擎漿飲之乃玉液也曰君欲娶此女須玉杵來航夜窺之有玉兔持杵搗藥雪光滿室隨

入洞府婚焉

來河東商支孫食采於郲改來

叱虎牙○來歙漢光武節侯與盖延攻公孫述中刺客召盖延延悲泣不能仰視歙叱曰虎牙何敢然今使者中刺客無以報国呼卿相屬国事耳反效兒女子泣耶遂遺表云臣奉職不謹為賊所傷理国以得賢為本投筆抽刃而絕○

善爾雅○來敏蜀漢人諸葛亮薦為祭酒備涉經史尤善春秋爾雅

安事研席○來護兒隋文帝勲臣嘗云大丈夫爲國討賊反手而定中原安事研磨乎子三恒濟整恒仕唐宰相

作相作匠○來恒唐高宗朝拜相嘗言大丈夫惟不仕仕必宰相弟濟同中書令一門二相時虞世南子和無才術作匠許敬宗曰護兒兒作相世南男作匠將相豈有定耶

嚼鐵○來瑱唐永壽人尚名節祿山反瑱爲汝南守屡戰屡捷賊曰爲來嚼鐵代宗朝拜相

女紅絕倒○來復字陽伯、三原人、明萬曆進士、歷官
潘伯精敏、才藝、詩文之外、尤善琴劍枰局、寓吳臨樓
視刺繡者、終夕、隨手灑之、女紅艷爲絕倒、
來江亭○來方煒、字澤蘭、蕭山人、萬曆進士、博學清
操、詩才文譽、名重東南、初宰侯官、與曹石倉友善、政
暇多過和倡、一日石倉小構新成、未命名、公適至、因
名來江亭、隨口占、不小亭新構就、朝夕愛江聲、長者
停車坐、來江此命名、蓋閩清夙弊、援後學、邑人典祀
春秋、官銓部郎、歷僕卿、來蕃來集之載、補遺中

聞道迥別〇來知德字矣鮮瞿唐人明季詩叟所居有快活菴頹然自放嘗論詩云心志在此福澤亦在此孟郊出門即有礙誰謂天地寬與邵康節誰謂一室小寬如天地間聞道與未聞道迥別自異

真 天水上谷八姓之一

太尉長史〇真祐漢太尉長史

潭人詩〇真德秀字希元宋慶元進士官參知政事謚文忠稱西山先生帥湖南潭人作祠祀之人題詩於壁云舉世知公不愛名潭人苦欲置冊青何須又

作生祠記四海蒼生足口銘上大學衍義名其齋曰

契易聯云坐看吳越兩山色默契羲文千古心○

糾璫○眞時慝松溪人明萬曆進士歷江西學政分

臬山東請蠲遼餉以蘇民困以卓異晉都御史糾魏

璫削奪崇禎復官

申 魏郡炎帝後封申伯因氏

誕申○申伯周宣王舅封申伯仲山甫作詩送之曰

崧高維嶽峻極於天惟嶽降神生甫及申

黄老術○申不害相韓昭侯善黄老術著申子書

哭秦庭○由包胥仕楚楚王殺伍員父兄員曰我必覆楚胥曰我必存楚吳師伐楚入郢胥乞師於秦哭秦庭七日秦伯哀之曰有臣如此未可滅也爲之賦無衣昭王返國論賞胥逃去

力行○申培公魯人漢高帝過魯以束帛安車迎之問治道公曰爲政不在多言顧力行何如耳

使公跡○申巖仕魏爲襄州刺史性廉慎畫楊震像於琴堂以警及歸題詩清水亭父老指曰此申公手跡○

夢吞芝之○申泰之洛陽人母夢吞芝而孕與唐玄宗同日生隱邵陽山修煉玄宗感夢圖像訪之居內禁白日中舉

清廉一人○申泰字伯廣無爲州人明洪武徵辟守劍州清介自持民安其政會入覲他州有以侵課聞密授府藏至泰署僅得米數斗鈔貳貫稱天下清廉

殿閣冠○申時行字汝默號瑶泉長州人嘉靖進士廷試第一歷官詹尚書學士少師元輔九載眉壽八袠承江陵綜核之後雍容恬靜與海內休息垂卷三

賜侍閣、文藻風流藪閣之冠。有賜閑集、子用懋、尚書、
詩文娛、○申紹芳字青門、萬曆進士、歷官侍郎、博學
通艱、凡科條兵食民隱、鹽筴水利、無不悉心區畫、政
暇進多士講課、以詩文自娛。
掩涕同娟○申佳胤、崇禎進士、官僕卿、闖變、殉節、與御
史陳良謨、第談及掩涕、城陷、與謨朝服共縊

辛巖山似姓後、文子封於辛、因氏

虎臣○辛慶忌字子真、狄道人、父賢、酒泉太守、慶忌
拜左將軍、父子皆稱虎臣、朱雲請劍斬佞臣、上欲殺

之忌力争以救

引裾○辛毗字佐治魏侍中諫文帝徙民河内帝怒而入毗引帝裾上曰卿持我何太急耶○

好消息○辛玄馭唐武后朝爲屯田郎嘗言兒子從官來有人稱貧乏不自存此是好消息如聞貲貨充足衣馬輕肥是惡消息○

補闕柳○辛申甫字之翰宋太祖問趙普有文武兼資者普以申甫對出知光州課民種柳以蔭行路人稱補闕柳○

三宜○辛去疾字幼安歷城人宋紹興提閩刑獄日枕山襟海盜藪也俗悍易亂出積鏹五十萬榜曰備安庫與閩人休息作西江月云萬事雲煙忽過一身蒲柳早衰而今何事相宜宜醉宜遊宜睡

物望○辛彥博汾州人明洪武中以國學徵擢御史數歷中外政簡刑清翕然物望歸之

荀 河內 文王支子郇侯後

翼經○荀卿名況趙人著書萬言羽翼六經號荀子

八龍○荀淑字季和潁川人少有高行與李固李膺

友善。漢桓帝官朗陵侯相。八子並有才名。號八龍。倣高陽氏才子八人。遂名其里爲高陽里。

外光。荀爽字慈明。十二通春秋。語曰。荀氏八龍。慈無雙。或問許邵。靖爽孰賢。曰。二子皆玉。慈明外光。叔明內潤。

給筆札。荀悅字仲豫。獻帝時與孔融侍講禁中。帝命悅依左氏傳體修漢紀。詔尚書給筆札。

王佐才。荀彧字文若。舉孝廉。何顒見之曰。王佐才也。爲魏武尚書。操受九錫。彧飲藥死。

奇策十二○荀攸字公達魏武陵亭侯居帷幄發奇
策十二武曰公達人之師表也文中子云荀氏有
仁生以濟時死以明道
鳳凰池○荀勗字公曾晉武朝秘書監得汲冢竹書
撰次爲中經藏秘府自中書遷尚書人賀之勗曰奪
我鳳凰池諸公何賀爲
佐命功○荀顗字景倩晉武侍中有佐命彌導功銘
太常配清廟稱八俊擧龍
逸群氣○荀羨字令則褚裒奇之曰荀生逸群之氣

將有冲天之舉二十八爲晉中興岳牧年之最少者

荀采爽女適陰瑜守節父母欲奪之題扇云身在荀家骸歸陰氏

梅汝南殷紂時梅伯後子孫因氏

梅僊梅福字子眞九江人南昌尉福曰願登文石之堦陟丹墀之塗王莽專政棄妻子變姓爲吳門卒瑞州圖經載梅子眞宅豐安鄉有梅僊觀

梅臺梅鋗漢臺侯從吳王芮定百粤功封其地號梅臺因鋗得名

石室得道○坐定辭、得道隱居石室貯錢五十萬以賞廉者不得一人

毋鉅鹿毋邱分爲二姓作毋非

學冠四科○毋雅江都人學冠四科漢授涪陵令忠義奉上弘毅接下俗感其德化

瀛州學士○毋煚字照開洛陽人與兄名象同撰古今詩錄唐時敘爲十八學士之一

平山先生○毋蜀機蜀人宋末分教黃州兼領雪堂河南兩書院學者稱平山先生

扶 京兆

功定三秦〇扶嘉漢時爲尹尉相高祖定三秦嘉其扶翊之功賜姓扶

著經〇扶少明漢時爲高士著有道德經譜

開

開方之後

清廉大夫〇開府周時爲大夫居官清廉民懷其惠

至孝〇開趙宋時爲御史取肝救父詔賜至孝

郇

明經飭行〇郇越字君仰太原人明經飭行志節甚

高敬貲千萬分施里族顯名漢世

獻三十字○郇模晉州人唐大曆中獻三十字一字爲一事內多訕元戴盛朝廷館之客舍

崇　文王時伐密伐崇郎其国也　紂時崇侯虎是其人者

郳　宋地　魯隱公元年郳儀父來盟于蔑地　又小郳子來朝用夷礼春秋訓之

兒　千乘與倪同郳武子封次子於郳去邑存氏

儀　儀封人後

相馬○儀長孺西河人善相馬漢帝宮之

直言不阿○儀智山東溫重端慤直言不阿明時上

命侍皇太孫講學。

夷　譙郡　夷齊之後

隱居不仕○夷逸周時人隱居不仕或勸之曰譬則牛也寧服軛以耕于野豈忍被文繡入大廟而爲犧牲乎。

容　敦煌　容成後

孝行○容惸與字行白合山人博學謹行事母最孝明時人稱爲孝行先生

符　瑯琊　曾公孫雅爲秦苻璽令因氏

談辞如雲○符融字偉明陳留人也漢時遊太學一

事李膺幅巾奮袖談吐如雲膺使盈門連辟不應

以身殉國○符彦卿宛邱人善騎射唐莊宗時爲節

度使契丹入寇戰敗以身殉國

索

索珠赤水○离朱即離婁周人索玄珠于赤水

斯東陽

以身代父○斯敦三國人父偉爲廷尉失儀當死敦

叩闕泣血乞以身代吳主嘉其孝赦之仍旌其閭

岐。　文王支庶封岐因氏

內經行世○岐伯北地人、精通脉理、審辨藥性、著有

素問內經行世。

伊　陳留　古伊祈氏因姓。

耕莘○伊尹名摯、牧之后、生于空桑城、後湯三聘爲

阿衡、孟軻以爲聖之任者也、

妖不勝德○伊陟相太戊、時亳有祥桑穀共生、一暮

大拱、王問陟、陟曰、妖不勝德、君政其闕與、于是修德

而祥桑立枯、

才捷○伊籍字機伯蜀人出使吳權聞其才捷欲逆拒之入拜權曰勞事無道之君曰一拜一起未足以爲勞

姬 南陽 帝嚳姬永氏

積德行仁○姬亶父繼公劉居邠積德行仁狄人侵之遷岐改國曰周

化行南國○姬昌爲西伯遵后稷公劉之業則古公公季之法化行南國

指南車○姬旦相武王伐紂制作禮樂吐哺握髮以

下賢士越裳氏來朝、迷其歸路、公作指南車以導之、

公　栝陽魯公衍後

不仕權門○公折衷、齊人、抱道自重、不仕家臣、孔子

賢之與公祖茲公及儒從學孔門、

僖　彭城魯僖公後

饋飧加璧○僖負羈、周人、晉重耳過曹、曹君欲觀其

駢脅、羈諫不聽、乃私於重耳、饋盤飧、則加璧焉

疏　東海

知足不辱○疏廣、字仲翁、東海人、漢時官拜大傅、兄

經語○扶少明漢人著道經講三卷

開陝西衛君子開方後

放孝○開超宋武功大夫英州刺史嘗取肝救父詔曰開超昔忠於國今孝於親晉爵團練使旌其孝

設六科○開濟字來學洛陽人明初以明經徵助教御史晏然薦異才歷官尚書丨命設六科取士凡國家經制田賦河渠諸事衆莫裁定者公籌畫有條

郇淮南文王支子郇侯後

舉茂才○郇越字君仲太原人明經飭行漢平帝舉

茂才散家貲千萬分施九族節尚名顯

隱居山澤○鄒恁字君大漢議郎少好清隱居山澤以求志

崇見姓苑

誦法○崇高明洪武御史廬陵劉亨以明經徵說書於華盖殿授教職以老辭高言於上曰昔伏上年九十傳尚書今亨八十數官何不可自使且誦法聖言老者安之上大笑

堅陣駭敵○崇劉洪武開國指揮靖難兵起鬪練卒

司頖郎鄭司臣後
梗直無忌○司庠恩州人元時與弟廈舉進士後庠
爲西臺御史梗直無顧忌廈有才行後官尚書
捍禦著功○司超元城人宋時爲裨將戰多大功後
官都指揮使

古今人物大觀 六之八

古今人物大觀卷之六

上平函六　　冀　燦[illegible]生甫參閱

太史孫子未先生鑒定　　閩中林涵春奕薈父纂輯

姪孫霖培文聚甫編校

文雁門　周文王支孫以謚爲氏

文種。越大夫，吳王夫差敗越於夫椒，勾踐使種行成於吳，踐歸國，屬政於種，吳滅，功高被譖，勾踐賜以屬鏤之劒，遂殞。

文風。文翁，舒城人，學通春秋，漢景帝時守蜀，崇教

化典學校俗大變文風可比鄒魯蜀人祀之
識前生○文潞蜀人生五歲謂母曰兒有五色香囊
在杏林中乃前生童子時所失者囊中有詩取之果
驗潞長聰穎絶倫
天下異人○文彥博字寬夫介休人凝重閑雅歷事
四朝薦更二府七換節鉞出入將相五十餘年畢仲
游詩云十年三策命四海一師臣契丹使者來聘望
見公却立改容拱手曰天下異人宋哲宗朝太師封
潞公與富弼司馬光爲耆英同甲會詩云四人三百

二十歲況是同生丙午年

墨竹○文同字與可少以文學知名潞公奇之曰襟度洒落如晴雲秋月塵埃不到墨竹精妙四方持縑素請者相踵投之地曰吾將以為襪矣東坡亦寫墨竹與可遺書云吾墨竹近在彭城襪材當萃於此矣

衣帶贊○文天祥號文山吉水人宋寶祐狀元元兵渡江遣天祥奉使間關脫歸募兵勤王挾二王入廣被執繫燕獄死之日顏色不變衣帶贊云孔曰成仁孟曰取義惟其義盡所以仁至讀聖賢書所學何事

而今而後庶幾無愧

虎丘別圖○文林字宗儒長洲人明成化進士劭令永嘉歷温州守居官廉平所至見思子徵明與唐寅徐禎卿諸名士擅江左風流沈啓南繪虎丘餞別圖以紀宗儒詩重一時

禁中宮景○文徵明字徵仲正德布衣翰林待詔命畫禁中宮景題詩云內苑秋晴宿霧稀盈盈日彩上金屏松間翠殿圖蓬島天外銀橋接翠薇錦纜漫遊青雀靜瓊波不動白鷗飛彤墻高椰無人到時見巾

官一騎回宸濠聘之謝云病起秋風吹白髮雨中黃葉暗松關不妨窮臥頹回老消受茶煙一味閒築玉磬山房歸老詩書畫稱三絕

文氏三承○文彭字壽承五德傅士文嘉字休承和州教授壽承以書傳絕似待詔休承以畫名蕭然簡遠瓊枝玉樹王謝子弟也壽承有玄家近江淹宅能續消魂賦休承有五百年來幾萃本翠禽猶在最高枝句入彤管

諷刺權璫○文震孟字湛持吳縣人天啓進士廷試

篤、一性介直少有公輔之望初官修撰疏請開經筵、語多諷刺觸權璫怒矯旨奪職崇禎召復居政府經年爲溫烏程所不容予告歸未究其用天下惜之謚忠肅、

奇男子○文鳳翔字天瑞三水人萬曆進士由郎中督山西學晉光祿卿風神標舉迥然物外爲文奥幻著太微集以釋易理錢虞山稱奇男子

○文好讀逸才清隱善畫竹陳康伯妻以女、

殷汝南商後山辛改國爲氏

重席。殷亮漢武中博士時諸儒說經賜席詔勝者坐講亮賜重席至九。

荻蘆秀士。殷禮字德嗣吳人諸葛亮與兄瑾書云殷德嗣秀士中之僑盼者也荻蘆中有此人乎。

書郵。殷羨字洪喬晉豫州守都下人寄羨書百函悉投之石頭城水中曰沉者自沉浮者自浮殷羨不能作書郵。元帝皇子生普賜群臣羨謝曰皇子誕生普天同慶臣無功而猥頒厚賚帝笑曰此事豈容卿有功耶。

作咄咄○殷浩字深源，性恬，善談玄，風流才調，人比管葛。謝尚、王濛候其出處，以卜江左興亡，皆曰：深源不起，如蒼生何。首簡文朝，假節鉞，督諸軍，山桑之敗削籍，家居，終日書空，作咄咄怪事。○舌本強○殷仲堪，浩從子，三日不讀道德經，便覺舌本間強。晉武朝出鎮江陵，詔曰：卿去，使人酸然，其示為廟廊之寶，勿作荊楚之珍。父病耳聰，聞床下蟻動，謂牛鬭。湛服勤，眇其一目。五總龜○殷踐猷，字伯起，博學，善記天文、醫卜，靡不

通曉、人謂之五總龜、官秘省、
頊刻花開○殷七七、學儒、唐周寶鎮潤州、喜鶴林寺
杜鵑奇絕、謂殷曰、可使頊刻花開、副重九乎、殷許之、
及九日果爛熳、如春、賓賞玩畢、花忽不見、
賜練裙○殷不害、事、毋孝、梁簡文中、詔群臣舉孝行
、風世賜害毋練裙襦氊珍幣、
圖凌煙○殷開山、名嶠、從唐太宗征伐有功、進爵勛
、公圖形凌煙閣、
五經第○殷侑、唐貞元、登五經及第、官諫議大夫、論

治亂得失四十八疏
盧中人。殷獮浙人元末居若耶溪乘小舟隱菰蘆
中有司薦遺佚明洪武召修元史有望海詩云吳淞
江口海門東萬里京師咫尺通白浦紅旗二月浪紫
簫花鼓午潮風。
道統圖。殷奎字孝章華亭人洪武徵試高等以母
老乞近地授咸陽教授門人私謚文懿先生著道學
統系圖關中勝志
縱橫江淮。殷雲霄字近夫壽張人弘治進士以疾

歸作齋文堂讀書其中擢給諫與鄭少谷方善詩文雄富王元美云如越兵縱橫江淮終不成霸

恍然見心○殷邁字時遷京衛人嘉靖進士歷官侍郎氣貌醇靜深嗜王陽明語録一日大悟曰吾恍然見心嘗云有形之心非心無形之心乃心也著懲忿篇

閩政畧○殷從儉字汝中臨桂人嘉靖進士陞慶都御史時東南倭變籍民田戍餉毋易撫臣輒增分數儉著八閩政畧悉復舊制卒於官百姓縞服哭助其

喪

○殷仲文有才藻美親容桓温以女妻之

○殷景仁少有大志王謐奇之擇以爲婿

甄 中山 舜陶甄河濱因氏

瘦羊博士○甄宇東漢人官博士毎臘日詔博士人一羊宇循取其瘦者後朝會上問瘦羊博士

披裘者○甄彬有行業嘗以紵就質及贖於紵中得金五兩還之日五月披裘而負薪者豈拾遺金耶但梁錄事參軍

訧

喑瘂○甄濟字孟成以文雅重居青岩山五辟不就
唐玄宗置祿山府中濟識其必叛詐啞瘂去祿山封
刃追之濟引脛受刃使者嗟嘆以病告昌黎與元微
之書稱忠節宜入國史子甄逢能標白其先人贈謚
宜牽連得書

秦天才顓頊後伯益支孫非子封秦因氏

飲上池○秦越人扁鵲名少遇桑君飲以上池之水
能隔墻視病盡見臟腑徵結

黃石○秦彭字伯平漢建初守潁川有麟鳳嘉禾之

瑞一門二千石者五號萬石秦氏
論天○秦宓蜀人有才學諸葛亮引爲別駕吳遣張
溫來聘宓爲館伴與溫論天而屈其說
賜金鞭○秦瓊字叔寶佐唐太宗定天下上賜黃金
鞭圖形凌煙閣史稱雄悍壓衆
偏師攻退○秦系字公緒天寶末避剡溪客安南種
松千本結廬其中水石爲研注老子稱安南居士劉
長卿善詩號風雅長城與緒聯詠權德輿曰長卿嘗
被公緒偏師攻退矣○

巒旨○秦觀字少游宋學士東坡薦之王荆公答書
君奇秦君口之不置我讀其文手之而不釋嘗鼎臠
旨可知矣
賜第○秦從龍洛陽人元末高士明洪武聘之賜第
西華苑事無大小悉諮以漆板書答卒乘輿幸其家
弔問
雪鬢○秦夔字廷瑞無錫人天順進士累官方伯幼
善詩文老而彌篤感懷詩云仕路無媒雪鬢寒枝頭
黃菊抱香乾冰山富貴從人競雲雨交情洗眼看

菜羹腸○秦紘字世纓單人景泰進士官御史劾中官摘獺逮獄百姓伏闕申白守韋昌治秦府卒者王訐其貪籍家僅得黃絹一端上廣紘清賜鈔晉尚書經畧歷官四十載貧約人所不堪公曰吾菜羹腸怡然

水戰畧○秦經國字嘉猷五河人弱冠有遠畧官都指揮蒞衛政嘉靖倭冦興化城開關躬殲百戰薦策輕舟水戰郡之稱南來水軍無踰其畧

○秦少游娶東坡妹蘇小合卺之夕小難以詩曰閉

門推出窓前月少游不及答小日抛石衝開水裏天
○秦觀女妻范祖禹子元實風流韻士年少登舘閣
陳　潁川舜後胡公滿封陳以國爲氏
六奇計○陳平字孺子出奇計六佐漢高祖定天下
官丞相曲逆侯微時里中社平宰肉嘆曰使吾宰天
下當如是肉矣貧無與婚里中張負有女孫五嫁而
夫輒死負至平家見敝席爲門而戶外多長者車轍
嘆曰安有面如冠玉若陳平而長貧賤者乎嫁之
鴻鵠志○陳耳字涉傭耕隴上語人曰苟富貴無相

志人唤之曰燕鵲安知鴻鵠志哉後舉兵擊秦稱陳
王、
辭大名。陳嬰秦東陽人東陽令秦苛政少年殺令
立嬰爲王嬰母曰我爲汝家婦未聞先世有貴者今
暴得大名不祥止之

漢臘。陳咸字子康漢元帝御史王莽專政歸里杜
門猶用漢臘人問之曰我先祖豈知有王氏臘乎。

懸旌。陳湯字子公爲郎使外國矯制發兵斬郅支
雄向曰懸旌萬里之外揚威昆山之西自漢以來征

伐方外之將末之有也
驚座○陳遵字公孟漢哀帝奮威侯好客每宴會客
至取其車轄投井中令不得去嘗書與人尺牘人皆
珍之入客座衆咸震動號陳驚座
德星○陳寔字仲弓漢桓帝時太丘長居鄉閭有爭
者造門求判寔以理解人曰寧爲刑罰所加毋爲陳
公所短嘗詣荀淑令子元方將車季方執杖孫孝先
坐車中既至荀淑令慈明應門叔明行酒餘六龍下
食文若尚幼置膝前太史奏德星見五百里內有賢

人聚寔謚文範先生

二難○陳紀字元方弟諶字季方與父寔齊名號三君元方子長文季方子孝先各於祖太丘前論父功行太丘曰元方難爲兄季方難爲弟

不凡子○陳蕃字仲舉年十五獨處一室庭宇蕪穢薛勤曰孺子何不洒掃以待賓客蕃曰大丈夫當掃除天下安事一室勤奇之謂其父曰足下有不凡子

下榻○陳蕃爲安樂太守郡人周璆以高　重蕃字之不名遷守豫州不接賓客惟徐穉來特設一榻以

徒去則懸之。

湖海士。陳登字元龍、下邳人、許汜與劉玄德論人物、曰元龍湖海之士。豪氣未除。無主客禮。自上大床臥客下床。德曰君有國士名。而不留心世務。乃事求田問舍。言無可採。如我臥百尺樓上。臥君於地下。何但上下床之間耶。

愈頭風。陳琳字孔璋、爲魏武記室、當草檄。操患頭風起讀曰可愈我疾。建安七子之一、

海內文宗。陳子昂字伯玉、唐興文章承徐庾餘風、

子昂始變正雅爲感遇二十八章王適曰是爲海內文宗武后奇其才擢麟臺正字

西山吟○陳陶南唐人結廬西山作西山吟殊有隹語詩曰中原不是無麟鳳自是皇家結網疎

一片野心○陳摶號希夷四歲戲渦水有青衣媼抱乳之隱頓絕倫入武當山修煉詩云携取舊書還舊隱野花啼鳥一般春周世宗召禁中賜號白雲先生嘗乘白驢入汴聞宋太祖登極大笑曰天下從此都無事我在山中睡得恬矣太宗召至以野服見辭曰

九重丹詔休教册鳳啣來一片野心已被白雲留
三金紫○陳華省宋眞宗朝封秦國公三子堯叟堯
佐堯咨每賓至三子金紫侍立客遜辭秦公曰兒輩
應爾天下以秦公教子爲法陳氏世家爲業堯叟貞
宗朝狀元里諺曰錦屏三峰三出狀元謂公兄弟及
婿馬涓也仁宗時呂相公公著求退上問誰代曰老
成練達無如堯佐遂大拜堯咨咸平狀元精於弧矢
號小由棊
四先生○陳襄字述古閩人與陳烈周希孟鄭穆四

人行高志古相期任天下之重稱四先生襄宰河陽
富弼鎮其地游讌必偕吟詠樽俎必和每云陳著作
奇才也號古靈先生
龍丘居士○陳慥字季常號龍丘居士東坡謫黃州
至岐亭有白馬青蓋來迎乃故人季常也留飲晨夕
而別
白犢圖○陳舜俞宋神宗中嘉禾令以阻行青苗謫
居山南每乘白犢往來李龍眠畫白犢圖贈之
江西詩派○陳師道號后山居士嘗以文謁曾鞏鞏

奇之有云向來一瓣香。敬爲曾南豐之句。
隱嵩巖。陳叔易初與晁說之隱嵩巖叔易赴召晁
作詩送之云處士何人爲作媒盡携琴鶴到京華故
山巖壑應惆悵六六峯頭止一家
志存經濟。陳亮永康人宋光宗朝廷對第一穎異
超群志存經濟嘗詣闕上書極言時政帝將官之亮
日臣欲爲社稷開百年之基寧博一第巳耶遂歸而
究所學言自孟子後惟文中子研究義理靜默涵養
能推倒一世之勇知拓開萬世之心胸與亮差有一

日之長耳官建康府判卒謚文毅

北山先生○陳孔碩字膚仲候官人刻志學古以聖賢爲期偕兄孔夙師事朱晦翁于武夷淳熙進士官秘閣修撰居官有古良吏風在朝不容于史彌遠歸杜門著書有大學中庸解學者稱北山先生

和陳難○陳志道字元和號野雲崇高節善詩程公鉅夫謂有郊島風味態度清華如玉人衣雲錦荊州刺史劉湖山極慕嗜傚和陶故事作和陳難詩云和陶容易和陳難玉樹千尋不可攀飽喫荊州三載飯

更無一句落人間。隱香山，得道，稱詩僊。

麥飯亭。陳公榮，閩人。宋亡，每歲寒食，持麥飯上[illegible]之龍龕山，望王毋磯，哭祭王毋磯，郎楊淑妃泊舟處也。後人呼其亭爲麥飯亭。大學士李九我登磯詩云：鳳凰山前吹觱篥，突圍子弟竟相失。國士就僇碧血寒，老翁抱戈啼白日。文山不踐樓下土，淚洒中原何處土。寒食麥飯空望祭，江潮洶洶猶戰鼓。公榮子弟戰鳳凰山，突圍而死，世稱陳氏三忠。

不繫舟。陳高，字子上，元至正進士，天姿曠逸，著不

繫舟漁後集曾能始品詩閩人爲最
躍御溝○陳性善名復初山陰人明洪武進士臚唱
御前容止凝重上屬之命取劉誠意遺書擇翰林楷
書錄進人人憚上威嚴善獨安常閒雅書法端正賜
食禁中家人愴惶謂其死矣㝵從容出禁建文都御
史靖難兵入愧憤朝衣躍御溝死莆田人御史陳
繼之同日逮至抗罵不屈磔於市籍其家翰林編脩
蘄縣人陳忠忠憤嘔血觸死
三受顧命○陳廸字景道宣城人洪武訓導徵草萬

壽表上羨其學擢翰林建文晉尚書與黃子澄賜大計靖難兵入文皇責問譏罵不屈割其子肉食之噎而益厲父子六人同戮袖中得詩云三受天王顧命新山河礪帯此絲綸千秋公論明如日照徹區區不貳心時侍郎黃魁黃觀與迪同日死人稱三仁錫山王時大吊詩云秩宗舊望領朝班折盡蘭芽淚欲潸慷慨三仁同盡節英靈長傍孝陵間

南陳。陳敬宗字光世慈谿人永樂進士讀書文淵閣纂高皇實錄時卿雲見景星明甘露降獻聖德頌

龍馬騶虞賦時李時勉官北祭酒稱北李公南祭酒
稱南陳勉號古廉公號澹菴名學相配
閩十子○陳亮字景明永樂累徵不仕作陳希夷傳
見志築室滄洲與王恭高棅諸人稱閩中十子
靜誠先生○陳遇字中行學邃先天高皇帝渡江致
書以伊呂相期與語大悅三授學士三辭詔曰志節
之士遠超功名不敢以祿成先生之高也御賜靜誠
寵之
祭哭舊君○陳思賢廣人漳州教授靖難詔至率諸

生陳應宗伍性原林旺鄒君默曾廷瑞呂贒設壇君
位拜哭有司逮見文皇厲聲曰不意千古綱常泯予
一旦各伸頸就戮錫山王疇大用詩云東京建學重
明倫不愧君臣大義伸百世清風存苜蓿一氊猶可
傲朝紳

御手汪藥陳山字汝靜沙縣人永樂召脩大典擢
給事特旨綜核六科章奏宣德謹身殿學士嘗墜馬
傷足上手汪藥省問征漢庶人命參贊總機務

琹姬賭賽陳彬字思濟精琹奕有古琹價千金用

陽周公子善愛之周有侍姬寒碧稱國色請與賭賽一姬一琴決勝于朝天宫連局相和翌日再賽周輸一着以寒碧贈陳航置之別館開筵謝周公子爲之合璧衆艷盛事航奕名大譟

神功頌○陳循字德遵泰和人博學清操舉止端肅粲然經濟自任永樂進士第一人官翰林脩撰正統直閣學士景泰宫保尚書上皇復辟戍鐵嶺著四朝神功聖德頌

度金針○陳獻章新會人天順孝廉嘗曰學止舉業

已乎天下必有知道者、從吳康齋學築室名陽春臺悟明道先生宗旨詩云誰家繡出鴛鴦譜不把金針度與人晚年堅忍道力號石翁稱白沙先生有靜處春生動處春一家春化萬家春公今料理春來處便是乾坤造化人直蘊太和元氣于一身

玉鎖匙○陳真晟字晦德又剩夫居漳玉洲嘗詣闕上書爾布衣骨氣清聳援例赴省試有司察察過嚴晟以非禮待士隨歸學以涵養氣質爲功論曰大學誠意爲鐵門關主敬乃其玉鎖匙也

廟廊氣象○陳謹字德言嘉靖進士第一翰林脩撰累中允司業諸生時王司閱其文嘆曰廟廊氣象經綸手也知制誥風度爾雅著內制諸篇

天下布衣○陳繼儒字仲醇號眉公萬曆布衣名重天下屢詔徵辟著秘笈與董北苑齊名時稱婁東王華亭陳兩家子弟才知猶漢之太丘潁陰荀陳相雅重也詩有高人風致如摘菓驚黄鳥踏泉破碧苔秋聲滿松徑斜與夕陽來句

孝廉○陳茂烈字時周莆田人弘治進士先世隸戍

籍公晝入軍府夜退讀書慨然有經世志筮仕擢御史陳白沙與語大悅隨乞終養學道貧困不自給上聞其廉詔有司月給米三石恤之表其閭曰孝廉史稱廉約如石守道純孝如徐仲章嘗云舉業與理學無關詩云紛紛衿佩此時文競巧趨新作日程一試奔馳天下士三年冷煖世間情朝廷不計人心壞子弟安知天爵榮所用是人專是學不知何日可昇平深意可慨

賓山賦○陳沂字魯南鄞人五歲能屬對八歲能摹

右人詩十二作賓山賦正德進士編脩侍講與張孚
嘉不合黜江西藩入覲復與抗論免官家居與傅華
玉酬唱文采風流爲大江南北壇坫
不愧師傳○陳琛號紫峯正德進士銓部郎督學貴
州蔡文莊清師事侯官林雲室傳易蒙引授琛文莊
殁無愧付托者琛一人而已著通典
抗論典祀○陳仕賢字邦憲福清人嘉靖進士諸生
時名節自勵有臬長欲俎豆先人於學宮諸紳士唯
唯賢獨抗言不合典祀有關名教衆惴爲公危公恬

然日惟義之正雖斧鉞奚懼耶是科登第歷官巡撫
兩湖蘇馬政寬地畝建學造士宦歸清介不自給近
代周五溪先生諸生時亦爭阮大鋮之父不宜躋列
名宦揭其主秉之士論韙公周亦於是年登第惜今
世鄉黌濫及離婚仕僞之輩士大夫不畏國典輿論
且利其有爲之附和可慨也夫周諱之夔天啓進士
蘇州司理以直節稱

風節○陳叔紹名振閩縣人少無宦情每試秋闈遇
中秋月好醻醉不起試文累爲主司嘆賞丞家人強

翼之進循酩酊歌呼隨成文領薦正德進士歷御史副憲性篤孝風節矯矯

一言回天○陳省字孔震嘉靖進士官侍郎撫楚時肅宗欲葬興都群臣不能止省連疏告災荒言湖湘泛溢淪爲巨浸萑苻嘯徒苗種布滿觀望不宜重役○上覽奏泫然事寢徐文貞當國嘆曰陳省一言有回天之力晚歲以受知江陵引嫌歸隱武夷雲窩

叩轅請命○陳洙字伯訓號一水楚臬時憲公孫憲死璫禍公生穎異嘉靖進士守襄陽築隄拯荒療萬

命、視滇中學、以剛直忤新鄭相國、滇寇変、撫軍怒屬
釀亂、議死者五百人、旦將決、公夜叩軍門、以身代白、
新鄭卒以事中公罷斥、旋起楚藩、宦歸僦屋以居、門
人韓仲殷以百金治屋、公曰邊事弗靖、正臣子卧薪
時也、尚求安寢耶、

詩窮○陳鼎號白雲、甫人、客金陵、善詩、宋比玉奇其
句酒債今生負○詩緣異代留○窮極、鍾伯敬愛之、死為
作傳、泣葬、刻其詩于金陵、題不到寺云、懸知入世隔○
郤斷古今行○又偶一笑云、忽然開口笑○舒展兩雙眉○

筆耕作獲鬆桑稼，歲生枝。出飲黃柑酒，歸成芍藥詩。敲推庭院裏，只許杖藜知

比元亮。陳勳，字元凱，閩縣人，萬曆進士，國子助教，歷郎中，守紹興，風標峻潔，善詩工書，壯歲投簪却埽，人以陶元亮比之。著元凱集，松陵呂純如題序，有踪跡世間踈，文章身後貴句

一腔血。陳第，字季立，連江人，初業博士，居俞大猷幕，識南北戰守，譚襄毅奇之，駐薊鎮，公將遊擊符，出古北，脩堡障，時萬曆季年，俞死譚罷，歸師府持文法鑁

金日吾投筆從戎頭顱白一腔熱血已矣隨解符歸簞瓢。陳价夫字伯孺閩縣諸生弟薦夫字幼孺萬曆孝廉公車病目杜門隱退侍郎董應舉贈伯孺云伯孺隹公子簞瓢居陋巷短衣纔至骭吾視天夢夢贈幼孺云孝廉夙憤世遯景棲幽宮親朋罕見面文酒孰將同伯孺著述甚多水明樓尤稱傑作嘗飲陳言山人春興和韻云二月巳破三月來梨花李花參差開爭知百歲不百歲得飲數杯還數杯

歷朝通史。陳仁錫字明卿號芝臺天啓進士掌經

筵史局以忤璫削奪、尋賜環、公於典較掄才、錢穀兵
屯河漕律曆靡不通曉、輯歷朝通史、長於詩文、有懷
古詩云、册心只有君侯血、青簡誰招處士魂○際時艱、
忠義自奮、以節操傳、累官祭酒、謚文莊、長洲人
再世觀音○陳燕翼字仲謀、侯官人、崇禎進士、令程
鄉民號再世觀音○擢給諫、流寇攻汴、守臣決河避賊、
且因邀功、公糾云、諸藩陵寢陷於誰手○列郡名城危
存有幾○以人功咎造化、則誣天、以靈氣爲變移、則誣
地○漕河惜水如血、縱決則快國賊入奸人煬蔽降謫、

張

庸藩入閣官宮詹時柄國非人事局日去與少卿張利民仝祝髮雪峰百折不回○陳翔字克翼崇禎進士官中書闖寇陷都逮見勒受職不從條刑俱下慟哭南旋投石磴菴削髮逃死匿影歸閩宗伯曾能始喜全節南還詩云死去豈知瀆有九生還仍自得全三相國黄東崖詩云班比鳳鸞清到骨胆經豺虎大於身東壁詩○陳顯謨字龍見晉江諸生學宗朱程慷慨有大節愍宗殉國衣冠辭聖廟題學宫東壁云食者

國之粟衣者朝制服不能乞師糧祗聞申痛哭區區草莽臣赴義從冥寬解所繫縧環鐘架而縊慘烈。陳純德崇禎末巡按山西御史與布政趙建極分守平陽城建極自刎純德闔署子弟親友奴僕四十六人同盡烈之最慘者諡恭愍

請死絕念。陳良謨字賓日鄞縣人官御史崇禎進士闖寇陷都懸帛於樑曰此我成人處也公年老乏嗣時妾時氏有娠呼曰使生子不知何以存爾妾曰主人死妾奚留與其辱賊不如無子請先死以絕念

浙

聯臂沉河○陳潛夫崇禎鄉薦弘光南遷魯藩入浙
官僕卿大師下浙涕泣就義夫妻姊妹聯肩共沉於
河。

千古綱常○陳同極明崇禎孝廉官主事與遊擊王
一斌張良佐王廷佐劉統五人同寓金陵大師駐關
同極語佐日吾輩生死榮辱千古綱常止在片刻遂
先刎佐等揮淚相繼就死忽風沙四起捲帀棚於雲
際屋瓦飛空五人睜睛不變

笑指白雲○陳函輝崇禎進士弘光侍郎大師抵浙

哭入雲峯山絕命詞云生爲完人死爲完鬼笑指白雲深處蕭然一無所累子房始終爲韓木叔生死爲魯赤松千古成名黃金寸心獨若又臣年五十有七回頭萬事已畢徒憾赤手擎天惟見白雲貫日又但嚴心內春秋莫問人間花甲又斬盡一生情根但留性地靈光破衲共參古佛麻衣泣對高皇作埋骨記從容笑語錄經死

重名高節○陳希友字孝兼長樂諸生負重名魯藩入浙高其節授兵垣時柄國持議兩端兼精白自矢

多忤觸事局壞歸山祝髮每遇高峰絕巘放聲倒嘂身爲楚世子牽獄人勸晦遯曰吾受國恩遭逢隆遇名逃死不令張儉笑人乎雖顛連日賦千言悉至性忠憤

殞星臺○陳于階欽天監挈壺正弘光中災異疊見東方長庚光芒閃爍倏大小長縮四旁隱隱如戰鬬狀屢上修省不悟大師入經死星臺下

一目十行○陳際泰字大士號方城崇禎進士天分殊絕一目十行讀二十一史不三月而盡人以爲畧

公曰諸公自鈍我故熟此耳爲文醇雅先正矩程出文湛持之門官大行典黔中試與權璫不合引退孤狷猶齊○陳兆藩字衛公號感庵崇禎孝廉讀書淵貫性尙清介人以孤狷目之其人不念惡如古人而婆心尤切自鬬變後每感泣云吾不徒死望宗周一振耳過葉文忠相國墓感懷云松栢蕭森繞一丘巍碑瞻望遡風流朝廷事重歸門戸將帥年年揖寇偃道上孤臣今日淚塚中元老昔時憂肅然冠劍愁翁仲種種誰人得少留唐燕入閩官刑部郎第兆乾

字子徒號首山明季孝廉全節退隱作聚星堂烏石峯下吟詠

陳鐵漢○陳景華字茂實宜興人崇禎明經遊青齊謁孔林纂至聖履輯畧教授寧國以宛郡司理黃尊素死璫禍未列典祀范仲淹公司訓宣州未入州志請從曠典舉行旋官盱眙沂寇躪鳳陽公守禦不避人稱陳鐵漢以死勤事學官載之

高峙作者○陳子龍字卧子號大樽青浦人崇禎進士性慷慨以名節自砥嘗言讀書未能學聖賢隻字

忠孝之不知道義之不講何稱文章公詩文極才法所至高峙作者官翰苑國變感憤沉淵死共死同仇○陳士奇閩漳人字亐南崇禎進士歷官四川督學以清節擢蜀撫獻寇迫成都朝議遣人代公公時已解組出境聞成都陷大慟曰新撫緫至經旬而城破雖事屬他人仍我責也馳歸成都寇執之大詈不絕寇曰陳窮鬼爾在吾不破城者欲生置爾今反來就死耶與蜀王各縛一柱碎磔之嗟夫當思廟之季失陷封疆者匿影潛逃之不速安得如君國

爾忘身、共死同仇者乎。

烈魄静睛○陳子壯、號秋濤、粤之順德人、崇禎進士、歷官侍郎、文章氣節、國變、忠憤感傷、大師入粤、全髮不屈、以叵測論斬、懸首粤市、一日輿撫過市、首忽動搖、睜睛直視、衆異聚觀、撫驚駭、以禮葬之、昔人云、願爲厲鬼、公烈過睢陽矣。

御河同節○順天府知事陳貞達、經歷張應選、副兵馬姚成、中書滕之所、闖寇陷都、一時共躍御河死、後人獲其屍、經月如生不腐、每雨風瞑晦、衣冠同現河

十士人立同節祀焉、

闔室赴火○陳明遇崇禎江陰典史性健直不阿留都失守每與令計戰守機宜令難之謂無奇也大師攻江陰守令悉俛首庭下遇曰寧謂官卑不足殉節乎設飲拜辭祖先驅妻子縱火同燼嗚呼烈矣以視當時之身秉國鈞者何如、

○陳敬仲祊懿氏卜妻命筮占曰吉是謂鳳凰于飛和鳴鏘鏘並於王卿五世其昌八世之後莫之與京、

○陳恕官參政入朝宋太宗曰卿娶誰氏對曰臣未娶上曰王克正江南望族其女令淑朕爲作柯遂娶之尋封夫人

○陳后山有賢行提刑郭槩慕其人以女妻之槩詩云嫁女不離家生男已當戶曲逆老不侯知人公豈悮

○陳氏京兆一元女適司寇林正亨子奇玠二十一而寡貞節自矢閩地山海寇變氏逃山中織紡養姑累處寇殆呼天護姑得返室廬稱孝感

古今人物大觀卷之七

上平函七

元孫崔儲瞿儲蕭溪稽

校

古今人物大觀

古今人物大觀卷之七

上平函七　　龔　爍岱生甫參閱

太史孫子未先生鑒定　閩中林涵春奕岑父纂輯

姪孫霖培文聚甫編校

元河南衛大夫元亘後食采於元因氏

勁節○元志北魏公子也少清辯邢巒曰露竹霜條○

故多勁節非鸞則鳳乃其所棲也

藥籠○元澹字行冲狄仁傑器之曰君正吾藥籠中

物不可一日無也唐官太常卿

魯山○元德秀字紫芝房琯嘆曰見紫芝眉宇使人利名都盡爲魯山令天下高其行稱曰元魯山元宗賜酺五鳳樓下命三百里內守令各以聲樂來集德秀自作樂章命樂人連袂歌之帝嘆曰賢人之言論文行先生

磨崖碑○元結字次山十七善文揚復奇之曰一第溷子耳擢上第居商山著元子十篇祿山反逃亂瀼溪稱浪士人曰公之浪者亦浪爲官乎居樊上更漫叟又曰公之漫可漫爲叟乎經畧綏定八州作大唐

中興頌磨浯溪石以書

元白體○元稹字微之唐詩人與白居易齊名時稱元白體宮中呼爲元才子稹守浙西白牧蘇臺置驛遞詩筒唱和千篇有有月多同賞無杯不共卿句又號蘭亭絕唱

耘軒翁○元濤字泉卿宋宜興人幼業進士尤嗜爲唐詩自號耘軒翁有歲晚感懷云他鄉故鄉老吾此新歲舊歲窮依然烹茶僅有二升水沽酒都無三百錢處困安貧恬然

歸來辭。元絳字厚之、吳縣人、宋嘉佑中守閩、以文學爲多士師、每歷山水佳勝、俱有題咏、奏罷錢氏無藝征歲省萬緡、閩民德之、作歸來辭、期絳再至咒湖兮。元亶字伯常、吳人、以詩文名、明永樂徵辟不就、遊龍翔寺、賦感懷、題壁云、幾度殘鐘敲落月、老僧猶泣咒湖兮。

。元懷景、善鑑知、張說必貴、以女妻之、

孫樂、字衆叔、後公子惠孫、爲衛上卿、因氏識馬。孫陽、善御馬、伯樂、天星名、主典天馬、故名陽

嘗云驥驥服鹽車上太行伯樂遭之驥乃仰而高鳴

感其知己也

分姬隊○孫武齊人以兵法見吳王闔閭王出宮中美人百八十人三令教之以寵姬爲長分二隊令持戟婦人大笑武斬二姬以徇復鼓之前後左右擊刺皆中規矩著兵法十三篇

減竈○孫臏與龐涓同學兵法涓忌其能刖兩足後涓爲魏將伐韓齊使臏救之臏令士卒日減竈以致涓伏弩馬陵涓敗自到

化鶴○孫鍾種瓜爲業一日有三人覔瓜翁設飲待之三人謝曰多君厚意吾以葬地贈翁示山下百步吉壤鍾行六十步三人化白鶴飛去鍾遂以其地葬母生堅與權立國江東

漱石○孫楚字子荆少慕清隱謂王濟曰當與子漱石枕流濟問故曰所以漱石欲厲其齒所以枕流欲潔其耳仕晉官著作郎

遂初賦○孫綽字興公與許詢友善有高尚之志放遊會稽作遂初賦見志晉哀帝官著作郎時桓溫欲

遷洛陽綽切諫温不悅曰致意興公何不尋君遂初賦與人國事耶

長嘯。孫登字公和好讀書撫一絃琴居北山阮籍嘗遇登於蘇門山與商畧終古棲神導氣之術籍退半嶺聞有聲若鸞鳳籍曰此登長嘯也

漁歌。孫緬南齊人官潯陽守出浙江渚見一輕舟凌波俄一漁父神韻清洒垂綸長嘯緬異之曰先生有道者也何不出贊熙明而自晦若是乃歌曰竹竿籊籊湖水悠悠相忘爲樂却餌避鈎非夷非惠聊爲

我懷歌罷鼓枻而去

肉臺柈○孫晟南唐人每食不設几案衆妾各執一盘號肉臺柈周世宗取江南唐王使晟入周見留曰吾行必不免但不負永陵一杯土耳世宗命曹翰問江南事晟終不言翰曰上有旨賜死晟神色怡然整衣冠南向曰臣以死報國

向日秀才○孫復字明復居泰山范文正公居睢陽有孫秀才上謁公贈錢一千明年復謁復贈一千公曰觀子辭氣非乞客也補子教職月得俸三千後十

年聞泰山有孫明復先生以春秋教學者道德高邁朝廷徵至公覩之乃向曰孫秀才也

安樂法○孫昉字景初號四休居士山谷問其說對曰粗茶淡飯飽即休補破遮寒煖即休三平二滿過即休不貪不妬老即休山谷曰此安樂法也

蕭墻詩○孫蕡字仲衍南海人明洪武進士官典籍以事逮戍役築蕭墻咏云平明操版築日沒就縶纆撫巳諒無愧服勤思盡忠督役使以聞上釋之後籍藍玉家得蕡詩殺之臨刑云鼉鼓天星黒西山月又

斜泉臺無客舍今夜宿誰家上問蕢死何言以詩對日何不早奏

寶劍篇○孫炎字伯融句容人明高帝下金陵辟行省守處州上命招致劉基基辭獻炎一寶劍炎曰人臣無私交當獻天子封還答以詩云願君持之馘明主君歲大旱爲霖雨

燕山侯○孫興祖從高帝定中原隸大將軍徐達西征連軍北討戰歿五郎口上聞悲悼命史臣錄功太常追燕山侯復肖像太廟

琴絃繞屋○孫作字大雅江陰人號東家子元末避
亂三吳惟載先世藏書以行太祖召修曆日官司業
宋濂稱其讀書之暇劍戟相摩琴絃繞屋
復完孟書○孫芝字廷秀連江人洪武鄉貢令慶都
歷山西參政友人游義生諫止撤孟子祀逮獄芝之橐
饘飯義生趨登聞鼓抗論劉三吾不宜折畧孟文廷議
遂寢孟書復完
上變書○孫鏜康勝人從永樂出塞北征大順以奪
門功封懷寧伯曹欽謀叛殺鏜攻都門鏜上變書上

手勅統軍滅之欽遁投死衆盡殲謚武敏

淚洒山河○孫邕字宜鉉廬陵人永樂鄉薦揚溥㵼權御史督學南畿北待警至時試竣公謂書生曰兹事宴餞簪花今日臣子枕戈之秋老夫不敢陷人不義惟躬送於門即日詣闕請命效死道遇金尚書濂慷慨對泣有萬里册秉扶日月兩人清淚洒山河句

太白山人○孫一元字太初關中人學窺天人入終南山訪道每赤脚散髮而歌歌曰悲萬彼兮焉終乘元氣兮游無方歸來兮山中號太白山人一日入終

文莊公宅自移揚南面典謁騾入報公公曰必孫太初也倒屣出迎初不交一言但咏云十年吟破吳門月剛得梅花一句詩蓋謂公吳中一人也文莊名寶死惠民門○孫燧字德成餘姚人弘治進士宸濠異謀朝議選才節大臣以寄機宜任公巡撫江西聞命嘆曰投艱於我死生以之乃飭防阻阨鐵其羽黨濠怒伏甲召公曰我至南都藉汝保駕公張目斥曰奴詢敢犯天子大臣耶殺惠民門贈官傳諡忠烈東廠名數○孫鋌號正峰嘉靖進士餘姚忠烈公燧

之孫文恪公陞子也文恪孝友痛父殉寧藩之變終身不書寧字居官雅素口不談人過官至宗伯子四鋌錝元鑛號月峰會元鈞鑨皆進士諸孫如法如游皆貴顯稱東甌名族天之厚忠孝固然

擊奸○孫丕揚長安人嘉靖進士累官吏部尚書歷仕三朝勳業炳然劾奸相嵩論削嵩敗復官賜諡

赭衣淚○孫一致楚人南司獄神廟時多枉獄致傾貲歲活重囚百命以忤瑞削去王世貞贈詩青衫白馬帝城西○祖道無人日欲低○猶有苦盡方舩地○赭衣能作數行啼句○

鐵髯公○孫承宗字稚繩高陽人萬曆榜眼經筵侍郎天啓直閣尚書出鎮山海諸關崇禎末闔門殉國子弟十九人同死贈太傅謚文正公鐵面戟髯聲如洪鍾上屬以東事御門臨餞禡祭大舉爲群奸所絆引退錢牧齋叙其詩扼腕

千尋鐵壁○孫昌裔字懋振號鳳林萬曆進士閩縣人性廉介嘗守杭州遊客如雲有署門詞云齋頭脫粟詎可留賓嶺上白雲不堪持贈簿書鞅掌既不能代湖山而作主人閭閻蕭條又不敢朘膏脂以供顔

㕔尋視學兩浙、習知其廉、播手相戒曰、孫公天下正人也、干以私、猶摸千尋鐵壁耳、第呂祖號鶴林、崇禎進士、嘉興司理、國變全節、處困多著述、燕山禾黍○孫聖潮名學稼、字君實、學憲鳳林公子、生數歲、父嘆曰、是兒雖少、具長者風、異日名節人也、父卒、國變、避吳航、杜門爲全膚髮、延歲月計、歷屯[illegible]、走吳越齊魯、訪聲氣、入燕、嘆禾黍、作燕山古意○京華詞選、諸公讀詩文、延入幕、兩遇王人罷官、死喪悉出舘穀、爲之經紀、會舉博學宏詞、臺省謀以先生應詔、賦公無渡河謝去林西仲稱先生客幕方之杜少陵于嚴武孟萬年於桓溫瞪目登床龍山落帽杯酒研石灑灑胸臆有以哉著書有蘭雪軒集十六國年表論新詩變雅諸集

殉忠死烈。孫傳庭號白谷代州人崇禎官大司馬伉爽材武當時危授鉞出守潼關糧盡援絶陷敵死公初出鎭顧夫人張夫人日丈夫報國無憂我賊犇破闗幸二女六妾沉井揮八歲兒匿民舍民識公子庇之後長子入秦獲夫人屍如生時諸從騎皆散獨叅軍定襄人喬遷高同死。

○孫氏虞潭母恭順貞和有婦德潭拜武昌侯母加金章紫綬王導以下皆就拜焉年九十五封夫人

崔　清河太公後讓國居崔邑因氏

酒警○崔駰字亭伯安平人博學有才著奕賦酒警與班固齊名擬楊雄觧嘲達旨

白鵠賦○崔琦字子瑋駰從子作外戚箴梁冀不悅復作白鵠賦冀怒諷已令客賊殺之客見琦耕隴上歌誄自若不忍告曰梁將軍索子急吾亦從此逝矣

一枝玉隱○崔玉、漢瑗子、善草書、點畫莫不有法、袁昂評其書云、如危峰斗削、阻日孤雲、一枝玉隱、號草聖、

捉刀人○崔琰、魏武中郎、丰姿疎朗、匈奴使者上謁、武自以容陋、不足威遠人、使琰代操、操捉刀立床頭、既畢、遣人問使者、魏王何如、使者曰、雅望非常、然床頭捉刀人、眞英雄也、操令追殺之、

辭璧○崔挺、北魏人、文帝朝光州刺史、有老父自言使林邑、得美璧、藏海島六十年矣、今遇明君、願上獻

挺辭曰昔無楊震之金今可有崔挺之璧乎

水精盐。崔浩字伯深北魏中書省帝賜清醥醪十斛水精盐乙兩曰朕味卿言若盐酒故與卿嘗其味

盧玄每與談論輒嘆曰對子使我懷古之情更深作國史三十卷立石銘之以彰直筆為嫉者見殺

胸中萬卷。崔陵北魏侍中鄭伯攸嘆曰公身長八尺靣如刻畫謦欬如洪鐘胸中貯萬卷那得不敬畏耶子彥通與陵並稱詩人冠冕

今日文宗。崔光字孝伯清河人魏中書博士撰周

書以獻上曰、李伯才浩浩。如黃河東注。今日文宗也。

異雀。崔信明、以五月五日生日中有異雀集庭史者占之曰、生子當以文章顯名貞觀中秦川守會詩、有楓落吳江冷句。

吞雲夢。崔賾字祖濬、爲隋王侍讀引退王贈云、足下博聞強記視漢臣之三篋似陟蒙山對梁相之五車若吞雲夢。

名覆金甌。崔琳唐開元中爲中書舍人弟珪太子詹事次弟瑤爲光祿卿俱列棨戟每宴集組綬相輝

華轂盈門一榻之上袍笏蒲前元宗命相書其名覆以金題

榜院○崔邠字處仁三世同居光德里兄弟六人奉朝請唐登科記云自元和至大中先後爲禮侍者十人稱崔氏大榜刻石於鄉時謂之榜院

美莊○崔羣字敦詩陸贄知貢舉羣及第贄妻曰陸氏又添一庄矣後羣亦知貢舉歸妻勸求田羣曰吾有美庄三十所謂一榜得三十人也妻曰君非陸氏門人乎君掌文柄而不令其子就試如爲良田則陸

氏一莊廬矣

哦松○崔立之字斯立宋元和藍田丞庭有老槐四行南橋有巨竹千梃立日吟哦松間有問者輙對予方有公事子姑去昌黎作藍田記

題刺○崔唐臣宋閩人與蘇子容呂晉叔同入第二君顯宦絕不相見一日艤舟河干見之次日往殷留莫可蹤跡矣視刺末一絕云集賢僊客問生涯買得魚舟渡歲華案有黃庭樽有酒少風波處便爲家

坐珍○崔遠宋人有文雅風致博覽無所不窺人目

之爲釘座梨言一座所珍也。

戴仁履義。崔惠閩人宣德鄉薦石城教諭正統山寇陷城被執惠指其頭曰此戴仁履義首也賊令從已罵不絕焚死

囊史。崔恭字克讓廣宗人明正統進士督餉延綏按籍省費萬兩景泰湖廣藩伯苗民侵武岡流民附之曰勿急急且大變以安常鎮之隨平晉尚書歸橐惟圖史謚莊敏

一舉百觴。崔銑字子鍾號仲鳧安陽人弘治進士

性抗直好劇飲毋飲一晷日觴醉輒呼劉伶小子恨
不見我官翰林時劉瑾專恣公卿皆伏謁公遇之輒
長揖瑾數目公瑾謂張綵曰翰林白面書生多輕狂
加崔銑尤甚瑾誅公上書西涯公謂宜及時悟主毋
徒獵文墨也嘉靖議禮諸獄公輒申救時論韙之官
至太宗伯謚文敏
傳響篇○崔微字淵甫吳江人性雋逸善屬文正嘉
之代東南喜文酒崔爲同輩推許著傳響篇以聲氣
行也別友云行行且任聽驪歌江上乘風送綠波折

取桃花贈離思却憐春色已無多
抱膝殉主○崔升明福藩內官年十三流賊李自成陷洛陽入王宮升明勸王寧死勿辱曰止此一刻萬世榮辱關頭王死升明抱王膝同死
○崔氏適校書盧楦詩云不怨盧郎年紀大不怨盧郎官職卑自恨妾身生太晚不遇盧郎年少時楦以才名重漢世
○崔郊爲唐從事有婢端麗郊貧鬻於連帥于頔作詩送之曰公子王孫逐後塵綠珠含淚濕羅巾侯

門一入深如海從此蕭郎是路人公覽詩召崔

婢同歸

儲河東齊儲子後

滄溟集○儲光羲唐册陽人開元進士官中書令詩

善古風著滄溟集有映地爲天色飛空作雨聲句

玉泉篇○儲敦叙字彥倫晉江人宋崇寧進士寧德

令清介不問田廬蕭然著書有玉泉篇

蒐遺帙○儲瓘明洪武進士永樂靖難後疏言方孝

孺諸臣節行之士志尚所在宜存實錄蒐討遺帙庶

幾發潛德之幽光。

燕山卒。儲福無錫人靖難兵起揭母逃亡文皇改元謫戍黔中哭曰吾雖賤卒義不爲叛人泣舟中不食死妻范氏奉姑每哭其夫走山中不欲傷姑心貧絕食浣衣水中有草類蘇薦取織養姑范卒草遂不生錫山王時大先生弔詩云義士芳名北斗齊高堂修饌有萊妻機聲浮動吳江草惠水茫茫煙雨迷

端亮。儲懋丹陽人永樂鄉薦歷給諫文行脩明充經筵累官尚書史稱端亮寬和潔然不滓

史稱直節。儲巏字靜夫號柴墟泰州人成化會元授銓部考功臧否不淆逆瑾專恣公卿奔走其門公憤愧求去曰誓不與逆黨同朝以疾引去瑾誅臺省交薦公視諸奸卒絕跡而進公復求退潛心經史續理學之傳以直節稱

童子掃案。儲昌祚宜興人萬曆進士令浦城清介高亢不屑逢迎每晨興一童子掃案一吏抱牘絕無塵染

瞿高平 瞿商賢人後

人跡壇○瞿童桃源人萬壽宫修真升天有人跡壇在焉

瞿硎○瞿硎晉太和居宣城春山山中有瞿硎因以爲號桓温奇其才造焉披鹿裘坐石室中温莫測其人

清選○瞿慶晉人善詩清逸可愛著明達遺宗

香奩八詠○瞿佑字宗吉錢塘人明洪武長史年十四和楊廉夫香奩八詠花塵春跡云燕尾點波微有韻鳳頭踏月悄無聲黛眉顰色云猥從張敞毫邊起

春向梁鴻案上生金錢十歡云織錦軒中聞笑語白
蘋洲渚聽愁吁香頰啼痕云斑璃湘竹非因雨點點
楊花不是春廣夫曰胸中錦繡占江南上席
乘白舫瞿智字惠夫嘉定人嘗學得易之粹明初
辟龍鎮教諭以詩名謝熊松雪云爲憶松雪老文學
約乘白舫釣江鱗
勁挺不阿瞿景淳字師道號昆湖常熟人嘉靖會
元生十月能咏詩六歲能文藻思雲湧頃刻千言貌
不及中人氣節嶽嶽官至方伯王弇州曰以瞿公之

渺小勁挺不阿士不可以皮相太史公致慨於留侯有以哉文章壯麗時人稱雲錦天葩

武功錄○瞿九思黃梅人萬曆孝廉清修著作輯武功錄進御父晟叔星子甲家學才名季子罕上孝經通註

異芝○瞿嗣宗常熟人性至孝母病思食芝時三月莧葉始錢無可採忽塘中產異芝母食病愈宋濂溪稱純孝所感爲作傳

頭絲天香○瞿式耜字稼軒常熟人萬曆進士崇禎

末有應天尹撫滇桂藩晉宮傅保有桂全諸郡賜金章曰貲曰精忠大師入門人張同敞月事急矣君何幇曰封疆之臣宜死封疆敞曰師義君恩願與同命被執不一言第仰天求死絕命詞云從容就死與城亡千古忠臣自主張三百年來恩澤久頭絲猶帶蒲天香死之日風雷變作震驚百里

諸瑯琊越大夫諸郢後

諷諫詞。諸御巳楚農也莊王築層臺民不堪役大臣諫者皆死御巳入諫王罷役楚人誦曰薪乎萊乎

無諸御已訖無子乎萊乎薪乎無諸御已訖無人乎

著述澹志。諸爕字子相號理齋餘姚人嘉靖進士傳極群書學以名世爲志謝太傅延爲子師執經者屨滿讀書居匱山中文思所至輒繞溪疾行往往迷路澹于仕進纂通鑑群史

蒲河東古有家生異蒲因氏至蒲洪改苻

人傑。蒲洪字廣世氐人歸後趙石閔曰蒲洪人傑也

佩魚。蒲宗孟字傳述積書萬卷名閣曰清風戒子孫

日寒可無衣饑可無食讀書不可一日失宋神宗學士上日學士職清近而官儀未備宜佩魚學士佩魚自宗孟始

置瓶水○蒲壽晟宋咸淳知蒲州性清儉嘗汲建曾水二瓶置座右人頌曰曾氏井泉千古冽蒲侯心事一般清

祝髮山中○蒲國寶富順人宋開禧狀元宋入元遯山中祝髮不踐城市

罷文筒○蒲庸字文玉無錫人正德進士麗水令每

得句鐫名崖勝壑與邵文莊友善詩文置郵傳往來號文簡○

奚譙國仲虺奚仲後

元功○奚涓漢高祖勳臣封列侯元功十八人涓位第七

省闥○奚陟仕元魏起居舍人出入稱文辭清麗經綸省闥

驍勇○奚康生河南人驍勇能彎十石仕魏為驃騎將軍討吐京胡以功稱

君命執守。奚世亮字明仲黃岡人明嘉靖進士南
戶部郎出守延平會倭寇陸梁或止之曰君命執守
單車就道身任禦守戰倭力竭死之

稽 河南 黃帝臣大稽山後

稽家庄。稽聳高郵人世以睦鄰厚俗稱號稽家庄
宋高宗時聳知天祥縣有志興復航海避行在條議

。稽發粵人名見貨殖傳

枚 淮陰 見姓苑

安車。枚乘字叔任淮陰人上書諫吳王云以一縷

繫千鈞上懸無極之高下垂不測之淵雖至愚者哀其欲絕也王不納作七發吳滅漢武以安車徵

詼諧○枚皐字少孺漢武朝上書拜郎官性詼諧與東方朔齊名

終

卷之七終

古今人物大觀卷之八

上平函八

温袁樊桓顔欒山檀班

關安云寒懽

古今人物大觀卷之八

上平函八　　　　　　龔　嶸岱山生甫彙閱

太史孫子未先生鑒定　閩中林涵春奕善父參閱

　　　　　　　　　　姪孫霖培文聚甫編校

溫太原虞叔之後封河內溫邑因氏

灑泣登舟。溫嶠字太真、風儀秀整、有棟樑之任、爲劉琨奉表江東、毋止之、絕裾而去、既至、元帝器重之、明帝朝江州刺史、時蘇峻反、嶠有衆七千、灑泣登舟、約陶侃同赴國難、侃雖主盟、而處置規設、一出於嶠

峻平還至牛渚江有水怪燃犀照之尋卒謚忠武

凌顏鑠謝。温子升字鵬舉傳覽經史文章清婉魏濟陰王稱凌顏鑠謝含任吐沈庾信讀升寒山寺碑曰惟此片石堪與語耳。

處士野。温簡輿隱王屋山名其居曰處士野慨然有高世之志烏重胤鎮河陽羅致幕下韓愈詩云水南山人又繼往者此也唐長慶御史彈李祐祐曰不意今日膽落於温御史矣。

八叉手。温廷筠少敏悟工辭章與李商隱齊名號

李溫體入試館八叉手而四韻成唐方山尉
儒生有膽○溫庭皓唐咸通中徐州幕府龐勛反以
刃脅之命作箋罵曰我豈以筆墨事汝耶速殺我勛
笑曰儒生亦有膽
讀易龍山○溫仲舒少與呂蒙正讀易洛陽龍門山
誓不中狀元不仕及呂中狀元溫登進士大撫恨不
出後淳化參大政與呂同階
六龍○溫羨兄弟六人俱登華膴號六龍
抗顏殉節○溫琮字寶玉初名以介童子時受大司

農馬寰勅先生知、先生字烏程、稱文與人俱奇、琮與
温體仁從昆弟也、惡其權幸、薰灼絕不往來、明崇禎
進士、徽州司理、大師南下、不屈節、城陷被執、拔刀自
刎、提帥憐其忠、勸諭至再、夜半扼頸而絕、

○温嶠從姑有女、姿慧、屬嶠擇偶、嶠報曰、得婿矣、門
戶名位不減於嶠、聘以玉鏡一枚、既定、女以手披
紗扇撫掌曰、我固疑此奴、果然、

袁汝南陳胡公後莊伯轅諸以王父字爲氏後去
車爲袁

廉直○袁固齊人治詩漢景帝博士以廉直拜淸河
王太傅武帝立以賢良徵年九十餘
上客○袁盎字絲漢文帝爲郎帝欲西馳埈坂諫曰
陛下縱自輕其如高廟何又與愼夫人同坐盎引卻
之上賜金尊上客
卧雪○袁安字邵公汝南人徵時洛陽大雪令按行
至安門門閉無行跡除雪入戸安僵卧笑曰大雪人
皆凍死不宜干人後舉孝廉官河南尹在職十年
上論囗尹者正也孫賓行秋霜之威袁安苗冬日之

愛子弟孫魯國甚三公

泛渚○袁宏字彦伯有逸才文章絶美謝尚鎮牛渚秋夜乘月泛舟會宏在舫中吟詠尚迎之登舟談論由是知名仕晉東陽守謝安取一扇贈行答曰當奉揚仁風慰彼黎庶作東北征二賦

妙德先生○袁粲字景倩負才著妙德先生傳毎策杖逍遥悠然忘返郡南一家種竹結樓粲率然步登不通主人嘯咏終日仕晉僕射

江東獨步○袁淑文冠當時作赤鸚鵡賦時謝莊亦

作淑讀之嘆曰江東無我卿當獨步我若無卿亦一時之傑宋元嘉尚書

白頭尚書○袁昂字千里齊武帝曰昂昂千里之駒卿亦有之梁武帝遷吏部尚書謂曰齊明帝用卿爲黑頭尚書朕用卿爲白頭尚書號宗臣雅有人鑒至其門者號登龍

侍宴承香○袁憲字德章博學才辯博士周弘正將升講堂授憲麈尾令升講坐說書曰此兒已堪代博士矣陳宣帝朝陪宴承香閣帝謂樊俊曰袁氏固自

有人。

嘉蓮頌。袁朗僕射樞子陳後主詔試月賦復詔芝草嘉蓮二頌稱南州人物之冠

清卿。袁聿修字叔德仕齊爲尚書郎十載不受升斗之遺邢邵嘗呼曰清郎後爲太常卿出使巡省邵遺白縑不受邵曰今日復見清卿矣。

方術。袁天綱善風鑒唐太宗召見今得卿何如君平對曰彼不務[illegible]得其術輒奇中

書法不隱○袁樞字幾仲幼穎悟年八九歲題詩屋
間云泰山一毫輕滄浪一滴水我觀天地間何啻猶
一指褒奇之乾道官史院編修章子厚與同里求潤
餙家世樞曰書法不隱寧負鄉人不可負天下公論
趙鼎稱無愧古之良史輯通鑑紀事本末行世所居
有飛瀑竹梅之勝扁曰梅岩

識天子○袁珙善相明永樂潜邸珙伏地曰太平天
子也鬚過臍當大位上見鬚及臍召珙與姚廣孝審
視珙曰殿下何昂首昂則不及時矣因密言上問師

期廣孝曰侍吾師至至禡祭見披髮而旗者蔽天上曰何神孝曰臣向所言北方玄武也令上披髮仗劍相應兵初起暴風雨上不懌曰飛龍在天從以風雨又曰殿下平江南勿殺方孝孺忠孝國脉斷之則促

得神氣。袁養福字伯能與人嘗書郭有道碑端勁深側得率更神氣高季廸稱福行潔性方明初徵之不至詩云十年客夢連宵雨萬里山行蒲篋詩

脇温帝足。袁彬錦衣校尉正統土木之變扈駕北行百折艱辛周旋帝側北地寒彬與合鉻以兩脇温

帝曰忠帝默然曰何兩程濟也篤歸以彬爲錦衣僉事
袁凱白燕○袁凱字景文華亭人明初御史工詩咏白
燕云故國飄零事已非舊時王謝見應稀月明漢水
初無影雪滿梁園尚未歸柳絮池塘香入夢梨花庭
院冷侵衣趙家姊妹多相妬莫向昭陽殿裏飛又客
夜詩有一聲新鴈三更雨何處愁人不斷腸句京華
傳誦呼爲袁白燕○
勸善榜○袁泰萬泉人成化進士河南守廉以律己
誠以馭下著勸善榜示弗率者又作勸農歌以示失

業

落花詩○袁表字景從閩縣人嘉靖鄉薦萬曆官黎平守豪爽溫恭可挹有落梅詩云忽見梅花落猶疑隴雪飛因風點瑤瑟亂月影羅幃

風流才學○袁煒字景從閩縣人嘉靖進士廷試第三人官侍講掌南院分宜敗同徐階居閣館二十載寵命特隆以多病疎節失上權贈少師謚文榮稱風流才學

玉磬齋○袁褧字尚之嘉靖隱士室有玉磬齋藏古

尊彝摹刻年八十餘猶証黄庭莊騷有詩文集岳儘贊曰風儀秀朗才情超遠齋居宴然默識不倦

心鵠錄○袁黄嘉興人字了凡萬曆進士歷禮部郎慱學潛心經史著心鵠錄功過格言感應篇子儼天啓進士

白蘇堂○袁宗道字伯修公安人萬曆進士第一中允庶子光廟東宮舊學贈侍郎詩文慕唐香山宋眉山名其堂曰白蘇與時流迥別也有弟宏道中道時稱三袁○

解浣紗。袁宏道字中郎號石公萬曆進士文選郎居柳浪莊學禪於李龍湖眼明膽放著錦帆集詩破執縛文脫畦町有好事者每供以梅月水雨前茶清齋供嘗咏云東鄰不是無西子眼底無人解浣紗

過鴈唳。袁中道字小修十歲作黃山雪賦萬曆進士儀制郎有雪珂集自序云出世以超悟讓人用世以經濟讓人脩詞以垂後讓人姑存緒餘當過鴈一唳。

一步一痛。袁化中字民恊定州人萬曆進士擢御

史劾崔呈秀巡淮私贓、秀投璫爲野子、奸輔坐以[illegible]
宮兩篆受賍、每出比泣曰、一步一痛。痛者非痛吾身
痛朝廷也。獄斃五日方殮、屍腐而香、聞者異之
寧劾睢陽。袁繼咸字臨侯、天啓進士、崇禎御史、多
糾中孛、削免、撫臣吳甡薦起、楚督視鄖陽諸道、獻賊
陷武昌、公夜半馳左帥營中、責曰、人孰無死、某寧爲
睢陽瞑目、不爲賀蘭偷生。艮玉始進師、復蘄黃諸郡、
後玉穪兵檄君側諸奸、公曰、春秋惡晉陽之甲、公可
同亂乎、金陵失守、縛公授官、公曰、不殺固新朝之仁

殺實明臣之義越三日赴死於三忠祠南

諫廠衛○袁彭年宏道子字特立崇禎進士弘光官給事時馬士英設詔獄衛廠緝事年疏曰高皇不聞有廠文皇搜治靖難始設正德天啓逆瑾奸璫復創幾危社稷近事明鑒盍遡網之方從密網之地而布搜奸之事貧作奸之人以行

○袁鈞娶蕭安女方議婚遂擢第羅隱賀以詩云細看月輪還有意蚤知青桂定姮娥

○袁湛少有雅操爲外祖謝安所奇安以侄玄之女

妻之

樊上黨文王虞仲支孫食采於樊因氏

耻飲。樊仲文堯時人牽牛飲水見巢父洗耳於石間上流乃驅牛還耻飲牛於下流

壯士。樊噲沛人業屠從漢高祖起沛項羽宴鴻門欲殺沛公噲擁盾入視羽髮上指目眦盡裂羽曰壯士賜之巵酒生彘噲立啗之羽曰壯士能復飲乎噲曰臣死且不避巵酒安足辭封舞陽侯

一簞餌。樊曄字仲華與光武舊帝微時以事繫新

野。曄為史。餽餌一笥。後帝即位。引見雲臺。賜御食乘輿服物。拜河東尉。帝戲曰。多君一笥餌。傳我一都尉。

推步。○樊英字季齊。隱壺山。順帝玄纁徵之。禮以師傅。習京房易。數善星算。推步災殄。嘗噀水向西洒之。云救成都火。後驗果然。

玉麟符。○樊子盖字華宗。河南內史。有善政。隋文帝曰。為君別造玉麟符。以代銅虎。嘗陪宴翠微。賜金蓮杯。

謚體。○樊宗師字紹述。唐人。著書三十卷。曰樊子。詩

七百一十九篇不躡襲前人字句號澁體歐陽公詩云窮荒探幽入有無一語詰曲百盤紆自云巳出不蹈襲句斷欲學岣嶁書

維棹。樊若水江南人舉南唐進士不第釣魚采石磯諜歸宋以小艇載絲繩維舟北岸度江廣狹詣闕獻取江南策上遂遣之荊湖造舟如策不失丈尺宋太宗拜贊善大夫

振風紀。樊鎮考城人明洪武進士擢御史振揚風紀豪猾歛跡歷官山西藩伯稱廉幹勤敏積弊一清

少杜○樊阜、字時登、號古崖、縉雲人、天順鄉薦、劍浦
司鐸、高冠廣袖、每趺坐誦少陵百詠、誦已、伸摩大笑、
隨按韻續和、吳甦庵稱樊少杜
投袂殲倭○樊獻科、縉雲人、嘉靖進士、擢御史、按閩、
單騎行部、時島蠻山寇交訌、撫臣鍵門晝守、科曰、人
臣奉璽書境外、苟利社稷、專之可也、山海蟄毒、閉門
自固、如蒼生何、投袂率衆、一鐵平之、
學有本源○樊鵬、字少南、信陽人、嘉靖進士、歷山西
僉事、有文譽風節、甦刑省禁、一以平恕蒞民、師事何

仲默稱亙亢儒雅學有本源

繪像○樊良樞字致虛江西人萬曆進士歷部郎督學性端肅學有淵源爲文軌範先正出懷安林宏菴先生之門倩篤師誼繪師像謹儆每春秋必懸而拜之周䘏其子弟不逾骨肉公曰此吾恩師所謂知己感恩者也宏菴名士超閩人官嵩明州守

殉節一人○樊維城崇禎孝廉樊玉衡孫衡以御史抗言國本稱直節崇禎末流寇陷黃州鄉紳郡令皆迎降維城獨奮然殉節稱楚中一人

○樊氏雲翹夫人、劉綱天師妻、鬢髮如雲、肥潔如雪與綱較僊籍、綱唾盤中成鯉、樊唾成獺

○樊通德飛燕女史也、能道飛燕宮中時事、有通德宮詞、

桓 黨圖 齊桓公後以謚爲氏

○桓譚字君山、漢光武拜議郎、時帝信讖、譚極書非經、帝怒、出譚六安丞、著書十九篇、號新論新論、

○桓榮字春卿、漢明帝朝拜爲五更、遷太子少傅、賜以輕車乘馬、榮大會諸生、陳其車馬、章綬曰稽古力、

今日所蒙稽古力也

書學○桓郁字仲思榮之子以尚書授徒數百人初宋普尚書有四十萬言榮刪爲二十三萬郁復刪去定爲十三萬由是有桓君大小章句云

驄馬御史○桓典字公雅榮曾孫漢靈帝拜御史常乘驄馬人憚之曰行行且止避驄馬御史世以經學爲帝師位卿相

仁者之勇○桓彝字茂倫榮九世孫周顗重之曰茂倫欽崎歷落固可笑人也晉時爲羊城內史蘇峻反

死節史臣曰茂倫抱中和之氣懷不橈之節仁者之
勇不其然乎
英物○桓温字子元生未朞月温嶠見之曰此子有
奇骨復試之啼聲曰真英物也姿貌甚偉面有七星
劉惔曰温眼如紫石稜鬚作蝟毛戟嘗自嘆曰男子
不能流芳百世亦當遺臭萬年康帝委以方面之任
哀帝加以司馬假之黄鉞
胡床三弄○桓伊字叔夏善音樂衍與王　猷不相
識偶相遇爲之據胡床三弄笛而去不交　呂希召

伊領命吹笛謝安泣下沾襟乃越席持其鬚曰使君
於此不凡
挽鹿車○桓氏字少君鮑宣就學其父々奇其清苦
以女妻之資甚厚宣曰少君生富驕習美飾吾貧賤
也不敢當礼少君曰大人以先生修德守約使妾侍
巾櫛唯命是聽宣曰能如是々吾志也乃著短衣與
宣共挽鹿車拖甕出汲克盡婦道鄉里賢之
乘龍壻○桓叔元明經篤行二女適孫儁及李元礼
時人謂之二女快得乘龍

顏 魯国 魯伯禽後因氏

簞瓢樂道○顏回字子淵郭外有田五十畝足給饘粥并治絲麻鼓琴自娛不改其樂

處窮方○顏蠋戰国人有處窮方四味一曰無事當貴二曰早寢當富三曰安步當車四曰晚食當肉東坡云若此可謂巧於處窮矣

三棄不遇○顏駟龎眉皓髮為郎漢武帝過郎署問駟何老駟曰文帝好文臣好武景帝好美臣貌醜陛下好少臣年已老是以三棄不遇上拜為都尉

雨

修巳守道○顏含字弘都有操行郭璞過含欲爲筮含曰年在天命在人修巳而天不與者命守道而人不知者性也自有性命無勞蓍龜晉成帝時爲侍中

御史雨○顏真卿字清臣唐開元爲御史時五原有寃獄久不雨真卿平獄而雨郡民呼爲御史雨

嚴霜烈日○顏真卿爲平原守祿山反公倡義討之元宗聞而嘆曰朕不識真卿何如人所爲乃如此[illegible]贊曰雖千五百歲其英烈之言如嚴霜烈日可畏而不可仰哉

罵賊○顔杲卿天寶末爲常山守祿山反城陷被執罵賊不絶口賊鉤斷其舌而死

寒畯○顔標寒畯士也唐咸通中鄭薰主文錯認爲魯公后拔爲狀元人嘲之曰主司頭腦太冬烘錯認顔標作魯公

從父所制○顔氏有三女叔梁紇求昏父曰陬大夫父祖爲士武力絶倫誰能事之小女徵在曰從父所制父曰即汝能矣後歸孔氏生尼父

父子死難○顔伯璋廬陵人爲沛令時北兵攻城以

死自誓遣縣丞徐州告急力莫能支送子還家白夫人曰吾不能盡子職因題詩行臺曰太守諸公鑒我情只因國難未能平丹心不改人臣節青史誰書縣尹名一木豈能支大厦三軍誰復築長城吾徒雖死終無憾望采民艱達聖明遂冠帶向南面拜哭曰臣無以報國恩乃自經子還見父尸亦自刎主簿唐清典史黃謙同不屈死

欒　西河　晉靖侯孫釆地因氏

輸力王室○欒書晉大夫會伐齊而歸公勞之對曰

士用命也書何力之有爲鄢陵之役欒鍼掀公出于淖後晋公逐欒盈盈過周辭曰昔陪臣書輸力王室王施惠焉

欒公社○欒布爲梁大夫梁王彭越誅布獨祠而哭之高祖義之拜都尉景帝時吳楚反布以功封鄃侯燕齊皆爲立社號欒公社

立學○欒巴字叔元漢桓帝爲桂陽守定婚喪禮興立學校有道術帝會群臣時正旦巴忽含酒西噀云救蜀火遣使往驗果云是月火有雨自東北來火息

有酒氣拜尚書

山　河内周山師后以官爲氏

璞玉渾金○山濤字巨源器量不凡與阮籍爲竹林友晉武爲尚書甄別人物各爲題目以奏時稱山公啟事王戎目爲璞玉渾金

侍宴歌詩○山惲侍唐中宗宴雅誦鹿鳴蟋蟀二章上嘉其直賜衣一稱

士卒甘苦○山雲徐州人授廣西總兵廉以律已嚴號令明賞罰凡戰陣以身先士卒甘苦與共所向無

前蠻夷懾服正統追封懷遠伯

檀　齊公族食采檀邱因氏

照千里○檀子者齊臣也威王曰吾有臣檀子等四人將照千里豈特如魏王徑寸之珠照十二乘哉

唱籌量沙○檀道濟宋武顧命元臣元嘉中伐魏糧盡唱籌量沙平明魏軍見之不敢逼妻向氏戒之曰高世之勳道家所忌後爲朝廷所疑憤怒曰壞汝萬里長城

蟬腹○檀珪字伯玉道濟從子也王僧虔以爲泰軍求

祿不得與菁曰蟬腹龜腸爲日已久衆彪能噉人遺與肉餓麟不噬誰爲落毛虔乃表以爲成安郡丞

班　扶風　楚若敖孫后因氏

貴老莊〇班嗣修儒學尤貴老莊桓生借其書嗣报曰莊子絕學棄智脩生葆真漁釣于一壑棲遲于一邱不經聖人之網不艱驕君之餌今子既繫攣于世教何用大道爲

王命論〇班彪字叔皮才高作述專心史籍以国典自戚值光武中興初隗囂竊據彪著王命論諷之不

悟彪乃避地河西
著漢書○班固字孟堅漢永平爲典校著銘頌詩賦
文記凡四十二篇著漢書推班第一后坐竇憲客死
萬里侯○班超字仲升有大志傭書養母投筆嘆曰
大丈夫當立功異域以取封侯安能久事筆硯間乎
左右笑之超曰小子安知壯士志哉有相者曰虎頭
燕頷飛而食肉萬里侯相也明章兩朝征西域交集
五十餘国封定遠侯后因年邁上書曰臣不敢望到
酒泉郡但願生入玉門關和帝乃召還

女誡〇班昭、彪女也、適曹世叔、號大家、作女誡七。兄固著漢書未就而死、詔昭踵而成之。

關 隴西 夏關龍逄后因氏、

萬人敵〇關羽、字雲長、事劉備、拜前將軍、威震華夏。孔明答書云、爲超兼資文武、未及美髯公之絶倫超群也。稱萬人敵、爲世虎臣。

盲宰相〇閻播、字務先、盧杞薦爲相、時李希烈叛、播以李元平不知汝州、爲希烈縛去、罵曰、盲宰相以汝當我、何相輕也。

安武威

玉舄○安期生、瑯琊人、賣藥海邊、秦始皇請見、語三日夜、賜璧數萬、置之而去、留書以赤玉舄一兩爲報、曰、後千歲求我于蓬萊之山下。

剖心○安金藏、在太常、武后時、有誣睿宗反者、金藏大呼曰、請剖心以明皇嗣不反、引刀劃腹、腸出被地而仆、詔停獄、母喪、南闕舊泉、忽湧、季冬有花、詔旌其名於華春二山以榮之、

讀奏上前○安重誨、驍勇善射、唐明宗拜爲相、上目

不知書毎四方奏章悉令讀之弟重榮爲石晉節度使常佩王魚

平心奉治○安燾字厚卿宋嘉祐中劉煇榜爲探花試堯舜性仁賦爲提刑時行新法諸臣或迎合或異趨惟燾平心奉詔數有異論

云　縉雲氏後

高節○云敞字幼孺師事吳章及王莽斬章門人皆更名敞獨稱章弟子收尸以塟王舜高其節比之欒布薦爲中郎

寒　羿臣寒促後

冒死廷諍○寒朗字伯奇舉孝廉爲濟陰令去官百姓多追思恩澤漢永平爲御史心傷楚獄之寃冒死廷爭由是理出者衆

懷　河内無懷氏之後

善政○懷敘仕吳爲尚書政多善績

古今人物大觀卷之八終

文化堂

古今人物大觀 九之十一

古今人物大觀卷之九

上平函九　冀山爍岱生甫參閱

史孫子未先生鑒定　閩中林瀗春奕菴父纂輯

姪孫霖培文聚編校

韓　南陽　唐叔虞後食采於韓因氏

見易象。韓宣子晉人適魯見易象春秋歎曰周禮

盡在魯矣

刑名學。韓非韓諸公子與李斯同事荀卿喜刑名

法律之學作說難孤憤五蠹說林

國士之韓信淮陰人蕭何奇之曰如信國士無雙請
漢王拜信大將王設壇禮之與張良蕭何稱漢三傑
微時釣淮水上漂母憐而飯之信曰吾厚報母母怒
曰吾哀王孫而進食豈望報乎
死灰復燃○韓安國初事梁孝王得罪獄吏田甲甲
辱之安國曰安知死灰不復燃乎後爲御史大夫
拯活○韓韶潁川人爲嬴長流民入界韶開倉拯之
主者不可韶曰拯溝壑之人以此伏罪含笑入地矣
稱潁川四長之一

出群器、韓伯字伯康殷浩稱之曰勝氣如雲談霏
出軼群之器也仕晉尚書
躍龍○韓綽北燕人官右僕射時封嵩左僕射嵩弟
東中郎將綽弟西中郎將四人同拜帝曰躍一龍于
長衢騁雙驥于千里○
天下肥○韓休開元中拜相峭鯁尚在左右曰休入
仰陛下殊瘦於舊上曰吾貌雖瘦天下肥矣吾用休
為社稷計○
識荊○韓朝宗思復之子為荊州刺史李白云生不

用封萬戶侯但願一識韓荆州

詩人○韓翃善詩唐德宗一日下制誥於省中上批曰與韓翃時有與翃同名者帝曰是春城無處不飛花寒食東風御柳斜詩人韓翃○

泰山北斗○韓愈字退之仕唐憲德二宗官祭酒侍郎追昌黎伯李漢序曰珠光玉潔周情孔思千態萬貌卒澤於道宋景文贊公以六經之文為諸儒倡學者仰之如泰山北斗其論佛骨驅鱷魚正大昌言炳然于天地間

寶鼎元田○韓湘老成子落拓不羈文公勉之學曰吾所學非公所知公使言志詠云青山雲水窟此地是吾家午夜流瓊液凌晨咀絳霞琴彈碧玉調爐養赤丹砂寶鼎存金虎元田養白鴉一瓢存世界三尺遯妖邪又示公云雲横秦嶺家何在雪擁藍關馬不前公不解後謫潮州中途遇雪俄有人冒雪至乃湘也問其地曰藍關公遂足其詩志感

香奩○韓偓字致元工詩高秀實云韓偓香奩集麗而無骨李端叔酷嗜其文云咀五色之靈芝香生九

竅咽三危之瑞雪炱動七情唐昭宗翰林承旨諭嶺表詩云謀身拙爲安蛇足報國危曾捋虎鬚滿世可能無默識未知誰擬試齊竽其詞淒楚不忘君也

桐樹○韓億字宗魏宋開封進士官參知有子八人維綷皆拜相俗稱桐樹韓因門有桐樹以別韓魏公也陸農師詩云棠棣行中排宰相梧桐名上識韓家

捧天手○韓琦字稚圭相州人二十登進士第一臚唱太史奏五色雲見嘗夢兩手捧天其後歷相兩朝與范純仁同出入將相軍中有一韓之謠駐鎮延安

夜有人挾匕首入曰來刺諫議公曰取我頭去其人曰某不忍得諫議金帶足矣公持帶與之終不追問嘗夜作書一卒持燭偶燃其鬚公以手摩之復作如常其德量爲人所服薨神宗書兩朝顧命元勳之碑忠勇○韓世忠字良臣延安人少貧賤號韓潑五善騎射建炎官統制御書忠勇韓世忠於白旗賜之其傻猊蹙連鎖甲掠陣斧克敵弓皆遺法也曾以八千衆破金人十萬

效紀信○韓成明太祖討陳友諒戰鄱陽湖舟膠淺

賊攻急廹上諸將計無所施成進曰古人有殺身成
仁若臣不愛死請效紀信誑楚狀遂服上服投水賊
隨緩攻會諸將援至賊敗明皇由之而興追高陽侯
耿清詩云聖祖開基天地久將軍正氣斗牛寒萬古
精忠應不泯白雲明月滿康山

諫罷軍○韓郁洪武御史上書言諸王太祖遺體康
皇帝手足豎儒之見藩封太重疑慮太深今藩國
下事局尤解宜釋代王囚封湘王墓勸燕罷兵守藩
不然陛下後悔矣弟節工部郎中金川之變率家僮

巷戰投城死

吐詞慷慨。韓丞西安人洪武給事或曰浮山人豊軀美髯吐詞弘朗每慷慨論兵建文雅重以忠節自勵靖難召見欲官之曰吾王蠋耳抗罵不屈死

少年御史。韓雍字永熙吳人正統進士擢御史時方右都御史楊寧見之自失曰少年老吏也歷大理卿按石亨黨時錦衣劉敬具膳邀亨坐黨雍曰一飯當律不知公卿日過其門坐何等也白之衆趨其言

予存問。韓文字貫道洪洞人毋娠夢文潞公至家

生公名文成化進士累官都御史尚書上召公曰今邊儲急鹽法宜清公條七弊正德初劉瑾導上非僻合言官糾之上驚不食欲置瑾法瑾伏地哭左右口狗馬角觝何損出瑾司禮隨矯旨獄公尋釋策蹇驢宿野店而去瑾敗起官傳存問詔曰起文彥博於九袠人心攸屬繼韓魏公於百代家慶彌長謚忠定

介節○韓部湖州人萬曆進士官給事介節明恕而幸寧邑稱名宦之冠子韓敬萬曆進士第一敬生于寧邑孕時紫霧盈署香氣襲人十著古文明一代

小昌黎。韓廷錫字晉之候官人博綜群書爲竟陵鍾伯敬獎譽稱小昌黎築別野於道山舍詩詞篆隸石刻著樣菴集

閩中二韓。韓邦靖字汝慶朝邑人尚書汝節弟也三歲能賦與節同舉正德進士官都水郎會乾清宮災上廢失十事武皇怒繫錦衣獄奪職復祭藩才藻炳發風節凜然關中稱二韓子謂汝慶倜儻經濟才過其兄也。

盡節一門。韓默字文達江都書生明末揚州被兵

謂妻蕭氏曰吾讀聖賢書不忍不義活汝自爲計遂躍入井蕭呼長子曰汝宜從父亦隨躍乃結纓於樑視二女縊畢抱幼子置姑懷拜曰韓氏一綫在姑遂縊後人浚井出默屍如生惟損一指忽鮮血湧流衆異之

師生同殉○韓光祖葉滰和州諸生博學有文崇禎末流寇入和所至州縣迎降祖與滰過刊使盧讓家以君恩國難瀝血縷縷賊旋至三人一室同殉

○韓夫人朱序母序守襄陽符堅攻之夫人取城中

女子亦署諸婢築城以禦堅退號夫人城

○韓貞女保寧人年十七元末明玉珍亂慮爲所汚扮男子服操作既而爲寇所擄居兵間七年人莫知者後遇叔贖歸適尹氏稱貞女

潘滎陽畢公後子孫食采於潘因氏

貫札○潘黨字叔黨楚大夫與養由基蹲甲而射貫七札

機辯○潘京字世長武陵人有機辯舉秀才至洛陽與樂廣語累日廣嘆曰君天才過人若加以學必爲

一代儒宗、京感其言、隨勸學不倦、仕晉陵泉令、擲果盈車。潘岳字安仁、滎陽人、號奇童、才名冠世、藻思如江濯錦綺、而增絢。著西征閒居諸賦、出宰河陽、滿縣種桃李花。美姿容、少時挾彈洛陽道上。婦人皆爭擲以菓、盈車而歸。晉惠帝黃門侍郎、史稱文苑羽儀。詩人龜鑑。石崇金谷園二十四友之一。

逍遙谷。潘師正居逍遙谷、唐高宗幸東都、召師正問所需、對曰茂松、清泉臣所願也、即其居作崇觀、賜之謚、體玄先生、

松

劍術○潘扆自稱野客善劍術海州刺史鄭匡國學
焉扆探懷中二錫丸俄出氣如雲旋繞匡國頂上有
聲錚錚匡國懼扆乃收之二白氣復貫入掌中
奕僊○潘茂名唐播州人入山逢二道士對奕顧曰
子亦識否茂曰入猶蛇竇出似鴈門道士笑曰子頂
骨貫於生門命輪齊於日月能修煉可輕舉矣
八賢堂○潘美字仲詢少倜儻有大志事趙太祖與
曹彬下江南以功拜宣徽院使廣州八賢堂潘美向
敏中余靖魏瓘邵曄陳世卿陳從易張頡爲八賢

奇才。潘大臨字邠老、宋元豐中居齊安、得句法於東坡山谷、稱曰天下奇才也、謝無逸問臨有新詩否、曰秋來景物件件是佳、昨日得句云、蒲城風雨近重陽、忽催稅人至、隨敗興、

墨僊。潘谷宋人、精墨法、山谷嘗以錦囊貯墨半丸贈之、一日飲酒三斗、狂走入井、人下視之、趺坐井中、手持念珠、隱隱頭上白氣沖舉、東坡詩曰、一朝入海尋李白、空看人間畫墨僊、

詩病。潘閬字逍遙、江都人、居洛陽賣藥、暇即策蹇

看山意有所得終日忘返好事者繪圖爲玩至道中徵入洛賜進士官博士後學方外逸去嘗作苦吟詩云髮任莖莖白詩工字字精貧居云長使詩無病不累家更貧

旌異○潘賢明湛武畧以賢良辟試御閣稱旨命守重慶公勤廉愼教化達行大吏上其績賜白鏹旌異遠人悅聽○潘榮字尊國龍溪人正統進士景泰給事中疏開言路劾學士倪謙奪情士論韙之晉戶侍思致擺落○潘偉字仲文歙縣人垂髮能詩家白兵

山思致擺落如秋水芙蓉亭亭自遠。有郭外閑河遠
樽前歲臘殘。旅舘午寒閉、江城秋雪飛。句儼然迥出
乞詩札○潘府上虞人、弘治長樂令。邑多浮屠宮宇、
弘敞。命諸生誦課其中、教以究心朱程之學、得朱程
旨歸。每遇佳辰、步田間、問農疾苦、如家人父子相親
近。乞書詩文擁藺車前、
袖石自沉○潘集浙人、貧乏、窮經授學、以義俠重。兩
都變、聞儒士周卜年感憤赴東瀨死、集臨號哭、奔東
渡橋、袖石自沉、

○節婦潘鎰閩古航儒家女、十八適書生林作肅
岀晉安五世宮保後、力學繼志、因鬱瘵死、婦貧苦
不自存、姨憐之、謀易志、婦持三歲兒秉柱哭拒曰
所忍死苟活者此一綫也、何言乎、益厲矢守終老
干穎川干讐後、
搜神記○干寶字令升、博聞強記、作搜神記、以示劉
惔、曰卿可謂鬼之董狐、
踏花歌○干大本得僊道、夫妻偕隱西山下、妻詩云
酣舞狂歌踏落花、綠羅裙帶有冊砂、往來城市賣生

藥那箇西山是我家大本詩云自從僻隱修僊去出入塵寰直至今不是逃名與遠俗賣柴沽酒總無心

雲　瑯琊縉雲氏後

善製器○雲定興隋少府丞善製器精巧以充軍實遷屯衛將軍

達幽枉○雲景龍字良遇汴人宋乾道慈州守蒞政嚴明幽枉必達不為權要所抑

君　出上古君方後

堯師○君疇上古人堯學於君疇子

周

保釐○君陳成王命君陳繼周公保釐東郊懋昭周公之訓

原太原周原伯後

學殖○原伯魯人周大夫性不悅學閔子騫曰學殖也不學將落原氏其衰乎儋闓之揶揶自下奮學不輟

非貧○原憲字子思宋人蓬樞甕牖學夫子之道促襟肘見子貢過之曰夫子貧乎憲曰無財之謂貧學道不得之謂病憲病也非貧也

大俠。原涉字巨先閭里之俠涉爲冠漢哀帝官司農出守谷口民聞其至不言而治

源　太原漢源復後

機穎。源賀比魏大將有機穎封王隴西上十二陣圖奇變生尅諸法

清愼。源乾歷官以清愼名開元爲相十年封安郡公

轅　陳轅濤塗後

詩學。轅固齊人治詩漢景帝時博士以廉直拜清

河太傅武帝復以賢良方正徵時年九十

治聲○轅豐漢建始中長安令治有能聲歷司隸校尉

輪

斲輪○輪扁齊人齊桓公讀書堂上輪斲輪堂下君問斲輪之方曰徐則甘而不固疾則苦而不入不徐不疾得之手而應之心口不能言有數存焉公曰善

新　晉大夫新穆稺子後

帝秦○新垣衍周人梁客欲尊帝秦魯仲連責之衍

起拜曰吾乃知先生天下之士

彬　見姓苑

秘苑○彬壽唐人撰秘苑文啓諸篇

爰　棣陽陳胡公後爰伯子

知王○爰延字季平陳留人漢侍中桓帝問朕何如主對曰中主帝曰何知曰陳蕃任事則治中常侍預政則亂進退由臣下之賢否耳

垣　西河漢太守垣恭

顯名○垣敞比燕人與二子邊苗歸晉拜龍驤將軍

子孫三世顯名

大吾門○垣崇祖年十四有幹畧叔護之奇之曰此兒必大吾門齊高帝拜豫州刺史

言汝南

得賢士○言偃字子游吳人比學於中國受業孔子列文學之首今武城以禮樂教化得賢士滅明助理

敦山南陳留姑後

勇敢○敦洽衛人以勇敢過人稱

論盧昆吐蕃大姓後

武衛軍○論瑀唐人字惟貞以字行本吐蕃裔也肅
元爲左武衛右將軍光祿卿討史朝義功鎮徐淮

渾河南鄭大夫渾瑊後

平朔方○渾釋之唐蘭州人有將才世爲本州督師
從征朔方平之遷開府儀同三司寧朔王與吐蕃戰
殁

感士○渾瑊唐建中初從德宗出守奉天以忠義激
士卒上臨軒授以節鉞討賊瑊拜曰敢不竭忠以答
休命

繁上黨商人七族有繁氏

巧麗○繁欽晉人字休伯以文章機辯名嘗爲詩賦
幸皆巧麗爲丞相主簿

乾見姓苑

虛襟○乾思彥唐人性倜儻賀遂亮贈以詩云志氣
百年內平生一寸心欲交天下士未面已虛襟

邢

百歲老○邢子周蜀人好道術往來蜀山峨眉諸峰
彌百歲老

冠中山姓苑鶡冠子後

著本章○冠崇奭南北朝人著本草衍義詳土物辯

氣味

環 楚環烈後

博士○環濟漢人以博士徵撰要略諸篇

春秋表○環中宋紹興中秘書丞嘗進春秋表說與

奏云不當先魯後周上曰爲人臣不知尊王之義豈

可置之三館

宛南陽漢春後

相門太守。宛是、仕漢爲下邳相、弟子宛方、仕漢爲

吳興守

根

著周書。根牟子、周人、著周書、

臺

臺駘後、

存神養和。臺佟、漢人、字孝威、隱武安山、鑿穴以居、

刺史行部、致謁曰、公居甚苦、何如出理教化、曰、幸爾

保終性命、存神養和耳、

隱商洛。臺彥、字國儁、晉人、專京房讖秘天文之學、

尨舍望氣占候隱商洛不出

著書閭閻○臺亨宋人元豐間與司馬溫公居閭閻著書者五人亨其一也

蘭中山 鄭稷公支孫以王父字氏

惠政○蘭廣漢武陵太守有惠政

武畧○蘭欽北魏人謀略武勇號智勇將軍衢州刺史以威惠得民

規畫○蘭以權字世衡西河人博學能詩明洪武中書出鎮滇南畫規條理軍府上其功晉應天尹

枕上吟○蘭廷瑞滇守人隱獨秀峰性恬淡喜讀書鼓琴每乘月駕小艇下湘水吹笛嘹喨聞者欲棄百事與遊詠云枕上詩成喜不勝起尋禿穎撥殘燈膽瓶滴取梅花水已被霜風凍作氷○

官東陽周官大夫後

建剏○官鍾寧人朱文公石鼓山誌云蘇侯詡官侯鑑皆齎金幣剏公田以佐其役

慈愛○官譙明永樂中知汝州恭慎慈愛政知緩急先時民多流亡譙拔地招撫井里晏然如昔秩滿遷

留者千人、

名神人○官榮字邦顯沙縣人宣德鄉薦擢給諫榮長八尺偉異常輩望之名神人奉册琉球王餽以海上珍奇悉却之曰使臣無外交有大臣風

南宮比莵○官賢字子選將樂人博學多才嘉靖歲薦任温州司理餙身厲行多所平反僉繪有南宫比莵之致、

恭　晉太子申生諡恭其後因氏

汪漢義○恭播晉人著漢書音義

松東莞泰時封爲大夫因氏

文學○松贊北海人善詞殁於王事隋志文學傳

袁東陽魯哀公後因謚爲氏

豊才○袁歸宅周人貌醜魯哀公召而觀之欲授以政仲尼曰是必豊才而德不形者也○

隱玉泉○袁説字彦先崇安人宋靖康中隱耕黃𣳾原結廬而居著玉泉詩有云時人不識田園樂只羡相如駟馬車句○

委順翁○袁長吉宋人字叔選家居崇安嘉定進士

靜江軍記室號委順翁猶狎林泉托興吟咏有天命委順復奚疑之句

棓

賢良士○棓甕濩人三舉賢良不就以隱德終

邽

執經○邽巽魯人執經於孔氏追濟陰侯

無

投淵○無擇上古人與舜爲友舜以天下讓之不受投於青吟淵中終身不見出莊子

玕

僊集○玕列、漢豫章人、事陸遜、學道得僊術、見集僊傳、

衲見姓苑

巢異○衲瑋、宋膠州人、第進士、官集賢院、知濰州、毋喪廬墓十八載、有白鶴白兔來巢、有司以狀聞、異之、

門

言論獨冠○門克新、泰州人、明洪武下金陵、聘四方遺逸、有司以新博學聞、儒薦上、語大悅、擢春坊贊善

禮部尚書史稱廉介精敏言論經書獨冠

猗

盬猗○猗頓魯人用盬猗以佐國富埒王者

眉

好劍○眉門只周人名干將莫邪子以鑄劍名能殺子以復仇

茨

桑蠶○茨充字子知靖州人漢建武中為桂陽太守教人種桑蠶利遺江淮

鉏

觸槐○鉏麑、晉車右勇士、靈君欲殺宣子、使麑賊之、麑曰、不忘恭敬、民之主也、賊民之主不仁、棄君之命不忠、吾不忍賊宣子矣、觸槐而死、

獲麟○鉏商、魯之東野人、獲麟以獻魯公、退而夫子傷焉、

踈

勿汚我○踈源、漢人、字元流、居南海、性廉潔、爲尚書郎、練習典故、人有投源以私謁者、源曰、子欲以言汚

我我從此逝矣

閭　唐叔後出三閭

不屈死○閭勍宋人建炎中節制淮南軍與金人戰敗爲其所執不屈死之

如

著漢書○如淳李漢人居馮翊仕魏陳郡守著漢書

沮　黃帝沮誦後

料敵○沮授漢獻帝時從袁紹征操曰以曹公明略又挾天子以爲資我雖衆主泰將驕難乎勝矣

於

畫荷○於清言、宋晉陵人、畫工荷花帳、進寧宗、喜動

天顏、

東平原舜七友、東不嘗後

郎官○東富、涇州人、漢郎官、有令政、

良牧○東明、唐人、開元中涿鹿太守、稱良牧、

古今人物大觀卷之十

下平函十　　龔山燦岱生甫參閱

太史孫子未先生鑒定　閩中林涵春奕善父纂輯

錢　彭城　姪孫霖培文聚編校

顓帝孫陸終生彭祖于錢因氏

詩中首選〇錢起曉唐人少時寓驛舍聞人吟有云、曲終人不見江上數峯青、后就進士試湘靈鼓琴詩結句未得忽憶驛舍之句以足之試官李暐曰神句也遂中選

詩多佳篇○錢翊起之孫工詩有雪晴早朝詩云紫薇雪晴帶恩光遶仗偏隨鴛鷺行長信月明寧避曉宜春花滿不飛香

楊劉齊名○錢惟寅字師聖幼有俊文父俶使賦遠山詩云高爲天一柱秀作海三峰俶異之嘗自謂人以不得黃紙後書名爲恨文章與楊億劉筠齊名

嗜蟹○錢昆字裕之倧之子隨俶歸朝有文集十卷行世士林多貴之昆性喜嗜蟹願求外郡補侄嘗曰但得有蟹無監州處足矣

父子制科〇錢易昆之弟也十七舉進士御試三題
日中皆就俊邁過人下筆立能成数千百言蘇易簡
曰錢易李白才也真宗為學士章聖嘗圖山水扇命
易作詩末云好開今日太平基萬里山河歸掌握
急流勇退〇錢若水字淡成河南人十歲能文入華
山陳搏見之謂有仙風道骨請麻衣相之以火箸畫
灰作做不得三字徐曰急流勇退人也
不用憂字〇錢宰被徵至京同諸儒會遊孟子節文
纂脩尚書暇日微吟曰四鼓鼕鼕起着衣午門朝見

尚嫌遲何時得遂田園樂睡到人間飯熟時○察者以
聞上召諸儒而諭之曰昨日好詩○然曷常嫌汝何不
用憂字宰驚悚謝罪未幾悉遣還

田　馬門　陳敬仲奔齊以田爲氏

貧賤驕人○田子方魏人文侯以爲師文侯之子擊
遇于道下車伏謁子方不爲禮擊問曰貧賤者驕人
乎富貴者驕人乎曰惟貧賤者驕人耳

食客三千○田文號孟嘗君父嬰號靖郭君齊威王
公子也嬰子四十餘人文係妾庶生產于五月五日

及長豪俠招致天下士食客門下三千。黃金橫帶。田單多智習兵守卽墨用火牛策破燕軍復齊七十餘城封爲平安君攻狄不下問魯仲連對曰將軍守卽墨坐則織蕢立則杖鍤有死心而無生氣今西娛淄上東奉夜邑黃金橫帶馳騁淄澠閒生樂而無死心矣單遂自厲氣鼓動士卒三日下之司馬兵法。田穰苴田完之裔也爲景公將曰將受命之日則忘其家臨軍約束則忘其親援枹鼓鉦則忘其身齊威王追論司馬兵法附穰苴于中焉

一言悟主、田千秋訟太子冤拜鴻臚寺、一言悟主、旬月之間拜相封富民侯、

荆株復茂○田真兄弟三人、堂有紫荆一株茂甚、聚議欲破爲三、未幾枯死、兄弟曰本同株因分析而憔悴況兄弟孔懷而可離乎、乃復合、荆亦復茂、

三世金吾○田仁會仕唐爲刺史、歲旱禱雨立至、民歌曰、父母育我兮田使君、挺精誠兮上天聞、中田致兩兮山出雲、倉廩元實兮禮義興、田君常在兮不患貧、子歸道孫賓延、三世並爲金吾、

聚書萬卷○田弘正性至孝、勤博覽、造樓積書萬卷。
餘唐憲宗時、節度使來朝、上燕見麟德殿、慰勞殊等、
進侍中、

朕之汲黯○田錫、字表聖、宋真君至道中、擢知誥召
對上御覽三千卷、御屏風五卷、詔褒之、上曰、朕之汲
黯也

照天燭○田況、字元均、治蜀、人不忍欺、號曰照天燭
言聽斷明也。天下顒望、以爲宰相、致治太平。

邊　隴西宋公子邊、後以字爲氏

敏捷○邊韶字孝先教授弟子百餘人或嘲之曰邊孝先腹便便懶讀書但欲眠韶應曰邊爲姓孝先字腹便便五經笥但欲眠思經事寐與周公通夢與孔子同門人服其敏捷

顏冉之亞○邊讓字文禮善屬文作章華賦多豔麗之句而終而正亦如相如之諷也蔡邕薦於何進曰生唐虞之世則元凱之次値仲尼之時則顏冉之亞孔融亦譽其俊才無雙

邊羅漢○邊鎬初生父母夢謝惠連來故小名康樂

南唐王用之克湘潭號邉羅漢

朴澹處士○邉繼垣字師甫嘉靖進士歷任太守節静寛和不露圭角坐一室朴澹如處士人以無邉幅羨之

斲棺臘蛇○邉大受崇禎孝廉令米脂李闖陷雒陽勞日張秦撫喬年令受蹤跡闖祖墳得之萬山中相傳僊人扦壙有鐵檠火燃不滅李氏當興如其言發之白蟻數石火熒熒斲棺骨青紅毛生被體腦後一孔盤赤蛇有角而飛迎日咽之若再遂伏喬年函骨

與蛇膽之賊後流矢中目伏誅

權天水顓帝之後楚有鬭緡尹權以字氏

稱宗匠○權德輿字載之天水人四歲能詩唐德宗朝知制誥在西掖八年風流蘊藉爲搢紳羽儀結廬蓬篙每遇勝景得佳句輒復興奮貴人名士以銘記托者爲一代匠手

飲塵○權懷恩唐萬年令賞罰明決見惡輒斥時語曰寧飲五斗塵無逢權懷恩更剌五州威名赫然

補天扶日○權邦彥字朝美十歲能誦毛詩十三舉

茂興頭角嶄然父奇之曰吾家千里駒也宋崇寧進士上中與十議官兵部尚書楊誠齊贊云補天重光扶日再中

旌孝○權謹徐州人明初以賢良薦授安樂令遷署丞性至孝母病祈天代死殁水漿不入經廬墓三載有司以聞上曰能孝者必忠忠孝之士可任輔導晉宫僚入侍諸王咸禮讓有儀

○權德輿夫人崔造女也德輿奇獨孤郁之才以女妻之唐憲宗詔曰德輿閨門雍肅添一佳婿

○權皐、妹適福昌尉仲蔓、有雄辯、脫權皐於安祿山之難、

燕　范陽召公奭後封燕以國氏

漁陽伯○燕伋、孔子弟子、居文行之列、追封漁陽伯、

明讖諱○燕鳳、字子章、代人、博綜經史、明陰陽讖諱之學、北魏道武中官尚書、參贊國事、

巧思○燕肅、字穆之、青州人、官宋龍圖學士、仁宗識肅有巧思、命造指南車、蓮華漏、欹器、分刻形象、悉如古製、蘇軾作漏銘、

愛威先後○燕達字逢辰宋神宗擇騎將達以精悍上選上問用兵威克愛平對曰威不徒用也以愛爲先嘉其言擢武康節度

安寢謡○燕度字唐卿益都人宋嘉祐中守閩群盜聚叢葦鈎連羽黨莫詰度變服伏深谷中廉渠首殺之民獲安寢謡曰燕公在我子與孫得依賴

牵　見魏志牵冲後

築京觀○牵招字子經魏文帝拜中郎將子牵弘猛毅有父風從鄧艾入蜀克綿州築京觀以名武功封

振武將軍

金谷園友○牵秀字成叔晉人傳辯善文翰冠名亘東南新安令金谷園二十四友秀其一也

全京兆

占軍編○全範漢太史令善天文著望氣占軍編

聘士○全琮蜀漢人靈帝尚書右丞董卓專政棄官歸隱父柔有穀數千斛令琮載入吳市琮悉以賑異士之貧乏之者柔奇之龐統謂柔曰卿子有叡樊浚柔收名一時佳士也後官東安守

三焚草○仝千樓曾高士博學善文築自課堂每撰一文必三焚其草方就積十年盈筴焚之又十年再焚精抉其佳者署曰三焚草

乘雲○仝申潞州人幼超越遇異授煉形嘗單衣跣足風雪七日能預識未來事死葬後百餘日一夕雷電發塚惟留隻履椶扇望之雲中啞笑乘去載明初紀異錄

群玉掇遺○仝袁華亭人通涉書史張士誠據吳累聘不就杜門著群玉掇遺篇明太祖以逸士旌

異才高等○全思誠華亭人博學能文永樂勅以異才高等徵每條陳稱旨召文華殿學士

連上黨齊大夫連稱後

瓜期○連稱齊侯使稱與管至父戍葵丘約曰瓜期而往及瓜而代世稱瓜期

漁父詞○連文道漢人字可久居江湖學道賦漁父詞云蘆花輕逐微瀾蓬窓獨自清閒一覺游僊好夢任他竹冷松寒人曰此清逸之士富貴中留他不住

金英玉髓○連肩吾唐人著金英玉髓

處士○連舜賓宋人字輔之居徐州歲饑出穀萬石以賑鄉鄰殁邑人三十里內外爲發喪歐陽修誌其墓稱連處士二子庶庠相繼登進士咸清德顯官

役鬼○連精定遂人通瑜伽教元至正間滇南大旱梁王迎之禱雨精注水於瓶一小蛇出瓶中飛去傾刻隨雨四注王贈以金帛役鬼使肩荷而去

蕭然寒士○連均建安人明永樂進士擢御史凡興剏革裁必按典故不挽己意民相親如家人父師歷官四十載而蕭然寒士

叩馬伸義○連楹建文御史靖難兵入迎文皇馬首叩頭大呼太祖數其過文皇殺之

宣始平魯大夫宣伯後

宣獨坐○宣秉字巨公雲陽人少修高節光武拜御史中丞性儉約布衣蔬食人罕與儔號宣獨坐帝嘗其舍曰楚國二龔不如雲陽一巨公也

宣嵃○宣明字南伸長汀人漢建武中貢入辟雍上雅樂篇歸隱南阜愛巖壑幽勝築室以居太守謝稠題曰宣巖作記

文教○宣仲庸明洪武以賢良徵令息縣優於政事元末學校廢弛士多佻達專以文教振興

茹蘗厲操○宣尚達楚人宰宣邑飲水茹蘗一以清靜為理卒於官宣人立祠以祭四時蜡社稱宣公賚

蕭河南 宋微子支孫封蕭以邑氏

收圖籍○蕭何沛人從漢高帝入關諸將爭取金帛何獨收秦相府律令圖籍居關中轉餉給軍不匱天下既定以功第一封酇侯與韓信張良稱三傑

東海生○蕭望之字長倩東海蘭陵人初為少府監

上疏言事宜帝曰此東海蕭生耶以明敏抒重受貴
詔輔政元帝任以師傅後爲恭顯所傾自殺

松石間意○蕭思話從宋文帝登鍾山帝命話石間
撫琴琴音縹響與松風嘐嘐相間帝曰可想松石間
意引浮白醉之

席上珍奇○蕭介有器識梁武帝選才士二十餘人
置文酒會賦詩介染翰成文文不加點臧盾以詩不
成罰酒一斗盾飲盡言笑自若帝曰蕭介之文臧盾
之飲皆席上奇珍也仕齊官尚書

宗老○蕭琮字彦瑜梁武帝御史中丞嘗預御宴上以橐投琮琮以栗擲上糾儀者欲罪琮曰上以赤心投臣臣敢不戰慄以報上大懌呼為宗老

咫尺萬里○蕭賁梁竟陵王孫善圖畫嘗以一扇圖山川萬里侯景破臺城賁為湘東王幕府叅軍王擁兵無南下意一日角雙陸食子未下賁諷曰殿下都無下意後王欲旋師賁曰景以人臣舉兵向闕今若放其歸去童子亦能箠之矣王以十萬之衆未戰而退竊為殿下不取也

結蘭援桂○蕭大圜梁武帝季子晉熙王嘗曰知止知足比山之比棄絕人間南山之南超踰世網藉纖草以蔭長松結幽蘭而援芳桂畜鷄種黍酤酪牧羊可以娛神可以散慮

燒燭○蕭文琰與梁竟陵王夜集賦詩分四韻刻燭一寸琰曰燒一寸燭而成四韻何難之有乃與江拱叩銅鉢響絕而詩就

注文選○蕭統字德施小字維摩梁武帝太子謚昭明讀書五行俱下注文選陶詩諸序集世以才學重

之
蕭齋○蕭子雲字景喬善草隸嘗飛白大書蕭字李約得之結一亭曰蕭齋今玉笥山中有蕭子雲宅在
孤立臣○蕭瑀字時文唐高祖嘗引升御榻呼爲蕭郎太宗以瑀武德之季多正直讜論曰斯人也不可以利誘不可以死脅眞社稷臣也賜詩云疾風知勁草板蕩識忠臣魏徵言於帝曰蕭瑀遺衆孤立唯陛下知其忠勁嚮不遇明聖求免難矣
八葉宰相○蕭嵩瑀子開元中與韓休並相會荊州

進柑帝包以紫羅帕賜之曰與相臣分甘也自瑀至遘八葉宰相瑀相太宗嵩相元宗華相肅宗復相德宗俛相穆宗寘相宣宗倣相懿宗遘相僖宗德望與唐終始今古未有也

蕭夫子○蕭穎士字茂挺四歲屬文觀書一覽成誦唐開元進士對策第一官秘書正字尹徵王恒盧異諸人執弟子禮稱蕭夫子

曉寒歌○蕭貫宋祥符中試天下如置器賦登第少時夢至一宮殿群姬珮立一姬授箋曰此衍波牋也

煩賦曉寒歌、援筆立成、日十二畢、關隱苔綠、歠猊而
洒椒壁、馥滑烏消消不相續、轆轤欲轉霏紅玉、百刻
香殘隕蓮燭、五龍吐水漫寒漿、紅綃佩魚無左璫、兩
兩懸足聽扶桑、紅萍半窺出波面、回首觚稜九霞絢、
鳴鞘遠從天上來、大鐵高冠蒲前殿、僊曰、子詩甚有
奇語、異日必貴、
爭僊桂。○蕭膺字次元、侯官人、唐開成進士、是歲閩
中登第四人、朝士詩云、幾人天上爭僊桂、一歲江南
折四枝。閩自是號文儒之鄉、膺官大理司直、

寧黜不誣○蕭韓字衮仲、龍溪人、宋大觀進士、令古
田、獲群盜、臧贓以貸死、執政以贓不應格、欲黜之、令
覆鞫、韓曰、利因命以取秩、非吾志也、寧黜而不誣
指佞草○蕭獅字鵬舉、泰和人、明洪武以賢良應制
賦指佞草詩云、祇今聖代多賢輔、盡日堦前翠色閒
稱旨授蘇州守、楊萬里稱獅好學耿介、居官清直、旋
起旋廢、詩文逸雋可誦
伏堦抗言○蕭歛字孟勤、獅子、靜果廉隅、宣德進士
景泰累官祭酒、直閣學士、宫傅尚書、景帝易儲、爭之

切引無易樹子伏耆抗言削籍成化復召入
風裁○蕭乾元字必充萬安人正德進士授行人奉
使安南盡却贐遷御史列逆瑾罪狀廷杖瑾誅擢
副使稱疾歸清操勁節風裁凜然
昌言○蕭廩字可發乾元子幼聞良知之學潛心理
興嘉靖進士擢御史經濟敢言請禮兩宮申救同官
玉印爭中貴人秘獄累官侍郎贈尚書賜葬子中行
操履端介有父風
通隱先生○蕭京字萬輿候官人成都郡丞怡曷子

公生明神熹間椓人柄政宫祉將傾念父宦蜀多疾引退擴所學於內經素問以葆親年著忠孝集辯人禽議利之分語多沉痛寓京華成青壇法黃石熊次侯數先生慕之各有贈言熊云海內有公如魯殿天涯無夢不荆山法云擁門歌短樹抱枕哭竒文成云狄山有竒書抉精流石血侃侃列日星洌洌寒霜雪君子尊其言愚者卷其舌何爲繫長生讀此遵生訣衆尊之爲通隱先生

○蕭史風神超邁善吹笙作鳳鳴曲秦穆公以女弄

玉妻之、居數年、有鳳凰棲其臺、一日玉乘鳳、史乘凰、駕霧騰去、

○蕭嵩、姿貌偉秀、賀晦妻以女、夏榮晉相曰、蕭郎位高年艾、貴不可及、後賀氏入朝內宮、玄宗呼爲親家母、以嵩子尚新昌公主也、

姚京兆舜生於姚墟、虞子孫因氏

遺戒○姚弋仲、晉人、蒲洪據關右、弋仲遣子姚襄帥衆擊洪、仲病將卒、囑襄曰、中原無主、我死汝亟歸晉、無爲不義也、○襄字景國、文武英豪、奉遺命歸晉、弟萇

亦稱雄武

脩梁陳書○姚思廉隋人父察八歲能誦萬言十二能文仕隋秘書丞思廉仕隋爲代王侍讀唐兵入宮府官屬皆奔廉侍王不動唐兵上殿廉厲聲曰唐公起義兵本安王室爾等不得無禮衆却下堦唐王李淵義之曰仁者之勇也拜弘文學士同魏徵脩梁陳史瀛洲十八學士之一

救時宰相○姚崇唐開元以十事上玄宗遂大拜齊澣稱救時宰相與宋璟仝中書史贊崇應變成天下

之務璟守法持天下之正封梁國公謚文正病革屬曰張丞相説奢侈好玩服吾死來吊汝悉陳生平玩物於前張一顧即録置之隨以神道碑請銘宜先礱石以待文至立鐫之逾時彼必取易後果然説嘆曰生張説不如死姚崇智過我遠矣

覆碑詩○姚岩傑唐詩人嗜酒遊江左顔標典鄱陽創踘場請傑記之標易三字傑怒覆碑於地以詩示顔云爲語顔公識字差行行點點換翎鵝鹽來白眼闕情少醉後青山入夢多馮子莫嫌彈鋏恨甯生休

唱飯牛歌聖朝合爲蒼生計也合徵車到薜蘿著象
溪集
旱魚詩○姚鵠唐人作旱魚詩上苗相公云似龍鱗
已足惟是欠登門日裏腮猶濕泥中目未昏乞鉏防
蟻穴望水瀉金盆他日能爲雨先當報此恩
釣魚宴○姚鉉宋淳熙學士春樹苑中釣魚宴鉉詩
先成有花枝冷濺昭陽雨釣線斜牽太液風之句上
賜白金文錡時輩榮之比奪錦賜花故事
清海塵○姚嗣宗宋慶曆中題詩於壁云踏碎賀蘭

石埽清瀚海塵布衣能辯此可惜不逢人韓魏公見而奇之引爲從事參軍

騎牛圖○姚鏞宋南渡人號雪蓬守贛州繪其像騎牛澗谷間趙東野題云騎牛無笠又無簑斷隴横岡到處過暖日暄風不嘗有前村雨暗却如何

血山○姚坦字明白皇子翊善王於邸中營假山費百萬悉藿民財以助工畢聚賓僚往觀坦俛首曰此皆民力也但見血山安得假山

錦江四俊○姚勉號雪坡瑞陽人宋寶祐狀元及第

廷對萬言、累官太子舍人、著雪坡集、與胡仲雲、劉元
高、黃夔、葵號錦江四俊。

終身織履。○姚伯華、桐廬人、元末負父母避盜、道中
盜殺之、推岩下、華覓不見、哭震天日、忽有老人指岩
下、華褁屍肩走百里、採櫟葉蔽體瘞之、盜平、每遇親
亡日絕食長號、憶肩屍時徒跣向人乞草屨、終身織
屨給人不忘。

與城存亡。○姚善、字克一、安陸人、好讀書、扁其廬曰
待旦軒、明洪武鄉舉、守蘇州、造隱者謝芹廬、芹遁一

簡悉戰守策、靖難兵起、善聯四郡倫敵文皇、入索善
子澄急、澄匿善所、約航海再圖、謝曰公朝臣可往、善
守土義與存亡、逮入、厲罵不遜、磔之、袁州知府楊任
以善戚黨逮至、同磔、
奉白帽○姚廣孝長洲人、少祝髪為僧、遇異人授占
術、成祖封燕、入見曰大王骨相非常、臣奉一白帽王
援以三錢命卜曰卜天子乎。旦晚吉兆耳。王曰子休。
適篝兎飄地、王懼、孝曰天欲殿下換黄兎耳。靖難以
元勲首封、固辭、拜左善世、管武當山殿以居

許國冊心○姚銑字孟聲侯官人永樂進士正統歷都給事土木之難銑自誓必死軍中貽家人詩云許國冊心今日盡輸忠白骨幾時還聞者悽愴

抗言請塟○姚夔字大章桐廬人正統進士給事景泰擢侍郎成化睿皇后崩議合葬祔廟抗言治命冝遺有錢后與我合葬内閣無忘朕言公伏殿門泣諫弘治贈尚書謚恭簡

詩舫○姚綬字公綬嘉善人天順進士官御史成化出守永寧學問政事爲時所宗解官歸作滄江虹月

小舫泛吳越間粉窓臺幌煮茗焚椒彈絲吹竹隨波上下自號卅丘先生

○姚王京嫁衛敬敬死京守節與孤燕爲侶以紅綫繫燕足京殁孤燕飛塚上悲鳴死每風清月夕人見京與燕同遊漢水

○姚果毅子崇秀頴辯才刺史王當有女擇適集文武子弟令袁天罡卜擇罡曰無如果毅子也

饒平陽

百鍊竒峰○饒字與徐師川胡少汲謝夷季林子仁

潘邠老吳君裕楊信祖飲酒歸老堂合八人姓氏爲一詩云胡子雲中白鶴林生初發芙蓉吳十九成雅奏饒三百鍊奇峰南州復見高士東山行起謝公冠盖城南勝會山陰未掃清風客散日啣西壁主人不過樽空

詩派圖饒節字德操工詩宗黃山谷陳無巳等二十五人爲詩家嗣法作江西傳派圖號倚松道人

青苗詩饒諫宋熈寧中舉進士不第以詩投王荊公云遲垂勁翮下青霄歸指臨川去路遥二畝荒田

都賣郄要錢準備納青苗

性學銘○饒幹字廷老邵武人宋淳熙進士令長沙朱熹爲郡守幹日治事夜詣熹講貫心潛于學熹爲之銘曰能琢磨而器吾之玉乎心皇皇如不足能烜赫而毌吾之轂乎足縮縮如不欲故樂也不加于性不汚也不懼其欲斯爲之害學不惟其名而實之篤

文元先生○饒魯字伯與號雙峰饒州人少從黃幹學性行端謹學問精明累徵不出著五經講義春秋節傳門人私謚文元先生

鐵耳冰心○饒景暘南昌人明萬曆鄉薦守汀州清
介自持風裁矯然汀人有鐵耳冰心之頌昇擢京卿
瘁狂駡賊○饒景靳水人天啓進士英敏有治才嘗
風鑑衙令宜興以風節擢御史按蘇松平宜邑南劉
之變効權貴怙勢者亂始輯家居爲張獻忠所執百
計誘之尊以師傅瘁狂駡賊不屈死之
○饒娥字瓊真父勣醉漁舟中溺死娥哭走水中負
父屍俱浮鄉人葬鄱水郴子厚爲作碑銘

卷之十終

古今人物大觀卷十一

下平函二　黄德裕子容甫參閱

太史孫子未先生鑒定　閩中林涵春奕善父纂輯

金　潮海門甫編校

張清河　黄帝後青陽生揮作弓正爲張氏

檄楚○張儀魏人與蘇秦師鬼谷子游楚楚相與飲醉失玉璧笞辱之妻曰子無游說安得此辱儀曰視吾舌在足矣後爲秦相檄楚相曰始吾從若飲不盜而璧若笞我今善守汝國我故且盜而城

遇黃石○張良字子房家世相韓秦滅韓良散家貲爲韓報仇得力士擊始皇博浪沙中誤中副車大索天下良匿下邳遊圯上有父老墮履圯下呼良取履以足受之曰孺子可教期五日來會授陰符曰讀此可爲王者師十三年後見我濟北穀城黃石即我也仕高帝與韓信蕭何號漢三傑

天下持平○張釋之漢文帝官廷尉天下無寃民文帝過渭橋有犯蹕馬驚捕治釋之論罰金上怒釋之曰法者天子與天下共也廷尉持天下之平耳又有

盜高廟玉環者釋之奏當棄市上欲族之釋之頓首曰法如是也盜廟器而族之假令取長陵一抔土陛下何以加法乎

乘槎○張騫字子文河內人武帝郎官奉使西域得大宛蒲萄馬乳水晶二種採以和釀嘗浮槎至河源見一織婦一丈夫牽牛飲渚與塊石歸問嚴君平平曰此織女支機石也前日客星犯斗牛得無君入天河時乎○

鼠獄○張湯爲兒時隨父爲長安丞守舍鼠盜肉父

怒笞之湯薰穴得鼠及餘肉掠鼠治之成爰書磔鼠堂下父視其文辭大驚曰此老吏斷案也漢武大中大夫子安世字子孺與霍光定策立宣帝封富平侯史遷言湯身雖酷烈其推賢揚善宜有後故子孫千秋延壽俱賢

畫眉○張敞字子高平陽人宣帝爲京兆尹九年枹鼓不鳴嘗爲婦畫眉上聞而笑長安傳京兆眉

帝師○張禹字子文河內人漢成帝尊禮師傅說書金華殿習經學教授生徒前列講席後列絲竹及門

分別品類上下人物治平中拜相封安昌侯

埋輪○張綱字文紀漢順帝遣八使循行天下綱獨埋其輪於洛陽都亭曰豺狼當道安問狐貍奏劾梁冀八使之一

鵲印○張顥爲梁相一日見一鵲墜地化圓石顥椎破之得金印曰忠孝侯印顥表聞之藏之秘府仕至太尉

十腰銀艾○張奐字然明歷官十腰銀艾注云銀印綠綬也以艾草染之官屬國都尉

草聖○張芝字伯英漢靈帝大尉臨池草書池水盡黑凡衣帛必書而後練韋仲將稱芝爲草聖

萬人敵○張翼德名飛雄壯威猛稱虎臣號萬人敵蜀漢拜右將軍西鄉侯史稱義釋嚴顏有國士風

博物志○張華字茂先博物洽聞著博物志嘗見斗間有紫氣問雷煥煥曰寶劍之精上徹霄漢後煥令豐城獄中掘二劍曰龍泉曰太阿一授華一自佩後飛入延津化二龍

菰米蓴鱸○張翰字季鷹性清辯善屬文號江東步

兵○晉東都掾謂顧榮曰吾本山林間人以明防前以智慮後因秋風起思吳中菰米蓴羹鱸膾嘆曰人生貴適志耳富貴何爲郎引去又曰使我有身後名不如生前一杯酒

當代文宗○張載字孟陽晉著作郎稱當代文宗貌醜黑嘗遊洛群女以瓦石擲之弟協字景陽次弟亢字季陽並博學俊才與陸機陸雲齊名時號三陸三張

六經皷吹○張衡字平子作兩京賦十年方就孫綽

曰張衡左思兩京三都賦乃六經之皷吹也
正始遺風○張緒風姿清雅靈和殿前植蜀栁帝曰
此楊栁風流可愛宛似張緒少年時每嘆其清談袁
粲曰緒有正始遺風宋明帝中書令子充
高卧風乃○張充字延符與王儉書云介然之志聳
峭霜崖確平之情峰橫海岍叉曰飛竿釣渚濯足滄
洲獨浪煙霞高卧風月吾不能事王侯覔知巳也仕
梁祭酒
海賦○張融字思光弱冠有名道士陸靜修以白鷺

羽扇遺之曰此與物當贈異人作海賦云窮區沒渚萬里藏岍濡轉則日月似驚浪動則星河若覆以示徐凱凱曰文超玄虛但不道鹽耳融即索筆增曰漉沙構白熬波出素積雪春潞飛霜暑露一日世宗問融曰卿住何處答曰臣陸處無屋舟居非水上問其兄思曼曰融東出未有居止權牽小船於岸上宿處

碧山不負○張褒梁天監學士游玩廢職御史彈之褒曰碧山不負予生乃焚章草長嘯而去杜牧云碧山學士焚銀章

青錢學士○張鷟字文成兒時有紫文大鳥止於庭太公曰五色赤文鳳也紫文鸑鷟也殆將以文章瑞朝廷乎遂名鷟累官學士員半千稱其文猶青錢萬選萬中號青錢學士

識真人○張仲堅西京人貌偉髯虬名虬髯公隋末素具掃清之志遇李靖於旅次時靖挾紅拂女宵奔虬奇之曰觀李郎器宇不凡丈夫也遂與求真人於太原因劉文靜以見文皇徐洪客熟視慘然曰真天子也語靖曰方今龍戰方始君以英特之才輔主安

民不世之業屬君矣退見仲堅慘然曰非子世界也遂偕入扶餘國堅殺其主以自立洪客飄然不知所之

海燕詩○張九齡字子壽唐開元賢相也千秋節公王獻寶鑑九齡序鑑十章號千秋鑑李林甫欲中傷之九齡作海燕詩云海燕雖微物乘春亦暫來豈知泥滓賤只見玉堂開連戶時雙入華堂日幾回無心與時競鷹隼莫相猜帝賜白羽扇獻賦自況云苟效用之得所雖殺身而何忌又縱秋氣之移奪終感恩

於篋中○呼曲江公

食鼠雀○張巡南陽人貌偉若神志氣高邁詩雄壯擢開元進士初爲清河令祿山兵叛守六十日大小三百戰食盡羅雀掘鼠殺愛妾享士曰吾受國恩所守一死耳但念諸君力戰賞不酬勳痛心柰何城陷奮呼曰當爲厲鬼以殺賊賊以刀抉其口齒存者三四○

燕許筆○張說字道濟洛陽人開元中書令封燕國公蘇頲封許國公皆以文章著名號燕許大手筆上

有所作必使視草

煙波釣叟○張志和字子同金華人母夢楓生腹上孕和初名龜齡肅宗命待詔翰林賜名志和號煙波釣叟陸羽問孰與往來答曰太虛爲室明月爲燈與四海諸公共處未嘗少別何有往來帝賜二僮婢一名漁童一名樵青作漁歌西塞山前白鷺飛桃花流水鱖魚肥青蒻笠綠蓑衣斜風細雨不須歸又松江蟹舍主人歡菰米蓴羹亦共餐楓葉落荻花乾醉宿漁舟不覺寒又雲溪灣裏釣魚翁舴艋爲家西復東

江上雨浦邊風更看荷衣不嘆窮

草聖○張旭嗜酒善草書每大醉狂叫走筆以頭濡墨作書世呼張顛與李白等稱飲中八僊杜甫歌云張旭三杯草聖傳揮毫落紙如雲煙

草木知名○張萬福三世明經德宗朝拜濠州刺史上曰先帝改爾名所以褒也朕謂江淮草木亦知爾威名仍賜舊名

午橋莊○張齊賢字師亮宋太祖幸西都齊賢以布衣上十策帝嘉納之歸語晉王曰吾幸西都得一張

齊贒以脩異日宰相太宗朝大拜致政歸洛陽得畤度午橋莊觴咏遊釣詩云午橋今得晉君盧水竹煙花興有餘師亮白頭心巳足四登五府九尚書謚文定

乖崖公張詠字復之宋太平進士宣撫西蜀性清介服布裘畫衣褐圖自贊云乖則遠俗崖不利物乖崖之名聊以表德號乖崖公嘗從陳希夷學道分華山半席陳以蜀綿贈之及鎮蜀以蜀箋報希夷詩云性愚不愛任山林剛要清流擬致君今日星馳劍南

檄回頭慚愧華山雲官至尚書謚忠定

三代遺風○張方平字安道少穎悟家貧無書借人三史旬日讀竟試之一字不遺宰臣以茂才異等特薦上手詔褒曰文章雅頌有三代遺風熙寧中參政

三影郎中○張先字子野詩筆老健倅秀州置花月亭題詩云雲破月來花弄影浮萍斷處見山影隔墻送過秋千影世呼爲張三影神宗朝官郎中

東西銘○張載字子厚學者稱横渠先生坐臯比講易一夕二程至曰吾不如也命弟子師之遂撤臯比

晦菴贊云蚤嫺韜鈐晚逃佛老勇撤皐比一變至道有訂頑貶愚二銘後改東西銘官太常禮院

商霖○張商英字天覺童時日記萬言趙抃薦之袖草茅憂國書以獻紹興中久旱彗出天心上覽書悔悟是夕大雨彗没徽宗書商霖二字賜之尋拜相

補天浴日○張浚字德遠綿竹人紹興宣撫川陝趙鼎言於帝曰張浚使川陝國威方振浚有補天浴日之功宜錫山河帶礪之盟乞召政府帝以浚知樞密時金兵充斥煙焰漲天人戒浚輕進曰吾急君父之

難至建康衛士無不以手加額帝慰勞曰朕無北顧之憂矣封魏國公謚忠獻

太極圖○張栻字敬夫浚子學以聖賢自期著太極圖說卒年四十八朱熹謂黃榦曰敬夫豈逝吾道益孤矣官終秘閣修撰號南軒先生

學走○張觷字秉直閩縣人蔡京延為子師曰若曹曾學走否諸子問故曰天下事而翁壞盡矣旦晚有變爾曹能逃乎

奇童○張九成字子韶號無垢又橫浦居士十歲通

經史善詩文目爲奇童閉閣讀書折膠爍金不出戶
域比舍從穴隙覘之斂足端坐對經史如神明紹興
廷試第一官秘閣謚文忠
會僊○張英宋末人令儀隴過采石江遇一女子絕
色謂曰五年夙願當會大儀山英叱之抵隴聞機聲
率從逐之至大儀山洞門半啓前女出迎洞閉從者
見雙圓石自門隙出持之不能舉後宋亡題詩洞側
傷宗社顛覆慷慨悲凉載升庵紀異錄
忠存趙祀○張世傑范陽人累功節度使恭宗殁比

狩傑立端宗端死奉帝昺碙州與文天祥共籌匡國元兵追迫颶風大作泣曰一君亡復立一君今天不欲復存趙祀則風覆我舟言罷遂覆傑死而宋亡

望僊臺○張三丰明洪武時居寶雞山金臺觀一日自言入僊留偈而逝數載復生謁蜀王入武當山雲遊襄陽永樂遣使訪之不遇築望僊臺禮祀

享太廟○張德勝合肥人洪武起和陽勝以水軍附上曰天意也隨拔采石擒也先翼元帥府克鎮江池泰擄陣戰歿追蔡國公謚忠毅配享太廟

明初才子○張適長洲人洪武初學士宋濂薦奇童徵修元史官水部郎與高啓諸人稱國初十才子

治行第一○張紞字昭季富平人明初舉通經侍東宮書擢雲南藩伯賜詩稱天下治行第一建文命紞主試得楊士奇喜曰明達時務之才也置第一靖難兵入經堂上妻妾子女相繼投池中死惠州知府張仲禮以胡閏親黨逮至亦投池死工部郎中張安國與妻賈氏亦投池死

忠魂作厲○張昺澤州人洪武侍郎建文中藩府告

變命昺爲北平布政謝貴爲都指揮備兵彈壓文皇
稱病召二人伏甲擒之曰我何病爲爾輩廹耳遂殺
之後文皇夢昺披髮爲厲發其屍顏色如生
戒收人望○張玉字世美祥符人靖難兵起玉畫策
奪北平九門帥師南下戒止殺以收人望上戒心命
潛覘敵情還言師無紀律人多死氣急趨之一鼓可
破自白溝河馳景滄陷陣戰歿追王河間謚忠顯嗚
呼公之智勇可借用之靖難而不用之開國
恩張○張信臨淮人明初開國指揮建文密勅縛

燕黨毋恠之汝何憂曰密旨欲得親王毋驚曰汝父嘗言王氣在燕毋禍家族也三造燕府文皇戒辭乃乘姊人輿入謁曰殿下須以誠告臣不信則就縛信則臣尙有謀上泣曰生我一家者子也呼爲恩張靖難封郎國公謚襄僖

三射象○張輔河澗王張玉子統父軍封新城侯征交趾置郡縣封英國公交趾叛伏象以拒輔先驅辟象衝入一矢落象奴再矢披象鼻三矢象自觸踐鎮交十年正統從駕土木死之贈定興王嗚乎王父子

有徐中山之勞。不獲與中山相比。惜哉。

東門行。○張洪字宗海。常熟人。洪武中謫戍黔中。帥臣識其賢。薦授行人。奉使緬甸洮岷。二十載。召入授修撰。○四方風土。靡不通曉。詩云。古來別離地。青草不復生。居人攀藤棖。悵望難爲情。又云。莫向秦東亭唱此東門行。土中有死骨。聞之復心驚。

白傘山樵。○張簡字仲簡。吳人。明初召修元史。賜絲幣。王元美言。元時法網寬。大人不必仕。金陵蘇門各置文社。主以名宿。宴賞最饒。簡號白傘山樵。詩稱擅場。嘗得贈黃金一斛。

翠屏山人○張寧字志道古田人明初侍講使安南作春秋辯疑詩文豪放寫懷詩云秋色慄然至蒼涼滿雲汀欲倩五十絃彈與皷龍聽號翠微山人

聖童○張遂字子眞吳人父元娶小娥生遂居海上嫡逐之曰狗子七歲能詩十歲通經史十三以聖童徵洪武擢都水郎以老辭有短髮因吟多日白衰顏得酒暫時紅句

藝苑赤幟○張泰字亨父號滄洲天順進士翰林修

撰。性坦易。無涯崖。詩文縱手立就。及凝神注思。則竆源蕩遠。雖一字不苟用。明代藝苑。以李懷麓。張滄洲爲赤幟。

四君子○張敷華。字公實。安福人。天順進士。父洪死土木之難。敷少奇穎。里中有竹帷。七歲能持刀砍之。初官職方郎。與劉大夏同部。夏稱端恪公。負正直。弘治巡撫山西。入南臺。與林瀚。林俊。章懋。稱南都四君子。○正德。劉瑾矯旨。逐公。贈少保。謚簡肅。

心定萬事○張元禎。字廷祥。號東白。南昌人。天順進士歷官侍郎學士總修會典實錄生靈異五歲出語驚人寧獻王召見爲韻語響應有心定萬事定之句王蹶驚曰他時國器也父携入閣所在聚觀乞詩文草書如雲行泉湧孝宗雅重遣几聽受頃刻千言○張淮字豫源吳縣人少業舉子入試鎖院即棄歸天才豪宕頃刻千言嘗讌一富家牡丹盛開主人曰子能用中峰梅花百韻平信筆至五十韻曰詩腸枯矣亟呼酒沃之一醉竟成風物百詠○張寧字靜之海寧人景泰進士授給諫

成化奉使朝鮮、朴元亨爲館伴、賦風物百韻、詠云、溪流殘臼春前雪栁折新黄夜半風。朴閣筆曰、不能續矣、寧有二妾、曰寒香、曰晚翠、寧死、二妾不下樓、矢節、剪髮、詔旌雙節、

恬窩○張吉、字克修、號古城、又恬窩、餘干人、成化進士、梧州太守、歷藩伯、學務淵愽、去外餙、專內居官不染纖塵、早歲性偏於剛。中年卓然有立。老而涵禴治潑。爾先正淳養之大者。

千安山世○張鳳翔、字光世、漢中人、弘治進士、官戶

部主政生有異質落筆千言左手攢書瞬息滿楮總丱與李獻吉同官友善極貴顯者慕見不得面以貧死其子方七歲獻吉上書孝宗請恤朝廷義之吉曰先世詩文予安再世也○

英雄本色○張弼字汝弼華亭人號東海弘治進士志操耿耿議論無所顧忌作假髻行以刺時貴守南安民尸祝李西涯詩話云東海草書名重一世流布外國詩清健有風致自評云吾書不如詩詩不如文英雄欺人本色每如此公卒邵二泉輓詩云張公不

作南安守只說文章士潤身蒲路棠陰楢益後昆公
人是愛公人
抗諫豹房○張孟中字道宗號南津成化進士僉事
張澤子登正德進士時權璫劉瑾導上非僻居豹房
設皇居日縱逸樂朝野結舌公官戎部員外陳十事
戒遊幸去小人正儲講學危言指觸武皇怒公廷杖
喻旬創甚身殞年纔二十有八人覩血衣感傷曾閱
學使者岳和聲率諸生祀諸　聖廡
不書道錄○張治字文邦茶陵人正德進士第一編

修賛善使南交入掌院事直閣學士世廟召西内撰
道書符籙治不受詔上銜之卒謚文隱隆慶改元門
人歸有光改文毅
詩餘圖譜○張光誕字世文高郵人正德鄉薦判武
昌遷光州守惠政載名宦志少倣王西樓樂府塡詞
每塡一篇必求合某宫某調調中幾聲出入長短抗
墜圖彙合作乃巳輯詩餘圖譜爲世所宗
夢鶴杜甫○張淵字子靜歸安人善詩十四爲學弟
子長髯秀目儀容質古往往微酣興發以一手任顧

瞪目且思且草俄盈十幅有感於心或抗聲慟哭世比之唐衢嘗夢坡僊與語號夢鶴杜市乞食賈亭○張靈字夢晉吳縣人性慧能文善畫嘗與祝允明遊虎林會數賈飲亭中靈更衣作丐者賈與之飲醉談詩詞辯雲湧揮毫百絕賈駭使人跡之乃張夢晉也稱正嘉狂士

奏南戰功○張經字廷彝號半洲侯官人正德進士有文武才初令嘉興由給諫歷都御史撫兩廣討安南寇拜兵部尚書節制直隸陳南七省倭掠海濱召

狼兵未集趙文華祭神海上怒無厚餽劾以逗留未幾合狼兵大破之斬倭二千嚴嵩侵其功夜半出駕帖與楊繼盛同死論者東南之戰經第一功劾嵩之罪繼盛第一疏同日死冤天下第一慘孫懋爵伏闕白冤謚襄愍賜葬祭

賜手澤○張孚敬初名璁字秉用賜孚敬永嘉人嘉靖進士世廟欲尊興獻王爲皇考閣臣禮臣執典故不合敬上書曰上以世子繼武宗統非繼武宗嗣也繼嗣則孝宗自有子奈何舍興獻勿考而考孝宗是

興獻有子而無子上有父而無父矣上是之曾學士
御翰恩榮堂弁錄皇考手澤賜之謚文熈
推倒崑崙○張詩字子言北平人讀書博聞志節自
負與李空同何大復友晉所居種竹樹桐風雪飄蕭
欣然相對興至跨蹇驢信所之窮山水而返與孫太
白論詩白誇其青崖貼天日下照丹之草紅句子言掉
頭白爲氣奪曰今日推倒崑崙山矣
嶽嶽奇氣○張元忭字子藎號陽和山陰人生好學
母憐之戒曰母勞苦乃藏燈帳中候母寢竟讀總角

嶽嶽奇氣嘉靖狀元官修撰諭德念父天復公臬滇爲時忌所傷屢方及家血縷縷濺趾恨遭明盛不能浣冤長負君親鬱鬱以死天下哀之

少休容度○張居正字時太江陵人著書名太岳集嘉靖進士由宮坊掌院隆慶侍郎直閣受遺託孤權不旁分歛休容之度官太師柱國謚文忠追論削籍崇禎詔復按公祕志經國仁民章疏如五穀之可療饑藥石之可治病以不受正言微憾焉然論經濟之才不可少也有西城官詞色色羅彩稱體裁鋪宮新

椽一齊開菱花小品黃金合昨夜眞人進藥來盍當時記事也。

滑令巨手。張佳胤字肖甫銅梁人嘉靖進士初令滑縣擢職方郎歷都御史撫北直巡宣大總三邊戎政官傳尚書初令滑伏甲縛大盜巡宣出奇驅酋落後浙兵陸梁提師乏人江陵相公曰安得張滑令巨手殲之朝議授經畧一出而定世服江陵知人而多佳胤謀斷。

理學淵裕。張以誠字君一號瀛海華亭人八歲能

屬筆姿性敏異文名日峻萬曆進士第一人歷春坊
中允恬澹高退在仕籍十有三載官止宫詹品行完
粹理學淵裕祀廟一人巳子安茂進士學憲
手裁○張問達涇陽人萬曆進士歷官吏部尚書立
朝手裁凜如爲權倖所嫉牟志夔逮以紅案中勒陷
慘死天啓優恤
刃妾殉忠○張可大字觀甫總兵如蘭子萬曆武進
士歷青齊都督寇陷登萊衣冠北謝手刃二妾口占
云出關巳絕生還志應敵惟聞浪死歌題敵樓上繳

兵張某死處、崇禎謚莊節、著馭雪集、葬伏波門○張同敞、江陵人、萬曆首相居正孫、崇禎錄其後、勅官中書、旅遇道士、贈一扇、字漫滅不可識○入滇、累官司馬、每赴敵、誓死大師、入諸鎮、潰與瞿式耜同執、覩扇中字朗然、讀之、乃絕命詞也、方悟前因、南向觸石死之、給事金堡、瘞於伏波門、

玉匣忠血○張慶臻、崇禎惠安伯、闖寇陷都、經死、家人焚、縊繩滴滴有血、凝成碧塊、置几上、徹夜光芒、製玉匣葬之○

喜怒不窺○張肯堂字鯢淵華亭人天啓進士擢御史詰奸飭吏風紀凜然題驛亭云正人之意難窺所可窺者見良藺嘉禾雖孝肅豈能無笑仁人之怒易解所不可解者對奸胥猾吏縱日知未免生嗔官終尚書闔門死國難

成仁事畢○張煌言字玄著寧波人崇禎舉人南都陷悲憤與同志聯水軍千艘忽駛風抵鎮江謁岳武穆同于忠肅位公中坐醒計曰事潰吾死金陵豈死武林耶旋敗隱普陀有言公忠義於總督趙公公重

之以計致公温諭至再薦以大爵誓死泣辭悟夢中前因詠云國亡家破欲何之西子湖頭有我師日月雙懸于氏墓乾坤半壁岳家祠慚將赤手分三席誰許丹心借一枝他日素車江上派怒濤豈必盡鴟夷趙令醫者婉勸復曰心如鐵石不可留也臨刑云我年已五九恰運九月七大厦木難支成仁萬事畢杭人瘞之于岳二墳中趙名廷臣

祝髮披緇○張利民字能因號田中侯官人崇禎進士令桐城流寇踞江北井里丘墟悍兵黠賊犄犄經

營兩載鋒燧甫息擢給諫大師南下弘光播越跣步歸里上虜藩書極言險不足恃守尺寸非計局壞祝髮披緇苦節方外

談天下事○張國維字玉笥天啓進士明末官學士南都陷督師江上矢志死國請連諸軍之心屬一帥合人人功罪視一人大師抵義烏衆勸維入山維曰談天下大事者文山疊山也有死而已師至南面拜哭曰臣力竭矣絕命詞云艱難百折戴吾君擐甲披堅氣厲雲時去仍爲朱氏鬼精靈尚傍孝陵墳赴水

死、

投崖明志○張履旋崇禎鄉薦、父愼言天啓進士、愼

言嘗弘光南遷官大學士、正直不阿、人望歸之、與奸

臣馬士英不合、累告去、詔留、履旋爲闖部所執、不屈、

貽書與父曰、與其虧體以辱親、不如殺身以明志、遂

投崖死、詔贈試御史、

三張忠節○張羅彥官光祿卿、羅俊羅輔武進士、崇

禎甲申、闖賊陷保定、彥聞太守何復同知邵宗立大

監方正化同時餓死、兄弟聚哭、驅家人媍子令先縊、

三人提刀奮呼罵賊同盡

屍立中流○張明冀衡陽令有治聲以慈惠稱崇禎癸未寇陷桂衡罵賊不屈縛擲中流江濤震撼屍立躍躍如行

抗罵不屈○張爾翬崇禎鄉舉甲申寇陷都城招降翬抗罵不屈賊斫其背猶指罵不息死

逃死完節○張家玉號芷園又鐵山粵東人崇禎進士翰林吉士闖寇陷都官之不屈闖怒欲殺時周項諸輩勸公從時公搖首曰爾為狗彘欲陷人同類耶

闖令刑政府栲公𢻀新順內監崔浩王懷恩素敬公者詛闖杖死三人同胥遁間地入閩閩變入粤仲義授鉞爲清師孔帥所獲不屈就戮英魄時現帥庭

父子同節○張世禧順天諸生闖寇陷都周頊諸勛紳獻欵媚賊禧呼二子懋賞懋官曰詩書今日盡絕矣相對共縊

佛幡完節○張捷崇禎在籍尚書北都陷悲憤不自勝時時狂泣欲絕親知解勸南都陷走雞鳴寺撫聖牌大慟觸死

○張好好、善文詞歌咏、洸著作、納之、杜牧詩云、君爲豫章姝十三纔有餘、主人再三嘆、爲言天下無、又云身外任塵土、樽前極歡娛、飄然集儒客、載以紫雲車、

○張建封舞姬名盼盼、居燕子樓、公薨、誓不他適、作燕子樓詩三百咏、白樂天作兩絶贈云、滿天明月滿樓霜、被冷燈殘拂臥床、燕子樓中霜月苦、秋宵只爲一人長、又今春有客洛陽回、曾到尚書塚上來、見説白陽堪作柱、爭教紅粉隆蒿萊

○張浚母秦國夫人壽九十浚知福州就州宅建眉壽堂以娛親

羅豫章祝髮後封國子孫因氏

湘中琳瑯○羅含字君章晉人少時夢一鳥文彩異常飛入口中自是藻思日新與謝尚友善稱爲湘中琳瑯桓溫徵爲別駕於城西置茅舍織草爲席布衣蔬食晏如溫曰此江左之秀歷尚書郎歸養階庭蘭菊叢生人謂德行之感狄梁公表云採羅含致政之蘭南恩有羅琴山以含嘗携琴遊此

窺貌罷吟○羅隱字昭諫錢塘人工詩尤長於文著湘南雜藁少與桐廬章魯風齊名宰相鄭政女覽隱詩諷詠不已一日隱庭謁女窺之見貌陋遂罷吟舉進士不第醉道中云名慚桂苑一枝綠鱠憶松江蒲筋紅錢鏐覇越辟爲從事

霓裳曲○羅公遠唐方士明皇中秋玩月遠曰陛下欲至月宮否以拄杖擲之成大橋如銀行數里精光奪目至大城闕遠曰此月宮也門榜曰廣寒清虛之府有素娥數十歌舞大桂下白鸞舞其上上問答曰

霓裳羽衣曲也記其調作霓裳曲

恨骨○羅鄴號詩巾雄虎常莊奏言詞人才士多有遺賢不沾一命於聖朝徒作千年之恨骨如李賀陸龜蒙賈島羅鄴方干温庭筠劉德仁皆有奇才乞賜進士補闕毋令淹蹇草茅

宿琉璃殿○羅河盧州人少貧困嘗投福泉寺隨僧飯二十年後持節歸鄉書僧舍云二十年來此布衣鹿鳴西上虎符歸故時賓客追前事到處松移長舊園對老其遮官路拜沙鷗遥識隼旟飛春風一宿琉

璃殿惟有泉聲愜素機

和雪詩○羅處約字思純宋太宗朝與王禹偁同召入朝和御製雪詩賜緋衣犀帶寵之蘇州童子劉少逸與約聯句約曰日移竹影侵棋局逸答云風送花香入酒樽一時絕對

樂好友○羅畸字疇老宋元祐滁州刺史畸曰此歐公之醉鄉也紫薇千町香泉萬斛以爲供給瑯琊幽谷白雲千頃以爲職田何貧僻也遂治廨宇植蘭千本曰蘭之德君子也予之於蘭猶樂好友擷英採芷

益我良多、

道學統緒○羅從彥、字仲素、清介拔俗、楊龜山云、倡道東南、潛思力行者、仲素一人、已程氏之學傳楊時、時傳仲素、素傳李侗、侗傳朱熹、爲道學統緒○

筠心○羅之紀、字國張、號筠心居士、端陽人、孝宗朝雲夢令、見雪壓竹詩云、吾道非邪直可恥。此君豈是折腰人、棄官歸、

太平頌○羅以明、字善蒙、自號蒙叟、廬陵人、明永樂弘文館學士復仁子、七歲善聲對、十二善詞賦、隱廬

山不仕子汝敬宣德官翰林迎養奉天門皇太子命大官賜膳文華殿進太平頌

羅生死所○羅通字學古吉水人永樂進士授御史建言忤旨謫交趾新附朝士憚往擢通守交趾成山侯構禍鑾中棄交趾歸通怒曰辱國喪地此羅生死所也統衆揭之擢都御史守居庸睿宗北陷楊俊率精騎入衛通按劍曰若保京師耶保居庸足耳下令有一人一騎南下者斬以狥令汲水灌城冰堅滑胡退去

上書罷兵○羅義請難兵起詣闕乞息兵又上燕王
言殿下聰明英武今周公也宜守藩封效輔相之義
若以藩服敵朝廷即遂其願猶不可况萬難無一易
哉王下之獄

旁註五經○羅璟字明仲泰和人天順進士官司經
局洗馬督閩學編五經旁註周易程朱與同入南祭
酒以師道尊

樹巔死去○羅玘字景明南城人成化進士歷官尚
書謚文肅正德中疏糾逆瑾逐榮王虛國儲削職寧

庶人卑詞走魄匿深山中却之聞南昌告變移書討賊投筆而絕按公出西涯之門詩文振今宕古每撰述必據高樹之巔遐思天外或閉戶搆思若死人嘗語鄒少卿穆曰吾爲尊公作銘量去五四度今所傳圭峰集大率樹巔死去之筆也○

頃刻萬言○羅倫字彝正號一峰永豐人成化狀元頃刻萬言立就官修撰抗疏論李賢落職召還居金牛山結茅棲息客至貸粟隣家晚猶未飯沈石田極稱其禪房花木塵中蝶淨土池塘刼外魚之句巧思

清逸。又別樣家風幽澗竹。一般春意隔墻梅風味澹。遠多與朱元晦詞句愜合、

苦樂倏變。羅汝芳字惟德、號近溪、南城人、生數歲、偶念母啼、父抱問故、曰非吾苦樂倏變不可離也、長、閉戶讀書、几上置水一盂一鏡、令鏡與水對照、曰吾心猶是。正德進士、以學未信不就廷試、後歷郎中、參藩政、致仕卒、門人私謚明德先生、

和梅花。羅肅字元肅、金陵人、正德歲薦、授光澤丞、有詩名、髫齡好音律、冨群書、見沈石田落花詩、授筆

立就吳門傳誦新麗遊東山云聞鐘知寺遠逢鹿覺
山深夜月來半榻寒松影風落千山亂葉秋
夢遊通衢○羅洪先字達夫吉水人五歲夢遊通衢
帀人肩摩呼曰汝往來皆夢中耳拍手大笑遂覺毋
聞之知非常童也嘉靖進士世宗親覽其策曰正言
讜論置及第狀元授修撰讀楞嚴經有得曰覺此身
在太虛視聽都寄物外累官部卿以忤旨歸築室石
蓮著述疾革子弟請遺言曰莫戚窮窮固自好載遊
赤壁句有客得魚遊赤壁無人載酒出黃州詩成一

望諸山寂孤鶴横江掠小舟。

積學逢年○羅萬藻字文止臨川人天啓鄉薦長目修髯儀容秀整於書無所不窺與陳大士章大力齊名獲雋出沈青嶼之門楊維斗曰文止積學逢年文章之報又而論定鴻寶青嶼皆以不元文止為恨遇合有天信然

推數奇中○羅明祖字宣明永安人崇禎進士學精易數引卦擬義多前人所未有崇禎改元得數云應踐祚一十七紀奇中也今襄陽獻寇流毒楚蜀中使

監軍將驕兵悍民不堪命以瘟疾引歸著詩文百卷燕子箋○羅萬象崇禎貊薦弘光給事中時馬士英薦魏黨阮大鋮知兵播弄朝政象疏糾劾輔臣薦用大鋮或以世之無知兵者恐屬燕子箋春燈謎未見有枕上之陰符袖中之黃石也宜許其陛見以成輔臣吐握之意禁其復用以絕奸邪覬覦之端

神擊逆謀○羅汝才爲闖部伍時賊犯德安決顯陵求寶僞守張聯奎備鐵鍬發掘忽然風震雷晝晦空中金甲神持金瓜擊奎跌地流血死闖大怖汝才鬬

之以天命未改謀殺自成不果闖覺磔之
不語道人○或曰羅姓或曰無氏客蘭陵寒暑止一絮不與食則竟饑飲不醉不已踞上座默不一語一日大書壁上語多幻怪其書似念菴或曰非也念菴死世傳僊去或曰念菴不得意周遊莫知踪跡聞道人善祈雨以狗血繪諸天大地作篆籀與日光射激須臾大雨一夕遁去

卷十一終

文化[illegible]

八閩文庫

八閩文庫

文獻集成

261

福建文獻集成

續編 史部 二二

吴格 主編

海峽出版發行集團
THE STRAITS PUBLISHING & DISTRIBUTING GROUP
福建人民出版社

本册目次

古今人物大觀三十八卷（卷一二至卷二四）

［清］侯官林涵春撰

日本内閣文庫藏清刻本

今人物大觀 十二之四

古今人物大觀卷十二

平函三　　黃德裕容甫叅閱

太史孫子未先生鑒定　閩中林涵春奕舍父纂輯

金　潮海門甫編校

王 太原 瑯琊 周靈王子晉子喬後

臣義爲正◎王陵沛人始爲縣豪以衆屬漢王項取陵母置軍中令招之母送使者曰幸爲妾語陵善事漢王王長者必興毋以妾故持二心遂殞帝定天下封功臣十八人陵位次十三後呂氏欲王諸呂陵

力爭諸臣不得赴先儒云人臣之義當以王陵爲正
得賢頌○王褒字子淵蜀人益州刺史王襄薦其異
才待詔金馬門命作聖主得賢頌擢諫議大夫時方
士言益州碧溪有金馬碧鷄之神命褒持節以祀能
作中和樂職宣布管絃
三世清廉○王吉字子陽漢宣帝諫議子駿元帝諫
議駿子崇平帝司空三世清廉著名
潛夫論○王符字節信漢末人隱居著潛夫
論皇甫規解官歸安定鴈門太守謁規規不爲禮王

徐奄門規倒屣出迎時語曰徒見二千石不如一縫掖吉道義之貴絕遠爵祿也

望廬而返王烈字彥方漢末人少有行義鄉里紛爭者質之於烈或至途而返或望門而退

渡氷王霸字伯元光武至曲陽聞王郎追至從者皆懼侯吏還白滹沱河澌流不得渡使霸往視霸恐驚衆詭曰氷堅可渡帝前騎氷果合渡畢而氷解雲臺元勳二十八人霸其一也

建安才子王粲字仲宣有詩才每登樓嘯咏劃然

振響與曹子建陳琳諸人、爾建安七子、
門容幡戟。王濬字士治、弘農人、傳涉墳典、廓有大
志、嘗起宅門曰、令廣數十步、使容長幡麾節、人唯之、
後爲晉武刺史、以平吳功拜大將軍、
神彩激射。王戎字濬仲、王渾子、神彩激射、裴楷曰、
戎瞳耿耿、如巖下電。阮籍每過渾、輙視戎、謂渾曰、濬
仲賞非卿比也。與卿言、不如共阿戎談。晉元康官
司
金溝。王濟字武子、渾次子、風流豪爽、氣蓋一時、性

奢馬洛陽地貴濟買地爲馬埒編錢鋪地時號金溝
剖易微○王湛字處冲濟叔性默宗黨目以爲癡晉
武嘗問濟曰卿家癡叔尚在乎濟曰臣叔不癡濟每
棊窺熟玩周易不置與析玄微爽然自失
寧馨兒○王衍字夷甫總角神清朗秀山濤曰何物
老嫗生此寧馨兒爾令元城終日清談每捉玉柄麈
尾以揮號口中雌黃王戎謂其如瓊林玉樹風塵物
表顧愷之稱其巖巖清峙壁立萬仞晉永嘉司徒
新亭之涕○王導字茂弘識量清遠佐元帝中興號

仲父、諸賢出新亭飲宴、周顗等相顧流涕、曰風景不
殊。舉目有山河之異。導曰、當與戮力王室。剋復神州。
何至作楚因對泣耶。官司空尚書、
果頭公○王珣、桓温辟爲參軍、温曰、王掾當作黑頭
公。後果然、嘗夢人以大筆如椽、與之、覺語人曰、當有
大手筆。相屬、仕晉爲散騎常侍、
龍鵝書經○王羲之字逸少、臨池學書、池水盡黑、草
隸爲古今之冠。稱筆性飄若游鴻。矯若飛龍。又曰、煙
霏霧結。狀若斷而實連。鳳翥龍蟠。勢若斜而反直。性

愛鵝爲山陰道士寫道德經籠鵝而歸爲戢山老姥
書扇與王承于悅稱王氏三少仕晉會稽內史右軍
將軍
此君居王徽之字子猷風流稱一時之冠爲桓冲
參軍冲曰卿在府日久籍以相助徽不答徐曰西山
爽氣朝來甚佳性愛竹所居輒種之曰何可一日少
此名此君居居山陰夜雪忽憶戴逵便乘小舟造門
未前而返曰乘興而來乘興而返何必戴安道耶仕
晉黃門侍郎

管中窺豹○王獻之字子敬豪邁不群數歲觀樗蒲
曰南風不競人曰此郎管中窺豹時見一班○獻之拂
衣而去○有愛妾名桃葉○妹名桃根○子敬嘗臨渡歌以
送之○因名其渡曰桃葉渡仕晉中書令
廢蓼莪○王裒字偉元父死廬墓攀栢悲號樹爲之
枯隱居教授讀至蓼莪○未嘗不三復流涕○門人爲之
廢蓼莪○
春月柳○王恭字孝伯美丰儀人目之曰濯濯如春
月柳○嘗披鶴氅○涉雪而行○孟昶見而嘆曰孝伯如玉

山偎子

江東獨步○王坦之字文度父述鍾愛之長猶置膝上務冠與郗超齊名時語曰盛德彬彬郗嘉賓江東獨步王文度仕晉中書令

照曜天下○王融字元長臨沂人嘗語劉孝綽曰天下文章各無我當歸阿士時諸王僧祐沈昭略在坐沈曰是何少年融應曰僕出於扶桑入于暘谷照曜天下誰之不知

披褐捫虱○王猛字景略隱華陰懷濟時之志桓溫

入秦猛披褐詣之捫虱談當世事旁若無人溫不能用一見苻堅如生平舊好屬以國事堅曰太原奇男子。

將種。王鎮惡猛子五月五日生年十三客李氏曰他日遭英主取萬戶侯當圖厚報歸晉劉裕一見奇之任惡龍驤將軍過李氏升堂謝贄金帛爲酬

神色不變。王彧字景文沂州人少與謝莊齊名宋文帝娶彧妹忌其才遣使賣藥酒敕賜死彧方與客對奕發函神色不變置枰下局完舉酌對客曰有詔

賜死。此酒不可以相勸、一飲而絕。
貂裘採藥。王弘之字方平、宋文帝累召不赴、從兄敬弘爲尚書、脫貂裘衣之、著以採藥、釣于上虞后磯、或問漁師得魚賣否、曰亦自不得、得亦不賣。
蓮花池。王儉字仲寶、袁粲曰、此兒雖小、巳有棟梁之器、十八拜秘書郎、仕齊、與庾景行同爲長史、人謂儉曰、景行泛綠水、依芙蓉、何其麗也、時人以儉宅爲蓮花池。
抽筆擘扇。王摛善屬文、王儉使幕客隸事、多者得

賞何慝爲勝、賞以五花簟、白團扇、摛後至、操筆立成、文辭華贍、隨抽筆、掣扇登車而去。

青箱 ○王准之、字元魯、梁人、曾祖彪之而下、四世並御史中丞、家世相承、允江左舊事、悉藏青箱、世傳王氏青箱。

明珠彈雀 ○王貞、字孝逸、七歲善綴文、隋開皇初、齊王暕以書召之、曰、山藏美玉、光照廊廟之間、泄蘊神劍、氣浮星漢之表、貞謝曰、學無半古、才不過人、枉高車以載飃、辱明珠之彈雀。

文中子○王通字仲淹遊長安見隋文帝於太極殿上太平十二策居河汾授學者經解房杜王魏俱出其門皷瑟河汾亭有釣者過而歎曰洋洋乎何聲之遠也居山澤而有廟廊之志乎謚曰文中子

斗酒學士○王績字無功隋大業中孝廉還居鄉里種樹蒔藥釀以自供以周易老子置床頭遊北山東皐著書名東皐子唐武德初待詔門下日官給酒一斗號斗酒學士飲五斗不亂著五斗先生傳醉鄉記

激濁揚清○王珪字叔玠唐太宗朝諫議大夫嘗令

品操當代人物，珪曰：激濁揚清，臣於數子亦有一日之長。時爲確論。

碧紗籠　○王播字明敭，微時客揚州木蘭寺，隨僧飯。僧厭之，飯後嗚鐘。後鎮是州，見前所題詠已籠碧紗矣。唐穆宗朝拜相。

三珠樹　○王勃字子安，唐高宗朝對策高第，與兄王勔、王勮並著才名。林易簡稱爲三珠樹。勃爲文，磨墨數升，酣飲而卧，及醒，援筆成篇，不易一字。時謂腹藁。

○戶外請文者，金帛庭積。稱心織筆耕，不見豈歟。官朝

散郎

輞川 王維字摩詰開元爲尚書左丞弟縉蜀州刺史維表巳五短弟縉三長置別墅于輞川有欹湖栁浪辛夷塢茱萸沂與裴廸賦咏其中東坡云摩詰詩中有畫畫中有詩安祿山執於羅鋒命宴凝碧池賦詩云萬戶傷心生野煙百官何日再朝天秋槐花落空宮裏凝碧池邊奏管絃賊平維以詩獲宥

軍中鐵鎗 王彥章字子明以驍勇名軍中號王鐵鎗仕梁防禦使末帝中奸臣趙巖用事盡失河北地

宰相敬翔曰事急矣非彥章不可救章領軍疾馳期以三日克敵果三日捷聞小人段凝媢功召歸章于帝前以笏畫地陳勝敗之迹巖劾章不敬梁都陷章陷擒唐莊宗招章怒曰汝非邈佶烈乎我豈苟活者遂見殺

鎗宮詞○王建元和人鎗宮詞世傳一百四篇逸九篇

濯錦腸○王仁裕幼夢出腸胃濯之西江鮮如錦繡○又見江中沙石皆有籀文自是○　圭平著

述爲西江集五代時仕漢高祖爲學士知貢舉與諸門生宴飲掛詩版於座云二百二十四門人春風初長羽毛成

三槐堂◎王祐字景叔趙太祖命使魏州還人曰當代王溥爲相公笑曰祐不爲相兒子二郎必爲手植三槐於庭曰吾子孫必有爲三公者人稱三槐王氏以祐多陰隲云

聖德老臣◎王旦字子明相眞宗十八年稱福祿榮名之冠魏野贈公詩云西祀東封俱已畢歸來相伴

赤松遊謂公辭天書使引退也仁宗御翰聖德老臣
之碑謚文正三子雍冲素俱顯名
米葉志。王質文正公姪生長相門不華不驕以貧
爲寶仁宗中歷廬荆數郡曰吾日惟茹葉飲水尤覺
餘甘不見答念
三試首冠。王曾字孝先眉目秀朗如畫布衣時以
梅詩謁呂穆公云雪中未問和羹事且向百花頭上
開呂笑曰此已安排作狀元宰相矣弱冠三試皆首
冠劉子儀戲之曰狀元試三塲一生喫不盡公正色

曰、曾生平之志。不在溫飽。仁宗朝大拜、封沂公、

霜松詩讖 ○王安石字介甫、臨川人。宋熙寧參大政、變行青苗新法、宋社日削。歸老白下門外。先是拜相、題窗云、霜松雪竹鍾山寺、投老歸歟了此生。後遊鍾山、憩法雲古刹、值霜雪壓窗、松竹蕭然。公曰、詩中景讖矣。號半山子、有臨川集。

花瑞 ○王珪字東玉、慶曆及第、文有西漢風、彌典麗淳古。時珪監維揚郡、王安石爲幕官、陳升之爲尉。曰韓琦亦出守是邦。衙夏圃中芍藥盛開、有金腰帶四

汞公延四人同賞各簪其一後相繼爲相稱花瑞

元祐名佐○王存字正仲恂恂不立詭激至有論列確不可奪司馬溫公曰僉馳萬馬之中能駐足者其王存乎呂希哲薦爲尚書稱元祐名佐

天子門生○王奇字漢謀客李文定幕府題壁間詩云鴈聲不到歌樓上秋色偏欺客路中文定覽章聖臨奠見而奇之召見賜及第表謝云不拜春官爲座主親逢天子作門生文定名迪天禧宰相

梅溪主人○王十朋字龜齡紹興廷試第一賦不欺

詩云堂明室暗兩奚疑方寸常存不可欺莫問天高鬼神遠直須先要自家知作會稽三賦與兩京三都並麗號梅溪主人

將材才王璡長山人器局沉凝學問精密師事宋濂明洪武鄉薦召見試詩入史館上謂近侍曰文華殿諸生王璡異日將相才也

浙東二儒王禕字子充義烏人明祖下金陵進平江西頌上曰浙東有二儒學問之博禕不如濂才思之雄濂不如禕全修元史官待制奉使吐蕃逆命不

屈死、之謚文忠

慟哭記。王紳字仲縉、侍制學士王褘子、官博士、痛

父遺骸未還、萬里走蜀、讀父遺詩、天地風塵三尺劍。

汀湖歲月一篇詩、作滇陽慟哭記、建文召修高皇實

錄、子稌、靖難坐方孝儒黨、逮獄死、三世忠孝、

無愧後世。王叔英字元采、黃巖人、洪武徵士、授僊

居教職、建文擢翰林修撰、靖難兵至、時英奉詔徵兵。

聞上已遜國、書絕命詞於衣裾、經死、有千秋史臣筆。

愼勿稱希贊云曰、生既久矣、未有補於當時、死亦徒

然廉無愧於後世。妻獄死。二女井死。道士盛希年收其骸瘞之。英未死先有見志詩云。麟鳳在赤霄。黃塵亂豺虎。嘆息道路艱。泣涕每交下。吁嗟壯士行。或有神靈護。雲霓以爲旌。雷電以爲鼓。縱有斧鑿手。何能重傷汝。醜類自含私。蒼天明有覩。錫山王時大爲詩云。周粟誰家見獨偏。義旗空指總淒然。一門烈節驂鸞去。夜月魂歸枯井邊。

列薪自焚。王艮字天性。祄符人。刑部侍郎。鞫燕人獄。悉末減。艮因是左遷。文皇即位。盡集諸司篆章。欲

焚妻問故曰我分一死未知處汝耳妻曰我何難君爲男子乃爲婦人謀乎餽艮食置其子池旁遂躍入艮積薪自焚錫山王時大弔詩云外臺執憲凜霜寒節義偏鍾獬豸冠江水迴環潮自落封疆久已借泥丸

伐鼓明倫　王省字子職吉水人洪武鄉薦濟陽教諭靖難兵至伐鼓集諸生曰汝知此堂爲明倫乎今日君臣之義如何明省哭諸生亦哭以頭觸石死時南昌王高官太常卿歸舍王度官御史同日逮死虎

其家

埋羹太守。王璡日照人淇武以賢能擢寧波守清介厲俗毀諸淫祠或懼以殃璡曰吾乘義戴仁刑禍非所畏也奉躬澹素一日家人具盛饌令埋之人號埋羹太守。

黃鶴山樵。王蒙字叔明泰安州人淇武嘗辟官州守坐法死蒙嘗詩稱承平公子又號黃鶴山人有江行詩入佳品云孤檣乘雨入寒汀雨後屛山遠送青今夜月明何處泊殘鐘聲裏到長亭

孝感入夢◎王原父珣文安人原襁褓父明初苦役
逺避長告毋曰無父何生徧覔不得一日宿田横島
夢當午僧與盂飯曰莎果也味苦沃以肉汁曰如來
好去覺見一老父入原告以實且語所夢曰當午南
方也莎草父也肉汁父子㕘也向山寺覔之珣果與
僧午飯一莖薪識其聲呼珣曰君鄉人也原訊之郎
父也父曰曷歸無顔以見爾母僧法林口占送之豈
干豈可無饒舌我佛如來非偶然昔日曾聞呂尚之
今時罕見王公子借留衣鉢種前緣但笑懶牛鞭不

起

耐軒辭○王達字善達無錫人少孤力學洪武明經永樂編修學士有盛名與解縉王孟揚王璲稱東南四才子三人先後廢謫達獨以名壽終作耐軒辭微時與吳門韓奕僧性海游惠泉瀹茗作圖刻石爲風流人望

才英之冠○王偁字孟揚東阿人浮海至閩隱永福山中爲黃冠十年不仕偁弱冠舉洪武鄉薦永樂初徵內外儒臣四方韋布集闕下纂修大典偁博聞洞

識眼如曙光辯若懸河推才英之冠。
十才子之一。王褒字中美閩縣人洪武長沙學官
修大典成擢王府紀善閩中十才子之一與王恭王
偁高廷禮齊名永樂中卒有輓褒詩云越王臺畔鷓
鴣飛劍化龍津事已非故國遺臣空北望異鄉幻夢
獨南歸。
東王先生。王偁字時僑泰和人明永樂進士讀書
中秘輔皇子監國扈從北征凡駐軍凱旋皆有詩歌
事仁宣兩朝累官宮保謚文端公方面修髯器宇軒

宏在詞林、與金谿齊名、稱二王、又以居第在東、稱東

王先生別之、

中原詩範◎王淇字希範、錢塘人、永樂進士、授給諫、

入史院修大典、論五星纏度、忤胡文穆、左遷、復爲侍

講、淇才思頴發、日記千言、有金臺夕照玉泉垂虹諸

什、稱中原詩範、詠云、誰知碧草遺基在、曾見黄金國

士來、又云、内苑分來璀水合、御溝流出鳳池平、

好秀才◎王英字時彦、金谿人、永樂進士、選入文淵

閣讀書、以愼密小心、爲文皇眷注、掌機務章奏、扈駕

此征至欒海，命碎李陵碑，沉之河中，以絶胡爭上。喜曰：此秀才二十八人中最曉事者，不欲朕黷武耳。祐陵立，晉尚書，謚文安。

九德有五。○王翙，字九皐，鹽山人。永樂進士，是科初著令會闈兩試，翙皆高等，召見，賜食，授吉士。宣德，都御史，正統，遼東震動，出塞破敵，功晉尚書。祐陵曰：翙質直，緩急得力。又論皐陶九德，翙有其五。官太保，謚忠肅。

白雲樵唱。○王恭，字安中，閩人。少游湖海中，歲草屨

葛衣飄然物外隱七巖山自號皆山樵者王偁作樵
者傳永樂中以儒士待詔纂大典成授翰林典籍旋
乞歸著白雲樵唱
神龜賦○王璲字汝玉長洲人少穎異落落千言文
不加點十七鄉舉永樂擢賛善仁宗東宮眷注應制
神龜賦汝玉第一解縉次之名出朝士之右早朝詩
云禁鐘纔動曉風微新竹踈踈對瑣闈不是日高簾
不捲怕交空翠濕朝衣官太子賓客謚文靖
靖逵侯○王驥字尚德東鹿人永樂進士剛毅勇略

初官給事、命巡邊、功罪得寔、人皆奮勇、景陵晉尚書、督塞下諸軍、平諸部、邊落時有部落來犯驥、曰不足血吾刄也、遣偏師壓之、奴曰王尚書至矣、文臣贈靖遠侯自驥始、謚忠毅、孫尚公主、

檢封事○王艮、字敬止、吉水人、建文解元、榜眼、時胡靖狀元、李貫探花、並官翰苑、靖難兵至、艮不食憂死、建文哀之、賜祭、文皇檢建文間封事、問貫、曰爾有乎、貫曰未有也、文皇曰爾以爲矣耶、人臣食其祿事其事、朕非惡盡忠於建文、惡導其亂法耳、

簫枝相報。王紱字孟揚、無錫人、永樂初以善翰召文淵閣、拜中書舍人、文皇北征、卒于官。襟度瀟洒、工繪事、遊覽之頃、遇長廊素壁、揮灑淋漓、有贈金帛、輒却不應。一日月下聞簫聲清越、訪之、寫竹以贈、曰子為簫聲、我以簫枝相報。其人饋紅錦乞再幅、紱大笑取前幅、劈裂之。題漁樂圖、有凉風颯颯蒹葭裏、一箇橫吹萬里秋句。

衣書一秦。王恕字宗貫、三原人、正統進士、初官評事、天順江西藩伯、時中貴橫恣、出鎮黔中、廷臣借恕

彈壓權幇御史撫黔中貴錢能以玉帶龍衣進黎灝王公竑之復以黃鸚鵡進御公言一羽族萬里勞民而至恐天下有以窺朝廷矣召歸止衣書一槖而已官終宫傳尚書謚端毅

捽批內奸○王竑字公度江夏人正統進士官給諫劾王振誤國讀彈文未起錦衣馬順振黨也叱公公起捽其首曰此正奸黨爲國批殺之血漬册陛內臣請滌血儀長史曰勿滌爲鑒○京師警公督守北門屹然江淮饑開倉以賑自劾待罪上曰賢哉御史官終

尙書謚莊毅

雪鬢笳音○王越字世昌濬縣人景泰進士殿試風掣其卷颺去逾年高麗貢使携以上進古者謂有萬里封侯之徵累太保尙書出塞破胡毎夜雪張燈豪飮有橫槊磨盾之槪咏出塞詩云鬢爲胡笳吹作雪心因烽火煉成丹謚襄敏封威寧伯

却珠○王基沂州人歷官大司徒忤柄相出守代州藩王餽珠二罌詭言藥醞辭曰無病勿藥撫雲中平賊應世賞辭曰忿以枯骨易榮恩孫碚之官少叅廉

卓不群不近權貴世著清白

忠臣節母○王信字君寶南鄭人父忠征西戰歿母岳生信半載矢節爲忠臣節母信長襲爵指揮天順守荆襄剿賊猖狂血戰平之詔官總漕都督曰國恩未報此行嘗以江水滌腸盡此區區耳

在行秘府○王淮字伯源慈谿人景泰十才子之一長身美髯博極群書嘗與湯公讓過吳興慈感寺辯晰移日雲行水湧傾倒不竭公讓歎曰伯源在行秘府也○

鶩利名。王鴻儒字懋學南陽人成化進士少貧佐府胥書給守參書端楷召見曰子風神清穎非塵埃物薦之學使者曰文章經術他日名臣也正德祭酒尚書嘗語僚屬曰惟誠與直能濟國事鶩名若鶩利於社稷無益也討宸濠卒諡文莊

冠冕南宮。王鏊字濟之吳縣人成化進士及第歷官少傅直文淵閣學士經學通明制行修謹爲南宮冠冕陟文學侍從之階文如黃鐘大呂之在東序也嘉靖初遣使存問詔曰朕行且召聞卿訃而遺憾史

古今人物大觀　卷十二　十七

臣稱詩詞峭直踈放似聖俞章奏修潔如昌黎有落花詩魚鱗滿地雪班班蝶怨蜂愁鶴憔顏只有道人心似水花開花落總如閒

河東三鳳王雲鳳字應瑞遼州人六歲父王佐與客語易馬爲行地之物公從旁問曰何者爲行天之物得非龍乎客大驚成化進士由主事劾權璫獄謫起都御史撫宣府晉人稱公與王瓊喬宇爲河東三鳳又稱虎谷白巘晉溪三公叙三人居地也

讀史竟日王㺯字存敬黃岩人成化進士與化太

守郡多豪猾敬律身端嚴做古循吏治行且起蒞事
罷坐堂上讀史竟日妝民請衣服設壟郡中蜡社不
忘
鞭弭中原○王廷相字子衡儀封人弘治進士敭官
給諫以建言再謫六遷至都御史撫西蜀晉尚書宮
傅性豪爽有氣節精於文藝尤嫺韶畧政績具國史
儒弘治七子雄邁焯發子衡鞭弭中原
蒼古綫砮○王尚絅字錦夫弘治進士職方主事歷
浙藩卒於官博學沉思性篤孝友年甫三十三蹤跡

[illegible]名集有仲默鳴詩云讀書近古思識字過楊
[illegible]字[illegible]欽[illegible]弘治進士
[illegible]不假師授[illegible]工詩風騷與諸
[illegible]人何喬海[illegible]士耶笑奇之正
[illegible]字俊[illegible]擢武宗南學出守森州
[illegible]字張跣足不具賓禮或衣紅綷
[illegible]集
[illegible]字德輝號海山餘姚人成化進士

立身凛凛大節、不欺暗室。有魯男子風。居翰苑、劉瑾慕其才、諭意使就己。以端揆屬公。公益持正。時子守仁亦論瑾逮謫。及分別、愈厲忠孝、不及餘言。

削平南北。○王瓊字德華、晉州人。弘治進士、官戶郎歷尚書、瓊爲人多計畫、頴敏默識、凡天下兵馬強弱、阨塞平險、偏裨才否、一覽悉記、任本兵數載、調度有方、武宗末、政出中、華南北交訌、識王守仁可寄重任。屬以撫贛便宜。宸濠叛、中外惴惴、瓊自如曰、吾用守仁破敵矣。晉宮保、

接朱程學○王守仁、字伯安、號陽明、餘姚人、弘治進士、前官刑部主事、劾劉瑾、救戴銑、獄、廷杖、謫龍場驛丞、佚者欲致之死、至錢塘、恐不免、佯投江、衣冠浮水面、家人哭祭江滸、詠云、學道無成歲月虛、天乎至此意何如、生曾許國慚無補、死不忘親恨有餘、自謂孤忠懸日月、豈期遺骨葬江魚、百年臣子悲何極、頻聽潮聲泣子胥、瑾敗、起都御史、撫南贛、擒寧濠、晉尚書、封新建伯、謚文成、刻意理學、倡道東南、文章逈出時蹊之外、接朱程一席、詩多禪悟、

贈帶拂座○王以旂字士招江寧人豐願巨聲少有才名御史金澤奇之解圖帶以贈正德進士擢御史臺長器之指其座曰當拂拭以待子矣及晉南院憶贈帶拂座之言有合旋以防邊禦敵功晉宮保諡文襄公雖貴顯粥粥自下嘗語其子曰張湛入里門必步可也○

忠貞○王忬太倉人正德時父王倬爲兵部侍郎忬舉進士擢御史歷都憲總三邊以忤奸相嵩獲罪嵩敗子世貞白父寃諡忠貞

輔臣○王錫爵、太倉人、舉進士第二人、由編修歷謹
身殿學士、居內輔、子衡進士第二、有文譽、父子官學
士、時人榮之、

珠玉有種○王衡、字辰玉、少傅錫爵子、年十四、和歸
去來辭以諷、江陵士林叢快、登解元、榜眼、官編修、時
舉子以橐軸子上、教有階、及讀御策、多士自下方知
探珠探玉、山海有種也、

溫秀可掬○王世貞、字元美、號弇州、嘉靖進士、丰姿
王立、與人接、溫秀可掬、豪于文而吏事尤敏、初官刑

部以哭楊應山忤嵩繼伏闕伸父寃再忤引毋疾終養伏處十年知機遠害史氏論天下但知公詩文名世不知通達吏事但知觸忤嚴氏不知新鄭江陵所不合但知位歷六卿不知老部閒曹官終理卿尚書著弇州四部稿風流典雅一代八師公嘗云予詩慢興最得意有野夫興到不復删大海迴風生紫瀾欲問濟南奇絕處蛾眉天半雪中看

小美家風。王世懋字敬美元美弟嘉靖進士初官儀制郎督閩學政歷太常卿引退弱冠以詩文名李

攀龍呼之爲小癸。

有叔夜風。王寵字履吉吳縣人與弟履約同學於蔡九逵先生棲息餐𣗳非省侍不出舍文徵明唐伯虎以年資貢太學弟履約舉進士宮部御史履吉死十年約名傾海內以吉重之也先輩獨溫厚悟曠有叔度風。

老人燈詩。王磐字鴻漸高郵人襟期高曠好學不倦積書千卷擁坐著西樓樂府號西樓主人李空同至金陵遇人矜重元夕楊文襄宴飲磐短衣下坐同

不爲禮分韻得老人燈詩應口云形骸憔悴不堪描還看心頭火未消自分不知年老大也隨兒女鬧元宵同知其嘲已默而罷席

康重王樵字春宇號方麓金壇人嘉靖進士官部曹以執法忤分宜居憲司以廉重忤江陵尋遷南臺精嚴不阿嘗言士大夫以留心案牘爲俗吏詫意詩酒爲風雅安有飽食官俸受成吏胥爲風雅乎自筮仕至都憲凡卷牘必親人服廉重謚恭簡子肯堂官翰苑

得致知之旨。王畿字汝中，學者稱龍溪先生，嘉靖進士。公聞王文成倡明理學，衆未信，畿爽所學事之，曰：致良知誰不其識，篤信者惟畿也。文成詔以四語曰：無善惡心之體，有善惡意之動，知善惡知之良，爲善去惡物之格。公得其旨，權者嫉之，目爲僞學。官終郎中。

天地故友。王佐字仁甫，號古直老人，居黃巖，善書能詩，遊京師公卿間三十年，不置釜甑，無僮僕，性率直，不爲厓岓，遇所會意，飄然忘去。李西涯贈詩云：長

安信脚自來往醉醒不信東風誰右直題嚴陵云天地此生惟故友江湖何處不漁翁又云窮將入骨詩還瘦事不縈心夢亦清

晶藻彈射○王愼中字道思號遵巖晉江人師事虛齋蔡公公盡出其師林雲室蒙引傳之嘉靖進士監通州漕運晝草凤奬王馬東試殿元林大欽公所拔士也中丞慕其名欲引之曰寧失職毋失身與王龍溪論易友契唐順之曰吾學得之龍溪文章得之遵巖公脅青齊學品藻彈射百無一失爲夏相所抑罷

去、
槐野藏筍○王維禎字允寧嘉靖進士修撰祭酒乙
卯地震關中與朝邑韓邦奇馬理同震死允寧身長
白晳語九邊形勢扼腕時事詩文雄放著槐野藏筍
廿節之筮○王問字子裕無錫人嘉靖進士擢第歸
里讀書六載肅起廷對歷仕駕部郎僉粤東事筮廿
節之對投劾而歸築室湖濱與至或草書賦詩點染
竹石數緡超然物外
無往不仕○王民字汝止安豊人父業販以本鹽爾

痛哭曰、為人子、而使親窮困至此乎、攻舍下帷從學
于王文成、成奇之、執木簡賦詩為贄、文成嘆曰、何風
之遠也。久之、心量洞然、覺天地萬物、圓入性中。人勸
之仕、曰、吾無徃不仕、無日不與君民相見也。號心齋、
聲名金石（）王壁、字宗順、號東崖、先生生九歲、隨父
至王文成學舍、士大夫會著千人、命童子歌詩、多囁
嚅不前、順神恬意閒、聲名金石。公曰、越中無此兒。殆
心齋子乎。留講八年、汰浮黜矜、耳目清明、學進大成、
心齋名艮、

袍上紫。王穉登、字百穀、蘇州人、詩文雕香刻翠、名滿吳會、嘉靖中遊太學、執政試牡丹詩、詠云、色借相公袍上紫、香分太極殿中煙。執政呼諸學士曰、君等以詩文爲職業、能分王子半字耶、薦以布衣領史事、不果、

醉花菴。王士騏、字冏伯、元美子、萬曆進士、稽勳郎、坐妖書削籍、倜儻軒豁、海內賢士歸往焉、勇於爲人、不避嫌怨、爲權勢所持、位不稱才、嘗語人曰、先人治弇園、叠石架峰、吾爲泌園、池塘木石、取其空曠、客笑

曰子殆以圜喻完學乎著醉花庵集

證治準繩○王肯堂字泰宇金壇人萬曆進士學無不窺讀書中秘以母病乞歸慨然曰范文正公言不得爲良相當爲良醫存心濟物聖賢事業乃肆力黄岐之學著書名證治準繩行世功垂不朽

媚樵亭○王思任字季重山陰人萬曆進士歷官侍郎性不諧俗家創媚樵亭譚公允謙問故公曰世有可媚人争媚之惟樵無媚吾獨媚之譚爲作歌曰樵涇之風惠人何深兮吾弗渡涇憎風有惠心兮又歌

日亭既植兮息我而無𨻳我德兮南都變、公殉節

通漕編○王在晉、號峭雲、太倉人、萬曆進士、初簽中翰、歷閩臬、破倭銅山、功晉山東開府、時遼陽邊警、添戶兵侍郎、公肩任之、廣寧告沒、公代熊廷弼經畧山海、撫輯邊塞、樞輔忌之、又奄人柄國、隨力疾乞歸、熹廟起南冢宰、思廟改大司寇、仍爲嫉者不容、家居八奏、著通漕彙編、防海纂要、遼左紀事、

氣節勁直○王恩及、字戴君、長樂人、少端莊、不屑與群兒伍、從師山庄、忽堦生竹笋一、晝夜齊半牖、笑曰

大丈夫氣節勁直不當如是耶領天啓鄉薦令信豐
百萬山中寇竊發無虛日公勦撫兼施平之民懷樂
土唐藩入閩召至閣臣擢以不次大師條至間道歸
省土先墳曰吾事畢矣與妻俱縊死
死事獨先○王家彥字開美號尊五莆田人天啓進
士兵部侍郎崇禎甲申闖寇陷京守安定門冒矢石
誓與城殉門破刻死獨先曰恨不隨乘輿觸石死公
性廉直有文譽能詩遊武夷遺句泉落冊青塵世逈
身遊玄闕海天秋又云龍髯拔去人如夢鶴馭歸來

月滿樓謚忠端

賫志憤忠○王忠孝字愧兩惠安人性方直勤學勵行崇禎進士戶部主事忤璫削籍北都陷哭經旬兩目隨瞽南都輔臣薦之嘆曰先帝勵精圖治爲庸相權奸所悞中原隨以丘墟今秉軸者不能卧薪嘗膽○復與才能爲氷炭豈可以耶唐藩入閩以都御史召痛哭决言君守一隅不幾坐斃後走海外十餘年賫志憤死

烈日秋霜○王凝命雲南人崇禎進士勅官司理福

州清操絕俗骨鯁自任官署一聯見志云門以內三
尺法烈日秋霜不敢假借一人門以外一片心和風
甘雨嘗使周流四境孰可憚之以不合解去
先生早決○王毓蓍字元趾會稽諸生博學有文譽
出御史劉宗周之門大師抵浙遺書速先生死云願
先生早決毋爲王炎午所弔隨投跡橋河死儒士潘
集聞之奔東渡橋禱石沉死周卜年赴東瀕下死後
人有詩弔云三忠同日付清流耿耿文光射斗牛
不屈就死○王章字芳洲武進人崇禎進士官給事

國變與先時亨怒城賊至叱章下馬先郎屈就降章
抗罵賊砍三刃墮城死謚忠烈
三疏抗言○王鐸崇禎進士弘光南遷馬士英引用
奸人阮楊諸黨鐸官御史與給事祁彪佳疏覆曰臣
扑諸奸因循誤國腕可斷此旨不可覆也○
又曰臣所守者朝廷之法度一官之職守死不敢奉
詔又曰國家新造人心易渙安靜爲王嚴衛應行禁
止○
不屈殉節○王錫字子矣號右田新建人崇禎進士

性剛介、多雄略、今四川巴縣有政聲、時獻賊陷涪州、將及重慶、與巡撫陳士奇、繕城厲卒、爲守死計、賊知備、扼十營圍攻之、被執、厲罵不屈死、

沉舟一戰○王之仁、南都陷、魯藩入浙、以義勇拜武寧伯、督舟師、啓魯藩曰、前人人各有長驅之志、今以錢塘爲鴻溝、臣願沉舟一戰、且目前之死、猶戰而死。他時之死、恐不能戰而死也。大師抵浙、驅妻子沉蛟門、從容冠服、見洪督師、稱故明大帥、不願潛沉淵波。願死明處。洪舉頭上髮示之曰、公何惜此。笑而坐戮。

同死帝前。○王承恩司禮太監崇禎甲申國變帝縊於煤山承恩跪帝膝前引帶扼脛同死千古死忠內官之一人者謚忠愍

大書死所○王興粵西人明末虎賁將軍駐文村之地扼潮惠諸衝驍勇義俠大師合圍絕餉帳下請死敵公卿天曰興受國恩爵五等應死正欲拔劍突有東莞人王侍郎應華婺州人金光言變公降席曰興死矣毅魄不死藉汝大書墓前故明虎賁將軍王興死所遂同妻妾十七人辭母覲妻妾就縊畢升高解

縲。躬負十七屍下殮。朝服叩首。納敕印懷中。取虎頭
彪圖懸堂上審視。盡公所素愛也、下樓引運硃砲轟
然而燼。載浙人林潞金公殉傳中、
勉忠絕帶○王其蘗人、崇禎錦衣百戶、周鍾友善、寓
其室、闖寇陷都、其以大義堅勸殉節、鍾不答、逕出至
挽衣帶盡絕、奔闖投名、其嘆息呼妻女共縊、都指揮
王與聞其死、伏屍大慟、觸死、嗚呼、若鍾者日談詩書
以名流。俯視江左。至勢窮力促。不能引義自裁。而俛
首下心。何異蟻蟻之偷生耶。

御象兩淚○王節卽燕人崇禎朝馴象衛象尉奴性烈好酒鬪毆陷都時丁未眛爽天陰霾微雪賊群驅掩至選象房橋群象哀鳴淚下如雨有相觸死者跳躍死者不食死者以足蹴地自嚙皮膚死者奴視驚悸大呼喊殺賊圜礫之嗟乎奴則人矣象則獸也意食君犒糧爲不可生乎以視周項群輩蒙面賊庭者曾象之不若乎

賦詩投環○王士和唐藩劍津太守涖事甫月大師自浙突至和冠服就縊題詩座側云椎鳳烈烈鎮孤

城。正氣由來履險貞。匝月劍津殉國死。孤忠千載有誰名。貝勒聞之、嘆曰、渡河以來、不下數十城、完節者。士和一人已。命禮葬之、

○王渾妻鍾氏嘗稱王渾曰、卿渾止之、答曰、親卿愛卿。是以卿卿。我不卿卿。誰當卿卿、渾與鍾坐、猶子濟趨庭過、渾曰、生子如此、足慰人心、鍾曰、使新婦得配參軍。當不止是。

○王渙懷奇負氣、處士侯高有一女、曰、必嫁官人、謂媼曰、吾明經及第、即官人也、媼曰、得一卷軸咨詣

身若䄛以往必諧翁見書卷許之後開金吾將軍
李惟簡好士造門曰天下奇男子王適見將軍白
事薦參軍御史
○王曾未第時李文靖慕之爲婿語夫人曰此人當
爲公輔以女許之
○王氏有兩派於晉爲盛一出漢王書之後一出代
王澤之後書後爲融爲渾渾後爲戎爲衍爲導爲
曠爲逸少此瑯琊臨沂王氏也澤後生昶生渾深
淪湛濟澄以及坦之此晉陽太原王氏也有兩王

運、一戎父一濟父兩王澄、一衍弟平子、一濟弟道
深兩王澄、一晉武舅、一王切子王氏皆出此二族。
汪平陽汪芊氏後
能衛社稷。汪錡魯童子、仲尼曰、能執干戈、以衛社
稷與之勿殤、不亦可乎、
狎鷗。汪藻字彥章、婺源人、宋崇寧進士、累官顯謨
閣學士、父爲晉江令、藻時始生、後藻復守是邦、謝表
云、訪六十年之父老、恍省前生。佩二千石之印符。敢
期今日。性狎鷗、家有玩鷗亭、著龍溪集、

牧鵞詠詩。汪洙、字德温、鄞人、九歲時、牧鵞學宫、見殿廡傾圮、洙心歎之、題其壁云、顔回夜夜觀星象。夫子朝朝雨打頭。萬代公卿從此出、何人肯把俸錢修。邑令見而奇之、召見洙衣短褐、令曰、童子衫子何短耶、洙對云、神童衫子短。袖大慂春風。未去朝天子。先來謁相公。登祥符進士、官學士、

野人閒。汪待舉、宋處州守、爲政曲盡下情、民有争訟、曲直面定、不以屬吏、百姓曰、官舍却如僧舍靜。吏人渾似野人閒。

賜榮園。汪綱字仲舉、宋乾道紹興守、築一園曰賜榮、取李白憶賀監詩勅賜鑑湖水爲君臺沼榮之意。
剩月臺於州治、王十朋詩、人望使君如望月、要須如鏡覓如鈎、

尋乾凈地。汪立信、宋度宗朝、爲京湖制置使、與賈平章不合、以危法置之、詔令出師遇似道於途、似道撫信曰、不信公言、以致如此、問信何往、信曰、今江南無一寸乾凈地、某去尋一片趙家地上死、得分明耳。

至高郵、聞似道師潰、置酒賓僚、永訣慷慨、拜拳撫膺

而絕、

胡琴羌笛○汪廣洋字朝宗、高郵人、明洪武召中書叅軍、宋景濂稱廣從征伐、震盪超越、在廊廟、莊嚴風雅、詩文琅琅、如胡琴羌笛。有幾家茅屋緣江水、一路松風響杜鵑句。又有燕子不歸春社晚、一汀煙雨杏花寒句○

屹然山立○汪凱字克寧、龍溪人、永樂進士、禮部員外、出賑湖湘、調度有方、全活者衆、僉憲兩浙、清不染塵、介如山屹、浙人誦之○

清憲先生○汪應軫字子宿山陰人正德進士選吉
士與舒芬諫南巡瀕死謫知泗州武宗狩泗州僉人
爭誣軫奏泗隸淮土惟有蠶婦可供繅織馭之有俾
治化事寢世廟立召諫垣落落敢言議大禮遷江西
僉事鄉人私謚清憲先生
蘄才蚤逝○汪本字以正歙人正德鄉薦卒業南雍
清逸雋爽歙人王寅採弘正嘉三朝人物名新都秀
運以本爲冠如野草不媚世海鷗寧近名又愁邊草
木歌夢裏關山多之句不落時調天蘄之才蚤逝

以人事君○汪應蛟、婺源人、歷官吏部尚書、史稱慱學多才、剛毅不撓、以人事君之冠、

四議平倭○汪道昆字伯玉、歙人、嘉靖進士、自藩臬晉中丞、五年蒞閩、瀚衣蓐食、自任平倭、首議餉、次議兵、三責成、四事任、推轂戚繼光俞大猷、以寄兵柄、官累兵侍、著太函集、有吾道慚看霜鬢垂、人情一任夏雲輕、又海月可憐秋正好、湖風莫問夜如何句○

民歌二汪○汪琯字諧甫、婺源人、嘉靖進士、令長樂、值歲饑、勉郡守汪文盛、悉心賑救、出俸平糶、給民、民

歌曰天降殃兮歲卒荒民免溝壑兮賴二汪
友爲臣累○汪鈹字伯耳嶔人豪宕曠逸與聊城傅
御史光宅友善言事左遷鈹走救之爲諜者所覊鈹
疏曰臣爲友累不過貶友爲臣累幾至戮辱相持而
論孰重孰輕士論韙之鈹人啓臺臣
書璧同殉○汪偉字叔度號長源休寧人崇禎進士
少倜儻負才遇事敢爲令慈谿多異政擢簡討癸未
分房孟章明顧咸建漏瑱出門下皆殉難甲申寇逼
畿輔貞定督徐標爲叛卒縛去公聞泣曰事至此乎

作書與給諫陸朗曰、悞國之人、終日爭門戶而不顧朝廷之門戶。終日言聲氣而不顧吾黨之聲氣、都陷、與妻耿正位誓死殉國、引宋臣趙昴發語書壁間云、身不可辱。志不可降。夫婦同殉。節義成雙。汨羅同脫。汪沭曰、天都人、崇禎孝廉、國變入閩、官䖍藩兵部郎、閩陷、祝髮柘浦三十年、著詩文數萬言、一日別友人云、吾卜屈于汨羅之辰歸脫也。至期留偈而逝、僧名益然

卷十二終

古今人物大觀卷之十三

下平　函十三

巽山燦岱生甫參閱

太史孫子未先生鑒定　閩中林涵春奕鍇父纂輯

姪孫霖墳文聚編校

陽　鬪後封陽樊因氏

冠蓋迎。陽晝周人以釣語子賤、匕至單父、冠蓋迎之者、相望、子賤曰、夫陽晝所謂陽鱎者至矣、

擊奸。陽球字方正、漢靈帝時校尉、誅磔宦官王甫

等叔門豪右莫不屏氣、

標秀〇陽郝字士倫、幼敏異、叔馳奇之曰、此吾家標秀佐時之良也、

德薰晉鄙〇陽城字亢宗、與弟皆隱中條山、唐德宗、朝拜諫議、韓愈諍臣論曰、陽子居晉鄙、人薰其德而良善者幾千人矣、

撫字心勞〇陽城爲道州守、保民如赤、賦稅不登、觀察数加誚責、自署曰撫字心勞、催科政拙、考下上、柳子厚爲作遺愛碑。

種璧。陽雍伯漢時人嘗設漿給行人三年有飲漿者出石子一升與之曰種此生美玉并得好婦後求北平徐氏婚徐曰得白璧一雙乃可因求種處得璧五双以聘名其地曰玉田。

揚

奏四賦。揚雄字子雲少時博學口吃不能劇談漢成帝召爲待詔奏甘泉河東校獵長揚四賦劉棻從雄學奇字王莽投棻四裔辭連雄時校書天祿閣獄使來雄恐投閣幾死後仕莽故悔庵書曰莽大夫

鐵面○揚王休字子羙、調台州黄岩尉、白郡縣一民、斷豪民、州閭稱賀、號爲鐵面少府

雞窠小兒○揚避舉、瓊州人、李守奉使至其家、諸父年皆百二十餘歲、祖宋卿年百九十五、次見雞窠、小兒出頭下視、宋卿曰、此九代祖也、不語不食、不知其年○

羊 河内 晉大夫羊舌後

懸魚○羊續字興祖、平陽人、漢靈帝時、爲南陽守、清介自持、府丞送生魚、續受而懸于庭、再送、續出前魚

示之而枉其意。

輕裘緩帶　羊祜字叔子續之孫晉武時鎮荆州得江漢人心輕裘緩帶鈴閣侍衛不過十数人好遊峴山鄒湛從之後祜殁民爲立碑建祠其上見者涕泗。杜預名其碑曰墮淚碑。

八伯　八達　羊曼字延祖嗜酒與阮放友善號兖州八伯阮放爲宏伯郗鑒爲方伯胡毋輔之爲達伯卞壼爲朗伯阮孚爲誕伯蔡謨爲裁伯劉綏爲秀伯羊曼爲濌伯擬古八俊。

鄒魯遺風○羊侃字子忻膂力過人雅好經史應詔
賦詩帝曰吾聞仁者有勇今見勇者有仁可謂鄒魯
遺風英賢不絶矣

康　京兆衛康叔後

讜論直陳○康澄仕唐爲少卿上疏論國家不足懼
者五深可畏者六可畏者願修而棄戒明宗嘉其直
優詔答之

臨難不避○康保裔仕宋爲都部署契丹入寇左右
請避曰臨難毋苟免此正吾效死之日也決戰遂勝

之獲其重輜

待詔金馬○康與之字伯可號順庵南渡時秦申公薦之于上以文詞待詔金門兩宮宴集皆出其手嘗題徽宗像云玉輦宸遊事已空尚餘奎藻繪春風年七花鳥無窮恨盡在梧桐夕照中高宗讀之哀慟淚濕衣襟

智誘□康茂才蘄州人總率大軍征山東智誘陳友諒速攻建康以盛大功封蘄国公

噬臍悔○康郁建文時為御史上疏言人主親其親

然後臣下各親其親不兩激變必有噬臍之悔

房　清河　冊朱封房

筱書○房鳳字子元漢成帝時大司馬王根薦之明經通達擢爲光祿大夫與王龔劉歆共校書內廷皆位侍中

五經庫○房揮遠字宗儒幼有志行明三禮詩易春秋隋文帝禪遷博士牛弘服其學博稱爲五經庫

三輔最○房恭懿字慎言隋開皇初蘇威薦爲新豐令政爲三輔之最上嘉之召至榻前詢以理人之術

慈父○房彥謙字孝冲。唐高祖時爲長葛令。百姓號曰慈父。立碑頌德。后去官。謂子玄齡曰。人皆因祿貴。我獨以官貧。所遺子孫清白耳。

登瀛學士○房玄齡字喬孫。年十八舉進士。敏異過人。高孝基謂裴矩曰。僕閱人多矣。未有如此郎者。當爲國器。恨不見其登聳昂霄耳。唐武德初。爲秦王記室。薦引四方文學。齡居其最。時人號爲十八學士登瀛州。

撰封禪書○房琯字次律。河南人。宰相房融之子。長

才博學玄宗岱嶽之封琯撰封禪書官拜尚書後于
西京遇賊陳濤斜琯效古法用車戰大敗之

花　東卿

花卿○花驚定驍勇過人唐上元初段子章反于蜀
時崔光遠爲成都尹驚定爲牙將討平之杜甫詩曰
成都猛將說花卿學語小兒知姓名家東鎮至今廟
食宋朝封忠應公

黑將軍○花雲懷遠人體長大面黑如鐵驍勇絕倫
謁高帝於滁陽上奇其才勇使將兵輙克人皆曰此

黑將軍勇敵無雙誰敢抵當。

楊 弘農 唐叔虞後封于楊因氏

鱣堂四知○楊震字伯起明經博覽諸儒曰關西夫子。初震講書講堂時有雀御三鱣魚集飛堂前都講取魚進曰蛇鱣者大夫之服也數三者三台也先生自此升矣後為荊州守昌邑令王密暮金十斤遺之曰暮夜無知者震曰天知地知爾知我知何謂無知人勸其殖產業答曰使後世稱為清白吏子孫足矣。

三不惑○楊秉字叔節為豫荊徐兖四守所至以純

自稱常曰我有三不惑酒色財也。

我家龍文○楊愔字遵彦。六歲受史書。十一歲受詩易。從兄昱器之曰。此兒駒齒未落。已是我家龍文。更十年當求之千里之外。

朱紫滿庭○楊侃字士業。受琴書。父播叔椿。一門朱紫盈庭。侃獨不仕。曰。苟有良田。何憂晚歲。

芝雀之祥○楊炎字公南。父衰廬墓。致有紫芝白雀之祥。詔表其閭。唐建中拜相。以片言移人主意。作兩稅之法。天下利之。

壓倒元白。楊汝士與元稹白居易賦詩席上汝士
後成。實佳警句有文章舊價留鴛掖桃李新陰在鯉
變。帰曰今日壓倒元白
文如懸河。楊烱中童科授校書年十一待制弘文
館。張說曰楊烱文如懸河注水酌之不竭
懷王山人。楊億字大年初生夢一羽衣自稱懷王
山人夜生億不能言家人抱登樓觸其頂即吟曰危
樓高百尺手可摘星辰不敢高聲語恐驚天上人後
中童科詣闕詩曰願重清忠節終身立聖朝

一世儒宗○楊時字中立號龜山與游定夫謝顯道從程明道門學有本源行無玷缺爲一世儒宗

刺血書襟○楊邦義宋建炎中金兵大至桂克戰敗遁去公血書襟曰寧爲趙氏鬼不作他邦臣遂遇害贈秘閣制曰儒夫愛生名不稱于沒世烈士砥節死有重于泰山詔賜田官其子

千載生氣○楊由義字宜之與胡昉使金匕遏海泗唐鄧四郡金其下不拜脫欲殺之曰若死此闕傲得箇忠孝鬼金主見其剛直仍復礼之完璧歸朝抗節

異域争礼𩪆帳千載之下生氣凛然

立諌馬市○楊継盛字椒山爲兵部員外疏論馬市

五謬十不可上杖之後以疏驗復官論劾嚴嵩十罪

五奸疊疊數千言上怒斬之嵩敗追謚忠愍蔭一子

日月争光○楊萬里字廷秀號誠齋際遇三朝終始

一節爱君憂国之心皎然與日月争光孝宗稱其仁

者有勇又曰書生知兵

三陽開泰○楊榮字勉仁建安人著有兩京類稿北

征記退思集王堂遺編默庵集等書係東陽○楊士

奇名寓江西人孤貧力學王淑英見而奇之曰此王
佐才也薦爲學士著有沙羨稿文籍志東里集等書
係西陽。楊溥字宏濟湖廣人謙恭篤行嘗曰士君
子一言一行幽明無愧然後無負父母生成之恩又
曰人必有躬行之實然後可以訓子孫係南陽
白魚入舟。楊信民爲叅議有惠政上命征廣州率
董興師兵時天文生馬軾隨行夜半聞雞鳴興曰此
何祥也對曰雞不時鳴由賞罰不明願公嚴軍令路
經清遠峽有白魚入舟中軾曰武王伐紂得此徵者

遡賊授首之兆果驗

不受人憐○楊廷樞字維斗清江人尚書莊簡公成孫性沉毅有大節諸生時魏璫以緹騎逮周忠烈公因衆情洶湧請於撫公乞伸百姓顔常佩五人擊緹騎璫怒逮及公黜諸生名璫敗公掄省元值時事艱阻尋罷歸杜門不跡城市貧至絶炊有饋粟授衣者公曰楊子一寒固當豈受人憐者乎大師入金陵殉節人謂公雅量似叔度經術比康成清介類公質文章餘緒耳

不負死友○楊以任字維節號滄如崇禎進士以聲氣自任弱冠舉孝廉與同邑朱敬之謝士芳子起楊汝基友善倡文社吳楚燕齊傾慕旋敬之卒公車士芳子起汝基暴客掠舟溺死公哭曰四友俱亡予何生絕意仕進願受教職充所學尋轉成均博士引疾歸建四賢堂以祀亡友

抗白忠骸○楊廷麟字伯祥號機部清江人潁悟絕倫深心嗜古以風教倡與臨汝閩崇禎進士第二出倪文正之門授吉士遷編修擢職方郎贊畫北畿賈

虛之役盧忠烈死戰沒陣時宰疑其未死公出其骸於萬屍中抗論中白士論韙之

紹士同義○楊雲門蕭山諸生朱瑞山陰諸生方烱諸暨諸生三人文酒雅善聞大師掩至取酒大醉浩歌夜半曰今夕是結局闔門盡醉十斛即席同刎浙人壯之

鐵楚雄○楊畏知崇禎孝廉勝國末官雲南金滄道士酋沙定洲叛沐黔國走楚雄沙賊追至楊適過楚雄雄人留公守城自巳酉迄丁亥賊凡三至公百計

郡之賊號其城曰鐵楚雄嗣賊陷滇公投水不死賊執之脅降不屈賊感公義從公三事不淫不掠遵正朔迤西百萬生靈得免屠僇者公之力也後賊悖慢公謀誅之機洩害公事聞褒恤

○楊盈川女姪華容作新糚詩云宿鳥驚眠罷房櫳趁曉開鳳釵作金縷鸞鏡玉爲臺糚似臨池出人疑月下來自憐終不見欲去復徘徊

○楊玠娶崔季讓女崔家富於圖籍玠遊其門悉取觀覽捧腹曰已放經笥矣

○楊於陵字達可十八擢進士韓滉少許可獨奇陵謂妻曰吾閱士多矣無如陵之貴且壽以女妻唐德宗中書省

○楊父越漁者一女絕色有謝生者求娶父曰吾女有兩詩句能續則許詩曰珠簾半窓月脩竹一蓬風謝曰何事今宵景無人解與同女曰天然詩偶

平河南韓哀侯少子食采平邑因氏

父子相業○平當字子思漢哀朝以經學拜相賜爵關內侯子晏亦以經學位大司徒漢世惟韋平二氏

父子相業

拜井湧泉○平鎜字明達北魏懷州刺史州泉告竭鑒拜泉水立湧出號平公泉

巷戰殞軀○平元明洪武百戸建文帝金川之變元與魏國公徐輝祖巷戰奮呼矢石俱集猶衝刃死之

遠遊之助○平歆字仲徵錢塘人明成化薦辟令藤邑謫戍黔中沐府賢其才請除籍尊上客有沂長江徑洞庭過夜郎泛昆明諸什豪放㥾幻得遠遊之助○

闐國記○平居誨宋人傳覽遨遊撰闐國記

黄　江夏　顓帝陸終之後封黄因氏

客多珠履○黄歇黔中人戰國時爲楚相號春申君相楚二十餘年門下食客三千客多躡珠履

穀城黄石○黄石公漢人遺書一編授張良曰讀此可爲帝者師又曰十三年後見濟北穀城黄石即我也

治行第一○黄霸字次公陽夏人漢宣帝潁川太守治行爲天下第一嘉禾生鳳凰至仁政大行賜爵關内侯

汪度千頃。黃憲字叔度，慎陽人，漢末舉孝廉不就。陳蕃相謂曰：久不見黃生，鄙吝之萌復生於心。郭泰曰：𢭏叔度汪汪若千頃波，澄之不清，淆之不濁，不可量也。天下號曰徵君。

入桃源。黃道真，武陵人，晉太康中捕魚入桃源。其中屋宇桑麻雞犬依然人間。真訊此間何地，曰：人言先時避秦來此。真告以時屬晉魏，曰：吾不知有漢焉識晉魏。閱數月告歸，舟艤路迷，不可復識。

萬斛金蓮。黃通字价夫，邵武人，宋嘉祐進士，大理

盃、每浩歌長嘯、衆目異人、有元夕燈詩云、誰將萬斛
金蓮子、撒向皇都一夜開。又云、泰樓十二玉梯橫、紫
府千門夜不扃。疑是姮娥弄春色、彩雲移下一天星。
時稱雄俊絕倫、

臥龍頭角。黃裳字冕仲、南劍人、爲諸生時、有魁天
下之志、元豐中、南劍譙樓忽爲雷擊、口占云、風雷昨
夜破枯株、借問天工有意無。莫是臥龍蹤跡困、放開
頭角入雲衢。次年果魁天下、官資政殿學士、著春秋
講義、

三度狀元　黃定永福人宋乾道狀元里中天寶瑞
雲寺有石識云天寶石移瑞雲來期龍瓜花紅狀元
東西定登科之歲天寶寺旁崖石行谿成溪松生花
看龍瓜嗣後全里蕭國粱鄭僑繼登蕭居冲峰鄭居
龜嶺黃居龍嶼時有詩云冲峰龜嶺與龍嶼三處山
川亦壯哉相去其間只百里七年三度狀元來
信史戮人　黃庶字亞夫邠寧人工詩有書對聖賢
爲容正竹輿風雨似咸韶史解戮人惟戮右地能埋
骨不埋奸何

江西詩祖○黃庭堅字魯直號山谷宋治平中以詩謁王試李詢詩云渭水空藏月傳巖深鎖煙詢擊節嘆曰此人不惟文理超羣異日當以詩雄海內蘇軾讀其文稱獨立萬物之表呂居仁推爲江西詩祖

老蚌空泥○黃相山谷子字小德母出微賤山谷詩云解著潛夫論不妨無外家東坡次韻云名駒已汗血老蚌空泥沙

雪鴿風鳳○黃大臨字元明號寅菴山谷謫官黔州元明送之書萍鄉縣壁云自陳留渡漢沔上夔峽過

一百八盤涉四十八渡抵摩圍山掩淚泣別去詩曰急雪鶺鴒相並影驚風鴻鴈不成行

顥悟。黃鎰七歲不能言其祖喜其風骨之奇遇物誨之一日携至池上祖曰水馬池中走隨應聲曰遊魚波上浮後官舘閣

貧樂齋。黃友顏字顏徐作貧樂齋山谷贈以二詩其二云小山作朋友羲重子輿桑香草當姬妾不湏珠翠粧烏來窺凍硯月落入幽房兒報無炊米潸歌遶屋梁

稼村集○黄公度宋紹興中進士第一著稼村集與

定允子倡和詩云嗜酒楊雄官落魄耽詩沈約瘦伶

仃何時握臂論今古經虜勞君一啓扃

大癡老人○黄公望字子久常熟人稱大癡老人生

於元洪武中尚在耋壽會繪張伯雨贊云從來老筆

荆關輩施粉施朱笑後生又云大癡九十而癯米友

仁八十神明不衰無疾而脫盖詩畫文墨能以煙雲

供養也

流屍聚合○黄觀字瀾伯貴池人受學黄㫜㫜死節

每取自厲明洪武進士會試廷試俱第一官學士建文命觀徵兵聞帝遜國嘆曰吾妻向識我忠義先死必矣招魂祭之觀遂朝服躍李陽河死文皇得其冠束芻肖形斬之籍其家妻與二女配象奴夫人紿之弁淮清橋死觀屍溯江而下妻屍沿江而上數百里聚會夫人投水時嘔血石中每陰雨現小像石間髣髴鬖鬟側立云觀痛妻詩曰石頭城下自分攜無復連床聽曉雞故里音書寒雁杳空江雲樹暮煙低春來白下尋新約夢去花間憶舊題猶念雪深寒月夜

酒醒詩就小樓西錫山王時大用詩云儼望朝衣入
碧滿秦淮水映栁鬖鬖愁心兩地同明月夜發新枝
盡向南
高尚遠見○黄淮字宗豫永嘉人洪武進士授中書
靖難章除授侍東宮仁宗立官少傅武英殿學士上
巡邊命淮留守諭曰留汝居守猶唐太宗之付房玄
齡也時比番諸落分部淮語上曰併爲一則難圖離
其黨則易制上顧左右曰淮如在高尚無遠不見耳
卒論文簡

五色雲見○黄子澄名湜分宜人以字行洪武進士
第一臚唱五色雲見建文太常卿時諸王驕恣與齊
太謀削藩權引漢七國事燕兵南下以誅齊黄爲名
澄自痛薦李景隆握兵之罪賦詩飲恨云論將毋深
悲趙括○攘夷何日見齊桓○高方有劍憑誰借○哭向蒼
天幾墮冠○文皇逮問曰子澄不早削藩權釀此兇殘
罪蚤當死矣文皇命截其足聯族戚盡斬之
上私謚○黄彦清建文近侍靖難後人言上私謚於
建文坐死弁逮從子金蘭蘭曰臣子不忘其君口中

記憶耳安見其事釋之故者傳靖難兵入之辰郎官御史四十人夜縋出亡詰朝上聞文皇不問而深山窮谷往往有傭販禪寂各盡其節者

沉琴川橋○黃鉞常熟人洪武進士建文戶垣給事與姚善深交靖難兵入得善死信痛哭沉琴川橋友人楊福求其屍瘞之弔以詩云江風夜夜鼓洪波江木朝朝濕薜蘿九死不回哀郢志三軍誰奪採薇歌手披宿草狐蹤滿夢轉空梁月影多孰謂百年臣子恨獨聞野老淚滂沱是日御史黃清遠見亦就戮

從亡殉節○黃直武進人建文官四川參政靖難兵入帝焚宮祝髮與鎮撫王資劉仲欽天監王之臣太監周恕偕程濟二十二人從亡入楚入滇入蜀潛踪逃死自神樂觀會帝後或黃冠或樵漁各遂所志錫山王時大界詩云方外潛踪夜寂寥僊壇神樂響蕭部傷心去國情何盡寒雨平添五夜潮○

代冠覽書○黃壽生莆田人明永樂解元自永樂至嘉靖一門冠覽書十一人壽生永樂戊子科黃舉正統甲子科黃礽天順壬午科黃文琳成化戊子科黃

乾亨成化甲子科黃如金弘治甲子科黃廷宣正德
庚午科黃繼周嘉靖癸卯科黃大觀嘉靖乙酉科黃
星耀嘉靖壬子科黃懋冲嘉靖乙卯科一門相繼代
冠賢書爲世希有
臨軒感夢○黄濬字仲敷號旅山永樂進士文皇臨
軒策士感夢呼濬名異之破資格特擢中州叅政歷
楚浙左藩請蠲災傷地糧九十萬石罷採木夫二十
萬人止冶壙稅銀九十萬兩劾不職守令五十七員
前後章奏悉侃侃切時弊并臺省奏藏史館備覽報最

三錫恩宴奉天殿史臣論公行方而才裕政仁而施
博直道孤立疾惡過嚴不使大行凱志韋良弼之夢
賚歸田錄封事著文類祭儀家訓旅山諸集議者謂
爲善獲報公之德宜大其後人孫宗器宗槩俱嘉靖
進士器官禮垣建言廷杖槩楚臬副使志登眉壽姪
深嘉靖進士農曹主政咸具都乘
效死一戰○黃綬字用章封丘人正統進士刑部郎
廉直不畏殘禦出參蜀藩忽風捲輿前曰是必有寃
禱於神夢語曰西寺一僧獰狡公詰之無驗以醋塗

儕額隱隱有黑氣、公曰、是寃盜也、案姦殺百輩律之、巡延綏、望飲馬婦片布蔽體、嘆曰、我爲督府、令健兒貧至此乎、捐五月餉、人人感奮、曰、願效死力爲黃都堂一戰。

儲才濟變。黃孔昭、字世顯、太平人、天順進士、歷官文選郎中、言諸長官曰、國家儲才、猶農積粟、粟積豈年可以救饑、才儲平時可以濟變、若避名沽淸、人材何由而識、客至輒問、書其名、隨器識擧之、晉尚書、謚文毅、

博極群書○黄雲字應龍崑山人景泰歲薦瑞州訓導性踈豁議論慷慨不爲俗軟之態家貧嗜學博極群書尤熟典故文宗坡僊書法山谷著冊崖集

鵾華何愚○黄鞏字伯固莆田人弘治進士德安司理歷職方郎扁其屋曰茅舍石田每言志鵾夷馬革何愚武宗南巡宸濠畜逆江彬擁節鞏疏去小人戒游亊言出激烈彬憾之詔廷鞫曰杖百死而復甦杜門著述往往絕食死贈太理卿著後峰集

赤狐夜伴○黄文會閩人性至孝父病嗜鯉嚴冬寒

無埀釣處操舀雪中膚裂血涔不去俄躍五鯉得以供父及死廬墓九載哭震林木有雙鳩來巢飲啄自若夜有赤狐共宿正德中旌閭

撚藜琢詞○黃佐字伯才香山人正德進士由編修督學拜少詹祭酒博學絜行撚藜琢詞嶺南人居翰垣者瓊山香山先後相望漫興云倦游却憶十年事笑擁如花歌落梅

抗瑺毆殺○黃汝亨仁和人萬曆進士歷江西督學有文譽才名致仕家居魏瑺造生祠於通道置別室

寢殿專過嘆曰有何功德而僭擬若此爲璫爪毆殺
崇禎復官賜祭
獄中遺詩○黃尊素字眞長號白安餘姚人萬曆進
士初官司理擢御史入臺疏十三指逆璫客氏表裏
爲奸誓以死諫璫嗾義子曹欽李實誣坐已下獄身
北面長號絕命詩云正氣長留海岳愁浩然一往復
何求十年世路無工拙一片剛腸總禍尤麟鳳窮途
悲此日燕鶯聲雜值今秋錢塘浪急胥門淚惟取忠
魂泣髑髏

平步展書○黃道周字幼玄號石齋漳浦人博學清操天啓進士充經筵講官故事展書膝行道周惟平步翰林例無糾劾獨與倪元璐建言杖獄巡撫解學龍許生塗仲吉中辯弁杖弘光官尚書唐藩入閩以舊臣入閣時鄭芝龍異志公憂憤感懷云火眉雖棲燕氷城倦畚身支天于右慣失路一時人又云宴子不知宴閉人安得關乾坤繪牛壁未忍踏文山募兵江右龍不給一錢兵潰被執時楠兵人公同年友也微服稱名過招公大慟曰吾友久死封疆先帝哭祭

忠魂爾輩稱名字緩頰人耶鬼耶遂遇害同死中書
賴學繼蔡春溶主事趙士超毛至潔臨刑絕命云一
番風起被波頹咫尺銀河去不迴晝夜秦庭聲斷絕
只餘碧血染蒼苔
三世清節○黃大任字弘宇萬曆孝廉官粵西來賓
令轉農部主政清介梗直從祀名宦鄉賢任子世標
字可程崇禎鄉貢才學意氣授粵東和平令全故相
忠節之奇郭公家室於萬死孤危師生大義千古一
身標子德裕字子容號東園丙戌孝廉當革易潛修

大節寄志謝皐羽鄭所南二人行誼以有宋遺民自
况詩文曠逸不群讀者靡不慕行潔而思遠也
無犯好官○黄儒字未三永福人天啓鄉薦令營經
舟歸遇暴客曰此好官黄營經也毋相犯張獻忠獲
儒令屈膝懸二妾於堂焚以嚇之不屈愈厲磔之二
妾屍旁
東崖主人○黄景昉號東崖晉江人天啓進士庶吉
上逆璫黨張御史吴裕中劾璫杖死闕下朝紳無敢
臨其喪昉獨具殮慟哭纂修熹宗實録思宗朝與蔣

德璟同日大拜歸里杜門著書
名重江左〇黃文煥字維章永福人天啓進士爲文
淹博無涯丰姿秀穎令番禺海陽山陽三邑皆有政
聲崇禎召對入史館編修黃道周觸巨璫以黨人連
逮道周事白寓金陵著述名重江左
像化跡〇黃應選號玄溟福郡諸生少受業司空董
崇相先生以品節自期家擁百城鑽研不問外事思
宗殉國哀號感憤竟不食死歿後子岸園君圖小像
米軒一夕自焚邊幅俱存惟中雙然所焚跡影壁間

怳怳如畫觀者咤異咸曰此先生不欲留跡人間昔人所謂像化也同安池公顯方作像化銘寧波趙君最惠水張君岩劉君華各有題詠紀事岸圀名若庸兄弟殉節○黃淳耀字蘊生號陶菴傳學名譽制藝爲學者師稱雄冨傑出弘光南遷建言多爲權奸所抑憂憤不自勝大師抵金陵與兄進士淵耀及舉人張眉錫龔用圖同時縊死

拔劍自刎○黃得功山左人崇禎中江北總兵弘光南遷封廣昌伯轄滁和廬巢經畧與高傑劉澤清劉

艮佐爲四鎮善戰累功馬士英忌才抑之大師招降不屈時艮佐已歸命伏弩中喉創甚拔劍自刎矢節就戮○黄端伯字海岸新城人崇禎進士祕筮杭州司理性剛直出枉獄得情解網槖槖弘光官宫僚留都破大師至令授職不屈其妾死之俄不省視其子復死之嘆曰殺即殺耳完吾分内事矢節不動○舁亦同戮

容吾看脚○黄鼎恭字士心福清人崇禎鄉薦性孤狷素持名節隱居村落不與人接自題小影云家以

貧破書以貧焚惟有青山將不去容吾看腳看浮雲
閩中三鳳○黃漢良字翰伯號穀山閩蓮村人兄周
良弟晉良俱文武材公尤精百步左右射闖寇陷都
勤王檄至以諸生詣軍門陳十策請復國仇中丞張
肯堂學使者郭之奇州守揭重熙壯之散家貲集義
旅出守圖山尋督師散逃公將所部還閩唐藩入閩
周良與公官金吾左右翼局解憤惋歿遺弟晉良詩
曾因國破投班筆不為深仇匿骨家側髮云賣漿悔
作平原客繫筑深懷國士恩後張郭揭三公俱殉節

述古吟○黃晉良字朗伯又名潛號霽安又東叟慱學善文翰唐藩入閩以諸生上書相國黃石齋奇之請廷問方畧授王政閩關撤守公晦跡劍津作述古吟八十則文詞萬言精行楷補入古今法帖人獲片絲珍拱璧曹秋岳贈云怪底當年多快事滄波剩有濯纓人紀伯紫贈云着凉白石無塵跡不問千人問一人見重于時疾甞口吟麥秋紅日上三竿萬里歸程旋旆閒任是晚山如意好揮鞭直指向長安其戀戀鄉國至死不渝

○黃承彥沔南高士謂諸葛孔明曰聞君擇婦家有醜女相配孔明許之隨載歸諺曰莫學孔明擇婦正得阿承醜女

○黃山谷三妹一適張叔和山谷贈云有齊先生之季女十年配對無可人一適王純亮贈云江山千里俱頭白骨肉十年終眼青一適李安三人俱詩文知名

○黃榦字直卿號勉齋朱晦翁曰直卿志堅思苦與之處益人良多以女妻之翁病革出所書授榦曰

吾道之托在此。

卷十三終

古今人物大觀卷十四

下平函五

太史孫子未先生鑒定　　閩中林涵春奕遙父纂輯　　黄德裕子容甫參閱

金　潮海門甫編校

唐晉呂陶唐氏後以國氏

冊崖翁○唐節唐玄宗時縣令去官居冊崖元結作冊崖翁詩話門前釣冊冊籬下釣車不知幾峰爲其西墉竹出石磴泉飛戸中

辯謗略○唐次字又編唐德宗中遭謗黜十年不調

作辯謗三篇。憲宗見而善之，命學士沈傳師增十篇，號曰元和辯謗略。

詩瓢。唐求踈狂放逸，吟詩有得，書大瓢中。後卧病，投瓢于江，曰：得之者知吾苦心。與江流濯激，耳有識者曰：此唐山人詩瓢也。題鄭處士隱居云：不識最清聽，囘恩愁已空。數點石泉雨，一溪霜葉風。業在有山處，道成無事中。酌盡一杯酒，老夫顏亦紅。

忠憤諫臣。唐介，字子方，荆南人，剛直不阿，爲御史。裏行張貴妃寵冠後宫，伯堯佐驟除宣徽使，介力争，

帝謂曰除擬不出中書卻其奏不省讀疏畢曰臣忠憤所激不辭閑鑊貶英州判李師中送詩云去國一身輕似葉高名千古重如山南行渡淮風濤大作元坐吟云聖宋非狂楚清淮異汨羅生平杖忠信隨世任風波舟楫顛危甚魚龍出沒多斜陽幸無事村酒聽漁歌神宗黍知諫院

脩禮樂○唐肅字處敬會稽人元孝廉明初召修禮樂全書授翰林應奉官以疾歸嘗自詠曰丈夫氣盖世事為知已許誰能愛文章不與儕類伍有應制海

東清云雲翮能追萬里風千騎獵盡兔狐空詞臣不敢忘規諫却憶當年魏鄭公時上觀禽于荒城作也

人情可畏○唐鐸鳳陽人明初從征江州歷官尚書上以故舊優禮凡有青過置不問上曰御史詹徽侍郎唐鐸性行不同人待之亦異嫉惡者毁以重法寬厚者謂懦而無爲人情可畏哉

醉魄○唐仲實名桂芳以字行十歲學杏壇日記萬言洪武駐徽延碩彥賜尊脯束帛命書筆君山屹詩云首濡無醉魄筆諫有忠魂安得三千幅煩君恣意

藩。

微臣殉節。靖難兵入沛縣、主簿唐子清、典史黄謙、呼知縣顏伯瑋曰、只此片刻、萬古綱常所繫、請先君死矣、三人相對同經、

眞御史。唐俊、南陽人、洪武鄉薦、擢御史、廉介堅直、始終不渝、每廷奏、上目之曰眞御史、

僊人贈墨。唐寅、字伯虎、吳縣人、弘治鄉薦第一、洗馬梁儲得卷、嘆曰、一解元不足重、唐生也、會試爲同舍生連通關節、削籍、築桃花塢、著述有寄詠云、去日舍

多休撿曆知音諒少莫修琴生涯畫筆兼詩筆踪跡
花船與酒船少夢九鯉僊睹墨一石自是文章日進
屬意册青自題云閒來寫得青山賣不用人間造孽
錢
障堤誦。唐相灌陽人正德連江令身勞民事勤瘁
不辭障堤捍海潮衝突民歌曰唐公為我興水利事
既竣兮民不費思昔劉鞠二公兮不過是劉鞠宋賢
令築堤者
文章遭遇。唐皐字守之歙縣人正德狀元翰林修

撰纂武廟實録晉侍講學士公積學博文精於銓解
晚歲以文章遭逢鳴盛一時政事勳業未究其用
邊功○唐龍蘭谿人正德進士累官吏部尚書天資
英爽博學洽聞累立邊功晉宮保論文襄子樁嘉靖
進士第一
乾坤正氣○唐順之字應德武進人學者稱荆川先
生嘉靖會元閣臣重公名諭意首擢公以進身之始
當嚴却之置二甲主事念早歲竭精時文學無根底
乞歸裕養每對人曰且静坐十年看文章如何累官

僕卿都憲視師海上卒御史舒雲稱其學期聖賢志在匡濟立朝謇諤家居廉介乾坤正氣萃于一人公嘗詠云文入妙來無過熟書從疑處便須參公一生工程在此二語

勳貴歛肅　唐堯欽字寅可長泰人隆慶進士中書擢御史錦衣鄭承憲乞塋地上給墳價欽疏歷論祖訓雖后妃祖父無予葬例勳戚歛肅司禮監張鯨怙權事發上遣邢尚書智覓鯨欽抗言法一不可貸以不合拂衣歸

○唐儉佐宋太宗爲天策長史圖形凌煙閣愛崔諫
之才品稱玉山中人以女妻之
方河南周大夫方叔後
理孫○方儲漢人字聖公居淳安講易建初中拜郎
中章帝詔文郎居左武郎居右儲居中曰臣才兼文
武所在施用上嘉其論以亂孫試理儲拔佩刀而三
斷之對曰亥經任勢臨事宜然
祜[illegible]啓先生○方干字雄飛桐廬人隱鑑湖任情漁釣
舍詩有野渡波搖月山城雨翳鐘句孫郃稱之曰其

秀也若僊蕊於常花其鳴也若靈鼉於衆響以啓鉄
不任科名遨醫補之號補啓先生
高尚士○方楷浙人以絜清自持苑文正公重其詩
有幽蘭在深處終日自清芬句
題南樓○方澤字公悅宋神宗中守鄂渚有題南樓
畫閣詩山谷過之登樓欣賞云庾公風流冷如鉄誰
其繼之方公悅
夢詩○方問字彥和淳安人讀書太學每試迭冠一
日几間置耦方食一士人進户指曰一巒西子臂對

來闈前夕夢人唱云七竅比干心醒不解悟意應聲曰七竅比干心士子索筆題特賜進士方知徽宗微行駕至也

寒花承露。方豐之號北山紹興人善詩有絶句云舍人早定江西派句法須從活處參參得陵陽正法眼寒花承露落毿毿

和氣接物。方崧卿字季中宋隆興進士守肇州和氣接物號眉壽先生著韓詩編年

花木僚友。方孚若以詩文檀名隱南村新居成劉

后村贈云按行花木皆僚友主掌湖山郎事權
磊落。方岳字巨山號秋崖長於詞翰著秋崖草方
澄孫序云奇奇怪怪之文如其人磊磊落落之氣如
其文宋理宗朝文學掌故秘書丞
富文、方漸莆田人知梅州官署種梅積書萬卷顏
其閣曰富文後稱富文方氏
移書肝膈。方翥字次雲從兄方略官粵州作萬卷
樓儲書略稱之曰次雲敏才不出戸十年可移萬卷
入肝膈矣後朱熹薦之官正字

重名。方賓錢塘人明洪武太學生以傳學召試累兵部尚書吏稱才識卓越嫻典故時務名重一時

正學先生。方孝孺字希直寧海人明太祖召見謂太孫曰此莊士老其才輔汝歸顏其廬曰正學建文立官侍講遇事就御前批答詩曰斧扆臨軒研席開春風和氣滿龍顏細聽天語揮毫久携得香煙滿袖還文皇南下姚廣孝言毋殺孝孺收人望靖難召至曰詔天下非先生草不可又曰吾法周公輔成王耳曰成王安在曰此朕家事何與先生投筆不屈磔

之絕命詞云忠臣發憤兮血淚交流以此殉君兮抑
又何求錫山王時大明詩云伏節誰憐九族夷詔誅
十族更堪傷麻衣血染萇弘碧縱死猶爭日月光
從死賦詩○方孝友正學先生第先生臨刑色不變
獨顧其弟淚數行孝友口占云阿兄何必淚潸潸取
義成仁在此間華表柱頭千載後旅魂依舊到家山
遂俾頸就戮
循吏○方東永樂中大臣薦文儒經術受南宮令豈
弟惠民公勤蒞事爲循良第一

澹然一素○方廷玉巴陵人永樂進士工部主事歷
浙江藩伯博學善文緯有幹才仕宦三十載兢兢清
節澹然一素士自守○
𥜥東先生○方澥字源深莆田人正統進士授行人
致仕杜門著述不踐城市學粹於禮取紫陽家禮刻
圖條析學者稱𥜥東先生○
望雪賦○方熙字孟明莆田人宣德進士御試三農
望雪賦擢第一選翰林庶吉士凡條對立就上爲霽
顏褒忌之出守湖州因風土簡朴得肆力文章著東

軒集、

一壺千金○方太古字元素、蘭溪人、受經章楓山、十八走南海、問業于陳公甫、感知遇、弔之江門、正德南狩、江楚騷動、把酌慷慨曰、此一壺千金日也、吾甚爲不才之甑乎、自號一壺生、作一壺傳、廷臣薦之、遁去、

棠川隱者○方豪字思道、開化人、正德進士、令崑山、擢主事、諫武宗南巡、杖闕下、幾死、歷官副使、負才聽達、跌宕歷勝、與鄭善夫友契、歸隱棠川、以詩酒自娛、句多率易瀟達有味○

清介○方弘靜歙縣人嘉靖進士歷官禮部侍郎清介自持學瞻經術蒞治精敏

思樂亭○方孔昭號仁植桐城人萬曆進士守福寧州建學宮開玉帶池監中天坊立敬一亭復龍光塔民立石曰思樂亭擢銓曹

老方一驥○方應祥字孟旋西安人萬曆丙午孝廉丙辰會試韓全愚得卷叫絕語人曰使我得百駿不如得老方一驥授南職方例得多餽公悉擯絕轉祠部郎奉母歸養家居以周濂溪家法課學執經者衆

時有孔孟再世之譽。

語洞生死○方以智、字密之、皖城人、崇禎進士、官庶

吉士、性嗜禪理、語洞生死、圓貫天人、宗門多其說、南

北都陷、訪道粵西、桂藩聞其賢、三肅使者、授翰林院

中允、時時以國恤大佬、讜言匡正、大師南下、祝髮于

天身禪寺、入山著語錄、有訓子諸篇。

○方氏、宋正節先生徐應鑣妻、通經史大義、宋室將

亡、嘆曰、吾不忍見子女之淪沒也、勸先生隱遁、不

從、作哀歌、投端蓮池死、歌曰、昊天慬慬、四海洶洶、

趙氏終衰妖孽易從我生不辰咨嗟風雨一木難支勸君解組妾心要隱君志盡忠願學魯連耳蹈海東舉世鬚眉何殊巾幗偏我婦人尚知報國有女貞潔有男才良素解大義不負綱常投之清流以激濁斯

○方禎姑四川斷事方法女不肯著文皇賀表以方黨逮投皖江死女痛父難終身不嫁年六十猶處子鄉人稱貞姑

○方勉之字及甫娶許虞部女敏慧十歲通經史能

詩

梁定安伯益之後支子封于梁陽以國氏

歌五噫○梁鴻字伯鸞平陵人隱霸陵山中耕織爲業仰慕高士爲四皓以來二十四人作贊過京東咏五噫歌與妻孟德耀居皐伯通廡下賃舂妻供具舉案齊眉伯通奇之卒葬要離塚傍曰要離烈士伯鸞清高可令相近○

作七序○梁竦字叔敬每登高遠眺嘆曰大丈夫處世生當封侯死當廟食如其不然閒居養志詩書自

娱鞅掌簿書徒勞人耳著書曰七序班固見之曰孔子作春秋亂臣賊子懼梁竦作七序而素餐竊位者慚

群賢○梁商字伯夏竦孫漢順帝納其女爲后拜大將軍以戚屬居大位謙柔虛已辟李固杜喬爲從事京師翕然稱治于冀帝曰此跋扈將軍也商惡之謂必禍我家

紫石英○梁彥先字修之安定人少有天性年七歲母疾篤醫者求紫英石可愈先忽于園中拾一物光

怪莫瘠醫曰此紫英石也父飲疾愈長牧岐州有嘉禾連理瑞木生境內奏課第一政多奇績

荆臺隱士○梁震唐末隱士高季興重其才辟之不就退居滄洲每披鶴氅行雪中校梅詠想稱荆臺隱士曰老至不復接人矣

鳳樓賦○梁周翰字元褒宋乾德大修宫闕翰作册鳳樓賦以獻李昉薦爲舍人直宗擢知制誥梆開贈云九重城闕新天子萬卷詩書老舍人

青雲生足○梁顥宋雍凞二年試庭燎賦進士第一

時年八十二。諺云。白首勤經少伏生之八歲。青雲得路。多太公之二年。詩云。天福二年來應舉。雍熙二載始成名。從教白髮巾中滿。且喜青雲足下生。觀榜更無朋輩在。歸家惟有子孫迎。也知年少登科好。争奈龍頭屬老成。遯齋閑覽記。顯字太素。宋吕德翰林知開封尹。卒年四十三。何言之異也。

狀元有種。○梁固顥子。祥符二年。試大德曰生賦。掄元。魏野詩云。封禪汾陰連歲榜。狀元又是狀元兒。本朝人物熙熙盛。風虎雲龍會遇時。史院學士。年四十

三卒

玉堂硯○梁燾宋熙寧中學士蘇頌贈燾一硯曰留與日玉堂之用後頌大拜燾翰林草制用此硯侍草

甘露亭○梁紹仕宋舉中提舉終養歸隱母死廬墓手植松楸號碧梓亭甘露降于松枝東坡在海外往觀易其亭曰甘露松曰端青

調學○梁克家字叔子嘗館東齋忽梅花盛開詩云九畹變調終有待百花盆莊敢言芳紹興魁天下大拜

馳騁司馬。梁潛字用之洪武鄉薦令四會陽春江陽三邑永樂詔修實錄春坊贊善北狩留守監國文章馳騁司馬間出竝騁詩奇古上試太液池云魚龜也識逅偎鮒鷗鷺應能舞翠旌又看雨錦藻開曉鏡拂煙翠柳曳晴絲

同躍完節。梁良用定海人父子十六人同仕於朝靖難後相率變姓名遁去良用隨帝出鬼門後湖登漁舟見帝淚傾如雨躍朱雀橋死又言五人前後俱躍死王詔贊曰泛彼栢舟載沉載浮中流誓楫懷我好

音同歸一死非名是辱以完我族庶明我心錫山王時大用詩云朱雀橋邊啼鳥宿翩冊夜過廻塘曲傷心帝袖淚痕班委身長向寒波綠

行遯泣聲。梁艮玉梁中節仝仕建文朝俱官中書靖難兵入艮玉變姓名竄書南海中節好讀太玄爲道士遶帝入楚帝公安寺夜聞黄冠哭聲伏枕聽之時寒風蕭瑟像潛脩至旦訪之已行矣閱遺稿方知爲亡臣梁中節艮玉郯艮也帝作黄冠夜哭歌以記夜分但聞聲嘶嘶似懷萬斛愁難傾哀猿夜叫寒江泣

余衷縈結詎堪言布衾濕透皆淚痕晨興欲往詢其君三人踪跡雲無根空餘蟬斷字數箇依稀恍是亡臣名我欲把毫寫胸臆氷凍毫踈寫不得錫山王時大用詩云一別深宮不計年蕭蕭古寺夕陽邊夜闌忽聽黃冠泣月照松窓人未眠

名藏藏上○梁田玉定海人官郎中與御史葉希賢遇靖難焚宮仝建文祝髮逸去後王詔遊治平寺閱經藏上嘍嘍有聲異之令人緣藏登頂得書一卷載建文出亡臣僚二十餘人緜斷滅只識梁田玉良玉

中節戻用及宋和郭節何洲何申九人餘不可識
諷稱法王。梁珪字邦瑞清苑人成化進士禮部尚
書時康陵佞佛稱大慶法王番僧請腴田千頃爲法
王下院公佯不知孰奏曰孰爲法王褻至尊壞祖法
夫不赦上皇赧勿問俄有旨致仕謚文毅
免冠伏劍。梁儲字厚齋順德人成化會元少師學
士武宗命草勅南巡曰以臣命君死不敢草上怒劍
指之免冠伏劍上擲劍而起學務性命旁及詩賦著
鬱洲清紀元夜詩圓月向人偏皎潔清風吹面正清

和又云星從左箇將春至鴈向南樓帶字過

天有眼。梁材字大用金吾衛人幼岐嶷甫冠有經濟志弘治進士吩令德清重囚逸禱于神未幾囚獲日有緋衣人尾我不得去衆異之累官司寇時公卿咸詭隨公獨屹立且忤內人引退世廟思公召入奎人喜曰天有眼召梁公矣贈宮保謚恭愍

燕臺七子。梁有譽字公實順德人嘉靖進士刑部主事釋褐以母老歸養性簡易清修自好與人寡合詞意綽有風人之旨與李何齊名稱燕臺七子

璠璵、爭秘。○梁懷仁、字宅之、晉江人、嘉靖進士、生有異質、風神秀朗、文章如璠璵、結緑、爭珍秘之、官吏部主事、所著有國朝功臣年表、讀史日抄。

結堡屯。○梁雲、新野人、榆林指揮、嘉靖守興武、善戰、深入、時宣大諸鎮、横恣揺惑軍心、震至雲中、申約云、我無爾淩、爾無我叛、王法軍令、我不汝宥也、結五堡連營、以拒敵、不敢近、晉太保、謚武靖。

○梁鴻妻孟光、字德燿、有賢行、嘗曰、有賢如梁伯鸞者、嫁之、既成婚、鴻曰、吾求裘褐者、偕隱光、堆髻操

作而前終身與梁鴻相敬如賓

○梁姝名綠珠石崇爲交趾使以明珠二斛買之趙王倫欲娶珠矢死墮樓而没王山谷詩云欲買娉婷供煮茗我無二斛好明珠

姜天水黄帝生於姜水子孫因氏

授册書○姜子牙名尚微時釣於渭水蟠溪獲玉璜文曰周受命吕佐之西伯出臘卜曰今日所獲非龍非彲非熊非羆霸王之輔與尚遇大悦載與俱歸號尚父以册書授武王

隱面避圖。姜肱字伯淮廣戚人性孝友與弟仲海
季江甚被而卧娶婦經年猶共處不入室桓帝使畫
工圖肱像隱面稱疾以避。又帝以太守符就徵遁於
海濱世稱高隱。

膽大如斗。姜維字伯約仕蜀漢征西將軍孔明曰
伯約忠勤涼州豪士也孔明卒維代將其軍拒魏鄧
艾襲劒閣蜀主降維圖興復事覺殺艾并維剖其腹
膽大如斗

一代大儒。姜潛石守道門人與張某戴齊名稱一代

大儒宋熙寧官承議郎究心黃岐之術贈詩云金城已作歸田計玉版方書濟物情黃帝素問有玉版篇云

南海佳士○姜唐佐瓊山人宋蘇軾貶儋耳唐佐曰從之遊軾嘗爾之黃山谷曰不謂南海有此佳士文似相如○姜漸字羽儀諸暨人元淮南王中書明淇武徵太常博士鐵崖贈詩云法言丞著諸生業家學深漸帝者師又文章絕似相如筆才辯尤堪諭遠人○

歙汙太守○姜濤宣德中守河間性剛應民懷其德每徙行按畝遇暑月見農者勞瘁去盖却立人瞻望喜爲汙歙

姜秤○姜虔沙縣人成化歲薦梧州司理移官順天每讞獄遇死囚必鬱鬱不樂懸思沉想或可矜全則言笑無可解脫淚與筆俱下人誦之爲姜秤以其平心虔量也○

崇聖學○姜寶字惟善丹陽人嘉靖進士督閩學操風教持正不苛閩俗惑浮屠紳士男女群入聽法賓

廣好僧杖斃之禁約肅然建崇正聖學之院
直節臺臣○姜曰廣字如農萬曆進士以文章名世
爲朝野重望通政劉士禎稱勁骨戇性守正不阿弘
光勅馬士英起魏璫黨人阮大鋮廣疏爭曰臣前見
文武競紛無術調和今見欽案掀翻無能豫禳遂使
先帝十七載定力頃付逝波陛下日前明詔逕同覆
雨臣所爭者朝廷典章所畏者千秋清議廷論韙之
○英嫉黨朱統鑽斥去
粤頌○姜龍字雲起太倉人粤東副使有惠政岳岱

作頌曰天挺命世學無偏擅政理精詳神明豈弟握
兵南徼蒼黎歸德

成上谷周郯叔後以國爲氏

卧治○成瑨漢桓帝朝南陽守以清靜治民事任功
曹岑晊時語曰南陽太守岑公孝弘農成瑨但坐嘯
瑨弘農人

徵車三詔○成翊世漢安帝中御史陳忠上書薦周
燮成翊經術修明有道之士三詔徵車不至

職在典刑○成幼文仕南唐爲大理作詞金門賦云

風乍起吹皺一池春水唐王召問曰卿職在典刑一池春水関卿甚事

詠菊○成鋭宋人應制舉以採菊詩上王文惠相公云馨香雖有地栽植未逢人文惠笑而薦引

匡君德○成均塩城人永樂中國子生以才學薦授御史志稱端凝爲表精勤庶務建白不競名聲惟匡君德拯民艱爲念

舊績○成璡興化人永樂比平布政參議卒贈侍郎洪熙録舊臣勞績加尚書史稱統馭有方爲政不擾

祭忠臺。○成器、字子德、安福人、少與劉球、同學友善、球登永樂進士、正統初、奉天門雷震、應詔陳言、劾王振、總乾綱、欺罔、振怒、矯旨逮獄、球大呼太祖太宗、斧鑕暴下、酷死、朝野結舌、子德設公位於龍泉山、爲文痛哭、呼天、以祭、後人名其地爲祭忠臺。

雞酒哭奠。○成德、字玄升、霍州人、崇禎進士、甲申國變、與馬世奇相約殉國、以慷慨從容二義、爲質帝殯、煤山、操雞酒奠、哭梓宮、觸堦死、毋張氏亦自縊、諭忠教、

○成滃爲南宫令、馮素拂奇其才、以女妻之、曰、吾達
求騏驥、不知近在東隣

臧東海魯孝公子彄食采於臧、因氏

內史○臧哀伯、魯大夫、周內史曰、臧孫其有後乎、君
違不忘諫之以德

雲臺將相○臧宫、字君翁、佐光武中興、封朗陵侯、圖
形雲臺、史臣論曰、臧宫馬武、撫鳴劍而抵掌、志伊吾
之北矣

摘伏○臧哲、諸城人、明洪武初、以儒士擢兵馬指揮、

發奸摘伏不憚權幸上廉其才賜白金鞍馬累遷粵東藩伯

棋蹴懸市○臧懋循字晉叔湖州人萬曆進士爾風流博士每出以棋局蹴毬懸車與麗妓紺衣白騎傘纏爲臺中劾罷時南海唐伯元上書與晉叔借貶同日出關湯若士贈云却笑唐生同日去一時臧穀竟何如○

桑洛陽秦大夫子桑後子孫因氏

心計○桑弘羊漢武時領大司農監天下鹽鐵平準

之法心計不用算籌言利如折秋毫元封賜爵關內侯

善望氣。桑道茂唐人善遁甲之術德宗時言陛下暫有離宮之厄臣望奉天有天子氣宜高大城府以備非常旋以朱泚告變帝思道茂之言遂幸奉天

扶桑賦。桑維翰字國僑河南人爲人醜怪每應舉主司嫌其姓抑之勸易業作扶桑賦見志鑄鉄硯示人硯穿則改業卒登進士仕晉中書令

不避名。桑懌宋景祐中閤門使辭平獠之功或譏

其好名憚曰君避名則善皆不可爲矣

死事功臣。桑世傑無爲人明太祖取和陽傑以巢湖水軍來附攻鯀魚州擒蠻子海牙入金陵進判樞密院攻江陰海寇欒瑞襲公奮戈躍馬陣死贈丞義侯享太廟録死事功臣傑爲首

胸中長劍。桑悅字民懌常熟人讀書一過輙焚好大言銓次古人以孟軻自况謫部使者書刺曰江南才子使者大駭延以較書至章句不續索筆找足登成化鄉薦會闈制策有胸中長劍一日幾回磨句主

可難之

常平原衛康叔支孫封於常邑因氏

使節。常惠太原人漢武時隨蘇武使匈奴留沙漠十年始還昭帝嘉獎拜光祿大夫謚壯侯

字父不拜。常林字伯槐河內人伯槐年七歲時有父黨造門呼林父名林不答客問故林曰臨子字父何拜之有仕魏刺史司馬懿以先輩視林每見必讓遜或曰司馬公尊重公其辭之林曰信貴非吾所知遜讓非吾所強也

儒林先生○常爽字仕明、北魏人、設帳溫水之旁、授
生徒七百餘人、高允稱之曰文翁柔勝、仕明剛克立
教雖殊、成人則一也、隱衡門、號儒林先生、
開閩文風○常袞唐建中初觀察八閩、人未知學、袞
設鄉校課士、自是文風始盛、以歐陽詹爲領袖生徒、
譽望一時、
劾奸○常安民字希古、宋元祐中、公卿薦其才、召爲
太常博士、疏論蔡京姦足惑衆、辯足飾非、巧足移人
主視聽、力足顛倒天下是非、內黨籍流竄二十餘年、

不動　炎復其官

金光觸火。常在遼人宋重熙間居寶坻精舍穫心入道趺坐而化荼毘之日有金光觸火不化徒者以其身竪之佛側忽髮生種種月剪削之後有女手捫其頂遂不生。

忠武王。常遇春定遠人元末從盜掠江淮察無遠志歸明太祖時上渡江元兵罝陣采石春飛舸一麾挺戈躍入奪采石圍平江縛張士誠戰鄱陽湖擄陳有諒諸險授大將軍節鉞北征遂揭北平元主遁還

軍道卒，年甫四十，追王開平，謚忠武。

俠客傳奇○常論字明卿，泌水人，正德進士，大理評事。謫知兖州，多力，善射，與諸勳貴遊。人曰：此常評事也。奉浮白壽，揚鞭馳去。時過青樓，佯醉入，直長官衙之日，故徵時善歌姬，不欲居薄耳。法司召庭判以詈御史罷，益歸詩酒，新聲悲壯，有弔淮陰詩。俠客至今傳奇。

郎中山魯懿公費，會城郎，子孫因氏。

善風角○郎宗，字仲綏，宗京房易，善風角占候，驗之

輟中漢安帝中以博士召不就
撰圖經。郎基字世業北齊海西鎮將梁兵攻城甚
削木爲矢縛草爲兵全城受賞拜御史子茂七歲成
文撰諸州圖經周地志
西昌逸士。郎詠隱西昌採樵入郡市遇人曰吾西
昌逸士酒人也我與君所缺君惠我所無
培塿松栢。郎餘唐人爲霍王參軍父和與王友會
入幕王曰郎家二賢得朝夕俯仰不意培塿而松栢
成林也。

恬於進取。郎簡字叔廉，臨安人，令福清，得異方製藥以給人，築坡障海瀕，邑人號郎官坡。不求薦達，眞宗召之日，是呂丞相所言恬於進取者耶。

錢郎。郎士元字君胄，詩人，與錢起齊名，時人語曰：前有沈宋，後有錢郎。

湯中山 湯後子孫因氏

擲星。湯悅，貴池人，幼頴悟，嘗見飛星墮水盤中，掬而呑之，自是文思日奇。南唐宰相，兼制誥，顯名

潤筆。湯文圭官內翰，李德裕加司空，主草麻，濡毫

之禮不至以詩促之云紫殿西頭月欲斜臨池曾草
相公麻潤筆不妨關奏謝更飛章句到文華
五學士○湯鵬後唐長興初盧華榜登第同舉五人
相繼官學士湯鵬張悅吳承範江文蔚范禹偁也
安麥穰○湯漢字伯紀安仁人宋寶祐提舉閩中安
撫使介潔不滓寸塵恬於進取一日朝士賀晉秩嘆
曰無善狀多一累耳何以安麥穰
襄武王○湯和濠人仗劍從明太祖時諸將與上等
夷和長上三歲執部曲禮甚謹擒陳也先討張士誠

召見戟門慰勞備至後中山岐陽二王歿時上以天下已定不欲諸將擁兵和從容上言曰臣不願稱晝錦願歸故鄉爲容棺墟以待盡上大悅賜第中都封信國公追王襄武

忠言告密○湯宗饒州人明初以人才舉官北平僉事性鯁直識廉使陳瑛受燕府金與謀應援疏聞逮瑛靖難後文皇命瑛窮治建文諸臣多夷滅宗因論死

萬衆環視○湯佩勳字公讓東甌襄武王曾孫傳曾

詩文召試將臺立就萬言萬衆環視于謙薦授錦衣使通問藩陵於沙漠抗對不屈譯者曰彼何人恨不殺之提師出塞力盡戰死歿後邊人夜見一大帥擁節宿郵亭晝禮寂然題壁云血汗遊魂歸不得當年空築望鄉臺見者知爲公讓跡也

圖史勝觀。湯珍字子重長州人傳學清行文章爲文衡山林祕文所重正德歲薦崇德令文林二君宴踐蘇門時霜月交白子重命工圖諸公像衡山補景祕文爲記令君鶴髮修容飄然天外

士林罕覯。湯儒字文麗，浙人，嘉靖鄉薦，有才名。岳
岱贊曰：言論溫溫，儀容雅潔，妙通玄學，好托禪門，山
林之士，罕覯其人。
晁賈其人。湯顯祖，字義仍，臨川人，萬歷進士，太常
博士。與宣城沈君典友善，副鄉薦時，江陵專國，欲豈
甲其子，羅名士張之，問其叔曰：南北公車有雄俊君
子如晁賈其人者乎？口無逾湯、沈兩生。因致之，義仍
偶謝弗往。有上孔林詩：登高望海幾時還，遠聽鳴鴻
入近閑。莫信人言天下小，孔林殊不出鄉山。可想此

公位置

風光使盡。湯賓尹宁嘉賓宣城人號霍林萬曆進士第一風流逸爽文藝益攄千人會詩詠風箏云莫待風光都使盡春風亦有下場時畣詩讖也公功名亦忽淹謝。

鹿洞講學。湯來賀號惕菴南豐人崇禎進士性峻潔操行愼恪嘗書愼言箴云名教之中自有真樂與其放曠寧循愼恪司理維楊出滯獄以明允擢臺諫忤璫國祖暴用結納公却之出僉粵憲値海寇爲亂

撫按因設法公爲立稱不旬日悉以義感激數萬之衆詣軍門就降國變隱白鹿洞講學每談時事有磨盾擊檄之槩臨殁夢上帝召老臣宴賜光明殿書衣自刎。湯文瓊都門布衣崇禎甲申國變書衣帶去位無文承相之位心存丞相之心闔門自刎學者哀之

商　京兆商湯後以國氏

剛柔存亡。商容有疾老子趨問之容張口曰吾舌存乎老子曰存容曰吾齒存乎老子曰亡非謂剛亡

而柰存乎、噫、天下事盡此矣、爲商大夫以隱退、
受易○商瞿、字子木、魯人、受易於孔子、追蒙伯
宴舞○商則、廪丘尉、性廉介、令丞貪鄙、宴酣、令丞皆
抵掌足蹈、則但回身、令問故、曰、長官動手、贊府亦動
手、尉再動手、百姓何容活耶○
舁餡詩○商凝式、隋人、煬帝好食餡、一餡樵擊不破、
剖之、殼光如明星、有三佛像、帝悔食餡、凝式詩云、雖
因雀變化、不逐月虧盈、見此天中像、神功詎可成
鄉祀○商準、蘇人、明洪武中令連江、勤於民事、障堤

悍海衛溢保民室廬千家鄉人祀之後爲神遇荒災
必降于庭
三試及第○商輅字弘載號素菴淳安人宣德鄉試
會試廷試三登第一正統入閣備顧問上北狩郕王
監國人心洶洶力請即位以安反側時有議南遷者
直叱斥之英廟復辟奸人播煽極言不宜壞天倫傷
大體上議易儲曰此事上有太后下有臣民非輅敢
言一日召議郕王監國時事曰景泰有功社稷當復
帝號左右聞之泣遂復其號贈大傅謚文毅

不負令君。商周祚會稽人萬曆進士令邵武時縣
治燬衆愴惶公獨坐犴狴間諸囚皆侍立無越者牢
卒防之曰吾寧死火不負令君
助條鞭。商爲正字尚德會稽人嘉靖進士御史萬
曆中按閩與巡撫龐上鵬行條鞭之法凡有造創釐
革悉肩力其襄閩民有龐父商毋之謡
持詩柄。商家梅字孟和閩縣人爲詩饒富從鍾伯
敬持詩柄變繁豔爲幽寂不耑汲古鐵心鑿脾取役
腹笥坐而書睡而夢若工之至者畫長竹石蘭葩皆

天然可愛

匡晉陽魯邑宰匡湏後

解頤○匡衡字稚圭家貧好學常鑿隣壁引光讀書精力絕人諸儒曰匡衡說詩能解人頤宣帝朝射策博士官至少傅

廬山主人○匡裕字子孝結廬于南鄣山得修養術未幾化去有草廬卅龕存焉人呼爲匡山又曰廬山

杭餘杭見姓苑

東鄉侯○杭徐漢人字伯徐家居丹陽官宣城長遷

長沙守治湖蕩巨盜功封東鄉侯
文社之冠。杭濟字世卿宜興人明弘治藩伯與李
空同王詩壇爲一時稱英之冠謝政歸猶脅林麓詠
楊柳詞東風裊裊拂珠樹萬樹千條霜未乾玉篴聲
中人不見倚樓煙雨正春寒稱入妙品
江東小杭。杭淮字東卿成化進士都御史濟弟詩
文與李東陽先生齊名淮過瀟湘詩云瀟湘他日夢
今上合江亭天濶浮吳楚山青人洞庭鷓鴣聲渺渺
班竹雨冥冥舟檥雲中見依稀帝子亭稱江東小杭

強天水用陽郡有強氏

異人○強練好學沈晦語默人莫之測舉唐進士

昆季大鄉○強獻明錢唐人宋熙寧中兄弟五人相

繼巍科顯仕浚明官尚書淵明學士偉明御史陟明

學士

萇魏郡見姓苑

碧血○萇弘周敬王時爲大夫矢心王室王不能用

信讒殺之死藏其血三年化爲碧蜀祀之

鴈箋○萇風唐人善詩嘗有人贈以羅隱青緗鍽鴈

頭簽百軸

郄

瀟然自娛。郄韶字九成吳人好讀書慷慨好俠明祕辟召皆不赴瀟然詩酒自娛有小齋坐對黃金鴨寂篆沉香火自熅句。

莊 大水楚莊王支孫以謚爲氏

南華編。莊周蒙人嘗爲漆園吏于學無所不窺楚威王聞其賢聘禮之周曰王不見犧牲乎衣以文繡食以芻菽及牽而入廟欲爲孤犢豈可得乎著書

南華率皆寓言

獨炤秋江。○莊君平漢夷堅志云有道人出一書以授老叟曰我漢莊君平也視其書皆修身度世之法大畧言事業功名不直杯勺嘗詠云獨照秋江月一輪

脫習破籬。○莊泰字仕亨錢塘人景泰間隱居不仕以詩詞授門人陸昂馬洪名冠一時人稱陸得其詩馬得其詞王元敘評曰士亨西泠名士高蹈芳潔文詞清新脫宋人習氣大破藩籬

貌右心夷。莊昶字孟暘稱定山先生浦江人成化進士貌右心夷遜不勝衣胸中浩落歷簡討郎中致仕歸里跡晦名重陳白沙評其詩人雖百鍊不如定山一語句多理學如大極圈先生帽兒一壺靖節兩首堯夫藝苑凝之。

國史刑書。莊際昌晉江人萬曆進士會試廷試俱第一經筵屢讀魏璫播虐昌受事數月棄去詔修三朝典要毅然曰是欲以國史爲刑書乎無何爲璫褫奪歷春坊詹事每召對秉筆記言漏二下方罷

文風一變○莊應會字素學武進人萬曆進士由部貟督閩學先時閩士文體多沿習諸子詭僻會立規條振刷令熟唐宋大家去腐屛浮文風一變

上十二策○莊鰲獻字任公崇禎進士兵垣給事上太平十二策言泰晉爲流寇淵藪且中使非有龍韜豹略不必監軍掣肘語多激裂謫杭州判黄道周贈詩云當塲稽首十二策我逹不及莊任公

卷十四終

古今人物大觀 十五之八

古今人物大物卷之十五

十平函六

龔山燦岱生甫參閱

史孫子未先生鑒定　閩中林瀰春奕會父纂輯

姪孫霖培文聚編校

何　廬江　禹後爲杞七從𡨋何

太極仙。何侯堯時隱蒼梧山慕長生之術五帝以

藥一器授之使投酒中一家三百口飲之不竭以餘

酒灑屋室拔宅上昇爲太極仙矣

佩印校算。何比干字少卿汝陰人漢時官牙尉張湯以嚴比干以寬活民命千數一日有老嫗出懷中策九十九枚曰君之子孫佩印若如此算

春秋大義。何敞字文高章帝時爲河南守政教寬和郡有寃獄以春秋斷之百姓感德刻石以頌拜御史。

龍驤虎步。何進召董卓誅宦官陳琳曰將軍龍驤虎步此猶鼓洪爐以燎毛髮耳今反借外助是倒干戈授人以柄進不能用

傅粉　何晏字平叔美姿容魏文疑之之以爲傅粉

夏月賜熱湯餅拭汗容愈潔

日食万錢　何曾字頴考性奢華日食万錢猶云無下箸處

大志良材　何無忌東海人少有大志與劉裕等起義兵討桓玄遷江州刺史與盧循戰敗厲聲曰取蘇武節來躬挽督戰抗節而死

焚榷茶詔　何易于唐德宗時爲益昌令時塩鉄官榷茶詔下無敢隱者易于乃自焚其詔曰吾敢受一

身而移禍于民乎。

薄宦。何邕爲少府杜甫有詩別之云生死論交地。何由見一人悲君隨燕雀薄宦是紅塵。

三鳳。何㮚字文縝仙井人官僕射與兄棠弟榘號曰三鳳宋政和五年登第從欽宗幸金營不食死詩云人生會有死遺恨滿乾坤。

志節。何忠荆州人知平州爲黎利所執死之臨難從容賦詩曰萬里孤城久困時腹中懷奏請王師紅塵失路風霜苦白日懸心天地知死向南荒應有日

生還北闕定無期英魂不逐西風散願助天戈殄叛亮詔旌其門曰忠節

手不釋卷　何喬新字廷秀江西人景泰進士爲尚書力學著作手不釋卷有周易著解宋元史臆文苑百將傳琰琰集等書行世

和　汝南　堯后和仲後

棟梁材　和嶠字長輿晉人庾凱見之曰森森如千丈松雖磥砢多節施之大廈可作棟梁之用爲中書令帝器重之家極富性吝杜預以爲有錢癖

登庸衣鉢○和凝字成績五代時舉進士名居十三
後知選舉范質亦居十三謂之曰以傳老父衣鉢有
詩曰從此廟堂添故事登庸衣鉢亦相傳後學李瀚
及大拜瀚草詔制盡取閣中皿器而去晉詩云座主
登庸歸鳳閣門生批詔立鰲頭玉堂舊閣多珍玩可
作西齋潤筆杯

定樂○和峴宋乾德初位太常用上黨黍累尺校律
定雅樂

柯齋陽吳公子柯盧後

法書名帖○柯九思字敬仲爲唐學士凡内時所藏法書名帖咸命鑒定品别上下

石篆○柯夢宋太平興國七年過一僧往萬歲山指古松下掘得石篆乃宝公記國祚綿遠之文

異鵲○柯仲常宋神宗時通判潭州以救飢得民心有二鵲棲其廳事仲常去鵲亦送之東坡賦柯侯異鵲一章柯侯古循吏惻悃真無華臨潭所全活數等江干沙仁心格異族而鵲棲其衙但恨不能言相對空嗟嗟善惡以類應古語良非誇君看彼酷吏所至

號魁卓○

減算○柯應烈建德人至孝嗜學母病露禱願減算

以延母紀○

柯亭流芳○柯潛明時狀元學士有亭一區曰柯亭

栢二株曰柯栢流風遺澤永矢弗諼

凌 河澗 衛康叔支子爲周凌人

江表虎臣○凌統字公績吳人親賢好士輕財仗義

有國士風評曰江表虎臣以從征江夏合淝有功拜

爲偏將軍○

漢春秋○淩準字宗一、唐人著後漢春秋二十餘
晉後爲浙東廉使召拜學士、
印劍之祥○淩策字又奇宋初舉進士夢人以六印
加劍之其後官劍南者凡六人知益州遷待郎、
辞金○淩漢明時人爲御史决獄平恕人有感甚惠
者餽金报之固辞不受、
滕南陽武王封庶弟叔繡于滕
文武才○滕抚漢順帝時傳末將帥公卿舉抚有文
武才拜九江都尉破賊張嬰華孟斬之東南悉平

寒瓜之養○滕曇恭南昌人母病熱思寒瓜而非其
時曇哀切不得俄有桑門餽二瓜遺之而去母啗之
病愈人稱曇曾子

活饑民○滕甫字元發宋時爲學士賑活淮東饑民
五万餘人工詩賦詩題浮雲樓有云舉頭便見長安
日弄袖時飄雲澤風吳苑久地飛鳥外楚台遥望碧
雲中

明律例○滕昭字自明巡按遼東　律例乃一代
定法而决斷武臣犯舍律用後請一切共体詔從之

車京兆漢武詔田千秋乘小車入禁中號車丞相
子孫因氏
囊螢○車胤字武子南平人夏月囊螢讀書桓溫薦
爲主簿晉大元中遷尚書
玉峯山民○車若水字清臣黃岩人師事王栢博學
工文自號玉峯山民著有宇宙紀畧玉峯冗稿
家京兆周大夫家父後
清約○家退翁東坡同年友也宋元豐中知懷安軍
坡有詩送之曰退翁守清約霜菊凄餘香

棣萼相輝○家楨字仲本西蜀名士以明經魁士庠

兄抑以廷對中甲科宋朝以爲棣萼相輝○

雛鳳○家安国字復禮眉山人任教授東坡以詩送

之云岷峨有雛鳳梧竹春修鍘山谷亦贈以詩云家

侯口吃善著書常願執戈王前驅朱紱蹉跎晚監郡

吟弄風月思天衢○

麻上谷　齊大夫麻嬰後

評論語○麻建後漢人註論語學者宗之

止啼○麻秋唐五代人爲石勒將威名震海内有兒

啼者云麻將軍名則止聲

書大字○麻九疇字知几三歲識字七歲能作大字徑數尺號神童仕金爲太常博士

奮勇○麻士龍值元兵入常州文丞相遣龍授之用五百奮勇戰死

○麻婆女仙也盧杞少時與婆同居婆爲議婚後三日有女子降空呼婆以二九付種之生一葫蘆大如甕以刀劃爲二處其一風雲忽起騰空飛入女所女命杞坐曰吾乃太陰夫人也郎君願晋此乎

地仙乎宰相乎杞曰此爲上願女爲奏帝朱衣使來宣命杞曰人間宰相女失色令婆急領回推入葫蘆中仍至舊居麻婆與葫蘆俱失

○麻姑七夕日降蔡經家容貌艷麗進金盤玉杯擘麟脯行酒自言見東海三爲桑田蓬萊水亦淺矣以米布地皆成丹砂王方平笑曰吾雅不好作此狡獪也麻姑手如鳥爪蔡經心想好爬癢方平知之使神人鞭其背後人題姑壇詩云五百年來別恨多東征重得見青娥擘麟方擬窮歡飲無奈衡

人背廢何壇存撫州顔真卿作記。

巴 高平 巴子國後

決利害○巴寧戰國人、公孫座曰決利害而使三軍

不惑者寧之力也、賜錢十萬

不燃燭○巴祗字敬祖、漢時爲揚州刺史、在官不迎

妻子、夜則暗坐、不燃官燭

八顧○巴肅字恭祖、與郭泰范滂等號爲八顧、後同

竇武陳蕃謀宦官、不密被害

查 濟陽

好學○查五徽五代人性嗜學手寫經史百卷仕南
唐統兵平建州全活甚衆官晉尚書
海陵望族○查道字湛然性至孝鑿氷求鯉以養母
徙居海陵以文行稱爲海陵望族仕宋擢賢良科官
龍圖待制
沙　汝南
方伯一人○沙彦珣五代時爲雲州節度使吏民怗
然帝謂方伯一人詔嘉之
武勇○沙世堅宋時人素稱武勇守宜州剿賊獲級

堅悉平服之路賴之

佘 新鄭

博士○佘欽仕唐爲太學博士

廷對稱旨○佘安孫宋咸淳中廷對時務有裨国計

民生柄肯賜進士第二人

一門義聚○佘延銅陵人一門義聚千三百餘口子

孫以科第顯耀

章 河澗 齊太公支孫封鄣去邑爲氏

弁臺鉉○章昭達字伯通吳興人性倜儻輕財尚義

陳文帝夢昭達升台鉉及旦以夢告之且曰何以償夢對曰當效犬馬之力以盡臣下之情後拜司空

歸燕詩○章孝標唐元和中下第作歸燕詩上考官云積累危巢欠已落今年欲向社前歸連雲大廈無棲處更傍誰家門戶飛上知舉侍郎鄭愚云翩匕飛燕画堂開送古迎今幾萬回長向春秋社前後爲誰歸去爲誰來

庭橫象笏○章得象字希言浦城人生時母夢庭橫象笏因以得象名之性端重爲王山令楊億謂其有

公輔器相仁宗浩忠無所依附

秋霜烈日○章穎字茂獻宋光宗朝爲司諫遷尚書風格峻整踐履端方如秋霜烈日凜不可犯

篤行君子○章才邵篤學能文與朱晦翁交遊稱爲篤行君子喜吟詩過清遠峽云岩頭風急獵歆斜江畔漁樵十數家老盡往來名利客年年秋水映芦花

難易進退○章懋字德懋蘭溪人成化進士嘗謂外官惟知縣可做以其親民惠易及也居官不過十載立朝僅四十日难進易退之節天下高之

景歎唯議〇章綸字大經浙江人正統進士景泰時
奏陳太平十六事累累數千言俱准議行
仙道〇章思廣得道靈異之迹見于處州天慶觀有
画像自賛曰狂走兀坐端立正眠默而又默顛而不
顛漏身走脫且守三田人以爲性我得自然
吕汝南 黄帝子吕忌之後
固守〇吕又之柔天監中爲徐州守魏率兵十萬攻
鐘離又之固守不與戰會救兵至大破之
疏言馬政〇吕懿邕州人以進士補文學紹興[illegible]上

言馬政之失

寺丞○呂湜宋仁宗朝爲大理寺丞與胡文知詔誥

狀元○呂溱宋紹興中特奏狀元

皇 吳郡皇尊之後

善命○皇武子周人鄭大夫秦杞子成鄭ヒ穆公使

武子辭焉能善命也

推石成羊○皇次平卌溪人牧羊有道士引入金華

山其兄初起尋之問羊何在曰在東山往視之但見

白石成堆初平推石起石起皆成羊數万頭

學明三禮○皇侃少好學尤明三禮爲國子助教梁武帝召入壽光寺說禮甚悅之加散騎常侍

襄　太原魯公族襄仲呂

善天文○襄楷字公矩平原人好學博古善天文陰陽之術漢桓帝時災異數見楷詣闕上書不見採納

後陳蕃舉楷方正不就

倉　武陵黄帝史官倉頡後

鳥跡制字○倉頡黄帝臣爲史官四目觀鳥跡制文字以代結繩之政𦥑民而天雨粟鬼皆夜哭

良二千石○倉慈字孝仁魏太和中爲燉煌守抑权右撫邊羸民〻稱其德謂良二千石

一道清風○倉振元時知新州言服群謡簡直便民行人語曰一道清風

忘軒冕○倉跋北魏人性至孝鄉里見稱詔旌表其閭史臣曰竭股肱之力盡愛敬之心承膝下之歡忘軒冕之貴

將　周將渠後

文比陸贄○將繼周字世修青田人祭酒存誠從孫

也宋除秘書郎廷對論事剴切孝宗奬曰卿文大似
陸贄自是擢爲御史知無不言上親劄褒異之
　明吳與言墨孟明後
賑給有方○明汲仕晉爲王簿廉慎愛民賑給有方
民有喪不能舉者賻之後除知縣
籜冠○明僧紹字承烈平原人精儒術隱棲霞寺齊
高帝欲見之不得謂弟慶符曰卿兄高尚亦堯時之
外臣也朕夢想幽人所謂徑路絶風雲通也賜竹如
意籜冠以榮之

珥金拖紫○明山賓字孝若七歲能言玄理十三博通經史梁武時首應五經博士出守大藩擁旌節珥金拖紫帝命裁成大典吉礼則明山賓凶礼則嚴植之軍礼則陸璉賓礼則賀瑒嘉礼則沈約徐勉等參詳之

盛夏取雪○明崇儼以奇術自名唐高宗名見盛夏思雪儼坐頃郎取以進自云于陰山取之又憶瓜索百錢須臾以瓜獻曰得之猴山老人圃中上召問老人云失一瓜而得百錢

全大國體〇明善元朝爲蒙古副史出差交趾王䞭以兼金明善不収王曰彼受公何以辭善曰彼所以受者安小國之心我所以不受者全大國之體

戈　夏同姓國

都監〇戈都彥宋時爲兵馬都監屢立邊功

文風一新〇戈毅粱縣人元時爲提舉倡明正學文風爲之一新

應　汝南　武王之子封于應

淮王一老〇應曜隱南山漢高帝時與四晧俱徵不

至人謂商山四皓不如淮陽一老

半面識○應奉字世叔少聰明讀書五行俱下追思屈原感騷三十篇嘗詣袁賀出造車匠于內出半面視之後于道逢車匠識而呼之人呼爲半面識廣桓帝時爲校尉

著述○應劭字仲遠汝陽人漢獻朝拜太尉篤學博覽刪定律令漢官儀禮撰風俗通以辨物類名號

三入承明○應瑒字德璉北魏時居建安七子之一弟璩字休璉並以文章貴顯璩作詩云問我何功德

三人承平盧蕃爲侍郎常侍侍中也

百姓歌謡○應詹字思遠晉督南平武陵天門三郡

時大亂詹境獨安百姓歌曰歲寒不凋孤境獨守拯

我塗炭惠隆丘阜潤同江海恩猶父母

三紅秀才○應子和有詩云兩岸夕陽紅蠟炬短燒

紅風過落花紅因話錄云張子野謂三影尚書子文

謂三紅秀才後仕宋爲博士

山字太守○應積明時守常州遵憲綱不跪御史有

山字太守之月

憑

勣王〇憑祥與寧都人唐時爲裨將曉智畧與二弟皆英武尚義黃巢之亂傾貲募兵勤王累功將軍

濮 魯國 衛大夫食采于濮

受詩〇濮仲翁東海人漢宣帝微時受詩于仲翁后帝登極屢徵不就上嘉之

剖心示死〇濮直直隸人明時以忠勇受知高皇帝后從征高麗被執王曰吾用爾不失富貴直罵曰夷虜敢以此望我耶拔劍剖心示之以死追封樂浪公

諡忠襄表其門曰班超群將志邁雄師

經 闕名

京 京爵 叔段封于京

易學〇京房字君明頓丘人漢元帝爲魏郡守師焦延壽學易甚精尤長于占驗因日食上疏指陳時政得失下獄棄市

公輔器〇京鏜字仲遠南昌人宋高宗曰京鏜有公輔器嘗使金不肯受宴樂題詩館曰隅湖龍去已無蹤三遣行人意則同凶禮強更爲吉禮夷俗終不變

華縻假令耳與笙鏞樂只願身并鼎鑊中已辦滯留

期必得不能築館沐江東使還上曰今之老遂也宦

拜右相

荊廣陵　楚國號荊因氏

攝相○荊公行年十五而攝相事孔子使人往觀之

返報曰其朝清靜而少事

易水悲風○荊軻衛人燕太子丹客令刼秦王一反諸

侯侵地賓客皆白衣冠送至易水旣祖取道軻歌曰

風蕭蕭兮易水寒壯士一去兮不復還復爲羽声士

士皆瞋目髮盡指冠入秦事不成死之

名將○荆罕儒後周名將也前後一百五十餘戰皆有功勞而未自伐

庾

著述○庾桑楚人老子之徒周時著述道德經十三卷

博士○庾季良唐時人爲太常寺博士

榮　上谷榮夷公後

鑄鐘○榮將黄帝臣以十辰鑄鐘十二焉

聖門高弟○榮旂字子祺魯人從學孔子贈雩婁伯

三樂○榮啓期嘗鹿裘索帶鼓琴而歌孔子遊泰山見而問曰先生何樂也曰吾得爲人一樂也得爲男子二樂也人有不免襁褓吾已行年九十三樂也貧者士之常死者人之終處常得終吾所樂也

正色立朝○榮毗字子諶仕隋爲御史立朝侃侃正色不阿百僚所憚

古今人物大觀卷之十五終

古今人物大觀　丁子函　卷之十五　一十

古今人物大觀卷十六

下平　函七　　　黃德裕子容甫參閱

太史孫子未先生鑒定　閩中林涵春奕簪父纂輯

金　潮海門甫編校

曾　魯國　夏少康子封鄫後去邑爲曾

太和氣象○曾點字晳武城人程子云曾點沂水春風之志默契聖心便是太和氣象子參字子輿得一貫之傳閉戸聲出金石

五朝史事○曾鞏字子固號南豐著元豐類藁元豐

中與李清臣同修國史上手勅中書曰五朝史事宜付曾鞏王震序其文云雄渾峻特若江海之波濤煙雲之姿態一何奇也官中書舍人

前輩典型○曾鞏字子開天姿仁厚剛大之氣睟然爲成德君子立朝以論思爲己任楊龜山稱前輩典型惟公一人徽宗翰林學士謚文昭

定策勳臣○曾公亮字明仲晉江人天聖前登宋郊榜進士嘉祐大拜以太傅八十致政封魯國御製兩朝顧命定策勳臣之碑

刺血書襟○曾鳳韶廬陵人明洪武進士建文御史
諸藩入覲馳呈道不避韶劾不敬靖難後召不至刺
血書襟云生廬陵節義之鄉立朝負骨鯁之槩讀書
而登仕籍任職而官繡衣兼一死之得宜可含笑於
地下經死錫山王時大弔詩云天威咫尺不違顏越
禮誰行御道間膽落今朝温御史終留正氣在人寰
筆舌○曾魯字得之新淦人七歲能誦九經稍長三
史之外彙輯古今典故國初召修元史官侍郎嚴陵
徐尊生曰金陵有二傳學以筆爲舌曾得之也以舌

爲筆安景濂也
取酌自贊。曾棨字子棨永豐人永樂狀元選才學入文淵閣二十八人棨居首賦天馬海青歌先成賜寶帶棨軀幹豐碩飲酒數石不醉病將革呼酒痛飲自贊曰官詹非小六十非夭我以爲多人以爲少易簣盆棺此外何求青山白雲樂哉斯丘嘗扈駕渡江命賦云朱旗畫戟擁堤沙錦纜牙檣照浪花佳氣迴浮江北樹曉光初絢海東霞雲中鸞鳳扶丹輦水底魚龍識翠華不用登臨瞻天塹只今四海盡爲家官

終學士輯大明一統志

肖像○曾泉官德進士擢御史以建言抗直謫范水典史勤恭服政選四鄉俊才教之十年之間人文師表大華范水民肖像學宫

幹才○曾鈞進賢人成化進士累官禮部侍郎豫志穪剛毅幹才勇於任事經畫時宜有大臣風

識禍變○曾楚卿字元贊莆田人萬曆進士選庶吉士時天下承平詞林咸觴詠自娛卿獨精討兵機將略籌边制勝之策以所著謁国相葉向高公愕然謂

日宦侍勾萌宮闈將変言不二年必驗魏璫忌其言
削籍歸崇禎起尚書
天不興復○曾銑江都人萬曆進士累官都御史總
制三邊堅議復河套要防為佐鸞奸嵩所陷棄市嵩
敗復爵葬祭謚忠愍史稱剛毅不撓康介寡合義切
国仇以讒見戮朝野悲之謂天不使虜因復也
持贈神童○曾廷椿號春江七歲能詩文一目十行
十三鄉試主司争掄元置副車十六登萬曆賢書時
御史楊公持贈詩云江海魚龍翻錦浪沙堤新第接

瀛州。紅塵紫霧三千界、黃榜青錢第一流。巡撫張公贈聯云、文章德行推耆、孝友節義聯芳。娶楊氏、丞卒、終身矢義不繼、

紡綬集○魯異撰、字弗人、晉江人、崇禎鄉舉、事母孝、狷介不羈、著紡綬堂集、貧不具饔、詩云事到可傳皆是癖、人非有品不能貧。

奇男子○魯人翰、字克明、長樂人、天性剛毅、不事浮飾、修庠重之、執經屨滿、店灕入閩、應歲薦、大師至、學使者牒下促試、翰曰、吾守吾志、不忍毀膚髮、以枉就

呼役者子亦知有不畏死奇男子者乎欲殺惟命但
此節不可屈遂死

邢河間周公四子封邢

春華秋實○邢顒字子昂仕晉魏爲平原侯曹植家
丞顒防閑以禮無所撓屈植疎之庶子劉楨諫曰顒
少秉高節北土頓彥楨何足與儔恐四方傳聞謂吾
侯採春華而忘秋實爲上招謗禎其安乎
繻世之英○邢巒字洪賓有文武材内總機務外寄
折衝稱繻世之英仕北魏侍中

知音琴○邢劭字子才任丘人少游洛陽縱觀藏書歸杜門著述坐卧一小室枕籍横琴每動操嘹喨曰客至耳名知音琴每操詩箋文簡綈爲騰貴號詞壇獨步○

藩垣○邢君牙唐元和鳳翔節度使昌黎云閣下爲王爪牙爲國藩垣○

文譽○邢寬無爲州人明永樂進士第一翰林修撰歷侍講學士清介端重文譽才名望冠比地

治獄大體○邢宥字克寬文昌人正統進士擢御史

景泰中按宦官王振黨獄存大體不受牽制郝海艘之餽驅互市者以絕島夷出沒

續叱鼠歌○邢參字麗文貧無碗茗薪火斷則冷食屋三角爲風雨騷墊怡然執書坐一角吟先人叱鼠賦人謂曰君無隔宿粮可不作也參續之云雲中鵲子鳴且悲三三五五將馬歸歸在外野獨徘徊朝無粮莫不炊於何求乎蘆之漪我將往饋瓮中魚將子不饑兮我心愉

壁窠書○邢侗字子愿臨邑人萬曆進士令南宮歷

御史官終太僕七歲作擘窠書十歲曉楷法二十策
試冠多士築來禽館犂丘上四方乞篆隸者塡戸與
文董馳譽比之北齊邢子才

丁濟陽齊太公生丁公伋後
剖符○丁復佐漢高祖定天下剖符作誓藏之金櫃
元功十八人位居十七陽郡侯
化鶴○丁令威漢人學道靈虛山後化鶴集華表云
有鳥有鳥丁令威去家千年今始歸城郭如故人民
非

殿上無雙○丁鴻字孝公漢肅宗朝詔與諸儒論定五經白虎觀時語曰殿上無雙丁孝公

夢松生腹○丁固吳人漢尚書徵時夢松生腹上謂人曰松字十八公非吾年十八爲公乎卒如其言

萬卷樓○丁顗宋人積書萬卷建樓藏之嘗曰吾對經史若對聖賢必有好學繼志者子逢吉孫度俱大儒顯仕

靖難殉主○丁志芳聊城人明洪武進士建文官御史文皇入都逮見抗罵不屈死之

烏臺○丁俊字秉存豐城人明宣德進士擢御史按閩清操澹泊食惟菜羹遺弟詩云菜根有味休辭淡茅屋無書可借觀又云家中親友如相問爲道烏臺徹底寒以忤王振謫嚴州判卒惟敝衣以斂人哀之明允○丁自申字明嶽晉江人嘉靖進士歷工部郎中守順慶奉檄採木閭里彫殘歲凶閉糴有數十人夜入人家求糴執以爲盜當事欲置法申曰閉糴取粟非親則故情可原也釋之會倭寇掠州申冒矢石獲被俘者出之號明允

補輯衍義。丁辛字又三，武進人，崇禎進士，博學洽聞，慕眞西山夫子教學，補輯衍義爲理學成書。

彭隴西顓帝三子大彭後，即彭祖也。善導引。彭祖歷虞夏至商，壽八百歲，號曰彭祖。有導引術，遇疾則導氣以攻所患，運行體中，達趾嘗云：服藥百裹，不如靜卧片時。

儼曲。彭令昭，歌師也。秦始皇時，武夷君會幔亭峰，令昭歌人間可哀曲，歌罷，彩雲四合，環珮鏘然，凌空而去。

彭張之學○彭宣師事張禹。禹受易於施讎。由是易
學有彭張之傳。禹薦宣明經威重。可任政事。漢哀帝
右扶風大司空。
元祐十事○彭汝礪字器資。鄱陽人。務冠登狀元。王
安石薦爲國子直講。上元祐十事。家置義庄以給貧
困。
敵國之富○彭淵材宋宜豐人。遊長安十年。始歸旅
篋一囊。封識親知喜曰可脫凍餒矣。材曰吾富可敵
國。開視李廷珪墨一丸。文與可墨竹一枝。歐文公五

代史藁一束

羯鼓詩○彭濆宋紹興登第甞宿甘泉店見一官舍

樑上有紅絲羯鼓縚數條垂地一老人守之曰此開

元興慶宫也二百年中至此者十二人人皆有題詩

請書一絕詩云長安宫闕半蓬蒿塵暗虹樑羯鼓縚

惟有水天明月夜一條空碧見秋毫○

扁舟載鶴○彭戢元豐中爲杭州刺史致政歸嘗畜

雙鶴士大夫重其清節詩云扁舟載雙鶴萬卷貯群

書○

江西社○彭元忠淳熙中爲司戸詩文名重江西揚誠齋贈云　江西社。心傳册後。方木天須此士。册筆校書黃。

變姓行遯○彭與明萬安人明洪武貢入太學授給事建文大理丞四年擢中朝官識機宜風裁著出江北督參將校爲衆所推至靈壁靖難兵至執見文皇令傳語中朝遂裂冠裳髡髮變姓名不知所之

義馬顧王○彭英建文舊侍從官帝靖難後祝髮遊慶遠寓西竺寺英識之相對嗚咽獻蒸笋帝起作偈

繞而誦之乃食既登舟英泣別復進方物帝以乘馬賜英乘去馬忽躍歸帝前觸石死帝感而作紀錫山王時大弔詩云撒手懸崖大悟開人從西竺又重來依依伏櫪悲鳴馬宛似從亡故國臣

分別尊親彭時字純道正統進士第一人召文華殿上曰是朕所拔狀元耶入典機務上慈壽兩宮號曰宜有分別以安尊親廷臣議行赦典時曰不若舉優老朝臣七十與耆百姓八十冠帶所謂老吾老及人之老上悅帝疾大漸欲以嬪御殉時曰聖朝高厚

豈不徉漢文耶、上聞猶豫、修英廟實錄、晉太保諡文

憲、

樹人百年○彭琉正統進士、擢部郎、督閩學政、琉持

鑑不阿、所拔盡一時名俊、嘗自負曰、爲朝廷樹人於

百年。

七抗章奏○彭韶字鳳儀、莆田人、天順進士、初官刑

郎、劾張岐不宜以動戚擢入內臺、再劾周彧奪近畿

民田、三劾太監錢能冒貢珍奇、四劾守監顧恒非禮

貢獻、五劾珠池丞黃福採鷹、六劾錦衣梁海怙勢、七

劾廵鹺越例自晉員至司寇直節侃侃見名臣傳論
惠安
壺南招隱○彭甫字原岳莆人成化進士戶部員外
歷粤西督學宦轍所至載書萬帙據案而讀讀罷引
觴而醉立就千言劉瑾專恣甫决其必敗賦壺南招
隱引退子治孫文質皆登進士顯宦
山樵詩○彭孔嘉長洲人嘉靖明經磊落豪宕罍實
畵珍兼有所長变非英豪不接著樵山詩話有燕拂
㭊繇弱鶯啼花味香句

右貌右心○彭琯四川人崇禎進士而仕漳州司理右貌右心時號兩右擢御史闖警至僚友問有何策琯曰策惟一死

程安定周程伯休父後

立孤○程嬰晉趙氏客屠岸賈滅趙氏朔夫人遺腹有子朔之難朔客公孫杵臼謂嬰曰胡不死嬰曰死易存孤難臼曰吾爲其易子爲其難乃取他兒詭岸賈曰與我千金告趙氏孤處賈隨殺杵臼并孤而趙氏眞孤乃藏嬰家後十五年因韓厥復立爲趙武子

嬰隨自殺曰可以報宣孟與杵臼矣○
程李○程不識漢元光初與李廣爲東西衛尉程治
軍極嚴廣簡易俱號名將
伊洛道統○程顥字伯淳與弟頤以經術爲諸儒倡
平居接物渾是一團和氣學以正心窒慾求賢育才
爲本王安石更法言者益堅顥被召入都堂議事徐
曰天下事非一家私議願平心以聽安石爲之媿屈
帝欲官顥御史對曰使臣拾遺補闕俾贊朝廷則可
使臣掇拾臣下短長以沽名市直則不能上曰眞御

史也

聖世逸民○程頤字正叔以經學淑人司馬公薦其力學好古安貧守節年踰五十不樂仕進眞儒者之高尙聖世之逸民少與兄顥受業周敦頤之門上書闕下欲帝黜世俗之論以崇王道詔爲西京國子教授

爲國惜財○程琳字天球博野人宋舉詞學科累官三司出納尤謹內使稱琳專制琳曰三司貢賦皆朝廷有也臣爲國惜財於臣何有帝額之拜尙書

搜採遺密○程慶玧字廷殷休寧人與黄勉齋友善

詩評云屬對既嚴抽情亦邃集國朝詩文稱搜密東

南採遺西北有功藝苑

孝隱先生○程本立字原道桐鄉人明初舉明經除

周王禮官導王以儀度章程上善之召見奉天門賜

楮幣鞍馬建文官僉都楚首變立與兵事往綴輯平

之靖難師入縊死著巽隱集稱孝隱先生

賢哉國士○程通洪武國學有至性父母喪哀毀形

癯妻子不能識其祖犯法謫戍通上書云祖繪父也

孫猶子也臣少無父更相爲命願代戍高帝憐之恃其奏未下命客召祖孫立東西陛上顧曰識此人否一人相持哭帝嘆曰賢哉國士擢遼府長史靖難論死戍其家

瘞孺子旁○程國儒字邦民徽州人仕元都事明初兵下徽州被執欲刎聞子喪至哭曰子死父骸未瘞將何歸受洪州守毋瘞畢述所志自刎告人曰瘞我徐孺子墓旁

祭碑○程濟朝邑人建文官編脩初濟上書某年月

日兵起上謂妄言逮至呼曰且囚臣至期不驗未遲果兵起召入護軍北征諸將立碑叙功濟潛祭碑人莫測後文皇入徐命鐵鍾擊之曰止止爲我錄文後按碑族之無遺者濟名正當其列得免靖難入帝問計濟曰數定出亡可脱從帝祝髮匆遇難揲封脱免宿六合草舍天寒抱帝足尋溫盡出葛衣爲衾帝跣然曰黃花蒲地帶霜寒濟終始周旋三十載至上還歸大內都人猶識程編修也濟北向稽首曰今日纔完臣節矣錫山王時大弔詩云草舍羈人嘆夕陽葛

衣乍冷板橋霜。夢回嚴瀨干星象。黃菊詩成慘自傷。
火肉遺主。○程亨澤州人建文翰林靖難後文皇以
亨張昺之親逮及妻子俱焚死亨逃山中訪帝於重
慶白龍山寺見帝病久骨立拜榻前對泣獻火肉帝
曰不嘗此味三年矣。遇爾故人爽然病興。
不屈殉節○程通績溪人洪武鄉舉官遼府長史連
齊黃黨籍不屈死之滅其家
中興固本○程信字彥實休寧人正統進士擢給事
上皇復辟上中興固本十策會天變九陽疏稱兵事

可更者五兵弊可巾者五九邊歲遭殺掠鎮以提聞
朝以賀聞上下相蒙變從中起官終少保尚書謚襄
毅
瑞雪詩○程敏政字克勤襄毅公子也十歲以神童
舉召試瑞雪詩詔讀秘書官給廩餼成化進士殿試
第二累官學士侍郎會天變致仕沈啓南贈詩云人
從今日去雨是幾時晴公修眉長髯風神清俊考古
証今精詳博洽追配其先于龍圖昌大後世莫及也
康阜○程材歙人弘治進士汀州司理嘗與御史譏

獄擾法爭一死因御史怒曰公知法我獨法耶材曲諭御史良悟拜手復公曰幾悞殺人舉廉卓尋擢臺員

詞壇褫魄○程烈字惟允歙人嘉靖進士官工部主事博學潛退數幅琳瑯振譽京華若翱風如有鍔寒日欲無光句孤舟不同載行路有深悲句可褫文壇之魄○

靈雲頌○程文德字舜敷嘉靖進士上臨軒策士覽公對嘆賞擢及第三人官翰林編修獻靈雲頌靈鵲

詩歷南祭酒禮侍傳厚坦夷不設畦町卓立檢飭朝
野望而憚之

戒浪戰○程源嶽人崇禎進士流寇數陷中原時事
日蹙源疏纖大寇必圖大舉合數十萬之衆八面齊
攻誰是應援誰是聲實誰任牽制誰置腹心肴照
應使之奔命然後一鼓成擒謹勿浪戰以畜精銳識
者多之

張飲自焚○程龍安慶守將崇禎末流寇四合呼囉
囉爲號聲喊到處城陷龍力蹙盡搜營中火藥張飲

自焚

○程伊川遺訓云世人謹於擇婿而略於擇婦其婿

實易見而婦難知豈可忽哉

○程懿叔二女適陳仁覿仁讓東坡贈詩云君家兄

弟真連璧門下朱輪家萬石

年

委重老臣○年富字大有懷遠人明永樂鄉貢擢給

事富性剛直任法數忤權幸英宗知公廉潔不以人

言誣抑嘗曰朕以邊事付富又曰戶部非富不可又

曰吏部非富貴繼王翔委重老臣如此

衡平陽商伊尹爲阿衡子孫因氏

荆布○衡公岳宋慶陽令居官廉愼時僚署諸婦會宴皆金綺公內人惟荆布既罷公問曰汝坐何處曰首席公曰既坐首席又餙華靡富貴可幾得耶

尤吳興聃季之後爲尤

直秘丞○尤袤字延之七歲誦杜甫長歌行一過成誦宋紹興中朝命舉延之秘書丞張南軒得報曰此眞秘丞也臺省有人矣○

高節○左烈字子偉晉江人明嘉靖進士祄令祀門

歷滇南少參耿介自持厭於簿書引退田里飄然物

外不問田産蔾屋蒿牀糲餐絮袍人疑過矯久之知

終窶且貧也靡不慕其高節

𧾷𧾷○左野字從先吳人性孤僻寡合負詩才每賦

就即𠕋其曾能始延石倉中顏其居曰吳客軒輙夜

半呼酒嘲之曰半夜號呺常索酒○一生𧾷𧾷自圈詩

游馮翊鄭穆公子偃後子游子孫以王父字氏

名著文苑○游雅字伯度與許謙崔安稱營實並茂

詞義典正有永嘉遺烈入文苑傳魏大武秘書監
上卿祿○游明根字志遠仕魏歷官內外五十年處
身寬和接物禮讓朝野重之大武朝表求致仕拜五
更給上卿祿
誠節傳○游元字楚客隋開皇中楊玄感脅之爲逆
不從遇害誠節傳云歲寒松栢疾風勁草千載之後
凜凜如生追光祿大夫
立雪○游酢字定夫與兄醇俱文學知名師事伊川
一日與楊時同謁伊川伊川忽瞑坐二人侍立座側

先生顧曰二子猶在乎日暮宜就舍退則門外雪深尺餘矣公清德重望爲世模範宋徽宗朝監察御史

泛瀛洲○游操字存誠宋紹興中與潘良能沈介洪景伯俱官秘省正字一時有泛瀛洲之譽與二人後先學士

太極說○游誠之南軒高弟嘗論太極無極學闡未發有詩才如東風未肯催桃李留得疎籬淺淡香○生意思春風裏信手題詩不用工閑處漫憂當世事靜中方識古人心等句爲風雅所推

懿哉直臣。○游義生字伯方連江人明洪武進士與解縉同以少年入館閣旋擢御史上讀孟子至土芥寇讎章謂非臣子所宜下撤亞聖配命節孟文義生抗諫上怒逮獄旋閱諫章召之犴吏以死聞上曰噫懿哉直臣時死年僅二十。

一蓆十年○游居敬字行簡南平人嘉靖進士擢御史歷湖廣藩伯以平倭功晉都御史與鄭華亭相公不合三疏言中貴人竊權政府乞從祀羅從彥李侗聖宮不報乞歸性儉約一蓆十年竹枕藤筐尚青衿

時物、

痛論時政○游有倫崇禎進士弘光南遷官御史疏痛論時政云今日國事淆亂不識廉耻禮義為何物知君子進退不苟故以含沙激之使去苟有匡邪救過之言即指朋黨隨令正人相戒結舌所謂有讒不見有賊不知也

○游氏永陽人明處士成顯女嫁諸生鄢廷致早夭氏二十而寡誓死同殉初投池死繼經雉死家人密防不得紿姑歸省母病寄縫其衣一夕經絕

熹廟詔有司旌廬

○游婦永福諸生鄢鏘妻鏘就省試死客邸婦欲奔殉囬計曰吾年幼得立嗣相依可緩須臾完所志也舅姑欲奪之殳毋復欲奪之歷久識堅貞不可動遂纔孀守十年經兩穴擇侄媳嘆曰可以死矣痞疾水漿勿嚥以完節歿

周 汝南太王邑於周子孫因氏

謗諤臣○周舍事趙簡子簡子曰何以教我曰願爲諤諤之臣執筆操牘隨君之後伺君之過書之

期期之對○周昌漢高朝爲御史大夫上欲易太子
昌爭之彊曰臣期期知其不可陛下欲廢太子臣期
期不奉詔
厚重少文○周勃沛人木彊敦質漢高帝稱可屬大
事又曰周勃厚重少文安劉氏者必勃也惠帝朝太
尉與陳平相結交驩勃以一節入北軍士皆左袒誅
諸呂以安劉氏封絳侯
細栁將軍○周亞夫勃子漢文帝朝拜將軍屯細栁
以備匈奴帝至細栁先驅不得入軍吏曰將軍約束

軍中不得馳驅帝爲之按轡徐行亞夫曰介胄之士
不拜請以軍禮見帝改容勞曰此真將軍也景帝官
太尉平七國之難封條侯
去寒食禁○周舉字宣光博學洽聞京師語曰五經
縱橫周宣光漢順帝朝幷州刺史移書介子推廟弛
寒食禁火之俗民免凍死之患
精音律○周瑜字公瑾吳人具文武材赤壁之戰以
三萬人破魏兵八十萬孫權曰公瑾膽畧兼人開拓
荆州邈焉寡儔程普曰與周公瑾交若飲醇醪

醉心少精音律有缺誤瑜必知之語曰曲有誤周郎顧

中興名將○周訪字士達少與陶侃友善相者曰觀二君位至方岳功名略同訪少侃一歲祈爲汝南功曹薦侃王簿晉元帝渡江詔爲將軍平華杜二寇功還荆州或言王敦曰荆州用武之地公宜自領敦改訪梁州訪怒敦遺以玉環玉碗訪投諸地曰吾豈賈豎可以寶悅乎史稱訪資兼文武威名清望爲中興名將

空同無物○周顗字伯仁少有重名神采秀徹庾亮謂曰人咸方君樂廣顗曰何乃刻畫無鹽唐突西施王導深重之嘗指其腹曰此中何有曰此中空同無物可容卿等數百王敦之亂累表王導忠誠無他庾公嘗造顗顗曰君何所欣悅而忽肥庾曰君復何憂戚而忽瘦顗曰吾無所憂直是清虛日來滓穢日消耳性嗜酒三日不醒人號三日僕射

眼下阿奴○周謨字仲智小字阿奴冬至日其母舉觴賜顗嵩謨三子曰不意爾等並貴顯目前吾何憂

嵩曰恐不如尊肯伯仁志大而才短名重而識暗非
自全之道嵩性抗直亦不容於世惟阿奴在毋眼下○
後顗嵩俱爲王敦所害惟謨官冊陽守
濟陽三隱○周續之字道祖受業於范甯通五經五
緯號十經混而閑居讀老莊易解入廬山時劉遺民
隱廬峰陶靖節不就徵號濬陽三隱
望塵知敵○周德威字鎮遠馬邑人小字陽五勇而
多智能望塵而知敵數梁晉之戰以勇聞天下仕後
唐莊宗官騎將

光風霽月○周惇頤字茂叔號濂溪先生黃山谷稱頤人品高致胷中洒落如光風霽月作太極圖及通書上接洙泗之統下啓河洛之傳晦菴贊云書不盡言圖不盡意風月無邊庭草交翠熙寧中官提刑謚元公

平園老○周必大字子充紹興宏詞傳學科居翰苑九年詠詩云綠槐夾道集昏鴉勅使新傳坐賜茶歸到玉堂清不寐月鉤初上紫薇花退居自號平園老

告太平○周顛僊建昌人明太祖御製曰遇僊南昌

道上曰告太平以手探懷中置口曰虱子曰幾何曰數斗顛不已置巨缸覆之爇以火如故煉之如故沉之浮水面如故僊曰打破一桶復做一桶後遯去有赤脚僧自廬山來致僊言曰謁大明天子告太平又稱天眼尊者言休咎

殉難學宫○周是修名德泰和人高帝擢周府紀善預修史録嘗言曰忠臣不以得失爲憂烈女不以死生爲慮靖難兵至自經學宫文皇繼統曰彼食其禄自盡其心免籍其家嘗作商婦怨云妾心豈學道旁

拚朝朝暮暮他人手妄心豈學空中雲變化隨時情何有妾心可似南山石雨打霜侵只如昔更看歲晚不歸來化作南山一拳石初與楊士奇解縉誓矢殉節惟是脩自行其志後士奇爲脩作傳語脩子曰脫我死令曰誰爲尊公傳乎錫山王時大男詩云兩楹夢冷柏森陰絕命依然在孔林大節瑯瑯出金石不須作傳藹藝簪時都御史周璿同日經死於家

腹笥○周玄字微之閩縣人與侯官黃玄俱學詩於林鴻明初徵黃授將樂學官周官祠部郎少讀書

於高祿奎光堂十年辭歸盡焚其書曰具在腹笥矣

應列宿○周忱字恂如廬陵人永樂進士上命翰林學士解縉簡進士秀穎者二十八人讀書文淵閣名應列宿忱自陳年少乞預選數時人謂之挨宿宣德官侍郎出撫江南累尚書諡文襄

獨肩三史○周叙字功叙吉水人永樂進士居禁近二十餘年多所論列詔修遼金元三史公獨肩其成國初館閣莫盛於江右有翰林多吉水朝野半江西之語其文章與東里西野頡頏並肩

冷面鐵○周新粵人永樂鄉薦官御史敢言人呼冷面鐵按浙冤民喜曰冷面鐵來矣忤錦衣紀綱誣專制上怒殺之呼曰生爲直臣死爲直鬼上尋悟悼惜立拱進講○周經字伯常天順進士父莊毅公瑄官尚書廩官無屋可棲寄家江寧經初官翰林中允侍泰陵東宮講大訓立拱不跪學士從之上嘉異䟽切直上問誰筆公曰疏出臣手有罪罪臣諸王請湖稅不與中官請遣鹽不與大同請內帑市馬不與䟽曰國用不足宜節儉於上不宜浚削於下上念公言几

給務帑藏必召公爲準式官終尚書謚文端

木蘭浣衣○周瑛字梁石莆田人號棠中成化進士歷儀制郎叅蜀藩學務窮理叅稽天人所至有政聲拂袖歸老詩云黄門偃客歸遼左少室山人憶嶺南我亦塵埃難久任木蘭溪上浣青衫嘗言凡事自撿過不求於天有合於天私喜曰此吾學之得也著經世管鑰水雲臺諸稿

吳江三絶○周用字行之吳江人弘治進士累官尚書贈宫傅謚忠肅歷宦四十載公忠恪慎詩文清雋

書法勁遒尤善繪事稱吳江三絶性嗜村酤詩云日
罏一村梅子熟風吹蒲店柳花黃消得百年三萬日
不妨還醉六千場
理學循良○周積字以善號二峰正德鄉舉歷官衢
州守師事王陽明先生得性理之傳江山誌云宋有
徐逸平明有周二峰兄任字以仁號元峰弘治進士
令莆田九載以循良擢刑員武宗南巡任當蓋泣諫
上閱疏改容官終梧州守兄弟咸以理學循良稱
忠愍○周璽廬州人弘治進士擢吏科給事武宗即

位逆瑾專恣壅列狀劾之矯旨付錦衣獄拷死瑾誅
世宗諭祭諡忠愍
抗論邀功○周亮字　入嘉靖進士汝陽令
擢御史清戎畿甸會歲荒倭亂議勦公曰凶荒之後
復勤師旅不如撫便民閉羅公調度轉輸全尖獲全
嘗掌京畿道篆劾武安侯郭勛大師仇鸞專擅及諸
喜事邀功邊徼若廷杖幾斃居內臺十六載建白得
大體時論以公輔期之
受顧命○周嘉謨景陵人萬曆進士剛介自持以國

事已任歷臺垣侃侃建白受泰昌顧命忤璫與楊璉同坐移宮案中削官天啓起銓部尚書

觸閹獄死○周宗建字季侯南直人萬曆進士宰武康舉才品賢令擢御史以建言忤璫矯旨窮治諸黨詔獄死部題云事前三疏足破逆膽歿後褒忠已奉綸音贈太僕卿

生毅皆恩○周起元字仲先號綿貞海澄人萬曆進士鄉試第一初令浮梁擢御史疏李實冒侵造料璫怒借鼓鑄脂公逮獄有欲爲伸白者止之曰臣之事

君生殺皆恩㕸㕸益重吾罪死獄中贈侍郎謚忠愍
頂香寨路○周順昌字景文號蓼洲萬曆進士初司
理福州擢吏部時給諫魏大中劾逆璫逮獄至吳門
誓死國囑順昌後事璫黨李實報璫矯旨并逮蘇民
呼冤遮公者頂香寨路憤擊緹騎公叩頭乞止下鎮
撫獄氣絕夾道囉卒割淤膚復甦荷械入獄觸石碎
首斃
借叢指鹿○周朝瑞字思永號衡臺臨清人萬曆進
士初中書擢給事會東西邊撫賡停經筵公言皇上冲

齡志氣未定內侍種種借叢中官指鹿魏璫深憾以東林名錄陷公時方與顧公大章共飯獄卒忽呼入頃刻報公死

抗論從祀○周之夔字章甫閩縣人崇禎進士蘇州司理負氣節敢言先嘉靖時有阮巡撫斂民財和倭大傷國體民謠云烽火連燒三萬戶金花斜挿五千倭及子顯仕附璫爲父祀入名宦縉紳無不瞻循時夔以諸生抗論庠序揭之官蘇以漕兊忤當軸棄職歸倩書畫自膳著棄草

死國死家。周鉉思宗皇后兄闖寇陷都公慷慨義烈勉殉國難夫婦男女僕御闔門三百口各自刎死屍首各依上下名分男女未有混雜一人僕御未有高下顛倒千古死國之難於死家更難於同盡尤難論名謂非公平時以忠孝持身以禮義訓率能於倉卒赴死之際而有從容就義之難嗚呼烈矣其殺身成仁者乎。

夫人勉節。周遇吉寧武總兵素以忠義自勵妻白夫人剛烈有勇崇禎末闖賊陷大同撫臣衛景瑗死

之旋至寧武吉與妻攄陣殲賊甚多賊設伏擒夫人以兩刃加頸上令說吉夫人視吉大慟以忠義堅勉賊怒磔夫人屠其城吉全家赴火同燼

直汚吾劍○周之藩字長房天資驍健北都變闖撫勤王援遊擊符移兵京口留都失守隨唐藩入閩前出江右時衆志解體者合面距進百騎追躡夫數武公大呼曰我當此敵前者直汚吾劍裂環射矢集遍體目猶未瞑左右曰解矣遂瞑嗚呼爲人臣以身捍患倉卒義烈不滅張世傑之死厓山也

碧血九原○周鳳翔字巢軒崇禎進士國變翔官左諭德誓以身殉節同二妾縊死賦絕命詩云碧血九原依聖主白頭雙老望忠魂弘光謚恭壯

呼毋速行○周鏡年少年姿英采侍衛東宮崇禎甲申國變自內宮奔回呼母曰兒今速行侍駕矣母見鏡衛藥欲絕與媳三人同盡

搥胸死矣○童生周其甲申國變一夕狂走不食不寐搥胸憤激呼曰皇帝死矣一慟嘔血而絕

鎦

草堂十景。鎦珏，字廷美，長洲人。明宣德鄉薦，授主事，歷山西參政，旋棄官，操履清白，詩文學唐人，草傚李邕，畫類趙萬鶴，悉得古人遺意，精于鑒古，殘縑斷墨，靡不辯晰。家居疊石爲山，號小洞庭，釐草堂十景。

卷十六終

古今人物大觀卷之十七

下平　八

太史孫子未先生鑒定　閩中林涵春　　父纂輯

冀山燦　　　参閲

姪孫霖培文聚編校

喬　梁國本橋去木爲喬

神君○喬智明字元達爲晋隆慮令以德行著稱號曰神君。

仙童○喬順隱湘州棲霞谷服雲龍藥二十年不飢

文帝詩云西山有仙童不食亦不飢
啖松腴。喬問字學道年八十益壯東坡詩云結茅
松山啖松腴烱然蓮花出泥塗兩年八十胸垂胡上
山如飛嗔人扶
三賢。喬執中以經術教授與孫莘老秦少游齊名
號爲三賢
河東三鳳。喬宇號白岩明時爲尚書寧藩謀逆惟
遊宦較奕實观形勢江彬統兵驕縱遣官索城門鑰
鎖宇曰守備所以譏非常城門鎖鑰誰敢取亦譏敢

予諸司倚以爲重山西以王虎谷王晉溪幷白若爲

河東三鳳

瑚璉質○喬叙字九功爲博士東坡詩云喬侯瑚璉

質清廟堂薦盤後知施州又詩云媿無負郭田二頃

空有載行書五車

橋

梁国

黄帝墓

橋山守墓者因氏

不求人知○橋子艮衛人子思稱其修實而不修名

爲善不求人知不撞不発如大鐘然天下之深人也

易學○橋庇字子庸魯人初商瞿受易于孔子瞿丙

以授橋庇

礼學○橋仁從大戴訓詁礼記四十九篇號橋君礼學小戴以博士論石渠授礼記于梁榮由是有橋梁之學漢武中仁拜鴻臚

斗酒隻雞○橋玄字公祖睢陽人曹操微時玄見奇之曰安世之主也後爲司空及卒操以斗酒隻雞祀其墓感其知己也二久皆国色郎二喬

焦　中山　周封神農後于焦

易學○焦延壽以易授京房分六十四卦更值日用

事以風雨寒暑爲候漢時爲少黄令辨别奸細爱矣

吏民治最當廷去百姓詣闕留之

酒仙○焦遂唐人口吃不出一言醉後應答如響飲

中八仙歌云焦遂五斗方卓然高談雄辨驚四筵

真徒人○焦度字文績南安人少有氣幹便弓馬沈

攸之反度攻郢城有功宋武曰真健將也

狀元隽○焦翻無爲人鄉薦首選禮部貢院火别試

翻爲魁首人謂云不因南省火那得狀元隽

譙　天水

　曹大夫食采于譙因氏

保志全高○譙玄字君黄閬中人獨行之士以對策
拜廷議王莽居攝致仕公孫述連聘不至賜以毒酒
太守親齎至門玄嘆曰保志全高死亦何恨
著述五經○譙周字允南蜀人躭古嗜學启主數出
遊觀譙周極諫願陛下行人所不能爲者以副人望
著有五經解百餘篇後仕晉爲都尉
苗 東陽 賁皇奔晉〻與之苗因氏
兄弟登科○苗愔唐長慶二年登第次弟惲登太和
五年第少弟惇登太和八年第後愔爲虞部員外郎

行本文華○苗蕃少喪父受業于毋夫人成進士韓
愈爲銘云有行以爲本有文以爲華後爲太原叅軍
試舘職○苗振宋仁宗朝及第召試舘職曰宜稍溫
習振曰安有三十年老媼而有倒繃孩兒之理既試
果不中
識天命○苗訓河中人善天文占候之術爲趙太祖
軍校見日黑光相摩盪曰此乃天命
包　上黨申包胥後
魯語章句○包咸字子良少事右師細君習魯詩論

語漢光武時入授皇太子論語包氏章句書云丞平
中爲鴻臚寺上以咸有師傅之恩賞賜特渥咸郎以
散給諸生之貧者
吳中四士○包融唐開元爲集賢院學士與賀知章
張旭張若虛齊名號吳中四士
青雲之士○包佶唐貞元掌天下財賦佶卧病詩寄
刘長卿云惟有貧兼病能令親爱疏歲時俱放逐身
世付空虛肌弱秋添絮頭風髮廢梳波瀾喧衆口藜
藿静吾廬云匕

不持一硯○包拯字希仁廬陵人知開封天性戾厉
未嘗苟笑人比其笑爲黄河清嵗滿不特一硯童稚
皆知其名語曰關節不到閻羅包老之穪有詩直幹
終爲楝鋼堅不作鉤宋慶曆爲御史中丞
一時際遇○包瑜字希賢淮王幣聘修書一時際遇
進講便殿賜坐著有通鑑事類左傳韻府春秋周易
等書

茅東海　周公第三子封茅因氏
三茅君○茅濛字初成周衰不仕隱華山子盈固衷

三人皆證仙道居茅山稱三茅真君荆公詩云一峯
高出衆山巔疑隔塵沙道里千人間已立嘉平帝池
上誰通勾曲天其山有詩云白雲生處龍池杳明月
歸時隺馭空
死諫○茅焦秦人始皇遷母樸弟諫死者二十七人
焦解衣伏鑕殿下曰聞天有二十八宿臣願足其數
秦皇悟曰先生起就衣謹受教迎太后歸拜焦上卿
殺雞饌毋○茅容字季偉陳晋人耕于野避雨樹下
獨危坐郭林宗見而異之因請寓宿旦日容殺雞供

以草蔬與客共飯。樊宗賢之，劝令從學。

苛勳崇祀○茅成定，遠人。明時拜爲御史，初爲裨將。

驍勇有胆略，屢立奇功，後入功臣祠。

陶　濟南　唐堯之後

龍梭○陶侃，字士行。少時漁于雷澤，得一織梭，掛于

壁間，有頃雷雨，化龍而去。師圭相曰：公當貴不可言。

爲廣州守，朝運百甓齋外，暮運入內。常語人曰：大禹

聖人，乃惜寸陰，衆人當惜分陰。晋成帝時，封長沙公。

羲皇上人○陶淵明，後改名潜，居栗里。少有高趣，博

學不羣爲彭澤令郡遣督郵至曰我豈五斗米折腰即解印去賦歸去來辭門有五柳號五柳先生嘗高卧北牕自謂羲皇上人終身不仕

山中宰相○陶弘景字貞白秣陵人讀万卷書得葛洪神仙術晝夜研究有養生志齊高帝引爲侍讀未幾掛冠神武門而去梁武帝疏之国家大事莫不咨詢人謂之山中宰相

雪水烹茶○陶穀字秀實自謂頭骨當珥貂冠宋拜翰林承旨文冠一時后納党太尉姬爲妾一夕取雪

水烹茶問曰党家有此風味否曰彼粗人安識此風味

繼老堂　陶弼字商翁工詩有文武材宋神宗朝入爲廣西順欽二州守有詩云冷酒十分無客送輕車一輛有人扳將老未聞金作印師寒猶用鐵爲衣父及第謇爲賓州守作繼老堂

御賜門帖　陶安字主敬當塗人弱冠硏討經史鋭志濂洛關閩之學明太祖渡江以安爲翰林學士賜曰國朝謀略無雙士翰苑文章第一家

南山霧豹陶荅子爲大夫治陶三年名譽不興家產三倍其妻諫曰能薄而官大是謂家實無功而家昌是謂積殃今夫子貪富圖大妾聞南山有玄豹霧隱七日而不食何也欲以澤其毛衣成其文章耳故藏而避害

刁弘農豎刁之后

百六啄刁協好經籍博聞強記久宦中朝諳練故事晉元帝叡用賢俊百餘人協亦與焉時人謂之爲百六吸

西崑集○刁衎仕南唐爲秘書後歸宋直秘閣與張詠等十五人倡和成集名曰西崑酬倡集楊大年爲序有云雖榮於托驥亦媿于續貂

藏春塢○刁約字景純宋康定中與歐公同在館閣浩然有山林志掛冠而歸築室潤州號藏春塢坡公題云年拋造化甄陶外春在先生杖屨中

晁京兆　周景王子孫後

智囊○晁錯學申韓刑名于張恢峭直深刻爲太子令號智囊孝文時勞兵徙塞下議削七國漢景帝朝

爲御史
好學長者○晁迥字明遠知貢舉宋真宗賜詩云必
以权衡求實效莫教蓬蓽有遺才
江西傳派○晁冲之受知于后山呂居仁江西詩派
圖二十五人冲之與焉詩云男兒更老氣如虹短髮
何嫌乱似蓬欲問桃花借顔色未甘着笑向春風
一夕草五制○晁宗愨字世恭知虔州宋建康爲學
士一夕草五制父子掌誥
三同○晁端彦字叔美清豐人與蘇子厚同生同榜

同館職人以三同呼之及子厚拜相叔黨諫之四出
守陝西謂所親曰三同今日不同矣
奇士○晁詠之字知遠少有異才坡公聞之曰有才
如此獨不令一識面乎及進謁坡謂坐客曰此奇士
也所舉宏詞
四學士○晁補之字無咎雅慕陶潛猶精楚詞官杭
州陳無已戲之曰聞道新文能入樣相州紅纈鄂州
花當時重此二物也
曹譙因　武王封振鐸于曹

一鼓作氣○曹劌魯人莊公戰于長勺劌請與焉齊師三鼓遂克之曰夫戰勇氣也一作氣再衰三而竭

奮三尺劍○曹沫以勇力事莊公齊魯會于柯沫以七首劫桓公歸魯侵地許之有曰沫能奮三尺劍一軍不敢當使操銚耨居隴不若農人

五色綵棒○曹操字孟德漢時舉孝廉除都尉造五色綵棒垂門左右犯者不論豪強皆棒殺之行軍失道諸軍皆渴操曰前有梅林結子甘酸可止渴士卒聞之口皆嚥津後爲魏祖

趣裝入相〇曹參沛人與蕭何同佐漢祖少與何善及爲將相有隙會何死推賢惟參〻告舍人曰吾將入相及爲相一遵何約束民歌曰昔何爲法較若畫一曹參代之守而勿失載其清淨民以寧一

七步八斗〇曹植字子建魏文帝忌其才欲害之令作詩限七步成植應聲曰煮豆燃豆萁豆在釜中泣本是同根生何煎相太急謝靈運云天下文才止一石子建已得八斗

稱象〇曹沖字倉舒小時智慧會吳貢大象操欲知

斤兩沖曰置象大船中而刻其水痕稱物以載之
杏園詩○曹鄴字業之唐詩人作四怨三愁五情詩
其怨詩云庭花已結子岩花猶弄色誰令生處遠用
盡青皇力後舍人嘗修薦之登第同年云貧路非青
雲十年行不至一旦公道開青雲在平地
有古風○曹組字元龍宋時登第召見上覲酒宸翰
賜之曰文章之士命題作賦援筆立就深得古風
席上獻詩○曹翰道太祖名將也太宗朝數年不調
因內宴獻詩曰三十年前學六韜英名嘗得預時髦

曾因国难披金甲不爲家貧賣宝刀臂健尚嫌弓力軟眼明猶識陣雲高廷前昨夜西風起羞見圜花旧戰袍上爲遷官卒謚武毅

詩礼名家□曹覲字覲道詩礼名家宋時爲康州守儂智高反犯城公曰豈有爲天子史而避賊乎城陷不屈死子方救月藥之竹園後人詩云轉戰譙門日再睛空拳猶自把弓扶身垂虎口猶安坐命在鴻毛更疾呼柱下呆鄉存断節褥中枰自得遺孤可怜邑邑雄豪氣不怕山西士大夫

篤尚理學○曹端字正夫河南人爲山西斈正篤尚理學教人務要躬行實踐著有四書詳說通書西銘孝經性理諸書行世

願我煩劇○曹鼐字萬鍾直隸人幼聰敏日誦數千言事繼毋極孝授教官不樂爲願得煩劇一職改泰和典史益學不倦登宣德進士爲翰林修撰

毛　西河　周文王子封毛

囊錐穎脫○毛遂自薦于平原君曰賢士之處世若錐之處囊中遂目使早得處囊中乃脫穎而出至楚

定從而歸平原君曰毛先生至楚使趙重九鼎大呂以三寸之舌强百萬之師乃以爲上客

棒檄○毛義廬江人以孝行稱於鄉里漢元和時張奉往候之府檄適至義捧檄喜動顏色奉心薄之後親沒屢辟不起奉嘆曰賢者固不可測往日之喜爲親屈也

素屏几○毛玠字孝先爲東曹椽與崔琰典選所舉皆清正之士魏太祖以素屏風几賜之曰君有古人風以古人法物賜君又曰眞古所謂邦之司直也

鳳山八詠○毛維瞻字國鎮以詩鳴與趙清獻相得

宋元豐中出守筠州時蘓頴濵謫筠州有詩云共喜

新蒭酒味醇官居休暇不須旬政成境内棠陰合訟

息亭中草色新不惜牛刀時一割已因羈鼠發于鈎

歲成誰與公書考豈止江南第一人

○毛達可妻能詩寄夫云翦燭新封錦字詩擬憑

歸雁寄天涯經年不報干秦策不識如今舌在

敖　舊国大敖之後

煉丹井○敖仙晉人即敖真人也江西有祠磨劒石

煉丹井宋熙寧中樞密蔣之奇行部有詩云嘉節長
岐路區區夢幻身何年一舉脫仙去遂赦君
詩評〇敖陶孫字器之懷才挾氣有詩云蟠胸二萬
卷落筆五千言宋寧宗時登進士韓侂胄貶趙忠定
于永州陶孫以詩哭之云恨胡無地歸姬旦魚腹終
天痛屈原侂胄惡之編管嶺南自魏晉至唐皆有品
題焉

勞 武陽 其先居東海勞山因氏

山澤利〇勞譚任城人宋時爲京東轉運使萊陽產

銀砂民多私採事露安撫以刦盜論誣曰山澤之利
人得有之所盜者豈民財耶貸免甚衆

皐廣陵皐陶之後

英才○皐弘字泰卿吳人有英才與指萊栢善
賔礼待傭○皐伯通吳人郡之大家梁鴻孟光傭其
家通察而異之待以賔礼

堯上黨

與不苟○堯暄字休武驍勇輕財齊時爲燕州守
義然後取接下以恩吏民懷之

死節○堯君素陽陰人仕隋爲驍鷹郎將從屈突通拒唐師於河東爲木鵝係表於頸浮之黃河何陽守得之達于東都唐太宗詔曰桀犬吠堯有乖倒戈之志疾風勁草實表歲寒之心論曰盛烈所著與河海以爭流峻節所標共竹松而俱茂

观物老人○堯允恭字克遜海陵人宋亾不仕專志經史邃于易得性命之理自號观物老人有詩文

高勃海齊太公後高傒子

不徑不竇○高柴字子羔執親之喪三年未嘗見齒

仕衛爲士師刖人之足會衛亂而寺若出之曰刖足吾自取而公憱然不悅天生君子其道固然此所以脫君也然避難而行不徑不竇

擊筑○高漸離燕人善擊筑送荆軻入秦刺秦王軻死漸離後以擊筑得幸置鉛筑中撲秦王不中誅之

漂麥○高鳳字文通南陽以農畝爲業誦讀不息妻嘗之田曝麥令鳳護雞會暴雨鳳持竿誦經不覺流水漂麥漢元和間爲教授

一代儒器○高允字伯恭北魏人有奇度崔浩見而

異之曰高子黄中内潤文明外照必爲一代偉器孝文帝時拜中書令上幸其第惟草屋數間布被縕袍帝曰古之清貧有如此乎賜帛五百粟千斛

地上虎○高昂字敖曹幼有壯氣每云丈夫當横行天下取富貴安能端坐作老博士耶齊承武爲西南道大都督祭河曰河伯水中之神敖曹地上之虎

知人之鑒○高孝基隋末爲吏部清愼絶倫有識鑒見房玄齡曰異日必爲偉器見杜如晦曰必任棟樑之重皆以子孫託之

鶡鶡出塵○高適字達夫滄州人唐肅宗時拜左拾遺杜甫贈詩云將來如各達歲晚莫情疎又云當代論才子如公復幾人驊騮開道路鷹隼出風塵行色秋將晚交情老更親

刺石紀功○高崇文性朴重寡言七世不異居旌表門閭爲行營節度使率兵三千破吐蕃三萬唐元和間劉闢叛北黄裳薦其才詔統兵討之八戰皆捷刻石紀功封南平郡王

碧桃紅杏○高蟾唐人累舉不第作詩云天柱數修

指白日天門幾扇鎖明時陽春發處無根蔕須從東風次第吹上主司侍郎云天上碧桃和露種日边紅杏倚雲栽芙蓉生在秋江上不向東風怨未開明年李昭知舉及第

叱咤風生○高行周五代人有勇而知義功高而不伐策馬臨敵叱咤風生為天下節度使

順軒○高君素作順軒山谷賦詩云辱莫辱多欲樂莫樂無求人生彊學耳萬古一東流

定氏譜○高士廉敏慧量弘三世為僕射唐太宗謂

其臨難不改節嘗官無朋黨詔令常挺岑文本全修
天下譜牒退新門進舊望左膏粱右寒畯合一百九
十三姓千八百五十一家爲九等號曰氏族志
顧天身代○高明字上達江西人景泰進士母病焚
香禱天請以身代母愈以孝聞拜御史後乞終養築
丞聞堂有詩云四壁蕭然安一榻寸心盡了湛三灵
之句將卒題絕云歸去來兮歸去來一聲長嘯入瑤
臺誠明本是吾儒事寄語吾儒莫浪猜

卷之十七終

古今人物大觀卷十八

下平函九　　　黄德裕子容甫參閱

太史孫于未先生鑒定　閩中林涵春奕龕父纂輯

金　潮海門甫編校

劉　周定王母弟康公爲周大夫，食采於劉

天祿秘書。劉向字子政，漢宣帝選名俊，與王褒獻

賦金馬門，父德治淮南獄，得枕中秘書，授向後校書

於天祿閣。有老人植青藜杖來，吹杖火光，曰：我太乙

之精，聞卯金子博學，下觀焉。仕成帝光祿大夫，著說

苑新序五千言、

雲臺元勲。劉隆建武長信侯、劉植昌城侯、俱圖像

南宫雲臺、

三異政。劉昆字桓公、建武光祿卿、乞歸、帝勞之曰、

前在江陵、反風滅火、後守弘農、虎北渡河、行何德政

對曰、偶然耳、帝曰、長者之言也、

贈錢。劉寵字祖榮、牟平人、會稽太守、秩滿內遷、山

陰有諸叟、持錢爲贈、曰自明府下車、狗不夜吠、民不

知吏、今舍去、特來相奉耳、寵選一大錢受之、

寛恕。劉寛字文饒漢桓帝南陽守吏民有過蒲鞭罰以示辱後爲太尉朝會盛服將出侍婢覆羹污朝衣寛色不改徐曰羹爛汝手乎世服寛恕

三君八俊。劉淑陳蕃竇武爲三君與劉祐等稱八俊與劉祇等爲八顧與劉儒等爲八厨皆漢黨人標目也

曹劉絶唱。劉禎字公幹有逸才建安七子以曹劉爲絶唱魏文帝云七子驥騄於千里仰齊足而並馳文苑羽儀人倫龜鑑鍾嶸云若孔門用詩則公幹

升堂子建入室景陽潘陸可坐於廊廡之間

竹林友。劉伶字伯倫放情肆志與阮籍爲竹林友。嘗乘鹿車攜一壺酒使荷插隨之曰醉則埋我著酒德頌仕晉建威將軍

聞雞起舞。劉琨字越石初與祖逖同官主簿中夜聞雞聲逖蹴琨曰此非惡聲也皆起舞。後聞逖被用嘆曰吾枕戈待旦志平天下不意爲祖生先我着鞭。在晉陽爲騎兵所圍登樓清嘯中夜奏笳敵人有懷土之思棄圍去永嘉并幽冀三州刺史

柴桑令。劉驎之字遺民一字子驥晉末柴桑令世
多以柴桑翁爲淵明不知遺民也與遠公同白蓮社
一擲百萬。劉毅字希樂家無擔石之儲樗蒲一擲
百萬晉末青州刺史討桓玄功封南平公
總裁二府。劉穆之字道和晉末左僕射監中軍二
府內總朝政外佐軍旅決斷如流無所壅滯至目覽
牋奏手裁酬答耳行聽受不相參涉
第一人。劉孝綽小字阿士七歲能屬文舅王融常
爲神童常曰天下文章無我當歸阿士侍梁武帝宴

賦詩嗟想久之帝謂周捨曰第一官當待第一人授
綽秘書丞三弟孝儀六弟孝威俱有才名綽嘗云三
筆六詩各舉所長也子諒洞悉晉代典故號皮裏晉
書。

鍾山三隱。劉訏字彥度梁人與阮孝緒劉歊築室
鍾山稱三隱孝標嘗寓書云訏超超越俗如天半朱
霞歊矯矯出塵似雲中白鶴皆歛歲之粱稷寒年之
纖纊嘗披鹿裘冠遊山澤風神俊爽望為神僊。

解事僕射。劉仁軌字正則唐高宗左僕射戴至德

右僕射、更日聽事、有嫗投牒、至德受訖、嫗復取之曰、本投解事僕射、乃不解事僕射耶、執笑與之、滕上畫眉。劉晏字士安、八歲獻詩行在、元宗奇其幼、命張說試之曰、國瑞也。稱神童、賜遊內苑、貴妃抱膝上。親爲畫眉總髻。宮人競贈花菓。授正字、上問曰、正得幾字。對曰、皆正。惟朋字未正。代宗中、平章事、領江淮財賦、每朝謁、猶於馬上以鞭籌畫。稱理財之冠。探驪得珠。劉禹錫字夢得、中山人、白居易言其詩在處。嘗有神物護持。嘗與元微之韋楚客白樂天賦

詩夢得先成白公曰四人探驪劉子先得其珠其餘鱗甲將何用耶三人爲之罷吟祁舉博學科進士擢集賢學士獻竹葉詞憲宗中爲權者所謫十年還京遇道士種桃盛甚又十四年過之惟兔葵燕麥搖動春風耳作玄都看花以譏權貴

雪車冰柱。劉義少任俠晚折節讀書聞昌黎公接天下士徒步歸之作雪車冰柱二詩出盧仝孟郊之右一日醉持昌黎篋金而去曰此諛墓中人所贈不若與義生人爲壽

才過晁董。劉蕡字去疾昌平人唐太和應廷對極
誣宦官專恣王司馬宿讀策嘆服以爲才過晁董畏
避不敢擢李郃曰劉蕡下第我輩登科能無愧死
元和風味。劉筠字子儀宋景德中三入玉堂詩云
蟠桃竊盡成何味上盡鰲山跡轉孤王旦云劉子儀
屬文有貞元元和風味。
兩三劉。劉敞字原父號公是先生弟攽號公非先
生敞子奉世以直諒稱三劉時劉渙字凝之人號西
澗先生子恕字道原恕子羲仲亦稱三劉

一揮九制。劉原父治平中一日詔封皇子公主九人命草制父立馬卻坐一揮九制文詞典贍。

五觀宮花。劉貢父宋神宗朝集賢校理著漢書左遷泰州倅題館壁云壁門金闕倚天開五見宮花落井槐明日扁舟滄海去却從雲氣望蓬萊。

三平二滿。劉奉世字仲馮爲臺司傅堯俞所劾奏世曰小侄何過傅懟云三平二滿文字劉應聲曰七上八下人才世稱絕對。

水清玉潔。劉燾之寀天聖中令頻上棄官歸廬山

歐文公高其節、賦廬山高、笑之有丈夫壯節似君少之句。蘇子由稱其玉潔氷清、廉直不撓、凛乎非今之士。張耒云、文章似史遷。而遷少其氣節。風裁似疎廣。受而受無其才學。

騎牛圖。劉凝之、與陳舜俞、養犢、以供往來、舜俞作騎牛歌、稱凝之白雲叟。李伯時、作騎牛圖。山谷題其像、詩云、棄官清頴尾。買田客星灣。身在孤蒲中。名蒲天地間。誰能四十載。保此清靜閒。往來澗谷中。神光射牛背。

漫浪翁。劉羲仲、文學風節、自稱漫浪翁、王山谷題漫浪翁圖云、子劉子著書十卷、無不貫通。不可爲漫。未見古人。如不得見。既見古人。曰未能見。不可謂浪。年甫四十。精力猶如、鬢髮。不可謂翁。

鐵漢。劉安世、字器之。元城人、元祐中書舍人、面折廷諍、自爲殿上虎。不爲章惇蔡京所容、謫循梅高雷八州、公歷其七、東坡稱之曰、眞鐵漢。嘗云吾欲爲元祐全人。見司馬光於地下、號元城先生、楊中立哭之文云、刼火洞然。不燼惟玉

鐵肝○劉顗爲御史以言事貶東坡贈詩云烏府先生鐵作肝風霜捲地不知寒號鐵肝御史

五忠四賢○劉楚萬年人仕唐光州都督從閩生三子翱翔幽翱後領宋紹興提刑金人入淮不屈死之謚忠簡領弟純紹定知邵武死寇難謚忠烈翔後裔靖康學士使金強之仕不屈自縊八十日乃殯顏色猶生謚忠顯裔長子子羽紹興安撫使謚忠定裔季子子翬秉與化判官講學屏山朱晦菴師之稱屏山先生子羽子珙乾道學士謚忠肅幽後勉之得伊洛

之傳。隱鵝峰講學。以女妻晦翁。稱白水先生。熻號雲

莊先生。嘉定國子司業。刻朱子四書。著禮易解。炳號

陸堂先生。著綱目要略。閩中忠節理學之盛。首屈劉

氏。

墨莊。劉清之。字子澄。號靜養先生。家藏書史千卷。

顏曰墨莊。與呂東萊。朱元晦。汪玉山。講義理性命之

學。

梅花百咏。劉克莊。字潜夫。號後村。詩文閎肆。超邁

特立。淳祐進士。秘閣修撰。作梅花百咏。

理學八賢。劉砥字履之、懷安人、弟礪字用之、並舉宋乾道神童科、朱晦翁授以太極圖傳、豁然有得、時僞學禁興、與晦翁講道龍峰山、著王朝禮論性理翼參祖嘉與、譽父世南、子玠、伯藻、叔叅、康夫、稱劉氏理學八賢。

止兒啼。劉錡字信叔、美容儀、善射、高宗召見、奇其材、授閤門舍人、出補隴右都護、與夏人戰、屢捷、夏人兒啼、輒怖之曰、劉都護來、則止、以三萬七千人破金人十萬、金主亮南下、令軍中曰、有敢言劉錡者、罪不

赦舉南朝諸將、孰敢當者。衆隨姓名響應、至鏑聲絕
金主曰、吾自當之。卒以憂憤病死、天奪朱祚
識王氣。劉基字伯溫、號郁離子、傳學通天官陰符、
游西湖、見異雲現、曰、天子氣也、應金陵、十年後有王
者、我當相之。以十策謁明太祖、上方食、命賦竹筯詩、
咏云、一對湘江玉、細攢湘妃舊灑淚痕斑、漢家四百
年天下、盡在留侯一借間。上大悅、與葉琛章溢陶安
號四先生、每出軍、以赫虩授將帥、曰、至其所某方有
雲氣、白者祥、黑者凶、趨避咸驗。上定鼎金陵、以元勳

封誠意伯、

萬里代戍。劉謹、山陰人、洪武間父謫戍黔、伯兄替遁死京師、謹六歲、輒痛父兄、一日問家人曰、雲南在越何方、家人指以西南向、隨日夜遙望慟哭、年十四矍然曰、黔雖萬里、天下豈有無父之子哉。足繭膚裂閱六月、遇父旅邸、持哭、父病痺、請以身代、國法十六以上方戍邊、謹遲三年、往復越黔、始得代、學使者張倬傳其事、

脫不得一字。劉璟、伯溫子、太祖奇其膽識、金書除

奸賊僇四字於鐵簡賜之、與燕王奕王曰、卿不少讓。耶璟正色曰、可讓處敢不讓。不可讓璟不讓。靖難後永樂召見、猶稱殿下、萬世後朕不得一箇字。上怒辯髮死。自咏云、萇弘殁已久。其血化爲碧。堅貞逾瓊玉。光耀貫奎璧。豈惟忠誠著。乃是元氣積。冰雪恣銷爍。刼火屢焚炙。不磷亦不磨。還爲補天石。錫山王時大弔詩云、吹角江城月暗時。捐軀貞氣有聲兒。難逃一字嚴霜斧。心史留傳公論持。

幽忠乩筆。劉圓貞、寧人、洪武鄉薦、官教諭、與景清

戚屬連誅方行刑其侄劉超痛父兄被戮奪僧子刀連殺數十部與固俱凌遲幽忠傀蹟載固降於乩曰我靖難亡臣劉固也以景大夫黨誅死詩曰且酌樽前酒黃花何坐開不須談往事猶有野猿哀又曰短劍光飛雪還疑練帶舖龍吟豐邑獄鬼嘯蜀王都燕客窮圖見秦官擁陛呼白虹徒貫日回看繼人無又曰京火不生煙枯蒲葉堪擷衣鵝那紉蘭椒漿沁心熱明月照寒霜離離清且冷樹上棲烏啼幽人未能寢空山來磬聲幽韻流雲結獨行森林中復聽猿悲

徵大學士錢士昇作記

孤燈一榻。劉崧字子高太和人明祁以才學徵歷侍郎尚書每之官携童子往至則遣去食惟蔬粥孤燈一榻讀書不輟對人曰仕優則學況未優敢棄學乎

存心錄。劉三吾字如孫茶陵人明祁徵至年老應對詳慎拜學士備顧問謚文幸上意立文皇公曰皇孫年富世適子沒孫承禮也立燕王置秦晉二王何地上頷之進存心錄命編秦漢以來災異之應於臣

下著名省躬錄寓君臣交儆之義

留衣虎丘。劉榦修武人洪武鄉舉長洲丞清修若節民愛信之死不能殮民爲具喪留衣冠葬之虎丘題曰劉公遺淚歲時致祀。

戰沒死忠。劉儁江陵人洪武進士歷官尙書永樂詔征南安督師有功凱還寇復猖復詔往征兵至大海洋援絕被執不屈死之贈少傅謚節愍

鳥中孤鳳。劉政字仲理長洲人建文初年典畿輔試得政卷曰此鳥中孤鳳也當虛此席以待是科二

百二十人政名第一文皇殺孝儒慟哭七日不食與南昌進士刑部郎劉瑞仝日死没其家

江淮胸次。劉有年沅州人洪武明經官司鐸有司奇其才擢御史言論激揚永樂中上儀禮逸禮十八篇尚書黄福雅重其人年卒福哭之曰江淮胸次洙泗規模文希韓栁學祖朱程

出語奇崛。劉定之字主静永新人明正統探花成化直閣侍郎謚文安才敏學博文章名重一時李西涯稱劉文安出語奇崛用事精當鍾山北臺詩膾炙

齒頰。

明妃曲。劉儼、字宣化、吉水人、正統進士、殿試狀元、禮部侍郎、謚文介、性端毅、能文、尤長於詩、有明妃曲百絕、爲詞壇艷稱。有抱得琵琶不忍彈、胡沙獵獵雪花漫、曉來馬上寒如許。信是將軍出塞難、

三輔官僚。劉健、字希賢、洛陽人、公生岐嶷、偉人致上帝命、持紫玉、賜景泰鄉舉、天順進士、官春坊諭德、三居輔導、弘治知經筵、賜麒麟服、柱國大夫、每召平臺屏左右訪問、稱善、劉瑾專竊、會九卿糾劾瑾矯旨

勅休肅宗嗣位訪求遺老束帛存問壽九十四謚文靖

達國體劉大夏字時雍華容人天順進士職方郎時上命中貴查王三保西洋水程公匿之尚書項忠令吏搜檢公曰下西洋費帑數十萬軍民死者無算先時弊政牒在尚欲毀之猶查究有無耶項悚然曰達國體此座不久屬公矣河決遣公祀河焚帛結人形躍起公叱之河平入閣王大察公柱門上曰何必柱也手金一錠賜之曰佐而廉官尚書宮傅逆瑾疾

公諡戎。公死。李東陽弔公。哀歌云。白從龍去不可扱。公亦卧病思東山。湘娥含笑倚竹立。山鬼窈窕堂之側。瑾敗。復爵。

侃直臺臣。劉釪。安福人。景泰進士。擢御史。按閩。鎮守中官誣指揮錢輅罪。幸兵圖宅。以反鬭。釪爲申辯。豪者奪隣墳不得。愬於朝。言地有王氣。當産天子。勅釪會驗。疏曰。七閩遐陬。寧有帝王地耶。寘豪於法。稱侃直臺臣。

化金彈。劉希岳。漳人。爲道士。居西宮。遇異授號然

明子嘗自咏云夾脊雙開至頂門修行徑路此爲根
一日沐浴陳席而坐俄化金蟬而去

寶山隱者。劉英字邦彥錢唐人少從聶大年夏季
爵學長教授西湖景泰廷臣交辟以終養辭歸隱其
泉更號寶山程克勤先生述其行謂孝友似王山谷
高蹈似魏清逸曠達似楊鐵崖

三紀翰林。劉忠字司直陳留人成化進士性峻少
通歷三紀始拜翰林學士正德中規諷剴切上憚而
愛敬之歷文淵閣尚書武廟崩作哀詞衆欽其

詞云千古橋陵舊寢開斷鰲無力挽天圓三邊曾受戎王欵九廟親俘漢濞來淚竭華夷枯海瀆神遊寞漠馭風雷十年講幄承恩久白首荒山不盡哀

上不呼名。劉珝壽光人成化進士受知憲廟久居帷幄決天下大計一言而定上不呼名稱劉先生孫澄甫正德御史

小劉祠。劉麟字元瑞弘治進士守紹興劉龍故治也以氣傲不附逆瑾誣之削籍去民贈錢公曰吾治不及前劉敢蒙惠耶越人肖像爲小劉祠瑾誅累官

尚書謚清惠與顧華玉徐昌穀號江東三才子稱清
介絕塵與建安李尚書默訪覗山僧家無宿具惟一
乳牟牵以治酒風雨聯床竟夕
抗論八黨。劉玉字成栗萬安人弘治進士正德御
史抗疏劉瑾八黨罷歸瑾誅擢僉都以舟師援安慶
功晉尚書謚端敏羅欽順太史誌稱博通典故天文
地理律曆章程靡不詳究
雲滿頭。劉珠字公旻與張江陵父贊交江陵敬爲
父執時珠以孝廉上計劉尊倨閽者拒焉援以詩云

始知相府深如海未許山翁醉似泥辛未江陵主試
珠登第賀江陵壽云欲知座主山爲壽但看門生雪
滿頭

劉青菜。劉壐字廷玉南直人有幹材視龍江軍政
督漕遷江彬用事齎運例公曰朝廷法一衣一盂之
外無物子識青菜劉乎食惟蔬槃奚惟木棉葛縛公
置一棺舟中招權奸云若能殺我吾殺若則自
卧棺中以明法也官終都督

請塞天怒。劉綸字子素兗州人嘉靖進士官給諫

居省垣疾夏貴溪用事詆之夏患其有重名手玉樞進酌繪避之容盡驚劾言十罪會陰霾上懼引天官書乞斥言以塞天怒

文字之罪。劉鐸廬陵人萬曆進士以詩犯時忌逮問逆黨張鼐乾誣以咀呪忠賢論棄市瑞誅贈僕卿礼部題云加以文字言語之罪何損綱常節義之身

題壁殉忠。劉理順字湛持杞縣人天啓進士狀元崇禎春坊諭德甲申寇陷都門題壁云成仁取義孔孟所傳文信踐之吾何不然科名既就豈肯苟全三

忠祠內無愧前賢與妻萬氏妾李氏僕四人全縊死
先諡文正
萬氏請命○劉中藻字薦叔福安人崇禎進士性剛
直福官行人犒師遼左闖逆陷都從唐藩入閩輔臣
黃道周授鉞出師薦藻可當一面擢兵科鄭芝龍柄
國疏言勳臣跋扈必爲所制集括蒼義勇數萬以援
絕粮匱羅雀掘鼠士無離志事變將所儲軍實遺書
大師爲民請命誡毋屠戮書授使者隨北面拜哭曰
臣力竭矣仰藥而死

勝馬謡。劉沂春字泗哲長樂人崇禎進士與鄉人

馬思理先後令烏程有劉君勝馬君之謡擢刑部時

行人熊魚山忤政府會勘不阿廷駁者數春曰朝廷

之法豈臣子逢世之具乎失出無枉入削籍唐藩入

閩會事變剃両昌肯以全節終

山海巨觀。劉以修閩中人崇禎進士爲令閩邑抛

當剝察積逋累累公以慈祥處之劳來勸勉民悉悅

輸唐藩入閩擢翰林檢討典閩闈所蒐悉爾彦名宿

一時山海巨觀退隱完節死

草莽臣。劉宗周、天啓進士、弘光都御史、稱草莽孤臣。疏糾馬阮諸奸、曰大鋮之進退、卜江左之興亡。左帥以恢復封爵、高劉以敗逃亦封。先帝喪服、聯具名邑封疆、戰守覦爲虛文。當此國破君亡、反因攫利營私。蹤入剃籍從魯、潞入浙、大師至、不食死。絕命詞云、留此何曰、死少存匡濟志。決此一朝死、了我生平事。慷慨與從容、何難亦何易。又云、信國不可爲、偷生豈能久。止水與疊山、只爭死先後。得正而斃矣、庶幾全所受。

瞿曇歷席。劉若惠安人博通經史才藻絕倫黃石齋重其文南北都變盡焚筆硯入黃蘗山祝髮絕人事十年趺坐而瞑謝青門論曰劉若士林中一旦舉目有河山之異粹心沙門登峰造極不特瞿曇老子應虛一席即櫺星門下亦稱有人

孤兒殉父。劉國能闖冦將慕義歸明性至孝奉母奔左良玉玉義而愛之令守葉縣賊破葉國能自刎其妻先死子方七歲闖獲之抱置膝上欲收養泣不從自解所佩小刀斷頸

劉磔忠屍。劉熙祚、明末御史、按楚長沙推官蔡道憲聞寇警勢烈、每流涕、期與其死、岳州陷、祚罵不絕賊刳腹橫曳、倒磔、血流凝地、道憲痛哭觸石時按死事之最慘者。

合井仝焚。劉文炳、勳爵新樂侯、甲申闖寇勢烈、知不可支、先開一大井宅後、人不識、故疑爲藏貯之用耔陷、與弟都督文燿盡驅男女入井焚宅同死、四十二人慷慨赴義之尤者。炳謚忠壯、燿謚忠果、

視死如歸。劉忠嗣、勳爵指揮、甲申寇陷都城、賊廹

降嗣曰四世受國恩不能磔汝豈肯從汝乎罵不絕
口錐刺其喉遂斃
○劉殷字長盛博譽張宣以女妻之戒其女曰劉郎
至孝格幽才識超世謹事之不久飛翮雲霄矣

丘 齊太公封營丘其後以地爲氏

終身祭酒○丘靈鞠初仕宋歸齊爲東觀祭酒嘗言
官人惟須數遷我願終身祭酒不恨也
飛翠鳴玉○丘遲鞠子字希範八歲能屬文詞藻餘
逸鍾嶸詩評云遲點綴輕揚似落花依草佳齋僕射

之詩賦表云。飛翠鳴玉。出入禁門。
恣遊南湖。○丘巨源。蘭陵人。除武昌守。性清逸。不樂
居官。曰古人言。不食武昌魚。余遂然。遂去。忘嘗為余杭
令。猶恣遊南湖。
東南之秀。○丘仲孚。字公信。少好學。讀書。叔靈鞠奇
之。曰此佳種也。王儉曰。東南之秀。從見丘子。○梁武帝
山陰令。民稱神君。謀最天下第一。時語云。二傅沈劉
不如一丘。
無能屈我。○丘冠先。字道先。齊明帝中給事。使蠕蠕

國王迫之拜曰能殺我者蠕蠕也不能使我拜者我也遂不屈死

鐫石旌功。丘行恭以勇力名貞觀中討高昌有功鐫石爲人馬立昭陵闕前以旌其功封天水公

虎道哭聲。丘鐸字文振祥符人御史中丞劉青田門人父誠湖南撫舉時武昌人明洪武版圖江楚路絕鐸千里奉父問道歸父毋歿每寒風苦雨拔墓長呼曰鐸在斯地多虎聞長號輒遁人異之稱孝子墓

機提驚人。丘濬字仲淵瓊州人八歲能詩機提驚

人景泰進士詹事尚書諡文莊博極群書補大學衍義著瓊山集詠云舊歲花殘今又開去年人去幾曾來不知明歲花時節人在天涯囬未囬又云雪堆玉箏空中現月出明珠掌上懸句多夙慧

言論鯁直○丘天祐字恒吉成化進士御史勅令饒平干盧郎訪陳獻章於白沙究論天人性命疏戚寧伯王越忤旨廷杖詔獄尋釋出按江南芦塲監請罷中官宜歸二部居臺諫十五載論列鯁直

冷面霜○丘養浩字以義正德進士擢御史劾近侍

陳欽橫恣論降臺省中救復劾宗伯席書怙寵出按山海復條邊帥徐定國冒奪邊地朞年抗章二十上朝野憚爲冷面霜

擎梅敝客。丘吉字大祐歸安人天性澹約好遊眺飄然遠俗每霜月客過命童子擎梅花啾之客去題詩以贈率以爲常詩云露下銀河月上遲梅魂夢斷雪醒時水晶簾在瓊樓上惆悵何由會玉妃稱絕唱

橐饘愧視。丘秉文字鳴周莆田人嘉靖進士刑部郎會楊繼盛條劾嚴嵩下獄同官畏懼獨文橐饘餽

視尚書李默爲趙文華所擠嵩子世蕃指文爲李黨文曰尚書正人受禍我輩獨安乎旦夕過李見縲絏不一俯天疾呼慘淚

特立○丘度山陽人萬曆進士累官光祿侍郎陽楚史稱清介不阿屹然特立在宦四十載恂恂如寒士

埋骨青山○丘瑜崇禎朝内臣寇陷都被執自縊賊解之隨服氷片氣絕其未死時作絕命詞云百歲春光强半過匡時力短愧鳴珂詩書萬卷都無用惟有先賢正氣歌又到處青山可埋骨何必故鄉尚戀戀

古今人物大觀　卷一八　十一

慟哭皇嗣。丘致中崇禎東宮伴讀國變太子出奔
歸南都弘光與馬士英叱以爲僞集百官朝陽中捧
扶大慟英下之獄死皇城題詩云百神擁護賊中來
會見前星閉復開海上扶桑原未死獄中猶已又奚
猜妄危自此關宗社忠義何曾出閣台烈烈大節盡處問蒼天同殉國憂。
鄒　宋敏公後正考父食邑於鄒
三鄒子。鄒忌以鼓琴見齊王繼鄒衍後鄒奭
黍谷回春。鄒衍事燕惠王被讒繫獄仰天而哭夏六
月爲之飛霜燕地有寒谷不生黍稷衍吹律而暖氣

至寒谷爲之回春

獄中書。鄒陽齊人漢景帝時人與枚乘友善吳王濞有陰謀陽上書切諫云蛟龍驤首則霧雨咸集今臣飾固陋之心何王門之不可曳長裾乎去之從梁孝王游公孫詭等復譖之孝王下之獄陽從獄中上書云有明月之珠夜光之璧以暗投人莫不按劍相盼者無因而至也蟠木離奇爲萬乘器者左右爲之先容也王出之禮以上客

撲蒲之戒。鄒長倩公孫弘故人也贈弘生芻一束

素絲一縱。撲蒲一枚。遺之書曰。撲蒲者以土爲之。蓄錢之具。有入無出。滿則撲之。士有聚而不散者。將有撲滿之敗。可不戒乎。

遜行萬里。鄒游與顏魯公友。公使李希烈。游往送之。夕盡決其所以殉國之志。詩云。遜行萬里一鄒游。

山川靈炳。鄒郁華清虛服道。顏魯公慕其人。作麻姑壇禮之記云。非山川靈炳。天地間氣。曷鍾奇效矣。若斯之盛耶。真卿忝承徽風。敬刻石以志。

道鄉。鄒浩字志完。楊龜山序公奏議云。道鄉鄒君。

自少以學道行義知名於時仁人長者也遇事接物如虛舟然不繫知識宣涵萬彙而鈞陶之太觀中官龍圖待制

國家之光。鄒柄紹興御史上日直臣也使言事聳動四方亦足爲國家之光

吳中樵唱。鄒奕字弘道吳江人秀目美髯貌若白雪議論英發文詞高古至正中進士饒州錄明洪武擢御史坐謫甘肅二十年窮約自下潔已勵行著吳中樵唱

露抄雪纂。鄒緝字仲熙吉水人洪武進士星子教
諭永樂翰林庶子廉靜嗜學見異書必露抄雪纂藏
寘上命中使往藥檢遺文三嘆

一腔理義。鄒瑾永豐人洪武鄉薦建文大理丞金
華王紳志行端嚴少所許可于瑾稱議論磊落志節
堅確靖難逮至指其腹曰一腔理義引頸待刑。時御
史鄒朴以抗罵不屈同日死

勤恤。鄒昱華陽人洪武初太學生以才學徵官終
湖廣布政元末政弛兩湖無藝征徭愈甚昱籌處斷

理、勤恤隱困、

絕食殉節。鄒朴、建文官御史、靖難兵入、不食旬日、躍呼觸柱死

立舊君位。鄒君默、漳州諸生、文皇靖難詔至、與教官陳思賢林珏陳應宗呂賢曾廷瑞至明倫堂大哭、曰、明倫之義、正在今日。默隨設舊君位。衰絰杖拜。郡守執送京師、六人含笑就死。

和易。鄒濟、餘杭人、洪熙明經、薦入翰林修撰、修太祖實錄、永樂大典、累官少詹、清介和易、不見崖岸、卒

之日家惟藏書數篋贈少保謚文敏
詩宗韻海○鄒亮字克明長洲人正統薦辟御史少
輕俠周文襄奇其才挫之乃折節好學爲文援筆無
停思短於治才積書萬卷撰詩宗韻海湯胤勣豪爽
亮氣凌之勣曰子文如人凌厲爍發讓之不上一頭
燃葉讀書○鄒智字汝愚蜀人少貧燃葉讀書成化
進士鄉薦第一鄉人羨之口占世上許多難了事郡
人何自苦相驚選吉士雪御史湯鼐獄謫石城日感
懷云人到白頭終是盡事垂青史定誰真辭世云盡

披肝膽知何日望見衣裳只此時史稱汝愚才識亞
於賈誼規模過之志氣類於陳亮根據義理及之
據經引典。鄒守益字謙之安福人正德進士第一
授編修學宪朱程與王陽明辯晰甚悉上簡宮僚出
掌南院嘗曰吾未歷吏事如保赤子愧未能也惟據
經引典是予所長官祭酒謚文莊
萬世綱維。鄒元標吉水人萬曆進士歷官都御史
嘗神廟中官柄政宮府委蛇之日標不忌權倖誓以
身殉一言立天下萬世綱維犯顏觸威逮獄廷杖謫

戍悟然至乞休辭陛疏稱東事宜守黙事宜戰發帑減餉保身任怨諸事纚纚三千餘言皆一時藥石

鍾奇。鄒廸光無錫人萬曆進士文章氣節爲當代所宗善書繪得錫山鍾奇之秀

。鄒葵玉金谿文學挺生女十六適同里傅生同禍甫月生遊學青齊客死計入玉愴絶氣奄兄伯源持救方甦自是不出戶閾誓從夫喪以殉父黨哀之迎歸念煢煢孰依勸易志屢玉矢死愈堅歷春秋五十終始完節君子謂鄒女隻影苦貞堅持無

閒猶節之難者其得一以清天道也亦婦道也

卷之十八終

古今人物大觀

十九之廿一

古今人物大觀卷十九

十平函十　　黄德裕□□參閲

太史孫子未先生鑒定　　閩中林涵春奕善父纂輯

金　　潮海門甫編校

侯上谷晉侯緡之後

夷門監、侯嬴隱士、爲大梁夷門監、信陵君置酒高會賓客、君退車騎、虛左迎侯生上座、賓客皆驚云

卧轍○侯霸字君房、王莽時臨淮太守、有異政、吏始徵之、百姓遮道卧轍、以留曰、願乞侯君一年○

得子雲傳。侯芭鉅鹿人漢武時揚子雲著太玄法言人莫得其解芭肆力于學研究精蘊得雲之傳

刻石紀功。侯君集以雄材從唐太宗平高昌刻石紀功圖形凌煙閣

石問聯句。侯喜唐元和中詩人與軒轅彌明賦石問句多崎嶇昌黎稱其人爲文甚怪立志甚堅

朧鞲鷹。侯繼唐貞元中及第號龍虎榜之冠王鍔薦爲黎軍韓愈贈詩云君今得所附勢若朧鞲鷹

頫龍。侯弘實五代時年十三夢爲虹飲天河數日

有僑奇之曰此兒龍也後官節度使

言論深粹。侯仲良伊川之甥嘗言侯子議論深粹。

朱子稱其學純正而無深潰醲郁之味

一段公案。侯太南和人明洪武鄉薦累官尚書靖

難兵起建文命督餉山東濟寧不守輜船陷沒又四

年督餉淮北道斷餉絕文皇即位逮至大呼曰臣蚤

知有死願速見高皇以定一段公案上爲色赧磔之

悳民需。侯烱南豐人洪武入都金陵聘四方碩德

俊才有司以烱應詔召入條對便殿授連江令悳民

之需者、淩九井脩堡障九百餘丈、棲荒畝數千、

辯等威。侯軏安陽人、永樂進士、擢御史、歷西蜀參政、明敏有治才、懲元代文物淩夷之後、辯別等威、肅然改觀、

文武幹才。侯璡澤州人、宣德鄉薦第一、進士、授兵部主事、邊寇入甘肅、以方略勦之、繼討樊川、躬冒矢石、晉本兵尚書、史稱文武幹材、敏而多智。

得江山趣。侯一元字舜舉、樂清人、嘉靖進士、清逸遠俗、築室南塘、探微發蘊、寄詠適情、得江山之趣、題

石厓詩、一枝棲已定。舊業未全貧。碧水連三畝。青山作四鄰。畫馬亟依古。篆牛馬應時人。獨愛林間月。無由寄許詢。

忠孝性成○侯峒曾、字豫瞻、天啓進士、嘉定人、與弟岐曾俱文譽、行脩家法嚴整、每晨興、必率子弟侍問溫清、退課所學、雖溽暑必冠裳、肅若對賓、與諸子元演、姪玄演、同殉、人稱忠孝性成

争先赴義○侯世祿、崇禎榆林總兵、與甥李昌齡同協守、闖寇攻榆林、誓死國難、寇縛公、再縛齡、齡憤詈

失聲取飲、侯顧而笑曰。爾畏死喉乾。取齡曰、罵賊聲不大揚耳。豈畏死而渴耶。慷慨爭先就戮、靈州孤彰先述其事、嗚咽、

○侯氏張暌妻、唐會昌成謫十年、侯氏綉詩上獻、乞還戍云、暌離已是十年強。對鏡那堪理舊粧。聞鴈幾回脩尺素。見霜先為製衣裳。開箱疊髮先垂淚。拂杵調砧更斷腸。綉作龜文獻天子。願教勞役賜還鄉。上覽詩、詔釋、

牛隴西宋司寇牛父後子孫因氏

繼馬之讖○牛金仕晉後軍將軍時玄石圖有牛繼
馬之讖宣帝忌牛金狀奇鴆之而恭王夏侯妃通小
吏而生元帝
金砂飛鶒○牛僧孺字思黯元和初以賢良對策第
一初宰伊闕尉舊傳邑有三尉擢入臺府者地必金
砂○一日湧出父老入賀孺曰西臺有二鸂鶒願借一
翔儀二鶒齊飛果徵御史文宗賜以爨鐏龍勺詔曰
金玉古德以比君子宣宗朝大拜
賜綵○牛希濟蜀臣歸後唐明宗命賦蜀主歸唐詩

濟再三不就末云唐王再懸新日月蜀王叠獻舊山
河上曰不忘君親忠孝也賜綵嘉之
躍泉牛存節仕梁爲朱友謙所困矢節堅死守謙
斷水道鑿之禱天泉躍出人馬不困
及第秀才牛堪以文章重于昌黎舉進士韓作序
贈送
三試詩詞牛諒字士表東平人明洪武下金陵以
秀才徵三試詩詞稱旨官宗伯以言事謫王事出傳
鑾方詠云岸幘尚堪頭似雪掀鬚猶覺氣如雲

從亡逃死○牛景先楚沅人建文官鎭撫靖難入都
帝焚宮景先與程濟楊應能葉希賢二十二人從亡
帝祝髮從鬼門出景先推門門開有舟待岸曰臣王
昇也胙夢皇祖促臣牽舟抵後湖以待先與帝驚呀
隨渡帝入滇蜀先偕左右卒于杭帝寓浪穹聞其死
設從亡諸臣位哭之
謳誦○牛衡永樂胙城令清愼幹才勤于撫字案牘
詳明期年民無游情盜賊屏息四境謳歌以誦
開鎭青州○牛鑾正德益都令剿賊掠山東諸邑鑾

古今人物大觀　下平　卷十九　五

與樂陵許逵東西遙應屹若巨鎮賊不聽撫復來擢
青州兵備青州開鎮自鸞始

清風祠　牛大緯瓊州人萬曆鄉薦令連城邑苦浮
粮累民緯核實悉出官俸清之去日治裝惟葛綿數
束圖書數卷民立清風祠報之

樓相國　夏少康後周東樓公支孫

五侯鯖　樓護字君卿漢元成間王氏五侯賓客俱
有所屬惟護盡入其門遊俠競致奇膳乃合以爲鯖
世稱五侯鯖與谷永稱五侯上客長安語云谷子雲

筆札樓君卿唇舌。

操節○樓望字次子習春秋操節清白世稱醇儒

視何太重○樓璉字士璉金華人從宋濂學明洪武以儒士徵建文官侍講靖難兵入命方孝孺草詔孺曰身可殺詔不可草改命璉及王景璉歸憂憤妻曰得無傷方先生耶璉愧曰我受刑猶可恐累汝輩耳妻曰君何視妻子太重耶一夕經死

婁譙國郱婁國後

不忘故衣○婁敬齊人衣敝服上漢高帝言事上與

之衣今易敝服對曰臣衣帛見衣褐亦見不敢忘故
衣上說賜劉氏號奉春君
唾面自乾○婁師德字宗仁有德量爲江都尉盧
承業奇之曰子台輔器也其弟師道教之耐事曰有
人唾我面薊潔之而已德曰潔之且逆其意止使自
乾耳狄仁傑嘗曰婁公盛德人也我輩爲所容矣○
捘中平章事爲將相三十年初公微時足跛渡江
袁客望舟中人鼻下黑氣不渡俄公跛足而來客曰
此大貴人也可濟袁客乃天綱也見袁本傳

留睛石○婁道者字守堅安東人生有異相掌中一目脊俱七節爲承天寺僧宋仁宗生哭不止召視之摩其頂曰莫啼莫啼何似當初遂止後有軍人不喜道者告其徒曰緣盡矣軍人怒焚之忽雷雨滅火口中出白煙火燼獨留目睛與舌根

練川三老○婁堅字子柔嘉定人萬曆明經師事震川得其指授臨池繪素各盡其妙與唐時升程嘉燧稱練川三老

牟平　昌祝䣛後爲牟子子孫因氏

名重州里。牟融，字子優，少博學，以尚書授生徒，名重州里。

四桂。牟袞，宋人，兄弟接踵登科，號一門四桂。

故人青眼。牟倫，字秉常，敘州人，明永樂進士，御史，以直諫戍肅州。別僚友云：行行策馬出皇畿，古木霜寒獨鳥飛。天上故人青眼在，蜀中諸弟素書稀。秋風故隴雲聯棧，夜月胡笳露濕衣。白髮蕭蕭身萬里，不知別後竟何依。

行部肅然。牟俸，字公爵，巴縣人，天順中，按察，單騎

行部所至肅然詢父老有不便者立除之晉秩疏道數百里携榼載酒攀遮

名重天下○牟斌字益之正德錦衣鎮撫劉瑾專恣陷諸言官下獄公輕刑緩械曲爲護救有連名奏牘事壞衆游移公曰右人恥不與黨人爾得名反悔耶○他日臣節自白置何地○瑾怒不奉旨置死名重天下

歐平陽

蓉劍○歐冶子善作劍越王聘之作五劍名曰純鈎王以示薛燭燭曰光乎如芙蓉始生曹植表云歐冶

改觀鍛刀易價今潭陽縣南石屋山有劍坑即冶鑄劍處

隻鷄尊酒○歐琪字全甫侯官人簞寒篤學諸生文章雄放南北都曆遊山中以全髮被執逸黃蘗山古剎依隱元和尚圓頂一日山行遇旅人握手欷歔臨別云為我語洪江林惕菴清明重九勿吝隻鷄尊酒奠吾先人墓下師歸至清生死相托吾無囑矣死都督謝𠯁舟中按惕菴名錦春明季明經全節不仕國守死善道者○

賣扇翁○歐姓者、金陵廊下老販也、毎得錢酤酒酣
高談古人忠孝節烈往事、或悲歌、或拍手如優伶狀
大師南下、抵都門、佯狂投西湖池死○
留安南 吳留畧爲東海守、子孫以字氏
宰相器○留正、字仲至、虞允文與語、奇之、曰、宰相器
也、宋孝宗朝、歷仕四州、召參大政、疏請朝重華宮、立
嘉王以安宗社、帝怒拂衣起、正猶執奏、以忠諫引退
貢士莊○留元亮、泉州人、宋淳祐間縣令、置貢士莊、
延士之秀慧者、廩給之、口授經學、創義塚、盡掩四郊

之骼立碣以紀

留僊跡○留膺字一愚括蒼人治經術文詞居青田

冷浯明太祖徵之遁去所居庭生紫芝玄鶴來巢號

留僊跡○

畱公堤○畱志淑弘治進士守杭州太監畢眞宸濠

黨也謀應變一夕火民廬淑堅閉不動俄濠敗報至

淑仗甲眞門擒之武宗親征臺臣薦叅瀏政瀏水淹

城築堤障民居號畱公堤○

佹南陽宋佹牧後

碎齒。仇牧宋大夫宋萬弑閔公牧聞趨入拔劒叱之萬碎其首齒

棲鸞。仇覽字季智漢延熹爲蒲亭長化陳元爲孝子王渙署爲主簿曰聞君在不惡陳元而化之得無少鷹鸇之志耶覽曰以爲鷹鸇不若鸞鳳渙曰枳棘非鸞鳳所棲遂薦之

願遂堯民。仇伯玉字粹夫仕宋中書侍致政號云乞骸引退敢希漢傅之高年鼓腹而嬉願效堯民之至樂

道援王佐。仇璋王通弟子精貫六經北面受通詔以王佐之道

一呼定亂。仇鉞江都人明正德指揮充寧夏遊擊眞璠叛陷圍中主兵者疑鉞從叛鉞陰結死士探援師至誑其衆曰急守渡口防灌城過東岸可禦也賊依之擒守者被甲躍馬斬門殺璠一呼而定封寧夏伯

任　樂　安　黃帝十二子各以德爲姓第一子爲任

釣海。任公子以五十犗爲餌投竿東海期年不得

魚、已而大魚食之、揚鬐鼓鬣、海水爲之震蕩、得而腊
之、淛河以東、蒼梧以北、莫不厭若魚者、
聖童○任延、字長孫、年十二、明詩易春秋、顯名太學、
號任聖童、漢武徵爲九江太守、
何陵侯○任光、漢光武元勳、圖形雲臺、封何陵侯、
一食萬錢○任愷、魏人、性豪侈、一食萬錢、猶云無下
筯、子罕、字子倫、有賢行、時稱爲清平佳士、仕晉大鴻
臚、
鈴旗入夢○任昉、字彥升、父遥、仕齊爲中散大夫、母

裴氏夢五色鈴旗墜懷遂娠昉八歲能屬文褚彥回謂遥曰卿有令子所謂百不爲多一不爲少任武帝爲御史中丞簪裾輻輳預其宴者劉孝綽陸倕目爲龍門號蘭臺聚

隱諷○任棠字季卿秦州人有奇節漢安帝時漢陽太守龐參訪之棠以大本薤置盂水中旁抱一兒當戶參沉思曰水者欲吾清也拔大本薤者欲吾擊強宗也抱兒當戶者欲吾開門恤孤也○

詩家十哲○任濤筠州人唐咸通中進士謂詩家十

哲有露搏沙鶴起、人歌釣艇流之句。
賜飛白。任中師字祖望、宋仁宗朝諫議大夫、上以
御揚飛白賜之、歸休建御書樓、時人為榮
五知堂。任布字應之、宋慶曆拜樞密、歸洙洛中、作
五知堂、一知恩。二知命。三知足。四知道。五知幸。
天下之選。任福宋仁宗朝經略判官、以言事遠節、
度降知泰州、時范仲淹亦擅答元昊書、降知耀州、翰
林學士王堯臣曰、此兩人天下之選也。忠義智勇名
動四夷。不可以小故棄之。

大任少任。任孜字道聖弟伋字師中齊名蜀中東坡作大任小任詩云大任剛介世希有疾惡如風朱伯淳少任溫毅老更文寬和慈惠卜馮君郡人建任公亭師中蘿藕轍爲記

文章儒。任道字原甫敦謹有文以經術爲已任錢復送原甫先生詩云偉矣文章儒賢哉弟子師明而師道之尊由任而起

雄鎮萬戶。任原字本初休寧人父邁築精舍富川教以春秋兵法明兵下徽高皇帝奇之功晉顯武將

軍、雄鎔萬戶、有珠岸日落天低海。銅柱雲寒雨過城之句。

中朝物望。任亨泰、襄陽人、洪武進士第一、官修撰、丰姿玉立、品藻才華、人望欽貴、歷官禮部尚書、會使交趾、國王曰、狀元中朝物望、當異數以達微悰、公少時、題扇云、杲日初升萬木低。畫船撑出小樓西。先生正熟朝天夢、門外山禽莫亂啼。人以其詩預占貴顯、

投劾。任穀、字生之、衡州人、成化進士、官參藩、督採銀鑛、前後有司多所侵耗、至不足償、所出民悉逃死、

至脉耗採絕穀慨然曰爲民上不能救死忍視之耶投劾疏免

嘉禾○任順常熟人正德鄉薦補令德化有豪猾號魯鵬兒見事風生搏而噬人順置之法遺戍慨然曰爾何不爲嘉禾而爲根莠乎鵬兒請易行公代請釋

勿漏刪砂○任翰字少海南充人嘉靖進士廷對制策與羅洪先唐順之齊名都下官春坊簡討學精經史晚好黄庭得修煉之術嘗詠云還持石函記勿漏訪刪砂句

○任氏、詹詩題秋葉云拭翠歛蛾眉誰解心中意寄

人秋葉中題逐秋風起諸生侯繼圖登秋風樓拾

葉後十年婚任氏視葉叱奇僞任梁尙書

陰西河晉仲後適楚爲陰大夫子孫因氏

祀犢○陰子方漢宣時人性至孝臘日晨炊竈神形

見言子當興方以黃犢祀之家富巨萬子孫貴顯至

女納爲皇后

輔導○陰興字君陵漢建武黃門郎帝召欲行封拜

辭曰臣未有關土開疆之勞而一家盆蒙爵賞不亦

溢滿可畏乎、
陰何體○陰鏗字子堅、善詩、作落梅詠、有花舒雪尚
飄○照日不俱銷、與何遜齊名、號陰何體、爲湘東王參
軍、與賓客宴、取酒飫行觴者、人嗤之、曰吾儕酣飲、而
執爵不知其味、非人情也、侯景亂、鏗被執、旋脫之、乃
前行觴者、
歸田草○陰興、維寧化人、明萬曆歲薦、司鐸、永春、恬
澹無競、以書史自娛、著蔓言歸田草、
欽

碧巘道者。欽德載吳人仕宋爲參議官宋亡元人
欲生致之以官載胥遁碧巘山稱道者楊維禎作詩
記之
翡翠易詩。欽叔陽字愚公明吳縣人博學洽聞戲
髯張眉以風情意氣自負嘗賦詠蘇門名媛麗姝以
翡翠爭易詩交詠涼月云何來天鏡澹明玉不照華
堂照空谷空谷佳人嚬翠眉寶奩斜掩罘罳幅
南 汝南周大夫南仲後
句圭箴。南宮縚字子容一名括又字敬叔居南宮

夫子以其能謹言嘗詠白圭之箴以自儆孔子妻以兄孟皮之女

啖指○南霽雲頓丘人張巡守睢陽令雲乞師于賀蘭蘭無應援意以酒宴雲辭曰睢陽之士不食久矣獨食能安乎援佩刀斷左指啖之一座皆驚卒與巡俱死祿山平宣宗圖其像于淩煙閣

吏隱○南安翁闕人宋時隱于仕麻衣草屨服農事子爲關吏所窘詰訴曰念大人累典州郡吏曰妄耳曰詰敕俱在吏取追驗因向日置甕中埋山中錄之

果符吏稱其子造拜翁至則遁矣

瑞泉集 ○南元善字伯子渭南人正德進士歷戶郎守紹興王伯安倡道學會稽山從之遊每蒞政暇追王右軍謝太傅遺跡觴咏絃歌悠然有晉人風致著瑞泉集

浮鷗沉冕 ○南居益渭南人萬曆進士官閩中丞清正不染才饒文武適紅夷摽掠海上互市澎湖築堡據險益相度機宜鼓舟師平之流屍如浮鷗沉冕人稱水上京觀 ○

藍 汝南

飛僊○藍和又名釆和、唐末逸士、冬月卧氷雪中、執板長歌有朝騎鸞鳳向碧落、暮看桑田生白波、相傳至濠州飛去、今濠有望僊樓、

霍山人○藍喬宋龍川人、舉進士不第、隱霍山、嘗賦詩云、太一亭前我任家、蒲床書史作生涯、春深帶酒不歸去、老却碧桃無限花○

藍詩人○藍元威宋人、有詩名、語多警句、東南崇之、有滴泉盡作龍鍾結匝地渾消鴈翅高句○

文章氣節○藍鼎奎字秉文程鄉人性强記官文林常
受詔校文福州文章氣節閩人稱爲藍夫子
凉国公○藍玉明洪武人西番爲亂上命征之獲元
輜重后妃等四萬人還京獻俘進封凉国公
譚齊郡譚子之後
仙道○譚峭字景先幼聦敏文史過目不忘得仙術
游終南山有詩云線作長江扇作天靸鞋拋向海東
邊蓬萊信是無多地只在譚生柱杖前
金門羽客○譚紫霄泉州人寓廬山棲隱洞南唐主

寵之出入金門號爲金門羽客

數學○諱忠幽州人唐元和中爲將說劉聰歸唐曰天地之數合必分分必合河北與天下分六十年數窮必合聰從之

穎悟○諱惟寅字千穎高要人讀書一覽無遺常入祥符寺祭燗閣裡不得以手模文歸黎明對之不差一字宋紹興登梁克家榜第

神童科○諱昭寶字珍卿韶州人七歲應童子科中上第

琴天水

頓邱侯○琴牢字子開一字子張孔子弟子瞻南陵伯進頓邱侯

水仙○琴高趙人善鼓琴爲宋康王舍人坡詩云脚踏赤鯶公跳下清冷中後爲水仙

禽曾匡

王者師○禽滑釐受業于子夏爲王者師又受學于墨子善守禦自言不戰而屈人之兵

擊鬬○禽息秦大夫薦百里奚而不納穆公出息當

車以頭擊闌曰息生無補于國不如死也公悟用矣
爲秦相。
見幾○龔慶高士也時王莽竊位慶乃與栗融蘇章
棄官夫人謂其見幾云。
臨西河人凱之後
博學○臨孝存北海人博學知名士多從之
刺史循良○臨深東海人爲秦州刺史吏民悅服以
循良廷內侍郎。
大文○臨孝恭隋人少穎悟知天人占候之術。

湛已載二十四卷

求同裘渤海仇氏避難改求裘仲之後

翠竹蒼梧○裘萬頃字元量新建人不樂仕進以薦者召爲司直賦詩云新築書堂壁未乾馬蹄催我上長安兒時只道爲官好老去方知行路難千里關山千里念一番風雨一番寒何如靜坐芸齋下翠竹蒼梧仔細看遂乞歸

逃名○求仲漢隱士也與羊仲皆以治車爲業挫廉逃名蔣元卿舍中竹下開三徑三人常從友遊時人

稱爲二仲、

區巴見五卷

州

食肉寢皮○州綽晉隱士、齊莊公指殖綽、郭最曰、是寡人之雄也、綽曰、君以爲雄、誰敢不雄、平陰之役、先二子鳴、二子者譬如禽獸、臣食其肉、寢處其皮矣。

遺思其棠○州泰魏時爲兖州刺史、有善政、民懷其德、勒石以比其棠。

勾平陽古勾芒氏之後

聖門弟子○句井疆字子野周時人北學于孔子名
列七十二賢之數
忠亮自許○句濤字景山新繁人宋時爲湖北宣撫
使以忠亮自許料邊情如在目前每上疏論時事高
宗嘆嘉其忠
按句姓自宋建炎而來避高宗嫌名各不同有易
姓者如紹興進士勾聲是也有益金者鉤光祖是
也益系者約紡是也益草者芶諶是也增爲句龍
如淵是也改爲苟者句思是也累世後不復知

古今人物大觀卷之二十

下平 函十一

黄德裕子容甫叅閲

太史孫子未先生鑒定　閩中林涵春奕善父纂輯

金　潮海門甫編校

金京兆　少昊金天氏後

七葉珥貂。金日磾、字叔翁、官漢武侍中、入侍帝帷、出負國璽、賜金貂蟬冠、帝曰、金取堅、蟬取絜、貂取溫。著忠勤之節、封秺侯、與張安世皆七葉珥貂、彌漢代衣冠金張爲盛、

緑車載送緑車之寵。○金涉敞子，漢成帝拜侍中，以緑車載送衛尉舍，緑車，皇孫輦也。涉稱家世忠孝。

金舌。○金和尚趙人，隱中條山，唐睿宗三召不至，乃截舌以進。睿宗命焚之，化爲金舌，夜哦經，響徹殿庭。

堅如金石。○金安節，休寧人，宋宣和進士，官户部侍郎，嘗拒秦檜，性堅金石，孤立無黨，著易解。

醉鄉。○金極樂，平人，紹聖進士，上書乞斬蔡京以謝天下，坐元祐黨中，隱鄉市，扁其廬曰醉鄉。

至人熟睡。○金礪學道華山，日熟睡。陳希夷見之曰，

先生有道乎何夢之深也答曰至人本無夢其夢也
遊仙爐裹名爲藥洞中別有天
東園主人○金若洙字子方休寧人弱冠登寳祐進
士官黟江令宋亡不仕築東園隱讀其中編性理著
東園主人集
義門○金彥寳慶人舉孝廉爲宋朝第一號義門金
氏
有文譽○金純泗州人明初由太學人才擢吏部郎
有賢能文譽晉禮部尚書從修大典致仕

從亡逃名○金焦貴池人洪武以賢良徵授御史建文刑部侍郎靖難入都帝焚宮焦與程濟二十二人從亡帝入蜀焦會夔州遊天台焦會石梁稱浦叟後死河南帝寓浪穹聞而感傷有子犯歸黃土重耳未還時句○

沭陽伯○金濂山陽人永樂進士擢御史歷中丞尚書史稱嚴明剛果善于謀畫以軍功晉少保追沭陽伯謚榮襄

尋卒上諱○金忠鄞人靖難兵起布衣田冠謁上稱

浙東奇士、聞殿下賢、王舉大事、宜收人才、文皇善之
禮以賓師、官尚書、時儲位未立、命護太子、導以孝友
宮僚端方無踰公者、謚忠襄
雪後佳景 ○ 金幼孜、名善、以字行、新淦人、建文進士
永樂援革除、官擢東宮侍講、與楊榮隨駕、次永甸雪
初霽、上曰、雪後看山最佳、景孜咏云、瑤樹生輝寒已
散、瓊林銷凍暖偏勻 ○ 次交河、河水鹹沙草木、虎豹皆
白 ○ 山名長白 ○ 上曰、至此南望北斗矣 ○ 孜曰、臣始知塞
外風景 ○ 上云、昨夢上帝語好生若三、何祥也 ○ 孜請頒

師贈少保謚文靖

明斷○金濂宣德進士歷官都御史鎮陝西邊歷十載信義昭宣華夷悅服上察其明斷召授大司寇

節義文章○金聲字子駿號正希嶽州人崇禎進士歷翰林御史傳學品望著述一以道德為歸稱海內先生時事多艱家居終養弘光累徵不起大師南下自縊時有貴池諸生吳應箕宣城諸生麻三衡與先生同盡時稱徽寧兩郡多死節之士

質僧○金佺字道隱崇禎進士初官臨清州守性質

直著述語多禪理制藝爲當代所宗南北都陷遊學
西佯滿高其節授禮垣時事日非削髮爲僧留髮表
識閩瞿式耜張同敞死節上書定南王請葬二骸時
有吳江楊蓺者具衣冠以殮瘞北山下伏波門外
飲泣負國○金煌崇禎進士南都破魯藩入浙煌官
尚書時兵變煌盡啓九門出百姓飲泣回顧父老曰
愛吾負國不能匡扶致社稷丘墟衣冠赴水死
麻衣躍死○金鉉字鼎臣北直人崇禎進士官兵部
郎寇陷都城鉉聞先帝殉國煤山服麻衣素冠躍皇

城御河死毋章氏妾王氏弟錝呼曰同死報國赴井

全盡○

三代同節○金毓峒崇禎御史甲申寇陷都城峒分守西直門賊登城奮拳大呼投井死子嬰孫振爲賊支解妻妾毋媳俱投井死六屍挽出宛然猶生

訓學廉介○金城字用我嗜學就古閩貧儒以介鑑稱者三冬服破絮不輟苦吟路拾遺鐶還之其人請分贈不受著四書崇正辭旨新抄蕺革呼子囑云吾積學終老未厠一衿爲憾子鏡成進士督學兩浙遵

遺訓、按部校士、懸父像、悉援单寒、以廉介自厲、具鄉志、

林濟陽　比干之後、逃長林、因林爲氏、

披裘翁、○林類、周人、年百歲、披裘、因聞夫子使子貢往問曰、先生少不勤行、長不競時、老無妻子、死期將至、何樂、如是、類曰、人之所樂者、惡進、吾之所樂、世之所憂也、

十德、○林皐、爲趙相、生子九人、俱賢、國人號九德之父、十德之門、趙王嫉之、下令曰、吾欲幸國中擇其木

葉繁盛者伐之鼻曰此王欲殺我父子也遂棄家入白雲山王嘆曰知幾哉林氏子乎

子雲師○林閭漢臨邛人善學博古上書稱自古天子有輶車之使由漢以來聞其官不詳其職其何以考八方之風雅別九州之異同也揚雄聞其賢師之

從王南渡○林祿字世蔭從晉元帝南渡給事黃門侍郎討杜弢功遷散騎常侍充合浦太守太寧三年敕守晉安郡以官爲家爲晉安林氏之祖裔孫尚書大與贊曰粵惟我祖晉室勳臣名垂天壤功奮巖廊

孫枝褒發、億萬弥昌、華組如帶、積笏盈床、顧瞻祖德、
萬世有光、
兩世璽封○林緩字義和、南平侯景子、景從征南將
軍朱寶、平南、封桂陽郡侯、緩晉咸康郡舉計偕、補車
騎參軍、從大司馬桓溫伐蜀、封桂陽郡開國侯、賛曰
天生豪傑、黼黻皇猷、馳驅皇路、挺立名流、晉秩常侍、
璽勅簪侯、爲時補袞、爲士楷裘、太師華裔、冭治作求、
傳世九牧○林披字茂彥、年十五、輯六經子史千卷、
唐天寶擢第、官潭州刺史、左遷臨汀曹椽、臨汀地多

山鬼公作無鬼論鬼竟不妖年未四十志尚高隱常歎曰林君出處猶龍生子九人九爲刺史閩人傳林氏九牧

渡嶺題辭○林藻字緯乾兄弟俱業文一日渡黎嶺誓曰彼鵠彼鵠睍在目堅取乃速二三子無替應試試合浦還珠論文成假寐神人呼曰何不敘珠去來比悟曰珠之去也山無色兮氛霧冥冥海無光兮空水浩浩珠之來也川有媚兮祥風習習地有潤兮生物振振果第主司杜黃裳曰文有神助與弟蘊全及

第歸復題嶺曰昔向嶺頭題姓字不穿楊葉不言歸而今各拆一枝桂同向嶺頭聯影飛官殿中御史事具唐史

磨石頸○林藴字復古莆田人唐貞元進士少與兄藻歐陽詹讀書泉山舉賢良對策有臣祖比干忠諫而死天不厭直復生微臣之句官四川提刑劉闢反公以大義切諫闢怒欲斬之以刀磨其頸藴罵曰我頸豈頑奴磨石耶知不可屈釋之

白烏甘露○林攢字會道唐貞元福唐尉毋死廬墓

白烏來巢其露下降詔賜雙闕稱闕下林家
閩中記○林諝唐閩人博學善屬文隱雪巖不仕著
閩中記
湧泉孝子○林安五代人事母至孝母死廬墓旁裂
石湧泉閩王異之著其地爲湧泉幷孫正華稱湧泉
大小孝子
續孟子○林慎思字虔中長樂人宋咸通宏詞科官
倘書水部郎黃巢陷長安不屈罵賊死著續孟子書
伸蒙集

林婆湖○林鶡字祥鳳長樂人開元進士官叅軍開
湖闊湖千頃以溉田妻趙氏捐奩助之鄉人號林婆
湖

鄒魯聞儒○林緒莆田人博學飭行唐祥符中舉草
澤賢良州郡以緒應詔制曰朕羅蒐遺逸崇獎風化
爾居閩越爲鄒魯聞儒宜覃麗澤往佐盛治

西湖處士○林逋字君復錢塘人結廬小孤山性恬
靜不求祿仕宋真宗遂其高隱賜謚和靖先生畜二
鶴每出遊客至僮子放鶴即掉小舟歸將死咏云茂

陵他日求遺稿猶喜曾無封禪書句所居繞屋種梅詠云踈影横斜水深淺暗香浮動月黃昏

松坡集○林敏功字子仁蘄春人嘗曰軒冕富貴非吾願也杜門二十年林震爲郡守謂人曰吾宗有隱君子表其高尚賜號高隱處士子仁謝表云卧牛衣而待旦寒如之何搔鶴髮以興懷老其將至著松坡集

文軒先生○林光朝字謙之莆田人專心聖賢踐履之學晚登仕版官禁近不得盡言以竟所蘊引退號

文軒先生、
清癯○林大中字和叔、宋寧宗中書省、時朱熹坐客有知天文者、曰星變正人當之、熹曰其林和叔乎、而公果出臺去國、性嗜學、清癯如不勝衣、毅然有任重道遠之意、言不出口、論事有回天之力。
金門羽客○林靈素、永嘉人、以方術得幸、號金門羽客、侍宴大清樓、見元祐黨碑、素稽首、帝問之、對曰碑上姓名皆天上列宿、臣敢不稽首、咏詩云、蘇黃不作文章客、童蔡翻爲社稷臣、三十年來無定論、不知奸

黨是何人

悲風曲○林摶字圖南福清人舉入行入太學元和官叅軍退居靈石峯善鼓琴徽宗三召入內鼓悲風曲上不樂其名遂罷著琴譜

持論侃直○林之奇字少頴侯官人號拙齋官校書郎會朝廷策士欲叅用王安石三經奇言三經率爲新法晉人王衍清談罪深桀紂安石實似之其持論多此類呂祖謙師事之著經書簡要

夢入瓊島○林鴻字子羽明洪武初以詩才徵上臨

軒試龍池春曉、孤鴈二詩、名動京華、與高季廸諸人、
稱明初十子、嘗夢與仙女唱和、作遊僊記、詩云、朱欄
馬道掛雲煙、夢入瑶華小洞天、塵念一萌僊境絶、桃
花流水自年年。
天子聯詩。林廷綱、莆田人、洪武初、錄國學、親試擢
給事、侍上游江間、行殿太祖首倡云、江間小艇與雲
齊、梂上新添燕子泥、上命綱足之、云、雉扇曉開紅日
近、龍衣春濕彩雲低、旗旗影裏貔貅息、斧鉞門前騏
驥嘶、簪筆詩成同拜舞、太平天子賜新題。

風流孰繼○林弼字元凱龍溪人明初以元臣徵修禮樂書擢主事使安南出守澄州王禕贈詩云科名唐進士道學宋元儒風流今孰繼林子亦其徒

守志全節○林右臨海人建文春坊學士靖難召見文皇欲用之慢罵不屈劓鼻死僉事林嘉猷寧海人坐方孝孺黨逮至同時死之沒戍其家

大儒三秀○林興字仕銘洪武以經學徵侍經筵子文節字時亨永樂會試乙榜官黃州丞從子文秩字禮亨年十五弟文秸字嘉亨年十三同登永樂進士

秩官翰林御史歷陝西臬憲從征高煦有扈駕功壽八十二秸官翰林吉士分校會闈周旋商輅彭時先後皆出其門大學士輅贈云門外狀元三立雪庭前翰苑兩垂髫都御史洪英贈云總角雁行同翰苑麗眉豸憲一柴扉探花陳景著贈云春宴曲江雙玉筍夜歸深院兩金蓮閩人傳大儒三秀三公風節文章砥礪當代

夢寶誌○林誌字尚默閩人永樂進士第二鄉試廷試皆第一歷修撰春坊諭德纂修性理名臣奏議詔

二俸罷之公初生夢寶誌公入室因以爲名性頴無學不窺著蔀齋集

金井玉壺○林元美閩縣人永樂進士守撫州以廉靜鎮浮爾徵士吳與弼獻金井水玉壺冰六字以況清節致政歸于謙書四知堂贈之

太液池詩○林環字崇璧莆田人永樂狀元翰林脩撰修大典總裁扈從北巡長陵脊注最深試太液池云翠柳長條經雨後綠蘋香煖得春先又御溝流出通金水仙派分來白玉泉

風裁凛然○林聰字季聰寧德人正統進士官給事
劾石亨楊洪諸大師風裁凛然英宗北狩將歸廷議
毋盛衛迎有投匿名帖上怒捕急公疏請從厚勿貽
後悔尋蜚語中公擠臣胡忠安以病申救上遣中使
問胡公曰老臣本無病聞欲殺林聰驚悸耳上意解
歷官少保謚莊敏
清譽○林鶚太平人景泰進士歷官侍郎謚恭肅浙
志稱秉禮植義愛敬篤行年未五十清譽品望出諸
卿右

理學大儒○林玭字廷珍懷安人天順進士釋褐歸養十七年著易經蒙引授門人蔡虛齋淸陳紫峰粲學者稱雲室先生官雲南按副弟瑭字廷玉成化進士南畿提學御史學者相慶得師與陸敬輿眞西山特祀南畿學宮孫塈嘉靖進士臨安太守廣明淸節載循良傳

風木圖○林樞字邦摸福唐人性至孝博學善文成化進士官戶部出守南雄多惠政歛于終養作風木圖撫恨諸名宿皆有題咏關西張綸云落日西風響

白楊。此聲聞處總堪傷。高堂寂寂人何在。荒塚蕭蕭
夜自長。江右吳璟云。庭柯不靜黃雲黯。野吹長鳴白
晝昏。夢裡音容如在昔。覺來雙眼帶啼痕。樞著筆疇
存世、按樞祖林高、林摯傳世至樞五世、登十三進士、
閩人爾世宦、
文儷乩筆。林玠、字廷玉、懷安人、雲室先生弟十八
登天順覽書、上公車、卒于鵝湖、櫬歸、空中有聲、家人
慫乩召之、乩自動、日作千言、別父母云、豈期我遽終
天別、何地能酬寸草心、別妻云、寄言與爾無他事、節

袋氷霜不可盡別子云幸吾尚有凌雲樹莫道孤根無所依經年靈氣方散托錦囊字付遺腹子名文績材名官爵孫璧科名介節玄孫崇享致仕壽考無不靈驗閩人稱文儒乩筆郡人商梅序遺文稱先生弱冠登後未竟其才一副孝思忠魄無從發越托爲鬼語神言憑箕以寫亦造物不齊之憾也歟

惜官甚死。林俊字待用莆田人成化進士前官主事劾妖僧繼曉中幸梁芳曰天下猶身也賢才元氣財用血肉小人病疾也曉與芳耗氣飾血爲病爲疾

人不敢言惜官畏死臣不畏不惜逮獄謫判孝宗擢
南臺疏內侍柄臣之害嘉靖晉尚書言祖制禁廠衛
重刑焚獄示戒自逆瑾違制此獄再開正人何以圜
免速宜罷斥瑾敗贈少保諡貞肅
三世祭酒○林瀚閩縣人成化進士弘治官祭酒十
年按故事餘役膳積給疏水公悉營學舍館士一御
史以旨逮獄數太學緣中官授中書公疏請宥御史
罷中書杜倖門逆瑾嫉公指爲劉韓黨人傾謫瑾誅
召復尚書陳伯獻稱公賤者卽之不知其貴卑者卽

。之不知其尊。愚不肖即之不知其智。惟非分干請禀
不可犯。子逮棉官尚書謚康懿廷機祭酒尚書謚文
僖孫燫祭酒尚書謚文恪次孫烴尚書
焚香籲天。林大輅字以乘莆田人正德進士勍官
刑部與黄鞏諫南廵杖繫獄妻黄氏晨夕籲天緹騎以
詭詔告上怒併逮黄氏對曰妾夫被繫焚香告天幾
幸皇輿不出忠良獲宥敢有他意惟一死以謝且身
有娠不任刑速賜之死則徼惠矣居五月得釋都人
聚觀歎息歷都御史罷歸每扼腕時政拊膺慟哭

人端。林春澤字德敷侯官人正德進士初官工事
諫武宗南廵歷程番守免歸時年百有四歲詔存問
有司坊表曰百歲人瑞子應亮嘉靖進士戸部侍郎
孫如楚嘉靖進士工部侍郎三世達尊德業清望歲
舉大賓公皤然冠盃子孫搢紳侍側儼然家國巨觀
衣上白雲。林世璧字天瑞通政炫子尚書庭棉孫
天才豪放遊鼓山詠云眼中滄海小衣上白雲多衆
爲嘆羨又同徐惟和再遊有開尋老衲扣禅房筆迹
淋漓滿上方一自題詩人去後白雲滄海兩茫茫人

爾酒癖詩狂蚤天

白面奇童○林達字茂東嘉靖進士官僉事十歲面父文纘任湖廣叅藩舟次遇武宗南巡纘朝服迎駕壁于窓孔窺上召見置膝間摩其頂曰白面奇童也爲我兒曰能詩否應聲云白面奇童有赤心常談孔聖惜繁纓乘周大器原承郭千載猶傳竊器名上曰子亦不爲我兒後必忠直臣也見皇明世法錄文纘弘治進士與嚴嵩同榜纘嫉嵩竊柄年未五十致仕壁鯁直介節歷官二十載僅至五品大夫國史稱之

三死復甦、○林汝翥、字大威、萬曆鄉薦、令沛縣、捕邪黨、擢御史、魏璫專政、傾陷正人、翥疏曰、陛下責楊璉沽直、諸臣附和、獨不見曹節王甫之逢君乎、忤旨杖獄、體無完膚、三死復甦、魏璫敗、起粵東僉事、弘光以少卿召、嘆曰、中原無一片地、宜臣子致命之時、犯顏觸忌、吾不讓人、所欠馬革裹屍已、慷慨從軍、被執死之、

遺戒鄉賢、○林材、字謹任、號楚石、閩縣人、孝廉林堪子、見孝友傳、萬曆進士、初令野城、擢給諫、神廟末年

光宗九齡未萬儲位聯六垣請皇嗣出閣復同銓員
鄒元標再疏甫定又論輔臣王錫爵奪情又劾大司
馬鄭洛失職上以毀謗大臣謫極邊典史光宗立起
通政崇禎贈都御史癸巳制云諫同裴度請誅五坊
使以澍其霖勁比陽球議除十常侍爾開黨錮正氣
塞天地公道在人心士論公定國本持綱常宜配聖
宮公生前與葉文忠相戒近世卿貲半爲金夫儈父
慚吾無德免與爲伍遺子孫守之著郡乘詹言總裁
閩志以直忤時有參駁奏艸

峨嵋篇○林章字初文福唐人萬曆鄉舉七歲師指
辯全應聲云曾從北海風霜裏伴過蘇卿十九年師
嘆曰他日忠而若節者十三上書請試行間客金陵
南曹枉獄憤爭逮死天下義之作遊蜀峨嵋篇詠云
無家逢寺好多病見僧親又云春好年年晚月寒夜
夜秋子古度亦善詩曹能始錢牧齋質友
穉光繞几○林正亨字益謙萬曆進士少貧授教瑟
江每夜穉光繞几行道護之筮仕楚湘司理杖楚藩
貴戚倚勢豪虐者斃之大吏爲公患公郎解組民哭

留懷廟謁天下計吏有薦公章云一廉似水三尺如
山擢諫垣十年時饑民流寇破鳳陵鍾阜前後奉勘
者不敢發奸至公繪圖以進上觀圖嗚咽者再以終
養歸晉大司寇公卒室殞星芒如斗著兵垣末議鳳
陽櫳實
威暨錄○林兆鼎號九峰福唐人少負奇嫻韜鈐登
萬曆武進士歷官經略三省勦平蠻將軍銜太子少
保收各蠻勦苗寇人呼為飛將軍著威暨錄思廟覽
錄褒其功擢南畿五軍都督世襲錦衣賜祭塟

兩忤璫○林堯俞字咨伯萬曆進士、歷南祭酒、乞歸築南谿堂杜門著述十四年天啓起尚書疏駁逾制引祖訓毋啓宵人旁落之端、魏璫怒曰林宗伯無意綸扉一席耶何遽張拳相向公笑謝曰予知祖制不識其他及選閹侍璫援故事欲踞中坐公飭吏席兩楹間虛中堂中設篆案璫愠見公曰若等何輒相擠拂拂而去、公竟不動官終少保賜玉壽七十諡文簡、

三疐翁○林先春號狷菴天啓進士令嘉善忤當軸

罷歸時復社諸公嫉之註宦籍以死終身不復用國變匿影著述守貧力學所居作雪廬志曰予性愛雪夢亦同趣閩地少雪公生至老遇大雪三年八十號三雪翁著易象孟子略孝經釋義林雲林師事之力扺神京○林弘衍字守易忠諫林材子蔭農部主政綜通州糧儲崇禎末年流寇逼陛京警上屢詔知負交臣試解散者手勑公云朕夙知爾多奇然勍目爲材士此得潞河提奏能以一州扺神京疏背潰兵雜民渠獲安堵至舉朝爲之動色謂郎署乃有此人

晏臺議以爾備兵潞河朕念爾材當入佐中樞今尤
邉多故不欲區區潞河畫爾逵嶲邑宗殉國未竟大
用唐藩入閩備兵溫處歸隱武夷著武夷懷言山居
閒考子之杲官博士以孝友傳之蕃御史以忠節傳
殉國一死○林垐字子曌號耻齋福唐人崇禎進士
令海寧毅宗殉國請自效復仇不遂南都陷魯藩入
浙唐藩入閩公審去就歸閩歷御史詮部痛內外隶
軸非人事局日解志堅殉國有種種數莖休見德此
頭尚在亦吾仇句潛處海濱爲義旅所推遥死疆場

絕筆云一瞑已矣復何求魂去千山祇帶愁易捨妻孥惟有父無慚膚髮但多頭報仇到底落人後做鬼應居最下流門外長江知我恨年年風捲海濤秋嗚呼推公之志與張范陽欲存趙祀於崖山是可哀也不用爲用○林崇蘭字永馨明大儒雲室先生後姓孤揹潛篤易理家有同根燃萁之變童子時題閔損御車圖云朔風何太廹寒色薄蘆衣又云欲借停車語傷心不忍言長遇革變虜滿入閩馬冲褒曹能始諸先達擧所知公並易卦以謝云儉德辟難斯其時

也世人知以用為用不知以不用為用乞遂潛晦終
身訓子雲林守貧著述以竟公志
漁兒詞○林之蕃字孔碩號涵齋忠諫林材孫崇禎
進士國变隱唐與林子野逃禅斷葷杜門不接人
事制府以人材薦徵稱廢疾辭作漁兒見志云自是
老翁生計拙風波未至把帆收又云別港魚肥招不
去綠簑惟戀舊溪山弟之木字孔森明末孝廉明亡
入山全節以死凡所著述無不本于忠孝
奇男子○林化熙字阿阜福清人性方嚴道學自任

唐藩官博士清師抵閩熙魏冠方袖宰逮之獄熙曰我男子也父毋髮膚不可辱宰上其事械入過文廟乞械予辭聖制府見之嘆曰奇男子也成就其節斬諸市顧行刑曰市曹悉罪人我非其倫經鼓樓下呼曰此地可對天地高皇正臣子盡節處也端坐受刄遺礌罪臣○林友蘭字自芳僊遊人性樸直幼以忠孝自命崇禎進士初令桂林擢御史黃道周糾閣臣揚嗣昌奪情忤旨詔獄蘭再疏稱大臣不知有父焉知有君以墨經居端揆尚有人心乎南北都陷日濤

泣隱海上疾革遺命書大明罪臣林友蘭遺骨慷慨從死。林尊賓字燕公莆人力學能文崇禎鄉薦痛思宗殉國每涕泣曰吾生不能戮力行間死爲厲鬼殺賊唐藩入閩首指陳國諸奸次陳戰守傷秉軸非人歷行間誓慷慨從死與少卿林友蘭忠憤相犄角餉匱師老被殺於馬跡

竹溪遁叟。林芝草字六英尤溪人崇禎諸生刻苦力學不伍時輩國變散貲募士間道從國相黃石齋先生黃死國英隱尤溪白岩著竹溪詞見志

詩集大成。林嵋字小眉崇禎進士初令吳江歷禮部員外弱冠負才名文章爲天下所宗國變杜門著述閩中詩自鄭少谷而後至公爲集大成余颺贊其像曰颺與君圖此岸門之下吾視息雖存而圖已燬君形像宛然而人不起嗚呼畫之傳者君之形其不傳者君之神君之胸羅列宿而填魁壘君之筆鎮如山而流如水君有文而不死君有像而不死世之死君者適足以成君之名何曾損君之一粃

摩錢歌泣。林古度閩孝廉初文子寓金陵與吳嘉

紀野人友善倡和著述必偕貧無長物身懷萬曆一錢納小筩中時時撫摩歌泣與野人作一錢行贈云先生春秋八十五芒鞋重踏楊州土故交但有丘隴存白楊離離權枯根昔遊倏過五十載江山宛然人代改干戈滿地杜老貧囊底徒餘一錢在桃花李花三月天同君扶杖上漁船杯深顔熱市城遠却展空囊碧水前酒人一見皆垂淚乃是先朝萬曆錢

○林氏祭酒文安公孫孝廉鶯羽女適比部郎陳感巷子弼哲哲諸生早夭撫遺孤自織絍而有室有

子。續舅微綫今夫嗣有繼負襁紉積營兩世窀穸完
婦道代終子職賢哉巾幗去男子遠矣孀守八袠以
節孝旌

岑　南陽周文王第姬耀于渠爲岑子孫因氏

征南公。岑彭字君然建武中爲征南將軍伐蜀治
樓船詔報曰荆門之役一由征南公彭至武陽公孫
述以杖擊地曰是何神之速也爲刺客所刺謚壯侯
雲臺二十八將之一

足下生蹇。岑熙順帝魏郡太守民歌之曰我有楔

棘岑君伐之畏有蟊賊岑君遏之狗吠不驚足下生氂含哺鼓腹焉知凶災

蓮花賦○岑文本字景仁父以事逮獄文本作蓮花賦有司稱賞直其父寃唐貞觀官中書令

江東三岑○岑羲字伯華武后中金壇令弟仲翔長洲令仲林溧水令皆有治績宰相宗楚客曰用人典要毋遺江東三岑○

一門三相○岑長倩唐垂拱初自夏官尚書拜鳳閣鸞臺文本中書令羲侍中一門三相

李杜齋名、岑參登唐天寶進士、官御史、有詩名、與李杜頡頏、嘉州太守、號岑嘉州

甘　丹陽夏侯國、甘盤之後

息壤　甘茂事秦、爲左相、伐韓至宜陽、與王盟息壤、後攻之五月不拔、樗里子譖之、王欲罷兵、茂曰、息壤在彼、

出奇計　甘羅年十二事文信君呂不韋、爲之始皇爲上卿、太史公曰、甘羅年少、一出奇計、聲稱後世、雖非篤行君子、亦戰國傑士也、

懸旌萬里。甘延壽字君況少以良家子善射爲羽林校嘗投石拔距與陳湯奉使西域斬郅支劉向上其功賜黃金拜長水校尉

備識風土。甘英漢永元中爲班超掾超遣之窮臨西海而還凡山海經未詳前世未經者莫不備識風土。

江表虎臣。甘寧爲孫吳將多計畧破曹公于烏林稱江表虎臣

乘雲。甘戰字伯武從許眞君學道授金丹陳大建

中駕麟車乘雲上昇
西土懷思○井卓字季思晉凉州刺史爵撫綏市無
二價西土懷思
笑人簪花○井瑾字彥祈餘干人元末隱雲錦山明
初詔徵試詩文獨步與浙水張可立齊名人稱瑾文
如笑人簪花立文如貞女誓栢洪武官嚴州治中
引頸不言○井霖懷寧人洪武鄉薦擢御史剛直敢
言中臺憚其執法靖難執見文皇惟不言求死引頸
受戮子孫相戒不仕○

闞太原周武王封泰伯孫仲奕于闞鄉因氏

明府○闞憲蜀漢綿竹令、邑人夜行得遺錦、平明置縣檟憲曰、夜行得錦天賜也、對曰、縣有明府、愛此則慙、人歌之曰、闞君賦政明且和、路拾遺錦亦不欺、

有大節○闞纘字續伯、博覽墳典、慷慨有大節、仕晉漢中守、懷愍太子廢、上疏扶綱常、正人紀、振風化、萬言、

孝門○闞元明以孝行著聞、詔表孝門、復其租調、自序云、願盡膝下之懽、忘懷軒冕之貴、

草隸妙絶○閻仁慶南北朝爲龍驤將軍子毗篆書
草隸妙絶當時
馳譽丹青○閻立本唐貞觀中主爵郎中上與侍臣
泛春苑有異鳥戲波詔立本繪狀時立爲左相姜恪
有軍功拜右相時語右相宣威沙漠左相馳譽丹青
兄立德弟立行孫玄邃兄弟子侄四居大卿
文可愈疾○閻朝隱唐中宗朝修文館學士張説論
近世文章朝隱若麗服靚粧燕歌趙舞觀可愈疾
閻公雅望○閻伯嶼唐時豫章都督王勃滕王閣記

云都督閻公之雅望棨戟遥臨、
高唐館○閻欽愛宋御史宿濠州高唐館詩云借問
襄王安在哉、山川此地勝樓臺、今朝借宿高唐館、神
女何曾入夢來、

嚴大木楚莊王支孫諡嚴子孫因氏

近古逸民○嚴遵字君平、西漢時賣卜成都、得錢則
閉肆下簾、而讀莊老、楊子雲少從之學、稱其行足激
貪、氣足厲俗、近古之逸民也、

嚴顏之學○嚴彭祖字公子、與顏安樂俱事眭孟、孟

弟子百餘人、惟嚴顏能質疑辯難、眭曰春秋之義在子矣、自是公羊春秋有嚴顏之學、宣帝官博士
相見之晚○嚴安上書漢武帝、帝視大悅曰公等安在、何相見之晚耶、拜郎官、
客星帝座○嚴光字子陵、小字狂奴、新野人、少與光武同學、帝即位、變姓隱身、帝思物色之、齊國上書有一男子、披羊裘釣澤中、帝疑光、以安車徵光、卧不起、帝即卧所、撫其腹曰、咄咄子陵、不可相助為理耶、與帝共卧、太史奏客星犯帝座、帝曰朕故人子陵共卧

耳拜諫議大夫、不受、隱富春山、於垂釣處、爲嚴陵瀨

挺之有子○嚴武字季鷹、幼豪爽、毋裴氏不爲挺之所容、獨厚其妾、武八歲、袖鐵鎚、就妾寢、碎其首、左右驚白挺之、爲戲殺、武曰、安有大臣厚妾而薄妻者、兒故殺之、非戲也、父奇之、曰、嚴挺之有子○天寶中、劍南節度與杜少陵友善、陵嘗登其床、覭之曰、嚴挺之乃有此兒○

歷三鎭○嚴綬、微時、謁閿鄉尉李逵、逵飯他客、不接後逵謫并州、謁綬、綬方宴、曰、吾昔羈旅、君不顧我、今

我亦不留君達㡚而去綏歷三鎮拜左僕射

麗姬賭帶○嚴續有麗姬唐鎬有通犀帶二者稱絕世奇珍各出姬解帶賽之唐大勝乃酌姬酒令歌一曲而別續慨然贈之

髮指○嚴陽尊者名善居明心寺踞坐蟠石嘗有二虎一蛇馴繞其旁及歿建塔宋淳祐間啓之尊者髮垂至踵指甲過臂有舍利燭天

化俗○嚴祀明洪武初以賢良徵授武功令元末政弛邑凋民梗祀芾煩就簡待人以誠朞年而風行俗

化

搣影全節○嚴震直烏程人洪武進士以才幹歷參議晉尚書出使滇南建文遇震道中驚避久之直見對泣帝曰何以處我對曰從上自便臣自有處俟帝遠去夜縊驛亭帝聞泣曰震直搣影以全我也○錫山王時大吊詩云洱海人看漢使軺蒼梧目斷水雲遙相思相見情何盡古驛蕭蕭落葉飄

褒宇誌○嚴淦字宗源閩縣人景泰進士翰林吉士修褒宇誌有學海文淵之譽館閣器重拜御史督學

甫。畿言終方伯

故帶猶存○嚴清字直甫號寅所嘉興人少咄咄奇語嘉靖進士初令富順人曰未淬之劍輕試斷犀耶○謝曰方在冶中惟工擇利耳累官都御史撫蜀一以惠利便民痛繩豪梗上知公不骫法屹立者不與致政史稱窮約自厲雖圖史琴鶴不受官尚書貧至不具章服猶束素帶群指曰釋褐故帶猶存耶謚恭敏不愧君父○嚴通字志吉號白海崇禎進士謁選遇閩變歸里終養著白魚集唐藩入閩與潞藩入浙相持

水火通官禮垣上書言敵旅當前而骨肉相殘如矣
許何各悔恨通奸舁事局解圓頂爲僧被舊誼牵獄
人咸惴惴嘆曰生必有死讀聖賢書不愧君父何憾
仰藥而瞑祁大師入閩有以地方人才薦舉先生謝
以詩云柴門久已絕逢迎寵辱由來總不驚富貴失
身皆罪案文章得意即功名薦者隨罷以全節死

詹河間周宣王支子賜姓詹

世官○詹洸爲福州侯官令子豪移家建潭生五子
一居嚴陵一居信城一居婺州之間留武夷者二在

唐有詹肇、爲御史中丞、詹流、爲侍御史、在宋有詹庠、
爲工部侍郎

賜菓○詹會龍、范峴人、宋建炎中與弟檜龍同召見、
時會龍方五歲、外域獻菓上分賜曰、一盂菓子賜五
歲之神童、會龍應聲曰、三尺草茅、對萬年之天子、上
大奇之、補從事郎

輯寶鑑○詹同、字同文、婺人、明太祖下武昌、授博士、
掌起居注、晉侍讀、諭曰、史貴直筆、公天下也、予生平
行事、當直書無隱、文貴明達、無事浮藻、同彙纂成禮

樂政刑日曆百卷藏秘監上分四類名皇明寶鑑以
學士承旨致仕
清名歸老○詹源安溪人弘治進士擢御史逆瑾用
事凡拜官者必私款瑾庭源獨不往瑾招之以病辭
一日遇諸朝拂衣以避瑾敗諸往來者咸逮及獨源
以清名歸老
諫異玩○詹仰庇字汝欽安溪人嘉靖進士南海令
以卓異徵御史穆宗購異玩奇珍庇疏云珠寶多聚
中貴人家上取愈急則價愈倍縱四方有從貢獻來

者彼必謂不當上供隨出奇巧以售兩收其利也中
貴人懼遂寢
化塵○詹斗文字玄象歙人嘉靖隱士結茅白岳蕭
然恬息氣離煙火思結雲霞堅之塵凡俱化
梓宮夜雨○詹兆恒字月如永豐人崇禎進士弘光
御史時馬士英引用阮大鋮恒疏欽案諸人不便翻
局先帝神靈內斷決不可移今梓宮夜雨一坏未乾
太子諸王六尺安在國仇未復忽召大鋮豈不上傷
在天之靈下短臣民忠義之氣乎

廉 河東 顓帝孫大廉後

勇氣聞、廉頗趙良將、以勇氣聞諸侯、官上卿、與藺相如友善、爾刎頸交、時強秦不敢加兵于趙、以兩人戰勝善謀、趙王以頗老、使人視之、廉一飯斗粟肉十斤、披甲馳馬、以示可用、使者譖之、報曰、廉將軍年老、雖善飯、然與臣坐頃之、三遺矢矣、遂不復召

襦袴之歌○廉范字叔度、漢明帝蜀郡太守、百姓歌曰、廉叔度、來何暮、不禁火、民安作、昔無襦、今五袴、

甑釜生塵○廉公諤、漢棠邑人、爲萊蕪令、民歌曰、甑

釜生塵魚、境內安以樂、昔聞范史云、今見廣公諤、官
司農卿、所至多善政、
汜　周大夫食采于汜因氏
農師○汜勝之、漢人、撰農書十八篇、劉向別録云、教
田三輔、種植爲師、武帝徵議郎、
濟北五龍○汜昭、漢靈帝時、濟北英賢傳、與戴祈、徐
晏、夏隱、劉彬、稱五龍、
琴書自適○汜騰、字無忌、并州人、舉孝廉、爲郎、辭官
杜門、曰生逢亂世、處富貴而能貧、可以免患、散家財

以施宗黨、躬自灌園、琴書自適

咸汝南巫咸後

漢史○咸宣漢人宣帝御史、善擊奸、發伏、見史書

圖形○咸冀唐開元十八學士之一、圖形含象亭、

談廣平殷帝乙之後

洛濱會○談弘謩唐開成四門博士、與裴度爲洛濱

修禊之會、

瓜瑞○談真安吉布衣宋紹興中真上言瓜生並蒂、

合而爲一、草木彰孝德之瑞、

紅葉詩。談震字克威、吳縣人、一夕夢二仙女持紅葉乞詩、攜手入雲苑聯詞、醒錄其事、忽大風穿屋颺去、祇留末句、不知遺恨成多少、盡向霜紅葉上書。震以是年徵入史舘、修宣德實錄、

脩　玄真之佐、爲脩氏

化石。脩羊公、周人、在華陰石室修煉、景帝召見、禮之、入山化白石、詔題其旁、修羊遺責、

做人樣子。脩體仁、武平人、明成化明經、志行謹飭、嗜群書、每夜呼兒孫、講說古今孝弟典故、曰汝曹立

身當如是此做人樣子也汀人建堂師之顏曰樂善

彝

茂才○彝相隋詔舉異等有司以相茂才應

凝峻○彝适明洪武初粤西廉使誌稱廉謹凝峻剖决如流官俸不以入署取僅給蔬食者餘以賑民貧乏

鐔

拾遺補闕○鐔顯漢和帝朝陳寵爲廣漢守王渙爲功曹鐔顯爲王簿寵皆引爲腹心惟顯落落自立及

還朝帝問卿設施對曰拾遺補闕忝詔書而已

卷二十終

古今人物大觀卷二十一

上函一

太史孫子未先生鑒定　鄭基生望士甫參閱

閩中林涵春奕善父纂輯

姪　薌采若甫編校

董〈隴西〉黄帝飂叔安後曰董父

良史。董狐、晉史官也、趙穿弑靈公、狐書曰、趙盾弑其君。孔子曰、董狐、古之良史也。書法不隱、趙宣子、古之良大夫也。爲法受過。

天人三策。董仲舒、少治春秋、下帷攻書、三年不窺

圜漢武中以賢良對策述天人三事天子以爲江都相循良傳云仲舒儒者通庶務明習文法以經術潤飾吏事劉向稱舒有王佐才伊呂無以復加管晏不及考其師友淵源未及游夏

強項令○董宣字子平光武朝洛陽令湖陽公主蒼頭殺人宣殺之帝召宣使謝宣兩手據地終不屈服勅曰強項令以能搏擊豪強京師號曰卧虎宣死家惟大麥數斛敝車一乘賜文綬以大夫禮葬之

傳座○董勛漢人有問勛元日飲屠蘇酒從少者起

伻飭答曰俗以少者増歲故賀老者亡年故罰元日以後遞飲食相邀號曰傳座

通儒○董鈞字文伯習慶氏禮漢永平中博士草郊祀禮樂威儀制度世目通儒

忠亮○董允字休昭仕蜀先主專獻替之任諸葛亮曰侍中董允此亮死節之臣也

杏林○董奉吳人有道爲人治疾不計錢有酬餽者令種杏或五株三株數載成林號董氏杏林

衍白社○董京晉逸士居洛陽市上作逍遥吟常宿

白社中

腰龜杖節○董徵字文發魏人安州刺史還鄉置酒高會曰腰龜還國昔人爾榮杖節還家云胡不喜

畫家三史○董展字伯仁隨人善畫作記云顧陸張吳爲五經楊鄭董展爲三史

一門袍錦○董晉字混成貞元中上柱國隴西公四子長全道著作郎次全溪秘書郎三全素太子賓客四幼澥太常卿俗目一門袍錦

賜盤龍衣○董遵誨仕宋太祖通遠軍威信遠播賜

夷賓服帝脫盤龍衣賜之曰旌爾綏遠之勞

董半夜○董儼陳儀人太宗朝三司使與趙昌言胡旦同知制誥稱同甲會每宴飲茶觴壺矢未嘗虛日夜歸金吾候馬首聲諾諺曰陳三更董半夜

踏槐○董傳字至和有詩名東坡引劉覲教授以鉋葉爲樽俎之句詩云强隨學者踏槐花眼亂行看擇婿車腰瘦不堪騎駿馬却歸泥醉漫塗鴉韓魏公薦知長安身卒

滿江紅○董鉞字義夫官曹郎得罪歸鄱陽遇東坡

於齊安曰吾娶妻郗氏三日而去官不以戚戚而憂妻亦怡然居患難令家僮作满江紅歌之坡亦和其詞云便相將左手把琴書右手牽香裾陶然一醉天高下

怡老賜杖　董倫字安常恩縣人明洪武贊善侍懿文太子建文即位以東宮舊輔官學士賜怡老堂玉鳩杖倫表謝曰桓榮設几杖於太常不聞宸翰之賜晏殊題舊學於神道未見第宅之頒靖難兵入時年八十聞御史黄鏞死悒悒絶粒

臣節一死○董鏞長沙人太學生以清介操行徵建
文授御史靖難兵入逮見不屈死之
與鶴同歸○董紀字良史上海人洪武徵授僉事有
惠政民稱董子莊著笈端集歸隱有採藥山童終日
去夜深常與鶴同歸句
嫺辭○董玘會稽人天順進士博通經史操行峭直
嫺於文章詞令歷官侍郎見文學清介傳公字文玉
風土記○董越字尚矩寧都人成化進士及第三人
入直經筵出使朝鮮有異域山川風土記累官尚書

少保謚文僖博學善文尤長詩歌入閣詩云䳺鶚凌摩在絳霄玉清高處鎮群僚寧無尺五歸時論曾有登三報治朝撰述爲當代所宗

梅月吟○董元弘治間神童八歲能詩父指梅月命詠答云夢覺羅浮夜已闌碧天雲靜月團圞玉人不學桃花面净洗紅粧鏡裏看九歲應舉登第

肩瓢笠○董澐字蘿石海寧人年七十善詩聞王陽明講學稽山肩瓢笠訪之明與語大悅澐曰若大夢方醒請終身北面明日齒長我友我可也澐棄笠瓢

持一縑來贄曰此吾老妻紡也積誠如此縑矣明隨之探禹穴眺秦望尋蘭亭遺跡猶而忘歸侍姬眞蹟○董其昌字玄宰號北苑華亭人萬曆進士歷編修常卿晉大宗伯博贍禪理臨池繪素爲士大夫爭取晚倦應酬有代落墨其眞蹟往往得侍姬之手與元章松雪並有諡文敏

先事綢繆○董應舉字崇相號見龍閩縣人萬曆進士歷官工部侍郎以老乞歸治田理鹺鼓鑄事具志錄神廟時稱全盛而邊陲多釁崇相討安危大勢詒

書榮文忠援金人窺宋故轍未幾遼地沒諸邊警當國者不能先事綢繆徒深老成未雨之嘆著崇相集作述大家○董養河字叔會號漢橋閩縣人崇禎鄉貢廷對特賜進士黃道周逮獄中書文震亨下錦衣拷問連河同黨禍不測怡然唱和西曹道周獄解擢戶部郎子謙吉崇禎進士博學文與父子稱作述大家寄志塵表○董謙吉字德受號嵩生閩琅江人以文章名豪爽不屑簿書崇禎進士戶部郎傲不諧俗爲猾胥所中白還職晉臬副掛冠南北都陷杜門著述

唐藩入閩人競豈沛吉獨寄志塵表削髮山中稱佯
僧

○董氏賈直言妻也賈坐貶嶺南與妻訣曰生死不
可知吾去任汝他適妻不答以繩束髮封以帛使
賈署之曰非君手不解直言貶二十年方還署帛
宛然

○董永後漢人家貧父未葬就主人貸錢以葬道逢
一女求爲永妻永偕詣主人令織縑三百以償一
月而畢隨辭去曰我上天織女感君至孝帝令織

助右耳凌雲而去

鞏山陽周卿士鞏簡公後

獻提○鞏朔晉大夫宣公十二年行成於鄭獻提王

朝

忠節○鞏伋漢侍中史稱伋立朝秉忠貞亮節

龍圖學士○鞏湘宋淳熙進士廣州守龍圖學士史

稱清節直諒

同繫柩前○鞏永固明崇禎駙馬都尉甲申國變大

書世受國恩身不可辱八字驅男女同經公主柩前○

縱火自焚。謚貞愍

項逸西春秋項橐之後

扛鼎。項燕世爲楚將燕子梁梁從子籍字羽力能扛鼎秦末起兵吳中自立爲西楚霸王後敗垓下與虞美人歌曰力拔山氣蓋世時不利兮騅不逝騅不逝兮可奈何虞兮虞兮奈爾何

鴻門宴。項伯羽季父也沛公見羽鴻門伯左右沛公慫恿于羽項莊拔劍起舞欲擊沛公於坐伯以身翼之沛公得免高祖即位封伯列侯賜姓劉氏

飲水投錢。項仲山性清介，飲馬渭水，投三錢，曰：吾
不輕酌河流，後郝廉亦投錢於井。
逢人說項。項斯，唐詩人，與楊祭酒雅好，贈詩云：幾
度見君詩盡好，及觀標格過於詩。平生不解藏人善，
到處逢人說項斯。
黨籍。項安世，宋寧宗朝，與劉光祖、陳良傳爲奸邪
所嫉，目爲黨人。
望南斗行。項忠，字藎臣，嘉興人，明正統進士，刑部
郎中，從上北征，執公牧馬沙漠，公朝服挾馬間道望

南斗而行，馬疲徒跣，行且什，見松下塊物，視之，因乾
也，啜乾飲泉，達宣府，拔蒺藜百數，方步起。景泰，嘉公
忠節，晋尚書，累建戰功，加宫保，謚襄毅。
訪遺錄○項錫字秉仁，正德進士，令歙州建陽，有志
理學之傳，下車自幸曰：吾入聖賢之鄉，其可空歸乎。
即訪朱元晦、楊龜山諸聖遺址，輯諸語錄家乘。
絕咽明志○項志寧，常熟諸生也，與徐懌、董元哲時
爲文酒會。大師南下，制令薙髮，志寧泣曰：髮膚受父
母，是斷所受也，違令不測，寧死。明志相與絕咽七日

古今人物大觀 卷二十一 八

斃。

孔魯國宋微子後至考父生孔父因氏

聖系追崇。孔子名丘孔父嘉後爲叔梁紇紇生孔子以周靈王二十一年庚戌生敬王四十一年壬戌卒葬泗水唐玄宗謚文宣王宋眞宗加謚至聖元加大成至聖聖裔世爲曲阜令又襲封文宣公又改襲衍聖公

孔叢子。孔臧著書十篇漢藝文志不載附具孔叢子宋嘉祐中宋咸始註釋以進孔叢子者先聖十一

世孫孔鮒字子魚所集也

印龜左顧○孔愉字敬康與同郡張茂字偉康丁潭字世康齊名號會稽三康微時經不亭驛見菁龜於路買而放之龜躍中流左顧者屢後封侯鑄印龜紐左顧三鑄如初子安國孫靖三世僕射

靈壽杖○孔光字子夏歷哀成平三朝仕至御史大夫賜靈壽杖

比海樽○孔融字文舉初爲北海相獻帝拜中大夫賓客日盛其門嘗署云座上客常滿樽中酒不空與

蔡中郎素善，蔡死，有虎賁貌似中郎，文舉每呼酒共談以竹。曹操見收，東坡贊云：文舉冠世之資，師表海內，人中龍也。

韋布。孔子建，孔子十六代孫，治古文尚書，少遊長安，與崔篆友善。篆仕新莽，引建共出，答曰：吾有韋布之心，君有冠冕之志，各從所好。

聖門子孫。孔僖字仲和，孔子十九代孫，仕肅宗蘭臺令史，從幸闕里，帝曰：今日于卿有光。僖曰：陛下崇禮先儒，增輝聖德，至於光榮，非所敢承。帝笑曰：非聖

人子孫安有斯言。

酒豪。孔群字孔休，性嗜酒，嘗寓書親友云：今年得田秫七百石，不足了麯蘗。其耽湎如此。仕晉中丞。

醉醒。孔覬字思遠，宋孝建中長史，不媚權倖。每醉黙，念政事，醒時判決無壅。俗云：孔子二十九日醉，勝世人二十九日醒也。弟道徽宦歸，貲裝羅列，覬屏不見，曰：汝輩作賈豎來耶。

蛙鼓。孔圭字德璋，風韻清竦，居宅營置山水，門庭草萊不剪，時有蛙鳴。笑謂客曰：我以此作兩部鼓吹。

仕齊都官尚書

神君。孔奐字休文、仕陳晉陵太守、郡稱神君、曲阿富人見其儉素、餉以衣氈、奐曰、太守身居美祿、豈不能辦此、但百姓未周、不容獨享溫煖、不煩厚意

長史坐。孔休源字慶緒、梁武帝問徐勉有博解朝儀者、勉舉爲著作郎、訪前世典故、休源應決如流、稱孔獨誦、後爲晉安王長史、王別設一榻、曰孔長史座

靑出於藍。孔璠爲小學博士、李謐師之、後數年、謐學淵邃、璠就謐請業、門人語曰、靑出藍、藍成靑、師何

常之有
三世司業。孔穎達、八歲日記千言、隨祖舉明經高
第、唐初康子司業、子志、孫德光、三世並爲司業、時人
榮之、瀛洲十八學士、穎達與焉
竹溪釣叟。孔巢父、字箬翁、先聖三十七世孫、唐德
宗叅軍、隱竹溪、杜甫送以詩云、巢父掉頭不肯住、東
將入海隨煙霧、詩卷長留天地間、釣竿欲拂珊瑚樹。
與李白陶沔韓準裴政張叔明、稱六逸、
二宜去。孔戣、唐憲宗嶺南節度、以老乞休、韓愈曰

公尚壯何去之果孔曰吾年老一宜去爲左丞不能進退二宜去上以戠守節清苦晉尚書致仕歲致羔酒如徵士禮謚曰文貞見十賢堂

擊蛇笏○孔道輔字原魯先聖四十五世孫仕宋寧州推官時有道士治眞武像巨蛇穿其前守丞相率拜之道以笏擊蛇首隨逸衆大服明道中擢御史上廢郭后道伏闕抗止近臣有進詩百篇以諷上曰篇什雖多不如輔道一言

四聦○孔宗旦宋仁宗朝爲邕州叅軍徐尚爲監司

耳目時人偉之號四聰○

文章鼎足○孔文仲字經父元祐舍人武仲字常父

直閣學士平仲字毅父戶部郎兄弟皆以文章鼎足

王山谷詩云二蘇上連璧三孔分立鼎天不墜斯文

俱來集臺省

文肅公○孔思晦孔子五十四世孫資質端默邃精

義理不事詞章躬耕樂道遠近奉爲儀型請封宣聖

父爲哲聖母爲夫人襲爵衍聖公明初特配廟庭

史才○孔克表平陽人孔子五十五世孫博學篤行

尤精熟典故有史才洪武中以聖裔禮聘授修撰
御試蔣山。孔克伸明太祖過曲阜克伸以世職道
迎御試蔣山詩云冠盡群山素有名巍巍雄峙獨峥
嶸數峰碧玉朝天闕一帶螺屏映帝京雲賣雨晴龍
虎現月巖風暖鳳凰鳴應知聖主無疆福日聽嵩
萬歲聲上喜曰聖人之子孫應爾
单騎諭盜。孔鏞成化田州太守纔三日獠賊犯城
鏞曰孤城中虛能支幾日吾单騎諭之曰我孔太守
也乃爾父母耳賊曰非聖人子孫乎鏞曰我知若曹

皆良民迫饑寒故爾能改過吾視爾猶子衆愕羅拜請公終世撫我鏞請終仕其地田州自是無盜隨事補救○孔貞運字開仲句容人萬曆探花初官編修熹廟權璫熏灼公持正不阿思廟晉祭酒轉禮侍救陳子壯劉宗周之獄止復社二張之逮回鄭三俊于聖怒中旋爲解圍皆隨事補益○孔氏顧琛母年百歲晉安帝中孫恩之亂東土流離母散貲以賑州民生子皆以孔名記德弗忘

史宣城周大夫史佚之後

死諫。史鰌、字子魚、衛大夫、子曰、直哉史魚、註云、魚死以屍諫、請靈公進蘧伯玉而退彌子瑕、

民歌其政。史起、魏鄴令、引漳水溉田河內、以富民、歌曰、鄴有賢令兮史公、引漳水兮溉鄴旁、終古舄鹵兮生稻粱、

舊恩三侯。史恭、有女弟、漢武時爲衛太子良娣、生史皇孫、孫生宣帝、帝即位、恭三子皆以舊恩封侯、

伏青蒲。史丹、字君仲、元帝侍中、元帝寢疾、有廢太子意、丹排闥直入、伏青蒲泣諫、帝悟、太子遂安、成帝

即位封武陽侯有子二十人九爲侍中四列侯餘子官皆大夫
平原無黨○史𨚍字公讓桓帝時平原相詔舉鉤黨𨚍獨無所上帝曰平原無黨
勒石銘○史萬歲杜陵人隋開府將軍時南寧夷叛詔討之自蜻蛉川行數百里見諸葛紀功碑銘其背曰萬歲之後有勝我者過此仆碑歲破𤔲衆三十萬勒石頌美隋德而還
五步詩○史青慱聞強記唐開元中上書云曹子建

七步成詩臣五步可塞明詔帝試以除夜詩云今歲今宵盡明年明日來寒隨一夜去春逐五更回氣色空中改容顏暗裏催風光人不覺已入後園梅上稱賞授左監丞

來何晩○史讓唐梁州刺史有善政民歌曰使君來何晩昔日無儲今有飯

神智○史寧善謀略持節東征突厥憚之曰此唐家神智人也當避之

學士非㲄○史圭後唐學士安重誨不知書耆圭備

顧問許同升殿學士升殿自圭始

安用毛錐○史弘肇仕後晋典宿衛嘗曰安朝廷定禍亂直須大劍長鎗若毛錐子安用哉

都堂大觀○史浩字直翁宋孝宗朝拜相上書舊學二字賜之執政嘆曰自古依光日月際會風雲未有如儒臣隆遇之盛者請鑴諸石爲都堂大觀

淳熙六老○史浩淳熙中掛冠引退壽登八十兄八十有二四弟皆八十朱顏鶴髮咸壽而康作六老會圖執政諸公題曰家慶浩孝宗宰相彌遠寧宗宰相

嵩之理宗宰相題柱云一門三宰相四世八公卿

高上藥○史謹字公謹明洪武郡貢學士王景善薦

徵擢應天司理謫湘陰丞性高潔䠶音韻善繪事構

獨醒亭於湘溪採藥給人名曰高士藥

補樂府○史遷字漢臣金壇人洪武辟召蒲城令守

廉州補元和樂府三百篇好踏歌春興云我愛春風

情太重小桃深巷也開花

從亡逃名○史仲彬吳江人建文詔舉山林隱逸擢

翰林侍讀靖難入帝焚宮自鬼門出時從亡者二十

二人、帝欲往滇。依沐四平、彬曰、大家耳目。不如往孝名勝。四海吾家也、彬以黃冠相從二十年。後帝寓彬別室。題扁曰水月觀、詩曰、細雨披楊起綠煙。水波如織影迷簾。午鐘何處偏來耳、不似西宮奏管絃。翌日帝辭仲彬去、彬亦別帝行、帝曰道路艱阻、爾力已竭。彬曰臣心政未竭也、後彬以從亡獄死、時帝遊貴牛磯哭之慟、吟曰嶺猿夜泣湍波急。樹上霜紅含淚色。雲愁煙慘雨冥冥、野老吞聲談故國。

摘伏○史克新、永樂按副史、稱剛方有守、正直不回、

發奸摘伏雖黠莫遁卒於官紳民若喪所天
侃直○史仲成永樂國子生以文行清敏召試擢御
史歷官僉都廉隅威望官常肅然建白多侃直之槩
著正蒙○史於光晉江人正德進士初領鄉薦不赴
公車或促之行曰仕不及親奚亟杜門却軌著易説
正蒙書成擢給諫議大禮忤政柄引歸
好古衣冠○史鑑字明古號西川先生吳江人成化
隱士吳文定公寬誌云吳江穆溪之上有隱士曰史
明古其志直其言確於學無不窺上下千載筆之成

枎家有小石亭館客至陳三代鐏卣書繪鑒賞好着古衣冠曳履揮麈望之識高士清隱不及也
癡顛並比○史癡翁名忠字廷直金陵人築室曰卧癡引客呼盧其中有妾曰王僊號白雲道人能篆書小畫解音律癡求絕手琵琶詞人張祿授以南北曲孫肉交勻衆羨絕代新聲一日訪沈石田於吳門沈他出視堂上素綾潑山水巨幅不通姓名沈曰必金陵史癡也題詩復云我顛與翁癡癡顛相比肩約爲老兄弟逍遥覓彭籛

趣裳○史繼偕字聯岳萬曆進士廷試第二人授編
修疏請立東宮開閣講學詔使兩粤禦軍與諸賦積
弊一清熹宗即位上遣行人趣裳爲阮大鋮所擠引
退以延綏提督宮保
江左大師○史可法傳學有謀善辭令崇禎兵部尚
書督師勤王京都陷先帝殉國福王繼統請屯江北
累著戰功大師遺書招之法復云北望陵廟無涕可
揮身陷大戮罪應萬死以不即死者實社稷之故麈
竭股肱而後已上弘光疏云三月以來陵廟荒蕪

臥薪嘗膽聚才智之精神枕戈待旦合方升之物力。破釜沉舟願陛下念念以先帝爲心臣子刻刻復闕仇爲事。後大師下楊州死之

○史氏溧陽人于行奔吳見女子擊漂瀨水上子胥乞飯女與之飯胥曰掩爾壺漿勿令其露胥行回顧女已自沉水中李白有貞義女碑

許高陽周武王封炎帝之後於許子孫因氏

重侯累爵。許廣漢昌成君女爲宣帝后弟舜博望侯延壽樂成侯延壽子嘉平恩侯嘉女成帝后世稱

許史丁傅四家皆重侯累爵

學列四科。許商從周諶受尚書著五行論分門人林子高爲德行吳章爲言語王吉爲政事齊幼卿爲文學如孔門四科之列商四列九卿門人從許氏學者每會車百輛時人榮之

月旦評。許劭字子將平輿人與兄靖有高名好論人物每月輒更品題號月旦評靖字文休有廊廟器靈帝官尚書劭官傳上稱平輿二龍

經學無雙。許慎字叔重博學善文時人語曰經學

無雙許叔重作五經異議以證謬訛舉獻帝孝廉
虎侯○許褚事魏武爲都尉勇力絕倫能逆曳牛尾
軍中以楮有力如虎而癡號曰虎侯又曰癡虎
點石○許遜字敬之爲旌陽令點石化金以完逋稅
生時母夢金鳳啣珠入掌而娠棄官學道周游江漢
除蜃斬蛟修煉一百三十年晉元康拔宅飛昇
交梨火棗○許穆入華陽洞得道遇王母女雲翹導
之賜左卿僊侯幼子翽小字玉斧賜侍宸僊翁後雲
翹與穆書云玉斧金漿交梨火棗當與山中道上不

與人間長史長史謂穆玉斧謂鄭也

清風明月○許詢晉高士劉惔云人在三代以上羲
皇逸民嘗曰清風明月恨無玄度

長髯公○許惇仕東魏爲司徒主簿有明斷號鐵主
簿累遷中尚書美鬚下垂至帶省中號美髯公

文不加點○許善心藏書萬卷一讀盡了幼稱神童
長稱聖師仕隋爲秘書丞嘗製神雀頌文不加點筆
不停揮

清白箴○許紹字嗣宗隋末爲夷陵守開倉賑流民

活者數十萬歸唐封譙國公子國師有器局爲相州刺史吏有受賂者不忍按以清白箴遺之人愧感爲廉

龍翔中大拜子孫皆死王事

讓節同死◎許遠祿山之變時遠爲睢陽守張巡自雍丘徙睢陽遠以節鉞讓之城陷同死宣宗圖像凌煙

中和詞氣◎許景先開元初知制誥以雅厚稱張說曰許舍人文無峻峰層瀫而中和之氣旋繞筆端

丁卯橋◎許渾唐詩人詩以近體勝居鎮江口有別

野在丁卯橋有詩云、裴相功名冠四朝。許渾身世老
漁樵。若論風月江山主、丁卯橋應作午橋。
大許小許。許將字元中、閩人。宋嘉祐狀元及第、試
寅畏以享天賦。時元祐臣僚乞發司馬光墓、將力拒
之意、解得不發。許安世、治平狀元及第、試履帝位賦、
時稱大許小許。將官尚書、謚文定。子份、
白花洲。許份字子大、崇寧中登第、守鄧州、政尚寛
、和、郡有百花洲、建堂其上、與民同樂。歲饑、賑饑民二
萬八千、秩滿、百姓遮泣。上聞之曰、許將之子能世其

贊。
丞相漕使。許申、祕從陳堯佐爲潮州倅、艤舟於岸、月夜有數騎呼舟云丞相漕使會宿於此問之寂若後佐大拜許仝日授粵漕使
化小鮮。許志言、壽春人相貌奇古從屠沽遊飲啗無所擇衆稱僧狂宋英宗居邸過呼曰十三郎人莫測後英宗以濮王第十三子入繼方識人嘗供齋臨流一吐化小鮮遊泳而去頭上嘗放光明死得舍利
博學君。許瑗、樂平人元末隱清巖山明太祖克婺

州瑗上謁曰有勇畧者可馭群才有奇識者能知奇
士明公欲掃除僭亂非收豪傑難以成功拜博士時
時畫策呼博學君
書厨○許廓襄城人洪武鄉舉歷官兵部尚書魁偉
倜儻博涉經史凡方言百家謡讖緯靡不通曉人
稱書厨每議與敵必推公首席
宫澤之盛○許進河南人成化進士任事明敏摘伏
如神弘治撫陝開屯平役修邊積儲各盡其用晋尚
書大察中外劉瑾要諸吏重賄柄其去留忤瑾削籍

瑾誅復官贈太保諡襄毅八子十六登顯仕爲國朝官
澤之盛
澹然素士○許讚字廷美靈寶人弘治進士襄毅公
進子正德方伯入爲尚書嘉靖以一品考績直文淵
閣諡文簡公生貴胄絕去華習澹然如素士德性溫
粹意氣凝定讀書爲文老而不倦有松皐集
郤金亭○許天錫字啓衷閩人弘治進士給諫條時
政三十餘款使安南世子中道迓詔錫按陪臣禮令
從左覲東堦上交人悚敬王贐以金辭云菁茅文喜

重包貢薏苡何煩滿載歸交人監郤金亭以記逆瑾索海外奇珍不獲憾之值詔覈內庫錫條瑾罪矯旨逮問使人至朝房殺之流血被面鄉人爲之懸槖嘉靖子詣闕訢寃賜墊錫在詞林以詩名題車盤驛冊青閣云青山對面似無路黃犢出林尚有村鄭繼之跋後風流不見許黃門文字冊青閣上藏

素有此志○許逵字汝登固始人正德進士長身巨口猿臂撫頷沈靜有謀宸濠異謀時逵官江西按副凡制防禦備悉出公謀宸濠反先縛燧公曰孫部堂

朝廷大臣汝敢動耶遂縛公曰當碎汝萬段牽出東
民門砍其頸猶挺立賊衆推之踣竟不屈死聞變其
父令易服設位人恠問父曰吾兒死也素有此志
嶽嶽懷方○許玄錫字天哲正德進士給事中性直
諒駁奏本兵王瓊有過無功不宜列敘諫阻武宗親
征嘉靖官大廷尉鞫詔獄忤旨廷杖尋釋拜都御史
撫江右晉尚書居官三十載讁罷杖獄歷諸險不渝
嶽嶽懷方士之特立者
可睹面目○許陛字彥明會元穀父也意與閒適好

書法名繪所至觴詠有作東橋陳石亭贊其畫像云
軒曰嘉會人無汲求居曰惟適身無過求堂曰惟穀
後無餘求郎居室可睹許子面目矣
守里居法○許穀字仲貽陞子上元籍候官人嘉靖
進士第一文選郎官終尚寶卿以言事罷負盛名家
居三十載食貧守禮不通一刺於政府縉紳造其門
婉謝曰守前輩里居之法不敢越也以詩文自娛所
得賣文錢投篇中客至治酒年八十自述而逝
慨然陊褭○許豪熊南陵人隆慶進士歷宜都令終

南兵郎志稱廉介持躬舉廢修墮慨然已任

鐫杯銘○許文穆萬曆進士翰林庶子神廟時張居正奪情專政編修吳中行趙用賢疏其忘情慕祿廷杖謫戍文穆壯其敢言鐫玉杯一以贈中行銘曰斑斑者何卞生淚英英者何藺生氣追之琢之永成詎器○玉杯一以贈用賢銘曰文羊一角其理沉默不惜剖心寧辭碎首黃流在中君子為壽

矢口吐詞○許獬字子遜同安人萬曆進士第一翰林吉士歷編修為人氣岸不群善讀書矢口吐詞縱

部

筆自如海內爭誦其文稱皆引多

許氏文章。許豸字玉斧號平遠侯官人崇禎進士

祕官農部郎權滸墅有豪僧馬五挾巨貲投權門撓

稅蓮貿諸權司不敢問公以計擒眾貫爭碎其首稱

快所得額羨悉築塘便民分臬寧紹海寇陳奇老作

亂脩城堡備禦寇不爲害象山定海苦荒賑活萬命

功還視學兩浙盡搜東南名宿倪鴻寶讀試牘歎曰

天下文章盡歸許氏矣著倉儲膚籌諸集行世

言爲龜鑑。許國榮字允尊號荊石太倉人天啓進

士事毋至孝毋意少摭郎長跪請問侯邑壽方起官工垣有請停裁驛站等疏深料時獘明祚因而決裂先事之見爲萬世龜鑑性孤狷忤璫罷歸璫壞復用賦詩殉節。許直字若魯崇禎御史如皐人寇攻都門直賦詩六章有願侍吾皇告諸帝祈哀仍使國威揚毋心未雪生前恨青簡空留死後聲之句冠服拜天自縊

呼帝觸石。許琰蘇州諸生崇禎甲申寇陷都聞變絕粒不食號先帝觸石死弘光予祭贈五經博士

元亮遺風○許友字有介晚名友眉字介壽玉斧先生子以文章聲氣名思陵有御製墨刻紫藤花詩殉國後公種花亭中每開時以酒澆樹哭之慕米元章書繪顏其堂曰米友四壁書陶詩寓意與人落落罕識至讀其詩觀其書方知爲友眉先生也錢牧齋題米友堂云壇坫分茅異詩篇束筍同周溶來越絶許友八閩風世亂才難盡吾衰論自公水亭頻剪燭掩卷意何窮著米友堂諸刻

許詩人○許珌號鐵堂侯官人崇禎孝廉詩文才致

出雲間夏綏公之門性豪華兩都貴人每贈千金緣
手立盡落魄謁選得安定令未匝歲窮困以死同里
黄憶溪挽之安定郭外輓詩云何曾闕下漾雙鳧止
博新墳寄路隅安定莫嫌官簿薄人間常說范萊蕪
墓田宿草又經秋馬鬣長封絕四隣古道夕陽知問
姓清明間有許詩人
○許虞部女博學善詩爲方勉妻夜與勉讀晁錯傳
詩云匣劍未磨晁錯血已聞刺客殺袁絲後勉與
友飲於市犯夜禁時鄭穀夫作尹囚之許氏投詩

云明時樂事娛詩酒帝里風光剩占春况是白衣重得侶不招青旆自招人早知玉漏催三鼓不把金貂換百巡大抵仁人懷氣節不教孤客作囚身遂釋之

卷二十一終

古今人物大觀　廿二ノ四

古今人物大觀卷三十二

十一函二

太史孫子未先生鑒定　閩中林涵春奕啓父纂輯

鄭□□起王甫參閱

姪　藕采若甫編校

紀平陽黃帝後封紀以國

以身任難紀信。紀信、漢高帝上將項羽攻滎陽急請乘

漢王黃屋左纛誑楚上得間逸後追諡云以忠殉國。

代君任患實開漢業使後世知君爲重身爲輕之義。

隔坐屏風。紀亮、仕吳爲尚書令子隲爲中書令每

朝會上以雲母屛風隔座

社稷臣。紀瞻字思遠初入洛張華見而奇之曰國士也晉元帝右僕射具文武才忠亮雅正明帝賜生廣堂謂曰社稷之臣無復十人指屈云君便其一王敦叛帝謂曰但爲朕臥護六軍所益多矣

青鏤管。紀少瑜字幼瑒梁人幼有志節夢陸倕以一束青鏤管授之曰君自擇其善者由是文章日進

貫虱。紀昌學射于飛衛衛曰視小如大視微如著而後告我昌以氂垂虱於牖間南面望之寢大三年

如車輪焉。射之貫虱之心而壺不絕。以絕技鳴。

李 隴西 堯時皐陶爲李官。子孫因氏。

紫氣東來。李耳字伯陽。號老聃。母懷之八十一歲。乃生。從左腋而出。指李樹爲記。精脩養之術。著道德經五千言。孔子師而問禮。精妙不測。曰老子其猶龍乎。嘗乘青犢度函谷關。關吏尹喜望紫氣東迎之。授喜長生之訣。

立石犀。李氷仕秦爲蜀守。蜀多水患。氷立三石下沉之。水患以息。宋子京文翁祠碑云。蜀廟千五百年

不絕者秦李冰漢文翁而已
凝水點砂。李少君字雲翼入泰山道病安期生以
神散飲之歸言武帝曰臣能凝冰爲白銀化冊砂爲
黃金控飛龍而遊九垓彼溟海之棗如桃鐘山之李
如瓜皆竊食之帝聞言尊禮
飛將軍。李廣隴西人材勇天下無雙文帝曰廣不
逢時使當高帝世萬戶侯何足道哉武帝北平守軍
中號曰飛將軍嘗言曰諸校尉以軍功取侯者十數
廣終無尺寸豈吾相不當侯哉從衛青出塞失利當

頸
國士風○李陵廣孫所部皆荆楚勇士奇材劔客力
扼虎射命中與單于戰以矢盡降司馬遷稱陵事親
孝與士信臨財廉奮不顧身以殉國家之急有國士
風○
鼎角貫犀○李固字子堅狀貌奇質鼎角貫犀兩足
龜文精究墳典爲世大儒順帝中泰州守杜喬薦固
政事天下第一郎顗稱其堅白之行如同皦日元精
所生王佐之臣

登龍門。李膺字元禮，性簡亢，無所交接，惟與荀淑、陳實爲師友。荀爽嘗就謁，因爲膺御，既還，喜曰：今日得御李矣。桓帝拜司隸校尉，以風節高世，士有被其禮接者，稱登龍門。時贊更相謂曰：天下模楷李元禮，不畏強禦陳仲舉，天下豪俊王叔茂，八俊之首。

三老。李躬博學碩德，永平中拜三老，詔以安車蒲輪，供綏執綏，給二千石祿，養終老。

陳情表。李密字令伯，蜀人，少孤，事祖母至孝。晉文帝徵太子洗馬，上表陳情云：臣無祖母，無至今日；祖

母無臣無以終餘年烏鳥私情願遂終養少時以蒲
鞹乘牛掛漢書于角上讀之
老拳漢。李陽幼與石勒同里爭漚池毆擊後勒都
秦詔曰李陽壯士召至引陽臂伸拳僉觀笑曰孤昔
時厭卿老拳卿心厭孤毒手賜甲第拜都尉
文德門。李謐字永和少好學貧不事事惟栞書為
業晉帝屢徵不赴謚貞靜處士表其門曰文德
掉臂孫皃。李靖字藥師姿貌魁奇嘗語人曰大丈
夫當以功名自立不屑屑章句貴顯韓擒虎與靖論

兵抵掌縱談、曰可與棹臂孫吳矣、牛弘目之曰眞王佐才也、貞觀封衛國公、圖形凌烟

目中長城○李勣字懋功、雄材凝重、唐祖器之、謂太宗曰李勣我固不貴留以佐汝○貞觀鎭幷州十六載、帝曰勣居幷州○壯哉目中長城○封英國公、圖形凌煙

清要御史○李素立、貞觀中銓宰初奉詔授七品清要官、擬雍州司戶、上曰此官要而不清○又擬秘書郎、上曰此官清而不要○乃授殿中御史

翰林六絶○李邕字泰和、揚州人、父李善、淹貫墳典、

不能屬詞人號書麓邕少知名唐武后時李嶠薦
拜左拾遺遷北海太守時稱李北海又號六絕謂文
章書翰上人也林甫忌其才殺之
良金美玉○李嶠字巨山兒時夢人授雙筆自是文
辭日進張說云嶠文如良金美玉無施不可武后中
鳳閣舍人一入鸞臺侍郎
花萼集○李乂字尚真與兄尚一文章齊名同列翰
藻號李氏花萼集官御史性嚴憚時人語曰李下無
蹊徑

山判○李元紘爲雍州守太平公主勢震中外奪民利元紘判歸民間長史請易紘曰山可移判不可改開元拜中書午日宴侍從特以紫服金魚賜紘

黃冠子○李淳風唐太史令善讖緯制渾天儀推步曆數號黃冠子太宗聞有武氏亂唐讖欲盡索天下武氏者殺之風對曰天命也若殺之復生壯者其禍愈甚矣

樂聖杯○李什之唐天寶中代牛僊客相李林甫欲奪其位什詠云避賢初罷相樂聖且啣杯試問門前

客今朝幾箇來

奇童○李百藥字重規定州人唐宗正藻思沉鬱尤長詩文七歲坐客談徐少陵文云借瑯琊之稻襲不省藥曰鄅人藉稻于開陽陽即瑯琊屬邑也按籍果然叱爲奇童少多病因名百藥脩累朝史乘

字寶○李陽氷工篆法舒元輿論篆書云秦李斯作玉筋篆更八姓無出其右氷獨能窮入奥妙隔千餘年與斯相見其格峻其力猛天以字寶瑞吾唐矣處州有吏隱山傳氷爲縉雲令退居此山石篆在焉

奇童小友○李泌字長源七歲能文開元召入上命張說試之時上方奕令賦方圓動靜四體立就說賀帝曰得奇童矣賜束帛勅其家善養之張九齡呼爲小友肅宗召商國事賊平給三品祿還山德宗拜平章事月餘東壁泌曰臣當之矣尋卒封鄴侯韓愈詩云鄴侯家多書插架三萬軸泌善辟穀每導引骨節珊然人謂鎖子骨

謫僊人○李白字太白生時母夢長庚入懷因字太白天寶至長安賀知章見其文嘆曰子謫僊也言於

上召見金鑾殿賜食親爲調羹有詔供奉翰林帝坐沉香亭召賦樂章命高方士脫鞾貴妃捧硯賦罷洗爵賜餔杜甫詩云昔年有狂客號曰謫僊人落筆驚風雨詩成泣鬼神韓昌黎云李杜文章在光芒萬丈長李陽氷序太白集千載風流惟公一人坐永王璘叛籍郭汾陽以官勳贖其罪流夜郎

六逸八僊李白與孔巢父陶沔韓準裴政張叔明居徂徠山爲竹溪六逸與賀知章李適之汝陽王李璡崔宗之蘇晋張旭焦遂爲飲中八僊

當世第一○李揆字端卿乾元末拜相帝曰卿門第人物文章皆當世第一朝廷籍爲羽儀時稱三絕德宗爲會盟使會長曰聞唐有第一人李揆公是否揆畏滯留紿之曰彼李揆安肯至此

三斗壯膽○李璡封汝陽王嘗醉於上前不能下殿令人扶之璡謝曰臣三斗壯膽不覺至此落矣璡小字花奴喜徉醉灌花杜甫贈以詩云霜蹄千里駿風翮九霄鵬

戰功一人○李光弼唐肅宗中節度使安史之亂其

郭子儀齊名世稱李郭中興戰功第一代子儀於朔
方壁壘旌旗陣伍無所更而號令精明氣色過之封
臨淮王賜劵册圖形凌煙閣
朝廷始尊○李勉字玄卿憲宗朝監察御史每朝會
垂紳正笏望之肅然上曰吾有李勉而朝廷始尊
擅塲○李端與盧綸等號大曆十才子唐人宴集賦
詩必推一人擅塲端稱獨步
八磚學士○李程字表臣擢進士宏詞科賦日五色
人稱天才德宗中拜翰林學士性懶日過八磚乃至

時號八磚學士。

錦裘繡帽。李晟字良器，建中平朱泚之亂，每戰必著錦裘繡帽以自表識，曰：涇原人頗相畏，欲令見之，俾奪其氣耳。泚平，上迎勞之曰：天生李晟為社稷計，非為朕也。拜司徒，封西平王。

雪夜鵝池。李愬字元直，元和中討吳元濟，會大雪，夜半至懸弧城，旁皆鵝鶩，愬令擊之以混軍聲。詰明雪止，入賊，元濟外宅取之，以獻京師，封涼國公，晉僕射。

清廟器○李珏字待價甫冠舉明經李絳見之曰日角珠庭非凡品也明經碌碌非子所宜隨棄之舉進士高第穆宗朝官御史宰相韋處厚曰清廟之器豈搏擊才耶開成大拜

投錦囊○李賀字長吉七歲能詩每旦苦吟騎弱馬小僕奴背錦囊隨後遇所得投其中暮歸母探囊見書句是見嘔出心肝也憲宗朝爲郎官一日晝臥見緋衣者駕赤虬持節云上帝召君賦白玉樓錚卒年二十七

盤谷○李愿隱盤谷、韓愈作序送之、云是谷也、隱者之所盤旋、又云濯清泉以自潔、坐嘉樹以終日、此大丈夫不遇于時之所爲也、我則行之、

西崑體○李商隱字義山、詩文瓌奇、號西崑體○

景星鳳凰○李渤字濬之、隱廬山、元和初、拜右拾遺、不就、韓愈寓書云、朝士引頸東望、若景星鳳凰爭先覩之爲快、又詩云、少室山人、索價高兩、以諫官徵不起○養一白鹿自隨、號曰白鹿先生、

脚跡門人○李逢吉字虛舟、元和間知貢舉、所取多

知名士、榜末放、而逢吉入相、及第諸人、就中書省府謁座主、時稱好脚跡門人。

紗籠中人○李藩字叔翰、少時問卜於葫蘆生、生曰紗籠中人。藩不省、後有新羅僧言凡位當宰相者、冥司潛以紗籠護之、恐爲異物所害也。元和大拜。

短李○李紳字公垂、爲人短少精悍、有詩才、號短李。穆宗朝翰林學士、與李德裕、元稹同時、稱三俊。

椰汁沾衣○李固言未第時、行古椰樹下、有彈指聲曰、吾椰神九烈君、用椰汁染子衣矣、當以棗餻祀我。

後果爲狀元文宗朝中書宣
丹扆六箴○李德裕字文饒唐寶曆中觀察浙西獻
丹扆六箴曰宵衣曰正服曰罷獻曰納誨曰辯邪曰
防微辭皆婉切上優納之太和中徙劍南置平泉庄
建臺榭植奇花異卉會昌入相爵太尉末年一僧相
之曰相公當食萬羊其數將滿俟有餽羊十羣旋卒
龍湖道人○李龍湖唐僖宗三子遯空門住石霜寺
一日說法有老人傍立問之曰本山龍也因行雨見
罰乞師救之師曰易形來俄化小蛇引入淨瓶忽雷

鼉繞飛、謝曰朕此鋥穢矣、瓜一泉清徹無底、
元夕御樽○李昉字朗遠、所居鄉曰調元鄉、里曰秉
釣里、仕漢周歸宋、三入翰林、兩入中書、詩云、衣染御
香拖瑞錦、筆宣皇澤洒春霖、又云、三載經綸棲鳳閣
五年提筆直鰲宮○以司空致仕、至道元夕、太宗御樓
以安輿召至、賜坐御樓側、上親酌御樽飲之、並肴核
珍奇者賜之、曰頤菓與善人也○時年七十一、思洛中
九老會、與張好問宋琪李運武允成朱昂魏丕僧贊
寧、繼其事、諡文正、

父子掌誥○李宗諤字昌武眞宗朝知制誥在翰林九載宋朝父子掌綸誥者九家李昉子宗諤王祐子旦王忠獻子安慶晁迥子文莊錢希白子修懿梁灝子適呂夷簡子公綽宋綬子敏求蘇紳子頌

名相第一○李沆字太初雍熙中太宗謂宰相李沆宋湜嘉士也每侍宴上目之曰風範端凝有道人也咸平拜相日取盜賊水旱奏之王旦初謂細事後乃嘆曰文靖眞聖人爾聖相劉元城論本朝名相沆第一所居坐僅容膝廳事不能旋馬公笑曰居第為子

孫平、爲宰相廳事誠隘。爲退修一室誠寬矣。謚文靖

調元鼎○李廸字復古、宋景德試天道猶張弓賦、舉

進士第一、天禧中與王沂公相繼秉鈞、沂公詩云、錦

標得雋曾相繼、金鼎調元亦屢更、後與子東之早歲

引退、人比二疏。謚文定、

山房李氏○李常字公擇、居南康、世號山房李氏、藏

書萬卷、人稱李氏藏書、東坡作記、常守秀州、張子野

蘇子瞻、仝飲碧瀾堂、子野賦六客詞、郡有六客亭、劉

孝叔、楊元素、陳令舉、合子瞻子野公擇、爲六也、

龍眠三李○李公麟字伯時宋元祐中登第工草書
圖書以比顧陸歸老龍眠山庄作圖著龍眠居士集
與弟公庚元中仝稱龍眠三李
目迷五色○李廌字方叔東坡素服其才元祐蘇公
知貢舉擬擢第一放榜名落坡憮悵云平生淚說戟
塲文過眼空迷五色眩廌母曰蘇公知舉吾兒下第
丼命耶
中興名相○李綱字伯紀才器過人有憂國愛民經
綸天下之志高宗即位拜右相上十議居位纔七旬

而罷後人竟惜之

冰壺秋月○李侗字愿中劍浦人受學羅從彥簞瓢屢空怡然自得鄧廸謂愿中如冰壺秋月瑩徹無瑕稱爲延平先生

先識○李師中楚邱人爲秦鳳經略以安石眼多白甚似王敦他日乱天下者必此人也世貴其識在官不貴刑罰務以信服人

功比蕭何○李善長初見明太祖曰有天有日遂進計畫策給餉不絕功比蕭何開國文臣第一

撒錢得立○李時勉號古廉江西人爲學士宣廟懐金錢入史舘撒地諸臣皆拾錢公獨正立乃呼以袖中錢賜之歷祭酒倣胡安定教法就焉

五歲運筆○李東陽字賓之湖廣人五歲能作大字時稱神童景皇帝召入文華殿命書龍鳳龜麟十餘字上喜親抱膝上後爲相才名與山斗齊論節用慶如聞河然節一分上受一分之益廣蓄儲如源泉之積一分下有一分之利卒賜贈太師謚文正

疏論切直○李夢陽字獻吉北地人弘治進士爲戶

文以變宋之陋習與邊貢徐禎何景明世稱四傑應
詔上疏天下有二病三害六漸其言果驗王元美稱
天授既高師匠復古一代詞人之祖
古心淵識○李攀龍號滄溟嘗曰不朽者文不晦者
心守順德曰使僕匕奉迎則不能若問民疾苦與興
除若承蜩矣宗臣曰古心淵識王元美稱其岳峙
斷臂○王凝妻李氏五代時扶凝喪自號州歸東过
開封止旅舍主人不納牽其臂而出李氏仰天大慟
曰為婦人不能守節而此手為人所執引斧自斷其

脩開封尹以聞于朝厚恤其婦而答其主人

卷之二十二終

古今人物大觀卷二十三

上函三

大史孫子未先生鑒定　鄭基生望士甫參閱

閩中林涵春奕魯父纂輯

姪　裔釆若甫編校

庾 潁川

堯時有庾大夫以爵命氏

用鄭法。庾敳字子嵩、少有遠韻、見晉室多難、終知

擾禍、乃著意賦以豁情、猶賈長沙之鵩鳥也。從子亮

問曰、若有意也、非賦所盡、若無意也、復何所賦。敳曰

在有意無意之間。王衍與之交、敳卿之不置。曰卿自君

我我自卿君我用我法卿自卿法仕晉諸軍祭酒
登樓感詠〇庾亮字元規晉咸和中自中書令出鎮
武昌諸佐吏殷浩輩乘秋月登南樓亮忽至曰老子
於此興復不淺便據胡牀與浩談詠竟日
蓮花幕〇庾杲之字景行爲王儉長史蕭沔與儉書
云盛府元僚實難其選庾景行若綠水芙蓉何其麗
也時人稱蓮花幕杲性清儉食有韭葅瀹韭生韭雜
陳任昉戲之曰孰謂庾郎貧耶一食有二十七種〇
白雲可飡〇庾易字幼簡性恬靜獨樂文史臨川王

表薦之餉菱百斛易謂使者曰山中所須餞時白雲可餐勿煩殿下之慮也袁彖欽其風度贈以鹿角書格蚌盤蚌研筆床致詞云白日清明青雲繚亮昔聞巢許今聞高尙

天台逸民○庾肩吾字愼之八歲詩詞名譽與劉孝威徐防並居晉安王幕著撰號高齋學士官太子率更令後隱天台稱天台逸民

徐庾體○庾信字子山屬文綺麗爲都下所稱與徐陵齊名號徐庾體元帝聘留長安位雖通顯恒懷鄉

國之思作哀江南賦見意杜少陵云新濟庾開府名圖含象○庾子元少負才名與張說呂向東方顥十八人圖像含象亭稱十八學士開元御賜圖賛

祖京兆殷王祖邸後

擊楫誓江○祖逖字士雅有英氣晉元帝拜豫州刺史渡江中流擊楫而誓曰逖不能清中原而復濟者有如此江集衆收定河南掃青兗河朔盡有越河之境○會妖星見逖悵然曰爲我矣尋卒

鈍鎚利錐○祖約字士言有操行與梅陶鍾雅素談

論約轢困之曰君汝潁之士利如錐我幽冀之士鈍如鎚打我鈍鎚撞君利錐矣雅曰安得有神鎚

自家風骨。祖瑩字元珍八歲能通詩書號聖小兒長善屬文與陳郡袁翻齊名時人語曰京師瑩瑩袁與祖洛中翩翩祖與袁仕魏官祭酒秘監嘗曰文章須出自家風骨何得與人同生活也

巧思入神。祖冲之字文遠范陽人明曆法巧思入神造指南車欹器又製千里船試之新亭江施機自運日行千里仕宋官長水校尉

定雅樂○祖孝孫唐武德朝太常卿與張文收定樂
製十二和以法天之數號大唐雅樂
皇極箴○祖無擇罷齊南守自歷山南行三百里從
孫明復講道作皇極箴
武太原周平王少子生有文在手曰武因氏
三武國士○武周晉洧國人官光祿大夫三子陔韶
茂總角俱有器望時人稱之曰三武國士也陔字元
夏官尚書韶字叔夏散騎常侍茂字季夏侍中
春官高隱○武攸緒有清節仕唐秘省武后秉政

即棄官盡屏服用、隱嵩陽不出、

眞相才○武元衡、字伯蒼、德宗識其才、學召延英殿、歷問政事、切要上目之曰、眞相才也、時淮蔡用兵、悉以機務委之、

揮蠅○武儒衡、字廷碩、性高爽、有風節、時元稹、事內宰官居侍制、儒衡鄙之、適會宴食、爪蠅集其上、儒衡以扇揮之曰、適從何來、遽集於此、座中皆失色、儒衡談笑自若、唐寶曆中書舍人、

九老會○武允成、宋淳化太子中允、入至道九老圖

會、

修書學士◎武周文慶都人、博通經史、精于藝事、明永樂召試文淵閣修書、歷翰林學士

望麾潛黨◎武成通州人、正統泉州千戶、累官都督、有勇略、善射、能飛騎日走五百里、平海寇諸盜、所至望其麾潛黨、有輕裘緩帶之風、

古新安周太王古公後

筆公◎古弼代人、頭尖、魏太武名之曰筆頭、時人呼筆頭公、數進直言、帝曰筆公社稷直臣、宜立節將軍

靈壽侯、

作令箴。古之奇、唐人、作縣令箴云、政不欲猛、刑不欲寬、寬則人慢、猛則人殘、小惡無為、涓流成池、片言可用、毫末將拱、勿輕小道、大車可覆、不恕而明、不如不明、不適而清、不如不清。

司命有定。古成之、河源人、結廬羅浮、力學不倦、語出驚人、登宋梁灝榜第二人、以名譟都下、預聞有嫉之者、以啞藥召飲、及臚唱、啞不能對、人勸許之、嘆曰司命有定、衮服其量、旋聲響如故。

一路風清○古彥輝明洪武初以文學傳聞徵初筮德化丞性敏白洪判十牘奸無遁情尋擢御史人稱一路風清○

烈鉅睢陽○古道行宿遷人崇禎淮北鎮將號勇得士心壬午流寇京時中隔淮北意在直搗燕京諸鎮擁兵觀望獨行先擢賊鋒閱三晝夜力竭援絕同山東參將戴珊戰歿部卒千人感泣觸死無一降者賊亦重傷過半得緩甲申之變人比張睢陽遮蔽江淮阻壓賊勢惜無收復靈武之人○

扈京兆夏有扈氏後

碧鮮賦○扈載有文名常游相國寺見庭竹可愛作碧鮮賦題壁間周世宗命黃門錄進嘆賞賜官

太平御覽○扈蒙宋開寶中知貢舉擢進士入格中八人蒙與焉與李昉以羣書編彙賜名太平御覽

輔扶風晉大夫輔躒後

謫僊贈詩○韓公佑仕唐錄事李謫僊贈詩云鸚鵡洲横陽渡水引寒煙沒江樹漢口雙魚白錦鱗令傳只素報情人

家法治郡。輔逵字公通、趙州人、宋乾道後軍統制、孝宗欲處以邊郡、問能勝任否。對曰、臣以家法治之、帝問何法、曰以子視民、愛惜物力、如家積藏。遂除秦州、語僚屬曰、吾目不識字、手未知書、但心能燭理耳。郡境畢治、

謗

慕俠。萬章字子夏、漢元帝時俠士、居長安市、日與諸豪往來、爭禮重之、號城西子夏、

閔太原

蘆寒却御○閔損字子騫孔門居德行之列不仕權
門性至孝後母以蘆花衣之御車却步父驗知之欲
出母騫曰母在一子單母去數子寒父止
口腹累人○閔貢字仲叔太原人世稱節士客安邑
家貧日買猪肝一片屠者不與安邑令聞之勅吏嘗
給仲叔嘆曰吾豈以口腹累安邑耶遂去以博士徵
五雋○閔鴻廣陵人與薛兼紀瞻顧榮賀循號五雋
初入洛張華見而奇之曰此南金也遇二陸稱之曰
此兒非龍駒當必鳳雛

困齋集。閔鶚字廷舉、浮梁人、明弘治鄉薦、官博士、出判州政、雪民寃百家、人爲之謡云、化雨已沾群弟子、春風更被幾寃人。著困齋集。

忠毅王事。閔濬、中州人、沉勇有謀、善擊劍飛鏢、嘉靖倭寇海濵旁邑、濬時官指揮、統禦轉戰千里、克沿海諸境、列艘舟山、期蕩平、比風濤大迅、歿王事。

屈意從直。閔珪、成化進士、官司寇、性直、讞獄多忤旨、劉大夏入對、上語及、夏曰、人臣執法效忠、自古聖明往往屈意從直、無足恠也。上領之、悉從珪擬、

尹 平陽 少昊後封于尹城因氏

清風○尹吉甫周卿士作崧高韓奕江漢烝民四詩皆以美宣王也烝民篇云吉甫作誦穆如清風又云吉甫燕喜旣多受祉

繭絲○尹鐸周人趙簡子使爲晉陽請曰以爲繭絲乎抑爲保障乎簡子曰保障哉損民戶數寬稅以和

函谷吏○尹喜周時秦州人爲函谷關吏望紫氣迎老君于道授道德經號文始先生

製錦○尹何鄭人子皮使爲宰子產曰不可是猶未

能操刀而使割也、曰子有美錦、不使人學製焉、大官
大邑身之所庇也、而使學者製焉、其爲美錦不亦多
乎、

廉介　○尹翁歸字子况、漢人、拜官太守、過辭廷尉、尉
欲托私事、竟日不敢言、曰此人不可干以私、入郡廉
大豪置法、一府震慴、

四葉表閭　○尹嗣宗、唐人、子平、孫允恭、曾孫仁恕、有
孝行、王荆公詩云四葉表閭唐尹氏、

尹公筆　○尹思貞、唐景雲官尚書、弱冠及第、初筮太

府卿少府候知一政尙威嚴時語曰不畏侯卿杖祗

愬尹公筆前後刺史十三郡治以清最聞

鑿心○尹知章少夢神持巨斧鑿心驚悟由是志思

開徹經學日進仕唐官博士

文體淳古○尹洙字師魯宋初文章浮習天聖初公

與穆伯長矯時所向以淳古爲歸官起居注舍人

六有三畏○尹焞字彥明師事伊川得養氣治心之

法一室名六有齋取橫渠言有教動有法晝有爲夜

有得瞬有養息有存之意一齋名三畏取夫子三畏

之說靖康召至固辭歸山賜號和靖先生

章奏可覆○尹昌隆字彥謙太和人明洪武進士御史上建文疏曰太祖雞鳴而起今陛下日昃未朝以至上下懈弛上曰隆言朕過宜頒天下靖難兵起疏曰比來章奏以周公輔成王爲言不若罷兵許其入朝恐一旦變起求爲匹夫布衣不可得矣文皇以隆奸黨驅戮呼曰臣奏可覆也

風節○尹旻歷城人宣德進士清正有守仕宦二十年約如布素所至以風節自持官終太保學士論蔡

簡、

膏沃千畝。尹袞、永新人、正德鄉薦、博學清操、遇事精敏、令壽寧、鑿陂堰、溉蕪田千畝、爲之膏沃、歲荒賑民不困、尋擢京秩、

河朔遺風。尹耕、字子莘、代州人、嘉靖進士、豪宕不群、喜談兵、生長邊隱、病武備廢弛、作塞上曲、有河朔遺風、分宜奇之、能識而不用、能用而忌其成、以故邊防日蹙、

昆節凛然。尹伸、字子求、宜賓人、萬曆進士、南兵郎

累河南濬伯先時備兵滇中、殲逼貴陽、身經十餘戰、突出後獻賊陷蜀執𢓜入成都不屈殺之、仕孤峭見、擯于時終始臣節凜然。
流涕國事。尹嘉賓字孔昭沅陵人、萬曆解元進士、初官兵部募兵遼海流涕國事。登蓬萊望緊無間慨然、有舉目河山之涕。歸督三楚學政死官舍、性硜確、文靜穆如人。
淚枯泣死。尹先民崇禎末長沙鎮將、流賊陷荆襄、延蔓入境、民與司理蔡道憲分門堵禦、城破賊縛憲

諭降再縛民憲呼曰尹公無忘昔師言民曰吾亦罗
于豈負君哉憲厲罵不屈賊牽先斬次復諭公公泣
不語衛劍伏䓁屍旁長號三日淚枯仝三僕受刄
阮陳留殷後封阮國汾渭之間
七子○阮瑀字元瑜陳留人少受學于蔡邕曹操屬
辟不就逃山中操使人焚山廹之授諸簞祭酒與陳
琳並掌書檄建安七子之一子籍
青白眼○阮籍字嗣宗任情不羈登山臨眺琴酒嘯
吟自如人謂之痴聞步兵廚有酒三百斛表乞步兵

校尉、能作青白眼。毋死稽喜來弔、作白眼。稽康齎酒挾琴造之、乃作青眼。著達賢論、大人先生傳及諸詠懷、稱竹林七賢。子渾、姪咸、名重當時。

南北阮。阮咸字仲容、與籍居道南、諸阮居道北。北阮富、南阮貧。七夕、北阮曬衣于庭、錦綺粲目。咸以竹竿掛犢鼻褌于簷下、曰：未能脫俗、聊復爾耳。顏延年贈云：仲容青雲器、屢薦不入朝。一麾乃出守、歷散騎常侍。

三語椽。阮瞻字千里、性清虛自得。見司徒王戎、戎

問曰聖人貴名教老莊名自然其旨異同答曰將無
同戎咨嗟良久即辟之時人謂之三語掾永嘉中太
子賓客

幾緉屐 ○阮孚字遥集晉元帝黄門侍郎性好酣縱
嘗以金貂換酒上聞釋之好遊屐有詣孚者見其自
理蠟屐嘆曰未知此生當着幾緉屐與畢卓諸人爲
八達

杖頭酒債 ○阮脩字宣子善清言嘗出遊以百錢掛
杖頭號酒債遇酣暢雖王侯勿顧也

寵辱不驚。阮裕字思曠，有肥遯之志，王羲之曰，此公不驚寵辱，仕晉東陽太守。

善經畫。阮安交趾人，性介潔，善于經畫，明初擢司空郎，營北都宫殿府庫，奏績，賜賞不入私橐，悉還公帑。

血書討奸。阮之鈿，穀城令，流賊張獻忠叛入穀城之鈿，瀝血泣訴，能文，數藏賊釀亂，書絶命詞以死，左良玉聞，函聞變曰，經略縱虎負嵎，使我攖之，憤列其狀，文燦詔獄死，西市，弟中書阮文貴北都陷，自縊死。

蹇　奉蹇叔後

受浮○蹇重周人魏文侯觴大夫于曲陽飲酣文侯嘆曰安得有豫讓以為臣哉蹇重請浮君曰臣聞有命之父母不知孝子有道之君不知忠臣夫豫讓之君亦何如哉文侯曰善受浮而飲之爵而不讓

嫺辭命○蹇周輔宋人嫺文辭神宗朝裁答高麗書得中國大體

賜御章○蹇義字宜之巴人初名瑢明洪武進士侍中書上顧問曰汝蹇叔後乎書義字賜名建文識太

祖雅重晉侍郎靖難後盡革建文諸例入諸公不除

禦君上不聽獻陵賜纓從忿紏謬金章諭曰朕有適用

此封識裕陵稱四朝碩輔

苑范陽武丁後封苑

筆端風雨○苑論字言揚唐元和中與栩子厚聯第

栩拜而兄之遂以序云皆軼乎術藝之途游泳乎詞

翰之林風雨交于筆札煙雲發乎簡牘甚可壯也○

泰山守○苑康字仲真博學深識舉孝廉歷仕泰山

守

管平原周文王子封于管爲管叔
瓜期。管至父齊侯使父戍葵丘曰瓜時而往及瓜
而代
仲父。管仲名夷吾少與鮑叔牙遊知其賢薦之齊
桓公公以爲相號仲父仲嘗與鮑叔賈分財多自利
叔不以爲貪知我貧也嘗與謀事而更困窮叔不以
爲愚知我時不利也嘗三戰三北叔不以爲怯知我
有老母也嘗困幽囚不以爲恥知我不修小節而恥
功名不立也生我者父母知我者鮑子

割席○管寧字幼安少與華歆同學有軒冕過門者歆廢書觀之寧因割席分坐曰子非吾友嘗與歆鋤菜見金寧揮鋤不顧歆捉而擲之漢魏之際居遼東二十年不出蔡邕薦之曰含章素質冰潔淵清匿影韜光嘉遯養浩近世以來未有獨行若寧者魏明帝禮徵不就貧約一藜床當膝皆穿

絕似長卿○管輅字公明平原人善易精天文風角之術幼從父遇琅琊太守單子春聞輅名會賓客與論難輅曰某年少膽未堅請飲三升以談酒畢曰與

幹對老爲誰春曰吾與卿旗鼓相當衆莫能難春歎

曰絶似司馬長卿

釣月。管師復能泉人與翁師常俱盛名從胡瑗遊

稱爲詩號卧雲先生宋仁宗召至問卿何所得對曰

滿塢白雲耕不盡一潭明月釣無痕

活萬命。管訥字時敏華亭人九歲能詩明洪武徵

楚府長史初從王破銅鼓諸蠻衆欲殲其黨力爭之

王曰管長史一言活數萬命訥其有後乎子延枝復

仕楚府累少卿

秋香百詠○管時敏、永樂楚府長史、居官四十年、忠誠謹恪如一日、七十致歸、王奏留府、賜卿秩祿養、賜地黃屯山、著秋香百詠、

筦

春秋學○筦幹、瑯琊人、受公羊春秋于疏廣、仕漢御史中丞、

諷諫○筦縶、唐中允、從玄宗幸蜀、作蜀道難以諷、

簡范陽晉續簡伯後

經學○簡卿、漢人、受書于倪寬、受夏侯勝、得師說

之精

王者友○簡雍字憲和性簡傲跌宕無所爲屈蜀先主以爲賓友拜昭德將軍時稱王者友

有愧石苞○簡祖英字世英東莞人博學才略明洪武初廖永忠薦之授建平令辭曰英少失鞠育一門死冠難殉節英不即死有愧石苞尋聖明討叛子毋復完又念故元糜職覓誅敢厠民社重矜受日之恍俾遂烏私之報

左　齊陽齊公族有左公子

死友。左伯桃燕人與羊角哀爲友聞楚王慕士乃
同入楚值雨雪乃併衣食與哀往謁楚王自餓死空
樹中楚王聞而贊之以禮塟伯桃世稱死友
素臣。左丘明因春秋作傳桂顔云仲尼爲素王明
爲素臣從祀聖宮追封瑕丘伯
喉舌之官。左雄字伯豪漢永建初虞詡薦之云有
王臣謇謇之節宜擢喉舌之官
販鱸。左慈字元放廬江人得冊煉術曹操會客命
取松江鱸鱠慈以盂貯水投竿盂中須臾二鱸躍

鈞上多以休咎事授刺操忌殺之乃入壁間乘空遁去

洛陽紙貴○左思字太冲口訥而辭藻壯麗作三都賦構思十年門庭藩溷皆著紙筆遇得意句即疏之賦成張華見而嘆曰班張之流豪貴之家競相傳寫洛陽爲之紙貴初陸士衡擬作三都賦與弟士龍書曰聞此間有傖父作三都賦俟其成取以覆瓿及讀太冲賦驚詫輟筆

吏治敏才○左獻廣宗人明洪武徵試詩文上奇之

由太學歷官刑部侍郎、以吏治敍才、奏最上等、通經。○左經、眉州人、洪武以文學徵授教諭、博通經史、文章詩賦千言立就、凡歷朝典故靡不貫習、蜀名士多出其門、著王昌集。

拓落窩詩。○左國璣、字舜齊、先越人、遷莆、弘治鄉薦、博學豪爽、嗜酒拓落、往來越中、不忘故土、歌詠成帙、感懷云、越客居梁久。爲歌尚越聲。祇緣秋夜苦長。繫故鄉情。三徑黄花暗孤燈。白髮明憂來獨凭檻。鴻鴈入南鳴。

白虹貫斗。左光斗字拱之、號滄嶼、桐城人、萬曆進士、由中書擢都御史、嚴峻嫉邪、神廟初疏汰蔭官五百人、銓敍一清、光熹中與楊大洪并力戮璫、天下號曰楊左、璫黨阮大鋮發難、首攻左魏、時舉朝尚多正論、後俱引退、遂逮公與楊魏三人同死、是夕白虹貫斗。

忠武討賊。左良玉字昆山、臨清人、驍勇善謀、初給事昌平督侯恂家、冬至恂宴上陵、玉醉失金卮四、請死、適有詔調昌平軍赴援、恂難其人、莫可使者、總兵

薦玉可任大計、隨領諸軍累戰輒捷累爵南寧侯、先時流寇張獻忠失利以碧玉徑珠賂督師熊文燦納降玉識其必叛欲射殺之燦縱逸去隨襲襄陽、終崇禎之世中原幾燼弘光南遷馬士英竊柄忌功疆宇日蹙玉憤不顧身提兵討英及阮朱諸黨檄云先帝嗣子四之祖宗家法壞之三百年養士之澤豈盡决于僉壬十五國忠義之心卑同錮此匪類以憂鬱死天下惜之

蔴衣絕命○左懋第字蘿石號沚門四川人天啓進

士剛毅才幹以器局稱弘光南遷授行人使北第請于議政王乞祭告諸陵改葬先帝內院詰責不屈拘之數載未歸聞江南破七日不食王召第蘇衣白冠草屨抗詞請死絕命詞云峽析巢封歸路迴片雲南下意如何十冊冷魄難消盡蕩作寒煙總不磨論者不異文丞相柴市三年閩士張倜臣紀懋第死王下令有敢收其屍者族誅停五日屍脩有閩人藍君鉉禱于關將軍廟乞收骸廟側遂大醉納其頭懷中負屍殮畢自縛詣闕請死王笑曰爾義士也何罪云

吾停屍五日者以覘中原有人與否耳厚賻之令主其喪銖納金于廟逃去不知所之

鮑東海憂禹之後有鮑叔食采于鮑

貧賤交。鮑叔牙敬叔子世為齊卿知管仲之賢薦以為相杜甫云君看管鮑貧賤交此道今人棄如土

乘驄。鮑宣字子都漢哀帝司隸校尉以折辱宰相下廷尉博士弟子王咸舉幡于太學下曰欲仲白鮑司隸者會此項刻聚千人朝廷為之動宣子孫三世司隸嘗乘驄馬京師歌曰鮑氏乘驄三入司隸再入

分前。

仁不遺舊。鮑永官子事後母至孝妻于母前叱狗出之官僕射行部覇陵經更始墓引車入拜左右止之永曰吾親向北面事之寧有此不拜雖獲罪司隸不避也西過扶風椎牛酒上苟諫墓帝聞不悅問左右曰奉使者如是乎張湛曰仁者行之不遺舊不忘君君子也

俊逸參軍。鮑照字明遠善詩仕宋爲臨海參軍杜少陵云俊逸鮑參軍

鮑孤鴈、鮑當、景德中爲河南法椽、時薛尚書映知典郡、不合怒之、當獻孤鴈詩云、天寒稻糧少、萬里孤難進、不惜充君厨、爲帶邊城信、映奇之、時目爲鮑孤鴈。

雙飛燕。鮑靚、上黨人、宋南海守、渡海絕粒、取白石煑化爲粮、一夕訪葛洪、人呀守往來無車馬跡、寄何之、但見雙燕飛繞綱之、得雙屐

賜安車。鮑恂、字仲孚、崇德人、元進士、國初以明經碩儒徵、備顧問、授文華殿學士、以老辭、詔曰德行可

風朝野命有司備安車送歸號西溪先生
平易近民。鮑近人上虞人洪武以博學茂才徵有
司具驛乘至京上曰任爾民事何能對曰惟平易可
以近民擢連江丞旋以卽官召
詩文清逸。鮑楠字良用歙縣人成化進士官戶部
詩文清逸尤長詞賦有野渡溶溶春水至夕陽點點
寒鴉來欵乃數聲何處行人一棹天涯。
棗穎川本姓棘于戚後改棗
典農。棗祗漢末爲羽林監請屯田塞下備邊魏武

以爲屯田都尉典農事募民耕許下歲得穀百萬軍國饒足

一門顯宦○秉攄字道彦仕晉山陰令有異政遷尚書左丞父儁鉅鹿守子賥襄城守弟嵩中庶子號一門顯宦

展

魯孝公子展後

和聖○展禽名獲字子禽無駭之子爲士師三黜以直道不容于時夫子稱之食邑栁下謚曰和

犒齊師○展喜齊人侵魯北鄙公使喜如齊犒師

三史○畀子奇善繪稱書家三史

典　典午氏後

帳中虎士○典韋形貌魁梧膂力拔群魏祖置帳中

號虎士官校尉

僉膾○典午居長安善調僉切膾貫遊子弟入其家

號饕餮午庄

雋　渤海

壹平反○雋不疑字曼倩渤海人暴勝之爲直指使

者疑衷衣博帶庭謁說以政尙寬和勝之納其說表

爲青州刺史其母喜平反故不疑爲吏嚴而能恕

嗇

探卷無遺○嗇道臨淄人入大藏信手探卷了熟往

匡廬山觀達公遺躅一日坐都中語徒子曰吾明朝

歸去矣至期口放白煙煙盡合口而逝

高蹈先生○嗇卷虞時人舜以天下讓卷卷逃入深

山避之今武陵縣南著山有嗇卷壇宋政和賜號高

蹈先生

老顛希老童後

以足指徃○老古周人晉公田逐麋而失之問農夫老古曰吾麋安在老古以足指曰如是徃公曰以足指寡人何居老古曰虎[illegible]之居也厭閑而近人魚鱉之居也厭深而之淺諸侯厭衆而亡國君何以田為耶遂載老古以俱歸

散

文王四友○散宜生見史記

江東大家○散雪濤名仲文明祁詩人

辯

山空鬼哭○辯才字元靜於潛人居天竺峰下趙清獻贊曰師去天竺山空鬼哭天竺師歸法會增輝居老龍井與蘇子瞻秦少游友善

了

一衲○了元號佛印住金山蘇軾訪之元曰內翰何來此間無坐處軾戲曰借和尚四大作禪床元曰四大本空五蘊非有軾擬以玉帶鎮山門了元輥以一衲○

藻

杣米和尚。澡先崇安人出家叅雪峰眞覺禪師坐枯木庵十年蛇虎咆繞不動巖前有溪冬月積氷徑尺先每饑渴叩氷飲食

道

夢詩。道潛於潛人通內外典有詩名蘇軾在黃州時夢參寥賦詩有寒食清明都過了石泉槐火一時新之句後軾守錢塘訪參寥子於寒食後夕潛汲泉鑽火烹黃蘗茶忽悟前夢作記

阿

㸑字○阿𠲎、烏龍州人、紡垢酋之後、隱巖谷撰㸑字、字如蝌蚪、三年始成字一千八百四十名、曰隸書、後人至今習之、

龍虎軍○阿晝、曾貴之後、元順諸州安撫、以征伐功、加龍虎軍大將封順元羅甸侯、

鄺

扈北征○鄺埜、宜章人、明永樂進士、累官兵部尚書、學有經濟、應對如流、廉慎小心、多所裨畫、扈駕北征、歿于軍、贈少保、

湉汝南陳胡公湉之後

清約。湉寵字伯寧魏祖表爲汝南守、遷太尉、介節不殖家産詔褒之曰卿在外、居行間積勞有行父祭遵之風賜田四十頃錢二十萬以明清忠守約之節

逍遥子。湉閒自號逍遥子、工詩、哲吟云髮白壁𡎺白詩須字字精又云長喜詩無病不愁家更貧坐廬多遜巖避地舒州爲山寺行者題鐘樓云頑童趂暖貪春夢忘却登樓打曉鐘孫僅見之曰此逍遥子也呼見已扃閣亡去

痛哭執奏。滿朝薦、天啓太僕少卿、劉直疾、諺論是非顛倒、疏祖宗憲章至此壞極。壞於陛下者十之二三。壞於當國大僚者十之八九。臣不知陛下何負臣子。臣子之忍負陛下至此。痛哭執奏

单南安、周成王封少子臻于单邑、因氏

五侯。单超、漢宦者、有軍功、與徐璜、左琯、貝瑗、唐衡誅梁冀、同日封五侯

花師。单父、字仲儒、漢人、得種植之法、能藝牡丹、變易千種、人呼花師

天官學。畢颺明天官學精推驗舉孝廉遷太子令史筆精研。畢士寧宋慶曆中與王洙入翰林同修史集號史筆精研

安攘功。畢安仁鳳陽人明洪武以人才徵累官兵部尚書有克勤勞績安攘中外之譽賜祭塋

老伴。畢吉弘治司禮監温雅篤誠知書史通大體輔東宮匡正切直嘗嘆曰吾老矣望得一代賢主上賜東宮五莊吉曰天下山河皆王所有何以莊爲東宮嘗呼爲老伴一日東宮召閣使高里經適吉至東

宫駭曰老伴來矣即携孝經開覽吉日得無念經乎其見憚如此

偶

題瞎牛○偶桓字孟武太倉人家桃源徑落拓嗜酒喜輕俠倪雲林蔡之教以詩畫踴漢武徵授粤西藩幕桓目眇自題曰瞎牛咨楷推巖號曰瞎虎著海翁江史二集

卷二十三終

古今人物大觀卷二十四

上函四

鄭基生望士甫參閱

太史孫子未先生鑒定　閩中林涵春奕爻纂輯

姪　蘅采若甫編校

趙夫　木伯益後至造父周穆王賜趙城

良大夫。趙衰字子餘謚成子盾字孟謚宣世爲晉

卿賈季曰趙衰冬日之日也趙盾夏日之日也仲尼

曰趙宣子古之良大夫盾子朔

袴中兒○趙朔有遺腹兒屠岸賈之禍夫人置之袴

下得匿程嬰家十五年因韓厥立之是謂宣武史記
武爲晉卿薦白屋之士六十家舉筦庫之士七十人
四豪○趙勝趙平原君食客三千人與齊孟嘗楚春
申魏信陵爲四豪太史公曰平原君翩翩濁世之佳
公子也○
徒讀父書○趙括喜談兵馬服君奢子人曰趙括徒
能讀父書耳故有長平之敗
金城方略○趙充國字翁孫沉勇有大略漢元康爲
羌人叛時年七十餘上問誰可將者國曰無踰老臣

至金城上方略開屯田便宜十二事破羌封營平侯
圖形麒麟閣
清酌之餞。趙軌仕隋齊州別駕入朝父老送之曰
公清如水酌清泉之餞
世官。趙不器有子八人夏日冬曦和璧寒貞栝貞
頤貞彙貞皆舉進士顯官唐登科記之冠
文章得幸。趙彥昭以才學名唐中宗置文館學士
以昭領之凡宴享遊幸學士得從春幸梨園則賜細
柳圈夏宴蒲萄園賜櫻桃秋登慈恩寺浮屠賜菊花

酒。冬幸新豐白鹿觀、賜浴湯池。從行給翔麟馬、賦詩倚和、無君臣之分。惟以文章得幸。

趙光逢、字延言、以文行知名、時人比其方直溫潤、謂之玉界尺。仕梁中書侍郎、

趙普、字則平、宋太祖功臣。上嘗夜半幸其宅、立風雪中。普伏迎、上扶之。設茵布席、熾炭燎肉。普執壺、妻獻食。上以嫂呼之。遂定下江南之策。普每決大事、啓閣觀書、視之乃論語也。時稱趙普以半部論語致太平。雷德驤嘗于帝前詆之、帝叱曰、鼎鐺尚有耳。

汝不聞趙普吾社稷臣乎○爵忠獻王、

諫林○趙槩字叔平、性重厚寡言、宋仁宗朝、與歐陽脩知起居注、參大政、退居睢陽、集古今人臣匡扶諫諍事蹟、爲諫林一百二十卷○奏賜褒美○

琴鶴清風○趙抃字閱道、氣貌清逸、人不見其喜慍○自號知非子○至和中、官御史、以一琴一鶴自隨○公日所爲、夜必焚香露告○嘗曰、不可告者不敢爲也○家有松軒、詩云、軒前長溪、溪外山、松風嘐嘐水雲間、高齋有問如相答、清夜安眠白晝閒○官至參政、謚清獻

戲綵堂。趙屼清獻子、以篤行稱、爲溫州倅、迎清獻入溫、名其堂曰戲綵。東坡送以詩云、風流半刺史、清絕校書郎。

耆英。趙丙字南正、宋元豐中太常卿、與文富諸公耆英會。丙詩云、新春開茗燕英髦、主禮雍容下庶僚。二相比肩官一品、十人華髮仕三朝。

秋陽賦。趙令疇字德麟、安定王後、恭儉如素士、東坡作秋陽賦贈之云、趙王之孫有賢公子、曰吾心皎然如秋陽之明、肅然如秋陽之清、吾好善而欲成之、

如秋陽之堅百谷惡惡而欲刑之。如秋陽之殞群冰。
總大政。趙鼎字元鎮宋紹興中張浚出視師江上
鼎居中總大政以圖興復官左僕射謚忠簡
詩法。趙蕃字昌甫號章泉有詩云學詩渾似學叅
禪。要保心傳與耳傳秋菊春蘭寧易地清風明月本
同天。負重名屢召不起劉后村云一生官職監南嶽
四海知名仰玉山蕃宋末閩人
龍駒入室。趙孟頫字子昂號松雪南宋宗室毋憂
龍駒入室遂姓性頴操筆萬言寓意繪事嘗作八駿

圖體格奇幻。自以神駿韓幹。一日懸圖壁間。群馬望
之卻走爭鳴。元宰臣程鉅老薦之得與禁闥懟以亾
國俘臣辭歸田里年六十九賜杖榮之
梅魂。趙師雄宋末人家羅浮雲峰側。一日薄暮林
間見麗姬淡粧素服行且近。芳香襲人因邱酒家共
飲少頃一綠衣童且歌且舞。酒盡天白只一片梅花
參橫欄楯。
開國武臣。趙德勝鳳陽人魁偉英異運槊撾馳從
明太祖軍援元帥克和陽廣濟諸郡每戰單騎入險

敵伏發洞胸拊髀嘆曰命也大丈夫死何恨但不能
從主上清中原名垂竹帛耳追國公諡武莊
扈駕。趙好德汝陽人博學多才器宇宏敞有志民
事洪武初以儒士扈駕渡江累官吏部尚書行中書
省參政
湖海耆英。趙廸字景哲閩人與林鴻稱湖海耆英。
洪武官侍郎元夕應制詩龍樓錫宴月初斜寶炬星
分照翠華五夜歌鐘聯甲第千門燈火映皇家錦筵
人醉飄金鏤羅綺春晴散彩霞自是宸遊多樂事叨

陪幾度宴宮花○

左氏補註○趙汸、休寧人、太祖徵修元史、作春秋屬辭○以著聖人筆○削作集傳○明經世大防○有左氏補註行世、

矢節從亾○趙天泰、三原人、建文舉明經、以博學擢翰林修撰、靖難、帝焚宮、泰與程濟、仲彬二十二人從亾、偕帝渡錢唐、至浦江鄭洽孝義堂、忽堂中匾墮地、泰曰、不可久留、慝趣帝行、而蹤跡者遂至○泰別帝遊峨眉、卒于蜀、錫山王時大弔詩云、路入盤江瘴未收○

吳山越水總堪愁。誰將袞冕供蟬蛻。劉阮天台亦勝遊。

石田茅屋。趙狃、字雲翰、祥符人、由夏官郎、永樂累尚書、出鎮邊城、性恬靜、以盛名引退、詔云、草昧初開兵刑未靖、勉疾圖維、楊東里作石田茅屋記、稱其高隱、有懷古詠云、十年爲客寄龍沙。南望雲中不見家。惟有受降城外月、照人清淚落胡笳、

六書。趙謙、餘姚人、永樂徵士、博覽群書、尤精字學、所著有六書本義、應博學詞翰、

葩蕤陸離。趙寬字栗夫、吳江人、成化進士第一、歷官兩浙學憲、轉粵臬、少有文譽、出吳文定之門、召試詩賦千言立就、葩蕤陸離、衆咸嘆異、嘗語楊君謙云讀書了了見古人著作、復恨不及。

豪爽風流。趙輔字良佐、鳳陽人、成化都督征蠻將軍、平廣蠻、靖建、酋襲勲、侯爵、豪爽風流、有祭遵雅度、詩多富麗、有風定爐煙浮衮晃、日高儀仗護蓬萊、鸞旂紛擁雲衢合、雉尾遙迤翠輦開之句。

儈人取心。趙鶴字叔鳴、弘治進士、歷郎中、督學山

東副使、歷官政績、見青齊志、巍然執法、蜚語傷之、罷歸、貧困以詩文自娛、嘗語人曰、僧人挾匕取心毛髮安足試乎。登岱峪、著金焦篇。筆凌滄海。聲傾朝野。趙時春字景仁、號浚谷、平涼人、嘉靖進士第一、初官武庫郎、疏禁讒佞、正士風、飭諫臣、闢異端、忤政府、削籍、旋召入編修、請正東宮、又削籍、尋起參政、曰吾不竊府庫以自潤。不借府庫以市恩。宗藩權幸、相戒避之。卒爲逆鑾所中、唐荊川稱公文章二百年來一人。

爲今日計。趙貞吉字經靜內江人嘉靖進士官司業時邊警薄都要貢公奮然曰城下盟春秋所耻要索不已胡以制之宜速錄周尚文功赦沈鍊獄嚴防禦登可解也嵩嫉之令單騎宣諭隨爲沈鍊解脫隆慶起直閣尚書終以忤時引退謚文肅

續五子。趙用賢字汝師常熟人隆慶進士翰林檢討抗論江陵廷杖削籍江陵歿召南祭酒侍郎贈尚書謚文毅負氣節饒經術海內以羅文正目之繼澄陵執政亦憚公卒以傷公續五子詩公居一其四京

山李維禎、南樂魏允中、四明屠隆、金陵胡麟也、

銓法公廉。趙南星字夢白高邑人萬曆進士考功郎佐長官孫恭簡計吏銓法公廉以忌削籍天啓起歷拜尚書忤璫戍邊崇禎召用卒戍所謚忠毅

黑面郎官。趙繼鼎山東人天啓進士歷清卿公明堅決不畏强禦奸猾當前公呈一面衆斂縮號爲面

死烈不瞑。趙譔崇禎御史巡視中城捕賊諜輒殺之賊怒城陷殺公猶睜睛不瞑

徉狂一死義。趙卯閩縣人好釀飲攘臂井里每爲人

排難語多剛烈大師至制令薙髮攴促之薙繞屋徉走人謂邛酒狂頑戲耳日暮殺鷄貰酒大醉狂呼呼罷大哭隣里詰問已閉扃矣翌辰推窓視之自經樑上衆咸嘆異

馬扶風嬴姓伯益後趙奢封馬服君因氏

儒宗祖位　馬宮字游卿受公羊春秋于令豐以射策高等爲郎漢哀帝尊師傅封扶德侯稱儒宗居祖位

雲臺圖像　馬武字子張湖陽人從光武平王尋諸

寇恂、中興二十八將。圖形雲臺、史稱咸會風雲。奮其、
仰手撫鳴劍而抵掌、志馳伊吾之北矣。封陽虛侯、

矍鑠翁。馬援字文淵、扶茂陵人、少有大志、欲就邊郡
田牧、其兄曰、子大器當晚成。姑待之、嘗語賓客曰、大
丈夫、窮當益堅。老當益壯、漢建武、拜伏波將軍、征交
趾還。故人孟冀勞之、援曰、男兒當死邊野、以馬革裹
屍還葬。何能臥床上、死兒女手中耶。進曰、烈士當如
此矣。五溪蠻叛、援請自效、據鞍顧眄。以示可用、帝笑
曰、矍鑠哉乃翁也。

欵叚駒○馬少游援弟嘗謂援曰士生世但取衣食裁足乘下澤車欵叚駒鄉里稱善人可矣後援征交趾在浪泊西里間下潦上霧仰視飛鳶跕跕墮水中卧念少游向日之語何可得也

絳帳○馬融字季長才高博洽爲世通儒訓諸生于數處樞鄭玄皆其高足坐講堂施絳帳前授生徒後列女樂弟子以次相傳鮮有入其室者漢永初校書郎

白眉○馬良字季常兄弟五人並有才名諺曰馬氏

五常。白眉最良。良眉中多白毫。人競稱之。蜀先主辟荊州從事、弟謖字幼常、善談兵

新豐斗酒 ○馬周字賓王、少時袁天綱奇之曰、伏犀貫頂。背若有負。貴人也。過新豐逆旅、命酒一斗八升、悠然獨酌。衆異之。舍中郎將常何家、爲何條列三十餘事、帝問何、何子武人安能條此、對曰、臣客馬周爲之、召見拜御史、尋遷中書令、帝嘗以飛白賜之曰、鸞鳳冲霄、必假羽毛之寄。要在忠貞能濟耳。岑文本曰、馬君論事纚纚。令人忘倦。然鳶肩火色。騰上必速。不久

爲人下也。

武幹絶倫。馬璘武幹絶倫、以勇力稱、李光弼曰吾用兵三十年、未見以少擊衆如馬將軍者也。唐至德四鎭節度、

龍虎變化。馬燧字洵美、姿態魁傑、與諸兄共學輟策嘆曰、方今有事、當以功濟世、豈儒生老哉。大曆中屢建奇勲、封北平王、賜宸扆台衡二銘、以言君臣資贊之美。圖形凌煙、諡武莊、韓愈作誌、云見王于馬前。猶高山深林、龍虎變化、不測魁傑人也。退見少傅翠

竹碧梧。鸞停鵠峙。幼子娟好靜秀。瑤環瑜珥。蘭茁其芽者也

建銅柱。馬總字會元唐元和南安都護置二銅柱于漢世銘功故處著唐德以旌伏波之功韓愈贈詩云紅旗照海壓南服徵入中臺作侍郎

酒狂。馬自然有異行飲酒至一石不醉人有疾以雉草木療之無不愈者自吟云昔日曾隨魏伯陽經時醉卧紫金床東君道我多情懶罰向人間作酒狂

毛詩圖。馬和之錢塘人宋紹興進士官工部侍郎

善繪人物山水。筆致飄逸。粉潑天然。高孝兩朝、嘗召
禁闈、命編圖豳風、知稼穡艱難
剔歷艱難。馬守中、陽武人、明洪武初以秀才徵、擢
禰賜御衣、歷官都御史、志稱歷中外、艱難三十載
從征伐、經營建、按獄賑荒、所至悉有能聲
靖難殉節。馬坤、洪武徵辟、建文官御史、靖難兵入
逮見、抗罵不屈死之
綏輯遺黎。馬極明、明初令通城、披荆棘、輯遺黎、除
兇暴、興教化、朞年田野闢、戶口倍、境內治、功德洽聞

夷險一節。馬京武功人洪武中任翰林編修矣
累官侍郎洪熙贈少傅謚文簡賜塋史稱京淳質有
文端厚而正靖恭不渝有夷險一節之槩
爾雅之士。馬鐸字彥聲長樂人永樂進士廷試第
一翰林修撰歷祭酒學士性坦學傳爲文操筆立就
景帝嘗語楊士奇曰馬祭酒可謂質實爾雅之士。
裁决典禮。馬愉臨朐人宣德進士廷試第一人授
翰林修撰博通淹貫嫻于典故兩脩實錄三議典禮
機務經筵多公裁决謚稱性質淳篤涖事寬和累官

侍郎尚書、

當左擣右。馬昊關中人長身虯髯善射官御史諭蜀開州士民伏闕言昊保障邊鄙功大乞留蜀盜藍鄢横掠詔會討部議昊才勇可任征勦賊薄郊突擊軍中震昊曰未見大敵胡亮爭遇賊方陣伏右昊以正當左身擣其伏伏潰趨左合擊殲之火栅隨平晉都御史、

凛江別思。馬軾字敬瞻嘉定人正統天文官善讀書能占候書畫高古有法天順初閣臣岳正忤石曹

左遷、僚友遠避、獨軾餞之、詩云、漂江別思水悠悠。送客汀頭莫上樓。五嶺瘴高煙散日。兩孤峰濕雨鳴秋。豐城劍氣東南起。合浦珠光日夜浮。祭罷鱷魚歸去晚。刺桐花外月如鈎。

楓葉醉顏。馬文升、字負圖、景泰進士、弘治尚書、正德初、坐朋黨削籍、立朝五十年、風節凌勁、夷旻聞名、事具國史、赴秦隴、詩云、雁聲叫日迷寒渚。楓葉經霜帶醉顏。時稱佳什、

十里金坡。馬慶、字公振、東渚人、嗜學好文、元季避

跡松江明初徵入吳門試詩有十里金坡秋澹蕩流
光直到閶闔城。
再疏再杖。馬中錫字天祿故城人成化省試第一
會試進士官給諫劾萬昭德再疏再杖瀕死不悔武
廟起遼撫逆瑾矯詔繫獄死御史盧雍申白其冤中
祭申錫蚤慧三歲識字七歲能詩文有雋才刊落體
格類劉孝卿陸龜蒙
一軍獨雄。馬永延安人金吾指揮正德中江彬統
宣大練兵西內以疾辭不隸邊營入塞諸鎮畏斯推

永漁陽一軍獨雄。上至喜峰口、永叩馬諫、上涯視曰
此馬永耶。嘉靖大同亂、朝議招撫、永力諫不可、爲九
邊效尤、且召河北藩鎭之禍。官都督
半軍亂。○馬森字孔養、懷安人。嘉靖進士、由主事守
太平、歷都御史尚書。時、創三殿、請南糧解折、省民費
百萬。詔舉邊才、疏曰、往者輔臣楊一清南人、用陝尚
書王瓊、比人用蜀、論功績、不論地利。朝用中使傳旨、
上言祖宗有御札下閣部、無中官徑行傳旨。乞率舊
章。閣衛軍鼓譟、撫按縮首、公出諭即解去、以其素信

于人贈宫保謚恭敏賜葬。

游藝集。○馬一龍字應周號孟門溧陽人父恪魯官給諫出守潯甸以苗變誣繫公時諸生走萬里上書執政救父詞旨悽愴登嘉靖進士歷南雍司業以母老歸養才名卓然字學遒逸著游藝集行世

肩襆策蹇。○馬思理字逵生天啓進士品行端潔令烏程擢給諫凡軍國民生靡不條悉出按青齊粮務日竭張彝憲綜理尚書以下悉庭屬公獨抗禮奏劾逮獄臺省申救謫戍肩襆策蹇饑寒而歸人比馳驛

之榮。唐藩尙書扈從、道病、死舟中、
寓書約死。馬世奇字君常、號素修、崇禎進士、甲申
官諭德、寇陷都城、奇沐浴冠帶、捧司局印篆、北面再
拜、草奏付僕赴南都、陳變復南面拜母、與二妾朱氏
李氏同死、其未死前、答兵部成德書、吾輩捨一死、豈
無別法。吾不爲其難、誰爲其難者。追謚文忠
一門完節。馬如蛟、江北人、崇禎御史、致政家居、流
賊至、與兄運尹、如虬、弟諸生如虹、索家僮持兵巷戰、
呼曰、闔門完節、大小一時同盡。

○馬融少女倫有才辯適汝南袁隗資裝奢麗隗曰婦奉箕箒而已何乃珍麗對曰慈親所遺不敢違君若慕鮑宣梁鴻之高妾亦效少君孟光之事

○馬周微時遊京師道遇袁天綱曰贈君一夫人指曰此去西城有賣餅媼女骨相希奇君求之他日佐君中壼爲國相夫人周娶之果驗

賈汝陽唐叔虞少子公明康王封賈因氏

至言○賈山潁川人愽涉世務漢文帝時上書言治亂之道借秦爲喻名曰至言○

洛陽年少○賈誼洛陽人河南守吳公奇其才薦之漢文帝召爲博士絳灌輩嫉之曰誼洛陽年少耳帝出之爲長沙太傅上坐宣室召問鬼神之事夜半不覺膝促前席曰吾久不見賈生上治安策劉向讀之曰通達國體管晏未能過也

待詔金馬○賈捐之誼孫字君房元帝初疏言得失待詔金馬門長安令楊興曰君房言論妙天地使居卿侍過五鹿充宗遠甚以忤石顯遇害

折衝千里○賈復字君文南陽人佐光武中興帝解

左騄賜之曰賈督有折衝千里之威拜執金吾封膠東侯圖形雲臺一日戰失利帝曰失吾名將聞其妻有孕生女耶我子娶之生男耶我女嫁之不令其憂妻子也

從孤竹遊○賈逵字景伯平陵人漢明帝時神雀集廷帝異之敕蘭臺給筆札命逵作神雀頌與班固同校秘書家貧無以養母上賜錢二十萬上曰令子此外無事屢空不從孤竹遊矣著史記傳義

賈父○賈彪字偉節定陵人兄弟三人並高名時語

曰賈氏三虎偉節最著桓帝新息長時民貧不舉子彪嚴爲之制數年收養者數千皆曰此賈父生我也

褰帷清問○賈琮字孟堅漢中平初爲交趾刺史民歌曰刺史來晚使我先飯今見清平吏不敢飯政爲十三州最舊典傳車垂赤帷裳琮令吏褰帷曰刺史當遠視聽何乃垂帷塞聰蔽明乎

有所思○賈詡字文和三國魏人知謀孤藏與人莫測漢陽閻忠異之曰詡有良平之智魏武末臨淄侯曹植才名日盛有嗣立之機魏武問詡詡默不對詰

之曰適有所思思劉景升袁本初父子耶立嫡遂定

古冢銘。賈希鏡生南北朝家傳譜學撰氏族狀名

宋武時青州人發古塚銘云青州世子東海女帝問

諸學士鮑照徐爰俱不能悉希鏡對曰此是司馬越

女嫁苟晞兒撿漢史驗之果然

兩朝盛典。賈至字幼幾從玄宗幸蜀知制誥玄宗

命草傳位誥冊帝曰昔先天誥乃父爲之今茲命冊

爾爲之兩朝盛典出卿家父子可謂繼美矣早朝詩

云銀燭朝天紫陌長禁城春色曉蒼蒼千條弱柳垂

青瑣百囀流鶯遶建章劒佩聲隨玉墀步衣冠身惹御爐香共沐恩光鳳池上朝朝染翰侍君王

聞吟奪卷。賈島字浪僊初爲浮屠居法乾寺後舉進士嘗苦吟騎驢不避公卿貴人一日于驢背吟云僧敲月下門以手作敲推勢不覺衝京尹韓愈前左右擁之詰問愈曰敲字佳隨與爲布衣詩友宣宗微行至法乾寺聞鐘樓上吟聲取其詩卷覽之島奪其卷曰郎君何相迫耶宣宗去御札除長江簿人稱賈長江程鎬贈云騎驢衝大尹奪卷遇宣宗

墨妙亭。賈收字耘老喜詩酒家有浮暉閣墨妙亭一日子瞻至掃風雨竹于壁間復作古木怪石書贈其後云今日舟中無箇事十指如懸槌適有人致嘉酒遂獨飲一杯醺然徑醉念賈處士貧甚無以慰其意爲作古木怪石一紙每遇饑時輒開一看不知能飽人否有好事者爲君月給米三石酒三斗贈之不爾令雙荷葉收掌添丁長以付之也雙荷葉老侍姬添丁幼子也

清介逸品。賈驥明洪武初以清介逸品徵授新昌

令廉謹自守政多異績九載秩滿民挽車界上流連者數日

清獘獄 ○ 賈錠字艮金安陽人景泰進士弘治分臬建南風裁凜然吏弁斂跡疑獄夙獘一清

藏遺金 ○ 賈文富巴縣人隱居市廛途拾遺金百兩伺之無從質訊遂藏土中以待一日于拾金處見一人顧其地輒嘆息淚下詰之驗發金以還客以半謝富曰吾豈受遺金者耶受則不藏且客曰願公世世昌大御史中丞王鏊作還金傳

盜賄官驵。賈時泰鑫人少習拳勇性直見不義者輒訾詈擊賊鑫邑與泰山河壤接剽刼者多制府聞其名屬捕盜泰推牛酒誅諸豪扱地以捕期年四境無事盜之歸正者率納賂爲官以泰嘗窘辱之誣陷泰獄時泰年七十每語及人爲泰髮指又爲當軸者發泰怡然會赦祝髮爲僧

。賈大夫貌醜娶妻而美三年不言不笑一日御如臯射雉獲之其妻始笑而言

。貞諒閫範雍肅宮魏氏盛時退無私交男女婚嫁

不結韻門

夏 稽夏后氏後陳宣公孫有夏徵舒者

藥囊擊軻 ○夏無且秦侍醫當荊軻刺秦王時無且

以藥囊擊軻論功賜黃金百鎰

冶家傭 ○夏馥字子治言行質直與范滂張儉俱爲

黨錮逃禍入林慮山變姓爲冶家傭後詔釋儉等俱

出馥曰爲人所棄不宜復容鄉里矣去之終身不歸

寒骨白汗 ○夏統字仲御永興人幼孤貧至孝人勸

之仕統曰諸君待我至此乎聞言不覺寒毛盡落白

汗矣。毋病詰、洛陽市糴、與賈充相遇、賈問會稽風土、敘曰其人循循猶有大禹遺風、泰伯義讓、嚴遵抗志、黄公高節、充歎之、仕不答、曰卿能作鄉士曲乎、曰昔曹娥入水、國人為作河女之章、子胥浮海、作小海唱、今欲歌乎、以足扣船、引聲清越、鼓棹而去。

高鶯遷。夏竦字子喬、幼學于姚鉉、使為水賦限以萬字、竦作三千字、以示鉉、曰何不於水而前後廣言之、益為六千字、仁宗策試、有老宦者覗竦曰、他時宰相也、乞詩、竦走翰云、殿上袞衣明日月、硯中旗影動

龍蛇縱橫禮樂三千字獨對册墀日未斜早秋上在
摛宸殿命中使索新詞公進喜鶯遷云靈僉綺月沉
鉤簾捲未央樓夜凉河漢截天流宮闕鎖新秋瑶堦
曙金莖露鳳髓香和雲霧三千珠玉湧宸遊水殿按
梁州皇祐拜樞密使封甄國
雙應堂○夏休字載道休寧人夙具至性奉母孝養
毋卒廬墓地生瑞竹其節自上而下駢爲一以上岐
而爲二又生芍藥金帶者二鄉人號其堂曰雙應凌
待制唐佐紀其事

入室弟子。夏煜字允中、金陵人、祖太祖辟博士、從代陳友諒、鄱湖之戰、草檄賦詩、揚旌伐鼓、以壯軍聲、師事丁仲容、稱入室弟子

稱雅量。夏原吉字維喆、湘陰人、明湛武鄉薦、授王事、靖難後、人言吉事建立、上曰原吉忠于太祖、故忠于建文。豈不忠于朕耶。歴少保、謚忠靖、天性寛和、呂震陳暄嘗短吉於上前、吉待之愈親、有役汚其朝衣、吉曰汚可浣、吏破其寶研、曰成毀有數、人服雅量、上北征、命輔太孫、曰朕以房玄齡屬卿、當以齡心待朕

以清愼名有菜根有味休嫌淡○茅屋無書可借觀句
謙和○夏恕洛陽人洪武中有司以賢良薦召累官
刑部尚書志稱謙和有智略居官以精敏著梧鄉以
行誼稱
遺愛風○夏正時仁和人正統進士刑部郎歷大理
卿懲貪輯暴築堡修防有古遺愛風以終養引歸留
情山水詩文墨繪
君子三惜○夏寅字正夫華亭人正統進士生穎異
少長學力宏肆自郎中歷官藩伯文章淵瀚蘊奧絕

去時谿蔬治敬簡有容愛民如子嘗曰君子有三惜此生不學一惜此日閒過二惜此身一敗三惜戴笠乘釣。夏鏌字德楙天台人成化進士南京大理評事性至孝居官未幾疏乞終養鄉居一村種花執圃砥厲名節戴笠垂釣游詠詩文著赤城集詩清峭有野鼠行詩卷山禽掠酒籌又海天先得暮江月只宜秋句。

不奪海船。夏從壽字如山江陰人弘治進士官方伯鄖陽都御史聞有海船踰制巡海者欲沒入之壽

曰民以海爲業奪之舡是驅其露處也必率爲盜失舡者果入海公榜招之生業帖然

忠愍○夏言號桂洲上饒人正德進士擢給諫議大禮拜謹身殿學士爲嚴嵩所忌遇害嵩敗追贈太師謚忠愍賜塋

學道澹然○夏建寅秀水人萬曆進士初令安溪寬和喜怒不形視之如深山學道者澹然自足有投竿牘不發輙曰僞耳某先生公正豈私囑者哉

尊酒不怠○夏應芳字玄成滁人萬曆鄉舉俠爽好

客公車遇傖人貂裘駟馬揖曰公狀異一樽聚談藉
不忘問其名不答馳去凡所過悉留錢子邸向主人
問狀即傖人也後過都門以一篋相寄傖人旋客死
芳訪其子還篋發之皆黄金也子欷歔謝曰誰謂一
樽可忘義俠

觸閣死○夏之令河南光州人萬曆進士由縣令清
望擢御史以建言觸璫逮獄死法司悚之終無懼縮
部題觸閣直見剛腸虀獄終無繞指贈太僕卿
赴逝波○夏允彝字彝仲江南名宿崇禎進士勅授

長樂令博學有氣節文體一時轉浮習爲醇古多一
矜式弘光南遷擢銓部郎大師抵金陵不食旬日向
北大慟赴逝波死

冉魯國高辛氏叔山冉后

德行科。冉耕字伯牛魯人孔子弟子以德行稱追
鄆公

寬洪簡重。冉雍字仲弓魯人孔子弟子寬洪簡重
居德行之選追下邳公

居政事列。冉求字子有魯人孔子弟子居政事之

列、六子稱其多藝、追齊公、
晝地爲險。冉璡播人、與弟璞具文武才、余玠安撫
四川、築招賢舘禮士、言徙合川于釣魚山、擇人守之。
賢于十萬之師。玠上其事、以璡爲承事郎、

宰西河　尉大夫宰孔之後

列言語。宰予、字我、孔門高弟、列言語科、臨菑大夫、

湛豫章

政和風淸。湛賁、唐貞元登第、爲高安縣令、政静風
淸、民懷父母、

彰毓銘。湛賤生邵武人洪武中以國子生薦入石
試文藝史治祁官岳池丞廉介能理繁劇上廉名彰
曾錄能彝按察西蜀
作學箴。湛若水字元明增城人弘治進士性穎敏
嗜學師事陳白沙以隨處認天理爲宗白沙曰此孔
門參前倚衡之學也嘗作箴曰千金一匏萬金一諾
天命流行眞機活潑水到渠成鳶飛魚躍登山莫杖
臨水莫唱繡羅一方金針誰掇官祭酒尚書
。湛氏陶侃母侃祁爲潯陽吏監魚梁以鲊鲫遺母

毋封還曰爾爲吏而食官物增吾憂矣范逵嘗宿侃家毋貧不具并昔截髮貰酒延之逵嘆曰非此母不生此兒

審

辟陽侯。審食其沛郡人從漢高征伐有功封辟陽侯

盡忠志士。審配事袁紹孔融曰配盡忠之臣志能之士也

壽京兆吳子䕫壽後以字氏

王會盟。壽於姚仕吳爲上大夫王會盟
良牧。壽良仕漢爲兗州稱良大夫

有　束晳

恍似夫子。有若字子有狀似夫子追平陰侯贊曰
人稟秀德氣像或同而子儼然溫溫其容兩端發問
未答機鋒以禮節和斯言可宗

隗　春秋翟隗後

裂石湧泉。隗相捷爲人事母孝母惡江水不潔思
得江心淨冷者撩病欲携舟往取每爲風濤所阻忽

江中裂石湧泉人以孝感所致曰孝泉

卜遺金　隗照汝陰人晉元帝時善易筮臨疾書板授妻子曰我死後五週有龔詔使過此汝執板向索我遺金至期果然其人視板惘然取蓍揲之曰吾不負金伯有金在爾夫知我善易故藏金以命我代取耳猜東壁出地九尺果得遺金

卷二十四終

八閩文庫

文獻集成

262

吴格 主编

福建文獻集成

續編 史部 二二

海峡出版發行集團
THE STRAITS PUBLISHING & DISTRIBUTING GROUP
福建人民出版社

本册目次

古今人物大觀三十八卷（卷二五至卷三八）

［清］侯官林涵春撰

日本内閣文庫藏清刻本

古今人物大觀

廿五之七

古今人物大觀卷二十五　上函

太史孫子未先生鑒定　閩中林瀚春奕畬父纂輯

蔣　汝南周公子伯齡封蔣因氏

父子剖符○蔣滿、漢靈帝上黨令子萬、爲北地都尉、同詔徵見帝曰父子同日剖符盛事也下詔以滿爲汝南相萬爲弘農守、

竹下三徑○蔣詡字元卿杜陵人嘗於舍前竹下開

三徑惟故人求仲羊仲從之游。哀帝時爲兗州刺史、以廉直著。王莽居攝、稱病免。歸草廬不出

白馬泥跡○蔣子文漢末秣陵尉、嘗逐盜山中死、每言我有貴骨、當神。吳大帝都建業、文嘗乘白馬而出、吳人祀之。蔣山曰蔣侯、以神兵走魏軍、凱旋人馬皆有泥濕。唐宋追封武莊顯烈。曾極詩云、白馬千年繫廟門、爐煙浮動袞龍尊。問關謾說榮枯定。貴骨猶能履至尊。

兼資文武○蔣濟字子通、仕魏爲中郎將、資兼文武、

志節慷慨常有超越江湖志吞吳會之槩爵關內侯

社稷器○蔣琬字公琰弱冠知名蜀先主以為廣都長倦於治事諸葛亮曰蔣琬社稷之器非百里才也且託志忠雅當與之共贊王業豈以小用見長哉

釋私嫌○蔣欽吳人從孫策東渡平定三郡官盪寇將軍徐盛有嫌於欽欽每入見稱其才曰天下未平豈可挾私嫌而蔽才乎盛聞感愧報德焉論者韙之

父子學士○蔣乂字德源少從外祖吳兢學傳覽有史才唐貞元起居舍人帝嘗登凌煙閣左壁頹剝字

多漫缺、召乂問之、對曰此聖曆中侍臣圖贊誦之不遺一字、會詔問神策軍建置、條對明晰、宰相高郢薦曰、集賢有人哉。詔判集賢院事、乂父蔣明、亦判集賢、父子並爲學士、儒者榮之

三起三留。蔣伸、字大直、宣宗雅愛之、每見必咨天下得失、三起三留。上曰　封卿矣。遂大拜

良筆。蔣偕、歷史館、三世踵修國史、世称良筆、曰蔣氏曆日。

寒谷記。蔣琪、宋治平中、邑大夫、道州有寒谷在衆

亭之旁琪記盛寒入之谷中其氣温然挾纊熾炭不啻也

胸吞雲夢○蔣之奇字穎叔宋仁宗朝舉賢良方正除御史山谷贈之詩云荆溪居士傲軒冕氣吞雲夢如秋毫言潁叔輕功名而志隱退也

大體○蔣勉涪州人明永樂進士擢刑部主事累官侍郎練達政務寬和平允凡出入具嚴一以大體爲義

清積儲○蔣瑤歸安人博學能文多才雄辯正統進

士累官戶部尚書居司農數歲清積弊百萬上旌褒之

跡省糜費○蔣濴字于川上饒人弘治中守福州性峭直同官嫉之故事靈濟宮中使歲進冠服磨苦民間濴請别遣鴻臚歲省金錢萬兩著令

萬年松詩○蔣用文儀眞人六歲賦萬年松詩塾師避席曰神駒也長傳學通黄岐術應詔入御院事獻陵於東宮究五行六運有家學大人之譽謚恭靖

僊蹤前身○蔣懷德號未山山陰人嘉靖進士器宇

超爽以文章名世歷官貴州藩伯時承平每讌遊選數叟坐桑梱公與語久設飲讌公視堂上祖筵有遺册題遇蔣而開識我前因公啓之爽然未數日叟皆物故册忽失方知僊跡秘遺也

景泰十子○蔣忠字主忠儀真人恭靖用文子也傳學能文尤長詩賦與吳門錙溥中都湯胤勣昆山沈愚海昌蘇平蘇正西蜀王鐸四明王淮其二人謂主孝主忠昆仲同里王慶也稱景泰十子

別開宗法○蔣山卿字子雲儀真人正德進士祁官

王事諫南巡杖謫都事嘉靖擢郎中出守南寧詔討土酋以調度功晉滇南參政坐讒言罷性簡直博學清操詩文別開宗法顧華玉尚書雅重之

簑笠亭○蔣應震字中復宜興人萬曆進士性鯁直喜任民勞歷官儀部郎出守建昌祈令宜春出俸脩秀江橋復築泰公壩邑思其德祀于祉作簑笠亭誌公與衆均勞苦也子如奇崇禎進士世著令德

用侁鑾例○蔣德璟字八公崇禎進士直諒清介正色不阿崇禎官侍郎楊嗣昌督楚師龔熊文燦故智

撤險縱賊獻忠破順慶犢在醉夢割瀘州知州蘇瓊
戰死之頭充級上功璟憤疏舛欺悞國十罪請用嘉
靖中仇鸞例斲棺戮屍廷論快之有青草黃沙風雨
夜怨魂多少覓頭顱詩句唐藩入閩鄭芝龍專制嫉
其直以手扳擲落其齒大師抵閩絕粒死
三請勤王○蔣芬崇禎末建陽知縣流賊勢迫募兵
入衛盡散家資造軍械募勇士朱千觔劉鎬等三
請勤王其詞曰幸邀天上之靈迅掃狂氛指日奏凱社
稷之福否則斷脰決腸一瞑而萬世之下不以國家

三百年無養士之報負臣三十載讀書之志識者壯之

殉節金陵○蔣思宸字翀之宜興人性豪爽喜任俠與堵牧游與桐聲樹東南文社舉崇禎孝廉其錫山安吉甫荆溪堵南枝吳九敘金殉節金陵

○蔣重珍宋嘉祐狀元有詞藻一篇册陛對之句王尚書以女妻之

○蔣氏參軍陸嵩妻也喜酒善文娣妹勸之節飲蔣應聲云平生偏愛酒多爾減吾飧但得樽中趣時

光度不難

養 山陽

穿揚○養由基楚大夫善射去栁葉百步射之貫枝

楚戰鄢陵基射撤七札焉

掌 魯大夫掌氏後

誌方域○掌禹錫字唐卿郾城人宋皇祐進士官大

理丞歷仕尚書錫博覽多識修方域地誌新書神農

本草

壞

歌帝力○壤父堯時人年百歲擊壤於道歌曰日出
而作日入而息鑿井而飲耕田而食帝力何有哉
上邽侯○壤駟赤秦人孔門弟子唐追封徵伯宋封
上邽侯

景晉陽楚公族後

作續騷○景差楚人作續騷大招篇朱元晦稱其文
章平澹醇古

賜衣錦○景丹字孫卿櫟陽人從光武擊銅馬諸寇
功封櫟陽侯賜衣錦歸第帝曰富貴不歸故鄉如錦

俸

衣夜行耳

自表免官○景毅字文堅蜀人李膺坐黨禁死門人

故舊皆株及獨毅子景顧不與毅曰膺賢者也汝從

師之豈可白脫遂自表免歸

作寒食○景自芳宋雅州人清品詩才嘗於二月十

二日作寒食主人覷景春寒食

撰戒石○景煥有才學嘗著野人閒語宋乾德中立

郡國戒石曰爾俸爾祿民膏民脂下民易虐上天難

欺即其書中語也

抄

文曲犯座○景清真寧人里有女爲妖憑清至妖卻曰避景秀才明洪武進士擢眼建文都御史靖難後諸臣皆死惟清獨委蛇一日緋衣入朝先日文皇夢緋衣人挾刃入占者文曲星犯座命收清果得匕首曰吾爲故主報仇嫚罵抉其舌含血噀御衣臨之以草實皮自後精魂執劍繞御前不散夷其族鄉人相攀死謂瓜藤抄錫山王時大用詩云漏盡明光入紫薇曉隨偃仗映朝衣荆卿只合酬知己豫讓從來孰可希○

金陵璅事○景暘字伯時儀真人正德榜眼官至太子中允精小篆風骨稜稜著金陵璅事載佳句有雪竹晴還雨風花落更飛又情深惟縱酒髮亂似驚飛過真州夢神携遊泰岳遷卒易簀之日即懸弧之辰人異之

冷京兆古伶倫氏後

傳春秋學○冷豐漢景帝淄川守傳馬宮以春秋公羊之學

大曆才子○冷朝陽善詩唐憲宗時與李青蓮稱大

曆十才子

冷卿○冷庭叟宋光祿卿與黃山谷友善詩云往時盡醉冷卿酒家有野店居宋茂卿題云冷卿小塢頗藏春庭叟有侍姬每遇早朝責其供侍逸去山谷戲以詩云初無狗盜偷籬落底事娥眉失鎖關每爲朝天身倦倦時時驚枕夢催班

入瓶○冷謙秀水人明洪武初協律郎著郊廟樂章有友酷貧謙於壁間畫一門令入恣取金錢以出竟遺其引俄內庫失金捕之并捕謙渴求飲掬者取瓶

水與之謙化小童徑寸躍入瓶中拘者忍持瓶至齒前上呼謙輒應碎瓶片片皆謙聲

黨

金帳羔羊○黨進驍勇絕人每餓鬚若戟張目光電睒辛仲甫使金使者問南朝有黨進者驍將也如此等幾人對曰下然營趨耳何可勝計陶穀購黨家侍姬取雪水烹茶問曰黨家有此風味否姬曰彼武夫耳但能於銷金帳裏淺斟淡唱飲羔羊兒酒耳○

顏刻○黨世英字世傑泰安人金主以文學召英詹

篆隸書草稱四絕凡苑囿臺榭悉詔英顏刻望之有
雲蒸龍蟠之勢○

疆

赤伏符○疆華獻赤伏符於漢光武群臣以爲漢受
命之應帝隨卽位

耿　扶風晉大夫趙夙耿因氏

攀鱗附翼○耿純字伯山初謁光武於邯鄲辭罷其
節屢建大勳建武元年諸將請上尊號上不允純曰
士大夫從大王於矢石之間固望攀鱗附翼以遂其

志耳、

北道主人○耿弇字伯昭、光武指之曰、此我北道主人也○平齊、帝勞曰將軍昔在南陽建此大策、嘗以爲落落難合○乃知有志者事竟成也○功封嚋侯、

刻石燕然○耿秉字伯功有奇狀、腰帶八圍、精兵法、永元初與竇憲征單于、登燕然山勒石銘功頌漢威德、

拜泉○耿恭字伯宗、多大節、有將略、戊巳校尉、攻匈奴、據疏勒城、匈奴擁絕澗水、恭穿井不得、泉整衣禱

天泉爲湧出、挈水以示匈奴、驚以爲神、遁去、

大曆才子○耿湋、唐大曆中與錢起諸人齊名、稱十才子、

追泗國公○耿再成、五河人、明太祖起兵、歸附立功、取滁泗和陽、上搗金華、命爲前鋒、公號令嚴肅、將校凜然、市肆不易、苗軍叛、單騎衛之、刺公墜馬死、追泗國公、謚武莊、

萬世利○耿炳文、明洪武開國功、封長興侯、鎮陝西、築涇陽洪渠堰十萬三千丈、侯躬履規方、開闢萬世之

私、
懿親同盡○耿璿、長興侯炳文子、駙馬都尉、尚懿文長公主、請災直搗北平、疾馳以出不意、及後敗績、憂憤感疾、文皇靖難兵入、與公主同論死、時東川侯胡大海子觀、韓國公僉長子李祺、功臣英子李堅、俱被逮死、皆太祖之懿親、一時同盡○

不若君清○耿九疇、字禹範、盧氏人、永樂進士、擢運使、兩淮鹺法積壞、條便宜疏通商戸、稱便、嘗坐水旁童子曰、水清不若使君清、景帝時、京師大會、放燈、抗

疏曰邊燧未息宋神宗處太平蘇軾尚諫買燈況今
日民窮景促乎以尚書引退上曰可惜此老
壺漿勸民○耿福緣永樂初徵爲安平丞單車行野
以壺漿勸民樹藝民有訟者爲講親親之道期年四
境無一競者秩滿民爲遮留
品如玉立○耿裕字九疇景泰進士初官吉士歷給
事累吏部尚書贈太保謚文恪史稱毀譽不淆干謁
杜絕人比冰壺品如玉立儉約不備饔飧鄉相中之
不易得者○

師席禮重○耿定力字子健、麻城人、萬曆進士、督學
副使、歷兵部侍郎、氷鑑朗徹、獎識盡一時名士、不十
載布列庶常、所至皆以師席禮重
得奥旨○耿定向、麻城人、嘉靖進士、歷官尚書、謚恭
簡、與弟定力俱得春秋奥旨、爲學者指南、德行言功
與理學並傳○
闔門殉節○耿章光、字元度、定陶人、崇禎進士、官樞
部郎、父如杞萬曆進士、官薊北道、天啓時魏璫勢焰、
海內爭建祠尸祝、公父坐不拜、削奪、光家居濳素、絡

養太夫人以老、後羅誣獄、妻死夫、奴死主、閩門殉節
井姤。

幸鴈門

編貝貫珠。幸光容、唐貞元中登鬖寂榜進士、試平
衡賦、栁子厚舍其文、序之曰、比詞聯韻、奇藻掞發、爛
若編貝、粲若貫珠、

風流公案。幸元龍、字震甫、號松垣先生、負氣節、豔
友人任濤之病、以詩援濤、求免租稅、云松垣筆力鏤
滄溟。欲援任濤免稅丁。一段風流付公案。錦江重疊

入圖經。守笑而貸之、龍。官至守判

邴 平陽晉大夫食采於邴因氏

雲中白鶴○邴原字根矩、朱虛人、少孤、每讀書泣下、師問曰、童子何泣、原曰凡學者患不成名、以顯親、患不得學、中之趣、是以泣耳、師奇之、和長以文行薦辟不就、遼東公孫度禮聘之、以教授學者、原欲還鄉里、追之、度曰邴君所謂雲中白鶴。非燕雀之所能羅也。

丙 魯國齊大夫丙歜後

問牛喘○丙吉字少卿、西漢地節中、封博陽侯、祐吉為廷尉監、掖衛太子獄、宣帝生數月、坐事中、吉擇謹厚女徒育養之、望氣者言長安獄中有天子氣、詔繫者盡殺之、使者夜至、吉閉門不納、曰皇曾孫在中、帝感悟。出之。後宣帝即位、知吉有護養之功。一日車過、問牛喘不按死傷人。問故、吉曰三公調燮陰陽、恐氣節乖違。故問耳。人謂吉知大體。

潁　鄭潁考叔為潁谷封人因氏

舍肉遺母。潁考叔為潁谷封人、有獻於公、公賜之食、食[illegible]肉、公問故、對曰小人有母、請以遺之、公感其

言遂悔而逐毋人稱叔純孝錫類

春秋條例○潁容長平人善春秋著條例舉漢孝廉

井扶風虞大夫井伯後

經學○井丹字大春漢武中詔舉經學丹善論經史

都下子弟尊事之爲語曰五經清鑒井大春

三發三中○井源明宣德駙馬都尉正統初車駕大

閱源彎弓躍馬三發三中上大喜徹上鐏賜之

冼

國士○冼勁南海人尚節操晉參軍海寇盧循攻州

被執、釋之勁厲罵曰、賊奴乃欲凌國士耶、不屈死之

雙清謠○冼文淵、吳人、明弘治鄉薦、初仕松溪司鐸、與邑宰陳槐坐萬本松杉之下、風來月影、撫琹操響、溪濤相激、民有一松雙清之謠

栟 河南

晉展禽食采栟下因氏

社稷臣○栟莊、周人、莊方卒、衛獻公方祭、請于尸曰、有臣栟莊者、社稷之臣也、請視、不釋祭服而往、遂以襚之、與之邑裘氏、

士品第一○栟世隆、字彥緒、解人、喜彈琴、世稱栟公

二龍○柳惲字文暢、梁時爲鄱陽守、才藝兼美、帝曰、柳惲可謂其美分其才足了十人○弟惔字文通、與悅（惲）齊名、王儉言柳氏二龍、一日千里○

持節出使○柳彧字幼文、仕隋爲侍御史、持節使河北、奏免贓汚者二萬余人、州縣肅然、上加之○

娶龍女○柳毅下第、歸至涇陽、見一婦牧羊、曰、洞庭宮小女也、因爲寄書○後再娶盧氏、貌美、曰、予即洞庭女也、昔年受涇上之辱、君能救之、茲奉閨房、永以爲好○後歸洞庭、不知所終○

元

知戎情○柳渾字夷曠唐貞元中同平章事時渾瑊與吐蕃會盟渾預策其必刼盟已而果然上曰卿書生乃知戎情眞明萬里之見乎

與吾門○柳公綽字子寛太原人甫生三日伯父子華曰與吾門者必此兒也唐時爲山南節度使行部鄧縣有吏舞文者判而誅之

筆諫○柳公權唐穆宗問筆法對曰心正則筆正筆正乃可爲法矣帝改容悟其以筆諫也

寛嚴兩適○柳仲郢字諭蒙唐會昌中拜京兆尹爲

令嚴明大中初爲河南尹以寬惠爲政曰輦轂之下先宜彈壓郡邑此爲治本卽所以惠養每遷烏集其庭生子玭

家法〇柳玭唐僖昭時爲御史清直有父風述家訓云余家以學識禮法稱於士林人當以德行文學爲根株正直剛毅爲柯葉有根無葉或可俟時有葉無根膏雨不能活門閭高大可畏不可恃也世稱家法之美以柳氏爲首

攝生〇柳公度善攝生年八十餘有强力常曰吾初

無術但不以氣海暖冷物熟生物及不以元氣佐喜怒耳

五星在天〇柳宗元字子厚文章卓偉博學弘詞唐貞元中拜御史為文雄深燦然若星麗天芒寒色正人望而敬者五行而已沒後柳人廟之韓愈為碑

柳篋子〇柳燦唐末為翰林學士拜相學問博洽時人目為柳篋子

熊胆丸〇柳公綽妻韓氏皋之女也家法嚴肅為縉紳楷範訓其仲郢嘗和熊胆丸使夜咀嚼以助勤勵

章柳臺○柳氏韓翃妻也盜覆二京柳剪髮爲尼居法堂寺蕃將沙叱利刼以歸翃爲淄青書記遣使以練囊盛麩題于内曰章臺柳〻〻昔日青〻今在否縱使長條似舊垂也應板折他人手柳答曰楊柳板芳菲節可恨年〻贈離別一葉隨風忽報秋縱使君來不堪折後許俊扶歸臨淄節度使錢希逸以聞於朝詔還翃

荀 河内 黄帝後有荀完因氏

干城之將○荀變周人其才可將五百乘衛侯以爲

吏而食人二雞子遂不用子思曰以二卵棄干城之將不可使聞於隣國也

保全○荀諫漢時為上黨守王莽殺鮑宣又欲滅其子永諫力為保全乃免

斷決如流○荀晞字道將晉時為兖州守有威名文簿盈積裁決如流從母之子犯法仗節斬之素服哭曰斬卿者兖州刺史哭汝者荀道將也

楯鼻作檄○荀濟潁川人與梁武帝有舊後仕于北朝嘗云吾能于楯鼻上磨墨作檄

后　后土之孫

秉德之柄〇后處字子里孔門弟子贈營邱伯封膠東侯贊云攬道之華秉德之柄深造閫域不乖言行

曲臺禮〇后蒼字近君東海人從孟卿學禮記說禮數萬言號后氏曲臺記漢宣朝爲博士

郈　魯公族

還璧開宅〇郈成子周人聘晉過衛穀臣止而觴之送以璧成子曰衛其亂矣行三十里而聞衛亂穀臣死之成子迎其妻還其璧開宅而居之

沈吳興文王子聃食采于沈

慈父母○沈諸梁字子高爲葉公時白公作亂葉公入北門曰君何不胄國人望君如慈父毋焉又曰君胡胄國人望君如望巖焉白公旣誅楚國以定

求明體○沈約字休文少好學目重瞳腰有紫痣聚書二萬卷作文用宮商平上去入四聲製韻有平頭上尾蜂腰隺膝之名号求明體蔡興宗引為記室謂諸子曰沈君人倫師表宜善師之梁武時拜尚書

牙緋○沈佺期字雲卿唐武后朝爲學士嘗曰身名

巳蒙齒錄袍笏未賜牙緋后即賜之文章錦繡學者宗之與宋之問稱爲沈宋

金門册田〇沈觙字庭瑞學道王笥山常衣单褐風雪不易嗜酒工詩與故人陳智周云名山相別後此去會難期金門消紅日册田老紫芝訪君雖有路懐我豈無詩休戀繁華事百年能幾時後尸觧去

晝夜嘗卜〇沈煥字叔晦嘗曰晝卜妻子夜卜寤寐两者無愧乃可實學以直道忤時官拜浙江安撫司

玉堂金馬〇沈賓王唐時人胸次蕭洒韻致清曠居

玉堂金馬有雲嶠登臨之想職獻替納忠有灞橋吟
哦之色
十八仙酒〇沈思字持正湖州隱君子也號東老能
釀十八僊白酒熙寧中呂僊到其家題詩云西鄰已
富憂不足東老雖貧樂有餘白酒釀成延好客黃金
散盡爲收書
善畫〇沈周號石田明時人善畫山水名重于世得
其眞筆者珍之若寶

丑

代君死節○丑父、周時人、時齊頃公遇難、父代死之、公加其節、蔭其子、

被執不屈○丑閭、元時人、知安陸、賊陷安陸、被執不屈、賊義而釋之、歸與妻同縊死○

范（高平）

士會食采于范、世卿○范武子之後、文子、宣子、獻子、世爲晋執政、位列上卿○

扁舟五湖○范蠡、字少伯、三戶人、苦身戮力、與勾踐謀二十年、而越以伯、乃謂大名之下、難以久居、乘舟

浮海變姓名治產數千萬乃散其財間行止于陶稱曰陶朱公

一飯必報○范雎字叔牙魏人須賈告其過於魏齊辱之幾死後入秦改名張祿爲相須賈至秦雎敝衣求見賈曰范叔一寒如此哉取一綈袍賜之乃爲賈御入相府則賓秦相矣言曰君所以不死者以綈袍戀戀尚有故人耳一飯之德必償睚眦之怨必報雎列傳[illegible]

攬轡澄清○范滂字孟博汝陽人少勵清節漢桓帝時爲請詔使登車攬轡慨然有澄清天下之志守令

貪墨者望風解綬去

人傑○范增字亞夫年七十事項王有智謀蘇軾謂增在羽不亡亦人傑也

甑塵○范冉字史雲外黃人漢時爲萊蕪令黨禍作遁身賣卜以資衣食有時絶粒閭里歌曰甑中生塵范史雲釜中生魚范萊蕪

梧岡雙鳳○范崇凱內江人善屬文明皇命作華蕚樓賦爲天下第一元凱與兄齊名時號梧岡雙鳳

雞黍約○范式字巨卿少遊太學與張邵爲友並告

歸式曰後二年當還乃共剋期日期至邵白母殺雞炊黍待之母曰二年之别千里結言何相信之審曰巨卿信士必不失約後果至

廉泉○范栢年漢中人初見宋明帝因言及廣州有貪泉帝問卿州有此水否對曰梁州惟有文川武鄉廉泉讓水又問卿宅居何處曰臣所居在廉讓之間帝善之擢爲刺史

吸醋三斗○范質字文素唐時舉進士漢周禪代隱居民間宋建隆初拜相語同列曰人能鼻吸三斗醇

酣卽可作宰相後封魯公從了杲嘗求奏遷秩質作
書以警之有戒爾學干祿之句
粟粥斷虀〇范仲淹字希文謚文正蘇州人少孤隨
母改適長山朱氏後舉進士改本姓謝啓云志在投
秦入境遂稱張祿名非伯越乘舟乃效於陶朱時人
稱服其親切讀書僧舍煮粥以刀劃爲四塊早晚以
斷虀啖之其清苦如此後鎭延安夏人相戒曰毋以
延州爲意小范老子胸中有數萬甲兵不比大范老
子名雍可欺也宰輔二十年未嘗見愛惡之迹監司

不肖二筆勾去富公曰一筆勾一家哭矣公曰一家哭何如一路哭公先憂後樂以天下爲已任宋朝人物第一

帳中煙跡○范純仁字堯夫晝夜肆業置燈帳中夜分不寢後貴夫人收其帳頂如墨色以示子孫曰爾父少時勤學燈烟迹也公自布衣至宰相嘗戒子孫曰吾生平所學得之忠恕二字而已一生用之不盡

麥舟○范忠宣少時奉父命往姑蘇收麥五百斛舟次丹陽見石曼卿言三喪未葬公悉以所載麥與之及歸父問其見故舊否對云石曼卿告以三喪未葬

文正曰、何不以麥舟與之、公曰、已付之矣、

義氣橫秋○范純粹、字德儒、知慶州、山谷贈以詩云、慶州名父子、忠勇撗八區、又曰、少日才華接貴游、老來忠義氣橫秋、

不屈無能○范好古、明時為常州知府、守風憲以尊朝廷、發奸貪以安黎庶、不屈于無能之下、世人重之、

為國用人○范理、天台人、江陵令、南陽在內閣、其子來京、理不礼、異之、遷德安守、理不為謝、曰、宰相為國用人、非私于理也、後仕至吏侍、

○范純仁娶婦、或傳以羅綺爲幔者、文公聞之不悦曰、羅綺非帷幔之物、若持至、當火于庭、吾素清儉、安得乱吾家法。

卷之二十五終

古今人物大觀卷二十六

上函

呂 褚 楚 汝 巨 魯 伍 米 杜

解 禰 浦 海 鄒

古今人物大觀卷二十六

鄭基生望士甫參閱

上函

太史孫子未先生鑒定　閩中林涵春奕善父纂輯

姪　蕭釆若甫編校

呂河東夏封姜姓後于呂子孫因氏

月令春秋。呂不韋陽翟大賈相秦莊襄封文信侯作月令輯諸所聞爲呂氏春秋懸于金于市能易一字者與之。

人中赤兎。呂布字奉先驍武有駿馬名赤兎時人

曰馬中赤兔人中奉先以討董卓之亂封溫侯

阿蒙○呂蒙字子明仕吳爲偏將軍魯肅嘗過蒙拊其背曰吾弟不獨武勇耳學識英博非復吳下阿蒙又曰士別三日當刮目相待孫權曰子明學問開益可次公瑾封孱陵侯

萬金買鄰○呂常珍字元瑜兒時有相者曰此兒奇絕他日封侯也梁武帝朝以軍功封平侯直秘省宋季雅市宅于屋側問價曰一千萬季惟其高曰一百萬買宅一千萬買鄰後常珍生子季賀金錢千貫

連錦書○呂向字子回善草隸能一筆環寫百字若縈髮世號連錦書以李善釋註文選爲繁與呂延濟劉良張銑李周翰更爲詁解時號五臣註開元翰林

瑞栟○呂渭字君載唐建中末爲禮侍時中書省有古栟枯死德宗自梁州還並省復榮時人稱瑞栟令天下貢士賦之子四溫恭儉讓皆顯仕

藻翰○呂溫字和叔有奇表藻翰精好一時雅尚作凌煙閣功臣贊二十二首官尚書郎

回先生○呂嵓初字洞賓唐咸通中再舉進士不中

遊廬山遇異人得丹訣嘗遊岳陽樓題云朝遊北越暮蒼梧袖有青蛇膽氣粗三上岳陽人不識朗吟飛過洞庭湖稱回道人又純陽先生

台輔器○呂端字易直宋太宗欲相之人言端爲人糊塗上曰端小事糊塗大事不糊塗時趙普相端參知普曰呂公台輔器也與李昉同踐文館同登台輔昉詩云青衫共入昭文館白首同登政事堂謚正惠孫蔭

袖中彈文○呂誨字獻可爲御史中丞時王安石

新參大政衆賀得人誨當直舉手謂温公曰袖中彈
文乃新參政也後温公論人才稱獻可之先見范景
仁之勇决予所不及公捐館有見公乘青鹿曰吾侍
玉宸南遊司糾也
夾囊冊○呂蒙正字聖功微時客遊邑令胡公薄視
之客有舉其詩者曰挑盡寒燈夢不成胡曰一渴睡
漢耳及呂登第寄聲曰渴睡漢今及第矣詩云惟得
池塘春水滿夜來雷雨動南山識者謂公輔之器入
相夾囊中置冊子每四方人來謁必問人才即記之

朝廷問及則取囊中以對封許國公謚文穆子居簡龍圖學士

玉燕詞○呂夷簡字坦夫宋真宗嘗問蒙正卿諸子孰可用對曰臣子皆庸劣有侄夷簡宰相才也仁宗中入相御翰書方正忠良又書懷忠之碑以賜嘗薦韓琦文彥博龐籍曾公亮陳堯佐皆位至公輔堯佐作玉燕詞謝之有主人恩重珠簾捲之句封許國公謚文靖祖龜祥父蒙亨簡五子公綽公著公亮公儒公綽皆忠賢顯仕

純誠厚德○呂公著字晦叔識慮深遠更簡嘗言曰此子大器也熙寧中為河南尹司馬溫公程伯淳從于福先寺溫公辯論出處伯淳賦詩解之云二龍閒臥洛波清此日都門獨餞行願得賢人均出處始知深意在蒼生與溫公相繼歷仕四朝御書純誠厚德之碑以賜封申國公謚正獻三子希哲希績希純

借書沽酒○呂希哲字原明從胡安定居徂徠孫明復學德器成就大異衆人授崇政殿說書退居真陽靜坐一室日讀易卦詠云除却借書沽酒外更無一

事擾公秘嶽宗光祿卿子問學學子珊中本中珊中子大器大器子祖謙皆名賢

江西詩派○呂本中字居仁紹興進士中書舍人勤詩號辭刻苦清癯有孟浩然風一室蕭然凝塵滿席裕如也作江西詩派圖

忞瀰千古○呂祖謙字伯恭號東萊先生隆興宏詞科秘書編修編宋史文鑑晦菴贊其像云一身備四時之和寸畏涵千古之秘推其學足以尊主庇民出其餘足以範世厲俗

七字舍人○呂溱字濟叔寶元中試鯤化爲鵬詩云九霄離海嶠一夕過天池仁宗見之擢第一時有三魁之名呂溱王尉李易也後爲中書好持重揖客不數言時號七字舍人○

克巳詩銘○呂大防字與叔博通經學著克巳銘克巳詩元祐正字范純仁薦公未大用以侍講卒

願爲志士○呂祉字安老宋紹興中荆湖提刑綴獄簡訟雖山瀰野老漁樵于婦亦知呂提刑善政都督荆州謝表云願爲志士殺身成仁敢效鄙夫既得患

失遷尚書酈瓊叛死之
手扶日月○呂頤浩字元直紹興苗劉叛公與張浚
勤王戮賊及所侵地李忠定詩云手扶日月行黃道
足履星辰上紫微官僕射謚忠穆
元都遺事○呂復字仲善章貢人明洪武徵士國子
典膳充史局人比平採元都遺事有猶記月明聞鐵
笛○人間何處著秋聲句○
遂隱○呂誠字敬夫東滄人家有來鶴亭檜雪齋與
群公唱和明初徵召以雲霞痼疾辭高皇以騶騎往

賜旌曰遂隱山人

一路風清○呂安永樂徵辟以賢良擢御史參閩藩政介節清剛執法山立墨吏縮遁人稱一路風清○

受粟却衣○呂原字逢源秀水人正統榜眼父官景州歿不具塟負骸奉母歸太守讀其文奇之與以衣不受餽以粟受之曰粟可養母衣則自溫耳景泰侍講東閣時倪謙講國風原講堯典上至遷坐璧旁上曰何跼蹐耶伏曰君父臨坐臣子敢不遜避辭至再上或立語或東西行不復正坐呂亨等用事與岳正

列狀紏之上曰岳大腥原小心釋之修大明一統志
贈侍郎諡文懿
涇野先生○呂柟字仲木高陵人居涇水稱涇野先
生性穎悟潛心理學弘治進士歷南北祭酒道尊師
嚴士敬其學人材爲之蔚興公體貌豐隆清神氣豫
官歸守貧一室惟圖史自娛晉侍郎諡文僖俻祀典
要紀諸集
名震都下○呂高字山甫丹徒人嘉靖進士車駕郎
中山東督學晉太僕卿有文學會政嘉靖八子之一○

與晉江王慎中、毘陵唐順之、富順熊過、慈谿陳東、南充任瀚、章丘李開先、平凉趙時春名震都下。

平蜀賦○呂旻字仁甫、龍溪人、九歲能文、郡守試平閩賦、立就、奇之、嘉靖進士、翰林編脩、侍講學士、特詔掌誥勅、隆慶改元、大典成、晉侍郎、上御講筵、每進章程、霽顏傾聽、

璧觀堂○呂圖南、南安人、萬曆進士、擢御史、歷通政、時逆璫方熖、陸萬齡請祀璫父于文廟、李映日請加九錫封王、南俱嚴駁、諸媚辭事寢、崇禎即位賜勅云

有皎皎天日嚴介不阿之語晉侍郎歸著瑩觀集

○呂公單父人見劉季曰僕相人多矣無如季相僕有弱息願奉箕箒後爲呂后

○呂公著婿范祖禹呂希哲婿趙演二人皆德性寬弘酷似乃翁

○呂蒙亨爲州職官子夷簡侍側馬亮善相爲夔州監司一見夷簡即許以女其妻怒曰要人也亮曰骨相非常吾女必爲國夫人矣

褚河南宋共公子段食采于褚號褚師氏焉

名列儒林。褚大前居蘭陵通經學為博士褚少孫受魯詩于王式亦以儒學稱漢元成中為博士俱列儒林傳

皮裏春秋。褚裒字季野桓彝曰季野有皮裏春秋言其外無臧否而內有褒貶也謝安曰裒雖不言而四時之氣備矣晉穆帝朝征北將軍有彭城之功

東南之寶。褚陶字季雅吳人小作鷗鳥水碓二賦見者奇之居恒以墳典自娛曰聖賢理道俱在黃卷中吳亡歸晉張華曰始見二陸謂東南之寶已盡不

意後覩褚生官中尉。

白虹貫日○褚淵字彥回、幼有清操、父卒、悉推家財與弟、惟取書史、仕宋明帝爲尚書、有求官者袖中懷金一餅示之曰、公自得官、無假此物、美儀容、山陰公主欲婚之、固不許、主曰、公鬚髯如戟○何無丈夫情○袁粲嘗曰、褚公眼睛多白○所謂白虹貫日○亾宋者必此人也、

白雲遊○褚伯正、字振先、少有隱操、居剡、瀑流三十年、滅影絕塵、王僧達爲吳守、禮徵之、一至、卽還、僧達

曰褚先生從白雲遊久矣

瀛洲中人○褚亮字希明唐文館學士瀛洲十八人之一子遂良

還笏歸朝○褚遂良字登善博涉文史工楷隸貞觀諫議大夫兼起居注上曰朕有不善卿亦記耶對曰守道不如守官臣職在載筆君舉必書高宗立武后良力諫不納乃置笏殿階曰還陛下笏叩頭流血而去

一卷新詩○褚載字厚之唐元和中客梁宋間以詩

拔襄陽節度使云西風一夜墜紅蘭一宿郵亭事百般無地可歸歸不得有恩未報報恩難流離異老眉將老自計求安未得安一卷新詩滿懷淚頻來門館訴饑寒節度公薦之擢第

風儀○諸向字景政有器局位侍中風儀端麗眉目如畫子剟義與守有善政郡西亭有枯樹剟至復榮

楚江陵鬻熊封楚因氏

親吏○楚昭輔趙太祖給事帳前上日朕親吏也開寳拜樞密判官

耆英會○楚建中字正叔洛中耆英之一年七十二賦詩云自顧頹齡七十餘身慚頑鈍費紅爐歸洛大老耆英會衰朽形骸愧畫圖又與司馬公七人爲率眞會

多建置○楚岳明洪武初以才品應召上臨軒策試稱旨授湖州守居官多建置不費民貲悉出官俸工竣每題詠以誌數百年留額俱存

陣死不仆○楚智與張皂旗驍勇齊名授指揮統兵拒敵張力挽千鈞楚射貫犀靖難兵起二人輙攄陣

斬獲、夾河之戰、死馬上、猶執旗不仆、北軍駭以爲神、
旗纛之神始此、

汝　陳國殷贊、人汝鳩後

德毅。汝郁字叔異、陳國人、漢和帝朝、賈逵薦之、遷
魯相、以德化民、流亾歸者萬戶、

忠嘉集。汝爲、豐縣人、宋建炎刺史、爲劉豫所執、不
屈、歸報朝廷、陳恢復三策、秦檜惡其負己、不從和議、
欲械送金人、變姓遁入西蜀、著忠嘉集、

巨　見姓苑

令史事○巨武東漢荊州刺史有能聲舍史事
壘尉○巨無霸王莽壘尉身長丈餘腰濶數圍載光
武本紀
椽史○巨覽漢順帝朝梁商薦爲椽史
三戰三勝○巨師古宋高宗時統制使討威方三戰
三勝
○巨敬明建文戶部主事以齊黃奸黨械京不屈族
誅
魯扶風周伯禽封于魯

輕世肆志。魯仲連齊人奇偉倜儻奔圖趙惡魏使新垣衍請趙帝秦仲連見衍曰彼即肆然爲帝連有赴東海而死耳秦軍聞之遂解衍曰吾今知仲連天下士也齊王欲爵仲連連逝海上曰與富貴而詘于人寧貧賤而輕世肆志焉

三異。魯恭字仲康漢建初中牟令以德化爲理郡國傷螟獨中牟不入恭行阡陌有雉下止飲啄於桑子之旁童子不動人曰螟蝗不犯化及鳥仁心庇致政成三異累官司徒

經學復興○魯丕字叔陵善經學以魯詩教學者爲
世名儒關東人號曰經學復興魯叔陵建武舉賢良
方正詔尊三老
風度善謀○魯肅字子敬臨淮人仕吳爲奮武校尉
風度文雅多智略善謀
錢神論○魯褒西晉人性剛介嫉時貪鄙作錢神論
刺世
十州節度○魯靈唐將屢破安史功拜襄鄧十州節
度使封金鄉公

魚頭公。魯宗道字貫之，宋眞宗朝與劉曄同爲正字，拜諫議大夫，參大政，號魚頭參政。上嘗思其鯁介，御書魯直賜之。謚肅簡。

西河傭。魯莊淚家傭，嘗披葛衣，行乞，得錢買全裘，以故葛衣蒙而繼縷縷不脫，醉輒哭。明永樂靖難後，留都官過，莊淚識之，傭避去。有問傭何人，官亦不答。病謝主人曰：死而殮我，向西北風火我，揚之。

啖得菜根。魯穆字希文，天台人，明永樂進士，留政誤，稍長濳薄勵志，嘗大書座左：啖得菜根，百事可做。

累官南府丞以都御史告歸家無居產貧不能斂焚香危坐○魯鐸字振之景陵人弘治進士第一翰林吉士爲李長沙所重使南安尚書林俊疏薦訃如孝廟用謝鐸故事五擢卿佐皆不就贈侍郎謚文恪公沉潛學問杜門斂跡焚香危坐手不釋卷執持名節爲翰苑名臣之師

伍安定 楚大夫伍舉後

班荆○伍舉楚大夫邑於椒故曰椒舉奔晉蔡聲子遇之鄭郊班荆與坐而言

烈丈夫。伍員字子胥父奢兄尚爲楚平王所殺員奔吳導以伐楚報父兄之仇後諫夫差不從太宰嚭譖之乃賜子胥屬鏤之劒盛以鴟夷革浮之江吳人哀之立祠于江上名曰胥山太史公稱員隱忍以就功名烈丈夫也

伍喬星。伍喬高唐人善詩調格寒澁嘗有麤童做馬之嘆宿山中浮屠夢大星入座曰伍喬星也訪喬傾囊贍之舉進士第一試畫八卦賦與張洎友善張爲翰林伍爲歙倅寄詩云職事久參侯伯幕夢魂長

遊帝王州又云遥想玉堂多暇日花邊誰伴出城遊

張言於上召官考功

游心物外○伍朝字世明晋逸民游心物外靜守衡

門

奠哭舊君○伍性原閩漳州諸生明永樂靖難詔至

與教官陳思賢偕同學設舊君位哭祭有司械送抗

罵文皇殺之

經畫○伍文定石首人明正統進士歷官吉安守廉

介有為宸濠將變公調度防禦措置經畫悉中機宜

釣

濠擒晉藩伯

清風堂○伍驥字德良安福人天順御史按閩祈至遺服擒山寇甃之出朝訊死囚不能决者免死百十餘人民肖其像於清風堂祀之

清詞俊逸○伍晏字文晏清流人弘治中廣文博古清辯詩詞俊逸如草根蛙鼓吹花底鳥笙歌閒堦秋掃葉荒徑晚耕蔬隔寺聞僧磬微燈話鈎舟皆佳句也

博藝堂○伍可受清流人嘉靖進士知容縣擢南給

事中歸來之日兩袖清風性好積書創博藝堂庋四方學者負笈相從資其飲食日為講明濂洛關閩之學詔訓忠君孝弟行誼恬養林泉二十餘年鄉人有爭者惟可受一言而息之

米 京兆本出西域米國

八及○米楷後漢人與田盤陳馳薛郭宋布唐就蕭咨宣襃為八及張分又是一八及

三朝供奉○米嘉榮唐長慶間人善歌劉禹錫詩云唱得涼州意外聲舊人惟有米家榮又云三朝供奉

米嘉栄能变新聲作舊聲

饋羊○米暨唐人會昌中爲振武軍節度使饋李初
四百羊

書畫船○米芾字元章宋熙豐間人以負英聲以恩
補校書郎遷太學博士東坡云清雅拔俗之文超邁
大神之字何時見之而洗瘴毒兒子得寳月賦郎然
一誦老夫卧听未半蹶然而起恨二十年相從知元
章不盡此賦當過古人不論今世也出守無爲軍建
寶月齋鑿墨池仰高堂明遠楼常愛潤州京口蔆山

之勝。遂定居焉、作菴城東、號海岳。衛州火、惟存李衛公塔與此菴耳。詩云、神護衛公塔、天留米老菴。善書畫、山谷贈詩二章、有云、萬里風帆水拍天、麝煤鼠尾過年々。滄江夜々虹貫月、盡是米家書畫船。工于篆隸及真行草書。宋高宗極愛其字、分爲十卷、刻于石、頒布天下。子友仁、

御賜碑。○米友仁、高于筆法、能世其業。高宗眷顧甚厚、賜御書右文殿碑、又詔書道山堂碑。紹興中、權兵部尚書、

四賢堂〇米芾宋嘉泰中守瑞州先是三賢堂在酒務之右祠東坡欒城米芾後塑山谷易曰四賢堂

杜京兆杜伯之後

忠孝〇杜周字延年俱拜御史明法律名小杜律功名知于當世忠爲國孝爲家時昌邑王廢延年勸霍光立宣帝即位以其定策安宗廟封侯益土位九卿

小冠子夏〇杜欽字子夏少好經書目偏盲茂陵有杜鄴與欽同姓字故衣冠謂欽爲盲杜子夏欽惡爲小

冠。稱小冠子夏。鄭者大冠。稱大冠子夏。漢建始中舉直言詣白虎觀對策拜議郎

鹿車輓喪○杜林字伯山博洽多聞時稱通儒家河西隗囂招之不屈遣刺客往殺見林身推鹿車自載弟喪歎曰何忍殺義士亡去光武徵爲御史時議郊祀以漢承堯林曰漢業特起功不緣堯僉云杜林駁堯○

杜母○杜詩字公君建武初南陽太守政治清平家給人足民歌曰前有召父後有杜母

嗜左癖○杜預字元凱傳通典故時人稱杜武庫言無所不有也晉泰始中河南尹羊祜舉預自代拜鎮南將軍伐吳克江陵曰勢如破竹數節之後迎刃以解無復著手處也治襄陽築堤溉田萬頃民賴之號杜父耽思經籍註春秋傳解帝問預經學對曰臣有嗜左之癖

凝脂點漆○杜乂預之孫美姿容王逸少目之曰膚如凝脂眼如點漆神僊中人也劉惔曰衛玠神清杜乂形秀

清風萬古○杜如晦字克明少英邁負大節高孝基見之曰君當棟梁之用王佐才也唐太宗官僕射與房玄齡共筦朝政房善謀杜善斷二人友善稱相業必曰房杜皮日休詩云吾愛房與杜貧賤共聯步黃閣二十年清風一萬古封萊國公

蘭臺○杜淹字執禮如晦叔稱材辯袁天綱曰公蘭臺玉堂旦晚將以顯名當軸貞觀中官尚書

盤杜固○杜正倫一門三舉茂才與城南諸杜氏昭穆疎遠求同譜不許諸杜所居曰杜固世傳其地有

旺

旺氣正倫建言鑿杜固通水以利民既鑿川流盡血
南杜自是不振識者傷之
真宰相○杜景佺唐武后朝平章事后于季秋出梨
花一枝以示宰相朝臣皆賀景佺獨言宰相助天理
物草木之產不和臣之咎也后曰真宰相
五代五相○杜如晦孫元頴元頴孫審權審權子讓
能讓能子曉五代五相
幕中六客○杜鴻漸張鎰喬林陳少游杜黄裳高郢
六人皆郭汾陽幕客也汾陽所薦先後大拜相業炳

蔚

著通典○杜佑字君卿嗜學既仕猶讀書晝夜分撰政典參益新禮號杜氏通典順宗朝司徒

禿角犀○杜悰字永裕佑子仕唐十擁節麾兩登相府三掌邦計一判版圖凡十七仕出入朝廷垂六十年未嘗薦舉幽隱人謂佑之素風少衰時號杜禿角

小杜○杜牧字牧之有奇節詩詞雄邁號小杜以別杜甫作阿房宮賦警句驚人崔郾試進士袖牧之阿房宮賦搢笏讀曰牧方試有司請以第一人處之牧

果異等。客牛奇章幕府。詩云落魄江湖載酒行。楚腰纖細掌中輕。十年一覺楊州夢。贏得楊州薄倖名。守楊州詩云平生五色線。願補衮衣裳。會昌中遷中書舍人。號杜紫薇。

綠衣少年。杜黃裳字遵素。微時潘孟陽問来坐綠衣少年何人也。曰杜黃裳。其母曰精神迥別。必是貴人。元和拜相。

文章四友。杜審言字必簡。才高傲世。曰吾文章當得屈宋作衙官。吾筆當得王右軍北面。與李嶠崔融

蘇味道爲文章四友與盧藏用等爲方外十友中宗朝修文館學士

詩史○杜甫字子美號少陵襄州人少貧舉進士不中困長安天寶末奏賦三篇帝奇之除待制集賢院肅宗拜右拾遺上書救房琯黜秦州流落劒南嚴武表工部郎嘗從李白高適客汴州登吹臺慷慨懷古又客耒陽一夕大醉死與李白齊名人稱李杜韓詩云李杜文章在光芒萬丈高號詩史

宮詞第一○杜荀鶴字彥之號九華僊人長於宮詞

爲唐第一有詩云風暖鳥聲碎日高花影重時稱杜
詩三百首妙在一聯中
三豪○杜默字師雄石曼卿豪于詩歐陽永叔豪于
文師雄豪于謌上永叔詩云一片靈臺掛明月萬丈
先惟飛長虹乞取一杓鳳池水活取久旱蟠泥龍
隱士家風○杜介之瓊州人眞醇野逸有隱士家風
李先贈詩云白鬚映紅頰疑是羲皇人
杜殿院○杜莘老宋紹興中爲侍御史以耿直罷去
朝士祖道東門者百餘人雖武夫賤隸咸稱骨鯁敢

言之臣曰杜殿院

寶田○杜孟宋人遊太學聞童貫蔡京專政慨然而歸訓子孫曰忠孝吾家之寶經史吾家之田時號寶田杜氏

杜詩發微○杜仲高宋人著杜詩發微陳同甫云穠麗句半落半開花有恨一晴一雨春無力令人眼動後再讀別纜解時風度緊離觴盡處花飛惡然後知晏叔原之落花人獨立微雨燕雙飛不得擅美矣若雲破月來花弄影又何足勞歐公之拳拳乎

古今人物大觀 卷二十六 十一

溫暖學士〇杜寅字彥正青城人元末隱樵峰明初徵脩元史與熊鼎入舘天寒氷堅乾管疊墮上賜狐裘中官爾溫煖學士擢侍郎

四輔官〇杜斅壺關人明洪武徵爲四輔官兼宮寮太子賓客上召言斅勤慎力學精明詩書易義宜預議郊祀大典

存義母〇杜環字循叔廬陵人父友常允恭死王事母曰哭城下人告母曰安慶守恭僚友也曷不往依又言金陵杜一元與友善宜往母行海泥中至杜時

一元已死惟子環在見毋曰非常夫人乎何至此毋泣道故環曰毋貧老歸環義也此二父之道也願毋安今妻子朝夕恭事公并旨期年遇其子常伯偕見毋伯叉言道遠莫將逕去毋壽卒環如巳毋禮殯葬嗚乎人有子不恤其毋使他人毅然任之亦環遭千古快心之事得行其志也夫

孝淵先生杜瓊字用嘉吳縣人以孝義著有司上其事請旌郡邑以異才薦不就居山中鹿冠廣袖蔬水糲食年九十三與人談玄理終日不倦學者號冠

道人又號孝淵先生
杜赤壁○杜庠字公序長洲人景泰進士令攸縣旋
罷歸少從崑山張和學同舍生易之和贈詩云炳蔚
虎豹文窣窣珊瑚枝衆咸改觀會京師海內詩人畢
集雲門張汝弼呼曰此題赤壁驚人句杜先生也競
酌酒爲杜先生賀記遊赤壁句兵消炬影東風猛夢
斷簫聲夜月孤過此不堪回首處荒磯鷗鳥滿煙蕪
千秋電火○杜天禎雲南楚雄孝廉楊公畏知輯義
旅討流寇會天禎留守爲楊被縶城中紛竄禎冒之

不得援筆書敵樓云滿城鼠竄恨滇西無一赤心臣子千秋電火求免一青史罪名正衣冠自縊死

○杜羔妻劉氏羔詩羔登第客長安劉寄詩云長安此去無多地鬱鬱葱葱佳氣浮良人得意正年少今夜醉眠何處樓羔得詩隨趣裝

○杜廣初爲劉景麾卒景問其意廣申對有條景執其手曰久負賢者告其妻曰爲女擇適十年不覺麾中有騏驥遂妻之廣後爲商州刺史

○杜宰相衍有女夫人鍾愛之以妻蘇舜欽時稱佳

配、

○杜牧、爲御史、李聽召宴、牧酒酣、瞪目問曰、聞君有麗姝紫雲者、乞賜侑觴、即吟兩行紅粉淚一章。聽命出歌唱贈之。

○杜秋娘、金陵女也、爲李錡妾、每唱賞金縷衣一曲、

○杜泰姬、明人、南鄭趙宣妻、生男子七、教之曰、中人性情、可上下也、若西門豹佩韋以自寬、宓子賤佩弦以自急、汝曹調其得宜、勉哉、後七子皆成孝廉、元珪雅珪以令德著、

解鴈門唐叔虞子食采于解因氏

治績○解脩、仕晉爲渤海太守、治績稱天下第一

識大體○解琬、仕唐滄州刺史、政知大體、歷金紫大夫致仕、壽登八十

腔子忠義○解潛、宋紹興中、荆南鎮撫、屯田實邊、嘗曰、平生矢死王事、腔子忠義、惟求天知、不必人知也、

奪天手○解縉、字大紳、吉水人、明洪武進士、直閣學士、幼夢五色筆、筆筆生花、父抱膝上、戲之曰、小兒何所夢、即應聲曰、夜夢筆生花、花根在何處、册府是吾

○家毋侍書，明祖親捧硯、寵之。永樂北征、中秋開宴、月暗、上不懌、縮口占風落梅云、姮娥何今夜圓、下雲簾不著、臣見、拚今宵不去眠、看誰過廣寒宮殿上、歡停杯待午、月復皎、笑曰、才子奪天手也。高煦譖、獄、令人沃以燒酒、埋雪窖中。

風節○解敏、陽武人、洪武進士、累官都御史、傅學吾文、剛直明斷、立臺省、風節凜然、

雨步跡○解學夔、號羅浮、楊州人、萬曆進士、令沙縣、慈祥樂易、政持大體、歲饑、旁邑爲災、夔步禱、雨霽其

霖潸潸、人呼爲解雨、至今稱雨步跡。

禰平原

鸚鵡賦○禰衡、字正平、平原人、性簡傲、慢物、孔融愛其才、薦之云、鷙鳥累百、不如一鶚、曹操宴賓客、召爲鼓吏、衡爲漁陽三撾、蹀躞而前、音節悲壯、操送于劉表、表送于黃祖、有獻鸚鵡者、祖命作賦、衡操筆立成、祖忌而殺之、

溥

廣平記○溥仁裕、三國人、著廣平章記十五卷、博學

會詞、

購書入社○浦源字長源、明洪武晉府舍人、閩人

材鴻集社賦詩、托購詩文至閩、比鴻會集聯吟、源詠

所作云雲邊樹繞巴山色、月影河流漢水聲、鴻曰此

吾家口吻也、遂邀入社

沭春風○浦楫嘉靖鄉薦、任司鐸、傳文多識、動履端

慎、士之望絳張者一時如沭春風

海　齊海春之後

草經○海鵬唐人、博涉方物、撰草經、與貴岐鵝襲相

謚

筆架峰○海瑞字汝賢瓊山人號剛峰明嘉靖鄉舉初宮教諭偕東西訓導謁長吏左右俱下拜公獨立揖人呼爲筆架峰令淳安布袍蔬食母壽市肉邑民咤異御史遊齊雲道經淳邑公申牒不能供芻茭御史爲之却駕歷南都憲卒于官貧不具殮僚吏劇金以贈民哭祭者萬家吊詩有批鱗直奪比干志苦節還同孤竹清明史載奏詞切直中外望風謚忠介

鄒　潁川晉大夫鄒藏後

聖學○鄒單學于夫子、稱聖學弟子、

筆致棲鴉○鄒彤晉人、善草書、筆致如寒林棲鴉○

殺身成仁○鄒廷蕃、字靖獻、永福人、崇禎歲薦廷對、

特賜進士、登封令、流寇困圍登封、公死守、誓與城存

亾・念生靈必被屠戮・單騎入賊壘、呼曰、我登封令也、

主守者我耳○與民無與○毋殘吾民、府庫俱在、不若吾

言爲厲鬼以殄汝、言訖、伏劍而死、賊驚駭、拜公屍前、

戒勿殘登邑、民獲安堵、父老收公骸、藁葬巖極寺西、

後令阮振蠡・遷葬嵩陽、長洲張熏、豎碣表烈、閩士黃

晉良作墓表書後君子謂公殺身成仁不僅忠以報國也張睢陽之守死烈矣知有國而不念及民揆公知有民不知有身其烈更奇豈特千百歲人仰遺風當與天地並古獨惜子孫貧窮無以載郡乘近世操筆士大夫不知所傳何人所紀何事對青史能無滋愧

賦詩撥繚。鄒正畿字得都永福人清操博學喜談兵人以將帥目之明崇禎鄉貢唐藩入閩官司務大師臨境作絕命云日月照天地彝倫昭今古亾軀愛膚髮處心何曾苦上可對高皇下不愧宗祖烈魄升雲霄庸鬼孰敢伍江河勢日下吏誰堪砥柱不必史留名山嶽爲吾補以繩授弟正衡衡懸之東術命易之西曰東仁方也西義方也義王殺吾願爲厲求儲耳結繩頭從容就縊

宋不没。鄭正衡字阿平永福人與正重正纖正莿俱全懷第兄先後死國重以義死纖以忠死莿以俠死衡作三愚傳極論忠孝大節草茅猶難詩歌悲憤萬言時衡應歲薦檄試追迫以睽避不測論隨遂

頭跣足入闈停午不作半畫大書卷面青史不可沒
忠孝本吾志削髮稱頭陀頑遯
元白遜郝○鄢佐卿字汝巽册徒人大僕鄢紳子好
學操行獨摽清曠詩文逸雋如曲中舊恨留金谷天
上新愁問玉卮江柳眉梢雙鎖恨海棠春盡獨銷魂
之句稱元白遜郝
○鄢采蘋閩永陽人夫諸生汪有剛早夭山寇掠永
陽諸村携幼子行避寇突至語子曰汝速去寇得
汝必求贖貧無以贖則俱死耳我自有主子哭牽

衣不去蘋以杖撻之行賊果縶以入營蘋詭曰吾有釵珥藏牖下可贖賊信之偕入室怒曰吾慎汚誑汝今返舍矣抱柱大慟賊怒殺之中庭外史曰勢殆能存其孤仁也死歸其居禮也臨難不苟吾愧聳眉

卷二十六終

古今人物大觀卷之二十七

去函一　　　　　　　　藍陳畧憲卿甫叅閱

太史孫子未先生鑒定　閩中林涵春奕善父纂輯

　　　　　　　　　　姪　薾采若甫編校

宋京兆周武王封殷後于宋因氏

九辯○宋玉楚人師事屈原憫原以讒見逐作九辯述志悲之復作神女高唐二賦皆寓言托諷也與原同官楚大夫

定策○宋昌礿仕漢中尉羣臣誅諸呂請立代王衆

以爲不可信。昌曰以諸呂之擅權威制太尉以一節入北軍一呼士皆爲劉氏左袒此天意非人力也時不可失宜趣駕。

清節。宋弘字仲子。長安人。威容德器。爲上所重。漢明帝湖陽公主新寡欲適弘。帝難發問。一日謂弘曰。我聞富易交貴易妻。情乎。弘曰。貧賤之交不可忘。糟糠之妻不下堂。帝默然。自後愈敬其清節。

一波三折。宋翼學書于鍾繇。每畫一波三折。筆作一戈。如百鈞弩。作一點。如高峯墮石。作一牽。如百歲枯藤作一放縱。如龍蛇入草。皆三折書法。

人中龍。宋纖、字令艾、燉煌人、少有逸操、隱酒泉山南、弟子受業者千人、太守馬岌慕而願見、纖拒之、岌嘆曰、名可聞而身不可見。德可仰而形不可覩。今而後知先生人中龍也。乃鐫詩石壁云、丹崖百丈。青壁萬尋。奇木蓊鬱。蔚若鄧林。其人如玉。爲國之琛。室邇人遐。實勞我心。稱玄虛先生、

不曉天。宋景文、晉人、好賓客雅會、每集讌、庭燎寶炬、百珍羅列、必渡更刻漏。名曰、不曉天。

忠清君。宋游道少有氣節仕魏侍中戒子孫曰吾執法剛果爾輩師吾忠清不必師嚴核也。

明河篇。宋之問字延清武后朝學士作明河篇云明河可望不可親願得乘槎一問津后游洛南龍門詔從臣賦詩左史東方虬先成賜以錦袍之問頃刻哦成以獻后奪袍賜之與沈佺期齊名稱雲霞錦繡。又曰沈宋體。

賜三傑詩。宋璟耿介有大節初居黃門作梅花賦投宰相蘇味道蘇嘆賞曰芬入口吻矣皮日休稱璟貞姿勁質、腸若鉄石。讀梅花賦、尤見清便富艷。得南朝徐庾之體、開元中、與張説源乾曜同日拜相。帝賦三傑詩以賜。

文苑英華。宋白、字太素、大名人、乾德中獻文百軸、試高等、授著作郎、太宗擢拾遺、與劉繼元絳奏平晉頌、名行在褒慰、晉翰林學士、同李昉纂文苑英華千卷。

熙寧舍人。宋敏求、字次道、與李大臨蘇頌相繼入館閣、號熙寧三舍人。父綬直集賢院、父子同居清要世以爲榮。王旦曰、宋綬父子文章有貞元元和風格。

大宋○宋郊字公序、少時與弟祁遇異僧云、小宋當魁天下、大宋亦不失前名、後十年再遇僧曰、公活萬命乎。當大魁。郊言北堂水浸蟻穴、以竹橋編渡。必此也。登第唱名、小宋第一、章獻太后謂弟不可先兄、命大宋居前、小宋居後○

鰲山頂頭○宋祁字子京、父夢人遺文選一帙、生公故小字選郎、宋仁宗初官成都守、詔祁修唐書、夜燃寶蠟垂簾、二麗姬和墨伸紙。運筆如飛。擢翰林承旨、

詩云、粉署重來憶舊遊。蟠桃開盡海天秋。寧知不是
神仙骨。上到鰲山最頂頭。
老師臣。宋訥、字仲敏、滑縣人、元進士、明初以學士
徵、累祭酒、嘗附火傷脇、上爲文、譬之曰、脇者協也。居
內相不能協助君德。一日有畫史至、上曰宋訥骨古
神清。圖之必肖。卒年八十、謚文恪、上臨雍每念曰、宋
師臣。
百歲衣。宋濂、字景濂、浦江人、明太祖下建康、召濂
禮賢館、授太子經、修元史、嘗醉上前、命廷臣作醉學

士歌寵之官終翰林承旨年六十八乞歸賜文綺上
曰藏此綺三十二年作百歲衣文章名聞四裔謚文
憲
家學相傳。宋璲字仲珩太史濂仲子中書省舍人
工書法隸篆方希直稱威鳳翀霄祥雲捧日人謂太
史之父中書之子家學相傳國朝第一
同讎報國。宋忠洪武錦衣指揮建文總邊軍屯開
平靖難兵起趨居庸文皇曰忠來必爭擐甲偕道亟
之忠激將士曰諸軍居北平者盡爲燕府誅戮宜圖

雖報國文皇患之令子弟雜前鋒呼曰家無恙宋忠欺我一揮渡河執忠戮之鄆國公○宋晟定遠人成家世定遠祖父二世鎮西京官都督洪武中開元帥府于西京命晟復鎮破晗密城轉征遼陽平之節軍中封西寧侯追鄆國公謚忠惠

挾卜肆中○宋和建文中書與郭良郭節同官靖難兵至與程濟二十二人變姓名爲道者挾卜筮肆中王詒贊曰篤言導引笑傲林皋頹波莫挽使我心勞

疏鑒前古○宋徵浙人明初鄉薦建文官宗人府經歷疏請深鑒漢代七國之變乞裁宗藩權勢文皇入都逮磔族之

治河第一○宋禮字大本永寧人建文太學生辟僉事靖難後永樂營北京晉尚書治漕河通運閘十五自祥符漁口至中灤二十餘里殺水勢復故道功第一屢督南征加太子賓客終尚書贈山陽伯

考亭錄○宋端儀字孔時閩人成化進士官禮部郎歷粵東督學僉事博學濳粹著考亭錄編道統淵源

蒲莆陽人物志、

闡發微言。宋鳳翔、字羽皇、諸生時、屢試冠軍、累科不遇、游北雍、舉萬曆鄉薦第一、出蓼水朱延禧蘇門郭渭二公門。海內膾炙其文。公車歸、殫心經史、操文柄藝林、視爲指南、發聖學微言。

擲筆觸階。宋天顯、崇禎鄉薦、善篆隸、各書手稱清逸、每臨池、臺省注月、重之、官中書舍人、掌制誥、御寶。甲申、國變、城陷、闖逆草僞詔、顯擲筆謾詈、觸階死。

宋氏、韋逞母、家世儒學、受周官音義、苻堅傷周官

之學久廢乃就宋氏學立講堂授生徒隔絳紗談經號文宣君

○宋廷芳五女長若華次若昭若倫若憲若荀善文詞薰澤靚粧不肯事人欲以著述名家作女論語以韋文宣君比孔子曹大家爲顏冉唐德宗聘入禁中每遇學士賦詠五女皆列詞翰和唱時呼爲女學士

○宋祁過御街逢內家車子有麗姬褰簾呼小宋歸作鷓鴣天一曲落句云劉郎已恨蓬萊遠更隔蓬

萊千萬重其詞傳入禁中仁宗訪知呼小宋者即
祁也後上與翰林論小詞工拙祁惶懼上曰蓬萊
不遠呼宫姬贈之

冀渤海晉大夫郤芮食采于冀

清約○冀儁太原人性沉謹善隸書以功遷湖州刺
史清約恬靜莅政臨民所至有聲
傳道術○冀重唐人著冀子十五卷精言道術

季渤海陸終氏季連之後魯有季友

宗卿○季文子歷相三君無衣帛之妾食粟之馬無

藏金玉、無玩好重器、君子以知文子之忠于公家也。

一諾千金。季布、楚人、為楚將、數窘辱漢王、楚滅、漢懸千金購布頭、布髡鉗、自鬻魯朱家、朱知其賢、往見滕公、曰、布何罪。各為其主耳。以布之賢、漢求之急、不北走胡。南走越。以壯士資敵國。子胥所以鞭平王也。上始得天下。以私怨求一人、何示之不廣也。滕公言于上、赦之、名為郎、楚人諺云、得黃金千斤、不如得季布一諾。

詩派。季錞、字希聲、善韻、會稱江西詩派之一、

義烈　李兒任延壽妻季琮之妹延壽怒季琮殺之季兒不死壽曰殺我以報兄乎。曰殺夫爲不義事兄之讎亦不義何面目戴天履地告其女曰吾義不可生爾善視兩弟遂自經

知魯國晉知氏後爲知伯世卿。知季謚莊子荀首也莊子子知瑩謚武武子子知盈謚悼悼子子知躒謚文世爲晉卿

上書斥奸。知浹宋高宗朝以直言聞上書明岳忠武之寃斥檜忤奸

摯古侯國摯疇後

汧山高士○摯峻字伯陵長安人少著清節隱汧山
稱汧山高士

名重關西○摯恂字季直京兆人學古通經名重關
西馬融從之遊恂愛其才以女妻融時服知人之鑑
公卿薦其賢侔顏閔學擬仲舒文參長卿才並賈誼

筆才○摯虞字仲治京兆人武帝詔舉賢良會東璧
策問擢太子舍人以漢末喪亂譜傳失次命撰族姓
昭穆虞與樂廣同師皇甫謐名位畧同廣長口才虞

長筆才時有論難更相詰質仕晉官大夫

年少萬石○摯瞻字景游少善文詞初官著作郎歷安豐太守出爲內史年始二十九別王敦敦曰卿年未三十已稱萬石亦爲太早瞻曰方之將軍差太早比之甘羅則爲太老○

義平原漢義道後

氷壺詩○義太初字仲達營道人初學詞賦旋聞濂溪之學宗焉淳熙進士與朱元晦趙端明爲講學友著氷壺詩易註典官高瓊二州守

利楚公子食采于利

少室眞人○利眞源漢人學修煉術著道書爲少室眞人

水利志○利正甫唐人博通方外諸書撰姑蘇水利誌十卷

暨吳暨豔之後

辯聲韻○暨陶字粹夫崇安人長于聲律以詩賦名宋元豐進士第一官議郎登第時初定陶爲第一臚唱者以出聲呼之迄不應蘇頌曰當以入聲呼陶果

出上曰卿何以知為入聲頌曰必三國暨豔之後乃
問陶籍果建州上喜曰得吳士矣

貢 廣陵端木子貢後

彈冠○貢禹字少翁以明經潔徵博士出為河南令
以職事為少府所責免冠謝禹曰冠一免安可復冠
去之退與王吉友善數彈其冠俗言王陽在位貢禹
彈冠言取舍同也漢元帝遷光祿大夫詔曰生有伯
夷之廉史魚之直

存孤○貢祖文字仁德大名人建康中扈駕南渡官

武德大夫居宣城與岳忠武友善秦檜殺岳氏祖文匿其子孫存之別墅

遺逸。貢悅字友初宣城南湖人元季官司理明洪武徵入金陵辭曰願留遺逸以頌太平子歸門人私謚曰貞晦先生

仲　仲山高辛氏才子仲堪後

嶽降。仲山甫周宣王舅氏封申尹吉甫作詩送之川惟嶽降神生甫及申

風木之感。仲由字子路孔門弟子嘗見夫子曰家

貧親老、不擇祿而仕、昔爲親。在負米百里之外。今過墓而悲。每聞風木之感。

習禮名家。仲子陵、蜀人、講貫三禮、自名其家、舉賢良、仕唐常侍、

魏汲鹿畢萬仕晉封魏後分晉氏爲魏

四公子。魏無忌、魏昭王庶子、號信陵君、與齊孟嘗趙平原、楚春申、稱四公子、以能養士、名聞諸侯、

薦奇士。魏無知、識陳平賢、薦之高帝、人譏之。帝讓無知、知曰、臣所言者能也。陛下所問者行也。今有尾

生孝已之行而無益成敗之數何暇用之乎帝善之後帝以戶牖侯封平平辭曰非無知臣何由得進帝曰若子可謂不背本矣乃復賞無知

總庶職○魏相字弱翁定陶人漢地節中拜相佐宣帝勵精圖治總庶職與丙吉分左右輔政封高平侯圖形麟閣

虎觀談經○魏應字君伯任城人博洽書史弟子從遠方至者千人漢永平博士會諸儒于白虎觀講論五經同異

堂堂領袖。魏舒字陽元任城人幼依外家寧氏
相宅者曰當貴一賢甥舒果對策高等入爲尚書郎
魏文帝深器重之每朝會目屬之曰魏舒堂堂人中
領袖俊士也晉武帝官司徒以三公秩辭榮歸老
稱權史。魏收字伯起性機穎能屬辭與溫子昇邢
邵稱北朝三才子北齊受禪詔册諸文及魏史編年
皆收所撰時稱權史官尚書僕射謚文貞
人鑑。魏徵字玄成曲陽人唐太宗朝諫議大夫好
直言上二百餘奏悉藥石剴切詔以徵十漸疏詞書

御屏為日夕箴規。及卒。帝曰。以銅為鑑。可正衣冠。以古為鑑。可識興替。以人為鑑。可知得失。徵沒。朕失一鑑矣。封鄭公。謚文貞。著貞觀政要。

故笏。魏謩。字申之。徵五世孫。唐文宗讀貞觀政要。訪徵後。楊汝士薦為拾遺舍人。上問謩家書尚有存乎。對曰。惟故笏猶在。詔令送入。鄭覃曰。在人不在笏。此笏乃今日甘棠。送歸。詔。

魏元忠。宋州人。官學士。唐高宗聞其賢名。見目之曰。名不虛得。真宰相器也。聖曆中大拜。引退

上詔宰執以下。送東上。帝幸白馬寺宴別。賜紅錦白鎌。詔曰衣錦晝還在于茲日散金敷惠諒屬斯辰

遺直遺愛。魏知古方直有雅才。唐先天侍中宋璟曰子産有遺愛叔向有遺直兼之者其魏公乎

宮妓拂詩。魏野字仲先號草堂居士善調鶴汲泉瀹茗客至以白衣紗帽出見好操絃賦詩有洗硯魚呑墨烹茶鶴避烟之句太宗祀汾陰便道召之不赴使畫工圖其草堂一日方教鶴舞報中使至攜琴踰垣避之寇萊公鎮洛以刺訪之報云盛刺不復還留

爲山間玩賞與萊公遊陝郊寺後再遊寇詩僧用碧紗上籠魏詩塵滿從行官妓以袖拂塵仲先云若得時將紅袖拂也應勝着碧紗籠

淚洒春風。魏瓘宋眞宗時守廣州築子城留任五載感懷詩云羸羸霜鬢一衰翁踪跡年來似斷蓬萬里遠辭雙闕下一身長在衆人中螭頭輪對恩雖厚雉堞論功事亦空淮上有山歸未得獨揮清淚洒春風又云人言嶺外無霜雪何事秋來亦滿頭

間世眞儒。魏了翁字華父慶元進士累官尚書端

明學士詩云鶴立錦袍天北闕龍飛金榜殿西頭忤史彌遠謫官靖州築鶴山書院著五經要略卒謚文靖稱間世眞儒

大本講筵○魏觀字屺山蒲圻人元季隱蒲山太祖下武昌徵侍講授皇子諸王書于大本堂詠云多士聽宣魚隊入諸侯分直雁行聯白頭謬忝儒紳後大本先趨赴講筵○

留一孫枝○魏澤字彦恩溧水人建文累官尚書文皇南下姚廣孝曰切勿殺方孝孺殺之讀書種子絶

矣。文皇以廣言猶豫不殺。不得已戮之。澤時謫寧海尉、悉護方氏遺孤。德宗謝文肅所謂霜枝一葉者。澤之功也。題孝孺故里云、筍輿衝雪過侯家。撫景傷心感慨深。黃鳥向人空百囀。清猿墮淚只三聲。山中自可全高節。天下難居是盛名。却憶令儀千載後。重歸華表不勝情。

不與俱生。魏冕吉安人、建文薦辟御史、勁直才幹、靖難兵至、有私納款者、冕即殿前叱之曰、吾等何面目見高皇乎。吾不與俱生矣。俄宮中火起、遂縊。文皇

夷其族

清德達尊○魏驥，字仲房，蕭山人。永樂鄉薦，司鐸松江。寒士課誦學旁，燃膏蒸黍贈之。師達薦以冰操鴻文，累官太常卿，侍讀學士陳循，公所拔士也，曰：吾師位卿侍，未得首揆，願少待。公曰：子爲輔臣，不薦天下賢才而私一座師，不可。清德雅望，海內達尊，年九十八，謚文靖。

煙雲藹楮○魏之璜，字考叔，上元人。性磊落，以册青名，杜門自約，非其人不屬筆，醉墨所至，煙雲藹楮，貴

酒

人與錢弗顧或持旨酒佳饌曰可養老母呼之飛身而出時人稱嘉隆盛世名士

石室交○魏文煥字德光南海人嘉靖進士歷西蜀兩粤藩政臬僉士民愛戴以母老疏乞終養築精舍于道山之麓引朋結侶詩酒娛老詩盡其意著石室交抄

心丹血碧○魏大中字見時號廓園嘉興人萬曆進士官給事建言忤逆璫嗾际大鋮坐贓拷掠手足肢斷子學洢跣號公曰覆巢無完卵俱碎無為也洢欲

自刎擊登聞上書。至舌枯淚盡。氣絶。嗚呼、生而心忠。死而血碧。忠孝一門。

孝子義士。魏學洢、字子敬、崇禎國學、忠節大中公長嗣、方忠節遭璫被逮、洢微服徒跣、尾緹騎、伏闕請代、不允。公慘死獄、日夜哀慟、舌枯淚盡。家人以漿進、邦之。竟以哭死。時有朱生者、亦間行獄中、周旋櫜饘。死復經紀其喪、毒以勞瘁、疾卒。魏稱孝子。朱爲義士。奇哉。

南樂三魏。魏允中、字懋權、萬曆進士、太常博士、稽勳郎、與兄允貞、弟允孚、俱登萬曆進士、稱三魏。咸以文章推重于時。王元美偕同官飲南院、時會闈榜放、戒門吏小錄至非魏允中第一、傳無伐鼓。俄鼓聲震、衆曰蚤識榜魁。相與絶倒。兄弟皆不附江陵罷彈新執政爲神廟名臣。

長孺復見。魏呈潤、字倩石、龍溪人、崇禎進士、翰林吉士、擢都諫、嘗疏内臣奸佞、輔臣解組、潤愈激愈厲。曰朝廷設臺省于左右。所以斥奸輔德也。此輩不去。君德何裨。省中目爲長孺復生。

骨痤詩筒。魏學濂、崇禎進士庶吉士、濂故忠節太
中公子、孝子學洢弟也、先時閹勢稍裂、使人聯絡義
師、聞太子諸王俱爲賊害、隨痛哭就縊、絕命詞云、忠
孝千古事。于我只家風。又曰有血灑微軀。官卑非侍
中。有舌且存之。并遜常山翁。骸骨雖不歸。即瘞此詩
筒。

隱翠微。魏禧、字叔子、寧都人、國變謝諸生、隱翠微
峯、臺省以博學屢徵不赴、游吳越、與潤州宋漸臺友
善、時宋隱後將軍幕府、序其文曰、天下之勢將在客。

故縱橫之說起而客重今朝廷權寄將帥將帥重而客之籌畧文章不輕見於四方叔子氣節幹材與澌臺俯視一世

○魏氏樊琛妻徐敬業起兵討武氏聞魏知音令鼓箏軍中魏曰夫亾不能殉殂我以管絃引刀斷指一軍爲之凄愴

○魏溥娶房湛女幼有烈操其母作女訓朝夕令誦誦卒成賢媛

○魏氏明崇禎宮媛闖寇陷都入大內氏呼曰賊至

矣我等必為所汚有志者早為計遂濯御河頃刻

從死百數十人。

費汝南紂辛臣費仲後

精彖象。費直字長翁膠東人治易筮漢單父令精

彖象著繫辭解文言說

化龍。費長房汝南人里有長翁市藥懸一壺市罷

躍入壺中長房窺之求翁與俱隨至一深山一虎行

伴臥一空室懸一索垂石于下衆蛇嚙左右房自若

翁曰子可入道矣付一竹杖曰騎此任子所之歸投

杖葛陂化龍飛去。

直諫一人。費詩字公舉、犍爲人、仕漢昭烈諫議郎、以直言左遷、稱諫臣一人。

臨敵對奕。費禕字文禕、澠人、識悟過人、仕蜀漢、代蔣琬爲尚書令、嘗使孫權、權曰、君天下德器、必當股肱漢室、魏軍入寇、與平詣禕督禦、禕適來敏至、禕對奕、從容自若、敏贊曰、信自可人、必能破敵。

鼓吹曲。費昶、江夏人、善樂府、作鼓吹曲、梁文帝重之曰、卿才思新拔、有足嘉異。

御製酬答。費宏字子充鉛山人明成化進士廷試第一明朝稱少年科第直文淵閣學士謚文憲宏仕武廟守正不阿却寧庶人聘上政暇御製唱酬有睹茲忠良副倚賴未讓前賢專令名句。海潮不至。費道用字闇如號筆山合州人崇禎進士骨鯁丰稜披閱頃刻剖决塵牘積寸初官福唐令中蜚語解去海潮三日不至善詩有日午茶煙生淡綠晚京梅雨抹新香又寄愁春夢消清話偷眼新花發艷腸句以京秩終

喻江夏

捫膝先生。喻汝礪、字廸儒、宋靖康祠部郎、以不附和議、遂掛冠、稱捫膝先生、初來京師入見、上命赴都堂、與李綱條議、綱奇其語、請華文章陳習之弊、興鴻與大雅之風、官秘閣中書、

西洛淵源。喻樗、宋紹興中宰臣趙鼎、慕伊川之學、凡程門弟子、皆引薦、曰桐廬喻樗、其人、遂薦爲正字、語云、直窮西洛之淵源。遂見古人之大體。

表勵風俗。喻良能、字叔奇、宋淳熙中爲國子監簿、

著忠義傳起戰國王蠋終五代孫晟上下一千三百年取百九十人上之詔頒武學上曰忠臣義士可表厲風俗

家學○喻時字仲甫光州人明嘉靖進士令吳江治行第一擢御史時嚴分宜當國疏糾不報歷都御史督三邊戎政嫻邊防卒于官雄辯嘗屈羣輩中州稱喻氏家學

路 內黃 黃帝封支子于路

截蒲○路溫舒東里人爲里監門使舒牧羊舒取

古今人物大觀 卷二十七 二十

澤中蒲帬截以為牒編書通春秋大義舉地節孝廉

上尚德緩刑書官臨淮守

液池講書○路隋字南式唐穆宗學士與韋處厚仝

掇六經粹要名曰六經法言詔與帝入太液亭編洪

範輿旨○

五金花帖○路振字子發湘潭人宋淳化進士太宗

試卮言日出賦文章富麗獨步諸作賦文用五金花

帖書之官中書侍制○

芭蕉詩○路德延宋人七歲能詩賦芭蕉云葉如斜

界紙心似倒掛書

十年至相○路岩字魯瞻年少卽自監察遷入翰林

崔鉉曰路十如今便入翰林如何到老不出長安城

十年可至宰相唐咸通初同平章事年方三十六歲

後兼中書令

欒生便政○路壁安福人登明正統進士初官給事

中歷任福建藩伯先時閩中民歲吉獻供億均取之

八郡司土者不計小大遠近肥瘠壁至規畫差等民

樂其生吏便其政

藹如春風○路進字修期大參漢畦公孫與父靜因同舉于鄉又同登崇禎進士由南宮出守金華時歲荒多盜公出穀賑饑戒民曰爾輩可返盜爲民乎悉更舊習設義學士之沐其教澤者藹然如坐春風子序孝廉能世家學

傅清河　殷相傅說築于傅岩因以爲氏

作霖○傅說殷高[illegible]𡬶圖形以求說築傅岩之野惟肖王置左右爰立作相命詞云若濟巨川用汝作舟楫若歲大旱用汝作霖雨若作酒醴

汝惟麯蘖若作和羮汝作鹽梅

白簡整冠○傅玄字休奕晉司隸校尉每有奏劾捧白簡整冠肅拜以達貴幸懾伏臺閣風生

氷清玉潔○傅渾仕晉爲襄邑令江華頌云比氷其清比玉其潔風抗其高雲垂其澤君有遺愛民有遺思○

風流文翰○傅永字修期六朝人上馬繫賊下馬作露布稱風流文翰○

金玉君子○傅堯俞字欽之十歲能文未冠及第宋

元祐中書侍郎，名重禁闈，太后曰：傅侍郎清直一節，終始不變，金玉君子也。司馬溫公云：欽之有清直勇三德。邵堯夫曰：至清而不耀，至直而不激，至勇而能溫，此爲美爾。

飲月。傅大詢，字公謀，宋詩人。飲月詩云：酒滿金樽月滿輪，月沉輪影在金樽。更深坐久詩喉渴，一舉金樽和月吞。新霜詩云：瓊宮青女粧初試，錦幄佳人睡未知。但見玉童呵手道，破寒惟有酒相宜。

至樂齋。傅自得，少負文名，三應博學宏詞，光袁序其文云、英偉蓋世之才、超邁不羣之器、不爲人俯仰、不與世浮沉。氣骨崎嶇。波瀾浩渺。作至樂齋以紀、封潁國。傅友德、宿州人、明太祖舟師伐江州、德率所部謁小孤山上、奇之。從擊陳友諒于鄱湖上。不利、戰急。德操輕舟盪入。手格百人。截之江口。諒死、錄功第一、先時圍武昌。有高冠山下瞰城中、上顧諸將曰、奪此山者賞。德率百人先登。一鼓奪之。流矢中頰、洞出腦後不動。上平蜀、首褒其功、封潁國公、觀志。傅淳、慈谿人、以學道重于鄉、稱退密先生、洪

國
國

武畧徵不就著洪範性理叢說大學補畧觀志編、

眞諫臣○傅吉字子廸大城人以通經領永樂鄉薦、擢御史剛直不撓建言奏對聲徹殿陛時目爲眞諫臣○

風節幹才○傅珪清苑人永樂中歷官尚書卒贈少保史稱風節幹才謚文毅、

夢儒遺對○傅凱南安人明初進士初官黃門出使外國祈儒于鯉湖夢童子歌曰青草流沙六六灣凱默識之至外國王設燕命典客請曰黃河弱水三三

訃

曲凱憶僊語答云青草流沙六六灣王愕然曰中華
黃河九曲陪臣熟之傳載青草流沙屬在荒域先生
纔臨其地而封土瞭然乎贈明珠犀貝不數
狂廢○傳檝南安人祖凱父浚至檝三代登明甲科
檝年甫二十正德進士官行人父暴死山東蹉署奔
訃嘔血數升遂辭繼母擯妻子毀形狂走曾子死不
哭人問之曰吾不忍哭父焉忍哭子俄得鱗袖鐵鎚
擊死以狂疾廢
置甕納文○傳夏器字廷璜南安人嘉靖進士第一

人歷吏部郎。初領鄉薦、累公車不第、發憤爲文、歲置一甕于几下、每作文遺稿納甕中、歲終展甕爲薪、性不諧俗、自灌園圃、種花藝樹爲娛、

丁戊山人。傅汝舟字木虛、號丁戊山人、一名磊老、候官人、方顙碧目、四指有印文、與高瀔、滸鄭少谷之門、閩人稱高垂股。傅脫粟。言斷斷中歌曲。以其交與幻不可解也。去妻孥、棕鞵箬笠、遍遊吳楚河雒、詩有得意、何如郊原亂後飛燐火、村落年來變劫灰。又異書自得作者意、長劍不借時人看。才知文采爲鄭少

谷所嗜

人聳芊來○傅光宅字伯俊聊城人萬曆進士令吳縣擢御史歷副使學贍經史尤嗜禪理執法內臺人聳芊來

帝歸烈皇○傅冠江西進賢人崇禎進士思廟相國國變伸大義不就殉節閩之臨汀里人瘞其屍首函縣獄○獄吏朝夕焚香供公一夕夢公謝曰多爾兩載辛勤上帝令吾還鄉矣吏神其事白守不半晌牒至許歸葬起土屍忽白躍與首連合肉色骨節如生無

稊稗腐敗。公蒙難。經年。惟藏簪髮小金簪。囑逆旅主人歸幼子。清介節烈。載黎士弘筆記。

○傅昭儀。漢元帝寵妃。得幸。生定陶共王。共王欣立爲哀帝。由是傅丁之家重侯累爵。

○傅楫。字元通。師事陳襄。襄奇之。曰。金石君子也。以女妻之。宋徽宗朝中書舍人。

○傅自得。未成童時穎異。賦玉界尺云。直諒其性。縱横其才。李邴異之。許以女。後封夫人。

芮　平原　周芮伯後

牡丹賦。芮煇、吳興人、仕宋、從政郎、賦牡丹詩、獲罪秦檜、謫戍。岡雅有氣節、百折不渝、檜死、再和云、寧令漢社稷、變作莽乾坤。

藥石贈。芮國瑞、仕宋桐川簿、過倪偁、曰、與我遊、皆有歌詠、然珠玉之賜、不如藥石之贈。偁曰、建平、嚴邑、何以治之。瑞曰、以嚴馭吏、以恕待民、奉公以勤、律身以儉、讀所未見之書、增所未至之學。偁美之、

囹圄一空。芮翀、明洪武初、知崑山縣、正直有幹才、不事察察、民情帖服、劾暴繩強、扶危舒困、囹圄為之

一空

龔瀚海秦龔良後

清譽○龔凱鹿邑人明洪武以文才貢入太學歷官工部侍郎廉幹有爲正直不撓清譽大振

漏

九老詩○漏瑜字大美會稽人明成化薦辟御史持風節敢言忤忌諱降謫有同時入疏諸公稱舊臣者九人瑜聯九老詩爲簿

沃太原

民歌。沃墅明洪武初令溫縣時民艱于食墅令墾闢荒蕪樹藝桑柘百姓歌曰田野闢沃公力衣食足沃公育及代去民遮道留之

古今人物大觀去函卷之二十七終

古今人物大觀

廿八之卅

古今人物大觀卷之二十八

去函仁　　　　藍陳睿勳參閱

史孫子未先生鑒定　閩中林濔春奕善父纂輯

姪　薾采若甫編校

顧武陵　顧伯夏殷侯國名子孫因氏

嚴憚。顧雍字元歎東吳人事孫權爲會稽郡丞少學琴于蔡中郎蔡嘗嘆其淸逸因字元歎謂中郎所賞而名也性嚴憚孫權曰顧公在座使人不樂

羽扇麾軍。顧榮字彥先晉平吳榮與陸機兄弟同

入洛號三俊晉元帝散騎常侍廣陵相陳敏叛詔榮征討榮執羽扇一揮其軍目潰楊修詩云羽扇一揮軍掩草策勳多藉顧州陽

吾家異物。顧和字君孝總角便有清操叔榮器之曰此吾家異物也光世射人周顗嘗指和曰此中何所有顧曰固亦難測

蒲柳姿。顧悅之字君叔與晉簡文帝同年而髮白帝問之對曰松柏之質經霜雪而尤茂蒲柳之姿望秋色而凋衰仕晉尙書右丞

在阿堵。顧愷之字長康小字虎頭有才氣善繪
圖人物數年不點睛人問之曰傳神寫照正在阿堵
中稱三絕才絕畫絕痴絕
讀書堆。顧野王字希馮吳人九歲能文凡天文地
理卜筮書篆無不通曉著玉篇地輿志秀州有顧
亭湖野王讀書堆
梧葉詩。顧況字逋翁海鹽人以詩名白居易書簡
投況況戲曰長安物貴居難不易及讀原上草曰有
句如此居亦何難一日遊御溝旁得梧葉有詩云一

入深宮裡○年年不見春○臨流托幽素○淚滴葉中紅○況題葉荅云、花落深宮鶯亦悲○上陽宮女斷腸時○帝城不禁東流水○葉上題詩寄阿誰○唐宮著作郎、號華陽山人、

金粟道人○顧阿、字仲英、崑山人、輕俠豪宕、置別野于涇西、名玉山隹處、日宴客賦詠、園林圖史、餚核聲妓、並甲一時、元至正累徵不就、號金粟道人○

詩博士○顧祿、字謹中、華亭人、嗜酒善書、嘯傲風雲○奔走造化○解大紳贈、云兩都詩學士○一代酒神仙○明

洪武名授蜀府教授有放歌今日容豪客破敵當年想至尊句聞禁中上命進諸作得大體。顧佐洪武武進士嫻習藝勇能引弓三發三中宣德以文武兼才擢都御史憲度嚴明羣吏憚之有擿佐受臺胥金聽歸農者上以牘示楊士奇奇曰不幾楊佐之清乎京員俸食不足取貲役人而聽之歸農誠便也當付佐自治佐名吏曰小過不汝究速自改上聞之曰得大體矣

題像詩。顧瑛崑山人善詩與無錫倪元鎮楊廉夫

友善元鎮挾卓犖之資廉夫具豪爽之槩瑛風流宕
遠爲東南人物之冠洪武徵廉夫修元史欲官之固
辭元鎮圖廉夫像瑛題云儒衣僧帽道人鞋到處青
山骨可埋若說少年豪俠客五陵裘馬洛陽街廉夫
讀之遁去

讓一頭地顧清字士廉華亭人弘治鄉薦第一進
士廷試第二官編修侍講初考官得其文曰歐陽子
請讓蘇子瞻一頭地即其人也逆瑾惡之謫部員世
廟議大禮援古證今多所迎合晉尚書謚文僖公詩

文清新婉麗得長沙家法正嘉之際稱正始元音
金陵三俊○顧璘字華玉號東橋吳縣人弘治進士累官都御史推兩湖經理顯陵還朝晉尚書致政少負才名與陳侍講沂王太僕韋稱金陵三俊喜讌客以箏琵佐觴樂間高談傾座嘗欲物色孫太初不得羽衣幅巾放舟斷橋一僧一鶴一童子洗斚烹茗初望異之隨相接徃返風流好士出政事文章之外者
飆歸叟○顧宸字孟時海寧人弘治訓導號飆歸叟博學潔行居廣文澹然自足得脯貧悉與寒士喜遊

殿賦詠題鳳仙花云金盤露積珠纏重玉佩風生翠帶長萬里弱流同閬苑一簾疎雨滴瀟湘

倜儻雄才。顧養謙字益卿南通人嘉靖進士以都御史鎮邊晉戎政尚書具文武材出塞遇酋入薄講開堡坐軍門如調度狀遂駭夫單騎追之膽畧豪宕稱倜儻雄才

顧青山。顧元慶字大有長洲人嘉靖中隱士結廬澣泊顏曰顧氏青山學士岳岱贊曰隱居草莽伏處名山修辭不琢潔行真古靖節守道之風浩然安貧

之節

宛然家風。顧瑛字懋涵華玉子隆慶歲薦有文譽學使者蕭鳴鳳試鳳臺春立就蕭曰東橋有子矣詠牡丹詩云玉妃罷醉春無力秦女凌波夜有香懋涵子應祥亦以詩名詠別友云人去天涯春草綠望迷江上暮煙平宛然家風

清芬逸韻。顧夢圭字武祥崑山人嘉靖進士吏部郎與高陵呂仲木同署公擷梅花謂祥曰清芬逸韻骨峻神閒武祥如此花矣歷粤東叅議江右藩伯所

至癃癈振與民懷其德、

艮輔。顧鼎臣、崑山人、嘉靖進士、廷試第一、翰林修撰、歷官內閣學士、史稱性情樂易、胸無畦町、文章澹遠可貴、為有明艮輔。

淚漬對牘。顧雲鴻、字朗仲、常熟人、萬曆鄉薦、上築藤溪、嘗謂人曰、天下多事、大丈夫當出死國、豈介居煙雲泉石時耶。徵公車、對策言朝政敝竅、天災民隱、淚沾對牘。

氣節忠讜。顧起元、字太初、無錫人、萬曆進士、廷試探花氣節忠讜自矢公以都御史內調首劾崔呈秀貪婪秀投魏璫爲假子逮公獄酷拷死于池水中璫敗復官賜塋謚忠憲有弔方正學詩云白馬魂空結朱蛇識豈眞九重原叔姪一死自君臣剮鑊當年事蒸嘗異代人西山一坏土寂寞闕冬春匿孤聞縣幕收骨有將軍禁客趨烹客心孤絕命文嗚呼可見先生之志

直道橫死。顧大章常熟人萬曆進士以司理清望擢部員時督師熊廷弼入援遼左歷著戰功逆璫索饋獻、不得抑其功、逮獄、章抗疏申論人才難得、急國家之難、何暇私營、璿誣受熊賍、下鎮撫掠拷死、部題云、直道横死何辜、泣血株連、莫訴、贈恤賜塋、闔門殉節○顧咸正、字端木、崑山人、文康公後、家學淵源、忠孝素著、崇禎孝廉、特賜進士、延安司李、仲弟咸建、季咸受、子諸生大鴻、仲熊、先後殉節國難○節義良牧○顧咸建、崇禎進士、文章名世、終養于家、弘光南遷、出宰錢唐、政治風教翕然振興、犬師至浙、建自經、父老無不隕涕、稱節義良牧○

哭文廟死。顧所受蘇州諸生博學能文自思宗殉國每痛哭不忘忠義之氣發爲詩歌大師南下受儒服哭入文廟投泮池死。

。顧玉娘顧濟妹適張玄張曰顧家女清心玉映自是蘭房之秀

步涿陽晉大夫步陽之先食采于步因氏

避席炙光。步叔乘孔子弟子追淳于伯贊云炙光避席唯諾趨隅發微既博雅道是扶

餉瓜自君。步騭字子山漢末避亂江東與衛旌種

瓜自給、一日共修刺獻瓜焦征羌、羌具食坐二人牖外、旌不能食、隲嘆曰吾貧賤事、入以貧賤遇之、當何所耻、仕吳官丞相、

○步協、仕吳撫軍中郎、驅馳國恤、通達治體、

○步闡、吳官西陵侯、

庹　周掌庹支子孫因氏、

○庹尚、字博平、漢桓帝上虞長、嚴峻發伏、民憚神明、曹娥溺江、命耶鄲子作碑、黨錮八厨之一、

八厨中人、官荊州刺史、

性善堂○度正宋紹興進士從朱晦菴誨以誠意之
學官國子監丞築性善堂藏國史鴻文
衞河東周文王子康叔封衞以國爲氏
循吏○衞颯字子産漢建武御史循吏傳稱天下郡
國良吏三百年僅得十二人颯居最
帝稱長者○衞綰大陵人仕漢文爲中郎以醇謹給
事左右帝臨崩屬孝景曰衞綰長者也善遇之景帝
以綰廉忠遷御史大夫拜丞相
封候骨○衞青字仲卿平陽人微時有相者曰君什

奇骨貴人也後當侯仕武帝七出塞擊匈奴立功雲中上谷遇卒以恩待士大夫以禮封長平侯食戶八千七百

一臺二玅　○衛瓘字伯玉晉咸寧侍中時索靖爲尚書郎與瓘俱善草書號一臺二玅瓘予恒善篆隷四體

明珠照人　○衛玠字叔寶風神秀異總角乘牛車入市見者以爲玉人舅王濟嘆曰珠玉在側覺我形穢又曰與玠遊珠光玉潔朗然照人時語王家三子不

如衛家一兒。三子謂王澄、玄、濟也。玠善玄理。王澄玠言。每嘆絶倒。時語衛玠談道。平子絶倒。仕晋太子洗馬。

玉麟符。衛玄字文昇。仕魏爲京兆尹。文帝曰。關右之任。一付于公。賜玉麟符以代銅獸。

天下珍。衛臻字公振。仕魏爲吏部尚書。多才辯。文帝目之曰。天下珍也。

闔門并死。衛時春。崇禎宣城伯。闖寇陷都。率家人赴井。男女無一存者。

哽咽死義○衛景瑗明天啓進士大同巡撫闖賊未
臨境檄各衛廠諸鎮堵禦無一應者瑗檄語悲凉哽
咽讀者潸涕而諸從叛网聞城陷被執時同死總兵
朱三樂郎中徐有聲朱家仕學官李若葵瑗闔室九
人俱盡自題云一門全節
○衛瓘女晉武帝納爲太子妃曰衛公女有五可種
賢多子美而長白
○衛玠妻樂氏父樂廣有重名時以婦翁冰清女婿
玉潤

桂天水、漢桂褒後

棠陰比事。桂萬榮、字夢協、慈谿人、宋慶元進士、餘干令、性剛介、御民以慈、史彌遠欲引之、不赴、謝亡去、讀書東麓山、取今古斷獄、明允者彙集、號棠陰比事、清新絕羣。桂衡、字孟平、仁和人、明洪武以文行徵、授錢唐學訓、擢谷府典授、以經術輔宗藩、每進對、言動不苟、刻意詩文、有晚白菜肥蚕出火、冬青花落燕成家句。清新絕羣。

正字之義。桂彥良、慈谿人、洪武初徵、授太子正字、

上問治道、正字之職何居、對曰、正字本正心、正心本于懲忿窒欲、上善之、進治平十二策、名太平治要、著和陶靖節詩編、

政聲○桂芝、洪武初、以才學薦舉、知敍州、公廉自持、柔遠能邇、所至政聲洋溢、

白衣宴賦○桂德稱、字彥良、慈谿人、元末高隱、洪武待詔公車、以白衣賜宴賦詩、除太子正字、入蜀右相辭陛云、天門承制拜新除、西入城都萬里餘、五月已閏收碧荔、三春兩穴饌文魚、

越

文譽詩才○桂榮上饒人嘉靖進士博覽羣秘文譽詩才士論稱重初筮司理擢御史建白有謇諤風議禮迎合○桂蕚字子實號見山貴溪人正德進士與張孚敬合議大禮迎上意衆論不能奪累官東閣學士謚文襄

計京兆晉計册之先

越得五策○計研字然范蠡師蠡既雪會稽之耻扁舟江上嘆曰計然之策十越用其五而得志於國今吾用之於家乎隨之陶治產積富號陶朱公

著晉鑑。計有功、宋人、居韓魏公幕府、著晉鑑、紹興中、薦入史館

薊　澥海

薊先生。薊子訓、漢建安中、居長安、與一老翁、摩挲銅人曰、適見鑄此。近五百年矣。今復摩鑄、翁曰、吾鑄堯與舜。將盪日月以鼓雷雨耳。

濟

羅甸王。濟火、牂牁、帥、贊諸葛武侯平西南夷、擒孟獲、封羅甸王、即今安氏遠祖也、

蔡濟陽周文王子蔡叔度子仲封蔡以國氏

聖人不相。蔡澤燕人戰國辯士微時遇唐舉熟視笑曰吾聞聖人不相殆先生乎澤知戲己乃曰富貴吾所自有所不知者壽耳舉曰自今以往可四十三年澤曰吾持粱刺肥懷黄金印結紫綬足矣入秦拜客卿

噬指心動。蔡順字君仲汝南人以至孝稱嘗出採薪母噬指即心動馳歸母喪火燃隣室伏哭火越旁舍母畏雷遇雷震環塚泣呼曰順在此新莽舉孝廉

三往不就

醉龍○蔡邕字伯喈陳留人漢熹平中與楊賜註定六經鐫碑太學摹寫者一日千人駢集聞爨下桐裂曰良材也裁以為琴焦其尾美音中出號焦尾琴柯亭有綠竹取以為笛中黃鐘之音董卓辟為中郎御史一日飲酒二石醉路中人呼為醉龍有圖其像贊曰文同三閭孝齊參騫恃才傲物連董卓歛死

蔡侯紙○蔡倫字敬仲桂陽人漢和帝龍亭侯言古書契以竹為編雜用縑帛議易以樹皮麻頭注紙天

下稱蔡侯紙今耒陽縣蔡倫宅有石舂郎倫造紙處也

吳中名譽　蔡洪字叔開吳人初入洛洛人問吳舊姓人物洪曰顧彥先八音之琴瑟五色之龍章張威伯歲寒之松栢丙夜之逸光陸士衡士龍鴻鵠之徘徊懸鼓之待槌凡此諸君以洪筆爲鉏耒以紙札爲良田以玄默爲稼穡以義理爲豐年以談論爲英華以忠恕爲珍寶著文章爲錦繡蘊五經爲繒帛若也

兩字掖人　蔡充字子尼考城人清介峻望仕晉居

選司徵進者望風畏憚山簡與王衍書曰子尼今之正人衍答云山子以兩字拔人劉整恃才傲物車服侈麗謂人曰遇蔡子尼在坐終日不自安子謨字明道晉司徒謚文穆註西溪書百卷

紫茄白莧○蔡樽字景節陳留人守吳興惟飲清泉齋前自種紫茄白莧爲常飧梁主聞其清詒能異之

夢菜齊陛○蔡齊字子思神色爽秀鬚眉如畫宋祥符第進士上夢菜一苗高與陛齊及臚唱蔡齊狀元上曰得人矣及試天下如置器賦有云安天下如覆

孟近功可大上曰眞宰相器公喜過飲賈自道遺老詩云聖君恩重龍頭選慈母年高鶴髮垂君寵母恩俱未報酒如成病悔何追自是非待賓不具觴仁宗大拜謚文忠

江南夫子○蔡用之字子野新昌人宋天禧登上第獻萬言書及詞賦眞宗驚奇曰朕覽天下奇才偉器未有如用之者出其文示諸學士曰此江南夫子也

青雲千里○蔡伯禧一名伯倫福清人宋眞宗朝試童子科歲未三週上奇之賜御翰云七閩山水多材

俊三歲神童出盛時家世應傳清白訓嬰兒自得老成資勑能學步來朝闕方及能言解誦詩更勵孜孜圖進益青雲萬里有前期授東宮伴讀

四賢三諫 蔡襄字君謨天聖進士累官端明殿學士人稱蔡端明文章清粹善小楷草書歐陽公最善蔡禮時除修王素張方平爲三諫官公詩云御筆新除三諫官喧傳朝野競相懽上聞之亦除襄知院歐公范公尹洙余靖坐貶公作四賢詩紀事王十朋詩云四賢詩出入增氣三諫章成國有光公鎮福唐作

洛陽橋于海岸碑文篆書稱三絶題郡治鄰霄臺云子夜看先日陰巖得後春三山空瑣碎萬落自煙塵東郭居士。蔡會字子希淹貫經史宋至和中宰相劉沆薦之不就歸南園作記云學問之滓不加于民而孝友睦于子弟文章之報不華于身而輝光登于草木於叢竹中作亭曰青玉作堂曰翠光閣曰冠霞齋曰樂靜徑曰浩然總其地曰南園自號東郭居士三年博士。蔡肇字天啓長于歌詩爲博士三年不遷詩云先生萬古名何用博士三年冗不遷和秦少

游云願同籍湜輩終老韓公門宋大觀擢中書

此吾老友○蔡元定字季通號西山建陽人八歲能

詩日記萬言師事朱元晦公奇之曰此吾老友也不

當弟子之列韓侂胄禁僞學謫道州貽書諸子曰獨

行不愧影獨寢不愧衾勿以吾得罪故遂自弛解卒

謚文節著律呂新書洪範解大衍說子沉字仲默號

節齋師事晦翁得元定洪範之數隱居九峯時元定

著作未及論著嘆曰成吾書者沉也反覆十年卒成

其書父子從祀廟庭

剛直獻替。蔡瑄、滎河人、明洪武典儀官、累遷政、性剛直不阿、獻替忠藎、百司肅然、從西征卒、上御祭以文、

稽山主人。蔡運、南康人、洪武舉明經、建文官蜀參政、靖難兵入、運偕程濟二十二人從亡、後帝遊會稽遇運時已祝髮爲雲門寺僧、稱稽山主人。

石裂字。蔡錫、鄞人、永樂鄉舉、守泉州、洛陽橋鎮戌、民苦供億、力奏罷之、橋圯、忽石裂字出、云石頭腐爛。蔡公再來竭官俸以修、民以爲端明後身也、祀于忠

惠祠畔

授易蒙引　蔡清字介夫號虛齋晉江人成化解元進士先溫陵學易者無專家清師事侯官林玭號雲室粹于易以所著蒙引授清欣有所托口授云庖羲圖象久湮傳不離先天與後天剝復心看還七日盈虛運會閱千年南來半席予空負北面諸生汝獨專衣鉢敢云相寄托一綫微炬在燈前清自是潛心體玩造極精微歷銓郎視學江右國子祭酒王端毅稱先生匡國子民皆經方通變得易理之微者

左虛子。蔡羽字九逵吳人居洞庭林屋山稱左虛子學邃于易嘉靖中以太學赴選天官卿知其名曰此善易蔡生耶授翰林孔目羽文法先秦兩漢不類蘇韓自負甚高未肯以瓣香屬人。

海國生還。蔡景榕字同野寧德人嘉靖壬戌倭犯閩榕爲所擄至日本西海有老僧能識字通詩書不諳中國語榕書字投之僧試以詩命題芙蓉榕賦云風來翠蓋動露滴霞杯濃不與春芳競秋江獨逞容僧曰中國秀才也留之書記又命題畫雁云金風蕭

瑟碧天秋淺水平蘆亦暫遊萬里青霄終一去野鳧無計漫相留僧知歸志送回中國

藝林珍寶○蔡汝楠字子木號白石嘉靖進士初官行人遷刑部郎出守衡州累侍郎宦績以省刑寬賦得爲政大體學專經術蒞事之暇不廢風雅凡登臨賦詠稱藝苑珍寶

中外望風○蔡復一字敬夫同安人萬曆進士初官刑員劾右星冒殺平民要賞狀御審處死中外望風慄然晋西山方伯上羨餘充餙平苗亂擢兵部侍郎

節制五省卒軍中贈尚書著遯菴集

拭血瘞屍○蔡道憲字元白晉江人崇禎進士長沙司理流賊陷長沙憲令百姓家人自便獨與鎮將尹先民堅守賊執憲令解縛諭降再縛先民憲呼曰尹公無忘誓師時尹曰豈負公言罵賊背盡裂怡然受刃門卒林國俊李師孔等十人賊牽降俊曰願同主死賊殺十人自一至六悉延頸以受四卒忽躍起曰願埋主屍而死賊義之四人解衣裹屍點血在地舐之瘞畢自經先民哭三日淚枯仝三僕俱戮後三十

載長沙令倪康年弔祭其墓有老役年八十號慟述
公殉節遺事聞者無不流涕墓在長沙郊外壘土四
墟

應死封疆○蔡懋德字撫臣闖賊陷平陽禦傳力竭
遺疏北向自刎衆奪其刃曰吾死封疆汝輩陷我不
義乎公軀輕氣猶未絕中軍應時盛解鐵甲覆之遂
絕盛讀遺疏嗚咽不自勝殺其妻子同殉

一門同節○蔡肱明號靖公晉江人崇禎進士擢兵
部歷四川威茂道甲申國變有逼解綬納欵以頸觸

地罵曰、死則死耳、不爲不義屈。俄同守將并獻款、發憤嘔、家人二十二人同死。

○蔡琰字文姬、邕女。幼能辨琴、邕夜絶絃、問之、琰悉會其音。適衛仲道、爲胡騎所獲、曹操以金璧贖歸、作胡笳十八拍、再適董祀。祀犯法當刑、文姬徒跣詣操求釋。操問曰、汝家藏書衆多、能識否。曰、臣父賜書四千卷、罔有存者、今所記誦纔四百餘篇耳。操命給紙筆錄之、不遺一字。

○蔡襄妻葛、常之姑、名清源君。與襄赴漳南官署、常

贈云漆思舊傳青管夢哲科新試碧鷄材作飯竹
寶蓮花幕更下溫郎玉鏡臺

蔡天寶一女擇配見鄉莊有遠器曰襄陽水鏡也
遂妻之

艾天水　齊大夫艾孔之後
遇神授書○艾顏宋眞宗朝赴舉途遇一人曰君此
行登第矣有書一卷相授熟此取富貴無難視之乃
左傳十卷也會試鑄鼎象物賦事載傳中顏熟其文
擢第後官侍郎

孤標雅致。艾宣、鍾陵人、善繪、與東坡友、善畫花卉翎毛、精絕、孤標雅致、別自風格、坡嘗有詩文紀其事、

藩輔。艾英、隴州人、明永樂中、有司以人材舉、歷官浙江藩伯、公忠廉慎、規畫綜理、俱有方畧、屹然藩輔良牧、

文藝指南。艾南英、字千子、東鄉人、少警敏、年十一、試童子、頃刻四題立就、有司奇童目之、領天啓鄉薦、與羅文止章大力爲東湖文壇領袖、聚明文三萬首、一軌先正、號文定、文待取定於今日以待來茲意也、

學者稱文藝指歸、

賴　春秋賴國之後

綏遠。賴先仕漢交趾太守、能綏安輯遠、賜璽書金帛、

秘書里。賴棐字忱甫、雲都人、幼能通九經百氏、宋乾元進士、官崇文館校書郎、歸隱著述、人稱其居曰秘書里。

誌遊。賴仙芝、宋紹聖中人、東坡詩序、稱正月八日與兒子過、及賴仙芝同遊羅浮精舍、仙芝四韻偶絕

有獨鶴清嘯之致。

入佐宮僚。賴垓、德化人、明崇禎進士、令平湖、秩滿入覲、名對稱旨、擢翰林檢討、晋春坊、從無外吏入佐宮僚、垓以才名寵冠一時、朝士榮之、

從死相國。賴學繼、閣臣黃道周、徵兵江右、學繼從隘盡左右、周被清師所執、學繼從死不屈、

貝扶風　古賢者、貝獨坐後、

討佞。貝瑗、元城人、漢大臣謀誅梁冀、瑗領其事、討之、史稱誅佞、封東陽侯、

對酒酣歌○貝瓊又名闕字廷臣崇德人元末此弟廷琚隱殳山洪武徵修元史官國子助教授經動臣子弟每酒酣歌曰燕歸不識更新主王氣淒涼作風雨城南柳鬱金黃一束纖腰爲誰舞

銅瓦歌○貝翱字季翔崇德人廷琚子明初官紀善作未央宮銅瓦歌可憐遺瓦至今存鱗鱗不剝莓苔痕銅雀有歌哀白日鴛鴦無語怨黃昏

太

四友○太顛文王四友閎夭南宮适散宜生同佐武

王、

名將○太相溫後晉石敬塘名將龍驤將軍、

大　一大廷氏後

叩馬諫臣○大戊午周人相趙肅侯侯遊大陵出鹿

門、午叩馬曰耕事方急民勞痒止肅侯謝之返駕

善琴○大利善琴撫絃達燥濕變響

祭　潁川周公子祭伯後

雅歌投壺○祭遵字弟孫潁陽人說光武征河北所

至不卻有兵范升稱遵爲將一用儒術對酒設樂雅

歌投壺在軍旅不忘俎豆帝每嘆曰安得憂國奉公
如祭征西者乎封潁陽侯圖形雲臺

卧鼓邊亭○祭肜字次孫有勇力能貫三百弓建武
遼東守在職三十年卧鼓邊亭烽燧銷息予參奉車
都尉

蒯　襄陽晉大夫蒯得後

辯士○蒯通初名徹避武帝諱淮陰侯用其計定三
秦以舌辯稱

龍驤將軍○蒯恩字道恩有膽氣仕晉龍驤將軍建

黃州横江舘禮士杜牧詩云蒯家兄弟晉龍驤馳騁疆埸佐帝王弟信亦官龍驤

廬山三友○蒯鰲仕南唐中丞與諸葛濤盧絳號廬山三友嘗藏龍尾硯友人欲之不言鰲心許而未與尋友人死載其硯哭瘞之墓左

晩風黃葉○蒯亮南唐海州録事與徐鉉代受鉉送以詩云昔年聞有蒯先生二十年來道不行抵掌曾談天下事折腰未脫俗人情老還上國風光好貧理無裝束帶輕僊客臨流重惆悵晩風黃葉滿江城

介河南

從龍詩。介之推從晉文公出亾、文公返國、賞從亾者、推不言祿、祿亦不及。偕母隱綿山死。嘗懸書云、有龍矯矯、頓失其所。五蛇從之、龍返其淵、一蛇失所。號于中野。公聞之曰、是寡人之過也。以綿上之田烝子推。曰、且旌善人、以志吾過。

得道術。介象周人、隱雲滐山、得道術、

戴譙國　宋戴公後、以謚爲氏

大小戴。戴德字延君、兄子聖字次君、同受禮於后蒼德删禮記爲八十五篇號大戴聖删爲四十九篇號小戴。

奪重席○戴憑字次仲習京房易義舉明經官侍中建武正旦朝賀帝令羣臣能說經者更相詰難義有弗通者奪席以益通者憑奪坐五十餘席京師語曰解經不窮戴侍中

關中大豪○戴遵字子高愼陽人漢平帝御史王莽篡易歸里義俠好施食客千人時稱關中大俠子良字叔鸞高才奇論嘗曰我獨步天下誰與爲偶舉孝

廉辟司空府

金蘭簿書○戴和漢宣帝時人每得好友焚香告天書于簡曰金蘭譜盟云卿乘車我戴笠他日相逢下車揖我步行卿乘馬他日相逢當下馬

雪舟夜訪○戴逵字安道譙國人博學能文善鼓琴性高潔太宰武陵王晞聞之遣使者名逵對使者破琴曰戴安道不能爲王門伶人王徽之嘗雪夜乘舟訪之不覺興盡而還孝武帝累徵不就子顒字仲若有父風義熙朝累徵不赴每春日載棋酒入閒儷任

曰聽黃鸝聲。

筆薦。戴淵晉征西將軍、微時輕俠、陸機赴名還洛、輜重百輛、淵使少年刼之、於岸旁據胡床指揮、神氣豪爽、機望奇之、曰卿才若此、乃如是耶、淵投劍歸之。與語非常、遂定交、作筆薦辭。

了了令史。戴法興博學多才、初爲晉尙書令史、彭城王于尙書府中擇了了令史、得與爲記室、總百事。不用叅核。

言若湧泉。戴胄仕唐爲秦府叅軍、時大理乏人、太宗曰戴胄清直堪任也折獄明允斷律言若湧泉飛白之寵○戴至德唐乾封西臺御史高宗爲飛白寵之曰泚洪源需舟楫卿實能濟能正言○戴德彝奉化人明洪武進士第三人官編修上曰卿爲近臣凡國家政治得失民生利病直言無隱昔唐陸贄在翰林能正言讜論後世稱之建文官拾遺靖難不屈死

思公謠○戴希賢永樂河南守禮賢士抑豪強盜賊屏息道不拾遺秩滿吏民泣送塞路作思公歸謠

爲朕少留。戴珊字廷珍浮梁人天順進士成化御史督南畿學弘治撫隕陽平竹山寇晉尚書上親決大獄諸司震慴公從容開折以老求退上曰主人留客堅客且强留珊不能爲朕少留耶且天下未平何忍舍去珊叩首曰死此官矣加宮保諡恭簡

策蹇之官。戴銑字寶之婺源人弘治進士南科給事博學清操束髮即持風節與一蒼頭策蹇之官不給擔石聞逆瑾專恣不食憂憤奏劾家人呼之若醉狂者廷杖削籍死贈少卿

濯纓筆載。戴冠、字章甫、長洲人、生而穎異、篤學過人、六經、諸史、山經地志、無不淵貫、以諸生年資貢、正德、禮部授訓導、時王三原撫吳、特見重、每語移日。年七十、瀕死、嘆曰、天耶、夢耶、世汨汨耶、夷由踣耶。著濯纓筆載、

徉狂辭婚。戴大賓、字仲寅、莆田人、年十三、正德鄉試、十八、會試進士第二、廷對第三。作項羽不渡烏江論、萬里風雲撼芒碭之山、一江流水汪英雄之骨。官編修、逆瑾有兄女、姿才、瑾謀贅賓爲居上舍、具騶乘、

賓惡薰灼、徉狂遁去、歸卒葬臺壺公山側、
濯氷壺。○戴冠字仲鶡、信陽人、正德進士、歷官督學
憲副、幼有慧性、下筆清曠、無纖塵、有濯氷壺之譽、持
文衡、一以涵養氣質、黜靡返淳、多士式之、與何仲默
爲文壇宗主、
○戴良、擇適惟賢是與、不問貴賤、五女、並賢、惟以練
裳竹笥遣之。
○戴逵、師事范宣、宣一見非常遠器、以女妻之、經史
一輙。他無所有。

去函卷之二十八終

古今人物大觀卷之二十九

去聲三

太史孫子未先生鑒定　閩中林瀛春奕善父纂輯

藍陳署勳卿甫參閱

姪　蘅采若甫編校

種瓜。邵平秦東陵侯秦亡寓東陵種瓜產五色稱東陵瓜。

郗魏郡名公乘之後

截髮。邵謁翁源人善詩唐末爲縣吏令有客至命揩床三名不應曰拙吏豈供汝揩床耶掉幘而去截

其髮懸于門曰苟學不成有如此髮舉進士

安樂窩。邵雍字堯夫號安樂先生宋神宗徵授著作郎不起著皇極經世擊壤集一日聞杜鵑聲曰洛陽無杜鵑天下將治地氣自北而南將亂自南而北今南方地氣至矣禽鳥得氣之先乎後徽欽果淪于北築安樂窩著述朱元晦贊云天挺人豪英邁盖世手探月窟足躡天根閑中今古醉裏乾坤

遁跡蛾眉。邵琥湘陰人宋進士隱嶠山修煉蘇軾自嶺表訪之至蛾眉山聞已遁跡題壁間詩云還往

山中幾十年、更無踪跡在西川、功成行熟乘雲去、回
首山頭八正圓、
舉童子。邵煥、宋咸平舉童子、召試春雨詩、雨膏澤
萬物、孰不係鈞陶。授秘書正字、
邵公石。邵崇、明洪武中知巴陵縣、性尚廉潔、勤于
政事、凡農桑賦稅細微、必籌畫得宜、民懷公德、以爲
邵伯復生、立石稱邵公石。
希志濂溪。邵濂、字茂齊、明初常熟人、善詩、喜談名
理、吳越人多師之、意氣軒然、築室北麓、有雙松表門

老槐穿牖疏泉理石希志濂溪

毅直。邵旻宣德初守武昌介性毅直政平民和三載六事咸舉百弊悉除名兵侍

金焦雙角。邵珪字文敬宜興人成化進士嚴州太守性好遊徧屐所至澹然忘歸李西涯稱文敬善書工枰詩有新意有金焦雙角短帆影落尊前之句

天下無詩。邵寶字國賢號二泉無錫人成化進士歷都御史南畿尚書謚文莊公受知李西涯付以衣鉢作信難一篇貽之以歐文忠之識子瞻爲興蓋西

涯欲以歐文忠自況也公性度端雅臨事循講學未嘗妄言遽色嘗曰願爲真士夫不願爲假道學惟潛思著書名重海内公詩上追三唐情性懇至李西涯讀其詩常嘆曰天下無詩

安樂吟附錄〇邵雍安樂吟云安樂先生不顯姓氏垂三十年居洛之涘風月情懷江湖性氣色斯其舉翔而後至無賤無貧無富無貴無將無迎無拘無忌窘未嘗憂飲未至醉收天下春歸之肝肺盆池資吟甕牖薦睡小車賞心大筆快意或戴接䍦或著半臂或

坐床間或行水際樂見善人樂聞善事樂道善言樂行善意聞人之惡若負芒刺聞人之善如佩蘭蕙不佞禪伯不諛方士不出戶庭不際天地三軍莫陵萬鍾莫致爲活活人六十四歲熙寧十年夏感微疾七月十四日五更捐館子伯温孫溥博

○邵續仕晉爲平原樂安太守見塢主劉遐端毅勇壯以女妻之

○邵康節擇婚詩云人之娶婦德容威儀倘或生子不卑則嬖娶婦娶恭和嫁婦嫁才美安得正婦人

作配眞君子

廖汝南春秋廖伯颺後

楚中良材○廖立蜀漢人字公淵居武陵蜀先主辟之諸葛亮嘗稱立楚之良材爲參軍坐廢率妻子躬耕隴上聞亮死哭曰吾終爲左衽矣

浩然掛冠○廖冲字清虛桂陽人北齊西曹祭酒武帝好儒招揀名士冲與焉湘東王聞冲有詞藻請爲王國常侍冲曰王性猜吾不去將以赭衣我浩然掛冠隱靜福山

南金之產。廖有方、交州人、柳子厚作序云、交州多南金珠特之產、罕鍾乎人、廖生質乎中而文乎外、夫固鍾于陽德者耶、是亦世之所罕也

舊酒瓢。廖凝字熙績、有操行、隱南岳、仕南唐以康自守、詩云、風清郡閣留僧宿、雨濕庭莎放吏衙、秩滿題別亭、五斗徒勞更折腰、三年兩鬢爲民焦、今朝解綬歸吟去、還潔來時舊酒瓢

書諫。廖居素、將樂人、仕南唐、以剛直見嫉、累諫不聽、朝服入井死、大書曰、臣身先死、不忍見國亡主喪

願君俯納尸諫臣死亦有餘榮

著楚書○廖道南沔陽人博學潛修著述輯楚書百卷上之禮部學者稱經世人文

山水亡琴○廖中順昌人字用中成化進士刑部郎剛直介節不避權倖尚書林俊劾僧繼曉逮獄舉朝無敢目之者獨中橐饘日視其側至顛連不去中卒俊誌其墓有山水亡琴知己空存之淚

編俗諭○廖梯字雲卿閩人正德進士由戶郎出守鎮遠嘗採古賢良民牧編爲俗諭上之詔頒行其書

清介孝友有同年生按察閩中至其家四壁蕭然欲置饋梯聞郎辭客出名重都下○廖希顏字叔愚茶陵人嘉靖進士學擅風雅以詩名都下政府重之隆慶中大僚薦舉不赴志在高尚有南山感懷云宋玉多愁應有賦梁王高興幾登樓爐烟孔雀新屏上花氣芙蓉別殿頭

段天水鄭共叔段後

式廬○段干木芮城人師事卜子夏魏文侯造門必式御者曰君何下乎文侯曰寡人光乎地木光乎德

寡人富乎財不富乎義安敢不式
勤功崑山○段會宗字子松陽朔中西域都護以軍
功勤功崑山之側谷永嘗憫其老致書云若公之才
可優游都城取卿相如拾芥耳何事踐戎馬之塲耶
真將軍○段志玄少驍果唐貞觀中官章武門校上
夜出玄拒之曰軍門不夜開上示以手勅曰夜不及
辯上嘆曰壯哉將軍子文昌
食經○段文昌字墨卿唐長慶翰林學士帥荊南或
旱禱必雨或久雨出必霽民歌曰旱不苦禱而雨雨

不愁公出遊、呂精饌事、置錄珍堂以娛賓、在途、號行珍館、編食經、撰平淮西碑、彝見削象笏擊奸。段秀實、字成公、汧人、司農卿、朱泚反、實唾其面、以象笏擊之中額、流血、實遇害、謚忠烈、贈大尉、

夢鳳。段少連、字希逸、初生、母夢鳳集庭、宋真宗中舉、服勤詞學、拜官龍圖學士、

能吏。段嗣輝、明洪武以異才高等、徵授金華太守、浙志稱廉介自持、慈和應物、蒞政濟時、寬猛隨其經

畫國初能吏之冠

介節○段民武進人明永樂進士授庶吉士預修性理擢南刑尚書史稱介節自持振綱有體

悉心固爭○段信三原人正統進士初官御史北警頻至公勉同輩悉心固圉各盡職守歷僉都卒于官史志端亮有才物望歸之

眼前赤子○段敏字惟勤金壇人弘治進士正德僉事廉潔有守吏民畏愛堂上聯云眼前皆赤子頭上有青天○

藺中山晉韓厥支孫仕趙食采于藺

完璧。藺相如仕趙爲舍人奉璧入秦易城秦留趙璧無意償城相如取璧却立倚柱怒曰今臣頭與璧俱碎于柱矣睨柱欲擊王謝相如全璧以歸拜爲上卿

經筵宮僚。藺從善磁州人明洪武鄉薦累官翰林學士資秉凝重博學老成每進講經筵從容譬喩聞者悚聽稱宮僚得人

庭無滯牘。藺芳夏縣人倜儻有大節洪武孝廉刑

部郎永樂守吉安、政持大體、庭無留牘、邏屍慘烈。藺剛中字坦生南陵人、崇禎進士、南給諫、出參山西糧儲、闖賊入西安、鎮府迎降、公與秦巡撫蔡懋德嚴師以拒、矢炮俱竭、諜入城陷、公縊未絕、復甦、賊誘公降、叱曰、吾惟一死、豈降汝耶、賊殺之、頭墮三蹯、衆懍避之。與公同死者、僚佐四十六人

蘄西河

元功。蘄歙、漢高祖元功十八人、歙位居十、封信陵侯、

內史○靳恒唐景龍中侍御掌內庭史籍、
思歸引○靳學顏字子愚濟寧人明嘉靖進士歷都
御史侍郎撫山西三疏乞歸博學慕古樸直剴摯所
至惠聲詩文豪邁有逢人惟賦思歸引易水燕山總
斷腸之句○
慎天水戰國慎子以字爲氏
刑名之學○慎到韓大夫務刑名之學申韓篇中詳
及、
髽紛友○慎伯筠字東美西安人宋嘉祐中以詩盛

名、韓琦重之、與林和靖同薦、俱不赴、一日遇髽紒道人、爲友、談玄理、自是不食脫化、

員 平凉 伍員後爲員

玉堦方寸〇員半千、字榮期、全節人、幼奇頴、舉童子、王義方曰、五百年一賢、子足當之、因名半千、唐咸亨中上書、陛下何惜玉堦方寸地、不使臣披露肝膽乎、

詞辯注射〇員俶、唐開元中、名論佛道、問難如響、俶九歲即能升座、對客詞辯注射、帝異之、曰半千有孫應爾耳。

印　馮翊　鄭穆公子印後

保家之士。印段字子石、鄭大夫、鄭伯享趙宣子、子石賦蟋蟀、宣子曰善哉、保家之士也、

數世之主。印癸字子柳、鄭六卿、餞韓宣子、子柳賦蘀兮、宣子曰二三君子、皆數世之主也、

溫溫可掬。印應雷、宋通州人、守溫州、清介自持、每涖事嚴肅、吏民不敢近、退則溫溫可掬、不異孩稚可親也、

晉　平陽　武王子叔虞封唐唐有晉水因氏

汪漢書。晉灼字子盛河南人汪漢書採微扶隱

短檠絃誦。晉應祖宋嘉定間知州事以絃誦教化爲治憫士之窮者給膏火以資誦讀雪案短檠朗朗不絕多士感沾惠澤之大

頓魏郡秦頓子之後

感物通靈。頓琦字孝穆蒼梧人性至孝居母喪負土成墳手植松楸感物通靈有白兎白鳩巢廬之異

名賢圖像。頓起宋元祐進士熙寧教授慕故相富文忠行誼圖像于三賢堂與范文正張忠獻仝祀之

作三賢詩、

鋭得八斗○頓鋭字頴夫涿州人明正德進士官長史幼奇頴過眼成誦北人云涿郡有才一石人得其二鋭得其八

暴洞東周侯暴辛後

直指使○暴勝之字公子天漢中爲直指使衣綉衣持斧鉞威鎮州郡嚴憚可畏惟隽不疑謁之後薦不疑爲大夫

声咽猶噴○暴昭山西人明洪武以人才舉歴北平

叅政充採訪使建文設北平布政于眞定晉昭尚書總司事靖難兵南下執見文皇抗罵不屈去齒截手足聲咽酒噴目直上斷頸乃已錫山王時大吊詩云風節人欽暴繡衣屏藩開處羽書飛聊將一死酬明主忍向西山托採薇

冐始平

半死桐。冐念昌字伯麐如皐人明嘉靖諸生負氣抗直王元美吳明卿登涉賦詠必偕才辯雄放士大夫重之無有爲之位者作知音嘆有莫言世上知音

少君自心如半死桐

灌　睢陽　古斟灌氏後

元功○灌嬰漢祖定元功十八人嬰位次十八班固泗水亭載其事

潁川歌○灌夫字仲孺爲嬰舍人以任俠名潁川小兒歌云潁水清灌氏寧潁水濁灌氏族性剛直使酒以敗

貫　上谷

絕吭矢忠○貫高爲趙王耳相漢高祖過趙疑趙巽

志欲殺之高明王不反絶吭矢死
西羌尉○賈友仕東漢爲西羌校尉
晏齊郡齊公族晏弱後
解驂○晏嬰字平仲相景公食不重肉妾不衣帛一
狐裘三十年解左驂贖越石父尊爲上客太史公曰
假令晏子而在願爲之執鞭
元和風格○晏殊字同叔臨川人宋眞宗進士以薦
賢爲職業范仲淹歐陽脩俱出其門王旦稱公文章
有貞元元和風格天聖大拜謚元獻

薑桂性。晏敦復字景初殊孫官司諫多論駁秦檜使人言曰公少委曲要津可致敦曰薑桂之性老而愈辣豈爲身計邪高宗每言曰復骨鯁敢言無忝爾祖矣

樂府詞。晏叔原號小山善樂府黄山谷稱其舞低楊栁樓心月歌罷桃花扇底風可謂風神逸致飄飄欲仙

鳴盛集。晏鐸字振之蜀人明景泰薦辟監察御史與王淮蘇平號景泰十才子風流豪放名重東南嘗

著作萬言爲後學模範有鳴盛集行世

練

長官酒◎練悊延平人宋時爲旌德令政務簡易雅
有清操人飲酒者曰此練長官酒也

尊王強国◎練定字叔知大名奏掌机宜文字召對
論事以尊王強国爲先不合時宰意謫外補

樂官◎練繪字質夫浦城人同楊時游程伊川之門
任浮川縣知縣以名教爲樂官

爲忠臣◎練安字子寧江西人賦性豪放志操不凡

嘗謂金幼孜曰子異日當爲良臣予當爲忠臣文皇
登極語多不遜被族

華　武陵宋考父食采于華

神膏◎華陀字元化譙人通經史善養生之術不就
徵辟精于方藥治疾剖腹背截腸洗腸除去穢垢而
縫合之敷以神膏疾無不痊曹操苦頭風一鍼而瘉
後終害之

淵淸玉潔◎華歆字子魚高唐人與邴原管寧稱爲
三龍漢末爲豫章太守時曹操收伏后璽歆壞戶發

壁牽后出爲政清靜吏民信愛後因赴召民多贈遺
歆曰单車遠行懷璧爲罪悉還之入朝拜尚書陳登
曰歆真淵清玉潔人也
著漢紀 ○華嶠字叔駿博學能文仕晉爲台郎徧观
秘籍作漢紀十餘卷
水清衡平 ○華康直五代時知光化廉而平人歌曰
清如水平如衡
孝子鄉 ○華秋幼失父母以孝聞隋大業中表其門
閭盜賊相戒勿犯孝子之鄉

開国功臣○華雲龍濠州人善戰槊佐明太祖定中原追元餘騎獲多重輜爲開国功臣

況盧江

臨敵對棋○況長寧匠費禕臨敵對奕佯爲不知臨事而惧好謀而成蜀爲最小之国所圖惟守所規惟戰三軍拜服

況青天○況鍾江西人始爲吏呂震萃授蘇州府知貪墨賑農民勵豪傑撫善良別善惡二簿以別優劣人稱之況青天

諒廣漢

辨士〇諒毅周時人爲趙使秦有專對之才一時辨士莫禦口給

一郡沾洽〇諒輔新都人爲漢五官掾時天旱祝曰輔失德于民致干天旱若日中不雨願以身焚餓雨

暢陳留

集註〇暢惠明齊人周時撰有論語集註

尚書〇暢璀仕唐爲戶部尚書廓落有口才好談上伯之畧

博士〇暢當工詩文唐貞元中爲太常博士

理學〇暢大隱字潛道洛陽人師事程伊川與楊時

練繪以理學名世

杭　巳見十四卷

敬　平陽　陳厲公子敬仲之後

智略〇敬翔字振深沉有智畧梁太祖時知崇政殿

院叅謀議以備顧問遷金鑾殿大學士

鐵石心〇敬肅字弘儉蒲坂人爲潁川郡丞貞介知

名心如鐵石老而彌篤隋大業中上問天下守令第

一謂誰衆舉蕭賜縑百匹

漢書撮要。敬播貞觀官太子司議與令狐德棻撰晉書房玄齡奏播有陳壽之學乞以顏師古所註漢書芟繁命播撮要。

誅亂。敬暉字仲曄聖曆衛州刺史誅二張復唐室功封郡王謚肅愍

忘形友。敬趙先唐昭宗昭州刺史嘗割俸寄杜甫賈山岸杜詩云今海內忘形念故獨漢中王瑀鄰州敬使君耳。

向河內宋桓公子向盼爲左師因氏

表焉。向寵仕蜀爲牙將孔明出師表將軍向寵性行淑均曉暢軍事後封都亭侯

聞笛思舊。向秀字子期註老莊發明奇趣振起玄風嵇康好鍛秀爲之佐共呂安灌園于山陽康遇害秀入洛鄰人有吹笛者秀聞追想舊遊作思舊賦散騎常侍

赤幢曲蓋。向雄字茂伯仕魏秦州刺史假赤幢曲蓋鼓吹

白首將相。向敏中字常之宋太平中試春雨如膏賦及第太宗飛白張詠敏中名付中書曰二人名臣也爲朕作記晉僕射上使人覘之門闌悄然上曰敏中大耐官職寇準贈詩云玉殿傳臚四十年當時師濟共稱賢歲寒惟有公和我白首猶持將相權謚文簡

戟手罵敵。向子韶字和卿文簡孫清約如寒士不知爲相門子弟強學操行曰先丞相[illegible]業[illegible][illegible]官有所振靖康金人入寇執公令屈膝戟手[illegible][illegible][illegible]之

謚忠毅

伊山小隱。向子忞字宣卿宋紹興直秘閣出按湖北衡人懷之繡像佛祠晚築小隱于伊山翠竹幽陰春蔬秋馥杳然雲水之外侍郎胡寅諫官劉璜每自天柱峯南撲枝節往來把酒賦詩較商文藝

懷篆投河。向朴慈谿人明洪武以博學徵建文獻縣令靖難兵至懷篆投河沉死

半稜□□。向璐進賢人明洪武進士有文學處窮阨介疏食水飲□也靖難繫獄數年獻陵

識廉直、擢詹事、宣德入南臺、丰稜凜然、

引重。○尙侃宣德鄉薦、判寧靜州、潔已愛民、不避艱瘁、擢御史、以抗言歸里、臺省引重。

尙京兆 周太公尙父後、

至德元勳。○尙衡唐至德功臣二百六十五人、銜居第二官散騎常侍檢校尙書、

神策軍。○尙可孤唐建中朱泚之亂、李晟屯渭橋、孤以神策軍屯藍田節度諸鎭、大擊之、奏凱太廟、

風流文采。○尙長道字子平、仕宋僉判、楊誠齋贈詩

云當代高賢尚于平風流文采舊家聲合于玉殿班。中立郝向紅蓮幕裡行。

賀齊平漢安帝時慶純避帝諱改賀因氏

賜朱薦蔫○賀循字彥先會稽人操尚清厲建武官太常朝廷疑難皆咨之元帝渡江宗廟制度皆循所定帝曰循冰清玉潔位上卿而居室纔蔽風雨賜朱薦蔫。

精三禮○賀瑒字國寶精三禮梁武重其學術皆見文德殿遷御史中丞每進見坐語移日省中語曰上

殿不下有賀琛以閑雅得名。

四明狂客。賀知章字季真、永興人、唐開元秘書監集賢學士號四明狂客天寶初乞歸里爲道士詔賜鑑湖剡川一曲御製餞詩云、遺榮朝入道辭老早抽簪豈不惜賢達其如高尙心。

蠟屐舊痕。賀鑄字方回、衛州人、積書萬卷工文辭、著慶湖集嘗題定林寺云、蠟屐舊痕尋不見東風先爲我開門。舒王見之稱賞由此知名春愁云、欹枕有時成雨夢隔簾無處說春心。

落花詩○賀言字公宣天順倖台江陰學訓擢大理評事治獄明決佐理長官有文譽工詩詠落花云影淡簾櫳月香飄輦路塵漂零莫飛去別院有愁人

醫閭先生○賀欽字克恭遼東人明成化進士給事中聞白沙先生倡道講學嘆曰至性不顯寶玉猶霾世郎用我而我奚以爲用郎疏歸師事之肖像室中儼如晤對學者稱欽博學靜思鄉人祠之凌溪釣臺號醫閭先生

麗句入神○賀承字宗振吳人公宣之子束躬厲行

執經門下者盡東南美秀長于詩文湖居詠云一大
遶連天上下幾家如在浪東西紅塵自迥人稀到緑
樹春深鳥自啼麗句入神
朝服躍流○賀逢聖神廟輔臣休沐家居崇禎癸未
五月賊破武昌殺楚王驅平民三十萬溺江中逢聖
聞之流涕不勝朝服躍流與百姓共溺門人大冶諸
生尹如翁從死聖字对揚江夏人萬曆進士
萬扶風晉畢萬後
雲臺元勳○萬修茂陵人漢更始信都太守與任光

逕光武于河上拜偏將軍功封槐里侯雲臺二十八將之一、

玅達音律。萬寶常北齊人玅達音律刻入度數漸微、

奇童子。萬頃江州人十歲能詩宋紹興大臣薦聞、名見文宣閣誦經史如流賜官博士、

遺玄子。萬適字從之宛丘人自號遺玄子善老莊、解說著往者叢言百卷、

詩雄。萬白字孟春豫章人明洪武鎮撫以詩雄文

梁間有奔走風塵雙鬟改羈栖戎馬一身逃數奇李
廣蕭條久短褐轅門獨射鵰句
賜旌○萬雅明初以文學徵令汝寧公廉嚴肅不拘
小節政務大體上廉其名賜璽書旌寵
逼神○萬信宣德間知開封一夕夢人稱寃曰某爲
祥符人耿羊所殺屍埋庄后明日單騎至家果得屍
驗服一夕呼酒台二子曰强毅可以建事忠孝可以
逼神我去汝勉爲之遂逝是夜巡撫夢信來辭曰中
報至人以爲神

畫鳩圖○萬安成化進士蜀人少詹學士外寬內嚴時萬貴妃有寵與援國親進士李文祥安同年友也欲令慫恿內宮攜畫鳩圖求引安援筆云春來雨露尋常事莫認天恩作已恩安自此避跡

方直○萬廷彩字文明武寧人正德鄉薦知州事五載門無私謁逆瑾羽黨多索于州拒之每為所窘瑾敗臺省以方直聞

漆一瘢痕○萬表字民望鄞人正德武進士襲都指揮督漕運者二掛漕章修河者再倭躁海濱奔佗邊

界悉歷行閭平之流矢集目示子曰家世武功我以儒生顯今添一瘢痕不亦美乎

四黜直臣○萬士和字思節號履菴宜興人與兄士亨仝嘉靖進士有志聖賢之學師事唐荊川以誠爲宗以靜爲鍵以躬行爲實踐歷官尚書凡四忤柄臣兩黜于分宜一黜于新鄭一黜于江陵易退難進天下想望丰釆謚文恭

祥刑○萬廷言南昌人嘉靖進士光祿丞以建言謫汀郡司理治尚清簡讞獄討論律例變通其用一以

平允出之人謫祥刑

振振萬孫○萬振孫合肥人萬曆進士守汀郡清操自持和以接物尤加意學校凡入官俸悉出養士建龍山書院爲文酒會民號振振萬孫之謠○

揪髮拔筋○萬熼江西南昌人萬曆進士歷工部郎奉命鼓鑄璫瓜侵匿銅斤熼發其奸璫怒廷杖令小豎百餘揪髮拔筋立死堦下部題云抗章斥逆璫振曹司矯旨立誅魂銷士類贈光祿卿○

諫廠衛○萬元吉字吉人崇禎進士弘光初政設立

廠衛、用法過嚴、吉疏云、先帝初年、識逆璫、儆政、斷[illegible]元氣、槩從寬典、隨後政弛法踈、先帝悔之、自是決事用嚴、臣工解體、宗社由之以壞、蓋諸臣之玩、乘于先帝之寬、而先帝之嚴、亦激于諸臣之過也、由事後而覩、識前轍之可鑒、南都陷、與楊廷麟入浙、局解憂憤不屈死、

富泰郡周大夫富辰後

孤峯絕崖、○富嘉謨文詞雄橫、張說論近世文章曰、富嘉謨如孤峯絕崖、壁立萬仞、濃雲鬱興、震雷飈發

若施之廟廊則駭矣仕唐晉陽尉
洛社衣冠○富弼字彥國雅有大度范文正器之曰
王佐才也宋慶曆官資政學士上問置相于王素素
曰惟宦官宮妾不知姓名者可充其選上曰富弼其
人也及大拜朝野懽慶居洛集耆英十三人為會文
彥博習汝言王尚恭趙南正劉几洪行己楚建中王
不疑王拱辰張昌言張燾司馬光及公公年九十為
冠詩云西洛古帝都衣冠集賢地
繆蘭陵秦繆公後後世兩繆字從羽從習有別

黿羹染指○繆子公、周時爲鄭鄉士、子公將朝、食指動、自謂必食異味、及入、靈公弗與黿羹、子公乃就釜染指而出、

掩門自縊○繆彤、字豫公、汝南人、兄弟四人同財業、及娶婦、求分異、彤乃掩户自縊、諸婦謝罪、更爲敦睦之行、仕漢爲中牟令、

崆峒集○繆瑜工詩、劉後林詩序云、余初筮江西、有繆瑜袖詩來訪調官。一聯云、有客去遊丞相宅、無人來問孝廉船、真佳句也。有崆峒集行世、爲進賢令。

卷之二十九終

古今人物大觀卷之三十

去函四　　　　　　　　盧陳畧憲卿甫叅閱

太史孫子未先生鑒定　閬中林涵春奕善父纂輯

姪　衡釆若甫編校

謝　汝南　周宣王封舅謝傒子孫因氏

抱璞。謝該字子儀漢末人明春秋教授諸儒孔融薦之云博通文藝周覽古今清白異行抱璞而逃社稷之元龜。謝夷吾字堯卿永平鉅鹿太守班固爲文薦之曰行具三德才兼四科社稷之元龜大漢之

棟甍

隱形天外○謝譚吳郡處士會稽守薦爲功曹譚以疾辭守曰夫龍以屈伸爲神鳳以嘉鳴爲端何必隱形天外潛鱗重淵哉○

飛梭折齒○謝鯤字幼輿好老莊有鄰女姿艷鯤窺之女飛梭折其兩齒時語云任達不已幼輿折齒鯤拾齒浩然長嘯不廢哦詠顧愷之畫鯤像石巖中題曰一丘一壑謝子宜此中人仕晉豫章太守

一座顏囘○謝尚鯤子字仁祖八歲鯤攜之送客客

曰此兒一座之顔回也尙曰座無尼父焉別顔回仕晉鎭西將軍鎭牛渚秋夜乘月泛舟會袁宏舫中談論達旦能作鸜鵒舞

狂司馬謝奕字無奕陽夏人桓温辟爲安西司馬每在桓座岸幘笑詠嘗逼温飲酒温避入南康主門公主推曰公無狂司馬何由相見奕隨移酒廳事引一兵帥共飲曰失一老兵得一老兵温亦不之責

圍棋賭墅謝安字安石四歲時桓彝見之曰此子風神秀徹弱冠詣王濛濛曰此公亹亹逼人隱會稽

與王逸少支遁游任情丘壑高崧曰安石高卧東山不出其如蒼生何淝水之戰圍棊賭墅破符堅捷至過戶限不覺屐齒之折紿與東山之半有薔薇洞即安石携妓縱遊處也

瓊枝玉樹　謝玄字幼度與兄朗皆爲安石所器嘗云子弟亦何預人事正欲使其佳玄答曰譬之蘭玉樹欲使其生於堦戺淝水之戰玄當前鋒以八千人破符堅百萬淝水斷流聞風聲鶴唳皆以爲晉兵封康樂公

兩玉人。謝晦字宣明、嘗與劉琨在武帝前、帝曰一時頓見兩玉人。神彩光射殿庭。使朕佳色仕宋、鎭北將軍、與傅亮同受顧命、
齒牙餘論。謝朓字玄暉、文章清麗、長五言詩、遊宣城登三山、有澄江靜如練之句、爲一時艶稱、好獎人材、嘗爲孔珪曰、士子聲名未立。宜奬成就。無惜齒牙餘論。嘗直尙書省、詩有莓苔依砌上、紅葉當堦翻之句。
西堂吟夢。謝靈運幼穎悟、文章詩賦、與顏延之爲

江左第一世稱顏謝與弟惠連聯吟輒得佳句嘗於永嘉西堂詩思不就忽夢惠連卽得池塘生春草句嘗云語有神助肆情山水尋幽探奇好屐遊上山去前齒下山去後齒襲封康樂公鮑照曰謝五言詩如新發芙蓉自然可愛

烏衣之遊謝密字宏微與族子靈運瞻爲文酒會居烏衣巷稱烏衣遊客

江東獨步謝莊字希逸七歲能屬文宋文帝見而異之曰藍田玉種豈虛也哉作鸚鵡賦袁淑讀而嘆

已江東無我卿當獨步我若無卿亦一時之傑
妹有鳳毛。謝超宗靈運子好學有文辭嘗作殷淑
儀誄武帝嘆想曰超宗殊有鳳毛仕宋義興太守
雅道德門。謝幾卿雋逸清辯時譽神童年十一名
補國學尋擢御史史臣謂自晉以降謝氏以雅道相
傳可稱德門性通達好飲一日宴遊未醉詣道旁酒
壚褰帷下車與三騶僕相飲而歸
月犯少微。謝敷字慶緒性澄靜寡慾隱太平山十
年不就辟郗愔嘗言慶緒識見雖不絕人累心處都

盡。初月犯少微、占者謂處士星晦、有高士當之、譙國戴逵、有才名、人或憂之、俄聞敷死、越人以嘲吳人云、吳中高士、欲死不得死。

吾家千金。謝朏、字敬仲、十歲屬文、瑯琊王謂其父莊曰、卿子如此、不凡。莊撫朏背曰、此吾家千金也。宋官秘監、齊受禪、不屈、

伊洛問意。謝孺子、與王彧宴于相臺、孺子吹笙起舞、嘆曰、今日真使人飄飄有伊洛間意。

李詩謝賦。謝偃、唐貞觀初、對策高第、為弘文學士、

時李百藥善詩、偃善賦、時稱李詩謝賦、高視一代、

丹柯碧葉○謝玄卿遇仙、見丹柯碧葉、微風時叩、五音栝節、郎琅玕樹也。又設素麟脂、斑螭髓、瓊飴酒、以宴之、舞回鸞之曲爲樂、

元白風○謝絳字希深、文章典雅、有元白風、宋天聖中、錢惟演留守西都、辟爲判府、歐公爲推官、尹洙爲書記、梅聖俞爲主簿、名賢聚會一時。

江西詩派○謝逸字無逸、號溪堂居士、有詩云、貪夫蟻旋磨、冷官魚上竹、爲山谷稱賞、又作蝴蝶三百章

人呼謝蝴蝶與弟幼槃皆江西詩派中人。
入聖域。謝良佐字顯道號上蔡先生伊川門人別
一年伊川問曰做甚工夫曰纔去一矜字或問於勢
利何如曰打透此關矣少歇手望窮理工夫可至聖
域伊川稱其有王佐才。
郡聘全節。謝枋得字君直號叠山弋陽人以忠義
自奮德祐官侍郎江西招撫使知信州宋亡元人徵
之上書郡聘極言君臣名義之正日惟衣麻草屨南
向而哭逼以北去至元都不食死妻李氏與二子旋

就緇世稱謝疊山先生

許劍錄。謝翱字皐羽寓長溪宋丞相文天祥闢府信州翱傾家資赴难勤王幕府天祥死翱走嚴陵設位而哭作楚些詩曰可憐無限西臺哭化作江声日夜流病革語其妻曰吾去鄉千里收吾骨者方韶卿吾子善也幸葬我於許劍亭旁著許劍錄晞髮集

白雲幽棲。謝薇字玄懿長洲人元末隱白雲祥窩明初徵修元史授編修餘郎元史成歸白雲有朝卧白雲東夕卧白雲西白雲長共我此地結幽棲

太平景象○謝士毅、洪武初、薦舉守嘉興、內附之初
民始休息、毅勤于撫字、每遇芳辰、騎從出遊、宣揚教
化、使民知太平景象。
靖難死忠○謝昇、沛人、洪武鄉薦、建文官御史、文皇
逮見不屈、抗駡、以奸党首誅、
漢策同稱○謝璡、字重器、龍溪人、宣德進士、廷試第
三人、翰林修撰、隨謫長陵、对進稼穡問、闡疾苦甚悉、
上時政最急十五事、上曰可與治安、漢策同稱、擢戶
郎、

探囊。謝肅字原功上虞人時有與肅同名者稱會稽二肅博辯論述若探囊取物無所不有明初舉明經宣德官僉事坐事上親鞫於文華殿呼曰文華非拷掠之地陛下非問刑之官詔下有司白之

風節。謝琚字仲玉懷安人正統進士給事中抗言出參浙藩抑中幸黜墨守風節凜然年四十致政陋巷敝裘處之澹若

杜旁徑。謝鐸字鳴治太平人天順進士歷官祭酒謚文肅疏塞捷徑以澄吏治切科目之選猶虞未精

柰何大開旁經，如納馬納粟，爲貪利害民之媒。今邊事方殷，必有借爲先着者。是掄才之堂，爲錢虜交易之地，豈不大傷國體哉。居翰林，立館課規程，一月一體，與李西涯相摩切古文。李詠崖山詩一聯未愜，鐸笑曰：公胸中不止此。最後云：廟廊遺恨和戎策，宗社深恩國士年。見先輩僚友之雅。

臨池舊硯。謝遷，字喬于，餘姚人。成化狀元。弘治少詹學士，直閣。每侍經筵，上敬其端亮，舉止言詞可法。累少傅、尚書。性幸直。康陵初，忤逆璫，罷歸。旋起宮僚

舊臣賜寶幣御筵有感懷詩云遺恨未酧三顧寵時誰解五噫歌漫將舊硯臨池洗莫遣餘生待墨磨謚文正

竹枝詞。謝榛字茂秦臨清人學精樂府製竹枝詞傳新聲燕趙間與李攀龍王元美齊名萬曆中趙康王愛其詞宴之撤衆樂命賈姬獨奏琵琶榛傾聽未言王曰此郎先生竹枝詞也榛不勝酒命姬以衽代薦承之以肱年八十逝姬以千金裝屬其子歸葬每操榛詞慟哭破樂器以老謝得其雄。謝承舉字子象八歲賦暮秋詩紫塞風寒雁叫霜長與銓部儲柴墟友善累薦不就退耕野泉頭華玉誌其墓云成弘詩派李西涯清婉陳白沙沉靜莊定山渾雄學之者謝得其雄徐得其婉猶虎賁之貌中郎耳子象有春雨洗山諸寺近松花舊夢一樓空之句清婉尤絶

條鞭法。謝汝韶字其盛號天池山人幼穎悟嘉靖鄉薦就教職於錢塘造後學者多閩撫金學曾其一也遷令武義行條鞭之法便民輸課以骨鯁忤要津

官終益府長史著天池山人存稿碎金集子肇淛
嚴水不合○謝杰字漢甫長樂人萬曆進士初官行
人奉册琉球七辭贐宴擢光祿丞言懿文太子宜祔
高廟著爲令以都御史撫贛陳四弊三策晉大司農
總漕儲會邊儲孔亟阻運期杰籲禱嚴水不合運舟
畢集人叱爲神累官尚書賜祭葬有天靈山人集
蘇牧圖○謝肇淛字在杭號武林十歲題蘇武牧羊
圖云沙滿旃裘雪滿天節毛零落海雲邊上林飛雁
來何晚空牧羝羊十九年上公車下第寓杭之六和

塔偶賦詠題壁寺僧吽㖶曰莫污吾壁取水滌之公笑而止越年登萬曆進士授吳興司理行部至杭僧已懼逃矣復續題云雙旌五馬遶江城驚起山僧合掌迎三載重來渾似夢終軍原是棄繻生官歷兵部郎督河張秋作北河紀詳源流濬治爲治河典故終廣西藩伯著五雜組文海披沙史考史測史觿西吳支乘百粵風土記諸集數百萬言與楊升菴百種同類季子臬字青門清隱立節詩文有父風著明代節義錄見志

○謝道韞、奕女、聰敏才辯、時雪飄庭中、奕曰、何所似、兄子朗曰、撒鹽空中差可擬。道韞曰、未若柳絮因風起。

○謝師直、小字錦衣奴、梅聖俞與謝世姻、以詩嘲之、曰古錦裁詩句。斑衣戲坐隅。木奴今正熟。肯效六郎兒。時直方十歲、悟意大笑、

○謝小娥、段居貞妻、貞賈江湖、為盜申蘭所殺、娥詭服男子、傭蘭家三載、窺蘭臥醉、援刀殺之、呼捕賊、鄉人按之、果得居貞贓、娥祝髮為尼、

孟平陸魯慶父後孟孫因氏

孟氏大醇。孟軻字子輿受業於子思尊爲亞聖著書七篇韓愈曰孟氏醇乎其醇者也。

天下長者。孟舒事趙王敖從王至長安高祖召見與語漢廷無出其右拜郡守文帝問田叔曰公識天下長者乎對曰雲中守孟舒長者也

合浦還珠。孟嘗字伯周漢順帝合浦太守地不產穀實而海產珠前守貪暴珠徙於交趾嘗革其弊珠復還於合浦。

墮甑。孟敏字叔達漢延熹中客太原荷甑墮地不
顧而去郭林宗問意曰甑已破矣視之何益
氣味相接。孟宗字公武江夏人少從南陽李肅學
母爲作廣褥大被人問故母曰小兒無德致客客多
貧作此庶得氣味相接。
龍山落帽。孟嘉字萬年江夏人晉永和中爲桓溫
參軍九日溫宴龍山風吹落帽嘉不覺孫盛爲文嘲
之嘉作文以荅四坐嘆賞飲多不亂溫問酒有何好
嘉曰明公但不得酒中趣耳

嘉禾瑞麥。孟業字敬業、仕北齊、爲東郡太守、以寬
惠名、境內麥一莖五穗、禾一莖九穗、詔旌循良
圖像孟亭。孟浩然、襄陽人、少好節義、隱鹿門山、游
京師、王維邀入禁署、玄宗忽至、浩然匿床下、維以實
對。帝問所作、浩誦詩至不才明主棄句、帝曰、卿不求
仕、朕未嘗棄卿、奈何誣我。王維過郢州、畫其像於刺
史亭、因名浩然亭。一日與維會詠云、微雲淡河漢、疎
雨滴梧桐、時稱佳什。
看花長安。孟郊、字東野、少隱嵩山、貧居苦吟、云、夜

吟曉不休，苦吟鬼神愁，如何不自閑，身與心爲仇，年五十始舉進士，詩云，春風得意馬蹄疾，一日看盡長安花，韓愈稱郊以詩鳴，官溧陽尉，門人謚曰貞曜先生。

杯樽石。孟仕源，唐人，壽昌有石臨樊水，有窊，仕源居其下，元結名曰杯樽石，銘曰，時俗澆狡，日益僞薄，誰能坏飲，共守淳朴。

鵑聲夜雨。孟昭圖，唐末左拾遺，疏論田令孜奸狡，孜令投之蟇頤津，後人憐而祀之津滸，裴徹詩云，一

章何罪死何名千載惟君與屈平從此蜀江烟雨夜杜鵑應作兩般聲

金鰲集。孟賓于五代詩人著金鰲集陳堯佐序其文如百尺懸流飛落蒼翠間清雄奔放望之悚人毛骨與李昉同及第昉贈詩云幼携寶劍別湘潭金榜標名第十三昔日聲稱喧洛下只今詩句滿江南

父子名節。孟兆祥字肖形漳州人明天啓進士官刑部侍郎自闖寇蹂躪中原悲憤不自勝每瀝諫章爲內奸所抑賊薄都分守內城死正陽門下子進士

孟章明字宜綱驅家人闔室同殉祥謚節愍明謚忠
貞妻何氏媳王氏就縊畢章明大書于門曰有侮吾
一家屍者必爲厲鬼殺之
按劍雪涕○孟泰明少保舒應龍僕從桂藩將焦璉
屢戰幸千人馳撼千不失一聞諸鎮納款按劍雪涕
曰自吾爲人奴甫得一飽郎感激圖報今爲國帥臣
死不恨鴆其妻子自殺
○孟子娶婦袒於內不悅出之母名軻曰禮將堂上
聲必揚所以戒人也將入戶視必下恐見人過也

今子察於禮而責於善不亦遠乎軻乃留婦謝之

君子謂孟母知禮而明於婦道

○孟光字德耀扶風孟氏女三十未嫁曰欲得賢如梁伯鸞者梁聞而娶之

盛汝南 周穆王盛國後

烈士風○盛孝章漢獻帝朝舉才學孔北海嘗稱其人有烈士風槩

西域圖○盛度字公量宋眞宗朝奉使陝西參贊漢唐故地繪西域圖以獻天聖中入翰林參政謚文肅

盛氏帖。盛均字之才、宋進士、博物强記、嘗病目、晝
六帖、蘇晷廣爲十二帖、囊括經史、淹貫百家、號盛家
十二帖。

詠雪詩。盛次平、宋元祐中、與孔平仲同館、閣賦雪
詩云、看來天地不知夜。飛入園林總是春。仲嘆想不
置、

凍蠅說。盛明叟、呂化人、以文學名、築室顔蒙齋。有
凍蠅說雪賦、蕨薇子傳、爲宋文之冠。絕去塵語、士大
夫爭誦之。官劍州倅、

留詩高隱。盛箴字仲規吳人隱松林山避跡著書明初以高上徵不赴留句幽崖古刹云落日遠投江口寺疎砧遥隔水邊城一身在客驚秋序孤夢還家厭雨聲。

一塵不滓。盛周字文郁秀水人嘉靖進士知劍州浦城縣政尚持平不滓一塵山冠竊警修諸扼隘及南浦登瀛諸坑塲以禦城不爲困

春愁曲。盛彧字季文常熟人性靜僻不諧俗隱胡岡作春愁曲云鵝黃柳枝撲輕雨裊斷新愁千萬縷

菱花倒覆綠窓懸、雜聽瑶笙鶯細語、筆詘三都。

盛時泰、字仲交、南都人、萬曆歲薦、才氣横溢、善水墨。竹石、文徵仲、顏其室曰蒼潤。嘗挾筞蹇縦横蘇堤、謁王元美、美曰、隨令陸平原筆詘三都矣。

浮動楮墨。

盛鳴世、字太古、萬曆國學、葉文忠引爲中翰、善詩、有烏啼白門外。月上一樓霜句、光芒側出。浮動楮墨之外。

氷操。

盛王贊、字子才、號柯亭、吳人、崇禎進士、一生食貧不遇、禱關壯侯、得五十功名心已灰。誰知富貴逼人來、句老果得、提官蘭谿令、廉介操同冰蘖、秩滿致歸、惟圖書數帙而已。

卞濟陽　曹叔振鐸後、食采於卞

和璧。卞和、楚人、遊荆山、得玉璞、獻之王、王以爲瑉、刖之、和抱玉而泣、復獻之再刖、抱玉再泣、王使人琢之、果玉也、名和氏璧。封靈陽侯、不就隱去、

卞氏六龍。卞壼、字望之、父粹、字玄仁、晉中書令、兄弟六人、並登台輔、世稱卞氏六龍。壼幼有名譽、官至

尚書令與庾亮同心輔政蘇峻犯順壺戰死二子昣盱相隨赴難母裴撫屍哭曰父爲忠臣汝爲孝子忠孝萃於一門峻平贈侍中

說經折理○卞華字昭岳仕梁五經博士說經折理爲儒宗之冠○

投幘而去○卞延之南齊上虞令性剛介守數夌之延之積不能忍脫幘投地曰我所以屈君者正爲此幘耳今已投之君以一世勳門而傲天下士乎拂衣而去

枯魚賦。元彬、字士蔚、峻拔有才、擯棄仕進、賦枯魚詩見志、後仕梁南康丞、

松隱居士。元大亨、字嘉甫、宋靖康中、走行在、丞相范宗行、以遺逸薦、旋隱象山、號松隱居士、著尚書類言、傳信集百卷、

楚江圖。元下同、字孟符、吳人、有高行、明洪武累徵不仕、隱瀟水上、日乘漁舠、縱其所之、嘗清嘯月夕。作楚江圖。詩云、初月澹微茫。猿啼江楓曉。風靜鏡波恬。千里瀉瀰瀰。

隱狂傲言○下養晦號雲樵長安人居白雲山明祖徵之堅臥林泉詩云謝安原輔晉李密亦與唐上聞曰隱狂傲言毋論

無塵氣○下棨字華伯江陰人景泰進士官郎中有詩名居郎署二十年朝騎甫歸乞詩者擁戶與客限日以應風馳雨灑隨筆給之詞壇譽其敏妙筆性無塵氣○

甯齊郡衛季亹食采於甯因氏

守禮○甯俞謚武子爲衛卿聘魯公與之宴賦湛露

及形弓不拜答曰陪臣來繼舊好君辱貺之其敢干大禮以取戾乎

苦學。甯越中年人苦耕之勞問其友曰如何可免胼胝。友曰子其學乎積勤三紀可以脫勞。越曰人將休而吾未休人將臥而吾未臥。積半可免矣。乃發憤為學十三年博極典策齊威公聞而師之

扣角長歌。甯戚衛人飯牛車下叩牛角歌曰南山研白石爛。中有錦鯉長尺半。生不逢堯與舜禪。短褐單衣纔至骭。從昏飯牛至夜半。長夜漫漫何時旦桓

公聞而異之拜爲上卿

操法。寗成漢都尉巡行郡國操法嚴核人號曰寧見乳虎毋値寗怒

史臣。寗悌唐學士以詞命知名修國史直書不隱人稱丘明再見以忤旨歸山

河東先生。寗智博學清辯宋元祐中以經術傳授上問王巖叟曰卿誰學對曰從河東智先生來

鄧南陽春秋鄧吾離後

賜銅山。鄧通漢文帝大夫微時爲黃頭郎帝夢上

天有黄衣郎推之而上見其衣尻覺之至漸臺見通衣類夢中遇之寵幸賜蜀道銅山得鼓鑄鄧氏錢布天下

垂竹帛。鄧禹字仲華光武持節河北禹杖策追帝於鄴曰禹願效尺寸垂功名於竹帛帝即位拜大司徒高密侯有子十三人使各守一藝雲臺二十八將之一

北道主人。鄧晨字偉卿新野人尚光武姊初爲常山太守王郎反光武自薊走信都晨從光武曰以身

從我不若以一郡爲我北道主人、晨歸常山、輓運餉軍、封西華侯、

平蜀。鄧艾字士載、魏伐蜀、艾自陰平入、以氊裹軍、攀木沿崖而進、蜀平、晉太尉、每奏對口吃、稱艾艾、魏文帝戲之曰、卿云艾艾、定是幾艾、對曰、鳳兮鳳兮、故是一鳳、死鍾會之譖、

民挽不留。鄧攸字伯道、襄陵人、晉永嘉末石勒之亂、攸崎嶇避兵、棄己子、獨携其弟子以逃。宋元帝官吳郡太守、有迎送錢、悉棄不取、攸去、百姓牽舟歌曰

鄧侯挽不留攸死人哀之曰伯道無兒天豈有知

兩秀里。鄧祐五代中舉童子科弟吉擢三禮科鄉人更其地爲揚名鄉兩秀里

同登館閣。鄧洵美唐末乾祐中與李昉同及第後同館閣詩云憶昔詞場共着鞭當年鶯谷喜同遷關河契濶三千里音信稀疎二十年

會宿玉堂。鄧聖求宋元祐中入翰林東坡云求令武昌余守黃州隔水一望復會宿玉堂作舊話詩云憶從樊口載春酒步上西山尋舊梅西山一上十五

里風駕兩腋飛崔嵬又〻云豈知白首同夜直臥看椽燭高花摧江邊曉夢忽驚折銅環玉鎖鳴春雷佳思○鄧旦字日升連城人日以詩酒自娛士大夫競迓之築室東巖顏曰小齋曰尚友郡檄下徵同儕趣旦默坐不動徐曰勿敗吾佳思

白霞丹青○鄧伯元吳郡人與王玄甫學道於閩之鵠林山授白霞丹青精飯遇嚴雪氣蒸如雲

帶礪六王○鄧愈虹人明太祖起滁陽來附以善戰深入名汗馬無寧歲僭爵上公帶礪六王洪武末勳

舊鮮克自保、愈以不壽、獲全封衛國、追王寧河、諡武順、

入奏朕凜。鄧眞永樂御史、剛直敢言、每奏對、中外股慄、先時學士楊榮、指斥宮府積弊、上覽奏曰、鄉爲朕腹心、言此使人不自安、不如使御史鄧眞言、愈見忠直也。

多建置。鄧榮南城人、明永樂進士、擢御史、累官都憲、扈駕北征、施設建置、軍伍行列、多其條議、卒于官、恤贈、

文學異等○鄧林南海人初明觀善南昌教授以文學異等擢驗封主事善理銓政洪熙名對改名林尋中蜚語謫戍保安晚居杭州詩酒自娛春夕旅懷云衡陽雁影春三月巫峽猿啼夜五更又席上狂言因酒得鏡中白髮爲詩催

九載惠政○鄧廷瓚字宗器巴陵人景泰進士令淳安九載有惠政不遷尚書張鵬薦知梧州黔夷叛勅公視師以寬和撫之臺省交薦經畧兩粵討雲鑪大桂諸酋晉宮傳尚書謚襄敏

白面郎中。鄧尚義、字以正、彬州人、初簽汀州司理、擢吏部郎、太僕卿、武宗名見曰、白面郎中也、未可勤瘁處之、

嘉隆十子。鄧元岳、字汝高、閩縣人、萬歷進士、初官主事、督黔中學、轉楚湘副使、方潔峻望、人憚之、久處遲滯、可挹、詩文與謝在杭並稱、人謂明初十子。鄭善夫爲最。嘉隆十子。汝高爲冠。著西樓集、

絜鐵行。鄧縣、粵東瓊南道、厮役泉人林鐵崖嗣環、官瓊南臬副、愛縣年少俊爽、善歌、朝夕與偕、瓊隸海

外有馬珈國賈舶漂至鎮帥利其錙議欲盡殺環以
非綏服遠人抗爭事侵帥怒彔以事中公逮戍萬里
緹騎以百鈞重鍊窘公一時子弟親故奔散獨蘇相
從視公涵遲霜雪鐵冷膚裂蘇以絮蒙鐵行則負持
臥則操摩久之肌煦絮綿鐵亦如脂矣長安作絮鐵
行以贈余異其事續志云九死孤臣一再生錚錚絮
鐵贈君行熱血難銷廉吏冷冰心饒浣褚衣清煨香
倚玉猶重續絕命招魂慰遠情萬里帝閽幽隱矚從
亡程濟又鄉卿雲林子曰蘇于先生一厮役耳飲食

豢養義比主僕至捐軀相從終始無間何其烈也不異遜國之程濟上本之袁彬視思廟縉紳稱文章科第國亡逃死忍死偷生可愧也

○鄧愈女孫綏年十二通詩書靜婉有儀爲漢和熹帝后○

寇上谷蘇忿生爲周司寇因氏

借寇○寇恂字子翼上谷人光武定河內難其守問鄧禹禹曰寇恂才備文武有禦衆牧民之才可使也○恂從帝南征反郡秩滿百姓遮留曰願借寇君一年

封雍奴侯、圖形雲臺、

賜騎。寇彥卿、五代梁人、太祖愛其驍勇、賜乘名一丈烏、每臨敵馳突、曰、眞飛虎也。

北門鎖鑰。寇準、字平仲、華州人、八歲吟華山詩云、只有天在上。更無山與齊。又吟秋風亭云、野渡無人舟自横。衆稱此子、必濟時宰相。舉進士、初知巴東縣、手植雙栢、人比甘棠、號萊公栢。澶淵之役、公鎭大明府、契丹使者經過、謂公曰、相公重望、何以不在中書。公曰、北門鎖鑰、非準不可。宦歸貧約、魏野詩云、有官

居鼎鼐無地起樓臺累官中書令封萊國公卒謚忠愍御篆其碑曰旌忠

三上留章○冠從化靈寶人明萬曆進士汀州司理凡讞獄持大體不苛細繩法建龍江書院與多士爲詩文壇坫秩滿民三上懇章曰願效借冦○

鄭 滎陽 周厲王子封鄭

鄭公莊○鄭當時字莊漢武帝朝爲太子舍人常置驛馬於郊圻存問故人所知交悉天下名士常推轂薦賢惟恐後山東諸公翕然稱鄭莊與汲黯同列九

鄭

臣心如水○鄭崇字子游高密人漢哀帝時尚書僕射每曳革履入朝上曰此鄭尚書履聲也門下多故舊知交上譏之問崇曰卿門何以如市對曰臣門如市臣心如水○

鹿樵○鄭弘字巨君會稽人微時採薪白鶴山拾遺矢頃之有人來覓問弘所欲曰常患若耶溪載薪爲難願旦南風暮北風耳及載薪其風果然至今稱鄭公風舉孝廉官淮陰守每出遊有鹿夾轂而行僚佐

賀曰三公車幨繪鹿明府必入爲宰相元和官太尉第五倫嘗薦弘時班次居下弘每朝會輒躬自卑帝知其故置雲母屏風隔之後爲漢世故事

書帶草　鄭玄字康成師事馬融三年辭歸融曰鄭生今去吾道東矣漢末黨錮與玄杜門著述時何休作公羊墨守左氏膏肓穀梁廢疾玄乃發墨守鍼膏肓起廢疾休曰康成乃入吾室操吾戈乎孔融敬玄爲立一鄉曰鄭公鄉門曰通德門累辟不赴教授山南生草如薤葉土人名曰康成書帶草

碧筩酒○鄭慤三國魏人正始中於伏日集賓僚避暑歷陽取大荷葉盛酒刺葉令與柄通屈莖如象鼻吸之名碧筩酒○

龍吟十弄○鄭道昭仕魏兖州刺史築堂南山立石曰東岳先生鄭道昭之白雲堂子述祖字恭文齊天保中亦爲是州尋舊跡修焉民歌曰大鄭公小鄭公相去五十載風教猶尚同善琴造龍吟十弄○

南北鄭○鄭絪字文明幼有奇志貞元末除中書舍人制云羽儀周行黼黻王度以溫潤雅麗之文居

獻納論思之地元和拜相從子餘慶字居業貞元拜相時絪居南慶居北人稱南鄭相北鄭相

一字師。鄭谷幼有名譽司空圖見而奇之因拊其背曰當爲一代風騷主僧齊巳携早梅詩詣之谷改云數枝開作一枝齊巳下拜稱一字師又稱鄭都官有鷓鴣詩極佳人稱鄭鷓鴣咸通十哲中人

鐵舡。鄭全福浮梁人唐文宗時入靈巖洞修煉遊桃花溪有老人乘鐵舡福曰願借鐵舡還人間老人後三年復來時福巳百歲每語門人曰死必葬我白

木鄉及舉棺輕如葉發之惟杖屨而已
人瑞。鄭仁表豪爽有文仕唐爲起居郎以門閥文章自尊曰天瑞有五色雲人瑞有鄭仁表
文氊三絶。鄭虔好書貧莫給楮積柿葉數屋日取葉隸書殆遍唐元宗置廣文舘博士以寵其才杜詩云廣文先生官獨冷又云才名三十年坐客寒無氊近有蘇司業時時與酒錢嘗作書畫以獻上書其尾曰三絶。
雪驢詩思。鄭綮字蘊武能爲歇後詩世號鄭五歇

後體、或問詩思、答曰、詩思霸橋風雪中驢子背上。唐乾寧初拜相、詔下、綮搔首曰、歇後鄭五作宰相、時事可知。

緱山詩。鄭文寶、寧化人、宋仁宗時、官都水郎、題緱山詩云、秋陰漠漠淡雲輕。緱氏峯頭月正明。帝子西飛仙馭遠。不知何處夜吹笙。歐陽修嘆曰、王右丞不是過矣。

忠孝狀元。鄭獬、字毅夫、微時、夢至小池、甃以白玉、獬取水浴身、視其臂生白鱗、視水中影頭已角、一吏云。此玉龍池也。宋皇祐五年。上御崇政殿試圜丘象大賦。焚香祝曰。願得忠孝狀元。遂得獬登第。詩篇。霹靂一聲從地起。到頭身是白龍翁。神宗翰林學士。流民圖○鄭俠。字介夫。福州人。幼從王安石學。宋熙寧中。監東京門。以詩上荊公云。何處難緘口。熙寧失政中。四方三面戰。十室九家空。見佞聠如水。聞忠耳似聾。君門深萬里。焉得此言通。時亢旱。俠以本門所見流民困苦流離之狀。繪圖以獻。曰。使陛下觀臣之圖。行臣之言。十日不雨。乞斬臣以正欺君之罪。後爲

執政怒編管汀州

氣識英豪。鄭戩字天休天聖初試雲瑞紀官賦臚傳宋郊一清臣二鄭戩三高若訥四曾公亮五時稱得人。戩初官長安令表云聽嚴城之鐘鼓未卜何辰植勁節于霜雪。莫觀晚歲上曰戩氣識英豪朕將相之官至樞密

夾漈先生。鄭樵宋人居莆夾漈山搜奇訪古凡經史禮樂天文地理蟲魚草木方書之學皆有論辯紹興朝徵授樞密編修著書五十八部號通志略行世

學者稱鄭夾漈、

木棉菴。鄭虎臣、字廷瀚、會稽人、德祐中、賈似道貶循州安置、虎臣監之、至漳州木棉菴、虎臣曰、吾爲天下除殘賊、拉似道數之、遂脅殺、殯于木棉菴、天下稱快。

鐵函經。鄭所南、字憶翁、一名思肖、連江人、應博學宏詞科、會元兵南下、所南叩闕上書、元人物色之、遂變名思肖、隱示不忘趙也、善畫蘭、不畫地、人問故、曰地爲元人所奪、咏菊云、寧忍枝頭抱香死、不曾吹入

北風中又云不知今日月但夢舊山川坐必南向時
時望臨安野哭者書藏鐵函名鐵函經崇禎末年地
火燭天掘之得函

倜儻士鄭居貞徽人明洪武明經楚文中州參政
靖難兵至與御史鄭公智坐方孝孺黨同逮獄死獄
孝孺教授漢中愛貞倜儻氣節免之貞送孝孺詩云
闕下知名久相逢值暮春才華曾動衆議論每過人
漢水原通蜀台山亦近閩何時江海上尊酒話西秦
時蕭縣知縣仙居鄭恕東平州吏目鄭華二人皆以

不奉詔逮至酷拷四人同日共死。

賜帛云。○鄭敏洪武齊東令恤民勤政平賦均役以事逮獄百姓千家伏闕白冤朝廷詔復其官賜帛五百衣三襲。

從亡殉節○鄭洽江浦人建文明經官待詔靖難兵入帝焚宮與程濟葉希賢二十二人從亡偕帝入滇至浦江寓洽家孝義堂堂中匾無故墮地帝遂逸去後至重慶會帝於雪菴尋死帝哭之慟設從亡臣位以祭。

少谷柴門。鄭善夫字繼之閩縣人弘治進士戶部主事督滸墅關正德朝劉瑾專政告歸障少谷柴門於金鰲峯作遲清亭見志擢吏部郎武皇南巡伏陛泣諫梃闕退歸好遊名山入武夷九曲絕糧病死不能殮太守汪文盛賻焉

清明祠。鄭停典字君勅閩人嘉靖進士歷刑部守袁州廉公有威清明果斷袁人謠曰抱案吏從水上立訴冤人向鏡中來有像祀之號清明祠

觀象平條。鄭孔道字以貞稱一聊先生博學淵識

尤精象緯、嘉靖孝廉、歷滇南臬副、駐洱海、緬夷叛、撫臣請黜蜀會勦、公曰、某夜覩星象、倏東南白氣瀰漫、彞紫上騰、白氣隨銷、夷必有變、可不征定也、公用疑諜、旬日果內變、縛軍門受撫、公賦詩志喜、乍兒兜鍪千穴靜、一揮羽扇萬山空、層巖喜見燕然石、絕徼驚聞鎮遠風、著一齋集、子忠、字克誨、鴻臚卿、孫大亨、字維嘉、瑞安令、思宗殉國、歸隱愚谷、相國黃東崖贈云、古山田春宜耕早、劍水龍腥柰別何、著書種堂詩與孔道一齋集、載曹石倉選中、九邊圖。鄭曉字窒甫號淡泉塩官人少有異質經史過目輒誦嘉靖鄉試第一進士高等職方主事熟典故諳天下形勝阨塞士馬强弱又選九邊圖藏之冊府世言博綜無出其右累官都御史禦倭江上晋戎政尚書二十載宦轍朴素如寒士松窓竹几蔬食蒲團以清介重累官宮保謚端簡

太極圖說。鄭守道字用行閩人嘉靖鄉薦於書無所不窺而學務窮理常主白鹿洞教著太極圖說乾坤上下繫辭大學講章深思研求闡周程之秘令夏

津扶弱抑强風節矯矯

半生行。鄭琰字翰卿閩縣布衣善詩與林初文徐興公齊名都下羣公爭重之少遊邊蜀語多悲壯有笛中楊柳愁難寫夢裡關山恨未裁落凫思鄉有巴渝九折終歸海越絕千山盡向閩家居數載欲復出遊妻曰君客久又去乎有郎今莫怨山下山妾處顛爲卩巾曰隨作半生行自叙不復出

一代鑑銜。鄭三俊號圓岳建德人萬曆進士由部郎歷閩督學副使奬拔滯才蒐羅奇俊人望一代鑑

銜、

大夫節。鄭逢蘭、字楚澤、閩縣人、天啓鄉舉、崇禎宮部郎、闖賊陷都、守西直門、被執、賊偉其狀、令降之、蘭罵不絕、齧舌血噴之、觸墻破腦死、司空馬思理挽云、日月枯兮乾坤缺。鼎湖遠兮烏號切。安得從君九原兮。寫此心血長留青史兮。直書駕部大夫之節。有孫紹忠、能爭典祀於學宮、以諸生排論不屈、膠庠韙之、正冠沉水。鄭之尹、崇禎進士、弘光南遷都、鑊尹奔浙、曾藩以臬憲舊臣識其剛方清操、欲大用之、大師抵浙曰義無二事、正衣冠北向。躍入河流。

奪刃自刎。○鄭爲虹、崇禎進士、南都陷、唐藩入閩、宮

御史按閩、時大師入浦城、執之不屈、虹曰負國不忠。

辱先不孝。忠孝兩虧。我生何用。礫舌噴血。奪刃自刺。

僕陳午龍、戶張萬明張翹鸞洪祖烈六人同殉。郎中

黃大鵬、同刻死。○

○鄭氏、余洪妻、洪爲閩帥、唐師下建州、鄭爲裨將建

封所擄、姿色美豔、欲納之、貞撓不可犯、獻大帥查

文嶶、嶶欲納之、鄭大罵曰王師弔伐。當褒錄節義。

建封行伍尚知見憚君元帥也以不義倡始繳訪其夫歸之。

○鄭天休撑王禹玉為瑨王拜相玉復撑鄭達夫為瑨亦拜相世稱鄭王世姻兩相

竇扶風夏少康支孫以竇為氏

援起塵中○竇融字公漢建武中京州牧入為司空

○論曰融援起風塵之中蟬脫王侯之尊終膺卿相之位不屑榮顯放遠權寵又何智也

勳功燕然○竇憲字伯度漢永元車騎將軍出塞擊

匈奴戰稽落山大破之登燕然刻石紀漢功德銘曰鑠王師兮征荒裔勦凶虐兮截海外敻其邈兮亘地界熙帝載兮振萬世封冠軍候

識鼮鼠竇攸字伯達漢世祖會羣臣於靈臺得鼠如豹文熒熒光澤異之以問臣衆莫辨攸對曰鼮鼠也博學格物出漢廷右

雀屏竇毅字大武南齊茂陵人有女方數歲聞膺受周禪投床下曰恨我不爲男子以救舅家之難毅奇之曰此女有奇相不可輕以許人畫二孔雀於屏

間謂婚者射二矢陰約中目者適之李淵射各中一目遂歸之爲唐祖竇后毅官柱國

丹桂五枝　竇禹鈞五子儀儼侃偁僖五代末相繼登第時號竇氏五龍馮道詩云燕山竇十郎教子以義方靈椿一株老丹桂五枝香儀端明學士儼左拾遺侃起居郎偁參大政僖右補闕

泰山萬仞　竇子偁合肥人明嘉靖進士歷泉州守性高潔不滓片塵人視之飄飄若仙有懷竿牘苞苴至門偁曰予以徑竇可窺乎吾防之若泰山萬仞矣

○竇氏二女唐永泰中賊剽二女將逼以私行臨大谷伯曰我豈受汚于賊伯投崖死仲亦躍而死京兆尹第五琦表其姊妹烈行詔旌其閭

卷之三十卷終

古今人物大觀 卅一之四

人物大觀卷之三十一

國一　　龔山煉岱生甫參閱

公孫子未先生鑒定　閩中林涵春奕蕃父纂輯

姪孫霖培文聚編校

陸　河南齊宣王子伯達食采陸鄉

語○陸賈楚人有口辨事高祖時陳說稱書曰馬上得之安能馬上治之乎述古與亡十二篇每奏上稱嘉號曰新語

截肉斷葱○陸續字智初爲楚王英下獄事繫一日對食泣曰母來不得相見吏問何知曰食羹識母調舜截肉未嘗不方斷葱以寸爲度是以知之使者以狀聞上赦之

文武全才○陸遜字伯言吕蒙言于孫權曰陸遜意思深長才堪負重乃代蒙爲將破蜀于夷陵破曹于皖城詔拜相曰有超世之功者必膺光大之寵懷文武之才者必荷社稷之重封婁亭侯

柱石○陸玩字士瑶器量弘雅晉拜侍中右將軍祭酒

注之。探柱祝曰當今之才以爾爲柱石莫傾人棟樑

玩曰感君良箴

書厨○陸澄字彦淵吳縣人博覽無所不知王儉曰

陸公書厨也仕宋歷祭酒

双璧○陸凱仕魏爲正平守郡稱良吏長子暐次子

恭俱有文名賈禎見而嘆曰僕以老年更覩双璧

明珠○陸卬字雲駒傳覽群書邢卲深器之謂其父

曰卿老蚌遂出明珠后仕魏爲中書郎卬父子彰

孝魚泉○陸逼性至孝母吳人好食魚北土少魚得

之甚艱忽宅側泉出有魚日以供母曰孝魚泉
清源自治〇陸象九字景晦初爲蒲州刺史政尚寛
簡尹民有罪曉諭遣之常云天下本无事庸人自擾
之苟清其源何憂不治
學尊德性〇陸九淵字子静學以尊德性爲主居貴
溪之象山授徒數百人讀書至宇宙字曰宇宙事郎
巳分内事宇宙便是吾心吾心便是宇宙
〇陸玩爲丞相叅軍王導請婚于玩玩曰培塿無松
栢栢薰蕕不同器竟不許導乃止

穆河南宋穆公之後

設醴○穆生魯人爲楚元王中大夫生不嗜酒常爲設醴後忘設生曰王之意怠矣遂去

韓穆二門○穆寧學明經負氣節唐肅爲御史時李光弼屯徐州乏餉檄寧取糧寧謂公求糧而我專饋我求兵而公與耶寧撰有家令訓諸子唐貞元中言家法者稱韓穆二門

文章卑弱○穆修字伯長受易于种放五代文弊尚聲偶修獨以古文著振起卑弱登進士爲參軍性剛

介叔貴交納又絕拒之、

祝太原黃帝後封祝

勇決可用○祝良爲并州守、漢順帝、討區憐、不克、李固謂良勇決可用、乃以爲九真守、招降蠻寇、嶺外一時悉下、

今古澆胸○祝林宗字有道、宋熙豐中從山谷游、嘗曰士大夫胸中不時時以古今澆之、則俗塵生其中、照鏡則面目可憎、對人則語言無味、

事文類聚○祝穆字和甫、從朱文公受業、性溫行淳、

刺意問學、下筆千言、以儒學旨著、有事文類聚、方輿勝覽等書行世、

斯文在茲○祝允明、號枝山、登進士、撰建康觀雪記、蔣山卿見之曰、文不在茲乎、

孝順歌○祝廷璿、永豊人、喜奬掖後進、又精琴理、友人舘僕、詬罵父母、祝召其人立戶外、操孝順歌、使之听之、其泣下改行、

判崔獬罪○祝瀞、字南昌、滾濠有崔帯牌、為犬所傷、捕犬主抵罪、公批云、崔帯牙牌、犬不識字、禽獸相傷、

何與人事

谷 上谷

子雲筆札○谷永字子雲漢建始中對賢良策擢上第善明災異前後疏四十餘事上客長安語曰子雲之筆札婁君之脣舌言見信用也

勇冠一時○谷衮昌黎人北朝中勇冠一時仕慕容爲廣武將軍○

九經庫○谷那律魏州人淹貫群書褚遂良稱爲九經庫唐時爲諫議高宗出獵遇雨問曰油衣則不濕

曰以尾爲之則不濕

子代父刑○祝原慶饒州人家貧力學父懷忠性直而傲物里人誣其豪滑侵漁良善有司論死不能解原慶泣曰古今父罪非刑而子代之者如梁之吉翂魏之長孫慮金之陳顔是也遂自詣獄陳于法司是年死焉鄉人悲之明時縉紳名詩章弔輓之

郁黎陽魯相郁貢役

医術○郁繼善宋時人精于医術其砭灸妙傳得之鳳陽劉伯淵

藏書○鄒文傳松江人明時舉進士家多藏書

卜 西河周禮卜人氏後

文學○卜商字子夏衛人孔子弟子以文學著設教西河魏文田子方師之善詩毛氏詩序蓋子夏之遺說也公羊高穀梁赤皆從學春秋封東河公

封賞天開○卜偃掌卜大夫至晉獻公封畢万于魏卜偃曰畢方之后必大萬滿數也魏大名也以是始賞天開之矣

牧民無畀○卜式河南人漢武帝朝以家貲助邊詔拜

中郎牧羊上林羊肥息上善之式曰治民亦猶是惡
者輒去勿令敗群上奇其言拜緱氏令賜爵關內侯
木　吳興端木之後
作海賦○木華字玄虛爲晉王駿主簿藴藉弘博嘗
作海賦
著春秋○木槩著戰國春秋十二篇
狀元○木待問宋人以廷對策狀元及第
惠政○木天駿以張南軒學教諸生從遊者數百人
惠政○木楹字濟之居官有惠政歷朝靖大夫

沐

名播異域○沐德信魏時人爲三府長史少孤遇姊家爲具雞黍而不受名播異域

功臣○沐英定遠人有功不伐居貴不驕教化大行雲南遂爲樂土明太祖追封黔寧王謚昭靖

將種○沐春襲西平侯英長子也沉勇寬洪辯有父風屢平蠻多功殊勳

兼勳南服○沐晟英次子也永樂中征交趾兼勳南服進封黔國公卒追封定遠王

趙吳與漢魏淳生避難居西平毆趙

趙兖晉之豪族也、西州語曰、趙與趙盃、宰筆下數蕭南

朱門北望青樓、晉楚與、初拜僕射、

郡主○趙珍酒泉人、善騎射、五代時以帳內、從齊神

武封安康郡王、

郊祀集○趙崇裕晉朝人、博學弘覽、註郊祀集十卷

行世、

鞠汝南

太傅○鞠武周時人、為燕太子丹太傅、出見田光、

薦荆輌于太子

興水利、〇鞫常、字可久、高密人、宋進士、爲贛鄉、尹

礼經二十卷、于仲謀、宋景德、二十四賢、神人經進江

大興水利、邑民祀之

應变五事〇鞫詠、擢進士、以文受知于王能基、薦之

爲御史、條上應变五事、除天章待制、

去順效順〇蹋嗣復、知保寧、方臘破城、逼降、嗣復罵

曰、尔當去逆效順、何爲脅我、氣不少懾、遂遇害

竺東海本天竺人、漢入中国、稱竺氏

凝陽侯○竺晏臨淄人、漢時以功封凝陽侯、

理學○竺大年字耕道奉化人、性行端潔、理學淹貫

著有礼記行世、

頑石點頭○竺道生、鉅鹿人、年十五登座、常遊虎丘

寺講涅槃經、石皆點頭、

繆 已見廿九卷

伏 太原 伏羲後

往受經書○伏勝、濟南人、為秦博士、漢文帝聞伏生

能治尚書、年九十餘、不能行、上使晁錯往受之、得二

十九篇、

名儒良相〇伏湛、字惠公、父名理、受詩于匡衡、湛傳父業教授數百人、王莽末守一郡、獨全、光武徵爲尚書、人稱名儒良相、孫名無忌、博聞識多、注書東觀、號爲伏侯註、

三老〇伏黯、字稚文、明齊詩、作詩九篇、子恭、字叔齊、漢建武中、遷恒山太守、敦修學校、教授不輟、由此北州之士、多爲伏氏之學、後平中、明帝拜爲三老、

服西平周內史叔優後

連珠九憤○服虔字子慎、榮陽人有辨才、作春秋左傳解、又著漢書及連珠九憤十餘篇仕漢爲九江府太守、

方丈山○服間、往來海邊、諸祠中有三仙贈瓜、顧令担黃白瓜數十令瞑目及覺乃在方丈山自是取珍寶販賣、致富巨萬、

續　雁門　學七友有續牙

承文侯○續相如仕漢爲承文侯、

治績○績庶字叔宗上黨人孝謹敦重專春秋鄭氏

古今人物大觀卷之三十一　七

周易博覽群書高才善文仕晉爲東安太守多治績

著遠遊志博文志汲冢古文釋諸書行世

胸羅万象○續武晉時人善文博洽廣搜史冊著有

異物志人謂胸羅万象云

東南陽漢踈廣避亂去爲東

補亡詩○東晳字廣微幼好學長而益勵與兄璆俱

知名晉太康中[illegible]平陽旱晳爲祈禱雨大注人歌

曰東先生通神明請三日甘雨霖我黍以育我稷以

以生[illegible]何以酬之報東長生任著作郎釋汲冢書

書補亡詩白華南陔兩篇延尚書父龕龍為馮翊守補
混為隴西守俱有善政
築水防火○東莊宋時人知万州舊多火災莊乃市
林貝屋通衢而瓦之築水防截其火道其害乃息
毀祠正俗○東元嘉合淝人仕宋為通州主簿毀淫
祠正風俗政簡刑清邑人懾服以廉能著聞
樂　南陽宋公樂父后
不貪為寶○樂喜宋正卿即司城子罕也宋人得玉
以獻罕曰我以不貪為宝尒以玉為宝時宋公欲築

高臺、卒請以農畢之後築者謳曰邑中之黔實獲我心、

好善○樂克字正子孟子門人魯欲使樂正爲政輒曰其爲人好善好善優于天下而況魯國乎、

黃金臺○樂毅燕王築黃金臺而招之以爲上將佩相國印伐齊下七十餘城封昌國君

撥雲○樂廣字彦輔洛陽人善談論每以約言晰理衛瓘曰此人間之水鏡見者瑩然若撥雲霧而覩青天時王澄畢卓以任放爲達廣曰名教內自有樂地

何必乃氽仕晉爲河南尹終尚書

吞珠疏耑　○樂史字子正宜黄人母夢五色珠吞之而生及長有文名仕宋为兩浙巡撫釋逋賑飢民著太平寰宇記子黄目字公進爲諫議性簡默處煩劇亦無廢事撰著學海搜奇行世

吏廉河清　○樂濬江西人仕明爲四會縣知縣匕有瀧橋河世傳廉吏至則河水清濬治半載河水澄徹徵修太祖寔録明倫大典

○樂羊子遊學未幾归妻乃斷机而勵之羊子発憤

卒業魏文侯使伐中山三年拔之文侯示之以謗
書盈篋封靈壽侯

岳　江陽

精忠報國○岳飛字鵬舉淮陰人少負氣節好左氏
春秋孫吳兵法金人南侵飛應募以忠報國○龍髮募
擊衆高宗問天下何時可平曰文官不要錢武官不
怕死天下平矣朱仙鎮之捷兩河响應秦檜主和議
遂詔歸飛曰十年之力廢于一旦檜竟殺飛以成和
議子雲雷隨父死惟霖遁黃梅改姓鄂

復見公子○岳霖孝宗朝帥廣州道出章貢父老率子弟來迎垂淚曰不圖今日復見公子也

萬卷書○岳浚字仲達宜興人積書萬卷延好學之士恣其檢閱元時名士多出其門

諫官膽大○岳正字季方直隸人正統進士慷慨剛方以世務自許入閣之日容言曹石好惡二人譖之被黜上曰岳正到好爵他膽大

復

隱諷○復塗禎衛人癰疽彌子二人專灵公之勢以

蔽左右復以夢灶諷君君曰善于是廢二人

卷之三十一終

善
羽

古今人物大觀卷之三十二

八函二

監陳晉勳卿甫參閱

太史孫子未先生鑒定　閩中林涵春奕普父纂輯

姪　蘅采若甫編校

葉 南陽 楚沈尹戌生諸梁字子高食采於葉

霓裳曲○葉法善處州人有道術八月中秋起虹橋請明皇遊廣陵翫燈勑奏霓裳羽衣曲

儉德傳家○葉顒字子昂仙遊人仕宋知常州或勸進羨餘得美官顒曰名羨餘實横征也以利易賞心耻之爲相識大體清易簡介林光朝云傳家惟儉德無地起樓臺

石榴雙實○葉祖洽字惇禮建陽人熙寧中廷對第一上官均第二時郡庠有石榴花一樹視其實以爲登科之驗是歲花木雙實果驗

令君○葉楠貴池人爲績溪令邑人歌曰前有蘇黄門後有葉令君蓋二令俱有實心善政也

留心邊疆○葉盛謚文莊明朝爲侍郎溫雅簡重果
道義尚名節巡撫宣府修復官牛官田之法墾田益
廣積粮益多終明之世留心邊疆者無如文莊
聶 河東 衛大夫食采于聶
破面抉眼○聶政軹人爲嚴仲子刺韓相俠累自破
面抉眼而死
憫農詩○聶夷中五代時登進士有憫農詩云二月
賣新絲四月糶新穀買得眼前寬割去胸頭肉
三禮新圖○聶崇義善理學宋建隆初爲學官河洛

師儒也上三礼新圖二十卷帝嘉納之
學士○聶冠卿慶曆時嗜學好古官翰林學士知貢
舉得人
講學○聶豹字貞襄與王陽明講學引掖後進經學
之士多出其門

蓋　汝南

清靜民定○蓋公膠西人善治黄老術家言曹參爲
漢相遣使聘之曰治道貴清靜而民自定
請闕願留○蓋寬饒字次公爲漢司馬撫循衛卒甚

厚歲盡交代衛數千皆詣闕頓首以報公德

虎牙將○蓋延字巨卿光武以為虎牙將軍繪像雲臺

二蓋齊名○蓋文達冀州人博涉群書尤明春秋唐太宗瀛州十八人之列時宗人蓋文懿亦博學官助教人稱為二蓋云

墨　梁郡孤竹君後

讓國○墨允墨智即伯夷叔齊也孤竹君之子父命立叔齊叔齊以天倫為重伯夷以父命為尊遂皆逃

國人立其中子焉、

悲素絲○墨翟戰國人、嘗悲素絲之染、

侍郎○墨麟明時人、國子太學生、歷任至侍郎、

習　東陽　古國

高陽池○習郁漢時、爲侍中、致仕歸家于峴山南、依范蠡養魚法、作魚二湜、有高堤種竹及楸芙蓉、山簡曰是高陽池也、我且飲之、

左史家法○習鑿齒字彦威、襄陽人、有史才、桓溫深器之、轉治中、漢晉春秋以蜀爲正統、人謂極得左史

家法

汲清河衛太子汲後

古社稷臣○汲黯字長孺濮陽人性倨少禮○不容人過諫諍若霜雪上曰古有社稷臣汲黯近之矣黯奏事上不冠不見○

節義○汲固五代時爲兗州從事刺史李式被收生子滿月式曰程嬰杵臼何如人也固曰今古豈殊遂潛之後高祐嘉固節義以爲主簿

席安定籍氏避項羽諱改席

能名○席闡文、梁時爲都官尚書出爲東陽守、有能名

持節歸魏○席固字子堅、五代時爲襄陽令、持節歸魏爲驃將軍、

詩人冠冕○席豫字建侯、賢良方正、韓休擧以自代爲尚書典選、當時以爲知人、工詩、上曰詩人冠冕也、

同甲會○席汝言字君從、仕宋爲司封郎、文潞公居洛日年七十八、爲同甲會、

翟南陽、黄帝後居翟以地爲氏

勤王討賊○翟義任漢為郡東太守時王莽居攝義

會諸郡督軍勤王討之

門張綱雀○翟方進字子威為御史大夫以經術進

廷尉賓客填門及廢門可羅雀復為廷尉客復至公

大書署門曰一死一生乃知交情一貴一賤交情乃

見漢末拜相封高陵侯

臥地難動○翟湯字道淵南陽人不屑世事人有餽

遺一無所收晉徵為博士不起張玄曰此君臥地不

可動也子孫俱有高行號為潯陽四隱

暦筭○翟酺字子超四世傳詩善圖緯天文暦筭漢安帝朝詔六百石試對政事醻對第一拜尚書

價市牛黄○翟汝文知密州歲貢牛黄汝文曰牛失死非所以重農也宜輸價市之

石 武威周王族石氏

大義滅親○石碏衛大夫諫州吁有寵而好兵其子厚與州吁遊州吁弑桓公厚從州吁如陳石碏使陳殺之君子曰石碏純臣也大義滅親

石君○石奮漢景帝中爲九卿長子建次

慶四子皆爲二千石號萬石君躬行恭儉以上大夫告老子孫遵教以二千石官者十三人

○小北山人○石洪字濬川洛陽人唐舉明經安貧樂道韓愈有送石處士詩云風雲入壯懷泉石別幽耳之句

芙蓉城主○石曼卿字延年宋城人工詩詞有聯云樂意相關鳥对語生香不斷樹開花○徂徠作三豪詩云歐公豪於文曼卿豪於詩杜默豪於歌死爲仙王芙蓉城○

謫仙才○石悉字敏若、登進士、時梁師成用事成、勸悉往見悉曰、腐夫弄柄、愧未能手批、蠹根奈何因取富貴、工詩歌、山谷贈詩云、才似謫仙惟欠酒、情如宋玉更逢秋。後爲神宗館職、

代罪全師○石大用、蘇州人、明時爲國子生、時王振擅旨、逮祭酒李勉枷國學前、大用疏請代罪、以全師恩、由是知名、是秋登第、爲主事、

清介居官○石璞、河南人、由乙科仕至尚書、爲人平易、遇事剛明、凛不可犯、清介如一日、家田僅二頃、時

鄉人爲典史歸璞往其家几上陳良器前列金盃十餘問曰汝宦幾年曰未滿考曰曷歸曰刁民訟吾貪奪職璞曰若使我治汝土爾焉能還鄉里哉拂衣出

白馮翊　楚大夫白公後善兵○白起善用兵事秦昭王爲左庶長坑趙降卒四十萬封武安君

香山九老○白居易字樂天始生七月能識之無二字年十七登進士詩云慈恩塔上題名處十九人中最少年任杭州刺史與元稹多酬詠詩云有月多同

嘗無盃不共持致仕與胡杲等結香山九老會因號香山嘗寄詩李絳云白首故情在青山往事空同時六學士五相一漁翁

揚穿三葉○白行簡白敏中相繼登第樂天詩云桂折一枝先許我穿揚三葉盡驚人咸通中敏中拜相加中書令

青山白雲○白仲都入山學道白日上昇以白都爲名楊脩詩云雋崔縣鳶自古聞策名仙籍是真君天邊舊跡無尋處滿目青山空白雲

文不加點○白玉蟾博學群書出言成章文不加點○

歷江南覓三仙真跡愛華峒山而憩焉詔徵赴闕舒

太乙宮一日不知所往神異莫測亦儒流亦僊流也

郭 太原號叔爲文王卿士曰郭公

買馬骨○郭隗燕人昭王欲招賢以强燕隗曰古有以千金求千里馬者馬死買骨還期年馬至者三王欲致士請自隗始由是師事之樂毅鄒衍劇辛聞之皆至○

竹馬迎拜○郭伋字細侯漢建武中爲并州守素給

恩德後行部到西河兒童數百騎竹馬拜迎道次。

乘車出關○郭丹字少卿西入函谷關嘆曰丹不乘使車終不出關後更始中拜諫議持節乘車出關。

斷鞅○郭憲字子横光武自征隴憲諫東方初定車駕不宜遠出引佩刀斷鞅以諫帝不從後潁川盜起乃悔不用其言。

折角巾○郭泰字林宗介休人砥節勵行考究六經與李膺同舟望之者以爲仙人時遇雨巾一折角人效之作折角巾朝廷屢徵就不赴。

東海于公○郭弘翟陽人少習杜律太守寇恂以弘爲決曹掾斷獄至三十餘用法平允人比東海于公

懸河瀉水○郭象字子玄好老莊王衍云所象語如懸河瀉水注而不竭晉王越引爲太傅主簿

青囊九卷○郭璞字景純聞喜人博學才高工辭賦得河東郭公授青囊經九卷洞知天文五行卜筮之術占驗多中著山海經爾雅楚辭洞林等書仕晉爲著作郎

青紫盈庭○郭子儀華州人稱汾陽唐肅宗代平安

史之亂功居人臣第一精忠誠恪以一身繫天下安危者三十年八子七壻俱貴顯諸孫數十不能識問惟頷之而已謝表有云同日而拜前古未聞靑紫照庭冠蓋成羣○

留詩泉石○郭素聞王軒遊苧蘿山遇西子亦從而遊焉留詩泉石間寂無所遇後人題云三春桃李本無言都被斜陽鳥雀喧借問東鄰效西子何如

郭素學王軒

郭謫仙○郭祥正字功父當塗人毋夢李太白而生

少有才名梅堯臣曰天才如此眞太白後身也呼爲謫仙詩云采石月下逢謫仙夜披錦袍坐釣船

蘆花三間○郭振字希聲工詩歌宿漁家詩云幾代生涯旁水濱兩三間屋鋪蘆花燈前笑說歸來夜明月隨船到漁家

精騎射○郭英臨淮人生有異徵沉毅習身長八尺膂力過人尤精騎射年十八從洪武起義兵上素親信直宿帳中屢立大功封武定侯

麟鳳兒○郭登字元登臨懷人英之孫也七歲讀書

過目成誦、十歲能文、伯父都督撫其頂曰、麟鳳兒也、正統中以八百騎破虜、戰功第一、封定襄伯

不屈就刑○郭希顔、南昌人、生有異質、賦性剛毅、仕至太子太傅、因嚴高矯旨、不屈就刑、面容自若、臨屍、卽位、怜之、厚蔭其子

七寶枕○郭翰字泐臣、姿度秀美、月夜卧庭中、有女從空下、曰吾織女也、仰慕清風、伸此宿契、經一年、忽泣曰、妾命有程、當與君永訣、以七寶枕一枚留贈

泆扶風齊襄王法章後

恩威兼施○法雄字文彊仕漢爲青州守討海賊連戰破之爲平氏長發奸擿伏恩威並著吏民畏服

百世師○法眞字高卿博通内外學關西大儒郭正謂之百世之師

好尚不同○法正字孝直爲蜀郡守外統邦畿内爲謀主諸葛亮與正好尚不同而以公義相取私欲利害難以奪其節氣

隰　沂公後

受命平戎○隰朋周時人爲齊大夫助管仲相齊受

命平戎于管進退閑習能辨辞之剛柔
大夫○隰斯仕齊爲大夫

酈　黄帝孫食采于酈

三寸舌○酈食其漢時人家貧好學爲監門吏人以
爲狂士說高祖據倉爲說客掉三寸舌下齊七十餘
城
一言解兵○酈寄字况與呂祿善太尉勃不得入北
軍使人刼商令子寄紿祿〻言之乃解兵柄勃入北
軍因得以誅諸呂

崇黌勸學○酈道元字善長執法清刻好學博覧注水經四十卷五代時爲魯陽郡表立黌宇崇立學校山蠻服其威不敢入寇

力　黄帝力牧之後

州牧○力子都東漢人爲徐州牧有治績

孝行○力僧護江陵人唐時以孝行聞詔旌其閭

特奏名○力齊晋江人宋時特奏名

古今大觀卷之三十二終

古今人物大觀卷之三十三

入函三　　李承國子基甫叅閲

太史孫子未先生鑒定　閩中林涵春奕善父纂輯

薩　位立人甫編校

卓　西河趙人遷蜀爲卓氏

鑄鐵山○卓氏聞岷山下沃野有蹲鴟至死不饑求其地卽鐵山卓鼓鑄富埒王侯

中興元勳○卓茂字子康以儒術起爲密令蝗不入境路不拾遺佐光武爲太傅褒德侯雲臺元勳之一

白頭吟○卓王孫臨邛巨室有女文君新寡司馬相如以琴聲挑之得爲偶後相如欲娶茂陵女文君作白頭吟以自絶凄凄復凄凄嫁娶不須歸但得一心人白頭不相離相如乃止

買舟詞○卓田字稼翁號西山宋紹興文士工小令賦買舟詞云奏賦謁金門行盡雲山無數尚有江天一半買扁舟東去波神眼底識英雄閣住半空雨與起半帆風近去青天尺五

洞庭叟○卓彥恭宋人嘗過洞庭月下有泛舟老叟

掉舟旁鼓枻而歌云八十滄浪一老翁蘆花江上水連空世間多少乘除事良夜月明收釣筒

○卓敬字惟恭瑞安人七歲相者曰此兒骨髮絕倫讀書寶香山風雨夜歸隨一兒牛入門乃黑虎也明洪武進士官侍郎建文初立燕王來朝敬曰燕王智慮絕人北平強幹之地宜徙南以絕禍上曰王至親何疑此敬曰楊廣非父子耶靖難入文皇欲殺之憐其才未決姚廣孝曰使敬言用安得今日磔之臨刑嘆曰君亡不從死有餘辜

堪中貴人○卓越字彥材福寧人成化鄉舉生時屋上有聲母驚移他所俄山忽沕壓屋石文卓越兩字遂因名令永嘉監舶中貴橫索民貲越捕其爪中貴怒名越欲笞之越佯更衣就笞赤拳搥中貴胸幾死懷篆去自是不敢取民一物嘉民立祠祀之

傅巖先生○卓居傅字起巖莆人正德進士賜歸省杜門著述輯成赴謁官比部郎精於經學得其傳者皆飭身勵行之士學者稱傅巖先生

投筆完節○卓震字伯良福清人崇禎貢士負氣節

視人磊磊難合國難憂憤賦詩投筆完節死

畢 河間畢公高後

其後必大○畢萬初筮仕於晉得公侯之封晉賜魏氏爲大夫卜偃曰畢萬之後必大萬盈數也

臥酒甕下○畢卓字茂世少放達嘗曰得酒數百斛左手持杯右手持蟹螯拍浮酒船中便了一生與阮孚諸人爲八達比隣釀熟盜飲醉臥甕下爲掌酒者所執視之乃畢吏部也卓官銓曹

禁中頗牧○畢諴字存之少燃薪夜誦博通經史舉

拔萃科宣宗朝官翰林上名問邊事議對甚悉上曰
孰謂頗牧近在禁中晉邠州節度
圖松左壁○畢宏工畫圖松石於省中左壁上幸省
奇之大曆詔官給事
重德以鎮○畢士安字仁叟幼時王禹偁見之曰此
非常童子宋景德中與寇準並相準負氣用公重德
鎮之公以名節自厲天下望其清介及殁上謂寇公
曰士安飭躬慎行有古人風賜賻極厚
睢陽五老○畢世長以耆年掛冠與睢陽五老之會詩

云篇章捧和懃風雅眷德隆中耐歲寒官大司農九十而致仕

文學詩士○畢仲游字公叔元祐召試天下文學之士坡翁置第一後入黨籍弟仲愈字將叔善詩咏元夕云已招明月移歌扇更擬春風試舞腰又曉燈數點林中見橫笛一聲煙外聞

良牧○畢貞明洪武以賢才高等薦授衢州太守浙志稱以禮法自持羣吏敬憚清不染塵公庭肅若良牧之冠者

清恕○畢亭字文亭單縣人成化進士博學操行有幹材景泰守福州清而能恕吏弊悉除累官尚書

漆曾國魯相漆沉居漆水因地爲氏

洪州牧○漆季直晉永嘉中以才學歷中散大夫牧守洪州

釣金鎖○漆澄豫章人釣於蜀水忽得金鎖引之不絕俄有物浮水狀如蛟鰲澄不爲動

鎮西軍○漆欽仕晉以驍勇聞領征西將軍威震邊域

寬嚴互施○滌園新昌人明崇禎進士初令福清銳於吏治案無留牘一以平恕視之人畏其嚴而樂其寬

吉 壽翊 尹吉甫後以王父字氏

晉氏多忠○吉挹字祖冲仕晉累世忠孝秦符堅曰周孟威不屈於前丁彥遠潔己于後吉祖冲閉口而死何晉氏多忠臣耶

夢鹿○吉士瞻梁人夢拏鹿數之得十一喜曰鹿祿也仕梁官直閤將軍位武功之次十一

不就詔舉○吉翂字彥霄馮翊人梁天監中父爲吳令犯大辟翂年十五走闕中白寃上宥之丹陽尹欲舉純孝翂曰父辱子死職也幸不貸過若當舉是因父估孝也去之

十才子○吉中孚大曆十才子之一以才學敏達累官侍中

九老會○吉皎唐御史內卿年八十八與九老宴會詩云低腰醉舞垂緋袖擊筋謳歌任暢懷

栗長安栗陸氏後

客卿○栗高漢光武時更始拜客卿後官建武都尉

童子異才○栗大用武宣人年九歲通五經應童子科眞宗奇異才擢郎官歷南雄守

紫團歌○栗應宏字道父潞安人弱冠舉孝廉耕太行山中司封高子業道歸擔簦相造宏具鷄黍定交作紫團山人歌贈云紫團高山薄青雲栗家昆季殊不羣陳州一出驅五馬垂髫雪案窺三墳

帥 南陽 晉尚書師昺避司馬師改帥

賦三絕○帥子連修眞魏夫人觀三十年寂無黔爨

王全裕奉詔禱南岳見之連賦三絶以贈云下瞰空虛臨絶澗上排雲霧出山巔四邊削險無猿鳥獨臥深雲三十年又古屋當崖映日開年年常與白雲閑餘粮丹火從何出四面無人見下山尋尸觧

奇志○帥揚有奇志天聖狀元

脫冠訪帥○帥機字惟審臨川人明隆慶進士官南膳部與戴湯義爲友義官南成均晨夕過從有着冠訪戴脫頂訪帥之談萬曆中進平西夏頌復進兩都賦出守思南府罷歸

郅河內商侯國

蒼鷹○郅都河東人漢景帝中郎將出守濟南性勇悍以直諫聞行法不避貴戚列侯中幸見者側目號蒼鷹

拒關諫獵○郅惲字君章西平人漢光武上東門候帝出獵夜還拒關不納明日上書以諫賜帛旌之

六孝廉○郅伯尚漢順帝時與黃叔度周子居文伯堅盛孔叔封武興稱汝南六孝廉

折齊大夫折文子後

義喩多藏○折象東漢人父爲鬱林守感多藏厚亡之義曰吾門殖財日久其勢將傾今子弟不才譬牆隙而高其崩必疾盡散以周故舊

將種○折可適宋熙寧鎮帥郭逵薦之云勇敢無雙真將種也

參大政○折彦質宋崇寧進士歷三府參大政稱相業炳然

葛 河內葛天氏後

醉葛○葛玄字孝先吳人初從左慈號葛仙昌元縣

有葛仙山即玄修煉處也曾極詩云人間底事有方壺劍截青瑤界碧虛試上珠庭瞻醉葛仙雲垂帶護儲胥

勾漏令○葛洪字稚川句容人善導養晉咸和散騎郎以交趾出丹砂求爲勾漏令止羅浮山煉丹著內篇號抱朴子

監泉府○葛源宋仁宗時監泉府制云司南州寶冶之饒佐縣官泉府之用宣勞於外興利於內

竹風清○葛敏修工詩種竹開南窗以納凉山谷嘗

乘竹軒令侍史書詩板一絕贈之云不用山僧供帳迎世間無此竹風清獨拳一手支頤臥偷眼看雲生未生

玉蟾伯人葛長庚閩人居瓊州母夢吞蟾蜍而生字玉蟾隱閩武夷號海瓊子師事陳翠虛先生服氣術善草篆若龍蛇飛動又玅竹石自讚云千古蓬頭跣足一生服氣飡霞笑指武夷山下白雲深處吾家宋封紫清真人

忠言密告葛誠明初以人才薦爲燕府長史燕王

患朝廷疑忌暑月圍火輒狀寒慄誠密言張昺曰王詐病以密告上聞文皇靖難大恨之殺誠族其家

蓬鬆言○葛一龍字震甫洞庭人明初國學生積貲入補范質公典選識之曰非白下詩人葛髯耶及瞥奮諾公曰哂之補藩幕謁長史衆視髯皆大笑有文移輒呼髯為蓬鬆言○

曾國斗瞻○葛同字道潛號默菴閩縣人永樂進士歷官按副督青齊學政博雅善文言動從容以禮寮儕憚其方正以實踐躬行不尚浮餙課士矩矱必歸

先型一時單寒名宿盡收桑籠曾國欽爲斗瞻崇之
名宦閩人慕其介節祀諸鄉賢
龍門僊令○葛整字餙三號肅齋懷安人宣德恩選
試禮部高等筮粵龍門令邑稱地腴俗侈公一裁以
儉樸所得餘羨半葺學宮半會諸生文酒賦詠臺省
交薦內擢尋病卒朝士惜之
湖南講述○葛寅亮浙江人萬曆進士博學潛粹著
湖南講章教授諸生督閩學政盡以所蘊傳述滋事
公明廉正私竇盡絕築室武夷山五曲探玉女接笋

諸勝學者卽其地祠之。

文章國士○葛士謙字光先號鳴園萬曆孝廉時壬子大比太史張公以誠給事徐公紹吉主試兩負重望期得國士閱謙牘擊節不置稱軒軒秀穎如初發芙蕖援冠毛經稱文章國士

○葛常之姑清源君妻蔡君謨爲夫人賜爵清源君

薛河東黃帝後封薛侯

謀王斷國○薛宣字贛君習法律谷永疏曰少府薛宣才茂行潔達於政府經術文雅足以謀王斷國漢

成帝入相封高陽侯

當韓直諫○薛廣德字長卿以魯詩教授楚二龔皆
師事之漢宣帝博士論石渠經史同異遷御史大夫
元帝欲乘樓舡德當乘輦直諫欲以頸血汙車輪○
清名士○薛方字子容與紀俊皆西漢清名之士王
莽以安車迎方謝曰明主方隆唐虞之德小臣欲守
箕山之節

五雋○薛兼有器宇少與紀瞻閔鴻顧榮賀循齊名
號五雋初入洛張華見之曰皆南金也仕晉官宮鑾

祖綜父瑩三世傳東宮官寮榮之

河東三鳳○薛元敬與從父收兄德音齊名稱河東三鳳收字伯褒師河汾王通受王佐之道仕唐秦王主簿元敬唐十八學士之一天策叅軍德音掌文翰舍人

關西復見○薛道衡字玄卿汾陰人作人日詩云入春纔七日離家已二年南人嗤之讀次韻云人歸落雁後思發在花前乃喜曰名下無虛士裴獻在旁目之云鼎遷河朔吾謂關西孔子罕遇其人今復見薛

君矣

撫節悲歌○薛譚隋人學歌於秦青自謂已盡其技辭去秦餞於郊酒半青爲之撫節悲歌聲振林木響遏行雲譚慙謝之終身不復言去

定天山○薛仁貴絳州人唐貞觀中上親征遼東仁貴每衣白衣登先撼陣上曰朕不喜得遼東喜得仁貴與敵戰發三矢殺三人氣懾遂降軍中歌曰將軍三箭定天山壯士長歌入漢關贈驍衛大將軍三世金紫

玉筍○薛庠唐穆宗朝擢第李宗閔知貢舉得庠牓
一榜皆知名之士世稱玉筍仙班
芝亭○薛振饒州刺史居素山産靈芝人謂仕宦德
政所感立亭其上曰芝亭
廉村廉水○薛令之字珍君長溪人唐開元東宮侍
講題詩於壁云朝旭上團團照見先生盤盤中何所
有苜蓿長闌干後掛冠歸隱肅宗卽位思東宮舊德
旌其鄉曰廉村水曰廉水
文昌風景○薛能唐詩人應制詩云白蓮千朵照廊

明一片承平雅頌聲更報第三條燭盡文昌風景篤難成。

東塗西抹○薛逢唐會昌中與楊收王鐸同第累遷巴州太守人歌曰日出而耕日入而歸吏不到門夜不掩扇有孩有童願以名垂何以字之薛孫薛兒晚年困于宦途策蹇馬赴朝值新進士綴行而出前騶曰回避新郎君逢笑曰莫呵貧阿婆三五少年時也曾東抹西塗來。

衙一偉人○蔡襄宋進士贊謂馮魏公詩云囊書空

自負早晚達明君馮掩卷曰不知秀士所負何事讀至第二作云千林如有喜一氣自無私乃曰秀士所負如此馮端重知人時范仲淹方居下位公以公輔許之及帥蜀還朝指薛曰君又得一偉人仁宗參大政謚肅簡

老穉滿車　薛季宣字士龍六歲而孤志尚犖犖與常兒異宋仁宗官大理丞持節撫淮西賑流民勞來安輯老穉滿車前東西賴以安堵

鎮朔大將　薛祿膠人起卒伍明永樂靖難奪九門

攻劍南破雄漢大戰白溝河進都督獻陵即位加鎮
朔大將軍巡邊從景陵討高煦開府樂安晉太保贈
鄞國公謚忠武

天子命使○薛嵓閩鄉人有口辯建文大理卿方孝
孺議草詔散北平將士命嵓賫往嵓入見文皇曰殿
下旦釋甲謁孝陵皇上暮即命將旋師耳文皇曰事
至此誰欺左右請殺之上曰天子命使也靖難後名
見請死曰彼各爲主謫粤西倅

薛夫子○薛瑄字德溫號敬軒河津人永樂進士歷

官侍郎學士謚文清母夢紫衣神來謁生公年十二
通詩賦從師講朱程語錄奮起曰學問正派也焚所
作研尋督學山右士尊之曰薛夫子中官王振欲邀
一見公曰安有受公爵而拜私門耶振欲傾之衆咸
爲公危怡然不動英廟名直閣時石亨竊柄知幾引
退甞隱靈巖寺云風滿廻廊飄墜葉水流絶澗泛秋
花青松閱世風霜古翠石題名歲月賖
安忍有餘○薛遠無爲州人宣德進士天順主事使
交南稱職累官兵部尚書叅賛機務其於禮樂兵刑

天官律曆典故憲章無不通曉居官四十載家無長物食無兼味曰吾事親不足安忍有餘

原吉後塵○薛章憲字堯卿江陰人通經博學遊吳越探山水奇興發爲文詞沈啓南亟稱之謂可追王原吉後塵○

寧齋居士○薛蕙字君采亳州人正德進士考功郎武廟南巡抗諫嘉靖議大禮忤旨謫獄公生三月見芒神呼芒郎家人怪之沃冷水而止十二能詩文貌癯氣清行已峻潔著寧齋集號寧齋居士

却金亭。薛廷寵號萃軒福唐人官嘉靖給事與華札同使高麗國王重其才厚餽公獨却不受王搆却金亭以誌矜以懿直忤奸相嵩及歸嚴欲中之連以華札受金事公疏代辯云臣之不受以彰國體札之受以安遠人上隨釋札卒爲嚴所媢貧不具殮國人哀之。

壽國鴻文。薛應旂字方山武進人文章名世爲一代師表萬曆進士歷官都御史史稱壽國鴻文領袖東南子敷政敷教俱進士稱家學淵源

惟山和尚。薛寀字諧孟武進人方山先生後九歲
爲筆千言崇禎進士出倪鴻寶文鐵山二公門守開
封時流寇張爕熊督師王撫公議勦屢上應策不用
號哭投劾歸國變祝髮入山稱惟山和尚遁去
全髮歸死。薛敬孟福唐人字子熙唐藩翰林學士
華易潛身海島著述守髮膚歸死
薛媛南楚材妻楚材旅遊不歸薛對鏡圖形賦詩
寄云欲下丹青筆先拈寶鏡端已驚容索寞漸覺
鬢凋殘淚眼描來易愁腸寫出難恐君渾忘却時

作畫圖看

薛裕弱冠爲丞相參軍京兆尹韋瓊誦其詩躍然曰英雄本色窺露毫端以女妻之

薛瑤英唐元載妾楊炎贈歌云雪面淡粧天上女鳳簫鸞翅欲飛去玉釵翹翠步無塵楚腰如柳嬾鶯語

薛濤蜀姬元微之詩云錦江膩滑蛾眉秀化出文君與薛濤

霍文王子霍叔後

封狼居胥。霍去病、平陽人、漢武帝祢從衛青爲驃姚校尉、凡六出擊匈奴、封狼居胥山、禪於姑衍、登瀚海而還、封冠軍侯、驃騎大將軍、上爲治第、辭曰、匈奴未滅、何以家爲。

賜負扆圖。霍光、字子孟、漢武奉車都尉、出入禁闥二十餘年、上察其可屬社稷、命小黃門畫周公輔成王負扆圖賜之、後擁立昭宣、秉政二十年、肖像麒麟閣、稱大將軍博陸侯、不名。

帶犀佩魚。霍端友、宋崇寧狀元、知制誥、學士、上雅亞之賜帶犀佩魚學士佩魚自友始。

伏節死義○霍安國宋建炎中知懷州以死節聞贈延英學士李丞相綱曰伏節死義者在內有李若水在外有霍安國○

有風力○霍鑫宋紹興京西運使遷知潭州樞密陳誠之曰鑫有風力能辦大事其人可寄重權

文詞雋逸○霍韜高陵人明成化進士文詞雋逸館閣重之官翰林學士纂修世宗實錄賜鈔宴殿中

○霍氏張尚書五典孫婦闖寇掠山西東渡沁水至

寶莊堡時霍氏二子服官都中衆議棄堡而逃霍氏曰避賊而出家必不保出而遇賊身必受辱等死耳死於家不猶愈於野盡出服珥率鄉人力禦賊退有司上其事號其堡曰夫人堡

郝太原殷帝乙後封太原郝鄉因氏

曬書。郝隆字仕治俗七夕日人皆曬衣隆仰臥於庭曰曬吾腹中書耳仕晉爲南蠻參軍桓溫三月三日會飲賦詩隆云娵隅躍清池桓問娵隅何典隆曰蠻中名魚爲娵隅也桓曰公何作蠻語曰千里投

始得蠻府叅軍那得不作蠻語桓隨薦之

志在相業○郝處俊少好學嘗與高智周論仕宦出處曰大丈夫惟無仕仕必宰相方展學業耳唐高宗朝中書令諫諍多得大體稱相業

跨江爲渡○郝守濬宋開寶中上命自荆南作戰艦於釆石濬跨江爲浮梁王師所經如履平地

景德名賢○郝大中宋景德二十四賢中人

清愼○郝珩廣平人明永樂鄉薦大臣以異才卓越上言擢給事歷方伯以清愼異政聞

吏治。郝鵬、徐溝人、由太學生、洪熙辟名、條對稱旨、累官湖廣藩伯、經術文章、燦然、吏治一新。

老而好學。郝穆、字玄敬、吳縣人、弘治進士、歷官僕卿、七歲能詩、不習章句、泛濫羣籍、初官部郎、奉使秦中、訪山川靈勝、建置分壞、作西使記、歸老貧至乏食、輒哭曰、天必不忍郝生饑死。吳門有風雨、滅燭乞火、無應、鄉人指曰、南濠郝少卿有讀書燈、往乞、果得火。老而好學如此。

蝴蝶床。郝公琰、歙人、與曹山人野臣友善、布袍角

市相落落曹蓉詩名鬼訂以爲非時人所知也郝冠夢與聯詞云譬如作客指此爲鄉衰倦歸來請君約我待之蝴蝶床

清介○郝鳳升長汀人年十歲抱牒白父冤十三通經史詩文正德進士授評事武宗幸榆林留駕忤旨下錦衣杖旋釋上南巡又極諫再忤再杖世宗嗣位出守嚴州以清介直亮聞

子僕同殉○郝景春字和滿江都人萬曆鄉舉知房縣督師熊文燦力慫王撫流賊張獻忠納賂受撫隨

探熊無能爲復叛閩虜脅請援十四往不報城陷于
鳴鑾奴陳宜先公所在且呼且哭曰兒若父子死不
同處耳賊擁公令降公叱曰賊奴速殺我子僕旋縛
至公呼曰若同就死主簿朱邦右妻子一門俱經
有明詩冠○郝敬字仲輿號楚望京山人萬曆進士
著草堂詩餘百卷蘇漢英品詩稱有明三百年之冠
尤善樂府諸體有村雲蒸野爨澗水泐漁簑句官部
郎
○郝夫人王湛妻宜家有法世言錄夫人之禮郝夫

人之法

駱丙黄齊太公子駱後

文武才○駱俊會稽人有文武才仕吳參軍生子統字公緒年二十為烏程相孫權任功曹陳便宜多所裨益

三公樂○駱惠度工歌三奏稱三公樂仕宋與辛仲宣胡闓為友

冠軍○駱之才字旗門年十二相者曰此兒遠致陳文帝引為將稱冠軍將軍

海內四傑○駱賓王七歲能詩與王勃楊炯盧照隣齊名號海內四傑徐敬業討武氏駱草檄傳天下后讀至一坏之土未乾六尺之孤何托后矍然曰誰爲之左右以駱告后曰有才如此淪落不偶宰相之過也傳駱後懼武氏禍隱于僧史載宋之問遊靈隱寺題詩未就有老僧問曰何不寐曰題詞詩思未屬耳僧請吟上聯曰何不云樓觀滄海日門對浙江潮問愕然有知者曰此賓王也

夢龍駱○駱起與龍起登宋進士榜同試丁咸夢乘

龍而起有駱駝在後及臚唱有龍起駱起聯名

倏然自遠○駱文盛字質甫武康人明嘉靖進士編修掌史局嚴分宜柄政倏然自遠不投一剌分宜目之即移病歸居英溪瀨下自號兩溪詩比孟貞曜亦武康人

書林○駱騤會字象先萬曆進士武康人令甌寧勤敏愛民建書林于光孝寺之左公餘載酒論文與諸生酬唱不倦

士林名世○駱日升惠安人萬曆進士歷江西督學

按陳際泰羅萬藻艾南英章世純爲士林名世學者翕然師之轉備兵蜀中土酋之變以身殉難上憫其忠賜葬贈恤

莫 鉼鹿 官氏志邢莫氏改莫

參大謀○莫含北魏人穆帝愛其才參軍國大謀

執金吾○莫雲北魏道武朝官執金吾以親任貴顯參軍國謀議

鏤金村○莫宣卿字仲節開建人大中進士第一今鏤金村有莫狀元書堂舊蹟爲開建奇勝賜名錦衣

鄉。

瑞梅○莫伯虛字砥子宋溫州守建思濟堂以弘濟自任守常州署有瑞梅甘露野有秀麥嘉禾之祥退隱修真

酌荷莖○莫璠字仲璠錢塘人明景泰間隱居西湖駕漁舠顏曰泛鷗日與嚴菊莊往來山下夏月採荷莖入酒飲一莖咏一律較勝

明月莫去○莫天賦字子翼海康人嘉靖鄉薦令莆邑時倭亂甫平民竄徙無定賦多方安集擢比部郎

繼其任者姚江徐毓箕前後咸以冰操子惠民爲謠曰難教明月莫去却羨清風徐來門無俗塵○莫睿字思卿錢塘人萬曆進士出刑部郎擢臬僉守閩劍州道恬澹清介門無俗塵鋤奸胥之包猾者置法夙弊一時頓改

青社白眉○莫是龍字雲卿華亭人十歲屬文久次入貢國學丰姿儀度可挹王道思贈詩云風流絕世美如何一片瓊枝出樹初畫舫夜吟佳客駐練裙書臥有人書稱青社白眉

索武威殿人七族索氏從

銅駝荆棘○索靖字幼安少有逸才舉賢良對策晉武尚書郎與衛瓘俱以善書齊名靖書婉若銀鈎漂若驚鸞有遠識知天下將亂指洛陽宮門銅駝嘆曰會見汝在荆棘中耳父湛北地太守子綝尚書僕射

廟廊器○索綝字巨秀靖每嘆曰綝非簡札之才廟廊器也郡守不足相污後官尚書

善占策○索紞字叔徹善占夢令狐策夢立冰上下紞曰媒介事也索充夢擄者脫其上衣曰此當生男

張邈欲奉使夢很嗾其足走而被噬統曰此却字也
必不行所占皆驗

狄 天水 周成王封少子於狄城

名賢○狄黑衛人孔子弟子載名賢傳

斗南一人○狄仁傑字懷英太原人舉明經嘗赴并
州法曹登太行山見白雲孤飛嘆曰吾親舍其下望
雲盡乃去同官鄭崇質當使絕域母老傑請代行衆
曰狄公北斗以南一人而已官唐平章調劑宮府之
中卒令武后還政爲中興名臣前後薦舉姚崇張柬

之諸人皆國家碩輔天下稱曰桃李盡在公門武后
賜金帶紫袍製十二字以旌其忠中宗封梁國公謚
文惠
九老會○狄兼謨仁傑孫字汝諧剛正有祖風唐文
宗御史中丞帝曰御史臺朝廷綱紀一臺正則朝廷
治與白居易爲九老會
奪崑崙關○狄青字漢臣西河人風骨奇偉騎射絶
倫鎮鄜延儂智高據崑崙關值元夕青大張燈火設
宴僚屬青於酒半微服奪崑崙關時宴尚未撤而捷

已至泉呀如神有以狄梁公告身畫像來獻者謝曰一時遭際安敢自附厚贈遣之人韙大體

平蠻記○狄諮青子熙寧中爲閤門使上嘉舊功購求青遺書諮上平蠻記及歸仁鋪戰陳圖

柳色離情○狄煥字子炎梁公之後居南嶽以林泉自適家種菊千本顏曰三徑傚陶居詠云翠色折不盡離情生更多

九成臺○狄咸新宋熙寧學生出知韶陽作九成臺蘇軾稱玉局散吏爲銘

入函卷之三十三終

古今人物大觀卷之三十四

八函四

李承國子基甫參閱

太史孫子未先生鑒定　閩中林涵春奕善父纂輯

薩　位立人甫編校

戚東海　衛大夫食采于戚因氏

七代帶礪○戚鰓、漢臨轅侯、功冠元勳、歷七代帶礪。

著禮議○戚壽、晉人、著禮記雜議十卷。

堅素先生○戚同文、楚丘人、博學潛修、絕意仕進。楊黴之云、陶隱居號堅白先生、同文性情純粹、直以道

義自寓與隱居今號堅素先生○
見行錄○戚存心明洪武進士擢行人以才行稱歷
官禮部侍郎博洽經史尤精纂述輯古人蒞政勤民
實績編目見行錄○
崇儒重道○戚雄字世英金華人正德進士知劍州
建陽令以崇儒重道自任下車即訪楊龜山游定夫
遺蹟遷學校置公田勝士至今美談
與骨俱香○戚景通字世顯世千戶長幹修髯頰壯
繆劉瑾結客以席帽遺公曰兵發表識著此公笑不

答遂服黃冠遁青州山中堅之遇寇變時僵屍枕藉衆掩鼻過公曰偉哉國士名與骨俱香官都閫有子繼光

鴛鴦陣○戚繼光字元敬景通子豪爽有詩才著紀效新書兵鏡實錄行邊記創鴛鴦陣圖參伍錯綜犄角有法題伏龍亭云衰草尚迷遊鹿徑秋雲空鎖伏龍磯遥看滄海舒孤嘯百尺仙橋一振衣公備禦于邊防倭于海簡將用兵與江陵合累奇捷晉光祿少保江陵歿譚戚二督帥解符邊防由是瓦解識者謂

公不究其用。

積薪自焚。戚勳、崇禎進士、能文善書、風流長于詩

才、館閣諸公重之、弘光南遷、擢中書、大師抵金陵、勳

顧四面壁壘、勢無復之、集家人婦子團飲自焚。

鐵江都　漢江都相鐵梗後

終不一顧。鐵鉉、鄧州人、明洪武國子生、擢給事建

文官尚書、靖難兵圍濟南、鉉令開門迎降、文皇入、鉉

放鐵閘、馬躍幾傷、每出戰、率軍士噪罵帝、遜國、鉉獨

擁孤軍未撤。永樂改元、逮至、以背見上、上令力士以

鐵牙搣之終不轉顧薙其肉納口中曰甘乎鉉厲聲云忠臣義士肉何不甘寸磔之以油沸其屍忽油洶丈餘力士俱仆上亦驚避錫山王時大吊詩云中樞當日舊登壇戰罷俄驚赤羽殘至死不能回北嚮魂飛鼎鑊起波瀾

教坊詠詩○鐵鉉二女文皇沒其家發教坊充樂戶誓死不汚長女詩云教坊脂粉洗鉛華一片閒心對落花舊曲聽來猶有恨故園歸去已無家雲鬟半挽臨粧鏡雨淚空流濕絳紗今日相逢白司馬尊前重

與訢琵琶次女詩云骨肉拋殘產業荒一身何忍去
歸娼淚垂玉筯辭官舍步促金蓮入教坊覽鏡自憐
傾國色向人羞學倚門粧春來雨露寬如海嫁得劉
郎勝阮郎鉉同官有以詩上聞者文皇笑曰彼二女
亦不屈耶乃赦出適二國子生後俱顯官
挾刃刺闖○鐵貞芳保定諸生女年十六冰姿玉德
闖賊陷都衆掩至女赴井賊挾欲汚怒曰我燕人也
當為燕鬼嚙指血塗面殆極計曰我夢一馬載入宮
後當妃后汝能奏異日重報闖聞名視悅之引入宮

是日大宴酒酣芳提小刀望陽刺之中目血流左右
弁擊暴屍有羣鳥啣花覆屍賊駭掩之西山

易太原齊大夫易牙後

兩折瓊枝○易重字鼎臣唐會昌中張濵榜第二入
翰林再考置第一詩云六年鴈序忍分離詔下今朝
遇故知上國風光初曉日御堦恩渥暮春時內庭再
試稱文異丹筆重宣寵眷奇故里仙才若相問一年
攀折兩瓊枝

玉芝異瑞○易延慶字餘慶以純孝聞家産靈芝之十

入塋又生玉芝數本學士徐鉉諫議薛映咸以孝感
上聞詔寵異之辟大理評事
潭州三元○易祓字彥偉長沙人善小詞賦暮山溪
云東郊拾翠襟袖沾飛絮寶馬趂雕輪亂紅中香塵
滿路十千斗酒相與買春閒吳姬唱秦娥舞拚醉青
樓暮宋淳熙中祓狀元湯璹王容相繼入第稱潭州
三元○
清隱○易恆字久成廬陵人宋進士斗南先生孫博
學勵操家有酒園引泉蓺花明洪武以清隱徵有浣

花寂寞鐘山遠又見風流在曲江句。

文筆碑○易節洪武初貴州藩伯撫治有方寬猛得宜蠻人懷之立石文筆峯下。

民呼再天○易道談字進明巴陵人嘉靖守興化時會倭亂築城繕樓民不堪役公條罷舘膳二夫自著贖尾曰後以故事請者必罹天刑尋晉本省備兵使民曰吾屬呼再天矣。

父子死義○易道暹楚中諸生以文章聲氣頗同輩崇禎末賊蹂荆黄諸州道暹長子爲瑚駡賊磔其舌

死次子爲璉與暹同死

栢　魏郡古柏皇氏後

圖凌煙○栢良器字公亮魏州人王奐奇之曰爾面黑子類顏平原額似臨淮王英雄疊過鷰之李光弼領將符大小六十二戰封平原王圖像凌烟山中學士○栢良才唐開元學士歸隱山中杜甫稱其清逸有義皇上人風節詩云山居精典籍文雅涉風騷又云筆架沾窓雨書籤映隙曛

仗節服叛○栢耆才辯善縱横之術宋元和中王承

宗叛者說裴度曰願假天子一節掉三寸之舌爲公服叛拜左拾遺仗大義以服承宗歸命受制

二帝師　栢子才宋人善著述纂家乘稱先世柏招爲顓頊之師柏同爲帝嚳之師

伯汝南　晉大夫荀林父後爲中行伯因氏

列儒行　伯虔孔門弟子列儒行追沭陽伯

操音移情　伯牙周人善琴嘗學于成連先生三年不會成偕適東海日聞潮聲洶湧愴然曰先生移我情矣再鼓遂爲天下絕音後與鍾子期遇期死牙終

身不復鼓

好直言○伯宗、周人、晉大夫、好直言、每朝其妻必戒、後果以戅見禍、了州犁仕楚爲太宰、

麥　高要

生知○麥宗元、麼些人、生七歲、不學而識文字、後長偕通吐蕃、白蠻諸落書契、稱生知、

鐵仗○麥鐵、保昌人、驍勇有力、日行五百里、隋汝南守寇至、挾鐵杖拒敵、死國難、人呼爲麥鐵杖、謚武烈

詩人○麥秀、唐元和中、以詩三上宰執、薦名麟圖閣

侍制、

赤　帝嚳師赤師子後

雨師◎赤松子、能服水土、教神農辯種植、嘗棲西王母石室、隨風雨上下、稱雨師、

碧鷄道人◎赤斧、漢巴戎人、居碧鷄祠、能服氣煉形、爲碧鷄道人、生百三十年、毛髮蒼如童子、

劇　洛陽齊大夫食采于劇

辯士◎劇辛、周人、戰國時、燕昭王慕其賢、以禮致之、佐燕任政、下齊七十城、

博徒。劇孟漢洛陽人以俠名文帝時吳楚叛周亞夫乘傳至得劇孟喜曰吳楚舉大事而不求孟吾知其無能爲也孟過高陵袁盎友善之或曰孟博徒耳將軍何自屈盎曰彼固博徒母死四方會葬千人此亦有過人者。

屈臨海 楚武王子瑕食釆于屈

三閭大夫。屈原名平號靈均仕楚懷王爲三閭大夫同列靳尚爭寵而害其能嫉之王疏平作離騷見志自沉于汨羅後人哀之取五日競渡以吊。

方城漢水○屈完楚大夫善詞令應對齊桓公會諸侯之師伐楚責以王祭不供包茅不入楚使完如師曰君以德綏諸侯誰敢不服以力楚國方城爲城漢水爲池雖衆無用楚重其辭與盟

寄跡人表○帡處靜漢人居祁陽白公勝之後參悟道微寄跡人表一日騰空而脫

史乘○屈遵北齊人博學有史才官中書掌國史記乘

尉太原鬼谷弟子尉繚子後

三老五更。尉元仕元魏尚書、令以老謝、詔曰、尉元以八十長年宜處三老之重。游明根七十遐齡可充五更之選。

賜纁服。尉撥元魏郡守、魏成帝以撥清介有惠績、賜纁裳。

寒蟬。尉瑾仕北齊、銓曹尚書、遇人無可否、時謂寒蟬。

蔚　瑯琊　左傳鄭大夫蔚翩後

郤敵。蔚昭斂宋鎮帥、駐高陽、契丹入寇、以下人郤

敵萬衆

虙

鳴琴而治○虙不齊字子賤魯人宰單父父事者三人兄事者五人友事者十一人操絃一室不下堂而治○

虙翰○虙元藴明初太祖以文學徵軍國大事隨以諮之人謂虙翰不用記載悉如上議

○宓妃虙義女溺洛水死爲洛神曹植賦云河洛之女名曰虙妃翩若驚鴻婉若游龍○

曲見姓苑

金吾衛士○曲環陝州人善兵法唐天寳中金吾衛士以大將軍鎮西取禄山諸黨而歸德宗封晉郡神攝敵衆○曲端宋紹興中名將以忠義自矢殁後尤于所鎮地爲神率部曲駭敵攝其衆敗之

郤濟陰晉大夫郤文後

相敬若賓○郤缺晉大夫耨于冀妻饁之相敬如賓臼季適冀見之歸言晉侯曰敬德之聚也能敬必有德請君用之晉侯以爲上卿

敦詩說禮○郤縠晉文公蒐于被廬作三軍謀元帥
趙衰曰縠可公曰何知衰曰縠敦詩書而悅禮樂公
使將中軍○

明圖緯○郤仲信漢博士明春秋災異圖緯之術○

蜀中賢守○郤正蜀漢巴西守字季先博覽墳典工
文章辭令稱蜀中賢守○

桂林一枝○郤詵字廣基博學多才瓌瑋倜儻仕晉
武帝雍州刺史初對策第一帝稱之卿猶桂林一枝
崑山片玉○

叔　魯國魯桓公叔弓後

知禮○叔弓魯大夫聘晉晉侯使郊勞辭曰寡君使弓來繼舊好無敢辱命叔向曰叔子知禮哉

三良為政○叔詹鄭大夫管仲曰鄭有叔詹堵叔師叔三良為政未可動也

進學廣業○叔仲會周人孔門弟子文學博稱會進學廣業追博平侯

鹿　趙大夫食采于鹿

神泉子○鹿皮翁淄水人岑山有神泉翁居泉旁修

眞冬夏服鹿皮、號鹿皮翁、又名神泉子、年百歲、狀若

嬰孩、遯跡入仙、

[illegible]旌◎鹿悆、字永吉、北魏人、濟陰乘氏、善兵書、

悆學[illegible]魏[illegible]門侍郎、孝莊朝、閔其清節、賜金帛以

旌、、

王

挈領而治◎王兆、字文伯、漢建武中、爲陳留太守、以

德教爲治、嘗曰、治術雖繁、操其要、如振裘挈領◎

上秀峰賦◎王清臣、蜀綿竹人、明初以博學宏文徵、

名見行在時蜀守繪款上閟地圖指王秀峰為蛾嵋山絕巘命清臣進賦

藥

入臺宴賦。藥崧河內人漢武中郎性削悛每朝會獨立不去上嘉之言辭鏗響曰卿聲音入韻乎命入臺賜食賦詩

若姓譜。藥玩唐人撰姓譜世家十卷

驍將飛虎。藥九福晉陽人有膽氣善騎射晉天福弊契丹功晉太尉侍中上御將臺曰此驍將飛虎將

軍也。

鄂 昌邑 晉鄂侯後巴蠻七姓之一

進賢上賞。鄂千秋沛人漢高帝定封功臣千秋進

曰蕭何萬世功當第一且進賢上賞上曰何雖功高

得鄂君益明

識王氣。鄂譽吳人明洪武渡江譽伏策言金陵王

氣所鍾請上先拔定鼎賜官博士侍帷幄

洛 見姓譜本落氏

太初曆官。洛漢巴郡人精天文躔度著太初曆官

太史、

郄山陽晉大夫郄玄後

識災祥○郄萌、晉人、撰春秋災祥十五卷、明于陰陽

卜筮之學、

著問略○郄羽、南齊人、博貫經史、著春秋問略、胡安

國言其近道、

闞天水齊大夫闞止後

都鄉侯○闞、澤字潤卿、山陰人、博覽羣籍、尤長春秋

曆數、漢舉孝廉、歸吳、孫權以爲錢、唐長封都鄉侯、

秘書博士〇劉騊字玄隆北齊秘書博士能通四方音語及山經地誌

鄭　周武王定鼎于鄭以地氏

詩紀著名〇鄭芳唐詩人光化中宰六合嘗詠懷古諸什置龍津士林館龍池諸唱爲東南詞人推重

逸

世官〇漢逸石爲大司徒唐逸仁傑爲夏官郎中皆以清節著人稱世官

風流豪爽〇逸祀字古光覃懷人明永樂初以博士

徵精易埋詩詞風雅豪爽士林重之有潭靜開天鏡
山昏着露巾叉花晚留褄蝶萍開兒躍魚句
鬻南康周鬻中後
尚少○鬻子年九十謁文王王曰嘻子老矣答曰使
臣策国事則臣尚少叟糟醨聽絲竹則倦衰遂立爲
師○
刑諫○鬻拳楚大夫諫王不聽自納于刑
牧弘農黃帝臣力牧後
五友○牧仲魯人孟献子慕其賢與樂正裘仝爲賔

益之交傳稱其一

閎中一守○牧良漢文帝詔舉天下循良異等九郡

以渤海守牧良對

国下丞鄭穆公子国後

国器○国淵字子尼幼從鄭玄李玄稱之爲国器魏

武帝辟爲司空

直漢川楚人直躬後

長者○直不疑南陽人漢文帝郎官有同舍郎誤持

其友金去疑直無與辯久之友持其金至同舍郎大

慚以此稱直爲長者

揭上党

宜秋詩話。揭傒斯字曼道元初舉士謚文安有史才經筵之暇以賦咏稱元四才子之一有洞庭秋月詩題氣自澄穆碧波還蕩漾應有凌風者吹笛君山上又平沙落鴈詩天寒關塞遠水落洲渚潤已逐夕陽低還投叢中栖

白鵝池。揭軌字孟同臨川人文安公揭傒斯後明洪武初舉明經令清河典江西試善臨池有白鵝池

冷綠苔深銅雀硯寒清露滴句
避孝子○揭雀臨化人家貧負薪樵採不給母病思
肉輾轉莫得封股和羨病尋愈舍旁火挾母莫出空
中語曰避孝子否則諸融神有讁倏反風火滅
柴市魂○揭重熙字潛銘臨川人崇禎進士守福寧
州以清廉明敏聞國變被逮獄于建州俄有兩人入
獄訊之不答大慟而去及就戮建南市兩人相隨就
死兩人以無名晦公臨刑云生平不數常山舌此日
欣依柴市魂門生孝廉閩人陳須純殮之葬延平九

峯山下

薩鳫門

一字師○薩天錫初名都刺號直齋元泰定進士入中國居鴈門官南臺御史以不避權貴彈劾左遷諸閩肅政道廉訪使知事著鴈門集有送欣笑隱詩云東南隱者人不識一日才名動兩京地濕厭聞天竺雨月明來聽景陽鐘衲衣香煖留春麝石鉢雲寒臥夜龍何日相從陪杖屨秋風江上採芙蓉虞伯生學士見之曰詩固佳聞字君何不易看不讀唐人林下

老僧來看雨句乎薩服曰公爲吾一字師

天性孝友○薩天與錫弟元江西總管博學善文尤長詩詞別弟云解纜不忍發船頭雨濕衣汝兄猶是客吾弟獨先歸行役關河遠虛名骨肉稀如何淮北雁不作一行飛公天性孝友情動乎辭見元史孝友傳

延陵半野○薩仲明性清逸喜俠善琴仕元丞相府判官居京師顏其軒曰半野後買宅延陵仍名倪雲林嘗過宿題軒云何意開軒名半野身遊象闕思江

湖斜侵瓜園逼花藥稍傍薇垣近竹梧千里秋風催砍鱠九霄晨露浥飛梟如今別買荒城宅自掃楓林候野夫又過聽琴云薩公能琴賢且文城闉一過何懽欣高堂掃榻新雨霽爲鼓瀟湘之水雲竹杖蕭瑟風嫋嫋氷銷日出波沄沄曲終推琴意愈濃忍郎別去隨飛蚊

孝義之報○薩琅字用謙閩縣人性至孝母疾請身代禱北辰絕而復甦神曰爾子孝增年三紀有四尋疾愈後三年卒計三十四月也性尚義嘗後圃拾金

飾一囊乃里中人爲官捕逃急偶遺者悉歸之又嘗
地掘金盈缶㕥故主曰其君家舊物乎主以半爲謝
却不受鄉遇颷衆籲薩孝子禱火燃隣居亦呼薩孝
子救火尋滅生子琦贈侍郎人稱孝義之報
循禮變俗○薩琦孝子孫子字廷圭閩縣人明宣德
進士翰林脩撰纂仁廟實錄晋詹事侍郎公先世目
色人相沿故習至公循用朱子家禮婚喪儀節一變
其俗盖天性孝友持正不渝故也家傳詩學有早朝
云鵲立彤墀夜未央參差環珮覲宸光嵩呼識得龍

顏喜御座分來雉尾香花露煖隨金殿入椒烟晴引
玉堦長拾搖作轉千官肅遥聽鐘聲出建章

笪

一方表率○笪繼良鎮江人明崇禎鄉薦守汀郡下
車拓南城六百丈設威遠營固圍輯大成廟重道崇
儒翕然一方師表

佟

幽績傳○佟卜年遼陽人明萬曆進士官監軍僉事
少年甲第清介自持有詩文名廷瑠以遼人易馬坐

公疏邊遠獄矯勅作幽憤傳自白臨死云生逢堯舜死蔡夷齊首陽無愧萬世鑒知天下寃之嗚呼公以詩書起家忠孝立節豈肯主疏邊者哉宜後人之扼腕

八函卷之三十四終

古今人物大觀

卅五之八

古今人物大觀 [illegible]

古今人物大觀卷之三十五

逸氏函　　陳聖泮元御甫參閱

太史孫子未先生鑒定　閩中林涵春奕善父纂輯

男爾觀裕薦甫編校

逸氏

東湖樵夫○樵夫居東湖日負薪入市靖難詔至湖旁入入市聽詔或語樵曰新皇帝登極樵愕然曰皇帝燒宮自焚矣樵大哭躍入東湖死崇禎甲申國變有樂清樵者聞變棄柴投東港死錫山王時大吊詩

云偶逐看棋置斧柯。千峯影裏夕陽多。不知少帝歸
滄海。猶向靈均問汨羅。

雪菴和尚。不知姓氏、稱松陽人、靖難爲僧、走順慶、
隱者杜景賢識異人、搆屋山中居之、日誦易卦、好讀
離騷、每乘舠棹急流中、誦一篇、輙投一葉、投已哭、哭
已、終讀。嘗注壺酒半酡。呼牧兒歌。瞑然病革、徒子問
名、張目曰、我松陽也、或曰、御史葉希賢、吳成學、俱松
陽人、希賢與建文帝同祝髮。王時大吊詩云、急棹灘
中吟楚詞、途窮阮哭不勝悲。翠華一去無消息。回首

湘江聽子規。

雲門僧。居會稽雲門寺、每携椀茗筆床泛舟、望遠悲吟、至幽僻處、伸紙賦詩、賦巳自歌、聲凄楚激越。輙焚其稿。叩其姓不答。王時大吊云、鑑湖晴色禹陵松。雲掩千峯樹影重。猶憶袈裟輕棹遠。詩成鹿豕識歸蹤。

西河傭。無姓名、文皇入都、傭被葛衣、走金城乞食市中、金城邊地苦寒、傭操作曾家、得值買羊裘、以故葛衣蒙之。衣雖敝。縷縷不脫。每風雨必哭。求樂中有

古今人物大觀　卷三十五　二

留都官至浪莊識備欲與語隨走匿南山官去乃出
病華語主人曰我死勿棺視西北風火揚我骨主時
大吊詩云乞食金城邊地寒葛衣縷縷雪中肩自慚
馬革難圖報絶塞風高落照殘
耶溪樵○隱會稽賣薪給食每風雨晦暝或歌或泣
莫知其人嘗遊行澤畔畫詩于沙書畢亂其沙去有
疑者從後抱持之乃識其詩云夢入鴛爲班共紫宸覺
來依舊泣孤臣半生家國惟餘我萬里江山已屬人
無地可容王蠋死有薇堪濟伯夷貧伶仃苟活緣何

事要了煢煢一點血後死會稽山中或云郎兵部侍
郎廖平靖難入奉命携太子出奔後帝至襄陽幸其
家命太子更名姓平隨棄家逃漢中後遇帝于耶溪
號耶溪樵王時太吊云綠水縈紆抱石耶習池空望
更無家那堪夢轉鴛班冷博苑青青楊柳斜
玉華山樵○樵名自晦稱大呆子惟披蔴戴笠嘗自
歌曰七載艱辛走閩越日夜思親鬢成雪回頭往事
付空花形影相隨衣百結當時恨不蚤見幾扁舟一
棹江南歸西風塵土障天起秋水鱸魚空自肥郎今

寄食荒村裹主人出迎常倒屣當歌對酒忍暫懽握手論心愧知己老懷豈能忘故山神遊往往于其間爲君寫此轉凄惻片雲零落何處還臨死囑主人曰懸吾屍于林木間足矣王時大吊詩云月照床前思故鄉霜華滿鬢轉凄京鱸魚秋水如相憶愁絶題詩枉斷腸

洞庭居士不知何許人或曰建文時編修也隱湖濱人咸稱曰居士性介不喜見人意愀然若舉世無有當者後有二人至愕然向泣偕泛湖中語竟夕病

死二人瘞之哭去王時大吊詩云水溢山暇隱逸多稗官捜採失編摩依稀補得亡臣事四野哀鴻泣綠莎

神女廟詩士　東海逋臣無姓氏無常居多寄蕭寺道觀有過神女廟題詩云襄王此日知何處空見朝雲暮雨時

五柳圖翁　永樂中有寓常山松嶺者喜飲善睡輙書淵明五柳圖詩擲筆悲吟繼以濺淚人見之曰此吾鄉某編修也趨掩其口遂去五柳詩云藜杖芒鞋

白布裘山中甲子自春秋呼兒檢點門前柳莫道飛花過石頭又題壁云布被藜床醉郎侍蛙聲聒聒屋簷頭鶯囘一枕瀛洲夢碧樹啼鵑血未收

補鍋匠無名姓往來夔慶間補鍋人呼爲老鍋學其業者但令負擔以從不受計所至城市不過三日居止多寄蕭寺一日於夔州遇馮翁碩之愕然概歎慟哭隨同入巖中坐竟日哭別曰自今永訣矣王時大吊詩云補衮無能學補鍋秋風搖落舊山河休談天寶年間事腸斷青蓮蜀道歌

東湖蒙叟。又東湖樵者靖難後寓夔州教童子訓
詁有時採樵貿酒醉作詩題壁名馬二或名塞馬翁
一日見補鍋匠相抱哭語卽剗去壁間詩有得其遺
句云夜夢何奇特龍飛霄漢津朝橫滄海曲夕過滇
池濱光雲皆五色蜿蜒無損鱗淵田變化間張丰藉
高旻未幾辭主人去莫知所之
雪菴僧。或曰僧卽修撰吳成學也又言官御史松
陽人時中書郭節稱雪翁四川叅政蔡運稱雲門僧
晩稱稽山上人編修趙天泰稱葛衣翁又天台子按

察王直稱補鍋匠司務馮淮稱馬二叉寨馬翁鎮撫牛景先稱東湖主人東湖有兩樵夫一郎中柳貫一太學生王志也樂清一樵夫指揮張安隱樂清別野總之立節行遯以身晦不以名傳況情難危疑繳當前安得不游移以避物色也王時大吊詩云姓氏何須問隱淪任呼牛馬總非真仙源若欲標名蹟應使桃花也笑人

和州二義士○建文詔下勤王時燕兵所至納欵二生盡散家貲募勇士前行爲有司械入文皇鞫姓氏

曰不必令後世知名。笑我取義不就耳。

清溪二隱士。貴池人。聞金川門變、焚宮、二士方乘舟、急呼舟人棹中流。長號慟哭。躍入

畫網先生。明亡。閩樵川有三人者、一主兩奴。衣冠

挖食巖中。防兵捕之。碎去頭上網巾。大哭。取筆臨水

畫網於頭。令二奴更畫。呼捕者曰。我與若主帥王公

之網友善。請解軍前。一軍大笑。又曰。王公性烈好殺。

故去相就耳。王令釋之。命去髮。洗去頭上畫網。呼曰。

網不可去。况髮乎。牽一奴先斬。僕曰。垂死有禮。乞辭

古今人物大觀　卷三五

主人。三人怡然就戮、或曰惜無傳名。稱畫網先生。

畜鵝叟。五牧叟日泊舟岸、以畜鵝取魚、聞南都陷、安撫使至、叟愕然放鵝中流、曰若自去矣、吾不能畜汝也。濯清流死。

柴傭。金陵郭外老農、俗呼郭鬆子、樵販入市、見大師安撫使至、隨穉擔棄薪、躍入文城壕南龍游河死。

貞姑。少卿胡閏女、名郡奴、永樂詔錄給功臣家、女以爨灰汚面、矢不受汚、歷二十載、穉歸、鄉人咸爲涕泣、曰此忠臣女也。年五十尚處子、國人私謚曰貞姑。

衣帶詩。謝氏未識誰室妻文皇詔建文死事妻女配給象奴自黃觀一家外同時有一烈婦失姓氏或曰松江謝氏投武定橋死衣帶詩云不忍將身配象奴手提麥飯祭亡夫今朝武定橋頭死留得清風滿帝都王時大吊詩云金屋何須貯象房離離禾黍實堪傷衣臺含笑同歸盡環珮聲嫺下故鄉

教坊投環。一日蓬頭婦或云茅大芳妻一曰蒙帛二女稱鄭恕女一時俱經教坊門上王時大吊詩云教坊無計謝鉛華一曲霓裳掩絳紗留得貞心堅匪

石滿城風雨暮啼鴉鐵鉉二女載入鐵氏

拒户老姨老姨姚廣孝女兄孝以異數佐文皇靖難封榮國公歸鄉仍名道衍服僧袈見姨姨拒户詈曰建文帝何負和尚豈有出家不了還是好人王時大吊詩云卓錫名山擁法幢翻然仗劍入燕邦吳江秋老飄飄落巾幗羞慚暗碧牕

逸姓函卷之三十五終

古今人物大觀卷之三十六

複姓函上

龔山煠岱生甫參閱
太史孫子未先生鑒定　閬中林涵春奕善甫纂輯
姪孫霖培文聚編校

東方 平原

伏羲氏後帝出震爲東方因氏

上書自譽○東方朔字曼倩平原人恢諧滑稽漢武帝朝朔上書臣年十二學書十五學劍十六學詩史記二十萬言十九學孫吳戰陣之法目若懸珠齒如編貝勇若孟賁捷慶忌廉信若鮑叔尾生若是可爲

天子大臣矣帝倚之令待詔金馬門

含象亭○東方顥唐開元中含象亭十八學士之一

東鄉　宋大夫東鄉爲人後

周易物象○東鄉助唐人博學　嘗著周易物象什

疑行世

東郭　姜姓齊公族桓公後

人親而天○東郭順子田子方師事之魏文侯問順

子之師何學子方曰順子之爲人也人親而天虛緣

而葆眞清而容物物遠道則正容以悟之使其意自

消文侯曰遠哉全德之君子乎

大諫○東郭牙齊人齊文公朝犯顏進諫不避權貴稱大諫之官、

東宮

高隱○東宮得臣齊大夫厭俗尚繁華隱嵩南山年三百歲、

東陽

齊諧記○東陽無疑南北朝人散騎常侍博學雄辯著齊諧記、

公孫高陽黃帝姓公孫子孫因氏
知人善舉〇公孫枝字子桑秦大夫君子言桑之忠
也能知人也能舉善也秦国賴焉
在趙孤〇公孫杵臼太原人與程嬰為趙朔食客屠
岸賈誅朔臼與嬰曰子胡不死嬰曰死易而立孤難
臼曰我為其易者乃取他人兒匿山中使嬰告岸賈
曰與我千金告趙孤匿處賈隨殺臼及孤而真孤得
存後因韓厥立武子以繼趙嬰自殺曰可以報宣孟
與臼矣

堅白論○公孫龍字子石孔子弟子著堅異同之論

史贊云彌縫中道恊輔斯文

遺愛○公孫僑字子產鄭大夫善詞令睦於四隣語子大叔曰我死子必爲政惟有德者能以寬服人其次用猛夫火烈民畏故鮮死焉水溺民玩而多喪焉故用寬難孔子聞其卒而出涕曰古之遺愛也

東閣延賢○公孫弘字季淄川人善春秋漢武舉賢良對策第一待詔金馬門元朔入相性儉約位三公猶服布素開東閤以延賢共叅大政封平津侯

白馬長史〇公孫瓚字伯珪遼西人舉孝廉爲遼國屬長史將兵擊張純于漁陽功遷都尉常乘白馬出入烏桓畏之更相告曰當避白馬長史

崇虛先生〇公孫永隱於平郭山南吟詠澗谷陶然自得年踰九十操尚清介謚崇虛先生

書庫〇公孫景字元蔚元魏朝射策異等太常博士博通典故時人目爲書庫

公西

魯望〇公西箴字子尚魯人孔門高弟追徐城侯史

贊曰、猗歟子尚、魯邦之望。

志道好礼〇公西赤字子華、學於孔子、以知礼稱之、曰、齊莊而能肅、志道而好礼、儐相兩君之間、赤其選也、追鉅野侯。

公冶

儀型中道〇公冶長字子長、齊人、家語稱魯人、字子芝、孔子稱其可妻、史贊、儀型中道、不愧不怍。

公羊頻丘

理義精切〇公羊高、子夏弟子、作春秋傳、數傳至董

仲舒其授蓋以大明朱元晦曰公羊穀梁攷事甚疎
而理義精切追臨淄伯

公良

挺劒衛道 公良孺字子正陳人孔子去陳過蒲蒲
人叛衛止孔子孺以車五乘從謂子曰昔從夫子遇
難於匡今又遇難於蒲挺劒而鬬蒲人色沮謂子曰
苟毋適衛吾出子孺與之盟而行史稱挺劒衛道賢
知之勇

公仲

賜衣止田○公仲連晋人趙烈侯好音謂連曰寡人有愛可貴之乎連曰富之則可貴之則否君曰然則鄭歌槍石吾賜之田萬畝矣連諾而不朝番吾謂連曰君好善而未知所持子曷不進賢者而輔連乃進牛畜荀欣徐越左右之烈侯悦曰歌者之田且止乃以畜爲師欣爲都尉越爲内史賜連衣奉以爲相

公儀

操竿下釣○公孫潛魯人礪行樂道恬於榮利與子思友善穆公因子思以命相辭曰君若飢渴待賢雖

蔬食飲水伋願拜下風如以高官厚祿爲招彼必不何爲之庭矣伋亦無能操竿下釣以傷守節之士矣脩竟終身不出子思亦去魯

驅婦焚機○公儀休相穆公以大体裁治嘗食茹而卉拔園葵而棄之見其家織紝工好隨驅其婦而焚其機焉曰欲令農士工女安所讎其貨乎

公沙

神君○公沙穆字公義膠州人漢桓帝弘農令地有螟害稼以身禱螟遂消百姓謌曰神君少遊太學絕

糧乃變服傭舂吳祐家祐奇之定交杵臼之下穆五子並有令名京師語曰公沙五龍天下無双

割席分坐〇公沙孚字允慈嘗與荀爽共學相訂出処不入權門而爽事董卓未百日位躋司空孚鄙之偶一相見遂席分坐

公玉

明堂圖〇公玉帶漢濟南人武帝欲作明堂未通其制帶與圖進云二十四樞法二十四候七十二牖法七十二風帝如圖以建

公叔　衛獻子嘗字公叔其後因氏

貞惠○公叔文子衛人仕衛爲大夫廉靜自好嘗薦家臣同升於朝國人謚曰貞惠文子

公孟　衛公孫摯後

問礼○公孫子高周人嘗問君子之礼於顓孫子莫莫曰去而外厲與爾内折色勝而心自取之者必爲人役是故君子德成而容不知聞識博而辭不爭知慮微達而外若愚

公明

家學○公明儀武城人子張門人篤信好學脩行於家嘗誦任道之辭曰文王我師也公益自信而不欺儀能不奉箴以自警學之終身○公明宣武城人學於曾子三年而粥粥有懼色曾子問之宣曰人子居庭親在叱咤不及於犬馬應賓客恭儉而不懈居朝廷臨下而不毀傷三者學之未能也敢勿惧乎

公皙

不仕權門○公皙哀字季次孔子弟子不屈節以仕

權門夫子貴之曰天下無行多仕私家惟季次能堅
其節。

公子　春秋外國公子後

善居室。公子荊衛人仕衛大夫學道守約無欲速
盡美之心孔子稱其善居室季札善之曰荊有君子
之行。

列文行。公子夏首與公子肩定並爲孔門弟子首
追鉅平侯

公賔

誅纂首功○公賓就漢北海人官以尉分翼討莽斬
其首傳苑爲誅纂首功
鍾離　伯州犂居鍾離因氏
發筍○鍾離意字子阿山陰人漢明帝孝廉官尚書
交趾太守張恢坐贓籍家帝以明珠賜意意投之地
帝問故曰贓污之宝臣不敢受帝更賜以庫錢悉付
修其孔子廟鋤地得玉璧七枚監者張伯匿其一以
六枚献意視堂下有甕皆有册書意發之讀其文曰
修吾書董仲舒發吾笥鍾離意璧有七張伯懐其一

詰之俱服

操行清純○鍾離牧、字子幹、仕吳南守、操行清純有古人風

入仙籍○鍾離權、咸陽人、生有奇質、得冊術、傳其授於呂純陽

兩成佳事○鍾離君、宋江南令、將嫁女于鄰令、買一婢爲前令之女、君憐之、以書抵鄰令曰、吾買婢得前令女、義不可辱、當輟吾嫁貲、先爲求婚、令報云、蘧伯玉恥獨爲君子、願以此女配吾子、君女更選良緣、兩

成隹事

龍丘

躬德履義○龍丘萇漢大末人隱居避莽更始初會稽守任延薦萇躬德履義有伯夷原憲之節拜儀曹祭酒

容成

黄帝師○容成公黄帝師事之歷八百歲見周穆王言補導之術煉精於玄牝守生養氣使穀神不死能使髪白而黑齒落更生與老聃同道

留丘

殺蛟屠龍○留丘訢、周人、家東海、以勇氣名。過神泉。將飲馬於泉、其僕曰、飲此馬必死、且禍人。訢曰、吾豈懼哉。馬飲訖、旋死。訢脫衣拔劒投泉、殺二蛟屠一龍。雷神隨擊、訢目眇。

欅里　本秦姓、居欅里、因氏。

知囊○欅里子、秦惠王異母弟、名疾、爲秦丞相、滑稽多知、人號知囊。

司馬　河内　程伯休爲爲周司馬以官族爲氏

楚邱侯○司馬耕字子牛孔子弟子封楚邱侯

處卑避衆○司馬季主楚人漢時賈卜東市宋忠賈誼過之矍然曰竊觀先生行高德卲何居之卑耶季笑曰騏驥不與罷驢同駟鳳凰不與燕鵲同羣故卑處卑以避衆公等何偶偶也二子爽然自失

作史記○司馬遷字子長太史談子生龍門南浮江淮探禹穴登九嶷凡歷名山大川以歸漢本初中為太史令上書白李陵寃上疑為陵游說置之腐刑發憤作史記上自黃帝下止獲麟

飄飄凌雲○司馬相如字長卿蜀人初為漢文帝文園令著子虛上林賦武帝讀之曰恨不得與此人同時哉時楊得意為狗監侍上薦其才召見奏大人賦其賦有凌雲之氣游天地間意

水鑑○司馬徽字德操雅有知人之鑒龐德公稱徽為水鑑昭烈訪士於徽因薦諸葛亮龐士元以佐興復焉

續漢書○司馬彪南北朝人字紹統博覽群籍作續漢書為秘書丞

小司馬○司馬貞南北朝人字子正家河内官朝散大夫弘文學士撰史記索隱補三皇帝紀號小司馬以別○

三体篆隸○司馬承禎字子微事潘師正傳辟穀之術隱嵩陽被召上以三體篆隸寫老子道德經謚貞一先生時廬藏用初隱少室有意用世人目為隨駕隱士藏用指終南山曰此中有佳趣承禎曰正是仕官捷徑耳○

擊甕圖○司馬光字君實童時與羣兒戲庭中有大

雋一見溺沒甕中群兒共駭遁光持石擊甕水迸
兒得不死及長以圓木爲警枕轉輾則醒覺而起嘗
言生平無一事不可告人登寶元進士累官端明學
士集資治綱鑑叟人戒边吏曰中国相司馬矣毋輕
生事哲宗御製篆碑曰清忠粹德元勳號涑水先生

司空 頓丘 大禹爲虞司空子孫因氏

大曆才子〇司空曙唐大曆才子之一

休休亭〇司空圖字表聖上虞人唐咸通進士累福
諫議大夫隱中條山作休休亭號耐辱居士嘗預爲

咸

擴故舊來者引入內對酌人或難之曰我非暫遊此中君何不廣耶毋遊村社呼農師漁父盡醉而歸嘗爲王重榮作碑銘榮贈絹千疋圖置之市門呼人縱取去

司城

宋武公名司空避上諱改司城其後因以爲氏

尼父主人○司城貞子陳人爲大夫孔子適陳過其家礼遇焉陳人稱尼父主人

諸葛

夏侯国葛伯後居瑯琊諸邑人稱諸葛

嘉節○諸葛豐字少季仕漢舉明經爲郡守剛果特立歷司隸校尉舉刺無所避京師語曰間何闊問諸葛上嘉其節詔秩光祿

臥龍○諸葛亮字孔明居南陽隆中徐元直言於昭烈曰諸葛亮臥龍也昭烈三顧草廬出圖興復先主即位漢中拜亮丞相佐後主上出師二表北伐中原作八陣圖於祁山司馬懿見而嘆之曰天下奇才也謚忠武侯兄瑾仕吳弟誕仕魏時人謂蜀得其龍吳得其虎魏得其狗子瞻死忠綿竹

藍田玉種〇諸葛瑾字子瑜、有容貌、思度多雅量、子恪字元遜、具才名、孫權見而嘆曰、藍田玉種、端不虛也。父封宛陵子、封都鄉。一門兩侯。

政績高第〇諸葛恢字道明、弱冠知名。王導嘗謂曰、明府當作黑頭公。晉大曆會稽守、詔增秩二千石、拜侍中、稱政績高弟。

悅禮敦詩〇諸葛璩字幼玫、安貧樂道、悅禮敦詩。兩聘秀才不就。

著作郎〇諸葛穎、隋大業著作郎、帝賜詩寵之、云參

翰長洲翟苑侍講蕭成門名理窮研窾英華恣討論

胡母　齊宣王封母弟於母鄉後名胡毋氏

詩公羊○胡毋生字子都漢人註公羊春秋景帝官博士

八廚○胡毋班字孟皮漢黨錮八廚中人時語曰海内奇珍有胡毋班

後進領袖○胡毋輔之字彥國以擅清名與王澄畢卓俱稱放達澄嘗謂人曰彥國吐嘉言如鋸木屑霏霏不絕作後進領袖仕晉湘州刺史

吾邱

識漢鼎○吾邱壽王字子贛年少以善格聞五召待

詔漢元鼎初汾陰得寶鼎群臣皆賀謂得周鼎壽王

上言曰天祚漢德乃漢寶非周寶也徵入光祿大夫

毋將

諫議封事○毋將隆字君房東海蘭陵人漢成帝爲

諫議大夫屢上封疏得罪以不附葬徙合浦

壺邱

示內觀○壺邱子鄭人道德高峻列禦寇師事之寇

好游壺邱子曰務外遊不如務內觀外遊者求備于物內觀者取足於我自足者遊之至也求備者遊之不至也亍是列子蹶然自失謂不知遊

呼延　外裔四族有呼衍氏改呼延

忘家爲国○呼延贊太原人宋初累功團練使以勇力膽氣聞徧刺其體曰出門忘家爲国臨陣破敵忘身

巫馬

任力而治○巫馬施字子期魯人宰单父以星出以

星入日夜不假而单父治期問子賤曰子鳴琴而單父理不見其勞何也子賤曰我任人以理子任力而治任人者逸任力者勞期曰是予治之未至也追東阿侯

西門晉陽春秋淳邑因氏因氏

佩韋○西門豹魏鄴令發民開十二渠引漳水灌田渠成而民賴之鄴俗信巫每歲爲河伯娶婦投良家女於中流豹令先投以報巫懼俗隨革焉豹性急常佩韋以自警

淳于河內春秋淳邑因氏

滑稽雄辯○淳于髡齊人博聞強記其學無所主其諫說常慕晏嬰之爲人與梁惠語三日不倦王待以卿相之位請辭終身不復見

贖罪除刑○淳于意漢文帝太倉令有罪當刑嘆曰生女不生男緩急非有益其女聞之上書願沒入官以贖父罪天子憐之并除肉刑

幽居養志○淳于恭字孟孫幽居養志潛于山澤舉動周旋必由矩度官漢章帝議郎

新垣

帝秦○新垣衍魏人王使衍說趙共尊秦爲帝魯仲
連責而却之

闕下寶氣○新垣平漢文帝時平使人持玉杯上書
以献平先言於帝曰闕下有寶氣居頃果有人持玉
杯以献者

申屠　京兆　周幽王申后之後居安屠原因氏

廉直○申屠嘉梁人以材官蹶張從高祖擊項羽累
官都尉文帝御史大夫嘉性廉直不阿鄧通以幸臣

戲殿上嘉欲斬之上赦乃免
觸乘輿○申屠剛字巨卿性方直嘗慕史鰌汲黯之
爲人光武多遊幸剛以頭觸乘輿諫止累官至尚書
大孝○申屠蟠字子龍陳留人九歲喪父哀毀致甘
露白雉之瑞蔡邕作傳稱其大孝學貫經緯漢室陵
夷見幾而作累徵不就
甕仙○申屠有涯宋嵩居陽羨攜一瓢渡水醉吟云
仲尼非不賢爲世所難容蚩蚩同舟子不識人中龍
躍水不見遂入甕浮去

申徒　風俗通申屠之後改申徒
恥不義○申徒狄上古人湯以天下授狄走匿岐陽
曰何避我也恥以不義聞遂投於河

申公

挾纊○申公巫臣周人又名屈楚公族也楚伐蕭士
多寒慄臣勸王拊而循之三軍如同挾纊

聞人　河南魯大夫少正卯稱聞人其族因氏
后氏礼○聞人通仕漢以才辨稱爲太子舍人治氏
禮

集宮詞○聞人祥正宋人有集句宮詞以風雅重

軒轅

太霞玉書○軒轅集唐人居羅浮山年百歲宣宗召問長生之術對曰徹聲色去滋味哀樂不過德刑無偏自然與天地合德日月齊明堯舜湯禹所以登上壽也著太霞玉書

竹筒廉使○軒轅覲字惟行鹿邑人明永樂進士官都御史督河淮上歲冬隱水援出纍被坐有司急請進衣却之曰我濕衣可燻先時按浙江與諸僚約三

日出俸易肉一觔有殺雞者咤異徑歸漕秩滿陛見

上曰是浙江廉使君歸家二竹笥乎

安丘

恬傲却聘○安望之字仲都京兆人治老子言恬傲不就仕進漢成帝聞其賢却使者聘上以道德高尚崇師焉望之隨退隱于巫醫以避跡

安期

千歲公○安期生上古人賣藥海上時人呼為千歲公秦始皇問養生之術賜金帛數萬生遺玉舄一量

傍報曰、後千歲求我於蓬萊山下。始皇遣使入海。未至蓬萊。遇風而返。詔立祠鄉亭祀之

端木

多言而中○端木賜、字子貢、善學於夫子、敏悟明晰。夫子稱其多言而中。孟子謂其智足知聖。得一貫之傳。居言語之科。

顓孫　汝陽陳公子顓孫仕晉、子孫因氏

宛邱侯○顓孫師、字子張、陽城人、孔子弟子、達於政治。

延陵　吳季札之後居延陵因氏

諫臣〇延陵王周八趙襄子招賢爲治進王以謀三分晉室而覇

曹邱

舌辯〇曹邱生以舌辨顯名諸侯王開生稱說凡所揄揚咸藉以爲重

鮮于　武王封箕子於朝鮮支子食采於鮮因以爲氏

三難〇鮮于侁字子駿閬中人宋王安石行青苗法

諸路困擾侁判利州不奉法安石怒責之侁曰民不願取豈能强之哉蘇軾稱上不害法中不廢親下不傷民以爲三難司馬光當国擢侁京東運使曰子駿民之福星也

不忘君親○鮮于仲通新政人唐中丞忤国忠坐貶顔真卿誌其墓云雖處流離不忘君親

高堂　齊卿高敬仲食采高堂因氏

傳礼經○高堂生魯人孔子弟子礼經毁於秦火而書不傳堂生能言本末后蒼戴慶明其業皆祖其説

後河澗獻王收集餘燼合之得五十六篇與高堂生所言不殊從祀聖宮追萊蕪伯

哥舒　突騎施號西突厥有哥舒部因氏

大義○哥舒翰唐天寶封西平王能讀春秋識大義王忠嗣節度署翰爲牙將立奇制勝忠于朝廷朕不東慮○哥舒曜字子明翰子官河南尹德宗曰爾父開元中宣力国家朝廷無西顧憂今朕有卿亦不東慮矣○

羊舌　晉公族靖侯後食釆羊城爲羊舌大夫

舉善以代○羊舌七、字伯華、祁奚舉爲中軍尉、奚能
舉善以代、
遺直○羊舌肸、晉人、博識多能、嫺於禮義、介聘於楚、
楚人欲傲以所不知。肸以禮閑之。不失辭讓、國人稱
肸遺直
商邱　衞大夫食采商邱因氏
風雲龍攄○商邱子、晉高邑人、好吹竽、善牧、年七十。
不老、食惟蒲根、清水。孫綽贊曰、商邱卓犖、執策吹竽。
渴飲寒泉。飢食昌蒲。所牧何物。殆非真豬。倘遇風雲

爲我龍攄。

梁邱　齊大夫食采梁邑因氏

圖形麟閣、○梁邱賀漢諸城人、從京房學易、宣帝求房門人、得賀說易、善之以爲郎官至少府圖形麒麟閣中、

皇甫　宋戴公子皇父居安定爲皇甫氏

八祖○皇甫儁、漢安定都尉、生稜、稜生彪、彪有八子、號皇甫氏八祖、

詩附黨○皇甫規、字威明、漢延熹中、黨一時皆賢士、

規以西州豪傑耻不得與上書自言請附黨末時人賢之。

百姓歌思。皇甫嵩字儀真規子少具文武才靈帝北地太守破黃巾功晉冀州牧封槐里侯百姓感惠澤歌曰天下大亂兮市爲墟賴我皇甫兮復安居。

書淫。皇甫謐字士安博綜典籍時人號曰書淫自稱玄晏先生子方回少有才名閉户善書蚕而後衣耜而後食與世迥别與物無競。

清白自處。皇甫璠字景瑜仕周爲刺史莅政簡惠

百姓安之恒以清白自處俗稱廉介

斷帶續燈○皇甫無逸唐武德益州都督嘗按部宿人家燈炷盡逸斷帶爲炷續之其廉介如此

小友○皇甫冉字茂正丹陽人十歲能文張曲江呼爲小友長官右補闕弟曾字孝常官御史並以少年才學著

直臣○皇甫德參唐太宗中牟令上言修洛陽宮勞民傷財廢時失事又言宮中高髻之俗上怒謂房玄齡曰德參所言直欲国家不役一人不收斗租宮人

皆無髭乃可上欲以訕謗逮罪魏徵諫曰昔賈誼當漢文世上書猶言痛哭者五流涕者六自古忠言不激不切德參直臣也上領之賜絹二十

一字三鍊○皇甫湜字持正淳安人元和中擢第官郎中韓愈愛其才與李翱張籍齊名裴度修福先寺碑銘求文于白居易湜曰捨近而求遠度使作之酬以千緡湜怒曰碑字三千當以九千緡酬我裴笑而足之

清靜書○皇甫坦夾江人善醫術高宗召見問以治

心法曰心無爲則身安人主無爲天下治太后目[illegible]
坦治之愈厚賜一無所受高宗親書清靜二字寵之○
過荊南見李道中女曰天下母也後爲光宗母后

相里　咎繇之後爲里氏晉大里克克季子避
佗逃居相里鄍城因氏

讖書○相里子周賢人明天文卜筮讖諱之言著書
七篇

壤駟

上邽侯○壤駟赤秦人孔子弟子長於詩書追上邽

侯、

成公　　衛成公後以諡爲氏

潜心味道○成公簡家世二千石性清介潛心味道○仕晉散騎常侍、

嘯賦○成公綏晉人少有儁才、善詞賦好音律嘗當暑臨風而嘯泠然成曲作嘯賦舒懷

三發三中○成公英南北朝人仕北魏封列侯從魏主獵有三鹿當前命射之三發三中應絃而斃稱神射、

青鳥

三試成仙○青鳥公、彭祖弟子、入華陰山、修煉、積四百七十歲、祖試之三、果得師傳、服金液而昇

今古人物大觀卷之三十六終

古今人物大觀卷之三十七

覆姓函上

張國柱孝擎甫參閲

太史孫予未先生鑒定　閩中林涵春奕善父纂輯

男爾覲䂓敷甫編校

歐陽渤海越王勾踐支孫居歐陽亭因氏

石渠傳書○歐陽生字和伯師伏生受尚書論石渠異同子孫世業其學後人隨稱歐陽尚書

八世博士○歐陽歙漢千乘人自歐陽生傳尚書至歙八世皆爲博士歙光武汝南太守文行充美門下

生徒數百比前世較盛官終司徒
才藻○歐陽建字堅石才藻充美擅名北州時語云
渤海赫赫歐陽堅石晉代金谷園二十四友之一
歐陽體○歐陽詢字信本臨湘人幼穎悟絕倫仕隋
太常博士唐高祖微時友善郎位官太子率更令詢
慕王羲之書法潛心摹倣晚歲遒勁過之尺牘爲世
珍寶號歐陽體子通刻意家學父子齊名號大小歐
陽
閩學之始○歐陽詹字行周唐貞元與韓愈同舉進

士常袞觀察八閩始與學校修文教章程詹為之倡

行誼見韓愈哀辭

求死獄○歐陽觀字仲實廬陵人少孤孝友力學宋官泗州司理歲時祀先每臨奠涕曰祭而豐不如養之薄也嘗秉燭治官書屢廢而嘆夫人問之曰此死獄也我求其生而不得爾子修

六一居士○歐陽修字永叔文章為古今之冠蘇東坡序公文云自韓愈之後歷三百餘年而有歐陽子天下見之爭自濯磨著五代史記法簡詞嚴具春秋

之旨事仁英二宗翰林承旨學士晚歲居潁上號六一居士曰吾集古今金石遺文千卷藏書萬帙琴一張棊一局酒一壺老於其間爲六者之一謚文忠

樂惠○歐陽萃明洪武以才學徵官開州判民樂惠政肖像以祀顏曰樂惠

由吾　秦由余後仕吳子孫因氏

道術○由吾道榮南北朝人善道術學通天文曆律陰陽生尅之理隱瑯琊山辟穀修煉賜清修道人

浮屠

識地氣○浮屠泓唐人能望氣識地脈天文張說建
宅泓戒毋穿東北隅他日過云地脈已縮說問故曰
子穿三坎乎噫公家富貴盡此爾旋諸子孫果汚於
賊見誅

酒隱○浮屠文暢隱於酒韓昌黎稱其性磊落豪宕
不羣好詩辭解遊裝得數百言

勾龍　共工後勾龍為土正因氏

春秋紀事○勾龍傳宋人潛心探微撰春秋三傳紀
事本末得聖人之旨

浮丘

原道歌 ○ 浮丘伯居嵩陽修真白日飛昇作原道歌云虎伏龍亦藏龍藏先伏虎但畢河車功不用提防拒諸子學飛仙狂惑不得任左右得君臣四物相念護乾坤法成自有仙人顧

南宮　姬姓文王四友南宮子後

循禮散施 ○ 南宮适魯人又名敬叔與孟懿子學禮於孔子初敬叔以多財獲罪於定公奔衛載寶以朝孔子聞之曰若是其貨也喪不若速貧之愈也不好禮

而多藏孰是之殃矣敬叔聞之遂循禮以散施

南公

識衆變◎南公子周人戰國時著書三千言明陽陰衆變錯宗之數

澹臺

投璧斬蛟◎澹臺滅明字子羽武城人以方正聞子游稱其莊士嘗賫文璧渡河波起二蛟夾舟震撼子羽曰可以義取不可以威劫揮劍斬蛟投璧而渡

子車

秦之三良○子車淹息周人與仲行鍼虎爲秦良士穆公卒欲以三良爲殉國人賦黄鳥之詩哀之

子州

辭讓○子州支父上古人堯時以天下讓許由由不受讓之支父曰以我爲天子乎然我有幽憂之疾猶不治之也而暇治此乎舜復讓之支父復對

子伯　衛大夫子伯季後

講業西河○子伯先周人師事子夏傳詩辭說與詁居西河講業

士孫

誅篡辭功○士孫瑞漢人字君策居扶風有幹才以男俠聞與王允誅董卓策勳辭祿退隱不言司馬德操嘗稱之

好施賑之○士孫奮字景卿扶風人少為郡長五官椽得貲錢億萬富埒京師悉賑貧困不稱惠避名

爾朱　胡人部落居朱川因氏

匡頽救敝○爾朱榮南北朝人仕魏爲尚書令魏史稱朱有匡頽拯敝之志扶主疾邪之動

五鹿

黨人歌○五鹿充宗漢人善爲梁丘易元帝慕之令與諸儒講論衆莫能抗時與石顯牢梁爲黨人歌云牢耶石耶五鹿客耶印何纍纍綬何若若耶

主父　趙武靈王號主父其支因氏

五鼎食○主父偃漢臨淄人善縱横百家言武帝朝與徐樂嚴助上書召見上曰公等安在何見之晚耶四遷爲中大夫累賜金帛或謂偃曰公泰矣偃曰大丈夫生不五鼎食死即五鼎烹耳

左人　以官爲氏與封人雍人同
文聲益宣○左人郢字子行魯人孔子弟子追南華
候贊曰杏壇受業儒林稱賢睎蹤十哲秀穎二十金
鎔於冶器埴於埏樂只君子文聲益宣
宇文　南單于後因獵獲玉璽其俗謂天爲宇
璽爲文曰宇文因氏
第一客○宇文福世爲擁大人祖活湀入魏爲第一
客少驍勇性清忠官北魏瀛州刺史
提劍取侯○宇文貴少受學輙輟書而嘆曰男兒當

提劍疾鞭以取公侯安事博士弟子耶仕魏爲大將軍

寬和蒞政○宇文測後周侍中汾州守政尚寬和民安其治屢降璽書旌寵

叅帷幄○宇文忻字仲樂驍果善戰初仕周討尉遲迥以功加柱國封英國公隋祖郎位出入禁闥叅帷幄預命

壘石爲營○宇文深童子時壘石爲營壘折草爲旌旗父曰此兒必爲良將仕周官大將軍

安事硏席○宇文慶南北朝人字仲慶嘗曰書足記姓名而已安事硏席爲哉後官北魏上柱國
有巧思○宇文愷隋人博學能文有巧思善音律隋文帝辟爲延州刺史著東宮典記
覈田勸農○宇文融唐開元御史請括天下游戶羨田以佐軍擢融爲覈田勸農使揉諸道得客戶八十萬田亦稱是
不屈忠節○宇文虛中宋建炎中資政殿學士充行人使金不屈以忠節歿

老萊

戲綵○老萊子周人行年七十作嬰兒戲綵堂上以娛其親耕蒙山楚王聞而賢之使者三至其妻負畚執箕而來曰何車跡之多也萊語故妻曰妾聞可啖以肉食者能隨以鞭朴餌以官爵者加之以斧鉞妾不願君爲所制也投畚箕而去萊蹶然與俱歸著書五十篇號老萊子

夏侯譙國魯夏陽侯後因氏

券侯○夏侯嬰沛人爲沛廄司御以太僕從漢高祖

入蜀定三秦漢封元功十八人位嬰第八號滕公食邑汝陰侯

學重經術○夏侯勝始昌從子少受洪範五行傳于父漢昭帝官博士昌邑王嗣位數遊幸勝當乘輿抗諫曰久陰不雨臣下有謀上者王怒縛以屬吏是時霍光與張安世謀廢立光讓安世洩言乃名勝對曰言主洪範安世光大驚以此重經術之士後勝以尚書授太后撰尚書論語勝卒太后爲勝素服五日以尊師道嘗謂人曰士患不明經術耳明則取青紫如

大

拾芥

霹柱焦衣　○夏侯玄三國人字太初。嘗倚柱作書狂雷霹靂破柱玄衣服俱焦神色自若書如故不燬裴令公曰望太初、肅肅如登廟廊使人不修敬而自敬

爵里刺　○夏侯榮晉人幼聽穎七歲能屬文日誦萬言經視輙識晉文帝名見時賓客百人奏刺悉書鄉籍名爵所謂爵里刺也客(榮)視之一寓目遍談不謬一人帝爲大奇漢中之敗榮年十三左右提之去曰君親在難焉所逃死奮劍而歿

連璧○夏侯湛晉人字孝若幼有盛名與衞岳同車過都下都下人謂之連璧泰始中舉賢良拜郎官累年不調乃作抵疑以自廣後出爲野王令晉散騎常侍

蒹葭玉樹○夏侯玄文采綺麗與毛曾齊名每共坐談論人謂蒹葭玉樹

前兄後弟○夏侯亶字世龍仕梁吳興守有惠政民圖像尸祝父詳官僕射弟夔豫州刺史民歌曰我之有州頻得夏侯前兄後弟布政優優

三禮圖○夏侯伏朗晉人博通典故著九禮圖十三
卷
大曆才子○夏侯審唐詩人大曆十才子之一
元祐黨人○夏侯均字彥衡熙寧進士監察御史裏
行上言蔡確之奸又言安石青苗病民降謫與司馬
光同元祐黨籍
上官天水楚王子蘭爲上官邑大夫因氏
上官體○上官儀唐人善詩詞時諸家多傚其體稱
上官體太宗每屬制誥遣儀視草永徽初官西臺侍

御

却餽○上官凝字成叔邵武人宋慶曆進士銅陵尉秩滿有老叟十數追送餽藥一器行數里發之皆金也追而還之曰吾不汝私汝豈私吾耶

史綂史旨○上官愔字仲雍宋進和進士二帝北行愔上書宰相請立康王正位以繫天下之望建炎擢劍州以剛介著聲著史綂史旨

坐化○上官道人延平人辟穀煉氣一日說偈云處世紅塵五十八混世獨存今始變坐化廣两成丘寺

明洪武中傳述

芝瑞○上官怡字友幼善文詞十六試太學第一以母老乞終養母歿終身廬墓不出生芝瑞百本

長孫濟陽魏掖氏以皇支之長爲長孫氏

清儉晏子○長孫道生南北朝人仕魏司空性清儉一熊皮十年不易爲三司使衣不華餙食無重肉第宅茅茨不剪人稱清儉晏子

開肉鋸骨○長孫彥南北朝人仕北齊武帝大帥從駕入関墜馬折臂帝令開肉鋸骨錚錚有聲顔色不

變人比繆壯佼括骨獠髯襟期高曠勇若賁育
弓聲霹靂○長孫晟南北朝人字季晟善射嘗一箭
貫雙鵰突厥見之聞其弓聲謂霹靂視其馳突爲閃
電仕周爲將軍女尚太宗母后著女訓
受顧命○長孫無忌字輔幾博涉書史撰隋書佐太
宗定天下功勳第一封齊國公與褚遂良同受顧命
高宗初抗諫阻立武氏昭儀削爵流黔
三州課最○長孫操字元節唐貞觀中爲齊楊益三
州刺史最課天下第一詔褒嘉之

仲長

昌言○仲長統高平人字公理倜儻敢言或稱狂生著書三十四篇號昌言漢建安中荀彧薦爲尚書郎官

獨遊頌○仲長子光字不曜洛陽人隱北渚著獨遊頌河渚先生傳以托志識者知其玄解人也每有請見多遜避

慕容

高華氏後徙遼西入單于歸中國曰慕二儀之德繼三光之容爲慕容氏

穿環○慕容翰字元邕長身猿臂膂力善射晉成帝時北投宇文旣而逃歸有勁騎追之曰汝勿迫我可觧刀環前豎觀吾發矢中則自便宜不中來追未晚也追騎觧刀豎之一發穿環追者乃散

奮袂而起○慕容儼晉人少見藩樂長揖不拜或勸曰樂尊貴當以禮屈儼奮袂曰吾狀貌如此望人拜豈拜人乎

命世器○慕容廆晉人弱冠往謁張華華一見奇之曰命世器也因以所着冠幘遺之

後憂方大 ○慕容恪仕燕太宰多謀善戰以恩信固
人桓溫曰慕容雖處邊部而太宰深機長慮中原未
平僉之以恪憂方大也
冠軍將軍 ○慕容垂燕人歸秦爲冠軍將軍權翼曰
垂勇畧過人世豪東夏譬之養鷹每聞風飈而起便
有凌霄之志
威震齊土 ○慕容白曜南北朝人仕魏征南將軍一
旬拔四城威震齊土
殿前檢點 ○慕容延釗南北朝人少以勇敢聞趙太

祖之受禪也延釗擁重兵屯真定以撫北境即位皆
殿前都檢點同中書門下

庫狄鮮卑段匹磾之後改庫狄居代州

參樞密○庫狄峙南北朝人仕齊中書令以謀畧參
樞密每四征討皆出其議
威鎮一方○庫狄盛南北朝人少有武勇從高歡收
西夏諸境幽州刺史坐鎮一方
清約○庫狄干北魏定州刺史性鯁直少言清約自
高不與俗合

取足縑○厙狄士文隋初拜貞定刺史性清介不受私謁法律嚴明令行一境道不拾遺上賜內藏詔任往取士文惟取一縑曰臣躬被之足矣

步叔

博昌侯○步叔乘字子車齊人孔子弟子追博昌侯

第五 隴西 齊田氏後漢初徙園陵以次居五因氏

雲母屏○第五倫性峭直漢肅宗擢司空詔鎮邊郡鄭弘微時出倫門下及弘位在倫上上遂置雲母屏風隔坐以彰遜讓之節

璽寵活人○第五訪字仲謀漢順帝朝張掖太守郡饑開倉以賑活以數萬降璽書褒之

清高直節○第五種字子興博識才辯奉使稱上旨拜高密侯時云論清高以種居上序直節以種爲最

飛餉函洛○第五琦字禹珪唐至德初上謁肅宗乞假臣一職使東南寶貨飛餉函洛帝悅拜御史事與隨事趣辦人不益賦而用以饒晉司空平章

太史　　齊太史餘後

小由綦○太史慈字子儀黃縣人北海相孔融聞其

賢奇之數餽其母及融爲黃巾所圍慈說劉備援兵
以解孫策東渡以慈爲建昌都尉慈善射能貫葉人
比之小由基

精三玄○太史叔明少善莊老兼通孝經尤精三玄
其意解得聖人微與弟子師受者千人

信都　魯元公主封信都因氏

精算術○信都芳南北朝人居河間少明算術有巧
思集五經算事爲五經宗及古今樂事爲樂書製準
天儀欹器地動銅烏刻漏候風諸巧畫圖爲準

賀蘭　紇伏部落因氏

有膽志○賀蘭祥南北朝人字盛樂少有膽志從北

魏文帝征漢南功拜都督

經畧嶺南○賀蘭進明唐人善詩詞王德行文學科

遷嶺南經畧使入爲員外郎

賀若　代居玄朔以賀若氏

多智勇○賀若敦南北朝人其先居漢北爲部落大

人祖貸入魏爲都官敦生中國文雅多智屢立大功

官都尉

克定三吳○賀若弼敦子性慷慨驍勇果毅善屬文翰博涉記載獻取江南十策魏文帝善之克定三吳拜大將軍

賀拔　出陰山酋長北方謂地爲拔總有其地土人相賀爲賀拔

參定大策○賀拔允南北朝人允北土之望也魏高歡奇其才親禮之與參大謀

心腹之寄○賀拔岳南北朝人少有大志仕北魏累官光祿大夫與兄賀拔勝俱鎮恒州孝宗委以心腹

之寄

賀婁　代人居漠北以國婁氏

風塵不警○賀婁子幹隋人少以驍勇知名隋文帝授榆關總管下詔曰自公守北門風塵不警兄銓有器局位光祿卿齊名

令狐　晉畢萬支孫封令狐因氏

善推策○令狐策周人索統夢立氷上轉立氷下問策圓夢策曰以上為陽下為陰為陽語陰媒介事也氷泮而婚尋驗

金蓮歸院○令狐綯令狐楚子綯字子直華原人唐宣宗朝拜相初爲翰林一夕上名便殿夜午上命撤御前金蓮燭送歸院吏驚呀天子駕至俄傳曰令狐學士歸院

清如氷雪○令狐邵仕魏爲弘農太守所至介節人稱清如氷雪

雪中跨馬○令狐揆宋安陸人卜築涢溪之南嘗雪中跨馬入詣張君房借書令小童攜篋負琴以隨揆乃長吟曰借書離近郭冒雪渡寒溪友人林逸繪圖

以贍

豆盧北陽慕容氏歸北魏北人謂歸義爲豆盧氏

玉漿○豆盧勣隋人字定東仕周爲渭川刺史有惠政每降祥異民謡曰我有丹陽山出玉漿濟我人民神鳥來翔

服丹煉氣○豆盧革五代爲名世大族唐莊宗初大拜以天下多故服氣煉形以永長生

北人　周北人氏

投淵○北人無擇周人清身潔已疾世濁汙投清泠

之河見莊子

叔仲　姬姓後

博平侯○叔仲會字子期本姬姓魯公子木之後公孫玆生得臣爲彭生臣爲伯生爲仲會以仲氏孔子弟子追博平侯

叔孫　魯公子叔牙後號叔孫因氏

綿蕞習禮○叔孫通薛人從漢高祖定天下據古禮定朝儀自諸侯王以下莫不震肅高祖曰吾今乃知皇帝之爲貴也拜太常卿初與博士弟子爲綿蕞之

聲於野外

嚴明鎮帥○叔孫建南北朝人以智勇聞魏道武平原鎮帥儀容整肅寮屬望塵知警朝廷稱嚴明方鎮

斛律雁門代人號斛律部因氏

雁臣○斛律金南北朝人仕魏爲第二領落長秋朝京師春還部時人目曰雁臣以其至有期也子光號明月聲震關西

斛斯　居廣漠號斛斯部因氏

授經夫子○斛斯椿字法壽仕北魏尚書令子徵字

士亮博涉羣書尤精三禮周武帝稱其經術有法授諸皇子宮中呼授經夫子

萬俟　後魏獻帝之後稱萬俟氏

雄果幹材。萬俟普南北朝人字普撥雄果幹材以勇敢著仕元魏歸齊官太尉子洛字受洛從西魏孝武入關慷慨有大節官僕射

獨孤　高平其先劉氏至後魏時獨孤

三斤。獨孤信南北朝人居雲中美容儀善騎射從西魏孝武入關累官宗伯封魏公信雅有奇謀綽將

所重三女一爲周帝后一爲隋文帝后一爲唐高祖后

童子奇語○獨孤及唐人字至之童子讀孝經父問曰爾長若何答曰立身行道揚名於後世父奇之天寶末舉高第爲左拾遺遷常州刺史

佳婿○獨孤郁字古風及子唐憲祖朝舉制科高等官右補闕權德輿異其才以女妻之上嘆曰德輿端士乃有佳婿授翰林學士

穀梁

著傳。穀梁赤秦孝公時人傳稱子夏弟子著春秋傳授瑕丘公從祀聖宮追雎陽伯贊曰仲尼脩經感麟絕筆赤也發揮與義斯畢名高曾學道隆漢室三傳獨盛姚美儒術

禿髮西河鮮里也後

奇才英器。禿髮傳擅南北朝人性機穎韋宗見而嘆曰奇才英器不必華夏明智敏識不必讀書乃今日九州之外五經之表復自有此人也

樂正　周禮職樂正因官爲氏

大儒○樂正子春魯人曾子弟子以醇謹潛學見稱於聖門

仙胎○樂正子長宋人居卽墨遇仙於鰲山授巨勝赤散服之年百八十歲顏如童子鬚髮漆亮飛昇而去

漆雕

形踐○漆雕開字子若魯人少孔子十一歲習尚書夫子稱信道而篤墨子曰漆雕子以形踐孔叢子曰開以形踐非行己之致無傷于德耳追平輿侯

高宛侯○漆雕徒父字子文又曰子期孔子弟子追
高宛侯弟漆雕哆魯人孔子弟子追濮陽侯

屈突　河內代居玄朔爲屈突氏

寧食艾葱○屈突通仕隋爲虎賁郎將蒞官勁直弟
蓋長安令亦以方嚴顯名時語曰寧食三斗艾不逢
屈突蓋寧食三斗葱不逢屈突通唐高祖起兵河東
通守力窮上釋之曰忠臣也

乞伏　本鮮卑乞伏部因氏

慷慨大節○乞伏慧隋人家令和少慷慨有大節爲

梁州守有惠政化行方内
尉遲太原北魏尉遲部後
頌德碑○尉遲迥南北朝人仕魏都督益州賞罰嚴
明恩威並濟詔徵入朝寵異蜀人立碑頌德
參帷幄○尉遲綱南北朝人從周文帝征伐參謀帷
幄出入禁闥
鋒鏑餘生○尉遲恭字敬德馬邑人隋末歸唐從討
竇建德劉黑闥雄武駭敵以功封鄂國嘗對唐主曰
臣從陛下血戰數百今之存者鋒鏑之餘也因解衣

投地出其瘢痍上流涕撫之

洛下

造曆○洛下閎漢閬中人隱居洛亭武帝時徵入內
庭問以天道歲紀之法詔入太史造太初曆

索羅

雲臺賜穀○索羅放字君陽漢人以尚書教授建武
中徵爲洛陽令有能聲遷諫議大夫數進忠言以疾
引退帝使人輿之入朝名見雲臺賜穀千斛

霍里

箜篌引○霍里子高漢朝鮮人一日刺舡有白首狂夫亂流而渡妻止之不及而溺哀其死携箜篌鼓而歌曰公無渡河公終渡河公溺死柰公何其音凄切歌終亦投河死子高歸以語妻麗玉玉傷之作箜篌高寫其音爲箜篌引

仙成

毋落吾事○伯成子高上古人堯治天下子高立爲諸侯禹治天下子高辭退而耕於野禹名問之子高曰昔堯治民不賞而勸不罰而畏今子賞罰而民且

不仁德自此衰刑自此立夫子盍行耳毋落吾事

百里

五羖大夫○百里奚字井伯宛人事虞公無所遇知其將亡而去秦穆公聞其賢以爲上卿三置晉君一救荆禍號五羖大夫嘗會食客有婦歌曰百里奚五羊皮臨別時烹伏雌炊扊扅今日富貴忘我爲奚覩郎其妻也

隨車雨○百里嵩漢人仕爲刺史雨隨車轍而至人稱隨車雨

黑齒

畏影遁邊〇黑齒常之唐百濟人驍勇 謀調露中河源道經畧莅軍七年吐蕃聞聲遁影

墨胎

西山食薇〇墨胎初字子朝商人封國於孤竹有二子長伯夷名允字公信少叔齊名智字公達夷齊其謚也武王伐紂耻食其粟採薇於西山薇盡餓死

覆姓函䇳之三十七終

廿一史人物大觀

姓名函　　張國柱孝肇甫叅閲

太史孫裝山先生鑒定　閩中林涵春奕善父纂輯

男爾觀裕敷甫編校

昔陶淵明四八目後記云書籍所載及故老所傳善惡聞於世者盡于此矣漢稱田叔孟舒等十人及田横兩客魯二儒史並失其名夫操行之難而姓名翳然所以撫卷長嘆不能已已者也靖節達士亦有意身後名乎夫古人行事見諸簡册間不能舉其姓名

者不可勝數季札所見之披裘公張溫所遇之漢陰老父彼自耻以名告趙孟之桑甲伍胥之江上又有喋不肯相語者外黃之兒彭城之老徃徃邂逅失之孟獻之友三人秦廷之諫者二十七人漢而下如南公董公吳公韓生鄧先輩陳留父老野王二叟豈皆不可惜哉

吏書中有同姓而事跡亦同者如沈瘦前有約後有昭晷寄怨詩之妻之賓前有玄後有滔望車塵之潘前有堂後有岳善畫婦人爲帝殺之毛前有延壽後

有惠遠致氷鮮之王前有祥後有延吊客驢鳴之王前有粲後有濟銅錢作埒之王前有濟後有元寶射后之李前有廣後有逵種玉得妻之陽前有洛陽雍伯後有盧龍翁伯書紅葉之鄭前有虔後有谷作太玄經之楊前有雄後有泉養母埋兒之郭前有巨後有通吹笳使胡流涕之劉前有琨後有疇又有王喬見人主詢其所作終身不用之孟前有貫後有浩然上書陳得失之趙前後皆名騰爲尤異矣

蘇武李陵世稱蘇李唐時蘇味道李嶠蘇頲李乂當

時亦稱蘇李蘇庠字養直丹陽人與修水李彭齊名世稱蘇李是四蘇李也漢李固杜喬李雲杜衆李膺杜密世稱李杜唐李白杜甫亦稱李杜杜詩李杜齊名眞忝竊是也是亦有四李杜也唐鮑照謝元暉人稱鮑謝又鮑附謝良弼友善亦稱鮑謝是有兩鮑謝也雖然物故亦有似之而非者玉之未理者爲璞死鼠未屠者亦爲璞月之旦爲朔車之輈亦謂之朔名齊實異所宜辯也

歐公跋楊震碑陰曰謂漢時人無復名者攷之如鄧

仲況茅五元張恭祖費長房馬日磾約數十八也餘冬序錄藝苑卮言載同姓名者詳矣讀人偶得隨筆誌之以補不及

公孫弘王褒俱十有一張良有九而張敞王吉皆有八士句士鞅之父也而乃相鞅壽夢句吳之君也而乃臣越公孫龍爲孔門高弟而顏回爲晉代老師王羲之之事符健張華之佐慕容德經史之間名氏同者衆矣

公孫弘一在齊爲孟嘗見秦昭王一在中山爲騶乘

一在越斷髮爲王騎一漢武時平津侯一明帝時幽州從事一見于北齊漊澤縣公餘未考

王褒一漢武時作聖主得賢臣頌者字子淵一漢元時爲左僕射一魏黃初三年武都西都尉者字偉元一周王褒字子深一漢書成帝鄭通里人王褒一作雲陽記者一漢鑄工俱名王褒一字子登者係安國侯七世孫

張敞一宣帝時相一漢末朱登饋蟹者一晉恭帝時爲吳國內史

張華晉惠時司空博物者一爲慕容德侍郎又有安北將軍張華有知人之鑒

陸通一楚狂接輿子出莊一齊宣王少子名通封於平原陸鄉以地爲姓一後周文帝時字仲明者吳郡人大統元年封都昌侯

王喬一葉令河東人一蜀人食肉芝者一令栢人武陽人咸謂登緱氏仙是也

唐劉宴宋劉宴劉毅武帝時尚書左僕射一豫州刺史與劉裕討桓玄者明刑部亦有劉毅

嚴光一名遵嚴君平亦名遵

漢唐宋俱有張說漢則安丘侯唐則武后時燕公也

宋淳熙中張說爲都承旨

王莽時有三王匡一莽子封建功公一江夏王匡號下江兵一爲太師東方語曰寧逢赤眉莫遇太師

漢五斗米賊張魯父名衡兄亦名衡順帝時太史令

人知孔子謚文宣王而不知齊竟陵王子良與隋之長孫雅亦曰文宣王古有唐堯而漢吏有唐堯爲臨武長梁史則又有謂虞舜者官太常寺

孔甲黄帝史官而孔子八世孫鮒亦曰孔甲又夏后孔甲論語琴張左傳亦有琴張

哀公時兩公孫揮一鄭行人子羽一齊大夫又衛大夫亦名行人子羽止衛侯會吳者在哀公十二年

定公時兩王孫賈一從昭王出奔一衛大夫問媚奥

漢杜延年二杜周之子諫議大夫一與上官桀同謀者

世祖時兩王覇一見逸民傳一渡河氷合封淮陰侯劉歆一向子爲莽國師一封祁烈伯奉顓頊後

魏尚一高帝時人解鳥語一文帝時雲中守

朱買臣一武帝時會稽太守一元帝時武昌太守

京房一楊何弟子一焦延壽弟子俱明易災異

陳咸一御史中丞萬年子相人一尚書陳咸洨人

張禹字子文成帝相封安昌侯一字伯達和帝太傅

安帝時封安鄉侯

張武一文帝時賜金錢愧心者一宣帝時張敞弟相

梁欲以柱後惠文彈治者

田甲一獄吏辱韓安國一賈人責張湯

二秦嘉一秦末立景駒爲王一漢末

二韓説一見方術傳一韓王信孫按道侯

二張蒼一高后時御史一武帝時使西域

三貢禹一高祖時謁者一元成時自有傳一章帝時與王陽友善

二朱暉一字文季臨淮太守一四皓中綺里季姓朱名暉亦字文季

二朱弘一哀帝時中常侍一光武時辭尚主

二王遵一躍馬蜀道一中黄門誅陳蕃等

二谷永一成帝時人一靈帝朝鬱林太守招降烏滸楊升菴曰湯初已有臣扈至大戊又有臣扈詩有家父春秋又有家父楚有兩莊蹻漢有二王莽樂府有兩莫愁南朝有二劉琨文人有兩蘇子卿五代梁有王彥章吳亦有王彥章他如晉有二陸靜修唐見兩李翱兩李晟宋有兩葉夢得俱號石林又有兩聶政兩杜欽兩陳遵名字俱同而古今同姓名者何限姑摘其顯者其他豈能悉數哉

更有異代同姓名者如伏子賤孔安國張長公楊雄

龔遂王烈王[illegible]　吳逵李善孫登李固張俊王肅謝安
張載等皆有二人俱係顯者
梁武帝問廣漢李膺曰今李膺何如昔李膺對曰今
勝昔問其故曰昔事桓靈之主今逢堯舜之君
唐李綱貞觀四年拜太子少師宋有李綱
唐蔡京饒州刺史杭陸龜蒙者宋有蔡京
宋陳賈論劾朱子人誚之詩云姬周大聖猶遭謗伊
洛名賢亦被譏堪笑古今兩陳賈如何慣把聖賢非有刺詩
漢胡廣洪武庚辰狀元亦名胡廣俱號中庸附姓内。

唐裴廸與王維倡和詩友五代有裴廸

唐張蘊古進大寶箴者宋孝宗時張蘊古太平州通判

名之善者相襲可也如秦之趙高何取焉而東漢亦有趙高又明洪武朝清河大守亦名趙高若王莽張昌宗則皆在後者不善無足怪矣

李斯子名由爲趙高誣殺而光武時有御史丞李由漢有賜銅山鄧通其人者又豫章人爲大守者字淵二李陵三江草三王著兩曾參二毛遂二秋胡事徵

簡册人恒知之兹弗贅

論語有兩南宮适晉兩周同時一爲彭城内史一爲王處仲將兩孫秀一爲吳將一爲趙王倫嬖人二周訪時有與訪同名者罪當死吏誤收訪訪奮擊之明初兩郭子興一封滁陽王乃太祖外父遠定人也一功臣郭子興則封鞏昌侯者也興弟亦封武定侯隋處士羅靖其父亦名靖唐陸元初子名景初此父子同名者又有祖孫同名如魏安童之父名屈子亦名屈周爲王名胡而僖王名胡齊衛穆公名遬而成

侯亦名遬鄭武公名掘突而厲公亦名突蔡文侯名申昭侯亦名申湯名乙玄孫之孫亦名乙孔子曰易之帝乙以名湯書之帝乙六世王名同不害以明功若商巫咸之子名賢則所謂不諱嫌名也虞仲之孫實曰虞仲周章之弟漢趙王如意而廣宗又名之唐義成曰琮而奉天又名之鬱林曰恪而建王又名之以王氏一譜而有兩渾相子戎父而兩愷茂仁君夫兩安期含子湛子兩綏愉子戎子兩乂緒父衍弟兩澄濟弟衍弟而兩處仲還湛佗族又不足言矣

太公望名牙而盡公子亦名牙文文山之弟名壁衛山太史其後也亦名壁

史記宋景公公子號昭公與前昭公杵臼相去略九十年此祖孫同謚也

余攷南史王胡之五世仍之字如王裕之字敬弘避武帝諱以字行裕之三子長恢之次瓚之次昇之瓚之子秀之昇之子延之延之子綸之又三世仍之字者如王韶之父偉之祖羨之王鎮之父隨之祖耆之宋書王歆之父肇之祖尋之一世仍之字者宋書劉

穆之子憲之齊書褚秀之子湛之劉績曰孔氏自子思以下皆仍子字子思之子子上子上之子子家子家之子子京子京之子子高子高之子子愼子愼之次子子襄然則晉之羲之子元之凝之徽之徽子禎之弟操之獻之坦之仍之之義奚足訝哉後周两宇文貴唐两李光進俱名將两裴巽俱尚主令尹子文姓鬭名穀於菟神和子姓屈突名無不爲戰國有董之繁菁者此皆以三四字共名也周襄王名鄭衛成公與之同時亦名鄭晉定公名午

而同時邯鄲大夫亦名午衛侯名惡其臣亦名惡宋武帝名裕謝景仁張茂度褚叔度王敬弘皆名裕宋明帝名彧王景文亦名彧此皆君臣同名者也

張巡孔安國殷仲文劉孝綽王僧孺郭子儀孟浩然蔡興宗明成化己丑進士曹時中張楨叔廖德徵高崇文此皆以名爲字以字名相同者也如巡字巡是也

鄭公子歸生魯公孫歸父蔡公孫歸生楚仲歸齊析歸父皆字子家楚成嘉鄭公子嘉皆字子孔鄭公孫段印段宋褚師段皆字子石鄭公子嘉宋樂嘉皆字

子罕楚公子黑肱鄭公孫黑孔子弟子狄黑皆字子羽邾子克楚鬬克周王子克宋司馬之臣克皆字曰儀晉藉偃荀偃鄭公子偃吳言偃皆字曰游晉羊舌赤魯公西赤皆曰華楚公子側魯孟之側皆字曰反魯冉耕宋司馬耕皆字曰牛顏無繇仲由皆字曰路楚鬬宜申公子申曾申皆字子西此皆同名同字也晉安帝名德宗恭帝名德文會稽王名道子北史慕容紹宗馮子宗魏蘭根唐辛京杲戴休顏張孝宗尚有孤田承嗣張嘉貞字文審李嗣業悉如巡字巡同以名字者也

八閩文庫

文獻集成
263

福建文獻集成

續編 史部 二三

吴格 主編

海峽出版發行集團
THE STRAITS PUBLISHING & DISTRIBUTING GROUP
福建人民出版社

本册目次

續高士傳五卷

［清］侯官高兆撰

日本内閣文庫藏清刻本

續高士傳五卷，清高兆撰。高兆字雲客，一字遺庵，號固齋居士，侯官人。崇禎間諸生。明亡後歸自江左，家居不出，潛心著述。清康熙間與孫學稼等結平遠詩社，爲「閩中七子」之一。工詩詞，善書翰，精鑒賞。撰有觀石録、端溪硯石考、荔社紀事、攬勝圖譜、啓禎宫詞、春靄亭雜録文稿等。

魏晉以降，專紀隱逸之雜傳，以西晉皇甫謐高士傳最稱知名，紀上古至漢魏隱逸九十餘人。明嘉靖間，皇甫涍撰續高士傳，紀晉至趙宋隱逸百一人。此書乃補二家之作，撰成於康熙元年（一六六二）二月。所紀千餘年間凡一百四十三人，始晉皇甫士安，迄明高瀫。書分四卷，首有胡介、紀映鍾、陶澂、屠爌、陳日浴五家序，卷一晉三十一人，卷二南北朝、隋三十三人，卷三唐、五代至宋三十五人，卷四遼、金、元至明隆慶間三十四人，卷五附見十二人。其去取不苟，「凡名入仕籍、後掛冠者黜；迷溺於黄老佛之學者黜」，故人選與正史隱逸傳有别，「雖以二陶（陶潛、陶弘景）之賢……終不得列夫是篇」。又以尤重表彰仁義孝友、天道人倫，而於出仕與否綦爲嚴格，抑高氏遺民之思寄寓其中歟？

書中以人繫事，撮述生平，然不注出處，每條後以四言八句贊一首作評。所紀不獨隱逸名士，更兼無名山人、野老、市井販夫。如卷三「治篋叟 賣醬薛翁」條，二人皆蜀人。程顥、程頤於街市見治篾箍桶叟捧閱易經，遂上前請教，大受教益。後袁滋再訪，不見其人，見一賣醬薛翁，與之語易，大有所得。高氏評語曰：「城都市中，有二老父。治篾賣醬，挾册而睹。程子、袁滋，後先與語。大易之義，布若鐘鼓。」其事直可入世説棲逸矣。（張桂麗）

續高士傳

天

續高士傳

續高士傳序

錢唐胡　介撰

才生天地爲天地用道備萬物爲萬物宰有人焉懷才抱道褫天地爲籧廬等萬物于芻狗而曰吾高士也嗟乎世亦何賴有高士哉胡介曰是以論其世也或亦有所不得志于其間者乎五倫人可自盡唯君

臣之際有得不得焉得則爲陶漁爲版築甚而爲鷹揚五羖世賴有事功不得則爲蹈海爲鑿坏甚而爲叩馬斬袪世賴有風節事功爲天地萬物用風節爲天地萬物榮君臣之道以事功著君臣之倫以風節存然則不得志于君臣而遂不敢得不忍得焉非外君臣也正以存君臣也吾友高千雲客閩南高士也

天才至性篤于人倫讀晉玄晏先生高士傳而有感
也爲傳繼之其文雅馴其事核其義嚴其取予慎其
寓意遠不獨以士之仕也比女子之字仕不得復士
焉即逃于空虛而谿刻詭誕與溺于老莊浮圖而有
託而遁者皆不入焉豈非以所不得者君臣也吾父
子兄弟夫婦朋友之倫猶得自盡焉故所列百四十

三人中率孝友信義有高世之懷而不詭于行使後世不敢有潔身亂倫之高士所以存父子兄弟夫婦朋友之倫也不得于君臣而終不敢得焉不忍得焉亦所以存君臣也此或高子之志與嗟乎以高子之孝友信義篤于人倫其終得志于君臣之際與否吾不得而知特窺其閉戶著書而首續高士傳也或亦

有所不得志于中者乎是亦可以論高子之世矣

續高士傳序

建業紀映鍾譔

或謂作史者傳一代之事于世外隱淪寥寥不過數人以爲隱淪無益於世點綴史冊如河海之別溪澗其官之繼冰鑑也代不可無亦不必備吾嘗非之古高士莫尚於沮溺丈人諸人彼既無心斯世而其意

計猶在收羅孔子子路一輩其強力堅忍雖聖人有
所不能是伊尹傅説不遇湯武終身耕田版築而已
終身沮溺丈人而已而專引以咎士非持論之平也
故通人達士恒有高士不恒有也忠臣義士恒有高
士不恒有也天之生之既如此其少仁摩義漸之後
或有酷烈則無有也崎嶇先後之餘或有篡竊則無

有也士深自閉匿又如此其固其不幸而爲當世所名更不幸而爲志乘所載更不幸而爲方旌所物色高士之心已不勝苦而鴻飛霞舉超然滅沒殆不知幾何人矣史家者流類欲昭大其一代之書至空谷希聲勢不得不舉一而漏百豈得已哉作者之闕高士之光也高士以巖穴爲室廬以鹿豕爲妻子以松

霞爲服食以天地爲丘墟以清泉白石日出入月盈
虛爲自然之文章不磨之名姓後人緬邈玄風按志
傳而企想其模楷慨詠咨嗟流風餘韻所謂太上無
名不可得矣汲汲遁名猶不失爲次者乎晉皇甫士
安輯高士傳千餘年来絕響吾友高雲客淑身修行
抗志懷古爰采晉宋以来高士著爲續傳鑒別精而

義例嚴歷祀一千三百取士一百四十有三重嚴實也博搜正史貴信也間及文集外紀廣見聞也黜稗官懼失實也人數百言名籍行事必賅刪煩就簡也係以贊志仰止也贊必四言從古也或傳略而贊詳紀事詠歌廢一不可也首謚志所自也去陶潛薄令也世遠道微後先相望遂令唐虞以來沈淪隱匿之

幽光闡發如在目前覽者處綱淪法斁觚稜刓沕之時一對此孤迥卓絶之掾谿刺詭激之行何異靡靡沮洳中陡然華嶽三峯劈天插地有不警心洞目狂叫而痛哭哉嗚乎誦詩讀書可以論高子之世矣亦可以論皇甫之世矣或曰皇甫之書多謬鈌庚桑之徒出莊列寓言非必實有其人不若高子斷自典午

簡切而明備讀者更爲興起也予曰高士以無名爲
名者也古無其人而何嘗無其事強名之以齧缺庚
桑眞高士之太上者矣廟食而俎豆之此其不祧者
與辛丑十月七日

續高士傳序

淮南陶　澂譔

著書之能前知有二其人膚心末學弗傳也傭耳僥目無所指歸亦弗傳也如其人寡欲修潔不爲埃壒之所頌譽而又曠然淵然闓抉心眼于數千百年之上即墐戶守獨不立語言吾亦信其必傳于後無疑

矣予友高子雲客少遭喪亂自江左還舊鄉補衣蔬
食塊處蓬室肆力于學不躐不惰取益于友不泯不
隘所謂寡欲修潔自全其天者與嘗蕭然窮巷中俗
士曾不得至其門而五父之衢亦無能尋其屐綦之
迹然則不爲埃壒之所頌譽固其宜已計生平著書
獨多今年春續高士傳又成攷其全編始晉皇甫士

安斷于有明之穆廟中間千餘年共得一百四十三
人微顯闡幽循名責實起辛丑八月至壬寅二月始
告成事將圖藏之以待異日子雲而階六先生力分
俸錢鏤其梓行于世高子自謂草野膠固之性與予
畧同俾予先爲序之予讀之已而歎曰有是哉高子
之弗合于世也自予有知識以來先生長者之所以

教子弟之所以學其初莫不嘔心帖括冀搏一第既售則又仰希榮膴朝夕百謀或左右之與游必相與計須田宅幾何僮妾手指幾何米粟絲帛及貸人金錢幾何促坐指畫語刺刺不少休終身于茲無復遺悔若夫糠粃不膽裋褐不完者踽踽過乎其門則未嘗不目爲僨且怍也今高子生今之時棄今之學即

生乎前古亦不免爲見肘決踵㮚椸蓬户之徒而况
承兹末流觸物齟齬宜乎寄託鉛槧以全其天夫豈
朝夕百諜者所能知也哉烏乎其尤可感歎也已昔
宋龔開作傳而于文宋瑞陸君實之事獨詳程克勤
作遺民錄而載瀛國公事復援余應詩爲證此皆信
史之所不及有事纂述者不能不存其實也高子之

續是編固各有指歸然而開抉心眼于古之人纖悉畢具俾讀者如見眉髮如聞嘆噫詩曰惟其有之是以似之予嘉高子之有而似之也乃爲序之如此

續高士傳敘

檇李屠[illegible]撰

人之自愛其才甚矣人之樂自見其才甚矣愛其才宜必樂自見猶應龍之迅天飛神鸞之輝九苞也古之高士蘊閟抱奇道希虞夏才匪易矣顧遠引不試視當世爲秦越土苴華腴甘作勞躭寂寞豈其性異

人歟抑無所短長處鐵乃善全歟熱於就名類先澹歟夫才爲世用用以時行苟不相得大至毀裂輕乃損削天球夷玉不以禮南郊薦東序剖而爲雜佩非不寶耀也失其質矣百尺之錦衣被負販衹益姍笑故才與時違者寧獨搶攘凌轢畏若探湯卽運當出險小康乖藉而君子自審不輕投足愛之甚斯見之

難也漢高之世文終文成已入帷幄比肩戶牖蒯通猶所不願況於黃綺子陵語光武曰陛下似差進此其不爲杖策仲華亦已審矣自晉以來道薄氣衰佐命之豪每遜其主功業成就不敢望漢何論三代將世實無才人不盡用此其故未可爲中智以下者言之然則雲客續高士傳託始太康不獨爲接踵皇甫

矣天地靈異鍾在英傑識量今古揆測躔度權衡君相絜之以己汚染之俗誰與廓清節有異數浮慕無取是不可出開創之代人畏湯火或爲噢咻歸之如流已饗其德孰論纆墨禮樂百年賢士鬱鬱是不可出承平之際上下媮安一旦華易賈生所難旅進旅退有覥于顔又不可出黄唐既邁吁嗟黙黙高士有

心復泯其迹彼世之詫盛事慶奇遘者豨君子視之皆其文具支離不可與深言者也然則士安得獨自高有不得已然者才與時實使之矣顧晦之曰吾爲耕夫爲樵叟漁父不材之木可終天年情歟否歟才之大者用不偶時之睽者才不試愛之甚斯見之難也而世之人徒以爲有所不屑不亦輕於量高士乎

雲客之輯書也以傳系人以讚系傳猶易列象爻詩陳比興不深言其故俾悟者自察焉其心亦有不得已者然矣雲客取舍精擇揉覈裁飾唐宋後諸傳簡雅入古齊驅遷固第攬文辭具見良史其義例可尋者諸敘縷縷發之獨其意有所屬陵藪朝市不可以槩余爲指其大畧雲客將曰是夫也多言矣

續高士傳序

同里陳日浴譔

古嘉遯君子自重其道不欲詘節以求世知遠跡巖穴樂生適性以全其眞至使世主欲見而不得致致亦不能羈以利祿天下所以慕卬其高迨夫政教衰道義薄類反以山林釣名往往隨時俯就在朝又不

能卓有所建立故處士耶純盜虛聲之説孔子曰遯世不見知而不悔惟聖者能之此究其難也易曰遯之時義大矣哉故或有執志而猶有所待者也或激于垢俗疵物而將以矯世者也或有見于幾先而徉狂以自全者也迹之往史誠甚異不同然要之則觀乎時之治亂而已夫時之治亂道與爲隆汙然古之

君子不惟亂隱治亦隱則又何也夫治安之世致君澤民迄可以行志而寞然長往此豈非無益治亂之數者耶又奚取然而君子則以政化既以平風俗將日以淳復吾一出而仕不能少有加異于其時者吾猶竊羞之毋寧隱也此所以雖治猶隱也亂世文網密爵祿爲害生之茸餌君子知不能行其道而隱也

圓矣法言曰鴻飛冥冥弋者何篡焉言其善遠害也近世士朝加印綬夕膏斧鑕計猶且爲之非豈不隱此莊生所以致嘆扵孤豚也智不如鴻遠矣昔者秦始初元晉業方隆天下士爭以功名自熹皇甫謐以明智之才終其身不仕晉不再傳宗藩更入執朝柄士大夫牽率就戮苟謐而仕禍亦幾不及其身然何

若逆睹其事豈非所謂有見於幾先者耶余友高子雲客嘗讀謐所作高士傳嘉之因爲之續而首以謐接其傳雲客臧否嚴去取斷凡名入仕籍後掛冠者黜迷溺於黃老佛之學者黜爲其無遠鑒之識而佹得於一試也爲其才不足以濟時行不取法於先聖蓋有托而隱也雖以二陶之賢其宗著已以其迹適

有類於是終不得列夫是篇其他則又奚論夫淵明之隱爲晉也使晉不爲宋淵明未必不仕也弘景雖名儒者晚乃溺于服食求仙之事不繫乎時而隱者也此雲客之所以不取也余嘗考經籍志嵇康有聖賢高士傳阮孝緒有高隱傳虞槃佐宗測劉杳周弘讓亦續有高士傳孫綽有至人高士傳讚不知此數

家去取與雲客同然否也夫前乎謚與後乎謚作者至多然皆未有其傳傳者惟其謚也今則雲客謚起陶唐迄魏二千年凡九十八人雲客起晉至明穆廟一千三百年凡一百四十三人明國史未備今先蒐摭諸家所紀傳者入之尚以待異日自明以上其有散見于傳記非正史所載者附于後

續高士傳總目

北朝魏三人

北朝齊一人

隋二人

卷之三

唐九人

五代後唐一人

南唐二人

宋二十有三人

卷之四

遼一人

金六人

元四人

明至隆慶二十有二人

卷之五

附見

晉一人

唐二人

宋五人

元四人

續高士傳目錄

卷之一

晉

庾　袞　　董景道

譙　秀　　孟　陋

王　尼　　郭　文

虞　喜　　范　宣

翟　湯 子莊　　許　邁

孫　登　　郭　翻

翟硎先生　　公孫鳳

公孫永　　戴　逵

劉驎之　索襲

皇甫方回　陶淡

續高士傳目録　卷之一　黄安卓堂

續高士傳卷之一

候官高　兆撰

晉

皇甫謐

皇甫謐字士安安定朝那人漢太尉嵩之曾孫也年二十就鄉人席坦受書居貧躬自稼穡帶經而農沈靜寡欲以著述爲務自號玄晏先生躭玩典籍日忘寢食或有箴其過篤曰朝聞道夕死可矣

況命之修短在天乎謚從姑子梁栁爲城陽太守
當之官人諷謚餞之謚曰栁爲布衣時過吾吾送
迎不出門食不過鹽菜今作郡而送之是貴城陽
而賤梁栁非吾心所安也或勸謚修名廣交謚以
爲聖人孰能無存出處居田里之中亦可以樂堯
舜之道作玄守論答之遂不仕後武帝下詔敦逼
不起自表就帝借書帝送書一車與之咸寧初又
屢詔皆不應著論爲葬送之制令氣絶之後幅

巾故衣蘧蒢褁尸惟齎孝經一卷俾以親土土與
地平還其故州名曰篤終竟不仕
男子皇甫不仕于晉躬耕田野以樂堯舜涅而
不緇磨而不磷冥冥鴻飛千秋獨振

孫登

孫登字公和汲郡共人也無家屬于郡北山爲土
窟居之夏則編草爲裳冬則被髮自覆好讀易撫
琴見者皆親樂之性無恚怒人或投諸水中欲觀

其怒旣出則大笑嘗往宜陽山中有作炭人見之與語不應文帝聞之使阮籍往觀與語亦不應嵇康從之遊三年問其所圖終不答康將别去登曰子識火乎火生而有光而不用其光果在於用光人生而有才而不用其才而果在于用才故用光在乎得薪所以保其耀用才在乎識眞所以全其年子才多識寡難乎免于今之世矣後不知所終

公和無家北山穴處編草被髮以遊寒暑目送

世人默然無語嗚乎嵇公保懽詒汝

董京

董京字威輦不知何郡人也初與隴西計吏俱至雒陽宿白社中或乞于市被髮而行逍遥吟咏得殘碎繒絮結以自覆全帛佳綿則不受著作郎孫楚數就社中與語載與俱歸京不肯止楚貽書勸之仕京答以詩後數年遁去莫知所之于所寢處惟有一石竹子及詩二篇

威輦何爲被髮入雒一絲兩絲行歌帶索咄咄
孫卿棋之而作土牀詩篇清風寥廓

王裒

王裒字偉元城陽營陵人也祖修有名魏世父儀爲文帝所殺裒少立操尚行已以禮痛父非命未嘗西向坐示不臣朝廷也隱居教授三徵七辟皆不就家貧躬耕諸生密爲刈麥裒遂棄之知舊致遺者皆不受嘗有門人爲縣所役告裒求屬令裒

曰吾德薄無足蔭鄉屬之何益且吾不執筆四十年矣乃步擔乾飯兒負鹽豉草屩送所役生到縣門人隨從者千餘人安丘令以為詣已整衣出迎衷下道至土牛旁磬折而立曰門生為縣所役故來送別因執手涕泣而去令卽免之一縣以為恥衷常以為人之所行期於當歸善道何必以所能而責人所不能及雒京傾覆寇盜大盛衷戀墳壠不去為賊所害

衰也既隱嶠嶠令望帝殺而父坐不西向令役
而從步擔俛仰道高能容斯文未喪

劉兆

劉兆字延世濟南東平人也武帝時五辟公府三
徵博士皆不就安貧樂道潛心著述不出門庭數
十年作春秋調人左氏解公羊穀梁解詁百餘萬
言嘗有客着鞾騎驢至兆門外曰吾欲見劉延世
兆儒德道素青州無有稱其字者門人怒止客兆

聞之趨進客客既進踞床問兆曰聞君大學比何所作兆具述上事且云多有所疑兆舉疑畢曰此易解耳便爲辨釋兆別更立義客發難兆不能對已出門使門人反之客曰親親在此營葬亟赴之後當更來既去兆令人視葬家不見客亦不知姓名

兆治春秋百萬餘言何者客子跨衛叩門晰義已畢四座莫諠尚復能來芳躅忽存

氾毓

氾毓字稚春濟北盧人也累世儒素敦睦九族客居青州逮毓七世時人號其家兒無常父衣無常主毓少履高操安貧有志業父終居墓所三十餘載晦朔躬埽墳壠循行封樹還家則不出門庭武帝召補南陽王文學秘書郎太傅參軍并不就于時青土隱逸之士劉兆徐苗等皆務教授惟毓不蓄門人清靜自守時有好古慕德者諮詢亦傾懷

閑誘之秊七十一卒

濟北之氾衣無常主瓶三十載摩抄壠樹不事王侯何有愁苦不蓄生徒以師好古

夏統

夏統字仲御會稽永興人也幼孤貧以孝友聞採梠求食星行夜歸或至瀨邊拘螊蠘以資養宗族勸之仕勃然作色曰諸君待我乃至此乎使統屬太平之時當與元凱評議出處遇濁代與屈生同

汙共泥若汙隆之間自當耦耕沮溺豈有辱身屈意于郡府之間乎聞君之談不覺寒毛盡戴白汗四匝顏如渥丹心熱如炭舌縮口張兩耳壁塞也言者大慚統自此不與宗族相見後母病篤詣雒市藥會三月上巳雒中王公已下弁至浮橋士女如雲車服燭路統在船中曝所市藥弁不之顧太尉賈充怪而問之耀以文武鹵簿使妓女服袿襡炫金翠繞其船三匝統危坐如故若無所聞充等

各散曰此吴兒木人石心也帰會稽不知所終

仲御安貧捫蟣而食親〻勸駕口張耳塞何物

賈公金翠相迫三匝吴兒廢然無色

徐苗

徐苗字叔胄高密淳于人也少家貧晝執鉏耒夜則吟誦輕財貴義兼有知人之鑒兄弟皆早亡撫養孤遺田宅奴婢盡推與之鄉鄰有死者輒輟耕助營棺槨門生亡於家即斂於講堂行已純至類

如此州郡公府辟徵并不就武惠時計吏至臺帝輒訪其安否永寧二年卒遺命濯巾澣衣榆棺雜塼露車載尸葦席瓦器而已

高密徐卿負耒行篤義在則趨仕宦非欲計吏至臺輒訪安不司馬君臣正復不俗

董養

董養字仲道陳留浚儀人也泰始初到雒下不干祿求榮及楊后廢養游太學升堂而歎著無化論

以非之永嘉中雒城東北步廣里中地陷有二鵞出馬蒼者飛去白者不能飛養聞歎曰昔周盟會狄泉即此地也今有二鵞蒼者胡象白者國家之象其可盡言乎顧謂謝鯤阮孚曰易稱知幾其神乎君等可深藏矣明日與妻荷檐入蜀莫知所終

董養知幾長絶干祿遊於太學欷歔仰屋著鵜高飛白鵞偃伏入山不早將及吾屬

范喬

范喬字伯孫陳留外黃人漢萊蕪長丹之孫也父粲高亮貞正爲太宰中郎齊王芳廢詔爲侍中持節使雍州因徉狂不言寢所乘車足不履地於是三十六載終于所寢之車喬棄學業絶人事侍疾家庭足不出里邑元康中尚書郎王琨薦喬安貧樂道棲志窮巷老長彌堅除安樂令辭疾不拜凡一舉孝廉八薦公府一無所就外黃令高頵歎曰諸士大夫未有不及私者范伯孫恂恂率道名諱

未嘗經於官曹士之貴異于今而見大道廢而有
仁義信矣年七十八卒
范公祥狂傷心受禪令子將車侍疾無倦高棲
未染名諱不衒處士之貴道衰乃見
庚衮
庚衮字叔褒明穆皇后伯父也衮諸父并貴盛惟
父獨守貧約衮躬親稼穡以給供養與弟子樹桑
跪以受條或曰今在隱屏先生何恭之過衮曰幽

顯易操非君子之志也父亡作筥賣以養母裒妻荀氏樂氏皆官族富室及適裒俱棄華麗與裒共安貧苦相敬如賓歲大饑藜羹不糝門人欲進其飯者裒輒曰已食莫敢為設及麥熟穫者已畢而採捃尚多裒乃引其群子以退曰待其間及其捃也不曲行不旁掇跪而把之又與邑人入山拾橡分夷險序長幼推易居難禮無違者州郡交命皆不降志元康末穎川太守名為功曹裒服造役之

衣杖鍤荷斧不俟駕而行曰請受下夫之役太守知其不屈禮而遣之後携妻子隱大頭山田于其下年穀未熟食木實餌石藥有終焉之志將收穫與子柚下山中塗墜崖而卒時人傷之曰庾賢絶塵避地固窮安陋不與世同榮不與人爭利不免遭命悲夫

庾賢拾橡長幼以班荷斧杖鍤州府之閒不降其志不踰其閑免乎斯世而躓于山

董景道

董景道字文博弘農人也少好學千里追師所在惟晝夜誦讀不與人交通永平中知天下將亂隱商雒山衣木葉食樹果撫素琴以自娛毒蟲猛獸依繞其旁劉元海劉聰屢徵皆阻蟲獸不達至劉曜時出山廬于渭汭以壽終

文博絶世二劉交徑安車蒲輪阻彼虎兕是知僞命在野則止匪惟蒼天神明高士

譙秀

譙秀字元彥巴西人也少而靜默不交於世知天下將亂預絕人事雖内外宗親不與相見郡察孝廉州舉秀才皆不就常冠皮弁躬耕山藪苑貢蕭敬作亂秀避地巖渠鄉里宗族依憑者以百數秀年出八十衆人欲代之負擔秀曰各有老弱當先營護吾氣力猶足自堪豈以乘朽之年累諸君也年九十餘卒

譙公潔身巢許之亞天屬委路俗士迴駕哉〻
皮弁耕于澤下八十老翁負戴不假

孟陋

孟陋字少孤武昌陽新人也兄嘉桓溫長史陋少而貞立清操絕倫布衣蔬食以文籍自娛口不及世事未曾交游時或釣弋孤往獨歸雖家人亦不知其所之也簡文帝輔政命爲參軍稱疾不起或謂桓溫曰孟陋高行宜引在府溫歎曰會稽王尚

不屈非敢擬議也陋聞之曰桓公正以我不往故耳億兆之人無官者十居其九豈皆高士哉我疾病不堪非敢爲高也卒以壽終

少孤絶俗時或釣弋獨往獨來望之莫郎宣武企歎閒而引疾懼彼數奇盜名高逸

王尼

王尼字孝孫城陽人也寓居雒陽爲護軍府軍士胡毋輔之與瑯琊王澄北地傅暢中山劉輿潁川

荀邃河東裴遐迭屬河南功曹甄述雒陽令曹攄解之攄等不允輔之等齎羊酒詣護軍門門吏疏名呈護軍護軍歎曰諸名士持羊酒來將有以也尼時給府養馬輔之等入坐馬廄下與尼炙羊飲酒醉飽而去竟不見護軍護軍大驚即與尼長假免為兵東嬴公騰辟為車騎府舍人不就雒陽陷避亂江夏王澄為荊州遇之厚尼早喪婦有一子牛一頭無居宅惟畜露車每行輒使御之暮則共

宿車上常歎曰滄溟橫流處不安也俄而登卒荊土饑荒尼不得食乃殺牛壞車煮肉噉之既盡父子俱餓死

憊矣孝孫滄溟橫流東瀛不屈避地荊州有車一輛有牛一頭王澄既死壞車烹牛

郭文

郭文字文舉河內軹人也少愛山水尚嘉遁父母終服畢不娶辭家游名山雒陽陷步擔入餘杭大

辟山倚木樹閒苫覆其上亦無壁障獨居十餘年恒著麻衣葛巾不飲酒食肉區種菽麥採竹葉木實以自供人有致遺取其麤者亦不逆而已王導聞文名迎置西園朝士咸往觀之文頹然踑踞傍若無人跉躡華堂如行林野溫嶠閒問文曰饑而思食壯而思室自然之性先生安獨無情乎文曰思繇憶生不憶故無情又問曰猛獸害人人之所畏而先生獨不畏耶文曰人無害獸之心則獸亦

不害人後遯歸臨安結廬山中不復語惟舉手指麾以宣其意未幾卒

文舉嘉遁山棲木食與獸無怖于人則匿嗟彼朝士迎覲狂惑蓬戶朱門道惟不憶

虞喜

虞喜字仲寧會稽餘姚人也獨立操行高尚邈世諸葛恢臨郡屈爲功曹州郡察舉公車徵拜皆不就邑人賀循爲司空每詣喜信宿忘歸自云不能

測也太寧咸和間累詔以博士散騎常侍徵不起

束修立德高枕柴門怡然自足釋毛詩畧註孝經

爲志林三十篇年七十六卒

喜隱澥嶠立德立言大禮之使載道討論怡然

自足高枕柴門千頃汪汪風徽若存

范宣

范宣字宣子陳留人也少尚隱遁躬耕好學家至

貧儉未嘗入公府韓伯與同載誘俱入郡宣便于

車後趍下後伯遺宣絹百疋不受减至一疋亦不
受伯裂二丈授之曰人寧可使婦無幃耶宣乃笑
而受之屢徵太學博士散騎郎俱不就家于豫章
太守殷羨見其茅茨不完欲爲改宅宣固辭庾爰
之問宣曰君博學通綜何以太儒宣曰漢興貴經
術至於石渠之論實以儒爲弊正始以來世尚老
莊逮晉之初競以裸裎爲高僕誠太儒然立不與
易宣閒居以誦讀爲業譙國戴逵等聞風宗仰自

遠而至諷誦之聲有若鄒魯年五十四卒

宣子純儒一介弗取畊田供養不入城府世師老莊裸裎爲伍陳留之野而若鄒魯

翟湯 子莊

翟湯字道深尋陽人也篤行純素不屑世事人有餽贈雖釜庾一無所受耕于縣界南山始安太守于寶與湯通家遣船餉之勑吏云翟公廉讓卿致書訖便委船還吏受教湯既無人反致乃貨易絹

物寄還寶寶本以爲惠而更煩之益媿歎焉庾亮臨江州朿帶躡屐詣湯禮甚恭湯顧而笑曰使君直敬其枯木朽株耳棹頭而入成帝時徵國子博士不起康帝復以散騎常侍召固辭老疾不至子莊遵父操不交人物惟以釣弋爲娛及長不復獵或問漁獵同是害生之事君止去其一何也莊曰獵自我釣自物未能頓盡故先節其甚者且夫貪餌吞鈎豈我哉晚亦不復釣端居蓽門歠菽飲水

州府禮命公車徵并不就

枯木朽株虛聲之樂貪餌吞鈎自物之名南山

荷鋤北渚罷釣莊有父風陽誠德耀

許邁

許邁字叔玄一名映丹陽句容人也家世士族邁

獨恬靜不慕仕進時南瀨太守鮑靚隱跡潛遁人

莫知之邁乃往候探其至要以父母尚存未忍違

親立精舍于餘杭懸霤山父母既終乃遺婦還家

遠遊澥嶽永和二年移臨安西山中卧爾自得有終焉之志乃改名玄字遠遊與婦告別莫知所終邁也士族榮名莫誘結廬中林以依父母父母既没爰棄彼婦入于西山使全其壽

孫晷

孫晷字文度富春人吳伏波將軍秀之曾孫也恭孝清約獨處幽閒之中容止未嘗傾邪躬親壟畝誦詠不廢聞人之善欣若有得聞人之惡慘若有

失親故有窮老數人恒往來告索人多苦之晷與相接欣敬逾甚寒與同衾食與同器周贍不倦會稽虞喜隱居澥嶠有高世之風晷欽其德聘喜弟預女爲妻喜戒女棄華尚素與晷同志司徒何充蔡謨先後表薦釬不就年三十八卒未及大斂有一老父縕袍草屨不通姓名徑入撫柩而哭哀聲慷慨感於左右哭止便出容貌甚清眼瞳又方同郡顧和等百餘人歎其神貌有異莫之測也

異哉文度吳之小侯樂善周急布衣姱脩有婦同志無年延留何者老父傷心悠〻

郭翻

郭翻字長翔武昌人也少有志操辭州郡辟家於臨川不交世事居貧無業常墾荒田及以車獵魚獵所得或從買者便與之而不取直亦不告姓名咸康末乘小船暫歸武昌省墳墓安西將軍庾翼躬往造翻欲強起之翻曰人性各有所短焉可強

逼翼又以翻船小狹欵引就大船翻曰使君不以鄙賤而辱臨之此固野人之舟也翼俯屈入其船中終日而去卒于家

武昌郭翻墾田爲食餘力漁獵不受世直吁嗟安西毋復相逼野人有舟傴僂來即

瞿硎先生

瞿硎先生者不知姓名亦不知何許人也太和末嘗居宣城郡界文脊山中山有瞿硎因以名焉大

司馬桓溫往造之先生披鹿裘坐于石室神無忤色溫及僚佐數十人皆莫測之命伏滔爲之銘贊後卒于山中

鹿裘老翁古之沉冥石室獨樂氣寧心亭遭彼桓公命客製銘遂爲世人強名瞿硎

公孫鳳

公孫鳳字子鸞上谷人也隱昌黎九城山谷中冬衣单布寢土床夏并食于器停令臭敗然後食之

彈琴吟咏陶然自得人咸異焉慕容暐以安車徵

至鄴及見不言不拜衣食舉動如在九城賓客造

請尠得與言數年卒

鳳兮九城撫琴自適腐餐緼袍與福相惜見迫

鮮畢毋忘泉石不言不拜寧同混跡

公孫永

公孫永字子陽襄平人也好學恬虛隱平郭南山

不娶妻妾非身所墾植則不衣食吟咏岩間欣然

自得年逾九十操尚不虧與公孫鳳俱被慕容暐徵至鄴見暐不拜王公已下造之皆不與言嚴冬盛暑端然自若一歲餘徉狂暐送之還平郭未幾卒

子陽九十晦德不荒披褐至鄴徘徊侯王無復語言聊爾徉狂一介莫侮歸死故鄉

戴逵

戴逵字安道譙國人也爲人好書鼓琴不樂當世

武陵王晞聞其善琴召之逵對使者破琴曰戴安道不爲王門伶人後徙居會稽剡縣性益高潔以禮度自處斥放達爲非道晉孝武帝時累徵郡縣敦迫不已逃于吳武丘山會稽內史謝玄慮逵遠遁不反疏逵超然絕跡將離風霜之患請止其召命帝許之太元後再徵不起卒

咄〻頌琴幾辱安道深處剡中秉禮娛老干旌在野投林自保會稽內史風霜縈抱

劉驎之

劉驎之字子驥南陽人也志存遁逸不脩儀操採藥衡山深入忘返車騎將軍桓冲聞其名請爲長史驎之不就冲嘗到其家驎之於樹條桑使者致命驎之曰使君既枉駕光臨宜先詣家君冲聞大媿遂詣其父父命驎之然後乃還拂裋褐與冲話言父使驎之于内自持濁酒葅菜供賓冲勅人代驎之斟酌父辭曰若使官人非野人之意也冲慨

然至昏乃退居陽岐在官道斥近人物來往必投其家驎之躬自供給士君子頗以勞累更憚過焉以壽終

隱居求志卓矣遺民袒裼斟酌事其家尊結廬道旁晉接人倫忘勞甘累良覿日新

索襲

索襲字偉祖敦煌人也虛靖好學游思陰陽之術絕當世交通不應州郡之命或獨語獨笑或長歎

漱泣或請問不言張茂時敦煌太守陰澹造之經
日忘反退而歎曰索公棄人所收收人所棄宅不
彌畝忘忽九州彤居塵俗棲心天外雖黔婁之高
遠蔑以過之年七十九卒澹謚曰玄居先生
偉祖高學發覆天地嘆悼孤生晉業將墜獨笑
獨泣棲心戲頓黔婁莊生詎足擬議

皇甫方回

皇甫方回玄晏先生謐之子也遵父操尚兼有文

才永嘉初徵不赴避亂荆州閉門閒居不入城府蠶而後衣耕而後食刺史陶侃每造之着素士服望門輙下而進王敦遣從弟廙代侃侃既至以方回爲侃所敬責其不来詣已收斬之荆土華夷莫不流涕

玄晏哲胤潔躬高寄士行引重平南相忌抱命見收華夷涕泗詎玆隱名浸爲旣餌

陶淡

陶淡字處靜太尉侃之孫也服食絕穀不婚娶家累千金僮客百數終日端拱曾不營問頗好讀易于長沙臨湘山中結廬以居養一白鹿自偶親故有候之者輒移渡澗水莫得近之州舉秀才淡聞轉逃羅縣埤山中莫知所終

陶公有孫少不婚宦讀易寡營心迹無患荷衣白鹿棹手親串爐駕溯洄亂流絕澗

續高士傳卷之一

續高士傳目錄

卷之二

南朝宋

潯陽漁父

南朝齊

褚伯玉　明僧紹

臧榮緒　庾易

宗測　沈驎士

吳苞　孔道徽

南朝梁

何點　阮孝緒

續高士傳目録　卷之二

南朝陳

北朝魏

北朝齊

馮偉

隋

張文詡　楊伯醜

續高士傳卷之二

候官高　兆撰

南朝宋

郭原平

郭原平字長泰會稽永興人也傭賃養親不謁官長父墓前有數十畝田不屬原平每農月耕者恒裸袒原平不欲使人慢其墳墓販質家資貴買此田三農之月束帶垂泣躳自耕壟高陽許瑤之罷

建安郡丞還家以緜一觔遺原平不受瑶之自往曰今歲逼寒建安緜好以奉尊上下耳乃受之居宅下濕遶宅爲溝宅上種竹春月夜盜其筍者墜溝原平自以不能廣施至使此人顚沛於竹處溝上立小橋令足通行又嘗種瓜歲旱瓜瀆不復通船縣官劉僧秀下瀆水與之原平曰普天大旱百姓俱困豈可減溉田之水以通運瓜之船竟步從他道貨賣郡舉孝廉不就太守蔡興宗餉米百斛

固讓不受元徽元年卒于家

原平隱樟懷肉遺親晚學構冢助彼凡民墓田

之下神志悲辛詎惟高行結想人倫

宗炳

宗炳字少文南陽涅陽人也宋高祖誅劉毅領荊

州辟炳爲主簿不起問其故曰棲丘飲谷三十餘

年矣高祖善之炳妙善琴書精于言理入廬山就

釋慧遠考尋文義立宅江陵三湖閒居自休元嘉

初屢徵不應妻羅氏亦有高情與炳協趣羅氏歿炳衰之過甚既而輒哭尋理悲情頓釋愛好山水往輒忘歸西陟荊巫南登衡岳結宇衡山欲懷尚平之志疾作還江陵嘆曰老疾俱至名山恐難徧覩惟當澄懷觀道臥以遊之元嘉中卒

少文高棲閒居休適偕隱人亡神傷莫釋廬成衡岳老疾見迫悲矣臥遊隱情蕭索

孔淯之

孔淳之字彥深魯郡魯人也孔子二十六代孫也性好山水居會稽剡縣茅屋蓬戶庭草蕪徑惟床上有數卷書除著作郎太尉參軍并不就與徵士戴顒王弘之王敬弘爲人外之遊敬弘以女適淳之子尚淳之繫烏羊所乘車轅提壺爲禮至則共飲盡懽日暮而歸或怪之曰固農夫田父之禮也會稽太守謝方明要之不至使謂曰卿不入我郡何爲入我郡淳之笑曰潛游者不識其水巢棲者

不辨其林飛沉所至何問其主終不肯往元嘉初復徵逃於上虞縣界家人莫知所之七季卒

人外彥深殘書數卷田父之禮俯仰如見飛沉無心所至何戀斯言有道興觀不倦

宗彧之

宗彧之字叔粲南陽人也炳從父弟少孤好學眞澹過炳宋高祖受禪徵辟俱不詘公私餽遺一無所受元嘉初陸子眞觀采風俗三請彧之輒辭疾

不見告人曰我布衣草萊之人少長壟畝何可枉軒冕之客子眞還表薦之徵員外散騎侍郎不就卒於家

宗公貞澹孤潔自好高名集身人物傾倒曰予草萊軒冕異道嗟今布衣攀援無告

劉凝之

劉凝之字志安小字長年南郡枝江人也慕老萊子嚴子陵爲人推家財與弟及兄子立屋於野外

非其力不食辟西曹主簿舉秀才不就妻梁州刺史郭銓女不慕榮華與凝之共安儉苦夫妻同乘薄笨車出市賣易周用之外則以施人嘗爲村里所誣一年二輸公調求輙與之元嘉初徵秘書郎不至臨川王義慶衡陽王義季鎮江陵并遣使存問凝之答書稱僕不修民禮人或譏焉凝之曰昔老萊僕楚王嚴陵亦抗禮光武未聞巢許臣堯舜也荊州飢義季慮凝之餒斃餉錢十萬凝之大喜將

錢至市門觀有飢色者悉分與之俄頃盡後携妻子隱衡山登高頂爲小屋居之采藥服食妻子皆從其志元嘉二十五年卒

南郡劉生萊嚴是師與婦賣易以行博施衡陽十萬俄頃濟飢高風盛事悠悠人思

龔祈

龔祈字孟道武陵漢壽人也年十四鄉黨舉爲州迎西曹不行謝晦臨州命爲主簿舉秀才除奉朝

請平西參軍皆不就風姿端雅容止可觀中書郎范述見而歎曰此荊楚仙人也又徵太子舍人不起時或賦詩言不及世事年四十二卒

孟道髫年拂衣鄉舉玉山朱霞標映荊楚時一賦詩以吐風緒世故見塵嗒然不語

翟法賜

翟法賜尋陽柴桑人也曾祖湯湯子莊莊子矯亦高節家居無事惟種竹辟命屢至嘆曰吾焉能易

種竹之心于盎鱗樊鳥之閒哉終不詘矯生法賜少守家業立屋廬山喪親後不復還家以獸皮結草爲衣不食五穀雖親々莫得見也州辟主簿舉秀才及散騎侍郎幷不就後家人至石室尋求因復遠徙違避徵聘遁跡幽深尋陽太守鄧文子表曰法賜隱跡廬山于今四世如逼以王憲馳山獵草以期禽獲慮致顛隕有傷聖化乃止後卒于巖石之閒不知季月

翟氏傳隱法賜故趐辟穀衣皮親故莫要巖石之間歲月空寥匡廬四世互峙孤標

朱百年

朱百年會稽山陰人也少有高情親亡服闋携妻孔氏入會稽南山伐樵採箬爲業以樵箬置道上恣行人所取明旦亦復如此人初怪之久而知是朱隱士所賣須者隨其所堪多少畱錢取樵箬而去或遇寒雪樵箬不售無以自資則撑船送婦還

孔氏天晴復迎之好飲酒時為詩咏州郡辟舉并不就隱跡避人惟與同郡孔顗友善顗亦嗜酒相對輒酣飲盡歡百年母以冬月亡衣無絮遂不衣綿帛常寒時就顗宿飲酒醉眠顗以卧具覆之百年覺引卧具去體悲痛曰綿定奇溫顗為之泣涕晚除太子舍人不赴顏峻為東楊州發教餉穀五百斛不受孝建元年季八十七卒山中卒後蔡興宗守會稽求百年妻饋米百斛百年妻遣婢詣郡

門奉辭固讓時人比之梁鴻妻云

百年隱跡至孝鍾情醉感奇温悲自心生婦篤

其行伉儷相成夫子既沒却米修名

沈道虔

沈道虔吳興武康人也好老易居縣北石山下孫

恩亂後歲荒縣令庾肅之迎出縣南廢頭里爲立

小宅臨溪有山水之玩時復還山中與諸孤兄子

共釜庾之食郡府凡十二命皆不就嘗据拾自給

同捃者爭穟道虔則以所得與之後每事輒云勿令沈居士知冬月無複衣戴顒聞之爲作衣幷與錢一萬還盡分身上衣及錢供諸兄弟子無衣者年老菜食恒無經日之資琴書爲樂孜孜不倦元嘉時卒年八十二

彼沈居士捃拾自資鄉人有偷交媿其知釜食複衣子弟是推固竆以老琴書不衰

郢野老人

郢野老人不知何許人也宋衡陽王義季獵于郢有老人帶苫而耕王命左右斥之老人擁耒對曰昔楚子盤游受譏令尹今陽和扇氣播厥攸始一日不作人失其時大王馳騁爲樂驅斥老夫非勸農之意也義季止馬曰賢者也賜之食老人曰吁願大王均其賜也大王誠不奪人時則一時皆享大王賜老夫不偏其私矣斯食也弗敢當問其名不言而退

郢野隴畝盤游王公一老擁耒陳厥田功賜食弗嘗啼吁春風有心無名卓犖此翁

尋陽漁父

漁父者不知姓名亦不知何許人也太康孫緬爲尋陽太守落日逍遥渚際見輕舟淩波而来舟中漁父垂綸長嘯神韻瀟灑緬異之問曰有魚乎漁父笑曰吾釣非釣安所得魚緬益異之蹇裳涉水就而請曰竊觀先生有道者也終朝鼓枻良亦勞

止吾聞黃金白璧重利也駟馬高蓋榮勢也今王道文明守在澥外隱鱗之士靡然向風先生何晦用若是也漁父曰僕山澥狂人不達世務未辨賤貧何論榮貴乃歌曰竹竿籊籊河水悠悠相忘為樂貪餌吞鉤非夷非惠聊以忘憂悠然鼓櫂而去

尋陽漁父其釣非釣師彼夷惠忘憂為道孫公諷之仰視而笑倩歌未終悠然夕熖

南朝齊

褚伯玉

褚伯玉字元璩吴郡錢唐人也少有隱操寡嗜欲秊十八父爲之婚婦入前門伯玉從後門出遂往剡居瀑布山三十餘秊隔絶人物王僧達作郡禮致再三伯玉爲一出停郡信宿交數言而去宋孝建二秊徵議曹從事不就齊太祖即位詔吴會二郡以禮迎遣固辭疾建元元秊卒年八十六恒居一樓葬樓所

絕婦不婚我闢元璩剗中滅迹道親物疎皤〻
黃髮巍然樓居故人名郡偶回麻車

明僧紹

明僧紹字承烈平原鬲人也宋元嘉中再舉秀才辟功曹不就隱長廣郡嶗山淮北没虜南渡江齊太祖爲太傅辟記室參軍不至弟慶符領青州僧紹乏糧隨之欝洲住弇榆山建元元季徵正員外郎不就太祖與崔思祖書令僧紹與慶符俱歸慶

符罷州僧紹歸江乘攝山太祖遺以竹根如意筍
籜冠語慶符曰賢兄高尚吾郎不可接夢通幽人
固已屢矣後聞僧紹往定林寺太祖欲出寺見之
沙門僧遠問曰天子來居士若爲相對僧紹曰山
藪之人政當鑿坏以遁辭不獲命有依戴公故事
耳遽引去永明元年復以國子博士徵不就㘯澥
封追伯聞而歎曰身彌後而名彌先其明居士之
謂與竟隱而歿

齊祖招隱沾沾足喜揖山定林寤寐伊邇水石
自玩鑿坏相矢身後名先民思其軌

臧榮緒

臧榮緒東莞莒人也幼孤躬自灌園以供祭祀母亡著嫡寢論隱居京口教授南徐州辟西曹舉秀才不就齊太祖爲楊州徵主簿不至榮緒惇愛五經常謂人曰昔呂尚奉丹書武王致齋降位李釋教戒幷有禮敬之儀柰何孔孟缺焉喪墜于是著

拜五經序論以宣尼生庚子日陳五經拜之自號
被褐先生永明六年卒年七十四
禮在李釋興慨臧公奉陳五經著論尊崇煥乎
玄几庚子日中被褐而拜一畝之宮

庾易

庾易字幼簡新野人也志性恬隱不交外物以文
義自樂建元元年刺史豫章王辟驃騎參軍不至
臨川王映臨州表薦之餉麥百斛易謂使者曰民

蘘採麋鹿之伍終其鮮毛之衣馳騁日月之車得保自耕之祿於大王之恩亦已深矣辤不受永明中詔徵太子舍人不就安西長史袁承欽其風通書致遺易以連理几竹翹書格報之建武二季復徵司徒主簿不起卒

幼簡潔躬伍于麋鹿臨川下餉來年百斛挍耒致辭小人有祿頤保自耕以介隱福

宗測

宗測字敬微南陽人宋徵士炳之孫也少靜退不樂人間常歎曰家貧親老不擇官而仕先哲以爲美談吾竊有惑焉人誠不能感地金致江鯉固當用天道分地利安能食人厚祿憂人重事乎永明三年徵太子舍人不就寫祖炳所作尚子平圖于壁上將遊名山長子賓宦在都知父此旨便求祿還代以家事刺史安陸王子敬以下皆贈行測無所受齎老子莊子二書自隨子孫拜辭悲泣長嘯

不顧遂往廬山止祖炳舊宅魚復侯子響爲江州厚遺贈遺不受命駕造之復避去後子響不告來奄至所住測巾褐對之終不交言侍中王秀之彌所欽慕請陸探微畫測形與已相對後送弟喪還西留舊宅永業寺與庾易等往來講説隨王子隆命別駕宗忻勞問測笑曰貴賤理隔何以及此竟不答建武二年復以司徒主簿徵不就卒續皇甫謐高士傳三卷

家貧親老仕宦之媒宗公興歎一往莫回廬山
天半白雲崔嵬逸民續紀老莊自隨

沈驎士

沈驎士字雲禎吳興武康人也家貧織簾誦書不與人物通鄉里稱為織簾先生嘗行路鄰人認其所着屐曰是卿屐耶即跣而反已鄰人得屐送前屐還之曰非卿屐耶笑而着之或勸驎士仕曰魚縣獸檻天下一契聖人玄晤每履吉先吾誠未能

景行坐忘何爲不希企日損乃作玄散賦以絶世
大守孔山士辟不應隱餘干吴差山講經教授征
北張永爲吴興請入郡𩓐士閣郡後堂有好山水
乃往停數月永屈作功曹𩓐士曰明府德履冲素
民是以被褐負杖忘其疲病必欲冠㡌客以文冕
走雖不敏請附高節蹈東澥爾永乃止昇明建武
永元中累徵不就守操終老貧薪汲水并日而食
恒憑素几鼓琴遭火燔書數千卷年過八十抄寫

燈下細書復成二三千卷滿數十篋秊八十六卒

織簾先生忘情蠟屐吳興山水往數晨夕老憑素几抄書自適鐙火青熒皤然典籍

吳苞

吳苞字天蓋濮陽鄄城人也善三禮及老莊棲志窮谷秉操貞固宋泰始中過江聚徒教授冠黃葛巾竹麈尾蔬食三十餘秊與劉瓛俱于褚彥回宅講授瓛講禮苞講論語孝經諸生朝聽瓛晚聽苞

也隆昌元年徵太學博士不就始安王遙光于蔣山南爲立館自劉瓛卒學者咸歸之以壽終

吳苞栖志抱貞守夷葛巾麈尾蔬食蓬累三十餘年隱爲人師蔣山之南華館參差

孔道徽

孔道徽會稽山陰人也父祐有志行隱四明山太守王僧虔引爲主簿不屈道徽世其家風守志不仕隱居南山終身不窺都邑豫章王嶷爲楊州辟

西曹書佐不至道徽兄子總亦有操行遇飢寒不可得衣食縣令吴興丘仲孚薦之除竟陵王侍郎竟不就

孔氏三隱高情如新祐徽守志總也嶙峋飢驅易動矧逢要津美哉堅忍毋與悔隣

南朝梁

何點

何點字子晳廬江灊人也少感家禍不娶遨遊人

世不入城府或駕柴車躡草屩恣心所適取醉而
歸時人號爲通隱兄求卒蔬食不飲酒三年要帶
減半宋世辟太子洗馬齊初累徵太子中庶子並
不就隱居東籬門園園內有卞望之塚點植花卉
於塚側每飲必舉酒酹之豫章王命駕相造從後
門遁去司徒子良就見法輪寺遺稽叔夜酒杯徐
景山酒鎗以通意點性通脫好施與遠近致遺一
無所逆隨復散之又雅有人倫識鑒旣老娶魯國

孔嗣女嗣亦隱者黙雖婚希與婦見築别室以處之人莫喻其意也梁高祖與黙有舊踐祚賜鹿皮巾等物引入華林園詔徵侍中辭疾不詘天監三秊卒年六十八

黙也通隱襟情無極卞令冢傍花卉紛植九泉映徹有酒努力蕭梁老公詎累胸臆

阮孝緒

阮孝緒字士宗陳留尉氏人也幼至孝性髙峙與

兒童戲即以穿池築山爲樂年十五冠而見父曰頤迹松子于瀛澥追許繇于穹谷庶保促生以免塵累于是屏居一室非定省未嘗出戶家人親友呼爲居士外兄王晏貴顯數來詣孝緒孝緒聞其笳管穿籬逃匿不與相見常食醬美問之云自王家便吐飧覆醢所居室惟一鹿床竹樹環繞任昉尋其兄履之望而嘆曰其室雖邇其人甚遠卒不敢造殷芸欲贈以詩孝緒曰愚舍既異何必相干

芸竟止天監中徵不至南平元襄王致書要之孝緒曰吾非志驕富貴但性畏廟堂耳若使麏麚可縶何以異夫驥騄終不赴大同二年卒著高隱傳凡若干卷

孝緒弱冠迹同居士潔躬不汚慎及甘旨竹樹鹿床人遠室邇富貴詎驕聊息塵罣

諸葛璩

諸葛璩字幼玟瑯琊陽都人也少事徵士關康之

臧榮緒博涉經史安貧守道未嘗懷刺邦宰曳裾府寺齊建武初辟議曹從事不就陳郡謝朓守東瀨下敎餉穀百斛璩處身清正妻子不見喜愠之色旦夕孜孜勤于誨誘學者日至居宅狹陋太守張友爲起講舍容處之天監七年卒

諸葛味道處約深居喜愠不見袪練清虛誨誘後學發摘晉書邦宰府寺無彼刺裾

沈顗

沈顗字處黙吴興武康人也清静有至行慕黄叔度徐孺子爲人讀書不事章句獨處一室人罕見之顗從叔勃貴顯齊世每還吴興賓客塡咽顗不至其門勃就之送迎不越閾勃嘆曰吾乃今知貴不如賤也徵南郡王左常侍不就顗内行甚修事母兄孝友爲鄉里稱永明三年徵著作郎建武永元中徵太子舍人倶不赴素不治家産齊末兵荒與家人并日而食或有饋其粱肉者閉門不受惟

採蓴荇供食不改其樂梁天監四年大舉北伐武康令樂藏以顗從役楊州別駕陸任馳書責吴興太守柳惲惲大慙表停之其年卒於家

高情沈公簪組莫炫顯者自傷貴不如賤食飽荇蓴役擾州縣名士苦辛急彼陸彦

范元琰

范元琰字伯珪吴郡錢唐人也博通經史性謙敬不以所長驕人家貧灌園爲業嘗出行見盜菘者

遽退走母問故具以對母問盜誰何元琰曰向者退畏其媿恥今啓厥名願不泄也於是母子共秘之居嘗不入城閉室之內如接大賓見者莫不改容沛國劉瓛表稱之齊建武二年徵安北參軍不赴梁天監中楊州刺史臨川王宏辟命不至年七十卒

奕奕伯珪博通謙退學圃奉親論跡自愛惠風晨沐清流夕溉抱影一室湛然玄對

劉訏

劉訏字彥度平原人也生數歲父母繼卒哭泣孺慕幾至滅性赴吊者莫不傷焉比長兄潔爲聘妻尅日成婚訏聞走匿事息乃還州刺史張稷辟爲主簿主者檄召急訏掛檄于樹而逃與族兄歊卜築宋熙寺東澗有終焉之志嘗著穀皮巾披衲衣遨遊山澤流連忘返神理閑正姿貌甚華在林谷閒意氣彌遠家貧苦隆冬無氊絮處之晏然自少

至長無喜慍之色每於可競之地輙以不競勝之
天監十七年卒年三十一
彥度挂檄悠悠遐風神姿高徹朗焰林中與物
無競和而不同卜築東澗爲樂保終

劉歊

劉歊字士光訏之族兄也十一歲讀莊子逍遙篇
問難有情理及長亦不娶博學有文好施務周人
之急人或遺之亦不辭久而嘆曰受人者必報不

則有媿于人吾固無以報人豈可常有媿乎尤愛山水登高履險必盡幽遐人稱其有濟勝之具早思避世以母老不忍違離與許隱居求志蓄書籍相娛天監十七年著革終論明年卒年三十二歊幼時嘗獨坐空室有老夫至門謂歊曰子心力勇猛能精死生惜不得久滯一方耳彈指而去

劉歊達生少希莊叟長懐避世廻翔慈母游思詩書高志畎畝周人無息取人無苟

南朝陳

馬樞

馬樞字要理扶風郿人也博極經史善周易老子義梁邵陵王綸領南徐州刺史引爲學士將薦于朝侯景亂舉兵援臺留書二萬卷以付樞樞肆志尋覽殆將周遍喟然嘆曰吾聞貴爵位者以巢由爲桎梏愛山林者以伊呂爲管庫束名實則芻芥柱下之言翫清虛則糠粃席上之説稽之篤論亦

各從其好也然支父讓王嚴公傲帝千載美談周所不廢比求志之士望塗而息豈天之不惠髙尚何山林之無聞甚乎乃隱于茅山陳天嘉元年文帝徵度支尚書不就鄱陽王臨州爲築別室卑辭遣使期必延致樞固辭以疾前後數反乃行既至惡其崇麗于竹林間自營茅茨居焉樞時屬亂離所居處盜賊不入依託者常數百家太建中卒年六十三

扶風高士沈覽羣書精言用舍抗志皇初京口沈宅勾曲隱居白燕翩翩逸光蓬廬

北朝魏

眭夸

眭夸趙郡高邑人也一名旭少有大度耽志書傳不以世務經心好飲酒浩然物表年三十遭父喪鬚髮致白高尚不仕寄情丘壑同郡李順願與之交夸拒而不許幼與崔浩善浩為司徒奏徵夸為

中郎辭疾不赴州郡逼迫入都下與浩相見經留數日惟飲酒談敘平生不及他事浩不能發言後酒闌授詔書于夸懷夸起曰桃簡卿已爲司徒何足以此勞國士也吾便將别桃簡浩小名浩慮夸即還意夸來時乘一騾無兼騎乃以騾内廄中兾相維縻夸聞託鄉人輸租者謬爲御車出關浩歎恨累時他日送夸驢兼遺所乘馬爲書謝夸夸更不受其騾馬亦不復書及浩誅夸爲素服歎曰崔

公既死誰能相容年七十五卒

畦夸大度美酒千鍾父没不仕頤爲老農風標峻絶出處異蹤世無崔公誰能更容

李謐

李謐字永和涿郡人也博通諸經周覽百氏愛樂山水有絶世之心以公子徵拜著作郎推授弟郁州再舉秀才公府二辟并不就謐不飲酒惟以琴書爲樂每曰丈夫擁書萬卷何假南面百城絶跡

下幃杜門却埽棄產營書手自刪削卷無重複者
四千有餘延昌四年卒年三十二黃門侍郎甄琛
謂朝士曰甄琛行不媿時但未薦李謐以此負朝
廷耳小學博士孔璠等學官四十五人上書奏謐
行義詔遣謁者奉册謚謐貞靜先生
公子却埽萬卷百城跡惟中踐樂無外營嚮蠲
河尹遺恨李卿同升未展心違平生
鄭脩

鄭脩北海人也雅好經史隱岐南几谷中依巖結宇皮冠草服躬耕飲水屏迹人事不交世俗前後州將累徵不至岐州刺史魏蘭根頻遣致命申表薦辟終不起

脩隱岐南蕭然高寄俛仰時運遺情天地力耕獨處畏茲多事糾糾武夫興慕相致

北朝齊

馮偉

馮偉字偉節中山安嘉人也長八尺餘衣冠甚偉少從李寶鼎遊明禮傳後還鄉里閉門不出三十餘年趙郡王出鎮定州書幣下辟縣令身齎至門辭疾不起于是王命駕親詣將發縣令徬徨自爲整冠履勸行不得已乃出王候門迎肅分階而上留止賓館舉秀才固辭王知偉不屈以禮遣送歸益自匿郡守以下時造其廬爲畐羊酒一無所納門徒束脩皆不受耕而食蠶而衣簞食瓢飲不改

其樂以壽終

亭亭偉節，爗爗奇姿。隱形窮巷，寫懷游思。君王夙駕，令宰晨趨。味歌堯老，簞瓢不移。

隋

張文詡

張文詡，河東人也。父琚，爲令，有書數千卷，教授子姪。文詡博覽文籍，精三禮。隋高祖引致天下碩學之士。文詡時游太學，博士房暉遠等推重之。右僕射蘇威就與語大悅勸令仕文翊固辭策杖東歸灌園爲業州郡累舉皆不應以德化人鄉黨爲移風俗每閒居無事從容歎曰老冉冉而將至恐脩名之不立以如意撞几低徊久之時人方之閔損原憲焉年四十卒於家

河東文翊早讀父書遭逢當世衮衮石渠高寘不出憂道蓬居白駒流歎名德若虛

楊伯醜

楊伯醜馮翊武鄉人也好讀易隱于華山開皇初徵廹入朝見公卿不爲禮無貴賤皆尒汝之高祖名與語不答賜之衣服至朝堂捨之被髮徉狂遊行市里形體垢穢未嘗櫛沐閒亦開肆賣卜國子祭酒何妥請之論易聞妥之言倏然而笑曰是安用鄭玄王弼乎微申辯答辭義玄妙論者以爲獨得非常人也卒隱死

華山之隱玩世命駕公卿朝市行其笑罵亦混

卜筮論易都下陳義實申玄言若瀉

續高士傳卷之二終

續高士傳

地

續高士傳目錄

卷之三

唐

五代後唐

鄭遨

南唐

許堅　毛炳

宋

戚同文　种放

楊璞　李瀆

魏野　林逋

高懌韓退　孔旼
王樵　張愈
松江漁翁　邵雍
杜生　徐中行子庭筠
蘇雲卿　順昌山中人
治篾叟賣醬薛翁　郭雍
蔡元定子沉

續高士傳卷之三

候官高　兆撰

唐

仲長子光

仲長子光王績里人也無妻子結廬北渚凡三十年非其力不食守令聞其名往謁輒以痔辭王績投劾還有田十六頃在河渚間盡以種黍釀酒愛子光眞尚徙與相近子光以痔終未與績語日夕

對飲顧相得甚懽也世稱河渚先生

河渚先生以瘖志隱守黙塞兊肆耕抱藴王績

愛之結鄰與飲相對忘言藹藹良醖

朱桃椎

朱桃椎益州成都人也澹薄絕俗被裘帶索人莫

能測長史竇軌見之遺以麻幘麂鞾逼署鄉正桃

椎委地去結廬山中夏裸冬緝木皮自蔽甞織芒

屩置衜上見者曰居士屩也以米茗置其處易之

間取去終不與人接其爲屩草柔細環結促密人爭躡之高士廉爲長史就與語不答瞪視而出士廉再拜曰祭酒令我無事治蜀乎于是簡條目薄賦歛州果大治後屢遣存問桃椎輙遁林草自匿焉

岩岩桃椎道在芒屩葛細草柔晝鬻夜作俾人步蹈安審共樂長史蜀政師其澹泊

王希夷

王希夷徐州滕人也家貧父母喪爲人牧羊取傭以葬隱嵩山師黄頤四十年頤卒更居徂徠喜讀周易老子餌松栢葉雜華年七十不衰刺史盧齊卿就謁問政曰己所不欲勿施于人斯言足矣玄宗東巡狩時九十餘帝令張説訪以政事詔拜國子博士固辭勑州縣春秋致束帛酒肉徂徠山中

牧羊搆冢薾然可悲食華讀易冷冷足怡有心扰言不欲勿施聖人之徒吾與希夷

李元愷

李元愷邢州人也博學善天步律曆性恭慎未嘗語人宋璟嘗師之璟當國致遺束帛將薦于朝拒不荅洺州刺史元行沖邀致之問經義畢贈與衣服辭曰吾軀不可服新麗不稱適速咎耳行沖垢皺與之又辭不已乃受未幾報行沖以身所蠶素絲曰元愷義不受無妄財也秊八十餘卒

元愷多能式恭式慎坊表作瞻廉隅自峻美服

不秉躬之悔吝垢洂蕭然體胖德闊

衛大經

衛大經蒲州解人也卓然高行口無二言武后時召之固辭疾素善魏夏侯乾童乾童母卒盛暑徒步往吊比至乾童以事出設席行吊禮不訊其家而還開元初畢構爲刺史檄縣令孔慎訖謁避去不見大經遂于易豫筮死日自爲誌而終

卓然衛君辭疾牝朝玩易羲文樂志陶姚道心

彌堅生死亦超作誌示終息迹逍遥

秦系

秦系字公緒越州會稽人也天寶末避亂剡溪北都留守薛兼訓奏辟參軍不就隱于泉州州旁邑有九日山多大松系結廬其上穴石爲研註老子彌年不出未嘗至城門姜公輔謫至見系窮日不能去築室依之公輔卒妻子在遠系葬公輔山下後東渡秣陵年八十餘卒南安人思之名其山爲

高士峯云

公緒在南結廬山圯穴石爲研以註老子欷嘘

美君一宦謫死高士峯前荷插埋爾

陸羽

陸羽字鴻漸復州竟陵人也貌倪陋口吃聞人善

若在已見有過者規切至忤人與人期雨雪不後

上元初隱苕溪稱桑苧翁闔門著書或獨行野中

誦詩擊林木手弄流水夷猶徘徊自曙達夕日黑

興盡慟哭而歸時人謂之今接輿詔拜太子文學不就貞元末卒著茶經三篇

苕溪陸叟今之接輿慟哭行野杜門著書甌犧成癖日來清虛作經三篇載茗一車

崔覲

崔覲梁州城固人也以儒自業耕耨取資晚偕妻隱南山分田宅貲財給奴婢各爲業與奴婢約過其舍則供酒食夫婦嘯咏相視爲娱文宗詔訪遺

逸徵起居郎不至
崔公長者耕田立宅戒得于老分給臧獲與婦
時過互爲主客美酒擊鮮陶然共適

陸龜蒙

陸龜蒙字魯望元方七世孫也少高放通六經大
義嘗從湖州刺史張摶游至饒三日都無所詣刺
史蔡京就見之龜蒙不樂便行後居松江甫里論
撰雖幽憂疾痛室無十日貲不少輟也有田數十

畝屋三十楹田苦下雨潦則與江通故恒飢身畚鍤莜剌無休時或譏其勞對曰堯舜黴瘠禹胼胝聖人也吾一褐衣敢不勤乎性嗜茶置園顧渚山下初病酒再期乃已其後客至潔壺置杯不復飲惡與流俗交即造門不肯見時泛舟齎束書茶竈往来江湖閒稱江湖散人亦稱天隨子甫里先生以高士名不至乾符中卒

甫里先生勞形自悅幽憂飢餓作述不輟晚歲

止酒與俗相絶江湖之上浮游鼓枻

五代後唐

鄭遨

鄭遨字雲叟滑州白馬人也好學敏文辭唐昭宗時見天下已亂欲携妻子與俱隱婦不從遨乃入少室山爲道士婦數賣書勸遨還遨得書則投之後聞妻子卒一慟而止遨故與李振善振事梁貴顯欲禄遨遨不見及振得罪南竄遨徒步千里往

視之晚居華陰種田節度使劉遂凝數以寶貨遺之不受唐明宗晉高祖屢以左拾遺諫議大夫名皆不起天福四年卒年七十四遨好飲酒奕碁時爲詩章人間多寫縑素持贈或圖貌其形于屋壁

擾擾五代士皆魚肉吏也明哲獨全山谷少室學道弘農種牧爲時人瑞圖形華屋

南唐

許堅

許堅不知其家世或曰晉長史穆之裔也形寢而怪嘗寓廬阜白鹿洞幘巾芒屩短襴至骭亦無齎裝惟負布囊常括不解每就溪澗浴未曾解衣浴已則淋漓出而暵之人問其故曰天象即白晝亦參列昭布不可裸裎耳性嗜魚或得大魚則全體烹啗不設醯鹽後居茆山或入九華適意往返行吟自若舊與樊若水善勉之以仕則顰蹙不答後不知所終

廬阜有客行吟飄蓬短襴至骭来往羣峰昭〻天象曰布日中斯寧裸裎對之怔忡

毛炳

毛炳豐城人也好學不能自給隨里人入廬山與諸生曲講獲貲鏹即取酒盡醉嘗宿酒家大酣憒坐爐炭主人出之翌日尻痛疑酒乖忤遭其笞棰訊之笑去又嘗醉道旁里首張谷過而掖之炳曰掖予者爲誰曰谷也炳呵之曰谷不學于炳炳不

干於谷醉者自醉醒者自醒醒醉之道二者固殊若逑去無撓吾卧後于南臺山聚生徒講誦一夕痛飲卒

毛公講學求彼脯脡日向酒壚以取酩酊道旁于于發言高迴醉者自醉醒者自醒

宋

戚同文

戚同文字同文宋之楚丘人也後晉末喪亂絶意

仕進閒居教授樂聞人善未嘗言人短人有喪力
拯濟之冬月恒解衣裘衣寒者不積財不營居室
或勉之輙曰人生以有義爲貴焉用此爲生平不
至京師年七十三卒于漢東
孟諸之感世亂自遂隱惡揚善不營不積道在
周物生貴有義蕩蕩默默君子仰企
种放
种放字名逸河南雒陽人也父卒諸兄皆干進毋

樂道薄滋味與放隱終南豹林谷結草爲廬僅蔽風雨放時講習以資養每山水暴漲道路阻隔糧糗乏絕母子共食芋栗淳化三年陝西轉運宋惟幹奏放才行詔辟母恚曰吾嘗令汝勿聚徒講學今果爲人知不得安處吾將棄汝入曽山矣于是盡取放筆硯焚之與放轉居迹絕處太宗嘉母節詔京兆賜放錢養母勿奪其志咸平元年母卒放應辟

种母樂道安處林陂放也聚徒果爲人知母曰
身隱安用文爲噫嗟母死放也委蛇

楊璞

楊璞字契玄鄭州新鄭人也善歌詩與畢士安善
騎牛往来郭店自稱東野遺民嘗杖策入嵩山窮
絶處爲詩凡數年淳化中徵至不顧仕進眞宗祀
汾陰過鄭召璞既至問君来有以詩贈行者乎璞
曰無之惟媪有詩一篇耳誦之帝大笑賜東帛遣

還作歸耕賦以見志年七十八卒
騎牛苦吟東野楊公帝祀汾陰來至于嵩嫗兮
贈行賦詩可風曳裾拱手揶揄老翁

李瀆

李瀆字長源河南雒陽人也恬澹好古博覽經史年十六父亡服闋不復仕進往來中條山中談唐室衣冠人物歷歷可聽李宗諤與瀆世舊每勸之仕皆不答所乘馬嘗爲宗人借憇壓閭人語瀆即

彌馬其惡詈如此咸平中遣使徵名辭足疾不起瀆好飲酒人或諷之曰扶羸養痾捨此莫可從吾所好以盡餘年不亦樂乎晚語諸子曰山水足以移情茍遇醉而卒吾之願也他日設外寢取父集七十篇并書畫相付曰趣家人置酒吾將與汝曹訣酒數行卒年六十三

瀆隱中條惡詈不仕與木石居遊于鹿豕閒說前朝衣冠名士濁酒一瓢養痾樂死

魏野

魏野字仲先陜州陜人也長喜吟咏不求聞達居州東郊手植竹樹清泉環遶旁對雲山鑿土袤丈爲洞前爲艸堂鼓琴其中好事者常載酒殽從之遊野不喜巾幘無貴賤皆紗帽白衣見之過客居士往来輙累宿而去真宗詔陜令王希徵不至遣使圖其所居觀之五年勑内侍存問天禧三年卒年六十

仲先草堂流泉竹樹門向雲山素琴獨撫時亦
策蹇往來墟塢紗帽蒙頭閒吟梁父

林逋

林逋字君復錢塘人也少孤不娶力學不為章句
家貧屢空晏如也初放遊江淮閒久之歸杭州結
廬孤山構塚廬側二十年不入城市時泛小艇往
来西湖寺觀蓄兩鶴一童子應門客至童子放鶴
鶴冲舉雲中逋于山水閒望見則棹而歸以為信

喜爲詩成輙棄之或問何以不傳示後世曰吾放迹林壑方不欲以名聞于時况後世乎眞宗聞其名詔長吏歲時勞問既卒州以聞朝廷嗟悼賜謚和靖先生

遠哉和靖止于孤山高名自愼不落人間悠ゝ後世莫知其端澄湖鳴鶴餘迹空攀

高懌韓退

高懌字文悅荆南高季興四世孫有古人絶行遁

經史百家之書築室終南從种放受業與張蕘許勃虢南山三友寇準知長安聞懌名表薦不起景佑中録國初侯王後懌以官推弟忻杜衍文彥博累奏懌髙行賜號安素居士再徵皆不就家貧窶妻子寒餒閉門讀書而已韓退者稷山人也亦師种放母死終喪隱嵩山以壽終

文悦辭榮終南結廬妻子凍餒閉門讀書退也嵩山努力耕耡髙車种生媿爾之徒

孔旼

孔旼字寧極孔子四十六代孫也隱居汝州滍陽城性孤潔喜讀書有田數百畝賦稅常爲鄉里先歲飢則分所餘周不足者環居百餘里人皆愛慕之望見旼輒斂袵避道父既葬廬墓三年卧破棺中日食米一溢壁間生紫芝數十本州以行義聞徵國子直講知龍興縣俱不就晚年玩周易老子他書亦不復讀嘗畫太玄圖于壁上規其中心曰

易所謂確然不動者無異此也
漁陽孔敗以禮自工環汝之民避道敬恭三歲
孺慕破棺息躬墓下紫芝曄曄爲叢

王樵

王樵字肩望淄州淄川人也居縣北梓桐山博通
羣書不治章句咸平中契丹遊騎度河舉家被掠
樵棄妻入契丹訪求父母累年不獲還東山刻木
招魂以葬服喪六年哀動行路嘗北望嘆曰身世

如此自比於人可乎遂與俗絶晚年以一驢負裝遊塞下希望遼滅復仇無老歸于城南隅甋甎自環命之甋室病革入室自掩戶卒治平末向宗道知淄州訪甋室已搆屋為民舍即其地復作室刻石祠之

哀矣王公身世摧抑疲驢塞下目斷異域投老城南甋甎為室闔戶而死使人太息

張愈

張愈字少愚益州郫人也雋偉有大志寶元初爲書言邊事欲使契丹相攻以完中國之勢辟秘書省較書郎不就請授父顯忠身隱于家文彥博治蜀置青城白雲溪杜光庭故宅以處之六召不應喜奕棋尤樂山水雖千里輙盡室徃後浮沅湘觀淛江歸杜門著書未就卒妻蒲氏名芝爲文誄之

益郫之張六辟不見浮湘觀淛歸而論撰婦追惠妻没也誄唁邊事有書詎同封禪

松江漁翁

松江漁翁者不知其姓名嘗棹小舟往来江上扣舷飲酒清歌自適紹聖中閩人潘裕自都下調官回過吳江遇而異焉揖之前曰臣觀夫子非漁釣者願丐緒言以發固陋翁瞪視不答裕更請之曰吾厭喧處閑遁迹于兹三十年矣少曾誦經史後觀黄老書近亦棄去惟飽食以嬉無復有事裕曰夫子澡身浴德如此盍出而仕乎翁笑起引木瓢

勺酒滿進于裕曰吾聞養志者忘形養形者忘利致道者忘心吾雖不能棲隱巖穴追園綺之蹤竊有慕老氏曲全之義與子異趣子行矣棹頭嘯去更不復語

吳漁無事飽食以嬉逢彼遊子停舟江涯笑傾清酤不飲奚爲風波如此出也何之

邵雍

邵雍字堯夫其先范陽人也少爲學堅苦刻勵夜

不就席者數年已而踰河汾涉淮漢周流齊魯宋鄭之墟幡然來歸遂不復出蓬華環堵躬事樵爨以事父母人莫能窺之後居雒三十餘年築安樂窩自號安樂先生旦則焚香燕坐晡酌酒一甌微醺即止春秋時出遊城中風雨則不出當乘小車一人挽之惟意所適人聞車音爭接待童孺廝隸皆讙譟曰吾家先生至也或留信宿乃去富弼入相語門士田棐訪雍出處將辟之雍曰吾進豈能

禁吏責既開安用名爲治平間與客行天津橋聞杜鵑聲慘然不樂客問故曰雒陽舊無杜鵑今始有之地氣自北而南天下多事矣未幾新法行雍門生故友居州縣者咸欲投劾去貽書訪雍雍嘆曰此正賢者盡力之時也法固嚴寬一分則民受一分之賜矣投劾何益耶嘉祐中詔求遺逸留守王拱辰以雍應徵將作監主簿不赴尋舉逸士補潁州團練推官復引疾固辭熙寧十年卒年六十

七賜謚康節
康節先生天人爲憲好閒樂道遁世無悶吏愁
新法維寬是勸仁哉一言民蘇其困

杜生

杜生者潁昌人也不知其名縣人呼爲杜五郎云居縣城南三十里有屋兩間屋前空地丈餘爲籬門杜生不出門者三十年黎陽尉孫軫聞而訪之既見問生何以三十年不出杜生笑曰以告者過

也指屋下桑曰憶十五年前尚納涼其下何謂不

出軫曰生何業曰昔者有田五十畝與兄同耕兄

子娶婦所耕不足贍因盡與兄携妻子至此與人

筮卜賣醫藥自給後子能耕鄉長者與田三十畝

使之耕耕有餘力又代人傭耕自此食足鄉人貧

以醫術業者多吾食既足不當更取人利繇是筮

卜醫藥近亦不爲軫曰日復何事曰端坐耳曰頗

觀書乎曰前二十年有人遺一書策當時極愛其

論議今忘之弁書不知所在矣時盛寒生布袍草屩室中楞然氣韻閒曠軫嗟歎留連久之乃去後至延安幕府爲沈括言括時理軍書過夜半未卧聞軫談頓忘其疲

城南杜五山桑一室萬物忘情楞然抱膝三十餘年偶爾不出幕府夜中載言神逸

徐中行　子庭筠

徐中行台州臨海人也始知學往都下求胡瑗所

授經攻苦精思踰年乃歸歸住小室竟日危坐父歿跣足廬墓躬耕養母崇寧中郡守李諤以八行薦其友羅適持節本路舉自代又率部使者以遺逸辟皆不就時章蔡竄逐善類中行每一聞命輒泣下他日入黃巖盡燔所爲文幅巾藜杖隱委羽山中客有譏其避舉者中行曰人而無行與禽獸等使吾以八行應科目則人之不被舉者皆非人類與客慚而退子庭筠有志行免喪不娶者十餘

年居無隋容不苟臧否聞人善輒記其姓名儆屋以處未嘗戚〻鄉人稱之曰二徐先生淳熙間常平使者朱熹行部拜墓下大書曰有宋高士二徐先生之墓

君子放逐泣下中行銜聞人善不忘生平嫿書獨處主敬避名高士之表二徐先生

蘇雲卿

蘇雲卿廣漢人也身長八尺美鬚髯寡言笑布褐

草屨終歲不易結廬豫章東湖獨居東湖良賤老稚皆愛敬之稱曰蘇翁披荊畚礫爲圃皆有法度雖土焦草凍滋鬱暢茂視他圃勝又不二價夜織屨堅靭過革爲人爭貿之暇則閉門高卧或危坐終日世莫知也少與張浚爲布衣交浚入相馳書屬豫章帥及漕爲我致故人蘇雲卿帥漕將命潛行物色得一人曰此中獨有灌園蘇翁無蘇雲卿也帥漕變服入蘇翁圃土銼竹几地無纖塵按上

有西漢書二冊帥漕恍然久之蘇翁倚鋤汲泉煮茗意頗款洽因扣鄉里徐答曰廣漢曰張德遠廣漢人翁當識之曰然德遠何如人也曰賢人也長于知君子短于知小人德有餘而才不足耳帥漕曰今朝廷起張公欲了此事蘇翁笑曰咄咄德遠此事未了得在帥漕廼座中起出書函寘几上再拜曰張公令某等屈公共濟大業願公即駕蘇翁熟視鼻鬨隱隱作聲若自咎嘆者已勞謝曰公等

待矣吾旦當来旦往迎伺扃戶闃然排闥入書幣不啓家具如故翁已遁矣不知所終

東湖蘇翁偃息蓬廬床頭土銼枝上漢書故人物色長逝焉如扃戶闃然晨風交疏

順昌山中人

順昌山中人不知其姓名亦不知何許人也靖康末避亂順昌山中者深入得茆屋屋中主人風裁甚整即之語士君子也主人初見人頗疑訝徐問

曰諸君何事挈妻子至是告以故主人曰亂何自
起也衆爲言主人咨嗟久之曰吾父仁宗朝人也
嘉佑時厝此中因不復出吾所聞有熙寧不知于
今幾年乃至于此矣

千峯萬壑熙寧有人衣冠高古世紀是詢中原
異姓北狩至尊嗟爾君子能不沾巾

治篾叟賣醬薛翁

治篾叟賣醬薛翁皆蜀人也初程頤父珦守廣漢

頤與兄顥皆隨侍游成都見治篾箍桶叟挾册觀就視之則易也欲擬議致詰篾叟先曰子嘗學此乎舉未濟男之窮以發問二程避而請之篾叟曰三陽失位耳頤顥渙然有省翌日再過之則去矣後袁滋入雒問易于頤頤曰易學在蜀盍往求之滋入蜀訪問久無所遇已而見賣醬薛翁于眉邛間與語大有所得世不知所得何語也

城都市中有二老父治篾賣醬挾册而觀程子

袁滋後先與語大易之義布若鐘鼓

郭雍

郭雍字子和雒陽人也父忠孝事程頤著易説雍受父學隱居峽州放浪長楊山谷間號白雲先生乾道中名不起孝宗稔知雍賢對輔臣輙稱之淳熙末卒年八十三

子和早隱亦通世務長楊山谷危冠曳屨於休孝宗時稱其素道在人倫君臣交慕

蔡元定 子沉

蔡元定字季通建州建陽人也父發授元定程氏語録諸書元定通其義登西山絶頂啖薺讀書太常少卿尤袤秘書少監楊萬里奏辟之以疾辭築室西山將爲終焉之志坐僞學謫道州州縣捕急元定聞命不辭家就道朱熹與從遊數百人送之坐有泣下者元定策杖去徒步行三千里足爲流血至舂陵生徒益衆或諷其謝絶元定曰人以學

來安忍拒之禍患之至非閉戶塞竇所能避也子沉字仲默從謫道楚粵窮僻父子相對以禮義自娛元定没沉護喪歸有遺之金者輙謝卻之曰吾不忍負先人也年僅三十隱居九峯躬耕學道公卿交薦不就

西山夫子舂陵遠謫閉門教授患難不易令子

高軌譽名莫追授迹九峯賢聖是擇

續高士傳卷之三終

續高士傳目録

卷之四

元

孫轍　吳定翁

許謙　張樞

明

徐舫　楊恒

王冕　鄭天祐

楊黼　王賓

陳擗雍　李孔脩

續高士傳卷之四

候官高　兆撰

遼

蕭蒲离不

蕭蒲离不字桵懶遼魏王惠四世孫也父母早喪鞠于祖兀古匿年十三兀古匿卒离不自念早失怙恃復遭祖喪哀毀滅性嘗泣謂人曰我于親不得終養今誰為訓我者于是攻苦力學于文藝無

不討習乾統閒累徵不就卜居林古山謝絕人事日與有道者談論或問所得曰有深樂惟覺六鑿不相攘也無疾卒

遼亦有人知學思親浮游山水論道甘貧六鑿無攘爲樂愉愉歎彼名流簪紱沈淪

金

杜時昇

杜時昇字進之霸州信安人也博學知天文不肯

仕進承安泰和間宰相累辟時昇謂所親曰吾觀
正北赤氣如血東西亘天天下當大亂消息盈虛
循環無端孰能違之南渡河隱居嵩雒山中以伊
雒之學教後進正大末卒
時武杜老撫運自潔仰觀北辰赤氣如血天道
在南相教賢哲獨倡伊雒以造稷契
郝天挺
郝天挺字晉卿澤州陵川人也操行崖岸耿耿自

信益厭科舉不復充賦太原元好問從學進士業天挺曰今人學以速售為功六經百家分磔緝綴篇章句讀或不之知幸而得之不免為庸人矣又曰人之仕多以貪敗皆苦飢寒不能自持丈夫不耐飢寒一事不可為子曷以吾言求之或聞之曰君以此教人成進士無乃戾乎天挺曰吾正欲渠不為爾貞祐中居河南往來淇衛間落魄困窮年五十卒于舞陽

耿耿晉卿授徒揚搉飢寒自持綴拾是怍異䓁其教棄今之學顧爾違時不縻好爵

薛繼先

薛繼先字曼卿不知何所人也南渡後隱居雒西山中課童子讀書事毋和謙近人所居化之子純孝字方叔有父風或詐爲曼卿書就方叔取物曼卿年已老狀貌如少者客不知其爲曼卿反以爲方叔示之書曼卿如所書付之御史行部過曼卿

昜卿匿鄉家不出或言翁何無鄉曲情昜卿曰子未之思耳今之時政不皆善御史脫有所劾將謂自我同惡相庇他時必有受禍者卒不見

無道之世政苛吏急小人相比君子獨立多言召禍餘波來及明哲昜卿起予遥集

高仲振

高仲振字正之遼東人也博極羣書尤深易皇極經世學安貧自樂不入城市兄領關封鎮兵仲振

悉付家業與兄携妻子入嵩山終日閒居唯與弟子張潛王汝楳行山谷間山中人咸以為神仙仲振骨節珊珊有聲或曰仲振有養生術云

仲振去兄嵩嶽偕隱終日閒居靜觀朝槿時隨白雲出岫遠近山中之人美其餘蘊

張潛

張潛字仲升武清人也少有遠志慕荊軻聶政為人及壯折節讀書客嵩山從高仲振受易年五十

娶魯山孫氏女孫亦有賢行夫婦相敬如賓負薪拾穗行歌自得不知其負嘗行道中拾遺斧夫婦守斧前移時持歸訪其主還之里有兄弟分財者弟曰我家如此獨不畏張君知邪遂如初天興間携家避兵少室不食七日死孫氏亦投絕澗死

張君五十乃娶老女拾穗負薪避世有侶獨行振俗固窮潛處絕澗空山皂沒鸞舉

王予可

王予可字南雲河東吉州人也父本軍校予可亦嘗隸籍南渡後居上蔡郾城之間軀幹雄偉貌奇古褁青葛巾頂後垂雙帶若牛耳緼袍不掩脛落魄嗜酒每入城市人爭以酒食遺之夜宿土室中夏月或尸穢在旁蟲蠕蠕不顧也人與之紙落筆數百言散湯碎雜無句讀其言多六經中語韻學家古文奇字字畫遒勁遇宋諱則避之諸所引書皆世未見談說之際稍有條貫則以誕語亂之壬

辰兵亂爲順天將帥所得知其名私議携與北歸
館于州之瑞雲館予可聞之笑問將帥曰若欲以
州觀住老夫邪不食數日卒

河東丈夫英爽髯鬚佯狂隱跡充塞正氣身不
北行書避宋諱異代之下詢仰可慰

元

孫轍

孫轍字履常金陵人也學行純篤事母孝家居教

授門庭蕭寂與人言以孝弟忠信爲本未嘗幾微
及人過失士至郡有不諳轍則以爲恥部使者長
吏仁且賢者必造焉樂易莊敬語不及官府憲司
累辟皆不就元統二年卒年七十二
孫子教授奉母甘旨門庭蕭寂與人無毀篤行
愉愉記覩名士過都入國不見爲耻

吳定翁

吳定翁字仲谷臨川人也婞脩自治寒暑衣冠不

少澥御史方伯部使者辟薦相望終身不屈嘗曰士無求用于世惟求無媿于世人咸欽其名言吾儒于世敗于行志用之不減入夫名利翁乎無求求其無媿終身斯言寧惟自治

許謙

許謙字益之金華人也隱居金華山四十年不入城府清修苦節著書立言非扶翼經義未嘗有作也大德中歲大侵謙貌加瘠或問之曰君豈食不

足邪謙曰公私匱盡道殣相望吾安能獨飽乎浙東廉使王繼學訪謙于山中謂謙清氣逼人可畏既退論薦于朝廉訪使劉庭直趙弘偉列其行義章數十上皆莫能致至元二年卒年六十八衆人皆飢安能獨飽嗟嗟許翁苦節是表渣滓日去清妙自保顯者對之風塵氣杳

張樞

張樞字子長婺人也幼聰慧外家潘氏蓄書數萬

卷盡取讀之古今沿革政治得失禮樂興廢歷如
指掌部使者交薦不起至正三年丞相脫脫纂修
金遼宋三史辟長史固辭不赴七年復以國史院
編修名又避不就使者強行至杭州遁歸年五十
七卒
張公採綜指掌興廢流觀金遼悲悼宋代脫脫
見致使者九輩中道引遁不還梗槩
明

徐舫

徐舫字方舟嚴州桐廬人也約躬有道喜怒不形幼尚俠好馳馬試劍巳而幡然悔去爲進士業巳而又悔曰人生貴適意柰何跼蹐章句中於是游江漢淮湘閒以詩歌自娛江湘叅政蘇天爵表薦舫舫笑曰吾詩人爾其可以章紱乎竟逃去築室江臯每天雪放舟釣江中終日不反自號滄江樵人高帝初劉基應聘舟泝桐江而西舫冠黃冠衣

白麻皮裘立江濱目送之曰卿何行寧不媿桐江水耶基與同聘者皆故與舫善銜舫以隱自高數欲屈致之舫愈自匿人莫知其跡而終

黃冠者子目送滔滔桐江如練何行爾曹噫乎出處當慎所操聖人在上士猶自高

楊恒

楊恒字本初諸暨人也性醇篤與人語如出肺肝恥爲覆藏元末州郡辟不就婺越閒請爲州閭師

亦不赴浦陽鄭義門延致之幡然行坐卑比以講
道爲己任已退居白鹿山躬耕暇則吟誦人莫能
測也高郵欒鳳来爲州牧造門請辟不起遣閤右
子弟即恒家問學州常有民坐法當大辟恒哀之
倡白其誣民以烏犍謝頓顙流涕終不受
楊公質直語無覆藏潛隱州閭講道浦陽鄉人
有罪秉義主張顧彼烏犍哀此黎氓

王冕

王冕字元肅諸暨人也少好學家貧依沙門居夜潛出坐佛膝上執策映火讀之琅琅達旦安陽韓性引爲弟子性卒門人事冕如性冕父時已卒迎母入城就養他日母思還里冕買白牛駕母車被古冠服隨車後小兒遮道訕笑冕亦笑著作郎李孝光薦之不就久之北游燕秘書卿泰不花薦以館職冕笑曰公愚人哉不滿十年此中狐兎遊矣即日南還攜妻子隱九里山種豆三畝粟倍之雜

韭各百本芋一區梅花千樹搆茆屋于中倣周禮著書一卷坐卧自隨不使人覩更深則燃火朗誦之高帝取婺州物色冕欲授以叅軍一夕死大冠元肅俯仰天步笑彼燕市行見狐兎歸與南山種豆盈圃時明身死以副心素

鄭天祐

鄭天祐字述作閩候官人也少磊落不羈知元運將終隱南湖塢中久之益憤世亂周急貧寡遇生

物無大小貴賤皆鬻而放之嘗買南山田價已盡閱其子賈名而告曰而父所鬻田未盡而值給如之後其孫賈又告曰而祖所鬻田未盡而值給如故人異之咸呼之顛公云晚辟穀日飲醇酒一升曳芒鞋散髮行道上歌屈原漁父篇或勸之仕喟然嘆曰而不見飛廉氏馬乎其一朱鬣白毳龍輅鳳臆終日不釋轡卒以熱死其一垂首昂尾駝頭駱膝踶齧善蹷棄諸野終年而肥耶洪武初卒

磊落鄭公遭亂幽憤盡散其產日飲良醞見戮
審顧喻馬以訓我過南湖感茲頹運

楊僴

楊僴字嗣慶江西吉安人也篤行清操學有根柢與相知講論輒累夕忘寐坐有豪貴則終日不言洪武中太史宋濂參政陶中立交重之累以孝廉文學辟不赴吉安侯子陸贇以高帝駙馬從僴受學入朝風格不凡帝目之問誰教者曰吉安人楊

亂也帝喜名亂見賜食徵纂修不就止足壠畝不謀生理嘗誦論語鄉黨篇太息曰吾教自有養生術安事偃仰吐納爲哉垂老神守寧固視聽精完誨人不倦以壽終

豫章之老循循善誨坐有貴人三緘不對鄉黨一篇養生道在家勿朝夕仙老可廢

王賓

王賓字仲光長洲人也七八歲入鄉校博學該覽

無不討論于醫學尤工顧不肯醫富貴人里巷貧
窶疾病者趨往胗視與藥餌不倦貌故侵又以藥
黥面及肘股皆成瘡壂兩角芒屩竹杖短布衣行
市井間或箕踞道旁爬搔肘股櫛紳心知其賢莫
敢引接賓殊自得也平生不娶奉母篤孝太守姚
善造之映門語曰毋驚老母須臾踰墻避去他日
善却騎從獨候門下始與相接據坐受拜若師弟
子善欲薦之終不敢發言年七十先母卒臨卒抱

持母不舍久之復甦再視母乃絕

嗚乎仲光傷心之人遺世養母周貧毀身身先母死彌留遂逝哀哀髦期悠悠高旻

陳澥雍

陳澥雍清江人也篤志古學遯世無悶自號龍潭老人陳獻章嘗謁吳與弼質周易疑義與弼曰君過清江叩龍潭老人耳獻章如弼言往澥雍方犂田雨中止獻章隴上田畢延至家具雞黍對榻信

宿辨析疑義獻章嘆服而行澥雍語妻子曰吳康
齋非愛我者遂徙去
徵君者𥟖依〻龍潭寄語學人問易于南疑義
既析道心無閒會當早逝罔失樂湛
李孔脩
李孔脩字子長粤人也好周易善詩畫不肯投合
于時皂帽深衣𢿛廬破甑未嘗出戶兒童婦女皆
呼爲子長先生嘗入縣輸租拱而立令異焉問姓

名不答呵之不動令怒加笞榜俯受趨出終不置對卒無子按察使李子庸為治葬云

子長高行端居蓬蓽皂帽深衣申申無逸輸租入縣遭吏所急寧為令辱毋為令識

伍雲

伍雲字光宇廣州新會人也性至孝軒輊自樹立與陳獻章友窮年約已探研理道隱居南山南有大江以意造釣艇置琴一張每良夜放艇獨釣或

設茗與獻章共泛扣舷和歌悠然不知有人間世又于北巖創亭盈丈視之窈如焚香晏坐閉門息交往〻終歲

隱居息交羡兹伍叟以意造艇得魚餬口柴門逐江巖亭虛牖鳴琴晏坐天地何有

沈貞 弟恒 恒子周

沈貞字貞吉長洲人也父澄永樂初徵人材不起貞與弟恒志尚高邈有父風怡隱不仕家相城西

宅故多怪石嘉樹風日明遠兄弟被古冠服登樓吟望或扁舟入城留止僧舍自相語默貞年八十餘恒年六十有九乃卒恒子啓南名周世稱石田翁風格潔修寬然長者事毋孝父卒棄諸生業或勸之仕曰卿不知吾毋以周爲命乎嘗購得古書貲不貲客来諦視曰吾書也曷告我所從来周便擧書還客終不言景泰閒郡守以賢良應詔不就閒居奉毋寄情書畫遂出古人嘗于郭外置行窩

每自相城至則遠邇競傳沈先生来戸屨塡咽隨
所請應之雖販夫牧竪無不滿志去州有太守曹
㫻搆府廨将圖楹廡籍周名欀椽攝之周曰幸無
驚周毋周旦夕晝不敢後客有欲爲諷太守者周
固辭曰往役義也竟往年八十三卒
隱德之傳在晉惟翟於戲本朝沈氏奕奕石翁
承風寵辱不易養志罷舉行義趨役
楊𪐴

楊黼字太和雲南人也篤學讀五經皆百遍口不言人過或勸其應舉笑曰性命不理而理外物耶家居庭前有桂樹日夕偃仰其中咏歌自得註孝經數萬餘言引證羣書極談性命編錄皆小古篆秃筆盈家作筆塚于西原瘞之每出遊林泉輙留連不去以父母在未忍違離躬耕數畝取脩甘旨不求餘也父母歿爲傭營葬葬畢入鷄足山居羅漢壁石厂中十餘年乃卒年八十

親在力田取彼甘旨親没傭身封隧以起蒱也事畢養生送死嗚乎孝經人曷眛此

王艮（子壁）

王艮字汝止泰州安豐場人也俗業鹽無學儒者艮性孝謹晨省夜定掃舍奉席如古禮嘗冬日見親以急務盥冷水大痛哭他日聞人言王撫軍說論語與己同乃往江西服古冠服執木簡詣軍門請見文成異之下階迎肅艮長揖坐上坐論道居

數日乃去後駕小車從二奴北行以師說化導郡守辟名輒辭疾不赴或問艮何爲不仕曰吾無往而不與二三子者吾之仕也或勸之著述不應御史吳悌表薦不就子辟字宗順嚴取予敦孝弟居恒不繩削動應矩矱非其義千金不當顧也時曳杖逍遙山谷間歌聲與林樾相激發中丞凌儆樓薦于朝堅卧不赴臨卒屛婦女進門人子弟講學而終

王生父子起於盬鹽定省禀禮取予維嚴詹〻
無隱獨行自潛作之述之先民爾瞻

孫一元

孫一元字太初關中人也年十三誦古六經文日闔戶獨居一室家人罕窺其爲十八入終南隱太白山食草木居息崖下時有所得赤脚散髪登山高峯持古松根扣巨石而歌自號太白山人後往来吳越玄巾白袷以鐵笛木瓢自随常黙坐閒爲

詩曰吾舍此益與世絕或勸其仕則撫掌大笑費
文憲宏罷相東歸詣之值元晝寢久不起文憲坐
愈恭既出又了不謝已送及門延頸東望曰嶰上
碧雲起遂接赤城文憲出嘆曰宏一生未見有此
人晚娶婦居苕溪講性命之學年三十七卒

作者孫子熇迹聖朝遭世非譏淵然不淆翼翼

文憲明其無驕碧雲赤城風流彌超

邢參

邢參字麗文吳人也早喪妻不娶教授鄉里以著述畢老家貧恥干謁朋友之門亦罕接跡客至或無茗椀薪火斷則寒食嘗天雪累日甕無粟兀坐不出人往視之方苦吟誦也又連日雨復往視屋三角墊參怡然執書坐一角不糝復累日矣以壽卒

邢君屢空人不堪憂坐遷屋漏忘味脯修雨雪自娛情知匪佽庶幾寧靜無累貴遊

陳松

陳松六合人自號六合散人少爲諸生有頴思已棄去徉狂自放家故有一婢名墨奴又嘗蓄一羊酷愛之日引墨奴牽羊相隨哦咏市中松雅能詩善書字畫飛動邑遠近亭堠障壁往往題識爲久之墨奴舉子益困貧乃之鄧鬻子爲長歌書州守壁間刺史出讀而悲之反得子者值取其子以歸後北遊梁魏止順德郵亭題詩廡下日已晡亭長

猝避客曰太守来松踉蹌去巳太守至讀廳下詩墨猶濕詰亭長故曰奈何逐詩人榜之亟追松松去巳遠太守惝怳久之太守者濟南李于鱗也松嘗于商雒山行夜宿古神祠中四壁蕭寂惟山杏一樹婆娑覆檐徘徊為詩長號幾絕松卒以困終

南有狂狷天地為旅一婢赤脚相隨踽踽亭長何知太守来暮宵盤空山婆娑老樹

陳昂

陳昂字雲仲莆田人也容貌枯奇好飲酒喜怒任眞嘉靖中倭夷寇興化昂與妻子避豫章業屨爲日已泛彭蠡居于匡廬家貧遊無資嘗爲遊僧傭附之遊以故得遍覽三峽劍門登峨眉焉久之僧死昂亦歸吳寓建業賣卜秦淮一室之内席牀缶竈敗紙退筆錯處其中人不知其何許人也里人林古度過其門異之就與語乃得昂平生擒其詩誦之昂反面向壁流涕失聲他日載誦其詩又復

嗚〻泣下居數年竟窮死有詩五百篇

名山大川舟車所極雲仲隱傭遂其登陟憔悴

賦詩嗚〻自得竟陵好之相通冥默

宋登春

宋鵝翁名登春字應元趙郡新河人也方頤大耳

身長七尺鬚髯皓然善飲酒時發憤讀古人書久

之棄家遠遊入燕聞布衣謝榛詩籍甚公卿間讀

而唶之曰此以聲律傭丐者也去之齊魯登嶧山

還居長白蕭寺三年又去而浮淮渡江謁延陵季子祠已復遊青徐出關陝諸塞入于太原敝衣苴履逆旅人視之蔑如也至江陵感昔賢之跡躬耕天鵞池歲穫菽雜米而炊晝夜吟詩不絕口荆州守徐學謨詣之累月乃見明日冠紫韠冠衣皁繒彩報謁踞上坐吏人皆竊罵之學謨爲置館郡中日鍵扉卧不起謨往造不得入從胥穴垣入澥翁方科跣席一藁僵卧壁下也後謨再起禮部尚書

澥翁杖策来燕諷其早退曰公胱能歸吾嘗歎公蹈東澥先謨既歸澥翁果来居二年竟投澥以先吁嗟澥翁好遁不羣實羞其徒詞賦紛紜杖策遠遊賞彼徐君蹈澥非因厭羲莫聞

吳孺子

吳孺子字少君蘭溪人也兒時父不課經史獨授杜詩一編長好離騷老莊爾雅遇俗夫則云吾不識字口誦詩使人代書之家居蘭溪東郭負郭有

田一頃盡易磽瘦鑿溝引山泉入厨日閉門藉席皮危坐或問之曰吾尋味好客話言耳性愛潔不畏寒遇泉水清泠雖秋冬輙解衣以浴嘗遊雁蕩度天台石梁絶糧啖蘆菔根四十餘日後居僧寺自炊一銅竈飯不足則餔糜日買兩錢菜兮榦葉爲虀羹語人曰免吾低眉向人覺飽于粱肉耳有一大瓢摩抄如玉所至持携他日過荊溪遇盜破之抱瓢泣數日夜乃去晚自稱破瓢道人隆慶末

卒于梁溪

識字則累食肉則辱清泠之淵可以濯足歷〻者瓢人棄不蓄彼吳儒子破而痛哭

石門山人

石門山人兆曾大父之從兄也謹按故郎中汪公宗伊志碣尚書何公喬遠名山藏高道記曰諱瀫宇宗呂自稱石門山人躬行孝義肆志經史不樂進士業或勉之嘆曰文至牽餙比偶猶之留鬢眘

以傳脂粉耳築霞上居養晦自樂歌頌堯舜之道與鄭善夫傳汝舟友善善夫且死遺言曰詩文妻子付高傳兩君經理其行誼如此家貧樂酒布袍百結醉則起舞悠然放歌人望之如神仙性愛山水孤潔獨往不與人接善書畫意致高負郡國守相富商賈人不能得一赫蹏當酬適時小夫稚子可掩而取之邑有宋生者患瘧往過之就廡下為寫蘭數本復寫怪石修竹投筆去生躍起視之病

霍然良已人謂山人畫不減少陵詩也嘉靖二十
一年卒
於穆我公篤孝秉義歌頌堯舜養晦樂志伊余
仁考撫運遺誨曰爾則效身命無墜

紀元三代一　二十三

寶島古詩全集卷四終

續高士傳卷之五

附見

晉

李歆

唐

陶峴　周朴

宋

文宏　郭延卿

余澹　羅可

蘇扶

元

褚師秀　吾衍

呂徽之　倪瓚

續高士傳卷之五

候官高兆撰

附見

晉

李廞

李廞字宗子江夏鍾武人也清真有遠操不肯婚宦住兄侍中墓下常仰卧彈琹讀誦不輟河間王辟太尉椽不赴後南渡司徒王導復辟之

歔曰茂弘廼復以一爵加人永和中卒

宗于清眞標映江夏仰卧誦讀彈琴墓下情

欲既捐何心用舍彼我茂弘一爵相假

唐

陶峴

陶峴崑山人靖節先生潛之裔也文學經濟不

謀宦游慕謝康樂爲人思樂死山水間盡取田

園擇家人了事不欺者付之製三舟一舟自載

一載賓客一舟供具與前進士孟彥深孟雲卿布衣焦遂共泛江湖中名聞朝廷經過郡邑無不延致峴咸謝却不與交接吳越間稱爲水仙往往數歲不歸見子孫成人初不辨其名也峴栖遲逆旅居貧布素浪跡怡情垂三十年晚歸老吳越卒

抱資經世韜而自晦遠遊擅權旅處引退樂死山水迺三十載嗟峴之智可以亡悔

周朴

周朴字大朴吳人也唐末隱閩中安溪縣南山下後居烏石山與沙門處伺其徒粥食時則携巾盂坐其下畢飯而退寄跡行吟塊然自樂郡中豪富供沙門施錢朴巡行各丐一錢有多與者止受其一滿千錢將買茗藥費盡復然黃巢入閩聞朴名求得之曰若能從我乎朴曰吾尚不仕天子安能從爾作賊巢怒殺之湧白乳數

升

苦吟者朴曠懷秉操嗟〻賦巢知名傾倒於

皇明庭一官非好安能辱身從爾作盗

宋

文宏

文宏蔡州褒信人也夫婦同處不知其甲子耆舊見之約八九十年矣人呼之文秀才云隱居寡營不言世事去邑城數里有田百畝躬自耕

耘歲所獲募里中貧乏者輦負就其家約日與饘粥之費以充傭直久之復遷一處凡數遍即并盡矣明歲亦如之大中祥符初少卿蔡汝典郡邀之宏爲牙校所迫不得已詣郡汝盡禮迎待畧無留意咨以脩身化民之道曰六籍載之備矣更復何求乘間問道術笑而不答既還告隣黨曰吾將遠遊未期迴日幸自努力也與妻去不知所終

髦矣文翁耦耕取粟詒彼窮乏輦負饘粥一
爲世知行不信宿長謝世人努力自勗

郭延卿

郭延卿雒陽人也以文行稱于鄉閭累薦不起
居水南不入城市錢演留守西京與通判謝絳
書記尹洙推官歐陽修微服訪之延卿接談更
不復問久之笑曰陋巷罕有過從往日所見都
無如公等老夫頗少留于是設陶尊果簌相與

歡飲日暮府史牙兵來列門外延卿徐曰公等何官而從吏之都也尹洙揖演告延卿曰留守相公也延卿笑揖尊酒曰公等尚復能飲否演欣然從之肴核無加語笑自若既去延卿送于門曰老夫病不能造謝希勿誚也演等登車茫然自失

雒下羣公過從高逸野服班荆陶尊果實何物車騎喧閧蓬蓽瞻夕旋駕流連自失

俞澹

俞澹字清老金華人也甘貧不娶棲山以居人稱之曰半山道人王安石嘉其潔尚諷之為釋澹曰無錢得祠部耳安石為買牒度名紫琳戒期祝髮愆而不至安石訝詰之澹曰吾思僧不易為生龜脫筒亦難堪忍祠部已付酒家償負矣

道人棲山與世不伍誰其栖栖爰求祠部酒

家責多僧亦愁苦前言戲之彼哉介甫

羅可

羅可沙陽人也性寛弘有詞學以疎放自適不復有仕進意鄉人共師事之鄰有攘殺其雞者可携壺就之執其手曰與子幸全里閭不能烹雞以餉子我誠媿乃設席呼其妻孥環坐盡醉而歸終不以語人年六十七卒

可善其鄉委懷書契坦化萬物守雌隱世鄰

有攘鷄引責鮮恚挈壺相就頹然既醉

蘇扶

蘇扶隱士庠仲子也習詩善書家貧有介郡守辟之語子弟曰吾何以獲知時人特以先世隱名存耳哀吾貧而周之甚善顧寧恐以父名賣錢耶固辭不就死之日無以歛云

蘇氏之子長貧守介念父隱名喟然抱慨曰扶安恐盜竊是敗噫嘻斯言亦可以戒

元

褚師秀

褚師秀字雪巘杭州人也宋亡讀書天慶觀苦節自娛平章尤其至郡聞秀名從兩童子之觀自通欲一拜褚高士觀主導詣秀室方讀書掩卷曰師秀生未識貴人語未卒尤拜于地秀起鎮戶顧語尤曰三年前閩州王高士嘗留此秀非其人也出不復顧

美哉顯者思賢恐後維此哲人高名聦邁自
謝非倫去矣不復巍巍苦節我儀師秀

吾衍

吾衍字子行太末人也意氣踈曠高不事之節
善著書修辭立論獨超古學左目眇跛右足一
俯一仰醞藉可觀家貧僦樓居樓下訓童子自
居樓上與賓客談笑長吏貴人相過遥從樓中
語曰衍出有閒矣終不與接嘗畜兩鐵如意日

持弄之年四十未娶宛丘趙天錫爲買酒家孫女一日玄冠緇衣詣欽仁別沇西泠橋下跛者吾子意氣橫陳寢迹樓居六籍是覲時吹洞簫容與散襟高搽不回終蹈水濱

呂徽之

呂徽之天台人也家仙居萬山中安貧樂道漁釣自給嘗天雪攜楮幣詣富家易穀聞咏詩哂焉客怒爭侮之已與賦詩皆驚與之穀曰不義

之貧吾何庸取卒易之去客躡其向雪䆳詣之草屋一間四壁立忽米桶中有人乃徽之妻也天寒凍坐其中客曰先生何之曰溪上捕魚至溪上果見之遥語曰幸歸少需得魚易酒歸飲公耳頃之攜魚抱甕至盡歡而散他日再詣之不知所往

霏霏霰雪邁邁川渚老翁何之出求魴鱮婦坐倉箱寒風是慄客子相索不安其處

倪瓚

倪瓚字元鎮常州無錫人也強學好修敦行孝弟有餘資財見義即為客死其鄉不能歸櫬者輒營壟之所居高樹幽篁蔚然深秀藏書數千卷手自勘定性雅潔日沐數十度齋前木石咸加濯滌至正初鬻棄家産得錢盡推與知舊人竊笑之未幾兵起富家剽掠都盡元鎮扁舟浮游湖泖間沈晦免禍皦然不渝洪武初還卒於

鄉年七十四

雲林好義行志情知識運知命獨散高貲甘

此沈晦庶免乘危迨迨指士衰世之師

瀾士詩卷之五終

節義文章十二卷（卷一至卷五）

［清］侯官林涵春撰

福建省圖書館藏民國間抄本

節義文章十二卷，清林涵春撰。涵春字奕善，號雲林，侯官人。明天啓三年（一六二三）生。貢生。甲寅遺事謂林涵春初名曇春，依附耿精忠，官户曹，嘗爲精忠建生祠於西湖，及精忠敗，詭將飲藥，卒不死，已而薙髮，與林雲銘遁建寧山中。及事平，清廷置不問，乃改今名云云。不知所謂林曇春者，乃涵春族兄。閩江金山志林涵春傳已作辨白。撰有古今人物大觀三十八卷、塔江樓文鈔六卷等。

是書上自永樂靖難、建文遜國，下逮崇禎闖變，皆表彰明臣節義者。卷一靖難遜國紀事，卷二永樂靖難諸節義，卷三建文遜國諸節義（分上、下卷），卷四正統間土木之變諸節義，卷五無題名，爲正德間宸濠之變諸節義，卷六嘉靖間嚴嵩竊權諸節義，卷七萬曆間張居正專政諸節義，卷八天啓間魏忠賢竊柄諸節義，卷九前有缺葉，無題名，乃崇禎間闖變諸節義，卷十崇禎間闖變革易諸節義，卷十一、卷十二崇禎間闖變殉難諸節義。臚列人物凡五百餘人，人各繫以傳，傳後亦有評。史料俱經剪裁，非僅鈔撮舊文而不知去取者，諸傳詳於死難之節義，略於其他行蹟，具見史筆，故清道光間陳壽祺編黄漳浦集，嘗採是書黄道周傳附刊卷首。傳記所據材料，皆有來源，參互考訂，亦有詳於他處者。如述進士郭符甲死狀，張岱石匱書後集作兵敗死之，朱彝尊明詩綜謂戰殁葬海，欽定勝朝殉節諸臣録據福建通志謂自經死，通鑑輯覽謂戰敗身被數創死，蓋皆各據一隅言之，是書所記「被執不屈，身刺數刃，脱永春山中，絶粒經死」，題壁詩前半，不若是書所録完整。

或得其實。諭德劉理順死前題壁一節，甲申紀事不録，甲申傳信録、石匱書後集雖載之，亦只

陳壽祺左海文集節義文章書後嘗論其人物去取失當，多所臚舉。續修四庫全書總目提要

損益陳氏書後一文，亦加譏斥。蓋以取材宏富，人物衆多，剪裁之間，或偶有失當。如記學士

張國維，石匱書後集有傳，云在東陽投水自盡，是書删略過甚，依文意則似自盡於義烏；兵科

劉中藻，石匱書後集記其死狀詳矣，是書多所删略，徑作仰藥而死，似皆失其實。史實考訂亦

有可議者。如參政藺剛中，山東陵縣人，而誤作南陵人；行人左懋第，山東萊陽人，而誤作陝人。

是書曾刊行，續修四庫全書總目提要著録清康熙四十九年（一七一〇）塔江樓刻本十四卷。

按十四卷者，蓋並子卷（卷三上、下）而計之，該刻本今未見。道光間郭柏蒼藏有抄本一種，

其竹間十日話云：「林涵春著節義文章十二卷鈔本，今存蒼家。」該抄本今亦未見。福建省圖

書館藏此抄本，爲近人沈祖牟所抄藏，稿紙版心刻「節義文章」四字，下刻「㟭齋藏書」，書

中「玄」字缺筆，「胤」、「弘」等不諱，涉及清軍者多闕文，蓋據以抄録即如此。沈祖牟部

分善本藏書目録著録爲「節義文章十卷，清林涵春撰，㟭齋鈔本，十册」。此十卷者，蓋以册

爲卷，當以十二卷爲是。（李振聚）

序雲林林先生文集總目

甲戌夏初自峨眉天鏡跣行雪中迤邐峡口渡湘入粤取道普陀訪諸宗録再歳纔獲十之二三丙子夏病吳淞旅舍遇雲林先生先生目余僧也遠而辟之適大淋雨曝肩囊先生熟視諸宗録大笑投合水乳手數帙相證縱横参錯不覺沉痾之去體也忽而際天苞地忽而入渺造微忽而食息都忘文至此奇矣絶矣當　浩露漱滌齒牙高叶石瘨酒狂

見有名節義文章者有名山大業者有名古今人物大觀者有名塔江文鈔者有名河橋舒嘯者有名閩海奇蹟者如觸目琳瑯編貝莫一余曰先生學海文淵層波萬頃曷不統而滙之條而貫之名中原文獻者乎先生遜謝不許余曰呂東萊有云中原文獻屬南州閩南士也文教振興海内一人視今日中原文獻舍先生孰歸且大年將躋耆社香山並肩齊席視一切恆河大地如沙礫芥子存之心注之手脫化

銷鎔皆丹砂黃金也文鈔云乎哉譬造聯雲大廈或
稱雲窩雪苑柳浪歌湖即境傳幽然而百室盈止必
曰某氏名莊昔覺浪大師輯錄宗典百卷為沙門鑽
乘字之西來文獻先生纂述諸篇旨在忠孝無思不
穎無言不雋悉宇宙大綱常名理之坊苦心熱血躍
躍流出文壇藝苑孰不歷赤幟而屈伏者乎以之名
書屬老衲為知言

康熙丙子孟秋峨眉天鏡衲子晦丹不夜盥題

節義文章序

宇宙間種完人莫重節義溯學術莫大節義文章人心剛大之氣亘萬古而常伸然而不窮不變不激不烈不大振于當時要聲施乎後世尚論君子或惜其遭逢或憫其禍變欲起其人於一堂瞻拜其儀羽晤對其性情往往悲歌憑弔幾涕無從抑思造物間出之奇與國家豫養之澤積久彌盈不讓昌期名世歷龍蛇水火星圖　緯開大治亂纔鐘靈特產數顛掊

勿謂我生不辰蓋亦氣數使然也余少與先生同事研席弱冠俾厕賢書適滄桑變易避跡林皐先生亦鬱鬱窮愁著書以老兩人蹤跡殆相類至故態忤俗性又相類前於人物大觀集中已略序所見既探其淵博矣茲復於是編窺見其修辭命意皆言人之所不能言載人之所弗及載不獨作有明三百年信史抑且為名教功臣竊以人生勳名富貴與夫壽考尊榮不過百年迨至銷沉祇同一夢視諸節義長存宵

壤較其得失已蕩為冷風飄為晨露薄為荒煙蔓草
欲問隻字片言渺不可得先生殆慷慨侈談之復縱
橫參錯出之蓋其嚴氣正性與諸先哲相遇風雨冥
晦殘簇斷簡之下神行其間者乎俾海內之讀是編
者人人具有節義在其意中縈諸夢想寓諸筆墨綿
綳於坐卧食息夫而後觸目醉心皆當年之悲歌流
涕也揮洒烟雲皆當年之興懷撫恨拔劍奮呼也由
節義而生忠孝由忠孝而成激烈舉恒河沙大地儘

有剛大種子先生之維世教厚人心至矣大矣然珍是編不輕示人獨於余謂幾道可言敢不攄所見直抒萬一耶

同學弟黃德裕東園氏盥題

節義文章自序

忠孝人心種子也存之惟微去之則息幾希之辨人禽判焉昌黎韓子謂子輿氏不沉痛而言未足存天理於毫芒也嗚呼危矣余輯古今人物大觀竊歎明代節義之盛綜二百八十餘載君恩臣節行實疏分每見事值艱危人秉剛大或爭倫常或明大義或攘外侮或剗內難或持國是於正人指權奸之傾側甚至貫械囊身剖肝削骨不顧嗚呼烈矣至於國滅主

亡歟天恫怨無人不烈無死不慘較前代矢志君父致命殞身尤足多焉閒摘取大觀各傳增所未備附以論贊於靖難遜國錄一百十五士木宸濠議禮八十有二奸相權璫七十有四闖寇獻寇中原南北之變下逮海嶠邊徼百八十五輯為成書字曰節義文章蓋讓帝楚宮當日從亡史無正志懷宗殉國事後節烈僅見遺聞合兩朝奇變搜兩代奇忠凡諸死事先正才學政績編史冊載郡乘未詳搜討獨於臨難

慷慨視天理民彝吃力仔肩存忠孝種子維世道人心其發為歌辭矣為絕命悲天地間絕大文字不啻光爭日月氣薄雲霄片畫隻字悉載不遺覽是編者知激烈之際以見從容就義之難也嗟乎節義不以文章重有文章而節義愈可貴爾矧昭代褒忠錄節風厲激勸他時輶軒下採不棄芻言余山澤遺叟芻言一得亦藉是以趨蹌拜獻也謹志

例言

讀王弇州史評綱目畢張源流疎晰眂千百代如一日貫千百事如一節詞簡而縱句瑑而渾讀之初若可喜久之耐人可思渾渾乎紀傳贊神行筆墨之外為史家宗法余輯節義文章於靖難遜國人屬同時事分先後謹按文皇北平兵起於建文元年六月為靖難四年七月金川門變焚宮出亡為遜國敘次編年至讓帝南歸大內終兩朝紀事補草野遺闕

一有明節義較多前代世變屢遭烈出尤奇黨籍株連慘戮奸相權璫酷禍較土木宸濠見危授命有間也懷宗殉國當年不乏死忠事後更多烈節率土同仇書雖備述取其關係宗社安危國是存亡者列之標首見臣節之獨重也

一靖難殉節以方孝孺為冠學蘊天人裕養十年莊士死爭大義慘浮九族誅東唾洪常山其屬血並萇弘化碧不特忠孝種子萃之一身千古綱常皎然一

日

一避國効忠以程濟居首落客星於風塵殘夢物色

都忘抱帝足而雪裏尋漚氷愁頓解堪笑繒繳空羅

誰識烟霞莫詹晦跡田州返葬西山不讓從亡三士

尤多饘臺一人

一麓川兵息土木釁興銳師徒輿尸殆盡子大夫蔑

舍奚從非于謙少保合郭登元帥安使北轅南轍繫

固苞桑振國威於再造奠社稷於一言勞臣之功孰

逾讒戮之慘何名

一寧藩復侍衛以柄兵結瑾宦為奥援費學士丕識機謀胡給諫首發奸宄誰使之根深盤固尾大禍烈哉夫本兵之善任授肆吏以重權郡邑部領機宜指畫不動聲色殲元兇於祖社消欃槍於穢矣

一明代祖制不設相臣懼有權奸柄也然權奸毋進公私判別鮮休容之度與黷貨營私有朋樹繼盛當嵩惡肆毒之時持國是正人心十惡五奸之指以攖

猛虎而帶顧其身也公在而群奸膽落公歿而正氣長存

一忠賢竊柄內比振瑾外較彬鸞其尤甚也三案株連不下朱並二十四士東林削籍幾同李膺六百餘人大洪先魏周而摘伏內殘骨削其楊左而留名剖心碎膽幸而天生神聖暴罪朝端使卓臍燃京莽頭傳宛十五州之人心始快三百載之國法方昭

一懷宗殉國按明季遺聞紀內外死事者百人當時

激烈昭然事後失忠更著敢天寧土伸義捐軀不無血碧九原胥沾野草至于潛蹤海畔猶陳咸之惟知漢臘茫跡荒洋並田横之依稀島客宗藩一元子北地劉諶再見勳戚懷后兄燕都周鉉最烈

一甲申燕京變革南都淪沒故明祚失逐鹿中原至於魯藩奔浙唐藩入閩桂藩播滇四海内外不無矢藎報忠臣子隨所事捐軀殉命從播越遷轉如孝廉張公煌言居浙為魯藩浙揖徐淮道何公騰蛟赴滇

為桂藩經略是也職守因時地創設就義居先後雖詳如黃公道周思廟宮詹晉唐藩端揆殉節江南鄭公之奇閣中督學監桂藩親軍從亡交趾是也諸如金滄防禦楊公畏知歸鐵楚雄盡節淮北鎮帥古公道行稱臣壘摧寇鋒某某於茲編祇取節義最著文章表見者特錄於左未敢以爵位大小南北直省分軒輊也

欽定勝朝殉節諸臣錄曰明臣如楊所修王大年李應薦張捷楊維垣輩雖

臨危不屈而名麗閹黨其素行已屬有虧其因馬士英而聯邏如楊文驄
者抗身亦有可矜進身亦屬可議若方岳貢邱瑜之殉難見於一統志以正史律之
則雖有遺憾而時較戰之臣明史謂大中以兵死者原不在盡節之列又如張鶴
之信王化貞排熊廷弼與蘇觀生之擁立朱聿鐭構難桂王皆僨事可誅隕身
莫贖而馬吉翔蒲纓則素衆為盜其文編皆亡益無足道且有指申謁賊
苟免其後乃抗拒我大兵只傳聞錄者家玉衛允文吳爾壎若劫辱而不錄至
若楊廷卿瑯琊路而後自經梅殷入朝而復被害亦不得名於完節

節義文章卷之一

大中丞宣州梅桐巖先生鑒定

閩中林涵春雲林甫輯著

靖難遜國紀事

永樂北平兵起終建文四年其先為靖難建文焚宮出亡以後為遜國諸臣分見于後

惠宗讓皇帝萬曆二十三年復建文位號後復追謚

帝諱允炆明太祖皇太孫懿文太子長子洪武二十五年懿文薨詔立皇太孫中外萬機俱付裁決帝生

孝康懿文患疽帝為吮疽聞楚聲輒哭皇皇不欲生
及寢水漿不入口者五日太祖抱泣曰毀不滅性禮也
汝獨不念我乎始啜糜數口三年不飲酒食肉御內
躬撫三弟同寢食不離侍太祖疾唾壺溺器悉親終
夜未嘗交睫及崩力行三年喪禮即位賜明年租稅
之半太祖治尚嚴肅帝濟以寬和在青宮勤學尊師
重道故率土歸心效忠殉節史不勝書按遺事建文
太孫與懿文太子青宮時太祖命賦新月太子云昨

夜嚴陵失釣鉤何人移上碧雲頭雖然未得團圓相
也有清光遍九州太孫云誰將玉指甲掐破碧天痕
影落江湖裏蛟龍不敢吞太祖覽詩不懌指太孫曰
若免於難矣時太孫頭顱髮偏太祖呼為半邊月兒
蚤識其不克終及懿文薨欲立燕王壓於秦晉居長
學士劉三吾云子繼孫承禮所不易儲位甫定
帝初即位星變求言平遙訓導葉居升應詔言分封
侈大無事驕佚有事僭亂為國家大禍侍郎卓敬言

諸藩僭恣最甚燕王宜徙北平彊幹之地於豫以絕禍根御史曾鳳韶劾王逕行御道無人臣禮帝患諸王畜異倡變難制命兵部尚書齊泰太常卿黃子澄預參軍國大事擢漢中府教授方孝孺入翰林直文淵閣謀削藩權詔止諸王會葬廢周王橚齊王榑為庶人降手勅切責湘王柏王舉室自焚下詔讓燕擢侍郎張昺掌北平布政指揮謝貴守禦北平燕護衛千戶倪諒上燕變長史葛誠至京奏燕情伴讀余逢

辰稍洩燕謀王遂稱疾輙狀寒慄大暑爇火圍爐宮中亦杖而行誠與逵辰告昺曰公等勿懈防王勿疾詐爾會朝廷遣中官逮燕府官屬密勅指揮張信圖燕信奉勅憂懼母怪之曰汝何憂曰密旨欲得親王母驚曰汝父嘗言王氣在燕毋禍家族也信私欵燕三造燕府王戒辭乃乘婦人輿入見以密勅示王曰殿下須以至誠告臣不信則就縛臣尚有謀以全也王曰生我一家者子也呼為恩張時謝貴集兵圍燕

城又以木柵斷端禮門王急召僧道衍謀道衍者長洲僧人姚廣孝也少無賴祝髮游食遇異人授占術曉兵機題詩京口云樵擄年來血戰乾煙花猶自半凋殘五州山近朝雲亂萬歲樓空明月寒江水無潮通鐵甕野田有路到金壇蕭梁事業今何在北固青青眼倦看同輩大笑曰此豈釋子語耶子薄南朝矣王初封就國訪異人衍上謁曰大王骨相非凡臣奉一白帽王授以三錢命卜曰卜天子乎旦晚吉兆耳

王曰子休是日衍至適簷瓦飄地王懼衍曰天欲殿下換黃瓦耳令與衛士張玉朱能計遂誘張昺謝貴入府擒之王曰我何疾為爾輩奸臣所迫故至此昺貴不屈殺之途長泣諫後置獄族誅初相者袁珙過王酒家伏地曰太平天子也鬚過臍當大位至是王鬚當臍名道衍審視珙曰大王何昂首昂則不及時矣因密言師期王問遠近衍曰待吾師至及禡祭披髮而旗者蔽天王曰此何神衍曰臣所言北方玄武

也今至矣請王披髮仗劍以應兵初起暴風雨作王
不懌衍曰飛龍在天從以風雨又曰殿下平江南勿
殺方孝孺此人忠孝種子也殺之則國脈促
建文元年七月靖難傳檄以誅奸臣齊泰黃子澄為
名軍中削建文年號燕令帳下張玉畫策盡奪北平
九門師師南下王戒心命玉潛窺敵情還言師無紀
律人多死氣急趨之一鼓可破隨白溝河馳景滄
七百里帝命長興侯耿炳文北征戒曰勿使朕有殺

叔父名由是燕王每臨戰以身翼士卒衝鋒南軍不
敢加遺一矢又諭方孝孺曰燕王本皇考同母弟於
朕爲胞叔父奈何以兵爲也欲罷兵以孝孺諫不果
建文二年庚辰北平都指揮馬宣鎮撫曾濬起兵攻
北平不克死之懷來指揮彭聚孫泰戰死之都督宋
忠指揮俞瑱被執死之將校不屈憤死者百數十人
燕王入大寧指揮朱鑑死之寧府長史石撰憤詈被
支解晉府長史龍鐔死之河北指揮張綸自燕歸伸

義報國死之
建文三年辛巳燕兵戰白溝河都督平安奮勇致勝
幾擒燕王會大風折帥旗燕王乘風縱大逸去指揮
瞿能父子俞通淵滕聚小馬王等力戰死之李景隆
不用命自潰盡棄輜重鎧甲魏國公徐輝祖獨殿軍
還參政鐵鉉統兵盛庸力守濟南靖難兵攻濟南鉉
造鐵閘張城上詐降令將士呼萬歲燕王喜信之入
鉉暗墜其閘馬驚幾傷遂却燕軍盛庸大破於東昌

斬燕將張玉北平震動
建文四年壬午靖難兵出三年僅得北平保定永定
帝嚴中使密謀有北戴者教燕直搗京師遂由山東
至徐平安戰之小河斬燕將王真徐輝祖率京軍來
援都督何福亦引兵會戰屢勝斬燕將李斌等十餘
人燕師大懼議欲北還未能力勸進兵按劍叱衆曰
安能北面事人耶徐州之捷諸將勒石紀功程濟潛
夜祭碑哭之人不解後燕王入徐令毀石旋曰止止

命錄其文濟名當適鑒石之訣後按名誅戮惟濟得
免時帝輕燕師卻弱撤輝祖軍還何福孤軍無援遂
致於敗燕軍戰靈璧指揮宋瑄死之侍郎陳性善朝
服躍河死燕兵渡淮主事樊士信死之趙鳳陽知府
徐安死之達揚州御史崇剛死之渡江侍郎遵昇死
之侍郎陳植以大義責麾下人迎降被刺死之山西
理問徐讓孝義縣丞衛健死之其武臣知名死者都
指楊松甯忠指揮韋諒何清千戶蘇瓛蒙古哈三帖

木兒婁里鬼具被執不屈死者鎮撫楊本周拱元指揮陳質花英鄭　王恭唐禮鄧戩陳騰詹忠詹恕丁才良朱彬王資詹璟徐凱中官段寶張昌化他如燕府護衛富振以内應誅千户倪瑮以告密誅指揮卜萬以被間誅諸皆鮮事蹟行實特表姓名官爵見死事之不可没也

四年六月靖難兵至儀真詔天下勤王京師内外臣民無民無不發憤慟哭蘇州知府姚善統五郡兵勤王被

擒族誅寧波知府王璡徽州知府陳善河南參政鄭
居貞永清典史周縉各糾衆勤王松江同知周繼瑜
樂平知縣張彥方各募士勤王俱磔死刑部侍郎金
有聲徵兵江西被道擒死之
四年七月靖難兵逼都門上遣諸王大臣如燕軍議
和不許遂入金川門都督徐增壽謀迎降御史魏冕
寧同官十八人即殿前毆之當陛大呼曰請速加誅
帝手刃之欲并誅李景隆不果谷王穗及景隆開金

川門迎降門卒龔翊大慟去之景隆後坐逆謀獄死谷王穗獲罪自焚死先時有纖數云十八子當王天下景隆疑以姓應谷王屬太祖十八子疑以數應孰知十八子爲自成李闖也按迎降勸進尚書茹瑺御史陳瑛卒先遮迎後俱死於非命較方練諸君薰蕕自異可慨也燕王入都門御史連楹叩王馬首大呼數責被礫魏國公徐輝祖率兵巷戰敗歸百戸平元戰死工部郎中韓節操刃厲呼觸城死刑部主事劉原

彌寧家人巷戰死失其屍

大内火帝以崩聞皇后馬氏赴烈焰死燕王清宫詰

帝所在宫人指后屍以應王伏而哭之以絶衆心宫

中大肆屠戮惟得罪建文者免

帝位凡盡三日尚書茹瑺等具表請即皇帝位改元

永樂革除建文年號列榜收奸臣五十一人以齊泰

黄子澄方孝孺爲首前後逮戮駙馬梅殷魏國公徐

輝祖學士黄觀少卿胡閏檢討胡子昭都御史練子

寧長史劉璟教諭劉固參政暴昭御史司中尚書陳
廸大理卿鄒瑾御史鄒朴修撰王叔英御史魏冕給
事黃鉞太常卿高遜志侍郎王良博士王紳大理丞
彭與明北平布政張昺尚書鐵鉉布政張紞都御史
陳性善給事韓永龔泰斷事高巍紀善周是修御史
高翔都御史景清御史曾鳳韶御史茅大芳博士黃
彥清教諭余逢辰學士董倫御史董鏞御史韓郁參
政鄭居貞蘇州知府姚善尚書侯泰教諭王省教授

陳思賢諸生陳應宗伍性林旺鄒君默曾廷瑞呂賢諸生高賢寧侍郎卓敬給事葉福長史葛誠大理卿薛嵓侍講樓璉太常卿盧原質侍郎盧迥御史甘霖沛縣令顏伯瑋侍郎郭任寧海尉魏澤內侍程英楊本

華孝康廟號仍稱懿文太子遷呂太后於孝康陵生不朝賀死不具服按太子文奎生洪武二十九年十月晦太子曰日月俱終不祥也詔百官免賀少子文

圭幼被收禁大内天順中赦出見牛馬皆驚婚娶不知人道文奎太子史無紀載或同皇后焚死豈不布之詔令少子文圭被禁五十載尤詳史冊而太子竟湮沒不傳耶或稱兵部侍郎廖平城陷日奉帝命携太子出奔後帝至襄陽寓平家太子方七齡牽帝衣欲從帝曰吾僧也汝當易姓以全宣德三年帝過廖平廖平曰臣兄己殁太子納臣妹三年矣後流落不知所終大抵事涉忌諱史不具傳也

按燕王入宮有老媼抱一孩童媼教之牽王衣求食曰孩兒餓死餓死孩兒矣王泣曰汝生帝王家寧有餓死乎命媼善撫之或傳即建文君少子也詔降吴王允熥為廣澤王衡王允熞為懷恩王徐王允熙為甌寧王尋削庶人皆建文同母弟

文皇即位後心疑帝尚在大索天下又疑匿主錄僧溥洽所錮洽十三載命給事胡濙訪仙人張邋遢為名蹤跡帝行止又敕中官鄭和等造船入海以招建

文

燕兵犯闕大内火烈帝欲自殺翰林編修程濟侍側濟云祝髮出亡可脫曰臣少習遁甲出南方吉帝猶豫象諱咸言皇祖有遺篋曰攖大難則發今藏奉先殿宜亟出之開篋得度牒三曰應文應能應賢釋帽緇衣僧履戒刀具貯白金十錠朱書應文從鬼門出餘分行會神樂觀帝捧篋泣曰吾祖真天人也召主錄僧溥洽祝髮帝自受應文牒教授楊應能在側以

應能牒付適御史葉希賢至謂其名與牒符授之各令祝髮從群臣悉其事者五十餘人郎官給事御史中書四十餘人縋城遯行自是山澤川湄遂有黃冠緇衣卜販樵漁如雪菴和尚雲門僧河西傭補鍋匠東湖樵耶溪樵玉華山樵洞庭居士燕山衛卒胡閏女奴松江婦茅氏婦出從亾二十二人之外者遜國遺逸錄北卒棄職者二百九十一人縋城遯行四十餘人編籍去位四百六十二人執節死義者不勝指

屈如編修程濟侍讀仲彬郎中梁田玉梁良玉中書梁良用梁中節宗和郭節刑部司務馮漼鎮撫牛景先王資劉仲敎授楊應能欽天監王之臣中書何伸何洲御史葉希賢侍郎廖平金焦翰林編修趙天泰待詔鄭洽按察黃直參政蔡運稱從亡二十二人從亡以外則有舊侍彭英故翰林程亨故尚書嚴震直周旋逆旅主恩臣節兩得其全者

是日帝與程濟梁良玉等潛至鬼門牛景先用鐵椎

擊敔之甫出有舟待岸舟人跪告曰臣神樂觀道士也即前賜名王昇是昨夢皇祖令校尉促臣曰旦日午時牽舟抵後湖鬼門俟出者勿洩洩且殛爾臣故候此帝嗟異良用遂掖帝登舟見帝淚下如雨不勝悽愴躍朱雀橋死帝至神樂觀薄暮矣正疑懼間應能應賢等俱至帝命環衛坐曰自今後勿拘常儀但以師弟稱乃酌定從亾者三人曰濟賢能往來道路給衣食者六人滙節和天泰之臣景先餘則遥相為

應以濟緩急帝曰吾欲往滇依西平侯沐晟仲彬曰大家耳目衆豈無傾伺者曷若往來名勝中東西南北皆吾家也帝是之翌日昧爽景先往中河橋謀載出水關仲彬帝賢應能程濟鄭洽從帝至江濱聞收諸奸黨誅戮大呼曰我何罪至此天手殺吾忠臣由丹陽抵吳江黄溪寓仲彬別室改題扁曰水月觀賦詩云細雨披楊起綠烟水波如織影迷簾午鐘何處倘來耳不似西宮奏絃管越三日諸

臣来會居五日方去吳成學祝髮為僧改號雪菴帝送以詩云江水無聲去不還惟留兩岸好青山輕雲藏跡能歸岫不向東風見素顔適鞏德縣丞奉新命來追仲彬誥敕帝遂逸去

帝由京口渡江宿六合草舍程濟抱病足侍帝寢晝出葛衣為食帝倡云黃花滿地帶霜開濟能各聯句續成過黃溪村宿居民余德華家德華上食恭謹謬稱皇帝老子帝大驚遂去建德

帝遁邐至襄陽訪廖平撫太子曰吾僧也汝當易姓
太子方七歲牽帝衣欲隨帝舍之至王之臣家平復
會帝于西山山中至宣德三年帝遇平弟廖年曰臣
兄已死太子納臣妹三年矣後流落無攷
是歲牛景先亦至平舉家逃竄帝留景先家住西山
猶興賢能濟入蜀至夔州遇馮漼宿村店三夕時漼
以章句訓童子有詩云夜夢何奇特龍飛天漢津朝
橫滄海曲夕過滇池濱先雯皆五色蜒蜿無損鱗淵

田變化間張主在高旻

永樂元年癸未帝去蜀投滇之永嘉寺時梁良玉死

海南帝賦詩哭之有子犯歸黄土重耳未還時句

永樂二年甲申帝去滇至襄陽就景先居西山秋由

池上抵廣德州過仲彬家信宿别去彬進冬衣帝遊

杭州過安溪鎮時方日出故老相傳至鎮結茅為窩

名東明窩手植牡丹千萼花花皆白色至今三百餘

載猶存折枝分種者不榮豈非當時碧畫諸臣之血

今日猶哀御讓帝之花耶覽西湖諸勝遺跡淨慈寺依僧聯師以像遺之禿而鬚頭角磽然曰鬚不可剃剃則刀捲其口至今傳之帝渡錢塘至浦江鄭洽家坐孝義堂堂中區無故墮地天泰曰此不可久晋去之尋跡踪者隨至寓會稽雲門寺時蔡運祝髮為雲門僧稱稽山主人道寓耶溪樵值九重偕遊天台雁岩周行三旬有九日運樵淮仲咸集會帝于石梁淮稱塞翁焦琥浦叟仲留寺中以老冬十一月帝離台

州遂楚蜀是歲景先卒于杭天泰卒于蜀

永樂三年乙酉帝至重慶府雪菴和尚結菴于善慶

里遂留居三月帝病痢雪和尚進栢葉丸尋愈將往

滇命濬筮之得乾之姤曰姤遇也恐遇偵伺之人開

胡濙鄭和往來雲貴諸州遂不果往九月鄭洽來訪

道病留公安卒十月黃直來訪

永樂四年丙戌帝至滇依西平侯沐晟投五華山登

梵宮獅子座繼聞甌寧王允熥暴卒晟恐亟請帝逸

賢能結庵永昌府白龍菴迎帝居之

是歲尚書嚴震直使安南遇帝雲南道中帝驚避久

之乘閒會帝對泣帝曰何以處我曰從上所便臣自

有處候帝遠去夜縊驛庭帝聞泣曰震直滅影以全

我也

永樂五年丁亥帝痛方齋諸臣慘戮抱病經年五月

仲彬何洲郭節偕故翰林程亨來訪見帝久病骨立

拜榻前環泣獻火肉帝曰不嘗此味三年帝操文祭

殉難諸臣云予德不諒兮四海沸骨肉相殘兮寢宮
闗滲身吞炭兮溝中瘠株連蔓勦兮無休息爾忠魂
兮控天知我沾被黃泉兮血淋漓
永樂六年戊子春仲彬辭去帝囑曰道路艱難今後
勿復來爾心竭矣彬稽首臣心正未竭也相持慟哭
六月菴災道者張靜復葺之濟並得小過之旅曰鳥
焚其巢不久殆毁乎十一月焦直偕雪菴至
永樂七年己丑帝東行留賢能守菴焦濟直雪菴四

人從至善慶里雪菴留帝自往襄陽
永樂八年庚寅帝遠永昌白龍山習靜容諸所有
永樂九年辛卯有司毀菴帝去白龍山四月至大理
府浪穹縣賢能募建菴菴成濟筮得剝之坤曰剝極
而順吉象也居之
永樂十年壬辰三月應能卒四月應賢亦卒帝慟連
喪二臣並葬菴東隨納弟子應慧十一月滌直重来
訪

永樂十一年癸巳帝納弟子應智鑄應明鐘親作鐘銘

永樂十二年甲午帝學易數適焦至講究詳晰十一月應慧死納弟子辯空

永樂十三年乙未帝夢賢能設奠哭之夏四月出遊道遇滙直留其所兩主家數日八月與濟遊衡山還訪滙直俱去滇帝即行偶宿蕭寺見廡下有二病人視之滙貞也因留與調治未幾俱死帝哭葬之寺東十

月還浪穹縣設從亡諸臣主哭祀之

永樂十四年丙申帝命溥述從亡殉難諸臣傳藏之巖石中親撰文序之

永樂十五年丁酉帝築別室鶴慶山中七月聞雪和尚卒悼之十一月胡濙鄭和至滇蹤跡帝恐潛往衡山作歌曰我行自東山深海窮虎跡蛟踪我行至南地炎河乾榆樹草環我行至北黑霧毒需燭龍深色我行其西陰雨霏霏弓矢野施我悽我惶何道可行

噫嘻何道可行
永樂十六年戊戌帝遊貴州金筑安撫司居羅學塞
之白雲菴題二詩於壁為之濬井手植杉於旁至今
井水尚存命濟作菜根銘曰菜根辛兮菜色青兮菜
兮菜兮似予情兮
永樂十七年己亥帝註楞嚴治華經自署文和南
永樂十八年庚子帝偕濟遊蜀之登峨眉吟曰登高不
耐東翹首但見雲從故國飛十一月還鶴慶菴忽雨

比丘引仲彬至感愴倍昔越月遣歸
永樂十九年辛丑帝復入蜀遊粵西寓橫州壽佛禪
寺十月還菴偶欲避跡蓄髮為道士讀太玄莊老深
契老子虛無因應莊蒙洸洋自恣以適己意
永樂二十年壬寅帝還靜空主鶴慶禪室別居深
泉曰泉水長逝兮予將安之
永樂二十一年癸卯帝偕溥遊楚登章華臺吟
曰楚歌趙舞今何在惟見寒鴉繞樹啼遊漢陽

登晴川樓有江波循飲恨林靄欲翻愁之句六月

遊大別山

永樂二十二年甲辰帝過仲彬於途問聞成祖崩於榆木川嗟呀久之彬問近況曰頗健飯饑飱倦眠耳明日向江南夥笠相隨望屋而食冬十月抵彬家信宿彬族人弘猝入識之問頃來行經帝指濟曰斷道弟子險阻相依周旋不貳二十年戰戰兢兢無有寧息相與大慟曰今或可寬假矣隨十月遊杭十一月帝遊寧波渡

海既聞仁宗改元詔赦奸黨族屬仰天合掌若三

洪熙元年乙巳正月朔帝謁大士於潮音洞作大士

頌曰以音觀音音何所起以觀觀觀觀妙明無跡五月

還過郴地繼聞仁宗升遐嘆曰天何奪我仁人速也

十月由閩粵還浪穹缺食

宣德元年丙午帝在浪穹是歲王資金焦卒河南廖

平卒會稽冬十月聞誅殛漢王曰忍殺叔父乎

宣德二年丁未帝移居鶴慶就靜室禪室命空智居

浪穹四月帝復祝髮八月滇亂帝與溥入蜀十月宿
永慶寺詩曰錫杖南遊歲月深山雲水月傍閒吟塵
心已盡無些子不受人間物色侵
宣德三年戊申帝聞仲彬以從亡獄死哭之慟秋遊
黃牛磯吟曰嶺猿夜泣湍波急樹上霜紅含淚色
雲愁煙慘雨冥冥野花吞聲談故國十月遊漢中遇
廖平稱臣兄廖平已死帝哀之
宣德四年己酉帝還浪穹菴已焚燬乃居鶴慶山中

復蓄髮為道士

宣德五年庚戌帝賡其菴曰潛志軒

宣德六年辛亥帝遊陜歷瞿塘劍閣觀秦漢舊址悲傷久之與濟言古今興亡大都如是七月還蜀九月至夔州絶糧二黄冠給之

宣德七年壬子帝入楚宿公安佛寺夜聞黄冠哭聲曰豈有大難白之冤耶促從者伏桅聽之時春初寒風蕭瑟雜泣聲悽澹備至帝益感愴旦訪之而黄

冠已行矣閱遺紙方知為亡臣梁中節郭良也急追之不及乃作蕭寺黃冠夜哭歌曰壬子春正十三日寺遇黃冠不相識結蒲柱杖坐西邊低頭不語意自閒亡何一人復冠籜髮黃面綿多愁顏拊掌遽驚還歎息漏分但聞聲唧唧似懷萬斛愁難傾哀猿夜叫寒鴉泣余衷縈結不堪言布衾濕透邊皆淚痕晨興欲往詢其苦兩公蹤跡雲無根空餘蟬蛻字數箇依稀恍似亡臣名我欲把毫悉胸臆冰凍 疏寫不得五

月帝至武昌登黃鶴樓仙棗亭有何年化鶴歸之句

八月下九江過池州齊山寺九月至西湖寓東明寺

留像十一月遊天台留赤城觀

宣德八年癸丑駐赤城往來諸梵刹

宣德九年甲寅帝至吳江訪仲彬其子晟適生子命

名曰鑑留五日晟進　衣糗糧為會稽遊八月還

十一月至浪穹

宣德十年乙卯宣宗崩帝聞而痛悼成祖仁宗宣

宗已三易祚矣先時燕兵未起有道士歌於道曰莫逐燕莫逐燕逐燕日高飛高飛上帝畿三月帝偕溥洽粤西踄巇攀崖登高長嘯共濟言曰吾隨在有愛心屢濟曰悟矣四月至慶遠府寓西竺寺遇故侍衛彭英識之嗚咽不已英獻羔羊帝起作偈繞而誦之乃食既登舟英泣別復進方物帝以所乘馬酬之及去馬忽騰躍而死賦詩紀事七月何洲齎書於桂林遇帝於市勸駕還江南不果十二月洲老死帝葬之

正統元年丙辰帝還滇題詩武定獅山九月復下雍浪穹習靜
正統二年丁巳帝復祝髮欲東歸命濟筮之三月遊漢中五月遊峨眉十一月復還浪穹
正統三年戊午弟子應智道帝恐露暴形跡偕濟潛粤
正統四年己未帝在粤濟勸還滇不果謀東歸復命濟筮

正統五年庚申帝決意東歸曰余老矣願歸鄉土濟
筮得歸妹曰此序卦之盡也且帝年六十有四至夏
火旺子生母死夏其危乎未幾帝從粵至滇貴州
金竺長官司題詩於壁云風塵一夕忽南侵天命潛移
四海心鳳返丹山紅日近龍歸滄海碧雲深紫微有象
星還拱玉漏無聲水自沉遙想禁城今夜月六宮猶
望翠華臨又閱罷楞嚴磬懶敲笑看黃屋寄雲標
南來瘴海千層迥北望天門萬里遙款段久忘飛鳳輦

袈裟新換袞龍綃百官此日知何處惟有群鴉噪晚
朝題畢逕去衆讀之駭訝相傳為建文皇帝也忽有
僧言之自詭為是藩司以聞詔械入京同寓僧皆遣
帝與焉濟侍行八月至南京父老有識者指曰此程
編修也九月至燕京御史鞫留僧年不合僧名應祥
鈞州白沙里人以不實論死帝不得已陳實跡御史
見帝長身隆準吐音洪亮進退凝然略無齟齬狀異
之以實聞上命中官舊侍吴亮審視帝一見亮即曰

爾吳亮也亮詭非是帝曰憶我御便殿食子鵝遺片肉于地汝戲甜之豈遽忘耶亮泣不能仰視復命後即自縊死帝寓大興寺士民謁見無虛日有以惑衆請者詔迎入大内號稱老佛傳後以壽終葬之西山不封不樹帝有詩感懷云流落江湖四十秋蕭蕭白髮已盈頭乾坤有恨家何在江漢無情水自流長樂宮中雲氣　調元閣　雨聲愁新蒲細柳年年綠野老吞聲哭未休遺史從亡二十二人先後俱死獨程

編修濟送帝入大内濟北向稽首曰今日得終臣職
矣還滇散僧徒菴著從亡隨筆傳莫知所終

卷之一終

節義文章　卷一

岳雪樓藏書　卅五

節義文章卷之二

閩中林涵春雲林　甫著

永樂靖難諸節義

侍講方孝孺

方正學先生名孝孺字希直寧海人洪武召見謂太孫曰此莊士也當老其才輔汝授漢中府教授歸顏其廬曰正學建文立召官侍講直文淵閣眷顧特隆

御前批答詩云斧　臨軒研石間　風和氣

龍顏細聽天語揮毫久攜得香煙滿袖　文皇兵
南下姚廣孝上　江南有名士方孝孺必不屈勿殺
以收人望殺之讀書種子絕矣靖難召至縗杖哭闕
下聲徹殿陛文皇降榻勞曰先生何自苦吾法周公
輔成王耳曰成王安在曰小子自焚死曰何不立
子　國賴長君曰何不立其弟曰此朕家事何與先
生授筆札曰詔天下非先生不可孺投筆且哭且罵
曰死即死矣詔不可草文皇怒曰汝不

縱十族何懼哭罵益厲磔之市絶命云天降禍
孰知其由奸臣得計兮謀國用屯忠臣　憤兮　淚
流以此殉君兮抑又何求臨刑顔色不變獨顧其
弟孝友淚下友口占慰兄阿兄何以淚潸潸取義成
仁在此間華表柱頭千載後旅魂依舊到家山遂伸
頸就戮詔逮其妻夫人鄭氏先縊幼子德宗抄没時
寧海尉魏澤匿之台州余學夔家夔潛身海島結綆
撫孤撥先生門人俞允育更俞姓以全謝文肅鐸詩

霜枝一葉亦君恩也錫山王時大弔詩云仗節誰憐
詔誅十族亦堪傷麻衣血染萇弘碧縱死猶
爭日月光
雲林子曰正學博識淵弘方之董子中明祖目以莊
莊士讀遜志齋諸篇悲王道治功僭晏莫能並驅不
當時諸儒羣相推讓宜中朝物　久矚先生請難
南下道衍語文皇勿殺蓄慮文皇天性　好殺之
心更逾防患之心至殺之而又遲回數四者實道之

以收人望啟之也文文山思得趙氏一綫皆可圖
故滯柴市三年先生聞楚宮之變計帝　先舉　悉
府子孫少待一日何以謝吾君于地下所以哭益
慟罵益厲操必先而不顧十族之誅也

尚書齊泰

齊公泰初名德溧水人博學善識九經史方言山經海志靡不通曉洪武進士歷官兵部尚書太祖每臨軒召問古今典籍圖書應對如流間及邊將姓名歷指勇知不遺受顧命輔導太孫時諸藩皆建文之長擁兵專制帝患之與黄子澄議奪其權靖難兵起清諸奸草易逮見不屈族誅錫山王時大書詩云

悞蒼生輿復空謀事不成　市朝　休一

益謗言

雲林子曰齊泰博學通曉援古證今於漢削七國故事非不熟當其時稱雄傑者吳楚耳亞夫先奪其氣所謂從天而下齊黄計不出此先弱後強舍遠圖近失伐堅衆潰之知至亡羊補牢何計之疏也宗社禍烈豈一死足謝哉

太常卿黃子澄

黃公子澄初名湜以字行洪武進士第一臚唱雲見朝野懽傳得奇俊之士建文太常卿時諸王驕恣事多踰制澄與齊泰謀削藩權引漢七國故事諫帝摧抑燕　以誅齊黃為名澄自痛薦李景隆握兵之　促飲恨賦詩云論將每趙　尚方劍憑誰　向其足　削藩權釀

上命力士　族戚盡誅

哭長沙漫說齊黃計未賒總是神孫能禮士　殉節有家

雲林子曰　英鋭新進眷寵方隆何難盡舒所學以迎合宸衷強枝弱幹未爲迂論草　削奪之際先後失序速禍釀變豈獨景隆柄兵　過哉宋臣蘇軾論賈長沙不善用才安有立談爲人痛哭澄之才不下長沙亦其不善用之過也

駙馬都尉梅殷

駙馬梅公殷夏邑人尚洪武公主官駙馬都尉典禁兵親衛高帝重其氣節忠誠遺詔輔太孫建文靖難兵起假道淮上公奉命扼守永樂以天命人心禍福諭公公大使者耳曰留汝口與燕王言君臣大義毫髮難越天地雷霆咫尺在前王怒憾之改元殷猶擁重兵　今公主嚙血招之殷大慟曰君亡與偷生乎忍俟之尋爲奸臣趙曦纔誣連

之部將瓦剌輝憤冤夜半挾刃刺曦剖其心
祭殷泣奠　死錫山王時大弔詩云帝女雲霄降
紫鸞王簫聲動月光寒　青不向靈和殿廣柳城邊
夜色殘
雲林子曰明祖知人善任不下漢高遺詔輔導太孫
早識公氣節忠誠不以興亡易志　天命既改猶曰
尚忍俟之志豈須臾忘哉趙曦乘隙衊公瓦剌輝殺
曦剖祭公乎可以謝明祖於九原輝亦得報公地下矣

魏國公徐輝祖

徐公輝祖中山王達子襲公喜讀書善文詞性慷爽不羣建文嗣位拜宮傅請難兵駐淮上與開國公常昇分道進禦文皇屢避其鋒革易改元與齊泰黃子澄論死　念中山王功欲曲赦之公絕無一言乞憐惟仰天待盡　且謂文皇后公女弟也椒房之親孰逾怡然就死絕無反顧何其決也不特爲建文

山爲令子且識見高卓叅識高煦勇悍

書之功感人忠孝

雲林子曰靖難之際勲爵世家率多委蛇承順不失

封蔭視同出高帝子孫尊親之分不必過明也魏公

直節不回以死明志其於天理民彝不容毫髮之惑

跡貞烈丈夫哉純臣令子兩得之矣

學士黃觀

黃公觀字瀾伯貴池人受學於黃冔冔元臣死節公取自勵洪武進士會試廷試均第一歷官學士靖難兵起建文命觀募單聞帝焚宮遜國泣曰吾妻素識我忠孝先死必矣招魂路祭之觀朝服躍李陽河死文皇得其冠束芻肖形斬之籍其家妻與二女發配

夫人給之　淮清橋死觀屍順江而下妻屍沿數百里二屍會聚傳夫人　水時嘔血

兩現小像石間髣髴髩鬟側立觀别反詩石
下自分　　復連床聽曉鷄故里音書寒鴈杳
空江雲樹暮低迷春來白下韋新約夢去花間憶舊
題猶念雪深明月夜酒醒詩就小樓西錫山王時大
弔詩云儼望朝衣入碧碧满秦淮水映柳鬖鬖愁心
兩地同明月夜發新枝獨向南金陵雜組紀夫人投
满之旁柳葉垂垂至今南向稱望夫柳
雲林子曰黄公素以忠義自勵上信於人主下信於

妻孥當國家危亾徵兵赴難殉國矢死久熟胸中矣至妻死節夫死忠數百里二屍合流天不泯節烈於人間也余頌之云江水洋洋清流照徹粼粼白石鬘鬟影側精英長存正氣彌揭

少卿胡閏

胡公閏字松友鄱陽人明太祖討陳友諒陳兵鄱陽駐蹕松山寺見壁間題竹詩幽人無俗懷寫此蒼龍骨九天風雨來飛騰作神物上讀異之召見曰諸生骨氣稜稜他日奇節士也予官少卿公事建文清介敢言與齊泰黃子澄同力輔導請難兵入遠見不屈文皇令力士以金瓜椎落其齒齒盡吞痛哭罵不絕文皇色赧縊殺之以石灰浸落其皮實草懸木肩抄

戚家鄉井斷煙哀猿夜號錫山王時大用詩云蒼
骨曾經遇品題法曹清共白雲齊憐君落盡睢陽齒
一路哀猿入夜啼
雲林子曰胡公遭逢隆遇盼睞之際位躋上卿信宿
風雨飛騰神物變化也忠於所事落齒浸皮惟知有
君安計身與齒哉睢陽嚙賊扶落君憤罵槌盡嗚呼
齒之為君重矣

檢討胡子昭

胡公子昭字仲常大足人少從方正學先生講業蜀獻王奇其才薦授訓導建文採文學之儒置翰苑顧問擢檢討靖難被執文皇以齊黃黨籍殺之臨刑云兩間正氣過泉壤一片丹心上帝鄉父母年八十同謫戍弟子義聞招被戮匿跡逃死哭以詩云一區廢宅棠山外半~~塘~~畝荒塘夕照中鄉國迴遥身自遠乾坤雖大足難容蜀獻王憐之令　髮自全錫山山時大

弔詩云自信丹心在帝鄉棄官逃隱亦天常鶺鴒原

上春光　花落　年芳草長

雲林子曰仲常師事正學同以文學被召儒紳之榮遭遇一時抗負倔倔正氣丹心特立宇宙宜九死而不悔也讀子義哭詞當贍繳四張文安問荒塘廢宅哉蜀獻王奇其才而全其節此中于天理彝倫之間蓄有不忍言者矣

侍郎練子寧

練公子寧名安新淦人以字行洪武進士幼師竹庄先生命賦水竹答云千山暮雨石泉通一夜春雷長籜龍莊大異曰子他日忠節士也建文官侍郎請誅李景隆以彰賣國之罪靖難兵至文皇縛逮語不遜斷其舌寧手斷舌血書以數文皇之過其友刑部主事徐　權賦詩招魂回首望京國飛魂繞故都賦罷亦縊死錫山王時大吊詩云歎息當年燃豆歌負

業竟如何誅心賴有常山舌恍見雲旗帶月過

雲林子曰故老傳寧嘻罵不遜文皇割其舌寧探斷舌血書燕賊殿中每大雨血字朗見拭之如故鋤其土片片成字抑精魄所結不可泯滅耶懷宗即位詔復子寧官爵夫亦有所感也夫

長史劉璟

劉公璟誠意伯溫子太祖奇其瞻識金書除奸戢佞於鐵簡賜之官長史與燕王奕王曰卿不少讓耶璟正色曰可讓處敢不讓不可讓璟不讓靖難後文皇召見猶稱殿下曰千秋萬歲後脫不得一個字上怒辮髮死自咏云萇弘殁已久其血化為碧堅貞逾瓊玉光耀　奎壁豈惟忠誠著乃是元氣積冰雪忽銷爍劫火屢焚　不磷亦不磨還是補天石錫山王時

大弔詩云吹角江城月暗時捐軀真羨有馨兒難逃
一字嚴　斧心史留傳公論持
雲林子曰文皇正位之初肆虐酷慘公攖逆鱗直以
殿下折之猶春秋正名意曰千秋萬歲後脫不得一
個字霜斧之嚴極誅心快論嗚乎裒弘有血公有舌
不磷不磨誠意伯有子矣

教授劉固

劉公固真寧人洪武鄉薦教諭與景 戚屬連誅方行刑姪劉起痛父兄被誅奪儈子刀連殺數人詔共固凌遲幽忠仙蹟載固降於乩云我靖難亡臣劉固也以景大夫黨誅死詩曰目酌樽前酒黄花向坐開不須談往事猶有野猿哀又曰短劍光飛雪還疑練帶鋪龍 豐邑獄鬼嘯蜀王都燕客窮圖見秦宮擁陛呼白虹徒貫日回首繼人無又曰凉火不生烟枯

蒲葉堪擷衣鷄邪級蘭椒漿沁心熱明月照霜寒離
離清且冷樹上棲烏啼幽人未能寢空山來磬聲幽
韻流雲結獨行森林中復聽猿悲徹大學士錢昇紀
事以傳

雲林子曰忠孝長存精魄不昧其蒸為雲霓爍為日
星漏而為甘雨醴泉皆積氣散見也豈真憑乩托為
幽詞哉劉公為景大夫而死子弟為公而戮宜忠憤
悲涼籲帝閽而呼號爾

尚書暴昭

暴公昭，山西人。洪武以人才徵，歷北平叅政，充採訪使。建文備燕，設北平布政於眞定，晉昭尚書，總司其事。靖難南下，執見，抗罵不屈。文皇令椎其齒，刖足，聲咽猶嗔，斷頸乃已。錫山王時大书詩云：風節人欽暴綉衣，藩閫處羽書飛。卿將一死酬明主，忍向西山托採薇。

雲林子曰：建文備燕，以張昺、謝貴握兵轉餉，亦深于

節義文章　卷二　十五　吉齋藏書

謀者也而張信以情輸燕白溝河戰奪門以出馳景滄七百里昭因之被執斷頭抗罵乃已非防之疏其在恩張　遂成瓦解耳

御史司中

司公中擎昌人洪武徵辟性介直負氣節建文識公忠誠擢都御史立臺多建白讜論靖難兵入逮見抗罵不屈文皇命力士以鐵帚刷其面肉盡骨剝乃已族誅親黨無遺錫山王時大弔詩云三匝烏飛繞樹啼柏臺秋冷共含悽鷄鳴山外悲風起萬派江潮盡向西

雲林子曰靖難之際酷害忠良雖文皇一時殘忍亦

宇宙兵刑之氣未銷也公卒若佩直讜言臨難不屈
憤詈何知有身安顧肉殘骨削忠日不變死以成名
嗚呼公骨與名俱香矣

尚書陳廸

陳公廸字景道宣城人學嫻典故善屬文初官訓導藩臬長史徵草萬壽表文屬廸上覽表羨之曰洪音亮節也召擢翰林受顧命輔太孫建文累晉秩宗與黄子澄陳大計請難兵入文皇責問謾詈不屈剮其子肉食之唾而益厲父子六人同戮袖中得詩云三受君王顧命新山河帶礪此絲綸千秋公論明如日照徹區々不二心時侍郎黄魁學士黄觀與廸同日

死人稱三仁錫山王時大弔詩云秩宗舊望領朝班
折檻蘭芽淚欲潸慷慨三仁同盡節英靈長傍孝陵
間
雲林子曰遜國諸臣無死不奇無烈不慘見之史載
者三百餘人其湮沒失詳不知凡幾文字叙及之慘
一至于此割子肉食父天理彝倫澌滅殆盡道衍云
忠孝種子絶矣豈獨一正學先生罹此深禍

侍郎卓敬

卓公敬字惟恭瑞安人七歲相者曰此兒骨髮絕倫讀書寺風雨夜歸隨一兒牛入門乃黑虎也明洪武進士官侍郎建文初立燕王來朝敬曰燕王智勇絕倫北平強幹之地宜徙南以絕禍根上曰王至親何疑此敬曰楊廣非父子乎靖難入文皇欲殺之憐其才未決姚廣孝曰使敬言用安得今日殲之臨刑歎曰君亡不從死有餘辜錫山王時大中詩云豹

房威武伏姚江一旅興師似探囊若果移封向洪郡安知當日不寧王

雲林子曰按太祖崩建文立諸藩會葬後燕王入朝行御道越禮此時尊親之分已判然睽隔雖無強幹之地亦足以生釁召禍使燕南徙雖蠢動一方帝乘建瓴之勢急趨下流所謂措手足于不及防也敬言不用苟禦北平亡羊補牢何晚也勢合則為姚江散則為景隆用人之失不足深疚其在審主術為先事之智乎

大理寺丞鄒瑾

鄒公瑾永豐人洪武鄉薦建文官大理丞金華王紳志行端慤少所許可獨稱瑾議論磊落志節堅確靖難遠見指其腹曰一腔理義也文皇喻意欲官之瑾仰天不顧伸項就戮時御史鄒朴同逮至不屈抗厲罵呼觸石死

雲林子曰大理御史兩公法臣也視背主無上宜何誅出乎禮入乎刑瑾理義剄腸曉然于天理彝倫之

大指腹自明者晝在箇中也伸頸觸石同歸烈節從容慷慨二者兼之矣

脩撰王叔英

王公叔英字元采黃巖人洪武徵士授仙居教授建文擢翰林院脩撰靖難兵至英奉詔徵兵閩上遜國書絶命衣裾經死有千秋史臣筆慎勿稱希賢又曰生既久矣未有補于當時死亦徒然庶勿慚于後世妻獄死二女井死道士盛希年收其骸瘞之英未死先有見志詩麟鳳在赤霄黃塵亂豺兕嘆息道路旁泣涕每交下吁嗟壯士行或有神靈護雲霓以為旌

雷電以爲鼓縱有斧鑿手何能重傷汝醜類自含私
蒼生明有覩錫山王時大甫詩云周粟誰家見獨偏
義旗空指總淒然一門烈節驂鸞去夜月同歸枯井
邊
雲林子曰王公首簉儒紳一旦遭逢禁近丙癸帷幄
生死皆恩也衣裾絕命豪爽英奇直有氣吞海嶽備
借帝天斧鉞踏破易水燕山殉節一門犴狴重淵烈
矣

御史魏冕

魏公冕吉安人建文薦辟御史劾節侃直靖難兵入有私獻欵者冕于殿前叱之曰人無百年不死縱偷生何面目見高帝地下乎吾不與俱食息矣俄宮中火起經絕闕下文皇族其家

雲林子曰魏冕身不二事不忍倫紀綱常淪于一旦叱之殿前欲其留面目於人間經死闕下庶幾吉無慚于後世嗚呼忠孝節義生于性成非可强也

給事黃鉞

黃公鉞常熟人洪武進士建文戶科給諫與蘇州太守姚善交深靖難兵入聞善殉節被磔鉞痛哭投琴川橋死友人楊福撈其屍瘞之而以詩云江風夜夜鼓洪波江水朝朝濕薜蘿九死不回哀郢志三軍誰奪採薇歌　披宿草狐　寂夢轉空梁月影多熟謂百年臣子事獨聞野老淚滂沱是日御史黃清遠至亦就戮

雲林子曰黃公交深姚善善死而公從殉死生友義備至者也按善守姑蘇得隱士謝芹戰守遺冊靖難兵起聯四郡備敵屹然江以南戶壘至善爲文皇所襲逮係鉞之痛哭非獨善也傷宗社之危亡不忍獨存爾況入琴川夫亦死生交情之感云

太常卿高遜志

高公遜志字士敏中州人元末隱吳門洪武徵修元史以文學召建文太常卿遜國遁去蓑笠山澤行歌乞食村舍有獨憐飄落溪邊柳那得長條繫所思

雲林子曰士敏學具史才徵脩元史與胡廣楊榮楊溥金幼孜同徵顧問靖難諸徵士盡仕新朝惟公隱遁獨憐飄落蓋自傷也長條繫思無限低徊三閭行吟澤畔公乞食村舍特恨未逢對泣爾

刑部侍郎王良

王公良字天性祥符人建文刑部侍郎鞫燕人獄悉末減良因是左遷文皇即位盡集諸司篆章欲自焚妻問故曰我分應死但未知 耳妻曰我何難君為男子乃為婦人謀乎餽良食置其子池旁遂躍入良積薪自焚錫山王時大昂詩云外臺執法凛霜寒節義偏鍾獬豸冠江水迴環潮自落封疆久已借泥九

雲林子曰人臣守官敬事職也鞫燕人獄未减建文左遷帝天性仁柔每云燕王親親至靖難南下兵臨震疊猶戒諸將勿使我有殺叔父名禍至遜國帝蒼自取之也豈盡齊黄諸臣名釁哉司寇聞變自焚死倉遑回之際非夫人義兼烈勇未有不觀望顧惜賢哉夫人公不能處夫人而夫人反能處公也

博士王紳

王公紳字仲縉義烏人侍制學士王禕子明太祖下金陵禕進平河西頌上曰浙東有二儒學問之博禕不如宋濂才思之雄濂不如王禕命同脩元史奉使吐蕃逆命不屈死之紳官博士痛父遺骼未還萬里走蜀讀父遺詩云天地風塵三尺劍江湖歲月一篇詩作滇陽慟哭記建文名修高皇實錄子稌靖難坐方孝孺黨逮獄死人稱三世忠孝

雲林子曰仲縉父子同以名儒被召歷仕兩朝國初儒臣嫺熟典故稱王禕宋濂為最備上顧問呼左右學士吐蕃逆命奉使不屈死滇陽萬里紳痛父遺骼未還悲歌述志悠然言外子孫師事正學連及獄死君恩師義同歸忠孝

大理卿彭與明

彭公與明萬安人洪武太學生太祖幸雍矚明端重奇之授給事建文大理丞律已廉明劉毅敢言靖難兵起上擇中朝官知兵有風裁者督察諸將明應詔至靈壁被執文皇縱歸令傳語中朝明慙憤裂冠冕變姓名遁去

雲林子曰文皇擁兵南下獲與明令傳語中朝不異奉詔宣撫也明劉毅廉介非忍隱偷生者也變姓名遁

去史不明言叅有所為也慙憤裂冠與明臣節夫豈
盡此

北平布政張昺

張公昺澤州人洪武侍郎建文中藩府變動帝命昺爲北平布政謝貴爲都指揮備兵彈壓文皇稱病召二人伏甲擒之曰我何病爲爾輩迫耳遂殺之後文皇夢昺披髮爲厲發其屍顏色不變

雲林子曰北平强幹之地帝任二人以糧儲付昺以兵機與貴猶人身之扼其吭雖有手足强悍不足相衛文皇伏甲以擒或者昺信其病而不爲虞何計之

踈也備兵彈壓氣吞易水燕山不能瞭虛實于目中是以地與燕也憑險進退長驅南下雖曰天命蓄亦人事之失耳精英為厲其義憤之不泯也乎

尚書鐵鉉

鐵公鉉鄧州人洪武國子生擢給事建文尚書靖難兵攻濟南鉉居守造鐵閘張城上開門詐降令軍士呼萬歲文皇信之入墮閘斷馬首幾傷每出戰率軍士噪駡帝遯國鉉獨擁孤軍未撤永樂改元逮至以背面上上令力士以鐵帚刷面終不反顧爇其肉納口中曰甘乎鉉厲聲曰忠臣義士肉何不甘寸磔之以油沸其屍忽油湧丈餘力士俱仆上亦驚避錫山

王時大帀詩云中樞當日舊登壇战罷俄驚赤羽残至死不能回北向魂飛鼎鑊起波瀾文皇籍其家二女發教坊充樂婦誓死不汚長女詩云教坊脂粉洗鉛華一片閒心對落花舊曲聽来猶有恨故園歸去已無家雲鬟半挽臨粧鏡雨淚空流濕絳紗他日相逢白司馬尊前重與訴琵琶次女詩云骨肉拋残産業荒一身何忍去歸娼淚垂玉筯辭官舍步促金蓮入教坊覽鏡自憐傾國色向人羞學倚門粧春来雨

露寬如海嫁得劉郎勝阮郎鉉同官有以詩上聞文皇笑曰彼二女亦不屈耶乃赦出適二國子生後俱列顯官

雲林子曰文皇窮治靖難諸臣鐵尚書其最慘者也命力士以鐵帚刷面鐵牙拽體公與司中凡兩見割其子食父爇其肉納口公與陳廸亦兩見以妻女配象奴以二女發教坊公與黄觀亦再見非刑殘虐何異剖剔焚炙炮烙之酷也墮閹幾陷文皇噪罵隣於

無上此時知有國何知有敵至內殘骨削不顧公以

背見二女以不屈稱壯哉一門烈節

布政張紞

張公紞字昭季富平人明初舉通經侍東宮書擢雲南布政賜詩稱治行天下第一建文命主試徵士得楊士奇卷喜曰明體達用士也置第一靖難兵入經堂上妻妾子女相繼投水死時惠州知府張仲禮以胡閏戚屬與郎中張安國同逮至亦投池死

雲林子曰國家鄉會兩闈試士洪武末年繞令禮部著令徵辟薦舉歲間舉行昭季侍東宮書其在孝康

之際乎公博學端儒治行譽冠當時主建文徵士試首拔士奇他年稱泰和文章盛於相業故西楊之名最著者公能得人也靖難率妻子共死其殺身成仁者乎

都御史陳性善

陳公性善初名復山陰人洪武進士臚唱御前容止端重上屬之擢翰林時上味劉基辭說命取遺書擇善楷錄進人人憚上威嚴不敢就草獨善閒雅安常書法端正承旨賜食禁中彌月不出家人愴然以為死矣尋從容出禁建文都御史靖難兵入愧憤朝服躍御河死時莆田人御史陳繼之聞變奔闕抗罵不屈磔于市翰林編脩蘄人陳忠憤哭嘔血觸墻死

雲林子曰史稱明祖臨軒策士御殿召問群臣人人震慴其憚嚴可畏鮮有從容傾接霽顏聽信者御史公當臚唱即爲上所屬夫亦親覲得宜嫻習意中也及賜餔禁苑非常恩寵被榮一時以身殉節固天理人情之不容已者繼之與忠同時共死忠義所感不約而同信太丘之門多摯性也

給事韓永

韓公永四安人洪武給諫或曰浮山人豊軀美髯望若偉人吐詞宏朗奏對聲徹殿陛每慷慨論列同儕肅若傾聽建文詢方略雅重材辯感知遇矢殉國難文皇召見欲官之永曰吾王蠋耳抗罵不屈死

雲林子曰靖難之初一時朝紳爭趨效命不失從龍碩彥永赴召抗罵終始臣節蓋志堅守定也明興纔三十載冠裳文物高皇闡之詩書敎化建文繼之宜

忠義勃興于宇宙也食祿殉難以之規韓公淺矣

給事龔太

龔公太，字叔安，義安人。洪武進士第一。建文給事府中。文皇渡江，與妻訣曰：「事至此，我分一死。汝携幼子歸，否則溺井，無辱。」俄宮中火起，太奔赴，執見文皇，按非奸黨，令去。太大呼：「我生為帝臣，死為帝鬼，何去！」躍出，觸石死。

雲林子曰：兵入楚宮，忠愛之心不勝免禍之心，亦人情之不可强也。太奔赴而從死之志已決矣。崇禎甲

申闖寇陷城王家彥云恨不登隨乘輿與周其呼母兒速行侍駕後先一轍帝鬼帝臣之死靡他剛而烈者也

進士劉政

劉公進字仲理長洲人建文初年鄉試主司得政卷曰此鳥中孤鳳也當虛此席以待之是科二百二十人政名第一文皇殺方孝孺政慟哭七日與南昌進士刑部郎中劉瑞仝死

雲林子曰氣節之士文章高潔皎然風塵之中蓋其自命者大文皇殺正學稱種子從是而絕政慟哭七日者斯文道喪天不留忠孝人間也

斷事高巍

高公巍遼州人洪武鄉貢刑部斷事建文初年巍疏衆建諸侯宜少其力靖難兵起上書燕王責以守祖宗憲章不可踰越法度上命參鐵鉉軍守濟南衆潰經死錫山王時大弔詩云衆建難邀楓陛知遭逢主偃不同時還將獄底鄒陽疏勸罷燕王六月師

雲林子曰裁削藩權審强弱大勢衆建分封宜少其力先事之見未必不遠過昔人也緩言之則用以防閑

激言之則用以召變聽言與言者之機禍福倚伏動見乎微勿謂齊黄之計漫且迂也魏責燕王守藩皆正大議論徇國死忠法度之臣言而有章

紀善周是修

周公是修初名德太和人太祖擢周府紀善預修史録嘗言忠臣不以得失爲憂烈女不以死生為慮靖難兵至自經學宮文皇曰彼食其祿各盡其心詔免籍嘗作商婦怨見志妾心豈學道旁柳朝生暮折他人手妾心豈學空中雲變化隨時情何有妾心可似南山石雨打霜侵只如昔更看晚歲不歸來化作南山一拳石初與楊士奇解縉誓矢殉節惟是修自行其志

後修死奇為修作傳語修子曰脫我昔日亦死今誰為尊公作傳耶時以為口實云錫山王時大弔詩云兩楹夢冷柏森陰絕命依然在孔林大節瑯瑯出金石不須作傳借華簪時都御史周璿同日逮至亦經死

雲林子曰周紀善立志不渝始終大節不炫奇以沽名不矯餙以博譽靖難草昜堅然殉節獨行其志歸死學宮迴出士奇解縉遠矣托商婦以寫怨感烈女

而興懷窮治黨籍之際能使文皇詔行免籍夫亦忠
誠之感人也夫

御史高翔

高公翔字雲巢朝邑人有文學矜名節洪武明經徵授御史論奏皆國家機要建文時恭議軍事永樂素聞翔賢欲結納請難召見麻衣白冠入朝哭啐不遜殺之發其先塚雜馬骨灰揚巖廢其地為漏澤園初翔與程濟同徵應詔翔好名節矢為忠臣濟精術數自負知士李卓吾贊曰翔以殺身為忠使祖父之骨族戚之身不免濟能從亡遠害忠勤臣節物外逍遥

老而歸國是處之最遠忠之最微者錫山王時大弔
詩云白骨何知戮九原傷心宿草淚潺湲後人弔古
留遺跡指點先朝漏澤園

雲林子曰高雲巢麻衣白冠入見與方正學縗杖同
雲巢且哭且罵正學益哭益厲一遭誅夷十族一發
先塚揚骨皆酷烈之最慘大抵兩人學術氣節相似
譽望相等用之不從殺之不畏怨激一時勢不可回
西周澤及孤骨致嘆忠孝之衰非獨君之不幸也

都御史景清

景公清眞寧人里有女為妖所憑清至妖泣曰避景秀才洪武榜眼建文都御史靖難後諸臣皆死惟清獨委蛇一日緋衣入朝先一夕文皇夢緋衣人扶刺占者奏文曲星犯座命收清果得匕首曰吾為故主報仇耳嫚罵抉其舌含血噀御衣磔之以草實草自後精魄執劍繞御前不散夷其族鄉人相攀死謂瓜藤抄錫山王時大用詩云漏盡明光入紫薇曉隨仙仗

映朝衣荊卿只合酬知己豫讓原来孰可希
雲林子曰景御史委蛇承順欲行其志耳志不就而
殉節亦得以謝吾君于地下動見星文與白虹貫日
皆忠義之氣感應天人者也精魄不磨其節烈之昭
垂乎

御史曾鳳韶

曾公鳳韶廬陵人洪武進士建文御史諸藩入覲馳皇道不避詔劾不敬上曰至親勿問靖難兵起奉使諭意[解兵]無敢行者鳳韶毅然請往至軍前不納乃取竹通節納詔鼓風颶入不報而還文皇革易三召不至乃刺血書襟云生廬陵節義之鄉立朝負骨鯁之槩讀書而登仕籍任職而官繡衣冀一死之得宜可含笑于地下經死錫山王時大帀詩云天威咫尺不違

顔越禮誰行御道問膽落今朝溫御史終留正氣在人寰

雲林子曰鳳詔劾諸藩不敬建文置而不問人主施恩人臣守法尊尊親親體統相維禮也人謂建文恩過於柔而失國鳳韶嚴過於禮而召禍讀公書磔鯁直自負無愧節義之鄉信然

御史茅大芳

茅公大芳大興人太祖徵試異等授長史上勉以董子之學賜廬顏曰希董建文御史靖難南下朝紳閒師志持兩端公遺附馬梅殷詩云幽燕消息近如何聞道將軍志不磨縱有火龍翻地軸莫教鐵騎渡天河關中事業蕭丞相塞上功名馬伏波老我不才無補報西風一度一悲歌文皇入都逮見戮西市草易後梅殷猶擁重兵不屈公主嚙指刺血字招殷殷大

慟曰君存與存君亾與亡吾忍俟之後爲奸臣趙曦連建文黨籍以死蒼公勉之也錫山王時大弔詩云希董庭前落巨星琴川橋下水初渟暗風吹面丹旌濕富貴何須問百齡

雲林子曰明祖以大儒屬芳賜廬希董天人學術以身備之遭逢之盛千古一時讀公勉梅錄詩與黃子澄痛李景隆之失相去經庭公善知人殷亦報公國士信友端人二者無憾矣

近侍黃彥清

黃公彥清徽人國子博士靖難後人言清私上建文諡號坐死并逮從子金蘭蘭曰臣子不忘君父口中記憶耳安見其事釋之

雲林子曰文皇窮治遜國諸臣深鉤探索彥清私諡建文夫亦臣子不忘君父與昔人持麥飯望王母機遥祭楊淑妃操雞豚黍酒哭弔烈皇帝梓宮一轍金蘭獲免天之默相忠孝于萬死一生亦遭逢不偶也

深惜名蹟之未傳爲讀史遺憾

伴讀余逢辰

余逢辰字彥章宣城人伴讀燕府靖難兵起執大義諫死史臣謂逢辰居燕邸附會以成功名不失從龍佐命乃矯然立節抑元世輕儒賤士一旦文物改觀雖建文長養成就纔稱四載而忠義之氣勃興其屈而必伸之理乎

雲林子曰逢辰身居教職訓廸燕府其於剛常名理彝倫禮義之際蓄有以防其微而杜其漸者矣及諫

泣以諫諫而從死其薄功名而重節義與世役役富
貴者遠也解大紳不能自全於雪窖楊宜之不遑恤
千人言孰謂翊戴勳名可恃哉

學士董倫

董公倫字安常鄞縣人洪武賛善侍懿文太子建文即位以東宮舊輔官學士賜怡老堂玉鳩杖倫表謝曰桓榮設几杖于太常不聞宸翰之賜晏殊題舊學于神道未見第宅之頒靖難兵入時年八十聞御史董鏞死悒悒絶粒而盡

御史董鏞

董御公鏞長沙人太學生以清介操行徵試建文授御

史靖難遠見不屈死之

雲林子曰董學士東宮舊輔入佐三朝賜杖賜宅寵眷之隆方之桓榮晏殊夫豈多讓黃髮無愆其以一死酬知遇乎董御史不屈殉節未得謂新進之少遜老成也

御史韓郁

韓公郁洪武御史上建文言諸王太祖遺體康皇帝手足豎儒之見藩封太重疑慮太深今燕軍南下事局日觧宜釋代王因封湘王墓勸燕罷兵守藩不然陛下後悔矣弟緯節官郎中金川門之變率家僮巷戰郁仝死

雲林子曰建文帝仁柔過篤親親者也韓御史議正詞順惜其不早吉于燕軍未下之先釋因封墓以親

親語帝從諫轉圜直易易耳燕王之師畣不爲昆弟
同仇也自負智勇屬有天命守藩罷兵非尺一所能
令行即使當日斬齊黃以謝亦不足以回白溝河之
甲嗟無劉三吾子死孫繼之言安事屠戮之慘哉

蘇州太守姚善

姚公善字克一安陸人好讀書攷古扁其廬曰待旦軒洪武鄉薦蘇州太守隱者謝芹遺一簡悉战守機宜靖難兵起善聯四郡備禦文皇入蘇索黄子澄急澄匿善所計欲泛舡入海共圖復善謝曰公朝臣善守土義無可去文皇革易逮見抗駡不屈磔之袁州知府楊任屬善親黨逮至同死

雲林子曰姚太守勤勞勝人者也精明強固之氣萃

于一身老子曰人不昏于昏而昏于明公之待旦立而行坐而思天下事豈足難哉當太祖底定金陵四海一家戰守機宜可置不用而公潛心熟籌事起倉卒聯四郡屹若巨防靖難為之郄定悉勤劳先事之智也遜國事定公不屈完節甚哉精明勤敏可輯事成功也

尚書侯泰

侯公泰太和人洪武鄉薦累官尚書靖難兵起建文帝命督餉山東濟南不守輜船淪沒道斷餉絕文皇草昜逮見大呼曰臣早知有死願速見高皇于地下了此一段公案上色赧礫之

雲林子曰建文臨御四載臣子食祿荷恩尤感誦高祖之厚澤深仁其愛惜名節砥礪廉恥帝之成就長養較前代所未及每見從容赴死靡不怡然自幸報

君父于九原侯公云了一段公案志之早决不待臨難爲然也

教諭王省

王公省字子職吉水人洪武鄉薦授濟陽教諭靖難兵至省伐鼓集諸生曰若知此堂乎義取明倫今日君臣義如何明諸生哭公大哭以頭觸石死時南昌太常卿王高歸善御史王度同日逮見亦觸石死各滅其家

雲林子曰按靖難史載學官殉難聖庭諸生盡節學宮凡四見崇禎季年南北都草易凡六見何節義之

獨出儒紳子衿也兩者位至卑而分至微視一死之輕鴻毛孰知名之重如泰山喬嶽乎有國家者安可輕儒賤士不爲之長養成就也

教授陳思賢

陳公思賢粵東人洪武漳州教授靖難兵入漳州率諸生陳應宗任性林旺鄒君默曾廷瑞吕賢設舊君位拜哭有司逮見文皇賢厲聲曰不意千古綱常泯于一旦七人伸頸就戮錫山王時大弔詩云東京建學重明倫不愧君臣大義伸百世清風存苜蓿一氊猶可傲朝紳

雲林子曰靖難南下所至迎款詔入閩漳舉四海率

士臣服思賢與諸生設位拜哭大義雖不伸于一時
而伸于萬世遠見同死一纏首蕭凜凜生氣也

諸生高賢寧

高賢寧濟陽諸生靖難兵攻濟南不下以箭射入諭降賢寧危困中作周公輔成王論射出請燕歸藩守法度講尊親言出激烈後文皇草易逮見曰作此論秀才耶命官之固辭迫之遁去

雲林子曰魯仲連之矢聊城以下高賢寧之矢濟南堅持忠義干城金石為堅蓋有恃而不恐也周公負扆孺子明辟尊親大節暢哉言乎古人云一紙强逾

十萬師義正辭嚴燕師能無色沮耶草易遠見廸之
欲官遜遁以辟文皇亦知通達明理之儒可貴也

給事葉福

葉公福字叔疇閩人建文進士官給諫靖難兵起守金川門初福見金陵勢危報母曰能為忠臣不能為孝子矣又嘗語人所欲有甚于生不當如是耶福死二十年建安楊榮志其墓錫山王時大弔詩云孤懷靜對掖門松冐入昭陽暗九重隨伏不聞孤鳳響願將碧血染霜鋒

雲林子曰文皇智勇絕人居宗藩最長時秦王已死

建文之二年尊而且廹中外孰不憚而畏也金陵勢
危禍以忠臣自矢毋爲有子矣楊文敏弔墓云歙州
葉給諫人比玉壺清公介節郡志薈獨詳之也

長史葛誠

葛公誠太祖以人才徵授燕府長史燕王患朝廷疑忌暑月圍爐爇火輙狀寒慄誠密言張昺曰王詐病以欺耳密告上帝因之設備靖難兵入殺誠族家

雲林子曰誠以燕情密告其忠帝也忠于太祖也燕王智勇絶倫杖丙興暑雨大機謀深布視仁柔之主直羅寵掌上太祖置誠燕府謂端亮之儒輔導必慎當此猜疑兩持去之不能死之不得密告忠言祗以

謝明祖特達之知于萬一也

大理卿薛嵓

薛公嵓閩鄉人有口辯建文大理卿方孝孺議草詔散北平將士令嵓齎往嵓入見文皇曰殿下旦釋甲謁孝陵皇上暮即命將旋師耳文皇曰事至此誰欺左右請殺之曰天子命使也靖難後名見請死曰彼各為主謫粤西判

雲林子曰文皇不殺薛嵓謂天子命使非尊之也于體宜爾兩國爭持通使不戮靖難窮治黨籍遠謫粤

倖史稱口辯或者豈以所長脫禍歟

侍講樓璉

樓公璉字士連金華人師事宋濂授經傳箋註洪武以儒士徵建文侍講靖難兵入文皇命方孝孺草詔孺曰身可殺詔不可草改命璉及王景璉歸憂愧妻曰得無傷方先生耶璉曰我受刑何傷恐累汝而草詔耳妻曰君何視妻子太重一夕經死

雪村子曰靖難之際婦人勉其夫殉節者凡數見豈真好名尤甚男子耶綱常名義不容泯沒正學望重

天下所謂老婦穉子無不知名也輕一死而重勉夫
節義偏鍾巾幗蓋亦奇矣

太常卿盧原質

盧公原質字希魯寧海人洪武進士官太常卿方孝孺讀其文曰江南奇士也遺以詩云奉上樓上榜初開共道江南得異才好與青蘿居士說今年文運屬天台遜國逮至不屈文皇殺之族其家

侍郎盧迥

盧公迥仙居人建文侍郎踈放不屑拘曲大節皎皎或稱其狂目其顛靖難兵入絶火不食文皇逮之獄

向獄神長歌以酒澆地歌罷長嘆而絶
雲林子曰明興置禮賢館士浙東西聞風景從者皆
碩彦俊偉也劉基從青田至方孝孺起寧海宋濂王
禕自金華來文學侍從咸稱得人二靈遜國殉難不
持爲江南奇士且爲江南奇節文運天台間氣鍾靈
有以哉

寧海尉魏澤

魏公澤字彥恩溧水人累官尚書謫尉寧海靖難兵南下姚廣孝諫勿殺方孝孺殺之讀書種子絕矣文皇以廣孝言遲回者再後竟殺之時澤以剛侃建言謫尉文皇抄沒方氏澤曲護留孤德宗托台州諸生余學夔夔挾孤匿海島結網為生撫孤數歲授孝孺門人俞允育更俞姓為子仁宗赦黨籍始出復姓謝文肅鐸所謂霜枝一葉亦君恩者澤之功也題方孝

魂故里云笥輿衝雪過侯城撫景傷心感慨深黃鳥向人空百囀青猿墮淚只三聲山中自可全高節天下難居是令名却憶令威千載後重歸華表不勝情

雲林子曰天地精氣長存宇宙姚廣孝謂文皇勿殺方孝孺曰此忠孝種子也後竟殺之種子絶矣彥恩托遺孤于學夔夔援兒育竄身海島結網爲生遠害存孤皆天也天豈絶忠孝于人寰乎百折周旋始終無間諸君義遜公孫矣

侍從程英

程公英建文舊從官帝焚宮後祝髮遊慶遠寓西竺英遇帝旅舍相對嗚咽獻蒸羊帝起作偈繞而誦之乃食英復進方物泣別帝以乘馬賜英乘去馬忽躍歸帝前觸死帝感傷作紀錫山王時大帀詩云撒手懸崖大悟開人從西竺又重來依梯伏櫪悲鳴馬免似從亡故國臣

雲林子曰按從亡記程英遇帝慶遠計焚宮時已四

載君臣相對唏噓慘慟英獻蒸羊一臠之微不異寗

俞橐饘帝以乘馬賜英躍歸觸死獸畜猶能戀主視

世食祿負恩者未可幾希較量也

御史甘霖

甘公霖懷寧人洪武鄉薦擢御史劉直敢言中臺憚其執法靖難執見惟求死別無畏懼引頸受戮子孫相戒不仕

雲林子曰宋亾西蜀縉紳學士之家子孫多戒不仕蓋功名富貴無異電光石火忠孝節烈則亘天地而長存靖難之際斯天理民彝之不容泯沒者非專嫉誅戮之慘隱遁自好也

參政鄭居貞

鄭公居貞徽州人洪武中州叅政靖難兵至御史鄭公智坐方孝孺黨同逮獄死初孝孺教授漢中愛居貞倜儻氣節勉之贈以詩闕下知名久相逢值暮春才華曾動衆議論每過人漢水原通蜀台山路近閩何時江海上尊酒話西秦時仙居人蕭邑令鄭恕東平州目鄭華皆以不奉詔逮至酷栲今日死

雲林子曰甚矣鄭氏之多烈也居貞公智坐方正學黨獄

充恕華二公以不奉詔捐死一時義烈所激遂成千秋盛名建文臨御四載培植忠義深厚過于百年者天地正大之氣鬱而必伸抑理數之必然乎

侍郎郭任

郭公任丹徒人明初以賢良徵建文侍郎時燕兵初起任疏天下事先其本而後其末今日儲財粟練軍實果何為者然而北討周南討湘舍其本而末是圖燕王嫉之靖難逮至不屈死錫山王時大而詩云兵機應變憂難圖壩上軍容戲虎符惟有司徒知本計九原遺憾滿山隅

雲林子曰郭司徒之疏先本後末非獨指其儲財積粟

之未備也蓋亦當日宜先圖燕々強既剷則周湘諸
藩可卷席而定齊黃計不出此先事失宜力挫事變
蓋亦天意豈獨人謀哉

沛縣令顏伯瑋

顏公伯瑋建文沛縣令靖難兵起淮北輓運繁苦師薄沛城令入告父曰不克子（供）職矣題壁云后土皇天鑒此情只因國難未能平丹心不改人臣節青史誰傳　令名文皇至瑋南向拜哭曰無能報國遂刎子不忍去伏屍旁亦刎錫山王時大爲詩云門開新月陣雲高敵馬千群夜逼濠力守孤城枹鼓絕肯將一死等鴻毛

雲林子曰燕軍一出馳景滄七百里何鋒之銳耶沛當濠衝輓運既絕守禦力盡一死報國畨氣定而志堅也皇天后土鑒此忠節芳名不泯一日而千載也夫

節義文章卷之三

閩中林涵春雲林甫輯著

建文遜國諸節義

編修程濟

程公濟朝邑人洪武徵辟建文官翰林編脩負奇識忠讜學通易着讖緯初上書禁闈某年某月北方兵起上稱妄言逮問呼曰且囚臣至期不驗斬臣未逞越年果兵起名入命護軍北征徐州之捷諸將請

功立碑以紀濟潛往祭碑哭之人莫測後　入條
令鐵鑴碑碑旋云止止為我錄文後按碑族誅無遺
者濟名適當鑿削得免請難入都帝問計濟曰數定出
亡可脫從帝祝髮每遇難揲卦趨避宿六合草舍天
寒抱帝足尋溫出葛衣為衾禦凍帝悽然曰黃花滿
地帶霜寒濟終始三十載周旋患難艱辛備至及帝
歸大內都人聚觀猶識程編修也北面稽首云今日
纔完臣節矣錫山王時大弔詩云草居窮人歎夕陽

萬衣乍冷板橋霜夢回嚴瀨千星象黃菊詩成憐自傷

雲林子曰世傳程濟精識緯機祥與易筮不同然識緯以術易筮以理從帝行遯存亡進退兆於機先靡不合飛潛躍亢以為用者也易曰知幾其神史載洪武徵異才高等與朝邑高翔應詔翔矢忠巨禍殃先世濟負知士明哲遠害臨淵集木兢兢小心出繒繳網羅之外不特自全且以全帝及負歸大內反葬西

山李贄謂虞之最遠忠之最奇者濟其淂昜之微手

侍講仲彬

仲公彬吳江人建文舉山林隱逸彬應詔擢翰林侍講請難兵入帝焚宮自鬼門出帝欲往滇依沐西平彬曰大家耳目不如往來四海名勝彬托黃冠從帝二十餘年後帝寓彬別室題其扁曰水月觀詠詩云細雨披楊起綠煙水痕如織影迷簾午鐘何處僊來耳不似西宮奏管絃翌日帝別彬去彬亦別帝行帝曰道路艱阻膂力已竭彬曰臣心政未竭也及彬從

亡獄死帝寓黃牛磯哭之慟吟云嶺猿夜泣湍波急樹上霜紅含淚色雲愁煙慘雨濛濛野老吞聲談故國雲林子曰仲彬隱黃冠往復周旋從帝二十載爲偵者蹤跡獄死于宣德之戊申帝于黃牛磯感傷賦詩蓋念疇昔風塵晝策得免於物色全身不覺涕之無從也按昔宮僚侍講不乏名流進直經筵派推本忠孝何以維持國是乎遜國一代得失之林亮終臣節寥寥數公使人嘆箴規之重而蹈于口耳者輕也

中書梁良用良玉中節郎中田玉

梁公良用定海人建文中書父子兄弟同仕于朝稱闔門忠節靖難兵入相率遁去良用隨帝出鬼門後湖登舟視帝淚傾如雨遂躍朱雀橋又言先後俱投水死又言隱黃冠死玉詔贊曰汎彼柏舟載浮載沉中流誓楫懷我好音同歸一死非名是尋以完我族以明我心錫山王時大用詩云朱雀橋邊啼鳥宿扁舟夜過迴塘曲傷心帝淚袖痕斑要身長向寒江綠

梁公田玉官郎中與御史葉希賢仝祝髮遯去後王
詔遊治平寺閱經藏上嘆嘆有聲異之令人緣藏登
頂得書一卷載建文出亡臣僚二十餘人紙浥字斷只
識田玉良玉中節良用何洲何申九人餘不可攷
梁公良玉與弟中節建文俱官中書帝樊宮出亡良
玉鬻書南海中節好讀太玄為道士適帝入楚宿公
安寺夜聞黄冠哭聲伏桃聽之時寒風蕭瑟淒備
至旦訪之已行矣閱壁間遺紙方知為亡臣郭良梁

田王中節也帝作黃冠夜哭歌以記云夜分但聞聲
唧唧似懷萬斛愁難傾哀猿夜號寒江泣余衷縈結
詎堪言布衾濕透皆淚痕晨興欲往詢其昔三人蹤
跡雲無根空餘蟬脫字數箇依稀恍似忠臣名我欲
把毫寫胸臆冰凍毫踈寫不得錫山王時大吊詩云
一別深宮不記年蕭蕭古寺夕陽邊夜闌忽聽黃冠
泣月照松窗人未眠
雲林子曰史稱靖難兵入郎官御史四十餘人夜縋

而出詣朝上聞文皇不問自後深山窮谷遠有黃冠卜販之流與帝終始牢落江湖四十餘載夫以文皇窮治黨籍鉤深探索而梁氏一家或沉或逃全身遠害皆天也天豈令忠孝節義泯沒人間耶名藏經藏嘖嘖有聲較當日翊戴諸公子壻孫曾貴顯一時不敎傳凋零泠落視良用韡青史遺芳孰得孰失耶

中書宋和

宋公和建文中書共郭良郭節同官靖難兵至偕程濟二十二人變姓名爲道者挾卜筮肆中玉詔贊曰駕言尊引笑傲林皐頽波莫挽使我心勞

雲林子曰宋和托卜筮逃死艱貞用晦蒙難正志寡過之學入手理數之中其出乎理數之外乎

司務馮漼

馮公漼黄巖人建文金川門之變焚宫出亡漼官刑部司務與程濟二十二人自鬼門出漼寓夔州訓蒙無何適去過帝於天台石梁稱塞翁稱馬二又稱東湖樵者

雲林子曰重耳出奔知足上人而有三士建文帝從亡二十二人非特才學博裕知識且能鏡往知微况忠孝節義人各自負然事有難易今古殊施晉公子

歷曹衛秦楚孰不許難弭中原相避三舍知禮仁讓
大國儲君也建文諸臣當繒繳四張之際安得不遊
移物色脫樊籠之外所謂心艱節苦者公畢其人也

鎮撫牛景先

牛公景先楚沅人建文鎮撫靖難兵入帝焚宮景先與程濟楊應能葉希賢二十二人從亡帝祝髮從鬼門出景先樵門門闢有舟待岸曰臣王昇也夜夢皇祖促臣牽舟後湖以待先與帝驚訝操舟達岸入滇入蜀身侍左右客死杭州帝寓浪穹聞先死設從亡臣位哭之

雲林子曰鎮撫官閫衛之末得與二十二人從帝行

遯名留千古斯亦遭逢之不偶耳鬼門脩出潛身操渡間關滇蜀客死西湖忠勤況瘁亡臣之哭不啻淚灑氷天也

教授楊應能

楊公應能吳人建文國子教授靖難兵入帝啓金滕得度牒三曰應文應賢應能帝以應文自受時應能侍側以名符與之以應賢與御史葉希賢謂其驗合也同祝髮自鬼門出偕程濟二十二人從亡艱辛勞瘁奔楚奔滇奔蜀奔黔死永樂壬辰與葉希賢共瘞永昌白龍僧舍錫山王時大弔詩云萬死深憐故國臣從亡易改百年身白楊古寺壘壘骨不作長安陌

節義文章　卷三　九一　岩峰藏書

上塵

雲林子曰遜國從亡諸臣或合或離偕程濟則二十二人也烈熖竄身之際一時聚會君臣播越事有定数勢興則名應星文形圖麟閣衰則隱身帝釋瘞骨白龍公閒關十載辛勤況彝臣節炳然而豈興替之感所能湮沒乎

中書何申

何公申建文中書奉使西蜀至峽口聞帝遜國大哭嘔血數升疽發死王詔贊曰淮水洶洶中作霹靂義氣凴餒（？）共之俱激

中書何洲

何公洲海州人與宋和郭節同官楚宫出亡隱茅龕書建文年月名道人龕賣卜客死王詔贊曰箕子陳範嚴乎賣卜義有從違道有宜吉烈烈英賢寥寥寰宇

鵠

雲林子曰陳咸不改漢臘謝皐羽不知今日月但夢舊山川何洲用建文年月書龕志隱而情深也托跡黃冠寄身卜肆蒙難正志其在羑里之年乎中翰兩何公同官同時皆以客死非治平藏中紙溢剝蝕之餘安從紀其遺逸耶

侍郎廖平

廖公平襄陽人洪武以賢良徵建文侍郎靖難入都帝焚宮與程濟金焦二十二人從亾先時帝以太子文奎托平後逸還襄陽牽其家撫太子曰吾儕也汝當易姓時太子方七歲牽帝衣欲從帝舍之平隨帝入西山棄家逃死至宣德三年帝遇平弟廖年年曰臣兄已歿太子納臣妹三載矣錫山王時大弔詩云泣別魂銷燕子磯他鄉聚首慘牽衣標梅方待三春

吉寂寂空村杜宇飛

雲林子曰按帝梵宮後欲往滇中依西平侯沐晟仲彬曰大家耳目衆豈乏偵伺者乎蜀往來名勝東西南北四海皆吾家也命廖平奉大子行不知其終史無正志其在忌諱之年乎

刑部侍郎金焦

金公焦貴池人洪武以賢良徵授御史建文侍郎靖難入都帝焚宫偕程濟二十二人從亡入楚入滇入黔入蜀會帝夔州出遊天台石梁稱浦叟後死河南帝寓浪穹聞感傷後詠子犯歸黄土重耳未還時句雲林子曰從亡諸臣分合聚散出入楚滇黔蜀三十載天涯海嶠白雲青艸旅舍晨昏梵宫鐘鼓匪不神馳帝側刺刺心傷焦客死河南而未得偕程濟燕郡

回首反藥西山子犯先亡宣帝不勝黄土之悲也

侍郎鄭洽

鄭公洽江浦人建文明經靖難兵入帝焚宮與程濟葉希賢諸從亡偕帝入滇至江浦寓洽孝義堂堂中匾忽墮地帝驚疑遂逸去後洽至重慶會帝於雪菴尋死帝哭之慟設從亡臣位以祭

雲林子曰按帝寓鄭洽孝義堂永樂二年之甲申也帝欲覽湖山諸勝渡錢塘至江浦是時文皇疑慮命胡濙鄭和蹤跡存亡堂中匾忽墮趙天泰趣帝逸去

未久偵探者至非天之警告留讓帝于毫髮孤危之頃者乎甚矣繒繳空施笑人事之徒勞也

編脩趙天泰

趙公天泰三原人建文舉明經以博學擢翰林修撰靖難焚宮泰與程濟仲彬二十二人從亡偕帝渡錢塘至江浦鄭洽孝義堂忽堂中匾墮泰曰不可久留急趣帝行而蹤跡者遂至泰别帝遊峨嵋卒蜀道錫山王時大弔詩云路入盤江瘴未收吳山越水總堪愁誰將袞冕供蟬蛻劉阮天台亦勝遊

雲林子曰程編脩精易數從帝左右時時得以趨避

護上孝義堂區隨泰趣帝急行渡浙殆共濟同術者
歟何機先之獨深也

參政黃直

黃公直武進人建文四川參政靖難兵入帝焚宮祝髮直與鎮撫王資劉仲欽天監王之臣太監周恕偕程濟二十二人從亡入楚滇黔蜀潛蹤逃死有神樂觀會帝後各從所志或黃冠漁樵緇流卜販避跡四方錫山王時大吊詩云方外潛蹤夜寂寥仙壇神樂響蕭韶傷心去國情何盡寒雨平添午夜潮

雲林子曰君臣遇合興亡之際蓋有天焉磻溪牧野閑

中南陽感會風雲抑何盛也然而三士上人晉室多
賢旅食野處未聞哀也從亡晦跡終始臣節不以興
廢易念也西州皇甫規以不與黨人為恥直得列遜
國遺臣斯亦遭逢之幸

御史吳成學

吳公成學松陽人或曰吳編脩或曰吳御史金川門之變祝髮雲遊會帝于吳江仲彬水月觀成學伏地泣帝贈詩云江水無情去不還惟餘兩岸好青山輕雲斂跡時歸岫不向東風見素顏入蜀隱松灘稱雪菴和尚帝至重慶相依晨夕隨別往滇錫山王時大弔詩云秋水孤帆下五湖低飛白鷺隱孤蒲驚心繒弋寒江路一帶蒼煙艸樹枯

雲林子曰按遊國記梵宮後帝下丹陽入吳江黄溪寓仲彬水月觀適成學來會帝贈以詩別去後帝至重慶成學從道中稱雪菴和尚不知所之吳程兩編脩以官傳松陽二御史以地傳葉希賢亦稱雪菴和尚大抵避跡隱遁飄零莫定名以時易也

都督廖鏞

廖公鏞巢人祖永忠開國勲臣襲爵都督靖難兵至成祖識鏞少師方正学令其往招孺曰汝從吾学幾年還不識一箇字鏞復命孺經杖哭赴上益怒令力抉其口兩旁至耳殺之聚寶門鏞與弟銘拾骨瘞之寶山外廖尋見收論死

雲林子曰人生忠孝兩字天地綱常人心種子正学微示廖鏞曉然愧退文皇殺孝孺孺已完此兩字拾

骨葬孺鏞又添出兩字忠孝節義一齊做去天理人
情至此滅息雖殺運之未已而忠孝之方揚也

太常卿廖昇

廖公昇襄陽人洪武太常卿致政家居聞靖難兵入焚宮呼妻子訣曰我速死以攀龍髯遂自經錫山王時太弔詩云白髮先朝老太常願將七尺報君王兩江一片寒潭月同照清卿鶴髮長

雲林子曰靖難從死諸臣或遲久或踰歲以出亡殉節也或竟夕或經旬以速獄詈哭也公聞焚宮速攀龍髯其與速見高皇地下同轍志識堅定蓋非倉卒

比也

御史葉希賢

葉公希賢松陽人明初以才學徵建文御史靖難兵入帝焚宮啓金匱得度牒三曰應文應能應賢應文帝自受應能與教授楊應能以應賢與希賢謂牒名相符也同祝髮出亡帝定程濟賢能三人相從入楚蜀滇黔賢結茅菴稱雪和尚時帝病進柏葉丸以療或云吳成學亦稱雪菴賢死永樂之十年葬白龍僧舍錫山王時大弔詩云涪江風急浪花白柏葉和丸

進朝夕飄洎間雲落五湖剌桐開遍山雞碧

雲林子曰葉希賢與吴成学同死於永樂十年壬辰

之春共瘞白龍僧舍帝慟表兩臣至是從亡者寥寥

無幾矣按名藏金匱與牒相符何異夫星文圖讖疏

附後先哉自昔推翊戴則言功勲溯從亡則言節義

二者相衡益亦時數之感也

翰林程亨

程公亨澤州人建文翰林靖難竄治黨藉以亨張昺之親遠及妻子俱焚死亨遁山中訪帝于重慶白龍寺見帝久病癯然拜床下對泣獻火肉帝曰不嘗此味三年矣遇故人爽然病興

雲林子曰君臣蒙難之際比泰交喜起其情倍親程公傷帝癯然病久獻火肉食帝爽然病興悲歡離合若慰若惜千古君臣情之最真者宜帝以故人視亨

節義文章　卷三　二十

也

燕山卒儲福

儲福無錫人洪武定鼎金陵福從軍補燕山守禦請難兵入福揭母逃竄文皇敗元按籍調戍黔中哭曰吾雖賤卒義不為叛人泣舟中七日不食死妻范氏奉姑每哭其夫走山中不令姑聞恐傷姑心貧絕食浣衣水中有草類蘇蒿取織餐姑范死艸遂不生錫山王時大弔詩云義士芳名北斗齊高堂倚饌有萊妻機聲浮動吳江上惠水范花煙雨迷

雲林子曰遜國諸臣皆昔之擔圭結綬食祿士也視荷戈飲及者貴賤殊等一旦鼎新革易靡不稽首賡颺

明聖恐後也儲福一軍伍羸深明大義七日不食哭死天存忠孝借范氏以傳姑在艸生婦亡艸莞草木何知殆點綴綱常于不泯者乎

金川門卒龔翊

龔翊字大章崑山人年十八隸軍伍爲金川門卒靖難兵入翊大哭走匿山澤宣德中有司訪其人曰賢者也欲舉用之翊曰仕無害義但勇向日城門一慟耳

雲林子曰忠孝由性情而出遲回顧盼則舉動非真大章城門一慟不爲名痛哭也使就有司物色似以哭而沽名也哭已而不負所哭章固賢而隱於抱關

者也十八而隸軍伍夫非元世之勳爵子弟名籍未除者乎何其立言之有章也

御史尹昌隆

尹公昌隆字彥謙太和人洪武進士授御史疏上建文曰太祖鷄鳴而起今陛下日昃未朝以至上下懈弛上曰隆言朕過宜頒天下靖難兵起疏曰北来燕王章奏以周公輔成王為辭不若罷兵許其入朝恐一旦變起求為丹徒布衣不可得已文皇革易籍隆奸黨驅戮

雲林子曰文皇靖難告諭有法周公輔成王之詞方

正學答成王安在昌隆蓋指其説以立言也使帝聽而罷兵責燕守藩疑慮釁生又多一齊黄議論事出天意豈人謀所能推測哉

内監吳亮

吳亮洪武中宦官建文焚宫遯去正統中有傳自田州來稱建文帝曰我自蜀到此今老矣還骨故鄉朝廷莫識以吳亮曾入侍詔訪亮審視帝見亮曰爾吳亮乎昔便殿食子鵝棄塊肉於地爾時執壺狗啗之亮大哭不敢仰視旋扼吭死

雲林子曰建文帝牢落江湖四十載東歸鄉土在正統庚申諸從亡俱死惟程濟猶存父老猶識程編修

革易三朝非復昔時舊侍吳亮奉詔審視不異唐家
一老奴爾歷歷情緒景況悽其梔吭而死所以自全
亦所以全帝也

尚書嚴震直

嚴公震直烏程人洪武進士以才幹歷參議晉尚書

永樂奉使滇南建文帝遇震直道中驚避久之震直

入見對泣帝曰何以處我對曰從上自便臣自有處

候帝遠去夜縊驛亭帝聞泣曰震直滅影以全我也

錫山王時大平詩云珥海人看漢使軺蒼梧目斷水

雲遥相憶相見情何遠古驛蕭蕭落葉飄

雲林子曰按永樂二年令胡濙鄭和往東滇黔蹤跡

建文四年又命震直使安南此時直與帝覿面相遇
非比胡濙鄭和得以周旋其稽察也伺帝逸去自縊
驛亭直以死全帝忠之最幽節之最苦者也滅影全
我宣帝之感傷何極爾

魯浪莊家傭

魯浪莊家傭嘗披葛衣行乞得錢買羊裘以故葛衣蒙面至縷縷不脫醉輒哭永樂中有留都官過浪莊識之傭遁去問何人官不答傭病謝主人曰我死勿殮火我骨向東南風揚之

雲林子曰宋徽宗宮院收北太后崩沙漠囑人曰吾死火我骨向東南風揚之魯浪傭不著姓名名不留人間骨豈滯他土乎輒醉輒哭非可與人共識也

第三卷下

遜國逸姓諸節義

雪菴和尚不知姓氏稱松陽人靖難爲僧走順慶隱者杜景賢識異人搆屋山中居之日誦易卦好讀太玄離騷每乘舫棹急流中誦一葉輒投一葉投已哭哭已終讀嘗注壺酒半酡呼牧童歌瞑然痛草徒子問師名張目曰我松陽也或曰御史葉希賢吳成學俱松陽人希賢受牒同建文祝髮王時大平詩云急棹灘中今楚詞途窮阮哭不勝悲翠華一去無消息

回首湘江聽子規

雲門僧居會稽雲門寺每携椀茗筆床泛舟遠望悲吟至幽僻處伸紙賦詩賦已自歌聲悽楚激越輙焚其稿叩其姓不答王時大吊詩云鑑湖晴色禹陵松雲掩千峯樹影重猶憶袈裟輕棹遠詩成鹿豕誤歸蹤

西河傭無姓名永樂入都傭被葛衣走金城乞食市中金城邊地苦寒傭操作魯家得直買羊裘以故葛

衣蒙之衣雖敝縷縷不脫每風雨必哭永樂中有留
都官至浪莊識備敬其語隨走匿南山官去乃出病
草語主人曰我死勿棺火煬我骨王時大弔詩云乞
食金城邊地寒萬衣縷縷雪中看自慚馮胥難圖報
絕塞風高落照殘
耶溪樵隱會稽賣薪給食每風雨晦暝或歌或泣莫
知其人嘗遊行澤畔畫詩于沙畫畢亂其沙去有疑
者從後抱持之得識其詩云夢入鴛班共紫宸覺來

依舊泣孤臣半生家國惟餘我萬里江山已屬人無地可容王蠋死有薇堪濟伯夷貧伶仃苟活緣何事要了甇甇一點真後死會稽山中或云即兵部侍郎廖平靖難入宮奉命携太子出奔後帝至襄陽韋其家命太子易姓名平隨棄家逃漢中後遇帝於耶溪號耶溪樵王時大吊詩云緣水縈紆抱石耶習池空望更無家那堪夢轉鴛班冷博望青青楊柳斜玉華山樵樵名自晦稱大呆子惟披裘戴笠嘗自歌

曰七載艱辛走閩越日夜思親鬢成雪回首往事付
空花形影相隨衣百結當時恨不蚤見幾扁舟一棹
江南歸西風塵土障天起秋水鱸魚空自肥即今寄
食荒村裏主人出門常倒屣當歌對酒思暫懽握手
論心愧知己老懷豈能忘故山神遊往往於其間為
君寫此轉悽惻片雲零落何處還臨死囑主人曰懸
吾屍于林木間足矣王時大吊詩云月照空廊思故
鄉霜華滿鬢轉凄涼鱸魚秋水如相憶愁絕題詩柱

斷腸

洞庭居士不知何許人或曰建文時編脩也隱湖濱人咸稱曰居士性介不喜見人意愀然若舉世無有當者後有二人至愕然向泣偕泛湖中語竟夕病死二人瘞之哭去王時大弔詩云水澨山陬隱逸多稗官搜採失編摩依稀補得亡臣事四野哀鴻泣綠莎

神女廟詩　名東海逋臣無姓氏無常居多寄蕭寺道觀有過神女廟題詩云襄王此日歸何處空見朝

雲暮雨時

五柳圖翁永樂中有寓常山松嶺者喜飲善臨輒書陶淵明五柳圖詩擲筆悲吟繼以濺淚人見之曰此吾鄉某編修也趨掩其口遂去五柳詩云藜杖芒鞋白布裘山中甲子自春秋呼兒檢點門前柳莫遣飛花過石頭又題辭云布被藜床醉即休蛙聲聒聒屋簷頭驚回一枕瀛洲夢碧樹啼鵑血未收

補鍋匠無名姓往來虁虔間補鍋人呼老鍋學其業

者但令負擔以從不受計所至城市不過三日居止多寄蕭寺一日於夔州過馮翁顧之愕然相持慟哭同入巖中坐竟日哭別曰自今永訣矣王時大弔詩云補袞無能學補鍋秋風搖落舊山河休談天寶年間事腸斷青蓮蜀道歌

和州二義士建文詔勤王燕兵所至納欵二士盡散家貲募兵前行有司械入文皇鞫姓氏曰不必令後世知名笑我取義不就死耳

清溪二隱士貴池人聞金川門變焚宫二士方乘舟急呼舟人棹中流長號慟哭躍入

東湖嵩叟又名東湖樵客靖難後寓夔教童子句讀有時採樵貿酒醉即題詩於壁名馬二或名塞馬翁一日見補鍋匠相抱慟哭即剗去壁間詩辭主人去莫知所之

雪菴僧或曰即僧撰吳成學也又曰僧官御史松陽人時中書郭節稱雪翁四川叅政蔡運稱雲門僧晚

節義文章　卷三　三十一　[illegible]

稱嵇山主人編修趙天泰稱蒿衣翁又天肖子按察王直稱補鍋匠司務馮漄稱馮二又塞馬翁鎮撫牛景先稱東湖主人東湖有兩樵夫一郎中柳一貫一太学生王志也樂清一樵夫指揮張安隱樂清別墅總之立節行遯以身晦不以名傳況靖難危疑繒繳當前安得不游移以避物色也王時大帀詩云姓字何須問隱淪任呼牛馬總非真仙源若欲標名蹟應使桃花也笑人

雲林子曰明祖迄建文臨御纔稱三紀不特政教淪
洽飲和食德醇深百歲葢冠裳文物詩書教養使人
忠義之氣勃然奮興靖難適遭其際如朝旭方升陰
霾倏捲長夜復旦瀰宇宙而充滿者也於臨事捐軀
既詳其殉節復於遺逸高尚搜取其軼行以見忠孝
之感人者遠爾

少卿胡閏女名郡奴永樂詔收逆黨錄給功臣家女
以釁厭污面矢不受污歷三十載釋歸鄉人咸爲涕

泣曰此忠臣女也年五十尚處子國人私謚曰貞姑
謝氏未識誰宦妻永樂詔建文死事妻女配給象奴
自黄觀一家外同時有一烈婦失姓氏或曰松江謝
氏投武定河死衣帶云不忍將身配象奴手持麥飯
祭亡夫今朝武定橋邊死留得清風滿帝都王時大
弔詩云金屋何緣貯象房離離禾黍寔堪傷夜臺含
笑同歸盡環珮聲珊下故鄉
蓬頭婦或云茅大芳妻一曰蒙帛二女稱鄭恕女一

時俱經死教坊門上王時大帋詩云教坊無計謝鉛
華一曲霓裳掩絳紗留得貞心堅匪石蒲城風雨暮
啼鴉鐵鉉二女載入本傳
老姨姚廣孝女兄孝以異術佐文皇靖難封榮國公
歸鄉仍名道衍服僧袈見姨姨拒户詈曰建文帝何
負爾何面目生人世豈有出家不了還是好人王時
大帋詩云卓錫名山擁法幢翻然仗劍入燕邦吳江
秋老飄飄落巾幗羞慚障碧牕

雲林子曰間氣鍾奇萃于國必集於家吾於黄觀鐵鉉倫詳其妻女節烈俾讀者忠憤感動直天地震怒神鬼號呼再於胡貞姑謝烈婦蓬頭叢帛兩氏詳矣節二詩嗚呼雖死猶生精氣之長存宇宙爲不泯也已

節義文章卷之四

閩中林涵春雲林甫輯著

正統土木之變諸節義

少保于謙

于公謙字廷益永樂進士少有奇骨僧蘭古奇之曰此救時宰相也史稱學裕識廣具經濟才咏石灰云千鎚萬鑿出荒山烈熖光中走一番粉骨碎身都不曾只留清白在人間土木之變輔郕王監國人心洶

湧爭擊王振謙鎮定審處尚書王直執謙手曰今日
朝廷藉公一人雖百直奚爲以太后命晉謙兵部尚
書主國事上言京師天下根本宗廟陵寢百官萬民
咸在若一搖動南渡之失可鑒謙力持南遷議息而
國存和議不行而君存備禦設防而君國兩存措宗
社於磐石奠人心於席衽卒攖讒禍功泯身喪史臣
贊曰天命所皈大寶中奪小人貪功伏機焱發元勳
甫就罹此禍烈追謚忠肅贈少保廟享

雲林子曰北狩六軍死亡殆盡搖足之間黃河以北非國家有也少保主持軍國遷都議格固圉力堅當日敵勢長驅至君父叩關臣子拒敵時危局促屹力担當才學膽識冠絶古今社稷爲重之詞絶卻敵人如許要挾如許陰謀不肖以封疆浪擲綿二百載國祚於一言復辟事定讒出宵人以不殺公爲無名嗚呼公殺而名未必有也碎身不啻清白人間艱危苦志畢現詩詞矣

錦衣使者湯胤勣

湯公胤勣字公讓東甌襄武王和曾孫博學詩文才辯太保于謙薦勣智勇可任大事召試將臺立就萬言時萬衆環視不動聲色揮洒自如授錦衣使者適聞裕陵於沙漠抗對不屈譯者曰彼何人斯恨不殺之歸授將符提師出塞直擣敵巢力盡戰没死後遺人夜過一大帥擁節郵亭晝視寂然題 云血濺遊魂歸不得當時空築望鄉臺見者知爲公讓跡也

雲林子曰湯公讓郭元登皆勳爵王侯子弟韜鈐賦詠稱景泰二傑共十子並驅一時召試將臺萬衆環視緩帶輕裘揮洒落落不特氣懾六軍直可鞭弭中原奉使通問覲上皇于野次忠忱懷慨犂穴掃庭之志廹然目中宜譯者愕視而欲殺也提師塞北搗巢戰死血汗遊魂精英不泯弔遺跡能不憮然

定襄伯郭登

郭公登字元登武定侯郭英孫七歲過眼成誦十歲能文正統征麓川諸落上北狩師潰糾忠義從鴈門入援疏曰今日之計可養銳不可浪戰可智取不可勇鬬以入百騎破敵數萬時稱戰功第一封定襄伯謚忠　伯登爲將撫士律嚴料敵制勝有法造夾地龍飛天網賊畏其鋒争避明代武臣屬文者公父子爲最著聯珠集謂一家合作有遠塞書難寄空庭花

自開舊巢雙燕子今歲不曾來句綽有唐人風致

雲林子曰土木之變登守大同也先擁上皇入寇登堅守不納校尉袁彬以頭觸門大呼而去登曰賴社稷之靈國有君矣又曰天若祚國必無他憂若敵勢莫壓吾與此城誓存亡當不使諸君獨死也寇入大同登先臨陣呼聲響應山谷射中二人手刃三人大破其衆殺獲萬計進封定襄伯食祿千石史稱登以八百騎破寇數十萬戰功第一是也上皇復辟貶南都奪爵

錦衣袁彬

彬正統內侍與合銘同充北狩從員土木之變二人直宿御寢沙漠地寒雪侵御帷彬以兩脅溫上皇足一日晨起上皇曰汝知乎昨汝手壓我胸我俟汝醒纔推放因言光武與嚴陵共臥故事彬稽首曰臣敢識之矣周旋野次不憚辛勤駕歸復辟擢錦衣都督

雲林子曰思廟北都陷閣史臣吳甘來痛哭倏傳帝尚在掩淚曰遜國程濟土木袁彬可為也按建文宿

六合草舍天寒程濟抱帝足爇温帝蹙然有黄花滿
地帶霜開之句彬以兩臂温上皇足古今君臣蒙難
繾綣綢繆興則爲漢光衰則爲建文若彬則又出天
意人事之外者遭逢終始斯亦奇矣

給事姚誂

姚公誂字孟聲候官人歷都給事土木之難陷沙漠援絶矢身殉國軍中寄别云許國丹心今日盡輸忠白骨幾時還聞者悽愴

雲林子曰土木之難死事於鷄鳴嶺者十之八九山狭路廻邅商懸陰深搗使王振棄輜重入保懷来未必死亡狼藉也王直鄺埜止輦廻鑾上之拒諫振持之也謂事濟得以揚威塞外不濟歸章蔚州亦可誇耀

鄉土奸璫播弄人主如嬰兒啼笑罷浮瑾賢數等矣

丹心已盡白骨不還豈特詵痛哭哉

尚書項忠

項公忠字藎臣嘉興人正統進士刑部郎中從駕北征土木之變也先執公牧馬沙漠公朝服挾馬間道望南斗而行馬疲徒跣且行且仆見松下塊物視之肉乾也啖乾飲泉拔蒺藜百根方步景泰嘉公忠節累建戰功加宫保謚襄毅

雩林子曰土木之變北騎盡掠于鷂嶺兩峽之間英國張輔尚書鄺埜王佐而下數百人皆死得脱者蕭

維禎楊善與公而已迤邐閩道望斗南行天畱忠節辛勤況痒所謂噬乾肉利艱貞也朝服牧馬何異蘇子卿持節牧羝節義相衡差次一轍

侍郎楊善

楊公善字思敬大興人有幹才善諧笑永樂識之遅十二載擢侍郎土木之變奉使沙漠衆難其行善慨然請往見也先于穹帳先令館伴田民飲之酒民曰我亦中國人被留二十載矣前者土木之師何弱也善曰當時六師南征中貴人王振欲邀上皇幸故里止扈從不戒故滯此今南征士卒二十萬材官技擊三十萬悉神鎗機弩百步洞胸貫穿七札沿邊皆隱

金錐三尺所值騎歸立穿刺客林立若猿猱懸空上
下今和議成置之無用矣民以語也先先召見辯論
如流隨允歸上皇羨南朝人臣有禮命朝野次給以
輕騎迎歸復辟封濟侯謚忠敏孫尚公主
雲林子曰土木鷄嶺之失朝臣內侍幾盡生還南歸
蕭維禎楊善數人已若項忠則自龍虎臺見獲也踉
蹌蹀躞之際得以歸報君親善與忠勇而智者也奉
使不辭回此臣子致命之秋示田氏以中國强盛叱

然勝勢邊人為之郤畏復辟雖曰天意亦人事忠愛

感孚也

尚書鄺埜

鄺公埜宜章人永樂進士累官兵部尚書性質直學有經濟史稱廉慎小心多所裏畫正統扈駕北征敵勢猖狂埜請回鑾疾驅入關嚴衛爲殿王振叱回扈儒安知兵事令左右扶出駕入麻谷敵騎蔽野川厓侍宪貴藉死埜與英國張輔學士王佐曹鼐刺殺艸間追恤贈謚

雲林子曰王振自用剛愎輕而狡者也當大同陷没

朝野震懼埜與曹鼐張益伏闕懇留振堅持進發兵出援絶僵屍載道埜堅請回鑾振蹀躞而前軍駐鷂嶺殺掠殆盡埜請嚴備疾驅入保懷來振曰腐儒安言兵事必死令左右扶出埜曰我為社稷生靈何得以死懼我三請三拒隨至刺穀艸間皇輿之陷紳士之傷患振剛愎致之也埜經濟小心其如權璫忌嫉何哉

給事王竑

王公竑字公度江夏人正統進士官給諫忠謹見重宗伯王復北狩之役尚書王直伏闕切諫竑曰振剛愎遇正人指摘其力愈堅旋秉輿北陷竑劾振悞國欺君讀彈文未起錦衣馬順叱公公起捽其首曰此正奸黨為國批殺之血漬丹陛內臣請滌血儀長史曰勿滌為鑒京師讋公出鎮居庸屹若江淮饑一日疾馳百里開倉以賑自劾待罪上曰賢哉諫臣民饑

已饑歷尚書謚莊敏
雲林子曰于謙見知于王直守仁見信于王瓊公見重於王復皆時危勢廹吃力擔當自任之重者也苟批奸黨朝廷賴有紀綱繼賑江淮民命藉以安全保護居庸門戶藩籬屹若少固內修外攘次第舉行經濟学術之大者也

太傅商輅

商公輅字弘載號素菴淳安人宣德鄉會廷試三登第一正統入閣備顧問左右上北狩陷土木之變郕王監國人心洶湧立請即位以安反側時有議南遷者直朝斥之英廟復辟奸人播煽極言不宜壞天倫傷大體上議易儲曰此事上有太后下有臣民非輅敢言一日召議郕王監國時事奏云景泰有功社稷當復位號左右聞之流涕上遂允復朝野壯之死贈

太傅謚文毅

雲林子曰北狩變陷立請郕王監國者尚書王直侍郎于謙學士商輅與羣臣合辭奏上太后次日太后晉謙尚書命主國事遂至南遷議息和議不行設防備禦內禍消而外釁不作三臣之功同出一轍英廟復辟奸人播煽二公無事謙獨攖禍者社稷為重之言召之也上議監國時事諸臣默無一言公獨稱景泰有功社稷宜復位號全天倫識大體千古相業孰有如公者乎

定興王張輔

張公輔河澗王張王子統父軍封新城侯征交趾置郡縣封英國公交趾叛伏象以拒輔先驅羣象衝入一矢落象奴再矢披象鼻三矢象自踐觸卒之鎮交十年止統從駕死土木贈定興王

雲林子曰北狩軍行之始宣大撫臣羅亨信陳邊情不測請增衛設防及深入敗績尚書鄺埜堅請回鑾六軍罹山逃谷死亾狼藉王佐跪伏草間皆不能回

入關之鞭橐骨灰鵲嶺血染白楊視驅象衝敵三矢奏膚何其壯也突圍擁入一時俱盡何其澈也嗚呼王有中山之勞不獲與中山相比可惜不死金川之變而死土木之禍

督學御史孫鼎

孫公鼎字宜鉉廬陵人永樂鄉薦相臣楊溥薦公才學可屬大事擢御史督南都學政正統北狩蒙塵警至公適課士期竣謂多士曰故事宴飲簪花今日正值臣子枕戈之秋老夫不敢自蹈以陷人不義惟躬送于門即日詣闕請命效死道遇金尚書濂慷慨對泣云萬里丹衷扶日月兩人清淚洒山河

雲林子曰董子云草野忠愛可壯牧圉干城謂上志

堅而下力足也北狩蒙塵凡屬心知血氣無不敷天同仇况多士之服道德而談仁義者乎公忠懸日月淚洒河山得金榮襄共矢敵愾詩書介胄于公云然

尚書李秉

李公秉曹州人正統進士才識宏博議論持正負公輔望景泰中以僉都御史總邊儲恩威互濟吏民畏服公計宣府穀料僅足邊防驗其羸弱者就塞外牧養不許雜入軍伍掩土木之骼五萬於鷂子嶺復檄紫荊諸關並掩胡識公名從帳遁去

雲林子曰景泰繼海内虛耗邊儲窘急之際用人行政飭弊制防汰弱補羸使財有餘用人有餘力數十

年積弊賴公一清信經濟學術之大者掩土木紫荆諸骼惠鮮鰥寡澤溉枯朽公仁心爲質仔肩艱鉅景帝名臣當以公爲最也

侍郎高穀

高公穀，字世用，興化人。永樂進士。正統侍郎，從上北征，駕陷沙漠。中書趙榮請往，解金帶贈之，曰：「子忠義士也。」上皇駕將南，有言奉迎宜厚，投匿名上書。上怒，詰責穀，曰：「得之臣所。」千戶龔遂榮不欲傷公，自縛闕下待罪。懷獻太子廢，悲憤乞休，詔陵復辟。左右多放斥。上曰：「穀無他腸。」予致仕，贈少保，謚文毅。

雲林子曰：北狩土木之變，通問沙漠，僅得亂勳趙榮數人侍從左右者僅袁彬合銘數輩內外臣工憂懼惶悚畏足不前公壯趙榮義形於色矣上皇南歸迎駕從厚獻懷廢立悲惋無從此皆綱常名義天理人情之至者也當景帝猜忌之際投匭上書帝詰責毅然任之不辭謇諤直諒復辟之際以精白諒公有以哉

侍講劉球

劉公球安福人永樂進士正統侍講奉天門災上言十事王振憾球阻麓川之師都指揮彭德清球鄉人也為振黨球不為禮激振曰劉侍講疏三章訕公深矣振怒逮獄以計殺公令小校持刀推獄門挾之球知不免大呼太祖太宗臣死不瞑刺頸血被體裹以蒲囊埋之隙地家人求屍上得一臂并血裙數片具瘞焉

雲林子曰球共楊溥胡熒楊士奇同官　察諸公以
老引退政府大權悉屬于振球恃先世舊臣抗不為
禮麓川之役球阻其謀董璘求為太常球議不合人
視璫氣懾而球且嚴性持之宜賊殺之不容也獨惜
太后燭奸賜死之時諸相臣包荒之失貽以釀釁焉
史傳殺球小校瑾黨馬順人也順子死捽順髮拳蹴
之曰老賊今爾禍我我劉球也其毅魄不泯若此

進士成器

成公器字子德安福人少與劉球同學友善偕球登

永樂進士正統初奉天門災雷震非時應詔陳言球

劾王振殘害忠良朝野切齒振怒矯旨逮獄球大呼

太祖太宗亟殄奸佞晷刻斧鉞俱下酷死人咸結舌

子德設球位於龍泉山為文哭祭後人名其地為祭

忠臺

雲林子曰同官同譜蓋取協恭比年之義也當英廟

同寅共譜人情世態以炎而附冷而離已不可問矧
王振怙權恣虐之時乎言出禍隨寒蟬得計子德設
位祭忠不特義形於色直死生弗計也嗟乎球之忠
以臺而益彰子德之俠以祭忠而益著

御史鍾同

鍾公同字世京吉安人景泰進士御史懷獻太子薨請立沂王以固國本帝怒杖獄同死時年二十三骼掩圜土裕陵復辟上曰鍾同忠誠節義予贈謚妻請遺骼歸葬啓視骸臂血濡縷縷如鮮見者掩涕

雲林子曰正統垂治八載繼仁宣之後海内富庶民物乂康北狩蒙塵事變倉卒一旦景帝輔懷獻居攝孰不謂君君有子繼世於萬年也懷獻薨國本動揺

同請立沂王亦臣子忠愛之大帝猜刻杖獄同死不知當日何以處同并何以安上皇也骨肉之變亦人情之不可料者也

少師李東陽

李公東陽字賓之號西涯茶陵人四歲舉神童景帝抱膝上八歲召見講尚書慧悟秀嫵登天順進士年少丰姿同儕艷之詠瓊林醉歸圖以贈金羈細馬出明光碧色羅衣錦綉香行過玉河三百騎少年盡説李東陽歷館閣四十年史稱休明之運萃於成弘公以金鐘玉衡之質振朱弦清越之音著樂府諸什學者稱西涯先生時劉瑾竊柄閣臣諫臣盡爲排斥公

内嚴涇渭外托緘默得以獨存九瑾之傾陷無不婉
轉周旋若韓文謝遷劉健王鏊劉大厦楊一清陳熙
是也官少師謚文正
雲林子曰五代史稱馮可道爲長樂老子唐莊宗於
驕好諛輙斥正言道外托簡夷以將順納忠曰此時
佛菩薩救不得人惟皇帝救得瑾之暴恣非將順委
蛇無以匡救也潛以消禍默以審機公其得老氏柔
勝之學乎

尚書李賢

李公賢字原德鄧州人宣德鄉薦第一方宴鹿鳴有鶴飛舞宴中藩伯拜手曰其有名世之士乎正統進士考功郎扈駕北狩英廟復辟晉尚書與機務石亨恃迎駕功驕恣上病之賢曰天位乃陛下固有羣臣奉迎名正言順何云奪門且奪之一字何以示天下後世四海人心歸陛下者歷正統數十年凡事禁省便民今為此輩耗盡耳上是之褫迎駕陞賞四千人

中外肅然卒贈太師謚文達

雲林子曰正統承洪熙宣德兩朝海内富庶四陲乂安北狩之役内感于王振外隳于敵計使鄺埜王直輩忠言入耳振安得挾要而專持之也天祚國靈陰誘南還攀駕迎歸萬有餘輩今日請旌賞明日議給酬朝野紛然非公請褫陞賞幾為此輩耗盡社稷之福賴于一言奪門兩字不滋天下後世口實者名世名言千古獨絶

祭酒陳敬宗

陳公敬宗字光世慈谿人永樂進士讀書文淵閣纂高皇實錄獻聖德頌時李時勉爲北祭酒公南祭酒稱南陳北李王振素慕敬宗欲致門下宗峻拒振托其同譜周忱達意敬宗曰為人師表而求謁中官乎忱復曰不得見也陳祭酒善書公以求書先其禮庶幾一面宗疾書數幅而返其幣振怒錮之終身不遷雲林子曰李時勉為北祭酒王振詣監堂不為禮欲

中之無其事適彝倫堂有古柏元許衡手植也繁陰翳諸生落其旁枝振誣以伐官木私家命枷監門辱之諸生千人集闕號哭願以身代太后聞而詔釋敬宗居南監幸無官木之可伐孰謂臨池得以免禍耶

御史丁俊

丁公俊字秉存豐城人宣德進士擢御史按閩清操恬澹食惟菜羹弟至官舍三日悉粗糲不給饔飧去之公別云菜羹有味休辭淡茅屋無書可借觀又云客中親友如相問爲道烏臺徹底寒忤奸璫王振杖謫嚴州倅旋死一棺葺身天下哀之

雲林子曰士大夫清介必至嚴峻嚴峻便於世無所容秉存立節嬌嬌當盛平之時猶以全身削免使

神燾季年不知如何任咎也寒至徹底欲其溫煦取
容益亦難矣

侍郎薛瑄

薛公瑄字德溫號敬軒河津人永樂進士歷官侍郎學士謚文清母夢紫衣神來謁生公年十二通詩賦從師講程朱語錄奮起曰學問正派也焚所作研尋督學山右士尊之曰薛夫子中官王振欲邀一見公曰安有受公爵而拜私門者耶振憾之時公爲大理丞借出入人罪逮獄振老奴泣爨下問故曰聞薛瑄論死彼清廉不免罪是以泣耳振意解放歸曰里土

木之變景泰召復分守北門防禦英廟復辟直石
亨竊權知幾引退
雲林子曰英廟冲齡踐祚張太后蚤識王振奸狡責
曰汝侍皇帝多不律命女官以刃加頸閣臣楊士奇
楊溥為之解免自後竊柄公卿見振皆縮首拜屈惟
瑄不為禮獨憾之深振以瑄有重名摧折之欲令諸
公卿畏己爭趨門下土木鄺埜王直跪伏草間請事未
必不由是驕縱成之也何損敬軒所以遂其直節也

侍郎李懋

李公懋字時勉永樂進士善詩文歷官侍讀洪熙朝多直言上怒曰汝何指命力士撾十八瓜折筋明日擢御史明日下詔獄又明日奉詔釋宣德立恨公言觸仁考縛赴西市回顧者三釋之曰忠臣也可原宣德祭酒忤王振削免稱古廉先生有剪刀詩云吳綾剪處魚吞浪蜀錦裁時燕掠霞深院響傳春晝靜小樓工罷夕陽斜方之元伯英剪燭詩云啼殘瘦王蘭

心吐蹴落春紅燕尾香以直節著而詩尤清新嫵媚膾炙一時較伯英為勝

雲林子曰才士吐詞藻麗嫵媚超越率多柔靡委蛇求之侃侃直諒則失所指也公歷仕通顯三起三抑初見知於仁考再見諒於宣宗抗禮王振見侮東序矢亦持介節自行其宜之過也

侍讀呂原

呂公原字逢源秀水人正統榜眼父官景州丞歿不具殮負骸奉母歸養太守讀其文奇之餽以衣不受以粟則受曰衣則自溫粟可養母耳景泰侍講東閣時倪謙講國風原講堯典上至還坐東壁旁上曰何跼蹐伏地叩頭曰君父臨位臣子敢不遜避辭至再上或立或語或東西行不復正坐石亨王振用事與岳正列狀劾之上曰岳膽大原小心釋之退脩大明

一統志贈侍郎謚文懿

雲林子曰景帝英主也當天步艱難外飭兵戎內脩文教措累卵於磐石之安千古賢明孰過此哉達源職司經筵故事坐南面敷陳帝臨講席不御正坐尊師重道之風特倬漢唐抑亦明良遇合為然乎與岳正同糾奸璫帝以小心免釋知臣莫若君蓋深量其忠悃之無他也

给事葉盛

葉公盛字與中崑山人正統進士官給諫土木之變請誅帥臣扈從失律然後練兵選將復仇又言邊事失利若石馬不棄何至六師北陷紫荆不破何至震薄都城縱守京師不過保固九門耳豈其先事宣府居庸為得計也成化官侍郎謚文莊

雲林子曰于少保嘗言宣府京師藩籬居庸京師門户藩籬固則門户自安葉給諫云今日之計邊關為

急其胞合也土木之變棄獨石失紫荆將門户藩籬
棄以與人與其後事之防不如先事之智公其名言
哉

宮傅劉大夏

劉公大夏字時雍華容人天順進士職方郎時上命中貴查王三保西洋水程公匿之尚書項忠令吏搜檢公曰下西洋費帑數十萬軍民死者無算先時弊政牒在尚欲毀之猶查究有無耶項悚然曰達國體此座不久屬公矣河決遣公祀河焚帛結人形公叱之河平入閣主大察公杜門上曰何必杜也手金一錠賜之曰佐而廉槩官宮傅大夏主樞政議革勇士

裁光祿無名供億不便近幸激怒逆瑾逮獄削籍戍甘肅衛公救車羸馬瘦行觀者如堵所在罷市父老流涕攜筐載饁焚香客禱生還李夢陽送公詩云自從龍去不可攀公亦卧病思東山湘娥含笑凌雲去山鬼窈窕堂之側瑾誅復爵

雲林子曰按大廈忤璫非爲章奏指斥也尚書雍泰抗直不附權勢瑾株連廈曾引薦欲借以籍没焦芳贊之可得數萬及訪所親方知清介澹如素士削籍

遠戍殆洩忿耳夏戍而名愈重禱頌生還人心與天
意同符也

天文官馬軾

馬公軾字敬瞻嘉定人正統天文官博極羣史書法高古精於占候天順初閣臣岳正忤石曹諸奸左遷粤倖僚友遠遁軾獨贈餞詩云灤江別思水悠悠送客江頭莫上樓五嶺瘴高煙薮日兩峰孤濕雨鳴秋豐城劍氣東南起合浦珠光日夜浮癸罷鰐魚歸去晚刺桐花外月如鈎

雲林子曰千古有心人多在憐淡寂寞中落下幾行

血淚斷不與假意　假豪爽影響唐突湊泊岳公久
居政府不知公鄉日候其門者如何接踵一旦左遷
粵倅獨敬謄遠餞贈詩人情以炎而附冷而離現出
真面目真肝腸此處何能爲趨炎避冷輩解說耶

尚書戴珊

戴公珊字廷珍浮梁人天順進士成化御史督南畿學政撫鄖陽平竹山寇晉尚書上親決大獄諸司震慴珊從容開折以老求退上曰主人留客堅客且強留珊不能為朕強留耶且天下未平何忍舍去珊叩頭謝曰死此官矣正德劉瑾傾陷朝紳列諸姓名指為奸黨公與韓文劉健謝遷林瀚李夢陽張敷華一百人榜諸朝堂令朝罷廷跪金水橋南聽詔勅

体致瑾誅復官謚恭簡

雲林子曰憲宗致治精覈其於讞獄尤慎公從容開折培國脉養元氣矜民命何其懇摯也動一主以一德感孚非誠正格心有此乎逆瑾榜公名朝堂方正不容於奸回黄髮老成退處林泉其哲人殄瘁之傷乎

主事章綸

章公綸字大綸樂清人正統進士初授主事景泰初年懷獻太子薨人心危懼綸請立沂王東宮大臣咸咋舌曰何作死公曰吾作死固不畏死又疏言上皇以天位授陛下宜急親親歲序當率百官朝問延安門上怒下詔獄煅煉酷慘上皇復辟就獄中拜侍郎嘆息曰朕家事綸受慘毒檢綸章奏扼腕者再

雲林子曰大綸之忠于國家也不僅犯顏匡正蓋有

冒忌諱而深拂人情者也景帝輔懷獻監國明乎吾君有子繫四海臣民之望矣及懷獻死帝推親親故不待臣下之請以立沂王東宮英廟授帝天位歲序率百官朝問禮也且示天下孝友尊親之義慰答人心如磐石之固使帝知此何至他日奪門退處也持議正大帝內猜外忌[illegible]嫌之慊不待計嗟乎人畏死惜死公不惜不畏今古直臣當以公為首屈

少保張敷華

張公敷華字公實安福人天順進士父洪死土木之難華少穎異里中有行怪七歲能持刀砍之怪遂遁初官職方郎與劉大夏同官夏稱端恪公負正直弘治撫山西入南臺與林瀚章懋林俊稱南都四君子正德劉瑾竊權嫉公矯旨斥逐瑾敗贈少保謚簡肅

雲林子曰劉瑾當國宰執卿貳不附己者悉調留織

故有南都四君子之名公實忠節之後蚤歲蒙恩眷寵以正直自任何難入贊樞機出參帷幄卒以南臺都御史免方正之不容抑亦國家昌明之氣不揚於時也夫

柱國尚書劉健

劉公健字希賢洛陽人公生母夢偉人致上帝命持紫玉賜天順進士諭德三居輔導弘治侍經筵賜麒麟服柱國大夫召平臺屏左右訪問稱善正德劉瑾專竊與尚書韓文謝遷林瀚張敷華李東陽糾劾瑾怒矯旨勒休瑾誅訪求遺老束帛存問壽九十謚文襄

雲林子曰公與韓文謝遷聯疏劾瑾衆皆侃侃獨李

東陽緘默及勒休削籍健遷单騎瀕行東陽餞泣健正色曰今日何用泣為使當時出一語則與我輩同去耳東陽默然榜名朝堂勒休公以耄引恬瑾之所以嫉公者蓋天之所以全公也乎

尚書章懋

章公懋字德懋號楓山蘭溪人成化進士禮部尚書學務窮理實踐躬行孝宗朝虛祭酒席待公天下想望丰采值逆瑾竊柄年未艾力疾乞歸善處令名為

本朝所重號南都四君子

雲林子曰仕宦顯榮惟師與相取重天下董子謂人不願為宰執願為師儒孝宗虛祭酒席待公不特當時人望丰采即後世亦矜式羽儀權奸竊柄公知幾

引退處盛年而勇決如此夫　躬行名理之明驗乎

大學士費宏

費公宏字子充鉛山人成化進士廷試第一人明代少年科第為冠直文淵閣学士謚文憲宸濠輩金寶入朝圖復侍衛公知之歎曰苟聽其謀吾江右無遺種矣濠黨楊陞懼宏發其狀謀去之乘致仕南歸縱火焚舟宏幾死逾歲濠益仇宏掘其先塋掠羣子弟殺之先時武宗政暇御製唱酬有眷茲忠良副倚賴未讓前賢專令名句

雲林子曰虎豹在山藜藿為之不採濠復侍衛所忌者公耳彼陸完廷和之輩亦畏公窺其微而力擊之也乾清宮災咎歸臣下勒令大臣致仕公南歸濠令賊焚舟公不死毀其墳殺其弟昆深嫉不已皆楊陸輩助之也嗚乎公忠良眷注不讓前賢武宗蓋審之矣惜其用之不專也

郎中廖中

廖公中字用中順昌人成化進士刑部郎劉直介節不避權倖尚書林俊劾妖僧繼曉中幸梁芳逮獄舉朝咸避跡獨中橐饘日侍其側至顛連不去中卒俊誌其墓有山水匕琴知已空存之淚

雲林子曰直道不容於世久矣以炎而附冷而離況疾痛患難未有不惴惴避去也若中者當林待用死生不測之地橐饘餽視相依不去直以古道古心挽

頹風於既靡者乎山水比琴之感憑弔宛然

尚書邵寶

邵公寶字國賢號二泉無錫人成化進士歷都御史尚書受知李西涯付以衣鉢作信難篇貽之托歐文忠公之識子瞻為比益西涯絶筆也西涯歿公守繩墨不變鍾伯敬曰崆峒出天下無真詩真詩在邵二泉耳有鹿聽李白祠前雨菊採陶潛宅畔秋星落半湖蒼島出泉分雙澗白雲流白劉瑾專政公卿多出其門公一無所通瑾數以危言撼之不為動以致仕去

朝野高其品節謚文莊
雲林子曰二泉與張東海友善志操耿耿議論無所
顧忌東海艸書流布外國公詩文傳入禁中皆以不
附權幸退隱淹没有輓二泉句蒲路棠陰棺蓋後忌
公人是愛公人非傷二泉也適以自悲爾

尚書羅玘

羅公玘字景鳴號圭峰南城人成化進士歷官尚書謚文肅正德中疏糾逆瑾逐榮王虛宗儲瑾矯旨削籍寧庶人慕其名走餽却之匿山中南昌告變移書討賊投筆憤絕按公出酉涯之門詩文宕古振今撰述必棲高樹之巔遐思搆想若死人氣縮嘗語都少卿曰吾為尊公一傳死去四五度今所傳圭峰集大率巔死去之筆也

雲林子曰古今奇傑之才修辭立言迥出尋常如唐人之郊寒島瘦宋人之鬼訂明人之亹受皆鑿腸劌心意氣才情渾却都忘庶幾寒瘦鬼訂幻變不測相遇也公出西涯之門西涯歷館閣四十年以金鐘玉衡之質振朱絃清越之音公峻峭幽沉較西涯遠矣忤璫却濠奇節奇文殆不可及也

少保林俊

林公俊字待用莆田人成化進士初授主事劾僧繼曉中韋梁芳曰天下猶身也賢才元氣財用血肉小人疾病也曉與芳耗氣蝕血爲病爲疾人不敢言惜官畏死臣不畏不惜逮獄謫杖孝宗擢南臺疏内侍柄臣之害嘉靖晉尚書言祖制禁廠衛重刑焚獄示戒自瑾賊違制此獄再開正人何以圖免速宜罷斥朝野壯之死贈少保謚貞肅

雲林子曰少保疏條悉國家元氣宗社根本至親賢遠奸禁省刑獄其大旨也中幸權璫磐石牢固言出禍隨公不畏死惜官故能侃侃論列非精白格心幾何不陷刑戮乎幸遭孝宗仁柔未至激烈拒諫也

祭酒尚書林瀚

林公瀚字亨大號谷山閩縣人成化進士弘治祭酒十年不遷按故事每歲餘積羨給薪米公悉營學舍館士一御史以抗直逮獄數太學緣中官授中書公疏請宥直臣抑鑽刺逆瑾嫉公指爲劉健韓文黨目傾譎瑾誅復韓文劉健謝遷王鏊與公舊職請修祖宗成法言瑾雖殄而黨羽尚在安知無復如瑾者繼踵乎官終祭酒尚書謚文安子長庭㭿官尚書謚康

懿次庭機祭酒尚書謚文僖孫嫌祭酒尚書謚文恪
次孫熞尚書未謚
雲林子曰公直節介行未可殫述其最詳者史臣陳
伯獻稱賤者即之不知其貴卑者即之不知其尊愚
不肖即之不知其智與賢澹然恬息若素士樂道義
而自足遇非分干謁則凜不可犯按孝宗臨御朝端
之上尚多正人猶得自行其志至逆瑾柄政止人各
自引退所謂一木難支也瑾矯旨召公留都得以自

保亦天之全公身留公名于不朽也已

庶吉士鄒智

鄒公智字汝愚合州人少貧掃樹葉燃火讀書成化進士授翰林庶吉士雪御史湯鼐獄竄謫石城吏目感懷云人到白頭終是盡事垂青史論方真辭陛詩云盡披肝膽知何日望見衣裳只此時史稱才識亞於賈誼規模過之志氣顯于陳亮根極義理及之

雲林子曰古今忠臣烈士不遭流離困抑刑戮幽囚肝膽志氣必不傾倒淋漓讀汝愚辭陛詩情婉而傷

古人云其音悽楚志不忘君也天留侃直正氣不泯

人間長沙才学情見乎詞矣

祭酒王雲鳳

王公雲鳳字應瑞遼州人六歲父王佐與客語馬為行地之物公從旁問曰何者為行天之物得非龍乎客大驚奇之登成化進士劉瑾奸黨張綵以人望起公祭酒被命堅辭綵遺書云執政言不為吾用者殺身滅家公父司徒公佐泣曰吾老矣爾置我何地公甫就職入謝瑾曰何物祭酒一嘴猪毛耶歷都御史撫宣大晉人稱公與王瓊喬宇為河東三鳳又稱虎

谷白巖晉溪爲三公叙三人居址也

雲林子曰士君子處世不特名重而地亦從而重晉人稱公與王瓊喬宇爲三鳳叙其地也曰虎谷白巖晉溪爲三公二人以勳業尊公以品望貴逆瑾起公祭酒欲其附己也張綵以危言懼公怡然不動入謝譏叱何其迫也不抗不隨能以自全公益深于易理者耶亢悔不失其正神哉其猶龍乎

銓部郎儲巏

儲公巏字靜夫號紫墟泰州人成化會元考功郎中佐長官銓政臧否不淆任職清慎劉瑾竊權公鄉奔走其門公愧憤求退曰誓不與逆黨同朝力疾解組瑾誅臺省交薦志節堅定可當大任公視諸奸未除必繼踵而進復堅辭求退潛心經史續理學之傳

雲林子曰易稱知幾其神處潛見亢悔而不失其正也靜夫視逆瑾秉軸僉德避難學潛晦也瑾敗人各

秉時利見而公猶乾惕兢兢道德之坊不輕出處省
身寡過公益獨得其　歟

尚書何景明

何公景明字仲默號大復信陽人弘治進士直閣中書逆瑾專政上書人事不修天變屢作義子不當畜宦侍不當寵李夢陽不當獄錢寧慕其名持畫求引謝曰名畫不宜點染擢山西督學與李夢陽邊貢徐禎卿為詩文四傑有城邊客散人回首愁見孤鴻落晚汀又日暮江南望江北寒鴉飛盡落悠悠句清新麗逸為詞壇巨觀

雲林子曰大復詩文裒然四傑之首當時稱氣節孤狷與世寡合其視權倖尤不屑若浼人疑其爲放爲狂不知其以道自履守中而自隅斯人也狂而進取者也

尚書謝遷

謝公遷字于喬餘姚人成化狀元弘治少詹學士直閣每侍經筵上敬其端亮舉止言詞可法累官少傅尚書性率直康陵初忤逆璫罷歸旋里宮僚舊臣賜寶帶御筵感懷詩云遺恨未酬三顧寵清時誰解五噫歌漫將舊硯臨池洗莫遣餘生待墨磨謚文正

雲林子曰明代重宮僚之選公端亮誠恪蚤備公輔之器率直忤璫罷而旋起眷德倚重盛時君相信遇

合之不偶

副使李夢陽

李公夢陽字獻吉號空同慶陽人弘治進士初官郎中應詔陳言三害二病六漸末指壽寧侯張鶴齡怙恣繫錦衣獄旋赦道遇壽寧侯猝醉唾面鞭落其齒正德官副使上言八閹殘削國脉劉瑾怒必欲殺之人曰得康德涵可解涵往瑾釋十年三下吏議育才雄放謂漢後無文唐後無詩自稱北地壇坫春日詩云十日不出花盡開城南城北　花来即教閑門聽

花盡莫遣看花不醉回可識風流面目
雲林子曰獻吉負才任氣何知有奸璫權貴杭疏指佞朝野側目人以新進跡狂目之也安識其義俠勇於一擊乎醉遇壽寧揚鞭落齒固已氣蓋萬夫矣逆璫必欲殺公德涵以天下才解釋使瑾若魏璫指繆昌期曰江南才子善作通天本事是速之死矣嗟夫文章聲氣遇諸承平則為連茹彙征值諸艱貞未必不為清流黨錮也公殆才士之宕放者

御史熊卓

熊公卓字士選豐城人弘治進士令平蕪豫志稱公以清介愷悌擢御史雷震養鷹坊疏斥時政劉瑾勒科道官同日致仕四十八人榜名於朝卓與焉旋死瑾誅李獻吉過其墓哭弔以詩

雲林子曰劉瑾專恣内而閣臣外而勳戚悉排斥遠置所顧忌者言官爾四十八人同日致仕箝其口奪之氣令天下無敢議己也士選其鐵中之錚錚者乎

力核眼釘殣誅而士選死惜未覩其列罪誅滅之快

也長吉過墓弔詩蓋亦有所感爾

修撰康海

康公海字德涵武功人弘治進士廷試第一人翰林修撰劉瑾怒李獻吉必欲殺之獄急求解秦人言瑾所不能致者德涵涵往可解也涵曰何惜一官不救耶往謁瑾喜極言獻吉天下才殺之則絶人望瑾敗連公削籍家居以聲妓自娛邀名姝百輩爲百年會酒闌於各妓衣背書小令一闋命送諸王邸曰差勝錦纏頭也

雲林子曰君子小人所爭　悅者名與利耳孰知
小人慕名之心更勝於趨利之心君子遠利較勝遂
使小人水火不相入至於欲殺欲割焉能回其肆毒哉
利激而名邀之也使　以好名之心則冰炭頓消肆毒
以鮮此康德涵李獻吉之獄故智也小人爲天下共
爭之的盛則望而却走衰則趨而共攻瑾敗連公猶
柳子厚之陷於王叔文少年不自矜貴古人云立身一
敗萬事瓦解千古才士之踈放靡不由此而傷也

給事許天錫

許公天錫字啓衷閩人弘治進士授給諫條時政三十款使安南世子中道迎詔按陪臣禮令左翼東階上交人悚敬王賮金卻之交人立却金亭以記逆瑾索海外奇珍不獲憾之值詔覈内庫錫投瑾侵帑三罷矯旨逮問使人至朝房殺之流血被面鄉人爲之槀葬錫在詞林善文詞家築丹青閣藏之鄭繼之題云風流不見許黃門文字丹青閣尚存

雲林子曰許啓衷鄭繼之　代風流當武宗南幸逆瑾專政皆以直節建言繼之退隱作遲清亭見志啓衷勇於任患不避逆錄至身被賊殺益不善用才爲鼷鼠發機也朝房何地賊殺諫臣而不問尚　有國典刑章予可慨也

尚書馬文升

馬公文升字負圖景泰進士弘治尚書正德初坐朋黨削籍立朝五十載風節凌勁彛夏聞名事具國史有赴秦隴詩云鴈聲叫日迷寒渚楓葉經霜帶醉顔時稱佳作

雲林子曰明詩記事稱公風流豪宕詞翰傑出一時遇人輒傾肝膽無難易勇于敢爲殆以意氣爲朋黨者乎至削籍廢黜黜而復起終身不悔當於特立風

節之士求公非得以清流玩世目之也

尚書劉麟

劉公麟字元瑞安仁人弘治進士初守紹興劉寵故地也以氣節傲人逆瑾嫉之削籍去民贈錢公曰吾治不及前劉敢蒙惠耶越人肖像名小劉祠瑾誅復官歷尚書謚清惠與顧華王徐昌穀爲江東三才子又與　元張褎吳玹陸崑作湖南雅社好樓居貧無構貲文徵仲作神樓圖遺之每觀圖喜曰吾神遊筆墨之中十八十八以箌壽終

雲林子曰古人伐石表德肖像繫思比之甘棠遺愛逾久而弗諼今殘碑斷桷朽蝕於荒墟蔓草之中非其聲稱過實者耶幾見祝釐崇報巋然西湖之麓膽德茂勳奕然松江之滸紀樸丹書誇耀一時視元瑞小劉能無愧怍嗟乎前劉受一大錢後劉并小者弗受使今遺此猶恨父老之不車載滿籯也惜門客計踈不轉而伐石圖形益增榱桷之鱗鱗耳

都閫戚景通

戚公景通字世顯世爵千戶長幹修髯頳壯繆劉瑾結客以席帽遺公曰兵發表識着此公笑不答遂眂黄冠遁青州山中避之遇兇變僵屍枕籍衆掩鼻過公曰偉哉壯士名與骨俱香矣公子繼光官少保大將軍

雲林子曰伏波以馬革裹屍爲幸英雄遇主雖死猶生安肯齷齪從黄鬚兒呼拜耶公服黄冠避瑾席帽

烈丈夫志節視奴狗肝腸直唾洟之恨不起僵屍壯
士共斷逆顱

少保戚繼光

戚公繼光字元敬景通子豪爽有詩才著行邊記兵鏡實錄紀效新書創鴛鴦陣圖犄角奇正有法題伏龍亭云爽州尚遺遊鹿徑秋雲空鎖伏龍磯遥看滄海舒孤嘯百尺仙橋一振衣公備禦于邊防倭於海簡將練兵與江陵合累奇捷晉光祿少保江陵歿譚戚二帥解符邊防由是瓦解識者謂公之才不究其用譚名綸宜黃人

雲林子曰戚元敬譚子理世廟驍將也分道平倭籌海防邊多二公將略云江陵深識元敬華亭特用子理今至東南晏安稱譚戚武功公將家子悅禮敦詩尤善著述其兵鏡新書創前人所未有後大猷俞公剗平倭亂常山蛇陣益祖公之法以奇正眧合神明者也廟堂勝筭其在樞中之有人乎

節義文章卷之五

閩中林涵春雲林甫輯著

新建伯王守仁

王公守仁、字伯安、號陽明、餘姚人、弘治進士狀元口書王華子正德主事戴銑呂翀二十二人建言觸璫廷杖遠斥口切直申救瑾深嫉之謫龍場驛丞令人蹤跡欲置之死仁懼不免詭以投水浮衣冠江上脱之遁武彝口口而慮禍及父馳驛慼憤云学道無成歲月虛天乎至此為何如生曾死國身無補死不口親恨有餘自信孤忠懸日月豈期遺骨葬江魚百年臣子悲何極夜夜潮聲泣子胥瑾敗復官時宸濠異謀江西副使胡世寧首發其逆乞簡才節大臣往視尚書王瓊識公忠誠剛敏鎮定有謀擢巡撫贛州備禦口難之瓊曰吾用守仁破賊必矣公主贛設防伐謀口口布信以忠義激厲兵不外召將不外用擇郡邑賢口口以方略掩襲濠擒砍獻俘闕下江彬張忠忌功口口口

綸

之鄱湖、僕上親征、遇戰奏凱、公□奸邪傾□□□□官、綸巾野服、遁入九華山、内監張永亟力言仁忠勤勞苦、避功棄官、上甫親信、下大將軍鈞帖、令仁重疏奏凱、掛江彬張忠姓名、始議班師、磔濠、獻馘太廟、嘉靖賜爵新建伯、起兵部尚書、謚文成、公先後致政家居、倡道東南、文章迥出蹊徑、詩多禪語、接朱程一席、

雲林子曰、新建事功、無不本之學術、平易洪□吃力克己、神明變化、不越衽席、王心齋問先生學有何□

曰爾自省心量洞豁覺天地萬物團入性中斷境之先生蓋從心性打𨚫乾淨無往不與物理 情相見動靜流行隨在自如專指致良知特皮相耳宸濠悖君親拂人情戕物命先生與敵以信義率士以忠孝學識機權一齊並到不踰歲殲之合瀞見愓若以消亢悔讀語錄諸編有以見肖身寡過之方矣謫龍場驛丞泉副席同文北面師事不虞逆瑾之禍蓋亦信道之篤者也

尚書王瓊

王公瓊、字德華、晋州人、弘治進士、初授户部郎、歷尚書、瓊爲人多計畫、穎敏默識、凡山川道里、扼塞險易、兵馬强弱、勇怯、將帥偏裨才否、一覽輒悉、任本兵數載、調度有方、武宗末年、政出中幸、南北交訌、識王守仁可寄重任、屬以撫贛、予便宜節制、宸濠叛、中外惴惴、瓊自如曰、吾用守仁、旦晚破賊矣、人咸難之、已逾歲、濠擒獻俘、晋宫保、雲林子曰、明代两平禍乱者、以中樞有人置心腹于手足、不下堂階、而廟筭神謀判然目中、王直執于謙手、而歎曰今朝廷正藉公矣、王瓊語僚屬曰、吾用守仁、破賊必矣、二者悉知人善任、不動聲色、故指揮自如、非学識兼至者能乎、

都御史胡世寧

胡公世寧、字清甫、仁和人、弘治進士、號南都四君子、宸濠僭忍、疏乞裁以禮法、觸忤、奏公離間親親、妖言讒訕、黨內旨逮獄、時公擢閩臬、就道令賊要路毒之流血、會李承勛臬閩副使、匿公變姓名赴獄、三上書云、逆藩彰露、朝野共聞、微臣愚忠、天日可表、濠叛、即獄中拜都御史、史臣論公言事如結舌、章奏如懸河、贈宮傅、雲林子曰、世寧首發逆濠異志、濠以離間親親譏訕劾公、按祖訓律令、人臣犯此不赦、濠之殺公不遺餘力也、逃死變姓名上書、雖未能阻其逆謀、亦足褫其奸魄、王姚江稱胡清甫膽識兼到、不虛爾、

狀元翰林舒芬

舒公芬字國裳幼作馴鷹賦、蔡清見而奇之曰、天下奇才也、正德進士、廷試第一人、宸濠異謀武宗南幸、疏曰、親王倡吳濞之謀、大臣懷馮道之心、以陛下為棋局、以革除為故事、上怒、褫杖、臥院中、掌院者懼而推去、公曰、吾官此死此耳、謫閩河泊所、先時羅一峰抗論李賢、亦謫其地、閩人有一峰之後見先生句、公始生、鬼呼舒狀元來、歿門人空中聞呼舒狀元去、雲林子曰、今古抗論犯顔、未有如舒國裳諫止南巡之危言迫切者也、武宗遊觀方侈、臺省府寺不下百疏、言觸忌諱、雖痛哭敷陳、終不能回天之聽、而且沮之愈堅激之愈厲、公遠引數言、視當時國勢人心相持首鼠、竊見其微、殆哉言乎、何其忠讜而激切也、閒氣鍾奇、見生死之不偶爾

巡撫孫燧

孫公燧、字德成、餘姚人、弘治進士、宸濠異謀、朝議選才節大臣、以寄機權、任公江西巡撫、聞命歎曰、投艱于我、死生以之、乃飭防扼險、鍛其黨羽、濠伏甲召公曰、我至南都、藉汝保駕、公張目叱曰、奴狗敢犯天子大臣耶、殺之、惠民門、濠誅、贈宮傅、謚忠烈、

雲林子曰、夫子論士取其才節兼至、奉使不辱、本之行己有恥、蓋節立而後才為有用也、德成當宸濠危

變、禍起倉卒、攖其鋒者、孰不氣銷色沮、公慨然自命、直以遺大投艱、致生死于不計、鍛羽黨、設防備、討軍寔、安人心、靡不陰驅而潛率之、舉新建之施爲、皆公先事之力也、濠欲屈公、公以奴狗叱之、壯哉、一死非才節兩盡誰屬耶

副使許逵

許公逵字汝愚、固始人、正德進士、長身巨口、猿臂燕頷、沉静有謀、宸濠異志、逵備兵江西副使、凡制防守禦、悉出公謀、濠叛、先縛巡撫孫公、次縛公、公曰、孫都堂天子大臣、汝敢動耶、當碎汝萬段、牵公斬惠民門、砍其頸、屍猶挺立、賊推之跪、終不屈、聞變、又令家人設位易服、人問故、曰吾兇死也、盡忠殉國、素有此志、雲林子曰、宸濠初變、以王命召孫巡撫許副使入府

第、伏甲以縳、濠夙忌公、慮其才智、必不屈從、劫之以
威、不動、殺子惠民門、盖濠計之疎也、二公西豫表帥、
人望所歸、謀略學識、新建伯仲也、使知禮以羈縻、雖
未必轉移忠義、亦可疑沮朝廷、濠之亡、不若是速爾、
新建祖亞夫破吳楚故智、從天而下、迅雷不及以掩、
揆厥所由、以黨攻黨、分部進襲、其先事皆許公斷豫
籌也、素矢忠義、知子莫父、盖出天性之自然也已、

職方郎中黃鞏

黃公鞏字伯固、號後峰、莆田人、弘治進士、初筮德安司理、擢職方郎中、性隱約、潛心理學、扁其廬曰茅舍石田、爲生太拙、鴟夷馬革、自許何愚、又曰、大丈夫當擧定不畏死三字留名後世、武宗南幸、宸濠蓄逆江彬擁節、鞏疏去小人、戒遊幸、言出激烈、彬憾之、詔廷跪五日、杖百、死而復甦、謫歸、杜門著述、貧至絶食死、贈大理卿、謚忠裕、著後峰集、雲林子曰、奸黨之枯權也、亦知身以府怨、必取謇諤衆望者、箝其口、而奪之氣、雖有龍比之士、喪阻而莫前矣、此江彬詔獄杖公之故智也、當武宗南幸、内而權璫、外而逆濠、國勢孤危、非公痛陳三事、孰攖其鋒而少抑哉、寧定不畏死、故能排擊指刺、為千古諫臣吐氣、廷跪五日、杖死復甦、亦天之留公身存公名于不朽也

檢討胡纘

胡公纘、字孝思、泰安人、正德進士、傳臚與焦芳子黃中仝授檢討、焦環連謫、宸濠畀謀、胡世寧首發其事、江彬囑刑官坐以誣告親王處死、纘疏直之、武帝南巡、抗言忤觸、仇者指公有穆天子馳騁之訕作仟中八景、衆咋舌、公笑曰、作詩固死、不作能免耶、謝茂榛贈詩云、白首生全逢聖主、青山何故戀詩人、

雲林子曰、建文遜國、盧迥守義不屈、文皇逮之獄、對

獄神長歌、以酒澆地、激聲悽楚、胡孝思作犴中八景、
人臣幽忠苦志、無以自白、呼天呼父母、皆人窮反本
也、長歌則祈哀于帝、寫景則痛楚依人、文字禍烈、一
至此乎、天王明聖、何幸白首之生全也、

都御史林大輅

林公大輅字以乘莆田人、正德進士、初官刑郎、與黃鞏諫南巡杖獄、妻黃氏、焚香籲天拜禱、緹騎以詛呪上告、上怒、併逮黃氏對曰、妾夫被逮、焚香告天、幾幸皇輿不出、忠良獲宥、敢有他腸、惟一死以謝、且身有娠、不任刑戮、願遲之死、則徼君惠多矣、居因五月得釋、都人聚觀歎息、歷都御史、罷歸、每談時事、抱腕痛哭、雲林子曰以柔觸死諫君、夫人籲天宥夫、皇輿不出、不獲悟於白簡披肝、緹騎臨門、偏矜全於赭衣巾幗、精神所感、冥漠為通、賢哉夫人、不讓古人死諫之義、

尚寶卿何遵

何公遵字孟遁、南直人、正德進士、授給諫、立臺、侃直矢志除奸、死贈尚寶卿、江彬劉瑾相繼柄政、宸濠異謀、遵疏乞斥二奸、毋令蠱惑、止巡幸以安中外、寬釋黃鞏陸震、毋使天下議殺諫臣、武宗怒、榜朝堂曰、禁止效尤、縛午門杖、江彬監視、絶其瘡潰、遂死、先時遵扃戶草疏、奴何安泣曰、官人縱不自計、不念老父幼子耶、援筆泣云、爲我告吾父、保天年自愛、囑吾子讀

勝

書爭志、吾死國何恨、

雲林子曰、國爾忘身、雖蹈水火弗辭、況清君側之奸、國恤民艱、宗社安危交迫、宜其疾聲大呼、而不禁也、斥二奸、止巡奉、釋諫臣、皆一時藥石、武宗榜列朝堂、其拒諫之心、剛愎之意、不待彬瑾激禍、且以肆二奸之惡、視天下無敢議己也、相繼專政、相繼敗誅、獨惜殺諫臣之名、史以屢書、朝不勝議、於遵何恨也夫、

監正楊源

楊公源，豐城人。正德初年，欽天監正。劾劉瑾竊權專恣，疏引天文大角中星動搖，天旋諸垣，忽暗忽明，宜斥權倖，以回天咎。劉瑾怒，源傷己，矯旨杖之。又言大火入太微帝座，或東或西，乞防奸潛移。瑾愈怒，復矯酷杖，曰：么麼想做忠臣乎。斥戍肅州，道卒。貧無以殮，妻斬蘆覆屍瘞之。

雲林子曰：天人之感微矣。垂象示戒，上下修省，回天

咎於人事之先、古人赦行而霖降、政修而彗滅也、公
引天官再疏劾瑾專恣、孰知潛移午位者、其在茗盤
擲綵之年乎、然逆瑾怙權、天蚤兆之矣、先後驗合、公
慮患蓋出於禨祥所未形、斥戍道死、斬蘆覆屍、傷哉、
直臣一貧至此乎、

都御史熊浹

熊公浹字悦之、號北原、正德進士、都御史、宸濠異謀阻绝封事、撫臣孫燧告密、七上不達、公曰、謀貴速、緩難圖也、授草御史蕭淮上之、濠擒、多公謀略、會勘詔獄有持公者、投筆曰、殺人媚人、吾不為也、有勾曲人援朱家巷冒國姓、公曰、天親不可人為、况跡湮年遠、牽合非禮也、時論韙之、

雲林子曰、史稱熊御史臨事應變多適機宜及持議

堅確、卒由經術、蓋其內務小心、外協大體、學優而仕
素嫺者也、當宸濠畀謀、封事阻絕、公授草上達、事危
勢廹矣、卒然、剿平、兵志所謂伐謀伐黨、悉公籌略也、
觀其會勘不阿、阻絕冒進、皆持議正大、禮曰、法度之
匡、言而有章、信然、

主事陸震

陸公震字汝亨、蘭谿人、正德進士、武庫主事、江彬專恣、康陵南狩、聯諸部員劾彬、屬震手稿、見職方黃鞏疏、即碎己疏曰、願同署名從死、彬大恨、縛杖鉗拷、五日三訊、員外余廷瓚馮涇仝震斃獄中、鞏遠戍流離絕食、

雲林子曰、西州皇甫規、耻不與黨人、願署名見志、陸汝亨讀黃鞏彈章、願署名仝死、先正懼不爲君子、與

恥獨爲君子節義自勵至擯棄流離弗顧嗚呼名之

累人深矣

金吾指揮馬永

馬公永延安人、金吾衛指揮、正德中、江彬統宣大將符練兵西内、以疾辭不隸、逢邊警入塞、諸鎮畏却、惟永漁陽一軍獨雄、上至喜峰口、永叩馬諫、上注視曰、此馬永耶、嘉靖大同亂、朝議招撫、永力諫不可爲九邊效尤、且召河北藩鎮之禍、

雲林子曰、馬永驍勇雄傑、獨當一面、見將軍之鋒穎、凜不可犯、疾辭内操、不與江彬同亂、諫止招撫、勿令

九邊效死、介節之士、以義勇、弗以力勇者也、

大学士梁儲

梁公儲號厚齋、順德人、成化進士、學務性命、究心聖賢大旨、旁及詩賦、爲文壇傑作、正德直文淵閣時、江彬錢寧用事、導上遊畋無度、適寧夏還警、彬導駕北征、自稱威武大將軍鎮國朱壽、彬威武副將軍、諸臣伏闕止畱、凡諫者杖獄削謫、召儲草制、對曰、他可將順、此制不可草、上大怒、挺劍起曰、不草、斬此劍、儲免冠伏地泣曰違命有罪願就劍革制以臣名君死不奉命良久擲劍去上罷制彬亦罷副將軍廷臣請建儲錢寧與宸濠交通意在濠世子彬意別屬儲曰皇上春秋鼎盛建儲未易輕言萬一意外吾屬伏鎖無遺矣事寢官終少師謚文康

雲林子曰武宗自負英勇非特志在馳騁也有廓清四海之志江彬生長沙漠鷙驁驍武亦一時之雄也舒芬謇諤矢死不能回南幸之轍公甞劍自甘能抗

草制之命、深達大體、非斤斤效忠者、于建儲之議、益嘆大臣之風節、

尚書韓文

韓公文字貫道、洪洞人、母娠公、夢文潞公至家、遂名文、弘治進士、累官都御史尚書、正德初、惑諸閹寺、戲逐無度、公每退食、憂傷輒泣、李夢陽曰、公為國大臣、義同休戚、徒泣何益、文曰、計安出、夢陽曰、合言官交章、諸大僚力爭去之、直易易耳、文捋鬚昂肩曰、是也、即事勿濟、吾年足死矣、率劉健謝遷王鏊共糾、上覽奏、驚不食、欲置瑾法、瑾伏地泣、左右曰、狗馬角觝何損釋之、出監司禮、諸閹反因是出監廠衛、監團營權益重、禍烈、旋矯旨獄公、瑾敗、起宮傳、誥曰、起文彥博于九衰、人心攸屬、繼韓魏公于百代、家慶彌長、謚忠定、

雲林子曰、韓文老臣憂國、徒有淚血沾襟耳、文章持議、非謀洩于焦芳、則夢陽之策可行、王岳之力持必遂也、李榮謂少寬置法、蓋慮武宗英年氣盛惑之深、信之固也、縱寬貸偶、安得而攖之哉、榜名朝堂、盡斥言事持國柄五載、詔獄削籍奪誥、瑾之甘心于文甚矣、

尚書楊一清

楊公一清、字應寧、寧州人、舉奇童、入翰苑、登成化進士、督陝西學、持教條課士、雖宗室不能奪士產、撫按不得撓學規、為明代學臣魁、武宗南征、幸其宅、議遷顯陵、清對以地道尚靜、體魄宜安、憲皇帝大葬以後、陛下自藩邸為天子、吉壤可知也、事寢、擢都御史、巡邊、請復東勝開屯、以省內運、劉瑾憾之、疏請不通關問、以糜費譖之、下詔獄、學士王鏊曰、一清弘才碩學、為國修邊、無可罪也、切敕乃釋、寘鐇叛、上命同內監張永提師討之、清日歎惜泣下、謂永曰、宗藩亂易除、官府變不測、永曰、吾豈忘情、無為畫策者、促席書一瑾字、永曰、羽翼已成、奈何、清曰、公天子信臣、今討賊不付他人付公、上意可知、得班師入朝密陳、上必就公備述四海愁怨、大亂將起、上英武必悟、圖瑾、瑾圖公柄用、呂強張承業與公、今古三人耳、永攘臂摩拳起曰、脫不濟、死上前、何惜老犬馬、鐇平、清與永獻俘

條瑾叛狀、上親行磔之、歷官尚書、謚文襄、

雲林子曰、劉瑾傾陷朝紳、幾無遺類、獨于才名之士、浮慕傾接、陳敬宗康德涵王鏊李夢陽與公者、欲令附己、出我門下、君子不可虛拘、隨以嫉仇擠之、而公獨得瓦全者、疇昔才名傾動、未易遽置也、行間之際、悲憤同仇、以深信圖深信、內侍攻內侍、投之以所嫉、激之以所怒、不動聲色、從容樽俎、卒鐇誅瑾、史稱才學膽識兼至、公其謂歟、

少傅王鏊

王公鏊字濟之、成化進士及第、歷官少傅兼文淵閣學士、經學通明、制行修謹、爲南宮魁、陟文學侍從之階、文如黄鐘大呂之在東序也、正德、劉瑾竊權、與尚書韓文劉健謝遷李東陽切指怙惡疏糾、内監李榮曰、諸公疏備矣、上自有處、鏊曰、脱不處奈何、榮曰、某頸衆鐵耶、遂爲所賣、瑾權傾朝野、焦芳專事婞阿、鏊過之不能告去、瑾曰、先生位高安養、何自苦、鏊曰、吾

義當去、不去未可知也、三蹝方下上賜璽書棄傳、歸

時方羨鑿之去、以爲異數云、

雲林子曰、漢史疏廣受二子、一朝以太傅辭位、謂知

止不辱、廣當漢世承平、諸公卿賢哲、得以高潔隱退、

逆瑾柄國、人主且孤危其上、安問宰臣下吏乎、少傅

得以全身遠害、賜璽棄傳、非明哲孰能耶、以世相衡、

過廣受遠矣、

給事馬申錫

馬公申錫字天祿、故城人、成化省試第一、會試進士、授給諫劾萬昭德再疏再杖、瀕死不悔、武廟起遼撫、逆瑾矯詔繫獄死、御史盧雍申白其冤、申錫蚤慧、三歲識字、七歲能詩、文有儁才刋落體格類劉長卿陸龜蒙、

雲林子曰、申錫劾萬昭德、再疏再杖、出一生於萬死、宜其黙以茹智、鋒不再試也、起遼撫而忤逆瑾繫獄

至死、直節之士、忠於國不知有身、文章膽識、雄絕一時、於公何恨、

尚書喬宇

喬公宇字希大、樂平人、成化進士、受經於李長沙楊石淙、與王伯安論晰性理、摩切古文詩賦、膾炙當時、累官尚書、謚莊簡、參贊留都、威武南幸、有社稷功、世廟初以議禮不合引退、歷正嘉兩朝、巋然長德巨公、

雲林子曰、喬希大隨事納忠、皆其識見練達、持循禮法、故足以陰折逆謀、俾國家有磐石之安、按江彬遏人無所憚、獨于喬尚書之方正少輯耳、彬使人索留

都城鑰、主鑰督府駭以問公、曰、子弟告以鎖鑰慎非常也、祖制雖天子詔不得、彬聞公言乃止、每有橫索、悉以禮法裁抑、威武駐蹕江間、公率百官跪伏泣諫、中官傳旨令　、公曰、未得允命、勿敢擅、每值繁難、以身任患、宜正嘉之代、具瞻朝野、

給事戴銑

戴公銑字賓之、婺源人、弘治進士、授南給事、博學清操、束髮即持風節、與一蒼頭策蹇之官、不給擔石、逆瑾專恣、聯諸諫垣奏劾、請斥權閹正國法、留托輔大臣、以安社稷、矯旨逮獄、主事王守仁申救、并斥廷杖遠謫、瑾誅、死贈少卿、

雲林子曰、公博學清操、與王守仁友善、皆以理學擅名、逆瑾勒科道諫垣同日致仕者、四十八人、榜名於

朝、指爲奸黨、一時善類俱盡、蓋亦氣運之傷也、

主事鄭善夫

鄭公善夫字繼之、號少谷、閩人、弘治進士、户部主事、正德初、劾劉瑾專政、乞歸、障少谷祡門于金鰲峰、作遲清亭見志、起吏部、武宗南巡、伏陛泣諫、杖闕下、退隱武彛、賦詠卧雲窩九曲風雨、絶糧、病死不殮、太守王文盛賻焉、

雲林子曰、少谷落落自好、不競不阿、劾逆瑾、諫南巡、忠言逆耳、晚窺易微、作遲清亭見志、退隱雲窩、合

潛見揚若不隣亢悔其知道者也公乎吾求之箕潁

清流之間矣

滇南學使席書

席公書字文同，寧縣人，弘治進士，令剡城，擢部郎，正德督學滇南。時王陽明謫龍場驛丞，公率諸生師事之，倡道講學。人言非公識見超卓，不肯以憲司北面驛吏，且不虞逆瑾羅網之察，真道豪劉大哉，歷太傅，謚文襄。

雲林子曰：王陽明倡道東南，接朱程一席。席文同屈已禮賢，非獨勢分之忘，直認道統傳心，確有攸歸也。

八閩文庫

福建文獻集成

續編 史部 二四

吴格 主編

八閩文庫

文獻集成

264

海峽出版發行集團
THE STRAITS PUBLISHING & DISTRIBUTING GROUP
福建人民出版社

本册目次

節義文章十二卷（卷六至卷一二）

[清] 侯官林涵春撰

福建省圖書館藏民國間抄本

節義文章卷之六

閩中林涵春雲林甫輯著

嘉靖嚴嵩竊權諸節義

兵部郎中楊繼盛

楊公繼盛、字仲芳、號椒山、嘉靖進士、力學堅苦。尚氣節。不畏強禦。仇鸞開馬市、廷議遣郎官監視。公時官兵部郎中。當行。疏言馬市決不可開。忤璫。詔獄杖。謫狄道典史。鸞敗、上思其言、召復、一歲四遷。公感殊恩、誓除奸佞、劾嚴嵩十罪五奸、方今在外賊爲俺荅、在内賊爲嚴嵩、未有内賊不除、能殲外賊者、臣請先除内賊、嵩怒、下錦衣酷杖、校尉憐公、飲之酒曰、此蚺蛇膽也、盛笑曰、椒山有膽、寧必蚺蛇哉、杖死復甦、太息云、人生夢幻耳、一念歸着、何痛楚之悲耶、司業王材、主事王世貞、流涕申救、爲嵩所持、臨刑云、浩氣還太虚、丹心照千古、生前未了事、留與後人補、隆慶贈太常卿、諡忠愍、雲林子曰世廟末年、西陲部落俺荅薄邊、仇鸞統宣大將符、請開馬市、遣郎官監視、椒山適當其行、痛陳馬市決不可開、兆釁弛防、鸞怒阻謀、詔獄杖謫、鸞敗、上思公言、一歲回還、議者謂公甫脫大難、宜默以茹智、夫人張氏勸公曰、子休矣、一鸞寵公幾死、嚴相父子、百鸞也、可輕動乎、公感殊恩矢報、條嵩十罪五奸、切指傾危宗社、國恤民艱交廹、疏入、嵩夜半出駕帖尾、張經覆奏、後同戮、近代諫臣酷死之慘、自繼盛始、竊歎有明國脈、傷于奸相權璫者、十之七、壞于喜事邀功、釀禍邊陲者、十之三、當世廟、公阻馬市杖謫、當神廟、主事佟卜年以易馬疎邊逮死、相去纔十餘載、國典刑章、反覆倒置、先後異施、若此、良可浩歎也、

、都御史總制三邊曾銑

曾公銑、江都人、嘉靖進士、歷都御史總制三邊、屢疏堅復河套、條為八議、設險備禦、大學士夏言是之、請給誓劍、節制將帥、為仇鸞嚴嵩所持、以開釁生事、矯殺嵩敗、復爵、賜祭葬、謚忠愍、史臣論銑劉毅不撓、慷介寡合、豪切國仇、以讒見戮、朝野悲之、謂天不使興復、隨至中原淪喪也、讀設防備禦、與熊芝岡經略閣東收復條款、一轍可慨也、雲林子曰、曽熊二公、先後經略、一以堅復河套、一以克復鎮江鐵嶺城衛、調度控制、朞年井井、使上下一心、雖有奸嵩逆璫、何能阻奪哉。仇鸞以開釁議公、芝岡為王化貞旁落事權、身陥大戮、傳首九邊、韋忠彖之氣、萬里長城、壊于一旦、中原欲不淪没、得乎、

大學士夏言

夏公言號桂洲上饒人、正德進士、文章經學淵博、授給諫、議禮稱旨、拜謹身殿學士、與嚴嵩後先入閣、事多異同、上取沉水香製五冠、賜言與嵩、言奏非人臣法服不冠、嵩迎意於入對時、簪香葉冠、籠以輕紗帽、上喜、秉間擠言、上好讀青州詞、嵩熟詠至夜分不倦、言置不省、上每閱言奏章曰、此舊套子也、輒投地、仇鸞劾曾銑生釁邊隱、稱言代請誓劍、節制諸帥、受銑

賂、坐棄西市、嵩敗、謚忠愍、追贈太師、

雲林子曰、夫子明遠之辯、於浸潤之譖不行、此先覺丹頭也、嵩著力浸潤、多出用意不用意為迎合、香葉冠、青草詞、何關大臣重輕、嵩借以投隙、何淺也、仇鸞訐曾銑生釁邊陲、坐死、嗟夫、使誓劍風行電掣、人賈餘勇、言之知人善任、奚啻酇侯薦信、甚矣、小人自顧其私、貽害君國至此乎、

郎中丘秉文

丘公秉文、字鳴周、莆田人、嘉靖進士刑部郎中、會楊繼盛條嚴嵩十罪五奸下獄、同官畏懼、獨文橐饘餽視、尚書李默為趙文華誣擠、嵩子世蕃、指秉文為默黨、文曰、李尚書正人受禍、我輩獨安寢乎、旦夕過李、見縲絏纍纍、疾呼慘淚、

雲林子曰、楊仲芳死獄之慘、天下同哀、孰不慮言出禍隨、默默自緘也、鳴周懷橐饘審視、不慮禍機、不畏

強禦、正人賴以圖存、烈士因之壯色、嗚呼、百年有盡、青史長留、丘公過人遠矣、

尚書趙貞吉

趙公貞吉、字經靜、内江人、嘉靖進士、司業、俺荅薄都要貢、廷臣集議、公奮然曰、城下盟、春秋所恥、要貢不已、胡以制之、宜速錄周尚文功、赦沈鍊獄、嚴防設備、差可解也、嚴嵩嫉之、令單騎宣諭、公慨然行、隨爲周沈解釋、朝野壯之、嵩抑其謀、以輕狂媢功、謫廢、隆慶起廢、直閣尚書、終以忤政府、引退、謚文肅、

雲林子曰、俺荅薄都、帝召嵩西苑集議、衆默、獨貞吉

言毋議賞、議戰、帝壯之、予金五萬兩、募士、勅中無督戰語、吉詣嵩請勅、嵩怒、適趙文華趨入、謂吉曰、天下事、徐議之、公休矣、吉怒曰、汝權門犬、何知天下事、嵩益怨、吉単騎出都、遍諭諸將帥、人人感奮、獨仇鸞難之、嵩劾吉輕狂、廷杖謫戍嶺南、嗟乎、當上壯吉之獨見、吉奮將士以義勇、彼此奮庸、成功何難、乃為權奸所傾、幸不同於丁汝夔以毋輕戰歸罪被戮、嵩之悞國至此、天理人情、澌滅盡矣、

尚書丁汝夔

丁公汝夔弘治進士、嘉靖兵部尚書、時俺荅薄都、嚴嵩授夔計畫、謂近地喪師、難掩耳目、當戒諸將禁勿輕戰、令其飽食自去耳、將士亦怠於應敵、相謂有禁勿戰、四郊鄉鄙、遭俺荅荼毒、民間歸罪汝夔、上聞逮治、嵩恐洩前謀、紿曰、毋慮也、吾爲若地、夔信之、遂勿辯、論斬臨刑大呼曰、賊嵩誤我、我必爲厲以搏汝也、遂棄市、雲林子曰、奸嵩當國、每持本兵之柄、意在忌功、不顧國家安危、帝壯趙貞吉議戰之請、予金五萬兩募兵吉請勅督制將帥、嵩抑不與、且劾其輕狂謫廢當俺荅薄都、四郊屠戮、此何等時、猶戒諸將勿戰及歸罪汝夔、論斬滅口、視辱國喪師、恬不顧畏、三百年國祚蚤壞於嵩、豈獨寇禍闖變哉、

經略張經

張公經字廷彝號半洲正德進士具文武材初令嘉興擢給事歷都御史撫廣西討安南寇晉兵部尚書節制南直隸東南七省參贊經略時倭掠海濱召狼兵未集趙文華祭神海上索賂未與劾以逗遛縱寇未幾狼兵集大破倭寇斬級二千嚴嵩匿其功夜半出駕帖與楊繼盛同戮議者東南之戰經爲第一功劾嵩之罪盛爲第一疏同日死寃天下第一疏孫懋

爵仗闕白寃謚襄愍予葬祭、
雲林子曰、張半洲之經略東南也、當安南寇亂、倭夷侵變、設防備禦、凡沿海入江達岸去處、在在堡障、星羅碁布、余舟過崇明上海、郡邑父老爲言屹然江滸者、皆公殲倭戰士飲血處也、使非公合狼兵盡擣安能二百載晏然山高水深哉、明代兩經略、熊芝岡死於奸璫、公死於奸嵩、殺邊帥而及諫臣、封疆之失、不獨神廟爲禍始也、公魁梧奇偉、狀如神人、拜公像、悉

當年雄傑介節凜凜可畏云

都御史海瑞

海公瑞字汝賢、瓊山人、號剛峰、嘉靖鄉舉、初筮南平教諭、偕東西訓導庭謁長吏、左右皆下拜、公獨揖立、人呼筆架峰、擢淳安令、布袍蔬食、毋壽市肉、人吒異問、故巡鹺御史遊齊雲道經淳安、公申牒不能供芻茭、守責公曰、惠歸民、罪歸令、公無為也、何懼、御史聞之、卻駕、神宗雅熟公廉亶、擢南右都、南臺官號吏隱、為養望之地、瑞以都憲職表庶僚、專舉刺、南猶北也、有一御史晏戲、瑞集諸僚戒之曰、爾聞高皇帝有杖御史法乎、諸僚庭争不得、卒杖之、每下一令、不數言洞中情弊、自大僚至小吏、無不凜凜奉法、卒於官、僉都王用汲入視、帷葛幃敝衣、觀者歎泣、士民數千里爲之服喪、蘇人朱良佑弔以詩云、批鱗直奪比干志、苦節還同孤竹清、龍隱海天雲萬里、鶴歸華表月三更、蕭條棺外無餘物、冷落靈前有菜羹、說與旁人渾不信、山人親見淚如傾、贈太保、謚忠介、諫草切直、載

明史、

雲林子曰、海剛峰當神廟季年、與楊椒山共稱直節、椒山擊奸黨獄死、剛峰坐廢逐黜而再起、起而隨死、按公嚴以律身、潔以勵俗、質直不事矯飾、使久立朝廷、表正庶僚、亦得以褫權奸之膽、惟方正之不容、僅率南臺、莫展風力、人之云亡、邦國殄瘁、於公蓋有感也、

尚書李默

李公默號省菴、建安人、正德進士、文章才學、繼楊文敏之後、清介剛直過之、歷官吏部尚書、立朝風節凜然、與嵩黨趙文華不合、華摘公部選策問有漢武征四夷、而海内虛耗、唐憲復淮蔡而晚業不終爲訕謗逮獄拷訊、一時同官畏縮、獨郎中丘秉文橐饘朝夕餽視、嵩子指文爲李黨、文曰李尚書正人也、我輩寧獨安乎、仰天涕淚、默死獄中、史稱官貧介節與尚書

劉麟訪峴山僧、家無宿具、惟一乳羊、牽以沽酒、風雨連床賦咏

雲林子曰、清介與紛華之不同者、勢也、紛華必事委蛇、清介必嶙峻刻、茹省侃直自好、豈事迎合取容哉、文字之刼、不脱正人、亦時數之不可知也夫、

御史楊爵

楊公爵富平人、嘉靖御史、清介抗直、不避權幸、疏斥學士夏言、翊國公郭勛怙肆、杖械入獄、會熊尚書浹論救、上曰、我固知釋爵、而言者立至矣、故還甫日、而逮校即至、公曰、復來乎、校曰、仰公名他事過候耳、與蔬飯對食、食已、呼校曰、行乎、校曰、宜入別、公立屏前、呼妻子曰、朝廷有旨見逮、吾去矣、即攬袂行、

雲林子曰、昔人有言去國一身輕似葉、言其不以得

失繫念也、楊公釋獄纔歸甫日、而逮校復至、公攬袂就道、不特無幾微怏悒且不動聲氣、視去來著食息安常、身外弗計也、知有國而不知有身、焉知有家、公手行止迥出古人遠矣、獨惜世廟識公直節、不能全公身名、未幾數十年、釀楊左誅戮之禍、夫亦命與遇之弗辭也夫、

參政趙時春

趙公時春字景仁、號浚谷、平涼人、嘉靖進士、初官武選郎、疏禁諛佞、正士風、飭諫臣、闢異端、忤嚴相、削籍旋召入編修、請正東宮、又削籍、外補參政、人勸從時和易、公曰、吾不竊府庫以自潤、不借府庫以市恩、宗藩權幸、相戒避之、卒為仇鸞所中、唐荆川稱公品行、文章三百年來一人、

雲林子曰、景仁直節侃侃、不委蛇從時、益自恃其清

與物多競也昌言正大悉從國是人心以調劑維持方正不容於時宜三百年來品行之獨萃也

大理卿王世貞

王公世貞，字元美，號弇州，太倉人。嘉靖進士。年姿玉立，與人接，温秀可挹，豪於文而吏事尤敏。初授刑部主事，以哭椒山忤嵩，旋伏闕白父王忬寃，再忤，引母疾歸養十載。伏處知機，遠害史臣，論公天下但知弇州詩文名世，不知其通達吏事；但知觸禍嚴氏，不知其為新鄭、江陵所不合；但知位歷六卿，不知老卧閑曹。官終理卿尚書。著弇州四部稿，風流典雅，一代人

師公嘗云、余詩無得意、獨漫興有野夫興至不復删、大海迴風生紫瀾、欲問濟南奇絶處、峨眉峰半雪中看句、

雲林子曰、古今才節之士、爲世所嫉、韓昌黎云、德盛謗興、道高毀來、其大較也、弇州賢公卿子弟、才名傾動海内、哭椒山、詔獄忤嚴氏、白父寃、再忤、夫結援如江陵、惜才如江陵、餙經術於吏治如江陵、卒不能引掖彙征、俾老卧閒曹、何怪褊急之新鄭、宜才節不容

於時也，公家治弇園，疊石層峰，遐思遠想，非天放餘閑，何能馳騁今古，追雅頌遺音，擅一代風流耶。

學士楊廷和

楊公廷和、字介夫、新都人、成化進士、正德直閣學士、江彬顛越、乘輿幾危宗社、武宗崩、和力請太后誅彬、以安反側、嘉靖入繼大統、尊興獻為皇考、和引漢定陶宋濮王故事、授禮官日持議賢（堅）確、異謀者即奸諛當誅、上喜、張璁孚敬迎合、追奪、議禮諸臣云、楊廷和謬主濮議、為罪之魁、以定策元老自居、以門生天子視朕、法當市僇、寬削為民、公生有異徵、夢天門開、卒

節義文章　卷六　十七　□□齋藏書

夢天門闔、

雲林子曰、武宗之世、變故多矣、逆瑾竊權、十常侍廿露之黨也、寘鐇宸濠異謀、七國八王之孽也、江彬錢寧驍恣、董卓祿山之禍也、聚合蠢動、不旋踵覆滅者、舉搆禍諸輩、悉乳臭薰腐耳、史稱王守仁楊一清楊廷和不動聲色、立殛羣奸、剗平大難、大抵投之所疑易爲力、激之於所信難爲功也、

宗伯崔銑

崔公銑字子鐘、號仲鳧、安陽人、弘治進士、性抗直、好劇飲、每飲、一舉百觴、輒呼曰、劉伶小子、恨不見我、官翰林時、劉瑾專恣、公卿皆伏謁、公遇之輒長揖、瑾數目公、謂張綵曰、翰林白面諸生多輕狂、如崔銑尤甚也、瑾誅、銑上書李西涯、謂宜及時悟主、毋徒獵文墨爲也、世廟議禮諸獄、每痛切申救、時論韙之、官終宗伯、謚文敏、雲林子曰、崔仲凫托酒狂以將抗直、目無權璫、與李獻吉唾罵壽寧侯、鞭落其齒、同轍、可謂氣蓋萬夫矣、瑾誅、上書李西涯及時悟主、豫爲匡正、蓋慮羣閹未盡、屏息綢繆於未雨、無令遺孽復作也、

都御史唐順之

唐公順之，字應德，武進人，學者稱荊川先生。嘉靖會元，閣臣重公名，欲援納論意，首揆公以進身之始，當嚴休附，拂執政意，置二甲主事。念蚤歲竭精神文學無根柢，乞歸裕養，每對人云，且靜坐十年，看文章品格何如。累官僕卿都憲，視師海上，卒旅邸。御史舒雲稱其學期聖賢，志在匡濟，立朝謇諤，家居謙讓，乾坤正氣，萃於一人。嘗詠云：文入妙來無過熟，書從疑處

便須參、一生工程、在此二語、
雲林子曰、荊川精力時文、蓋不借此究竟也、釋褐乞
歸裕養云、靜坐十年、看文章品格、直欲心體力行、會
聖賢底蘊、方纔撒手、今人亦知制藝爲叩門磚、不知
磚拋手歇、便尋五色滑石、磨煉補天、但此等探源、此
等覓路、非淨業夙慧者、未必不溺沒一生、荊川紗從
熟處、參自疑審、不特萃乾坤正氣、且聚千古學脉、

山人康從理

康公從理字裕卿、永嘉人、嘉靖中、朱海峰言事忤璫、遠謫道死、從理哀之、千里扶其櫬、鬻產助歸、哭以詩、旅食悲妻子、孤踪執輓行、諸會（曾）然夙昔、心豈隔幽冥、角傷寒城語、濤兼夜雨聲、間關千里遠、共見先生情、朱家竿義之、死題其墓曰、二鴈山人康處士

雲林子曰、廉（康）裕卿千里扶櫬、鬻產以助、非特其篤友誼、而善同氣也、世廟人矜名節、言事諸君子、勇於建

白無譊畏譏之色。裕鄉旅食辛勤。欲其繼海峰而

起者。衆正盈庭。留芳名於後世。其志葢如是矣。

清戎御史周

周公亮，字尚賓，候官人。嘉靖進士，令汝陽，擢御史，清戎畿甸。會歲荒倭亂，議勦，公曰：「凶荒之後，復勤師旅，不如撫便。」民閉糴，公調度轉輸，全吳獲全。尋掌京畿道篆，劾武安侯郭勛、大帥仇鸞專擅及諸喜事邀功邊徼者，庭杖幾死。居内臺十載，建白得大體，時論以公輔期之。

雲林子曰：公疏郭勛、仇鸞專擅邀功及二帥失事，咸服公先見建白務大體而捐苛細非獨以謇諤稱直節也酌復河套之議按正統含受降城而衛東勝已失一面之險輟東勝以就延綏則以一面之險而遮千里之衝遂使沃壤棄為邊窠曾銑請復套地開屯牧園誠策之便者蓋正德以後邊防已弛內地數譁一時艱於遽復不特公言先輩楊一清楊琚楊信已言之矣計當日侵功如鸞忌嫉如嵩安得展其尺寸哉益歎曾銑之功不終也

給事吳國倫

吳公國倫字明卿、興國人、嘉靖進士、歷官參藩、會楊繼盛寃戮、經紀其喪、忤嵩、遠謫、嵩敗、復官、視學滇南、與王世貞徐中行梁有譽宗臣李攀龍謝榛稱嘉靖七子、家居疊石爲甔甀文窩、時時感詠、以弔繼盛、雲林子曰、明卿詩史、多感慨懷古、哭楊仲芳招魂數則、林古度稱其情緒、暢乎離騷之外、用古而不囿於古者也、時涉忌　言隱而旨遠矣、

給事薛廷寵

薛公廷寵、號莘軒、福唐人、嘉靖給事、與華札同使高麗、國王重其才厚餽、公獨却不受、王搆却金亭以誌、性戇直、忤奸相嵩、欲中以法、連華札受餽金事、公疏代白云、臣之不受以彰國體、札之受以安遠人、上懌、釋札、卒爲嵩所害、貧不具殮、國人哀之、

雲林子曰、使臣無外交、葢謂通問廉享禮嚴上下過越之際、愆尤生焉、未及於贈遺辭受也、公却餽不爲

札受不爲貪、人臣介節、非得以此軒輊也、奸嵩借以中傷、彰國體、安遠人、申白正大、友誼君恩、兩者兼至矣、

方伯瞿景淳

瞿公景淳、字師道、號昆湖、當熟人、嘉靖進士第一、生十月、能咏詩、六歲、能文、藻思雲湧、傾刻千言、章句壯麗、如異錦天葩、制藝爲學者所宗、稱明代三百年獨絕、公貌不及中人、而氣節嶽嶽、官至方伯、以忤權幸引退、

雲林子曰、師道先生學問才思、率以天□也、觀其人事特異焉、王弇州稱以瞿公之耿小而勁操不可□、

不可以皮相也、太史致慨于留侯、有以哉

節義文章卷之七

閩中林涵春雲林甫輯著

萬曆張居正專政諸節義

都御史葛守禮

葛公守禮嘉靖進士萬歷元年都御史剛直識大體為臺臣最張居正初入閣與舊相高拱齟齬內侍馮保專恣拱欲去之居正謀正諷于保保　兩宮勒拱致仕權悉屬居正一日乾清宮捕一無鬚男子

者付保鞫問曰南兵　大臣曰何来曰自戚継光
居正附保耳戚公方統南北軍禁毋妄指莫若借除
高拱吾輿若甘心焉保令廁卒辛儒衣大臣蟒袴手
二劍首飾猫精異寶呼曰高相公久怨望使我来刺
願先入首罪領給賞金居正懼謀洩告吏部尚書楊
博博曰主上爭察高拱雖粹直事安出此居正面赧
大理卿李幼孜曰公何為此名玷青史矣守禮指博
云輿望屬公謂公不殺人媚人耳禮願以百口保高

公又曰吾兩人不顧相公甘心高公顧相公回天以全高公居正曰計安在曰得有力世家與國同休戚者委可鮮居正始悟上命守禮馮保與成國公朱希忠詰問大臣何來曰自保所保倉惶不自解大臣范然哭曰汝始紿我主使者罪大辟自首可脫誰知吐實罪我耶頃之風雷大作雷繞几案刑官白一清曰天意若此可不懼乎大臣論斬拱杜門仕宦過江陵輒匿跡

雲林子曰江陵初相　天下為己任權不旁分任過任功吃力擔當方之王安石名同實異焉安石以激而正居正以褊而邪程伯淳曰天下事非一家私議願相公平心以聽安石為之媿屈高拱舊臣也望隆識老何事不可裨益必欲擊之使去者惑于內侍使然也嚴分宜以柔登庸夏桂洲以傲致禍內侍之進退賢者僞焉高拱之獄幾陷正人李幼孜謂名玷青史葛守禮謂願相公回天以全高公非善於調護大

獄肆熾則兩敗俱傷嗟夫江陵不能容正人惑于宵

小然而黴塵纖埃非全鏡宜有若論治功行政經國

仁民不可以人廢也歷世穆神廟三十載固寵善位

悉守禮成之也

庶子許文穆

許公文穆萬曆進士翰林庶子神廟時張居正奪情專政編修吴中行趙用賢疏其忘情慕禄廷杖讁戍文穆壯其敢言鐫玉杯一贈中行銘曰斑斑者何卞生淚英英者 氣追之琢之永成器鐫犀杯一以贈用賢銘曰文犀一角其理沉黝不惜剖心寧甘碎首黄流在中君子為壽

雲林子曰居正奪情之舉初起于李幼孜馮保猶遷

就未決及王錫爵郎表次審視居正取刀自到以不能解于沈文諸公之指刺也蔓延認真自遂其過壯哉贈銘肝膽直與黄流俱傾

檢討趙用賢

趙公用賢字汝師常熟人隆慶進士翰林檢討抗論江陵奪情削籍江陵歿召南祭酒歷侍郎贈尚書謚文毅公負氣節饒經術海內以羅彝正目之繼江陵執政亦憚公侃直卒以事傷公王元美作續五子詩公居一其四京山李維禎南樂魏允中四明屠隆金華胡應麟也

雲林子曰汝師疏江陵慕祿忘情廷杖譎戍許文穆

壯其敢言鐫犀杯贈行銘曰不惜剖心寧甘碎首賢以理義之勇奮于一擊江陵雖粉飾耳目能不心折于公之措刺也史稱田一儁王錫爵咸以直言勸勉悉從遂過後規正然首發其忘情戾親則用賢之敢言猶先衆論也

祭酒田一儁

田公一儁字德萬號鍾台大田人隆慶進士第一歷祭酒學士修累朝實錄性方正文高潔如人神廟中張江陵奪情縗絰居端揆論者矯制杖削儁造謁責以綱常大義曰天地鬼神其可欺乎萬世清議其可箝乎張慚怒儁笑而出公去位石簣贈云懸崖皓雲松千尺碧水清秋鶴不群可賞清操

雲林子曰江陵柄經術儒臣一代羽儀留閣守制議

起馮保李幼孜從容入奏上爲之殷留居正因而遂過鍾台以名義規責觸忌諱而不顧方直介節宜石簣之以清操目公也

尚書沈一貫

沈公一貫字肩吾鄞人隆慶進士歷編修尚書柱國少師謚文定嚴性介節屹然特立不附江陵當儲位危疑征税多事之日同心輔政者未免有雒蜀之分遂與國運終始公調護之難身任其咎

雲林子曰江陵專任事而急治功大抵性褊急而難容物也肩吾介節屹立不相親附其大較也世宗季年公居經筵神廟初政公甫預閣議斯時雖稱景運

承平而四陲釁生海内耗虛隱禍伏茲公維持調護不至雒蜀之分者蓋能銷危疑而釋禍機相業之隆孰不讓公哉

節義文章 卷七

侍郎何孟春

何公孟春字子元，柳州人。弘治進士。李獻吉奇其才，薦入史館，累遷侍郎。世廟議禮，大臣相繼引去，春泣諫左順門，削籍。穆廟立，贈尚書，謚文簡。史臣趙賢曰：春忠亮出天性，援古証今，批郤導窾，非他議禮比也。功在社稷，子孫不被錄，悼惜哉。

雲林子曰：李空同少所許可，于子元素稱心折，蓋其經學詮解精鑿，義理獨至，耳議禮折衷諸說，不拂不阿

立言正大為古今規諫第一議也

祭酒陸樹聲

陸公樹聲字與吉華亭人嘉靖會元歷編脩祭酒尚書江陵柄國屢抗觸引退甞語人曰一史官二十五年出山豈有意栽桃李布撰席耶五疏得告年九十七詒存問者三謚文定清修恬息老而彌堅自題衲衣云披来戒衲渾無事不向歌姬乞俗緣

雲林子曰陸公澹心恬志雖歷仕宦其與深山學道者同清寂而隱約視世之役役名利志趨相遠也不

樹與援不圖揆席怡養性情功名肴壽以老天直以
乎格壽人國也豈苐曰知幾其神乎

修撰羅洪先

羅公洪先字達夫號念菴吉水人五歲夢遊通衢市人肩摩呼曰汝往來擾擾皆夢中耳拍手大笑遂覺父母知非凡童也嘉靖進士世宗覽其策曰正言讜論置及第授脩撰讀楞嚴有得曰覺此身在太虛視聽都寄物外累官少卿以忤權奸引退築室石蓮著述疾革子弟請遺言曰莫厭窮窮固自好遊赤壁句有客得魚游赤壁無人載酒出黃州詩成一望諸山

寂孤鶴橫空掠小舟

雲林子曰文人夙慧深故能修淨業掃一切障塵不緣不染皆其根底明潔也先生晚年有得于楞嚴不特身寄物外亦目空太虛宜筆性放逸脫略理解以倦姿道骨目公也

學士李廷機

李公廷機字爾張號九我晋江人萬曆進士鄉會試俱第一殿試第二江陵柄國延爲子師弗就以清介氣節聞有權璫求序詩文三請三辭會覲期投刺者接踵機門無人跡上在禁中語人曰此時京官俱在忙中獨李廷機清暇耳俄出御劄有朕知鄉清謹之譽官祭酒學士負東閣

雲林子曰先生積學堅忍著百練草行世字晰句殊

咨從歷礪沉若中來能自樹立不屑權幸退避師席即片字隻言非人弗與蓋其秉性清剛與凡品迥別也

英宗時劉　雍學士主大察杜門上識其廉手金一鋌曰佐而貧爾張屆覲期神廟獨以清暇不競出御劄褒嘉二宗知人千古盛事

編修楊慎

楊公慎字用修號升菴新都人太師廷和子七歲作戰塲文過秦論又曰吾家賈生也十八登正德進士第一李東陽讀卷曰海涵地負武廟問注張何星天監莫對慎曰栁星也土官水盡源通塔乎入貢禮臣疑三地名慎曰六字總屬于一取大明官制通考驗之皆合議大禮上攺孝宗為伯考興獻王為皇考慎曰太廟無考正統絕矣憲宗朝爭慈懿皇太后葬禮

姚夔率百官伏哭國朝故事也國家養士百五十年
仗節死義正在今日有爭不力者共擊之伏左順門
哭呼高皇孝宗皇帝聲振闕庭逮擊成滇放浪雜劇
作雙髻行詠卓女燒香荔枝樓對須云荔枝新熟雞
冠紫燒酒初開琥珀香欲摘一枝傾一盞西樓無客
共誰嘗
雲林子曰用修博洽典故與給諫楊善乞罷世室議
曰祖宗身有天下太宗也君也獻皇帝舊為藩臣小

宗也臣也以臣並君亂天下大分以小宗並大宗干天下大統無一可者議堅典確百世不易之論也廷和以爭位號削籍慎以止世室謫戍忠孝一門何異牽裾折檻乎

廷尉陸光祖

陸公光祖字與繩別號五臺平湖人生岐嶷八歲父語安南事曰是必勝皇帝誅小醜何慮容大奇之嘉靖進士令濬縣嚴相國語人曰陸令暱我鄉佐可得也公不為動江陵罷歸羣議湧出公曰張相公是府權非竊權也且有扈擁功不可泯衆服名論公居卿佐時諸大僚廷趨江陵無不屏息祖獨正坐哄辯論移日居正拂衣起祖正色曰相公何訑訑拒人天下事

有公是非私斷也江陵為之改容累官廷尉謚莊簡
雲林子曰英繩先生以品節自樹嶙然不滓者也當
仕宦聲援之日此不為動及羣趨衆競之際特立不
渝至江陵削逐明之以府權辯之以非竊柄大哉乎
心之論公而恕嚴而不阿立言端坐其得國家大體
者乎

大将軍俞大猷

俞公大猷晋江人其先籍鳳陽襲泉州百户從季良卿学劍盡得其術嘗語人曰常山蛇陣起五猶人身五體動一而四者相應雖將百萬合之一人也倭寇犯閩浙廷臣薦授大將軍符制五十萬之衆如奕棋着着先手掃倭寇若發蒙振落次第剗平有元老壯猷之譽江陵識才勇可任晋四省經略

雲林子曰戚继光創鴛鴦陣法俞大猷用常山蛇陣

破寇平倭非江陵之知人善任曷能奏膚哉劄五哨十萬之衆着着先手二公同時先後奏功夫亦將相和調則士豫附之明驗也

僉事佟卜年

佟公卜年萬曆進士監軍僉事少年甲第清介自持才品文譽落落不屑凡近逆璫以遼人易馬坐公疏邊遠獄矯勒剖辯為璫所持作幽憤傳明志臨死詩云生逢堯舜死慕夷齊首陽無愧萬世鑒知天下寬之

雲林子曰楊繼盛當世廟忤仇鸞開馬市以阻謀杖謫神廟坐公易馬疏邊遠死相去纔十餘載國典刑

章反覆倒置若此公以經學起家忠孝立節豈肯主
疎邊者哉宜後人之扼腕

節義文章卷之八

閩中林涵春雲林甫輯著

萬曆魏忠賢竊柄諸節義

都御史楊漣

楊公漣號大洪字文儒應山人萬曆進士左都御史左光斗右都二公矢志除奸天下稱曰楊左魏忠賢竊權專政楊漣疏逆璫二十四大罪璫怒殺公無名誣受熊廷弼賕遼賍客氏移宮事下鎮撫鐵釘貫腦

洞胸死暑月屍腐只存血衣數片璫敗恤典云氷心
鐵面義膽忠肝謚忠烈
雲林子曰域中三大刼曰水火風曰兵刄盜賊曰僞
学黨人函谷之炬黎陽之浸漢之甬唐之巢白馬清
流黨碑奸籍諸黷是也然水火盜賊其禍易熄清流
黨錮瀰漫潰烈明世廟迄神熹末百年奸相權璫剪
皒忠良朝野一空不啻清流黨錮之同烈也按大洪
糾璫怙惡罪甚於嵩貫腦釘胸殺公之慘更勝酷杖

彼庸　臣尚知顧惜無賴刑餘何所不至自是而往
飢饉疾疫歲以豐聞隍城覆軍帥以捷聞邸報內抄
半屬墨侍溫綸優獎監員寶鈔即明如思猶傷煬蔽
終十七載宗社丘墟者祖宗殺諫臣子孫寵宦侍為
禍胎也計逆璫方熾僅一臺山相公調護維持而憂
讒畏譏徑以去告嵩惡未戢不獨賴華亭相公且有
　憲司手殲大憝不動聲色嗟乎有國家者養士
氣而重敢言則僚寀寅恭宮府一體司馬所謂措磐

在于人心者也

都御史左光斗

左公光斗字拱之號滄嶼桐城人萬曆進士初授中書歷都御史嚴峻嫉邪神廟初疏汰蔭官五百人銓槩一清光熹中與楊漣并力除璫天下稱曰楊左璫黨阮大鋮魏廣微首陷魏楊次及光斗曰不入移宮則罪名不大不借封疆則熊贓難坐時舉朝正人俱各引退與楊魏同死天下哀之死之夕白虹貫日

雲林子曰龍之毒也以攖逆鱗而懼虎之猛也以捋

頭鬚而畏擊奸除佞君父享其利而不知臣子亡其軀而弗顧言出禍隨天下傷之楊沈熊會死于奸嵩雖貪墨庸相尚知顧惜楊左魏周死于逆璫彼刑餘僉壬何所不至世廟之初尚有正人神熹之季朝皆傾側相衡而論宜嶽嶽懷方獨推楊左也

諭德繆昌期

繆公昌期字當時號西谿南直人萬曆進士歷官諭德博學多識以直諒稱梃擊案中公持大義憤爭魏璫怙權援相國葉向高清君側之奸高但唯唯期色變而出楊漣左光斗糾璫公預議及二人削去痛哭以餞璫使人至閣曰繆昌期還留贈客遂下詔獄吒曰江南才子善作通天大事欲留贈客不可得矣坐贓杖死

雲林子曰權璫禍烈殺公有三王泉山墓誌公攄不
屬筆典試三楚策問侵已借壽寧欲殺獻吉之喻詩
曰今日壽寧安在哉奸醜徒傷自已譏璫之仇公嫉
公蓋不可解也告天子而不聞夢夢彼蒼黷亂政而
不知唯唯自謝非向同心痛哭此點血從何處灑
祖道夕陽千古傷心憂憤地化作子規啼也

錦衣經歷沈鍊

沈公鍊字純甫號青嶼嘉靖進士令溧陽錦衣帥陸炳賢之請補錦衣經歷時俺荅薄邊上御奉天門廷臣皆噤公奮然曰大吏勿言小吏言毋怪也不曰主辱臣死耶請以萬騎護陵寢萬騎　通州合勤王之師擊其惰歸嚴嵩持其議抗疏稱嵩悞國家大計戮之以謝天下廷杖遠竄道路睨公曰是上書誅嵩者耶爭詘嵩作三木偶一像李林甫一像秦檜一像嵩

挾射之嵩恨誣以邪教倡亂逮父子戮之穆宗贈少卿

雲林子曰沈青嶼才識膽略與趙吉于謙皆古今獨出者也俺荅薄都貞吉抗言不可效城下盟青嶼請以萬騎護陵寢萬騎防通州合勤王之旅擊其惰歸而取勝土木之變于謙言今日之策固守邊關宣府為京師藩籬居庸為京師門戶急燒外屯毋資盜食青嶼防通州積貯係京師大命較土木相去千里備

禦不同耳嵩抑其説而忌嫉遠竄遠戮錬必欲殺嵩
不可留一日于朝廷嵩必欲殺錬不可留一日于人
世木偶争射毋怪人心之共憤也

御史李應昇

李公應昇字仲達號次見萬曆進士公生父夢日昇天遂名初筮南康司理擢御史郎中萬燝劾逆璫逮獄公懇疏伸救璫怒矯旨廷杖一百左都御史高攀龍糾崔呈秀稿出公手璫愈怒逮獄將死寄子云白雲渺渺迷歸路春艸淒淒泣道岐寄與兒孫焚筆硯好將犁犢聽黃鸝訃未至其父曰吾兒素矢忠烈猶日之皎皎夢符矣崇禎賜葬贈卿謚忠毅

雲林子曰仲達皎皎立節不避艱險蓋力于任患者
也魏璫怨公伸救萬燝報公之機已兆逮獄重杖豈
足甘心哉高攀龍糾呈秀稿出公手死公之速不待
朝食公亦知其必死駕帖未至佇立以望既至絕無
他顧烈士殉名壯哉公乎

御史周宗建

周公宗建字季侯南直人萬曆進士初筮武康令以才品擢御史建言忤璫璫令李實疏周順昌與魏大中締姻同黨連及宗建矯旨窮治死獄中部恤云事前三疏足破逆肝歿後褒忠名晉萬古贈僕卿

御史周起元

周公起元字仲先號緜貞海澄人萬曆進士鄉試第一令浮梁擢御史疏李實冒侵造料璫怒借鼓鑄隔

公逮獄有欲爲公伸白者公止之曰臣之事君生殺
皆恩唲唲益重吾罪死獄中贈侍郎謚忠愍

給諫周朝瑞

周公朝瑞字思永號衡臺臨清人萬曆進士初授中
書擢給事會東西邊警停經筵公言皇上冲齡志氣
未定内侍種種借叢中官指鹿魏璫深憾以東林黨
籍傾公時方與顧大章共飯牢卒呼入頃刻公死

吏部周順昌

周公順昌字景文號蓼洲吳縣人萬曆進士初授福州司理擢吏部時給事魏大中劾逆璫逮獄至吳門大中訾死國囑昌後事緹騎以語侵昌昌曰若曹知有不畏死男子耶若歸語忠賢云我即故吏部周順昌也璫爪李實聞之報璫矯旨并逮蘇民憐公送者頂香塞路憤擊緹騎公叩頭乞止下公撫鎮獄氣絕夾道囉卒褋宭劊淤膚復生荷械入獄觸石碎首死

雲林子曰璫禍之酷也終神熹二廟四十載正人烈

士氣無遺類季侯仲先相繼矢死除瑞旋爲瑞陷引咎自裁不欲同儕伸白生殺皆恩臣節至此微矣盡矣衡臺蓼洲一飯片言信宿之間連及遠死直道在人頂香塞路皆三代斯民也獨惜諸公具靖納獻忠之才不能周旋悟主嶽嶽懷方徑爲僉壬所挫可慨也

都御史高攀龍

高公攀龍字景從無錫人萬曆進士初授大行歷都御史糾魏璫假子崔呈秀巡淮受賍璫怒令李實劾公緹騎逮公投水死遺表四十字云臣雖削奪舊係大像身受辱則辱國故北面叩頭從屈平之遺則君恩未報願結來生臣高攀龍垂絕書

雲林子曰人窮則呼天疾痛則呼父母君親天也天不可呼人情至此極矣景從挈璫黨投淵亦知勢無

可明雖呼天呼父母無益也讀遺表君恩未報願結來生較古人云縱一死之不忘幸一瞑之斯已信予奪生殺皆恩也言婉而志悲矣

郎中萬燝

萬公燝江西南昌人萬曆進士工部寶泉局郎中奉命鼓鑄璫爪侵匿銅觔燝䟽忠賢探天下之政權不遺天下之利權用意最深蓄謀最巧璫怒杖燝令小豎百餘揪髮拔筋立死丹陛部恤云抗章斥逆聲振曹司矯旨立誅魂銷士類贈光祿卿

雲林子曰萬燝糾䟽在楊漣論璫之時繼漣而上者稇至先時燝請內監廢銅忤璫至是復䟽璫旣死漣

必不留爆明矣数日林汝翥之禍繼作瀰漫决裂皆
諸公斥邪除奸疾之已甚也

御史黃尊素

黄公尊素字直長號白安餘姚人萬曆進士初授司理擢御史入臺疏十三上指客氏表裏朋奸禁闥誓以死諫璫怨嗾義子曹欽李寔誣坐公三木囊身痛楚長號絶命詩云正氣長留海嶽愁浩然一往復何求十年世路無工拙一片丹心總禍尤麟泣途窮悲此日鶯鳴聲斷值今秋錢塘潮急胥門淚惟取忠魂慰髑髏

雲林子曰神廟季年權侵婦寺一時仕進脂韋取容
公入臺侃侃甫歲疏十三上其于國典刑章邊情兵
釁何啻賈長沙之痛哭也未指客氏表裏朋奸宮府
睽違斯時雷霆斧鉞動而虀粉壯哉言乎讀絶命詩
麟泣途窮鶯鳴聲斷蓋傷之也計當時秉國大僚悉
公卿人譜諠不能舉手一援何啻寒蟬之默默乎千
載下公名重海岳視諸輩直寒花蔓艸彼客氏權璫
安足計哉

經略熊廷弼

熊公廷弼號芝岡江夏人文武鄉試第一萬曆進士擢御史出按遼左策遼警請嚴飭以備有先事之智代楊鎬經略至鎮期年克復諸城衛軍聲大振有剗平之功本兵張鳴鶴忌功任王化貞旁落其權魏璫從中煽惑誣公縻餉連及楊漣受賍并傾諸諫臣一網甘心朝廷耳目心膂盡喪于一時而北長城盡壞于一旦傳首九邊天下扼腕先時都御史鄒元標勸

廷弼獄詞熊督才識氣魄睥睨一世往年鎮遼兩遼存去遼兩遼亾其閒繫非輕獨惜剛愎任氣今日一疏明日一揭筆鋒舌陣與本兵督帥相尋不已敵騎臨境始飛檄調度將謂勝可以成吾名不勝足以驗吾言是用巧而成拙也崇禎輔臣韓爌訟公冤予謚襄愍

雲林子曰古稱好邪在内未有大將能立功于外者世廟神廟兩朝邊海交訌西北騷動之閒經略遼左

張經經略安南秉鉞受符後先一轍經環海設防可以一皷奏膚芝岡當河套隔沒諸城衛浮寄孤懸莫可屏蔽使樞中閫外彼此一心不特塞壘邊城在在屹若金湯方之驃姚報漢無以家爲楚師朕師滅此朝食者矣至傳首鄖亭九邊號泣韋將士之心能無荷戟長艱哉張經死于文華芝岡死于文言邊師大臣一宵小得而傾之國家何恃有腹心之也乎

御史林汝翥

林公汝翥字大威閩人萬曆鄉薦初令沛縣捕邪教正人心以厚風俗詔擢御史時魏璫專恣傾陷朝士翥疏曰陛下責楊漣詁直諸臣附和獨不見曹節王甫之逢君乎忤旨杖獄體無完膚三死復甦璫敗擢粵東僉事南都繼統以少卿召謝曰中原無一片淨地正臣子致命之秋犯顔觸忌吾不讓人所少馬革裹屍已請從軍抗慨披堅尋被執死之

雲林子曰大成之陷于璫獄也為御史時巡中城有瓜者曹大傅興挾命叔財鬧于途公捕之其人請杖决不知為璫瓜也數日有旨出逮公懼未杖先斃群閹之手逃之群閹以翕相國葉向高鄉人也宗相府嫚罵不遜翕投遵化獄酷杖削籍嗟乎臺省何地棨府何官閹寺目無朝廷至此讀遺史三嘆

給事魏大中

魏公大中號廓園嘉興人萬曆進士授給諫建言忤璫璫嗾阮大鋮坐贓拷掠手足支斷子學洢跣魏公曰覆巢無完卵俱碎無為也洢欲自剄擊登聞鼓上書至舌枯淚盡氣絶嗚呼生而丹心死而碧血忠孝一門

雲林子曰魏廓園死獄初無成案璫令許顯純誣受熊經略贓以汪文言為之証文言曰天乎冤哉以此

巇清流之士公家徒四壁卓然名教自持即文言亦憤其枉也死獄中當溽暑殷雷七日甫出牢洞帝閽萬里舌枯淚盡公有子而莫救覆巢破卵登知共死之無為耳

郎中顧大章

顧公大章常熟人萬曆進士初筮司理擢部郎時督師熊廷弼入援遼左歷著戰功逆璫索賄不得抑其功逮獄章抗疏申論人才難得急國家之難何暇營私璫誣受熊賄下鎮撫拷掠死獄璫敗部恤云直道橫死何辜泣血株連莫訴恤贈賜謚

雲林子曰遼左之警朝議熊芝岡出鎮時危勢迫極矣期年收復諸城衛璫誣以糜餉連楊左共死使公

申救若行樞中閫外上下一心膚功之奏旦夕可俟也耳目心膂一網甘心西北長城壞于一旦噫公死而朝廷無讜論矣

遵化道耿如杞

耿公如杞定陶人萬曆進士歷任遵化道天啓魏璫
擅政權傾朝野海内爭建祠尸祝杞坐不拜祠像撫
臣劉詔疏糾太師功德在朝廷臣禮太師代朝廷以
尊功德也杞矜狂不可令天下效尤削籍逮獄子章
光字元度崇禎進士守父清節家居菽水終養太夫
人歷祠部郎罹寇難與妻子奴僕一門仝盡
雲林子曰按明記畧雲崇功祠順天撫臣劉詔御史

倪文煥建也詔謁像五拜尊同朝廷杞半揖而出削奪逮獄介節清操天下想望丰采章光終養殉難求忠臣於孝子以類而聚也

吏部蘇継欽

蘇公継欽河南許州人萬曆進士歷銓部郎忤璫削籍會楊漣詔獄過許以舊識一飯叙別同鄉孫織錦逢璫隔之自經部恤云厲冰操而忠懸照膽一頭血而道拉縲原贈太常卿

雲林子曰天釀璫禍其不絕親戚去人類者幾何也璫之所喜喜之所怒怒之而後可生可存計璫所喜莫若文華顯純諸輩所怒莫甚楊漣昌期使人過文

華顛純羅珍列祖不足邀璫富貴遇楊漣昌朗雖一
飯半羮可立置刑戮按璫用事在神宗十七年專政
在元宗元年手握乾綱剪巘忠良不下十餘載幸天
王神聖見誅烈廟雖惡盈罪貫蓋亦皇祖在天之顯
戮也

閶門義士顔韋佩

顔佩韋馬傑楊念如周文元沈楊五人蘇閶百姓魏璫用許顕純勘汪文言獄逮給諫魏大中舟過閶門大中誓死國囑周順昌後事璫連同黨并逮緹騎至閶百姓聚問騎曰東廠有旨逮人爾輩何問衆曰旨出朝廷出東廠乎騎怒箠數人佩韋義憤傳香市中曰衛周吏部者從我頃刻千人擊騎奪械蘇撫迎璫意以倡變論斬五人怡然受戮蘇人義之出千金買

五人頭瘞虎丘題曰五人墓

雲林子曰魯史稱桓魋爲石槨三年不成會點過其墓而歌曰桓山之上惟石崔崔兮司馬之惡與石不磨兮桓山之下惟水潺潺兮司馬之惡與水俱逝兮歌罷而涕五人以衛吏部不朽視忠賢顯純輩當時鷹擊狼躭肆然于繡衣囹圄中殘衊忠良今求其毛髮爪指已飄爲冷風蕩爲晨露而五人歸然碧水丹崖之旁

御史袁化中

袁公化中字民協定州人萬曆進士授御史劾崔呈秀巡淮枉贓秀懼投魏璫爲假子奸輔坐以移宮兩案受賂誣杖體無完膚每出追比一步一痛公曰非痛吾身也痛朝廷也獄死五日甫殮屍腐而香聞者異之

雲林子曰國家設諫官以司喉舌所以廣耳目防壅蔽也明祖大訓言事風聞不眾黨同比周不宥呈秀

桂贓寢問奸輔反以移宮坐御史酷杖之慘一步一
痛朝廷斧鉞爲頤指手畫之具正人之不獲圖存也
刑章國法何以示後世乎

太僕卿劉鐸

劉公鐸廬陵人萬曆進士任楊州守博學清操有贈僧本福三詩隱刺魏璫逆黨張體乾誣其呪咀忠賢至司寇薛貞媚璫承旨論斬璫敗詔贈僕卿部恤云加以文章語言之禁何損綱常節義之身

雲林子曰巫蠱殺人律謂不經奸黨借以媚璫不識當日刑官審聽司寇具獄如何受成也薛貞語鐸今日功名為重他人性命為輕鐸曰一時功名有限千

秋清議難逃貞怒殺之嗟乎衣冠變為婦寺人心倏

為魍魎國脉民生安得不淪喪此輩耶

尚書趙南星

趙公南星字夢白高邑人萬曆進士初授考功郎佐長官孫恭簡計吏銓法公廉遭忌嫉削籍天啓起廢晋尚書忤璫以天鑒錄列名指為東林黨目傾陷削籍戍邊璫敗崇禎召復卒于戍所天下惜之史稱清介不畏強禦縱酒高談世人莫測

雲林子曰夢白之見逐也初以魏廣微私黜縉紳名冊與楊左諸諫臣指為邪人屬璫擯斥繼以天鑒錄

列東林黨目并為罷逐及去國倉惶士論哀之終則
坐熊廷弼賄賍以汪文言作証公名愈盛而璫忌愈
深公言愈激而璫怨愈烈其欲逭公難矣削而廢起
而復削遂至戍邊身死皆質直方正之不容也

侍郎孫承宗

孫公承宗字稺繩高陽人萬曆榜眼經筵侍郎天啓直閣學士總樞部經略出鎮山海上屬以東事御門臨餞禡祭大舉尋為羣奸所絆引退公歸而疆塲日蹙有感傷諸作錢牧齋序其詩扼腕公鐵面戟鬚聲如洪鐘文章歌咏俊逸不羣崇禎國難闔門子弟十九人同死贈太傅謚文正

雲林于曰邊陲告急公以大臣領將符出鎮至東事

宭亟此枕戈待旦時也施以輕裘緩帶固失急則治標之議矣御門臨餞豈僅推置腹心哉禡祭大舉氣吞敵愾滅此朝食朝野屬公久矣羣奸以逗遛議公忌成引退不使興復固亦天運使然自古奸邪在內未有大將成功於外者至闔門子弟十九人同死嗚呼烈矣

修撰文震孟

文公震孟字湛持吳縣人天啓進士廷試第一人性介直具公輔望初授脩撰疏開經筵語多刺璫璫憾之矯旨削籍崇禎召復居政府經年為溫烏程所不容予告去旋死史臣謂公才弘學博未究其用天下惜之謚忠肅

雲林子曰湛持居官啓沃請開經筵職也誠正格心親賢遠奸為經筵第一議魏璫嫉其言多刺已介節

稜稜不事委蛇削籍去之劉宗周言君臣遇合至難
得一文震孟以單詞報罷得一陳子壯以過戆詔獄
胥小傾人國家至此思廟召政府經綸調爕旋不施
用引退以身殉道公可爲也以道殉人不可爲也

都御史顧起元

顧公起元字太初無錫人萬曆探花負氣節忠讜自矢由翰苑歷都御史內召至闕首劾崔呈秀貪殘附勢秀懼投魏璫為假子逮公酷獄死池水中璫敗謚忠獻有東方正學詩云白馬魂空結朱旗讖豈真九重原叔姪一死自君臣鼎鑊當年事烝嘗異代人西山一坯土寂寞闕冬青歷孤聞縣幕收骨有將軍禁客趨烹客心孤絕命文嗚呼讀此見公之志矣

雲林子曰顧公經學大儒望重道尊風節之司海內攸矚一旦內召闕廷首擊巨奸挾千鈞之弩不爲鼷鼠發機於呈秀則全力一奮扼其頏而奪之氣使璫因而氣沮公以是斃獄蓋亦激烈之過疾之已甚也

稽勲魏允中

魏公允中字懋權歷太常博士稽勲郎與兄允貞允孚俱登崇禎進士稱三魏咸以文章雅重一時王元美偕同官飲南院值會榜方放戒門吏小錄至非魏允中第一　代皷俄皷聲震衆曰登識榜魁相與絶倒兄弟皆不附江陵罷歸陵殁彈新執政三起三謫稱神廟介直

雲林子曰懋權名震一時以文章重不以世胄貴也

稱神廟介直夫亦才節之士乎江陵居政府翰苑清
曹有文章詩賦得與分直和唱公不因是投契三起
三謫獨行其志無往不以介石自貞也

宫詹焦竑

焦公竑字弱侯上元人萬曆進士廷試第一人授翰林修撰宫詹講官王太倉謂元子冲齡念典宜導以圖史弱侯遂進養正圖解公勤啓沃嘗言胸中有國家二十六事甫行其二終身悒悒避璫隱晦謚文簡有咏曰蓮句無人有恨何人見月曉風清欲墜時又花開暮　人歸後香滿　庭欲上枝

雲林子曰弱侯起家翰苑侍從青宫終神廟之朝未

親民事嘗言胸中有國家二十六事甫行其二者其在進養正圖解與經筵規制也至今宮寮講讀視爲令典當權璫柄政宮府睽違大臣默而不言瘝職承順取容安得不終身悒悒耶卒以憂讒畏譏避禍而死經綸康濟不大展於時夫亦時数使然也乎

都御史林材

林公材字謹任號楚碩閩縣人萬曆進士初筮舒城令擢諫垣神廟末年光宗九齡未正儲位聯六垣請皇嗣出閣與都御史鄒元標再疏甫定繼論輔臣王錫爵奪情大司馬鄭洛失職上以公專恃敢肆毀謗大臣謫遜道典史光宗立起南通政魏璫竊權顛危宗社諸言事盡罹殘衊公憤誓死國瀝血痛指自知言出禍隨以疏稿封識遺應天府丞陳二元元啓函

聞公拜疏授使即服金末死璫讀疏大怒意屬甘心
而公凶訃已至都下矣識其事者爲公扼腕璫誅恤
典制云謀同裴度請誅五坊使以澍甘霖劾比陽球
議除十常侍而開黨錮正氣塞天地公道在人心贈
都御史予祭葬著郡乘詹言總裁閩誌
雲林子曰古人尸諫由情迫心傷借一死以明志也
使讜論可爭規諷可格何至輕一身如鴻毛也哉公
亶諒介節糾疏一出即服金末死至妻子不知同儕

不識蓋不肯以沽名彰過令天下後世議君父也嗚呼公之烈節不讓史鰌按當時闔人仕南都不乏獨以䟽稿示陳公亦其平昔志懷忠讜者乎

通政呂圖南

呂公圖南南安人萬曆進士擢御史歷通政時逆璫焰張獻媚盈庭陸萬齡請祀璫父子於文廟李映日請加璫九錫封王圖南嚴駁諸媚　事寢崇禎即位賜褒勅有皎皎天日嚴介不阿之語晉侍郎著辟觀集

雲林子曰逆璫竊柄四海引領不知當日中外如何傾心如何愛戴建祠　祝遍滿天下幾至潛移午位

間不容髮雖百大洪西谿能爭紀綂法度不能挽天人氣數向非挺生聖主卓斷太阿不動聲色安得與市耀臍燈傳首宛郡同快哉請加九錫請尊五等諧臣媢于無所不爲躋祀聖宮罪浮桀紂矣

都御史鄒元標

鄒公元標吉水人萬曆進士歷都御史神熹中權璫柄政傾陷忠良宮府睽違不忌權倖指刺誓殉君國魏璫以東林黨目傾陷史稱元標一言立萬世綱常犯顔觸威逮獄杖戍

雲林子曰神廟季年權璫傾覆國是人心如浮寄孤懸最重於元子九齡未正儲位兩宮政府人各意殊公與林材聯六垣請皇嗣出閣御筵養正兩都御史

冉疏力爭甫　史稱公一言立萬世經當是也讀勘遼督熊芝岡獄詞熊帥在遼而遼存去遼而遼亡封疆安危毫髮只在去留之間獨惜劉愎任氣專事筆鋒舌陣失經略之重輕也爭國本援邊帥皆沮權奸之謀公平生氣猶凜凜諫艸篇中

司獄孫一謙

孫公一謙南畿司獄麻城人司獄三年每傷奸璫羅箝酷裂身卑處下無能解援祗有方便活人而已故事因米人日一升率爲提牢侵沒至終歲不得一飽與錢者揆之燥潔不與錢置之穢濕謙自手一秤稱米計飯坐臥悉置燥潔之地因衣敝褸爲之浣補完葺終其官無凍餒凌虐者侍郎王用汲聞謙拂奸璫落職嗟惜大　世貞贈詩云青衫白馬帝城西

祖道無人曰欲　有苦蘆方畝地赭衣能作数行
啼謙歸至鄱湖有神投牒請爲湖神妻子駭哭一夕
死
雲林子曰鍾伯敬明史編年稱謙愼謹小心活人者
多宜其有神明豈弟之譽也官無小大要之充書
職與人恩惠耳一獄吏用意若此所謂以不
心行不忍人之政者乎

節義文章卷之九

閩中林涵春雲林甫輯著

崇禎闖變草易諸節義

宗臣述引

勝國逸事半屬忌諱遺亡況海外荒域史難孜信寧靖以身殉國在臺灣歸命之先所見所聞諸羅令季麒光已傳次本末茲于前傳疏別遼府宗系先後爵位出處進退見明祖太宗子孫之多賢也宗臣死國

史稱昭烈之北地王歷二千載而有明之寧靖王其生氣長存豈僅生死揄揚哉

遼府寧靖王

寧靖王者明太祖九世孫長陽郡王次支遼府鎮國將軍子也初秩輔國將軍名桂術字天球别號一元子壬午流寇破荆襄避亂湖中甲申燕京陷思宗死之福王稱弘光即位建康長陽同諸宗入朝晉王鎮國將軍居浙之寧海乙酉建康破大師抵武林長陽

寧宮眷入閩獨王留寧海欲變姓名行遯聞魯藩居
台州浙東臣民奉為監國招宗室進守錢塘王以一
旅會江上傳者稱長陽入閩道死命王襲長陽王爵
鄭氏居福州尊唐藩建號隆武王以宗臣奉表賀仍
錫長陽之爵後聞長陽尚在晉襲遼府為遼王疏請
還長陽位號讓兄次子承襲詔不允辭改封寧請王
自將軍晉輔國而鎮國自郡王晉長陽而寧請遂食
歲祿為遼府寧請王云丙戌監國命督方國安師辭

居於越五月大師渡錢塘王從曹娥渡江奔寧海乘漁舟亂流出石浦建國亦由海門至王痛哭會于舟山鄭芝龍與唐藩不協鄭彩識其內變率舟師至舟山迎王同監國南下歲暮方抵廈門而芝龍此時已獻福州歸命此行矣丁亥春鄭彩仍奉監國名號與鄭鴻逵芝龍子大木隆武賜姓改名成功者同駐廈門請王監軍取泉漳兩郡不下鴻逵奔南澳而王亦同至痛哭會南澳廣東舊將李成棟奉桂藩于肇慶

府號永曆王入揭陽永曆命王居鴻達軍中戊子春王督鴻達成功兩軍屯揭陽庚寅粵東敗辛卯春仍與鴻達遂厦門痛哭會金門以駐舟王初艱于生子寓公安選羅氏紹興選袁氏蔡氏駐金門羅氏舉一女袁舉二女蔡亦舉一女當是時也王已息心退處痛亡國俘因日每痛哭不復談天下事矣及成功取有臺灣而金厦二門事勢日促遂請先渡東寧甫閱月而成功敗率舟師遠遁再歲始至台灣又逾年成

功死子經嗣王精力消歇子女俱殤于瘟就竹港墾田穀甲句耕以食鄭經承父之業亦足用爲善而輔導非人其視王也不能修授飧適館之禮又從而征其田賦抽其丁口幾有首陽之困矣乙卯閩亂經舉兵應援王西觀兵勢不勝故宮離黍之感旋歸東寧王蓋久歷行間素覘知兵識天命已改人心已失發決其敗亡戊午　妃羅氏薨王遂杜門謝客壬戌大雩以步禱始出戶閾冬、大師將軍侯策集諸鎮進擣鄭氏自侍衛以下晏安苟延獨王蒿目蹙心嘗言臺灣再變無他往地以身先殉計已蚤决矣癸亥六月大師克澎湖王遂備冠服設烈祖位于案二十六日鄭氏戰敗王呼宮眷曰可以死矣袁氏蔡氏及侍妃三人俱冠笄披服白縊堂上王即啟自決諸宗人家校環請收殮畢聽自便王盤旋堂上拜奠向泣舉祭酒自飲次日出五棺葬郡南前山宗校舉主人柩至王掀髯審視曰未也命加翼善冠四團龍袞束玉帶

佩麟紐璽五拜天地祖宗里中耆幼俱入拜王起答拜結帛于樑遂絶衆扶入座面不改容越十日葬于竹滬與元妃羅氏合焉其未絶之先舉筆大書有王午流冦隔荊襄南下甲申避乱閩土至遠潛外國歷今四十載行年六十有六每逢大難辛全膚髮歸見高皇于地下不愧父母不負臣民生事畢矣又詩曰艱辛歷海外總爲幾　髮我生事畢矣祖宗肯容納草莽遺民贊曰從來更姓改物宗臣家老鮮有身殉

社稷自漢北地王末聞再見盡忠孝節烈之事或慷
慨于一時依違于俄頃文天祥就市未死王炎午猶
作生祭文促之謂人情轉念多易節也王播還瑣尾
四十餘年存亡痛哭之憤久不攖心故能從容就義
下至媵妾亦視死如飴平日去國悲凉之苦至性所
感同歸于忠臣孝子節婦之門焉王遺宅今爲天妃
宫寺僧于後楹奉主以祀

長沙司理蔡道憲

先生姓蔡名道憲字元白號江門系出明理學大儒虛齋清公後先生與福唐林子野垐公先後崇禎進士授長沙司理垐令海寧先後殉節公罹寇難死崇禎甲申垐播越死國朝丁亥相去四載公得贈謚而垐湮沒人謂雖死猶生其間亦有幸不幸者按公守官長沙也當流寇肆掠餉匱兵僝所自恃者一死報君父耳斯時寮吏胥卒悉鳥獸奔散顧影窺形惟家

人數輩相依不去或空拳摩擊或慷慨悲歌公巋然一笑比撫道守臣率獻款賊壘公獨與守將尹先民刑牲折矢誓與城殉困圍中旬月每霜白月寒夜半立城隅遠望猶誦林子野詩數什以消愁緒益公平生論詩所最投合者誓為生死交也城破公猶持劔指賊賊牽公令屈公罵不絕次牽先民公顧先民曰尹公無忘誓師言尹曰吾亦男子爾豈負公哉賊懼變斬公血淋噴地再牽家人林俊祖敏陳龍等十人

從一至六殺之忽四人大呌躍起曰願收主屍而死
賊義之四人視以點血在地書舐入口并裂血衣吞
之各伸頸就戮先民伏公屍旁賊諭降不顧哭三日
淚枯觸石死賊瘞公長沙郊北後三十載鄉人倪康
年令長沙屬邑過城北視土埠纍纍弔祭公墳有老
校年八十餘鬚鬢書白號哭伏墓側能詳公殉節事
雲林子曰嘗歔賊之陷長沙也楚南北無一矢相拒
使天祚國家公捍一城猶能遮蔽荊襄爲半壁巨衛

豈直國爾忘身哉觀撫道守且奔賊獻疑曾隸卒之
不若望林俊祖敏輩直媿死矣

行人左懋第彖士藍録

國家驅闖寇定鼎燕都明大行左公懋第號蘿石陝人剛方才幹以器局稱登崇禎進士歷官南都奉使北行庭謁議政王邸公之奉使也自計　為徒有志堅徇國已條議三事抗請王怒因之作絶命詩峡折巢封歸路迴片雲南下意如何丹心熱血都銷盡蕩作寒煙總不磨翌日王召見執思宗先帝衰麻衣白冠杖行抗請如前王怒并二僕殺之暴屍于市

令有敢收左懋第屍者族誅有藍生者閩會城諸生
也名鉄性俠負氣往來都下交傾公卿貴人國變一
時知交俱盡纍纍若喪家者過市眂左公屍哀之讀
令忠憤髮豎歸白鄉人福唐余某曰吾不忍忠臣之
暴骨也願收其屍蹈死勿悔余阻再三奔關將軍廟
禱請乞假將軍庭宇殮左公神許之大醉佯狂伏市
旁夜半取其頭納懷中背屍入廟脫衣纓殮之負土
瘞廟側天明自縛詣府請死王愕然曰有是哉召諸

司議罪視藍生令去縛伏階諸司以闔去燕萬里銖
旅客無家可族違令論斬王顧諸司曰視爾輩書故
明臣子不念同官之誼藍生忠義士也可深罪乎吾
所以停屍五日者視中原有人與否耳顧藍生笑而
壯之給千金令主左袁生起謝王為左易葬葬畢大
慟納金于廟逝去不知所之事載張留侗臣筆記
雲林子曰忠義氣彌宇宙金石為開況人心乎非賢
王安遂藍生高節非左公安激藍生忠憤事有相成

天也然而勸忠旌義之典昭然萬古矣賢哉錄乎名成而泯其跡迥出嚴陵子推上矣

銓部郎中林垐

閩福唐有死國之臣林公耻齋名垐字子野蘊生平忠孝發爲詩文著居易堂諸集又呼居易山人世居北平里磁窑自福唐遷省之河東罾浦坊郡乘識罾浦坊中人挺生公孕其地傑出有明三百載是也爲諸生時當烈廟中年邊陲流寇交警兵傷餉匱中外臣工無一憂國死仇之輩至幅員日蹙公每臨文寄詠慷慨傷時輒誦杜少陵句獨使至尊憂社稷諸君

何以答昇平以身許國草茅已具其志登崇禎癸酉
賢書癸未進士釋褐歸見饑民人肉棄行李食之
覩道殍纍纍脱衣裳瘞之賦哀山東諸什疾當事不
能未雨綢繆壞敗至此有天下事皆由我輩人前敵
復説書生句扼腕長恨以身殉國之志愈堅矣歸奉
觴高堂揖客曰幸致老人厚自愛時事至此恐無能
盡子職授浙之海寧今寧夙巖邑多大姓豪猾伺察
蹊微少不慊排擊立至令之負抑不得伸者比比公

之官也策一蹇驢偕二童子一老跛蒼頭爨突操作
官署蕭然寒氷令一童捧硯一童司鑰出入設繩繫
簾聞擊柝聲捉簾中繩文移案牘置几上門以内無
晉投跡影久之大姓豪猾無所伺察始歎曰何其一
清至此乎凡奸弊積習纖毫畢照如明鏡如止水又
歎曰不識林公之明更至此吾儕小人相與安之矣
不數月寧民悅服或肖像以祀伐石以誌甲申國變
烈廟殉國杖絰麻繩慟踊耳聾目翳狂走不省人事

請自効勤王不達南都立君上書相國馬士英痛言
國難君仇規責中興要略不報數月金陵破大師南
下議　守邑之搢紳父老以不相輯觧體又守兵
秉乱驕悍鼓噪環立索經年餉當事惴〻戰慴公以
義責僅給三月之需散遣火伍蓋素重公廉明也有
妖人李三者能飛簷卧壁以劍術聚千人遠近響應
公設計擒之民獲安堵雖内變甫靖而外警旦夕至
矣適魯藩入浙唐藩入閩相持水火倏忽變更公審

去就歸閩寧民之愛公者相率從間道護公時閣部黄石齋先生在閩諗公夙負忠義可屬大事疏請授公農部轉餉朝議以浙西民素重公改御史宣諭又以銓曹乏人非公莫任改文選司郎中典選比規模草創稍稍施設而海上諸鄭專恣一切旁落其權事機日去公歎曰當此雖百秀夫難脫崖山一厄矣唐藩亦悉諸鄭挾重居奇旦夕不測謀所自全單騎西行發鐔州順流江右兵潰關撤扈從無一至者追騎

鱗集獨周將軍之蕃以身當矢捍衛以死公傷之且慟哭莫從真有少陵無計達行在淚盡啼鵑半夜聞之感斯時也山川依然人民已非公以延歲月全膚髮計潛隱山中福唐環海為居適魯藩自海道至邑多伸義壯勇素諗公忠義推公謀略公曰彼以禮請我以義任乃哭告其父曰兒夙不死寧海封疆莫隨鐔州扈從隱忍偷生久矣狼瞫死所斯其時也顧父自安得報教忠之勤舉頭上髮詠曰種種數莖休見

德此頭尚在亦吾仇又題咏云一瞑已矣復何求魂去千山秪帶愁易捨妻孥惟有父無慚膚髮但多頭報仇到底落人後做鬼應居最下流門外長江知我恨年年風捲海濤秋投筆而起納屨荷戈雜徒旅迎敵身被數鎗矢貫喉間陣死敵退鄉人獲我屍經數晨夕無稗腐猶香氣襲襲葬會城井夘碣曰有明死國之臣福唐林耻齋先生遺骨云

雲林子曰惟忠與孝通三極貫重淵其志堅也公居

草茅志先許國當國事志在殉君至百折不回身填溝壑以取義而成仁時不可死緩須臾者非苟活也計無可生臨難恐後者其就義也余贈公云一死了生平千秋存信史嗚呼盡之矣直書福唐死國之臣者竊附于睢陽常山范陽臨城之例見忠孝挺生非偶然也

林恥齋傳後

按公死節在順治丁亥之九月垂三十載人慕 公之忠痛公之死終莫明公之所以死忠孝天地同古豈令泯沒人間康熙二十一年纂脩明史 俞旨取公死節實錄於時公之所以死公之所以忍死需時庶幾一遇痛哭殺身之志大白於天下余前傳公未獲實錄無從徵信近公子鍾爵示行狀誌銘喜恭奉綸音一切忌諱悉除寬大之典普天率土烈魄忠魂

咸闡幽於一時大哉烈乎敬按狀誌不禁覶縷乎

人生仕宦當不足死之時與無可死之身斯亦遭逢

之不幸也

兵部侍郎陳函輝

陳公函輝遺史未詳里居或稱浙之寧海人博學善文學者尊曰貞素先生崇禎進士授中書按翰林館課載宸翰誥勅給事省中多出公手文若雲錦天葩藻麗絕人又善參宗偈雖宿衲老禪莫究底蘊甲申寇難公家居南都繼統館閣舊臣善公經學嫺習典故擢侍郎督師江上盡散家財餉軍妻子日惟豆粥大師入浙與家人訣哭入雲峰山自經作絕命詞生

爲完人死爲完鬼笑指白雲深處蕭然一無所累子房終始爲韓木叔終始爲睿赤松千古成名黃蘗寸心獨苦又臣年五十有七回頭萬事已畢徒懟赤手擎天惟見白虹貫日但嚴心內春秋莫問人間花甲又云斬盡一生情根但留性地靈光破衲共參古佛麻衣泣對高皇作埋骨記從容笑語錄臨絕咏方正學句素心無可語惟向白雲哀

雲林子曰古今才學之士筆致淋漓煙雲滿楮未有

貞素先生之心堅節苦者也天縱奇才於流離顛沛得以慷慨自命獨行其志于一時臨絕哀向白雲信忠孝素心皭然不滓者也

虎賁將軍王興

明亡粵東西盡入國家版圖惟海島荒外有效田橫之客者終始臣節夫亦殺身成仁者也虎賁將軍廣寧伯王公興字電輝蜀人驍勇善戰拒有瓊連諸衛居文村之地與黔滇犄角桂藩數溫命節制其衆大師連征不下遂合軍請兩藩旗絕餉拒險據巢至是勢窮力促帳下將校詣興請計興曰吾力盡惟一死報國耳安有爵五等啣縛乞活耶諸君自便政援刀自殺俄傳東莞

節義文章　卷九　十七　節寧藏書

王侍郎應華至興曰吾知公遠來欲存吾妻子爾妻子何計惟有老母相托又曰興死興毅魄不死願借大椽題吾骨墓旁明虎賁將軍王興死處長瞑無恨華歎息諾謝隨 服束帶呼妻子共拜母有妾十七人令幷服入叩懸帛于樑視諸妾縊畢脱衣裳躬負十七屍登樓取虎願豹圖懸堂上徘徊泣下虎願豹者取母子瘞之 相依興生平最愛也捧印敕納懷中發連珠炮轟然而燼惟征鈕不化事載浙人林鹿菴

璐傳金君绚事中余弔詩云將軍烈節兩無慙題爵
光明墓道南十七親屍躬負燼餘灰留得一征鍤
傳興葬欽州山南凡達官賈客過墓下必拜有桀驁
不為禮者行数里隱隱聞雷聲自遠而近必車仆人
跌馬斃又傳興棺入土忽大風雨雷電捲土浮棺昂
石上瘞之仍浮余友劉是程世楷從欽州歸神其事
為言

雲林子曰張睢陽殺愛妾享士死守孤城冀賀蘭之

必救也王將軍縊妻子同殉決援絕于無何也睢陽死後猶率精騎夜出王將軍奠次隱隱雷聲震驚百里夫非叱咤風雷誓為厲鬼奮擊者乎惜守土未能扶微闡幽余代碣之云精氣英奇萬古若揭為臣不忠為子不孝為友不冢遍此心惕

昭勇將軍胡上琛

胡公上琛字席公先世鳳山人從明太祖戰河北拔城陷陣以軍功爵都指揮食歲祿萬户遷閩鎮福州中衛公天姿英敏通詩賦樂府諸什補晉安風雅選入宗伯曾能始石倉集中年十八入都襲爵過易水感懷云一死酬知己壯夫非所難至今渡易水猶恨悮燕丹甲申思宗殉國請勤王不達唐藩入閩加恩勳爵子弟晉都閫僉書統羽林典衛政經歲諸鄭柄

國時事觧體大師從間道入諸鄭撤守迎款公令妻子奉母吳航獨與妾慧娘誓殉國難大師遊騎至公曰節義成雙在此時矣命出鴆酒備緩急慧娘曰君終日愁藉一杯以觧幸分妾先奪飲公曰未易分惠命出官服拜天地祖宗坐堂上作絶命詩云孝既存宗忠惟盡節欲求死所于斯為得慧娘曰妾供大士數載今與大士訣當嚴粧以辞操筆作祭詞詩云嚴粧朝大士大士也低眉死忠君得所殉節妾安辞公

起舞慷慨悲歌共飲同盡

雲林子曰闔世爵子孫不下什百殉國死忠獨稱胡

將軍信詩書之澤感人忠孝下逮青婷小星猶能慷

慨同盡非得大慧力有是哉夫亦家法肅雍乃爾

州守揭重熙

臨川揭公重熙字潛銘崇禎進士授閩福寧州守以清廉明敏重國變與中丞鯢軒張公肯堂督學正夫郭公之奇同矢殉節輯義旅勤王公盡散家貲餉軍南都變革江上撤守鮮還閩局復壞被逮建州俄有兩人入獄語公大哭衆訊之不答復大哭而出及公就戮建南市兩人相隨欷歔對泣到公屍旁公臨刑衣冠從容顏色不改言談自若咏云生死不數常山

舌此日欣依柴市魂門生閩人孝廉陳湏純孔莊收
公屍葬之劍津九峰山下後覍軒正夫先後俱死國
難
雲林子曰貞女殉夫烈士殉名葢有所慕而甘心也
兩人以無名自晦雖知己感恩至流連從死之際未
有不自白其肝膽大抵二人與公同仇立志不就隱
忍痛心向人歌泣固已淺矣噫草野忠義遇合爲難
得有心先正共死夫復何名

武寧伯王之仁

王公之仁殭毅齋以忠勇義俠聞江南北南都革易魯藩入浙拜武寧伯督舟師江上設鳥舸遊寨飛渡如鷙旌旗部伍井井望者壯之當軸忌能分部監軍旁落其權公啓魯藩云日前人人各有長驅之志今以錢塘爲鴻溝臣願沉舟一戰且目前之死猶戰而死他時之死恐不能戰而死也帳下憒憒意息公以義諭曰吾知拒敵固圉上報君國耳事濟有天奸讒

何為無何諸鎮解體又軍中絶餉惟米麥百斛大師探虛實潛諜入諭公陽諾緩朝夕待援　絶事壞公設飲妻子共訣咏文文山詩人生自古誰無死留得丹心照汗青家唯唯淚濺杯間公醉自操小舟載妻子于蛟門沉之獨身之淞江朝服捧印勅見大師督師大呼曰我故明大師武寧伯王之仁也不共妻子潛沉願死明處師愕然施禮公不顧師峯頭上髮示曰公何惜此徒自苦爾公笑不答徐曰速遂我志見

高皇于地下伸頸坐戮西市是夕風雷交作諸沉淵妻子屍躍水面自蛟門至桃葉渡數百里江水盡丹如染余弔詩云金陵王氣又銷沉我見蛟門濺淚淙躍躍屍行桃葉渡滿江流出盡丹心

雲林子曰武寧伸大義不就冠服隻身就死抑何烈也志在與天下共明臣子之不愧君父者屍行躍躍江水盡丹其與遜國黄觀聞焚宫之變身投江流妻沉急湍數百里外二屍合流聚會神奇一轍武寧殆

觀之後身者乎

大理卿凌義渠

茗柯凌公義渠烏程人萬曆進士歷大理卿博學清操爲鄉貳冠兩湖三泖巨姓推凌氏甲申闖變思宗殉國渠觸柱慘慟盡焚生平著作曰吾愧死詩書何難列聖賢之庭設太祖思宗位再拜而絶遺命殁後書棺孤臣凌義渠遺骨使吾魄不怍地下御史凌駉公族子也南都継統授御史出按兩河大師入中州警至公曰吾家世忠孝國恩深厚需時後死奚稱臣

臣節遂朝服自剄子凌潤哭父縊屍旁弟駟披髮徒跣叩軍門上書督師云願堅盟好勿輕南下之師否則楊子江頭御史血錢塘湖上岳王墳也隨亦經死余弔詩云楊子江頭血淚長狂瀾直送到錢塘建康舊事殘陽裏泥馬青青社北堂凌氏一門殉節駉御史贈侍郎駟孝廉贈御史潤諸生贈中書

雲林子曰金陵局解江南北所在勁兵強壘未聞以死相非凌孝廉一紙抗辭何其壯也闔門殉節茗柯

門之駉公繼之兩湖三淅生氣凛凛宜節義之稱冠絶當代

給諫胡夢泰

鉛山胡公夢泰崇禎進士以賢令擢給諫甲申燕京變草走江南集義旅至閩旋大師抵境經死絕命詩云蕭蕭數行髮一重千鈞笑指泉臺路無慚所付身有僧義而殮之停舟劍州適洪水侵城漂棺逐流而下時　川昏暨日星晦冥有螢火千羣繞棺爍如列星照耀波中鄉人異之視棺上書故明孤臣胡夢泰遺骨閩士方潤具蒙楊觀汝臨瘞之鼓山住僧爲霖

道霈立碣其上

雲林子曰文丞相死後有從燕山持齒髮歸所在光氣耿耿晝白有弔之云今夕何夕斗轉星移中有光鋩非公也耶公笑指泉臺全此身不愧鬚眉精魄凝成塊碧烏足怪也當客星夜沉山川冥晦天能不假百萬螢光作一燈照徹者乎

孝廉張煌言

張公煌言字玄著浙之寧波人崇禎孝廉南北都草易悲泣不自勝日惟瀕行或獨釣孤舟或登絶巘遠望欝欝無所遇間道入海受魯藩督師與同志聯水軍千艘忽颸風抵鎮江夜夢岳武穆于忠肅嚴服位公中座揖公公起遜謝岳曰子吾同志也懸此榻待子久矣既濟未濟水火交構天也龍蛇之辰相遇湖上公醒計曰事潰吾死金陵豈死武陵耶旋敗潛陀

普陀有言公忠義幹才于大師總督趙公公重之以計致公温諭至再薦以大爵誓死泣辭悟夢中前因題壁云國亡家破更何之西子湖頭有我師日月雙懸于氏墓乾坤半壁岳家祠慚將隻手分三席末許丹心借一枝他日素車江上淚怒濤豈必盡鴟夷趙讀詩慨然壯之公病致參苓令醫者婉勸醫者復曰心逾鐵石不可留也臨刑衣帶詞云我年已五九恰逢九月七大廈木難支成仁萬事畢杭人瘞之于岳

二公墳中每歲季秋七日墳艸離離向南有鷺羽千
羣哀鳴其上云趙公諱廷臣三韓人
雲林子曰孝廉名列賢書未沾一命與諸生同以視
彈舊冠而整新纓者何如也公終始一節忠無易念
所謂我心匪石豈能轉移哉配千岳而爲三夫何多
讓

大司馬張同敞

張公同敞號貞城江陵人萬曆首揆國相張公居正孫國相追論削籍崇禎檢公章奏善之曰故國言如吾穀之可療饑藥石之可治病經濟才學之大者詔錄子孫予敞官中書敞性俠勇敢遇繁難不避初入都旅遇道人虬鬚異狀就之道人曰公馬伏波中人耶不解叩之不答去贈一扇字漫滅不可識讀之旋忘且失扇所在國變南北都陷播越入滇累官大司

馬每遇敵身先卒伍人咸感奮誓死伸義大師入滇
諸鎮潰與瞿式耜同被執袛道人扇字朗然乃公夙
矢絶命詞也方悟前因南向觸石死道隱金堡時僧
于滇聞公與瞿式耜同死伏屍大慟負土瘞之伏波
門立碣載滇中記
雲林子曰忠孝性生非夙具前因曷能堅持百折表
見而特立司馬祖父重祿累爵子孫矢死殉國末云
多也讀扇詩漫滅而複朗然抑鬼神激厲忠孝使然

耶殆亦故相借貞城以報世穆二廟于在天也乎

宮保瞿式耜

瞿公式耜字稼軒常熟人萬曆進士歷郎署崇禎擢應天尹出撫贛州南北都變晋大司馬督滇師保有桂全諸郡任賢用能講武飭備屹若東南巨鎮桂藩播越黔地晋公宮保賜金章玉册曰貫日精忠時粵東西黔蜀盡入新朝版圖惟滇仵隅地僻崖絕頻歲用兵力殫人窮大師南下南北合擒門人張同敞詣公曰事急矣若何耜曰封疆之臣宜死封疆敞曰師

義君恩頓與同命未幾粗為大師所獲從容自若無一言造次惟仰天待死絕命詩云從容就義與城亡千古忠臣自主張三百年來恩澤久頭絲猶帶滿天香嚼舌噴血血枯命絕公死而明亡矣是夕風雷震烈白氣燭天余弔詩云之黔之蜀借殘疆力促途窮在此方取義成仁今日盡頭絲猶帶滿天香道隱金堡時僧黔中入滇上書定南王請葬瞿張二屍有吳江人楊藝者具衣冠殮之葬于伏波門外

雲林子曰宋室張范陽陸鹽城二公馳驅國難播粵播閩走死崖山勢窮力促猶勵卒振戈奮持必死之志圖存于萬一也至風覆帝舟二公死而宋亡稼軒貞城死而明亡一髮千鈞安危繫之有以哉廢筆嗚咽

相國傅冠

傅公冠江西進賢人萬曆進士崇禎大學士南北都草易唐藩入閩駐蹕鐔州出江右公至鐔迎蹕疏指諸鄭欺罔不測有願捐老臣微命死對寃仇之句朝野壯之局壞伸豪不就逮獄殉節臨汀里人瘞其屍首函縣獄獄吏素敬公端重和愛朝夕焚香供公一夕夢公謝曰多爾兩載辛勤上帝命吾還鄉為吏神其事向寧寧啐更狂言欲營之不半晌牒下許歸奠

起土屍忽躍起共首聯合骨節串屬如故無稗腐敗奥公蒙難經年饔飧不給惟存簪髮小金簪囑吏遺幼子其清介節烈載汀人黎愧曾先生筆記余輯古今人大觀未得公行實無從紀載書成四載授梓輒爲忌者阻抑友人鄭子命孫惟忠夢神呼曰林君人物大觀尚遺四十二人其首傅姓也閱愧曾筆記方識本末補入輯中公忠烈在天一見夢于獄吏再見夢于鄭子蘇坡仙所謂精神無往不在也

雲林子曰傳公相業炳然國史獨殉節未詳抑事在草易忌諱遺忘耳愧曾筆記大略以清介節烈重也因歎賢士大夫遭喪亂湮沒者何多若公逾久彌彰豈陰霾所能晦蝕哉

江都書生韓默

韓以默字文達江都諸生明末揚州被兵謂妻蕭氏曰吾讀聖賢書不忍不義活汝自爲計遂躍入井蕭呼長子曰汝宜從父亦躍入蕭結帛于樑視二女就縊抱幼子置姑懷泣拜曰韓氏一綫在姑遂自縊兵解後井出默屍如生惟損一指忽鮮血湧流泉歎節義

雲林子曰忠義性生見于鬚眉不易見之巾幗更難

文達誦法聖賢儀型家室蕭氏令長子死義從文抱幼子属姑存祀孝也視二女就縊殉夫貞而烈也從容就義有明三百載養士之報蕭氏一婦人成之文達不愧詩書矣

少詹徐汧

徐公汧字九一長洲人崇禎進士歷少詹南都繼統侍經筵痛論馬阮諸奸降謫大師入金陵朝服沉虎溪死子徐枋字昭發崇禎孝廉痛國難文袁終身不入城市不接人事至文譜誼身歷師顯官達尊慕一面不得蓬戶甕牖往往絶食作書畫易米不著姓名人方之倪雲林鄭思肖寓墨寫意

雲林子曰九一殉節虎溪其子痛國難文袁舉目河

山之異每一念至悲憤淋漓食息都亡又何知故人賓客哉元鎮畫山水不圖人物思肖畫蘭不畫地此物此志也揮洒々雲吐詞落落洩胸中壘磈是耶非耶

給諫金聲　兵　金鉉

正希金先生聲字子駿徽州人崇禎進士歷官翰苑博學品望著述不事浮飾一以道德爲歸海内稱文壇宗主曰正希先生甲申闖變家居終養南都繼統累徵不赴大師南下被逮不屈死時有門人江天乙字文石聞先生盡節奔至大呼曰千秋名節正在此時吾師得死所矣奈何遺我復有貴池諸生吴應箕宣城諸生林三衡同時共盡人稱徽寧兩郡多死節

之士

金鉉字伯玉武進人崇禎進士歷兵郎闖寇陷都閶

懷宗殉國煤山麻衣白冠躍皇城御河死母章氏妾

王氏弟錝同赴井死

雲林子曰易云知幾其神禮曰臨難恐後葢言識遠

志堅也正希先生累徵不赴素節先生聞變決絕所

謂知進退存亡而不失其正者耶潔身立節同歸一

死信詩書之澤可以感人

楚督袁继咸

袁公继咸字臨侯天啓進士崇禎御史章奏多糾中倖削免撫臣吳甡薦起楚督節制鄖陽諸鎮戲賊隔武昌夜半馳左帥良玉營責曰人孰無死寧為睢陽瞑目不為賀蘭偷生良玉聞言愴然感激進師復蘄黃諸郡後玉稱兵憤馬士英縱賊釀變竊柄忌功討之公曰春秋惡晉陽之甲公可同乱乎金陵失守縛公迫公受爵公涕泣請死曰不殺固新朝之仁殺明

臣子之義不食五日赴三忠祠到死
雲林子曰袁御史侃侃鯁直不避中偉何其壯也責
左帥稱兵同亂義正詞嚴非仁者之勇若是乎身不
二事辭爵請死夫豈讓于疊山文山也耶

檢討汪偉

汪公偉字叔度號長源休寧人崇禎進士倜儻負才

遇事敢爲初蹇慈谿多異政選入檢討癸未分闈校

士得顧咸建孟章明林嵋溫璟諸死節甲申冠逼識

輔真定督徐標爲叛卒所縛公聞泣曰事至此尚忍

俟乎遺書給諫陸朗云憤國之人終日爭門户不顧

朝廷之門户終日言聲氣不及吾黨之聲氣都隔矣

妻耿氏正位同縊引宋臣趙昂發題壁句身不可辱

志不可降夫婦同死節義成雙

雲林子曰學術傳心文章知己一也陸宣公知貢舉而識昌黎歐陽公提選院而拔子瞻蓋道義氣節翕然感孚非箇中摸索遇合之難圖君斯也叔度門多殉義死節之士門户聲氣以一人萃之視當世詭隨附和者可慨也激烈而勸察友吾重其忠正位而感同殉吾壯其烈嗚呼公不可及已

中允方以智

方公以智字密之皖城人崇禎進士歷翰林中允性嗜禪理語洞生死圓貫天人宗門多其說南北都變托踪方外衆莫測所自及覩其容貌聆其解說方知為老密上人也訪道粵西桂藩重其名三肅使者詔給三品祿秩如唐肅宗禮李鄴侯故事公固辭有大事諮問時時以國恤民艱讜言匡正大師南下入山旋死著語錄訓子諸篇

雲林子曰雲之無根風之無跡以神用不以形用也
容之學貫天人脱然塵表盖善知識而不囿于知識
者乎世稱公深曉理數于機祥興替洞燭幾微觀訪
道粵西辭爵歸山真有禮之弗屑祿之弗顧之人也
夫子所謂遊乎方之外者耶

少司寇林正亨

林公正亨字宗謙號孟謙閩福唐人生有異徵祥光護之童子岐嶷長嚴正萬曆進士初筮楚湘司理廉楚藩戚黨漁利殺人者聚民擊之諸奸服懾民得聊生當軸矚公不畏強禦以直節上考應晉銓曹時魏璫柄政識公有膽力學識令其黨客雲御史俛文煥諭意令出門下公嚴拒之煥隨言公侃直難馭恐属齟齬置之閑曹服官經年告歸懷宗改元闕天下計

典讀公薦許一廉似水三尺如山嗟嘆欲識其人擢
兵垣論婁撫懦帥止中使監軍請差維國恤于顯蘖
流寇入鳳陽通奸民破傷王氣公奉勘披荊相視繪
圖以進上展圖嗚咽懷宗殉國唐藩入閩拜少司寇
攝工二部尚書公以疾謝大師入閩適門人當軸登
薦于朝撫臣趣駕公聞命疾劇一笑而瞑先時有祥
光亙射西南隅興生初異徵符焉
雲林子曰公侃直清介為海內具瞻宜逆璫之畏忌

欲援而結納也公峻拒以謝蚤識其立朝風槩可望可即而不可狎千載諫垣終始謇諤至老養歸死得遂臣節蓋其平昔操持隨潛見而偕行確乎不拔君子也

中書凃仲吉

凃公仲吉閩人崇禎國子諸生師事黄石齋十年不離講席先生觸璫詔獄人咸舌結仲吉以孤童擔囊走萬里白寃情詞哀婉天下壯之太史陳子龍讀之慨然曰雖王調貫械以訟李固杜仲殺身以白李雲不是過也以特簡薦入中書

雲林子曰閩人易學無專家石齋得易傳於蔡虚齋虚齋得傳於林雲室仲吉十年不離講席精究易蘊

擔囊走萬里爲公白寃石齋盡節獄中猶註孝經易解與毛志潔蔡春溶二人講易至臨刑著明夷之初九後果緩三日而死毛蔡從容從殉仲吉艱辛白寃皆蒙難困悔卒成其志甚矣易之道微也

司禮太監王承恩

王公承恩崇禎司禮太監甲申闖寇陷都承恩侍駕帝殉國煤山承恩跪帝膝前引帶拖頸同縊千古內官死忠之一人者弘光謚忠愍

雲林子曰有明制治綜紀法度遠過前代獨恩寵宦寺得與政府隨以釀亂如振瑾忠賢輩恣然宦府之中怙權竊柄剪殲忠良宗社遂以傾覆究厥所由皆人主聽信之過也易曰開國承家小人勿用竊歎三

百載豢養隆恩當國亡主滅殉忠盡節僅崔明升王承恩兩人明升抱福王膝死承恩引帶扼頸帝前死千載而下或咎聖祖立法之疏防閑之失未知後世幼子穉孫不離阿保玩習耳目潛移視聽有以總之也若概　以斷人戕性絶類離天則過耳彼明升承恩者曉然大義之不可泯其得天理民彝之至者豈得以宦侍目之耶

白門玄玅觀麪傭

翁公白門玄玅觀麪傭公操作婦當鑪有過飲輒與不計南都变掩涕大師入城盡散羹盂飲器與諸來往者同婦一夕經死

雲林子曰忠義何責於麪傭此獨認真故去不肯偷一日其天地間剑大之氣所偏鍾者乎舟行白門於公不勝憑弔云

馮小璫

小璫馮姓燕人中使厮養風患瘋癎流落百川橋行乞擊筑長歌方古之高漸離者大師夜入南都朝紳奔竄璫流涕題橋云三百年来養士朝誰為殉節此今宵綱常却寄卑田院乞丐羞存命一條題畢躍秦淮河死

雲林子曰故明獘政莫甚資格而門戶黨禍由之以起自是道德文章忠孝節義盡為制科諸君掃地矣

按 季遺聞闖寇迫都上夜潛採警禁近勳戚當夕猶事飲酒歌呼無恠小璫云誰爲殉節也畀田院却寄綱常宜秦皇帝之焚詩書以愚黔首

馴象衛尉奴王節郎

王節郎燕人崇禎朝馴象衛尉奴性烈好酒闖寇陷都時丁未昧爽天陰霾微霰賊羣驅掩至逕象房橋羣象哀鳴淚下有不食相觸死者以足跪地自嚙皮膚死者奴視驚慘大呼殺賊賊環磔之

雲林子曰人與獸幾希者性也口鼻耳目同乎食息強悍難馴則異乎仁義禮智也奴慘死寇象跳躍相觸嚙皮膚而自死意食君糈糧為不可生乎獸而人

心也視周項輩蒙面賊庭會象之不若也夫

節義文章卷之十

閩中林涵春雲林甫輯著

崇禎闖變革易諸節義

相國史可法

史公可法博学善謀嫺辞令崇禎兵部尚書闖寇警廹督師勤王未至都陥懷宗殉國福王继统請屯江北累著戰功大師遺書招之復云此望陵寢無涕可揮身陥大戮衆應萬死所以不即死者社稷之故鞠

躬盡瘁死而後已上弘光疏云三月以來陵廟荒蕪臥薪嘗胆聚才智之精神枕戈待旦合方升之物力破釜沉舟願陛下念念以先帝為心臣子刻刻以復仇為念大師下楊州死

雲林子曰國相矢志其與諸葛武侯庶竭駑鈍還於舊都興復漢室同轍也武侯當國上信於明主下諒於同朝士大夫故得自行其志公內阻羣奸外迫強敵兵殘餉匱坐以待斃讀請復疏書大哉言乎可與

出師二表忠貞大節並昭垂不朽也

節義文章　卷之十　四九　節義堂

給諫黃淳耀

黃公淳耀字蘊生號陶菴嘉定人博學文譽制藝為學者所宗稱雄富特出崇禎進士弘光諫垣建言侃直多為權奸所持憂憤時事感傷成疾大師抵金陵與弟諸生淵耀孝廉張錫襲用圖同時縊死

雲林子曰有明二百八十載制科之盛崇禎癸未為最匯特人文華合忠孝節烈共會一時蓋數盛而極極而必窮猶陽之有亢亢而有悔者也按懷宗殉國

即多士釋褐之次年登科錄名三百有癸徂壬十載之內或殉難或盡節或逃禪卜販隱遁山林不下百數讀絕命詩歌悉孤臣淚血洒氷天而消雪窖者也如蔡公道憲林公埜温公璜顧公咸建孟公章明張公溎王吳公爾壎共公其最著者也遺史稱制藝雄富特出建白直節侃侃昆弟友朋同時共死大章聲氣以類而聚乎

孝康楊廷樞

楊公廷樞字維斗號機部清江人尚書莊簡公後性沉毅有大節諸生時魏璫以緹騎逮周忠烈衆情洶湧公請於撫軍毛一鷺乞伸白不從百姓顔佩韋等五人擊緹騎璫怒連公黜諸生名璫敗公掄首元尋國變杜門不跡城市貧困絶炊有憐公繼粟授衣公曰楊子一寒固當豈受人憐者乎謝之大師入金陵殉節人論公雅量似叔度經術比康成清介類公質

文章其餘緒耳
雲林子曰機部氣節嶙嶙視權倖熏灼直腐鼠蛆蟲
不屑也使天成公之志究公之用何難措經綸於字
宙躋民物於康乂而稱公者以雅量清介不及殉難
大節益未得公志也貧至絕食不受人憐嗚呼公死
天下之談氣節者衰矣

孝廉汪沐日

汪公沐日天都人崇禎孝廉國變入閩唐藩兵部郎中閩變祝髮拓浦苦節三十年號益然著詩文數萬言一日別友云吾卜屈子汨羅之辰歸脫也不食經旬至明留偈而逝

雲林子曰讀遜國從亡苦節方外不下數十山河破碎舉目蒼茫昔之稱雲菴稱雲門急棹灘頭半肩渡口手编楚些隨泣隨讀者君其人乎至逃形忘世寄

跡髡緇非君所志也君乎吾當求之雪窖冰天之際
矣

庶吉魏學濂

魏公學濂崇禎進士授庶吉士忠節大中公次子孝子學洢弟也先時闖勢猖獗聯絡義旅勤王聞先帝殉國諸王俱盡痛哭自經絶命詩云孝忠千古事於我只家風又曰有血灑微軀官卑非侍中有舌且存之并遜常山翁骸骨雖不歸只奠此詩筒

雲林子曰忠節父子死璫禍未久公復殉闖難何天之不留忠孝於人間也錢牧齋叙公詩扼腕骨奠詩

簡令千載後知公公豈僅以詩不朽哉

太学生魏学洢

魏公学洢字子敬崇禎國子生忠節大中長子忠節遭璫禍被逮洢微服徒跣尾緹騎後伏闕代死不從公慘斃獄中洢日夜哀慟舌枯淚竭家人以漿水進却之竟以哭死時有朱生者亦間行獄中櫜饘周旋復經紀其喪尋以瘁死魏稱孝子朱為義士奇哉

雲林子曰忠孝之感人也金石為開況人心乎忠節死忠子敬死孝雖行道之人不知涕之無從也朱生

其以義合者乎生懷槖饘喪爲絰絻有士如此伯桃角哀復見今日

大同巡撫衛景瑗

衛公景瑗天啓進士大同巡撫闖寇臨境檄各衛廠諸鎮堵禦無一至者瑗檄語悲憤蒼涼讀者流涕諸從叛圍闔城陷被執同死總兵朱三樂郎中徐有聲朱家仕教官李若葵瑗一門九人俱盡

宣城伯衛時春

衛公時春崇禎宣城伯闖寇陷都率家人赴井闔室大小男女無一存者

雲林子曰忠義感人亦其性之所近爾有聞風而流涕有共事若罔聞不可以概論也二公闔門全死感激僚友共盡劉大之氣能貫金石況人心乎

閣臣丘瑜

丘公瑜號徽園宜城人天啓進士懷宗末年大拜尋寇陷都城被執賊鮮之求死不遂暗服冰片而絕其未死時賦絕命詩云百歲光陰强半過匡扶力短愧鳴珂詩書萬卷都無用惟有先賢正氣歌又訓子云到處青山骨可埋何必故鄉尚戀戀

雲林子曰丘公當懷廟季年勢窮力促身任輔相至時不可爲矣志文山忠孝自命都陷賦詩經死視浮

生名利直駒隙光陰惟看落一死纔完自家面目公
乎其長恨爲無窮也已

越中三義

楊雲門蕭山諸生朱瑞山陰諸生方炯諸暨諸生三人文酒雅善南北草易每論時事大勢痛哭絶食大師臨浙浩歌夜半遥指蒼天曰今夕何夕結局関頭也盡醉十斛差不寂寞耳罍傾即席同刎浙士每談流涕

雲林子曰古稱酒可壯氣亦可解愁舉目河山之異公輩久已刺心斷髮鳴咽呑聲至論時事往往絶食

所謂愁絕眼枯也呼醪十斛浩歌夜半氣壯愁解暢盡同殉亦義烈快心之一時也

義士高文瀚

高文瀚燕都酒狂好讀書擊劍天性不羈闖寇陷都三日鳴鐘朝會瀚酣飲佯狂提劍刺闖劍墮視旁列悉先朝舊僚張拳擊之左右縛見闖曰汝一匹夫何為曰我來砍汝頭祭先帝供飲器耳闖怒曰汝不怕死耶曰怕死蚤共周項輩匍伏北面數闖十罪闖磔之

雲林子曰張子房為韓報仇力士惧擊副車文瀚書

生直入刺闖朝會劍戟森列之際視賊黨若臭乳嬰兒雄心義膽辟易萬夫矣事不就天也取賊頭而供飲器拳賊黨而斥不忠壯哉國士先帝在天能不含笑

開封尹薛寀

薛公寀字諧孟武進人方山先生後九歲屬筆千言崇禎進士出倪鴻寶文鐵山之門守開封時流寇張熾熊督師主撫公議勦屢上應策不用號哭投劾歸國變祝髮入山稱惟山和尚遁去

雲林子曰獻寇賂文燦經珠碧玉受撫雖儀秦復生不能折其口而奪之謀轂城令阮之鈿泣訴左帥文燦縱賊逃叛而燦主撫之議益堅及寇脱險圍房自

是河南北蕩爲丘墟公之議勦宜應策之逆耳也甕哭投劾祝髮入山不忍中原淪没置灰刲於殆燼歟

都御史李惟華

李公惟華萬曆進士曆都御史字懋明吉水人闖寇陷都聞變望闕哭拜題壁云堂堂丈夫聖賢爲徒忠孝大節之死靡他走文丞相廟自殺

指揮李若珪

李公若珪崇禎都指揮闖寇陷都珪守崇文門作絶命詩云死矣即完今日事哀哉何必後人知援筆經死

雲林子曰有明殉節諸君子上自建文下迄崇禎按事蹟彙輯名曰節義文章益節義不以文章重有文章而節義愈可貴也御史指揮兩公題壁絶命詩詞隻字片言皆與日月爭光天地間絶大文字其精氣長存豈僅青史所得揄揚哉

襄城伯李國禎

李公國禎，崇禎勳爵襄城伯。闖寇陷都，聞帝后俱殉國難，奔闖帥哭請三事：勿犯陵寢；改殯帝后；勿殺太子二王。闖許之，令屈降。禎曰：「從吾請，死且不計，況屈乎？」遂易梓宮，葬帝于田貴妃之旁，負土成墳，曰：「可以死矣。」自刎其前。

雲林子曰：勳戚殉難者不數人，其最烈則周皇后之兄鉉也，闔門三百口同死；而公負土葬帝，自刭墓前。

靡特報之於地下死生之情歷艱危乃見哀毀投請三事悉千古綱常大義逆顔抗詞不顧殺身公乎不徒以烈稱也

中書宋天顯

宋公天顯崇禎鄉薦善篆隸各書丰神清逸每臨池臺省注目重之授中書舍人掌誥勅御寶甲申國變賊陷闖逆艸詔顯擲筆嫚罵觸階死

雲林子曰靖難文皇命方正學草詔曰詔天下非先生不可投筆嫚罵文皇磔之改命樓璉璉曰身可殺詔不可草再命王景景經死璉憂憤死彼叔姪一家繼統尚以死爭況賊滅君父戕人民普天同仇者乎

顯嫚罵觸死臣節宜然以視白馬六臣之匍伏奉冊何如也

孝廉張履旋

張公履旋崇禎孝廉父慎言天啓進士弘光南遷歷大學士正直不阿人望歸之與奸臣馬士英不合累告去詔留履旋時為閹黨所獲欲官之不屈貽書與父云與其虧體以辱親何如殺身以明志授家人書投崖死

雲林子曰忠孝性生以義而激雖愚鈍亦知感激古人云知父莫子履旋寧殺身明志不虧體辱親臣子

之間同歸忠孝其為千古綱常大防也

叅政都任

都公任崇禎末陜西叅政闖賊李自成所至掘毀陵寢任義憤乘賊為吳兵所驅自成死任探其祖父骸骼所在發之寸斷節解灌以豬穢天下稱快

雲林子曰按闖寇陷德安令部將羅汝才抉顯陵求寶德安僞守張聯奎倡鍬鋤發掘忽颶風震雷晝晦空中有神持金瓜擊奎仆死汝才大怖以天命未改謀殺自成不果未幾闖死都任斷其祖父骸骼灌以

豬穢亦天之殄滅仇寇借任洩其憤於天下也

御史劉熙祚

劉公熙祚崇禎御史按楚長沙推官蔡道憲識寇廹勢烈誓與共死岳州破祚陷賊啐罵不屈賊剖腹横曳倒磔血淚膏地道憲聞祚死旋亦共難按死事之最慘者

雲林子曰獻寇陷長沙屠戮殆盡横曳剖腹瀝祚攖賊鋒最慘及牵降道憲不屈磔血噴地盡殺家人林俊祖敏從一至十继戮鎮將尹先民一時三楚天塹

無使失加遺流膏千里百城廪蕪良可浩歎

學士張國維

張公國維號玉笥天啓進士明末學士南都變督師江上矢志殉國時諸鎮逗遛解體維疏請聯諸軍之心專一帥合人人功罪屬一人大師抵義烏衆勸維入山以圖後舉維曰悞天下大事者文山疊山也速死而已何暇遠計師入南面拜哭臣力竭矣絶命詩云艱難百折戴吾君擐甲披堅志厲雲死去仍為朱氏鬼精英長傍孝陵墳衣冠赴水死

雲林子曰張公勇決人也視勢可爲則圖存不可爲則勇決真烈丈夫哉艱難百折氣力已竭蓋傷當時新造諸鎮水火調鬩聯屬不能一夕安寢也臨難謂文謝二公須時後死卒不終志不若決絶爲愈爾讀瞿稼軒絶命詞從容就義與城亡千古忠臣自主張公之就義俄頃蓋亦從容籌熟心定志堅非倉卒之比也

新樂侯劉文炳

劉公文炳勲爵新樂侯甲申闖變薄都勢烈知不可支開一大井宅後家人疑藏貯之用都陷與弟都督文耀盡驅家人四十二口入井焚宅慷慨赴義之尤者炳弘光謚忠壯耀忠勇

劉公忠嗣勲爵指揮都陷賊廹降公曰世受國恩不能奮死磔汝反從汝耶賊剌喉死之

雲林子曰勲爵殉難職也非忠是繩苐慷慨激烈之

難耳文炳昆弟驅家人同盡忠嗣罵賊不屈不愧世臣勳爵毋徒以祿養目之也

都督張可大

張公可大字觀甫總兵如蘭子博學風雅萬曆武進士授青齊都督流寇陷登萊衣冠北謝盡焚輜積手刃二妾詠云出関已絶生還志赴敵惟聞浪死歌自經堂上崇禎謚壯節著駛雪集

雲林子曰材智之士于蹈義赴死多依違顧惜以至聲名不立者溺于所愛未能決絶也公志絶生還心堅浪死盡焚輜積手刃二妾可謂斬斷情根割所愛

以報君國嗚呼如蘭有子矣

内翰龔廷祥

龔公廷祥崇禎進士南都中書與同官陳燫共掌宸翰誥敕燫善楷篆祥嫺文詞兩人相契友善大師南下共矢殉節前騎抵境呼燫曰桃葉渡頭我輩葬身處也携手躍入燫子伯俞亦同躍死

龔公元祥霍山教諭流寇陷和州集訓導姚允恭趙世逸官服鳴鐸登聖階再拜曰國難臣子宜殉今日正我輩與聖賢相見時也共縊廡下

雲林子曰詩書之氣發爲忠孝雖曰至性所感亦摩厲奮激而成中外兩翰君相率殉節堅立名教之坊非素守道力能若是乎彼當時之居尊任重者委蛇自全可慨也

叅政藺劉中

藺公劉中字坦生南陵人崇禎進士擢南給諫出叅山西糧儲閻賊入西安鎮府迎降公與秦撫蔡懋德嚴師以拒矢炮俱竭諜入城陷公縊未絶復甦賊誘公降公叱曰惟一死豈肯從汝耶賊殺之頭墮三躍賊譟避之與公同死僚佐四十二人

雲林子曰藺公死冦頭墮三躍與孫燧賊砍其頭頸斷猶立周長屛萬矢集躬馳騎不仆皆精氣强固不

與尋常聚散等也力盡而死死而猶生公義感同仇
而忠堅卓立蓋劉而致者也

駙馬都尉鞏永固

鞏公永固崇禎駙馬都尉甲申之變大書國恩深重身不可辱驅男女同經公主柩前縱火自焚謚貞愍

雲林子曰按駙馬都尉殉國難者史九四見永樂請難梅殷以大義責文皇不屈見殺正統北狩井源率萬人赴敵死大同耿璿遜國後以懿文周親同公主論死鞏永固死闖冦其最烈者驅男女共縊公主柩前明乎同歸一死報君親于地下爾

教諭畦明

畦公明崇禎孝廉授華亭教諭與江陰訓導馮學文章聲氣見譽同輩兩人相得甚懽國變每以節義相勉大師南下慼傷涕泣鳴鼓學宮率諸生徐安遠呉福登聖階哭拜曰今日正是明倫方不愧斯堂四人相對同縊

雲林子曰明興二百八十餘載尊師重道遠過前代蓋以人材長養率由庠序也詩書之氣能養劉大忠

孝節烈以類而聚睦馮兩公非平昔道義有任烏能

感召諸生共明大義信學校之不負有明也夫

主事成德

成公德字玄升霍州人崇禎進士授兵部主事甲申國變與諭德馬世奇矢殉國難以從容慷慨二義為質奇答曰吾輩捨一死別無他法吾不為其難誰為其難者都破帝刎煤山德操雞黍哭祭梓宮奠畢觸石死母張氏聞德死曰成家有子矣隨就縊謚忠毅

雲林子曰玄升當闖寇警廻之秋與馬素備相約殉

節義文章　卷十　七三　吉峯藏書

國两人操必死之志以從容就義各為其難脩沐浴冠帶捧篆北謝升操雞黍登煤山哭祭不特無痛楚攖心即慷慨激烈之氣亦銷非大定力有此哉余按北都死事王公家彥城破刻死獨先斯為真慷慨于二公斯為真從容

米脂令邊大受

邊公大受崇禎孝廉令米脂李闖臨雒陽勢日張秦撫喬年命大受蹤跡闖賊祖墳得之萬山中相傳仙人扦壙有鐵檠燃火熒熒不滅李氏當興之讖發之如其言白螘数斗火熒熒斷棺骨青紅金毛被體腦後一孔盤赤蛇有角而飛迎日光咽之者再遂伏喬年函骨腊蛇闖經歲中流矢貫目伏誅

雲林子曰山川鍾靈竟生丹陵舜生諸馮感大虹履

巨人跡種種恠特理或有之未有如自成以暴而興也豈山陵崖谷戾氣所伏而然耶以逆犯順以殘賊仁雖不斷棺蜡蛇亦卜其滅亡也

北地六忠

張公羅彥北直人崇禎光祿卿兩弟羅俊羅輔崇禎武進士闖寇陷保定彥聞太守何復同知邵宗立太監方正化死寇兄弟聚哭曰身不可辱義不可屈驅家人婦子令先縊死三人提刀奮呼奔賊憤罵共死

張公世禧順天諸生闖寇陷都闈諸朝紳獻欵呼二子懋官懋賞曰詩書今日盡矣春秋大義何明吾不為雠氏以負君父相對共縊

雲林子曰光祿兄弟朝紳也受國恩以殉社稷宜爾若世禧父子未沾一命未食寸祿深曉大彖謂一日不可共存于天地古云一衿可傲朝紳信然

山西撫臣蔡懋德

蔡公懋德字維五崑山人闖寇陷平陽備禦力竭遺疏北向自剄家奪其刀曰使吾不死封疆汝輩不陷人不爲乎公軀輕氣猶未絕中軍應時盛鮮鐵甲覆之遂絕盛讀遺疏嗚咽不自勝殺其妻子同殉時布政趙建極鄭州人巡寧道畢拱宸萊陽人俱崇禎進士聞德死奮呼躃踴仝盡于大原

雲林子曰平陽陷獻寇撫臣藩臬一時共死賊鋒熖

烈不能防之未燃而死之于既燼悪玩冦脱險禍延

宗社也時感讀遺疏嗚咽感激同死烈矣使公帳下

盡有此輩何至力窮勢促也

和州三烈

韓光祖葉瑋和州諸生博學善文流寇入和所至都邑獻款祖共瑋憤泣叩和州道副使盧謙署以國難君仇反覆論辯瀝血縷縷賊至三人一室同殉

雲林子曰流寇衝楚蜀江南北南稱此若而賊鋒所至望風納欵率鎮帥道臣往往亡身殉節多出儒紳衿士盧公韓葉激厲相成聲氣感人有以哉

劉孤兒傳

劉孤兒闖寇標將國能子能慕義歸明奉母奔左良玉營玉義而受之令守葉縣賊破葉能自刎妻經死孤兒方七歲闖賊獲之愛孤兒秀穎置膝上命收養之兒泣不從曰吾不願共汝共生也解佩小刀斷頸死

雲林子曰孤兒方脫襁褓何知大義曰吾不共汝而生豈得以童子目之乎國能慕義死忠妻殉夫死烈

孤兒不從仇孝風　艸野孰謂無人哉

進士侯峒曾

侯公峒曾字豫瞻天啓進士與弟岐曾俱行脩文誉家法整嚴每晨興必率子弟侍問溫清退課所學雖溽暑必衣冠肅若草易與子元演闔室同殉時稱忠孝性成

雲林子曰求忠臣于孝子謂象乎而類應也豫瞻儀型于家觀法于國推之經綸天地又安四海含孝弟孰歸耶入侍溫清退課所學非晰理毫 安勉子弟

其忠孝若此

節義文章卷之十一

閩中林涵春雲林甫輯著

崇禎闖變殉難諸節義

尚書倪元璐

倪公元璐、字潛銘、號鴻寶、又號玉汝、博學善文、以氣節重、學者師之、稱鴻寶先生、天啓進士、歷尚書官編脩時、與黄道周建言論東林黨案、曰東林天下才藪也、大都秉清挺之標、繩人過刻、樹高明之幟、持論太深、謂非中行則可、謂非狂狷、則不可、且天下議論寧涉假借、到底必歸名義、士人行已寧任矯激、措置必準廉隅、今日毀假借、裂廉隅、持封疆道學四字為鐵案、防其圖復舉、寄過也、比來借東林以媚魏崔其人自敗、不附魏崔、攻而去之者、其人已稱嶽嶽矣、孰已甚之論、苛責吾黨、非狂則悖也、論出、天下壯之、崇禎甲申、闖變、從容盡節、紗幘絳袍、以酒酹繆壯侯、南向對坐自經、語家人必大行殮後、方收吾屍、諡文正、有

文百卷、南都革易、大師南下、醫士倪舜年先生鄉人也、不食經旬、正襟危坐、思得死所、忽入磁缸、覆面號佛千聲而絶

雲林子曰、文體遡隆萬、去華就實、人品閱神熹、氣盛義激、先生遭遇三朝、氣節文章、萃于一身、讜論名言、不惟東林諸公吐氣、且令附閹者無所詆毀、舜年醫士、盡節殉國、殆聞先生之風興起者乎、

、諭德劉理順

劉公理順、字湛陸、杞縣人、學術醇正、文章軌範先型、崇禎進士、廷對第一、懷廟官春坊諭德侍經筵、表率宮僚、輔導忠勤、甲申闖變、題壁云、成仁取義、孔孟所傳、文信踐之、吾何不然、科名既就、豈敢苟全、三忠祠內、無愧前賢、與妻萬氏妾李氏僕四人全縊、弘光謚文正、

雲林子曰、科目之盛、莫重神臺二廟、時盖矜名節而

厲實行也、湛陸初入經筵、正人心、持文體、培士氣、厚風俗諸疏、方之劉董、不讓也一代醇儒儀型海內、旋以經筵輟席、功利雜進、惜哉讀殉難題詞以信國自命、不愧前賢、于公云然、

翰林陳子龍

陳公子龍、字卧子、號大樽、青浦人、崇禎進士、性慷爽、以名節自砥、嘗言讀書未能學聖賢隻字、忠孝之不知、道義之不講、何稱文章、詩文極才法所至、高峙作者、官兵科給事中、與行人陸培、給事熊汝霖友善、國變同矢赴難、子龍會事變就縛、感憤沉淵死、陸培慷慨經死、汝霖入閩、父子投海死、

雲林子曰、大樽一代詞宗、高峙作者、讀翰林館課經

世類編根極義理之大者、一時友誼感憤、遂爲千秋臣節激烈甚矣人不可不学道也

兵部右侍郎兼翰林院侍講學士陳子龍華亭人爲紹興推官定東陽民乱擢給事中屢陳時計後以結太湖兵舉事應浙閩被執乘間投水死（見明史及輯覽）陳子龍學問淹通猷為練達良心可諒大節無虧今謚忠裕

祭酒陳仁錫

陳公仁錫字明卿、號芝臺、長洲人、天啓進士、掌經筵史局、進講不避權幸忌諱、魏璫怒公以不撰寧國勅書、會許顯純擬孫文豸獄辭連公、削奪封誥、公于典禮章程錢穀兵刑河漕律曆靡不通曉、輯歷代通史、長于詩文、有懷古詩云、丹心只有公侯血、青簡誰招蹇士魂、際時艱以節操傳、累官祭酒、謚文莊、

雲林子曰、芝臺卓識弘才、稱一代巨眸搜彙輯通史

多因循前紀、未有更定、恭駁另出機軸、豈同修諸公、
無可借才歟、抑文繁數廣、難盡雅純歟、君寔正史難
于五季、先生通史難于金遼、史家云、唐書新唐書不異
邸報日抄、頭緒混同、先生脫此疵累、亦近代傑作也、
氣節嶙嶙、立朝風采凜然可師、

、司理溫璜

溫公璜字寶忠、初名以介、童子時受知大司農閩人馬思理袁初先生、初先生宰烏程、稱璜文與人兩奇、璜與溫相體仁、從兄弟也、惡其權幸重灼、絕不往來、登崇禎進士、司理徽州、大師南下、不屈、城隔被執、拔刀自刎、提師憐其忠、慰諭不從、夜半扼吭而絕、

雲林子曰、浙人稱公清操絕倫、當諸生時、已介節嶙嶙、宜重灼若浼也、使少戀恩要蛇、大僚可躋、盡節天

都、不愧君父、較之熏灼權幸、孰得孰失、

諭德馬世奇

馬公世奇字君常、崇禎進士、官諭德、甲申闖寇陷都、奇沐浴冠帶、捧司經局篆、北面再拜草奏、付僕走南都陳變、隨南面拜母、與二妾朱氏李氏同死、未死先答兵部成德約死書云、吾輩今日舍一死無別法、吾不為其難誰為其難者、蓋訂以從容慷慨二義、從容為難也、謚文忠

雲林子曰、思宗季年、數輟經筵、按當時西北用師、急

在籌兵議餉、綏撫征勦、顧問方畧之不暇、博学才藻、如公不能恢弘志慮、展布經畫、祇有守道守官、安于所遇爾、國變殉節自矢、蓋其生平識遠見真、直以一死酧君父、夫非不動心忍性、能得之従容者耶、

鄔氏五忠

鄔公廷誨字靖獻、閩永福人、崇禎歲薦、廷試特賜進士、登封令、流寇圍登封、公守孤城、誓共存亡、旋念民必罹屠戮、單騎入賊壘、呼曰、我登封令也、主守者我、與民無與、毋殘吾民、府庫俱在、不若吾言、爲厲鬼殄汝、言訖伏劍、賊驚駭、投戈拜公屍前、相戒勿殘登邑、民獲安全、父老收公屍、藁瘞西極寺側、後令阮益振改扦嵩陽、長洲張燻豎碣表烈、閩士黃晉良作墓表書後君子謂公殺身成仁、不僅忠以報國也張睢陽守死孤城、烈矣知有國不念及民公知有民不念及身其烈更勝、豈直千載人仰遺風惜子孫貧弱無能具入郡乘、不知近世縉紳士大夫操筆閩誌所載何事、所傳何人、對青史能無滋愧

鄢正識字德都、廷誨從子、清修博學喜談兵人以將帥目之崇禎鄉貢唐藩官司務大師臨境作絶命詩云日月照天地彝倫昭今古匹軀受膚髮處心何曾

苦上可對高皇下不愧宗祖到峴升雲霄庸畀孰敢伍江河勢日下更誰堪砥柱不死史留名川岳為吾補書畢以繩屬弟正衡衡聽之東曰東仁方也命易西曰西義方也義主殺吾願為屬畀見志耳

鄧正衡字阿平與正鐵正重正蓟俱同懷衡蓟先後殉國難惟重建義旅陣亡衡作三愚傳極論忠孝大節草野尤難詩歌悲婉萬言時衡應歲薦檄試迴之以睽違論隨逢頭跣足入闈停午不作半字大書卷

面青史不可沒忠孝本吾志削髮稱陀僧遁去
雲林子曰余傳鄔氏五烈詳矣大約忠于所事各行
其志非山川清淑何能鍾此奇特哉永陽志冲峰龜
嶺與龍與三處江山亦壯哉鄔氏適當其地四烈同
懷何其盛也豈僅龍依花紅所擅

侍郎孟兆祥

孟公兆祥字允吉澤州人天啓進士官刑部侍郎自闖寇蹂躪中原悲憤不自勝每瀝諫草爲内奸所抑寇薄都分守内城死正陽門子進士孟章明字顯之號宜綱驅家人闔室同殉祥謚節愍明謚忠貞妻何氏媳王氏就縊畢大書于門有侮吾家一屍者必爲厲鬼殺之

雲林子曰顯之率妻子闔室同殉至誓爲厲鬼殺賊

蓋其死國何恨死冤不瞑也生前諫草若揭死後書

門凜如盈宇宙皆公生氣也

行人陸培

陸公培字鯤庭浙人崇禎進士官行人博學善詞與翰林陳子龍給事熊汝霖友善國變誓同赴難大師入浙培慷慨經堂上逾年子龍遭事就縛奮身沉淵死汝霖入閩父子投海死

雲林子曰夫子云久要不忘鯤庭於太史給諫兩公非獨以信要以義合志者也璫禍決裂二公讜言指刺一時手采嶙然或單章或交疏直欲名義共昭及

後先殉節不負蒙難同仇嗚呼先生之風匪特義激二烈吾於西陵五君子守死善道殆緣先生而興起者乎五君子謂陳君廷會柴君炳孫君治沈君約汪君渢也俱錢仁人

按副鄭之尹

鄭公之尹崇禎進士弘光南遷都破尹奔浙魯藩以

臯憲舊臣識其劉方清操慰留大用大師抵浙泣曰

義無二事衣冠北拜投河死

雲林子曰南遷國勢人心靡然日促且奸相内竊庸

冗外乘雖有經綸雲雨何能展布尺寸耶義無二事

歸潔其身於一死已

大司馬孫傳庭

孫公傳庭號白谷代州人萬曆進士崇禎晉大司馬長身伉爽材武絶倫當寇鋒震烈授鉞出守潼關粮盡援絶陷敵死公初出顧夫人張氏色阻夫人曰丈夫報國何憂妻子尋賊破關夫人率二女六妾沉井揮八歲兒避民舍民識公子庇之後子長入秦獲夫人屍如生公死時從騎皆散獨叅軍喬遷高同死

雲林子曰潼關要衝也當承平不能制敵豫防至賊

鋒震烈甫授鉞出師粮盡授絕何異奮空拳攖猛虎也夫人以義相勉死國存孤不愧烈丈夫矣喬叅軍矯然同難抑亦忠義感人耶

御史萬元吉

萬公元吉字吉人崇禎進士川寇侵掠授監軍御史初監鄖撫袁繼咸師扼夔門再監大學士楊嗣昌師與左良玉合擒大寧歷統紀戰功甲申國變從左良玉入南弘光初政設廠衛用法過嚴吉疏稱先帝初年鋻逆璫弊政斵削元氣緊從寬典後改弛法疎帝亦悔悟自是法專尚嚴臣工解體宗社由之以壞蓋諸臣之玩棄于先帝之寬先帝之嚴亦激於諸臣之

過也由事後而觀識前轍之可鑒南都陷與楊廷麟
入浙憂憤不屈死之
雲林子曰刑罰世輕世重要之咸底中正已懷宗鑒
厥衛之失從寬典以培忠厚盖末失之縱弛　後
則兵驕將侈民困財殫不赦之嚴不得也然人心玩
愒在夫因循苟簡不可謂紀綱法度之疎也元吉殆
疾時嬖為防歟

御史錢肅樂

錢公肅樂字希聲號虞孫寧波人崇禎進士官閩御史國変閩關撤守隱居福唐曰孤生讀史夜持佛號貧不具炊有餽米者受餽錢者謝或勸遠去笑曰吾不能為魯連蹈海敢希夫子乘桴耶以憂鬱死塟黃蘗山頂上閩士方潤薛鎔作錢先生墓誌

雲林子曰吴聖徵殉節時揮涕云山河破碎不死奚為錢虞孫先生隱遯讀史豈忍隱苟活者耶遟以憂

鬱死埜黄蘗山中亦猶靈均寓恨沉淵汨羅皭然不
滓者乎

相國郭之奇

郭公之奇字正夫揭陽人崇禎進士性岸崛不投時尚督閩學藻鑑盡拔奇瑋雖勳爵大僚不容緩頰思宗殉國入滇黔桂藩晉大學士從入交趾行藏飄泊與陸秀夫播越相類為敵所獲從容就難莆田薛舒吊哭死後親黨繫粤和平令黃世標全家室於萬死一生師生大義千古一人

雲林子曰正夫夫子持吾閩文衡三載值懷宗末年

俗尚詭隨士習柔靡悉氣節持之幾與大吏不合同儕競執方枘之不容於承平況用之喪亂乎播越殉節負不具殮得門人全家室於飄搖風雨天之不斷斯文夫亦有所感也

兵科劉中藻

劉公中藻字薦叔福安人崇禎進士性剛直初官行人檇師遼左闖冦陷都從唐藩入閩輔臣黄道周授鉞出師薦藻可當一面擢兵垣鄭芝龍柄政疏言勳臣跋扈必為所制集栝蒼義旅數萬旋以餉匱援絶羅雀掘鼠士無離志局變將所儲軍實遺書大帥為民請命誡無屠戮書授使者北面哭拜曰臣力竭矣仰藥而死

雲林子曰薦叔志伸大義與斯民共圖康濟至勢促力窮輯諸軍實請命大帥終始民生之念已大白於天下止戈誡戮孤忠清節金石為開況人心乎雖死猶生不負斯民已

員外鄭逢蘭

鄭公名逢蘭字姱脩號楚澤閩縣人天啓鄉薦性嚴峭不事浮飾初筮助教歷兵部員外甲申闖變分守西直門城陷賊韋公脅降以刃臨頸公不屈彌留三旬賊偪公欲官之公嚙舌血噴賊面激賊殺公賊不動觸墻破腦膏地死賊索都下職官行李公橐只典票數紙賊憐清節瘞公弘光贈冏卿謚忠愍

雲林子曰余閩殉節固多王尊五鄭楚澤其最也尊

五城陷刻死獨先稱慷慨赴難楚澤歷三旬方斃稱
就義激烈人臣歸潔其身論死生不論先後也大司
空馬思里輓詞云日月枯兮乾坤缺鄂湖遠兮烏號
折安得從君九原兮寫此心血長留青史兮直書駕
部大夫之節嗚呼可以見先生之忠節矣

樂清樵夫

崇禎甲申國變樂清樵者荷薪入市聞帝殉難煤山大慟投東港死

雲林子曰國君殉社稷世代相承閱二千八百載惟明烈皇帝與漢北地王而見樵者感烈投河夫亦草野忠愛之不可遺也

國相黃道周

相國黃公道周字幼玄號石齋閩漳浦人精研易理恭究天人著述典奧類太玄法言間出焦氏易林不可窺測登天啟進士歷官宮詹學士每直經筵以誠正格心表率僚屬故事展書膝行先生惟平步同官咤異先生啟青宮云先王道無北面師尚父授太武丹書立南面敷陳今展書膝行是褻先王也身重則道尊道尊則聽聞日廣經筵立講自先生者今翰林

職專啟沃無封事先生稱與倪元璐建言魏璫借東林名目邪黨亂政傾陷輔臣從之遠獄給諫馮元飈稱道周忠足動人主之知不能回執政之怒都御史解學龍申救并杖論戍國子諸生涂仲吉以孤童擔囊走萬里白冤謊道周通籍二十載強半墳廬稽古著述一生學術止曉君親安暇植黨言雖過戇志切忠懇唐太宗恨魏徵面折而不果殺漢武帝惡汲黯直言而實優容皇上遠法堯舜奈何出漢唐下不可

棄直節之臣也大史陳子龍壯仲吉蹈義敢言不畏
強禦雖王調貫撼以訟李固杜仲殺身以白李雲不
是過也思宗殉國先生痛國難君仇欲以身赴南都
革易唐藩入閩以先生舘閣舊臣繫天下重望晉端
揆數月諸鄭專恣挾翊戴功跋扈朝野惴惴慮旦夕
解體先生請募兵江右以收人心諸鄭忌成不給斗
糧不與一卒迤邐至贛州部伍略定婺源令黄樹輔
臣門人也馳書誘之許為内應至明堂里猝　北兵

我兵潰張天祿執輔臣以獻　帥見其忠義不忍加
害曰當生置金陵　師軍前朝廷得一忠義之人勝
得土地数州輔臣即欲自盡門人趙士超解勸云此
去金陵不遠倘得面数賊臣悞國從仇之罪魂魄依
傍孝陵死亦未晚輔臣然之遂屈節而行道中賦詩
四律陋巷慙顏閔行籌愧管蕭風雲生造次毛羽定
飄搖唇大難棲燕橫江捨渡橋可憐委佩者宴〻坐
花朝其二大樹難開眼氷城倦着身支天千古恨失

路一時人碧血題香草白頭終隱淪更無遺恨事燥髮爲君親其三搏兎仍之野投豺又出關席心如可捲鶴髮久當刪怨子不知怨閒人安得閒乾坤猶半壁未忍蹈文山其四諸子收吾骨蒼天知我心爲誰分板蕩不忍共浮沉鶴怨空山濺鷄鳴中夜陰南陽江路遠悵作卧龍吟因獄經年猶手註孝經易象正大師經畧輔臣同年友也且屬同鄉仰德業清望棱兵事解釋夜半微服稱名過招先生愕然大慟曰吾

友久死封疆烈皇帝詔大官太牢七壇弔祭忠魂人耶鬼耶何物鼠輩竊姓字污玷清名其人嘶退先生曰禍機兆此矣賦絕命云一番風起被波推咫尺銀河去不迴晝夜秦庭聲斷絕只餘碧血染蒼苔遂遇害開死王事賴學繼蔡春洛趙士超中書毛志潔雲林子曰先生詩未忍蹈文山蓋傷時有可爲宴安於厝火也身殘疆埸徵兵兩豫急國家之難謂一息尚存不容少懈也或曰先生學窺易微禍機伏兆

於一哭然薰以香焚膏以明煎雖不哭不能強先生以生先生豈忍哭求生哉直以一哭褫奸回之魄

南寧侯左良玉

左公良玉字崑山遼左人少起軍伍以驍勇善謀補遼東都司苦貧常挾弓矢射生一日見道傍駝橐馳取之乃錦州軍裝也坐法當斬有丘磊者同犯願獨任良玉由此獲免既失官久之無聊乃給事昌平鎮侯恂府中恂冬至饗軍上陵令玉主爵左右醉失金卮三門客窘之懼繩法倉惶謁司徒公請罪公曰若七尺軀豈任典客哉吾向惧若非若罪也會大陵河

圍急有詔下昌平軍赴援副將左世威入見世威曰
大陵河當天下勁兵處圍不易解世威當行奉命護
陵不得去今且別遣無可往者司徒公曰將誰屬威
曰獨一左良玉可使耳今玉方爲走卒何以率諸將
公曰玉誠堪任吾獨不能尊顯乎即夜遣世威諭意
漏四鼓威馳玉伍舍玉初聞威至以爲捕者繞床語
曰得非丘磊事露耶走匿床下威排榻呼曰左將軍
富貴至矣亟命酒飲我引出語故玉戰慄不能言移

眴甫定跪世威前威亦跪玉掖起有頃司徒公自至
乃面與期日詰旦會轅門遣君將援兵鼓角三震大
集諸將公捧白鏹三千兩贈玉賜酒三卮授令箭一
公曰三卮酒者以三軍屬將軍也令箭一者煩將軍
代吾行也諸將士勉聽左將軍令左將軍今已為副
將軍位諸將上吾拜官之疏已夜發矣良玉謝出以
頭叩轅門下曰此行不建功當自劃其首以報果連
戰松山杏山錄捷功第一遂官昌平副將玉自起請

校至官總兵首尾纔歲餘年二十二是時秦寇入豫玉往勸司徒餞之軍門公曰將軍立大功殊不負吾欲有言以贈將軍將軍奚字玉曰某不知有字也公笑曰豈有大將軍上下相呼終身稱名者乎玉拜請公曰即字崑山可矣自此號爲崑山將軍玉長身頳面善左右射每戰身先士卒至豫群寇皆平最後戰懷慶與督府不合意憮歎曰吾即盡職安所見功乎值總督熊文燦受賊賄而脫其圍玉懷忿依違其間

流寇因是漫延按玉立功最早威名重一時強兵勁馬皆在其部寇憚之呼為左爺爺壬午大出兵與李自成戰朱仙鎮三晝夜而敗良玉遂蹕襄陽初玉三過商丘必令其下曰吾恩府家此敢有擾及草木者斬入謁拜伏如家人不敢當客將朝廷知之乃以司徒公代督府良玉大喜踴躍遣其將金聲桓率兵五千迎道左司徒既受命而朝廷中變乃命距河援汴悉避良玉軍良玉欲率其軍三十萬覲司徒公於河

北公知玉糧無所出乃諭之曰將軍以三十萬衆稱
戲然止四萬糧額餘未給度支今遠來就我固善散
其家則不可若悉以來而日謀食不給恐足幾輔將
安求之卒不得與良玉軍會未幾有媒孽之者司徒
公隨以獲罪罷歸以吕大器代良玉怛曰朝廷若久
用司徒公良玉敢不盡死力今又罷司徒公是疑我
而先圖可也由是怏怏益懈以兵食數繁欲移兵就
食江南移兵九江樞府熊明遇大恐請於司徒公以

書諭止朝廷不得已更爲調和計封玉爲南寧侯以其子夢庚爲總兵官玉卒不爲用燕京陷福藩繼統江南馬士英阮大鋮亂政良玉纂憤提兵討英清君側之奸檄云先帝嗣子因之祖宗家法壞之三百年養士之澤豈盡決于宵壬十五国忠義之心幸同錮此敗類時讀玉檄文義憤之氣皆爲流涕旋以憂鬱死天下惜之

雲林子曰物色風塵英雄感遇古今同轍霍仲孺偕

子孟給事平陽侯良玉給事昌平帥大丈夫神龍蠖屈不亢不飛不潛不躍非遇特達之知安令一軍皆驚哉玉之不為張儀困楚相掠笞者幾何公智勇忠義識獻賊狡詐必叛使文燦不脫險縱逸而公得以射殺闖寇之禍不至並烈也經畧縱虎負嵎今我攖鋒西市之戮文燦罪不蔽辜耳楊嗣昌請以賀人龍代將符以奪印懷慚人龍以歸印觖望瑪瑙山之捷不深入絕創者文燦失兩帥之心玩寇故爾清君

側諸奸提戈向闕蓋不得已非效晉陽之甲同亂也伸義弗就才不究用公死而明亡宜天下之為公惜也

定興侯經畧閣臣何騰蛟

何公騰蛟字雲從貴州黎平人先籍浙之山陰戍黎平家有千年古井澄碧無塵蛟生而五色金鱗徑尺躍溢鄉邑奇之號神魚井蛟黑面長身偉若神人登天啓鄉薦初筮南陽令時河南北疊陷獻寇人心惶悚如風捲落葉蛟以忠義激勸人始固志浚溝深塹以捍孤城從巡撫陳必謙擊賊安皋斬首千級由是稱驍勇知兵撫道上經濟方畧擢淮徐兵備擒滑賊

之應闖者千人以恩撫解散徐淮由之安堵北都陷江南立福王孫弘光擢公都御史巡撫兩湖是時諸大帥擁兵皆睽結内臣構難淩虐諸鎮南寧侯左良玉駐武昌兵多無紀遠近憚之公盡癖遝郵以禮自檢利害弗計旋晉經略總督諸軍事以復武昌荊岳諸郡闖寇既潰退奔武岡良玉畏其偪已欲移兵別駐未得便機遝有訛稱懷宗太子自北來者内閣馬士英下之獄朝野喧傳奸相欲置其死蛟義憤引巡

撫黄澍疏請清君側諸奸引兵三十萬向闕良玉援
鮫共事蛟固辭百計勸阻先一日玉縱兵大掠武昌
百姓驚逃奪署矢集几案公緋衣坐堂上不動玉使
人懷公曰公行不強但有一言相别蛟起趋之甫入
舟而纜解矣玉令四裨將守之公怒曰吾封疆重臣
但知殺賊不知從賊也憤投之江守者懼亦赴水死
蛟隨流數十里身浮水面爲漁者所救楚人相傳蛟
入水不死有大黿負之登陸公駐湖湘大小數十戰

皆從殘疆散潰之餘旋復旋失徒捐捍障郡封壁壘
安得疆土無恙哉此公所由長恨扼腕深負國恩未
獲底定中原得遂我志也無幾南都陷唐藩繼統閩
中晉公大學士定興侯總督全楚軍事經畧江淅諸
州公薦章峩山曠堵牧游胤錫分鎮湖北常德湘陰
爲犄角唐藩潛邸南陽與蛟雅好故有奏轍報可尔
公相機宜降闖寇潰將郝永忠王進才及良玉叛標
王允成之衆十餘萬堵牧游亦降李自成義子李錦

張光璧妻高氏之弟高有功諸部稱十八營號三十
萬衆名忠貞營者一時經畧撫軍名稱得人威聲大
震由是騰蛟戰岳州戰藤溪戰湘陰所向皆捷疏請
永忠恢勦左將軍張光璧右將軍時江楚兵民皆結
砦固守以待經畧大舉克復荆岳諸郡及江西袁吉
諸州遠聞中為鄭芝龍賣關撤守旬破及贛州不守
唐藩遇變兵不果出及至永明王子繼統建號永曆
清師定廣桂王由肇慶奔桂林章峩山疽發死軍中

清兵攻寶慶破之收游走蛟獨與胡一清戰清兵十
餘萬三晝夜不息一清回吾外援已絕內儲復匱死
空城何益擁蛟突圍北至全州集潰兵數萬入保桂
林與留守瞿式耜分布諸將自會城之北駐永忠兵
之南駐胡一清兵未幾永忠兵大掠而南永明出奔
南寧蛟方按師入援適清帥烏金王至湖湘進忠一
清全軍俱走蛟曉起視營壁皆空愕然大慟曰五載
督師身經數十戰復殘疆數十州心血嘔盡所成就

竟如此乎乃緋衣坐堂上不去執見烏金王王勸之降皎曰王何患無降將降官虯果以我為血性男子不惜一劍成就王置之浮屠皎遂不食七日且死坐南向涕泣淚枯一夕憒懟嗌噤謂僧曰取一粟河水飲我僧問故公曰一粟河水自衛来猶吾君故土也僧以道遠莫致忽喉開涎出數升大呌聲如巨鐘遠近震駭皆為流涕主兵者憐之曰故國忠臣也使人遺劍公起三躍伏劍而死自皎死井之神魚一夕隨

霧騰去一空黎平破鮫族盡屠

雲林子曰夷齊採薇首陽其在行遁從容之際公當流離顛沛決絕至一飲不易蓋於天理民彝毫髮之辨不容或間也文文山不踐樓下土死燕市三年公非一粟河水不飲死浮屠七日人臣歸潔其身清與忠兼至矣

侍郎張家玉

張公家玉號芷園又鐵山東莞人崇禎癸未進士官庶常甲申闖寇陷京都玉抵書罵寇闖令兩武士夾之問故家玉年少秀拔辯論縱横寇嘆曰吾報若曹多矣臨死漸戰喘息不能一語未有若此人膽氣容色揚揚不動者竟釋不殺家玉慮不得脫乃僞為文以譽賊乘間南走入金陵會柄國者方借周鍾諸案以傾東林諸公家玉與鍾同事史館又出周文忠鳳

翔之門柄政者益投石羅織削籍居錢塘與總兵鄭鴻逵副使蘊觀生同護唐藩入閩立之唐藩遂相觀生以家玉為侍講學士監永勝伯鄭彩軍駐邵武家玉先驅抵廣信戰許灣順捷遂解福州之圍丙戌正月擢僉都御史開府廣信與鄭彩不合疏請回粵招募結山賊黄海如降衆數萬簡精鋭萬人為武興營遇清師于赤山坂閩上杭變時兵解餉匱奔回東莞居久表廣東新破巡撫佟養甲慕家玉名遣副使張

元琳即其家居之家玉衣冠出見責元琳以大義元琳固癸未進士與家玉同官庶常者也歸報養甲甲飛書諭之家玉答曰孔門高第太祖孫臣如玉其人者安可以不賢之招〻手生殺榮辱惟命家玉既義不屈會摧鹿到濬二鄉被清兵搖掠殺傷萬人家玉與其渠帥何不凡等約以舟師迎家玉玉出舊賜幢蓋麾節鼓吹龍衮東莞入之籍降紳李覺斯家財享士騰檄遠近所在豪傑伸義以應丁亥三月清兵至大

戰萬家碩破東莞家玉走到滘總兵李成棟攻到滘破而屠之家玉祖母陳母胡母黎及妹石室俱赴水死妻彭被執不屈斷股體死家玉走西鄉大豪陳文豹聚衆三千人保境奉家玉進克新安殺千餘人復遣兵襲東莞戰于赤崗李成棟大軍至攻圍數日互有殺傷已而家玉舟師敗夜走經萬家碩視其家廟燬破祖墳發掘張氏族屬屠戮殆盡拜哭而去張氏為唐殿中監九皐之後宋末遷居東莞地倚大江面

四百三十二峰先輩相傳必生大忠孝人主持名教
者十七傳而生家玉同邑李覺斯以玉籍其家恨之
倡爲厭勝之説故燬廟發塚蹤跡張氏族屬家玉少
好擊劍任俠多結山澤之豪故所至翕然附之雖屢
蹶復起分其衆列虎豹犀象四營攻增城攻龍門攻
歸善攻博羅旋復旋失如水之漁潰無涯也大師李
成棟至增城家玉分兵爲三營互相援皆倚深溪高
崖自固大戰十日力盡而敗成棟圍之數重諸將請

血戰突圍而出家玉曰兵盡礮裂欲戰無兵將傷卒死欲戰無人天明坐受縛矣大丈夫立綱常犯大難事已至此烏用徘徊不決以頸血濺敵手哉起拜諸將自投野塘死惟懷銀篆一顆正大光明蓋闔賜也年三十二官軍得其屍集諸紳驗視李覺斯曰是矣某知其一齒缺以銀鑲之髮可長二尺三寸果然無疑也明年以思恩侯陳邦傳請謚文烈父封增城侯少保大學士粵中人言家玉常乘一黃馬神駿蹻捷

每臨陣風沙慘淡作勢怒鳴以鼓士氣及王死馬亦自擲死溪水側云

雲林子曰懷廟之時懦師怙權人不知兵思文而後豪傑感興儒亦能軍人心以積怨而奮事局以壞而吏鐵山諸公用詩書為介胄忠義為干城先天下武夫閩其口而奪之氣何其壯也一出而戰許灣攻增城攻龍湖攻歸善攻博羅旋復旋失孤軍無輔竊嘆有牧復靈武之人無中樞推置之主事機屢失天

也公乎罵闖未拓淩々介節天生大忠孝主持名教

吾于先生信然

宫保學士節制尚書陳子壯

陳公子壯號秋濤東粤南海人年二十二登萬曆已未進士殿試探花初官編脩天啓中魏璫柄政壯父給事熙昌糾璫廷杖謫戍子壯甲子典試兩浙于試錄序中指斥璫罪媚璫者繩排謗律罷斥崇禎起廢累官禮部侍郎疏宗臣無轉授文武諸職例忤旨下獄弘光南遷起禮部尚書忤奸相馬士英罷歸江南破桂恭王避乱梧州子壯發檄遠近言桂王神宗子

光宗弟應繼統緒時唐藩立閩廣督丁魁楚以子壯
人望也集議子壯持說益堅適臣湯來賀嚷子壯曰
如君議閩立一君粵又一君內自爲敵縱蚌鷸不死
誰爲之漁人者議遂寢丙戌冬桂王子由根 國以
子壯議立論正即其家拜太保樞部尚書節制江廣
閩楚軍事大師已定東粵便道入黔侍郎張家玉給
事陳邦彥御史麥而炫先後聚衆攻克各州縣子壯
亦起兵南海之九江村與邦彥合師于會城內外相

應謀者入城被執謀洩子壯奔駐五芋驛清師李成棟破家玉兵于新安歸擊之子壯奔九江諸路各奔被執總督佟公養甲獲子壯寘之棺厚享之獄具以犯旗示子壯曰不處公極刑則威不立遂衣以赭袴舁之遊城内外遍盡集諸降紳燕飲聚觀有奮足榻子壯面大嚾罵者臨刑舉酒屬諸紳曰畏否諸紳以頭搶地曰敢不畏左右皆掩口笑子壯身被斫數十刀呼高皇帝烈皇帝不絕聲與麥而炫等同日死于

市子壯子上圖亦在獲以家僮伯卿請寸斬以贖主人之孤得免死

雲林子曰秋濤大節與宋臣張世傑崖山涕泣一君亡復立一君全肯觀其聯絡山海喋血誓盟至孤軍單騎出險沉淵皆從萬死一生以期得當臨刑大呼高皇烈廟不絕嗚乎公甘心死國而家僮伯卿請寸斬贖主人之孤有明忠義之氣亘天地而常新華之陳氏一家斯亦奇矣

兵科給事陳邦彥

陳公邦彥字岩野順德人乙酉間以諸生入金陵上政要三十二事爲奸相馬士英阻不行唐藩得其策讀而善之至閩使人即其家授監紀推官而邦彥已登是科賢書又以蘇觀生薦改授兵部職方主事監廣西狼兵至嶺聞閩變勸觀生東保惠潮不聽會丁魁楚等已立永明王于肇慶觀生與魁楚不合撤兵回詔使邦彥入賀且觀動靜魁楚聞觀生兵回恐偪

已乃挾王入梧州邦彥至桂林大妃東向坐永明王西向坐魁楚侍立閤邦彥勞苦卽擢兵科給事令回慰觀生遣之入輔邦彥東歸而觀生已迎唐藩弟聿鐭于廣州稱紹武邦彥不敢入貽書觀生勸其與魁楚并力勿使國中自鬬貽漁人利也觀生不能從竟搆兵于三水關邦彥遂去隱高明山中未幾清總兵李成棟破廣州聿鐭觀生皆死先是贛州總督萬元吉使族人萬年募兵于粵得健豪余龍千人未行而

贛州陷龍等無所歸聚甘竹灘爲盜殘兵附者二三萬人肇慶總督朱治憪使人招之既至譁而歸萬年死于乱李成棟既定全廣丁亥春進攻肇梧俱克之走治憪殺魁楚前驅至平樂邦彥聞之扁舟入甘竹灘説余龍乘虛攻廣州龍許之邦彥亦干高明山中起兵應龍由海道入珠江會廣城空虛清巡撫佟養甲飛騎走桂林召成棟回令其揚言便道取甘竹灘以龍等家口所在必退回是時陳子壯起九江村張

家玉起東莞霍師連起苑山所在皆聚衆與邦彥相
應邦彥屬書家玉云成不成天也敵不敵勢也方今
四方風鶴桂林累卵得韋制毋西潯平之間庶得完
葺是我致力于此而收功于彼也邦彥棄高明收餘
衆數千別狥江門下之先時佟養甲攻廣州得降卒
言其謀皆出于邦彥乃詗其所在捕之獲其妾何氏
子和尹虞尹于肇慶厚待之為書以招邦彥邦彥不
復祇判紙尾云妾辱之子殺之身為蒙死斷不死妻

子也養甲壯其爲人仍蒙養其妻與子後兵破肇殺
之七月與子壯合攻廣州子壯先至謀洩內應遇害
子壯欲引去適邦彥至謂子壯曰李成棟方攻張侍
郎于新安聞耆警必乘舟急還邦彥伏珠洲伺其至
以大舟從蘆葦中衝之公以大艦遮其西使不得去
克城在此舉矣望青旆而朱斿者吾師也計定成棟
果以戰艦數百過珠洲勢甚盛邦彥火舟衝之焚其
數舟成棟引而西邦彥尾之會薄暮子壯不辨旗色

疑皆敵兵也陣動成棟順風追之遂至敗邦彥回攻
會城城中已有備乃收兵下三水據胥江與霍師連
會八月清遠指揮白常燦起兵迎邦彥時橫州樹柵
絕嶺東餉道成棟還師擊師連師連以舟師截成棟
成棟縱火燒柵兵亂破之師連戰死邦彥與常燦及
大學朱學熙攖城以守時兵民起義者數千家惟邦
彥一軍最強嘗分出以救民兵之敗者至是精銳俱
喪外無援者踰日城陷常燦死邦彥猶率數十人操

兵戰肩受三刃不死走朱氏園撫學熙靈大慟索筆題壁無拳無勇何餉何兵聯絡山海喋血會城天命不佑禍患頻攖千秋而下隆此孤貞遂被執佟養甲使醫視創彥却之餽食彥不食在縶五日惟懷慨賦咏或投以紙隨筆而滿傳有天造兮多艱時哉兮不我與我后兮奚之我心兮良苦之句九月二十九日磔死監視者視其肝肝忽躍起擊監者面遂驚悸數日死邦彥既歿子壯家王亦隨而死越年贈兵部侍

郎謚忠節

雲林子曰岩野當永明播遷之際志欲行義建功譬大廈已傾豈一木能扶也初入金陵上政要三十二事惜其言不傳大抵謀畧經濟之大者觀其屬芷園數言方今王師風鶴行在累卵斯韋劉毋西俾淂平安葺是我輩致力于此而收功于彼斯謀也忠感天地機動鬼神豈智計之士所能料哉清帥以善謀忌公厚妻子以為招豈知公為義死不死妻子明祚決

绝之間執筆傳公三嘆嗚咽

湖北巡撫堵胤錫傳

堵公胤錫字牧游宜興人崇禎進士初官廣常歷長沙守是時山寇擾安化牧游率鄉勇平之又破燕子窩賊斬其帥草上飛李翦子等于是中外稱知兵甲申擢武昌兵備旋改全楚督學巡試常德會左闖交訌以督師檄召兵萬人駐大湖南北為汛胤錫隨留湖北巡撫歸鎮常德先時李自成既死其義兒李錦率十八部屯澧州界上號衆三十萬遠近震懼胤錫

欲撫之偵李錦母高氏有智術軍事皆取決而高氏有弟一功所部二萬人為諸軍最乃集鎮章道府議親赴其軍錦一功乃以鐵騎五千來迎胤錫却護從單騎入營賜高氏命服李錦一功蟒玉及金銀器幣犒其軍一軍踴躍歡呼叩首謝几宴胤錫命酒引卮論列諭以臣忠子孝大義衍衍數千言左右傾聽悚立明日高氏出拜謂其子曰堵公天人也義不可負爾輩當真心聽命受約束事聞封高氏淑英夫人李

錦左軍侯賜名赤心一功右軍侯賜名必正其他部
爵皆通侯號忠貞營加胤錫總督侍郎賜劉印鳳紐
紫綬以寵丙戌二月李高率兵攻荆州凡旬有二日
城且陷忽大霧赤心等蓐食帳中忽敵兵數萬至矢
飛如雨軍大潰胤錫急分駐澧州回子河防禦明年
丁亥三月永明王至武岡封胤錫光化伯不受五月
清師下湖南武岡破馬進忠王進才俱走胤錫入永
保土司十二月朱容藩稱監國招討副元帥建行臺

于夔州胤錫泝三峽至夔責以大義藩惧自銷其副
元帥勅印戊子春江西金聲桓變清兵自湖南回駐
武昌胤錫檄諸鎮出湖南四月馬進忠復常德王進
才復桃源澧州石門各城俱下忠貞營亦克荊門宜
城前潰衆俱集五月進忠兵戰牛皮渡又大戰麻河
俱勝高必進自夷陵渡江分道數萬人趨武陵馬進
忠恢復常德晋封公侯并加李赤心等為公胤錫自
率兵二萬及忠貞營攻長沙遂至湘潭與何騰蛟師

會己丑正月清兵至湘潭進忠走騰蛟死之胤錫東發至攸縣南昌已破乃分遣防守永興安仁攸縣自將萬人及胡一清之師戰于尊橋坂兵敗走耒陽將趨永興安攸三鎮當午忽大霧夜行有螢火數萬隨照以行得晝夜兼行道達桂陽路經楚之鎮為曹志建所困志建郴人封保昌伯有衆數萬屯三相之南界恃險自固忠貞營過而掠之志建大恚以其胤錫所招人也并憾及錫夜迎之入龍虎硐伏發將隨行五

百人縛而殺之胤錫宿野寺幸脫聞粵西明經何圖
復結寨楚粵界使人告難復率兵來迎間遍賀縣六
月胤錫至肇慶召入閣加督師大學士尚書賜白鏹
五千錠使召李赤心等于藤閣率兵至梧州部下叛
而從清者數千人赤心初敗戰馬鎧仗俱失士卒敝
困無意北出欲胤代請高雷二郡以為休息胤錫不
許遂散潰賓橫之間胤錫恚甚疽作別部周世俊願
自出楚胤錫親餞之十月世俊等下梧以待諸路各

鎮期是月望日東發錫感寒疾革草遺疏自爲諫詞滆流湍急時舟居且夜半矣命從者解繫放舟曰吾荷國重任不獲免胄赴鬪馬革裹尸今斃命卧欄死有餘恨固不若自沉于江葬魚腹中耳從者力諫乃止以是月二十六日卒

雲林子曰楮牧游才識膽俱至者也闖寇初潰之際猶聚三十萬衆屯澧州之界遠近震懼以何雲從之精悍謀畧猶圖退避恐其見偪而牧游方尚完一旅

單騎造撫非其識力堅定見將軍之丰頴凜然可畏
愛者乎方之段秀實以單騎入汾陽王子之營宣諭
婉摯慷慨激裂宜三軍為之鼓舞也終永明之代忠
貞營願效腹心識見忠信之足以感人云

錦衣指揮李元胤

李公元胤榆林人本姓賈為李成棟義兒成棟少時從高杰為盜以勇敢名及杰封興平伯成棟掛鎮徐將軍印守徐州杰為李定國所殺成棟以徐降清會故趙王由桜與黄蜚起太湖成棟擒蜚走趙王授松江總兵從定八閩由漳州與巡撫佟養甲入惠潮時蘇觀生方擁立唐王弟聿鐭號紹武于廣州成棟執之鐭與觀生俱死時丙戌年十二月望日卒也明年

成棟分兵取南韶肇慶克之復取高雷廉及瓊州復統全軍入廣西下梧州令副将杜永和襲丁魁楚于岑溪殺之隨進攻平樂先驅及桂林會粵東变起會城被圍佟養甲遣人告急成棟遂東回往返攻擊自春徂冬始定而粵西之平梧以及海北高雷等城俱復失成棟屢被責問明年戊子春江西金聲桓变時佟養甲晋秩两廣總督成棟當受節制恃高功恥為之下養甲趨成棟赴援江西成棟與布政袁彭年謀

緩兵待變不行語養甲曰今出城數十步皆賊安能
遠去計惟有急改名號以安人心耳養甲愕然忍听
之養甲惧禍盡以所部授成棟乃撿黄金千鎰及絲
紵舟楫迎永明王于南寧至肇慶拜成棟翊明大將
軍以其子元胤為錦衣都指揮掌絲綸房事以袁彭
年為左都御史先時廣東都司馬吉翔為錦衣從永
明王入武岡内閣缺人得與票擬求進身者爭趨之
其在南寧陳邦彥時駐兵潯江上下倚重以其子陳

曾禹為錦衣至是元胤亦為錦衣侍衛比兩人又加重焉元胤修慤大雅喜與士大夫交遊袁彭年素負時望掌臺綱又有劉湘如客丁魁楚金堡蒙正發等皆與之善持論侃侃以尊主權別流品亦倖援為事遠近望而畏之因有五虎之目袁虎頭劉虎尾丁虎爪金虎牙蒙虎矢也己丑正月清破南昌金聲桓死成棟回師斷後披甲渡河馬蹶沉水死贈寧夏王謚武烈加元胤車騎將軍晉封南陽伯領兵宿衛六月

部將楊大福為亂于梧州元胤召而殺之羅成耀走高州為亂元胤復以計取之人情倚以少安越年元胤居肇慶其下多謀為變不得已奔南寧伏地痛哭哀動左右會孫可望遣賀九儀將兵殺內閣嚴起恒等元胤忿懼請收高雷廉之兵迎永明王入海至欽州之防城為土兵王勝堂執送靖南王不屈左右挻下元胤笑曰屬鏤不避況挻乎王令作書招杜永和元胤曰杜將軍緍兵竄海差有丈夫氣乃招之耶王

豢之使其故人入說之曰將軍未受國恩何自苦耶元胤大慟曰某昔不過帥府一親人耳今爵通侯司禁旅狼狽被擒計惟一死報國豫讓不言之在前乎吾父死于九泉久矣故人曰李果將軍父耶元胤曰岐陽黔寧偶以養子自奮為名臣為烈士與其元子弗類徒增先人羞耳吾惟知一死報國焉馬及其他子毋多言遂與弟速捷前鋒將軍李國翰被殺投麗海中云

雲林子曰世類之說可以繩流品不可域豪傑非常

之士視風塵遇合浮生富貴澹然置之不屑也天分
勝人非詩書不為功盖其才有以裕之氣有以充之
元亂特立君子也自聖安而思文而永明數十載中
身居名教之重仕登青華之貴依違苟合者何多公
獨認真做去彝常名義炳然若揭是可傳也

給事金堡

金公堡別名性因晚號道隱杭州人崇禎庚辰進士初筮臨清守北都陷冠南旋丁艱與鄉人姚志卓起義山中合江東諸營遥爲聲援堡入閩奏志卓戰功思文大喜封志卓仁武伯堡兵科給事堡以服辭請勅印假虛銜以墨縗從戎聯絡江上義旅至江東入方国安營魯王諸臣以堡爲北來奸細爭攻擊之魯王執堡御史陳潛夫語安曰堡與姚志卓起義建功

公夙知之今胡乃爾國安曰此舉非出監國意令乃
閩中二鄭有書來必欲殺之蓋二鄭惡堡以其勸思
文棄閩幸楚謂芝龍不可恃也出書示之且云我縱
其去去入閩必追殺之不然無以取信于二鄭也潛
夫語堡堡曰我必入閩繳勑印備中道遇殺是死于
寇也按堡前陛見思文即勸其急宜棄閩幸楚騰蛟
可恃芝龍不可恃又言今日天子宜爲將不宜爲帝
湖南有騰蛟新撫諸營皇上親入其軍效光武駕御

銅馬故事皆戰兵可用中興天子馬上成功若

千騎萬乘出入警蹕之威儀盡可廢也思文太喜謂

得堡如獲異寶即授堡兵科給事堡以守制固辭祗

請勅印聯絡江上義旅上大喜用決意出贛州幸長

沙上欲奪情用堡〻引先朝留楊嗣昌故事昌為黃

道周諸正人所不容為案奉旨云嗣昌小人何得與

爾比例芝龍以上尊隆行將大拜忌恨愈深是時行

在延平輔臣曾櫻留守福州陰知芝龍密謀勸上欲

保全金堡不如聽其歸浙越年閩地為鄭芝龍賣閩撤守勾北兵入汀思文遇變永明王監國肇慶播遷桂林堡入黔永明仍授堡原銜給事堡負特望與李元胤劉湘客丁魁楚袁彭年蒙正發掌臺綱以尊主權別流品斥倖援為事遠近　畏悍由是有五虎之目袁虎頭劉虎尾丁虎爪金虎牙蒙虎夫奸黨攻擊之廷杖折左腿遠戍金齒時留守瞿式耜入覲諸將聞桂林導平皆危入營辭去式耜曰爾去則去我在

不過多活幾日自古今來誰不死者但要死得乾淨
耳語未竟承召入朝隨爲僅寬釋歸清浪未幾桂梧
俱陷瞿留守與張司馬同死僅見期拔茅坪菴爲僧
釋名性因從間道四十里伏司馬張公屍慟哭乃作
書上大帥定南王請瘞瞿張二公屍書曰山僧浙水
之罪人也承乏掖垣奉職無狀繫錦衣獄九載幾死
杖下今夏謫戍清浪以道遠之故養痾招提皈依三寶
四閱餘月車騎至桂咫尺堦前　不敢過者蓋以罪人

自處亦以廢人自棄冀以世　之人自恕也今且
且有不得不一言于左右者故督師大學士瞿公總
兵學士張公皆山僧之友也已為王所殺可謂得死
所矣敵國之人勢不並存忠臣義士殺之而後成名
兩公豈有遺憾于王耶山僧亦私有痛惜于兩公哉
然聞遺骸未殯心切感之古之成大業者表揚忠節如
出性生殺其身而敬且重其人若唐高祖之于堯君
素周仁宗之于劉仁瞻是也即明太祖之下金陵也

節義文章卷之十二

閩中林涵春雲林甫輯著

宗伯曹學佺

曹公學佺、字能始、號尊生、侯官人、年十八登萬曆進士、詩文雋逸、特艷三絕、謂文章科第少年也、歷四川按使、俄削籍、以公作野史紀畧、議論與三朝要典相反、三朝要典者、紅丸挺擊移宫三案、編輯成書也、魏璫牽羅幾陷不測、歸纂十二代詩選及名勝誌四方

客侯官徐五
也名英

騷壇藝苑、輒至以挹半采為勝、懷宗殉國、憂傷病羸、唐藩入閩、晋宗伯、直蘭臺館、大師至、公遣館客笑曰、一醉已矣、何事倉惶、俄經死、視研間遺紙云、生前一管筆、死後一條繩、有石倉集行世、

雲林子曰、能始賦才曠逸、率以天勝、非鐵心鑿腸、取役腹胄也、坐而書、睡而吟、若工之至者、以人合天、自然之可愛耳、文幽雅澹遠、五言尤長、才以敵法、另作一番位置、從容殉節、不僅以才士目也、

御史朱之馮

朱公之馮、徐州人、天啟進士、崇禎官都御史督撫宣大。當流寇肆掠、諸鎮皆叛、公獨拒守、賊鋒壓境、夫人馮氏識特勢將危、勉公死國、涕泣別公自刎、公痛夫人、慼傷從死、衆解之、賊至、縊敵樓上、死十五日、顏色不改、蛆蟲遠避、群鳥啣花覆面、賊駭異瘞之、弘光謚忠壯。

朱新達中郭人、性驍勇義俠自、崇禎授參將應援荆襄諸衛、流寇進薄襄陽、公口禦力竭、襄陽將陷、公令妻妾先縊、一妾尚未同裯、公令去、妾泣曰、主人死國、某忍偷生、寧不能先死主人乎、言訖趨堦觸石死、公一慟而絶、總兵尤世達聞公死、闔室同殉、驅家人二十口赴火、身衝賊及而斃、

雲林子曰、懷廟身殉社稷、内外文武死國、見之明季遺聞者、三百有奇、闔門共死不下數十、而朱公妻妾先事赴難、尤烈之奇者、死生決絶之際、鮮不遅回顧

惜有若是之慷慨激烈者乎、彼侍媵小星、迥出鬚眉
遠矣、宜其相感同燼、聞風興起也、

給事袁彭年

袁公彭年字特立、宏道子、崇禎進士、弘光給事、時馬士英設廠衛詔獄緝事、年疏云、高皇不聞有廠、文皇窮治黨籍、正德復設、嘉靖奸嵩效尤、萬曆天啟魏璫再用、幾危社稷、近事明鑑、蓋逃網之方、從密網之地而布、搜奸之籍、因作奸之人以行、當此國脈衰促、人心動搖、不以安靜為事、而以蠱惑為功、欲求上下一心難矣、削逐、憂憤死、雲林子曰、袁特丘給事請止廠衛之疏、與林大尚書同詞、侍用言於世廟為逆瑾奸嵩而發、斯時人務名節、猶有固志、弘光播越新造、上猜下忌、人情解體、哀矜周恤之不足、況施以殘刻酷虐哉、忠厚開國、其未前聞乎、

侍郎蔣德璟

蔣公德璟、字八公、泉州人、崇禎進士、直諒清介、正色不阿、時閹臣楊嗣昌督楚師、襲熊文燦故智、撫險縱賊、獻忠破順慶、猶在醉夢、割瀘州守蘇瓊戰死之頭、充級上功、璟憤疏熊文燦奸欺悞國十罪、請用嘉靖朝處仇鸞例、斷棺戮屍、廷論大快、有青草黄昏風雨夜、怨魂多少覓頭顱句、唐藩入閩、鄭芝龍專制、嫉公抗直、以手板落其齒、大師抵閩、絶粒死、雲林子曰、懷宗季年中原淪陷禍釀于督師邀功玩寇、失軍心致敗熊文燦以貪而喪、楊嗣昌以怯而亡、楊大洪謂隳城覆軍、師以捷聞、水旱荒災、歲以豐聞、者也、劉守臣戰死之頭、充級上功、賊入順慶猶在醉夢、公言及此真有天地震怒、戰士飲血、人人流涕之感、抗直落齒、龍眾不減、希烈、公豈得与常山並傳矣、

錢塘令顧咸建

顧公咸建崇禎進士、文章名世、釋褐告請終養、弘光南遷、出宰錢塘、大師至浙、到尊經堂、父老無不流涕、號節義良牧

、諸生顧所受

顧公所受、蘇州諸生、傳學善文、懷宗殉國、聞變痛哭、絕食、忠義之氣、發為詩歌、大師南下、哭入文廟、投泮池死、

雲林子曰、江南才藪、節義所鍾、南遷局解、大師南下、一到經堂、一投泮水、二公不愧詩書、殉節君父、斯爲正命之受、

、侍郎施邦曜

施公邦曜字四明、天啓進士、崇禎刑部侍郎、闖寇薄城、慷慨殉節、咏云、慚無半點匡時策、惟有微軀報聖恩、引繩自縊、謚忠節、

雲林子曰、臣子當國事不能未雨綢繆、至力促勢窮、惟有捐軀赴難、非盡才智之疎也、時事相遭、奸邪掣肘、所謂大厦一木傾而難扶、讀公省刑清獄諸疏、能無愾息、

諭德周鳳翔

周公鳳翔、字巢軒、崇禎進士、官諭德、闖寇警延望天末呼別父母、矢身殉節、城陷、與二妾共縊、絕命云、碧血九原依聖主、白頭親老望忠魂、弘光謚茶莊、

雲林子曰、宇宙間惟忠與孝、碧血精英、亘萬古而不磨、巢軒萬里呼天、泣別父母、何其孝也、矢身殉國、與二妾同縊、何其烈也、以乎君親遺憾、淚積泉臺矣、余傳君事、筆牀硯席、生氣盈盈、能無骨悚神驚耶、

侍郎何楷

何公楷、字玄子、泉州人、崇禎進士、官郎中、弘光晉侍郎、疏稱東宮闕萬世公論是非、不可不慎、先帝太子自楚歸、朝野矚望、萬姓欣騰、士英獨言其僞、隨致喪失、有知不敢言、言不敢辯、但曉進〔逢〕君、不識大體、唐藩入閩、以清介鯁直、爲鄭芝龍所忌、令盜伏半途、截其耳、憂鬱以死、

雲林子曰、何玄子、芝龍鄉人也、南陽豐沛、時各自負、

龍何嫉之深耶、来歙中、公孫述刺客於要害、呼蓋延相屬國事、延悲泣不能仰視、歙叱曰、虎牙何敢然、夫非翊戴共事者乎、玄子鯁直截耳、龍乎、吾見其盜也、

燕都二烈

周鏡、崇禎侍衛官、年少豪爽英采、甲申國變、先帝殉國煤山、從內官奔回、呼母曰、帝速兒侍駕矣、願母自保、母視鏡觸死、與媳同盡、

周其、都城諸生、國變、一夕狂走、不食不寢、搥胸憤泣大呼曰、皇帝死矣、皇帝死矣、一慟而絕、

雲林子曰、國君死社稷、懷廟殉難之烈、千古獨慘、普天同仇、豈僅二君哉、鏡别母速行侍駕、其痛哭皇帝

死矣、草茅孤忠、情不容強矣論身微分界、不足數崗、
視富國大僚、蒙首賊庭、遠矣、

御史林蘭友

林公蘭友、字自芳、仙遊人、性樸直、以忠孝自命、崇禎進士、初令桂林、擢御史、黃道周糾閣臣楊嗣昌奪情、忤旨詔獄、蘭再疏稱大臣不知有父、安知有君、以墨絰居端揆、尚謂有人心乎、南北都陷、日惟涕泣、逃海上、疾革、草遺家人書、署臣林蘭友遺骨、

雲林子曰、王新建謫戍龍陽、渡江臨水、詠云、生前許國身無補、死不忘親恨有餘、公遺骨書署臣林蘭友、

蒼此志也、國家以忠孝禮義示天下、請撲墨經臨庶僚、內安既失、安問外攘、不至衰亡者、幾希、宜公直詞保々也、

閩中王氏 三

王公恩及字戴君長樂人、少端莊不屑群兒伍、從師山庄、忽階下生竹笋、一晝夜齊半牖、笑曰、大丈夫氣節勁直、不當如是耶、領天啟賢書令信宜、界萬山中、寇竊發無虛日、公勤撫兼施、平之、民藉樂土、唐藩入閩、應召閣臣、擢以不次、大師至、從間道抵家、負土先墳、泣拜曰、吾事畢矣、與妻仰藥死、

王公家彥、字開美、號尊五、莆人、天啟進士、崇禎兵部

侍郎、甲申闖寇陷都、分守安定門、冒矢石堵禦、城破
公刻死獨先、呼曰、恨不隨乘輿、觸石死、賦性廉直、有
文譽、善詩、詠武彝遺句、泉落丹霞塵世迴、身臨玄闕
海天秋、又龍髯板去人如夢、鶴馭歸來雪滿樓、可想
位置高潔、
王公忠孝、字愧兩、惠安人、性方直、勤學厲行、崇禎進
士、官主事、忤璫削籍、北都陷、哭絰旬、兩目翳昧、南都
繼統、輔臣薦之、嘆曰、先帝勵精圖治、爲庸相權奸所

悮、中原隨以丘墟、今秉軸非人、不能卧薪嘗膽、復與
才能為水火、豈可久耶、唐藩入閩、以都御史召、痛陳
畫守一隅、不幾坐斃、局鮮、隱海上十餘年、賫志苦節
没、
雲林子曰、士先氣節、而後文章、經濟功業、由之以立、
戴君童子時、已矢志勁直、忠孝種子、以直方裕養也、
尊五愧两、咸以直稱、不愧立身操行大坊矣、臨難赴
義、養晦需時、進退存亡、有道存焉、人臣歸絜其身、亦

各行其志也爾

、御史李邦華

李公邦華、崇禎進士、官都御史、闖賊陷城、全家盡縊、臨絶詩、愧無半策匡時難、惟許君恩一死酬、

、進士李待問

李公待問、字存我、華亭人、崇禎進士、博學善文、詩宗元美、書學北苑、悉歸雅正、甲申國變、公未謁選、慟哭奔聖廟曰、吾即幸生、何面目對聖賢乎、自經廡下、

雲林子曰、二李公臨難賦詩、何其從容就義也、劉湛

特先生絶命、稱忠孝大節、千古為難、文信踐之、吾何
不然、斯亦自行其志者乎、

副使祝萬齡

祝公萬齡、崇禎磁州副使、闖寇陷秦中、祝矢死服深衣大帯、奔斯道中天閣、哭拜宣聖縊死、

雲林子曰、秦中百二山河之險、門户屹若、草竊始起于延安、大盜蠢發於幽涼、瀰漫響應、皆以自成獻忠為犄角、磁州四塞受敵、兩陷強寇、祝公雖力裕策應、才嫺條禦、無如軍帥撫臣、乖方牽制、驕兵悍將、悉索營私、大廈將傾、豈一木之能扶哉、哭經聖庭、盖亦得

死所矣、

、淮北鎮將古道行

古公道行、宿遷人、崇禎淮北鎮將、驍勇得士心、壬午流賊袁時中陷淮北、意在直搗燕京、諸鎮擁兵觀望、獨道行出摧賊鋒、鬬三晝夜、力竭援絶、同山東叅將戴珊戰歿、部卒千人、感激觸死、無一降者、賊亦重傷過半、得緩甲申之變、人比張睢陽遮蔽江淮、惜無收復靈武之人、

雲林子曰、古道行深得士心、孤軍獨出攖賊鋒、轉鬬

三晝夜、至援絶力盡、戰没、勇如戴將軍、亦與同死、餘燼千人、感泣含哀、不肯隻影投賊、何其烈也、當時使無道行一軍拒賊、卧鼓掩旗、直搗燕都、豈特甲申之變哉、有左帥而不善用、宜嘆收複之無人也、

學士朱大典

朱公諱大典，崇禎進士，魯藩入浙，授鉞出守金華，大師臨城，發紅夷神機衝城，城裂，公驅妻子就縊，北面再拜曰，臣力竭矣，天地高皇，鑒此忠節，子、塾師進士鄭郊感泣同死。

雲林子曰，封疆之臣，身死封疆，於職宜爾，公驅妻子同殉，其得大臣不辱之體者乎，塾師鄭君，顛沛喪亡不去，與之同盡，忠義感人若是乎，禮賓師不與難，非

所論于鄭君也、國恩方隆、可以死、可以無死之間、弗計也

威茂道蔡肱明

蔡公肱明號靖公、晉江人、崇禎進士、擢兵部郎、歷四川威茂道、國變、賊迫解綬納款、明以頭觸石、罵曰、死即死耳、不爲不義屈、俄同守將弁奔賊、公憤呼、驅家人二十二人同死、

雲林子曰、崇禎季年、獻寇陷楚及蜀、泉人蔡道憲司理長沙、與弁將尹先民矢死固守、寇圍三月不下、肱明城未陷、而守將奔賊獻款、雖先後同歸一死、亦遭

逢之幸不幸耳、二蔡皆大儒虛齋先生子孫、家世詩書、夫亦忠孝之有種乎

吴氏七忠

吴公炳字可先、號石渠、宜縣人、萬曆進士、初令蒲圻、歴江西學副、善文詞音律、嘗倣湯若士五經曲、按韻依聲、世傳誦之、闖變絶粒死、衡陽七郎廟、絶命云、君恩未報生猶死、畏死偷生更辱生、不信天工真夢〻、祇今人世笑硜〻、又云、荒山誰與埋枯骨、明月留將照短纓、五十年華彈指過、一朝夢醒即騎鯨、

吴公麟徵、字聖徵、號磊齋、海陽人、天啓進士、崇禎給

諫、甲申闖變、揮涕曰、山河破碎、不死奚為、走三元祠
飲鴆、絕命云、身居諫垣、無匡國、救民、法應褫、當殉以
角巾青麻、覆以單衾草薦、狂呼投繯死、嘗自矢曰吾
志文山、學文山耳、
吳公甘來、字受和、新昌人、天啓進士、崇禎翰林檢討、
甲申闖難、寄子與友、自矢殉節、詩云、君臣義命乾坤
重、孤亂千戈風雨秋、初寇警、兄泰來至寓執手曰有
死無二、城陷闖上尚在、曰土木袁彬、遜國程濟可為

也、及聞上崩煤山、遂躃踊而絶、

吳公應箕、字次尾、南雍書生、博學才辯、大師南下、自矢殉節、聞尚書高倬、郎中劉成治、主事吳佳胤、俱經死、曰、忠義種子絶矣、隨披髮走鷄鳴山、哭對繆壯侯、經死、事見金正希傳中、

吳公爾壎、字介子、崇德人、鶺齋之屏子、先生督閩學政、正文體、拔單寒、爲明三百年之冠、壎崇禎進士、初官庶吉士、學士范景文薦召德政殿、泣言流寇情形、

請間使西邊入援、未及行、都陷、偕舉人祝淵奔史可法相國、伸義、壇持杯酒別淵南歸、囑曰、吾以一指相托、拔佩刀斷左指、血淋、家慟不忍視、泣曰、為吾歸報父母、賊仇未雪、兒不歸矣、卒與史相國同殉、家人以一指、具衣冠瘞焉。

吳公鍾巒、字巒稚、號霞舟、崇禎進士、武進人、夙學澹遠、不屑仕進、初筮長興令、擢儀部郎、南北都革、易間關入粵、晉宗伯、識事局解、收生平著述圖史琴書積

蘄學宫抱聖牌焚死

吳公貞毓、字元聲、貞啟弟、崇禎進士、國變入楚入粵入滇黔、累官司徒、時馬吉翔龐天壽諸奸、網陷正人、同列不能伸救、毓執奏哀呼、絕命云、躬逢多難惟依漢、夢遶高臺亦報劉、又云、擊奸未遂身先喪一片丹心死不休、拱諸寮屬曰、後事付諸公、就縊、

雲林子曰、延陵季子於一劍之微、不忘死友、後人于君國之大、敢負所事哉、諸公平時矢志精白、故能於

臨難決絶、慷慨就義、讀諸咏詞、孤忠耿耿、至于斷指歸報、又何烈也、南霽雲咬指、擧座流涕、于君更溢然淚下矣、

給事嚴通

嚴公通字志吉、號白海、崇禎進士、謁選、遇國變、終養、著白魚集、唐藩入閩、魯藩入浙、相持水火、通官禮垣、上書言大敵當前、而骨肉相殘、如失計何、各悔恨通好、尋事變、圓頂為僧、被舊讀章獄、人咸惴惴、嘆曰、生必有死、讀聖賢書、不愧君父、何憾、仰藥而瞑、初大師入閩、有以地方人才薦閩、先生謝以詩云、柴門久已絕逢迎、寵辱由來總不驚、富貴失身皆罪案、文章得

意即功名、薦者隨嚴、

雲林子曰、謝疊山却聘、白海謝薦、聞、然國亡主滅、苟全食息、愧心何極、使匍伏強顏、甘失身而富貴、亦異夫含酏飲刄、全末節而殺身、先生著述雄富、立論忠孝大義、數十萬言、文章得意、視身外浮名、宜蠛蠓之過隙也、

御史鄭爲虹

鄭公爲虹、崇禎進士、南都陷、唐藩入閩、官御史按閩、大師入柘浦、執之不屈、虹曰、負國不忠、辱先不孝、忠孝兩虧、我生何用、磔舌噴血、奪刃自刺、僕陳牛龍户張萬明張翹鸞洪祖烈六人同殉、郎中黄大鵬奔視大哭、共死、

雲林子曰、南都半壁、不踰歲喪亡、冠裳文物、倏然變更、廉恥禮義、泯然殆盡、負國辱先、戴天履地、舉皆蒙

首下心也。臣死君、奴死主、僚友同殉、夫亦忠義感人

為然耶。

將軍周之藩

周公之藩、字長屏、天性骯髒、北都革易、閩撫張鯢軒募壯勇勤王、授公遊擊將、移師京口、留都失守、從唐藩入閩、扈從江右、時、眾志解體、諜者令百騎追躡、去藩騎纔數武、公詭之、大呼曰、我唐藩也、當此、直污吾劍、眾爭向環射、矢集遍體如蝟、死馬上、目猶未瞑、眾疑猶生、左右曰、解矣、遂瞑仆地、為人臣以身捍患、倉卒義烈、不滅張范陽之負死崖山也、事載黎愧曾筆

紀、

雲林子曰、長屏扈從西出、無片騎隻矢為之前驅、時危勢迫、以身翼主、身當衆矢、事成則為紀信韓成、敗則為公義烈精英、氣蓋萬夫矣、

勳戚周鉉

周公鉉、思宗皇后兄、闖冦陷都、公慷慨義烈、勉殉國難、夫婦男女僕御闔門三百口、各自刎死、屍首依上下名分、男女無混雜失次、僕御無高下顛倒、千古死國難、死家尤難、論者謂公平時以忠孝持躬、以禮義訓率、故能於倉卒赴死之際、有從容就義之奇、嗚呼烈矣、其殺身成仁者乎、

雲林子曰、漢史外戚傳、義取垂戒驕佚矜誇、襲寵侈

麗、將由惡終、其大較也、王氏五侯、霍氏二大將軍求

其禮以檢身、義以制事、難矣、周公闔門三百口、同時

死國、流連決絕、鮮不倉皇失次、至上下不紊、男女無

雜、千古死事之最奇者、

、寧武總兵周遇吉

周公遇吉、寧武總兵、驍勇義俠、素以忠義自矢、妻白夫人、剛烈有勇、能開二石弧、習刺擊、每撼陣、殲賊甚多、崇禎末、闖寇陷大同、撫臣劉景瑗死之、旋至寧武、吉與夫人首尾結隊橫殺、賊避鋒莫前、設伏擒夫人、以兩刃加夫人項、縛城上、令說吉降、夫人視吉大慟、以忠義堅勉殉節、賊怒磔夫人、屠其城、吉全家赴火死、雲林子曰、流寇屠掠郡邑、闖寇繼以陷都、死節之士、率皆父勉子、夫勉妻、激烈之氣、金石爲開、若白夫人死義之難、勉夫殉節更難、賊鋒加頸、九死不辭、祗恐吉一念苟全、滋恨不瞑、真有天地震怒、日星瞑晦、戰士飲血之槩、嗚呼烈矣、

穀城令阮之鈿

阮公之鈿、穀城令、流寇張獻忠叛入穀城、之鈿瀝血泣訴于左良玉、熊文燦、蔽賊釀變、書絕命詞以死、良玉開函閱變、曰、經畧縱寇負嵎、遺我攖之、憤列其狀、文燦詔獄、死西市、夫亦可以消之鈿憤恨也、

雲林子曰、獻寇圍鄀失利、倉惶蹐促、以重賂投熊文燦受撫、燦置之房竹、此時若為之嚴防審布、不特可解群盜犄角、且孤自成全力、懦帥狃安玩寇、俾其脫

險縱逸、隨至中原丘墟、雖百良玉可爭尺寸、不能奪
大勢也、景春十四往請援不發、之鈿瀝血絶命、文燦
西市詔戮、斯亦直道人心所共誅者乎

惠安伯張慶臻

張公慶臻、崇禎勳爵惠安伯、遺史未詳里籍、闖寇迫都、憂傷淚血目盲、城陷縊死、家人收公屍、焚縊繩、滴滴有血、凝成塊碧、置几上、徹夜光鋩、貯以玉匣附塋、

雲林子曰、劉誠意子璟、靖難辮髮自絶云、萇弘沒已久、其血化為碧、堅貞逾瓊玉、光耀貫奎壁、豈惟忠著、乃是元氣結、嗚呼、公之忠義、與璟一轍、長存宇宙、光氣耿耿、豈磷磨所能掩蝕哉、

兵部郎尹嘉賓

尹公嘉賓、字孔昭、江陰人、萬曆解元、進士、官兵部郎、奉命募兵遼海、流涕國事、登蓬萊、望醫無閭、慨然有澄清黑水之志、歸督三楚學政、死官舍、性硜（確）硜文靜穆如人、

雲林子曰、熹宗季年、樞部孫承宗經畧山海諸關、屬以東事、御門臨餞、禡祭大舉、尋為群奸所絆引退、公歸而疆場日促、作憤恨諸賦、錢牧齋叙其詩、扼腕

紀其登蓬萊、望醫無閭流涕、古人有淚難消恨、早爲

公感慨矣、

御史許直

許公直字若魯、如皋人、崇禎御史、闖冦陷都、直賦詩六章見志、有顧侍吾皇告諸帝、祈哀仍使國威揚、又丹心未雪生前恨青簡猶傳死後聲之句、衣冠拜天、大哭自縊、

諸生許琰

蘓州諸生許琰、崇禎甲申闖冦陷都、聞變絕粒不食、哭號先帝、觸石死、弘光予祭贈官、

雲林子曰、許御史絶命賦詩、復仇之志、勢無可為、至祈哀帝天、顧使國威復振、直有慘慟愁絶、長恨不瞑之慨、若魯大哭自經、許琰哀號觸石、烈激一時、名垂千載矣

、進士戚勳

戚公勳崇禎進士、能文善書、風雅清逸、長於詩才、館閣諸公重之、弘光南遷、授中書、大師抵金陵、勳顧四面壁壘、勢無復之、集家人子婦、團飲自焚、雲林子曰、金陵局壞、山河破碎、舉目河山之異、集家人團飲自焚、劉宗周所謂留此旬日死、少存經濟志、決此一朝死、了我生平事、亦此志也、

進士郭符甲

郭公符甲、晋江人、崇禎進士、國變後、逃建寧山中、及建州變、被執不屈、身刺數刄、脱永春山中、絶粒經死、有丐者豢之、樹屍而慟、剪齒髮頭顱、瘞山麓、僧性原時見精魄往來山間、

雲林子曰、符甲國變、適走建州、脱難永春、竟以絶粒經死、人故有歷九死而不死、過一死謂得所者、舉目河山之異、不可以一死緩須臾也、文丞相死燕山、有

持齒髮南歸所在光氣耿耿、彖乃負公頭顱齒髮瘞山中、精魄往來不泯、乃殆公之真知己乎、寄命托孤、吾于斯人歸之矣、

尚書高弘圖

高公弘圖、晋人、崇禎官工部侍郎、疏内臣張彝憲僭越、云臣職侍郎、貳尚書也、非二内臣彝憲、雖總理戶工之命、安得儼尚書之上、遂忤憲、馬士英援阮大鋮入贊樞機、圖曰、付之廷議、國人皆曰賢、何不正大光明、君以一手妃[把]定、臣決不奉詔、侃侃切直、每告去、優留南都、變時、圖寓蕭寺、聞鐘聲若聾聵、哭五日、淚血枯死、雲林子曰、江南半壁、勢尚可為。使將相和調、多士豫附、猶得偏安一隅、無若庸相貪鄙、悍將怙權、叅畫樞機、不經朝議、雖賈董秉軸、蕭曹握算、未有不亡也。大厦將傾、非一木之能扶、公直節不容于内侍、讜論見忤于奸輔、國爾忘身、豈直聾瞶悲憤哉、

輔臣賀逢聖

賀公逢聖、萬曆輔臣、予告休沐、崇禎癸未、賊破武昌、殺楚王、驅卒臣三十萬溺江中、逢聖聞之、流涕曰、吾不忍獨生也、朝服躍流、與百姓同殉、門人大治諸生尹如翁從死、聖字對揚、江夏人、萬曆進士、

雲林子曰、逢聖黃髮老臣、當天步艱難、軍國民生刺心疾首、獻寇一旦殺宗藩、隳名城、屠𡾊蒼赤、投淵塞流、不為同殉、亦何以謝江漢父老子弟也、獨惜防患

救過、不能綢繆未雨之先為憾爾、

房縣令郝景春

郝公景春字和滿、江都人、萬曆鄉薦、令房縣、流寇張獻忠以重賂愚督帥、熊文燦受撫、識文燦懦怯、逸去、圍房、春請援十四往不報、城陷、子鳴鸞、奴陳宜失公所在、且呼且罵、曰、兒苦父子死不同處耳、賊擁公令屈、公叱曰、爾速殺我、旋縛子僕至、公呼曰、速來就死。與我地下同殲賊、主簿朱邦右見公死、與妻子共縊、雲林子曰、左良玉大破獻寇于鄖西、寇精銳俱盡、乞降、文爍置之房竹間、視爍怯懦、叛入轂城、殺令阮之鈿、遂出圍房、郝景春請援十四往不發、坐視成敗、蓋忌良玉之功、襲賀蘭故轍也、景春父子奴僕慘戮、爍罪通天矣、非之鈿絕命哀詞、感憤人心、安得受戮西市、泄諸君地下之憤、

郎中尹伸

尹公伸字子求、宜賓人、萬曆進士、南兵郎、歷河南藩伯、先時備兵滇中、流寇圍貴陽、身經十餘戰、突出、後獻賊陷蜀、執伸入成都、不屈、殺之、性孤峭、見擯于時、終始臣節、凜然、

雲林子曰、按蜀志稱公歷宦藩臬、旋起旋廢、蓋其執性孤狷、與物多競也、不傷于權奸、而死于獻寇、終始臣節、蓋亦有數耳、

、藩校孟泰

、孟泰、少保鄧應龍僕、從桂藩將焦璉屢戰、率千人馳擄、不失一人、聞諸鎮納款、按劍雪涕曰、自吾爲人奴、甫得一飽、即感激圖報、今爲國帥臣、死不恨、鴆其妻子自殺、

雲林子曰、爲人奴得一飽感激、視爲人臣晨食大烹置國恤于罔聞、當厄之感、施受自異也、孟泰剛直勇敢、摧鋒擄敵、其國爾忘身者耶、使世皆泰、天塹西川

豈輕以與人哉．

諸生項志寧

項志寧常熟書生，與徐惲、董元哲三人文酒雅善。大師南下，制令薙髮，志寧泣曰：「髮膚受父母，薙之是斷所受也，違令不測，寧死明志。」絶咽七日而死。兩人聞變，仝到。

雲林子曰：常熟三諸生，意氣相感，非特文酒合志也。天親同類，君父同仇，全髮膚而絶咽，感殉節而共到，士之忠孝兩盡者。

、金滄道楊畏知

楊公畏知崇禎孝廉、勝國末、雲南金滄道、土酋沙定洲叛、沐黔國避入楚雄、楊遵過楚雄、人留公共守、自乙酉迄丁亥、賊九三至、公百計却之、賊號其城曰鐵楚雄、又曰楊鐵楚、嗣賊陷滇、公投水、賊撈之、脅降不屈、感公義、俠從公約束三事、不淫、不擄、凜遵正朔、迺西百萬生靈得免屠戮者、公之力也、後賊悖慢、公謀誅之、機洩、賊殺公、事聞、褒恤、雲林子曰、帝王金城千里、言在德不在險也、又曰仁義可壯干城、明季搶攘之秋、土酋乘釁而起、黔國卻走播越、公捍楚雄、而全黔爲之屏蔽、豈直迤西半壁藉之安堵、要約三事、夫亦忠義感人、置異類于腹中、神奇勝算、目無堅壘、宜賊之三至三卻也、賊以悖慢殺公、公以疎畧羅禍、時數使然、千古而下、鐵楚雄之號、隱然一敵國矣

、楚雄孝廉杜天禎

杜天禎雲南楚雄人、崇禎孝廉楊畏知集義旅討寇、命天禎留守、尋楊被執、城中紛亂、禎沮之不得、遂隱、禎援筆書敵樓云、滿城竄竄恨滇西、無一赤心臣子、千秋電火求免一青史罪名、正衣冠自縊死、

雲林子曰、獻寇荼毒中原、闖賊陷沒神京、沙酋乘亂肆掠、迤西千里、當此四海陸沉、奸雄忠佞、伸手做去、不異電光石火、倏忽寂滅、畏知死、滇寇復叛、公死滇

寇初陷、千秋青史得二人差為生色、

閩中二烈

焦源溥字涵一、陝西三原人、萬曆進士、天啟中、紅丸梃擊移宮三案、臺省聚訟不決、源官御史、建白詳晰、不畏嫉忌、朝野壯之、崇禎末、闖寇陷秦、闖獲之不屈、涕泣云、八千子弟今何在、百二山河尚可全、罵賊斷舌、弟源清撫宣大、賊逼降、不屈、死之、

焦璉、山西人、有勇略、督師瞿式耜部將、璉感式耜孤軍獨立、從陽朔入援、時大師破滇、璉欲扶耜行、耜曰、

吾職封疆、義無可去、公自努力、爲言諸將力竭、惟有死報國、璉適平樂時陳邦傳已歸命、忌璉尚在、未收全功、設飲伏發、璉持杯酒指傳曰、吾不死封疆、死此、命也、留吾頭贈君、遂自刎、

雲林子曰、閩中豪傑之藪謂士多慷慨也、涵一不屈閩寇、臨難云、百二山河尚可全、志切同仇含哀顧望、死而猶生也、焦璉忠事稼軒、間關入援、軒守義不出、璉愴惶而去、恃邦傳爲故人、白首按劍、人情險巇、持

杯慷慨、以頭贈君、壯哉烈士、人之云亡、邦國殄瘁、信然、

蜀撫陳士奇

陳公士奇、閩之漳浦人、崇禎進士、歷官四川督學、以清節擢蜀撫、獻賊迫成都、朝議遣人代公、時公已解組出蜀、聞寇陷成都、大哭曰、新撫纔至經旬、而城陷賊、雖責屬他人、仍我也、馳歸成都、寇執之、大詈不屈、寇曰陳窮鬼爾在、吾緩攻爾者、欲生置爾、今反來就死耶、

雲林子曰、懷廟季年、身任軍旅、職司民社、往往規避

遯遁矧時危勢迫封疆淪陷匿影逃形之不暇、安有以既去之身反任其咎如公之國爾忘身、同仇共死者乎、甘心蹈義千古奇烈矣、

錦衣王其

王公其崇禎錦衣百戶、雅慕名流、賦詩擊劍、與朝紳周鍾友善、鍾寓其室、闖寇陷都、以大義堅勉殉節、鍾不答而出、及屬言迫勸、挽衣帶盡絕、奔闖投名、其嘆息呼妻子曰、國破君亡、奚忍偷生、吾食君祿、爾食吾粟、一門同盡、不愧成人、驅妻子共縊、指揮王興聞其死、伏屍大慟、觸柱死、

雲林子曰、明季遺聞載鍾挽衣帶盡絕、投闖天理民

爨澌滅盡矣日談詩書以名流峙江左國破君亡不
能引豙自裁而俛首賊庭何異蟣蟻之偷生也錦衣
王君勇決一觸殺身成仁豈讓不可奪志之匹夫耶

内官崔明升

崔明升燕人、福王内官、年十三、氣節剛直、流寇李自成陷洛陽、入王宮、明升愴呼泣血、勸王曰、王寧死勿屈、只此片刻、為萬世榮辱關頭、王稍遲回、何面目見列祖臣民于地下、王死、明升抱王膝同死、

雲林子曰、明羅瑺禍、國脉民命、朘削于王振劉瑾忠賢之手殆盡矣、闖寇薄城、開門導欵、又出奸闔杜秩亨、因嘆三百年國恩豢養、殉難死忠、僅王之明引帶

扼吭帝前、明升理紊明決、抱王膝同盡、何其烈也、迥出朝紳之上矣、

義士徐英

徐英字振烈、僕官人、少豪健、負販為業、得酒長歌擊劍、自署其戶云、門書無題、午日慚不識丁、縉紳學士爭異之、曹石倉宗伯目為儒癖、英答曰、儒癖到門真可笑、霸才題贈也驚人、國變不食死、侗匡張留作傳記事、

雲林子曰、昔殷近夫與鄭少谷作蓄艾堂聯詠、近夫詩文雄富、目無壁壘、氣力豪悍、樹立一時、王元美評

之云如越兵縱橫終不成霸振延以霸才答石倉何自許之矜狂也狥節坦易殆亦儒癖成就者乎甚矣石倉知人也

米家蒼繪史

米家蒼傳神者，繪事獨絕，有顧陸虎頭之譽。南都革易，畫收筆硯焚火，夫婦大哭對縊。或曰米姓，或云無氏，從其地以傳。

雲林子曰：國家深仁厚澤，維人心而不去，其於草野忠愛，更有出乎性情之外。米蒼畫史翁婦對縊殉節，江南北數百萬食毛踐土者，皆血氣而尊親也。視公滋愧矣，公不獨以繪傳神，且得以史傳公。

保定烈女鐵貞芳

鐵貞芳保定諸生女、年十六、玉德冰姿、闖寇陷都、衆擒至挟之欲污、貞芳罵曰、我燕人也、當爲燕鬼、噬指血塗面、迫極計曰、我昨夢一馬載入大內、後當妃、汝能奏王異日重報、闖聞召視、悅之引入宫、是日大宴酒酣、芳提小刀望闖刺之中目、血流左右爭擊、暴屍群鳥啣花覆面、賊駭、瘞之西山

雲林子曰、鐵貞芳一少女能爲天下除殘賊、勇過孟

貴、智踰良平矣、聚四海之良將精卒、勁弓強弩、不能

挫賊尺寸、芳挾及直刺其目、踰歲闖亡、天奪之魄矣、

巾幗遠勝鬚眉、鐵鉉二女以幽貞勝、貞芳以激烈勝、

凛凛生氣、後先一轍、

御史祁彪佳

硜齋祁公彪佳、浙之上虞人、天啓進士、官御史、南都継統、馬士英專政、設廠衛詔獄緝事、内外惶懼、公疏云、若以煅煉羅織為事、口詞從迫勒而来、罪案從指授而定、即舉朝盡知其枉、法司誰白其寃、君父徒受拒諫之名、臣子反歸忠義之誉、至血濺玉堦、魂飛丹陛、雖恤典下頒、已肉殘骨削矣、朝野壯之、大師南下、警迫、衣冠赴水死、雲林子曰、開國成家、小人勿用、継統之初、當以忠厚培養士氣、馬阮諸奸、惟慘刻之過朘、接厰衛緝事、永樂設於靖難、宣德患除、魏璫用以株連、懷宗禁止諸奸不特壞祖宗之法、且傷國本之脉、舉朝箝口、而公獨言、仁者之勇孰歸。

孝廉高岱

高公岱崇禎孝廉、浙人、南都變、魯藩入浙、官主事、大師南下、與子朗矢志殉節、時偵騎迫関、岱攀藤杖登哭拜父墳、林木悽動、朗叩頭辭母、父子相持扼頸死、

雲林子曰、忠孝至性、死生决絕之際、父母妻子不忍恝置者、情也、殺身成仁、忠孝奪之矣、岱攀藤哭父、朗辭母告絕、一門豪烈、兩湖三泖、凛凛生氣、

會稽書生王鎡著

王公鎡著、字元祉、會稽書生、博學文譽、出御史劉宗周門、大師抵浙、遺書速劉先生死、顧先生蚤決、毋爲王炎午所吊、抱生平著述投柳河橋、曰、不留人間矣、儒士滿集之周卜年聞著死、集袖石躍東渡橋、年沉東瀨下、後人吊詩云、三忠同日付清流、耿耿文光射斗牛、

雲林子曰、宋史載王炎午以文生祭文信國、有天留

中子成張竹、誰向西山餓伯夷、言伯夷不死、死有餘之者、千載後、元祉以書述劉御史早決、劉讀書賦絕命云、留此旬日死、少存匡濟志、決此一朝死、了我生前事、祉況柳河橋、潘周二公聞而共赴、師生友朋、一時同盡、道義之感為烈節

營經令黃儒

黃公儒字未三、永福人、天啟御薦、強性硜直不喜委蛇、令營經、清介絕人、舟行遇暴客掠舟、俄有識者呼曰、此好官黃營經也、毋相犯、流寇張獻忠肆掠獲公令屈、公憤詈、寇怒懸二妾于樑上、爇火其下、公不屈、罵愈厲、磔之、二妾屍旁、

雲林子曰、公之清介、能見信于草竊、公之剛直、不獲免于流寇、豈委蛇下心、足以生公哉、天傾地折、忠良

蒙難、亦理數之不可知者、

、張氏三忠

張公明翼、崇禎衡陽令、有治聲、以慈惠聞、流寇陷桂衡、執之、抗罵不屈、縛擲江流、波濤震撼、屍立躍躍如行、

張公甫翼、崇禎孝廉、聞寇陷都、招降欲官之、輩憤罵不顧、寇怒砍其臂、猶強立不仆、

張公掟江南人、崇禎在籍尚書、北都變、悲憤狂泣欲絕、家人鮮勸、南都變、走鷄鳴寺、抱聖牌觸石死、

雲林子曰、流寇始禍、闖寇繼之、三十載海內無一片淨地、無一隻完人、誠宇宙間一大厄劫也、因嘆賢士大夫殞身立節、湮沒不少、僅于明季遺聞軼事、搜揀一二、嗟夫、既不惜七尺之軀塗野草、復不獲三寸之管傳淚血、忠魂耿耿、夜台之泣何極、吾于所見所聞、不敢遺逸焉、

都御史劉宗周

劉公宗周、天啟進士、南都繼統、晉都御史、稱草莽孤臣、糾馬阮諸奸云、大鋮之進退、卜江左之興亡、左歸以恢復封爵、高劉以敗逃亦封、先帝喪服、聊具名色、封疆戰守、視為虛文、當此國破君亡、反因攫利營私疏入削籍、從魯藩入浙、大師至、不食死、絕命云、留此旬日死、少存匡濟志、決此一朝死、了我生前事、慷慨與從俗、何難亦何易、信國不可為、偷生豈能久、止水

與疊山、只爭此先後、得正而斃矣、庶幾全所受、

雲林子曰、南都新造之初、示信天下、所貴法度詳明、賞罰得當、國體藉之以安、人心因而感奮、尚圖存于萬一也、權奸怙惡、朝野側目、馬阮之用舍、卜江左之興亡、不啻疾聲大呼而痛哭也、縊死旬日、決死一朝、公之志滋慼矣、

尚書范景文

范公景文、字夢章、吳橋人、萬曆進士、吏部郎、天啓中諸北人附閹、起公文選郎、公曰、彼欲屬劊殺人、以我爲鎮鄉耶、數日即移去、天下高之、晉都御史撫中州、提師勤王、四方徵兵、獨文先至、加參贊尚書、北都陷、赴井死、弘光贈太傅、謚文貞

雲林子曰、熹宗之世、入貲補郎、出粟授令、政事之堂、變爲守錢之地、一時陞貴黜罰、主爵冢臣、空名具官、

承人指趣、夢章典選、寧為鈍錐、無為利器、知幾其神、
熟審之矣懷宗知之、擢御史、晉大卿、徵兵勤王、顧問
政德殿、晝策飲泣聲咽請問西歷、未行、都陷、赴井殉
節、無愧麗春之隆耳、

閣臣呂大器

呂公大器、歸東川、明季閣臣、蜀人、唐藩入閩、公識事局、去之、路別黎愧曾句云、細雨霏霏已浹旬、豈期天日又沉淪、執手唏噓同異日、相逢想是麻衣草履、筑聲淒惻處、尋蹤隨去蛾眉、不知所之

雲林子曰、呂大器傳冠、皆崇禎末年閣臣、事唐藩經歲、冠伸義死臨江、大器局變行遯、讀別黎君詩、天日沉淪、長夜不旦、情見乎詞、吾不識唏噓之感何若也、

司理黃端伯

黃公端伯、字海岸、新城人、崇禎進士、初筮杭州司理、性剛直、出枉獄纍纍、得情解網、南都繼統、官宮寮、大師南下金陵、逮公受職、不屈、其妾死之、公不肯視、子復死之、嘆曰、殺即殺耳、第完我分內事、尋出就戮、堅然不動、

雲林子曰、人情所不能忍者、妻子爾、公恝置之、視髮膚性命、等君鴻毛、蓋知有君焉、知妻與子哉、同歸一

死、纔完分內、噫為人臣至此、忠矣烈、矣

劍津太守王士和

王公士和、江西人、唐藩入閩、授劍津太守、蒞事甫月勢促力殫、城野孤懸、公勞來安輯、民少安止、大師自浙突至、公冠服垂紳、縊堂上、題詩座側云、雄風烈烈壓危城、正氣由來履險貞、匝月延津王太守、孤忠千載有誰名、貝勒聞之嘆曰、渡江以來不下數十城、完節成名、士和一人已、命禮葬之、

雲林子曰、豫章節義之鄉、寧庵英賢、宋亡文信國死

帝昺、明亡、王士和死唐藩、忠孝種子、天不虛成也、嗚手、時窮節義乃見、何代人主不愛忠良、宜賢王襃旌禮葬也、

諸生曾人翰

曾公人翰、字克明、長樂人、天性剛毅、不事浮飾、膠庠重之、執經者屨滿、唐藩入閩、翰應歲薦、大師至學使者牒下促試、翰曰、吾守吾志、不忍毀髮膚、枉就呼役者曰子和知奇男子乎、欲教惟命、但此節不可屈、遂死、

雲林子曰、閩嶠一隅、草昜之際、諸生不就歲薦者兩人、其一鄢公正識、其一公也、識蓬頭跣足、托佯狂遁去、人翰不忍毀髮膚、枉就草茅、忠覺奇男子、豈虛稱

哉.

監軍林尊賓

林公尊賓字燕公莆人力學善文崇禎孝廉懷宗殉國涕泣絕食曰生不能戮力行間死願爲厲鬼求佗唐藩入閩首指誤國諸奸次陳戰守機宜傷秉軸者非人授監軍歷行間慷慨誓死與少卿林蘭友犄角餉匱師老被執于少林死之

雲林子曰古人云無可奈何惟有死蓋徒死不關于偷生名與皇差別耳當勢窮力促公奮身戮力犄角

行間、夫豈徒死、志之不就、天也、視天夢夢、吾將為辭
以問之矣、

博士林化熙

林公化熙，字阿皐，福清人，性方嚴，以理學自任。唐藩官博士。清師抵閩，熙巍冠方袖，羣逮之獄。熙曰：我男子也，父母髮膚不可辱。羣上其事，械入省，道經文廟，乞械子辭聖。制府見之，嘆曰：奇男子也，成就其節，斬諸市。顧行刑者曰：市曹悉罪人，我非其倫。經鼓樓下，大慟仆地，呼曰：此地可對天地高皇，正臣子盡節處也。端坐受刃。

雲林子曰、阿阜殉節在四海同盡之年、或黃冠、或緇衲、或山澤漁樵、行歌乞食、稱遺民、稱遯隱、無不可各遂其志、而必以一死自明者、謂此時無以大白於天下、耳甘蹈白刃、含笑九原、只博故國孤臣字樣、嗚呼亦忠之委曲、而悲憤者也、

貢士卓震

卓震字伯良、福唐人、崇禎貢士、負氣節、視人落落難合、國難憂憤賦詩、投筆完節、

雲林子曰、福唐人尚氣節、剛直耿介、率天性也、伯良應鄉貢、一諸生耳、國難或隱遁自晦、或全髮膚逃死、義不二事、于分爲然、賦詩完節、蓋深于天理民彝之防、毫髮之不苟者乎、

翰林華士薛敬孟

薛敬孟字子熙、福唐人、唐藩入閩、以博學清操、文才異等徵授翰林華士、革易潛身海島、著述、守廬殁歸死、

雲林子曰、子熙與林涅子野嚴通向海林之蕃涵齋三人友善、子野殉節、向海涵齋同隱遁不出、夫亦志節之士也、各有著述、其旨遠、其詞哀、不減皐羽睎髮、所南函經、引類序述、

賣柴傭

金陵郭外老農，俗呼郭鬍子，樵販入市，見大師安撫使至，釋担棄薪，躍入文城壕龍游河死。

雲林子曰，忠義之氣，彌宇宙而奮盈九具血氣心知靡不長存其浩然。老農棄薪躍死，固亦殉節之奇者，以見深仁厚澤，天覆地載，無往不被也。

諸生劉若

劉公若閩之惠安人，博通經史，才藻絶倫，國相黄石齋雅重其人，稱文章品行可續晉安風雅。國變，盡焚筆硯，入黄蘖山，祝髮絶人事，十年，趺坐而瞑。

雲林子曰：按謝青門閩中節義錄載劉若士林中一，擧目河山之異，粹心沙門，登峰造極，不特瞿曇老子應虛一席，即檀星門下，亦稱有人。大抵謂國亡家破，居親罔極，借是寄志也。

明季遂志録不分卷

〔清〕海澄鄭亦鄒撰

日本内閣文庫藏清刻本

明季遂志録不分卷，清鄭亦鄒撰。亦鄒字居仲，號白麓山人，海澄人。康熙四十五年（一七〇六）進士，官内閣中書。澹於仕進，未幾乞假歸，隱於白雲山麓，倡南屏文社。閩撫張伯行聘爲鼇峰書院學正，又薦入纂修館，未赴卒。撰有白麓文鈔五卷等。傳見陳壽祺東越儒林後傳、民國福建通志。

是書前有亦鄒康熙四十一年自作明季遂志録徵信序，序後附林霍題識。林氏題識謂亦鄒「每涉河登岱，恢（刻本誤作恔，此據東冶國朝文編本）拓耳目，發其撫時懷古、壯烈蒼涼之思。收其遺文軼事，歸而藏于丹淵之上以爲樂」。亦鄒自序謂「吾閩中屢遭兵燹，故事存者僅百之一。以余所至遺士之家，各往往纂摭明季時事，觀其論載及諸所聞」，「蓋自明亡至今，垂六十載，人往風微，雖以篤道君子留意人才，不能無誤。然則周游考訂，正譌補亡，合在於此」云云，故纂集崇禎帝以來，訖鄭氏歸朔，凡五十餘年天下遺文，撰爲此書。分懷陵本紀若干卷、諸殉主之臣傳若干卷、諸死事之臣傳若干卷、諸死節之臣傳若干卷、諸前後督師死事之臣傳若干卷、諸王宗室死節之臣傳若干卷、紹興紹武諸死事死節之臣傳若干卷、島上附傳若干卷，凡五十有七卷。亦鄒自序後有康熙四十四年乙酉四月白麓藏書徵信序，亦當出亦鄒自作，謂「既成遂志録之三年，乃作明季辯誤凡四卷、江閩事略凡六卷、明餘行國録凡十六卷、明遺民録凡一卷」，則知遂志録已撰成全書。然觀今存此本，僅島上附傳一種，其餘俱闕如。又福建文獻集成初編影印上海圖書館藏清侯官王大經輯東冶國朝文編稿本，有鄭居仲文一種，收明季遂志録徵信序、白麓藏書徵信序、黄道周傳、鄭成功傳四文，其黄道周傳不見於此刻本中，當出紹興紹武諸死事死節之臣傳。又福建省圖書館藏白麓文鈔五卷，題「閩鄭亦鄒起岬，受業門人編」，首有明季遂志録徵信序附林霍題識、白麓藏書徵信序，其後則爲明季遂志録傳論五卷，存論而無傳，卷一王元雅、何天球等，卷二焦源溥等，卷三史可法等，卷四金聲等，卷五彭耀等，各卷内皆有合傳若干，凡數百人；而殿以鄭成功。則黄、鄭二傳與夫傳論五卷，爲已知之僅存者。惟不知其書未刻竟歟，抑刻竟而亡其大部歟？

按謝國楨增訂晚明史籍考卷十三著録白麓藏書鄭成功傳二卷，有日本浪木華氏校蒹葭堂刻本，前有日本明和八年辛卯（當乾隆三十六年，一七七一）序，云「嚮獲閩鄭居仲所著鄭成功傳，是遂志録所附也，其録未得，而但得斯傳而已，迺校以付剞劂氏，刊而成矣，請爲之序」云云，則知其書不僅中土無存，藏諸東瀛者亦殘闕已久。

此鄭成功傳紀事實始自其父芝龍起家，訖於克塽歸順封公、康熙三十九年特賜成功及子經歸葬安南，鄭氏四代均記載其中。蓋亦鄒撰是書時，去鄭氏歸朔不遠，且以閩人説明末閩事，人物之出處歸宿，得之故老傳説特多，故能詳盡無遺，且爲他書所未載。書中雙行小字注，多引自屈大均皇明四朝成仁録，堪資稽考。（張桂麗、駱生詠）

明季遂志録

鄭成功傳

明季遂志錄

明季遂志錄徵信序

自古帝王代興，莫不顯忠遂良，以厲世磨鈍。故内恕之君，德化優裕，至仁大澤，久而彌昌。

明社既屋，我

世祖皇帝受命穆清。入關之日，首定懷宗帝后謚號，卜葬山陵，悉如典禮。其敬禮於明朝甚厚。勛戚文臣，咸在旌列。親郡王將軍以下，皆獲保全，不加改削。明之死臣，贈謚者二十三人。其推恩於明朝甚

明季遂志錄　徵信序

溥及

今上龍興英武寛仁表閭封墓所在多有

即位之虔永曆蒙難吳三桂疏請獻俘

闕下候三月有

旨云彼亦一朝之主朕甚不忍聽其自裁寛厚之恩軼於前世其後三十餘年

天子㦖明事之廢仗節抗義守死之臣不見於世

詔下郡縣凡遺忠逸事皆悉以

時則微顯闡幽。固有待於今日。然而河山事異。國書未出。忠義湮淪。蓋五十年於此矣。又甲申之後。事多龐徧。傳記小說。既失其眞。於是乎有假竊之書。有護短之論。有揚而失實。諱而不敘之條。其人有主名。其事有緣起。依回藏露。莫可究極。夫所貴乎信史者。不務請寄。不執方隅。明不顧刑辟。幽不見神怪。直書其事。使後人知某人如此。某人如彼。然後爲史事之成。且夫有善不錄。有美不傳。非仁也。處

明季遂志錄　徵信序

不諱之朝。逢權貴之旨。開朋比之門。非勇也。既已自託於古之史氏矣。而因循歲月。使贋書穢史。公行于世。彼將匿其所信。而存其所疑。爲藏身之地。辨白之端。彼又將以是爲非。以非爲是。使天下奸人。有所借口而塗飾忠臣義士。亦何便于此。然而殘缺疑誤。亦不可勝紀。吾閩中屢遭兵燹。故事存者。僅百之一。以余所至遺士之家。各往往攟摭明季時事。覩兵論載。及諸所聞。即吾漳之傳者。悉多謬異若漳上之彰明較著。挂於士大夫之口者。乃艷論其人。以游揚視聽。蓋自明亡至今。垂六十載。人往風微。雖以篤道君子。留意人才。不能無誤。然則周游考訂。正譌補亡。合在於此今將徵信於燕。是成祖之所光宅也勝國之諸陵猶在於吳。則明之留都也。四鎮之沙蟲。五王之龍種。有擊筑而歌者。於越。於閩。故監國之府。思文之宮也。師相之招征未反。猶有效謝翺之哭者。於粵。於梧。於滇。於緬。於海明之公族盡矣。天既禍之，誰能福之。然而或有遺人，以故求之，尚或有之。然而徵信之日已晚，又念長貧，不能横歷九州，與天下相見。惟是足跡所至，毋忘搜討，或遠方方正博聞君子，與我同心，幸辱郵筒，教以不逮，然後退而定治其部居，有所刺譏褒諱挹損之文辭，傳於良友，託之高山，以論歌今上之盛美，或者掇其緒論，上佐史局，令薄海內外，明知

天子之所貴。使亂臣賊子。無所逃罪。則大德流。而廉恥興矣。因纂集懷宗端皇帝以來訖鄭

氏歸

朔。凡五十餘年。天下之遺文。蓋爛如矣。酌酒内殿。望火南宮。朕屍可裂。民命毋殘。毅然爲諸臣倡。所謂亡國正終者矣。作懷陵本紀。若干卷。從君于卹之死靡他。作諸殉主之臣傳若干卷。吾乘人之車。衣人之衣。食人之食。豢身而無補于國。則有司之罪也。苟獲死所。抑

又何求作諸死事之臣傳若干卷王蠋齊之布衣絶脰而死其亡大夫皆感憤迎立襄王以復國蠋之功勝於田單十倍然而時無可爲激昻局外之讐設誠旁觀之地授命緇亢裂族屠家蓋數十百所嗟乎異哉記曰性之所欲感物而動亦各從其志也作諸死節之臣傳若干卷門戶之角立勦撫之失宜興復之不效則督師之臣之故也若人定勝天諸數人者足以觀矣作諸前後督師死事之臣

傳若干卷。嗟葛藟猶能庇其本根。明季之亂。其宗族枝葉橋落而國隨之。作諸王宗室死節之臣傳若干卷。監國于紹興者逾年而亡。即眞于全城者逾月而亡。作紹興紹武諸死事死節之臣傳若干卷。鋭身于孤島竊號于荒餘。麾之不去。撫之不來。東南之民。靡然震盪。及其大舉入寇。兵散金陵。乃甘心遠遁。畢命窮海。猶有守死之意焉。蓋自丙戌。迄癸亥秋

王師底定。漢軍公歸
朝。父子祖孫相繼。翱翔海上。凡三十有八年。作
島上附傳。若干卷。今之存者。凡五十有七卷。
則未知其時之死者。尚有幾人。且死。而卒受
汙衊者。何人。隣于清濁疑似。竊籍而傳會者
何人。名山之藏。弆有其書。無有隱于酒人。劍
客。浮屠。屠釣之徒。薤名更姓。悲歌忼慨。死而
世莫知者。尚有人。不。湮滅不吾所采獲而失
謬。皆何如。著諸所聞。死生成喪。姓氏爵里

前後年月爲目録。臚于後方。以就正于

有道嗚乎明家養士。二百七十餘年。諸末流

死者後先相望。何以數十百人。舍命不渝。徒

爲俱靡。特精魂壹鬱。離而未墜。令弔古者髣

髴依稀于殘編斷簡秋雨夕陽之間。以俟表

章于

聖世斯固勝朝君子。所不忍聞者也。余蓋反覆

明亡。不能無三嘆云。康熙四十一年二月二

十一日海澂鄭亦鄒居仲氏書于漳山之白

雲精舍

附錄

明自甲申後。緇學之士。各著書言明季者。可數十百家。其謬盭者。亦數十百家。吾友白麓先生。乃采著故事。觀逆者得失之變。捐軀殉節之倫。作季明遂志錄。若干篇。以傳于後。夫當明室之亡。貞明執節。所在都有。何以沒後多不經見。以余前後所聞。互有同異。及老不慧。諸所記憶。亦忘失大半。脫後數十年。麥枯禾折。孤臣貞士之魄。必有濫爲冷風。化爲良草者。然則是書。固不可以不作。作而幾成。敢仍其剩謬哉。方白麓少時。以詞章健筆。震盪當世。既而二蹶金臺。無感憤不平之色。見于顏面。毋涉河登岱。恢拓耳目。發其撫時懷古壯烈蒼涼之思。收其遺文軼事。歸而藏于丹洲之上。以爲樂。又念斯文放絕。聞見未定。編有事于四方。恐立言之失。以取戾前人。然則治俗學。貴文章。固非白麓之志也。白麓可以不朽矣。秋風初勁。馬首在東。擺策而去。必有作占好事。爲白麓聘伯者。因書數語。以道其行。同安林霍題

明季遂志録　徵信序

白麓藏書徵信序

白麓山人既成遂志錄之三年。乃作明季辯誤凡四卷。江閩事略。凡六卷。明餘行國錄。凡十六卷。明遺民錄。凡一卷。辯誤。何也。傷之。傷史失據甚于亡也。江閩事略。何也。三吳七建之閒。二杜鵑能復鳴乎。行國錄。何也。庬丘之叔伯。好亡而惡定也。遺民錄。何也。湛胥之作。登臺之慟。亡國之音也。比于慢矣。惟然。何不革。曰。是史道然焉爾。殷人猶鑒之。後王其舍諸。忌諱不既多乎。曰。

忌諱者。是谿刻之朝。非寬大之志也。如非寬大之志。西山之瀦久矣。居先王之國。受先王之道子先王之民。何諱焉。若然。不遂信乎。曰未可知也。所見異詞。所聞異詞。所傳聞異詞。吾夫子猶然慮之。古之爲史者。如佩劍然。相笑而不知其反也。詩芣苢。何以告之。取其忠也。又曰。采采芣苢。薄言袺之。采采芣苢。薄言襭之。言采之不一而足也。或受其傳指焉。或蒐諸幽遐焉。若身親歷然。蓋反其本。而大僞不興也。是徵信之義

乙酉又四月

鄭成功傳

鄭成功。南安縣、石井巡司人也。初名森、字大木。父芝龍、字飛黃、小名一官。其大父紹祖、爲泉州太守葉善繼吏。時芝龍方十歲、嘗戲投石子、誤中太守額。太守禽治之、見其容止、笑而釋焉。居無何、落魄去之日本、娶倭婦、生成功。是夜、倭島萬火齊明、芝龍心異之。數歲、芝龍與仲弟芝虎亡之顏思齊黨中、爲盜。思齊、海澄人、居臺灣、一時群盜陳衷紀、楊六、楊七、劉香等、皆出其門。衷

明季遂志録　　島上附傳　　　　白鹿裁書

紀。亦激人最桀驁芝龍委身事焉臺有屋人自芝龍等始思齊死。衆無所立迺奉盤鍉割牲而盟以劒插米各當劒拜拜而劒躍動者天所授也次至芝龍再拜果躍出地衆乃俱伏推爲魁或傳芝龍與陳衷紀陳勳等十人各乘一舟亡之臺灣爲盜風引梳帶攬而爲一各駭然曰此殆天以我十人不相統攝欲立一中軍耶乃共申約鼓三通而開者立之至芝龍而開其言芝龍所以起家者或異然要之生而盜賊亦有天焉陸梁海上官軍莫能伉然大權仍歸衷紀芝龍猶陽奉焉朝議招撫以葉善繼習芝龍爲書招之芝龍感激歸命及降善繼坐戟門令芝龍兄弟泥首芝龍素德善繼屈意下之而一軍皆譁竟叛去復踞海島劫截商民往來閩廣之間天啓六年泊于漳浦之白鎮巡撫朱一馮遣都司洪先春擊之鏖戰自晨及昳未有所敗會海潮夜生先春漂泊失道芝龍陰度前山繞先春後先春腹背受敵身被數刃芝龍故有求撫意微達於官軍迺佚先春又自白鎮趣中左所督師俞咨皋與戰敗又佚之中左人開城納之泉守王猷遣人招諭崇禎

元年九月芝龍殺袁紀于島上忌劉香發其父冢刃棺而糞溺之率所部降于督師熊文燦三年以平虜盜征生黎焚荷蘭（時豫章鄒維璉撫閩荷蘭犯島連拜芝龍為將芝龍募龍溪人郭任功率十餘人夜浮荷蘭船尾潛入焚之獲荷蘭五十餘人餘船悉遁）收劉香功遷都督于是成功在倭已七歲矣芝龍屢請之不能得迺遣人齎金幣往圖畫芝龍為大帥秉鉞橫絕海表軍容烜赫之狀倭亦頗憚受賂而歸之成功風儀整秀倜儻有大志每東向而望其母常為季父芝豹所窘叔父鴻

達獨偉視焉讀書穎敏不治章句先輩王覲光一見謂其父曰是兒英物非而所及也十五補弟子員試高等食餼二十人中金陵有術士視之驚曰此奇男子骨相非凡命世雄才非科甲者蓋知明曆之餘分東南之猶亂也　世祖之元年福王立江左改元弘光封芝龍南安伯鴻達靖鹵伯其明年鴻達與黃道周迎唐王即位福州改元隆武晉芝龍平鹵侯鴻逵定鹵侯俱加太師芝豹澄濟伯芝虎最驍健以逐劉香殁

于海以故不封芝虎勇悍敢深入聲如乳虎與劉香遇南澳隱于帆末風轉及香船大呼飛下擊殺幾盡香抱銅砲赴海死芝虎亦殁芝龍幼習海群盜皆故盟或門下就撫後海舶不得鄭氏令旗不能來往每舶例入二千金歲入千萬計以此富敵國自築城于安平鎮艫舳直通臥內所部兵自給餉不取於官鏃鑿剽銳徒卒競勸凡賊遁入海者檄付芝龍取之如寄以故鄭氏貴振于七閩既而成功陛見隆武奇之撫其背曰惜無一女配卿卿當盡忠吾家無相忘也賜姓朱改

名成功封御營中軍都督賜尚方劒儀同駙馬自是中外稱國姓云是年日本送歸其母芝龍以擁立非本意曰與文臣忤又度　章皇帝神武必不能偏安一隅密有歸欸意時招撫江南者內院洪承疇招撫福建者御史黃熙胤皆晉江人與芝龍同里通聲問一日成功見隆武愁坐悲來塡膺跪奏曰陛下鬱鬱不樂得無以臣父有異志耶臣受國厚恩義無反顧臣以死扞陛下矣及兩浙敗關門不戒芝龍亦以不出關

無以厭人望乃分兵爲二聲言萬人實不滿千以鴻逵爲元帥出浙東永勝伯鄭彩副元帥出江右隆武放淮陰故事築壇郊送之旣出關疏俟餉缺駐不發詔書切責不得已踰關行四五里而還三年六月封成功忠孝伯八月隆武親征駐建寧欲往江右就贛督楊廷麟萬元吉楚督何騰蛟等猶預未決芝龍疏請航海拜疏即行武毅伯施福撤關兵歸隆武駕陷汀州成功南潰方官軍之未至泉也芝豹閉城門大索薦

紳富民。餉不應。立梟之。紡親家毋于庭。抵暮。得數萬金。俄而貝勒王及固山兵至。廼潰。成功毋不去。死之。成功大號慟。不自勝。芝龍退保安平。軍容甚盛。旌旗搖海。以洪黃之信未通。猶與。未敢迎師。又自以先撤關兵。無一矢加遺。于我朝爲忠。而兩廣素屬部下。若招以自效。閩粵總制可得。猶南面而王也。貝勒王令泉紳郭必昌與芝龍厚善者。招之。芝龍曰。我非不忠于 清。恐以立主爲罪耳。會固山兵逼安平。芝龍怒曰。既招我。何相逼也。貝勒王乃退，固山。離安平三十里而軍。以書招之。曰。吾所以重將軍者。以將軍能立唐藩也。人臣事主。苟有可爲。必竭其力。力不勝天。則投明而事。乘時建不世之功。此士之一時也。若將軍不輔立。吾何用將軍哉。且兩粤未平。今鑄閩粤提督印以相待。吾所冀將軍來者。欲商地方人才故也。芝龍得書。大喜。則名成功計事。成功泣諫。曰。父教子忠。不聞以貳。且北朝何信之有。芝龍曰。喪亂之天。一彼一此。誰能常之若幼。惡識人事。遂進降表過泉州。大張文告。豔投誠之勳。猶持貝勒王書招撫市官者就議價至福州。見貝勒王。握手甚歡。折箭爲誓。命酒飲三日夜。貝勒王知成功黠。俟以俱行。既而不至。芝龍嘆曰。成功去。清朝其道敝乎。使君憂者。必此子也。夜半。忽援砦挾芝龍以北。成功雖遇主列爵。實未嘗一日與兵枋。意氣狀貌猶儒書也。既力諫不從。又痛母死非命。迺悲歌慷慨。謀起師。攜所著儒巾襴衫。赴文廟焚之。四拜

先師仰天曰昔爲孺子今爲孤臣向背去留各
有作用謹謝儒服唯先師昭鑒之高揖而去禡
旗糾族聲淚俱并與所善陳輝張進施琅施顯
陳霸洪旭等願從者九十餘人乘二巨艦斷纜
行收兵南澳得數千人文移稱忠孝伯招討大
將軍罪臣國姓其明年遙聞永明王即位肇慶
改元永曆成功則奉朔提師歸自南澳舊衆稍
集年二十四時廈門浯洲爲鄭彩及弟定遠侯
鄭聯所踞乃泊鼓浪嶼與廈門隔帶水廈門者

中左所也。所謂浯州者，金門也，隸同安。爲兩島。

七月，會永勝兄弟入寇海澄，不克而還。八月，與鴻逵合攻泉州，敗提督趙國佐數百騎于桃花山，追至城下。國佐援甲登陴。其明月，我副將王進自漳赴援，圍解。成功回島，鴻逵艤舟泉港，自冬徂春，郡邑戒嚴。五年，永曆在桂林。三月，成功寇同安，同之九都民，好鬭，偕守將拒於店頭山。成功斬數騎，兵民奔潰，至同安。守將王彪、折光秋、知縣張效齡棄城遁。成功入踞之，以葉翼雲爲同安。復寇泉州。七月我修國器。陳錦。李率泰三帥。援至。鴻逵入潮。成功入島。以丘縉林壯猷守同安。官軍日夜攻。破之。殺縉。壯猷。冀雲。及教諭陳鼎。鼎。永華之父。丙戌舉人。屠其城。六年。永曆在肇慶。成功募兵于銅山。三月。以施琅。楊才。黃廷。柯宸樞。康明。張英等。寇漳浦。守將王起鳳降。授鋏騎鎮。尋改正兵鎮。教以學射。教以騎馬。割馬耳者同首功。殺馬如屠。自起鳳始。尋下雲霄。抵詔安。屯分水關。令黃廷守盤陀嶺。官軍攻盤陀。宸樞死之。七月，永曆遣使至島，封成功爲延平公。七年，潮人黃海如、陳斌道成功入潮。是年，全粵俱奉永曆，守潮者，永曆鎭帥新泰侯郝尚久也。（成仁錄曰：尚久本李成棟部將，永曆中授新泰侯，守潮州。順治七年投誠，仍守潮州。十年，平南王尚可喜以劉伯祿代之，尚久拒命，復歸永曆，求助于成功。成功兵至，又拒不納。靖南王耿繼茂與哈哈木攻下之，尚久投井死。）自鴻逵踞潮之揭陽，鄭、郝兩家雖同奉朔，各相疑忌。既而尚久投誠，成功入南洋，勦賊許隆、楊廣，遂渡達濠，勦賊張禮。鴻逵邀入揭陽，勦賊陳敬、李峰，殺我潮鎭騎兵數百，至

明季遂志錄　島上附傳

碣石衞爲賊蘇利所敗。成仁錄曰。蘇利。海豐人。永曆中。授將軍。踞碣石衞。縱橫粵東。順治七年。我朝以左都督啗之。利不薙髮。外受羈縻。以攘援成功。懼爲所并。借兵爲重。陰持兩端。及十八年。遷界令下。利乃拒命。殺我防將。連下濱海數縣。康熙二年。討平之。六年。寇潮州城。守不可下。遣甘輝殺賊黃亮采於峽山。敗粵東部提督于潮陽。時兩島爲彩聯所踞。其將章雲飛。恣肆不道。成功密與諸部計曰。兩島吾家卧榻之側。豈容人鼾睡。迺嚴部勒。自揭陽揚帆。中秋。抵廈門。聯方醉萬石巖。巖踞城東數里。鑿石成洞。奇醜可愛。聯所結構也。

報至。不得遄詣朝。酒酣。出見成功。交拜極歡。成功笑。曰。兄能以一軍見假乎。聯未對。諸執鋭者前矣。唯唯惟命。於是麾軍過聯船。諸皆讋伏。莫敢動。成功已并聯軍。威棱日憺海上。軍皆屬焉。可四萬餘人。未幾。邀聯遊萬石巖。以刺之。微其屍。陽爲遁去。成功之將至也。聲名籍盛。彩議全軍出避。聯不從。復不設備。故及。彩率所部之南中漁獵。數載不歸。成功復之。卒于家。十一月。永曆在南寧。十二月。王師狥廣州。永曆鎮帥江寧伯杜永和奔瓊州。成功謀往援之。八年正月。率衆而南。二月。舟次平海衛。鴻逵棄揭陽。回島。閩撫張學聖。援泉調。君侯馬得功。取廈門。鴻逵未至。鄭芝莞無守備。得功先遣數十騎。渡五通登岸。兵民望見。皆潰。遂入島。隆武閣部峽江曾櫻死之。櫻。字二雲。峽江人。萬曆丙辰進士。授尚書工部郎。時璫禍方熾。罷不爲下。崇禎時。歷官工部侍郎。隆武即位。以東閣大學士。召入閣。與芝龍不合。既。從成功。飛沉海上。官軍入島。家人請避。櫻曰。吾今之日猶得正命清波也。是月。晦夜。自經死。門人陳泰爲經紀其喪。嗟夫。甲申之後。事之傳疑者多矣。若櫻之亡命媿表。引義抗執。毫無陰翳。何謂昭揭日月者也。或謂櫻思文上相。無所建白。然其時丁陽九遭值南安。則未可一概論耳。詩曰。雖無老成人。尚有典刑。櫻死。鄭氏典刑替矣。不數日。鴻逵至攻圍得功得功欲退。不得渡。謂鴻逵曰。公等眷皆在安平。脫得功不出。恐不利公家。鴻逵患之。且不虞成功之迮至也。逸之。四月。成功至自平海。得功去兩日矣。成功大悔恨。按失律罪。殺芝莞芝莞成功從叔也。諸將慴慄。兵勢復振。凡六萬餘人。鴻逵泊白沙。築寨以居。左先鋒施琅得罪。逃歸 本朝。琅之事成功也。年最少。風宇魁梧。號知兵。自樓檣旗幟伍陣相離之漈皆琨啓之然頗恃才而倨有標兵得罪逃於成功琨禽治之馳令勿殺琨已斬之成功怒捕琨逮其家殺琨父及弟顯顯時爲援勦左鎮琨夜佚顧四塞環海無敢問渡匿荒谷中餓且死適佃兵鋤圃老矣望見五花豹隱隙大驚怖頃之僄然施琨也琨亦驚定且告之故佃兵聞其才也慰撫之爲簞食與魚爲取餉然已憊甚肌革慘懍成功購琨急曰此子不來必貽吾患令國中舍匿者族食畢廼謀

之所部蘇次將茂夜同叩次將門佃兵而後乃去茂則大驚失色曰大哥安得在此既已無可奈何留二日迹至蘇家廼伏瑱卧內令其妻隅坐以衣覆之居二日假以一舟一劍一豎子夜渡五通入安平依鴻逵厥明茂則蓆藁請罪軍門成功赦而封之如瑱職久之瑱歸本朝授水師提督駐海澄五月成功寇南溪敗漳鎮王邦俊十一月與提督楊名高戰于小營嶺名高大敗十二月寇漳浦守將楊世德陳堯策降九

[illegible]錄　島上附傳　[illegible]

年正月寇海澂潮驟漲達城垣城守郝文興降授左都督二月寇長泰我副將王進與中提督甘輝遇于北溪進大名人號老虎輝海澂人足豎此兩人俱雄健聞于軍久念一決雌雄廼奮撾傳矢以兩馬相當輝揕進則隱之進轂輝亦落之自巳向午橫縱跌宕觀者竦踊以爲神亭之師既而兩家兵至于是廼解進入長泰輝日夜攻弗克我總督陳錦援至戰于江東橋北錦潰奔泉州復攻長泰城陷進獨與數十騎從城

西門。出走郡城漳屬邑俱下。五月我金衢總兵馬逢知來援戰少利。突入郡城。成功圍弗下。防鎮門山以水之堤壞。不浸。城中食盡人相食。枕籍死者七十餘萬人。聞之故老言。城中人旣無所得食。又遭泒梁索餉之慘。夜敲瘦骨。如聽死聲。第宅萬戶。門巷洞開。落落如遊墟墓。饑鼠。餓烏。白晝蹲踞几上。圍解。百姓存者。斷一二百人。此一二百人。其所死者。非父兄。則其子弟。指溝中白骨。歷歷數其生前姓字告人。然氣息斷續。言雖悲。不能下一淚。又言九月閒。有人士素慷慨。率妻子。閉戶一慟而絕。鄰舍兒竊覘之。見腸中累累。皆故紙。字畫隱然可辨。鄰舍兒亦廢箸自絕。先輩周亮工嘗爲清漳城上詩。以紀其事。酸楚悽痛。亦誰忍讀之。

七月陳錦軍于鳳山

尾其奴庫成棟刺歸成功成功嘆曰僕隸之人而皆戕其主是天下無刑也賞其功而終殺之十月金固山援至圍解此時成功久頓堅城師老糧匱戰于古縣成功令右衝鋒鎮柯朋援戰而敗禮武鎮陳鳳援之亦敗右武衛周全斌援之又敗成功退不內其艦是以大敗收兵保海澄入島是時永曆在安隆所封李定國爲西寧王蹶我定南王孔有德于桂林薇謹王尼堪于衡州十年五月金固山攻海澄城壞百餘丈成

功親立雉堞堵禦左右死者層積與諸將飲敵樓指揮自若益治軍厯矢礮雨下成功乃大呼曰天尚贊我無落吾事須臾下息礮碎其座忽一昔空砲迸發成功所謂諸將曰是將臨城矣勒兵持斧以待廵曰敵至方砍官軍渡濠入其郛大呼登城有厮養卒者舉巨斧砍衆從之讓登者塡壕國由宵遁厮養卒廼拜都督而澂守益堅當是時瀕海驛騷饟餽不給以黃愷爲餉鎮凿科派愷少有才陰賊招權額金錢民無聊

生成功收殺之鄭氏兵興以來軍律頗肅無所淫略軍行孺子婦人至與爭道獨燔橋墮邑酷索富民云九月爲尚久畔故官軍攻潮州尚久因文興走島乞援以陳六御救之尚久不敢納潮破成功收鷗汀貝土賊而還其明年　本朝鄭賈二員招撫　賜成功海澄公爵芝龍同安侯鴻逵奉化伯芝豹左都督成功不從芝豹全嫡母顏入　京時方議撫成功乘機登岸措餉縱橫福興泉漳等郡十月復遣葉阿二滿員議

撫成功不從葉阿怒歸報　天子遂寘同安侯
于高祖戌芝豹于寧固塔成功不顧十二月寇
漳州漳鎮標劉國軒開門納之守將朴世用魏
標知府房星燦知縣周璆李奇生范進等降十
邑俱下乘勝略泉州屬邑泉帥韓尚亮城守不
下時水陸兵勢熛至風起浸尋衍溢坐論海王
廼分所部爲七十二鎮立儲賢館儲材館察言
司賓客司設印局軍器諸局令六官分理庶事
以壬午舉人潘賡昌爲吏戶官丙戌舉人陳寶

島上附傳

鑰為禮官，世職張光啟為兵官，浙人程應璠為刑官，丙戌舉人馮滏世為工官，改中左所為思明州，以鄧會知州事，奉監國魯王、盧溪王、寧靖王居金門，凡諸宗室頗給贍之，禮待避隆蕭紳王忠孝、盧若騰、沈佺期、辜朝薦、徐孚遠、紀許國等，此數人，鄭之名客也，軍國大事時以諮之，凡所使宜封拜，輒朝服北向稽首，望永曆帝座疏而焚之，以煽誘愚民，鼓動天下。十二年正月，以林勝等寇仙遊。五月，忠振伯洪旭、北鎮陳六御

寇舟山守將巴臣興降以六御守後爲官軍所
襲死之旭招降我台州鎮馬信寧波鎮張宏德
六月墮安平鎮漳州及惠安南安同安三邑十
一月我定遠大將軍庶子王入閩成功回島十
三年春正月庶子王略沿海三月官軍自泉州
出攻兩島爲暴風飄壞分兵攻白沙弗克而還
夏五月斬蘇茂茂帥前衝鎮黃梧寇揭陽不克
而還惡其失律又繼施琅也六月成功留食重
海澂以梧守東南門茂部將蘇明守北門角宿

鎮康瀫守西門，其餘金武、木武、土武等鎮錯綜于外。六月，成功將北啓，克日解纜，梧陰歸 命，謀定謁蘇明，飲東門樓，比置言蘇茂事，明嘆焉。梧曰：本藩養將士如分甘肥，則啗之。明復嘆。又曰：我等飄泊海外，未有所定，天之眷清，恨恨無已，吾歸清必矣。明以爲戲，起而免胄，髮已髡矣，左右悉露丞。明愕然，亦懼茂罪之及也。頃之，曰：兄能爲之，弟何不爾？若依海，若歸清朝，亦唯命。廼挾以俱行，諸皆潰去。朝命梧爲海

澂公駐漳州明爲多李幾昂邦內大臣發鄭氏
墳誅求親黨殺五商漳罷民得以息肩梧之力
也十月庶子王班師當澄之甫降也甘輝閙亂
進攻不勝入土城取稻積以歸遂奏成功破閩
安鎮逼福州時庶子王重兵在漳王進得罪繫
獄令出修備攻之不克轉略溫台等郡十四年
春三月永曆在雲南鴻逵卒于浯洲初鴻逵中崇禎庚午
武舉爲津撫鄭宗周部將轉隸都督孫應龍麾
下登萊之役應龍敗績遂繫天津事白復與同
撫張廷拱共事未幾以芝龍平紅夷功移蔭錦
衣衛千戶中庚辰武進士故事勳衛射策甲科

加三級。進都指揮使。癸未。授副總兵。弘光郎位。懷守采石。掛鎮海將軍印。擊高傑張天祿功。封。隆武立。從成功入海云。成功回島、尋遣將城福州峽江牛心塔。以陳斌。林銘。杜輝等守之。官軍來攻。銘。輝棄回。斌無援。援誠至福州。飲以酒。而夜殲之。凡五百餘人。甘輝。周全斌等。攻寧德。滿帥阿克襄體貌胖壯。常冠軍。率兵逆戰。甘輝親刺之喙馬求殊手擊殺數十人。莫敢逼視。輝抑戈攝其首焉。重鈞有奇。十五年。永曆遣漳平伯周金湯航海晉成功。延平郡王。甘輝。崇明伯。萬禮。建安伯黃廷永安伯，郝文興慶都伯，王秀山祥符伯，張煌言兵部左侍郎，餘各拜爵有差。是秋，徐孚遠隨金湯入滇，趨安南，爲交趾所得，要以臣禮，不屈而還。孚遠，華亭人，幾社六子之一也。廻議大舉入寇金陵。秋七月，以黃廷爲前提督，洪旭爲兵官，鄭泰爲戶官，留守。部署諸將，挑力士，身披銕，畫以朱碧彪文，留其兩目，執斬馬大刀，陳于行首，而命之曰：但聳立，視馬足而砍之，號曰銕人。望者以爲神兵。左虎衛陳魁統之，甲士十七萬，習流五萬，習馬五千，銕人八千，號八十萬，戈船

八千揚颿北上至浙江攻陷樂清等州縣次羊
山爲暴風飄沒八千餘人幼子從軍溺焉洎滃
洲理檝十六年夏五月永曆在永昌成功至崇
明諸將請先取崇明爲老營不聽六月癸酉移
吳江港口癸未至永勝州庚寅至江陰七月癸
卯至焦山謂諸將曰瓜鎮爲金陵門戶須先破
之授諸將機宜令程應璠督右提督馬信前鋒
鎮統領余新等進奪譚家洲砲又遣材官張亮
督善泅水者瀊舟斬斷滾江龍張煌言會水師

提督羅蘊章各督所部。俟斷滾江龍。卽進踞瓜洲上流。焚奪滿洲木城大船。綜南港小船。綜北港。甲辰。自督親軍。及中提督甘輝。左提督翁天祐。先鋒鎭楊祖。建大將旗鼓。直擣瓜洲。我操江朱衣祚。城守左雲龍。率滿漢騎兵一萬會戰。背港而軍。礮石交擊。戰未合。張亮已斷滾江龍。鄭師揚飄。兩岸對擊。成功麾軍大進。右武衛統領周全斌率兵。帶甲浮水。登岸直破其陣。身中五矢。氣彌銳。斬雲龍于橋下。衣祚奔城。正兵鎭韓

英奪門而入登城樹幟全斌登江介之山以望
韓氏麾軍疾進陷西北隅以入搜殺我兵皆盡
獲衣旂佚之其守譚家洲及滿洲木城一時惃
潰死者不可勝數後提督萬禮繞出瓜洲之後
潰其餘卒以援剿左鎭劉猷守瓜洲監紀推官
柯平爲江防兵部侍郎張煌言督理戎政揚朝
棟兵部主事袁起震督阮美及蕭章等進取蕪
湖戊申亂揚子趣鎭江我提督管効忠率滇南
擐班披甲數萬分道馳之不動夜札銀山與官

軍夾壁。辛亥，官軍留步兵守銀山。騎兵移當大路。成功以銀山逼府治，爲必爭之地。是夜，引兵奪而踞之，列陣以待。遲明，官軍復分五道，三疊萃鄭壘，不動。駐騎射如雨。成功令發火砲，多鼓鈞聲，廊廡皆動。我兵皆下馬，殊死戰。薄午，鄭人益奮。官軍大北，踶血塡濠。劾忠僅而得免。戰之明日，鎮江守將高謙及知府戴可進等詣成功降。癸丑，登京峴之山，大饗士卒。令全斌及援勦後鎮黃昭等守鎮江，澄世署道事。乙卯，屬邑皆下。以張煌言、楊朝棟招撫江南。煌言。字希緒。鄞縣舉人。從魯王入島。與盧若騰、紀許國、徐孚遠。諸人。交善。或曰。己亥之役從安慶山中。勒兵。會于江。兵敗。出赴官軍。曰。我張侍郎煌言也。死。當于明處。遂遇害。葬于西湖南屏山。大類金陳和尚云。或曰。不知所終。余考成仁錄云。成功既潰。慈溪秀才魏畊。上書煌言。備陳金陵虛實。請以舟師再舉。然則成功既退。煌言尚徘徊江上。又讀呂晚村行略云。甲辰歲。有故人死。晚村爲位以哭。壞墻裂竹。擬于西臺之慟。已而葬于西湖南屏山石壁下。必煌言矣。然而何以甲辰耶。漳浦陳令君汝咸。鄞人。其出處存沒。必能道之。行當采獲以示來茲。無使其無傳焉

袁起震、徐長春、招撫江北。于是常州、徽州、池州、太平、滁和、六合。等州郡。輕點于弟。多欲附者。蕪湖縣官。守兵

皆遁甘輝進曰瓜鎮爲南北咽喉但坐鎮此斷瓜洲則山東之師不下據北固則兩浙之路不通南都不勞而定矣不聽癸亥率師登舟進取金陵僞檄四方成功僞檄有六月興師敢云趨利十年養銳正欲待時之句凡八百餘字皆桀犬也八月丙寅舟至觀音門以黃安總督水師守三叉河口戊辰由儀鳳門登岸軍於獅子山拾諸將登閱江樓望建業王氣令諸舟一字列矴于江東門外自上新河及蘆洲北岸親率十餘騎躬歷城下度營壘辛卯移營分屯漢

西門。觀音山。第二大橋頭。諸山成功與五親軍。屯岳廟山。留前鋒鎮。中衝鎮。屯獅子山。甘輝進曰。以臣觀之。則尚速也。夫兵貴先聲。彼衆我寡及其隮。且未定。其勢宜扳。若彼集禦固。緩難圖也。君必悔之。不聽。退而告人。曰。吾不復此矣。乙亥。官軍千騎。薄前鋒營。新擊敗之。遂輕敵無備縱軍捕魚。成功聞之。令張英馳讓。新猶如故。有軍士負博錢數萬。亡走我師。具言前鋒軍。日稅甲。沐浴。觀優。擊之。必潰。且請為道。辛巳。我副將

溪化鳳由鳳儀門穴城十餘道東馬櫟陳復薄
新營化鳳關中人才勇善戰有名東南新不及
甲倉皇出拒尋皆遊江而走副將董延中蕭拱
柱死焉蕭拱辰逸新就禽成功闖鳳儀門砲聲
遣翁天祐馳援已無及矣官軍既破前鋒營盡
出騎兵列于城下壬午以步卒數千緣觀音門
擣中堅成功率親軍右虎衛陳鵬右衛鋒萬祿
擊敗之官軍數萬從山後出其背薄左先鋒營
祖督兵轉戰三合三刦後勁鎮楊正援勦右鎮

姚國泰。敗走。前衝鋒鎮藍衍。行軍司馬張英。死于巉巖之下。官軍從山上。乘其項。左武衛林勝。及陳魁。力戰于山下。敗。魁。領鐵人。鎧重。不可砍。乃輿以去。或斧以斯之。後提督萬禮。力戰于大橋頭。亦覆。禮。勝。魁。及副將魏標。朴世用。洪復。督理戶官潘賡鍾。儀衞等皆陣歿。惟左右提督。右虎衛。右衝鋒。援勦後鎮軍。獨全成功麾軍急退爭舟而渡。獨甘輝。且戰。且走至江。騎能屬者。三十餘人。凡所擊殺數十百人馬躓。被獲。至城南金水橋余新方屈滕輝怒踢之戟手罵不屈死最烈癸未還鎮江丁亥成功議還島使馬信韓英督舟師堵守江口周全斌黄昭吴豪爲後殿餘軍次第登舟而還壬辰至吴淞港九月丙申擊崇明不下正兵鎮大監督王起鳳傷砲死以陳輝阮美羅藴章等守舟山劉猷與官軍戰于溫州敗績死之冬十月甲子成功還島祠忠臣廟以甘輝爲第一入臨極哀曰吾早從甘輝之言不及此　世祖旣定江南乃命將軍達素總

督李率泰、大蒐兩島。十七年五月、部分滿漢官軍、大船出漳州、小船出同安、檄廣東投誠許隆蘇利等、會島上、成功以陳鵬督諸部、守高崎、遏同安、鄭泰出浯洲、遏廣東、自勒諸部、扼海門、海門在海澄港口、甲子平明、漳船風利、廹海門、成功令五府陳堯策傳令諸將、碇海中流、按軍不動、揚幟而鼓、令未畢、呼吸之間、漳船迮至、諸倉卒受命、莫敢先發、閩安侯周瑞、爲我兵所乘、與堯策死焉、陳輝舉火、滿兵高躍、舟乃得出、向午、東風盛猛。既得上流。成功自手旗起師。引巨艦。横擊之。奏自浯回。縱風吼。濤立。一海皆動。北人不諳水。遂退。眩暈不能軍。僵屍布海。有滿兵二百餘人。棄船登圭嶼。莫敢觸者。成功誘降。誓不殺。宵溺之。是日。同安船趣高崎。陳鵬約降。飭所部勿動。官軍恃應。船未近。涉水爭先。其部陳蟒不與謀。曰。此急矣。當決一死。麾其屬與殿兵鎮陳璋合擊之。我兵披鎧。退陷于淖。死者十七八。首領哈喇土星止焉。殺滿兵一千六百餘人。廼收殺陳鵬，以蟒代之，蘇利等後二日至。知諸路告䘏，望太武山而還，素自殺于福州，竟成功之世，無覆島者。十八年，永曆在緬甸，成功議取臺灣。臺灣為土番部族，在南紀之曲，當雲漢下流。臺之星野，莫錄其詳。然既係于閩，則宜從閩。閩蓋禹貢揚州之域。天文牛女分野。按牛女于辰為丑。銀海之屬星紀之次。銀野，乎武象也。星紀，吳越分也。劉向曰。吳越屬斗牛女分。晉隋元志。吳越。其辰在丑。說者謂臺在泉州之窮南，去福州遠甚。不宜為銀海之屬，又在漳州之極東。去吳越遠甚。不宜為星紀之次。遂以臺分野當在女虛之交者。虛。乎枵之次。在子之辰。以臺之稱遊而東。疑其越次越辰。亦坐井之見。今以近事考之。明時彭湖統於泉。泉為牛女。則臺可無[illegible]

以近地考之臺海西界于漳南隣於粵北則閩
安對峙漳分野視閩而粵分野視漳臺之壤接
獨不屬牛女乎唐僧一行有云星紀當雲漢下
流百川歸焉故其分野自河南下窮南紀之曲
東南負海爲星紀則臺宅東南
仍屬牛女又與一行之說相符東倚層巒西迫
巨浸北之雞籠城與福州對峙南則河沙磯小
球琉近焉周袤三千餘里孤嶼環瀛相錯如繡
物產之秫畊耘並耦果蓏蛤蜊硫磺水籐糖蔗
鹿皮一切日用之需無所不有土番雕結百萬
爲群裸體束腰射飛逐走疾于奔馬固東南之
一大聚落也自鷺門金門迤邐東南以達於澎

潮。可數千里。風濤噴薄。悍怒鬬激。瞬息萬狀。子午稍錯。北則墜于南風氣。南則入于萬水朝東。皆有不返之憂。又東。至臺之鹿耳門。鹿耳門之旁。夾以七鯤身。北線尾。海道紆折。僅容數武。水淺沙膠。雖長年三老。不能保舟之不碎。餘廼山羅礁擁。無所由以入。其險且不測如此。臺自破荒。不載版圖。前明宣德。太監王三保舟下西洋。因風過此。嘉靖末年。海寇林道乾亂。道入臺。都督俞大猷追之。知水道紆曲。時哨鹿耳門外以歸。道乾既逸。顏思齊。鄭芝龍附之。未久而去。荷蘭人。遭風飄此。借地于倭。不可。紿之曰。願得地如牛皮。多金不惜。許之。乃剪皮為縷。劃城里許。

盤踞臺地。兵不滿千。南北土酋。咸砥厲焉。成功自江南喪敗，退處軍孤。念永曆亡在外。存不不可知。第放天祐，天復故事。孤持正朔，乃稍稍議遷。適紅夷甲螺何斌負債走廈，盛陳沃野千里，爲四省要害，橫絕大海，實霸王之區，且言可取狀。諸部群集，以險遠爲難，談極日而不決。成功意銳，扳舵東甲。于是遂行。三月泊澎湖，狥曰：眡吾鷁首所鄉。至鹿耳門，則水驟漲丈餘，大小戰艦，啣尾而度，橫縱畢入。紅夷大驚，以爲自天而下。成功以手加額曰：

此天所以哀孤而不委之壑也天赦孤臣必有寧宇矣引兵登岸克赤嵌城荷蘭戰不利退保王城歸一王以死拒之鄭人攻不克廼築蘧篨環七鯤身以逼之是秋銅山將郭義蔡祿投誠挾忠匡伯張進以行進自燒殺君子謂張進于是乎男子冬十月棄同安侯于柴市子孫在京者皆戮之遷各省沿海邊界居民以絕接濟十二月成功復攻王城因風縱火燒其夾板敗者一大終無降意成功使告之曰此地廼先人

故物珍琏不急之物。悉聽而歸。地歸我。兵始罷。荷蘭乃降。送之歸國。諸土酋皆受約束。就土城居之。改臺灣爲安平鎮。赤嵌城爲承天府。總曰東都。設府曰承天。縣曰天興萬年。成功既聞遷界令下。嘆曰。使吾徇諸將意。不自斷東征。得一塊土。英雄無用武之地矣。沿海幅員上下數萬里。盡委而棄之。使田廬丘墟。墳墓無主。寡婦孤兒望哭天末。惟吾故之。以今雖拔猖。亦復何用。但收拾餘燼。銷鋒灌燧。息兵休農。待天下之清未晚也。迺立興法，辟刑獄，起學宮，計丁庸，養老幼，恤介特，險走集，物土方，臺灣之人是以大集，鄭氏遂安。今上之元年，永曆在滇城，或曰幽矣，或曰殺矣，成功猶奉永曆。二月，有謗忠勇侯陳霸歸欵。本朝以全斌之甲代之，霸名井人，平鹵步將，而成功之姻也，鎮南澳十餘年，與許隆、蘇利數百戰，粵人畏之如虎，但性傲多怨，全斌至，霸不樂，赦入廣州投誠，授慕化伯，蓋蜚語所中云。成功既治家嚴刻，長子經居廈，頗驕瞀業以耳目所聞見論之，如方國安、孫可望，豈非竭誠貴朝者？今皆何在？往事可鑒，足爲寒心。閣下倘能以延攬英豪、休兵息民爲念，即靜飭部曲，慰安邊陲，羊、陸故事，敢不勉承。若夫疆場之事，一彼一此，勝負之數，自有天在。泰等請經得失難易，閣下自知，亦無容贅也。

經曰：「吾將東，諸君善圖之。」議烙朝鮮事例，遣楊來嘉入奏，待命不報，來嘉還。于是經出全斌爲五軍都督，陳永華爲諮議參軍，馮錫範爲侍衛，帥師往臺。黃昭、蕭拱辰奉襲謀拒經，臺之諸部陰持兩端。十月晦，經至，或潛道以入，營于寮港。十一月辛未，昭會諸部攻經，大霧晝冥，距不

年三十九臺人以其弟襲為護理六月赴至島
經嗣位居亡何泰與洪旭黃廷蔡鳴雷議曰先
藩連年用兵徒苦父老東行之時猶令權宜通
好今日當為桑梓計郎不能成喪未可知戒靖
南王耿繼茂總督李率泰以成功死遣人招諭
經後繼茂書云日在鷺銅多荷指教讀誠來誠往延攬英雄之語雖不能從然心異之閣下中
國名家天人合徵金戈鐵馬之雄固自有在頃承惠書辱賜教誨而諄諄所言尚襲遊說之後
談豈猶是不相知者之論乎東寧偏隅遠在海外與版圖渺不相涉雖尺落部曲日與為鄰正
如張仲堅遠絕扶餘以中土讓太原公子閣下亦曾知其款乎所云貴朝寬仁無比遠者不

武衛楊富、虎衛何義等、先後投誠、各授爵有差。

于是　天子始銳意南征、遣人入海、請合紅夸攻島之命下矣。十月、耿繼茂、李率泰、滿洲郎賽調投誠官軍、合紅夸舟、出泉州。提督馬得功、出同安。黄梧、施琅、出漳州、分道疾進、經部分死士令全斌禦之。癸丑、遇於浯洲烏沙、時紅夸夾板十餘舟、歸巨如山、泉船三百、箕張而下。全斌以二十艨艟、往來奮擊、剽疾如馬、紅夸砲無一中者。投誠諸軍、雲翔而不敢進、得功殿、爲全斌所可視獨貽先至，破營入，經潰，幾為所窘，全斌率左右數十人力禦，經還射之，殪，忽而霧消，日向午矣，其衆驚亂，或鬭或否，既皆逡巡稅甲，經遂入臺，收殺桂應菁、曹從龍，餘寘不問，待襲如初。二年，經既靖臺人，滇城赴至，猶奉朔，稱永曆十七年，居亡何，殺鄭泰于金門。泰，貲以巨萬百數，而遴于一錢，潛結黃昭事，露，經乃詳入澂，過金門，寘酒邀泰，縊殺之。泰子纘緒，弟鳴駿，亡歸清，授伯爵，蔡鳴雷、蔡協吉、蔡原及忠靖伯陳輝。

色。狎老女與乳媼通生子，以聞。成功大怒，令黃昱、洪有鼎至島，諭鄭泰監殺經及經母董，以教兒不謹也。諸部大驚，又知成功病革，或亂命。謀保全。謂經子也，不可拒父；諸部臣也，不可拒君。推泰。泰于成功爲兄行，謂兄可拒弟，剋期舉事。値全斌自南澳回，亦奉成功旨。諸部誘執之。洪旭密招臺灣親信戴捷爲援。五月庚辰，明延平郡王、招討大將軍國姓成功卒于臺灣。自成功起隆武元年，迄永曆十六年，凡十七年。當是時

明季遂志録　島上坿傳

殪。已而繼茂率泰。各濟師。梧瑯。縻至。衆寡不敵。退守銅山。官軍入島。隳兩城。棄其地。收其帑貨婦女而北。兩島之民爛焉。十一月。杜輝自南粵入廣投誠。十二月。寇雲霄。爲浦鎭王晉功所破。

三年。三月。黃廷。周全斌。林順等投誠。各授爵有差。自是之後。親族兵將。大抵無慮。皆望風歸欵。取大官以去。獨有永華。錫範等。及經還臺。大小庶事。悉委永華。永華爲政。頗雜儒雅。與民休息。改東都爲東寧。陞天興萬年二州。頗分諸將土地。修塗裘、度曲徵歌、視無西意。四年、水師提督施琅、掛靖海將軍印、疏請攻臺、船至外洋、爲颶風飄散、不克而還。調琅及全斌歸　京、移授誠兵將、駐各省。八年春、　上命率泰及滿員明珠、蔡毓榮等來漳、以興化知府慕天顏　詔諭臺灣、賫書來往。經與率泰書云。蓋聞佳兵不祥之器、其事好還。是以禍福無常、倚强弱無常勢。恃德者興、恃力者亡。曩歲思明之役、不佞深憫生民疾苦、暴露兵革、連年不休、故遂全師而退、遠絕大海、建國東寧、于版圖疆域之外、別立乾坤、自以爲休兵息民、可相安於無事矣。不謂閣下猶有意督過之、欲驅我叛將、再啟兵端、豈未聞陳軫蛇足之喻、與養由基善息之

明季遂志錄　島上附傳

說乎。夫苻堅寇晉。力非不强也。隋煬征遼。志非不勇也。此二事。閣下之所明知也。況我之叛將逃卒。爲先王撫養者。二十餘年。今其歸清者。非必盡忘舊恩。而慕新榮也。不過憚波濤。戀鄉土。爲偷安計耳。閣下所以驅之東侵而不顧者。亦非必以才能爲足恃。心跡爲可信也。不過以若輩叵測。姑使前死。勝負無深論耳。今閣下待之之意。若輩亦習知之矣。而況大洋之中。晝夜無期。風雷變態。波浪不測。閣下兩載以來。三舉征帆。其勞費得失。既已自知。豈非天意之昭昭者哉。所恭夷齊田橫等語。夷齊千古高義。未易論洽。即如田橫。不過三齊 匹夫耳。猶知守義不屈。而況不佞。世受國恩。恭承先訓者乎。倘以東寧不受羈縻。則海外列國。如日本。琉球。呂宋。廣南。近接浙粤。豈盡服屬。倘以敝哨出沒爲虞。實緣貴旅遠涉。不得不遣船偵邏。若夫休兵息民。以免生靈塗炭。仁人之言。敢不佩服。至于厚爵重祿。永世襲封。海外孤臣。無心及此。敬披言。仰祈垂鑒。其復明珠書云：蓋聞麟鳳之姿，非藩樊所能囿。英雄之規，非遊說所能惑。但屬生民之主輔，宜以覆載爲心。使跂行喙息，咸潤其澤。匹夫匹婦，有不安其生者，君子恥之。頃自遷界以來，四省流離，萬里丘墟。是以不穀不憚遠隱，建國東寧，庶幾寢兵息民，相安無事。而貴朝尚未忘情于我，以致海濱之民流亡失所，心竊憾之。閣下銜命遠來，欲爲生靈造福，流亡復業，海宇奠安，爲德建善。又陪使所傳，有不削髮登岸，及置貿衣冠等語，言頗有緒，而台諭傳未詳悉，唯諄諄以迎敕爲辭。事必前定而後可以寡悔，言必前定而後可以踐迹。丈夫相信於心，披腹見膽，磊磊落落。何必游移其說，恃遣刑名柯平等？面商妥當，不穀恭承先訓，恪守丕基，必不棄先人之業，以圖一時之利。惟是生民塗炭，惻焉在念，倘 貴朝果以愛民爲心，不穀不難降心相從，遵事大之禮。至通好之後，巡邏兵哨，自當吊回。若夫沿海地方，俱屬執事撫綏，非

不穀所與焉。不盡之言。俱存敝使　議照朝鮮事
口中。惟閣下教之。俾實稽以聞。
倒經遣柯平葉亨。入奏。待命。不報。方是之時。
四海無事。天子厭兵。鄭氏遠。故釋弗誅。經令
宣毅前鎮江勝等爲遊徼。往來島上。踞步頭。互
市。沿海居民。頗接濟。爲姦利。十二年。冬。十一月。
我平西王吳三桂。據雲南四川貴州。以叛。十三
年。春。三月。靖南王耿精忠。據福建。執總督范承
謨。殺建寧同知喻三畏。以叛。承謨治吳廉正有
聲。諸墨吏。望風股
慄。當文風披靡之日。拔韓菼于儕伍之中。卒爲
名儒。人謂時。三桂既反。耿逆方蘭承謨承旨

陰爲諏庚三月望日精忠僞名承謨計事幽之蒙谷併殺三畏據有全閩承謨義在必死不食旬日然且不死獨坐三年官軍入閩然後見殺夫承謨知朕藩將亂駐節南劍控制上游號名漳泉之師進逼峽江精忠雖橫前後狼顧亡可立竢而投身虎穴坐受羈縲有足哀者然可謂忠節大臣矣承謨遼東人壬辰進士謚忠貞閩人祀之薛老峰下蓋福州之烏石山也頗與栢帖穆爾之家相望

馳數騎傳檄七建皆下使黃鏞入島請濟師援提督王進功平北將軍令入見羈之福州海澄公黃梧平和公梧臣病辛子芳度權知軍事海澄總兵趙得勝威遠將軍漳浦總兵劉炎寧遠將軍夏四月潮州總兵劉進忠以城

降于精忠授寧粵將軍夜并我續順公沈瑞軍
徙其家于饒平經使禮官柯平入福州報黃鏞
之聘也五月精忠請得勝兵得勝不從邀右武
衛劉國軒左虎衛何祐于海澄議奉經五月經
以陳永華爲留守總制率侍衛馮錫範兵官陳
繩武吏官洪磊等奉永曆二十八年正朔渡海
而西授得勝興明伯左都督自經東遁偷安日
日兵甲鈍敝船不滿百軍不滿萬精忠頗易之
經遣人說精忠借漳泉二府爲名募精忠難之

于是耿鄭交惡。五月錫範取同安。守將張學堯降。授蕩鹵伯。左先鋒精忠懼。以都尉王進守泉州。王進者老虎也。時已降耿。望亦稍衰。進初爲閩將。得罪。下吏。尋補京口標營。承謨廉其能。調入閩。精忠反。遂委身焉。六月進功于藩錫。誘殺泉州城守賴玉。兵民多從藩錫者。遂逐進。納欵于經。甲午。經入泉州。授藩錫指揮使。國事盡委錫範。纘武。秋。七月官軍圍潮州。精忠不能救。納欵于經。經遣援勦左鎮金漢臣。率舟師援之。以進忠爲定鹵伯。前提督。九月精忠以劉炎為犄角。命王進取泉州。冬十月。國軒及右虎衛許耀敗。進于塗嶺。追至興化。信千城下而還。吳三桂禮曹周文驥使經。平耿鄭也。十一月。得勝。錫範。祐等攻漳浦。劉炎降。遂援潮州。進忠之被圍也。援師金漢臣殲焉。官軍攻急。進忠竭力守禦。中外隔絶者。半載。及炎降。鄭人南援。敗官軍於黃崗。潮圍解。得勝同徽十二月。以六官算丁錢。大索富民餉。十四年。春正月。精忠遣張文韜使經議和。以楓亭為界。始通好也。二月。何祐寇饒平。獲沈瑞以歸。授瑞懷安侯。三月。以我經略洪承疇之祠。改祀黃石齋道周。蔡江門道憲。寵承疇及楊明琅眷屬百餘口。于雞籠城。明琅。崇禎詞林。字質人。媒山之變。乘馬過梓宮。揚鞭而指之。曰此眞亡國之君者也。夏。五月。劉國軒入潮。與何祐。劉進忠。兵數千人。徇屬邑之未下者。平南王尚可喜。兵十餘萬。盡銳來攻。相持久。國軒食盡。議退守潮。平南麾觳騎。晨掩祐軍。風馳雲捲。戰于鱟母山下。祐以身先旗。矯尾厲角。

直貫驍騎。出其左右。國軒繼之。大敗官軍、追奔四十餘里、斬首二萬有奇、捕鹵七千、轔籍死者徧滿山谷。當是時。何祐。劉國軒。威名。震于南粵、

六月。經帥諸將。圍漳州方經之至島也。授芳度德化公。前提督、芳度念　國厚恩。必無與讐相見理。然軍孤力短。遭離大喪。唯雌伏蠖屈。陽爲受命。陰通　本朝、毎登城北望。嘆曰臣不如桓彝。而望爲果卿、事泄、鄭氏環城芳度年少。沉勇、墨縗視事、令兄芳泰。突圍。入粵乞援。芳泰。平和諸生。嫺而

不覊。善技擊。既歸。公嘗御試暘春苑。與副將何某爲戈盾之戲。芳泰出手。遂中其肩。上稱善者久之。歸里數年。受賢禮士。有退讓君子之風。而享世不永。僅得中壽。可哀也夫。日與諸將分禦四門、忠益孤。氣益厲、經令四面環攻。圮而附于隍者。六十餘丈。圍中負戶而汲、芳度下火藥。絶其緣城者。立柵肇土、須臾而城完。又募重賞。令驍將吳淑、陳驥、黃翼、蔡隆等。出輕師。躪其壁、鄭人扶傷奔命、血沄波道。剽銳盡喪。乃掘濠築塹。爲持久計。凡閲六月、芳度兄芳世自粵提師。援且至。經謀遁。十月。庚申。犂旦。淑及弟

潛開門延賊芳慶登北門之山趣諸軍巷戰不
利拔開元寺東井以死不及援師聞三月廿經
入漳州援淑平鹵將軍後提督潛戎旗二鎮漳
之士民閉戶而詢之收芳慶族戚而遂膊其屍
剸海澂之梟報宿忿也事聞上震悼爲罷朝
贈王爵謚忠勇世襲十二代十一月經令禮葬
我巡海道陳啟泰于漳東之阪啟泰爲政豪敢有威甲寅之變
會海徵公百發背漳大縕亂啟泰輯兵民不動穀色卒賴以安閏五月闔門二十餘日同時死
義參錯如亂麻啟泰親爲排纘各以序列從頌引寨踰入殺諸相顧失色汗下莫敢出聲啟泰

談笑言論。陳義甚高。無異鄉時。乃朝服。望闕再拜。自經以死。至是。經乃下記屬縣。設壇。備儀仗。鼓吹奏引。以葬。經。窮島餘波耳。負固一隅。猶知尚德。况于寬大之朝。遂良顯忠者乎。敬泰。遂東人。字大來。諡忠烈。子汝器。安徽巡撫。

十五年。春二月。吳三桂兵至肇慶。韶州。碣石總兵苗之秀。東苑守將張國勳。詣國軒降。我平南王尚之信降于三桂。三桂檄讓惠州于經。國軒入踞之。以吳尚二逆。畫疆而守。夏五月。精忠守將劉應麟。駐汀州。狥下江西瑞金。石城二縣。密欵于經。授奉明伯。前提督吳淑入踞之。以左武衛薛進思。守。首叛盟也。七

月經調進忠于潮不至惡貳于耿也九月王
師入閩精忠降其守將馬成龍以與化欵于經
授殄鹵伯援攩左鎮許耀入踞之始精忠思與
鄭氏併力已而不協我擊其外鄭擊其內前後
跋疐卒至于敗冬十月許耀拒　王師于烏龍
江耀雄聲寡謀不在軍事　王師問渡方偃蹇
醉淫尼菴又狃于塗嶺之勝益輕敵官軍未既
濟左右請擊弗從既而成列倉皇出禦方戰而
遁棄軍資鎧仗不可勝數調趙得勝何祐代之

十一月，精忠守將楊德以邵武欵于經，授後勁鎮吳淑入踞之。十二月，淑拒王師于邵武城下。霜嚴指直，士皴瘃，不能軍，淑敗，還島，進思省遁。應麟奔死潮州。十六年，春，正月，趙德勝、何祐拒王師于興化城下。王師縱反間，祐疑得勝貳于我，得勝拔劍指天自誓，祐猶不信。戰之日，祐登臺以望，趙師潰，得勝麾中軍抽敢注射，應弦皆倒。既望祐軍之不動也，喟曰：吾不幸與若輩同事，既無與戰，又無降理，赴敵以死。固其所也何害乃從頌下馬據胡床復挽强殺數十人以死君子謂得勝知恥矣叛而復降恥莫甚焉祐乃蓬髮而奔踰山墜塹連日飢餓始得達泉與化遂陷二月泉漳潰經遁入島大賞逃亡諸將分汛水陸三月我和碩康親王遣僉事朱麟藏入島招撫尋遣興化知府卞永譽泉州知府張仲舉鄉紳黃志美吳公鴻等再申前議弗從四月移諸降將入臺劉炎奔歸本朝磔于燕市六月進忠降于三桂尋歸本朝磔于

燕市國軒棄惠州。入島。凡七府。一時俱潰。經既崩剝。不知所爲。國事盡委國軒。國軒實有將才。十七年。春。二月。入寇玉洲。三叉河。福河。下游等堡。一時俱下。遮我餉道。斷江東橋。援甲適至。分兵擊敗之。夜。取石馬。數戰皆捷。援國軒。中提督遂揚颿入鎮門。取灣腰樹。馬洲。丹洲。諸堡。壁碧湖。戰于赤嶺。當是時。總督郎廷相嗣公黃芳世都統胡兔。按兵漳上。提督段應舉。自泉州。寧海將軍喇哈達。都統穆黑林。自福州。平南將軍賴塔。自潮州、後先來援。國軒及吳淑等兵勵數千。飄驟馳突。略放成功。當事者萎靡咋舌。莫敢楷梧。閏三月、黃芳世、穆黑林與國軒戰于灣腰樹。敗績。胡兔及副將朱志麟、趙得壽戰于鎮北山。又敗。姚公子、李阿哥援之、又敗。段應舉戰于祖山頭、又敗。遁入海澄。遂取平和、漳平、圍海澄。三匝、斷塹星椿、飛鳥不度。六月、上以按察吳興祚為閩撫、逮郎廷相。以隨征布政姚啟聖為總督、趣諸軍援澄。次葛布山。三次、隔帶水。高壘自完。相望而已。庚辰圍中食盡城破。提督段應舉從頌自經。完節于敵樓。總兵黃藍巷戰。死于亂兵。滿漢官軍自縊死者甚衆。凡亡失三萬餘人。馬萬餘匹。晉國軒武平伯。征北將軍。吳淑定西伯。平北將軍。何祐左武衛。林陞右武衛。江勝左虎衛。鄭氛滋益熾。幾五萬人。遂取長泰同安。七月。乘勝圍泉州。梅勒雅大里城守。不可下。國軒籍民爲兵。猶下南安永春安溪德化等縣。八月。官軍復漳平長泰平和等縣。我學士李光地道

門烏海賴平南由安溪。出同安。巡撫吳興祚。出
仙遊。出永春。提督楊捷。由興化。下惠安。總兵林
賢。黃鎬。林子威。帥舟師由閩安。出定海。尅期援
泉。八月。林賢等敗樓船中鎮蕭琛水軍于定海。
經命宣毅後鎮陳諒。禦之海山。國軒帥二十八
鎮。還漳州。築十九寨。九月癸卯。吳淑何祐楊德
吳潛陳昌等。十一鎮。可二萬人。軍浦南。國軒帥
十七鎮。可二萬人。軍溪西。丙寅。國軒帥二十一
鎮。與王師決勝于龍虎山。精忠爲左拒。賴平

南將軍爲右拒啟聖在前胡都統在啟聖前都
統麾騎兵二萬人先合不利啟聖援之奔精忠
故仇鄭迺前拔劍砍地曰吾得與此賊俱殲吾
死不恨矣親督戰立斬退縮者三人大呼馳蹂
拒馬平南將軍尾之殺海鎮鄭英吳正璽等破
營十六座斬首四千捕鹵一千二百餘人凡亡
溺以萬數國軒尾所乘馬泗河以遁冬十月啟
聖遣中書張雄入島招撫弗從十八年春二月
經以陳諒爲援勦左鎮敗官軍於定海秋八月

上以萬正色爲水師提督。冬。十月。官軍攻蕭井寨。不克而還。十一月。吳淑壓死于蕭井寨。敵聖乃大招撫。開第于漳州。曰。修來館。不愛官爵銀幣袍服。無貞贋。皆收之。令降者華轂。鮮服。炫燿于漳泉之郊。漳泉人傳異之。迺相喧述。猜忌送欵。言敵聖。能致海上豪猾也。閩頌云。時有漁人。于海底。得篆磚文。曰。生女滅鷄。十億相倚。庚小熙皞。太平八紀。盖指姚滅鄭于康熙時也。或曰。福州陳潤所造。

十九年。春。正月。正色及總兵陳龍。林賢。黃鎬。楊嘉瑞。爲舟師。以伐島。正色謀于興祚。曰。子沿海

與之上下擊其灣澳吾張水師以諸將之銳方
船以進適海壇子攻其陸吾薄其水破之必矣
既謀而行經命左武衛林陞爲督師援勦左鎮
陳諒左虎衛江勝樓船左鎮朱天貴禦之既望
我軍畏其衆也退全而遊棄海壇無所得汲陞
令數舟取水寮邏諸弋舡望風而潰天貴遂降
援總兵二月國軒遁入島啟聖乘虛復十九寨
海上諸鎮多降者丁亥正色覆兩島經率錫範
繩武及諸將復遁入臺其毋董名而數之曰馬

陳之業衰矣。猶有先君黃洪之刃。其庸可赦乎。若輩不才。徒累繼承。則如勿往。二十年。春。正月壬午。鄭經卒於臺灣。臺人偁永曆三十五年。正月壬午。鄭經薨于臺灣。凡經嗣位十九年。奉永曆正朔。偁招討大將軍印。偁世子。實無所受命。長子克𡒉。舊爲監國。𡒉。鄭氏螟蛉子也。原姓李。經嬖妾林。養之。其事秘。經莫知也。以永華女配之。及經西寇。委政永華。永華請克𡒉爲監國。克𡒉。嚴毅。頗倣成功。諸弟畏之。迨經敗。東還。永華亦效以國付壍亡何經死諸弟揚言曰克壍非吾骨肉一旦得志吾屬無遺類矣董卽命收監國印兵將入克壍顧謂妻陳曰耳目非是恐不能相保陳曰夫在與在夫亡與亡必不相負克壍旣幽別室諸弟夜命烏鬼拉殺之董氏立次子克塽克塽幼髮初覆額授國軒武平侯錫範忠誠伯以永華爲國之望猶禮待陳躬親撫慰諭其所爲陳乃愴然淚下曰昔爲箕帚婦今爲罪人妻官民禮隔願出別室待亡夫百日後卽

往地下相從耳許之陳旦夕臨日歠茶數勺卒哭懸帛柩側遂沐浴整衣冠投繯以死夏六月經毋董氏卒董頗不答于成功辛卯之難董跟蹌逃出獨懷其姉木主以免成功敬焉凡海上所至禁姦止殺董亦有力焉十月啟聖計招臺灣行人傅爲霖等建威後鎮朱友發其事爲霖等皆誅及我續順公沈瑞屠其家瑞妻禮官鄭斌之女也醳之鄭氏守義亦自縊死蓋臺灣將覆之時頓有兩烈婦云十月啟聖疏薦萬正色爲陸路提督施琅爲水師提督以圖大舉期以明年二

十年施琅治兵於平海二十二年春三月何祐城淡水夏六月乙亥官軍發銅山會于八罩嶼窺澎湖國軒守澎湖知八罩嶼惡六月望閒當有颶至自督精兵強逾二萬蜂擁于風櫃尾牛心灣等嶼又率林陞丘輝江勝陳起明王隆吳潛等約衆二萬集于鷄籠嶼環設砲城陵師守之沿海巨舟星羅碁布以望覆我師琅令大小戰艦于風颿大書師將姓名知進退定賞罰也丁亥質明微風振柂鉦鼓傳喧兩師將合琅令

藍理、曾誠、吳啟爵、張勝、許英、阮欽爲、趙邦試等七船突入賊䑸，焚殺過當，濺血聲喧。時南潮正發，前鋒數船爲急流分散，國軒師合兩翼齊攻，殺傷大當。琅望藍理之颿，慶我軍終不可殭出，自將坐駕船突圍赴援，焚其趕繒船二、鳥船一。理傷砲，還琅，亦集矢于目。是夜，暫收八罩。己丑，以甲裳裹首，集諸將，申軍令：自總兵以下皆按以失律罪，衿甲而縛，將斬之。諸將蒲伏祈請，許以立功自贖。兵氣復振，取虎井、嶼。其明日裹獨駕小舟。潛偵諸砦。還。令諸軍掘地取泉。澎水故多鹹。及 王師雲集。泉乃甜出。三軍大喜過望。方之耿恭。殆爲過之。癸巳。誓師。分爲八隊。每隊七船。各三共疊。琅自統一隊。居中調度。以八十餘舟。爲後援。五十舟。從東畔嶼內。綴其歸路。五十舟。從西畔牛心灣內外。整。爲疑兵牽制將戰。有風從西北來。滃浥蓬勃。逢迎 王旅。士皆股弁。琅循師大呼曰。惟天。惟 今上皇帝之靈。尚輔相余。須臾雷動。立轉南飈。軍復大喜。廼裹劍疾戰。賈勇先登。國軒發火矢。噴筒。燔焰怒張。官軍乘銳夾擊。我總兵朱天貴戰死。自辰至日中兵氣益厲。多殺國軒軍萬餘人。殲其將林陞。丘輝。江勝。陳起明。吳潛。王隆等。燒大小鬬艦二百餘艘。餘衆多降。國軒知勢不敵。急乘走舸從吼門佚去。澎湖既破。琅以臺灣未滅。爲攻心之法。迎降弁目。賞以袍。服。靴。帽。凡降卒四千餘人。給以饟米。傷未及死者。凡六百餘人。醫治之。送還臺。降者相謂曰。此所謂生死而肉骨之也。歸共傳說臺灣之人。是以大震。寧靖王術桂自以明家龍種。義不可辱。度事已如此。迺具冠服。設賓禮於庭。北面。再拜天地。二祖。列宗。揖臺人。從頌別飲。投繯自奮絕脰以死。妾袁氏。王氏。秀姑。梅姐。荷姐。五人。從縊于堂。臺之志士。爲流涕。曰嗟乎王孫。與北地爭烈矣。而劉國軒。馮錫範。何祐。洪磊等。方奉克塽。決計投誠。七月。丙申。遣劉國昌。馮錫珪。陳夢煒。齎延平王金印一。招討大將軍金印一。公。侯。伯。將軍。銀印五。籍土地。府庫。軍貴叩軍門。乞降。八月。壬子。琅統舟軍。至鹿耳門。國軒使人徐道以入。令剃髮。雞犬弗驚。市不易肆。凡克塽嗣位二年。奉永曆正朔。當是時。年十五。自成功初起。迄克塽。凡三世。三十八年。而明朔亡。居數日。琅乃刑牲。奉幣。告于成功之廟。曰。自同安侯入臺。臺地始有居民。逮賜姓啟土。世為巖疆。莫可誰何。今琅賴 天子威靈。將帥之力。克有茲土。不辭滅國之誅。所以忠 朝廷。而報父兄之職分也。獨琅起卒伍。于賜姓有魚水之歡。中間微嫌。釀成大戾。琅於埸姓。剪爲讐敵情猶臣主。蘆中窮士。義所不爲。公義私恩。如是則已。語畢。涕下。君子聞之。爲嗟異。曰。父仇一也郎公辛。賢于伍員矣。迺疏請經略臺灣。禮待克塽。及諸將帥。歸之

京師。授克塽漢軍公。錫範漢軍伯。國軒。天津總兵。何祐。梧州副將。設府一縣三。府曰。臺灣。縣曰。臺灣。爲附郭。曰鳳山。曰諸羅。分南北二路。設兵防。維萬世之業。臺灣之人。是以大康。三十九年。

上念成功明室遺臣。非

吾亂臣賊子。特賜成功。及子經。歸葬南安。如田横故事。

論曰。自　世祖章皇帝。主天下。東南夏肄。所在除滅。成功將種。起自諸生。當日落虞泉。而猶屈彊海外。佚宕中國。欲遂魯陽之志。亦迂狂而不知其無補者。然數十年之閒。竊號衣曆。達命假義旌旂所指。關河響動。喋血邊境人民離落明室遺人。未或非之。夫河東賜姓。猶留虛號天水高廟。亦擁空名。成功非踵事增華者耶。子經嗣立人材在中知之間方是時。天子聖神。然且屢勤宵旰軍旅數出。天動雲隮。然後廼服世傳成功。詞多流溢。然亂不久。難不劇。事不奇。削平者之績不大。後有君子。可以鑑矣。

八閩文庫

福建文獻集成

續編 史部 二二五

吴格 主编

文獻集成 265

海峽出版發行集團
THE STRAITS PUBLISHING & DISTRIBUTING GROUP
福建人民出版社

本册目次

閩中文獻志五卷（卷一至卷三）

［清］惠安黄廷玉輯

福建師範大學圖書館藏稿本

閩中文獻志五卷，清黄廷玉輯。廷玉（一八〇九—一八六九），號琥谿，惠安人。清咸豐元年（一八五一）舉人。曾官羅源、彰化教諭，卒於彰化任上。撰有也可軒詩文集、惠安賦等。生平見廷玉曾孫士傑撰黄琥谿先生傳略。

是書有目，無序、例。前有閩學源流一篇，詳閩人從學之原委。謂唐代宗大曆七年（七七二）李椅、德宗貞元間常袞先後觀察福建，興學重教，「由是閩人以不學爲耻」，遂「化譾陋以啓文明」。龍巖陳珦、福安薛令之開閩人科目之先，繼之者將樂廖廣、莆田林藻，而以晉江歐陽詹最爲知名。「終唐之世，閩學之肴饌百家、笙簧六籍者，郁郁乎文盛矣」。至宋，大儒蟬聯踵起，號稱極盛，陳襄、陳烈、鄭穆、周希孟稱「海濱四先生」，爲閩學之根源。並縷述宋、元、明至清乾隆間閩學源流之彰彰可考者，始將樂楊時，終寧化雷鋐，所論大抵平允。

書凡五卷，以理學爲主，録唐、宋、元、明、清諸儒列傳百八十九人，計唐二十四人，宋百十一人，元八人，明四十一人，清五人。較之明黄文炤道南一脉諸儒列傳收録宋、元、明二百八十餘人，清李清馥閩中理學淵源考載録一千三百餘人，去取可謂頗嚴，然將唐陳元光諸人冠以儒名，則又不免失諸寬泛。又陳元光等五十五人傳後，附文二百餘篇，或爲傳主自撰之詩文，或爲史志相關記載，及他人所撰之序、記、疏、跋等各體文，即目録所題「閩學事實考附後」者。所附諸篇爲各傳之有益補充，可資參考。

書前夾有廷玉曾孫士傑撰黄琥谿先生傳略及士逸一九五六年撰摭言六紙，摭言謂「此志祖述千餘年來學術人物及其師承淵源，文約而體清，鋒發而韻流，有條不紊」，又謂「記朱熹，並沈繼祖詆朱子爲僞學疏載入傳末，必俱此等不偏襟懷，始可秉槧」，皆具識見。間有眉批，如雷鋐鵝湖詩説眉批「此文甚佳。其學勝過李光地及其師世遠」，蓋亦出自黄氏後人手。（林翠霞）

黄琥谿先生傳略

曾孫　黄士傑撰

黄公廷玉號琥谿，閩惠安人，里名新亭，生於清嘉慶己巳，殁年六十有一。咸豐辛亥舉於鄉，嗣晉京會試，抱劉蕡恨，遂絕意科舉，旋出為閩羅源縣學教諭。與林松溪、鶴林相友善，贈聯云：「鐘鼎山林各天性，風流儒雅亦吾師。」以致仕後，築也可軒為平居述作之所。天性孝友。復出為台灣彰化縣教諭，殁於彰化任所。閩中文獻誌乃致仕時所輯也。生平著作有惠安賦、也可軒詩文集若干卷、閩中文獻誌等，碩果僅存者此書耳。餘皆湮沒無存。

克斯之徒，見其忠懷激烈，貧賤不移，富貴不淫，威武不屈，見智，即亦孟子所謂我於武成取二三策之謂耳！縱令馬夫與盜賊言禮，不識時務之迂腐庸儒者之激言，要其見仁非聖論者之逆，陳叔寶、吳梅村者節人生觀者之寇，及賤不移，富貴不淫，威武不屈為工夫，甚周揚雄，駁晏以明法親民，止於至善，誠懼慎獨，齊家治國為經典，貧無徵乎故實，是，前代作誌之舊矣也。理學發明孔孟哲學收秦圖書也，炎武顧氏之天下郡國利病書，方輿紀要，非誌志莫不可汗牛而充棟，豈謂無其功用耶？漢張蒼之所愁究古代史實裏耶？自越絕書創，二千年來省府志縣繼，從為一大正宗，學術思想莫不為現時代所搖，豈不可作研文獻誌，以昭學術之淵源也。理學始於宋，元明清師承相述久暫也。誌者史耳，傳人文，獻為實，止於文獻一宗者，謂之跡名稱，故漢書紀河渠，史記詳溝洫，歷書以年月，意在興水利夫史者，時代社會進化之總紀也，集時代文化之大成而記錄其可

摭言

2、

日備，統治與靡排封建王侯階級，周立史官，紹唐虞涓於春秋，則已由原始共產社會，進為幣制社會文化自三代以上，黃帝時太昊作幣，隸首作數，已為有史時代，允屬珍貴之歷史遺產與，良有由以也。若夫國史之創，志之所以為文化藝術之精華，能有助於時代社會之進步遺聞逸事，人物，氣候等，史學旁流，亦是匯合，此文獻

亦於括地理，序風俗，明沿革，述利病，紀水利，建設，傳統個性，殆識其未可偏廢歟！

礫并珍珠而棄之，寧非可惜之故。近有人重視中國民族論觀點，然而現代薄古而厚今，以珍珠藏於瓦礫，棄瓦認為我與物之存在不可分殊，故曰「一分殊合一」，可謂是一元萬物合而為一，其說專主性理，推究宇宙萬物之變化原理，為天地萬物之變化，皆由動而靜，不外窮究其理，理明則傳謂朱熹「由太極說到無極」，繼以宇宙之起源為太極，認能認識規律，掌握關鍵，不純以治此則迂腐概之，並與夫料敵制勝之變，亦將承認其包含唯物論觀點，

簡緒，所以昭后禩法也。千餘年来，提綱挈目，丢是帝王正统观念，儒者之闽有學術，湮没甚焉，或载而不詳，更缺乏一有系统之志。今此志祖述千餘年来学述術人物及其师承渊源，文约而侔情，锋發而韵流，有条不紊，实駕他志而上之。夫作志易，款芟雜平繁学術不岐雜，款编集资料，闽備無缺，尤難，非窮年累月，曷克臻斯功！以观吾闽自唐以来，千餘年鸿儒硕彦辈出，豈僅数百，亦取其大者而已。方之西方唯心论哲学家亚里士多德、但丁、黑格爾等，其学術渊源，各有胜之矣。

闽中傑士如黄克晦、刘咸、藍仁、與林鸿十子等，皆未为列传者，盖偏於理学範围故也。此志亦自唐李成公椅治泉时代，特出之士，自欧阳詹起，迄海滨四先生，陈述古、陳季慈、郑闽中、闽公渊为闽学之初創时期，泊乎龟山先生杨文靖、豫章先生罗仲素、延平先生李愿中，並推而广之，此三人皆距濂溪二程之後者也。宗法社会之历史学家，不免有其历史时代背景，咸道间，手工業初發廣，況古代學術思想史，大有助於社會科學之發展。
要妄易人古書，今人每聰明不效古，然豈肯與古之遺

昔人有不遠千里而求人露蓋者，隨園詩話云，有人以讀之，猶起古思，韓著之功偉矣哉！

卅、

之傑出人物，所表現之人格及深邃之古典文學藝術，至今物，慧如陳尚德，賦如黃滔，時礼如真西山，皆挺特百輩，今之，驊如徐寅，文如歐陽詹，逸如方霞士，雅如周匡識有足多者。其忠憤激烈如黃石齋，癡寒廉退如廿薛清，蔡為朱子後一大賢，不避清朝忌諱，可謂之勇於秉筆，必俱此等不偏襟懷，始可秉筆。其傳黃石齋之憤烈抗

此誌記朱熹，并蔡繼祖述朱子為佛學疏載之傳來，人必亦必獲益實，擬留以研究今人矣。

則又視吾業今日之進步為落後矣。吾人今日有作，後之人以今日之進步思想，發為文章，再過一二百年後之後人之落後，須知是誌子皆有匡扶人國圖從久遠之績，備吾展。中國尚年重工業，吾人決不能挾今日之進步，非古人

5.

一九五六年十一月廿日曾孫黄士逸序於梅花窩夫人間。
撫言，以著佛頭之糞，不言可矣。
乃日一大痛快事，且將相與浮一大白以為快，則我撰此
會，亦令今日之新社會人士，得識一百餘年之人物，毋
誤梨棗，猶之近二百年之老人，仍得見今日之新社
文獻誌并封建時代而無之，寧非今日之作，備今日壽
文獻誌為前所未見，閩書、省誌出世之時代，乃封建時代。
者，當引以為大快事，至於省誌、閩書，古已有之，惟獨
不費窮年工夫，則覽誌書於指顧間，將閱覽文獻誌
日款蒐集此數古籍，或存或亡，亡不能無備，有此則可
無藉傳，及各府縣志等，不下數百本，今皆不存，備今
政和縣誌、建寧什誌、東越文苑、元儒言行錄、元史
慎稚記、道南源委、龍岩志、明儒言行錄、漳州府誌、
以及通志人物傳、隱拙齋文鈔、續志理學傳、[illegible]布衣本集、
實一價值至大之著作，言當不為過。其所[illegible]之書

唐朝

閩中文獻誌

卷之壹

閩中文獻志目録卷之一　　惠安琥谿黄廷玉輯

王啟傳

徐寅傳附

與朱全忠過太原賦

與王延彬遊賞賦詩

代黃滔謝王審知牋

贈安南安方處士七絶五首

題福州天王閣詩

題金粟洞景祥院詩

詠泉山瀑布詩

使福州至劍浦贈僧亞齊詩
蒙閩王改賜鄉里詩
漢上登舟憶閩詩
登水閣詩
黄滔傳附
送君南浦賦
以碑文擅長如福州
律賦如明皇回駕
囊山詩

卷之二宋諸儒列傳

朱子始終事實

慶元庚申蔡九峯記朱子卒事

蔡繼祖詆朱子爲僞學疏

朱叔敬名在傳

朱子明名鑑傳附

朱子三世孫名浚士淩孫名淩名奎事實傳

黄直卿名幹傳

陳安卿名淳傳附

小學禮詩四十三則

卷之三宋諸儒列傳

方履之名大壯傳
張子文名巽傳
林正甫名湜傳 附
朱子問答書
何叔京名鎬傳
葉成之名武子傳
李公晦名方子傳
劉景虞名世南傳
劉履之名砥傳

蔡季通名元定傳附

在道州托夢寓鄰二事記

蔡伯靜名淵傳

蔡仲默名沉傳

蔡仲覺名模傳附

弟名杭字仲節傳

楊子直名方傳

楊通老名楫傳

楊子權名與立傳

熊以寧傳

廖子晦名德明傳

傅景初名伯成傳

陳祐之名祥道傳

陳晉之名暘傳

劉執中名彝傳

黄繼道名祖舜傳

胡康侯名安國傳附

文定公少時事實三條

高元齡名頤傳
林少穎名之奇傳
林學可名亦之傳
陳元潔名藻傳
吳才老名棫傳
王子合名遇傳
邱子服名膺傳
魏子實名掞之傳
鄭子上名可學傳

五曰學言
六曰學揖
七曰學誦
八曰學書
進大學衍義序
進大學衍義表
黄景傳 名巖孫傳
陳尚德 名普傳附
七歲時白鷺詩

與王翰隱居不仕事

監郡編役序

邵銅聞過齋集序

七岩山詩二首

明閩學諸儒列傳

林廷珍名玭傳

蔡虛齋名清附

詹仰庇請賜蔡清謚疏

李光地重修虛齋先生祠引

鄭景初名旭傳

余則亮名應傳

劉宗道名駟傳附

闢釋老甚嚴事

林蒙菴名雍傳

王啟澤名源傳

蔣廷佐名輔傳

黃伯馨名芹傳

唐師鄘名泰傳

陳布衣名真晟傳附

愼獨記拒當家歸事

陳白沙贈布衣先生詩

奏正風教疏

朱懋恭名欽傳

黃未軒名潛傳附

諫花燈疏

周翠渠名瑛傳

陳時周名茂烈傳

黃仲固名鞏傳

方壽卿名良永傳

劉子賢名閔傳

柯奇純名維騏傳

史中裕名于光傳

蔡伯瞻名元偉傳

林帥吾名性之傳

楊惟宗名道會傳

王翼邑名畿傳

盧誠之名一誠傳

曾惟馨名汝檀傳

蔡震湖名宗禹傳

黃石齋名道周傳 附

記石齋先生初生事

講學江東事

蔡夫人書法

方苞記石齋先生逸事

進洪範月令儒行緇衣疏

卷之五國朝諸儒列傳

合祀陳黃二先生祠記

諸羅縣學記

清茗書院記

月湖書院記

建溪水石記

方苞禮部侍郎蔡文勤公墓誌銘

沈廷芳蔡文勤公祠記

在鰲峯書院示諸同學詩二首

鰲峯書院九日泛舟池中步袁子楚韻

鄭慕斯名文炳傳附

正學論

重建鄭烈女墓表依聶雙江謁原韻

鰲峯書院賦

閩中文獻志録目終

閩中文獻志

閩學源流考

惠安琥谿黄廷玉輯

閩處海濵之東南維其始不過中州一支郡耳唐以前扶輿蓄積之氣尚未發洩兼以草昧新開經綸未具地同賔服民多轉徙閩學未顯於世也在劉宋時雖有虞愿爲晉安太守立學堂教弟子而士未與科目之榮人亦少奮功名之路至唐代宗大歷七年李成公椅以皇帝之諸父宗室之才子觀察是邦新廟學而訓民五經非周孔軌躅不踐也每歲二丁帥諸生習禮歌詩考課文行定甲乙貢之

宗伯由是閩人以不學爲恥家洙泗而戶鄒魯焉德宗貞元間又有常公袞者建中初以前宰相也起爲福建諸州觀察使好誘後進設鄉校課文章鄉郡小民有能誦書作文者袞必具賓主之禮召與宴饗親加講導闢鴻濛而破天荒化譾陋以啓文明袞之繼椅而來天陰以鍾東南海隅之文獻也時晋江歐陽詹以文詞崛興甌閩間袞以名士延之一見比爲芝英推拔勸勉貢於朝閩俗又爲之踴躍不變貞元八年陸贄知貢舉搜羅天下文章詹第進士與韓愈李觀李絳崔羣王涯馮宿庾承宣聯第皆天下選

時稱龍虎榜故劉昌言詩曰一舉首登龍虎榜十年身到鳳凰池世以爲榮詹是時授國子監四門助教與韓愈爲知心友不幸早卒於京師愈爲作哀辭極稱孝行至其事業文章則李翺字習之爲之立傳其歐陽集十卷則觀察李貽孫爲之作序矣考韓愈哀辭並唐史文翰傳及宋蔡襄仙遊縣儒學進士題名記皆謂閩之舉進士繇詹始此皆由欲推重詹作過情之語耳其實不自如詹始也前此萬歲通天元年本明經及第者已有龍巖陳珦授翰林院承旨直學士中宗神龍二年第進士者又有福安薛令之官

太子侍讀與賀知章並侍東宮書著明月之先生詩傳歲寒之首蓿是陳珣薛令之已開閩人科目之先而令之又開閩人詩學之祖矣陳珣薛令之而下將樂廖廣莆田林藻等並先於詹而龍溪周匡業又與詹同科然則閩之舉進士固不自詹始而能使閩學之聲騰江淮埒上國而達京師者則自詹始也自詹以能文秀出繼而龍溪周匡物以兄弟聯鑣聞甯化伍正己以曲全善類聞其餘詞賦典贍者則建安葉京忠義全節者則長樂林慎思一門五學士者則侯官黃璞終唐之世閩學之肴饌百家笙簧六籍者

郁郁乎文盛矣流及五季之衰學者鏤雲斲雪浮華鮮實其儒術卑不足道迄今有於有宋扶輿洩其菁華講學實踐諸大儒蟬聯踵起號稱極盛則有陳述古（名襄）陳季慈（名烈）鄭閎中（名穆）周公闢（名希孟）所稱海濱四先生出焉四先生俱侯官人時學者沈溺於五季雕琢之文指知天盡性爲迂濶四先生倡道海濱黜華崇實本正學爲經濟與平陽孫復海陵胡瑗濂溪周子橫渠張子同紹孔孟之傳閩學之源流實根原於此焉然閩學雖根原於四先生而實則得統於濂溪周子周子傳之明道伊川二程子彼時閩儒遊

程門者將樂楊文靖建陽游定夫福清王信伯沙縣陳知默宋史稱文靖定夫與上蔡謝良佐字顯道汲郡呂大臨字與叔爲程門四先生文靖聞道最早第進士調官不赴以師禮見明道於扶溝載道而南繼又見伊川於洛平日所疑橫渠之西銘爲近於兼愛者得伊川理一分殊之言而豁然心解其師事伊川之誠嘗與游定夫侍立不去幾忘門外之雪深一尺二程之學從此傳於閩矣時沙縣陳瑩中仗義節秉義落落不苟人也嘗以不知明道先生爲恥聞文靖受業二程推本孟氏性善之說發明中庸大學之道

以師禮事焉瑩中之通於易數本自文靖而來其從孫知
默亦嘗受業於文靖之門而深識聖賢旨趣故渡江以來
東南學者羣推文靖爲程氏正宗惜晚居諫省僅九十日
所謂列皆關切於世道而闢王氏經學排靖康和議則其
功甚鉅學者稱爲龜山先生云龜山傳之南劍羅仲素仲
素議論醕正朱子謂龜山倡道東南士之遊其門者甚衆
然潛思力行任重詣極者惟仲素一人而已學者稱爲豫
章先生云豫章傳之劍浦李愿中愿中英年蹈厲究心於
道妙真詮閩郡人豫章得河洛之學即以書謁之其畧曰

孟氏之後道失其傳真儒不復見於世惟先生服膺龜山之講席有年矣況嘗及伊川先生之門得不傳之道於千五百年之後性明而修行完而潔不言而飲人以和如春風發物人莫知其所以然也侗聞道之可以治心猶食之充（飽）衣之禦寒人有迫於飢寒皇皇焉爲衣食之謀造次顛沛未嘗忘也至於心之不治有沒世而不知慮豈愛心不若口體哉弗思甚矣今侗生二十有四歲茫乎未知所止燭理未明而是非無以辨宅心不廣而喜怒易以搖操履不完而悔吝多精神不完而智巧襲朝夕恐懼不啻如飢

寒切身求充飢禦寒之具也從遊累年豫章授以春秋中庸語孟之說豫章好靜坐愿中退亦靜坐豫章嘗令靜中看喜怒哀樂未發前氣象而求所謂中者愿中從此得心傳焉既而退居山田謝絕世故事親誠孝左右無違接後學隨其淺深必語以反身自得雖若無意當世而傷時憂國論事感激動人與朱子父韋齋先生爲同門友韋齋雅重之沙縣鄧迪每爲韋齋言曰愿中如冰壺秋月瑩徹無瑕其後朱子自同安簿歸不遠數百里往從學朱子卒得愿中之傳學者稱愿中爲延平先生云由此觀之閩中理

學之傳淵源於濂洛倡始於龜山而總滙於朱子龜山得
豫章一傳而道統聿開得延平再傳而道統益顯得朱子
三傳而道統之維綱常扶世教上以紹先聖之絶者下以
作正學之宗師嗚呼天生朱子直關係天地盛衰之氣運
講學之功在閩而推衍聖脉闡明性理羽翼經傳之功在
天下矣初朱子既從延平學又承父韋齋先生遺命師
事崇安劉白水劉屏山胡籍溪三先生白水以伊洛之書
爲學與屏山往來切磋賢士大夫自趙鼎以下皆敬慕之
其誨朱子也如誨子姪以女妻之屏山之誨朱子也告以

易之不遠復三言俾佩之終身至籍溪則得伊洛之傳以克己功夫爲學朱子與從遊最久然究未若與李延平往來問答之夥至成延平答問一書且夫泰山不讓土壤故能成其大河海不擇細流故能就其深儒者不棄衆長故能集其益朱子集諸儒之大成而教化昌明閩得朱子之教化而通儒輩出當時朱門受業者閩縣黄直卿龍溪陳安卿最著直卿編禮定喪祭二篇講易發乾坤二卦論政先教養二端無負乎丹鉛之付託故黄子敬林正卿陳日昭輩咸沐薰陶焉安卿言太極則由太極全體説到無極

妙用言仁則由生生全體説到幾微病痛言學則由孔孟樂地説到王佐事業融會在理窟之淵深故陳寱立蔡國賢呂圭叔（呂同安人）輩胥歸鎔鑄焉直卿安卿而外著有星歷象數義者崇安詹元善著有易解尚書解者侯官潘謙之（名柄）著有雜説者建陽范念德著有克齋集草堂集蒙谷集者古田余占之（名隅）林擇之（名用中）林子武（名夔孫）著有經筵口奏祭法宗廟廟享郊社外傳者建陽葉味道（字子采亦見理學）杜門養晦尊聞行知者惠安張子文（名巽）諸子百家無不讀者長樂張元德（名洽）專心求道不事場屋者莆田方履之（名大壯）

罷無名之征賦而朱子稱其廉不貶道以求合而天子閔其忠者邵武何叔京（名鎬）李方子公晦（名方子）其以兄弟而同遊朱子門者長樂則劉景虞（名世南）之子履之（名砥）用之（名礪）建陽則劉子勉（名懋）之子晦伯（名爚）韜仲（名炳）蔡季通（名元定）之子復之（名沆）而外伯靜（名淵）仲默（名沈）仲默子仲覺亦師事之凡三世受業其門焉莆田則陳應求之子師中（名守）師德（名定）師復（名宓）其爲朱門高第與浙江楊簡（字敬仲慈谿人）並號三楊者長汀之楊子直（名方）福鼎之楊通老（名楫）是也而建安楊子權（名與立）福安楊志仁（名復）晉江楊至之（名至）亦以研究理學稱矣其爲朱

子虛懷造訪名其樓曰醉經名其堂曰經義者甌甯童蜚卿（名伯羽）是也而崇安江德功（名默）同安許順之（名升）建甯縣劉德言（名剛中）亦以宏闡道學著矣以孝友忠信爲本根以潔廉勁挺爲質幹時則有浦城張叔澄（名彥清）然學顏子之學志伊尹之志者不有建陽熊以寧乎教人則講聖賢心學之要出仕則用三代直道而行時則有順昌廖子晦（名德明）然陰沮韓侂冑開邊不與史彌遠共政者不有晉江傅景初乎諸人皆親受業於朱子之門共衍道南之派以成海濱鄒魯之風者也若夫先朱子而以道學著者閩清有陳

祐之（名祥道）即哲宗親給筆札令抄錄禮書者也崇安有胡康侯（名安國）即侯仲良（名師聖河東人二程弟子也）所稱視不義富貴如浮雲謝良佐所稱挺然獨秀如松栢者也漳浦有高彥先即徽宗時上書乞斬六賊者也順昌有廖用中（名剛）即高宗時乞正皇子之號者也邵武有朱子發（名震）即趙鼎對高宗所稱經學深博廉靜守道士之冠冕者也莆田有鄭漁仲（名樵）林時隱（名霆）林謙之（名光朝）漁仲自負劉向楊雄之才學何其博也時隱力詆秦檜和議之非膽何其壯也謙之倡伊洛之學使學者心通理解講學論道何其深也他若與朱

子同時而以道著者侯官林少穎名之奇東萊呂祖謙親受業焉而建安吳才老亦嘗有君子儒之稱龍溪王子合名遇亦嘗有拔流俗之譽矣建陽蔡季通名元定魏子實名掞之朱子一則和驚稱老友焉一則日與交遊焉而崇安胡明仲名寅仁仲名宏和仲名寍亦同行家學淵源之緒矣又有後朱子而以道學著者敬叔敬能讀父書爲朝廷陳學問之要子明克繩祖志爲朱子祠明德之馨其他真文忠名德秀晚出浦城以斯文爲己任著大學衍義經筵進講文章正宗等書其有關於心德治術文章者甚大黃景傳名岩孫繼起惠

安仗義理作官常疏朱子太極解通書解西銘解三篇其有功於濂溪橫渠考亭者不少統宋朝一代天下之道學登於宋史並增入附入宏簡錄者數止滿百而閩三十有二居天下三分之一焉其餘散見宋史儒林諸傳以及宋儒言行錄採入道南源委而核載於福建續志理學傳者鴻通博雅諸儒不已更僕難數歟至元則建陽熊去非（名禾）求濂洛關閩之學於朱門高弟輔漢卿（名廣宋季慶源人）宋亡隱居不仕元成宗辟去非分數大小學於本郡考亭書院去非推尊朱子作考亭書院記原原本本且建議定歷代帝

王功臣先聖先師先賢先儒祀典厥功偉矣同時莆田陳衆仲由閩海儒學官薦居館閣之選四傑虞集諸公伯其博古多聞學優則仕以外邵武黃元鎮長樂敖君善（名繼公）同安邱吉甫（名葵）晉江呂芝壽（名椿）則皆勵志於蓬廬日月研經窮史不求人知君善後寓家吳興元鎮隱居於南田耕舍部使者相繼薦其賢俱不應著有尚書通考行世時相不仕築小樓教授生徒日浸淫於經史冬不爐夏不扇吳下名士多從之遊元一代翰墨湖州趙子昂（名孟頫）其弟子也著有儀禮集說行世吉甫因宋末廢科舉杜門厲學適

宋幼主過泉提舉市舶司蒲壽庚閉城不納以泉州判叛降元吉甫益自韜晦避居海嶼刻志於程朱之學著有易解義書直解詩口義春秋通義周禮補亡釣磯詩集等書芝壽從之學亦著有春秋解義元泰定中遣御史中丞馬祖常字伯庸徵吉甫吉甫不起又率達魯花赤蒙古官名賫幣就聘竟不起祖常等取遺書以去續宏簡錄元史錄吉甫所訂周禮禮補亡一書並序附之儒學傳補遺云元之季世閩縣吳朝宗亦以品學醞正爲後學宗仰雖隱逸自甘而行世者有聞過齋集名列青史洪武初屢徵皆力辭其不

屑以元人仕於明者洵無愧古君子之稱也此元一代之道學者也至論明時閩學祖述程朱之正脉直與南北學諸儒競樹干城於名教維時河津薛敬軒（名瑄）學著於北而曹月川（名端澠池人）呂涇野諸公先後之講壇相望北方之學者未能或之先也大江以南則吳康齋（名與弼崇仁人）胡敬齋（名居仁餘干人）陳白沙（名憲章新會人）羅整菴（名欽順泰和人）輩無不自命真儒希與儔匹矣誰意吾閩山川峭拔之奇代鍾名士當斯時也虛齋先生蔡先生崛起溫陵抗衡南北以六經四書爲嫡派以濂洛關閩爲真脉著易經四書蒙引海內家習其書

王遵巖謂明興以來諸儒盡心朱子之學者虛齋先生一人而已誠不虛語也虛齋先生以深微實踐之學教門人陳紫峯易嘉會林宜正王子鍾蔡文繼趙逯等並受業其門然諸人或得其言語而未悉其精微或能究其精微而未必見諸實踐出處去就悉合於義無愧師門者獨一紫峯先生焉紫峯先生著有易理通典四書淺説工夫細密一一推明朱傳學者宗之此外漳南陳布衣莆田黄未軒周翠渠陳時周黄仲固方壽卿劉于賢柯奇純晋江蔡伯瞻林師吾楊惟宗惠安張襄惠同安林次崖侯官馬恭敏

王懋復閩縣林太亨大福源盧誠之龍溪林蒙菴漳浦蔡震湖亦皆以正學遞相紹述誘掖後進而次崖則尤讀書刻苦經濟過人集諸儒格物致知之説考訂成編名曰更正大學經傳定本並著四書存疑行世猗歟休哉明儒相承道脉一線遂朱子之學之歷於二三百年之後愈流遠愈闡愈光永隨兩間正氣而不朽也洎乎明運將終遭雲雷屯塞之會彼蒼靈爽又鬱而生大忠大孝大廉大節之大儒屹然以浩氣英光肩千古名教綱常之大任者則有漳浦黃石齋先生先生學貫天人草諸葛公之智署畧志

堅鉄石文信國之貞忠值流賊陷京有明板蕩天意業有
攸歸江西九千旅豈能拒命故都不堪回首金陵東華門
自請捐軀迄今讀三罪四恥七不如諸奏章忠魂不死讀
天文歷數太函諸經諸著述謦欬如聞
國朝藍玉霖爲之請祀鄉賢有曰丹心貫河嶽蔡文勤公爲
之手書祀祠記有曰炳曜如日星生爲歲寒之松栢死享
廟祀之馨香先生之成仁取義文章風節高天下豈止師
表全閩典型當世也哉今際我
聖朝御宇崇儒右文尊經重道閩之士大夫涵濡

文治之光華沐浴
聖謨之條訓教化所陶正學益懋安溪李文貞公起而以文章
事業爲
本朝十閩首倡公日誦六經性理蒙存諸書奉敬義誠明爲
標準非程朱之説不言也至學問之精微純粹則得於
聖祖仁皇帝指授居多蓋公在政府多年日侍
禁近晚年奉
勅纂修周易性理朱子全書恭請
聖祖睿裁親加

訓示平生疑義由是融釋自古君臣一德明良交孚者代有其
人然未有如公蒙
聖慈知遇之恩以道相契如此其優渥者也繼而漳浦蔡文勤
公明震胡湖先生五世孫也受業於文貞公之門遵聖賢
主敬之學作
朝廷師傅之尊時文貞公承修性理精義薦文勤公分校文
勤公不欲以編書得官書成還里掌教鼇峯書院正學賴
以振興
世宗嗣位

特召入都奉
命侍
高宗純皇帝講讀充
經筵講官凡所進講於四書五經宋五子之書有裨人心世道
者輒引之身心言動之際至歷觀諸史則反覆致辯於興
亡治亂君子小人消長心迹異同之間當時奉侍
東宮厥有十年
講筵則闡性學淵微之奥著作則編名臣言行之錄自非
聖天子知人善任何以得殫其學問經濟之長而竭忠於

殿陛乎然則論

本朝閩學之傳必以文貞公文勤公爲首稱云歷後甯化雷

公貫一從文勤公遊數年親炙性理存養省察察之要於

經義正學最湛深甚爲文勤公器許其論學宗朱子而以

薛敬軒陸稼書爲譜牒當雍正癸丑由國子學正第進士

内閣方學士已作第一流人物契之矣時假省南歸值王

母喪猶未入

朝

高宗純皇帝素知其學行即於即位元年

詔徵入京授職編修尋晉左諭德與任公啟運同侍
皇子講讀日講明於學術性理大義人倫贊助功以多及累遷
通政使應
詔上書
上深嘉納其隱惡揚善之讜言是雷公之端重宿學瓣香朱
子克受
聖朝特達之知不已無負文勤公栽培樂育至之至意歟此閩
學之源流彰彰可考者也

閩中文獻志

唐閩學諸儒列傳

惠安琥谿黄廷玉輯

陳元光附

元光其先光州固始人父政字一民太宗朝從父克耕克攻克臨汾等郡高宗總章二年泉潮間蠻獠嘯亂進政朝議大夫統嶺南行軍總管事出鎮綏安今之漳浦比至草創經營備極勞瘁自以衆寡不敵退保九龍山奏請授兵朝命以政兄敏及敷領軍校五十八姓來援乃進屯梁山外之雲霄鎮火田邨居焉嘗渡雲江謂父老曰此水如上黨之清漳故以漳

名政死元光以鷹揚衛衛將軍代父戍閩永隆初擊降潮州盜奏請創置漳州謂周官七閩宜增爲八詔從之卽命元光鎮撫迺剪荊棘開村落招集流亡務農積粟千里內外無枹鼓之聲後以討南流寇戰死事聞贈右豹韜衛大將軍立廟漳州府北門外暨漳浦縣西門外長泰縣人和里俱春秋致祭名其廟曰威惠廟廟開元四年追封潁川侯謚昭烈見漳州名宦志子珦

陳元光請建州縣表

泉潮守戍玉鈐衛左玉鈐衛翊府左郎將陳元光言伏承永

湆二年八月一日制臣進階正議大夫嶺南行軍總管者受
命戰兢抵官彌懼臣以冲幼出自書生迨及童年濫膺首選
未及干戈守至懦至柔之質惟知飽煖無曰區曰處之能幸
賴先臣緒業叨蒙今日國恩寄深都閫任事專征爰從視職
以來不敢少有寍處況茲鎮地極七閩境連百粵左袵居椎
髻之半可耕乃火田之餘原始要終流移本出於二州窮凶
極暴積獘遂踰於十稔元惡既誅餘兇復起法隨出而奸隨
生功愈勞而效愈寡撫綏未易子育誠難竊惟兵革徒威於
外禮讓乃格其心揆諸陋俗良由職方久廢學校不興所事

者蒐狩爲生所習者暴横爲尚誅之則不可勝誅徙之則難爲屢徙倘欲生全幾致刑措其本則在創州縣其要則在興庠序蓋倫理謹則風俗自爾漸乎治法彰則民心自知感格切以臣鎮地曰安仁誠爲治教之邦江臨漳水實乃建名之本如蒙乞勅定名號而復入職方建治所而注領官吏治循往古之良規誠爲救時爲之急務秦越百家僉無罅隙畿方荒一德更有何殊臣居謬居外鎮忝在封疆所得事宜合奏謹具厥由伏候勅旨

黄仲昭八閩舊志曰隋末盜賊蠭起自劉武周而下四十九

處唐太宗漸次芟平獨閩廣間猶有餘孽嗣聖元年徐敬業起兵維揚潮梅間又有梁感者爲之羽翼朝廷遣玉鈐衛大将軍梁國公李孝逸提三十萬衆破之而梁感餘黨尚在也陳元光父子奉命討賊興建營屯掃除兇醜方數千里無桴鼓之警又爲之立郡縣置社稷篳路籃縷以啟山林至捐軀殞命而後已史傳闕而不載元光之豐功偉烈泯沒無傳因誌之以待後之補唐史者　宋呂璹威惠廟詩曰當年討賊立殊勳時不旌賢事忽聞唐史無人修列傳漳江有廟祀将軍張翥詩曰功名不到凌烟閣讀到豐碑淚欲流劉濤詩

曰史書失記當年事野老豐碑語不同討張遵詩曰莫道蓋
棺方事定將軍身後更封侯

陳元光漳州新城秋宴詩

地險行臺壯天清景幕新鴻飛青嶂杳鷺點碧波真風肅天
如水霜高月散銀嬋娟爭潑眼廉潔正成隣東湧滄溟玉西
呈碧巘珍畫船拖素練朱榭映紅雲琥珀盃方酌鮫綃席未
塵秦簫吹引鳳鄒律奏生春縹渺纖歌遏婆娑妙舞神會知
冥冥處百怪惱精魂

曉發佛潭橋

朝暾催上道兎魄欲西沈去雁長空没飛花曲徑滚車沿橋
樹往詩落海鷗吟馬鬣嘶風聳龍旂閃電臨峯攢仙掌巧露
重將袍陰農喚耕春早僧迎展拜欽看看葵日麗照破艷陽
心
陳珦
珦字朝佩元光子元光開漳州刺史遂爲漳州人珦善詞賦
唐初舉明經及第授翰林院承旨直學士疏乞歸養時漳之
州治初建俗尚固陋珦闢書院於松州引古義與士民講習
元光死於寇詔以珦代刺州事率武勇夜襲巢峒斬前殺父

賊藍奉高首俘其餘黨㳫漳二十餘年剪除頑梗訓誨士民
澤洽化行天寶元年卒謚文英祀詔安功臣祠見通志人物
傳

薛令之

令之字珍君福安人第神龍二年進士開元中官右庶子累
遷左補闕兼太子侍讀與賀知章並傳東宮時李林甫不悏
於太子宮僚冷落令之欲諷諫明皇因題壁云朝旭上團團
照見先生盤盤中何所有苜蓿長闌干飯澁匙難綰羹稀箸
易寬只可謀朝夕何由度歲寒明皇覽之不悅援筆題曰啄

木嘴距長鳳凰羽毛短若嫌松桂寒任逐桑榆煖令之遂自免徒步歸明皇聞其貧命有司貲其歲賦令之量口受賜肅宗即位以舊恩召而令之已卒因勅其鄉曰廉鄉水曰廉溪著有明月先生集見何喬遠閩書及通志人物傳

薛令之太姥山詩（此福寗霞浦之太姥也與浦城之太姥山同名而異地）

揚靈窮海島選勝訪神仙鬼斧巧開鑿仙蹤常往還東甌冥漠外南越渺茫間爲問容成子刀圭乞駐顔

附宋朱松題薛令之故居詩

有唐進士薛補闕官兼侍讀開元末懸知野鹿欲銜花回向

桑榆全晚節靈武匹馬還京師伊人駒谷猶遐思甘同西山
採薇蕨團團朝旭升暘谷照見盤中堆苜蓿底用黃金二十
斤燕享鄉閭與親族商山高蹈不可攀歲暮何嫌松栢寒桂
寒廉溪月明誰爲看一似東都故人獨釣桐江灘

廖　廣

廣將樂人登天七年實七年進士授秘書正字累官常州刺
史

林　披附

披字茂則唐書曰字茂彥莆田人祖元泰瀛州刺史父萬

龍饒陽太守披少穎異過目成誦手鈔六經子史千餘卷天寶十一年以明經擢第授臨汀曹掾臨汀俗多山鬼淫祠民厭苦之披撰無鬼論曉民刺史樊晃奏署臨汀令後以御史大夫李栖筠薦其治行遷檢校太子詹事兼蘇州別駕贈睦州史子九人葦藻著薦曄蘊蒙邁蔇皆官刺史號九牧林家見唐書林蘊傳參通志人物傳

林　藻

藻字緯乾披次子少有志尚與歐陽詹讀書龜岩學成負笈而西以詞賦擢貞元七年進士省試合浦還珠賦稿成假寐

見人告之曰何以不叙珠之去來藻瘖援筆增之珠曰珠之去兮山無色兮氛霧冥冥海無光兮空水浩浩珠之來兮川有媚兮祥風習習地地有潤兮生物振振果中第及見主司杜黃裳曰叙珠去來豈有神助耶官至殿中侍御史莆田第進士自藻始著有集二卷見唐摭言參通志文苑傳

林藻題梨嶺詩

梨嶺在浦城安樂里閩書梨嶺路通衢州江山縣厥土宜梨又名梨關宋楊億談苑云天下水皆東獨梨嶺水北流或曰一名折桂嶺林藻與弟蘊登第經此題詩

曾向嶺頭題姓字不穿楊葉不言歸弟兄各折一枝桂還向

嶺頭聯影飛

林　蘊

蘊字夢復披六子貞元四年以明經及第西川節度使韋皐辟爲推官皐卒劉闢代之闢有反謀蘊曉以順逆不聽復遺書切諫闢怒欲斬殺之將就刑大呼曰危邦不入亂邦不居復得死爲幸矣闢惜其才陰命刑人抽劍磨其頸以脅服之蘊叱曰死卽死我頸豈頑奴礪石耶闢知不可屈釋之斥爲唐昌尉及闢敗蘊名重京師李吉甫李絳武元衡爲相蘊貽書言安邊事甚悉（具見唐書）然嗜酒多忤物宰相置不用也滄景

言帥程權辟掌書記旣而權上四版籍州版籍請吏而軍中習熟擅地畏內屬挾權拒命不得出蘊爲開陳君臣大義諭首衆將人始釋然於是權得去蘊遷禮部員外郎刑部侍郎劉伯芻薦之於朝出爲邵州刺史嘗杖殺客陶元之投屍江中籍其妻爲倡復坐贓坐流儋州而卒蘊辯給嘗有姓崔者自矜氏族蘊折之曰崔杼弑齊君林放問禮之本優劣何如耶其人俛首不能對見唐書儒學傳

林蘊仕不稱意縱酒自適多忤時政白居易以詩戒之曰世人如今重檢身吾儕嗜酒似狂人西曹舊日多持論慎勿吐

他丞相裀見閩川名士傳一

歐陽詹

詹字行周晋江人家世皆仕本方州佐縣令狥於俗好不樂北出仕宦及常衮罷相除福建觀察使擇鄉縣秀民能誦書善文亂辭者加以禮遇故其俗稍相勸仕初與詹與羅山甫同隱潘湖往見衮衮奇其秀出深加敬愛勸赴京師舉進士遂與朝韓愈李觀崔羣王涯馮宿庾承宣諸名士聯第時稱龍虎榜閩人第進士自詹始閩中諸生皆推服之聲名著于一時始爲國子監四門助教其平生事父母以孝待妻子以

恩與朋友以信義其文章切深喜往復自道明辨切實讀未
終篇知其於慈孝最隆也詹性至孝與同邑王式讀書莆陽五載莆陽去家四百餘里晨昏之思起便奔馳慰奉不憚往還與韓愈友善時愈爲徐州從事朝正京師詹
將率其徒伏闕下舉愈博士未幾卒年四十餘崔羣哭之甚
愈爲音作哀辭自書以遺羣李翺爲作傳有徐晦者初舉進
士不中詹數稱之明年高第仕爲福建觀察使語及詹必爲
流涕 從子秬字降之亦工文吳人陸洿以右拾遺棄官隱
吳中後召司勳郎中既至無所建白秬遺書讓洿出處之遽
其言切直人擬之爭臣論洿遂棄官還秬名益聞登開成中

進士而里人蕭本妄言與獻太后近屬恩寵赫然秬恥之會澤潞劉從諫表秬在幕府秬爲辨質本之僞本終得罪貞獻太后蕭氏閩人穆宗后也穆宗爲建安王時得侍寢生文宗文宗即位尊爲皇太后初入闕去家遠不知父母存亡惟記有母弟文宗爲訪之會閩有男子蕭本冒稱太后弟就其家得三代族屬名諱因仇士良以聞文宗擢本贊善大夫寵贈三世不淹旬賜累鉅萬歷衛尉卿金吾將軍會福建觀察使唐扶奏泉州男子蕭宏自言皇太后弟送赴闕御史大夫問非是劉從諫奏衆辭皆言是請追與本辨詔三司雜問乃皆妄本流愛州宏流儋州其太后真弟孱弱庸懦莫能自達終亦不獲見唐書穆宗太后傳從諫子稹拒命秬方休假還家稹表指斥時政或言秬所爲詔流崖州賜死臨刑色不撓爲書徧謝故人自誌墓人皆憐之見唐書文藝傳及宏簡錄唐史文翰傳

歐陽詹東湖宴赴舉秀才詩序

貞元間安定席相刺泉州拔詹等八人將薦之闕下爲設讌東湖亭修賓主禮歎洽賦詩詹爰作詩序云

貢士有宴我牧席公新禮也貞元癸酉歲邑有秀士八人公將薦之於闕下古者相祖有享有宴享以昭恭儉宴以示慈惠二典爲用鮮或克兼諸侯升俊造於天子遣之日惟行鄉飲酒之禮則享禮也胾肉元酒莫飲莫食公念肉不使食則仁不下浹酒不使飲則歡不上交方欲激邦俗於流醨致王人於德行而賢者仁未伊浹才者歡未我交其若耑耑何秋七月與八人者鄉飲之禮既修乃加之以宴餚移己膳醴出

家醞求絲桐匏竹以將之選華軒勝景以光之後一日遂有東湖亭之會公削桑梓之禮執賓主之儀揖讓升堂雍容就筵樂徧作而性情不流爵無筭而儀刑有肅鏘鏘焉於是老幼來窺盡室盈岐非其親懿則其閭里皆内訟而誓遷善焉嗚呼行其教不必耳提而口授移其風不必門扇而戶吹公斯宴則風移教行其間矣真盡心竭誠奉主化民之宰也煙景未暮酒德俱飽有逡巡避位而言曰夫詩者有以美盛德之刑形容君侯因片善附小能迴一邑之心成一邑之行昭吾泰儉於嘉享示吾人慈惠於清宴迴人心行周孔之才也

覿音狄

昭恭儉示慈惠管晏之賢也不有歌詠其如六義何是日人有甘棠頖宮之什客有天水姜閱河東裴參和潁川陳詡邑人濟陽蔡沼佐贊盛事亦獻雅章小子公之毗幸鼓微聲先八人者嗚捧豆伺徹時在公之側覩衆君子之作遂作卜商之後書其旨

歐陽詹泉州北樓記

釋名曰樓慺也謂其高明覿遠慺慺然也建於第宅則以閱園林有媚樹於雉堞則以警寇盜不虞故墨子曰城三十步一坐候樓百步一立候樓茲樓者蓋此郡北墉之立候樓也

卜築之始微而具之衰裒不倍常廣惟再尋製造日遠土木
力殆左騫右陊上露下圯有年數矣邦牧安定席公貞元七
年下車至九年將及三祀重民力而未形言是年暮秋歲豐
農隙有司率常典告有事於土功公曰斯郡之南極也元后
帝鄉實在於此詩不云乎心乎愛矣遐不謂矣欲因戀主向
北瞻矚惟北有樓半傾半摧日夜關登陴擊柝之所風雨憂
折榱復隍之患政因時令爾其營之俾有布席蹕立之間地
更人防卒之蒞事予將時躋展北面拱辰之心焉受命者感
公之意如公之意野人羣庶感之誠公之誠如公之誠川朝

子來築崩易蠹址有餘而不剗基培自延材有長而不剪棟宇自崇既望庀徒未晦成功倚層霄於軒檻納千里乎牕牖如鱗之廨署若岸之軍壁得之之狀若連山之有重巒長江之蟁洪濤氣勢由是以雄焉公每子年情來莅舄思生俯仰於斯徊徘徊於斯夫完城壯邑有邦之本也戀闕愛君爲臣之節也善矣乎公廣茲樓也遠得有邦之本大有爲臣之節執邦之本曰公謹臣之節曰忠惟公與忠公斯昭矣小子家在委巷多聞輿頌藝黍儒術每侍公居上志下衷兩獲而達敬書其事爲之記以獻至若眺四維之雲物臨萬井之烟景

遐象佳致瞻莫勝觀非公有樓之素故不之載貞元九年秋

九月三十日記

歐陽詹二公亭記

二公者一安定席相貞元間刺泉州一天水姜公輔建中間爲宰相因論唐安公主造塔忤德宗貶泉州別駕

勝屋曰亭優爲之名也古者創棟宇纔禦風雨從時適體未盡其要則夏寢冬室春臺秋户寒暑酷受不能自減及中古及乃有樓觀臺榭異於平居所以便春夏而陶堙鬱也樓則重構功用倍也觀亦再成勤勞厚也臺煩版築榭如欄檻暢

耳目達神氣就則就矣量其才力實猶有蠱近代襲古增妙者更作爲亭亭也者藉之於人則與樓觀臺榭同制之於人則與樓觀臺榭異無重再構再成之糜費加版築欄檻之可處事約而用博賢人君子多建之皆選諸勝境今年暮春月邦牧安定席公别駕置同正員天水姜公念茲邦川逼溟渤山連滄梧炎氣時迴濕雲多來又日臨胃次斗建辰位和氣將阻畏景方至月令云可以升山陵可以居高明蓋謂是月況地理卑卑而不擇爽塏以蕩夫污盧乎因問風俗相原隰郭東里所共得奇阜高不至崇卑不至叓形勢廣袤四隅

若一舍之以澄湖萬頃揖之以危峯千嶺點圓水之心當奔崖之前如鏡之紐狀鼇之首二公止旌輿以迴睇假魚舟而卜陟幕煙茵草氤懌移日心謀意籌有建亭之莫而未之言也二公既歸邑人踵公遊於斯者如市登中隆觀媚鹿前來後至異口同辭昔漢帝不曰百姓安其田里而無愁怨之聲者其由良二千石乎是謂政平教成時和境清使俗泰而民以富者也虞書不曰股肱良哉庶事康哉是謂翼帝藩皇調陰序陽使物阜而民以昌者也席公今日之化育吾徒是以富姜公昔歲之弼諧吾徒是以昌且以之富又以之昌愷悌

君子也詩云豈弟君子民之父母二公真吾父母矣今茲阜二公攸選尚而加愛務休訟簡必復斯至上露下燕忍令父母憩之乎遂偕發爲二公就亭之如牆而前陳誠于縣尹允其請而爲之辨方經墌等周環當上頂誠奢訓簡以授子來於是家有餘糧圃有餘木或掬一坏土焉或剪一枝材焉一心百身蜂還蟻往榛蕪不去以自雉瓦甓無脛而萃華一之日斤斧之功畢二之日圬墁之傭息再晨而成二公莫知層梁逗以中豁飛甍翼而四翥東南西北方不殊致糊白墳以呈素雘頳壤而垂繪通以虹橋綴以綺樹華而非侈儉而不

陋煙水交遊巖巒疊迴精舍奉其旁達都城企其遐際容影光彩搖漪入桐瀾指朱軒於潭底閱雲乎岑乎波裏爌潢油演如飛若動又釣人飄飄於左右游禽出沒乎前後一盻一睞千趣萬態稅息之者若在蓬壺方丈之上二公重清曠於舊賞納衷懇乎羣庶尋幽採異常於斯勞賓祖客常於斯加以平疇間闢通途在下可以親耕耨可以採謳謠作一亭而衆美具噫天造玆阜其固與人爲亭歟不然何不遠郭郭而博敞詭秀之若此非常之地意待非常之人故越千萬祀而至二公方覿也邑人想之復言曰事無隱義物有正名地爲

二公而見亭從二公而建斯亭也可署曰二公亭雖芻蕘之云中實有謂二公不忽遂以爲號小子藝忝于文曾觀光上國去之日歷越遊吳歸之長蹌荆泛漢會稽之蘭亭姑蘇之華亭襄陽峴首衿豫章湖中皆古今稱爲佳境或棟宇猶在或基址未没山川物象徧得而覽方之於此遠有慙德懿哉二公智周德厚卜地於此感民若彼某非飾說入吾邑者升吾亭者知之古之制器物造宮室咸有銘頌以昭其義斯亭也豈無繇古而爲之章句者小子薄劣不敢議其事粗述其旨始爲之記兼借二公之名紀於左以爲邦榮在位賓僚亦

以序從公而列貞元九年三月二十五日記

附韓愈歐陽詹哀辭

歐陽詹世居閩越自詹以上皆爲閩越官至州佐縣令者累累有爲閩越地肥衍有山泉禽魚之樂雖有長秀民通文書吏事與上國齒者未嘗肯出仕今上初故宰相常衮爲福建諸州觀察使治其地衮以文辭進有名於時又作大官臨涖其民鄉縣小民有能誦書作文辭者衮親與之爲客主之禮觀遊宴饗必召與之時未幾皆化翕然詹於時獨秀出衮加敬愛諸生皆推服閩越之人舉進士繇詹始建中貞元間余

就食江南未接人事往往聞詹名閭里巷間詹之稱於江南也久貞元三年余始至京師舉進士聞詹名尤甚八年春遂與詹文辭同考試登第始相識自後詹歸閩中余或在京師他處不見詹久者惟詹歸閩中時爲然其他時與詹離率不歷歲移時則必合合必兩忘其所趣久然後去故余與詹相知爲深詹事父母盡孝道仁於妻子於朋友義以誠氣醕以方容貌嶷嶷然其燕私善謔以和其文章切深喜往復善自道讀其書知其於慈孝最隆也十五年冬余以徐州從仕朝正於京師詹爲國子監四門助教將率其徒伏闕下舉余爲

博士會監有獄不果上觀其心有益於余將忘其身之賤而爲之也嗚呼詹今其死矣詹閩越人也父母老矣捨朝夕之養以來京師將以有得於是而歸爲父母榮也雖其父母之心亦皆然詹在側雖無離憂其志不樂也詹在京師雖有離憂其志樂也若詹者所謂以志養志者與雖未得位其名聲流於人人其德行信於朋友雖詹與其父母皆無可憾也詹之事業文章李翱既爲之立傳故作哀辭以舒餘余哀以傳於後以遺其父母而解其悲哀以卒詹志云求仕與友兮遠違其鄉父母之命兮子奉以行友則既獲兮祿實不豐以志

爲養兮何有牛羊事實既修兮名譽又光父母忻忻兮常若在旁命雖云短兮其存者長終要必死兮願不永傷友朋親視兮藥物甚良飲食孔時兮所欲無妨壽命不齊兮人道之常在側與遠兮非有不同山川阻深兮魂魄流行祭祀則及兮勿謂不通哭泣無益兮抑哀自彊推生知死以兮以慰孝誠嗚呼哀哉是兮是亦難忘

附李貽孫歐陽詹文集序

歐陽君生於閩之里幼爲兒孩時即不與衆童親狎行止多自處年十許歲里中無愛者每見河濱山畔有片景可採

心獨娛之常執卷一編忘歸於其間逮風月清暉或暮而尚留宵不能釋不自知所由蓋其性所多也未甚識文字隨人而問章句忽有一言契於心移日自得長吟高嘯不知其所止也父母不識其志每嘗謂里人曰此男子未知其指何如要恐不爲汨没之飢氓也未知爲吉凶耶鄉人有覽事多而熟於聞見者皆賀之曰此若家之寶也柰何慮之過歟自知此遂日日知書服聖人之教慕愷悌之化達君臣父子之節忠孝之際惟恐不及操筆屬詞其言秀而多思率人所未言者君道之容易由是振於發於鄉里之間建中貞元時文詞

崛興遂大振耀甌閩之鄉不知有他人也會故相常袞來爲
福之觀察使有文章高名又性頗嗜誘進後生推拔於寒素
中惟恐不及至之日比君爲芝英每有一作屢加賞進遊娛
燕饗必召同席君加以謙德動不踰節常公之知日又加深
矣君之聲漸騰於江淮且達於京師矣時人謂常公能識真
尋而陸相贄知貢舉搜羅天下文章得士之盛前無倫比故
君名在榜中常與君同道而相上下者有韓侍郎愈李校書
觀洎君並數百歲傑出人到于今伏之君之文新無所襲才
未嘗困精於理故言多周詳切於情故敘事重複宜其司當

代文炳以變風雅一命而卒夭其絕耶君於貽孫言舊故之分於外氏爲一家故其屬文之內名爲予伯舅所著者有南陽孝子傳有韓城縣尉廳壁記有與鄭居方書皆可徵於集故予沖幼之歲即拜君於外家之門大和中予爲福建團練副使日其子價自南安抵福州進君之舊文共十編首尾凡若干首泣拜請序予諾其命矣而詞竟未就價徼有文又早死大中六年予又爲觀察使令訪其裔裔因獲其孫曰澥不可使歐陽氏之文遂絕其所傳也爲題其序亦以卒後嗣之願云爾

歐陽詹同諸公過福先寺

律座下朝講盡門猶掩關叨同靜者來正值孤雲閒寂爾方丈內瑩然虛白間千燈智慧心片玉清羸顏松色落深井竹陰寒小山晤言流曦晚惆悵歸人環

題梨嶺

南北風烟即異方連峯危棧倚蒼蒼哀猿咽水傍高處誰不沾衣望故鄉傍通志作編

題延平劍津詳見山川

想像精靈欲見難通津一去水漫漫空餘昔日凌霜色長與

澄潭生晝寒

晚泊漳州營頭亭

迴峯疊嶂遶庭隅，散點烟霞勝畫圖。日暮華軒卷長箔，太清雲上對蓬壺。

在蜀寄林蘊詩

村步如延壽，川原似福平。無人相與識，獨自故鄉情。

自註云：延壽，林之別墅；福平，予之別墅也。按福平山在興化府城北五里之地。

王曾復

曾復字夢周，連江人。大歷、貞元間獻詩，得從事邕府，自高其才嘗謁郎中皇甫湜久未獲見移書責之曰韓退之接賢樂善孳孳不倦公師其文安可不師其道乎自此當攜酒弔退之墓不及門矣湜乃謝之嘗草衣騎牛王涯李固言俱賞識之在京師聞臺省有疑獄願往鞫之鞫之其清狂如此見通志文苑傳

盛均

均字之才永春人大中進士舍人皇甫煥博辨自雄與賓客及門廣引發難多不終席均應答如響時謂勍敵嘗病白氏六帖疎畧廣爲盛氏十二帖囊括經史貫穿百家頗資時好

終昭州刺史見通志文苑傳

陳通方

閩縣人貞元中及第省試春風扇微和詩至今誦之有王播者與通方同年後通方登第者同縣陳彦博字朝美李滂字注善薛承裕字饒中陳蜀字文郁林袞字讜言俱有詩文見通志文苑傳

唐林諝閩中記云貞元十年陳通方第四人及第與相國王播同榜時播年五十餘通方戲拊之曰王老王老奉贈一第言曰暮途遠同贈官也播後入相通方因之仕宦不達竟以

困躓而終

許　稷

稷字君苗晋江人祖輔乾爲泉州守父楙文家於莆至稷始居州少從陳舍人詡語詡輕之稷入終南山力學出就府薦成進士歷官終衡州刺史工詩歌與歐陽詹林藻友善嘗爲江南春詞甚綺麗人傳頌之見通志文苑傳

按閩川名士傳云許稷挾筴入關遇舍人陳詡四門助教歐陽詹校書郎邵楚萇侍郎林藻在京師閩川舉子醵酒食會諸先達詹以稷鄉人親故特與俱藻酣戲稷曰令日之會子

何人斯輒冒其間稷投杯憤悱曰男兒患不能立志霄漢豈
有扃鐍王侯出處豈必常耶叨此一飡稷之過矣𡁷酒而出
入終南山讀書三年出就府薦遂擢第

許稷九里鯉湖詩

道是燒丹地依然雲水居山空人去後夢醒客來初溪雨飛
沙霽岩門隱霧虛高歌對明月松影落扶疎

陳蝦

蝦惠安人唐開成三年進士以詞賦擅名尤工篆隸宣宗嘗
善其所製霓裳羽衣曲以爲琬琰之器官終刑部郎中見通

志文苑傳

潘存實

存實字鎮之漳浦人讀書天成山初應舉以晨光麗仙掌賦雙陸子賦得名元和十三年登第試修禮耕情田賦及玉聲如樂詩長安人傳誦之漳浦人登第自存實始歷官戶部侍郎有戰國四公子贊載唐文粹見通志文苑傳

王棨

棨字輔之福清人咸通進士復中博學宏詞粗科陳黯爲序送之曰麟之聖龍之羽之瑞鳳鳳非四翼龍非二首所以異

者惟希出耳累官水部郎中事蹟見閩川名士傳館閣書目
載鱗角集詩一卷子仁績曾孫礪碩碩子伯虎並擢第見通
志文苑傳

徐　寅

寅字昭夢莆田人博涉經史尤長於賦乾寧元年第進士授
秘書省正字有賦五卷探龍集五卷詩八卷七代孫銳鐸同
舉宋熙寧九年進士一時有龍虎榜頭孫嗣祖鳳凰池上弟
聯兄之稱見通志文苑傳
唐末徐寅號能賦謁朱全忠誤犯其諱全忠色變寅狼狽走

出未及門全忠呼知客將責以不先告語斬於界石南寅欲遁去恐不得脫乃作過太原賦以獻其畧曰千金漢將感精魄以神交一眼沙陀望英風而膽落全忠大喜遺絹五百疋全忠自言夢見淮陰侯使受兵法一眼沙陀葢指李克用也

見東坡志林

王延彬刺泉州時徐寅每同遊賞及陳郯倪曙等賦詩酣酒爲樂凡十餘年嘗被病求藥於延彬延彬答書善自調護亦可自開豁三皇五帝不死何歸葢舉寅人生幾何賦語以戲之也寅賦膾炙人口渤海高元固來言本國得斬蛇劍賦御

水溝及人生幾何語家家皆以金書列於屏障其珍重如此

見十國春秋

黄滔在閩爲威武軍推官王審知饋之魚滔方與徐寅對談

寅代爲謝牋其畧云銜諸斷索纔從羊續懸來列在雕盤便

到馮驩食處時人稱之見五代史補

徐寅贈南安方處士七絶五首

七貴五侯生亘退利塵名網死當拋黔婁寂寞嚴陵卧借問

何人與結交

其二

休把羸蹄踽霜雪書成何處獻君王嵩山好與浮邱約三十
六峯雲外鄉

其三

百萬僧中不爲僧比君知道僅誰能無家寄泊南安縣六十
月門前也似冰

其四

兩鬢當春却似秋僻居誇近野僧樓落花明月皆臨水明月
不流花自流

其五

晉楚忙忙起戰塵龔黄門外有高人一畦雲薤三株竹席上
先生未爲貧

題福州天王閣

絶境宜棲獨角仙金仙到此亦忘還三門裏面千層閣萬井
中心一朶山江拗碧灣盤洞府石排青壁護禪關有時海上
看明月碾出冰輪疊浪閒

題金洞粟洞景祥院

一溪拖碧繞崔嵬瓶鉢偏宜向此隈罷罷樹陰黄犢卧齋時
山下白雲來松多往日門人種路是前朝釋子開三卷貝多

金粟語可能心鍊得成灰

詠泉山瀑布

名齊火浣溢山椒誰把驚霓挂一條天外倚來秋水双海心
飛上白龍綃民田鑿斷雲根引僧圃穿通竹影澆噴石似烟
輕漠漠濺崖如雨冷瀟瀟水中蠶緒纏蒼壁日裡虹精下絳
霄寒潄綠陰仙桂老碎流紅艷野桃夭千尋練瀉長年在六
出花開夏日消悬恐劃分青嶂骨久應棚裂翠微腰濯纓便
可識漁父洗耳還宜傲帝堯林際猨猱偏得飲岸邊烏鵲擬
爲橋赤城未到詩先寄廬阜曾遊夢已遙數夜積霖聲更遠

郡樓欹枕聽良宵

詠荔枝二首

朱彈星丸燦日光綠瓊枝散小香囊龍綃殼綻紅紋粟魚目珠涵白膜凝梅熟已過南嶺雨橘酸空待洞庭霜蠻山蹋曉和烟摘拜捧金盤奉越王

其二

日日薰風卷瘴烟南園珍果荔枝先靈鴉啄破瓊津滴寶器盛來蚌腹圓錦里只聞銷醉客蘂宮惟合贈神仙何人刺出猩猩血深染羅紋遍殼鮮

翁承贊

承贊字文饒福清人乾寧三年進士第三人再中博學宏詞科歷右拾遺抗章言方鎮交結權倖終必悞國直聲震中外持節兩册閩王遷諫議大夫歸賜名卿鄉名文秀里曰光賢朱溫以門下侍郎召稱疾不起宋劉棠之贊爲天祐諫臣元吳澄稱其忠言蹇諤有古直臣風著有書錦宏詞等集見唐書藝文志

翁承贊壺山詩五絕

井邑斜連北蓬瀛直倚東秋高巖溜白日上海波紅

文明殿受册封闔王

龍墀班聽漏聲長竹帛昭勲撲御香嗚佩洞庭辭帝主登車故里册閩王一千年改江山瑞十萬軍蒙雨露光吟咢短篇追往事留文功業不尋常

天祐元年以右拾遺册閩王

蓬萊宮闕曉光匀紅案舁麻降紫宸鸞奏八音諧律呂鳳銜五色顯絲綸蕭何相印鈞衡重韓信齋壇雨露新得侍丹墀官異寵此身何幸沐恩頻

甲子歲銜命到家至榕城册封次日閩王降旌旗於新

豐市隄餞別

登廬樓上方停樂新市隄邊又舉盃正是離情遠傷遠別忽聞台旨許重來此時暫與交親好令日還將簡册回爭得長房猶在世縮教地近釣龍臺

奉使封王次宜春驛

微宦淹留鬢已斑此心長憶舊林泉不因列土封千乘爭得銜恩拜二天雲斷自宜鄉樹出月孤猶伴客心懸夜來夢到南臺上徧看江山勝往年

奉使封閩王歸京洛

泥緘紫誥御恩光信馬嘶風出洛陽此去願言歸梓里預憑
魂夢展維桑客程回首瞻文陛驛路乘軺憶故鄉指日還家
堪自重恩榮晝錦賀封王

御命歸鄉蒙賜錦衣

九重宣旨下丹墀面對天顔賜錦衣中使擎來三殿曉寶箱
開處五雲飛德音耳聽君恩重金印腰懸己力微更待臨軒
陳鼓吹星軺便指故鄉歸

使福州至劍浦贈僧亞齊

蕭蕭風雨建陽溪溪畔維舟訪亞齊一軸新詩劍潭北十年

舊雨細識華山西吟魂惜向江村老空性元知世路迷應笑乘軺青瑣客此時無暇聽猿啼

蒙閩王改賜鄉里

鄉名文秀里光賢別向鈞台造化權閥閱便因今日貴德音兼與後人傳自從受賜身無力向未酬恩骨肯鑴歸闕路遥心更切不嫌扶病倚旌旃

漢上登舟憶閩

漢臯亭畔起西風半挂征帆立向東久客自憐歸路近算程不怕酒觴空參差鴈陣天初碧零落漁家蓼欲紅一片歸心

隨去權願言指日拜文翁

登水閣

軋軋朱橋下九霄登庸門外駐星軺他時若問今時事只看

南邊是舊橋

黄滔

滔字文江莆田人乾寧二年進士爲監察御史充威武軍節

度推官嘗規正閩王審知使終身不失臣節朱温移唐祚足

跡遂不復西中州名士李絢韓偓羅隱輩避地皆主之著有

文集十五卷及泉山秀句集三十卷見通志人物傳

黄滔　送君南浦賦

南浦風烟，傷心渺然。春山歷歷，春草綿綿。那堪送行客，啟離筵。一時之萍梗波濤，今朝惜別；千里之秦吳燕宋，何日言旋。當其繫馬出船，候潮待月，低徊而少婦對景，愴恨而王孫望闕。莫不撚嶰竹以凄楚，撥湘絃而激越。且當蘋澗，把芳酒以留懽；莫被薰風，吹凡片帆而便發。君不見陌上塵中，奔西走東。車輪似水，馬足如蓬。夜泊而猿啼霜樹，晨征而月在烟空。爭得枝間比翼，更同於越鳥；只應波上離羣，便逐於燕鴻。莫不太苦行人，偏傷別妾。龍媒而嘶出金埒，鸞扇而持歸玉篋。

于時莫展歌嚬全沈笑靨郊天路口愁攀夾道之柳條採蕨
山前忽見看解維之桂檝是知無人免別有別皆傷使人落
顏貌枯肺腸淚成雨鬢侵霜朝悲五嶺暮怨三湘夢去不到
書來豈常況一川之烟景茫茫橫衝楚徼兩岸之風濤渺渺
直截炎荒無不銷魂如何舉目齎行而實劍三尺留下而明
珠十斛林駢椽木推誠而敢望合懽洲躍嘉魚取信而當期
剖腹及夫樂闋人散龜飛日曛遺鞭却取解佩還分玉窗之
歸步愁舉蘭棹之移聲忽聞須知赤帝之江頭兩心似火莫
自蒼梧之岸曲一去如雲雖佇錦衾有而贈我終擒錦字以

酬君已而誰不別離別離如此誰不相送相送於是則東門與北梁不足云爾

黄滔以碑文擅長如福州報恩定光塔碑靈山毗沙門天王碑開元寺丈六金身碑其碑文奥衍論者謂辭旨不及歐陽詹遠甚今不載入

黄滔律賦如明皇回駕經馬嵬云日慘風悲到玉顔之死處花愁露泣認朱臉之啼痕又褒雲萬疊斷腸新出於啼痕秦樹千層比翼不如於飛鳥景陽井云理昧納隍處窮泉而詎得誠垂馭朽攀素綆以胡顔可喜也見丹鉛總錄

黄滔囊山詩

囊山在興化城北四十里形如懸囊唐异僧涅槃塔在焉上有辟支岩旁有八小石玲瓏如窗櫺棐几有小竅時迸異香前有二巨石如門右又有石高廣五丈後人椒爲藥鑪亦爲茗碾蔡襄有書刻石

山有重囊勢門開兩徑斜溪聲寒走澗海色月留沙菴外曾遊虎堂中舊雨花不知遺讖地一一落誰家

壺山

壺山即興化城南二十里之壺公山山有八面盤踞數十里高千仞興郡鎮山也昔有隱者遇一老翁於絕頂見宮闕臺殿似非人間翁謂曰此壺中日月也因以壺公名又謂古有陳胡二仙陳隱北山號陳岩胡隱南山號胡公後人改胡爲壺朱子過此指謂人曰莆中人物之盛乃此公作怪按古讖云水遠壺公

山此時方好看壺公山欲斷莆陽朱紫半自蔡君謨
引水遶壺公山灌民田自後登第視前較多絕頂有
蟹井井有雙蟹遇旱以茅根接蟹沫可得雨又有柏
木一株長數尺半化爲名柏化石又有真淨岩靈雲
岩桃花岩醮月池
並虎邱岩諸勝地

八面峯巒秀孤高可偶然數人遊頂上滄海見東邊不信無
靈洞相傳有古仙橘如珠夏實池象月垂穿髮鬚嘗聞樂岩
嵬半插天山寒徹三伏松偃出千年樵牧時迷所倉箱歲疊
川嚴祠風雨管怪木薜蘿纏青草方中藥蒼苔石裏錢瑱津
流乳竇春色駐芝田烏兎中時近龍蛇蟄處氈嘉名光列土
秀氣產羣賢瀑鎖瑶臺路溪昇釣浦船鼇頭擎恐没地軸壓

應旋蠲疾寒甘露藏珍起瑞烟畫工飛夢寐詩客寄林泉掘地多雲母緣霜少木棉井通鰌吐脉僧隔虎棲禪危磴千尋拔奇花四季鮮鶴歸懸圃少鳳下碧梧偏桃易炎涼熟茶惟醉醒煎村家蒙栗俗骨爽猿蟬谷語遷喬鳥波開共蔕蓮落楓丹葉舞新蕨紫茅拳翠竹雕羌笛懸藤煮蜀箋白雲長掩映流水別潺湲作賦前儒闕冲虛南國先省郎求牧看野老葺齋振寺歷興衰創碑須一二鑴清吟思却隱簪紱奈縈牽

福州天王寺

郭內青山寺難論此崛奇白雲生院落流水下城池石象風雷啟江沙鼎鼐期嶽僧來坐夏秦客會題詩岡轉泉根滑門昇蘚級危紫薇今日句黃絹昔年碑欹鶴松低閣鳴蛩徑出籬粉垣千堵束金塔九層支啼鳥笙簧韻開花錦繡姿清齋奔井邑元髮割熊羆極浦征帆小平蕪落日遲風篁清却暑烟草綠無時信士三公作靈蹤四絕推良遊如不宿明月擬何之

送僧歸北巖詩

北巖泉石清本自高僧住新松五十年藤蘿成古樹題詩昔

佳士清風二林喻上智失扣關多被浮石誤蓮扃壓月澗空
羨黃金布江翻島嶼沈木落樓臺露伊予東還際每起烟霞
慕旋爲儉府招未得窮野步西軒白雲閣師辭洞庭寓越城
今送歸心到梵香處

和翁承贊文秀光賢畫錦之什三首

鄉名里號一朝新乃覺台恩重萬鈞建水閩山無故事長卿
嚴助是前身清泉引入旁添潤嘉樹移來別帶春莫凭欄杆
剩留駐內廷虛位待才臣

其二

雖言閩越繫生賢誰是還家寵自天山簡愧兼諸郡命鄭元
慙秉六經權烏行去没孤烟樹漁唱還從碧島川休説遲回
未能去夜來新夢禁中泉

其三

君王面賜紫還鄉金紫中推是甲裳華蓋便將垂美號故山
重更發清光水澄此日蘭宮鏡樹憶當年柏署霜珍重朱欄
兼翠栱來時皆是讀書堂

和翁承贊七林書堂見寄之作

朱旂引入昔游堂半日從容盡日忙駟馬寶車行賜禮金章

紫綬帶天香山從南國添烟翠龍起東溟認夜光定恐故園
留不注竹風松韻漫凄鏘
送翁承贊
誰云語䣕命多奇榮美如君歷數稀衣錦還鄉翻作客迴車
謁帝却爲歸鳳旋北闕虛丹穴星返南宮近紫微已分十旬
無忝詔天涯相送只霑衣
酬翁承贊
傳將盛事更無餘還向橋邊看舊書東越獨推生竹箭北溪
喜足貯鯤魚兩迴誰解歸華表午夜兼能薦子虛須把頭蹕冠

盡日憐君不與故人疎

秋晚懷故山二首

寥寥深巷客中居況復窮秋百事疎孤枕憶山千里外破窗
聞雨五更初經年荒草侵幽徑幾樹西風鎖敝廬長繫寸心
歸未得起挑殘燭獨躊躇

其二

支頤默省舊林泉石逕茅堂到目前衰碧鳴蛩莎有露濃陰
歇鹿竹無烟水從井底通滄海山在窗中倚遠天何事燕昭
蒼髯不歸去燕昭臺上一年年

周匡業

匡業龍溪人貞元八年與歐陽詹同榜進士仕鄱陽令漳人舉進士自匡業始

周匡物

匡物匡業弟字幾本嘗題軒轅古鏡歌云欲向高臺對曉開不知誰是孤光主時宰王播見而異之元和十一年播舉匡物進士及第御試學殖賦鶯出谷詩爲時傳誦初匡物以詩歌著名家貧徒步應舉落魄風塵路經錢塘江乏僦船之資久不得濟乃於公館題詩云萬里茫茫天塹遥秦王底事不

安橋錢塘江口無錢過又阻江陵兩信潮郡牧出見之乃罪津吏至今津渡尚傳此詩舟子不敢取舉選人錢者自此始也見黄璞閩川名士傳僦音就以財雇物也

漳州有名第山本名天成城山周匡物讀書此山登第後刺勑賜名第以漳人及第自匡物始也匡物登第一時同擢者三十三人有贈之詩云元和天子丙申年三十三人共得仙今漳南五里有名第院祀匡物而山又有得仙亭蓋取贈詩語劉禹錫詩有危亭誰結據山椒名第山人不可招之句匡物自題云窗外捲簾侵碧落檻前敲竹響青冥見閩書

附周匡物古鏡歌

軒轅鑄鏡誰將去曾被良工瀉金取明月中心桂不生輕冰面上菱初吐蛟龍久無雷雨聲鸞鳳空踏莓苔舞欲向高臺對曉開不知誰是孤光主

伍正已

正已初名愿字公謹甯化人大中十年進士調臨川尉累遷御史中丞自甘露變後南北司互相攻訐大獄繁興正已畧細故持大體嘗從容諭臺屬曰有言責者非特摘發過失正當明揚善類爲朝廷扶元氣耳一時士大夫爲邪佞所擠者

皆極力營救咸得從輕譴讁既而朋黨漸盛名流被錮歎曰
勢不兩立吾能以杯水救車薪之火哉遂告歸卒年八十一
子四泳演濬以廕補官洪隱居武陵原自號抱樸居士見通
志人物傳
葉京
京字垂孫建安人咸通二年進士州人登進士自京始京詞
賦典贍爲廉訪使所知號其居曰茂才里官至太常博士見
通志文苑傳
林慎思

愼思字虔中長樂人咸通十年進士復中宏詞科拜校書郎乾符中羣盜蜂起百姓流殍僖宗日與宦者燕嬉愼思與蕭田余鎬累疏切諫不納出爲萬年令廣明元年黄巢陷長安愼思領兵出戰力不支欲自剄賊執之逼降愼思踞床大罵北面稽首遂遇害年三十七友人周岌匿愼思母與妻子及所著續孟子二卷伸蒙子三卷文集二卷南歸見通志人物傳

黄　璞

璞字德温先爲侯官少時與歐陽詹齊名大順二年進士官

至崇文館校書郎昭宗時歸隱杜門自號霧居子著有閩川名士傳及文集二十多卷黄巢入閩克建州軍中謡言逢儒則辱師必覆黄巢以璞儒者戒毋毀其居子仁藻著作郎仁渥太子正字仁渭著作佐郎從弟滔監察御史與璞同時舘職號一門五學士璞後徙居莆田令侯官里居人稱黄巷莆中山人稱黄巷山見通志文苑傳

唐閩學諸儒列傳終

臻

宋朝

閩中文獻誌

卷之弍

卷二

閩中文獻志

惠安琅谿黃廷玉輯

宋閩學諸儒列傳

陳述古名襄

襄少孤能自立與陳烈周希孟鄭穆爲友俱侯官人時學者溺於詞章襄等始相與倡道海濱聞者笑其迂濶久乃信從謂之海濱四先生襄登慶歷二年進士調浦城主簿攝令事世族私謁者不得發老姦束手有盜數輩相撐拄不肯承莫得主名襄紿語曰某廟鐘能辨盜犯者捫之輒有聲餘則否既而陰塗鐘以墨以帷蔽之命羣盜往捫獨一人畏鐘有聲

不敢觸驗其手無墨遂伏罪改知河陽縣富弼爲守一見即
禮遇之始教民種稻復留意教化進縣子弟於學講說不懈
弼入相薦爲秘閣校理判祠部知常州運渠橫遏震澤積水
爲常蘇二州患襄授以浚法水不復積入爲開封府推官鹽
鐵判官神宗立奉使契丹以設席異於常不即坐契丹移檄
疆吏坐出知明州明年同修起居注知諫院改侍御史知雜
事論青苗法不便請貶斥王安石呂惠卿以謝天下又乞罷
韓絳政府以杜大臣爭利而進者且言韓維不當爲中丞劉
述范純仁等無罪宜復官皆不聽召試知制誥襄以言不行

辭不願試乞補外帝惜之留修起居注踰年擢知制誥尋直學士院安石益忌之竟摘其制誥小失出知陳州徙杭州入爲樞密直學士知通政銀臺司兼侍讀終判尚書郎省卒年六十四贈給事中襄蒞官務興學校講求利病既亡友人劉彝於篋中得手書累數十幅皆民間事也在經筵時神宗顧遇甚厚嘗訪以人才舉司馬光等三十三人以對謂司馬光韓維呂公著蘇頌范純仁皆股肱心膂之臣不當久在外蘇軾鄭俠愚直敢言發於忠義投竄瘴癘朝不謀夕願丐生還帝不聿能盡用見宏簡錄宋史侍從傳

襄將終妻子環泣求所以語後者公索紙書先聖先師四字
付子而絶見何喬遠閩書
襄家居古靈村時稱古靈先生著有古靈集見通志人物傳
古靈先生爲仙居令教其民曰爲吾民者父義母慈兄友弟
恭子孝夫婦有恩男女有别子弟有學鄉里有禮貧窮患難
親戚相救婚姻死喪鄰保相助無墮農業無作盜賊無學賭
博無好爭訟無以惡陵善無以富呑貧行者讓路耕者讓畔
斑白者不負戴於道路則爲禮義之俗矣見朱子小學書
仙居台州屬邑也

古靈先生書法在蔡君謨之右學柳誠懸酷肖也烏石山平遠臺鼓山卧龍俱有題名鐫之石壁皆徑五寸鮮有知其妙者見筆精

附李綱陳古靈文集序曰唐史論文章謂天之付與於君子小人無常分惟能者得之信哉斯言也雖然天之付與固無常分而君子小人之文則有辨矣君子之文務本淵源根底於道德仁義粹然一出於正其高者裨補造化黼黻大猷如星辰麗天而光彩下燭山川出雲而風雨時至英莖韶濩之諧神人菽粟布泉之濟人飢寒此所謂有德者必有言也小

人之文務末雕蟲篆刻絺章繪句以祈悅人之耳目其智者
朋姦飾僞中害善良如以丹青而被糞土以錦繡而覆陷穽
羊質而虎皮鳳鳴而鷙翰此所謂有言者不必有德也君子
既自以功業行實光明於時而其餘緒發爲文章後世讀者
想望而不可及此豈特其文之高哉人足仰也小人乃專以
利口巧言鼓簧當世既不足以取信於人而恃才傲物以致
禍敗者多矣繇是言之文以德爲主德以文爲輔德文兼備
與夫無德而有文者此君子小人之辨也竊觀古靈陳公所
著文章殆所謂有德之言君子之文歟初公未仕刻意於學

得鄉士烈陳烈周希孟鄭穆相與爲友以古道鳴於海隅人初驚笑其從後相率信而從之四先生名動天下既登第累官劇邑推其所學以治民利必興害必除聽訟決獄庭無留事所至修學校率邑之子弟身爲横經講説士風翕然民俗丕變已而守列郡典大藩益推此而廣之治績尤著雖古循吏不能過也嘉祐中富鄭公入相首以文學政事薦公寖被知遇歷事三朝鬱爲名臣判郎曹則法執法而不撓使北庭則守節而不屈任諫省則以忠讜補主闕處臺端則以公正糾官邪位侍從則端論思之忠侍經筵則進勸講之益上爲

人主之所欽向下爲士大夫之所宗師其功業行實光明如此而所爲文章溫厚深純根於義理精金美玉不假雕琢自可貴重太羹元酒不假滋味自有典則質幹立而枝葉不繁音韻古而節奏必簡非有德君子孰能與此故嘗評之其詩篇平淡如韋應物其文辭高古韶如韓退之其論事明白激切如陸贄其性理之學庶幾子思孟軻非近時區區綴集章句務爲應用之文者所能髣髴也嗣子紹夫裒集公文章得古律詩賦雜文凡若干篇冠以紹興手詔經筵薦士章疏而行狀誌銘附於其後合爲二十有六卷集成來謁求爲之序

某告之曰太上立德其次立功其次立言如古靈先生三者兼備又得紹書褒稱可謂盛矣若其生平行事則有行狀誌銘可考誦其詩讀其書可想見其人如公功業行實推賢揚善之美如此而其文章渾全博雅又如此宜乎被累朝之殊眷膺聖主之褒崇士林尊仰推爲君子長者而不敢有異議也公諱襄字述古官至左司郎中國史有傳云按李綱字伯紀邵武人立朝忠誠義烈以一身關社稷民生民安危史稱爲一代偉人

陳季慈 名烈

烈性介僻篤於孝友居喪勺飲不入口五日自壯及老奉事如生學行端飭動遵古禮里中人敬之冠昏喪祭必請命而後行從學至數百人以鄉薦試京師不偶遂絕意仕進或勉之仕則曰伊尹守道成湯三聘以幣呂望既老文王載之俱歸今天子有湯文之心豈無先覺如伊呂者乎仁宗屢詔不起公卿郡守交章稱其賢嘉祐中以爲本州教授歐陽修又言之召爲國子直講皆不拜元祐初部使者申薦之詔以宣德郎致仕明年復以爲本州教授在職不受俸家有餘租推之以濟貧乏見續志理學傳及宋史孝義傳

烈幼與蔡君謨同硯席後君謨鎮福州唐勵精爲郡嚴嗇吏治毫髮不容合境大化一日烈往見維舟庭下聞蔡君謨嚴察不往謁留詩曰溪山龍虎盤溪水鼓角喧中宵鄉夢破六月夜衾寒風雨生殘樹蛟龍喜怒瀾般勤囑舟子移棹過前灘庭吏錄詩以呈君謨威嚴爲之少霽見翰府名談

蔡君謨守福州上元日令民間一家點燈七盞陳烈作大燈長丈餘大書云富家一盞燈太倉一粒粟貧家一盞燈父子相對哭風流太守知不知猶恨笙歌無妙曲君謨見之還輿罷燈見晁氏客語

附歐陽修薦教授陳烈充太學博士劄子曰伏見國家崇建學校近年以來太學生徒常至三四百人此朝廷盛美事數百年未嘗有也然而教導之方必慎其選其進德修業必有篤行君子可以不言而化者使居其間以爲學者師法庶幾內脩其實不止徒聚之多爲虛名之美也伏見福州處士陳烈清節茂行著自少時晚而益勤久而愈信非惟一方學者之所師蓋天下之士皆推尊其道德謂宜以禮致之朝廷必有裨補近聞命以官秩使教學於鄉里其禮甚薄未足以稱勵賢旌德之舉臣今乞命以博士之職召致太學雖未能盡

其才亦足以副天下學者之望而誦朝廷勸賢之實今取進

止

附陳襄薦直講陳烈不次任用劄子曰伏見前授安州司務

參軍充國子監直講陳烈心仁氣剛才智卓越學聖人之言

而必踐其實稽先王之法而必適其時博通羣經尤明於典

禮之奥其爲文章淵源浩博肆筆而成求之今日鮮有比者

慶歷初嘗與鄉薦於禮部罷歸鄉里無復仕進安貧力學積

四十年著書數萬言未見其上仁宗朝嘗因近臣論薦及本

州監司長吏高其風節數以名聞累降召命以學官起之辭

而不至世以爲潔身獨行之士是非知烈者也烈之所學皆
孔孟之學觀其事業足以有爲自以身載聖賢之道不爲苟
進可以禮致而不可以利屈如斯而已矣伏思陛下臨御以
來得博延髦俊得人之盛跨越百王如烈之賢不爲難致望
陛下特以禮命召致闕廷賜對清問使陳二帝三王之治六
經四書之要與夫當世之務必有以上稱陛下尊賢重德之
舉今保舉堪充清要不次任用後不如所舉臣甘受面欺之
罪謹具奏聞伏候勅旨

葉夢得云陳烈行恠多僞蔡君謨母死烈往弔弔自其家匍

匐而進人問之烈曰詩所謂凡民有喪匍匐救之者也其所
爲類如此見石林燕語通志雜記云考之史王陶爲福建提
刑亦嘗詆烈貪詐乞奪所受恩時司馬溫公爲諫官率同列
力辯之陶說遂不行以是觀之夢得之言亦陶之類耳陶俗
吏無足道者而夢得以文雅名一時其言亦如此可怪也夫

鄭閎中 名穆

穆性醖謹好學讀書至忘櫛沐進退容止必以禮教授門人
數千登第調壽安主簿召國子監直講改集賢校理求外補
通判汾州熙寧三年神宗稱其德行召爲嘉岐二王府侍講

兼諸王侍讀凡居館閣三十年在王邸一紀非公事未及嘗
及執政之門講說有法凡可爲勸戒者必反覆摘誦二王咸
敬禮焉元豐三年加朝散大夫出知越州奏免鑑胡連年水
溢民逋官租元祐初召拜國子祭酒每諸生請益無間寒暑
雖童子必朝服延接以禮送迎諸生皆其尊其經術服其教
訓俄兼荊王揚王二府侍講徐王翊善四年拜給事中五年
除寶文閣待制皆仍兼祭酒六年請老提舉洞霄宫太學士
數千人詣司業及宰相請留不從於是公卿大夫各爲詩贈
行空學出祖汴東門外都人觀者如堵明年卒年七十五子

璆仕軍事推官嘗有故人張景晟死遺白金託其孤璆反金收子而長之見宋史侍從傳

周公闢 名希孟

希孟通五經尤邃於易知州劉夔曹永叔蔡襄皆親至學舍質經義部使者相繼薦其賢詔賜粟帛授將仕郎試國子監四門助教充本州學教授三表力辭不許門下教授七百餘人及卒門人相與祠於五福寺著有詩義春秋義並文集見通志人物傳及正德福州府志

楊文靖 名時

時字中立將樂人自少穎異及長天姿夷曠不爲崖異夸絕
之行以求名譽與人交終始如一性至孝幼喪母哀毀如成
人事繼母尤謹登熙寧九年進士調汀州司户不赴聞程顥
與弟頤講孔孟絕學以師禮見顥及歸顥目送之曰吾道南
矣顥卒又見程頤於洛時年已四十一頤偶瞑坐時與游酢
侍立不去頤既覺門外雪深一尺矣張載嘗著西銘二程深
服之時疑其近於兼愛與頤往覆辯論聞理一殊分殊之説
豁然無疑杜門力學者十年始出歷知瀏陽餘杭蕭山三縣
皆有惠政諫官張舜民薦之得荊州教授不求聞達而德望

曰重公卿大夫皆尊信之四方之士不遠千里往從之遊號
曰龜山先生宣和五年懷安張觷館蔡京所言於京以爲宜
引舊德老成置諸左右會路允迪傳墨卿使高麗高麗國主
問龜山先生安在兩人還以聞蔡京因召赴都堂審察以足
疾辭六年再召爲秘書郎既至遷著作郎及面對奏曰堯舜
允執厥中成湯執中洪範皇建其有極歷世聖人由斯道也
熙寧之初大臣文六藝之言以行其私祖宗之法紛更殆盡
元祐盡復其舊至紹聖崇寧抑又甚焉臣願有司條具祖宗
之法著爲綱目有宜於今者舉行之當損益者損益之一趣

於中而已朝廷方圖燕雲時遂陳時政之弊言燕雲之師宜退守內地以固根本又言都城居四達之衢無高山巨浸以爲阻衛人懷異心緩急不可倚仗執政不能用其言時因力陳君臣警戒正在無虞之時乞爲宣和會計錄以周知天下財物出入之數徽宗首肯之除邇英殿說書金人入攻時謂執政曰今日事勢如火然積薪當自奮勵以聳動觀聽漢之汲黯其才未必能過公孫宏輩也特其直氣可以鎮壓姦雄之心爾朝廷威望弗振使姦雄一以宏輩視之則無復可爲也要害之地宜堅壁清野爲守備若攻戰畧地當遣援兵追

襲使之腹背受敵可以制勝且謂今日之事當以收人心爲先人心不附雖有高城深池堅甲利兵不足恃也免夫之役毒被海內京城聚斂東南花石其害尤甚禍根不除人誰信之欲致人和亟宜去此三者又上言金人圍京城勤王之兵四集而不立統帥雖李郭以九節度之師不免敗衂況諸路烏合之衆哉臣謂當立統帥一號令示紀律而後士卒始用命至如童冠爲王貫爲三路大帥帥敵人侵疆棄軍而歸死有餘辜朝廷置之不問比聞防城仍用閹人覆車之轍不可復蹈疏入除右諫議大夫兼侍講敵兵初退議者欲割三鎮

以講和時極言不可欽宗立又疏論數事皆不報會李綱罷
太學生陳東率高登等伏闕上書乞留李綱與种師道軍民
集者數十萬朝廷欲防禁之吳敏乞用時以靖太學時得召
對言諸生伏闕紛紛忠於朝廷非有他意但擇老成有行誼
者爲之長貳則將自定欽宗曰無逾卿遂以時兼國子祭酒
首言蔡京人所切齒京之罪實挾王安石以圖身利故推尊
無所不至今日之禍安石實啟之當時司馬光嘗言其害當
見於數十年之後今已大驗其邪說流禍壞學者心術伏望
追奪王爵明詔中外毀去配享之像詔從之安石遂降從祀

之列時著有三經義辨請毀安石三經板而士之習王氏學獵取科第者已數十年不復知其非忽聞議論紛細然諫官馮澥力主王氏學上疏詆時因罷祭時又言近日褒元祐黨人惟司馬光獨褒顯而未及呂公著韓維范純仁呂大防安燾等建中初言官陳瓘已褒贈而未及鄒浩於是元祐諸臣皆次第牽復尋乞罷練省陳除給事中乞致仕除徽猷閣待制提舉崇福宮上書乞選將練兵爲戰守之備高宗即位召爲工部侍郎陛對言自古聖賢之君未有不以典學爲務尋兼侍讀三疏乞脩建炎會計錄並恤勤王之兵及寬假言者

國字乃闕字之訛

連章丐外以龍圖閣直學士提舉杭州洞霄宮致仕紹興五年卒年八十三謚文靖時德器早成淵源有自在東郡所交皆天下士先達陳瓘鄒浩皆以師禮事之其推本孟氏性善之說發明大學中庸之道渡江以來東南學者推時為程氏正宗與胡安國往來議論尤多浮沈州縣多年晚居諫省僅九十日所論列皆切於世道而其大者則闢王氏經學排靖康和議凡紹興初崇尚元祐學術而朱熹張栻之學得程氏之正其源委脈絡皆出於時子五人迪力學通經亦嘗師程頤最知名見宋史道學傳

徽宗垂意花石珍玩宦者朱勔取浙中珍異以貢舳艫相望遍於淮汴號花石綱凡士夫家一木一石稍堪愛玩即使健領健卒造其家徹屋抉墻以出嘗得太湖石高四丈載以兩巨艦役民夫數千所過州縣折水門橋梁鑿城以過至日賜名神運昭功石見宋史朱勔傳

按宋史朱震奏時論事不愧古人三經義辨有益學者乞下本州抄錄仍優卹其家因賜謚文靖或者以時當時不屑去疑之葢淺之也明成化元年詔立祠延平以羅從彦李侗配宏治八年追封將樂伯從祀其子迪遊程頤門頤嘗答時書

曰令子迪好學質美當成遠器尤精易春秋官至奉議大夫遺文數百篇朱熹讀之歎曰是所謂發微詣極冰解的破者耶

附明附邱濬道南書院記曰道學復明於宋起自西南而行於中州其後也復還於東南蓋天示奎文以開有宋一代文明之治生周子於道州營道縣歷四葉天子以明道紀年是歲明道生於黃州之黃陂明年伊川生大賢所生其地其時皆不偶然也二程侍其父大中公宦遊南安周子適官於是承父命從學焉是則道學之興其始蓋自南也程子既長歸

北方乃以其所得周子者敎河洛之間一時南北士多從之遊南方之士其尤著名者游與楊也游之別也程子未嘗無贈言惟龜山先生之行特發爲吾道南矣之歎所謂南者非道始之南也道終歸於南也嗟乎先生之歸豈但儒道隨之而南哉曾幾何時而世道亦從而南中原遂淪於俗殊俗雖以嵩洛間人亦不復知有程學幸而斯文道脉中興於南朱子者出斯道乃大明於甌閩之間使天下後世知有聖賢全體大用之學帝王大中至正之道萬世行之無弊者其功大矣後之人推原所自咸歸其功於龜山先生蓋以周程二三

夫子發明孔孟不傳之秘於絶學千五百年之後演斯道之
脉而延之俾常行至今者非先生之功而誰功傳曰道待人
而後行當宋運中否假使世無先生則無朱子矣無朱子則
周程以上所傳之要堯舜以來相承之緒必至中絶其所關
繫豈細故哉是以尚友古人者不徒論其世而必表其地也
謹按先生自五世祖來居將樂初師程伯子於潁川繼師叔
子於洛得道南歸以授其徒羅仲素仲素之先豫章人也避
難來居南平後徙於沙仲素於楊門獨能任道詣極以所得
河洛之學授其同邑李愿中而朱子淵源實於是焉出是三

先生者皆劍產也而朱子亦生劍之屬邑尤溪夫以一郡之狹四邑之小二三百里之近百年之中乃有四賢並生於一時上承下啟以延千萬年道學之脉其地蓋視東周之鄒魯也昔孔子生於魯當成周之既東乃欲興其道於東方蓋謂魯也然而竟不得如所志惟以斯道傳其徒曾參以傳聖孫伋伋傳於鄒孟軻氏後世稱斯文之宗必曰孔孟稱文憲之邦則歸鄒魯云方宋盛時孔孟之學道大行於河洛之間是時猶未南渡也先生歸延平程子已謂其載道之南其後果有羅李二先生繼先生而起以傳其道集大成於朱子今天

下家藏朱子之書人習朱子之學夫孰不知其淵源來自紫陽而聚徒講校於考亭雲谷之間以發揮程學上遡孔孟之傳抑亦或有不知劍浦之濱九峯之麓乃朱學所從來之要會者矣苟非當路君子有以表章之夫孰知其然哉鄱陽蘇侯章早習程朱之書以明經登進士第歷官郎署來知延平府事慨然欲推所學以見於行首以化民成俗爲政恒以爲世之論道學所興之地必曰濂洛關閩閩八郡而分上下茲郡實居上下之中而西與建境其西趨會府者沿劍津而下東與福境其東之朝京國者泝劍津而上或往或來何莫不

由於斯閩中所產士以朱子爲第一流人物而閩士所建立者以重明道學爲第一等事功延平爲郡雖僻而小然其所關係甚重而大如此非但有光於閩八郡也於是與其同寅通判府事應元徵推官王鐸圖所以厚報祀而大顯揚之者僉曰三先生於南沙將樂舊各有專祠近又於郡城北隅合而祀之毋庸致力矣今吾儕新搆公宇以爲朝命重臣駐節之所甫爾告成而未有名稱盍揭道南二字以爲道院之牓以示八閩士民與夫四方遊宦士大夫凡使節往來及以事經行者俾知茲郡爲道學重興淵源所自之地不亦韙歟

侯曰然使价來求序記於予予既推原斯道所以南之故及其書院所以名者如前又爲記其規制歲月云書院在府治之東廣丈十有一長十有七前爲三門後爲廳事中爲堂最後爲宴息之所前後各六楹並翼以兩廂通環以周垣經始於宏治壬子春其落成則是歲之秋八月也

游定夫名酢

酢建陽人自幼不羣讀書過目成誦以文行知名所交皆天下豪雋程頤一見謂其姿可進道時程顥令扶溝偕頤方倡道學設庠序教人召酢職學事酢盡棄其學而學焉得其微

言元豐五年登進士調蕭山尉近臣薦其賢召爲太學錄遷博士以奉親不便求知河陽縣范純仁守潁昌辟爲府教授純仁入相復爲博士歷齊州泉州判官徽宗立召爲監察御史累知漢陽軍歷和州舒州濮州三州而卒年七十一酢操行純粹處事優裕蒞官遇僚吏有恩人無敢慢令者惠政所至民戴之如父母去則見思愈久之而不忘頤常對楊時稱酢德器粹然學問日進政事亦絶朱子言定夫清德重望皎如日星流風餘韻足以師世範俗著有中庸義易說詩二南義論語孟子雜解學者稱廌山先生七子撝擬捄握損掞

拂見宋史道學傳

酢兄醖亦以文行知名元豐二年進士仕至奉議大夫弟醳元祐進士醳子操宣和進士官秘書少監權禮部侍郎操子開同上舍出身從朱熹遊編集中庸註文學優贍熹嘗稱之

方道輔 名元寀

元寀莆田人父峻聚徒講學鑿井舍傍禱曰願子孫居官如此水初官潤州識程珦二程子之父及卒明道爲作行狀范祖禹爲墓道碑元寀少與伊川遊書問往來積數十帖有曰經所載道也誦其言解其訓詁而不及道乃無用之糟粕覬足下

由經以求道勉之又勉異日見卓爾有立於前然不知手之
舞之足之蹈之又曰足下非混俗之流其志道之士朱子刻
於白鹿書院書其後曰伊川先生德盛言重不輕與人今觀
其眷眷如此則方公之賢可知也元祐三年以特科出身終
威武軍節度推官見道南源委
元寀曾孫翥字次雲六歲而孤從兄畧作萬卷樓儲書千二
百笥語翥曰以汝姿性不出户十年可移書入肝膈矣登紹
興八年進士調閩清尉到官未一載歸闔户十八年盡讀其
書有旨召對除秘書省正字凡九月以風聞論事外補卒於

家初舊與林光朝俱在錢塘光朝喜李白石曼卿之爲人舊
曰此數人來孔門恐一日着脚不得光朝愧悟以舊爲先聞
道兄事焉舊道古非緣章句而終不肯著書間有吟寫蕭然
出俗朱熹嘗過莆聞舊着論説喜躍不倦見通志人物傳亦
見道南源委

陳質夫名繪

繪浦城人同楊時遊二程子之門大觀中擢進士第浮沈州
縣不以軒冕爲榮而以名教爲樂官至奉議郎時常與書云
孟子曰萬物皆備矣於我矣反身而誠樂莫大焉知萬物皆

備於我則雖行止疾徐有堯舜之道存焉世之人多不自已
求之質夫篤志強學因其所進勉而卒之無難矣見道南源
委

王信伯名蘋

蘋福清人姿清養粹以聖學爲己任言行純懿亦程門高弟
也平居恂恂儒者及語當世利病即習於從政者弗逮也紹
興間平江知府孫佑薦素其素行高潔有憂時愛君之心朝
廷召見賜進士出身除秘書省正字上言曰人心廣大無垠
萬善皆備盛德業大業由此而成故欲傳堯舜禹湯文武之

道擴充是心焉耳蓋聖人經世大法備在方策苟得其要舉
而行之無難也高宗善之兼史館校勘遷著作郎丐外通判
常州主管台州崇道觀致仕官至左朝奉郎時中書舍人朱
震寶文閣直學士胡安國徽猷閣待制尹焞皆舉蘋自代安
國薦尤力謂學有師承識通世務使司獻納必有補於聖躬
楊時嘗曰同門後來成就無踰吾信伯矣著有論語集解及
著作集見道南源委並通志人物傳

陳瑩中名瓘

瓘沙縣人幼好讀書不務進取父母勉之乃應舉元豐二年

登甲科第三人調湖州掌書記簽書越州判官時蔡卞爲越州守察其賢每事加禮而瓘知其心術常遠之屢欲引疾歸而章不得上檄攝通判明州卞素敬左道張懷素會懷素將至卞留瓘少須瓘不肯曰子不語怪力亂神斯近怪矣明州職田之入甚厚瓘盡棄其官以歸章惇入相瓘隨衆道謁惇聞其名邀與同舟詢當世之務瓘曰請以所乘舟爲喻偏重則行難行若移左以置右其偏一也因問惇曰天子待公爲政公將何先惇曰辨司馬光奸邪此最當先先瓘曰公誤矣果然將失天下之望惇厲色曰光不務纘述先烈而大改成

緒誤國如此非奸邪而何瓘曰不察其心而疑其迹指爲奸
邪又復作改作則誤國益甚此所謂移左以置右者爲今之
計惟消朋黨持中道庶可救弊惇頗驚異之至都召爲太學
博士時羣邪得志正論俱絀卞黨薛昂林自莘議毀光所著
資治通鑑瓘因策士引神宗所製序文以問昂自莘議遂沮
遷秘書省校書郎紹述之說盛行瓘入奏哲宗言堯舜禹皆
以粤若稽古爲訓粤者考論舊事若者順而行之稽者考其
當否古者昭其繼述所以成帝王之治天子之孝與士大夫
之孝不同帝反復究問意甚感悅令瓘再入見有更時變時

事之意執政憾之出通判滄州知衛州徽宗即位豐稷薦爲右正言遷左司諫瓘議抝論持平務存大體嘗言今云人主託言者以耳目誠不當以淺近見聞惑其聰明惟極論章惇浦城人蔡卞安惇邢恕之罪御史龔夬擊蔡京朝廷將逐夬瓘瓘言蔡京仙遊人卞其弟也卞王安石之壻當紹聖以來兄弟在朝贊導章惇共作威福卞則陰爲謀畫惇則私斷力行而京則且謀且行惇之矜伐卞之乖悖京實贊之七年之間五逐言官常安民孫諤董敦逸陳次升鄒浩五人者皆以忤京去今又逐夬掩朝廷之耳目成私門之勢利將若公道何時皇太后已歸

水滸傳亦有一个無為軍地名

政瓘言外戚向宗良兄弟與侍從希寵之士交通使物議籍

籍謂皇太后今猶預政徽宗以瓘所論不根遂罷左司諫監

楊州糧料院將出都門奏所未上四章並明宣仁（宣仁英宗高皇后也神宗立尊爲太皇太后哲宗十歲嗣位尊爲太皇太后臨朝聽政凡九年大革熙豐弊政召司馬光呂公著文彥博以復祖宗法度人以爲女中堯舜章惇陰附哲宗所罷之劉婕妤欲廢孟皇后以孟后經事宣仁先誣宣仁謂主少國疑可慮詆宣仁爲老奸孟后果廢哲宗後亦悔曰章惇敗我名節矣）誣謗事帝密遣使賜以黃金

百兩后亦命勿遽去改知無爲軍明年還授著作郎遷右司

員外郎權給事中宰相曾布屢薦瓘於徽宗遣人諭意云將

大用瓘語子正彙曰吾與丞相議論多不合若受其薦進復

有異同則公義私恩兩有愧矣乃作書言布尊私史而厭宗廟緣邊費而壞先政二者天下所共知而聖主不得聞其說蒙蔽之患莫大於此命其子正彙書之明旦持入省布得書大怒爭辨移時至箕踞誶語瓘色不爲動徐應曰適所論者國事是非有公議公未可遽失待士禮布矍然改容信宿出知泰州崇寧中除名竄袁州廉州移郴州遇赦稍復宣德郎以子正彙在杭告蔡京有動搖東宮迹杭守蔡薿執送京師下開封府制獄并逮瓘京使權尹李孝壽治其獄瓘曰正彙聞京將不利社稷傳於道路京之奸邪必爲國禍瓘嘗論之

於諫省亦不待今日也獄具正彙以所告失實坐流海上瓘安置通州所過之地逼迫傳送拘束不可言瓘嘗著尊堯集謂紹聖史官專據王安石日錄改脩神宗史變亂是非深明紹聖史官之誣妄宰相張商英取其書既上而商英罷又徙瓘台州宰相令所過州出甲兵遞送至台每十日一徙且令凶人石悈知台州事執至庭大陳獄具將脅以死百端窘辱瓘大呼曰今日之事豈被制旨耶悈失措措曰朝廷令取尊堯集耳瓘曰使君知尊堯所以立名乎蓋以神考爲堯主上爲舜助舜尊何得爲罪時相學術淺短君亦不畏公議干犯

名分乎悈慚揖使退宰相以悈爲怯而罷之在台五年乃得自便復承事郎徽宗令執政再叙一官執政持不行卜居江州復有譖之者至不許輒出城旋令居南康纔至又移楚州使不得一日安處瓘平生論京卞皆披摘其處心發露其情慝最所忌恨故得禍最酷劉安世聞其疾使人勉以醫藥曰天將有賴當力加保愛以待時用竟於宣和六年卒於楚州年六十五瓘爲人謙和不與物競閒居矜莊自持語不茍發嘗以不知程顥爲恥既從楊時遊通於易數言國家大事後多驗靖康初詔贈諫議大夫予其子正彚官後高宗謂輔臣

曰。瓘昔爲諫臣甚有讜議。近覽所着尊堯集。明君臣之大分。合于易之天尊地卑。及春秋尊王之法。安石號通經術。乃謂道隆德駿者。天子當北面而問焉。其違經悖理甚矣。宜特表揚。賜謚忠肅。見宋史臺諫傳。

按陳瓘號了翁。著有了齋集。朱子與廖子晦書云。東坡在湖州被逮日面無人色兩足俱軟不能行求入與家人訣而使者不聽雖伊川責涪陵時亦欲入告叔母而不可得惟陳了翁被逮聞命而行即行使人駭之請入治行裝了翁反不聽奇哉奇哉願子勉旃見朱子文集

瓘祖名世卿仕秘書少監知廣州贈吏部尚書父名偁以朝議大夫致仕特贈特進兄名瑗汀州推官名珏校書郎弟名璣知吉州次子正同敷文閣待制

陳忠肅公曰幼學之士先要分別人品之高上下何者是聖賢所爲之事何者是下愚之事向善背惡去彼取此此幼學所當先也　顏子孟子亞聖也學之雖未至亦可爲賢人今學者若能知此則顏孟之事我亦可學　言温而氣和則顏子之不遷漸可學矣過而能悔又不憚改則顏子之不貳漸可學矣知埋鬻之戲不如俎豆念慈母之愛至於三遷自老

至幼至老不厭不改終始一意則我之不動心亦以可以如
孟子矣　若夫立志不高則其學皆常人之事語及顏孟則
不敢當也其心必曰我爲孩童豈敢學顏孟哉此人不可以
語上矣先生長者見其卑下豈肯與之語哉先生長者不肯
與之語則其所語皆下等人也言不忠信下等人也行不篤
敬下等人也過而不知悔下等人也悔而不知改下等人也
聞下等之語爲下等之事譬如坐於房舍之中四面皆墻壁
也雖欲開明不可得矣

陳知默名淵

淵初名漸字幾叟瓘從孫有文學瓘特器重之初受業程門獨先於瓘繼亦受業楊時與羅豫章爲友時稱其深識聖賢旨趣以女妻之紹興五年近臣廖剛順昌人胡寅朱震張致遠沙縣人言其流落負才垂老未試詔充樞密院編脩官會丞相李綱爲江南西路安撫制置大使辟淵爲制置司機宜文字紹興七年詔求直言極諫之士胡安國薦召對賜進士出身除監察御史遷右正言入對論比年以來恩惠太濫賞給太厚頒賚太繁所費益甚所入益寡此臣所甚懼也周官惟王及后世子不會說者謂不得以有司之法治之非聖人作法

開後世人主侈用之端也臣謂宰冢宰以九式均節財用有司雖不會冢宰得以越式而論之若事事以式雖會猶不會也臣願陛下自今凡有賜賚於法所無而例有疑者三省得以共議戶部得以執奏則前日之弊息矣又論王安石學術與程頤同異言楊時始宗安石後得程頤師之乃悟其非高宗曰楊時之學能宗孔孟其三經義辨理甚當以三經義解觀之具見安石穿鑿矣安石著三經義解私心自用楊時故作三經義辨淵對曰道之大原安石無一不差聖賢所傳止有論孟中庸論語主仁中庸主誠孟子主性安石皆昧其原仁道至大安論語以愛

人語樊遲特其一端安石乃以愛爲仁其言中庸則謂中庸
所以接人高明所以處己孟子七篇專發明性善而安石取
楊雄善惡混之言至謂無善無惡又溺於佛其失遠矣後因
論和議淵願以和爲息戰之權以戰爲守和之具章五上言
益切秦檜惡之會鄭億年復資政殿學士召見内殿淵言億
年故相居中子有從賊之醜乞寢其職名不報檜與億年爲
親黨益怒之除秘書少監兼崇正殿說書改宗正少卿以何
鑄論罷主管台州崇道觀卒著有默堂集三十卷見宋史臺
諫傳及續志理學傳

廖用中 名剛

剛順昌人少從陳瓘楊時學崇寧五年進士宣和時自漳州司錄除國子學錄擢監察御史時蔡京當國剛論奏無所避以親老乞補外出知興化軍欽宗即位以右正言召尋除工部員外郎以母疾辭還紹興元年盜起旁郡官吏悉逃他盜入順昌部使者檄剛撫定剛遣長子遲諭賊賊知剛父子信義逃去除本路提點刑獄尋召爲吏部員外郎請上稽舊制選精銳爲親兵又乞經營建業以杜金人窺伺之意遷起居舍人權吏部侍郎兼侍講除給事中言江淮兵備若莫若屯

田可以免待鋪轉餉之患爲三說以獻時朝廷推究章惇蔡
卞之罪追貶其身詔子孫不得官於朝於是章傑自郎中出
知婺州章僅自大府丞提舉江東茶塩事二人皆惇後也剛
封還詔書謂如此豈足以示懲乃並與祠遷刑部侍郎乞補
外除知漳州漳俗侈靡喪娶踰制乃立條約諭之七年二月
值日食求言剛請以建國正儲君之號布告中外不匿厥旨
異時雖百斯男不復更易乃可以承天意示大公於天下感
格藝祖於上帝左右高宗讀之竦然即召剛至闕拜御史中
丞剛知無不言糾劾先顧大體不肯捃摭細故首奏經費不

充盜賊不息事功未立命令未孚姦邪未去及兵驕官冗之
弊又奏人君之患莫大於好人從己若大臣惟一人之從羣
臣惟大臣之從則天下事可憂殿前司强刺民爲兵及大將
恃功希恩所請多驕横廢法剛隨事論列諸將肅然鄭億年
與秦檜有連遂得美官會廷報至從官會都堂剛謂億年曰
公以百口保金人無他今已背約有何面目立朝廷乎因顯
疏其惡億年奉祠去復奏起舊相之有德望者處以近藩檜
聞之怒曰是欲置吾何地耶改剛工部尚書以王次翁代其
任而令次翁與何鑄劾綱薦劉昉陳淵相爲朋比以徽猷閣

直學士提舉亳州明道宮致仕卒著詩經註解性理小學集註學者稱古溪先生子四人遲過遂遽仕皆秉麾節邦人號爲萬石廖氏見宋史臺諫傳參道南源委

李公祖名郁

郁光澤人少學於舅氏陳瓘踰冠受業於楊時時奇之妻以女初郁聞時論退而求之不合乃獨取論孟讀之蚤夜不懈渙然有得時歿以其學淑後進嘗語學者曰聖賢遺經讀之又讀於無味處益致思焉至於羣疑並興寢食不置然後當驟進耳紹興二年高宗遣御史朱異行郡國搜訪遺逸非常

之才郁以遺逸薦召對便殿所陳皆當世大務高宗改容傾聽授迪功郎尋除勑令所删定官以憂去及免喪會秦檜用事遂築室西山讀書其間久之起佐閩帥幕府人謂郁且不屑郁治文書惟謹日訪民情休戚利病以告其長而興除之卒於官學者稱爲西山先生朱熹嘗表其墓云郁天姿粹而涵養有方平居未嘗有惰容誨人終日無倦兄階官杭州罵賊死郁事寡嫂厚如母郁初見楊時於餘杭時語之曰學者當知古人之學何所用人學之將何以用若曰孔門之學仁而已則何爲而謂之仁若曰仁人心也則何者而謂之人心

郁退求其說伏讀論孟十有八年然後有得所著有易傳參
同契論孟遺稾見邵武府志

黄用和名鍰

鍰浦城人從楊時學甚見器重政和五年進士工曹守將高
其才多委以事適諸邑水災按視官希部使者多不以實聞
鍰獨減放蠲田租十之八使者怒加誚責終不可奪靖康初
李綱宣撫河東辟幕屬高宗紹興六年召對稱旨拜監察御
史首陳七事高宗嘉納之一日問孟子與齊梁國君問答之
說鍰對詞義敷暢上曰卿可謂非堯舜之道不敢以陳於王

前因諭曰黃鍰論人君治心事甚詳當處以諫職會有沮之
者除江西提點刑獄乞祠歸卒鍰在臺越月風節凜然天下
誦直有奏議雜著論語類觀唐史篤論共二十卷見何喬遠
閩書

蕭子莊名顗

顗浦城人天姿樸實少孤事母以孝聞母喪廬墓有靈芝之
異與羅從彥同遊楊時之門嘗答友人書云士之所志舍仁
義何爲哉仁必欲熟義必欲精熟則造次顛沛有所不違精
則利用安身而德崇矣後以累舉得官爲清流簿終歲而歸

徜徉閭里朱松嘗師事之見道南源委

羅仲素名從彥

從彥南劍（即延平也）沙縣人先祖世自豫章避地來南劍因家沙縣從彥幼穎悟不爲言語文字之學及長嚴毅清苦篤志求道聞郡人楊時得河南程氏學慨然慕之時爲蕭山令徒步往蕭山受業時喜曰惟從彥可與言道於是日益以親時弟子千餘人無及從彥者從彥初見時三日即驚汗浹背曰不至是幾虚過一生矣嘗與時講易至乾九四爻時告以曩聞伊川説甚善從彥即鬻田裹糧走洛見程頤問之頤反覆以

告亦不外是謝曰聞之龜山具足矣乃歸卒業盡得不傳之秘嘗語以今之學者只爲不知爲學之方又不知學成要用須是實見聖賢所得之道若止博古通今爲文章作忠信愿慤不爲非義之事則古來如此等人不少且如東漢處士名節有聞者多責以古聖賢之道則畧畧無毫髮相似彼於道未有聞故也方今學者平居則曰吾當爲古人之所爲纔有事致到手便措置不得由是觀之學而不聞道猶不學也又嘗教學者讀書之法以身體之以心驗之從容默會於幽閑靜一之中超然自得於書言象意之表蓋其所得者如此同

邑陳淵時之壻也每詣從彦竟日乃還語人曰自吾交仲素日聞所未聞與學清節眞南州之冠冕也既而築室羅浮山中絶意仕進終日端坐以體驗天地萬物之理閒則謳時將樂溪上吟咏而歸充然自得靖康中採祖宗故事著爲尊堯錄擬獻闕下不果尊堯錄述祖宗以來宏規懿範及名臣碩輔論建謨畫下至元豐功利之人紛更憲度貽患國家撮要提綱無非理亂安危之大嘗與學者論治曰祖宗法度不可廢德澤不可恃廢法度則變亂之事起恃德澤則驕佚之心生自古德澤最厚莫如堯舜向使子孫可恃則堯舜必傳其

子法度至明莫如文武成康向使子孫世守周雖至今可存也又曰君子在朝則天下治蓋君子嘗有亂世之言使人主多憂而善心生故治小人在朝則天下亂蓋小人惟效治世之言使人主多樂而怠心生故亂又曰天下之變不起於四方而起於朝廷譬如人之傷元氣則寒暑易侵木之傷於蠹蝕則風雨易折故內有林甫盧杞之姦則外必有祿山朱泚之亂又曰士之立朝要以正直忠厚爲本正直則朝廷無過失忠厚則天下無嗟怨一於正直而不忠厚則漸入於刻一於忠厚而不正直則流入於懦又論士行曰周孔之心使人

明道學者果能明道則周孔之心深自得之上世人才惟能
如是故視死生去就如寒暑晝夜之常而忠義行之者易至
漢董仲舒公孫宏倡言經術唐韓愈柳宗元誇尚古文二者
漸失周孔之心於是明道者寡視死生去就如萬鈞九鼎之
重而忠義行之者難其議論醕正類此朱熹謂龜山倡道東
南士之遊其門者甚衆然潛思力行任道詣極者仲素一人
而已紹興二年始就特科授博羅縣主簿未幾卒於官年六
十四學者稱豫章先生淳祐間賜謚文質其遺書有詩解春
秋指歸語孟師說中庸說台衡録議論要語二程龜山語録

等書見宋史道學傳及通志人物傳續志理學傳沙縣縣志

附羅從彥尊堯錄序

堯舜三代之君不作也久矣自獲麟以來迄五代千五百餘年惟漢唐頗足稱道漢大綱正唐萬目舉然皆雜於霸道以霸道而已有宋龍興一祖開基三宗紹述其精神之運心術之動見於紀綱法度者沛然大醕皆足以追配前王之盛故其規模亦無所愧焉在太平興國初太宗嘗謂宰相曰朕嗣守基業邊防事大萬幾至重當悉依先朝舊規無得改易仁宗見東封西祀及修五清宮等過侈曰如此之事朕當戒之

若二聖者其知所紹述者耶故終太宗之世無復改張終仁
宗之世一於恭儉至熙寧元豐中不然管鞅心法甲倡乙和
功利之說雜然並陳宣和之末遂召國變蓋其流非源流非
一日也今皇帝受禪遭時之難閔生民之重困也發德音下
明詔悉剗熙寧弊端法一遵祖故事爲言四方企踵望天可
太平矣議者猶謂金陵之焰勢未能熄天下皆其徒是抱薪
而救之者也臣懼其然也竊語諸心曰昔唐無競作貞觀政
要、錄本朝石介亦有聖政錄豈苟然哉因採祖宗故事四聖
所行可以開今傳後者以事相比類纂錄之歷三季而書成

名曰聖宋尊堯錄其間事之至當而理之可久者則行而新之善在可久而意或未明者則釋以發之以今準古有少不合者作辨微以著其事又自章聖以來得宰相李沆等及先儒程顥共十人擇其言行之可考者附於其後若乃創始開基之事廟謨雄斷仁心仁聞則於其君見之襲太平之基業守格法行故事竭盡公忠則於其臣見之爰及熙豐之弊卒歸於道分七卷添別錄一卷合四萬餘言欲進之黼座力未暇及而秋毫之間已爽忽矣然事固有始睽而終合失之於前而得之於後者古人有之若周成王楚文王秦穆公是也

不久朝廷清明敵人竄伏且當有以來天下之言輒記歲月以俟採擇臣羅從彦序

附馮夢得豫章先生遺稾序

豫章羅先生潛思力行任重詣極上接伊川龜山之傳下授延平晦庵之學東南學者未能或之先也余後七十歲而生異時聞先生在羅浮山靜坐三年所以窮極天地萬物之理尊堯序錄其言帝王行事之道著焉春秋等解其言聖賢製述之意備焉詩記柬牘其言講明自得之旨深焉屬時多故賫志而没道之不行有以也咸湻庚午十月既望先生之從

孫泰孫出此編示予於龍津驛舍且求鄙言序其首予惟先生之道德學問聞於朝錄於太史傳誦於天下之經生學士固不待遺槀而顯而此槀亦不待此序而傳然不辭者自以生髮未燥時已知敬慕今六十五年矣泰山巖巖魯邦所瞻若獲掛名於序文中字中以自託於門人弟子之末豈非疇曩之至願也哉春木之芚兮援我手之鶉兮莛莛九原愛莫起之後學馮夢得敢拜手稽首而爲之書

春木二語註釋楊子法言寡學篇曰春木之芚兮援我手之鶉兮言孔子教人有以手援而醞和也芚木始生貌鶉同醞

李愿中 名侗

侗劍浦人曾祖幹屯田郎中祖纁朝散大夫父渙朝奉郎侗生有異稟幼而穎悟及長孝友謹篤遊黌校有聲年二十四聞郡人羅從彦得河洛之學遂以書謁之（書附在後）從遊累年從彦授以春秋中庸語孟之説從彦好靜坐侗退亦靜坐從彦令靜中看喜怒哀樂未發前氣象而求所謂中者久之於天下之理曲折萬變該攝洞貫以次融釋各有條序從彦亟稱許焉既而退居山田謝絶世故四十餘年飲食飲或不充而恬然自行適事親孝謹左右無違仲兄性剛多忤事之得其

懽心閨門內外夷愉肅穆若無人聲而衆事自理親戚有貧不能婚嫁者爲經理振助之與鄉人處飲食言笑終日油油如也其接後學答問不倦隨淺深施教必語以反身自得故其言曰學問之道不在多言但默坐澄心體認天理雖一毫私欲之發亦退聽矣又曰學者之病在於未有灑然冰釋處如孔門弟子交相切磨又得夫子爲之依歸日用之間觀感而化者多矣至於融釋脫落處恐非言說所及也又曰讀書者知其所言莫非吾事而即吾身以求之則凡聖賢所至而吾所未至者皆可勉而進矣又曰講學切在深潛縝密然後

氣味深長蹊徑不差若概以理一而不察其分之殊此所以流於疑似亂眞之說而不自知也嘗以黃庭堅稱周茂叔胸中灑落如光風霽月爲善形容有道者氣象謂學者存此於胸中庶幾遇事廓然義理少進其語中庸曰聖門之傳是書所以開悟後學無遺策矣然所謂喜怒哀樂未發謂之中者乃天下之大本又一篇之旨指要也必體之於身實見是理若顔子卓爾之嘆如有所見而不違乎心目之間然後擴充而往無所不通則庶乎可以言中庸矣其語春秋曰春秋所難者言者乃是一事各發明一例如觀山涉水跬步而形勢

不同。不可拘以一法常人之心。推測聖人。初未到聖人灑然處。豈能無失耶。侗既閒居。若無意當世。而傷時憂國。論事感激動人。謂今日三綱不振。義利不分。人心邪僻。不堪任用。是以上下之氣閒隔。而中國日衰。主勢日孤。人主當於此留意。不然立見敗亡。雖有食。吾得而食諸。時朱熹父松與侗爲同門友。雅重之。沙縣鄧迪嘗謂松曰。愿中如冰壺秋月。瑩徹無瑕。松嘆以爲知言。其後熹自同安歸。往從學。卒熹卒得其傳。稱侗姿稟勁特。氣節豪邁。而充養完粹。無復圭角。精純之氣達於面目。色溫言厲。神定氣和。語默。動靜。端詳閒泰。自然之

中若有成法又謂自從侗學辭去復來則所聞益超絶其上
達不已如此閫帥汪應辰以書幣來迎侗往見之至之日疾
作遂卒年七十有一遺書有延平問答及語錄子友直友諒
同登紹興二十七年進士友諒字信甫仕監察御史出知衢
州擢廣東江東提刑以特立不容罷去見宋史道學傳及續
志理學傳

附侗謁羅豫章先生書

書曰侗聞之天下有三本焉父生之師教之君治之闕其一
則本不立古之聖賢莫不有師其肄業之勤惰涉道之淺深

求益之先後若存若亡其詳不可得而考惟洙泗之間七十
二弟子之徒議論問答具在方策有足稽焉是得夫子而益
明也孟氏之後道失其傳枝分派別自立門户天下真儒不
復見於世其聚徒成羣所以相傳授者句讀文義而已耳謂
之熄焉可也夫巫醫藥師百工之人其術賤其能小猶且莫
不有師儒者之道可以善一身可以理天下可以配神明而
參造變化一失其傳而無所師可不爲之大哀耶恭惟先生
鄉文服膺龜山之講席有年矣況嘗及伊川先生之門得不
傳於千五百年之後性明而修行完而潔擴之以廣大體之

以仁恕精深微妙各極其至漢唐諸儒無近似者至於不言
而飲人以和與人並立而使人化如春風發物蓋亦莫知其
所以然也凡讀聖賢之書粗有識見者孰不願得授經門下
以質所疑至於異端之人固當置而勿論也侗之愚鄙欲橾
褉篲以供掃役幾年於茲矣徒以習舉子業不得服役於門
下先生想不謂其可棄也且侗之不肖今日拳拳欲求教於
先生者以謂所求有大於利祿也抑侗聞之道之可以治心
猶食之充飢衣之禦寒也人有迫於飢寒之患者皇皇焉
爲衣食之謀造次顛沛未嘗忘也至於心之不治有沒世而

不知慮者豈愛心不若愛口體哉弗思甚矣然飢而思食不過乎菽粟之甘寒而求衣不過乎綈布之温道之所可貴亦不過君臣父子夫婦長幼朋友之間行之以仁義忠信而已耳捨此之不務而必求夫誕詭譎怪可以駭人耳目者而學之是猶飢寒切身者不知菽粟綈布之爲美而必期乎珍異侈美之奉焉求之難得享之難安終亦必亡而已矣侗不量姿質之陋妄意於此徒以祖父以儒學起家不忍墜箕裘之業孳孳矻矻爲利祿之學兩終星紀雖真儒知真儒有作聞風而起固不若先生親炙之得於動靜語默之間目擊而意

會也身爲男子生在中華又幸而得聞先生長者之風十年於今二十有四歲矣茫乎未有所止燭理不明而是非無以辨宅心不廣而喜怒易以搖操履不完而悔吝多精神不完而智巧襲揀焉而不淨守焉而不敷朝夕恐懼不啻猶飢寒切身者求充飢禦寒之具也不然安望敢以不肖之身爲先生長者之累哉聖學未有見處在佛子中有絶嗜慾損想念即無往以生心者特相與遊亦足以澄汰滓穢洗滌垢坋忘情乾慧得所休歇言蹤義路有依倚處日用之中不無益也若曰儒者之道可會爲一所以窮理盡性治國平天下者舉

積諸此非自愚則欺也衆人皆坐侗以此而不知侗暫引此
以爲入道之門也仰惟先生不言而飲人以和接物而與之
爲春未占而孚無有遠邇此侗所以願受業於門下以求安
身之要故吾可舍今我尚存昔之所趨無塗轍之可留今之
所受無關鍵之能礙氣質之偏者將隨學而變染習之久者
將隨繹而融啟之迪之輔之翼之使由正路行而心有所舍
則俛焉日有孳孳死而後已侗當守此不敢自棄於門下也

劉白水名勉之

勉之字致中崇安人自幼學強學日誦數千言以紹興鄉舉

與胡憲同入太學時蔡京用事禁士挾元祐時道學書師生收書連坐罪至流徙名爲一道同風實以鉗天下之口伊洛之書不傳勉之陰訪得二程遺書俟深夜同舍生皆寐乃探篋燃膏偕憲潛抄默誦涪陵譙天授（名定）嘗從二程子遊兼邃易學即往扣焉得其本末歸道南都見劉元城過毘陵見楊時皆請業從請業元城尤奇之告以生平行已立朝大節勉之聽受精思力行久之若有所得遂厭科舉業與族人子輩及胡憲日以講論切磋爲事結廬建陽讀書力穡淡然無求於世賢士大夫咸高仰之中書舍人呂本中疏其行義志業

薦於朝特召赴闕劉子翬作招劍文送之其辭曰寶劍來奉
君王撫四裔定八荒時乎時毋深藏既至秦檜方主和議慮
其持正論但令對策不使入見勉之知道不行即謝病歸杜
門十年餘載學者踵至隨其材品爲開説聖賢教學之門前
言往行之懿故相趙鼎出鎮南州道出里門紆轡入謁坐語
移日朱松與之友善命子熹師事焉屬以後事勉之爲經理
其家誨其子熹如子姪以女妻之卒年五十九居白水鄉稱
白水先生見宋史道學傳及道南源委

劉屏山名子翬

子彙字彦冲崇安人贈太師韐之子以父廕授承務郎辟真定府幕靖康之難韐死於金人子彙痛憤幾無以爲生廬墓三年服除通判興化軍寇犯閩境與郡將張當世畫計備禦賊不敢犯事聞詔因任子彙以父死難哀毀致羸疾不堪吏事辭歸武夷不出者十七年家於屏山下潭溪之上自號病翁獨居危坐意有所得則筆之於書間走其父墓下徘徊涕泗嗚咽累日乃返妻死不再娶事繼母呂氏及兄子羽盡孝友兄之子珙幼英敏嗜學子彙教之不懈珙卒成立與胡憲劉勉之爲道義交每見講學外無雜言而期以任重致遠者

惟朱熹而已初朱松且死以子熹爲託熹師事之子翬少喜佛氏說歸而讀易渙然有得以爲學莫易莫先於復而初九乃其工夫之要家有三齋東西二齋東以復名西以蒙名熹問入道次第自言於易得入道之門所謂不遠復者吾之三字符也因以不遠復三言令熹佩之終身一日感微疾即謁家廟泣別其母與親朋訣召姪珙付以家事指已所葬處並處親戚孤弱之無告者訓學徒修身求道之要作訓誡數百言彈琴賦詩澹如平時後兩日卒年四十七學者稱爲屏山先生有文集二十卷見宋史道學傳及通志人物傳續志理

學傳

胡籍溪名憲

憲字原仲崇安人安國從子生而靜慤雖倉卒無疾言遽色幼即從安國學紹興中以鄉貢入太學時伊洛之學有禁憲獨與劉勉之陰誦竊講既而學易於涪陵譙天授久未有得天授曰蓋心爲物潰故不能有見惟學乃可明耳憲然喟然歎曰所謂學者非克己之工夫耶自是一意爲己不求人知一旦歸故山力田養親安國稱其有隱君子之操賢士大夫高仰之從者益衆折彥質范沖朱震劉子羽呂祉呂本中共

疏其行義聞於朝上特召之以母老辭及彥質入西府又言於上賜進士出身授左迪功郎添差建州教授憲猶不出太守魏矼遣諸生致詔書且札陳大義開譬甚力乃不得已就職進諸生訓以爲己之學學者觀其脩身事親接人無一不如所言遂翕然悅服時郡人程元以篤行稱龔何以廉節著憲皆延致俾參學政人士大化秩滿復留凡七年不徙官嗣以母老求監南嶽廟以歸久之起爲福建路安撫司屬官撫帥張宗元嚴禁私鹽私販者雖銖兩亦重坐憲告以爲政大體宗元不悅遂請祠去會秦檜專權諸賢零落憲益無復當

世之念檜死召爲大理直司直改秘書省正字與王十朋馮
方查籥李浩相繼論事太學生爲五賢詩以歌之奏金人本
大治汴京宮室勢必敗盟元臣宿將非張浚劉錡莫能當願
亟起之時兩人方爲積毀所傷未有敢顯言者憲獨言之疏
入即求去上感其言以爲左宣教郎主管崇道觀使歸食其
祿後浚錡果召用憲之力也紹興中年七十七卒謚靖肅著
有論語會義諸書憲在位僅半年極意顯言至慷慨洒涕初
與劉勉之俱隱後交朱松劉子翬松將歿囑子熹師事焉熹
自言與憲從遊最久而呂祖謙林之奇魏掞之熊克曾逢皆

其門人學者稱爲籍溪先生見宋史道學傳及道南源委通志人物傳

韋齋朱先生 名松

松字喬年朱子父也本歙州即今徽州婺源縣人世居婺源之永平鄉松巖里松仕於閩爲政和尉遭父喪以宦者方臘作亂不能歸遂葬其邑服除改尉尤溪僑寓建劍建今建甯劍今延平二州遂家尤溪焉築一室於環溪水南聚書其中自知卞急害道名齋曰韋故號韋齋先生第進士以胡世將謝克家薦除秘書正字趙鼎爲相進校書著作郎常同又薦陞度支員外郎

史館校勘歷司勳吏部郎中以論和議忤秦檜風御史言松
懷異自賢出知饒州未上卒累贈通政大夫謚獻靖明嘉靖
九年崇祀啟聖祠見宋史道學傳及朱子年譜延平府名宦
志方臘見宋史宦作亂見宋史宦者傳
韋齋先生諭民文曰自予來閩中聞閩人不喜多子以殺爲
常未嘗不惻然也無故殺子官有法甚明顧牽於習俗之昏
則雖有法而不能勝夫法有所不能勝則亦何俟於吾言然
吾聞吳道子畫酆都之變都人不敢屠宰者累月夫人固不
可以法勝而可以理動者屠宰且可罷況其天性之愛乎是

未可以厚誣斯人而懸斷其必不可告也雖然予文之不工豈能使人讀之聳然如見道子之畫哉其亦區區之意有所不能也他日將有語其子孫者曰活汝者新安徽州別號新安朱喬年也或由此也

子朱子名熹

熹字晦元晦一字仲晦晦翁遯翁其別號也稱晦菴者以草堂名爲號也稱考亭者以徙居考亭爲號也稱新安朱子者以籍本新安爲號也稱紫陽朱子者以新安有紫陽山因以爲號也母祝氏松館於延平府尤溪縣鄭氏以宋高宗建炎

庚戌四年九月甲寅十五日生朱子於鄭氏館舍在溪南毓秀峯之下有南溪書院初依其友劉子羣寓建之崇安五果夫里朱子幼穎悟甫能言父指天示之曰天也朱子問曰天之上有何物父異之八歲授以孝經即通孝經大義題其上曰不若是非人也嘗從羣兒戲沙上端坐以指畫八爲八卦十歲讀孟子聖人與我同類者喜不勝以爲聖人亦易做癸亥十四歲韋齋歿遺命屬朱子曰胡原仲劉致中劉彦沖三人學有淵源吾所敬畏吾死汝師事之三人謂胡憲劉勉之劉子羣也而以後事屬勉之勉之以女字朱子丁卯十八歲舉建州鄉貢戊

辰宋紹興十八年登進士庚午如婺源展墓辛未二十二歲銓試中等授泉州同安簿朱子是時已慨然有求道之志博求經傳徧交當世賢士雖釋老之學亦究其歸趣癸酉二十四歲始自同安往受教於延平李愿中先生語及學禪李先生但曰不是且看聖賢言語朱子又廣有所陳李先生曰公恁地懸空理會得許多道理而前事却理會不下自是朱子刻意經學推見實理始信前日所交諸人之誤誤而回看釋氏說且漸漸破綻罅漏百出矣七月回至同安莅職勤敏以令甲凡簿所當為者大書揭楣間而簿兼學職乃選邑秀民

充弟子員日與講説聖賢脩己治人之道舉縣士操行方嚴
者督之葺諸生齋舍建經史閣檢貯治平中所藏書使學者
讀覽又故釋奠例止以吏人行事朱子參取周禮儀禮唐開
元及紹興祀令肄行之禁女婦之爲僧道者丁丑二十八歲
以四考滿歸士思其教民懷其惠相與立祠學宫焉已卯三
十歲輔臣陳俊卿薦高宗召赴行在有沮之者遂以疾辭不
就壬午孝宗即位詔求直言應詔上封事首言帝王之學不
可以不熟講陛下毓德之初親御簡策不過諷誦文辭吟咏
情性又頗留意老釋夫記誦詞藻非所以探淵源而出治道

虛無寂滅非所以貫本末而立大中必先格物致知以極事物之變使義理所存纖悉畢照則自然意誠心正而可以應天下之務矣次言脩攘之計不可以不早定今乃以講和之說誤之夫金人於我有不共戴天之讐則不可和也明矣願以義理之公閉關絕約任賢使能立綱紀綱厲風俗數年之後國富兵強視吾力之強弱觀彼釁之淺深徐起而圖之再次言監司守令本原之地在朝廷不可以不加意今乃姦贓狼籍肆虐以病民者莫非宰執臺諫之親舊賓客其已失勢者既按見其交私之狀則夫尚在勢者豈無其人乎孝宗

隆興元年三十四歲再召辭有旨趣行乃入對垂拱殿言大學之道在乎格物以致其知陛下雖有生知之性而未嘗隨事以觀理即理以應事是以舉措之間動涉疑貳聽納之際未免蔽欺平治之效所以未著次言今所當爲者非戰無以復讐非守無以制勝因陳古先聖王所以強本折衝威制遠人之道時宰臣湯思退方主和議朱子歷陳復讐之說不合又因內侍曾龍二人用事極論言路壅塞佞倖鴟張除朱子武學博士朱子嘗言孝宗初讀第一奏天顏溫粹酧酢如響讀第二奏第三奏則不復聞聖語矣孝宗乾道元年三十六

歲洪适爲相復主和議所論又不合朱子丐歸丁亥乾道三
年三十八歲訪張敬夫於潭州今長沙府大臣陳俊卿劉珙薦爲
樞密院編脩官戊子崇安饑多盜貸郡米六百斛散給之後
民輦粟還官郡守命仍留里是歲母祝孺人卒居喪輯家禮
乾道五年工部侍郎胡銓薦以丁内艱未終喪辭免喪復召
以祿不及養辭辛卯乾道七年四十二歲崇安復饑朱子所
居五夫里豪户閉糶窮民强奪朱子患之乃因前郡守留里
之粟立社倉出貸石收息二斗小歉蠲息太半大饑盡蠲之
鄉民便焉壬辰乾道八年通鑑綱目名臣言行錄西銘解義

成癸巳乾道九年太極圖傳通書解成朝廷申前命再召又辭宰相梁克家奏以朱子屢召不起宜蒙褒錄孝宗曰熹安貧守道廉退可嘉特改令入官主管台州崇道觀朱子自以求退得進於義未安再辭甲午孝宗淳熙元年始拜命淳熙二年上方欲獎用廉退士參政龔茂良薦除秘書郎力辭乃從其請主管武夷山沖佑觀是歲東萊呂伯恭來訪留輯近思錄遂偕伯恭與陸子靜兄弟會於鵞湖（在江西廣信府鉛山縣）子靜作詩有易簡工夫終久大支離事業竟浮沈等語蓋指朱子爲支離也議不合罷世謂朱陸異同指此淳熙三年再如婺

源以程氏遺書呂氏鄉約等書留學中是冬朱子令人劉氏
辛淳熙四年論孟集註或問周易本義詩傳成戊戌淳熙五
年四十九歲宰相史浩欲起朱子知南康軍辭不允呂東萊
屢書勉行張敬夫亦謂須一出爲善會省劄再趣行乃赴郡
興利除害下教三條一延訪利病二令父老教戒子弟三勸
民令子弟入學立濂溪祠於學中宮値歲旱講求荒政勸人
出粟多所全活訖事奏乞依格推賞奏蠲減星子縣稅錢閒
詣郡學引進士子與之講論訪白鹿洞在南康府城西書院遺址奏
請重建置田贍學者創立白鹿洞學規人皆遵守淳熙六年

夏四月旱詔求直言朱子在南康應詔條具民間利病時政闕失上疏數千其畧曰天下之務莫大於恤民而恤民之本在乎人君正心術以立紀綱然而天下之紀綱不能以自立必人主之心術公平正大無偏無黨然後有所繫而立君心亦不能自正必親賢臣遠小人講明義理之歸閉塞私邪之路然後乃可得而正今宰相臺省師傅賓友諫諍之臣皆失其職陛下獨與一二近習之臣朝夕謀議上以蠱惑心志使陛下不信先王之大道而悅於功利之卑說不樂莊士之讜言而安於私暬之鄙態下則招集天下之嗜利無恥者文

武臺分各私其人所喜則陰爲引援擢置清顯所惡則密行
訾毀公肆擠排交通貨賂盜弄威福所謂宰傅賓諫反出其
門牆承望風旨其幸能自立者亦不過齟齬自守未嘗敢一
言斥之其甚畏公論者畧警逐其徒黨既不能深有所傷亦
不敢正言以擣其囊橐窟穴之所在勢成威立使號令黜陟
不復出於朝廷而出於一二人之門名爲陛下獨斷而實此
輩陰執其柄中外靡然莫大之禍必至之憂在近在朝夕而
陛下獨未之知上讀之大怒曰是以我爲亡也朱子引疾請
祠會故相陳俊卿過闕薦之甚力宰相趙雄亦爲帝言士多

好名陛下疾之愈甚則譽之愈多無乃適所以高之不若因
其長用之使漸當事任能否自見矣乃除提舉江西常平茶
鹽公事旋錄前救荒之勞加直秘閣以所奏納粟人未推賞
賞辭辛丑湻熙八年五十二歲會浙東大饑宰相王淮奏改
朱子提舉浙東常平茶鹽公事即日單車就道復以納粟人
未推賞辭職名俟納粟賞行乃受職十一月奏事延和殿朱
子自隆興元年入對至是十九年復入對既復得見上極陳
災異之由與脩德任人之説言陛下初嘗選拔英豪任以政
事不幸其間不能盡得其人又不復廣取賢哲而姑取軟熟

易制者以充其位於是左右私褻褻使令之賤始得以奉燕閒備驅使而宰相之權日輕又慮其勢有所偏重因以壅已復時聽外廷之論將以陰察此輩之負犯而操切之陛下既未能循天理公聖心以正朝廷之大體而又欲兼聽士大夫之言以爲駕馭之術不知士大夫之進見有時其禮貌既莊而難親其議論又苦而難入孰若近習從容無間其便嬖側媚既足以蠱心志而狡猾附會又足以眩聰明是以雖欲微抑此輩而內勢日重雖欲兼采公論而外勢日輕重者既挾以滿其所欲輕者又借以逐其浸淫惟陛下了無所得獨受

其弊何怪德業日隳綱紀日壞邪佞充塞貨賂公行兵愁民怨盜賊間作災異數見饑饉薦臻乎上爲動容因條救荒七事上之其一二事手書以防宣洩上出内庫錢付以振糶朱子始拜命即移書他郡募米商蠲其征令販廣米至浙東及至視事西興今紹興府則客舟之米已輻輳麕集矣淳熙九年朱子日鈎訪民隱親出按行郡縣窮山長谷靡不到悉屏徒御一身所需皆自齎所歷雖廣而部内不知官吏憚其風采常若使者壓境有不勤荒政者按劾之所部肅然釐革丁錢和買役法榷酤政之不便於民者隨事處畫必存經久爲經久

之計凡所措置類南康而惠周七郡朝廷下朱子社倉法於諸路孝宗謂王淮曰熹之政事却有可觀時蝗旱相仍前後奏請稽緩後時朱子不勝憂憤復奏言爲今之計獨有斷自
聖心沛然發號責躬求言君臣相戒痛自省改盡出内庫之錢以供大禮之費爲收糴之本詔户部免徵舊負漕臣依條檢放租稅宰臣沙汰被災路罷州軍監司守臣之無狀者遴選賢能責以荒政庶幾猶足以結人心消其乘時作亂之意不然臣恐所憂者不止於飢殍而終在於盜賊蒙害者不止於郡縣而上及於國家也永嘉有秦檜祠朱子毀之前知

台州唐仲友者係宰相王淮同里人且姻家在台恃王淮相勢恣貪虐而尚書御史交章薦仲友擢浙西提刑未行朱子行部至台州台民訟仲友者以百數朱子訊得其實三上章劾之仲友自辯又三上淮頗忿怒不得已奪仲友提刑新命轉以授朱子朱子曰是蹊田奪牛雖三尺童子知不可辭不肯拜乞奉祠歸而淮遂擢陳賈爲監察御史偕侍御史鄭丙上疏力詆程氏之學陰以沮朱子指言近日有所謂道學者大率假名以濟僞願考察其人擯棄勿用朱子决志歸而奉祠之命亦下遂主管台州崇道觀連奉雲臺鴻慶之祠者五

年杜門不出癸卯淳熙十年五十四歲築武夷精舍徙居之
四方來學者益衆丙午淳熙十三年易學啓蒙孝經刊誤
成丁未十四年小學成是歲王淮罷周必大相除朱子提點
江西刑獄公事戊申十五年趣入對乃復奏事延和殿朱子
至是凡三見上上曰久不見卿卿亦老矣又曰浙東荒救荒
煞究心朱子先謝提舉曰荷蒙聖恩保全蓋指王淮陳賈搆
詆也次又陳已衰疾不堪任使上曰知卿剛正今待與清要
官不復勞卿州縣獎諭甚渥朱子出奏劄上之首言近年刑
獄失當次言經總制錢病民及江西諸州科罰積弊末言陛

下即位三十七年因循荏苒無尺寸之效何以仰酬聖志嘗
反覆思之無乃陛下天理有所未純人欲有所未盡爲善不
能充其量除惡不能去其根公私邪正是非得失之機交戰
於中故體貌大臣非不厚而便嬖側媚反居腹心寤寐英豪
非不切而柔邪庸繆反叨政柄非不樂公議正論而有時不
容非不堲讒説殄行而未免誤聽非不欲報復讐恥而未免
畏怯苟安非不欲愛養生靈而未免歎息愁怨願陛下自今
以往一念之頃必謹而察之果天理耶敬以充之而不使少
有壅閼果人欲耶敬以克之不使少有凝滯推而至於言語

動作之間用人處事之際無不以是裁之則聖心洞然中外融徹無一毫之私欲得以介乎其間而後天下之事惟陛下所欲爲無不如志矣又極論內侍甘昪挾勢爲奸招權市賄甘昪宦官與曾覿王抃三人盤結用事時士大夫無恥者爭附之其門如市昪音卞又言宰相先布私恩於臺諫臺諫顧私恩莫肯言其過而主將恣刻剝爲苞苴陛轉皆有成價上驚曰却不聞此初朱子赴召欲入對有要於路以爲正心誠意上所厭聞勿以爲言朱子曰吾平生所學惟此四字豈可隱默以欺君乎及奏除兵部郎官以足疾辭丐依本部奉祠舊職而兵部侍郎林栗福清人也嘗與朱子論

易西銘不合至是還部吏抱印逼朱子供職朱子既入國門
以疾告未就職遂疏劾朱子欺慢言朱某本無學術剽竊張
載程頤緒論謂之道學妄希孔孟歷聘之風邀索高價僞不
可掩請行罷逐孝宗謂栗言太過其意方向朱子欲易他部
而左丞相周必大言朱子上殿之日足疾未瘳上曰朕亦見
其跛也乃仍授舊職江西提刑朱子力辭九月復召詔朱子
昨入對所論朕諒其誠可速之任再辭除直寶文閣主管西
京嵩山崇福宫未踰月再召嘗以口陳之説有所未盡遂投
匭上封事言今天下大勢如人有重病内自心腹外四支達

四支無一毛一髮不受病者因遂言天下之大本者一今日之急務者六大本者君心也六者即輔翼太子至修明軍政是也古先聖王兢兢業業持守此心凡飲食衣服器用財賄與夫宦官宮妾之政無一不領於冢宰使其左右前後一動一靜無不制以有司之法而不得隱其毫髮之私陛下果有如此之綱乎宮省事禁臣固不得而知至於左右近習前所面陳者雖蒙聖慈開諭然自王抃抃乃宦官孝宗親信之璫熙中將帥之權盡歸王抃既逐之後諸將差除多出此人之手陛下竭人民膏血以奉軍儲士顧未嘗得一溫飽皆將帥巧為名色奪取其權以圖進用至使宰相不得議制

置得失給諫不得論除授是非則陛下所以正心以正朝廷者未能知古聖王也至於輔翼太子惟王十朋陳良翰號能稱職此後不過邪佞儇薄庸妄之輩所講所讀姑以應文備數未聞有箴規之効師傅賓客既不復置詹事庶子有名無實其左右春坊直以宦官數輩從容夕朝夕陪侍遊燕既無以發其隆師親友尊賢德樂義之心又無以防其戲慢媟狎奇衺雜進之害非所以嚴豫教也至選任大臣必得剛明公正之人而後可任天下之事陛下豈不知之直以左右便嬖恐妨己事多方排擯惟取疲懦軟熟平日不敢直言正色臨

事決可保其不至妨已然後任之是以除書未出物色先定姓名未顯中外逆知必非天下第一流人物矣至於振肅紀綱變化風俗則今日宮省宮之間禁密之地天下不公之道不正之人反皆得以窟穴盤據於其間其所以薰蒸銷鑠使陛下目見耳聞無非不公不正之事好善之心不著疾惡之意不深雖有作姦犯法未能深割私愛勇付外廷是以紀綱隳於上風俗弊於下甚者金珠為脯醢宰相可啗則啗宰相近習可通則通近習惟得之求無復廉恥有一剛毅正直守道循理之士羣議衆排指為道學加以矯激之罪必使無

所容身而後已此豈治世之事哉若夫愛養民力修明軍政
則自虞允文爲相盡取版曹歲入窠名之必可指議者擬著
號爲歲終羨餘之數輸之内帑顧以有名無實積累挂欠不
可催理者撥還版曹使經費闕乏督促日峻中外承風競爲
苛急而内帑之積二十餘年以來認爲私貯典以私人宰相
不得節其出入版曹不得考其存亡日銷月耗以奉燕私之
費此民力之所以重困也凡諸將求進必先掊尅士卒以自
結於權倖而後姓名達於貴將貴將以付之中將軍中使自
什伍而上節次保明稱其材武然後具奏陛下但見等級推

先案牘具備誠以爲公薦豈知其論價輸錢爲債帥哉彼有智勇材畧之人孰肯抑心下氣於宦官宫妾之門而陛下所得以爲將帥者皆庸夫走卒而猶望其修明軍政激勸士卒以强國勢豈不誤哉凡此六事皆不可緩而本在於陛下之一心一心正則六事無有不正否則一有人心介乎其間則雖欲憊精勞力以求正夫六事亦將徒爲文具而天下之事愈至於不可爲矣疏入夜漏下七刻上已就寢亟起秉燭讀之終篇於是孝宗感朱子忠鯁明日除主管太乙宫兼崇政殿説書蓋將爲燕翼謀也而執政有指道學爲邪氣者朱子

遂力辭改秘閣脩撰奉外祠於是始出太極圖通書解義授學者己酉湻熙十六年朱子六十歲始序大學中庸章句二書著已久然時加改正至是已愜於心乃序之是年二月孝宗倦勤內禪皇太子是爲光宗光宗即位除朱子江東轉運副使以疾辭降詔奬諭改知漳州以天子初政再被除命不敢固辭庚戌光宗紹熙元年到漳奏罷屬縣無名之賦七百萬減經總制錢四百萬俗薄陋不知禮有親喪不服衰絰者乃采古喪葬嫁娶之禮揭示開諭以變民俗命各教其子弟土俗崇信釋氏男女聚僧廬爲傳經會女不嫁者或出爲

庵尼朱子悉禁之又教習諸軍弓射賞勸有法數月皆成精技其訓誘諸生子弟如南康而刻五經四書於郡期年化成漳民莫不思之是歲朱子爲學者言曰某覺得今年方無疑許多道理在這裏某當初講學也豈意到此此可以知朱子所得矣辛亥紹熙二年朝議欲行泉汀漳三州經界朱子乃訪事宜擇人物及方量之法上之而豪右沮之後而不果行是歲長子塾卒以子喪請祠歸治葬紹熙三年始築室於建陽（屬建寧府）之考亭自崇安五夫里徙居此焉以韋齋愛嘗愛其溪山清邃從先志也紹熙四年除荊湖南路轉運副使黃裳

欲召朱子自言學不及朱子與彭龜年奏乞召爲宮僚而宰相留正泉人也謂非不知熹恐其性剛不合反爲累耳適十二月光宗朝壽皇（孝宗也）於重華宮朝使自金回奏言金人問朱先生安否乃詔以朱子知潭州爲湖南安撫使力辭有旨長沙巨屏得賢爲重乃拜命甲寅紹熙五年至鎮所次老稚攜扶觀會洞獠叛擾境朱子遣使諭以禍福申勑屬郡令嚴武備又以本路別無軍馬有飛虎軍遙隸襄陽乃請隸本路節制洞獠皆降所至戢姦吏抑豪民興學校明教化四方學者雲集求誨者畢至是歲孝宗於六月升遐朱子哀慟而光宗

有疾不能執喪視事丞相忠定趙公汝愚以太皇太后命奉
寧宗即位尊光宗爲太上皇后爲太上皇后寧宗既即位趙
公汝愚首薦朱子乃於七月召赴行在奏事除煥章閣待制
兼侍講辭不許門人或言主上虛心待政敢請何先朱子曰
今之日之事非大更改不足感天意悅人心然吾知盡吾誠
竭吾力耳外此非吾所能計也是時八月寧宗猶未朝太上
皇朱子奏事行宮首言當盡負罪引慝之誠俯伏寢門怨慕
號泣庶親心底豫慈愛復初其畧曰乃者太皇太后躬定大
策陛下寅紹丕圖可謂處之以權而不失其正自頃至今三

月矣不能無疑於逆順名實之際竊爲陛下憂之猶有可議者亦曰陛下之心前日未嘗有求位之計今日未嘗忘思親之懷此其所以行權而不失其正之根本也願充未嘗求位之心以盡負罪引慝之誠充未嘗忘親之心以致溫清定省之禮而大倫正大本立矣朱子復面辭待制侍講寧宗手劄之遂拜命詔進講大學朱子務積誠以感上心以所講編次成帙具進並乞逐日早晚進講不假他故廢輟又上孝宗山陵時趙彥逾按視山陵言會稽土內淺淺薄下有水石孫逢吉覆按別求吉兆朱子集議上言壽皇聖德衣冠之藏

當博訪名山不宜偏信臺史委之水泉沙礫之中不報有旨
修葺東宮爲屋數百間欲徙居之朱子謂正當恐懼脩省之
時不當興此大役以咈譴告警動之意奏言此必左右近習
倡爲邪說以誤陛下而因欲以遂其姦心臣恐無以不惟無
以感格太上皇帝之心亦恐壽皇在殯興作土木神靈或有
未安又聞太上皇后懼忤太上聖意其不欲其聞太上之稱
又不欲聞内禪之說此又慮之過者父子大倫三綱所繫久
而不圖將有借其名以造謗生事者此又臣所大懼願陛下
明詔大臣首罷修葺東宮之役而以其工料回就慈福重華

之間草創寢殿一二十間使粗可居又願下陛自責減省輿
衛過宮之日暫變服色如唐肅宗改服紫袍執控馬前以伸
負罪引慝之誠則太上皇帝雖有忿怒之情亦且霍然消散
歡意浹洽矣疏入不報然上頗開懷容納又勉上進德疏言
願陛下於日用之間以求放心爲本玩經觀史親近儒學數
召大臣切劘治道羣臣進對賜以温顔反覆詢訪以求政事
之得失民情之休戚而因以察其人才之邪正短長庶於天
下之事各得其理又以光宗不執喪禮請寧宗行嫡孫承重
服奏言禮經與飭令子爲父嫡孫爲祖皆斬衰三年嫡子爲

其父後不能襲位執喪則嫡孫繼統代之執喪自漢文之後
獨我壽皇聖帝超出萬古陛下以世嫡承重服制宜遵壽皇
一時倉卒不及詳議遂用漆紗淺黃之服不惟上違禮律且
使先志之美舉而復墜臣竊痛之然既往之失不及追將來
啟殯發引禮當復用初喪之服時丞相欲祧僖祖朱子持議
不當祧蓋是年閏十月因欲升祔孝宗神主於太廟朝議
迭毀之制孫逢吉曾三復吏部尚書鄭僑等請並祧僖宣二
祖奉太祖居第一室祫祭則正太祖東向之位立僖祖別廟
以藏順翼宣三祖之主朱子以爲藏之夾室則是以祖宗之

主下藏於子孫之室神宗既奉僖廟以爲始祖所謂有其舉之而莫敢廢者不聽除爲國史實錄院同脩撰辭不允始寧宗之立太皇太后女弟之子韜韓侂胄傳言宮掖自謂有定策功朱子自湖南赴召已憂其害政數白丞相當以厚賞酬其勞勿令與朝政丞相方謂侂胄易制不爲意朱子約侍郎彭龜年因請對以發其奸會龜年因公事出朱子獨上疏論劾韓侂胄居中用事斥言左右竊柄之失防微杜漸間不可忽在講筵又極言之御批云憫卿耆艾恐難立講已除卿宮觀侂胄大恨朱子遂以内批罷朱子侍講趙公汝愚袖御筆

還上且諫且拜內侍王德謙徑以御筆付朱子時趙公汝愚
及臺諫給舍交章請留不省朱子以七月召十月進對閏十
月上疏忤侂胄立朝四十日而朱子行矣行時被命除寶文
閣待制與州郡差遣辭依詔依舊煥章閣待制提舉南京鴻
慶宮十一月還考亭學者益衆築竹林精舍祠周程諸子日
與門人李燔張洽陳淳黃灝蔡沈輔廣之徒講學不輟乙卯
寧宗慶元元年朱子六十六歲侂胄專政臺臣稱丞相趙公
汝愚謀不軌右正言李沐攻罷汝愚汝愚竄永州朱子自以
蒙累朝知遇且尚帶侍從職名義不容默乃草封事數萬言

極陳奸邪蔽主之禍以白丞相究弟子諸生更諫謂必賈禍朱子不聽蔡元定請蓍決之遇遯之同人朱子默然焚奏槀遂更號遯翁是歲丞相趙公暴卒於永朱子悲憫註楚辭以見志而廷臣攻僞學日急初汝愚入相中外引領望治朱子尤惕然以侂胄用事爲慮汝愚既罷逐而朝廷大權悉歸侂胄朱子始以廟議自劾不許以疾再乞休致詔辭職謝事非朕優賢之意又不許丙辰慶元二年侂胄專政吏部尚書葉翥倪思劉德秀等論奏僞學之徒鼓動天下故文風未能丕變詔從其請禁六經論孟學庸等書並語錄之類盡行除毁

是科選士凡稍涉義理者悉見黜落監察御史沈繼祖疏詆朱子誣以十罪詔落職罷祠然朱子與同志講學自如或勸宜斂德避難朱子曰禍福之來命也乃修禮書其書蓋以儀禮爲經而取禮記與諸經傳言禮者類附之名曰儀禮經傳通解戊午慶元四年以年近七十乞致仕仕五年乃依所請爰作書傳會明年朱子殁二書皆未就朱子閒居嘗(常)未明而起深衣幅巾方履拜於家廟及先聖退坐書室几案必正書籍器用必整其飲食也羹食行列有定位匕箸舉措有定所倦而休瞑目端坐休而起也整步徐行中夜而寢寤則擁衾

坐或至達旦其色莊其言厲其行舒而恭其坐端而直威儀容止之間自少至老祈寒盛暑造次顛沛未嘗有須臾離也庚申慶元六年七十一歲三月初四己未日朱子疾猶爲諸生說太極圖及西銘甚詳門人請爲學之要曰惟事事審求其是決去其非積習久之心與理一自然所發皆無私曲聖人應萬事天地生萬物直而已矣辛酉日改大學誠意章癸亥日疾且革手書囑其子在及門人范念德黃榦拳拳以勉學爲言又囑黃榦收禮書稾踵成之初九甲子日正坐整衣冠就枕而終朱子家故貧少與父友劉子翬寓崇安五夫

里徙建陽之老考亭簞瓢屢空晏如也諸生自遠而至者豆
飯藜羹率與之共非其道義一介不取登第五十年仕於外
者僅九考立朝纔四十日自朱子去國侂胄勢益張僞學之
禁朝廷嚴錮猶講學不休其爲學必務窮理以致其知反躬
以踐其實而以居敬爲主謂嘗謂聖賢道統之傳散在方册
聖經之旨不明而道統之傳始晦於是竭其精力以研窮聖
賢之經訓著有易本義啓蒙著卦考誤詩集傳學庸章句或
問語孟集註太極圖通書西銘解楚辭集註辨證韓文考異
所編次有論孟集議孟子指要中庸輯畧孝經刊誤小學書

通鑑綱目宋名臣言行錄家禮近思錄程氏遺書伊洛淵源錄又有論語訓蒙困學恐聞性理吟及未脫稾之儀禮經傳通解等書後儒以爲删述六經者孔子傳註六經者朱子孔子之學亦惟朱子爲得其宗傳之萬世而無弊孔子集羣聖之大成朱子集諸儒之大成聖人復起不易斯言十一月葬朱子於建陽唐石里之大林谷門人李方子爲之撰年譜黃榦爲之作行狀當將窆時復有言其徒送僞師之葬四方會聚非妄談時人之短長則繆議時政得失今隨處守臣約束閱二年學禁稍弛詔復華文閣待制與致仕恩澤又五年寍

宗開禧三年十一月韓侂胄誅明年寧宗嘉定元年正月從
右諫議大夫葉時請詔臨安府斲侂胄棺梟首兩淮以謝天
下復詔恩賜朱子謚曰文嘉定二年特贈中大夫寶謨閣直
學士又十八年理宗寶慶三年上勵志講學觀朱子集註學
庸語孟發揮聖賢蘊奥有補治道謂其子工部侍郎朱在曰
卿先卿中庸序言之甚詳朕讀之不釋手恨不得與同時是
年特贈太師追封信國侯公尋改徽國公從鄒兖例也又十
年理宗嘉熙元年詔經筵進講朱子通鑑綱目以其學庸章
句語孟集註列於學宮而儀禮經傳通解雖未脫稿亦在學

宮又四年理宗淳佑元年詔曰孔子之道自孟軻後不得其
傳至我朝周張二程真見實踐深探聖域千載絶學始有指
歸中興以來又得朱熹精思明辨表裏渾融朕每讀學庸論
孟之書本末洞徹孔子之道益以大明其令列諸從祀以示
崇褒之意至安石有三不足畏之説爲名教萬世罪人宜黜
之是年朱子與周子張子二程子並從祀孔子廟廷距朱子
殁凡四十二年矣得朝廷表章朱子之學乃顯元至元元年
婺源知州于文傳請旨立徽國文公廟明景泰六年詔以朱
子建安九世嫡孫梃襲五經博士嘉靖元年詔以守婺源祠

十一世孫埜蔭錄五經博士因守臣張芹援孔氏曲阜例請
也故今朱氏有世襲兩博士
本朝康熙五十年奉
旨升配
大成殿十哲之次平生有文集一百卷生徒問答八十卷別錄十
卷門人黃幹稱道之曰道之正統待人而後傳自周以來任
傳道之責者孔子而後曾子子思繼其微至孟子而始著孟
子而後周程張子繼其絕至朱子而始著識者以爲知言子
塾字受之廕補將仕郎先朱子卒埜字文之廕補迪功郎贈

朝奉大夫在字叔敬傳見下文

按朱子始終事實具見朱子全書其奏疏千萬言及與門人講論精義卷帙浩繁不能悉録兹搜採全書參稽宋史並檢通志續志以及果齋朱李方子所撰朱子年譜勉齋黄幹所撰朱子行狀前輩高紫超所更訂朱子年譜者一一參究摘要中間以事繫年與通志間有先後異同者務遵宋史更正考據確實以歸條貫

慶元庚申年三月初九日朱子朱子卒蔡九峯名沈書夢奠記云自初二日來至考亭初六日先生改誠意一章令詹滈謄

爲午後不復出書院初九日大風拔屋左右梧桐大木皆拔未幾洪水山皆崩陷先生尋卒大賢關造化之運如此見宋名臣言行錄

又按宋史沈繼祖疏詆朱子爲僞學蓋繼祖所論十事其奏槀皆御史胡紘筆也當韓侂胄擢紘爲監察御史時雖設有僞學之目然尚未有攻朱子者至紘獨抗論朱子爲僞學罪首草疏將上會改官不果紘遂以疏槀授繼祖疏論朱子十罪又命其黨高文虎共攻道學夫紘謁朱子於建安時朱子待以常食之脫粟飯在朱子亦儒味忘酸耳紘以此不悅語

人曰此非人情隻雞尊酒山中未爲乏也遂去紘之簞食豆羹見於色爲人如此其與沈繼祖高文虎諂事侂胄甘心鷹犬誣朱子者本不足道獨奈何福清林栗與朱子生同鄉仕同朝所不合者論易耳論西銘耳初非有睚眦之嫌也而乃欲快論學之私忿頓忘桑梓之鄉情遂疏論朱子曰熹本無學術徒竊張載程頤之緒餘爲浮誕宗主謂之道學妄自推尊所至輒攜門生十數人習爲春秋戰國之態妄希孔孟歷聘之風繩以治世之法則亂人之首也今采其虛名將置朝列而熹遷延道途邀索高價既得旨除郎而輒懷不滿傲晩

累日不肯供職是豈張載程頤之學教之然也望將熹停罷姑令循省以爲事君無禮者之戒栗疏言如此所以中傷朱子者無所不至幸孝宗謂栗言爲過當其說不行時大臣畏栗之強莫敢深論有太常博士葉適者獨上封事辯之曰考栗之解始末參驗無一實者其中謂之道學一語無實最甚蓋自昔小人殘害良善率有指名或以爲好名或以爲立異或以爲植黨近忽創爲道學之目鄭丙唱之陳賈和之見士大夫有稍知潔脩粗能操守輒目以是名殆如喫菜事魔影迹犯敗之類陰用此術壞敗正人栗爲侍從無以達陛下之

德意而更文致言語逐去一熹固未甚害第恐自此游辭無實讒言橫生善良受害無所不有矣葉適以此辯之既而胡晉臣又劾之而栗遂罷官矣栗之欲快私忿攻詆道學遂至得罪名教爲公議論所譏宋史不列於道學而僅列於臺諫也宜哉

朱叔敬名在

在朱子季子用蔭補官寧宗嘉定初除籍田令歷知信州入對以進學問振紀綱求放心爲言除提舉浙西常平茶鹽公事加右曹郎官兼知嘉興府召爲司農少卿充樞密副都承

旨出爲兩浙轉運副使寶慶中除工部侍郎進對論人主學
問之要理宗曰卿先卿中庸序言之甚詳因奏閲損以下九
人並封公爵獨曾參爲侯乞並封公楊雄王雱安石之子乞去其
像本朝有程顥程頤張載三人若使從祀廟廷斯文幸甚除
吏部侍郎以寶謨閣待制知平康府遷焕章閣待制知袁州
奉祠卒子玹仕通直郎兩浙運管見道南源委及通志人物
傳

朱子明名鑑

鑑朱子長孫以廕補迪功郎累遷奉直大夫湖廣總領理宗

寶慶間隨季父在遷居建安之紫霞洲建朱子祠於所居在
之子孫入建安自鑑始見何喬遠閩書
按朱子之三世孫名浚字深源累官兩浙轉運使兼吏部侍
郎尚理宗公主元兵入建寧王積翁棄城遁浚與公主入福
州與知府王剛中死守元阿剌罕侵福州安剛中以城降浚
與公主仰天大哭曰君帝室王姬吾大儒世胄不可辱遂飲
藥死其見危致命如此贈朝散大夫十一世孫名凌名奎者
俱良吏凌字原父明嘉靖辛丑進士授户部主事督九江稅
見所徵常溢額遂議減之會楚地饑民多流離奸豪以賣掠

子女爲利載之九江關嚴不得出輒溺之死淩寬其禁檄所司脩荒政禁掠販全活甚衆後官至陝西按察僉事奎字元聚嘉靖時以貢簿同安有負贖鍰者辰加朴至申而納詢曰何速也曰鬻妻奎還其鍰召令完聚陞思恩經歷招安八寨單騎循行酋長感泣曰朱公清正後不敢犯

黄直卿名幹

幹閩縣人父瑀高宗時爲御史以篤行直道聞瑀歿幹往見清江劉清之字子澄世稱靜春先生清之奇之曰子乃遠器時學非所宜也可從朱元晦學幹歸白其母大雪即日遣行既至值熹

他出幹留侯客邸二月熹歸始得見晝夜厲夜不設榻不解帶倦則微坐一椅或至達曙熹語人曰直卿志堅思苦與之處甚有益嘗詣東萊呂祖謙以所聞於熹者相質及張栻卒熹與幹書曰吾道益孤矣所望於賢者不輕後遂以女妻幹寧宗即位熹命奉表入謝恩補將仕郎監台州酒務丁母憂廬墓學者從講於墓廬甚衆熹作竹林精舍成遺幹書云他時可代即講席及編禮書屬以喪祭二編稾成熹覽而喜曰所立規模次第縝密有條理他日當取家國王朝禮做此更定之病革以深衣所及所著書授幹手書與訣曰吾道之託

在此吾無憾矣訃聞幹持心喪三年畢調監嘉興府石門酒
庫時韓侂胄方謀用兵吳獵將赴湖北鎮訪以兵事幹策其
必敗獵雅敬幹辟佐戎幕爲荊湖北路安撫司準備差遣事
有未當必輸忠欵力爭江西提舉趙希懌知撫州高商老共
辟爲臨川令改知新淦令民習聞政善不令而行又薦擢通
判安豐軍淮西帥檄幹訊鞫和州疑獄幹夢井中有人呼囚
詰曰汝殺人於井耶幹遂具得其殺人投井狀囚驚伏尋知
漢陽軍歲饑多方賑貸賴及旁郡民大悅所至先教養即郡
治後鳳棲山爲屋以館四方之士立周程楊朱四先生祠以

病乞祠未幾起知安慶府值金人犯光山沿邊多警幹爲守禦計奏請築城以備戰守不待報下即興工城分十二料先自築一料計其工費然後委官吏寓公士人分料主之日五鼓坐於堂濠砦官入聽命授以一日成算畢乃治民事理訟詞接賓客畢閱士卒與僚佐講究防邊利病次則廵城視役晚入書院講論經史城成士民扶老攜幼詣謝後二年金人破黃州沙窩諸關淮東西皆震獨安慶安堵如故繼而霖潦巨浸暴至城屹然無虞舒人德之相謂曰生汝者黃父也制置李珏辟爲叅議再辭不受既而朝命與徐僑易和州且令

先赴制府禀議斡先移書言時相誅佗胄後專用左右親信之人至於軍政不修邊備廢弛皆此曹爲之若更不改圖大事去矣又言爲今之計當用兩淮之人食兩淮之粟守兩淮之地其策當先明保伍立堡砦蓄戰馬制軍器不過累月軍政可成不則邊境日見荒墟卒有警急將有勇悍者伺變竊發攘臂而起時珏視師維揚與斡偕行斡言敵既退當思所以賞功罰罪如崔維楊能於清平山立義砦斷敵右臂方儀真能措置捍禦不使軍民倉皇奔軼此所當薦者劉倬泗上之敗罪當斬某州官吏攜奔竄可追而治之時幕府多輕儇

浮靡之士幹知不足與共事還乃再辭和州之命復告珏曰浮光敵退已兩月安豐已一月盱眙亦將兩旬不知吾所措置者何事所施行者何策向者輕信人言爲泗上之役喪師萬人黄團老幼俘鹵殺戮至六千人切意千乘言旋必痛自咎責今但聞宴玉麟堂賞牡丹用妓樂而浮光之報又至矣金欲以十六縣之衆四月攻浮光侵五關五關失則蘄黄决不可保蘄黄不保則江南危後果如所言幹倜儻有謀江淮豪傑願往依之諸將亦皆歸心在位者益忌羣起排之珏不能用力辭去俄再命知安慶不就入廬山訪友與李燔陳宓盤

旋玉淵三峽間（燔字敬子建昌人從朱子學朱子稱之曰進學可畏他日任斯道者必燔也登紹熙進士仕至潭州通判適史彌遠廢立歎曰三綱絕矣遂不復出李心傳論當時高士累召不起者以燔爲海內第一九江蔡念成稱其心事有如秋月燔嘗曰仕宦至卿相不可失寒素體因誦古語曰分之所在一毫躋攀不得善處者退一步耳與黃幹並稱曰黃李云陳宓傳見下文）俛仰朱熹舊跡就白鹿洞講乾坤二卦山南北之士皆來集未幾召赴行在除大理丞不拜在位者忌幹直言邊事以悟朝廷羣起擠之御史李楠劾歸鄉里弟子日盛至借鄰寺處之巴蜀江湖不遠而來質疑請益如朱熹時書編禮著書夜與講論經理亹亹不倦俄命知潮州辭不行主管亳州明道宮踰月乞致仕授承議郎歿贈朝奉郎謚

文肅學者稱勉齋先生有經解文集行於世見宋史道學傳

按黄幹生徒名世者數十人閩中而外如金華四子中江吳昌裔字季永等皆理學也相與友善者則李燔輔廣故時或稱爲黄李或稱爲黄輔輔氏字漢卿慶源人初從呂祖謙遊後執弟子禮於朱子之門朱子稱之曰身在都城聲利場中而能閉門自守味衆人之所不味者漢卿一人而已迨僞學禁興學朱子者多解散廣獨侍考亭雖朱子亦自料恐堅忍者少吾道將絶廣乃以身試禍志不少屈入京居太學之南以道自任與同志之士質疑辨難户外屨常滿朱子嘆曰當此

時立得腳定者可謂難得矣學者稱爲傳貽先生云

陳安卿名淳

淳龍溪人朱熹守漳淳請受教以所爲自警詩爲贄熹讀之恨相見晚與之語知其用功久且深以上達之理發之曰凡閱理義理必窮其原如爲人父何故止於慈爲人子何故止於孝其他可以類推也問淳聞之爲學益力日求其所未至熹語人曰南來吾道以得一安卿爲喜且稱其善問後十年復往見熹有喟然與點之歎時熹已寢疾又告之曰如今所學已見本原所闕者下學之功耳自是所聞皆切要語淳歸

無書不讀無物不格凡經書子史所載紀綱法度禮樂刑政興衰治亂之原利害得失之機與夫異端邪說似是之非淺深疎密難明之辨周匝體究徹上徹下凡三月熹卒涪追思師訓痛自裁抑日積月累義理貫通洞見條緒故其言太極曰太極只是理理本圓故太極之體渾淪以理言則自本末而本自本而末一聚一散無所不極其至自萬古之前與萬古之後無端無始此渾淪太極之全體也自其沖漠無朕與天地萬物皆由是出及天地萬物皆由是出又復沖漠無朕此渾淪無極之妙用也聖人一心渾淪太極之全體而酬酢

萬變無（非）太極流行之妙用學問工夫須從萬事萬物中貫過湊成一渾淪大本又於渾淪大本中散爲萬事萬物使無少窒礙然後實體得渾淪至極者在我而大用不差矣其言仁曰仁只是天理生生之全體無表裏動靜隱顯精粗之閒惟此心純是天理之公而絕無一毫人欲之私乃可以當其名若一處有病痛一事有欠闕一念有閒斷則私意行而生理息即頑痺不仁矣其語學者曰道理初無元妙只在日用人事閒循序用功便自有見所謂下學上達者須下學工夫到乃可從事上達然不可以此而安於小成也夫盈天地間千

條萬緒是多少人事聖人大成之地千節萬目是多少工夫惟當開拓心胸大作基址須萬理融徹於胸中將此心放於天地間一例看然後可以語孔孟之樂須明三代法度通之於當今而無不宜然後爲全儒而可以語王佐事業彼運須運用酬酢如探諸囊中而不匱然後爲資之深取之左右逢其原而真爲已物矣至於以天理人欲數分數而驗實主進退之機強弱之證必如好好色如惡惡臭使於是是非非如辨黑白如遇鏌鋣千將不容有騎牆不決之疑則雖艱難險阻之中無不從容自適然爲知之至而行之盡此語尤中學

者瞽盲而示以標的也渲天性至孝母疾號泣于天乞以身代弟妹未有室家皆婚嫁之葬宗族之喪無歸者居鄉不沽名狥俗恬然退守若無聞焉然名播天下世雖不用而憂時可論事感慨動人郡守以下皆禮重之時造廬請益嘉定九年待試中都四方士皆來請質朝士大夫爭館迎焉嚴陵郡守鄭之悌聞其至率僚屬延請郡庠時有竊似亂真自立門庭者以格致爲支離教人默坐求心謂一蹴可至後生晚出喜奇便簡羣然從之渲歎張陸王學問無源全用禪家宗旨認形氣之虛靈知覺爲天理之妙不由窮理格物而欲徑造

上達之境反託聖門以自標榜乃發明正學以求指歸著道吾道之體統師友之淵源用功之節目讀書之次序四篇以示學者排觝異端中其膏肓則有似道似學二辯道至晚而益尊胸中瑩徹若太空無雲辨說條暢浩乎水湧山出推已及人之心甚於飢渴嗜慾不能自遏嘉定十年以特奏恩授迪功郎安溪主簿未任而没年六十五學者稱爲北溪先生著有語孟中庸學庸口義仁義禮智心意性情字義詳訂禮詩女學等書仙溪陳訢往來滘門久輯一時問答之語號爲筠谷瀨口金山所聞見宋史道學傳叅通志人物傳

陳淳小學禮詩四十三則

事親十四則

凡子事父母雞鳴咸盥漱櫛總冠紳履以適父母所

其二

及所聲氣怡燠寒問其衣疾痛敬抑搔出入敬扶持

其三

將坐請何向長者執席少者執牀與坐縣衾篋枕簟灑掃室及堂

其四

長者必奉水少者必奉槃進盥請沃盥盥卒授以巾

其五

問所欲而進甘飴滑以瀡柔色以温之必嘗而後退

其六

養則致其樂居則致其敬昏定而晨省冬温而夏清

其七

三日則具沐五日則請浴燂音潛熱也潘米汁請靧音悔洗也面燂湯請濯足

其八

其有不安節行不能正履飲酒不變貌食肉不變味

其九

立不敢中門行不敢中道坐不敢中席居不敢主奥

其十

父召唯無諾父呼走不趨叶雌由切食在口則吐手執業則投

其十一

父立則視足父坐則視膝應對言視面立視前三尺

其十二

父母或有過柔聲以諫之三諫而不聽則號泣而隨

其十三

父在不遠遊所遊必有常出不敢易方復不敢過時按末二句須互易乃叶韻

其十四

舟焉而不游道焉而不徑身者父母體行之敢不敬

事長十則

君子容舒遲見尊者齋遬足重而手恭聲靜而氣肅

其二

始見於君子辭曰願聞名童子曰聽事不敢與並行

其三

尊年不敢問長賜不敢辭燕見不將命道不請所之

其四

年倍事以父年長事以兄父之齒隨行兄之齒雁行

其五

見父之執者不問不敢對不謂進不進不謂退不退

其六

侍坐於長者必安執而顔有問讓而對不及毋儳言

其七

君子問更端則必起而對欠伸撰持也杖屨侍坐可請退

其八

侍飲於長者酒進則拜受未釂音醮飲盡爵也不敢飲未辯不虚口辯音遍義同

其九

侍燕於君子先飯而後已小飯而亟之毋齧骨刺齒

其十

從長上邱陵必向長所視羣君居有五人長者席必異

男女十一則

男正位乎外女正位乎内男女無相瀆天地之大義

其二

男十年出外就傅學書計學樂學射御學禮學孝弟

其三

女十年不出姆教婉娩從執麻治絲繭觀祭納酒漿

其四

女子不出門出門必擁蔽夜行必以燭無燭則必止

其五

男女不雜坐嫂叔不通問內言不出閫外言不入閫

其六

男不言內事女不言外事非祭不交爵非喪不受器

其七

姑姊妹女子已嫁而反室弗與同席坐弗與同器食

其八

取妻不同姓寡子弗與友主人若不在不入其門户

其九

婦人伏於人無所敢自遂令不出閨門惟酒食是議

其十

迎客不出門送客不下堂見卑不踰閾弔喪不出疆

其十一

婦人不二斬（斬衰爲夫服也）烈女不二夫一與之齊者終身不改乎

雜儀八則

喜怒必中節周旋必中禮淫惡不接心惰慢不設體

其二

目不視惡色耳不聽惡聲非法不敢道非德不敢行

其三

執虛如執盈入虛如有人使民如承祭出門如見賓

其四

並坐不横肱共飯不澤手揖人必違位尊前不叱狗

其五

入國不敢馳入里必致式入户必奉扃入門不踐閾

其六

入境必問禁入國必問俗入門必問諱與人不問欲

其七

臨喪則不笑臨祭則不惰當食則不歎讓食則不唾

其八

君子正衣冠儼然尊瞻視即之容也温聽之言也厲

按壯陳北山輯此小學禮詩俾童子諷誦言雖淺近所以作小學步趨之儀節者直與朱子童蒙須知真西山教子齋規皆可以閑弟子之放心而涵養德性也我國朝桂林陳公宏謀已採入養正遺規籍中頒諸學宮讀者不可以其近而忽之也

陳淳與趙寺丞論淫祀書

淳竊以南人好尚淫祀而此邦尤甚自城邑至村廬淫鬼之名號者至不一而所以爲廟宇者亦何啻數百所逐廟各有迎神之禮隨月迭爲迎神之會自入春首便措置排辦迎神

財物事例或裝土偶名曰舍人羣呵隊從撞入人家逼脅題疏多者索至十千少者亦不下一千或裝土偶名曰懸脚立於通衢攔街覓錢擔夫販婦拖拽攘奪眞如晝刼或印百錢小榜隨門抑取嚴於官租陰陽人鬼不同途鬼有何說欲人之必迎人有何見知鬼之必欲迎凡此皆遊手無賴生事之徒假此以括掠錢物憑藉使用內利其烹羔擊豕之樂而外唱以禳災祈福之名始必挽鄉秩之尊者爲簽都勸緣之銜以率之既又挾羣宗宗室爲之羽翼謂之勸首而豪胥猾吏又相與爲爪牙謂之會幹愚民無知畏禍懼譴皆黽勉傾囊

舍施或解質舉貸以從之今月甲廟未償後月乙廟又至後月丙廟丁廟又復張頤接踵廢寒向墐户之用爲裝嚴祠宇之需輟仰事俯育之恩爲養哺土偶之給錢既裒集富行遂恣爲無忌憚既塑其鬼之夫婦被以衣裳冠帔又塑鬼之父母曰聖考聖妣又塑鬼之子孫曰皇子皇孫一廟之迎動以十數像羣輿於街中且黄金其傘龍其輦黼其座又裝御直班以導於前僭擬踰越恬不爲怪四境聞風鼓動復爲俳優戲隊相勝以應之人各全身新裝〔製〕羅帛金翠或陰策其馬而縱之謂之神走馬或陰驅其轎而奔之謂之神走轎男女聚

觀淫酣鬪。夫不暇耕。婦不暇織。而一惟淫鬼之玩。子不暇孝弟不暇恭。而一惟淫鬼之敬。一歲之中。如是者凡幾。廟民之被擾者凡幾。番前後有司不能明禁。復張帳幕以觀之。謂之與民同樂。且賞錢賜酒。是又推波助瀾。鼓巫風而張旺之。至於朝嶽一會。復鄙俚可笑。嶽泰山。且曾鎮也。立祠於諸州也。何因國朝以帝封之。帝以氣之主宰者而言。非有人之謂也。而人其貌也。且立後殿於其後也。何謂自開闢已有是嶽。而以三月二十七日爲嶽生之辰者。又爲何據。閩境男女混雜。晝夜朝禮。入門則羣慟。謂爲亡者祈哀。以爲陰府縲絏之脫慶寺侍亦預爲他日之祈謂之朝生嶽自以爲報親而不知其爲辱親自以爲修善而不知其陷於惡與前迎鬼者同一律皆蠹害風俗混亂教化之尤者也某愚區區欲望台慈特喚法司開具迎鬼之條諸條令明立榜文並朝嶽俚俗嚴行禁止仍頒布諸鄉下邑而齊一之於以解人心之宿惑而有風移俗易之美省民財之妄費而有家給人足之道實爲此邦厚幸

黃子敬名師雍

師雍閩清人少從黃幹學登寶慶進士爲楚州官屬時李全

反狀已露師雍密結忠義忠軍列部都統時青圖之謀泄青被殺師雍不爲動全亦不加害秩滿朝議襃異師雍恥出史彌遠門下不往見調婺州教授一以呂祖謙爲法平居慕徐僑有清望欲往謁會僑有召命則不往僑聞而賢之至闕累稱其賢李宗勉在政府力言於宰相喬行簡許以朝除適師雍以書見行簡勸其歸老行簡不悅出知龍溪轉運使王伯大上其最宗勉召審察將至而宗勉卒時史嵩之（彌遠從弟）繼相姦謟貪殘密示相親意師雍不領遷粮料院延至私室謂曰糧料院密邇相府所以相處師雍亦不領嵩之勢浸盛未有

發其奸者會博士劉應起首疏論嵩之嵩之以師雍素與應起善疑左右之諷御史梅杞攻擊師雍差知興化軍旋奪之及應起入臺乃遷宗正寺簿尋亦拜監察御史首疏削金淵秩再疏斥趙綸項容孫史肯之復與正言李昂英侍御史章琰連疏乞竄嵩之理宗感悟勒嵩之致仕直舍人院劉克莊言故事宰臣去國畀以貼職得守金紫光祿大夫觀文殿學士師雍謂元降御筆無觀文之命自克莊啟之劾以朋邪顧望自失身犯義免所居官又乞籍嵩之家隸張叔儀皆從之未幾昂英琰復劾臨安尹趙與簒（簒音未詳宋史宗室表與簒字德嗣嘉定進士及）

執政陳韡黄縁爲孼帝怒鄭寀秉開劾罷昂英琰師雍又擊與盧腹心葉閶不報寀薦周坦葉大有入臺首劾程公許江萬里吳潛去之自是師雍孤立善類日危矣陳垓爲監察御史與寀等四人合謀去師雍會大旱求言牟子才李伯玉盧鉞指寀坦等爲起災之由坦等僞爲匿名書誣子才三人師雍於上前發其僞撰之迹謂匿名書律令所禁不知何由得至御前適鉞疏譽師雍寀指以爲黨帝不聽擢師雍左司諫師雍故與丞相鄭清之（鄞縣人也）同舍厚善然以劾其親劉用行魏峴清之心不樂坦喜曰吾得所以去之矣遣其婦曰造清

之妻曰彼去用行峴乃去丞相之漸也會帝將拜師雍侍御史清之沮之曰如此則臣不可留乃遷起居舍人兼侍講力丐去清之猶冀其少貶師雍曰吾欲爲全人終不屈數月坦遂劾罷師雍以直寶文閣奉祠復起爲左史改江西轉運使遷禮部侍郎命甫下卒於官爲人簡淡寡欲靖厚有守言若不出口而於邪正之辨甚明故能博采公論當官而行始終愛護名節無愧師友云見宋史臺諫傳

林正卿名學蒙

學蒙一名羽永福人與弟學履俱從朱熹遊後卒業於黃幹

偽學禁起築室龍門菴下講明性命之旨不求仕進陳師復守延平聘主道南書院朔望設講席執經者常百餘人生平識趣高明文足以發義理行足以激貪懦凡所講論易説熹皆然之著有梅塢集傳於世見道南源委參通志人物傳

陳日昭名如晦

如晦長樂人幼嗜學貫穿經史從黄幹遊嘗讀眞德秀德夜氣箴作曰須見得冬爲四時之夜夜乃一日之冬便是自家嚮晦入息之處又見得造化發育之妙便是自家事物周旋處於此敬義夾持動静交養則兩得之矣遂次其韻爲生意

眞德秀見之亟加稱賞一時耆德鉅公樂與爲道德交晚以趙汝騰薦充經筵不果授本州教授卒所著有論語問答及講義文集見何喬遠閩書　按趙汝騰字茂實宋宗室居古田官至端明殿學士謚忠清

陳㝱立名植

㝱立名植以字行漳浦人幼學於世父湻以祖澤補太學生調龍溪令轉漳州司理祐湻祐四年登進士提督嶺南海路兵馬時帝昺浮海㝱立提領海舟見事危斷維出港自以六舟泊梅嶺收亡命馳檄諸蠻圖立宋後聞張世傑覆舟元人

索捕急遂變姓名匿于大芹白華九侯山間臨終令葬海濱
曰吾死猶可南望崖山也弟格爲海濱監察簿帝昺亡從容
就死礫立斂袍笏招其魂葬於漸山書院見道南源委並通
志人物傳
礫立祖景肅字和仲有學行師事高登與同邑吳大成隱漸
山石榴洞登紹興二十一年進士授仙遊令薄賦輕徭於旌
善罰惡官至朝議大夫著禮疏詩疏及石屏擷翠集卒謚廉
獻
蔡國賢名逢甲

逢甲漳浦人受業陳淳之門嘗與淳辨論河圖洛書同異及太極圖西銘相發明處淳稱其有特見咸淳四年登進士詔主廣東漕舉宋亡入元不仕自號棄夫搆悟道書院於玳瑁山下以隱焉時高其誼謂之故宋使臨殁自題墓碑曰前宋進士蔡逢甲墓著有使君講録見道南源委並通志文苑傳

呂圭叔名大圭

大圭同安人少從陳淳學得紫陽道學之傳盡屏詞章以致知力行爲務淳祐七年登進士累官吏部侍郎出知興化軍捐俸錢代輸中户以下賦著莆陽拙政録德祐初改知漳州

未行屬蒲壽庚率知州田子真降元捕大奎詈降表不從泥封所著書逃入海壽庚遣兵追及之遂見殺書室盡毀獨門人所傳學易管見易經集解春秋或問行於世人稱樸鄉先生元至正十年孔公俊建大同書院祀朱熹以大奎配焉見通志人物傳續志理學傳

按朱子弟子在下文數十人例應叙列在前黄子敬以下七係人繫朱子弟子之弟子例應叙列在後今先録此附諸直卿安卿之後欲其師弟之以類相從也

詹元善名體仁

體仁浦城人父慥與胡宏劉子翬游調信豐尉金人渝盟慥見張浚論滅金秘計辟以爲屬體仁少從朱熹遊學以存誠慎獨爲主文詞明暢悉根諸理始冠登隆興元年進士調浮梁尉郡上獲盜功狀賞當賞體仁謝不就兩爲歸安晉江丞宰相梁克家薦於朝爲太學錄升博士轉太常丞攝金部郎官時高宗定謚或謂宜稱堯宗體仁言謚法雖有之於古無據大行皇帝功莫盛於中興請比殷武丁謚爲高議始決孝宗倦勤內禪光宗光宗即位提舉浙西常平時蘇師旦爲胥吏執役旋除户部員外郎湖廣總領就升司農少卿劾刻舊

弊軍餉饒足奏蠲諸郡積逋百餘萬有逃卒千人入大治剽掠爲變體仁語諸戎師帥討而後聞羣黨悉散轉太常少卿

壽皇即孝宗在重華宮光宗疾省重華宮不以時中外駭懼體仁陛對深陳父子至恩率廷臣交疏迭諫而體仁用意尤苦言大易於家人後次之以睽其上九爻辭曰見豕負塗載鬼一車匪寇婚媾往遇雨則吉蓋以言疑極而惑凡所見者皆以爲寇而不知實其親也孔子釋之曰遇雨則吉羣疑亡也夫人倫天理有斷間隔而無斷絶方其未通也湮鬱煩憒若不可以終日及其醒然而悟泮然而釋如遇雨焉何其和悦

而條暢也伏惟陛下神心昭融聖度恢豁凡厥疑情一朝渙
然若揭日月而開雲霧丕叙彝倫以承兩宮之歡以塞兆民
之望其言慨切壽皇崩復抗疏請駕詣重華宮親臨祥祭時
趙汝愚將定大策以外庭無預謀者密令體仁達意少保吳
琚請憲聖太后垂簾爲援立計寧宗登極天下晏然體仁協
贊汝愚之力也及議大行皇帝謚體仁言壽皇聖帝事德壽
二十餘年極天下之養諒陰三年不御常服漢唐以來未之
或有宜謚曰孝卒用其言以論孝宗山陵言永阜陵地勢卑
下非所以妥安神靈與宰相異議除太府卿尋直龍圖閣出

知福州助脩郡學言者竟以前論山陵事罷之徙居雲川讀書悠然自得以經史自娛人莫知窺其際時師旦已躋大官遣介通慇懃體仁曰小人乘君子之器禍至無日矣烏得污我固却之未幾復龍圖閣起知靜江府嘗勞農觀田器薄小不足以盡地力教之更造爲圖授之開十縣稅銀二萬四千蠲雜賦八千移知鄂州除司農卿再總湖廣餉事因歲凶以便宜賑救先發後聞韓侂冑開邊體仁移書廟堂言兵不可輕動皇甫斌自以將家子好言兵體仁謂兵必敗已而果然開禧二年卒體仁沈潛經訓誦說百家本末條暢屬意

星歷著象數義以衍其奧又嘗以今樂譜古詩方響無不協和一詩率用一調惟七月詩轉三調乃知風雅頌之别居官以利民爲心立朝密扶善類進達人才郡人真德秀從之遊嘗問居官蒞民之法曰盡心平心而已心盡則無愧心平則無偏人服其論確論見宋史侍從傳參何喬遠閩書

陳膚仲名孔碩

孔碩侯官人祖禧父衡皆爲朱熹所稱重孔碩刻志力學少以聖賢自期嘗從張栻呂祖謙遊祖謙卒心喪三年復與兄孔夙從朱熹於武夷孔夙慶元五年進士爲所器重登淳熙二年進士

調婺州户曹遷處州教授以所聞於三先生者誘進後學多
所成就知卲武瑞金二縣累遷禮部郎中知惠州提舉淮東
常平所至有古良吏風嘉定間金人來襲遣子韡募死士合
監軍擊破之尋丐祠不起晉秘閣修撰卒贈侯世官縣開國
男孔碩性嚴毅沈静有守利禄不動其心出入中外垂二十
年不肯少變數忤史彌遠而與葉適最善著有中庸大學解
北山集三十卷學者稱北山先生見學問錄及通志人物傳
潘謙之名柄
柄侯官人父滋爲林之奇高弟黄幹嘗師之柄年十六即有

志於道與兄植往事朱熹於武夷熹以所學授之嘗言凡人之心不存則亡而無不存不亡之時故一息之頃不加提省則淪於亡而不自覺天下之事不是則非而無不是不非之處故一事之微不加精察則陷於惡而不自知著有易解尚書解學者稱瓜山先生植字立之工文詞不事科舉以敦行終其身見道南源委

范伯崇名念德

念德建陽人從朱熹學久如圭少從舅氏胡安國受春秋廷對策極論人主正心立志之方力詆和議宴安之失言甚壯

切念德初簿廬陵以幹敏聞辟吉州從政事致忠求情廉勤悃愊有冤必白奸無幸免因葺問事之堂榜曰盡心大書噬嗑卦於屏上闢堂後地以會文講學熹爲之記仕終宜黃令嘗行侍熹訪張栻於長沙熹讀其所著雜說曰守正不差見理漸明熹臨歿手書曰范念德託寫禮書見道南源委

鄭景紹 名昭先

昭先閩縣人淳熙十四年進士初授浦城主簿嘆曰學問未悉何以治人聞朱熹講明濂洛之旨遂往遊其門秩滿謁丞相葛邲曰君浦城鄭主簿耶擊賊賊不受賞吾聞君名久矣

擢知歸安邑民愛之累官諫議大夫知樞密院事進右丞相辭不拜居政府沈厚鎮靜以愛護人才振拔淹滯爲已任景獻太子薨朝廷議建儲昭先請以仁宗爲法議乃決會旱災求言同列有欲罪上書過直者昭先曰以直言求人乃以言直而罪之耶嘗謂人臣能以文王事紂之心爲心則無不可事之君人子能以七子事母之心爲心則無不可事之親卒之夕有大星墜於故居謚文清有日湖遺稿五十卷見何喬遠閩書參通志人物傳

鄭信之名性之

性之初名自誠侯官人從朱熹遊嘉定元年進士第一是科及第三人皆福建人授平江軍節度判官召對以崇聖學教太子爲先除秘書正字乞強國勢勵節義專大帥之權久邊守之任累萬餘言出知袁州入見言執政出一言侍從之臣間有不肯阿狥者則立中傷之此非國家之福時東宮虛位乞早定大計寧宗嘉納之知贛州改隆興歷寶章華文敷文三閣待制提舉萬壽宮上清宮知建寧府端平元年召爲吏部侍郎入對言陛下比者大開言路以通蔽塞諸臣心苟愛君誰不欲言言不切直何能感動譬如積水久塞壅日一決其勢必盛其

聲必激故言者多則易於取厭言之激則難於樂受若少有厭倦動於辭色則讒諂乘閒而入矣擢左諫議大夫言爲君者不以堯舜自期則無善治告君者不陳堯舜之道則無遠猷陛下監古今天下安危之變君子小人消長之機凡大臣交章互詆公以處之乃得其當夫聽言之道宜以事觀若果有關國體有補治道有益主德則言之過激夫亦何傷彼雖釆名我實有益惟虛心納善則激者自平明年拜端明殿學士累遷參知政事俄加觀文殿學士致仕卒賜謚文定性之所至爲民興利除害崇化厚俗民有骨肉爭訟者輒曉諭諄

切不事刑威立朝忠厚正直無所依附著有端平奏議及宋
編年備要行世見宋史侍從傳及通志人物傳
按南村輟耕錄云恰鄭性之丞相府第在德着德魁輔坊清
風堂石階上有卧屍跡天陰雨時尤顯相傳鄭以暮年登第
科未幾拜相侵漁百姓至奪其屋廬以廣居宅有被逼抑者
遂自殺於此考宋史性之正直忠厚且紫陽之高弟奪人住
屋逼人致死恐未必然縱或有之石現卧屍跡亦屬荒唐輟
耕錄未可盡信也
余占之名隅

隅或作偶古田人朱熹弟子學問警敏與呂祖謙黄榦爲友
講明義理著有克齋集時同邑遊朱熹之門者又有林師魯
號芸谷林大椿號慥齋嘗題十六字云仲尼再思曾子三省
予何人哉敢不修整士林宗之見何喬遠閩書及通志人物
傳

林擇之名用中

用中古田人慶元間特奏名始從莆田林光朝學既聞朱熹
授徒建安遂棄舉業曰吾當求所謂明新至善以畢吾志從
朱熹遊熹稱其篤信嗜學講論精密嘗目之曰畏友與蔡元

定齋名張栻守潭州熹偕用中往訪之有南嶽唱酬集石𡼖

宰尤溪延掌學政僅爲一往後不復出終身不求仕進趙汝

愚師閩帥閩日常親造問政焉著有草堂集真德秀爲之序

學者稱草堂先生弟允中字擴之亦受業於熹熹稱其晦外

而明於內樸外而敏其中見道南源委及通志人物傳

林子武名夔孫

夔孫古田人從朱熹學嘗論一陰一陽之謂道及繼善成性

之說熹善之黨禁起學者懼及禍多變其學更事他師夔孫

從熹講論不輟熹易簀論謂夔孫曰道理只是如此且須做

堅苦工夫嘉定七年以特奏名爲縣尉所著有本書本義中
庸章句蒙集谷集見萬歷福州府志參通志人物傳

葉味道

味道初名賀孫以字行更字知道其先浙江括蒼處州人或曰
温州人徙居建陽故爲建陽人少刻志好古師事朱熹試
禮部第一制策禁僞學味道對策率本程頤不爲顧避知貢
舉胡紘紘黜之下第復從熹於武夷山中學禁開登嘉定十
三年進士調鄂州教授理宗訪問朱熹弟子及所著書部
使者以味道行誼聞差主管三省架閣文字遷宗學諭輪對

面述帝王治心之要與四代作歌作銘之旨言人主之務學天下之福也必堅志氣以守所學謹幾微以驗所學正綱常以勵所學用忠言以充所學復口奏言宣則力減文勝則意虛上嘉納之從臣薦其可爲講官授太學博士兼崇政殿說書故事說書之職止說通鑑而不及經味道請先說論語詔從之時因皇子竑事帝惑於鬼神之理疑伯有爲厲涉於誕妄味道對曰陰陽二氣之散聚雖天地不能易死而氣散者其常也若不得其死而鬱結不散者其變也故聖人設爲宗祧以別親疏遠邇正所以教民親愛參贊化育伯有之死見春

秋傳其氣不散爲妖爲厲使國人上下爲之不安當時立爲立
子洩以奉其後庶乎鬼有所知而神始安矣又言三京用師
廷臣邊閫交進機會之說臣恐開邊浸潤應援倍難科配已
繁餽餉日迫民不堪命龐勛黄巢之禍立見是搖本根以事
枝葉無益於國既而洛師累敗人稱其見微慮遠凡經筵奏
事味道所陳無一語不開導引翼切於君身旁引曲折推致
於治道遷祕書著作佐郎而卒訃聞帝震悼出内帑銀帛賻
其喪謚文修升一官以任其後皆故事所未有所著有四書
說大學講義易會通祭法宗廟廟享郊社外傳經筵口奏故

事講議見宋史道學傳

宋朝
閩中文獻誌

叁之叁

宋閩學諸儒列傳次卷

惠安琥谿黃廷玉輯

葉仲圭 名采

采味道子從蔡淵李方子學嘗居武夷書堂遊玩賦詩往見陳湻湻以好躐高妙少循序屢砭之遂屏歛鋒鋩駸趨着搆漁隱精舍學問日進湻祐元年登進士授邵武尉歷景獻府敎授遷秘書監論郡守貪刻理宗嘉納之遷樞密檢討知邵武軍作郡乘築祠郡泮以祀朱子復置田若干頃祀朱子於光澤累官翰林侍講乞歸所著近思録集解進呈理宗稱善又著西銘性理等書見道南源委及通志文苑傳

張元德名洽

洽長樂人（宋史作清江人）少穎異從朱熹學自六經傳註而下皆究其指歸諸子百家無所不讀嘗取管子思之思之又重思之思之不通鬼神將通之之説以爲窮理之要熹嘉其篤志謂黄幹曰所望以求斯道之傳如二三君者不數人也時行社倉法洽請於縣貸常平米建倉里中六年而歸其本鄉人咸利之登嘉定進士授松滋縣尉時值湖右經界不正洽爲請行推排法令民自實爲籌叢其土地疆界産業之數而次第之吏姦無所匿尋改袁州司理參軍屢決疑獄置巨蠹於法

等知永新縣一日聞獄中榜笞聲甚盛獄吏受財拷囚使誣服也洽大怒執吏付獄白於郡黜之湖南郵寇作亂與縣接壤民大恐洽單車以往邑佐交諫勿聽至則寇未嘗至乃延見隅官於訪利害而撝之寇竟不至因行安福境上結約土豪得其歡心未幾南安舒寇將犯境聞有備乃去以薦通判池州有張德脩者誤蹴人死獄吏誣以故殺洽訊而疑之請再鞫守不聽會大旱禱不應部使者袁甫至洽言於甫為閱德脩欵狀得從輕比復白郡請蠲征稅寬催科以召和氣三日果大雨民甚悅以慶壽恩賜緋衣銀魚病請祠主管慶昌仙

都觀袁甫提點江東刑獄招洽主白鹿書院至則選好學之士日與講說而汰其不率教者凡養士之田乾没於豪右者複之學興即謝病去端平初大臣薦赴都堂審察洽以疾不赴乃除秘書郎遷著作佐郎帝數問度正葉味道曰張洽何時可致到將處以說書洽固辭以直秘閣主管建康崇熙觀嘉熙元年有疾致仕卒年七十七洽自少用力於敬故以主一名齋平居不異常人至義所當爲則勇不可奪聞朝廷有災異變故輒顰蹙不樂凡有一君子進用一士大夫直言則喜見顏色所交當世名士如呂祖謙祖儉黃榦輔廣李燔葉

味道真德秀魏了翁等皆敬慕之卒後有旨除直寶章閣所
著有春秋集註左氏集傳蒙求續通鑑長編事𩔖畧歷代郡
縣地理沿革文集見宋史道學傳
續志按宋史謂治雖籍隸清江而長樂有世居可考通志列
置福州人物傳是與婺源朱子入建寗無異故特存之
方履之名大壯
大壯莆田人專心求道不事場屋朱熹至莆舉所學就正日
與同志講論性至孝執父喪三年不出户臨殁戒治喪無用
浮屠衣冠束帶而逝稱履齋先生兄子碕字子約亦受學於

朱熹慶元己未進士歷潤衢二州教授知瀏陽縣通判徽州
見道南源委及通志人物傳

張子文名巽
巽惠安人父寓知臨江軍嘗與張栻共學栻講學長沙遣子巽從之及歸杜門養晦人罕知者時朱熹之學盛行於泉如楊至陳易董號清源別派惠安有劉鏡者字叔光稱爲朱子高弟巽從之遊因得所傳聞於熹然未能釋然曰恐晦菴之教不止是也乃走武夷謁熹以所嘗與張栻講論中和之旨告之熹曰此某與南軒晚年畫一工夫也臨別又請教熹曰

南軒記嶽麓某記石鼓合而觀之知所用力矣巽退而喜曰吾固謂不止是也既歸日從事於涵養體察久益明淨或勸其著述對曰尊所聞則高明行所知則光大吾於所聞所知之功未盡安敢妄作築草堂於錦溪之上學者稱錦溪先生

見泉州府志參通志人物傳

林正甫名湜

湜福寧人紹興三十年進士歷知晉江縣適造戰艦不忍斂民諸番義之助其役判南州太劍州太守議官自責酒湜力爭不肯署名守自奏朝廷視無通判署疑之奏遂格不行除

監察御史疏言陛下託股肱於宰執而所任皆小人寄耳目於臺諫而彈擊皆君子治亂之大無過於是出爲江西轉運判官蠲減各郡無名之征數萬緡而漕計不虧歷太府司農卿充使金國金人賜以服湜揮擲之且誓以死金人不能屈及復命寧宗迎謂曰卿守禮甚堅國體不失權貴爲之側目力請外除湖北轉運副使進直龍圖閣致仕朱熹被斥士皆如遠嫌湜獨執弟子禮不變未歿前數月猶馳書問疑義卒年七十一著槃隱集見道南源委參通志人物傳

附朱子答林正甫書

慕仰高風固非一日中間雖幸夤緣再見然苦匆匆不得欵

奉誨語至今以爲恨也歸來抱痛人事盡廢無由奉寄以候

起居每深馳跂茲楊通老名楫來忽奉手誨之辱假借期許既

非愚昧之所敢當而執禮過恭尤使人恐懼踧踖而無所避

也雖然高明所以見屬之意豈若世之指誓天日而相要於

聲利之場者哉況在今日而言之尤足以見誠之至而好之

篤是以不敢隱其固陋而願自附於下風焉蓋嘗聞之先生

君子觀浮圖者仰首注視而高談不若俯首歷階而漸進蓋

觀於外者雖足以識其崇高鉅麗之爲美孰若入於其中者

能使真爲我有而又可以深察其層累疊架之所由哉自今
而言聖賢之言具在方策其所以垂教天下後世者固已不
遺餘力而近世一二所覺又爲指其門户表其梯級而先後
之學者由是而之焉亦宜甚易而無難矣而有志焉者或不
能以有所至病在一觀其外粗覘彷彿而便謂吾已見之遂
無復入於其中以爲眞有而力究之計此所以驟而語之雖
知可悅而無以深得其味遂至半途而廢而卒不能以有成
耳竊計高明所學之深所守之正其所蘊蓄蓋已施之朝
廷而見於議論之實於此宜不待於愚言矣然既蒙下問不

可以虛辱而意之所有不過如此若不以告於門下以聽執事者之採擇則又有非區區之所敢安者是以敢悉布之可否之決更俟來教意所虛佇而仰承也通老在此相聚甚樂比舊頓進知有切磋之益惜其相去之遠忽起歸興而不可留也從之孫逢吉字從之龍泉人聞以牙痛爲庸醫所誤投以涼劑一夕之間遂至長往深可痛惜然此亦豈醫之所能哉德脩劉光祖字德脩簡州人崎嶇遠謫令人動心然聞其平居對客誦言固每以此自必乃今爲得所願然所關係不淺矣有寫其記文以來者已屬通老呈白想亦深爲廢卷太息也元善詹體仁字元善浦城

人寓雲川殊不自安旦晚必歸子宜（徐誼字子宜平陽人）今日方得書也熹氣痞不能久伏几案作字草草且亦未能究其所欲言臨風引領悵想無量惟高明察之

何叔京名鎬

鎬邵武人父兑（道南源委兑作充）字太和嘗受業於東平馬伸伸本程門高弟後以斥張邦昌僭逆使避位被貶死兑以重和元年進士授以廣西提刑檢法官馬伸撫廣南時奏爲屬至伸貶死兑取事狀達尚書以明馬伸忠爲白其寃鎬素與朱熹善嘗言耳目之官即心之官仁義者道之全體持志則心

正心正則義明先存其心然後能視聽言動以禮先盡心知性識其本根然後到持養之功熹亟稱之嘗與書曰執事家學淵源才姿敏鋭絶出等夷其深造默識超然自得非誦説見聞之所及也以父恩補安溪簿未赴任江西師帥辟掌機宜文字再調上杭丞治尚寬仁罷無名征賦部使者鄭伯熊患郡事不理繫者或至累百乃檄鎬佐治鎬至決遣旬日悉盡後論均賦與守異議謝歸調善化令將行卒熹哭之哀爲銘其墓謂其清夷恬曠廉直惠和著有易説論語史斷及臺溪集稱臺溪先生見道南源委參通志何兑傳

葉成之名武子

武子邵武人初遊鄉校學用周禮於永嘉徐元德既而與李方子友同受學於朱熹一日熹書十梅詩畀之曰吾詩不苟作以子篤實故相贈耳後補太學員時有議函韓侂胄首與金請和者武子曰奸臣首不足惜如國體何率同舍生叩閽力爭之嘉定七年登進士註岳州教授時有貧而母老者名在武子下乃亟遜其人而已後之授柳州一以白鹿洞學規爲諸生準程刻四書集註章句以授之調湖南茶鹽提舉入爲禮兵二部郎遷國子學正丏外通判建寧府擢知處州

奏除苛征之弊時麗水盜袁千六等竊發郡發兵討捕而里
正執仇人以歸武子問得實三人斬以徇餘釋之民大服盜
亦息入爲宗學博士論罷福建鄉保催科之弊真德秀謂其
學道愛人視人之休戚猶己也請老歸尋除直秘閣嘉熙間
進直寶謨閣奉祠仍乞致仕加直龍圖閣進秘閣修撰卒見
邵武府志參通志人物傳

李公晦名方子

方子邵武人朱熹高弟少博學能文爲人端謹純篤初見熹
語曰觀公爲人自是寡過但寬大中要規矩和緩中要果決

遂以果名齋長遊太學學官李道傳屈官位輩行具刺就謁嘉定七年廷對擢第三調泉州觀察推官適真德秀來爲守以師友禮之稱其學邃氣平本經術明世務每郡政大小咸咨焉暇則辯論經訓至夜分不倦故事秩滿必先通書廟堂乃除方子不肯曰以書通是求也丞相史彌遠聞之怒踰年始除國子學錄無何將選入宮僚而方子不少貶以求合或告彌遠曰此真德秀黨也使臺臣劾罷之方子既歸學者畢集危坐竟日未嘗傾側對賓客一語不妄發雖奴隸亦不加詬罵然常嚴憚之嘗語人曰吾於學問雖未能周盡然幸於

大本上有見處此心常覺泰然不爲物欲所潰耳其亡也天
子閔之與一子恩澤著有傳道精語等書見宋史道學傳
劉景虞名世南
世南長樂人樂昌尉嘉譽之子嘉譽字德稱李侗門人也世
南少從林之奇遊與呂祖謙爲友秉禮路義鄉黨敬之官至
吉州司理參軍見何喬遠閩書子砥礪
劉履之名砥
砥世南子六歲日誦千言每覽古人忠孝大節輒激憤感慨
十歲通九經傳記初嘗讀釋老書歎曰此不足習乃與弟礪

治舉子業登童子科又歎曰此不宜專習因徧取伊洛諸書讀之往受業於朱熹熹嘉其志學授之太極圖充然有得熹深器之乾道二年與弟礪同舉進士以時方攻道學不復仕進年四十五卒砥孝友篤信不改繩墨爲文純雅宏博詩不加琢而能達其意著論語解孟子解王朝禮編見道南源委及通志人物傳

劉用之名礪

礪幼穎悟中童子科亦從朱熹遊篤志於學而與黃幹最善熹答陳才卿書曰禮書得直卿用之漸可整頓僞學禁興志

尚愈篤時蔡元定謫道州礪與兄砥獨冒時禁厚餽之礪子
玠從黃榦學見義必爲有人所難者見道南源委參通志人
物傳
按宋史選舉志常選外又有童子舉

陳應求名俊卿

俊卿莆田人幼莊重不妄言笑父歿執喪如成人登紹興八
年進士授泉州推官服勤職業適郡中火諸掾屬方聚飲他
所守汪藻走視皆以後至被詰俊卿不肯自異託言假其輿
卒以行藻服其能任過秩滿不附秦檜轉南外睦宗院教授

檜死召爲校書郎孝宗居潛命擇原端厚靜重之士輔導除著作郎佐郎兼王府教授講經之下輒寓規戒正色侍立王好鞠戲誦韓愈諫張建以封書以諷王敬納之累遷監察及殿中侍御史上言人主以兼聽爲美必本至公人臣以不欺爲忠必達大體御下之道恩威並施抑驕將作士氣則綱紀正而號令行幹韓仲通本以獄事附秦檜究濫無辜令今檜黨盡逐仲通獨留劉寶總戎京口恣掊尅且拒命詔抵二人罪又言宰相湯思退專政上不當天心下不厭人望故冬日無雲而雷亦罷之復爲張浚辨冤時有讒張浚陰蓄異志後

卿言浚得人心服士論爲其忠義有素白首不渝反是則人將去之誰復與爲變上始悟有旨移浚守建康又言內侍張去爲陰沮用兵且陳避敵計以搖成算請按軍法高宗稱爲仁者之勇除權兵部侍郎受詔整浙西水軍李寶因之遂有膠西之捷又治淮東屯堡流亡安輯值金新主立來歸故地俊卿奏不若先正名名正則國威日強歲幣可損今雖得故疆未必能守亦虛文而已因陳選將練兵屯田減租之策擇文臣有勝畧者爲參佐俾察軍政習戎務以儲將材孝宗受禪言爲國之要有三用人賞功罰罪所以行之者至公而已

願留聖意時上銳意恢復屬張浚閫外事知俊卿忠義沈靜有謀甚倚重之命充江淮宣撫判官兼權知建康府事奏吳璘孤軍深入敵悉衆拒戰久而不決此危道也莫若分遣舟師直擣山東彼必還師自救而璘得乘勝定關中我及其未至潰其腹心此不世之功也因陳十事定規模振紀綱勵風俗明賞罰重名器遵祖宗之法蠲無名之賦隆興初和議方堅召還除禮部侍郎參督府事浚謀大舉北伐俊卿以爲未可會諜報敵多聚糧邊地諸將咸請先其未發而動已而邵宏淵兵潰思退議欲罷浚都督改爲宣撫俊卿奏言浚果不

可用願別選賢將若欲責其後効而乃削其重權置之死地人情解體何効可圖上悟仍命浚都督俊卿因爲思退所擠累章請祠以寳文閣待制知泉州奉祠及思退既竄太學諸生伏闕乞召還俊卿乾道元年入對極論朋黨之弊勞上勞撫之除吏部侍郎同修國史論氣節爲立事之本人有氣節雖小過失猶當容之若有才而邪佞不足用也錢端禮起戚里爲政參政窺相位遣客客造俊卿深拒不納翌日進讀寳訓因言本朝家法外戚不宜預政端禮憾之尋出知建寧逾年擢吏部尚書上將遊獵白石并好鞠戲引漢桓靈唐敬穆

司馬相如之言以爲戒上謝曰備見忠讜朕決意用卿矣拜同知樞密院事面奏曾覿龍大淵二人得倖怙恩竊柄以漏洩上語逐之中外快其有謀三年拜參知政事又奏梁克家莫濟不宜補外洪邁曾覿不宜召居左右內官張方以禁中密旨直下諸司宰相多不預聞事覺俊卿奏請自今百官承御筆必須奏請方行從之內諸司多不樂揚言禁中取一飲一食必待中審豈不留滯俊卿奏辨臣所慮者命令之大如三衙發兵戶部取財豈爲宮禁細微事哉同樞劉珙進對激切忤旨詔降外祠俊卿密奏陛下即位以來納諫諍體大臣

皆盛德事今珙以小事獲罪臣恐自此大臣皆阿順持禄非
國家福也上色悔久之乃命珙帥江西俊卿退亦自劾手札
留之四年拜尚書右僕射同中書門下平章事兼樞密使以
用人爲己任奬廉退抑奔競時虞允文宣撫四川俊卿薦
其才堪大用孝宗即召允文以爲右相既而帝意頗向允文
俊卿亦數求去遂以觀文殿大學士帥福州踰年請祠歸惟
敝屋數楹淳熙二年再知福州除持進起判建康兼江東安
撫召對垂拱殿命坐賜茶從容爲孝宗言曾覿王抃招權納
賄侍從臺諫多門其門臣恐壞朝廷紀綱廢有司法度敗天

下風俗累陛下聖德又言臣去國十年向者朝士大夫奔走
權門十纔一二猶畏人知今公然趨附十已八九不復顧忌
廉恥道喪矣朝辭命二府飲餞再涖建康政尚寬簡罷無名
之賦父老便之八上章告老以少師魏國公致仕十三年十
二月薨年七廿十四上聞嗟悼輟朝贈太保謚正獻爲人孝
友忠敬得於天姿清嚴好禮終日無惰容平居恂恂若不出
口在朝正色危言分别邪正勢無顧避所奏請皆關治亂安
危之大平生雅善汪應辰李燾尤敬朱熹屢嘗論薦其卒
也熹不遠千里哭之爲狀其行有集二十卷子守定宓俱從

熹受學焉見宋史宰輔傳

按何喬遠閩書紹興八年廷對初以黄公度爲狀元陳俊卿次之（二人俱莆田人）及謁御高宗問曰卿土何奇輒生二卿公度對曰子魚紫菜荔枝蠣房俊卿對曰地瘦栽松栢家貧子讀書高宗曰公度不如卿遂賜俊卿第一

陳師中名守

守俊卿長子父嘗館朱熹於白湖仰止亭使子弟受業焉守寛宏剛直熹題其書室曰敬恕且爲之銘以父廕補官歷太常寺丞工部員外郎凡六授郡符三持使節俱以廉清介特

稱晚爲將作監卒見道南源委

陳師德名定

定俊卿次子人品甚高年十二即知爲己之學每欲見古人歸宿處林光朝與之特厚長從朱熹遊告以聖人之學必有近而易者始遂反而求之生平未嘗應舉以父任爲右承奉郎卒年二十五朱子銘其墓見道南源委

陳師復名宓

宓俊卿季子少事朱熹熹器異之長從黄榦遊榦稱其胸懷坦然無一毫私欲之累嘗爲朱墨銘以驗理欲分寸之多寡

謂朱屬陽墨屬陰以父任歷泉州南安鹽稅主管南外睦宗院知安溪士民不名爲令而稱復齋先生嘉定七年入監進奏院遷軍器監簿言上言三事一宮閫儀範未正宴飲無度非時賜予一人蔬食而嬪御不廢於擊鮮邊事方殷而椿積反資於妄用二朝廷權柄分奪大臣所用非親即故執政擇易制之人臺諫用愼默之士貪吏靡不得志廉士動招怨尤三政令刑賞舛逆鈔鹽變易楮幣秤提敗將躐躋庸夫尹京宿將有功因小過而貶三衙見擢無汗馬而遷轉對又言人主之德貴乎明大臣之心貴乎公臺諫之言貴乎直方今上

下相蒙務於欺蔽惟取專攻上躬與移咎牧守之章騰播中外以答觀聽至如赤地千里蝗飛蔽天輔相燮理深爲忌諱其他誣罔抑又可知此不明之故也凡建議求言則以他事逐諫官稍直則以他職徙忠憤者指爲不端切直者目爲沽名衆怨所萃相繼超升物論所歸以次疏外直節重望以私嫌而久棄老姦宿蠹以巧請而牽復此不公之故也臺諫未嘗委任遇事不敢盡言有如金人再通最關國體侍從生徒莫不力爭獨於言責不出一語輦轂之下乾沒巨萬莫之誰何州縣之間罪僅毫髮摭以塞責大臣欲爲之事則遂之不

右之人則排之此不直之故也疏奏中宫慶壽三衙獻遺爲之罷郤丞相史彌遠不樂語曰子言誠切當第愚昧不能行殊有愧耳尋請罷歸擢大府丞不拜出知南安康軍歲大祲奏蠲其賦十九會流民羣集就役築江隄給食而活之與諸生講論白鹿書院改知南劍州又大旱疫躬率僚吏户給錢粟藥餌蠲逋賦十數萬弛新輸三之一又創延平書院悉倣白鹿洞規改知漳州未行聞寧宗崩嗚咽累日無何請致仕寶慶二年提點廣東刑獄章復三上迄不就以直秘閣主管崇禧觀拜祠命而辭職名得進職一等致仕三學諸生以起

宓爲請而宓沒矣壽爲銘墓宓天性剛毅信道尤篤自言居官必知顔真卿居家必如陶潛而深愛諸葛亮身死家無餘財庫無餘帛庶乎能蹈其語者端平初御史王遂追論其直宜褒以勸天下贈直龍圖閣所著有論語注義問答春秋三傳抄讀通鑑綱目唐史贅疣諸書幷文集數十卷見宋史道學傳

劉子勉名懋

懋建陽人勉之之孫勉之傳見前博學通經受學于劉子翬傳見前得其論著繼從胡憲傳見前始知爲學大旨自是易象天文地

理律歷之奧無所不通授迪功郎任會昌尉西尉兼學事秩
滿奉祠以朝奉大夫致仕杜門掃軌仰師聖賢鄉人子弟多
所造就學者稱恆軒先生著禮記集說語孟訓解見道南源

委子燴炳烱

劉晦伯名燴

燴懋子從朱熹遊登乾道八年進士調山陽簿正版籍吏不
容姦轉饒州録事參軍遷連城令大脩學校教諸生入德之
方乞行經界罷諸色無名征賦斂改知閩縣清簡為治庭無
滯訟大族頑庶莫敢撓法臺府合詞列薦以與丞相趙汝愚

有舊避嫌僞學禁興歸武夷山講道讀書怡然自適築雲莊山房爲終老之計孝宗升遐光宗疾不能執喪人情憂疑寧宗受孝宗禪燏寓書汝愚言前日之事如傷寒熱病狂言迷悶庸醫所驚一旦解散即無苦至於蠱毒中人之害初不知覺觸物而發則必死矣燏意蓋指韓侂胄而汝愚不能用丁父艱服除知德慶府以學校爲重條奏便民五事罷兩縣無名租錢糾集武勇民兵入對請上恐懼修省開言路以廣忠益振公道以進人才飭邊備以防敵患執事議留燏宰臣除自強目爲僞學遂以提舉廣東常平茶鹽痛加裁節以公使

公用二庫贏錢補逋欠亭户轉運司錢嘉定二年召對言公
道明則人心自一朝廷自尊雖危可安公道廢則人心自貳
朝廷自輕雖安可危帝嘉獎除吏部郎中輪對請開張聖聽
顧於經筵講讀大臣奏對反覆問難以求義理之當否政事
之得失則聖學進而治道隆矣乞外除浙西提點刑獄所劾
不避權貴所舉不受干求禁强暴撫善良務儲積以備凶荒
禁科歛以紓民力按歷不憚寒暑多所平反有殺人匿權家
者竟獲之遷國子司業奏言治道原於士風士風本於學術
藝祖干戈甫定之餘召處士王昭素講易禁中累聖相承以

爲先務治教休明儒宗閈出然後六經遺旨孔孟微言自熹發明於千載之後以事父則孝事君則忠世之所謂道學也天下學者誦而習之以論語孟子爲門以大學中庸爲準慶元以來權佞當國惡人議已指道學爲僞屏其人禁其書追惟前日可爲痛哭流涕十餘年間學者無所依向義利不明趨向汙下望其立名節修職業胡可得也乞降明詔罷道學之禁刊行朱熹所註學庸語孟以備勸講録白鹿洞學規頒示太學從之俄兼國史編修實録檢討接件金使於盱眙還言兩淮之地宜加經理於招集流散之中就足食足兵之

計誠能經畫郊野招集散亡約頃畝以授田使無廣占拋荒之患列溝洫以備水且備戎馬馳突之虞爲之具田器貸種糧相其險易聚爲室廬保使相保護連聯以什伍教之擊刺使相糾率鄉爲一團里爲一隊建長立副平居則耕有警則守力餘則戰沿邊諸將各相倣效非止一時之利也帝嘉納之進國子祭酒兼侍立修注官論貢舉五弊權兵部侍郎以郊祀恩封建縣陽縣開國男食邑三百户賜紫金魚袋兼太子左諭德國史實録院同修撰時羣臣爭務容默爚疏請願崇奬忠讜以作士氣深戒諛佞以盡百僚固藩籬選將帥

尤今日不可緩者冬雷奏乞遴選監司以考察貪吏訪求民瘼有澤未下流令未便民者悉以實上聞變而通之則民心悅而天意解矣試刑工二部值憂旱應詔上封事言上既開不諱之門下必有盡言之士在陛下聽之則苦口之藥逆耳之忠棄之則甘言之疾華言之腴矣又言待文吏與待武吏不同文吏任州縣以節用愛人爲本武吏任將帥以醲賞得士爲先願今日上法太祖文吏責以廉恥武吏取以才能權刑吏部尚書兼右庶子仍兼講讀於東宮言帝王之學當本之大學探之中庸參之語孟然後質之詩書玩之周易證之

春秋稽之周官求之儀禮博之禮記而通之歴代之史通鑑之書以知古今之經得失君臣之事鑑則物格知至意誠心於修身治平之道猶指掌矣每講論至經史所陳聲色嗜欲之戒輒懇切再三進讀詩之説退而發明淵源道學以倡諸儒以年過七十請謝事不允比疾疾猶黽勉輔導卒贈紫金光禄大夫官其後賜謚文簡爚簡質端重和易以莊少習家訓長得名師其淵源一出於正著有奏議史稿經筵故事東宮詩解易經解説禮記解講堂故事雲莊外稿續稿若干卷見宋史道學傳

劉韜仲名炳

炳爚弟與兄同受業於朱熹淳熙進士累官兵部郎中朝請大夫著有睦堂類稿四書問目綱目要畧堂銘故事弟炯授進賢丞遷固始令子塡淳熙五年進士知將樂縣孫銓慶元五年進士博通詩禮尤工吟詠爲臨江尉亦有聲見通志

蔡季通名元定

元定建陽人生而穎悟八歲能詩日記數千言父發博覽羣書號牧堂老人以程氏語録邵氏經世張氏正蒙授之曰此孔孟正脉也元定深涵其義旣長辨析益精登西山絶頂啖

蘗讀書往師朱熹熹扣其學大驚曰此吾老友也不當在弟子列遂與對榻講論諸經奥義四方來學者熹必令先從元定質正太常仕寺少卿尤袤秘書少監楊萬里薦於朝以疾辭築室西山將爲終焉之計時韓侂胄擅政設僞學之禁言官連疏詆熹併及元定謫道州州縣捕元定甚急元定聞命不辭家即就道熹與從遊者數百人餞别蕭寺客有泣下者熹微視元定不異平時喟然曰友朋相愛之情季通不挫之志可謂兩得矣衆謂宜緩行元定曰獲罪於天天可逃乎挈其子沉杖屨徒步三千里脚爲流血無幾微見言面至舂陵

遠近來學者日衆莫不趨席下以聽講説愛元定者謂宜謝
絶生徒元定曰彼以學來何忍拒之若有禍患亦非閉門塞
竇所能避也貽書訓諸子曰獨行不愧影獨寢不愧衾勿以
吾得罪故遂懈居貶所二年一日謂沉曰可謝客吾欲安靜
以還造化舊物閱三日卒侂胄既誅贈迪功郎賜謚文節元
定於書無所不讀於事無所不究義理洞見本原下至圖書
禮樂制度無不精妙古書奇辭奥義人所不能曉者一日過
目輒解熹嘗曰人讀易書難季通讀難書易熹疏釋四書及
易詩傳通鑑綱目皆與元定復往復參訂啓蒙一書則屬元

定起稿嘗曰造化微妙惟深於理者能識之吾與季通言而
不厭也及葬以文誄之曰精詣之識卓絶之才不可屈之志
不可窮之辯不復可得而見矣學者尊之曰西山先生所著
書有大衍詳説律呂新書燕樂原辨皇極經世太原潛虚指
要洪範解八陣圖説熹爲之序子三淵沆沉見宋史儒林傳
及宋儒録道學傳

蔡元定貶道州時疾革俄有星若大石墜於牖間頃之元定
逝後數月寓鄰何八公者夢元定云汝可別賃屋我居此間
不便將爲都護所據矣踰旬果有新都監來僦居又一日助

州人歐陽春夢元定曰汝爲我僱六七僕能畚者我得旨許歸葬春昇之往郡中問則歸葬之命已下矣大儒之生爲英死爲靈如此見建寧府志

蔡伯靜名淵

淵號節齋元定長子兄弟三人皆躬耕不仕卓然自立邦之人休士莫能與比而人亦莫知所蘊也元定謫舂陵時奉母家居備極誠孝嘗謂周子無極而太極之説得於易有太極之一言易者變易無體即無極之義真德秀謂其學能言朱子所未言著有周易訓解易意文象意言卦爻辭旨古易協

解大傳易說彖數餘論太極通旨等書見宋史及道南源委

淵弟沆字復之元定次子明春秋大旨及周易等書元定使

長子淵紹其易學季子沉紹其書學而所以發明春秋屬沆

沆一日讀易悟曰易一卦一爻爲義各異謂春秋以一例兼

衆事可乎讀書至道心人心則嘆云春秋二百四十餘年間

諸侯大夫行事發於道心者無幾聖人於賜仲子納郜鼎皆

據大義以止私欲一書綱領在此嘗以敬爲入德門户義爲

一身主宰復爲賢者遷善改過之幾時時以敬義示人與人

講明復卦言當以不遠復爲法以頻復爲戒著有春秋五論

學者稱爲復齋先生見道南源委

蔡仲默名沉

沉元定長子季子少從朱熹遊熹晚欲著書傳未及爲遂以屬沉洪範之數學者久失其傳元定獨心得之然未及論著每曰成吾書者沉也沉受父師之託沈潛反覆者數十年然後成書發明先儒之所未及至今學者傳誦其於第洪範數謂體天地之撰者易之數象紀天地之撰者範之數數始於一奇象成於二偶奇者數之所以立偶者數之所以行故二四而八八八卦之象也三三而九九九疇之數也由是八八而又

八八之爲四千九十六而象備矣九九而又九九之爲六千五百六十一而數周矣易更四聖而象已著範錫神禹而數不傳後之作者推象數之原望變通之好或即象而爲數或反數而擬象牽合傅會自然之數益晦焉始從元定謫道州跋涉數千里道楚粵窮僻處父子相對常以義理自怡悅元定沒徒步護喪以還有遺之金者輒謝卻之曰吾不忍累先人也年僅三十屏去舉子業一以聖賢爲師元定著律呂書演八卦圖爲朱熹所歎服學者罕窺其奧間以問沉毫析繼解至象緯運行陰陽向背歷歷如指掌卜居九峰山當世名

卿物色將薦用之沉不屑就學者稱九峰先生卒謚文定明正統中從祀廟廷成化三年進封崇安伯見宋史及通志人物傳續志理學傳

蔡仲覺名模

模沉長子操行高潔風度夷坦師事朱熹隱居篤學一以聖賢爲師王埜創建安書院請任山長淳祐中用宰相謝方叔湯恢薦補迪功郎添差本州教授令有司録所著書併訪以所欲言模疏言敬義爲萬世帝王心學大旨价人大師等六者爲國家守邦要道又請頒白鹿洞學規於天下嘗輯朱

子書爲續近思録及易傳集解河洛探頤賾大學衍義論語
集疏等書學者稱覺軒先生見道南原委
模弟杭字仲節沆次子紹定二年進士主管刑工架閣文字
召試館職遷秘書正字升校書郎兼樞密院編修歷諸王宫
大小學教授奏對論正心及内降斜封之弊又言權奸不可
復用國本不可不早定帝善其言累遷工部侍郎權吏部尚
書除端明殿學士同知樞密院事寶祐四年拜叅知政事致
仕卒謚文簡以犯祖諱更謚文肅見宋史
按元定四孫模杭權格其父發其子淵沆沆凡四世相承名

儒有九

楊子直名方

方長汀人清修篤學行已拔俗孝宗隆興元年登進士調弋陽令尉不赴謁朱熹於崇安面受所傳改清遠簿廣東廉憲姚孝資檄攝曲江以廉介剛直改武穴寍丞秩滿當路交薦趙汝愚帥蜀辟管機宜尋薦於朝召對擢宗正簿乞外通判吉州淳熙末知建昌軍召爲樞密院編修官首疏乞光宗朝孝宗於重華宮辭甚懇切寍宗立除秘書郎出知吉州僞學禁起坐趙汝愚朱熹黨罷居贛州閉户讀書所居植竹自號

淡軒老叟學禁稍弛起知撫州乞祠以歸嘉定中召爲考功
郎官復積忤去尋以鯁介老成除直寶謨閣廣西提刑至則
循歷屬部發摘奸貪至桂嶺卒年七十六八見道南源委及

通志人物傳

楊通老名楫

楫福鼎人登淳熙五年進士與楊方楊簡爲朱門高時號三楊
楊楫剛介有守調莆田尉閩帥程叔達苛政移縣括逃田楫
歷疏其不便叔達憾焉秩滿見叔達陳對無所屈罷去漕使
林祈祁謂叔達曰以一尉敢與帥忤大是奇事遂薦諸朝累

官司農寺簿劄論進君子退小人勿狥左右之請以重中書
之權飭執政之臣可否相濟同寅協恭奬廉靜之操禁奔競
之風語多風厲除國子博士轉少卿臺臣或干以私答曰臺
有紀綱學有規矩各守其職出知安慶移湖南提刑江西運
判終朝散郎著奏議悅堂集見福寧府志

楊子權名興立

興立建安人少篤學研究理學與從弟道夫字仲思同受業
於朱熹知遂昌縣因家蘭溪學者宗之所輯有朱子語録二
十卷學者稱鉛山生先生見通志文苑傳續志理學傳

楊志仁名復

復福安人朱子門人得其正傳與黃幹劉子淵陳日湖友善後受業於黃幹勁特通敏學問精深而精於考索真德秀知福州即郡學創貴德堂以居之著祭禮圖十四卷儀禮圖解十七卷又有家禮雜説附註二卷學者稱信齋先生見通志人物傳及道南源委

楊至之名至

至晉江人受業朱熹之門以文學名於時嘗作天道至德聖人至教二圖末言君子法天從政如風動以教善雷擊以懲

妌蔡元定奇之妻以女所著有文公語録二卷見續志理學

傳

童蜚卿名伯羽

伯羽甌寧人入雲谷師事朱熹充然有得時學禁方厲遂閉

户不出讀書樓上熹嘗造訪之名其樓曰醉經堂曰敬義由

是伯羽以道自任日以敬義之化化行鄉里趨向彌衆著四

書集成學經行義羣訓解晦菴語録時人稱敬義先生見道

南源委

江德功名默

默崇安人乾道進士調安溪尉丁外艱歸詣武夷從朱熹講學著易訓解易注疏四書訓詁以質熹熹曰此先聖未發精奥也嘗考國朝典章撰細策三十六卷上之後守建甯有異政卒於官見道南源委

祝伯和名穆

穆字伯和一曰字和甫其先新安人後移居建陽人也少孤祖確物色朱松妻以女穆因是得與弟癸同事朱熹往來荆楚吳越間所至必窮日登眺探幽搜奇平生好著述書無不覽卜隱於縣治南溪上著有性理大全方輿勝覽四書附

録事文類聚等書盛行於世學者稱樟隱先生卒謚文修祀
先儒祠子洙亦從熹遊得聞緒論纂四書集經附録書上以
蔡杭薦除興化軍見建陽縣册及通志人物傳
李守約 名閎祖
閎祖光澤人父呂少受庭訓復登朱熹之門篤志問學強力
精思議論議切實熹每稱之留家塾編中庸章句或問輯畧
嘉定四年登進士廷調臨桂簿提刑方信孺待以國士漕使
陳孔碩引以自助暇日詣學講明義理訓迪諸生桂士之習
丕變辟古田令再辟廣西帥經幹勤慎明恕諸司翕然論薦

攺秩未赴卒有問答十卷弟相祖壯祖並從朱熹遊朱熹命
相祖編書說三十餘卷辯質詳明用心精切壯祖尉閩清熹
嘉其有志真德秀薦其爲人物典型見邵武府志
許順之名升
升同安人朱熹爲同安簿升從之遊天性恬澹不以物欲累
心熹語録載其問答之語居多後復從朱熹於建陽所學益
進既卒熹深惜之有孟子說易解禮記文解同邑王力行亦
遊熹門著有朱氏傳授支派圖見泉州府志
劉德言名剛中

剛中邵武建寧縣人自少慷慨力學喜老莊荀楊之書讀契於心每事爲之贊及登朱熹門熹曰老莊書壞人心術非所宜學自是篤志正道熹易其字曰近人與黃幹友善既歸築室講學邦之人士翕然從遊有不遠盱贛而來者兩薦於鄉登嘉定四年進士調漢陽簿再調蘭溪丞卒熹之子在狀其行有述師友問答一卷見邵武府志

張叔澄名彥清

彥清浦城人紹熙元年進士初主光澤簿嘗被檄試士三山時僞學之論方熾同列以是發策士子希主司意爭詆先儒

彥清獨取持論不阿者陳自強嘗校文於建寧彥清其所取士也及自強爲相屢欲鈎致彥清弗屑就後自強敗衆服其有守歷知慶元縣彥清初從朱熹遊得其大旨及仕光澤與隱君子李公呂遊質疑辨惑造詣日深其爲人以孝友忠信爲本根潔廉勁挺爲質幹親早歿恨養弗逮不茹肥甘服美者終身女兄未嫁捐所有資之少從鄉先生徐翔學徐欲妻以女未及而死既與薦有富室將女之彥清曰忍負徐公仕雖久家無旬月儲歲暮貧且迫里人欲餉之曰得錢固所欲然非吾本心卒不受晚宰慶元目眚作然兩造在庭猶諄之

至前兇女語之人人得吐情實吏束手不欺能欺以疾請主管台崇道觀見何喬遠閩書及通志人物傳

熊以寧

以寧建陽人少從朱熹遊淳熙五年進士授光澤主簿剛直正大一介不妄取與嘗曰學顏子之學志伊尹之志分内事也有大學釋義中庸續說行世見閩書

廖子晦名德明

德明順昌人少學釋氏及讀楊時書大悟遂受業朱熹登乾道五年進士初德明爲諸生時乞夢大乾廟見懷刺候謁題

曰宣教郎既舉進士以宣教郎知莆田縣憮然不欲赴朱熹語之曰成毀有數凡物則爾人則趨向不同禍福隨變克廣德性力行善事吾子事也又何疑焉德明拜受教至縣重風教毀淫祠況其像於江有達官請邑旁閒地以益宅德明堅持不許守會僚屬諷之正色曰請邑地即以地予今請郡地明府即以正堂讓之耶達官聞而氣沮守亦慚服累知潯州有聲諸司交薦之德明曰今老矣況以道狗人乎固辭不受遷廣東提舉刑獄彈劾不避權要歲當薦士朝貴卞多以書託之德明曰此國家公器也悉不啟封還之有鄉人爲主簿

德明聞其能薦之會德明行縣簿感其知己置酒延之假當民觴豆甚盛德明怒曰一主乃若是侈耶必貪也於是追還薦章其公嚴類如此盜陷桂陽迫韶州韶人懼德明燕笑自如遣將馳擊而親持小麾督戰大敗之乃分戍守遠斥堠明賞罰宣布威信韶晏然如平時徙知廣州遷吏部左選郎官奉祠卒德明初爲潯州教授爲學者講明堅聖賢心學之要在南粵時立師悟堂刻朱子家禮及程氏諸書公餘延僚屬諸生親爲講說遠近化之平居嘗語人曰吾自始仕以至爲郡惟用三代直道而行一句而已僞學禁嚴確守師說不爲

時變著有文公語錄春秋會要槎溪集行世見宋史道學傳

參通志人物傳

傅景初名伯成

伯成晉江人自得子早就執經朱熹之門隆興元年與兄伯壽同登進士知連江縣以慈惠稱遷太府寺丞疏言呂祖儉不當以上書貶朱熹不當目以僞學又言朋黨之弊起於人主好惡之偏與權臣意不合出知漳州律己愛民悉遵行朱熹遺意遷工部侍郎時韓侂胄議開邊語尚秘伯成言天下之勢譬如乘舟歲月既久罅漏寖多苟安旦夕猶懼覆敗

乃欲徽倖圖古人之所爲難臣則未之知也相府災同列相
率往唁或以爲偶然成伯成正色曰天意如此正官司相規
時也以爲偶然可乎宰相色動遂陳三事一曰失人心二曰
隳軍政三曰開邊釁言甚痛切進右司郎中出爲湖廣總領
朝議欲納金人之叛降者伯成言不宜輕棄信誓乞戒將帥
毋使生事御史中丞鄧友龍劾罷之嘉定門初除户部侍郎
左諫議大夫在職五十餘日而抗疏十三皆軍國大議史彌
遠與左相不協或致彌遠意欲使有所彈劾將引以共政伯
成謝曰吾豈傾人以爲利者疏奏乞詔大臣以公滅私左遷

權吏部侍郎，出知建昌、鎮江二府，致仕歸。寶慶初，以先朝元老召，尋以寶文閣學士提舉佑神觀，奉朝請。時大理寺評事朝夢昱坐論諫貶，遂抗疏言：「陛下以共工、驩兜之罪加之言事之臣，今廷臣無一人論救，萬一死於瘴癘，陛下有殺諫臣之謗，史策書之，有累聖治。」不報。明年，加龍圖閣學士，提舉鴻慶宮。伯成性姿純實，表裏洞達，每稱人善，不啻己出，語及奸人誤國害正，則詞色俱厲。疾革，猶手草遺奏。卒年八十四，贈開封府儀同三司，謚忠簡。著有竹隱居士集三十卷、奏議十卷、耄志六卷。見泉州府志參通志人物傳

右自黄直卿至此皆朱子門人

陳祐之名祥道

祐之宋史作用之閩清人治平四年進士嘗著禮書一百五十卷與弟暘所著樂書並行於世近臣以禮書聞哲宗詔尚書給筆札抄録除國子監直講遷館閣校勘兼太常博士終秘書省正字其禮書序畧曰臣嘗考六藝百家之文以究先王禮樂之迹凡寓於形名度數者必辨其制凡藏於道德仁義者必發其藴發憤二十年著成禮書總一百五十卷其於歷代諸儒之論近世聶崇義之圖或正所失或補所闕庶

幾古人之髣髴可以類推又有論語句解行於世見宋史藝
學傳及閩書

陳晉之名暘
暘祥道弟與祥道皆以禮樂顯名中紹聖制科授順昌軍節
度推官徽宗初遷太學博士改秘書正字禮部侍郎趙挺之
言暘所著樂書二十卷貫穿明備乞援其兄祥道進禮書故
事給札既上遷太常丞進駕部員郎爲講議司參詳禮樂官
與魏漢津議樂用京房二變四清以爲五聲十二律樂之正
也二變四清樂之蠹也二變以變宮爲君四清以黃鍾清爲

君夫事以時作固可變也而君不可變太簇太呂夾鍾或可分也而黃鍾不可分豈古人所謂尊無二上之旨哉時論方右漢津紲賜議進鴻臚太常少卿以禮部侍郎以顯謨閣待制提舉醴泉觀卒年六十八見宋史藝學傳

劉執中名彝

彝閩縣人若虛從子從胡瑗學登慶歷六年進士爲邵武尉調高郵簿移朐山令恤孤寡作陂池教種藝平賦役抑姦猾邑人紀其事目曰治範熙寗初爲制置三司條例官以言新法非便罷神宗擇治水官除彝都水丞爲兩浙轉運判官知

處州俗尚巫鬼不事醫藥彝著正俗方訓飭尚鬼之俗使易
巫爲醫俗遂變加直史館知桂州禁與交人互市以交趾陷
欽廉邕三州坐貶均州團練副使安置隨州又除名編隸涪
州徙襄州元祐初復以都水丞召卒於道贈銀青光禄大夫
初彝明胡瑗學熙寧三年召問從學何人對曰臣少從學於
安定胡瑗神宗曰其人文章與故王安石孰優彝曰胡瑗以
道德仁義教東南諸生時王安石方在場屋修進士業臣聞
聖人之道有體有用有文君臣父子仁義禮樂歷世不可變
者其體也詩書史傳垂法後世者以其文也舉而措之天下

能潤澤其民歸於皇極者其用也國家累朝取士不以體用爲本而尚聲律浮華之詞是以風俗媮薄臣師瑗當寶元明道之間尤病其失遂明體用之學以授諸生二十餘年始自蘇湖終於太學故今學者明聖人之體用以爲政教之本皆臣師之功也神宗曰其門人今在朝爲誰對曰若錢藻之淵篤孫覺之純明范純仁之直溫錢公輔之簡諒皆陛下所知也神宗悅著有七經中義百七十卷明善集三十卷居易集三十卷水經注禮記大全等書見宋史參通志人物傳

黃繼道名祖舜

祖舜福清人宣和三年進士累任至軍器監丞入對言銓曹專用資格擢任縣令苟若委郡守選擇汰其尤無良者上然之出爲泉州通判將行上言經天下亂後多有抱道懷德之士老於韋布自今乞於科舉外訪求學行修明孝友純篤者令縣薦之州州延之學以表率多士其有篤卓行尤異者州以名聞是亦鄉舉里選之意下其奏禮部留爲倉部郎中遷右司權刑部侍郎兼侍讀徽宗時進論語講義上命金安節校勘言其詞義明粹令國子監板行尋知樞密院事嘗駁奏梁舜鄧漢鄧乃梁邦彥養子不可加恩澤知池州劉堯仁知

新州韓彥直不得倖升秘閣修撰故資政殿學士楊愿陰濟
秦檜中傷善類不宜加恩秦熺預其父檜謀議不宜死贈太
傅皆見施行金人侵淮大將劉錡病不能軍諸將劉汜敗王
權走上欲誅權汜祖舜曰將敗罪不可赦然劉錡病篤素有
大功一旦誅此二人錡必愧憤而死是兵一敗國家遽失三
將得無快敵心乎高宗嘉納之卒謚莊定所著論語講義朱
熹多引用之其他易詩禮說歷代史議凡數萬言又有遺文
十五卷見道南源委參宋史侍從傳
胡康侯名安國

安國崇安人宣義郎淵子少以文章名入太學以程頤之友朱震文及穎川靳裁之爲師裁之與論經史大義深器重之聖紹聖四年進士初廷試考定第一宰執抑之時發策欲復熙寧元豐之制安國推明大學格致誠正之說以漸復三代爲對哲宗命再讀注聽稱善親擢第三除太學博士足不躡權門提舉湖南學事蔡京惡之會應詔舉遺逸安國以永州布衣王繪鄧璋薦二人范純仁客也零陵簿李良輔希蔡京意誣爲鄒浩請託京怒命湖南提刑推治除安國名未幾良輔以罪抵法臺臣直前事復原官提舉成都學事丁內外艱

終喪謂子弟曰吾昔爲親而仕今雖有祿萬鍾將何所用遂稱疾築室墓旁耕種取給將終身焉宣和靖康間李彌大吳敏譚世勣合薦皆辭朝旨趣行靖康元年至京欽宗留初詞掖以待一日方午亟召入見安國奏曰明君以務學爲急聖學以正心爲要心者萬事之宗正心者揆事宰物之權願擢名儒明於治國平天下之本虛懷訪問深發獨智次言爲天下國家必有一定不可易之計謀議既定君臣固守凡有志必成治功可立今南向視朝半載矣而紀綱常紊風俗益衰施置乖方舉動煩擾大臣爭競而朋黨之患開百執窺覦而

浸潤之姦作用人失當名器愈輕出令數更士民不信若不乘勢更張竊恐大勢一傾不可復正乞飭大臣各令展盡底藴畫畫一具進宣示臺諫隨事疏駁若大臣議詘則參用臺諫之言若疏駁不當則專守大臣之策斷自宸衷按爲國論以次施行敢有動摇必罰無赦庶幾新政有經可冀中興語未竟日昃暑甚汗浹上衣遂退留安國詞掖召試時門下侍郎耿南仲見安國論奏斥以誹謗聖德且曰安國不宜召試往時不事上皇今又不事陛下有不臣之意上曰渠以病辭初非有向背也每臣僚登對即問識胡安國否中丞許翰曰

自京得政士大夫無不受其籠絡惟此人超然遠跡不爲所汙上嘆息遣舍人晁説之宣旨除中書舍人賜三品服安國乃就職中書侍郎何㮚建議分天下爲四道置四境帥臣以都總管爲名各付一面以衛王室捍強敵安國言内外之勢適平則安偏重則危今州郡太輕理宜通變若一旦以數百州之地三十三路之廣分爲四道遽令事得專決財得專用官得辟置兵得誅賞權恐太重萬一抗衡跋扈號召不至何以待之與㮚議忤時㮚方容説欽宗以京師不可守則出幸山南可以入蜀意欲自當南道之任閲安國奏大駭曰康侯

人物之表乃專以異議爲高適安國論吏部侍郎馮澥忤耿
南仲意宰相唐恪何㮚復擠之居省僅一月詔與㮚以安國
苦足病海門卑濕除知通州去甫逾旬金兵圍都城亟召不
得達或憂其子寅爲郎尚在城中安國愀然曰主上在圍中
人臣恨效忠無路敢念子乎高宗即位以給事中召安國言
前以繳奏偏觸權貴今中興始建政事弛張人才升黜若一
一駁繳駁必更得禍乃託疾以辭黄潛善惡之諷執給事中
康執權論其託疾罷之建炎三年樞密張浚薦安國大可用
再除給事中聞駕幸吴越引疾還紹興元年仍以中書舍人

兼侍講入對獻時政論十二篇其目曰定計建都設險制國卹民立政聚實尚志（一作立志）正心養氣宏度寬隱論定計曰陛下履極六年以建都則未有必守不移之夫居以討賊則未有必操不變之術以立政則未有必行不反之令以任官則未有必信不疑之臣舍今不圖後悔何及論建都曰宜於建康以北或關中河內爲興復之基論設險曰欲固上流必保漢沔欲固下流必守淮泗欲固中流必鎮安陸論尚志曰當決意恢復中原祗奉陵寢掃平讎敵迎復兩宮論正心曰勘定禍亂裁決戎務必本於方寸願亟選正臣多聞識有志

慮敢直言者置諸左右日夕討論以宅厥心論養氣曰用兵之勝負軍旅之強弱將帥之勇怯係人君所養之氣何曲直何如願強於爲善益新厥德使無一可議則至剛可以塞兩間一怒可以安天下矣餘制國卹民立政豪實宏度寬隱六條言皆切直居旬日以疾求去高宗曰聞卿深於春秋方欲講論遂以左氏傳付之點句正音安國奏春秋經世大典見諸行事非空言比今方思濟艱難左氏繁碎不宜虛費光陰莫如潛心聖經上從之兼侍讀使之專講春秋會除故相朱勝非同都督江淮荊浙諸軍事安國奏勝非昔與黄潛善汪

伯彦同在政府緘寄附會討釀成渡江之變尊用張邦昌結好金國淪滅三綱天下憤鬱今強敵憑陵用人得失係國安危若用以都督江淮恐悞大計乃改勝非侍讀安國復持録黄不下左相吕頤浩稱勝非處苗劉之變苗傅劉正彦二人俱叛逆者能調護聖躬特命黄龜年書行安國自劾求罷因言昔公羊氏言祭仲廢君爲行權先儒力排其説謂權宜廢非所宜施於君父春秋大法尤謹於此邇來忘君失節者非特釋而不問復加選擢大非君父之利臣以春秋進講而與勝非同列有違經訓遂卧家不出頤浩引勝非爲助言其偃蹇朝命降旨

落職提舉建昌軍仙都觀秦檜雅重安國是夕彗出東南檜三上章乞留不報亦解相印去御史江躋司諫吴表臣亦極言安國當留頣浩即黜躋等二十餘人以應彗變及勝非相安國浩然而歸渡江休於衡嶽之下作書堂其間紹興五年除徽猷閣待制知永州辭不赴詔以經筵舊臣特從其請差提舉江州太平觀令纂修所著春秋傳三十卷安國比事屬辭詞嚴義正以正誼明道貴王賤霸尊君抑臣謹禮慎微爲權衡而大要以親賢遠奸爲強於爲善之旨一篇之中三致意焉書成上之高宗屢對近臣稱善謂深得聖人之旨除提

舉萬壽觀兼侍讀諫官陳公輔上疏詆安國假託程頤之學
乞禁之安國奏曰孔孟之道不傳久矣自頤兄弟始發明之
然後知其可學而至今今學者師孔孟而禁不得從頤學是
欲入室而不由户也本朝自嘉祐以來西都有邵雍二程關
中有張載皆以道德名世公卿大夫欽慕而師尊之會王安
石蔡京曲加抑排抑故其道不行望下禮官討論故事加之
封爵載在祀典襃其遺書校正頒行使邪説者不得作奏入
公輔與中丞周祕御史石公揆交章論安國學術頗僻復提
舉江州太平觀高宗念訓經納諫之忠特進寶文閣直學士

辛年六十五詔贈四官謚文定又詔加賻賜田十頃明正統
間從祀孔子廟廷成化三年追封建安伯安國強學力行以
聖人爲標的志於康濟時艱登第四十年歷官不及六載雖
數以罪去而愛君遠國之心遠而彌篤朱震被召問出處之
宜語曰子發學易半生此事當素定世間惟講學論政不可
不切切詢究至於行己大致出處去就如人飢寒温飽自斟
酌不可決於人亦非人所能決也吾平生動止皆内斷於心
至於浮世利名如蠛蠓過前何足道哉故自渡江以來稱儒
者進退合義必以安國尹焞爲首始頗重秦檜及擅國柄遂

與之絶所與交者惟游酢謝良佐楊時皆程門高弟良佐嘗語人曰康侯如大冬嚴雪百草萎死而松栢挺然獨秀侯仲良常歎曰志在天下視不義富貴如浮雲者二程之外一人而已其使湖北也時方爲府教授良佐爲應城宰安國質疑訪道禮之甚恭王安石廢春秋不列於學宮安國謂先聖手所筆削乃使人主不得聞講説學士不得相傳習亂倫滅理可乎潛心是書二十餘年以爲天下事物無不備于此著有文集十五卷資治通鑑舉要補遺一百卷三子寅宏寧見宋史道學傳參通志人物傳

胡文定少時性卞急嘗怒一卒至親毆之卒輒抗拒無可如何忽入書室中作小册寫盡經中文有寬字者於册上後遂不復性急矣見建寧府志

胡文定轉徙流寓至於空乏然貧之一字絕口不道嘗語弟子曰對人言貧意將何求張忠定公詠嘗曰廉不言貧見李九我宋賢事彙

胡文定負傑出絕異之資見善必爲必要其成知惡必去必絕其根自幼時已有出塵之趣登第後科後同年宴集飲酒過量是後終身不復醉嘗好弈碁先令人責之曰得第一德

業竟止是奕耶後絶不復奕爲學官京師同僚勸之買妾事
既集慨然嘆曰吾親待養千里之外曾是以急遽寢其議亦
終身不復買妾也在沙長沙日行部過衡岳愛其雄秀欲一
登覽已戒行矣俄而曰非職事所在即止罷官判南僚舊餞
公於渚宮夙戒優伶以待而楊龜山具朝膳留公鮭菜蕭然
引觴自酌徐酌置語孟几案間清談講論不覺暮晷壬子赴
闕闕過上饒有家居從臣治饌延公飾姬妾奉酒爲壽公蹙
然曰二帝蒙塵國步阽隍豈吾徒燕樂日其人赧而止凡辭
受取舍一介之微必度於義恬靜簡默雖閑居獨處未嘗釋

手每晨昏子弟定省必問所業有合意則曰士當至於聖人

勿臨深爲高見怠慢不虔必嚬蹙曰流光可惜無爲小人之

歸子弟或近出宴集雖夜已深猶未寢必俟其歸驗其醉否

且問其所集何客所論何事有益無益以是爲常士子有自

遠來學者隨其資性而接之大抵以立志爲先忠信爲本以

致知爲窮理之漸以主敬爲持養之要每誦曾子之言曰君

子愛人以德小人愛人以姑息見閩書

附明彭時重修胡文定公書院記

記曰崇安爲建寧望縣武夷先生胡文定公之居在焉宋

宋乾道中已祠先生於學而文定書院則自才元至正辛卯縣尹彭庭堅始建書院在今四隅之里之興賢坊其制右爲禮殿奉宣聖及四子侍坐像左爲祠肖先生像居中而以先生從子籍溪致堂茅堂五峯四君子配焉祠之後有堂前有重門翼有廊廡名其門外曰文定書院蓋以表崇先賢且欲以待來學也其意美矣然歲久滋獘近雖有修葺之者而棟宇傾摧靡焉欲壓天順八年秋八月建甯太守劉公行縣至崇安因入謁焉憮然有感乃捐己俸率鄉貢士暨文國子生藍璣輩各助貲庀材新之而命大使王仲董其事易朽除腐

飾漫漶以鮮潔規制雖仍乎舊而煥然一新觀者爲之起敬
以是年十月始事越三月而告成成之明年夏太守考績至
京語余以其故且屬記焉竊聞崇安自名縣以來忠臣賢士
之生多矣然道學之傳惟胡氏爲盛泝其淵源實自先生始
蓋先生姿禀絶異早聞伊洛微言於游楊謝三君子而以講
明踐履於家成其子從俱爲大儒遂啟新安朱氏東萊呂
氏南軒張氏之傳而道學益盛以顯至其生平著述皆有關
名教而發明春秋之功爲尤大蓋春秋孔夫子之親筆聖人
經世之志在焉非若他經可以訓詁通自左氏公穀以來傳

註之行無慮百家意舛辭僻卒無定說聖人之宏綱大旨往往鬱而不明致使王安石詆爲斷爛朝報直廢棄之不列於學宮庸非是經以衆說晦而安石無獨見之明故邪先生自壯年即知服膺是經心領神悟獨得聖人之精微當宋南渡時執政進講深見獎重及承詔作傳乃參考百家一折衷之以至理推闡微辭發明奧義其於扶三綱叙九法抑邪說正人心與夫尊王賤霸內夏外夷之意尤惓惓焉自是春秋之大義復明明矣於戲周東遷而春秋作宋南渡而傳義明先聖後聖千古一心豈斯文興故自有其時歟鄉使安石幸而

生先生之後得聞其說將崇信是經之不暇而何敢詆棄之邪惟其不幸出於先生之前不能超衆說以有見是以得罪得於聖人取譏於後世也然則先生之於經誠可謂繼往聖於未絕開來學於無窮其衛道息邪之功於是爲大矣我朝推崇先生列諸從祀誠萬世之公論而崇安乃先生鄉邑烏可無專祠以起後人之景仰也哉此宋太守所爲盡心於書院而不敢後也繼今學者仰而瞻其容俯而讀其書一惟其道德言論是式是循庶幾進德修業卓有成效然後無負于太守表章風勵之意太守名鉞字仗德世家安成爲贈學士

忠愍公之子浙江憲使釪之兄父子兄弟相繼以春秋第進
士而太守爲政尤汲汲于重名節表風俗宜其學有所本且
知所自云

附國朝沈涵重修胡文定公祠記曰涵少治春秋讀文定
先生傳始知聖人之微言大義實賴先生發明之讀其書輒
想見其爲人居恒竊自念欲得一過先生里居瞻瞻其廟貌
以志景仰而越水閩山相去二千餘里曾無因而至焉後以
是經得第叨列侍從之班去閩愈遠欲一至而愈無因矣前
歲奉命視學茲省竊喜是行也可早酬夙志迨由仙霞入

閩始知先生祠在崇安非驛路所經例不敢往歲科二試兩至建郡尤一意拜堂下而報政日迫每試一郡期不過閱月試畢即按他郡崇安去郡城數百里又不得竊遊旁適而先生之祠如隔雲霄萬里之外可望而不可即矣考邑志祠在舊學傍創自元代涵近列疏恭請 御書額匾以表揚先生之盛德大業既得所請而邑令王君以爲祠久傾壞不治且就盡涵慨然曰是予川祭之思也夫春秋一書明王道正人倫治世之善經也第微言大義往往寓褒譏於一字中學者莫得窺其奧自夫子沒而左邱氏公穀氏之徒各爲之傳

互相牴牾當西漢立學已聚紛如訟紛如至膏肓廢疾之説起而後學一無所指歸矣宋熙豐間王安石當國廢春秋不列於學校三綱淪而九法斁是何異於車之偏輪轅而奔馬之脱銜棄勒而走豢猛獸之决汁去其防而使之跳梁於外也欲其車之不覆馬之不蹶而猛獸之不噬人也烏可得哉無惑乎國是日非卒有南遷之禍而宋遂以不競獨先生於時得濂溪之傳潛心是經著於傳而發明之而聖人褒譏之旨始曉然於天下後世其在經筵復援引大義侃侃論奏忠君愛國之心毅然見於言表先儒稱爲歲寒松栢挺然獨

秀洵不誣也今先生書久已刋布學宫爲制科標準涵自窮

居講貫以至立朝佩服四十餘年謬司學校之衡方隕越是

懼其於先生祠宇敢不重加葺理以酬夙志今秋王君以事

來會城因量捐俸爲倡俾董厥務舊祠止存像祀一堂王重

葺而新之其他自坊表享堂左右廊廡以及門闌牆垣階砌

之屬舊無一存皆王君獨力重建也工始於冬初逾月而王

君繪圖郵告成功且請記之涵雖未獲登堂瞻拜而喜先生

之祠煥然改觀得厠名其間藉有榮寵且嘉王君之能以儒

術飾吏治克成予志而建之人士咸有所觀感興起也遂書

而勤之石

胡文定公與子書曰立志以明道希文自期待〔程子名灝稱明道先生朱子稱其十四五歲便學聖人范文正公名仲淹字希文朱子稱其自做秀才便以天下爲己任〕立心以忠信不欺爲主本行己以端莊清愼見操執臨事以明敏果斷旦辨是非又謹三尺〔法律也〕考求立法之意而操縱之斯可爲政不在人後矣汝勉之哉治心修身以飲食男女爲切要從古聖賢自這裏做工夫其可忽乎

胡文定公曰人須是一切世味淡薄方好不要有富貴相孟子謂堂高數仞食前方丈侍妾數百人我得志不爲學者須

先除去此等常自激昂便不到得墜墮（沈溺於污下也）常愛諸葛孔明當漢末躬耕南陽不求聞達後來雖應劉先主之聘宰割山河三分天下身都將相（都猶居也）手握重兵亦何求不得何欲不遂乃與後主言成都有桑八百株薄田十五頃子孫衣食自有餘饒臣身在外別無調度不別治生以長尺寸若死之日不使廩有餘粟庫有餘財以負陛下及卒果如其言如此輩人真可謂大丈夫矣

汪信民嘗言人能咬得菜根則百事可做胡康侯聞之擊節歎賞（擊節猶言拍案）文定公於世味一切淡泊故聞斯言而心喜朱

子曰學者須常以志士不忘在溝壑爲念則道義重而計較生死之心輕矣況衣食外物至微末事不得未必便死亦何用犯義犯分役心役志營營以求之耶某觀今日人因不能咬菜根而至違其本心者衆矣可不戒哉

胡明仲名寅

寅安國從子將生安國弟婦欲不舉安國妻夢大魚躍水中急往取取而子之少桀黠父閉之閣閣有雜木寅刻爲人形安國曰當有以移其心別置書數千卷寅悉成誦不遺一卷中宣和進士中書侍郎張邦昌欲妻之不肯靖康初何㮚薦

除秘書省校書郎楊時爲祭酒寅從受學遷司門員外郎金
人以張邦昌僞立寅棄官歸建炎二年高宗幸建康金陵樞密
使張浚薦爲駕部郎官擢起居郎金人南侵詔議移蹕之所
寅上書高宗反覆萬言謂當糾合義師北向迎請不宜亟居
尊位偷安歲月敵入關陝漫不捍禦盜賊橫潰莫敢誰何元
元無辜百萬塗地方且製造文物講行郊報自謂中興不思
久圖一向畏縮此皆失人心之大者自古中興之主所以能
克復舊物莫不志思雪恥以此號召四海誓以戰伐天下忠
義武勇必雲合響應陛下凡所欲爲孰不如志未有乘衰微

關絶之後苟且以爲安而能久者又言漢武帝唐太宗其得志四裔必併吞掃滅而後已今乃以仁慈之道君子長者之事望於凶頑之粘罕有是理哉且納賂則孰富於京室納質則孰孰重於二聖反復計之所謂乞和決無可成之理今日圖中興之策莫大於罷絶和議務實效去虛文治兵擇將誓戡大憝孝弟之實也屈己求賢信用羣策求賢之實也不爲面從必將心改苟利於國即日行之納諫之實也擢智勇忠直之人駕馭以恩威結約以誠信任將之實也汰疲弱擇壯勇申明階級變易驕悍治軍之實也遴選守刺久於其官痛

刈姦贓廣行寬恤愛民之實也若乃遣使乞和冀幸邀請和
顔泛愛外示其禮醜正直內輕其言親厚庸奴等威不立敎
習兒戲紀律蕩然單須戎具征求取辦蠲租赦令苟以欺之
皆虛文耳願以此六實奮行之無徒戴黃屋建幄殿立仗警
衛贊者引百官入奉起居以此度日彼粘罕方晝夜厲兵跨
河越岱電掃中土有吞吸江湖蹂踐衡霍之意以此較彼孰
勝孰負孰得孰失乎又言君子小人勢不兩立仁宗朝君子
最多小人亦時見用然罪著即斥君子亦或見廢然忠顯即
收故能成當世之功貽後人之輔神哲以後斥絕君子一去

不還崇信小人一任不改豈惟敗當時之政且以貽後世之害今君子既日遠而銷亡小人方蕃息而未艾所以誤國破家至毒至烈明主可不深畏而痛戒之哉宗澤一老從官耳猶能推誠感動北連懷衛同迎二聖尅期密應者無慮數十萬何况陛下乎又言陛下身爲子弟欲北向而有爲將見舉四海爲陛下用期以十年必能掃除妖殄遠迓父兄稱宋中興疏入宰相呂頤浩惡其切直除直龍圖閣主管江州太平觀二年詔内外官各言事寅復應詔上十事曰修政事備邊陲治軍旅用人才除盜賊信賞罰理財用核名實屏讒佞去

奸慝疏入不報出知永州紹興四年復召爲起居郎遷中書舍人賜三品服時議遣使入雲中寅上疏請罷使命曰自丁未以至甲寅所爲卑辭厚禮遣使不知凡幾矣然能知二聖之所在聞二聖之聲音得女眞之要領者果何人與但見歸未息肩而黃河長淮大江相繼失陷女眞知中國所重在二聖所懼在劫質所畏在用兵故爲此以餌中國不意坐受鉗餌既久而不悟也詞旨剴切高宗謂深得獻納論思之體召至都堂獎諭既而張浚自江上還奏遣使爲兵家機權竟反前旨寅復奏遣使有十無益今日大計只合明復讎之義用

賢修德息兵訓民以圖北向倘或未可則堅守待時若夫二
三其德無一定之論必不能有所立其說與浚異遂乞便郡
就養先是寅上言近年書命多出詞臣好惡之私或飾貌相
悅含怒相讐使人主命德討罪之意不伸自今乞以爲戒故
寅所擬詞多誥誡之旨辨宣仁聖烈之誣及行遣章惇蔡卞
詞皆寅撰進由是忌嫉者衆竟除徽猷閣待制改知永州召
爲禮部侍郎徽宗與甯皇后訃至朝議用故事以日易月寅
疏言禮經不復則服不除願降詔服喪三年衣墨臨戎以化
天下兼侍講丁父憂免喪除徽猷閣直學士以避秦檜乞致

仕提舉江州太平觀歸衡州檜素忌寅雖告老猶憤之坐與
李光書譏訕朝政落職右正言章復劾以不持本生母服及
諫通鄰好責授果州團練副使新州安置檜死詔復其官卒
年五十九學者稱致堂先生寅志節豪邁其文根著理義理
在謫所著讀史管見論語詳說有斐然集三十卷見宋史道
學傳參通志人物傳

胡仁仲名宏

宏安國子幼事楊時及侯仲良年十五自爲論語說編程氏
雅言旦夕玩誦安國懼其果於自用乃授以所修通鑑舉要

於是肆力研窮卒傳其父之學優游衡山下二十年玩心神
明不舍晝夜張栻師事之紹興間上書其畧曰治天下有本
仁也何謂仁心也心官茫茫莫知其鄉其體有所不察則不
知有所顧慮有所畏懼雖有能知能察之良心亦浸消亡矣
此臣之所大憂也良心充于一身通于天地爲宰制萬事統
攝億兆之本察天理莫如屏欲存良心莫如立志試當政事
不干便佞不陳佳麗不御之時沉思靜慮方今事孰爲大患
孰爲急有必歉然而餒惻然而痛坐起彷徨不能自安者則
良心可察而臣言可信矣徽欽二帝劫於讐敵遠適窮荒辛

苦塹臨引領東望九年於此矣其願陛下加兵敵國猶飢渴之於飲食庶幾一得生還父子兄弟懽若平生夫以疏賤念此痛心思欲有爲況陛下當其任乎而在廷之臣不能對揚天心充陛下仁孝之念或潛萌僭逆協贊亂謀而陛下顧慮畏懼忘萬世不磨之辱置臣子必報之讐反以天子之尊北面讐敵使九廟神靈終天屈辱父子魂魄終星天暴露不幾倒行而逆施乎即今王師傷敗二聖遠棲乎沙漠皇輿僻寄於東吳若猶習於因循亡三綱之本性昧神化之良能則人欲肆而天理滅將何以異於先朝求救禍亂而致升平乎陛

下即位以來中正邪佞更進數退無堅定不易之誠陳東以直諫死於前馬伸以正論死於後而未聞誅一奸邪黜一諛佞何摧中正之易而去奸邪之難也中正之士乃陛下腹心耳目柰何以天子之威握億兆之命乃不能保全二三腹心耳目之臣以自輔助臣竊痛心傷陛下威權之不在己也疏入不報時高閌爲國子司業請幸太學宏見其表貽書責閌欺天罔人當忘讎滅理北面敵國之時既不能建大論明天人之理以正君心乃阿諛柄臣希合風旨求舉縟節粉飾太平聞者敬服初宏以蔭補右承務郎不調秦檜當國貽書與

其兄寅意欲用之問二弟何不通書寧作書答檜止叙契好宏作書答檜辭甚厲人問之宏曰正恐其召故勇絕之示以不可召之端檜死陳武同汪應辰淩九夏張浚等交薦於朝命至而疾不可爲矣卒於家著書曰知言録張栻稱其言約義精道學之樞要制治之蓍龜也又有詩文五卷皇王大紀八十卷學者稱五峯先生見宋史道學傳參通志人物傳

按張栻字敬夫號南軒浚子師事胡宏宏告以孔門論仁親切之旨栻益自奮勵作希顔録早夜觀省以聖賢自期宏稱之曰聖門有人矣見宋史張栻傳

胡和仲名寗

寗安國子以蔭補官秦檜當國召試館職除勑令所删定官檜子熺拜元樞檜問寗曰熺知樞密院事外議云何荅曰外議以爲相公必不爲蔡京父子之所爲也遷太常丞祠部郎官初檜以寗父兄故召用及寅與檜忤言者希意論寗兄弟阿附趙鼎乃出寗爲夔路安撫司參議官除知澧州不赴主管台州崇道觀卒安國之傳春秋也修纂檢討盡出寗手又著春秋通旨以羽翼其書世稱茅堂先生見宋史道學傳

高彥先名登

登漳浦人少孤力學精於易其學以愼獨爲本徽時宗時爲太學生與陳東等率諸生伏闕上書乞斬蔡京童貫王黼梁師成李邦彥朱勔六賊以謝天下上書言蔡京壞亂於前梁師成陰謀於後李邦彥結怨西北朱勔結怨東南王黼童貫結怨於遼金社稷危亡生民塗炭皆六賊所致誠宜傳首以謝天下言極憤切欽宗即位廷臣建和議割三鎮奪种師道李綱兵權李綱旣罷登與東等再伏宣武門上疏乞復李綱舊職疏文附後時軍民從者數萬書聞傳旨慰諭衆不肯去至撾壞登聞鼓喧呼震地有中人出衆臠而磔之於是亟詔綱入復領行營軍民乃稍引去帥臣王時雍欲盡殲之登與十人屹立不動欽宗尋復

擢吳敏張邦昌爲相敏又白李邦彥無辜乞復用登上書言
陛下有太甲之不明而朝無阿衡虡明皇之有初而相同林
甫臣身微賤臣言繫宗社存亡未可忽也又言危亂禪位意
必能興天利除大害故人人翹足以待惟新之政奈何相吳
敏張邦昌擧李邦彥朝廷政事一切未暇道路之人無不歎
令恨是陛下大失天下之望臣恐人心自此離矣疏五上皆
不報因謀南歸聞邦昌與遠郡宵小相繼罷斥復爲書論吳
敏亦當賜罷又不報初金人至六館書生將遁去登謂君在
不可獨與林邁等請隨駕金人退吳敏諷學官斥登還鄉紹

興二年廷對盡言無所顧忌有司惡其直授下州文學有旨附第五甲授廣東富州主簿憲臣董棻聞其名檄讞昭賀等六郡獄兼賀州學事學故有田罷歸買馬司登請復舊守曰買馬養士孰急登曰養士急耳守曰抗長吏耶登曰天下所恃以治者禮樂法度也守不能奪命攝獄有囚殺人守欲奏免之謂陰德可爲登曰陰德豈可有心爲之殺人幸免則被死之冤何時而銷卒抵囚於法秩滿士民乞留不獲餽錢五十萬登辭不可請置於學買書以謝士民歸至廣新興大飢帥連南夫檄發廩賑貸復爲糜食之全活萬計民投牒乞留

因奏辟終其任尋赴政事堂審察遂上疏萬言作蔽主蠹國
害民各二篇上之高宗稱善下中書秦檜惡其譏己格之
授靜江府古縣令道出湖州湖守汪藻留與修徽宗實録固
辭廣西帥沈晦問何以治縣登條十餘事晦曰此古人之政
今人詐胡可行也對曰忠信可行蠻貊患誠不至耳豪惡秦
琥武斷鄉曲持吏短長遣子弟奪人財物侵貸學錢登白郡
寘之法琥忿而死一郡快之古縣為秦檜父舊治檜實生於
此帥胡舜陟欲為構祠登不可曰檜為相無狀曷以祠為既
又命市熊掌牛乳登曰踐雪而搏猛獸將春而奪牛哺必不

可舜陟怒登以母病去舜陟爲檜立祠遂摭其事誣登專殺
秦琥罪逮捕送靜江獄值登母死舟中槀葬水次航海詣闕
請納官贖罪或謂登能一見丞相終身事且無憂登曰某知
有君父而已既而中書奏納官贖無故事仍送靜江獄登歸
葬母訖詣獄而舜陟先以事下獄死矣事白勑還家至廣漕
帥鄭鬲趙不棄辟攝歸善令秋韋委考試潮州登摘經史要
語命題策問舉閩浙水災所致之由皆屬意時事郡守李仲
文馳達檜檜聞大怒復奏坐舜陟所奏前事編管容州省符
下漳州遣使臣謝大作持示之登讀畢上馬大作曰少入告

家人無害也登曰君命敢稽大作愕然比夜巡檢領百卒挾兵刃至登曰若賜死亦當拜敕乃就法大作感登忠義爲泣下奮劍叱巡檢曰汝欲何爲省符在我手無他語也謫居容州授徒自給聞朝廷政事闕失輒顰蹙不樂大失則慟哭隨之臨卒遺言皆天下大計後二十年丞相梁克家疏聞漳守何萬請復登廸功郎後五十年朱熹守漳建祠作記奏乞褒録贈承務郎生平事母至孝舟行阻風方念無以奉晨膳忽有魚躍於前著有家論忠辨等篇及東溪集行世見宋史忠節傳及道南源委通志人物傳

附高登與陳東上欽宗乞復李綱舊職疏

臣等聞任賢勿貳去邪勿疑者社稷之主也奮不顧身死生以之者社稷之臣也妬賢嫉善妨功害能者社稷之賊也陛下聰明英睿獨智旁燭賢奸判然天下戴以爲社稷之主而在廷之臣奮勇不顧以身任天下之重者李綱是也所謂社稷臣也其庸謬不才忌嫉賢能動爲身謀不恤國計者李邦彦白時中張邦昌趙野王孝迪蔡懋李梲（梲一作兑）之徒是也所謂社稷之賊也陛下斷然不疑拔綱於九卿之中不一二日任爲執政中外相慶知陛下之能任賢矣斥時中不用知陛

下之能去邪夫矣綱任而未專時中斥而未去復相邦昌彥
邦昌之餘又皆擢用何陛下之任賢猶未能勿貳去邪猶未
能勿疑乎今又聞復罷綱職事臣等驚疑莫知所以綱起自
庶官獨任大事邦彥等疾如仇讐恐其成功因綱用兵小不
利遂得乘間投隙歸罪於綱然一勝一負兵家常勢小勝固
未足爲喜而小挫亦足爲辱況示怯示強奇謀秘計豈可遽
以此傾動任事之臣臣等竊聞邦彥時中等盡勸陛下他幸
見事有急各陳乞親黨外任遣家屬隨之遠去豈身爲大臣
不能以一家死社稷之難其意止欲倉卒之際各保妻孥耳

諸大臣一鼓而倡之百官有司羣起而和之遂令京城之人閧然騷動弗安其居若非綱爲陛下建言則乘輿播越在外廟社已爲邱墟生靈已遭魚肉陛下將有棄宗廟社稷之名賴聰明不惑特從綱請中外聞之雖愚夫愚婦莫不舉手加額仰嘆聖德之盛綱之力豈曰小補之哉是宜邦彦等譖謗忌嫉無所不至臣等伏見邦彦等享高爵厚禄爲日最久視天下之弊未嘗肯發一言以圖補報至如王黼童貫蔡攸共興北師唯鄭居中力爭以爲不可輕舉而王安中等力贊其役邦彦等畧不可否於其間實陰附黼以貽今日之禍陛下

新即實位遽有變亂之虞邦彥等不引咎歸己自求貶放而尚偃蹇固位忌賢嫉能陛下若聽其言斥綱不用則宗社存亡亦未可知且敵既和之後尚敢縱兵肆掠屠我畿內其性急則搖尾緩則跳梁聞陛下任綱自知滅亡無日請和必更激烈而邦彥等乃得藉口以阻成謀綱罷命一時士大夫失色兵民騷動至流涕相弔咸謂不日爲敵擒矣則是陛下罷綱非特墮邦彥等計中又墮敵計中也聞邦彥等尚執前議必欲割地與之曾不知祖宗土地得之甚難況河北實朝廷之根本而三關四鎮實河北之根本若棄三關四鎮是棄河

北若棄河北則朝廷復可都大梁乎真仁兩朝以來北敵蓋有割地之請矣朝廷寧屈己增幣以塞其欲至於土地一寸不肯與之今陛下即政之初邦彥等便欲棄祖宗境土不知割與太原中山河間以北十有餘郡之後邦彥等能使敵人不復叛盟乎綱綱孤立無助天下共知其大可用臣等請爲陛下言其一二頃歲京師大水自宰相大臣下及百官爭占舟船或結筏爲避水計獨綱慷慨爲上言之至爲奸臣譖逐數年不用前日邊報初至宰相骨肉盡皆出京獨綱妻孥未嘗遷徙陛下方深北顧之憂而左右無一人爲陛下請行者

綱獨奮然而以身任之綱之用心可見矣陛下何忍信朋邪之計而斥正士端人乎若以綱用兵少挫遂當廢罷則童貫創開邊隙以貽今日之禍近又引兵數十萬以事雲中之役幾於隻輪無返者朝廷曾不議罷何綱少挫而加罪乎一進一退在綱爲輕在朝廷爲甚重今日宗社安危在此一舉幸陛下即反前命復綱舊職以安中外之心付种師道以閫外之事陛下若以臣等言未足信試御樓呼軍民一問之行道商旅一問之試咨百官君子使言之必皆曰綱可用而邦彦等可斥也用舍之際陛下不可不審

附朱子乞褒録高登疏

臣猥以塵賤備員偏州仰體聖明收用奬拔之意思竭駑鈍仰報萬分故於聽訟決獄不敢不盡其愚今幸踰年目前人户些少曲直粗得其情獨有事在數十年之前而枉直之分舉錯之重或非州郡所得爲者則在臣職不敢不具以聞伏惟聖慈特垂聽察伏見本州漳浦人故迪功郎高登姿稟忠義氣節孤高少遊太學值靖康之禍嘗與陳東詣闕上書力陳六賊之罪且言金人不可和狀在紹興間廷對力陳闕失無所顧忌避覆試官忌其直降爲下州文學高宗皇帝嘉其

忠而收之謫靜江府古縣令是時秦檜當國帥臣胡舜陟以
其父嘗宰是邑欲爲立祠以悦其意而登獨持不可舜陟以
危法中之召致獄官驗問訊掠訖無罪狀可書後爲潮州試
官又使諸生論直言不聞之可畏策闘浙水沴之所由檜聞
益怒以爲陰附趙鼎削官徙容州以死檜殁之後諸生以口
語爲檜所陷者高宗皇帝深察其寃巨細存亡無不甄録而
登以遠人下士獨無爲言之者至乾道間近臣梁克家等始
援紹興三十六年赦書以請而有司拘文廢格弗下近歲守
臣傅伯壽又嘗具奏如前今已踰年未奉進止是使登以抱

恨没身垂五十年而昔姓名猶在罪籍未蒙昭洗雖其孫忠
自信獨立不懼精爽凜然必不以此爲悔而在聖朝伸寃雪
枉勸善懲惡之意則議者猶竊恨焉臣幸得蒙恩假守其鄉
目覩玆事若又緘默不能上聞雖萬被戮不足償罪是以敢
冒言之伏惟皇帝陛下御極以來虚心克己容納盡言比以
陰陽失和申詔近臣樂聞至論草茅之士雖有枉直過甚之
言始雖忤旨終薄其罪竊揆聖志如登之忠直宜在矜奬欲
望特發德音復其官秩量加褒録以慰九原且使天下之欲
爲忠義者知所勸慕誠非小補臣不有量疏遠干犯威嚴無

任震懼隕越之至謹録奏聞伏候勅旨

附朱子高先生祠記

孟子曰聖人百世之師也伯夷柳下惠是也故聞伯夷之風者頑夫廉懦夫有立志聞柳下惠之風者鄙夫寛薄夫敦奮乎百世之上百世之下聞者莫不興起也夫孟子之於二子其論之詳矣雖或以爲聖之清或以爲聖之和然又嘗病其隘與不恭且以其道不同於孔子而不願學也及其一旦慨然發爲此論乃以百世之師歸之而孔子反不與焉何哉孔子道大德中而無迹故學之者没身鑽仰而不足二子志

潔行高而節著故慕之者一日感慨而有餘也然則二子之功誠不爲少而孟子之意其亦可知也已臨漳有東溪先生高公者名登字彥先靖康間游太學與陳公少陽名東伏闕計拜疏以誅六賊留种李爲請用事者欲兵之不爲動也紹興初召至政事堂又與宰相奏檜論不合去爲靜江府古縣令有異政帥守希檜意捃其過以屬吏會帥亦以讒死獄中乃得釋被檄試進士潮州使諸生論直言不聞之可畏策閩浙水災之所由而遂投檄以歸檜聞大怒奪官徙容州公學博行高議論慷慨口講指畫終日滾滾無非忠臣孝子之言捨

生取義之意聞者凜然魄動神竦其在古縣學者已爭歸之至是其徒又益盛屬疾自作埋銘召所與遊及諸生訣別正坐拱手奮髯張目而逝嗚呼是亦可謂一世之人豪矣雖其所學所行未盡合於孔子然其志行之卓然亦足以爲賢者之清而使百世之下聞其風者有廉頑立懦之操則其有功於世教豈可與夫隱忍回互以濟其私而自託於孔子之中行者同日而語哉公歿之後二十餘年延平田君澹爲郡博士乃始求其遺文刻之方版又肖公像而祠奉祠之以風厲其學者間因郡人主王君遇來求文以爲記屬予病未及爲

而田君去今太守永嘉林侯元仲至則又與王君更以書來督趣不置予惟高公之節既如彼而諸賢崇立之志又如此則予文之陋誠不宜久以疾痛爲解强起書之辭不逮意林侯試爲刻之陷置祠壁漳之學子與凡四方之士往來而有事於此者讀之果能有所感慨而興起乎哉

附朱子跋高先生家諸帖

熹猶及見紹興中年姦凶擅朝忠賢播棄時事而知漳浦高公之爲烈也老矣南來乃獲拜其祠像於學宫窺其遺稿於家集而識其嗣子之爲人又益得其本末之詳甚可歎也季

士又以此軸見示如李曾二胡諸公皆先人所從遊當日相
隨去國者三復其言益以慨嘆乃敬書其後而歸之紹熙辛
亥四月二十七日新安朱熹書
朱子發名震
震邵武人政和五年進士仕州縣以廉稱胡安國大器之薦
於高宗召爲司勳員外郎稱疾不至會趙鼎入參政事上諮
以人才鼎曰臣所知朱震學術深博廉正守道士之冠冕使
位講讀必有益於陛下上乃召之問以易春秋之旨震以所
學對上悦擢祠部員外郎兼川陝荆襄都督府詳議官因奏

荆襄之間沿漢上下膏腴之田七百餘里若選良將領部曲鎮之招集流亡務農種穀寇來則禦寇去則耕不過三年兵食自足又給茶鹽鈔於軍中募人中糴可以下西江之舟通湘中之粟觀釁而動席捲河南此以逸待勞萬全計也遷秘書少監兼侍經筵轉起居郎建國公出就傅以震爲講讀遷中書舍人兼翊善時范冲亦官翊善人謂極天下之選高宗曰天生朱震范冲爲今日資善得人時處州（一作虔州）民爲盜天子以爲憂震曰使居官者廉而不擾則百姓自安雖誘之爲盜亦不爲矣願詔新太守到官之日條具本郡及屬縣官

吏有貪墨無狀者一切罷去聽其自擇慈祥仁惠之人有治效者優加獎勸上從其言故事當喪無享廟之禮時徽宗未祔祔廟太常少卿吳表臣議行明堂之祭震言王制喪三年不祭惟祭天地社稷爲越紼而行事春秋書夏五月乙酉吉禘於莊公公羊傳曰譏始不三年也眞宗居明德皇后喪既易月而除服當時未行三年之喪專行以日易月之制可也在今日行之則非也詔廷臣參議卒用御史趙渙侍郎陳公輔言大饗明堂七年震謝病丐祠旋知禮部貢舉會卒疾卒上慘然曰楊時物故安國與震又亡朕痛惜之録其子官震

經學深醕有漢上易解以王弼盡去舊説雜以莊老專尚文辭爲非故其於象數特加詳悉其論圖書授受源委云自陳摶以先天圖傳种放放傳穆修修傳李之才之才傳邵雍放以河圖洛書傳李溉溉傳許堅堅傳范諤昌諤昌傳劉牧穆修以太極圖傳周惇頤惇頤傳程顥程頤是時張載講學於二程邵雍之間故雍著皇極經世書牧陳天地五十有五之數惇頤作通書程頤著易傳載造太和參兩篇今以易傳爲宗和會雍載之論上采漢魏吳晉下逮有唐及今包括異同庶幾道離而復合其説蓋莫知其所自云見宋史道學傳

鄭漁仲名樵

樵莆田人父國器太學生歿於姑蘇樵時年十六徒步護喪歸葬乃築草堂夾漈山以居好著書不爲文章自負不下劉向楊雄謝絶人事久之乃遊名山大川搜奇訪古遇藏書家必借留讀盡乃去專以討論著述爲事一時名人若李綱趙鼎張浚皆器重之自經旨禮樂文字天文地理蟲魚草木方書之學皆有論辨紹興十九年上之詔藏秘府復歸草堂益勵所學從者二百餘人部使者三舉孝廉兩舉遺逸皆不就紹興二十二年以侍講王綸賀允中薦其學行得召對因言

班固以來歷代爲史之非臣處山林三十年修書五十種皆已成其未成者臣取歷代之籍始自三皇終於五季通爲一書名曰通志參司馬遷之體而異司馬遷之法謹摭其要覽十二篇曰修史大例先上之帝曰聞卿名久矣數陳古學自成一家何相見之晚耶授右迪功郎禮兵部架閣御史葉義問劾之改監潭州南嶽廟命給筆札歸抄所著通志閱四年書成詣闕上之以爲樞密院編修官兼攝檢詳諸房文字請修金正隆官制比附中國秩序因求入秘書省繙閱書籍詔許於三館假書觀之陸務觀以爲一時快事遇館中諸人

狹中矜勝皆不樂以館中所有易彼所無復寢其事金人之犯邊也樵言歲星分在宋金主將自斃後果驗高宗幸建康命以通志進會病卒年五十九所著書五十八部惟通志最行世學者稱爲夾漈先生見宋史道學傳參通志人物傳

鄭樵上通志書

臣聞山林之人入山之初結茅之日心苦志遠欲讀古今之書通百家之學討六藝之文而爲羽翼如此一生則無遺恨忽忽三十年不與人間流通事所以古今之書稍經耳目百家之學粗識門庭惟著述之功百不償一不圖晚景獲見太

平松筠之節不改歲寒葵藿之心難忘日下恭惟皇帝陛下
誠格天地孝通神明天縱之聖日新之德君臣合道一言而
致中興切見兵火之餘文物無幾陛下留心聖學篤志斯文
擢用儒臣典司東觀内外之藏始有條理百代之典燦然可
觀臣伏觀秘書省歲歲求書之勤臣雖身在草萊亦欲及兹
時效尺寸顧臣究心於此殆有年矣今天下圖書若有若無
臣雖不一一見而皆知其名數所在獨恨無力抄致姑能紀
記之耳謹搜盡東南遺書古今圖譜又盡上代之鼎彝與四
海之銘碣遺編闕簡各有倫次天篆梵書亦爲釐正於是提

數百卷自作之書徒步二千里來趨闕下欲以纖塵而裨嵩華涓流而益滄海也念臣困窮之極而寸陰未嘗虛度風晨雪夜執筆不休厨無烟火誦聲不絶積日積月一簣不虧十年爲經旨之學以其所得者作書考辨訛作詩傳作詩辨妄作春秋傳作春秋考作諸經序畧作刊謬正俗跋三年爲禮樂之學以其所得者作謚法作運祀儀作鄉飲禮作鄉飲駁議作系聲樂府三年爲文字之學以其所得者作象類書作字始連環作續汗簡作石鼓文考作梵書論作分陰之類五六年爲天文地理之學爲蟲魚草木之學爲方書之學以

天文地理之所得者作春秋地名作百川源委圖作春秋列
圖國圖作分野記作大象䂓以蟲魚草木之所得者作爾雅
註記作詩名物志作本草成書作本草外類以方書之所得
者作鶴頂方作食鑑作採治録作畏惡録八九年爲討論之
學爲圖譜之學爲亡書之學以討論之所得者作羣書會紀
作校讎備論作書目正譌以圖籍之所得者作圖書誌作圖
譜有無記作氏族譜以亡書之所得者作求書闕記作求書
外記作集古系時録作集古系地録此皆已成之書也其未
成之書在禮樂則有器服圖在文字則有字書有音讀之書

在天文地理則有天文志有郡縣遷革志在蟲魚草木則有動植志在圖譜則有氏族志在亡書則有亡書備載三二年間可以就緒如辭章之文論説之集雖多不得而與焉奈秋先蒲柳景迫桑榆兄弟淪亡子姓亦殤惟餘老身形影相弔若一旦倏先朝露則此書與此身併塡溝壑不惟有負平生亦有負於聖時謹繕寫十八部百四十卷恭詣簡院投進其餘卷帙稍多恐煩聖覽萬一臣書可採望賜睿旨許臣料理餘續當上進得展盡底蘊然後鵬歸蕙帳狐正首邱庶幾履陛下之地食陛下之粟不辜爲陛下之一民也

鄭樵上宰相書

樵爲天地間一窮民而無所恨者以一介之士見盡天下圖書識盡先儒闡閾山林三十年著書一千卷以彼易此所得良已多而私心所不能自已者其說有三故投老入京華載書詣相府其一爲樵暮齒餘齡形單影隻鉛槧之業甫就汗簡之功已成既無子弟可授又無名山石室可藏每誦白樂天詩恐君百歲後滅沒人不聞願藏中秘書百代無湮淪之句未嘗不嗚嗚咽流涕會茲天理不負夙心仰荷鈞慈果得秘書省投納蓬山高迥自隔塵埃芸草芬香永離蠹腐百代

之下夫復何憂焉其二爲兵火之後文物蕩然恭惟相公撥灰燼而收簡編障橫流而主吾道使周禮孔之業不墜於地士生此時寧無奮發樵也願討理圖書以自効使東南之遺書已盡古今之圖譜無遺金石之文鼎彝之志莫不畢陳於前前年五月十三日投納是月二十七日復蒙提省之辰特與嘉嘆既而復又蒙傳示鈞誨之勤舉行求書之説既而又蒙終歲會計指揮收入校讐之籍與先儒之書等嗟乎伯牙之琴爲審音而鼓馮驩之鋏爲知已而彈此樵所以甘心焉其三爲修書者自是一家修書之人未必能文能文之人未

必能修書若之何後世皆以文人修書天地之賦萬物也皆不同形故曰人心之不同猶人面凡賦物不同形然後爲造化之妙修書不同體然後爲自得之工仲尼取虞夏商周秦魯之文而爲一書語言既殊體制亦異及乎春秋則又異於書矣襲春秋之作者司馬遷也又與二書不同體以其自成一家者言始爲自得之書後之史家初無所得惟自同於司馬遷馬遷之書遷之面也假遷之面而爲己之面可乎使遷不作則班范以來皆無作矣按遷之法得處在表用處在紀傳以其至要者條而爲綱以其滋蔓者釐而爲言後之史家

既不能通馬遷表作表之意是未知遷書之所在也且天下之理不可以不會古今之道不可以不通會通之義大矣哉仲尼之爲書也凡典謨訓誥誓命之書散在天下仲尼會其書而爲一書舉而推之上通乎堯舜旁通乎秦魯使天下無遺書百代無絶緒然後爲成書馬遷之爲書也當漢世挾書之律初除書籍之在天下者不過書春秋世本戰國策數書耳遷會其意而爲一書舉而推之上通乎黄帝旁通乎列國使天下無遺書百代無絶緒然後爲成書後之史家據一代之史不能通前代之史本一書而修不能會天下之書而修

故後代與前代之書不相因依又諸家之書散落人間靡所
底止安得爲成書乎樵前年所獻之書以爲水不會於海終
爲濫水途不通於夏則爲窮途劇論會通之義以爲中興之
後不可無修書之文修書之本不可不據仲尼司馬遷會通
之法萬一使樵有所際會得援國朝陳烈徐續與近日胡憲
例以命一官本州州教授庶沾寸禄乃克攸濟或以布衣入
直得援唐蔣乂李雍例與集賢小職亦可以校讎二石萬卷
與直秘書亦可以博極羣書稍有變化之階不負甄陶之力
噫自昔聖賢猶不奈命何樵獨何者敢有怨尤然窮理之事

由天不由人著述之功由人不由天以窮通廢著述可乎此
樵之志所以益堅而益勵也者也去年到家今年料理文字
明年若無痛不死筆札不乏遠則五年近則三載可以成書
其書上自羲皇下及五代集天下之書爲一書惟虛言之書
不在所用雖曰繼司馬遷之作凡例殊途經緯異制自有成
法不踏前修觀春秋之地名則知樵之地理志異乎諸史之
地理觀羣書之會紀則知樵之藝文志異乎諸史之藝文觀
樵分野志大象略之類則天文志可知觀樵謚法運祀議鄉
飲酒禮系聲樂聲之類則禮樂志可知觀樵之象類書論梵

書之類則知樵所作字書非許謹之徒所得而聞觀樵之分音韻字始連環之類則知樵所作韻書非沈約之徒所得而聞觀本草成書爾雅志詩名物志之類則知樵所識鳥獸草木本於陸璣郭璞之徒有一日之長觀圖書志集古系詩錄校讎備論則知樵校讎之業於劉向虞世南之徒有一日之長以此觀之則知樵之修書斷不用諸史舊例明驗在前小人豈敢厚誣君子雖然林下老人而言句散落在人間往往家藏而户有雖雞林無貿易之價而鄉校有諷誦之童凡有文字屬思之頃已爲人所知未終篇之間已爲人所傳況三

十年著書三十年搜訪圖書竹頭木屑之積亦云多矣將欲一
旦而用之可乎嗚呼功業雖成風波易起深恐傳者之訛謂
擅修國史將安所容焉

按樵上高宗通志云秋先蒲柳景迫桑榆兄弟淪亡子姓
亦殤惟餘老身形影相弔是乞憐也上宰相書云伯牙之
琴爲審音而鼓馮驩之鋏爲知已而彈稍有變化之階不
負甄陶之力是求薦也宋史謂樵好爲考證倫類之學成
書甚多大抵博學而寡要雖性甘枯淡樂施與獨切切於
仕進識者以是少之

鄭樵重修木蘭陂記

木蘭陂在興化府城木蘭山下溪源自永春仙遊西東南來合澗壑之水三百有六十會流東注于海宋治平初有長樂錢氏女始議堰陂於將軍巖前據溪上流陂成輒壞既而同邑林從世復來相溪下流改作築於上杭溫泉山口將成潮勢衝激亦壞熙寧八年侯官李長者宏實應詔募而來相始相地於今址會有馮仙智日者授以規摹率眾錢七萬餘緡叠石創陂三十二間閘間各樹石柱二而置閘其中以時縱閉陂深二丈五尺濶三十五丈即陂之右疏渠導水障東流而南注者三十餘里爲大溝七小溝無數又設抵海陡門及木石涵泄分溉南洋田萬餘頃紹興二十八年陂失故由北岸而東奔縣丞馮元肅修復之鄭樵爲記云

集三百六十澗總而爲一故有無窮之流斷大川之流析而

爲二故有無窮之澤此邦民貧不任竭作興木蘭之役者有
長樂郡之三人焉始則錢氏之女用十萬緡既成而防決次
則林氏之叟復以十萬緡未就而功隳錢氏吐噴遂從曹娥
以遊林叟啣冤徒起精衛之忿自兹以還興利之人惟增望
洋之嘆莫克水濱之問且遏長江之勢使洪潤瀾怒濤不得
東之豈人力也哉熙寧間有李長者宏實富而能仁故得其
稱有此志矣天降異人焉曰馮仙智日貰酒於其家三年不
責其售將行曰當與子遇於木蘭山前長者先期而俟乃授
以方畧夜役鬼物朝成竹樊又圖蒼龍以貽長者投二榼於

江一以上覆一以下承而去孺子可教果得黃石之素書衣
履不沾又見葛公之涉水長者於是依竹爲堤功成不爽鑱
石爲楹以爲禦鉅楹爲障以爲瀦壅川之波循南以濟相其
高下釐爲三洫使無偏注行五十餘里達於海瀕海爲四陡
門以備蓄洩凡溉田一萬頃使邦無旱暵饑饉之虞百世於
兹故長者得以廟食焉山岳之摧縣於朽壞壤江海之注竭
於漏扈紹興二十八年之秋陂失故道由北而東犇重淵如
酌魚鼈焉依三衢馮君元肅適以斯時至凡川澤陂池之事
一時盡究謂馬伏波所過州縣以爲灌溉之利況吾來丞是

邑而專是職乎木蘭之陂吾不得以後時水以水昏正而裁之日夜從事式歌且舞木蘭兆讖者二曰逢竹則築又曰水遶壺公山莆陽朱紫半擧一郡之水此水爲多盡一邦之利此利爲溥使萬井生靈免於溝壑則馮丞之蹟爲可書其辭曰南標銅柱巳仆風埃北勒燕然又蝕莓苔孰若賈渠難湮召埭不朽惟川澤之功與天地爲長久沃洲之山白氏有緣肇於道猷成於寂然木蘭之陂辱在馮君伊昔甚偉於今紛紛嗚呼源清流長千古載融融君子之澤不可終窮

林時隱名霆

霆莆田人擢政和進士博學有聞深於象數與鄭樵爲金石交林光朝嘗師事之聚書數千卷皆自校讐謂子孫曰吾爲汝曹獲良産矣紹興中爲勑令所删定官力詆秦檜和議之非即挂冠去當世高之見宋史道學傳

林謙之名光朝

光朝莆田人再試禮部不第聞吳中陸子正受學於尹焞因從之遊由是專心聖賢踐履之學通六經貫百氏言動必以禮四方來學者數百人南渡後以伊洛之學倡東南者自光朝始然生平未嘗著書惟口授學者使之心通理解嘗曰道

之李體全平大虛六經既發明之後世註解已涉支離若復
增加道愈遠矣隆興元年年五十始以進士及第調袁州司
户參軍乾道三年龍大淵曾覿以潛邸恩倖進臺諫光朝及
劉朔方以名儒薦召對頗及二人罪由是光朝改左承奉郎
知永福縣而大臣論薦不已召試館職爲秘書省正字兼國
史編修實録檢討歷著作佐郎兼禮部郎官八年進國子司
業兼太子侍讀史職如故是時張説再除簽書樞密院事
光朝不往賀遂出爲廣西提點刑獄移廣東荆湘茶寇爲亂
剽江西薄嶺南其鋒甚鋭甚光朝自將郡兵檄摧鋒統制路

海本路鈐轄黃進各以軍分控要害會有詔徙光朝轉運副
使光朝謂賊勢方張留屯不去督二將邀擊連敗之賊驚懼
宵遁帝聞之喜曰林光朝儒生乃知兵耶加直寶謨閣召拜
國子祭酒兼太子左諭德四年帝幸國子監命講中庸帝大
稱善面賜金紫不數日除中書舍人時吏部郎謝廓然由曾
覿薦賜出身除殿中侍御史命從中出光朝愕然曰是輕臺
諫而羞科目也立封還詞頭呂祖謙喜曰此舉過江後未有
也天子度光朝決不奉詔改授工部侍郎不拜遂以集英殿
修撰出知婺州光朝老儒素有士望在後省未有建明或疑

之及聞繳駁廓然士論始服因引疾提舉興國宮卒年六十五謚文節有集二十卷學者稱艾軒先生朱熹嘗言某少年過莆見林謙之方次雲談道精細今二公已死無一人能繼之者及門邑人黃㽦字香野官懷安丞志行高古劉夙劉朔兄弟而下皆推讓焉陳士楚字英仲乾道八年進士以國子監簿召對紹熙初直經筵講周書無逸篇力田除莠以喻小人有妨君子孝宗傳語曰陳直講議論精詳理致深奧誠得師儒之道除右侍郎林希逸守莆祠光朝於穀城山以士楚侑饗焉見宋史道學傳參通志人物傳

陳體仁名知柔

知柔永春人紹興二十二年進士授台州判官郡獲海寇有被誣者知柔辨釋四十餘人尋教授建州漳州起知循州知柔與秦檜子熺同榜檜當軸前列十餘人俱以攀援致通顯知柔不肯附檜以故齟齬罷徙賀州自號休齋居士雅好山水自天台至會稽躭其岩壑所著有易本旨十六卷大傳二卷易圖一卷春秋議例十二卷詩話五卷又有梅青傳詩騷古賦雜著古學併圖二卷論語後傳十卷皆行於世見閩書及通志人物傳續志理學傳

黄維之名偉

以字行永春人紹興二十七年進士除太學録遷國子監簿時孝宗鋭意武事獻議者乞立武賢良科下館學集議偉奮筆草疏謂賢良求文武全才不宜立武科事遂寢或請經義專主註疏賦論策宜更其體復下監學議偉謂科舉之法不當變但時文之弊宜救耳孝宗然之除大理丞少卿欲奏獄空偉以非實事不署名差知邵武軍陛辭賜對論選用大臣當如王素對仁宗言宦官宮妾不識其名者方可充選又論乾道新書不當删減内侍不得干預朝政等事孝宗面加褒

諭歷官江西提學後居閒十年手不釋卷嘗與朱熹講學自
號竹坡居士子以寗以簡以大從子以翼皆有名見閩書及
通志人物傳續志理學傳

陳又之名一新

一新永春人紹興進士少受學於陳知柔志行迥出流輩受
爲汀州教授慶元四年較藝漕闈時韓侂胄用事首發策以
谷永攻君而黨王氏劉蕡言直而有司不取爲問同列請易
之一新不聽果激侂胄怒將罪之侍臣力救得免累遷國子
博士輪對深論權倖以劾免通判婺州知邵武軍以廉平稱

初索考官不習僞學狀一新曰吾寧不爲考官不書也其守如此著有奏劄議論議詩詞雜文藏於家見閩大記及續志

理學傳

莊子禮名夏

夏永春人家貧少孤從兄晦學登湻熙八年進士慶元六年旱詔求言時夏知寧國縣上封事言今戚福下移此陰勝也陛下宜體陽剛之德使後宮戚戚畹内省黄門思不出位此抑陰助陽之術也召爲太常博士累遷直學士院兼太子侍讀時流民來歸夏言荆襄兩淮不耕之田計口授地貸以屋

廬牛具吾乘其始至可以忘其勞兵民可合屯田可成此萬世一時也試中書舍人首陳邊釁不可妄開議者難之又言戰守不成規模不定則和好之說得以乘間而入今日之患莫大於冗兵乞下將帥令老弱以子弟强壯者補入除兵部侍郎忤柄國者意遂累疏乞休以寶謨閣待制奉祠卒贈少師寧宗題其像曰遂於經學自號藻齋老人著有禮記解遺文二十卷國史事記十帙典故備記五帙見宋史

蔡廷傑名和

和晉江人慕朱熹之賢以親老不獲往從乃勸陳易往受業

自以書從易請實無虛日居白石村喪祭遵古禮鄉閭化之稱白石先生學者多從講授先是泉郡士專經泥章句自朱熹尊其源陳易陳湻蔡和濬其流繇是關洛考亭之書家誦人習理義之盛號爲紫陽别宗云見泉州府志

張潛夫名泳

泳福安人早志濂洛之學家居教授慶元中僞學禁興會大比天下之言性論有司讀其文驚喜爲壓場策問僞學泳抵排邪說力主朱子正學主司賢之學者稱墨莊先生著有禮記遺說左氏纂類會粹古今事類二百卷集關洛諸儒語

爲傳心直指十卷一得録四愚齋類稿等書祀福州養正書

院見道南源委

高元齡名頤

頤寧德人慶元五年進士經明行修從遊者幾千人知東安

縣居官臨民卓然有聲其學以正心誠意爲本嘗語學者曰

吾身任大責重無天地生物之功而有天地生物之心志無

經國子民之位而有經國子民之心又曰學者求爲聖賢非

僅讀書作文求仕進而已著有雞窗叢覽百五十卷詩經傳

解三十卷見福寧府志

林少穎名之奇

之奇侯官人甫冠從吕本中學將試禮部行次衢州以不得事親而反學益力本中奇之從學者踵至登紹興二十一年進士授莆田簿改尉長汀召爲秘書省正字轉校書郎會朝廷猶令學者參用王安石三經義説之奇亟請罷斥上言王氏三經率爲新法地不可用晉人以王何清談之罪深於桀紂本朝靖康禍亂考其端倪王氏實負王何之責正孟子所謂邪説詖行淫辭之不可爲訓也時傳金人南侵朝廷議和欲息兵之奇作書詆當路言久和畏戰人情之常故彼常以

虛聲恐喝示我以欲戰之意非果欲戰所以堅吾和也欲議和宜先議戰則其權在我戰之所忌以得人爲先尋以痺疾乞外由大宗正丞提舉閩船以祿祠家居自稱拙齋呂祖謙劉世南等皆受學焉淳熙三年卒謚文昭年六十五著有尚書集解論語註春秋周禮孟子講義道山記聞拙齋集觀瀾集等書行於世見宋史儒林傳宏簡錄道學傳

林學可名亦之

亦之福清人林光朝門人也爲學一本躬行能繼其師說光朝卒莆人推亦之嗣講席聚徒於莆之紅泉趙汝愚帥閩辟

入東井書堂薦其學業於朝命未下而卒學者稱網山先生著有論語考工記毛詩莊子解玉融志網山集亦之傳其學於陳藻藻傳於林希逸希逸字肅翁紹定進士授平海軍節度推官以清著聲淳祐中入爲秘書省正字登對乞信任言官又乞早決大計以慰人望皆見嘉納官終中書舍人蓋光朝之學至希逸益顯景定間希逸既卒追舉逸亦之與陳藻之賢言於朝以亦之與藻經明行修終於布衣宜襃録以勵後學詔從其請贈迪功郎賜謚文介見閩書及通志人物傳

陳元潔名藻

藻福清人甘貧苦學不求人知課妻子耕織務本師事林亦之得光朝經學之傳一時學者多從之遊既卒門人林希逸請於朝贈迪功郎謚文遠著有語孟莊子杜詩解樂軒集學者稱樂軒先生見正德福州府志

吳才老名棫

棫建安人舉進士召試館職不就除太常丞忤時宰出通判泉州剛直有謀明恕能斷悍卒謀亂一郡洶洶才老命戮數人談笑定之所著有書裨傳詩補音論語指考異續解楚詞釋音韻補又作字學補韻朱熹謂近代訓釋之學惟棫爲優

因据以叶三百篇之韻其所作韻補武夷徐蒇爲之序曰才
老中和温厚之氣睟然見於色仁義道德之音藹然形於言
蒇嘗識之退而嘆曰古所謂君子儒者非斯人耶棫從容爲
蒇言擢第後數言年不求官築室三間中設夫子像古書陳
前謝事凝神以味古訓常若游洙泗間而稱遜聖賢前後也
生平著書皆淵源精確自補音書成然後三百篇始得爲詩
從而考古銘箴誦歌謠諺之類莫不字順音協其書引證甚
博懼其繁重稍削去獨於最古者中古者近古者各存二三
行見閩書及續志理學傳

王子合名遇

遇龍溪人少受業於張栻呂祖謙之門與廖德明黄幹陳淳友善登乾道八年進士官蘄州教授日與諸生講說論孟經史夜漏二十刻不休轉懷安丞閩帥詹體仁鄭僑延置幕府朴丞相趙汝愚將擢用之而僞學禍起後以汝愚薦知長樂縣撙節浮費大修水利轉贛州通判時韓侂胄當國屢欲邀之遇不少貶侂胄敗召爲太學博士毘陵大旱命爲之守遇講求荒政民賴全活浙東大饑詔提舉浙東常平朝議欲行計竈貫鹽之法遇力爭之入對請齋戒以飭躬剛大以進德

悳聞直言以救闕失樂從公議以扶正道斷絕斜封墨勅之原常存視民如傷之念至官留心賑濟如在毘陵遷户部郎中卒黄幹嘗稱其學識之精義利之明拔出流俗之表學者稱東湖先生著有論孟講義兩漢博義子仲訥以蔭官羅源令見道南源委及通志人物傳

邱子服名膺

膺建陽人從朱熹遊稱爲老友嘗與刋定周子通書及論老子嘗魄楊子載魄之義蔡元定謫舂陵膺載俎遠郊涕泣不忍別羣儕皆感動熹得舂陵信輒以告膺蓋歎道之孤不但

平生交好之情而已見建寧府志

魏子實名掞之

掞之建陽人幼有大志師事胡憲已徧從儒先長者遊聞見日廣聲稱日大嘗客衢州章傑家故相趙鼎以謫死歸葬常山傑雅怨鼎又希秦檜意逮繫其家人劾治甚急掞掞之作書讓傑遂歸以鄉舉試禮不第遂不復出築室讀書傍以艮齋自稱艮齋先生閩帥汪應辰論薦於朝時相尼之乾道中詔舉遺逸刺史芮曄復表其行誼詔特徵之掞之力辭陳俊卿雅知掞之招致甚力乃以布衣入見極論當世之務勸上

修德業正人心養士氣爲恢復之本孝宗嘉納之勞問移時
詔賜同進士出身授左迪功郎守太學録日進諸生教誨之
釋奠孔子詞先事白宰相陳俊卿請言於上廢王安石父子
從祀而追爵程氏兄弟從祀廟廷又請罷詞賦空言取人言
太學之教宜以德行經術爲先其次尤當習世使之通習世
務以備官使至他政事有係安危治亂之機凡宰相不能正
臺諫侍從不敢言無不抗疏盡言疏三四上並不見納喟然
嘆曰上深恩如此而吾德學不足以感悟聖意遂丐去移病
杜門會倖臣曾覿召還掞之復累疏諫遺書陳俊卿責其不

能救正語甚切後卿雅招徠掞之及見其書詞峻切亦不能平遂以迎親予告歸罷爲台州教授還至覲還至國門外已久注于龍山伺掞之去乃敢入掞之既歸日居艮齋條理舊聞以求其所未至於學無不講而又長於前代治亂廢興存亡之說以至本朝故事之實平居謹喪祭重禮法恤親舊雖貧不懈有從父客于南掞之求千里迎養既死葬之禮如禮仍學其孤建俗多生子不舉掞之爲文以戒全活者衆有不葬親者爲白於官與之期約貧者周之無後者掩之遇歲饑爲粥以飼依古法夏貸冬取自此諸鄉始立社倉與人交嘉

其善而救其失接後進以禮苟有寸長必汲汲推挽而成就之病革母視之尚不巾不見戒其子勿以僧巫俗禮浼我素與朱熹遊召至委以後事而卒年五十八孝宗聞其卒嗟悼久之贈宣教郎直秘閣平日趣向與熹相同乾道中拔之去國熹方被召將行聞拔之出都遂止子應仲字孝伯舉進士朱熹貽之書勉其力學以副親庭責望之意見宋史道學傳

參閱書

鄭子上名可學

可學莆田人幼而文早孤撫諸弟教授生徒以自給自知稟

性褊急乃於懲忿上用功尤切裹糧千里從熹遊熹一見如
夙友熹守漳州賓禮可學以教子弟嘗以晚年刪定學大學
一編示諸生曰此書欲付得其人惟子上可託凡四方學者
疑問必使可學正之士大夫之南者必見可學而後行竟日
端坐不見怠容氣和而清誠信溫恭凡所誘誨皆爲名士僞
學禁興諸生畏避退縮可學獨旦暮相隨前後來三奉大對
嘉定四年以特科授惠州文學調衡州司户著有春秋博義
議十卷三朝北盟舉要一卷詩數百篇晚歲嘗曰吾所聞於
師者皆精微要妙口傳而不書者也今老矣不可獨善其身

將書之以淑斯人因爲師說十卷道南源見道南源委

歐陽慶嗣名光祖

光祖崇安人九歲能文從劉子翬朱熹講學子翬甚稱之熹還遣子師事焉乾道八年再舉登第不赴趙汝愚張栻列薦於朝方欲召用而汝愚去國後爲江西運幹致仕卜築松坡之上湛然終老見道南源委

胡明仲三人見上文胡康侯傳後

朱叔敬二人見上文朱子傳後

眞文忠名德秀

德秀字希元一字景元後更字景希浦城人十五而孤母吳氏力貧教之同郡楊圭見而異之妻以女遂與諸子共學登慶元五年進士授南劍州判官復中博士宏詞科遷太學正嘉定元年時韓侂胄已誅入對言權臣開邊南北塗炭今茲繼好豈非天下之福然日者金人欲多歲幣而吾亦曰可增金人欲得奸臣之首而吾亦曰可與至於往來稱謂犒軍金帛與夫歸明流徙之人皆承之惟謹彼得無滋嫚我乎抑善謀國者不觀敵情觀吾政事日者號爲更紀無使以使敵情之畏服正恐彼資吾歲賂以厚其力乘吾不備以長其謀

一旦挑釁而起而吾無以應此有識者所爲寒心又言侂胄
自知不爲清議所貸於是忠良之士斥僞學之論興今日改
絃更張正當褒崇名節明示好尚大反覆轍加意新政上納
之召試學士院改秘書省正字兼玉牒檢討遷秘書郎入對
言暴風雨雹熒惑旱蝗之變皆贓吏所致乞開公道窒旁蹊
以抑小人道長之漸選良牧勵戰士以扼羣盜方張之鋭改
著作佐郎忌者譏之辭不拜兼禮部郎官上疏言金有必亡
之勢亦可爲中國憂蓋金亡則上恬下熙憂不在敵而在我
多事之端恐自此始時服其先見遷軍器少監爲起居舍人

奏權奸擅政十有四年嘉泰之失深於慶元朱熹彭龜年以抗論逐呂祖儉周端朝以上書斥當時近臣猶有爭之者其後呂祖泰之貶非近臣莫敢言而臺諫旦出力以擠之更化之初羣臣奮進未幾傅伯成以諫官用論事去蔡幼學以詞臣論事去鄒應龍許奕又以封駁事論去諸人非必大有矯拂已皆不容於朝故人從此各務自全一辭不措設有大安危大利害羣臣喑嘿豈不殆哉今欲與陛下言勤訪問廣謀議明黜陟三者而已會更鈔法配民藏楮令行而告訐繁興抵罪者莫敢以聞德秀抗言一夫坐罪併籍昆弟之財益室

無辜沒入萬金之産被科率者至高下之不分鬻田宅者畢
大家不能免尚得謂之便民乎奏入自此沒籍之産以還漸
給還兼太常少卿又言君金人必亡君臣上下皆當以祈天
永命爲心充賀金國登位使行至盱眙聞金人内變而返言
於上曰臣所歷揚楚至盱眙沃壤無際陂湖相連民皆堅悍
强忍此天所以屏障大江也顧田疇不闢溝洫不治險要不
阨丁壯不練豪傑武勇不收拾一旦有警徒恃長江爲險豈
不惜哉誠及今大修墾田之政專爲一司以領之數年之後
積儲充實邊民父子爭欲自保因其什伍勒以兵法不待糧

饟皆爲精兵矣又言邊防要事時史彌遠爲相方以爵祿縻
天下士德秀慨然語劉爚曰吾徒當急引去使廟堂知世亦
有輕富貴不肯爲從官之人遂力求外出爲秘閣修撰江東
轉運副使朝辭上諭曰卿力有餘但爲朕撙節財計以助邊
用時山東盜起朝廷猶與金通聘因奏國恥不可忘鄰盜不
可輕幸安之謀不可恃導諛之言不可聽至公之論不可忽
上頷之江東旱蝗廣德太平爲甚德秀遂與留守憲司分所
部九郡大講荒政而自領廣德太平與太守魏峴以便宜發
廩檄教授林庠賑給之所全活無算徽守林琰乏廉聲[illegible]

守張忠恕規匿賑米皆劾罷之竣事還日百姓父老數千人

送之郊外指道旁叢塚泣曰此皆往歲餓死者微公我輩已

相隨入此矣索毀太平州私創之大斛先是都司胡槻薛極

極宋史作極每詣德秀迂儒試以事必敗至是政譽日聞因倡言

旱傷本輕緣監司好名賑贍太過使峴劾庫以撼之德秀抗

章自辨上悟與峴祠授庫幹官召還德秀權右文殿修撰知

泉州初番舶畏苛征歲不過三四至德秀首行寬令至者相

繼輸租縣增至三十六艘海寇作亂德秀親授方畧擒之復

德編行崖島蕃形勢增屯要害處以備不虞十二年改集英

殿修撰知隆興府承寬弛之後稍濟以嚴尤留意軍政欲分
鄂州軍屯武昌通廣鹽於敵贛與南安以弭汀贛鹽寇未及行
丁母憂歸明年蘄黃失守盜起南安討之數載始平人服其
見先見十五年轉寶謨閣待制湖南安撫使知潭州以廉仁
公勤四字率勵僚屬以周惇頤胡安國朱熹張栻學術源流
勸勉士類罷榷酤除斛面免和糴立惠民倉慈幼倉社倉義
阡以魁其民惠政畢舉月試諸軍射捐其回易之利及官田
租凡營中病者死未葬者孕孕者嫁娶者賵給有差朝廷從
朱熹請以飛虎軍戍壽昌並致其家口德秀力爭止之討平

江華縣賊蘇師劾武岡守臣司馬遵激軍變誅其亂首理宗
即位召爲中書舍人擢禮部侍郎直學士院入見奏言三綱
五常扶持宇宙棟幹奠安生民之柱石人主但當以二帝三
王爲師近者霅州之事已往不可諫將來願陛下益講學進
德以舜處象爲師討論秦王故事追封立後興滅繼絶又言
乾道淳熙間位于朝者以饋送及門爲恥任于外者以苞苴
入都爲羞今饋餽賂公行薰染成風恬不知怪廷臣敏鋭之
士多于老成雖嘗以耆艾褒傅伯成楊簡以儒學褒柴中行
以恬退用趙蕃劉宰至忠亮敢言如陳宓徐僑皆未蒙録用

上問廉吏德秀以知袁州趙癹夫對擢癹夫直秘閣爲監司具手劄入謝因言蜀帥崔與之閫帥楊長孺皆有廉聲乞廣加咨訪上初御清暑殿德秀侍經筵進言昔高孝二祖儲神燕閒之地仰瞻極桷當如二祖實臨其上陛下向居密邇東朝今宮閣之儀寢備以一心而受衆攻未有不浸淫而蠹蝕者惟學可以明此心惟敬可以存此心惟親君子可以維持此心因極陳古者居喪之法與先帝視朝之勤詔遇寧宗小祥議羣臣吉服德秀言孝宗行三年喪朝衣朝冠皆用大布惜當時不並定臣下之服可爲千載無窮之憾至孝宗崩羅

黜等論議羣臣易月之後惟朝會治事權用黑帶公服時戾
仍衰服臨慰至大祥始除佹胄變亂限以小祥然帶尚不以
金鞓不以紅佩不以魚鞵轎不以文繡此於臣下何損朝議
何傷議遂格德秀屢進鯁言理宗皆虛心開納而彌遠外示
嚴憚內實忌之諫所以撼德秀者未有以發會與工部尚書
陳德剛論濟王贈典其黨梁成大李知孝莫澤相繼劾德秀
罷之遂以煥章閣待制提舉玉隆宮朱端常又劾落職罷祠
監察御史梁成大請加竄殛理宗曰仲尼不爲已甚乃止既
歸修讀書記語門人曰此人君爲治之門如有用我者執此

以往汀寇起薦陳韡有文武才當平使史彌忠用其言起韡討平之紹定四年改職與祠五年進徽猷閣待制再知泉州百姓聞其來歡聲動地迎者塞路諸邑二稅嘗預借至六七年德秀入境首禁之諸邑有累月不解一錢者郡計赤立不可爲或咨寬恤太驟曰民困如此寍身代其苦決訟自卯至申未已或勸嗇養精神曰郡弊無力惠民僅有政平訟理事當勉建炎初置南外宗正司於泉中公族僅三百人至德秀時增至二千三百餘人俸給無措德秀爲設法請於朝增給度牒以足之彌遠死以顯謨閣待制安撫福州痛戒所部無

濫刑橫斂無狗私贖貨罷市令司平物價曰物同則價同詎有公私之異革里正督賦寬民間貴糴之價以次第擒殄海冦未幾聞金滅京湖帥奏露布圖上八陵而江淮有進取潼關黄河之議德秀以爲憂上封事曰移江淮甲兵以守無用之空城運江淮金穀以治不耕之廢壤富庶之效未期根本之弊見立惟陛下審重之召爲户部尚書入見上迎謂曰卿去國十年每切思賢乃以大學衍義進復進三劄陳祈天永命之本用兵人材之難改戰守備之策未謂敬者德之聚儀狄之酒南威之色盤遊弋射之娛禽獸狗馬之玩有一于此

皆足害敬上欣然納之除翰林學士知制誥踰年知貢舉時
政多所論建拜參知政事三乞祠祿進資政殿學士提舉萬
壽觀兼侍讀疾亟衣冠起坐迄謝事猶神爽不亂遺表聞上
震悼輒朝輟朝贈銀青光祿大夫德秀長身廣額容貌如玉
見者以公輔望之立朝不滿十年奏疏數十萬言皆切當世
要務直聲震朝野四方人想慕風采及宦遊所至惠政周洽
中外交稱頌之亦以此取忌屢擯不用而望實愈彰偽學之
禁方嚴德秀晚出挺然以斯文自任講習而服行之黨既開
而正學不禁絕於天下後世多其力也所著書最多惟大學

行義經筵進講盛行於時餘西山甲乙稿對越甲乙集經筵講義端平廟議翰林詞草四六獻忠集江東救荒録清源雜志星沙集志世稱爲西山先生既薨上思之不置謚曰文忠見宋史道學傳

楊敬仲名簡謂真西山曰希元有志學問顧未能忘富貴利達何也希元不悅然不知所所謂敬仲徐曰子常以命訊日者故知之夫必去是心而後可以語道宋時諸儒其嚴如此見楊文元公行狀　真文忠公於明正統間從祀孔子廟庭成化三年追封浦城伯子志道户部侍郎

眞西山敎子齋規一曰學禮

凡爲人要識道理識禮數在家庭事父母入書院事先生並要恭敬順從遵依教誨與之言則應教之事則行毋得怠慢自任己意

二曰學坐

定身端坐齊脚斂手毋得伏盤靠背偃仰傾側

三曰學行

籠袖徐行毋得掉臂跳足

四曰學立

拱手正身毋得跛倚欹斜

五曰學言

樸實語事毋得妄誕低細出聲毋得叫喚

六曰學揖

低頭屈腰出聲收手毋得輕率慢易

七曰學誦

專心看字斷句慢讀須要句字字分明毋得目視東西手弄

他物

八曰學書

臻聚也志把筆字要齊整圓淨毋得輕易糊塗

真西山大學衍義序

臣始讀大學一書見其自格物致知誠意正心修身齊家至於治國平天下其本末有序其先後有倫蓋嘗撫卷三嘆曰爲人君者不可以不知大學爲人臣者不可以不知大學爲人君而不知大學無以清出治之原爲人臣而不知大學無以盡正君之法既又攷觀帝王之治未有不本諸身而達之天下者然後知此書所陳實百聖傳心之要典而非孔氏之私言也三代而下此學失傳其書雖存槪以傳記目之而已

求治者既莫之或考言治者亦不以望其君獨唐韓愈李翺
嘗舉其說見於原道復性之篇而立朝論議曾弗之及蓋自
秦漢以來尊信此書者惟愈及翺而亦不知爲聖學之淵源
治道之根柢也況其他乎臣嘗妄謂大學一書君天下者之律
令格例也本之則必治違之則必亂近世大儒朱熹嘗爲章
句或問以析其義寧皇之初入侍經帷又嘗以此書進講
願治之君倘取其書玩而繹之則凡帝王爲治之序爲學之
本洞然於胸次矣臣不佞竊思所以羽翼是書者故剟取經
文二百有五字載於是編而先之以堯典皋謨伊訓與思齊

之詩家人之卦者見前聖之規模不異乎此也繼之以子思孟子荀況董仲舒楊雄周敦頤之說者見後賢之議論不能外乎此也堯舜禹湯文武之學純乎此者也商高宗周成王之學庶幾乎此者也漢唐賢君之所謂學已不能無悖乎此矣而漢孝元以下數君之學或以技藝或以文辭則其謬乎此者也上下數千載間治亂存亡皆由是出臣故斷然以爲君天下之律令格例也雖然人君之學必知其要然後有以爲用力之地蓋明道術辨人材審治體察民情者人君格物致知之要也崇敬畏戒逸欲者誠意正心之要也謹言行正

威儀者修身之要也重妃匹嚴内治定國體教戚屬者齊家之要也四者之道得則治國平天下在其中矣每條之中首以聖賢之明訓參以前古之事蹟得失之鑑炳然可觀昔者入侍邇英蓋嘗有志乎是比年以來屏居無事迺得䌷閱經傳彙而緝之畎畝微忠朝思暮繹所得惟此秘於巾笥以俟時而獻焉其書之指皆本大學前列二者之綱後分四者之目所以推衍大學之義也故題之曰大學衍義云臣德秀謹序

真西山進大學衍義表

臣德秀言伏准九月十五日尚書省劄子爲臣具奏乞投進
所撰大學衍義奏聖旨令疾速投進者伏以汗簡雖塵何補
聖經之奥食芹欲獻誤承天語之温以十年纂輯之餘欣一
旦遭逢之幸臣德秀惶懼惶懼頓首頓首惟大學設八條之
教爲人君立萬世之程首之以格物致知示窮理乃正心
之本推之以齊家治國見修巳爲及物之原曾子之傳獨得
其宗程氏以來大明厥旨逮師儒之繼出有章句之昭垂臣
少所服膺晚而知趣謂淵源遠矣實東魯教人之微言而綱
目粲然乃南面臨民之要道曩叨侍從論思之列適當姦諛

蒙蔽之時，念將開廣于聰明，惟有發揮于經術，使吾君之心炳如白日，於天下之理洞若秋毫，雖共兜雜進於舜堯朝，豈魑魅能逃於禹鼎。不量菲薄，欲效編摩，遽罹三至之讒，徒結九重之戀。既投閒而置散，因極意以研精，畎畝不忘君，每惓惓於報上，藩墻皆置筆幾，矻矻以窮年，首剟聖賢性命道德之言，旁采古今治亂安危之迹，必提其要，皆聚此書。凡諸生老先生之講明，粗加該括；於君子小人之情狀，尤極形容。載瞻海嶽之崇深，期效涓埃之裨補。茲蓋恭遇皇帝陛下，

陛下乾旋坤轉，日就月將，於緝熙單厥心，基命適隆於成后

念終始典于學遜志克邁於商宗方將切磋琢磨而篤於自
修定靜安慮而進於能得事欲明於本末理期貫於精粗適
萃成編冒塵清燕止其所止願益加止善之功以新以又新
更推作新民之化臣干瀆天威無任激切屏營之至臣所撰
到大學衍義四十三卷並目録共成二十二帙黄用黄羅夾
複封全謹隨表上進以聞
黄景傅名巖孫
巖孫惠安人寶祐四年進士授仙谿尉一以義理之學爲政
先是叚全淩景陽慰仙谿巖孫作思賢堂且記曰事俗而不

自爲俗者學充於世事也官卑而不自爲卑者人大其官也
咸淳中知尤溪縣新安南溪書院建四齋及講堂以棲學者
復作天子燕居堂疏朱熹所解太極通書西銘三篇及所與
門人問答之語凡諸儒之說有發揮者申以己意會萃成編
倫類通貫名曰輯解刊於書院尋守福州校刊真德秀讀書
記學者宗之見道南源委

陳尚德名普

普甯德人字尚德元史云後以字行更號懼齋居石堂山學者稱石堂先
生淳熙間朱熹嘗過其地異其風土曰數十年後當出儒者

能讀天下書至淳祐甲辰普生稍長聞會稽韓翼甫號恂齋倡
道浙東遂往從之韓學出輔廣廣朱門高弟也宋亡朝廷三
辟本省教授自以爲宋遺民不就以斯道自任四方來學者
歲數百人丞相劉敏中屬修黄楊二家喪祭禮因併朱子所
纂爲十卷嘗極論太極之旨尊聞紹言屹然爲朱門嫡派晚
居莆田十八年造就益衆出其門者如韓信同楊琬余載黄
裳輩並以正學爲時所宗嘗曰性命道德五常誠敬等字在
四書六經中如斗極列宿之在天五嶽四瀆之在地舍此不
求更學何事謂三代之治莫善於井田因爲作書又精聲律

天文地理算數之學著四書句解鈐鍵學庸指要孟子纂圖
周易解注易説尚書補微四書六經講義渾天儀論天象賦
詠史詩凡數百卷字義一卷見元史文翰傳參道南源委
陳普七歲時坐田間時有白鷺飛止有士人戲語之曰汝能
賦詩乎普應聲曰吾在這邊坐汝來那里歇青天無片雲飛
下數點雪人已知其不凡後更精於陰陽璣衡之説乃聚銅
自鑄刻漏壺無纖毫爽福建布政司譙樓銅壺即其所製也
先是鼓鑄於里中仁豐寺既成草木焦枯者年餘見寧德縣
志

韓伯循名信同

信同元史曰名性同號古遺福寧人受業於陳普究心濂洛關閩之學普歎曰吾耄矣得斯人飲水俟命復何悵哉元仁宗延祐四年應江浙舉不合卽杜門不出四方書幣日至弟子請業者戶外屨滿著書經疏文（元史作書經講義）易經三禮旁註書集解四書標註史類纂詩文十卷見元史文翰陳普傳參道南源委

宋閩學諸儒列傳終

八閩文庫

福建文獻集成

續編 史部 二六

吴格 主編

八閩文庫
文獻集成 266

海峽出版發行集團
THE STRAITS PUBLISHING & DISTRIBUTING GROUP
福建人民出版社

本册目次

閩中文獻志五卷（卷四至卷五）

［清］惠安黄廷玉輯

福建師範大學圖書館藏稿本

元明閩中文獻志

卷之肆

這兩個古人哭得好嗚呼哭得極妙

卷四

閩中文獻志　　惠安琥谿黄廷玉輯

元閩學諸儒列傳

熊去非名禾

禾世居建陽之鼇峯總角能文即志濂洛關閩之學訪朱子門人輔廣而從遊焉登宋咸淳十年進士授汀州司户參軍入元隱居不仕築洪源書堂（一作雲谷書院）以教生徒學者翕然歸之胡一桂（字庭芳江西人）其最著者州縣咸尊以師禮謝枋得聞其名自江右來訪抱持而哭曰今天下皆賊也不爲賊者足下與我耳相與講論天子之道益明一桂向明易學講切最久

朱與之論學謂秦漢以下天下所以無善治儒者無正學也儒者所以無正學六經無完書也考亭夫子集其大成平生精力在易詩四書若儀禮未完書開端而未竟九峯蔡氏猶未大暢厥旨三禮雖有通解缺而未補而勉齋黃氏信齋楊氏粗完喪祭二書其授受損益精意尚無能續若春秋則不過發其大義而已余雖與君講求十有二[illegible]書僅就緒春秋更加重纂則皇帝王霸之道亦或粗備惟三禮乃考亭與門人三世未竟之書君當分任此責以畢吾志其後修儀禮未及成而卒福寧陳益足而成之以爲禮編郡故有考亭

書院成宗大德十二年有司更新之辟禾分教大小學於中禾爲之記其推尊考亭且兼以私淑自命嘗曰道者天下通行之道其所以爲教者自天子至庶人一也先王建學必祀先聖先師自古至今未有以異獨五學之說不同　　詩書禮樂各有其師所以爲祀亦異則疑出於漢儒傳專門之附會三代以上大道未分必不至此夫京師首善之地莫先於天子之太學天子太學祀典宜在伏羲神農黃帝堯舜禹湯文武其道德功言載之六經傳在萬世若以伏羲爲道之祖神農黃帝堯舜禹湯文武各以其次列焉皋陶伊尹太公

望皆見而知者周公不惟爲法於天下而易詩書所載與夫周禮儀禮之書皆可傳後世至若稷之立極陳常契之明倫敷教夷之降典益之贊德傅說之論學箕子之陳範是皆可與享於先王者以此秩祀天子之學禮亦宜之若夫孔子兼祖述憲章之任其爲天下萬世通祀則自天子下達矣先是學宮中唐以孔門高弟顔淵至子夏爲十哲坐祀廟堂上宋初以顔孟配享則進曾子於堂居子夏之次以補其闕後升曾子子思與顔孟爲四配皆東坐西向而顔子之父路曾子之父點子思之父鯉乃在廡下從祀之列子居父上時人以

爲非禮矣謂宜別設一室以奉魯國公叔梁紇居中南面顏路
曾晳孔鯉孟孫氏侑食西向春秋二祀當先聖酌獻時以齒
德之尊者爲分獻官行禮於魯國公之前其配位亦如之如
此則可以示有尊而教民孝矣又禮有祀先賢于東序及祭
鄉先生于社之文以一國一鄉論之各有先賢鄉先生其節
行足以師表後進軌範薄俗者固在鄉國之所當祀若孔明
之在南陽管幼安之在東海張九齡之在曲江陽城之在晉
鄙三代而下論天下人物亦當稱首正使列侍聖門夫亦何
慊又如蜀之文翁閩之常袞首開一方文治雖去之千載猶

思慕之亢若此類宜悉詔郡國按舊志采其尤著者悉以來
上列之壇祀咸秩無文其後都城建歷代帝王廟而以當時
功臣配享及州郡縣學立啟聖及鄉賢名宦諸祠大約皆祖
禾說晚年更創鼇峯書院於里中改名鈇元儒言行錄鈇作銖字位辛
以自晦著易講義書說三禮考異春秋論考四書小學註集
疏大學廣義標題詩選正宗祀典公論等書或問文公贊六君
子滄洲祠七賢今尊道之祠止五先生而不及康節涑水者
何禾曰尊道者祠爲道統設也古者建學立師教學爲先其
所學則以道德功言爲重而道其總名也太上立德者道之

本也立功者道之用也立言者所以載道之文也言學而無見於道則不足以爲學言道而無見得乎道之全體則亦不足以爲道矣是故一善之德亦可名立德一時之功亦可稱立功一語之有關世教亦可爲立言而皆無見乎道體之全則亦不足與乎道統之正矣今觀六經之文皆其德被生民功高萬世堯舜禹湯文武周公孔子之傳在是自時厥後四代禮樂之具惟顔子氏有之晚年則惟曾子所傳獨得其宗曾傳之思思傳之孟大學中庸七篇之書皆可具見道喪千載直至濂溪明道伊川横渠晦菴五先出此道始復明於世

其立德立功立言未有大於此者配祀先聖吾無間然若康節涑水謂非世之大賢不可而其學視此有間矣駕風鞭霆之英傑未可與準繩規矩同之君子同科觀其玩視古今遊戲物外其出言制行不免近於高曠非可爲世常法程子與康節居洛三十年未嘗一語及其學亦爲是也涑水之制行非不誠一而前輩謂欠却致知一段如尊楊雄而疑孟子黜漢統而帝曹魏自有不可揜者文公滄洲之祠增李延平爲七賢祇致其平生尊師之意則止仍舊祀之典可矣又言兩廡從祀理宜損益孔庭之祀按貞觀二十一年顔回以下次

以左邱明等二十二人升侑尼父開元八年始塑十哲繪七
十弟子及二十二賢於壁二十七年謂曾參以而下止六十
七人遂據杜佑通典所載益林放等五人以足七十二人之
數此不過唐禮官一時建議云爾宋仍唐制不改至今按爲
定式竊思學者尊事聖賢春秋祭享非但崇飾俎豆姑以盡
吾報本之心而已必其方寸間眞有信慕服行之素則斯道
氣脉相通今也姓名茫昧年代濶遠尋常方册中耳目尚有
不接一旦對越之際肹蠁豈易遽通此文公滄洲精舍故止
尊顏曾思孟配享六君子從祀也程子本言十哲世俗之論

如由之瑟予之晝寢短喪求之聚斂具臣已見譏于聖門況子顏子既升配位忽進子張於十哲之末果何義耶又七十二賢之下益以諸儒二十二人此亦唐禮官一時之見若伏生之書毛萇之詩大小戴之禮左氏公穀之春秋與鄭孔諸儒之傳疏雖其間不無同異謂其無羽翼聖經之功不可但學者言必根理文必稱行馬融爲憲竇憲作奏草一事誣陷忠良漢祚以傾平日聚徒著書竟亦何用杜預建短喪之議自背春秋王弼尚老莊之說自背於易凡若此類訓詁何取如孟氏之後無傳濂洛未興以前寂寥千載獨一董仲舒

學行最醕顧不得秩在從祀而楊雄美新投閣不能掩且綱目莽大夫之書荀況以性爲惡以禮爲僞大本已失更學何事至今三十二人上與孟子同列下猶不失與王通韓愈並稱向微文公品論之定則孟子終貶而荀楊董偃然得在弟子列矣可勝歎哉至有宋諸儒祀典泝其淵源豈有無尚有可論者龜山載道而南再傳延平李爲延平李氏學行醕正其傳是爲文公滄洲從祀亦在六君子之次又文公之學惟勉齋黃氏得傳其羽翼四書三禮之功爲大誠有作者表章正學首宜損益愼弗以開元禮一時禮官無識之輕議遂作

千萬世不刋之定典也仁宗皇慶元年辛學者稱爲勿軒先

生後定先儒左邱明公羊羔穀梁赤伏勝高堂生孔安國毛萇杜子春董仲舒王通后蒼韓愈歐陽修周敦頤程頤程灝張載楊時胡瑗朱熹邵雍司馬光陸九淵蔡沈胡安國呂祖謙張栻眞德秀二十八人大約皆祖禾議居多見元史儒學傳黍元儒言行錄

熊禾考亭書院記

周東遷而夫子出宋南渡而文公生世運升降之會天必凝元史凝作擬天聖大賢以當之者三綱五常之道所寄也道有統羲軒邈矣陶唐氏迄今六十二甲辰孟氏歷叙道統之傳爲帝爲王者千五百餘歲則堯舜禹之於伊臯巽也湯尹之於伊

亳也文武周公之於岐豐也帝王而下爲霸爲強者二千餘歲而所寄僅若此儒者幾無以藉口於來世嗚呼微夫子六經則五帝三王之道不傳微文公四書則夫子之道不著人心無所於主利欲持世庸有極乎七篇之終所以大聖人之居而尚論其世者其獨無所感乎嗚呼由文公以來又百有餘歲矣建考亭視魯闕里初名竹林精舍後更滄洲宋理宗表章公學以公從祀廟庭始錫書額諸生世守其學不替龍門方侯逢辰灼見斯道之統有關於世運故於此重致意焉歲戊子侯爲郡判官始克修復邑令古澶郭君瑛又從而增

闓之乙巳侯同知南劍郡事道閩祠下顧謂諸生曰居已完矣其盍有所養乎書院舊有田九十餘畝春秋祀猶不給侯將捐田爲倡郭君適自北來議以克協諸名賢之胄與邦之大夫士翕然和之合爲田五百畝有奇供祀之餘則以給師弟子廩膳名曰義學田初省府以公三世孫朱沂充書院山長既没諸生請以四世朱孫朱椿襲其職侯白之當路仍增弟子員屬其事邑於邑簿汪君蒙且以書來曰養可以粗給矣而教之不可以無師也謂禾猶逮有聞俾與前貢士魏夢生分教大小學蓋有甚欲然者既又屬禾記其事其將何以

爲詞重惟文公之學聖人全體大用之學也本之身心則爲
德行措之國家天下則爲事業其體有健順仁義中正之性
其用則有治教農禮兵刑之具其文則有小學大學語孟中
庸易詩書春秋三禮孝經圖書西銘傳義及通鑑綱目近思
録等書學者學此而已今但知誦習公之文而體用之學曾
莫之究其得謂之善學乎得謂之體其全而用其大者乎公
之於考亭也門人蔡氏淵嘗言其晚年閒居於大本大原之
地充養敦厚人有不得窺其際者蓋其喜怒哀樂之未發早
聞師說於延平李先生者體驗已熟雖其語學者非一端

而敬貫動靜之旨聖人復起不易斯言矣嗚呼此古人授受心法也世之溺口耳之學者何足以窺其微哉公之修三禮自家鄉至邦國王朝大綱小紀詳法畧則悉以屬之門人黃氏榦且曰如用之固當盡天地之變酌古今之宜而又通乎南北風氣損文就質以求其中可也使公之志克遂有王者起必來取法矣嗚呼古人爲治之大經大法平居既無素習一旦臨事惟小功近利是視生民亦何自蒙治至治之澤乎秦人絕學之後六經無完書若井田若學校凡古人經理人道之具盡廢漢猶近古其大機已失之矣當今治守一統京

師首善之地立冑學興文教文公四書方爲世大用此又非
世運方升之一機乎邵氏觀化所謂善變之則帝王之道可
興者以時者之可矣誠能於此推原羲軒以來之統大明夫
子祖述憲章之志上自辟雍下逮庠序祀典教法一惟我文
公之訓是式古人全體大用之學復行於天下其不自茲始
乎今公祠以文肅黄氏榦配舊典也從以文節蔡氏元定文
簡劉氏爚文忠真氏德秀建安武夷例也我文公體用之學
黄氏其庶幾焉餘皆守公之道不一其侑公也實甚宜公以
建炎庚戌生於劍之南溪父吏部韋齋先生仕國也公藴經

世大業屬權奸相繼用事鬱鬱不得展道學爲世大禁公與
門人益務堅苦泊如也慶元庚申歿於考亭後十年庚午疆
場起事又六十七年丙子宋亡公之曾孫浚以死節著嗚呼
大聖大賢之生其有關於天地之化盛衰之運者豈可以淺
言哉夫子之六經不得行於再世而公之四書乃得彰著於
當代公之身雖詘於當時而公之道卒信於後世者天也
過江來中州文獻欲盡自左丞覃懷許公衡衡字仲平號魯齋先生謚文正
封魏國公倡明公學家誦其書人尊其道凡所以啟沃君心栽培
相業以開治平之原者皆公餘澤也方侯叔義學東平袁君

壁適以臬事至閬訪公後裔浚二子林彬於省長南溪建安三書院奉章齋及公祠又以考亭乃公舊宅懇懇爲語諸生小學入門之要尤以師道不立爲憂既而金華陳君舉司文吳會爲冑學徵藏書考尋文獻且欲於此繼成公志以復六經古文爲屬誠鉅典也而必有竢焉天運循環無往不復欲覩周道舍魯何適正學一脉亟起而迸續之則天地之心生民之命萬世之太平當於此乎在侯之功不亦遠乎侯世以德顯其仕閬以化爲政道南七書院皆其再造也考亭西北偏有山曰雲谷晦菴在焉亦爲之起廢汪君於山之麓爲門

以識之凡公之墳宅悉從而表樹焉庶乎知爲政之先務矣

精舍剏於紹熙甲寅前堂後室制甚樸寶慶乙酉邑令莆陽

劉克莊始闢公祠今燕居廟則淳佑辛亥漕使眉山史侯季

温舊構也書院之更造惟公手剏不敢改棟宇門廡煥然一

新邑士劉熙實終始之義學之剏興黄樞首帥以聽華恭孫

葉善夫趙宗叟盱江李廷玉與有謀焉而厚帑庾完壁茨以

迄於成則虞子建劉實也賢勞皆可書時提調官總管燕山

張仲儀教授三山黄文仲助田名氏悉書石陰

旅遊武夷山詩

我來武夷山遠意超千古嘗疑混沌闢疏鑿未經禹峽山猶古深洪濤舂回互行舟留大壑營巢餘斷樹垠崖波濤痕隱隱皆可覩陶然上古民要服固深阻秦威何桓桓薄海猶廣土六合皆湧沸一枝豈安處嘗言十三君隱隱避秦侶一日厭塵寰泠然遂高舉上山娛賓雲下山滿豺虎神仙何渺茫虹橋徒虛語桃源亦其類好事自誇詡風氣日以開斷蚰有眞主遂令閩山陬盡入職方宇漢志名始彰祠堂用魚脯流傳世代久琳宫粲衣羽至今此名山號作神仙府恭惟我遯翁辭闢厥功溥于焉卜精廬溪山九曲五圖書盡在茲斯地

儼鄒曾我以負笈生來此有來數自慚仁智心未領高深趣斯遊亦何意會心覬眞遇侃侃平生友惠然肯來顧攜手敎夙好抗志企遐慕招我山中遊茲遊適予素巍巍大隱屏屹屹天之柱前瞻晚對亭考槃固其所當何當同心人相與薙榛梏長松期歲寒修竹倚日暮我行愛此山躊躇不能去

崇安縣學立碑

出出山未踰月輒復入山去平生武夷志茲遊適眞遇誅茅僅可遂豈但山水趣扶搖欣夙心躊躇動長慮恭惟文公學倡道匪虛語向微剖析功斯人遂聾瞽齋居一原歎此歎無

人悟晚年制作心門人未輕許眞實浸沉寥扶葉謾誇許謝
漂淪未百年竊據立門户吾黨固有徒斯道自今古扶偏須
忠臣邪説奇無距同志此來遊與言激予素禮樂愧河汾與
賡竟誰予大隱堂前水滔滔自東注回薄萬古心無言對天
柱

武夷訪友

五月涼巾陟翠微竹枝香露濕人衣雲行老樹青猿過雪落
長溪白鷺飛仙徑好花愁急雨高亭芳草怨斜暉我來更欲
平林去爲扣先生玉版扉

長溪道中

野田秋稻正潺潺新翠喬林繞舍環淡日凝烟橫別浦斜風吹雨過前山柴扉初放牛羊出漁艇方攜蠏蛤還自笑平生愛遊覽天教長在水雲閒

陳衆仲名旅

旅莆田人姿禀穎異先世以儒學稱旅幼孤其外大父趙氏學有源委撫而教之旅得所倚篤志於學稍長至溫陵從鄉先生傅古直遊聲名日著以薦爲閩海儒學官御史中丞馬祖常使泉南一見奇之謂旅曰子館閣器也胡爲流留滯於

此因勉游京師既至翰林侍講學士虞集見其所爲文慨然歎曰此所謂我老將休付子斯文者矣卽延至館中朝夕以道義相講習自謂得友道園學古録云自衆仲來凡問學修己之事有益於愚陋多矣諸公咸以爲旅博學多聞宜居師範之選平章趙世延力薦之授國子助敎居三年考滿諸生不忍其去請於朝再任焉順帝元統初出爲江浙儒學副提舉至元四年入爲應奉翰林文字至正元年遷國子監丞卒年五十六旅於文自先秦以來至唐宋諸大家無所不究故其文典雅峻潔必求合於古作者不徒以狗世好而已有文集十四卷元史云有安雅堂集十四卷書史會要云

旅善古隸而行楷亦有法旅平生於師友之義尤篤每感虞集爲知己其在浙江時集歸田已數載歲且大比親奉書幣請於行省叅知政事字术魯翀請集主文鄉闈欲爲問候計乃衝冒炎暑千里訪集於臨川集感其來留旬日惓惓以斯文相勉每語學者必以旅爲平生益友也既而聞旅卒深痛悼之見元史文翰傳

陳旅爲趙敬叔賦海獸蒲桃鏡鏡爲鄭夾漈家故物詩

尚方老冶收精銅金膏玉水開曈曨未央曉月低青桐六宮秋井生芙蓉當塗妖鬼負神器銅人登車數行淚寶奩偶落

長安市永興人間照珠翠疑陰空際江心龍海雨夜入閩王宮一朝愁殺漈上翁破屋日夜穿晴紅西宛野露堪作酒中有醄醉茫欲走趙侯得之莫失守龍女鮫童候之久

送李彥方赴使入閩

海邦赤子窮無告詔遣儒臣著繡衣天祿閣中書灝灝越王山下馬騑騑龍風滿港榕陰合燕雨侵簾荔子肥一道澄清俄頃事使星還向紫垣飛

黃子肅名清老

清老邵武人天姿英敏五歲日記數千言通經博史泰定初

浙江鄉舉第一明年登李黼榜進士曹尚書元用馬學士祖常請留館閣歷應奉翰林文字同知制誥國史院編修出爲湖廣行省儒學提舉名公卿子弟踵門受業四方士無遠不至時人重其學行號樵水先生著有春秋經旨四書一貫數十卷其詩名樵川集有盛唐之風見元史文翰傳參通志文苑傳

黃清老天馬山詩

溪隨天馬西北行半空忽見蓮花生雙鸞欲下却飛去旌旗引入丹霞城攀蘿上到猿啼處恍然曠坐消百慮千山無人

靈氣深終日徘徊不能去虛空樓閣時自開異香忽起三清
臺風吹笑語落天半知是神仙騎鶴來百花潭上春自照白
鹿呼人猿亦嘯路迷不敢輕問津恐有賢人隱耕釣蒼崖九
折樵徑通絕頂可見西崆峒塵心豁然脅欲羽竦身直上凌
天風

福山寺詩

晨光海上來雲氣昇萬壑鷄鳴落塢中殘鐘度城郭菴糟僧
戴星出我自飯藜藿安知天地心但有山水樂書燈夜搖動
霧氣侵几閣開扉得新月欲掩見樓雀烟霞暫相違筆硯庶

有託但留松間雪付與雙白鶴庭柯換故葉林竹改新籜何
日芝草開拏舟赴前約

武夷道中

積雨多浮雲百川合爲一新晴落花深草徑没行跡溪風散
和柔天雨浩澄碧諸峰出雲間淨若露初拭遲遲策駑馬稍
稍度翠壁從人不知疲佳境恣所歷松間古仙人燕坐松下
石羽化今幾年蒼苔滿雙屐乾坤妙無言小大自有得爲我
謝羣芳春風各努力

董元鎮名鎮成

鎭成邵武人自幼篤學力行年弱冠即厭榮利慨以聖賢踐履之學自勵延祐科目行再試有司不合遂周覽楚漢名山流連燕趙齊魯之墟浮海而返築室城南顏曰南田耕舍隱居不復仕進著尚書通考十卷凡名物度數與夫七政九疇六宗五禮方州之貢賦水土律呂之短長忽微皆著其説説有未盡復系以圖彙集諸家而折衷以己意乃自叙曰書載二帝三王之政政者心與事之所形也是故道德仁聖統乎心制作名物達於事內外之道合而帝王之政備矣然統乎心者先後古今脗合無二達於事者儀章器物因革無存故

求帝王之心易而考帝王之事難矧後儒稽古不過以周爲
據而秦人滅學周典亦多殘缺迺欲以不完之文上徵隆古
之舊斯益難矣昔紫陽之教每語學者謂如堯舜典歷象日
月星辰律度量衡五禮五樂禹貢山川洪範九疇之類須一
一理會透令透蓋讀書窮理卽器會道乃學者之當務也余
方授兒輩以書間或有問不容立答則取關涉考究者會萃
抄撮或不可言曉者規畫爲圖以示之至衆家之説有所
不通則間述已見以附於下如舊圖舊説已備者不復贅出
其有未盡則隨條辨析焉歲月積累寖成卷帙乃次其顛末

以便考尋名曰尚書通考竊謂學有本末道無精粗禮樂官名聖人猶問則讀是經者安得不求其故哉方將就正於博洽君子然後退授於家俾爲格致之助亦庶乎紫陽夫子之教云爾文宗天歷三年書成又著周易通義中庸章旨性理發蒙等書其詩名秋聲集十卷部使者聞其賢相繼論薦不應後用執政奏授江西路儒學提舉命下而卒自號存存子學者稱存齋先生謚曰貞文處士見元史傳學儒學傳及元儒言行録

南山耕舍詩

離離南山田采采山下緑茲晨涼風發秋氣已可掬美人平生寵零落在空谷顏色不可見何由踵高躅我耕南山田我結南山屋下山交桑麻上山友麋鹿還肯過鄰家鄰家酒應熟

鼓山屴崱峰詩

屴崱峰高萬丈梯上方高與白雲齊青山盡處海門濶紅日上來天宇低喝水無人空宴坐摩崖有客漫留題飄然欲御長風至一笑何須到虎溪

三山九日詩

九日南州尚滯留高風寒雁獨登樓自憐白髮難爲客欲買黄花只負秋南國美人鷓鴣賦北庭公子鷫鷞裘不愁大地風霜苦更擬吹簫過十洲

桃花巖詩

小小僉山中數塊石上出浮雲幾千尺寒泉飛下絶澗響老樹倒挂蒼苔壁巨靈劈斷知何年中有古洞藏神仙蓬萊宮闕浩杳靄世外別有壺中天巉巖磊塊相緣入雲霧晦明光景集丹房石室靜無塵虎攫龍拏半空濕山人舊説桃花巖山高水絶無由探我來正值桃花發長嘯獨倚春風酣同遊

雅士貪幽趣自劚山雲燒筍具兩山流水一川花依稀似是桃源處世上紛紛吹戰塵山中道人都不聞欲從君住不可得一聲孤鶴唳空雲

敖君善名繼公

繼公烏程縣志作繼翁長樂人研窮經史而尤長於禮後寓家吳興築一小樓坐卧其中冬不爐夏不扇日從事從經史吳下名士多從之遊趙孟頫其弟子也初仕定成尉以父任當補京官讓於弟尋擢進士對策忤時相遂不仕益精討經學以曾高堂生傳士禮十七篇卽今儀禮也生之傳旣不存而王肅

袁準孔倫陳銓蔡超宗田僧紹諸家註亦未流傳於世鄭康
舊注禮儀禮疵多醇少學者不察因復刪定取賈公彥疏及
先儒之說補其闕又未足附以己意名曰儀禮集說凡十三
卷其序曰儀禮何代之書也曰周書也先儒皆以爲周公所
作愚亦意其或然也何言之周自武王始有天下然其時已
矣老矣未必暇爲此事至周公相成王始制禮作樂以致太
平故以其時考之當是周公之書又以其書考之辭意簡嚴
品節詳備非聖人莫能爲也然周公此書乃爲侯國而作而
王朝之禮不與焉何以知其然也書中十七篇冠昏相見鄉

飲鄉射士喪既夕士虞特牲饋食凡九篇皆言侯國之士禮少牢饋食上下二篇皆言侯國之大夫禮聘食燕大射四篇皆言諸侯之禮惟覲禮一篇則言諸侯朝天子之禮然主於諸侯而言也喪服篇中言諸侯及公子大夫士之服詳矣其間雖有諸侯與諸侯之大夫爲天子之服然亦皆主於諸侯與其大夫而言也然則聖人必爲侯國作此書者何也夫子有言曰夫禮必本於天殽於地列於鬼神達於喪祭冠昏射御朝聘聖人以禮示之故天下國家可得而正也以此言證之則是書也聖人其以爲正天下之具也與故當是時天下五

等之國莫不寶守是書而藏之有司以為典籍無事則其君臣相與講明之有事則皆據此以行禮又且頒之於國以教其人此有周盛時所以國無異禮家無殊俗兵寢刑措以躋太平者其以是乎其後王室衰微諸侯不道樂於放縱而憚於檢束於是惡典籍之不便於己而皆去之則其歸之受於王朝者不復藏於有司矣歸之於有藏於有司者或私傳於民間矣此十七篇之所以不絕綫知如綫而幸存以至今日也或曰此十七篇爲侯國之書固也其本但如是已乎抑或有亡逸而不具者乎曰是不可知也但以經文與其禮之類

考之恐其篇數當不止此是經之言士禮特詳其於大夫則但見祭禮而昏喪無聞焉此必亡逸者也公食大夫禮云設洗如饗謂如其公饗大夫之禮也而今之經乃無是禮焉則是逸之也明甚又諸侯之有覲禮但用於王朝耳若其邦交亦當有相朝相饗相食之禮又諸侯亦當有喪祭禮而今皆無聞焉是亦其亡逸者也然此但以經之所嘗言禮之所可推者知之也況其間又有不盡然者由此言之則是經之篇數本不止於十七亦可見矣記有之曰經禮三百曲禮三千所謂經禮卽十七篇之類也其數乃至於三百者豈其合王

朝與侯國之禮而言之與若所謂曲禮則又在經禮之外者
如內則少儀所記之類是也先王之世人無貴賤事無大小
皆有禮以行之蓋以禮有所闕則事有所遺故其數不容不
如是之多也去古既遠而其所存者乃不能什一可勝歎哉
繼公平生遊學晚讀此書沈潛既久忽若有得每一開卷則
心耳之間如親見古人而與之揖讓周旋於其際此書舊
有鄭康成注然其間疵多而醇少學者不察也今輒刪其不
合於經者而存其不謬者意義有未足則取疏記或先儒之
說補之又未足則附以一得之見焉因名曰儀禮集說其於

初學之士未必無小補云成宗大德中以江浙平章高彥敬（一作顯卿）薦擢信州教授未任而卒見元史儒學傳及元儒言行録

有倪淵著字仲深烏程人嘗受業於繼公得禮經易數之奥著易說二十卷圖說序例各一卷官湖州教授

邱吉甫名葵

葵同安人少慕程朱之學親炙呂大奎最久宋末廢科舉杜門厲學不求人知提舉莆蒲壽庚以泉州叛降元而宋亡葵益自韜晦避居海嶼刻志爲學著易解義既濟圖書直解詩口

義春秋通義四書日解講各數十卷而周禮補亡一書尤悉
訂詳確方知漢儒補考工記之謬葵自序曰周禮一書周公
爲天地立心爲生民立命爲萬世開太平之書也後之君臣
每病於難行也何居葉水心謂周禮晚出而劉歆遽行之大
壞矣蘇綽又壞矣王安石又壞矣千四百年更三大壞此後
君臣病於難行然則其終不可行乎善哉眞西山之言曰有
周公之心然後能行周禮無周公之心而行之則佩矣周公
之心何心也堯舜禹湯文武周之心也以是爲書故能爲天
地立心爲生民立命爲萬世開太平也歆也綽也安石也無

周公之心而欲行之適所以壞之也鄭賈諸儒析名物辨度數不爲無功而聖人微指終莫之睹惟洛之程氏關中張氏新安朱氏其所論說不過數條獨聖得聖經精微之蘊蓋程張朱氏之學周公之學也故能得周公之心而是書實賴以明矣今制以六經取士乃置周官於不用使天下之士習周禮者皆棄而習他經毋乃以冬官之闕爲不全書耶夫冬官未嘗缺也雜出於五官之屬漢儒考古不深遂以考工記補之至宋淳熙間臨川俞廷椿始著復古司空篇新安朱氏一見以爲冬官不亡考索甚當鄭賈以來皆當斂衽退三舍嘉

熙間永嘉王次點又作周官補遺由是周禮大之六官始得爲全書蔡承二先生討論後加之參訂的知冬官錯見於五官中實未嘗亡而太平大典渾然無失欲刊之梓木以廣其傳是亦吾夫子存羊愛禮之意萬一此經得入取士之科而周公之心得暴白於天下後世則是區區之願也又曰唐虞建官惟百夏商官倍而周官至於三百六十今觀成王時周公以公兼太宰召公以公兼宗伯蘇忿生以溫爲司寇成王將崩有召太保奭芮伯彤伯畢公衛侯毛公則是六卿中召公畢公毛公亦上兼三公由是推之先王之制其職雖不廢

其官未必一一皆設舉其大畧如掌葛徵絺綌掌染草徵染草掌茶徵茶掌炭徵炭角人徵齒角羽人掌羽毛羽每官掌一事無是事未必有是官也軍司馬行司馬戎僕戎右有軍旅則用之甸祝田僕有田獵則用之有喪紀則用夏采喪祝有盟會則用詛祝建邦國則用土方氏來遠方之民則用懷方氏先王豈能以祿食養無用之官待有事然後用哉亦臨事兼攝爾故周官雖曰三百六十者亦舉大數而言不必皆六十也今天官六十有三地官七十有九春官七十夏官六十有九秋官六十有六冬官全無漢儒以考工記補之今據

每官其屬六十而天官羨三地官羨十九春官羨十夏官羨
九秋官羨六計其所羨者四十七官此豈非司空之屬官雜
在五官乎秦火後不無闕殘冬官豈得全無五官豈宜有羨
夫自伯禹作司空平水土以來至周官之書皆曰司空掌邦
土豈得以任土地之職歸之司徒職方氏形方氏山師川師
遼師之屬豈得歸之司馬大小行人之職豈得之歸之秋官
似此之類頗多俞廷椿王次點皆以爲冬官本不亡錯見於
五官中余細考之果未嘗亡也真西山趙庸齋皆以爲次點
之訂義有先儒所未發謂冬官未嘗亡諸儒所未辨不能辨

自漢以來強以考工記補之未有言其非者予今以五官之屬其本文列於前以俞王二先生所删補者參訂爲六官之屬書於後則周官三百六十燦然在目而冬官之不亡信矣

泰定中御史馬祖常薦之朝廷來徵葵以種圃自匿祖常又率達魯花赤賫幣就聘其家竟力辭祖常等取遺書以去今存周禮補亡及釣磯詩集見元史儒學傳參元儒言行録續宏簡録元史按俞氏復古編以天官之屬獸人獻人鱉人獸醫司裘染人追師屨人掌皮典絲典枲改入冬官以地官之屬鼓人舞師改入春官封人載師閭師縣師均人遂人遂

師遂大夫土均草人稻人土訓山虞林衡川衡澤虞丱人角人羽人掌葛掌染草囿人場人改入冬官以春官之屬天府世婦內宗外宗太史小史內史外史御史改入天官典瑞典同巾車司常冢人墓大夫改入冬官以夏官之屬弁師司弓矢槀人職方氏土方氏形方氏山師川師邍師改入冬官以秋官之屬大行人小行人司儀行夫掌客掌訝掌交環人改入春官而蔡所更定則天官之屬六十太宰小宰宰夫宮正宮伯宮人內宰九嬪世婦女御內宗外宗女祝女史內司服典婦功縫人夏采內小臣閽人寺人內豎膳夫庖人內饔外

饔亨人甸師酒正酒人漿人凌人籩人醢人醯人鹽人冪人
腊人醫師食醫疾醫瘍醫獸醫掌舍幕人掌次天府大府玉府內
府外府司會司書職內職歲職幣太史小史內史外史御史
地官之屬五十七大司徒小司徒鄉師鄉老鄉大夫州長黨
正族師閭胥比長遂人遂師遂大夫縣正鄙師酇長里宰鄰
長師氏保氏司諫司救調人媒氏司市質人廛人胥師賈師
司虣司稽胥肆長泉府司門司關掌節閭師縣師稍人土
訓誦訓遺人旅師委人迹人廩人舍人倉人司祿司稼舂人
饎人槀人掌炭掌荼掌蜃春官之屬六十大宗伯小宗伯肆

師鬱人鬯人司尊彝司几筵典命典祀守祧職喪大司樂樂
師大胥小胥大師小師瞽矇眡瞭磬師鐘師笙師鎛師韎師
旄人籥師籥章司干鼓人舞師鞮鞻氏典庸器馮相氏保章
氏太卜卜師卜人龜人菙氏占人筮人占夢眡祲大祝小祝
喪祝甸祝詛祝司巫男巫女巫都宗人家宗人大行人小行
人司儀行夫掌客掌訝掌交夏官之屬六十大司馬小司馬
軍司馬輿司馬行司馬都司馬家司馬諸子虎賁氏旅賁氏
司甲司兵司戈盾繕人環人挈壺氏掌固司險掌疆司右戎
右齊右道右大馭戎僕齊僕道僕田僕馭夫馬質校人趣馬

巫馬牧馬師庾人圉師圉人射人司士司勳懷方氏合方氏
訓方氏匡人撢人大僕小臣祭僕御僕隸僕服不氏射鳥氏
羅氏掌畜節服氏小子羊人方相氏司爟候人秋官之屬五
十七大司寇小司寇士師鄉士遂士縣士方士訝士朝士司
民司刑司刺司約司盟職金職司厲司圜掌囚掌戮司隸罪
隸蠻隸閩隸夷隸貉隸布憲禁殺戮禁暴氏野廬氏蜡氏雍
氏萍氏司寤氏司烜氏條狼氏修閭氏冥氏庶氏穴氏翨氏
柞氏薙氏哲蔟氏翦氏赤犮氏蟈氏壺椓氏庭氏銜枚伊耆
氏伊耆氏象胥掌察掌貨賄朝大夫都則都士家士冬官補

亡五十四大司空小司空載師封人量人均人土均草人稻人山虞林衡川衡澤虞丱人角人羽人掌獸掌染草囿人場人牧人牛人充人獸人獻人鱉人雞人犬人獸醫司裘掌皮司服典絲典枲染人弁師追師屨人典瑞典同巾車典路車僕司常司弓矢槀人冢人墓大夫職方氏土方氏形方氏山師川師遼師蓋合俞王兩家之說而損益之成書者由是以觀則冬本未嘗亡所亡者冬官首章所謂惟王建國至以爲民極二十字及乃立冬官司空至邦國二十字及大司空小司空之職二條耳

續宏簡錄元史冊曰千古治法大備周禮冬官實存深考知是同安析疑閱議駿起本之俞王更暢厥旨規畫詳明三代可擬

呂之壽名椿

椿晉江人幼從邱葵學隱居授徒詞賦敏捷著有春秋精義詩書直解禮記解見元史邱傳葵傳参通志文苑傳

吳朝宗名海

海閩縣人博學負氣節元季以學行稱值四方盜起絶意仕進常裒集古今善行附以感應禍福爲一卷名曰命本以教

鄉閭婦女童稚皆能通曉數百里內外爭購其書海力趨正
學排異說嘗言楊墨釋老聖道之賊管商申韓治道之賊
稗官野史正史之賊支詞豔說文章之賊上之人宜敕通大
臣經大臣會諸儒定其品目頒之天下民間非此不得輒藏
坊市不得輒粥如是數年學者生長不涉異聞其於養德育
才豈曰小補因著書一編曰書禍以發明之平居虛懷樂善
有規過者欣然立改自顏其齋曰聞過學者稱聞過先生爲
文嚴整典雅一歸諸理後學咸宗仰之有聞過齋集行世與
永福王翰友善翰嘗仕元海數勸之死節翰果自裁海經紀

其家教其子偁卒底成立明洪武初守臣欲薦諸朝力辭免既而徵諸史局復力辭隱居不仕卒見明史隱逸傳參通志

人物傳

吳海知元將亡隱居不仕與潮總州總管王翰遊相得甚懽兩人誓不事二姓海既屢召不起而翰亦屏跡永福山中明太祖聞翰賢必欲致之令有司敦逼就道海聞之即白衣冠往弔未至舍得翰書與訣曰昔在潮陽我欲死宗嗣如絲我無子彼時我死作忠臣覆宗絕祀良可恥今年辟書新到門丁男屋下三人存寸刄在手顧不惜一死了却君親恩海語

其使曰歸語而主吾來殯爾矣入門而翰已自刎見東越文苑

吳海監郡編役序

古之役民用其力而已然歲不過三日其用之爲甚輕唐制歲役民二旬有事而加役免其調役三旬則租調俱免不幸有蟲霜水旱之災即課役悉除之意用力則緩其力則緩其財用其財則紓其力民者國之本不欲傷之也後世役寖重猶但用其力其耳國家立法非不善後益誅取焉福建當天下彈丸黑子之地比年盜賊軍旅饑饉民死傷流亡之餘視

舊不加衆也地之所產物視舊不加多也而今日官員吏胥何啻三十倍於舊百官皂隸無賴亡命之徒詭爲兵者不知幾十倍於舊又鄰省他道不能即治所而寓於此者是皆給在何人常賦不充至於預借勸助不足乃立科率民無所出至捐生而追禍者屢有之矣豈非目前之事耶郡侯在任久知役法之病奉省憲命而新之卒事衆稱其仁有老父言曰福州附版圖將九十年至治以來役法凡六更矣夫民力不齊大者三十年小者十年強弱異矣官據籍不知變弱者不過一役即貧貧而貧之況有不貧乎間一更法當事者或恃

其明察或負其强悍以獨見爲精敏以衆詢爲不能聚數百人於庭鞭笞栲掠責其成於一二日之間吏巧法與豪猾表裏貧民受抑無訴彼且擅以爲名聲不亦誤耶今侯自建局竣事屏去刑罰朝夕費千百言諄諄勸告侯豈不賢於彼哉吁侯入宫自撫其子爲之節飲食時寢興曰吾子也誠愛之矣出而坐黄堂之上視其傫然在下者豈不曰是亦吾子也問其疾病察其所苦亦思有以寬之也耶侯之心於是蓋可推矣嗚呼使在上者能御下以寬在下者能撫民以寬民庶幾有瘳乎

附邵銅聞過齋集序銅字振聲閩縣人明景泰甲戌進士授監察御史

文章天下之公器雖時異勢世殊家傳人誦不忍釋手及其板行已久猶欲新之以垂永遠果何以得此哉必其人德蘊諸己道孚於人發而爲言有關世教有裨治道有切於民生日用若然雖欲不傳烏可已也吾閩朝宗吳先生氣質剛明學識醇正平日踐履篤實一言一行莫非矩度不幸生非其時甯甘藜藿而修仁義不苟叨位慕禄閒居於古今成敗治道升降人物賢否政事得失莫不形之於文皆嚴毅正大之辭絶輕浮誇誕之態所謂古君子蓋其人歟銅嘗考之載籍

閩自述古季慈二陳閎中鄭公闢周執中劉五先生倡道於前繼而龜山楊仲素羅延平李三先生出至朱子集羣聖之賢之大成益講明於後道德入人之深世號海濱鄒魯又如胡文定致堂五峯籍溪蔡西山父子劉白水屏山黃勉齋陳北山眞西山潘瓜山熊勿軒諸賢彬彬輩出文行表表皆可師法故閩之士習不以浮文勝質爲先而以躬行實踐爲急俗尚之醇清修苦節有東漢名賢之風當時若賈似道誤國貶建州朝議以爲朱子講道之邦其敢居此乎是亦足徵矣先生生當元季纆騷之時邁德於身自蔽於不耀之地駸駸乎

不知老之將至此其可惜也使其見用於盛朝所以罄宣活
道而斧藻休光者又不知與古之豪傑孰先而孰後孰後也
耶先生之文洪武間曾鏤板未幾皆散失無存銅自幼侍先
君談及先生道德爲詳誦先生之文頗習今先君没又四十
三年近閲書篋藏先得君所録舊本手澤尚新反覆玩味不勝
悲感遂命工重刊以永其傳謹述先生行實之概書於卷首
俾觀者得有所考先生名海朝宗其字號魯客齋扁曰聞過
學者皆稱爲聞過夫子云

連山如波濤高峯溢雲日崒然高杓聳其勢孰可匹危攀將欲飛俯瞰覺自失羅田幾聚落端坐見纖悉南延川源深北望海水出處高視益遠縮地豈有術天寒霜雪交收穫事已畢仍年蝗旱餘民物盡肅瑟遭茲得非幸惆悵難具述

其二

羅田衆山中七巖獨高秀經營將半載宿願始得副緣雲攀鳥道十步九虧虧剛颷從北來巖谷盡號嗷促步赴層巔依石避野燒鬱然烟燄交欻若雷電繞其勢吁可畏僮僕盡驚走須臾得小息方覺性命有列坐咸自慶咍戲酌大斗陰陽

却變化霏雨垂白晝凝雲迷海嶼昏霧失林藪歸途畏虎迹
慘慘瞑色厚幽懷莫能寫追次宜自咎述此成短章聊用記
邂逅

元閩學諸儒列傳終

閩中文獻志　　　　惠安琥谿黃廷玉輯

明閩學諸儒列傳

林廷珍名玭

玭侯官人天順甲申進士第三以親老乞終養家居十七年以易學倡教東南從學者屨滿蔡清亦往師焉終喪授南刑部主事遷浙江按察僉事宏治庚戌景寧賊吳大兒嘯聚剽掠傍及閩中玭發諸縣兵相度機宜藏其渠魁數百人直臨其穴破之餘黨散匿山谷玭出示諭降兩省以安同時又有遂昌黃巖賊萬人未發玭預爲形勢以疑之皆膽栗解散陞

雲南按察副使雲南華夷雜處舊俗獉狉玭至别名分重禮教風俗一更後致仕卒自號雲室山人平生行誼政治過人而所學最優遠近翕然歸重見道南源委

蔡虚齋名清

清字介夫晋江人少從林玭學易盡得肯綮成化丁酉解元甲辰進士乞假歸講學水陸寺士多從之遊尋授禮部主事宏治初王恕長吏部雅重之調稽勳主事恆訪以時事清因上嘗見三劄一言今朝廷之患在綱紀廢弛以至士風日弊民力日屈當大振作之乃可銷境內之憂靖疆場之警一薦

名士劉大夏等三十餘人忽皆納用庶吉士鄒智論事下獄

司冦何喬新方在告清請喬新强之出喬新即疏救智得謫

官嶺南尋除南京文選郎中正德初歷江西提學副使宸濠

驕恣方圖不軌每朔望藩臬諸司皆先朝宸濠次日謁文廟

清不可力請先謁廟後朝王王生辰令諸司以朝服賀清曰

非禮也去數而入曰以別於至尊也王不悦一日與藩臬官

侍宴王嘲清曰公乃不能作詩清對曰臣平生於文平於人

無私蓋私與詩音相近王益啣之會王求復護衛清有後言

王欲誣以詆毀詔旨遂引疾歸時劉瑾方專權援引名士起

清爲南京國子祭酒命甫下而卒清學初主於靜後主於虛謂天下之理以虛而入亦以虛而應因以虛名齋嘗曰學宜養正性持正行以虛心涵泳切己體察爲要訣又曰宋儒之道至朱子始集大成朱子之學不明則孔孟之道不著所著四書蒙引易蒙引皆推原朱子之意嘉靖時子存遠以蒙引進於朝至今學者宗之隆慶三年從祀廟庭萬歷中追贈禮部侍郎賜謚文莊門人陳琛王宣易時中林同趙逯蔡烈並有名見明史泉通志人物傳

附詹仰庇請賜蔡清謚疏 仰庇字汝欽安溪人明神宗時官至刑部侍郎

萬歷十五年都察院左僉都御史臣詹仰庇題爲一代醇儒公論已定表章猶闕懇乞聖明核實賜謚以示勸懲以光人文事臣惟帝王之治莫先乎重道而崇儒夫重道崇儒者帝王所以勵勵世磨鈍也風化人心世道國脉於焉攸繫臣伏覩我朝治教休明皆由列聖相承以此爲首務我皇上紹隆聖統茂明帝學尤孳孳汲汲加意儒碩而表章之是故士之幸而生於我朝其脩身得道妙契聖賢之眞傳如薛瑄胡居仁陳憲章王守仁者既得從祀進而從祀孔庭廟食百世其餘躬砥行確守聖賢之正執如羅倫羅洪先者亦得謚爲文

恭文毅以六品之秩而被華衮之褒蓋所以闡揚往哲廣勵來人風化以振人心以淑世道有所維而益盛國脉有所培而益昌矣乃臣之愚以諸臣之外有德足以從祀而俎豆之議未遑賢足以得謚而易名之典未及者則於臣鄉得一人焉南京國子監祭酒蔡清是已按清平生事實臣聞之故老得其著書考諸皇明政要理學名臣録通紀憲章録八閩通志之所紀載參諸海内縉紳之所議論確然有据者敬爲皇上陳之清以成化甲辰進士爲禮部主事三年調吏部復除禮部既而乞南既而請告正德間起江西按察司副使提督

學校當其時甯庶人內蓄異志外以虛禮與士大夫相結寵以智數脅以威權蓋無不遊其彀中者清獨守正秉禮砣然特立故事三司以朔朝王次日乃謁孔子清請先謁孔子而後朝王至其賀王誕誕日清又獨去朝服中蔽膝甯庶人啣之於是有乘閒言清與先臣林俊厚者甯庶人益忌清清遂引疾去嘗語人曰甯藩所謂智足以拒諫辯足以飾非今雖逆節未萌然竟可慮蓋是時清已預見其微矣既家居杜門掃軌潛心力學以六經爲正宗四書爲嫡傳周程張朱爲眞派研窮紬繹摩擬闡解有四書蒙引易經蒙引性理要解諸

書蓋朱熹發明聖賢之旨而清又發明朱氏之言四方學者宗之至今不廢乃其勵志好修省身克己行不媿影寢不媿衾則又於見於容箴一書今觀其言皆身心性命之實功而不事口耳皆天下國家之實用而不爲眩虛與瑄之讀書録實足相擬先臣林俊稱其凝重端雅操養力専而進取之念畧好古篤信眞風淵軌使人躁釋妄消鄭曉稱其明經博學行潔心醇氣清而色和外簡而內辨可謂知清者臣嘗取清生平反覆論之力抗藩王獨立不懼勁節也方寗庶人舞智炫才盛有賢稱而炳幾先覩於未形卓見也超然遠去不俟

終日亭亭物表皎皎霞外高行也平居非聖人之書不觀非
聖人之道不譚正學也躬行實踐不媿屋漏眞修也朱熹
有功於聖人而清則有功於朱氏羽翼經傳折衷羣言即今
經筵日講虎觀諸儒臣之所勸誦亦多采其說推之四方家
傳人誦爲人士式佐國家萬年同文之治於無窮懋功也若
其屢辭名位而不居退甘窮約而無慍官至四品家無數金
恆借貸於人以爲生貴而能貧此猶其細者而文衡隲士藻
鑑精明識陳璪於埃塵拔舒芬於困滯賢人魁士多出其門
此亦其餘緒耳臣嘗以爲使當時江右諸司得如清輩數人

則据經守正當有以逆折甯庶人之奸萌而淮南之謀必寢使清不去去而不死且復用則宏識訏謀當有以匡持乎時事而東山之望必售使仕者而知所景行則澹泊甯靜必無干名競進之心學者而知所向方則篤實潛修必無好高爲人之病士之明經應舉者但習清之書守清之說而不倍則其所爲文粹然一出於正又安有離經叛道操戈入室而流於二氏六子之歸者哉皇上方留心九經崇尚正學惟士習文體爲拳拳臣謂欲端士習而正文體則請表章此一臣以風天下而所謂表章之者惟有從祀及謚典耳曩議從祀在

廷諸臣多言清當從祀者後以其典重而舉不欲輕姑緩以
俟論定臣愚謂清之賢無媿於薛瑄胡居仁陳憲章王守仁
羅倫羅洪先之儔即從祀之典未及再議若且予以之謚則
確乎其不爲過皇上試舉清人品詢之在廷有能置議者乎
試舉蒙引一書有一人不誦習者乎試詢以謚之與從祀當
否有稱不當者乎蓋非私論實在廷諸臣之論也亦非臣及
在廷之諸臣之心而四方人士所共仰望之心也抑臣又有
感焉前代從祀率不乏人以區區之宋自周張程朱四子外
猶有邵雍司馬光楊時胡瑗歐陽修等乃獨我朝始二百餘

年而始進一薛瑄往歲而始進胡居仁陳憲章王守仁三人則已誇詡以爲盛即以造詣踐履篤實純粹如蔡清者猶然靳之俎豆不得儕於楊時胡瑗之列何我明之不逮宋遠也無亦持議者疑操疑難之心耳甘於所聞淡於所見屈服前代而求備當朝遂使俊偉之流品湮鬱於評論之苛而昌熾之人文遏佚於慎重之過乎臣願皇上加意一代之規稍宏崇獎之路勅下該部查訪如果臣言不謬先將蔡清比照羅倫洪先二臣事例賜謚易名而從祀之典不難再議而續舉焉仍將我朝諸理學儒臣博訪精核或當請謚或當請祀一

一體表揚令人知聖意之嚮所嚮相與修實行崇正學其於風化人心世道國脉所裨非淺鮮矣

附　國朝李光地重修蔡虚齋先生祠引

昔明之中葉士大夫講學論道之盛比於宋南渡時維時北方之倡者著於河津而月川涇野之徒前後相望焉南繳學者則康齋發其端其徒餘干白沙相與張而大之然二子者同遊康齋之門而所學迥然絶無毫髮肖似其後遂有姚江王氏標新立異一時靡然宗之其聲華從遊之盛又非從前諸子之所及也吾閩僻在天末然自朱子以來道學之正爲

海内宗至於明興科名與吳越爭雄焉暨成宏間虛齋先生
崛起溫陵首以窮經析理爲事非孔孟之書不讀非程朱之
説不講其於傳註也句談而字議務得朱子當日所以發明
之精意蓋有勉齋北陳之君諸君子得之口授而訛誤者而
先生是訂是訂故前輩遵巖王氏謂自明興以來盡心於朱
子之學者虛齋先生一人而已自時厥後紫峯陳先生次
崖林先生皆以里閈後進受業私淑泉州經學遂蔚然成一
家言時則姚江之學大行於東南而閩士莫之遵其掛陽明
弟子之録者閩無一焉此以知吾閩學者守師説踐規矩而

非虛聲浮燄之所能奪然非虛齋先生其孰開之今經學久晦士大夫好尚趨向靡而不純浮華之徒朴轉相夸毗獨至蒙引存疑淺說通典諸書則行於海内家習而人尚之翕如也故嘗以爲吾閩之學獨得漢儒遺意明章句謹訓詁專門授業終身不背其師言者漢儒之學也師心任智滅裂鹵莽者近代之學也是二者若古孰古孰今孰淳孰薄後之君子必有辨之者自鼎革至今吾閩苦於兵亂學士呫嗶僅以應舉先正淵源之學荒焉地竊不自量力將以山林餘暇與同志之士誦鄉先生之遺書路前修之典刑庶幾那與卒章之

志同官莊子素思適以書來厚相諄勗默有感於予心三復
之餘慨然永歎其後以蔡祠見燬告且曰願與子倡而新之
子宜弁數言以質士友予唯斯文之運無往不復吾鄉積亂
之後必將復有嗣音者焉紹續正學如宋炎與明成宏時然
則表章先烈使來者有所觀瞻其事誠不可已願與諸子友
勉之

熊文明名熙

熙建寗人少從林玭學易與蔡清同稱高弟授翁源訓導後
謝病歸門人感泣道左所著有四書周易管天見寗建寗府

志

陳紫峯名琛

琛字思獻晉江人正德丁丑進士從蔡清遊清以理學教人得琛文大異之及督學江右請琛偕行歸而四方從學甚衆其爲學先得大旨初若不由階序而工夫細密造詣醕深授南京户部主事監榷淮安革私弊弛厲禁人稱便焉調考功主事以母老乞歸養足跡不入誠城市闢斗室朝夕偃仰其間靜觀天地萬物之變喟然自得人莫能測其意也初嘉靖初以大臣薦起貴州提學僉事尋改江西皆力辭卒於鄉著

有易理通解典四書淺說皆推明朱傳學者宗之初蔡清以深微實踐之學教人門人或得其言語而未得其悉精其精微或能究其精微而不必見諸實踐出處去就悉合於義無愧師門者琛一人而已學者稱爲紫峯先生見明儒言行録

紫峯先生讀書月臺書館僉憲建平宗公璽來鎮泉遣致先生爲子師具書幣使節推沈公珂來迎先生曰是召我也固不至宗公聞而愧之乃自見先生於書館先生屹然安坐賓師之禮不少屈謏不少假託見言行録

吳尚書東湖廷舉於紫峯爲前輩以道義意氣忘年相友一

一旦上疏乞歸而猶掌部篆先生以詩諷之云此去看花猶半吐何人完璧肯遲留東湖亦傾心相洛自述其所以不即行之故且曰知己寥寥誰可與商出處惟先生道明德立於生交雖淺而愛則深敎曰宜速生不日行矣敎曰宜遲生如諸者老言便候朝報也見蔡存微事述

張襄惠岳與紫峯書云少年時閱人未多經事不熟以吾兄亦今人中之有時望者耳再歷憂患以來所見士大夫於名功名富貴之際汩没輾轉寖失初心雖平時知己亦未能免始服吾兄之高識遠韻眞翶翔千仞之表者也見閩書

易嘉會 名時中

時中晉江人舉鄉薦授東流教諭遷夏津知縣有惠政稍遷順天府推官以治胡守中獄失要人意將中以他事遂致以終養歸道出夏津老稚爭獻果脯將別有哭失聲者母年九十一而終時中七十矣毀不勝喪而卒見明史

林宜正 名同

同晉江人從學蔡清宏治辛酉舉人歷樂陵丹徒萬載教諭遷金華府教授所至為上官器重擢兩浙運判分司永嘉永嘉多宦豪兼并鹽吏相沿姑息同疏言鹽場經界不均亟宜

經正審覈丘四上得允嘗奉部解鹽課至太倉得羨餘同仍
歸部户部尚書梁材素廉介亟稱之張孚敬名璁家海上竈籍
也懼海賊時至御史希孚敬意即瀕海一帶二十里築爲沙
城同召父老詢之曰築沙城士大夫欲之若竈丁者未必欲
也費且不貲奈何尊之於是立案下堂案具二紙或願或否
令各畫紙已而無一畫願者御史阿張意据摭之同遂致仕
歸沙城亦竟寢同節概健勁論義理政事率中肯綮居徒四
壁與野老談農事足絶城邑著有正學録龍峯遺集見續志
理學傳

王子鍾名宣

宣晉江人宏治中舉於鄉一赴會試不第以親老不再赴受業蔡清之門嘗論學者合朱陸為一非真知為人廓落豪邁俯仰一世精研前聖之遺洞貫百家之旨林希元稱其有自得之學絕俗之行見明史泰道南源委

蔡文繼名烈

烈龍溪諸生嘗從蔡清學清授以太極圖解既又從莆田陳茂烈遊茂烈語以心體流行于日用間要常見得參前倚衡氣象烈大省悟年方壯隱居於鶴鳴山之白雲洞其學一宗

程朱以窮理力行爲實主敬爲要郡守勸之仕對曰昔漆雕子自謂未信若某豈徒未信已哉實且未見也嘉靖癸未以遺逸應薦力辭母老不赴御史李元陽爲建書院又辭不受忽所居之山如雷鳴者三日而烈卒烈性剛方晚年充養和粹終日危坐非劇病無惰容雖大橫逆不見怒色嘗遊武夷山居考亭精舍數日而歸曰脚根自此定矣副使柯喬嘗與劇談道體潛天潛地烈曰道固察乎天地而端則始於夫婦若屋漏無愧則天地自位邑簿詹道請論心烈請論事曰孔門求仁未嘗出事外也堯舜之道孝弟而已矣夫子之道

忠恕而已矣著有孝經定本大學格物致知傳道南録朱子

晚年定論諸儒正論大儒粹言讀書録諸書學者稱鶴峯先

生見道南源委

林致之名學道

學道莆田人向道甚勇義利之辨甚嚴終日正襟危坐非寢

不脫巾履初從蔡清學復入江西從王守仁學討良知之説

遊學吴下有僉事某延至其家既抵門聞其喪居喪宴會曰

此非吾徒也遂不入徐階謫平延平推官願請一見竟不往

嘉靖間以貢授都昌訓導階亦督學江西喜曰吾今得見林

致之矣爲題其像曰顔勤閔孝柴愚參魯若在聖門依稀叅伍後爲無爲州學正司徒馬森守太平爲學道及門士有致千金求一札爲介者學道卻之致書森曰各守職業爲吾道重無煩使者往來也尋卒學者私謚曰貞修先生著有原教録二卷見道南源委

蕭叔岡名崑

崑將樂人從蔡清受易正德丁卯舉人授涪安教諭尋補績溪己卯聘粤闈分試途次爲宸濠所執欲降之崑慷慨言曰殿下違祖訓干天命復欲戮義士乎竟不屈死見道南源委

鄭景初名旭

旭閩縣人居家孝友有信義貫通五經百家諸史與王偁林誌友善以學行辟爲國子掌儀明太祖選德望十人使傅東宮旭居第二後謫吏雲南建文中起爲高要訓導著所著有詩經總旨初學提綱咏竹稿見劉鶴翔撰傳

余則亮名應

應政和人私淑朱熹志性凝重寡言笑善以禮自律容止閒暇雖甚忿不色變客王公所未嘗希意道言與丱童亦恂恂謹飭非公事不入學室早失恃事繼母愉而婉動與志合將

膳則務求甘旨以進其弟寬繼出也應於衣食必先足彼用後及其身由是兼父母愛以孝友著稱於鄉洪武初以明經爲本縣訓導徵拜京都留守中衛知事越三載免歸明年丁父憂治喪一以文公家禮不用緇黄遵先人治命也見政和縣志

劉宗道名駟

駟龍溪人以字行洪武壬戌徵秀才八千餘人入試宗道對朝政家治稱旨賜第一上命學士詹徽察舉德行尤異者復以爲胥拜都察院左都御史上格君心澤民物二十事並見

嘉納自是每侍食華蓋殿商議大政多所識切遂爲邵質董希賢所構詔徙南詔不久貰還所過郡邑持之宗道遜於播州以侯朝命上疑其久不至命悉索其家都察院檄其父寶使滇索之父至蜀以憂卒有詔必得劉某乃已其門人陳拯遇之播州告之故遂赴水死宗道明程氏學遠師陳湋其闢佛老甚嚴好修家禮鄉人稱愛禮先生有愛禮集十卷見明詩綜及道南源委

劉宗道闢釋老甚嚴目佛爲泥廝集中有同安歎云噫嘻吁紫陽之化家家阿彌儒也墨衣墨也墨衣滿城遊遨誰我知

不如歸也不如歸又遊天蓋寺詩云若無僧寺塔直是一唐

虞斯亦能言距楊墨者已見靜志居詩話

林蒙菴名雍

雍字萬容龍溪人景泰甲戌進士授行人以節操自厲憲宗初立上疏乞修德格天親賢講學復請進周惇頤程顥程頤朱熹於顏曾思孟之後列爲八配兼祀陳淳於兩廡皆不報舊例諸司屬吏部考察公獨不赴曰使某不肖黜之可也安能隨行俛首言科目貫籍耶遷車駕郎中乞歸結廬龍山累徵不起與陳眞晟相師友日進徒侶講明正學以朱熹爲宗

倡建陳北溪祠於芝山之麓與鄉人月爲會修南藍田呂氏鄉約以相規勸眞晟稱其學始終本末有序有要督學周孟中謂其居官冰蘗未老乞歸漳中陳淳之後得正學之傳者首稱眞晟與雍學者稱蒙菴先生見道南源委

王啓濬名源

源龍岩人永樂甲申進士授庶吉士出知深澤縣累上疏言民事召至京師時有西番異僧來朝見幸被厚禮源條陳時政論及之上怒下錦衣獄尋復原官擢春坊司直郎侍太子諸王讀方講王他顧正色源正色曰臣所講皆治平要道不

足聽耶王爲改容後改衛府紀善遷松江同知奏罷運糧數十萬石置豪民以法以母老乞終養母喪畢授職方郎中出知潮州舉賢能黜貪墨修郡縣宮學宮立社學以教育後進刻藍田呂氏鄉約擇民爲約正約副約士講肄其中而時偕僚寀董率焉築長堤六百餘萬丈以防水勢潮人因其姓名爲堤尋致仕潮人祠祀之年八十卒源天姿英敏凡書一二讀終身不忘下筆數千言立就所著書傳補遺家禮易覽異端辨菫庵集等書陳憲章謂吏于潮者多矣其有功而民思之唐莫若韓愈明莫若源云見明史

蔣廷佐名輔

輔龍岩人宣德貢士官寧國府教授所在修學宮育人材秩滿乞歸事繼母尤謹爲學以存心爲主學者宗之年八十三卒著有泉巖文集見明儒言行録

黄伯馨名芹

芹龍岩人從蔡清學沈潛精義言動不苟正統間以歲貢授海陽訓導身教端謹爲學者宗仰嗣以親老乞歸著有易圖識漏易經口訣史圖纂要家禮易行等書見道南源委

唐師廓名泰

泰長泰人兼治五經尤邃於易永樂乙未進士授祁州知州有惠政後以儒學辟召御試文淵閣賦麟麒麟頌明倫論野渡舟橫歌稱旨欲大用之會大駕北征遂乞歸侍養四方之士受業日衆乃築草舍百餘間以居之隨才誘誨皆有成就布衣陳眞晟侍郎謝璉修撰林震考功陳賁皆出其門眞晟卒能紹承正學爲名儒蓋淵源所漸焉嘗著思誠齋銘云大鈞運化品物流行賦之實理人惟物靈惟靈之思心爲誠主感物而動慎思爲美心源所發善惡之機徇象化物禁止自欺動靜無妄發動無顛躓眞積力久化而誠矣學者稱東里先

生見漳州府志

陳布衣名眞晟

眞晟字晦德改字剩夫鎮海衛人弱冠卽能自拔於俗嘗應鄉試聞有司防察過嚴無待士禮恥之棄去不復以科舉爲事篤志聖賢踐履之學讀大學或問見朱子博採主敬諸說知敬乃大學始基又見程子以主一釋敬以無適釋一乃專心克治推尋此心之動靜而務主於一歎曰大學誠意爲鐵門關難過主一二字乃玉鑰匙也天順二年詣闕上程朱正學纂要其書首取程氏學制次採朱子論說作二圖一著

聖人心與天地同運一著學者之心法天之運終言立明師
輔皇儲隆教本數事以畢圖說之意書奏下禮部議侍郎鄒
幹寢其事眞晟歸閩臨川吳與弼方講學欲就問之道經南
昌太史張元禎止之宿叩其學大推服曰斯道自程朱以來
惟先生得其眞如康齋者即與弼不可見亦不必見也遂歸潛
思靜坐自號漳南布衣學無師承獨得於遺經之中自以僻
處海濱出而訪求當世學者雖未必與與弼相證要其學頗
似之當家居時讀頒行敕諭教條喜曰此學校正教也然學
校雖崇正教而科舉不定正考雖有正教不行因採敕諭中

要語忝以程氏學制呂氏鄉約朱氏貢舉私議作正教正考
會通定考德爲六等考文爲三等各有條例可據而行自眞
晟與莆人李文舉諸前輩行朱子家禮而風俗始正晚居漳
之玉洲辛年六十四郡守彭恆立石道旁以表之眞晟初以
布衣詣闕故學者稱布衣先生著有布衣藏稿若干卷見明
史
有延陳布衣先生以教子弟開館於家之前堂者適有邀先
生飲主人與偕同舍子之母乘先生出詣堂以視主人之妻
與焉逡巡至西軒晝置葉履於牀俄報先生至忘攜以歸主

人請先生假寐爲拂牀業屨在焉執入內以先生有私礪刄欲殺之妻無以辯悲號不自勝曰願察之果爾死未晚也夜二鼓先生方對書主人執刄與妻至外軒外令妻作厚語叩門者三先生不問聲益促先生曰夜關何祟乎妻曰余某之婦也欲問先生起居耳先生曰而夫不在如是辱名教矣亟歸明當與而夫言之主人入內驚駭咨嗟先生初不知其情旦促裝歸主人率其族黨謝罪請留先生卒不俟終日嗚呼疑似之跡不可辯者受害多矣非先生之至誠無二其妻能免於死耶見愼獨記

陳白沙名憲章贈陳布衣先生詩云千載武夷峯伊誰事幽討垂老赴江山懷賢薦蘋藻多謝泉南翁神交願傾倒聊將一瓣香寄向君懷抱其跋云泉南布衣陳先生者其學以子朱子爲宗予嘗聞陳蒙菴及周進士梁石初得其粗得其大致而恨不能與接今年秋予過江西訪張廷祥内翰乃知先生曩歲亦嘗有意於不肖值予在京師行至潮弗果今因鄉友余習之之官莆田賦此詩贈之蓋特借以寓景仰之思云耳先生没白沙又寄詩輓之云武夷爲約後垂死又三年明月羅浮外高樓鎮海前獨疑何面目相望此山川忽報龍岩訃

乘春欲理船末云拙詩一章奉煩龍岩掌教致之布衣陳先生柩前以表哀悼之忱布衣先生于雅敬慕久矣是歲有書約予遊武夷冀得一會今弗及矣可勝悼哉見布衣本集

陳眞晟奏正風教疏

福建鎮海衛布衣臣陳眞晟謹奏爲正風教事臣切惟今天下彌文矣故臣不敢更飾浮辭而輒陳鄙見焉臣伏覩丁丑科廷試録見聖制篇首之問有曰古之士進以禮退以義爲上爲德爲下爲民今何其立功之志溺利禄之心勝奔競之風未息廉介之節著少著其失安在臣即是而觀甚知陛下

有思古慨今之意也至其篇終又曰今欲士正其習民淳其風幾庶幾唐虞三代之盛必有其道務求切至之論將擇而行此可見聖志將大有爲可謂千載一遇之閒而天下萬世之福慶者也故臣謹採先儒之説爲小書一卷題曰程朱正學纂要来上亦竊效廷對之意也大抵三代所以盛者學校興師道立而心學正教明於天下也後世雖有學校之設然専以科舉俗學爲教殊不知俗學益盛則心學益廢此自然之理是無怪乎士習不正民風不淳而三代之治久不復見於今世也然則爲今之法何當何如哉臣聞父師之論而得

一說謂可且就科舉之後補此一教如程朱所定三代學制之法再假以一二年聖學工夫然後除授如此則俗學稍輕正學自重人相習尚積成風化不患三代之不能復矣所謂深求切論可擇而行者殆有在於此乎然此非臣之言臣父師之議也非臣父師之議實大學或問所謂兼補之法也雖或問主爲學者自補而言然司教化者朝廷也與學者自補其學於下孰若朝廷通補一教於上豈不周徧廣大尤足盡朱氏立法之意哉況心學既明不惟有以正士習於天下尤足以示道統之眞傳俾皇家聖子聖孫常得見聞帝王心學

非但口耳講說如漢唐宋元東宮之教而已則方今急務又豈有大者哉臣布衣至愚且老瀕死之餘萬無圖富貴之心然奉明詔言得失得失之本莫大於此故臣願效一言而歸死山林瞑目焉伏望聖裁倘可採而行殆皆先儒之本意云臣無任昧死之至謹具奏以聞

朱懋恭名欽

欽邵武人師吳與弼以學行稱成化壬辰進士授寧波推官以卓異召拜御史出督漕運按河南清軍廣西並著風節宏治中遷山東副使歷浙江按察湖廣左布政使武宗立十五年

入覲吏部舉天下治行卓異者十人欽與焉僉都御史林俊
又舉欽自代乃稍遷湖廣左布政武宗擢巡撫山東
首劾方面官之不職者時劉瑾遣使索絲繒五百疋欽斥之
趣歸瑾又陰中同監王岳謫守皇陵賜死臨清欽上言岳守
祖陵罪狀未暴賜死道路不厭人心臣知岳爲劉瑾輩所惡
必瑾譖毀以至此望陛下察岳非辜徵瑾讒賊疏至瑾不奏
銜之欽以山東俗淫酗嚴禁市酤令濟南推官張元魁察之
犯者罪及鄰比有懼而自計縊者其母欲奏訴元魁與知府
趙璜賄之乃已瑾使偵事校尉發之俱逮下獄勒欽致仕璜

除名元魁謫戍欽在湖廣時瑾憾未已以小故下巡按御史
逮問俄坐山東勘地事斥爲民又坐修曲阜先聖廟會計數
多罰輸米六百石塞下瑾誅乃復官十五年卒年七十七著
有畏庵集見明史

黄未軒名潛

潛字仲昭以字行莆田人祖壽生翰林檢討有學行仲昭年
十五六即有志學登正學登成化丙戌進士改庶吉士授編
修時命明詞臣各賦元宵烟火詩且出舊製令擬述以進仲
昭以詞近俳優非儒臣所宜與同官章懋莊㫤上疏言烟火

花燈諸詩多鄙褻燕安之言今川廣弗靖江南旱乾公私困乏遼左敵情難測正宵旰焦勞之日願採芻蕘之言端耳目之好疏入以直諫被廷杖謫湘潭知縣懋學亦皆坐謫一時京師有三君子之稱先是修撰羅倫以論李賢謫外又號翰林四諫云仲昭謫湘潭時用諫官言改南京大理評事兩京諸司隷卒率放還而取其月錢爲故事惟仲昭與羅倫不取御史縱子弟取賂刑部曲爲地仲昭駁正之連遭父母喪不離苫塊者四年服除以親不逮養遂不出宏治改元御史姜洪疏薦吏部尚書王恕亦薦起之檄有司敦趣比至恕迓之大

門外揖讓升堂相向再拜世兩高之纂修憲宗實録除江西提學僉事誨士以正學久之再疏乞休歸日事著述與陳憲章往來議論生平著述皆羽翼程朱辨易未濟卦春秋褒貶風雅升降及編次或問裁定通鑑書法正墨証異咸有發明又刊布冠婚喪祭之儀以示後學學者稱未軒先生所著有未軒集若干卷所修有八閩通志延平邵武府志南平縣志

辛年七十四見明史

黄仲昭諫花燈疏

切惟某月日內閣還郎中定持至揭帖東閣及史館分與翰

林諸臣今春賦烟火花燈等詩明備明歲上元賞翫者臣等
伏覩陛下即位之初首下温詔赦田租絶貢賦蠲逋負停不
急與民息肩天下欣然頃因災異勅諭羣臣同加修省目擊
耳聞拜手稱頌以爲陛下眞遊心經術邁跡堯舜今諦觀烟
火花燈諸詩舊式率多鄙褻之語燕安之詞臣等復賦諒不
出此輒相私語陛下明聖所不留情或者以歡宴兩宮助孝
養萬一臣又伏見兩宮母后恭儉慈仁著聞中外久矣今者
兩廣弗靖四川未寧遼左雖云告捷敵情尚難測量江西旱
乾以數千里其地災傷之處未能悉數雖蒙詔恤公私匱乏

殊可寒心此陛下宵旰焦勞兩宮母后同憂之日也翰林之
之官論思爲職宣宗章皇帝御製官箴有曰啟沃之言惟義
與仁堯舜之道鄒孟以陳若以燕樂鄙褻進之君上曲引蘇
軾宋祁教坊致語爲解是不以仁義堯舜望陛下也伏願採
芻蕘之言端耳目之好移此視聽爲文如傷爲舜若決省此
冗費以活流離以賞勞役書曰不矜細行終累大德又曰不
役耳目百度惟貞惟陛下深思力行之

周翠渠名瑛

瑛字梁石莆田人成化己丑進士知廣德州興文教毀淫祠

祠嚴生女不舉之禁以善政聞賜旌異遷南京禮部郎中出
爲撫州知府調知鎮遠秩滿省親歸宏治初吏部尚書王恕
起瑛四川參政進右布政使咸有善績尤勵清節給事御史
交章奏大臣亦多知瑛而瑛以母喪歸遂致仕孝宗嘉之詔
進一階卒年八十七瑛嘗受學於陳眞晟時與白沙陳憲章
同郡林雍相往來自謂汨没仕途其學始雜志欲覩斯道之
大全讀朱熹語類恍然曰從此用功當有見處於書無所不
讀每辨析精微洞見原本嘗語人曰某居官行己知畏天命
凡事自檢於心求合於天人則有不及知者憲章之學主於

靜瑛謂學當以居敬爲主敬則存心然後可以窮理自六經之奥及天地萬物之廣皆不可不窮積累既多則能通貫而於道之一本自得之矣所謂求諸萬殊而後一本可得也學者稱翠渠先生著有教民雜録祠山雜辨經世管鑰字書纂要皆有發明又有翠渠類稿金陵金臺等編見明史叅通志

陳時周名茂烈

茂烈先世浙人戍籍興化衛故爲莆田人早失怙繼戍役晝入公署夜歸讀書祖母憐其弱亟止之乃韜燈密誦濳心學問年十八作省克録謂顔之克己曾之日省學之法也宏治

丙辰第進士奉賜使廣東受業陳靈章之門靈章語以主靜之學退而與張詡論難作靜思録尋授吉安府推官考績過淮寒無絮衣凍幾殆入爲監察御史袍服朴陋乘一瘦馬彈劾一無所避時有崔志端者以道士爲尚書再疏論之謂以羽流而任天子股肱喉舌辱國莫甚於此不報遂乞歸終養供母之外不辦一帷治畦汲水身自操作太守憫其勞進一卒助之三日遣還終日危坐一室以窮理體爲道爲事語人曰儒者有向上工夫詩文特土苴耳吏部以茂烈貧奏改爲晋江教諭使資禄近地辭不受又奏令有司月給米三斗上

書言臣數貧食本儉薄故臣母自安於臣之家而臣亦得以自逭其貧非有及人之廉盡已之孝也古人行傭負米皆以爲親臣之貧尚未至是而臣母鞠臣艱苦今年八十有六來日無多臣欲自盡心力尚恐不及上煩官帑心竊未安疏辭不允母卒烈十茂烈亦卒茂烈爲諸生時朝韓文問莆田人物於林俊曰時周且曰與時周語沉痾頓去其爲所重如此茂烈無子其卒也林俊爲治殮立其族子遠揚爲後都御史王應鵬疏言茂烈廉約如石守道而所養獨純孝行如徐仲車而所處尤困詔表里宅曰孝廉祀鄉賢卹其家林俊謂茂

烈穎悟既深而充養益熟隱衷粹行可對天地質鬼神黃憲
管甯之流也見明史叅通志

黃仲固名鞏

鞏莆田人宏治乙丑進士正德中由德安推官入爲刑部主事掌諸司奏牘丁內艱服除將赴補值武宗北巡人心危疑其弟請鞏勿行鞏題書屋曰茅屋四石田爲生太拙臨夷馬革自許何愚竟北上補武選中郎中十四年武宗復有詔南巡時宸濠久蓄逆謀江彬握勁兵在內鞏曰上遊巡本由彬惑誘惑吾不可舍彬爲支語疏上六事曰陛下臨御以來

祖宗之綱紀法度一壞於逆瑾再壞於佞倖又壞於邊帥蓋蕩然無餘矣亂本已成禍變將起試舉當今最急者陳之曰崇正學通言路正名號戒遊幸去小人建儲貳語極激切時員外郎陸震草疏將諫見舉疏稱歎因燬已稿與舉同署名以進彬見疏大恨帝怒甚下二人詔獄械手足跪午門衆謂天子且出舉曰天子出吾當牽裾死之跪五日期滿仍繫獄越二十餘日廷杖五十斥為民震竟死江彬使人刺舉間行得脫遺弟詩不曰不用爾謀汝謀方至此須知吾道固當然既歸潛心著述或米盡日中未爨晏如也嘗歎曰人生仕

宦至公卿不過三四十年惟立身行道千載不朽耳嘉靖改
元召爲南京大理寺丞疏稱稽古正學敬天勤民取則堯舜
保全君子辨别小人明年入賀卒於京師贈大理少卿贈祭
葬天啟初追謚忠裕見明史參通志
方壽卿名良永
良永莆田人宏治庚戌進士督通兩廣峻却遺饋遷爲布政
使劉大夏所器還授刑部主事歷廣東僉事瓊州賊符南蛇
爲亂大夏時爲總督檄攝海南兵備會諸道兵討平之御史
坐良永失利大夏已入爲本兵爲白於朝賚銀幣正德初父

喪除待銓闕下外官朝見畢必謁劉瑾鴻臚導良永詣左順門叩頭畢令東向揖瑾良永竟出或勸詣瑾家良永不可及吏部除良永撫民僉事中旨勒致仕既去瑾怒未已欲假海南殺人事中之刑部郎中周敏力持乃不坐瑾誅起爲湖廣副使河南劇賊趙燧遁湘湖間良永計擒之陞廣西按察使巡御史朱志榮挾勢多爲不法良永暴其奸罪至謫戍遷山東右布政使旋調浙江左布政使倖臣錢寧遣僕賫鈔於浙索銀二萬餘兩同列謀取於民良永爭之不得因上疏言寧負主剝民之田罪曰四方盜甫息瘡痍未瘳浙東西雨雹寧

厮養賤流假義子名躋公侯之列賜予無算納賄不貲乃敢攫民財戕邦本有司奉行急於詔旨胥吏緣爲奸椎膚剝髓民不堪命乞陛下下寗詔獄明正典刑以謝百姓仍勅鈔價已斂者還民未斂者停止並究影射侵尅之弊疏至通政司以示寗寗懼留疏不下謀遣校尉三人來浙緝捕假勢鬻鈔者以自飾於帝下令請以鈔價還之民陰召前所遣使寗初欲散鈔徧天下先行之浙江山東山東爲巡撫趙璜所格而良永白發其奸寗自是不敢鬻鈔寗方得志公卿臺諫無敢出一語獨良永以外僚訟言聞者震悚良永知寗啣己念老

母老恐中禍三疏乞休去世宗即位誅甯中外交薦拜右副都御史撫治鄖陽以母老再疏乞終養都御史姚謨請破格襃寵尚書喬宇孫交言良永家無贏貲宜用侍郎潘禮御史陳茂烈故事賜廩米詔月給三石久之母卒詔賜祭葬皆異數也服除命總督糧儲兼巡撫應天即家賜勅至衢州疾作連疏乞致仕遽歸卒卒後有南京刑部尚書之命暨訃聞賜卹如制謚簡肅良永侍父疾衣不解帶者三月母病良永年六十餘矣手進湯藥無少怠居倚廬哀毀稱純孝焉素善王守仁而論學與之異嘗語人曰近世專言心學自謂超悟獨

到推其說以自附於象山而上達於孔子曰聖賢教人次第
爲小子無用之學程朱而下無不受擯而不知其入於妄也
明見明史

劉子賢名閔
閔莆田人少而純慤早孤絕意科舉求古聖賢持躬訓家之
法率而行之以父與祖母二喪未葬斷酒肉遠房室朔望號
哭殯所者三年婦失愛於母出之獨居奉養疾不解衣母或
恚怒則衣冠竟夕跪榻前祭祀奠獻一循古禮鄉人莫不欽
重副使羅璟立社學搆養親堂延閔爲師提學僉事周孟中

捐俸助養知府王弼每祭廟社必延致齋居曰此人在座私意自消置田三十餘畝贍之並辭不受及母歿即送田還官廬墓三年弟婦求分產閔闔户自撾婦感悟乃已宏治中僉都御史林俊上言伏見皇太子年踰幼學習處宮中罕接外傅豫教之道似爲未備今講讀侍從諸臣固已簡用然百司衆職山林隱逸不謂無人以臣所知則禮部侍郎謝鐸太僕少卿儲巏光禄少卿楊廉可備講員其資序未合德行可取者二人則致仕副使曹時中布衣劉閔是也閔臣縣人恭慎醇粹孝行高古日無二粥身無完衣處之晏如臣謂可禮致

侍中爲宮僚閔以布衣入侍必能涵育薰陶裨益睿質時不能用其後巡按御史宗彝饒瑭欲援詔例舉閔經明行修閔力辭知府陳效請遂其志榮以學職正德元年薦授本縣訓道閔生平學問不言而躬行嘗作主靜箴箴以自省彷彿程氏四箴著有家禮考註昭穆圖宗子說五倫啟蒙孝經刊誤等書見明史

柯奇純名維騏

維騏莆田人嘉靖癸未進士授南京户部主事未赴引疾歸張孚敬用事掀新制京朝官病滿三年者概罷免維騏在罷

中自是鍵戶息交以明道著書自任負笈門下者四百餘人
馳維騏引掖靡倦慨近世學者樂徑易而憚積累竊三代之
說以文其固陋也作左右二銘訓學者務實以辨心術端趨
向爲實志以存敬畏密操履爲實功而其極則以宰理人物
咸能天地爲實用作講義二卷宋史遼金三史舊分三書維
騏合之爲一名曰宋史新編又著史記考異續莆陽文獻志
及所作詩文集行於世維騏登第五十載未嘗一日服官中
更倭亂故廬焚毀家困甚終不妄取世味無所嗜惟嗜詩書
嘗謂求仕士於三代之而下必以砥礪名行爲本功業文章

則又其次前後撫按臺垣交薦皆不起隆慶初廷臣復薦所司以維騏年高但授承德郎致仕卒年七十八見明史

史中裕名于光

于光晉江人家貧勵志讀書孝事二親親歿江水漂其柩于光號泣奔緣柩掛於樹獲免人以爲孝感云領鄉薦不赴春官曰仕不逮親奚亟爲繼成正德丁丑進士選庶吉士改吏科給事中時議大禮于光據張璁疏條折款辨之不報以疾歸居家博極羣書作易解四書解正蒙解寒暑不輟夜不息燈有所得即起書之越四年起原官卒歷仕十餘載囊罄無

以爲斂見泉州府志

蔡伯瞻名元偉

元偉晉江人嘉靖辛卯舉人靈銓入都同邑周天佐以疏救

楊爵瘐死獄中人莫敢往視元偉哭臨之作文以祭援羅田

學教諭擢德安令邑故衝繁多逋租元偉至一以節愛爲本

日誦小學近思録伊洛淵源録本朝薛瑄胡居仁粹言雖聽

事未嘗去手遷杭州府通判時寇氛方熾元偉乘城獨開門

縱避寇數千人入城賴以全活總督趙文華至嘉興委督軍

餉人或勸之求通曰死生榮辱命也吾肯以貨免乎卒不往

文華亦終無害意擢撫州同知督樂安通糧悉去鞭笞民相繼輸納縣獄久壞時多癘疫元偉更作新獄縱囚歸獄成囚如期至復署崇仁令遇賊突至元偉率兵督兵卒戰賊遁散丁外艱歸服除不出或勸之仕曰仕以行道亦爲親今親終矣何仕爲平居爲學以程朱爲宗所致力在起居動靜語默辭受取予之際作日歷以識平生名考德録又著四書折衷四書論著易經聚正等書見道南源委

林帥吾名性之

性之晉江人以易著名舉嘉靖進士授麗水知縣性之古心

質行不立聲威民苦樂皆相得吿掾吏有過俟其自悔以哀矜聽獄訟民皆愛之遷南京户部主事尋分司密雲酌其中額法不便者申白之拊循堡卒邊人感悦遷員外郎出監天津倉值寒凍道阻軍食不繼請借德州倉給三月食從之改南京户部郎中卒性之精思篤學行尚平恕葬父布車蔬粥窆周於棺哭泣悲哀人稱其孝著有易經淺説若干卷見泉州府志

楊惟宗名道會

道會晉江人隆慶戊辰進士授黄巖令有惠政歴遷工部郎

中権木南關張居正柄國令伺南方人情向背以告道會至
關報視事日期而已居正病部尚書咸出金爲禱道會自削
其名時論高之出知台州巖民襁負道迎不絶倭突至民奔
入城道會曰倭來必登岸未登岸何急也授兵登陴坐鎮之
倭遁去遷廣西提學副使攝監司篆視學之暇平府江岑溪
諸猺既成功歎曰猺雖平吏墨而刻豪蠹而侵此亂本也其
可勿問遷湖廣參政轉右布政使值楚宗獄起道會但罪首
禍多所省釋曰大家巨族且厚本支況天潢乎因入覲乞歸
道會貞而不諒和而不流生平不齒榮利未嘗一至權門嘗

言理學盡於性理往鑑備於綱目因取性理精言採入程朱全書近思録爲性理抄修史依春秋綱目例纂成自作論贊有史綱節要行世見道南源委

王翼邑名鐖

鐖晉江人萬歷甲午鄉薦第一少值寇警父繫於賊鐖犯險請代不得父母亡田廬盡失竭蹶事祖父母耕樵之暇諦聽鄉塾讀書聲欣然有得丐書而熟復之遂通諸經登萬歷戊戌進士授餘干令不赴改紹興教授與諸生講易屢恒滿攝上虞令導民不爭新令至解歸士民環環遮馬首遷國子監

博士轉戸部主事督太倉耤羨米十萬斛上官奇之將薦焉
固辭乃遷杭州知府值大饑殫心賑恤躬行勸課濬南湖湮
塞數十處以資灌溉讞獄雪冤全活甚衆以天下治行第一
用異等錫宴光祿命督學浙江拔姚江士施邦曜第一邦曜
貧不知能婚爲備聘奠雁於官署是秋邦曜遂登第以甲申
殉節爲一代完人世服其藻鑑累遷浙江左布政使值邊事
孔亟兵餉繹騷重以織造之役靡金錢逾百萬鏹措處上下
咸無困焉以不能結納方廷推太常卿未下有劾其邊餉缺
額者引疾乞歸惟以著作述爲事益肆力於易由蔡清蒙引

以窺程朱之秘所著有樗全集見泉州府志

張襄惠名岳

岳字維喬號淨峯惠安人正德癸酉鄉試第一入見鎮太監長揖而已太監曰福建今科解元豈琉球生耶丁丑成進士授行人武宗不豫居豹房與閹嬖同卧起岳疏言自古未有人主寢疾大臣不預獨與内使共之者乞召大臣九卿科道輪直起居藥餌先嘗太醫院藥方日呈内閣庶無意外之虞不報武宗南巡岳與同官疏諫下獄廷杖謫南京國子監學正世宗嗣位復原官以憂歸服闋補主客郎中世宗議行禘

禮祀所自出之帝無主名張璁欲附會其人以實之禮官唯
唯岳語侍郎李時曰本朝德祖而上太祖所不能詳今欲實
以人上明聖可使祭非其祖乎哉宜設神位題曰皇初祖議
上璁不從而上內批與岳合璁大駭亟欲致岳岳不應出爲
廣西提學僉事視學至栁州軍士以太守不給糧聚衆大譟
城閉五日岳令啟門召詰譁者爲太守出糧去計擒鼓亂者
十八人送軍門置之法衆遂定入賀萬壽改提學江西以不
謁璁謫廣東鹽課提舉遷知廉州督民墾棄地教以桔槔運
水廉民多盜珠池岳居四年未入一珠暇進諸生講授時安

南莫登庸弑主久不貢朝議將討而郡縣之帝使使往詰岳
言於總督張經曰莫氏篡黎可不勘而知也請留使者毋前
經不可知欽州林希元上書請討之岳上不可討六事貽執
政不報參贊毛伯温來視師經以軍事委岳會遷浙江叅政
安南人扣關言張廉州安在是欲以恩信撫我也經奏留之
改廣東叅政登庸覘岳尚在乃遣其孫福海款關納土安南
平詔賜金幣尋以征瓊州叛黎功擢僉都御史巡撫勛陽移
撫江西大學士貴溪夏言築賜塋藩司議廣信七邑各致千
金岳曰是將範金爲椰耶縣百金足矣嚴嵩奉詔建延恩閣

岳批牘與千金所司相顧訝少請益岳曰是非相公意嵩子
世蕃在京有後言同里都御史邱養浩密以聞岳曰自分定
矣寒骨稜稜止少馬革一張而已嵩銜之甲辰陞副都御史
總督兩廣討封川賊平之進兵部右御史侍郎征馬平蠻克
雷巖同銀北岸獞猺諸賊巢遂圍魚窩馬鞍高挽諸險皆先
後破毀分兵守之召爲兵部左侍郎御史徐南金言岳忠純
兩廣不可一日無岳乃不果召又平連山賀縣諸賊進右御
都御史旋命總督湖廣四川貴州軍務討龍許保斬渠寇五
十三人累奏奇功皆爲嚴嵩父子所抑或語岳何不稍自貶

岳指其髮曰如是種種顱入錢買官乎自古刀鋸鼎鑊皆士
君子致命遂志之地吾知應詔殺賊而已許保復亂嚴嵩故
憾岳欲逮治之徐階不可乃奪右都御史平破黑苗卒於沅
州迎哭者不絕贈太子少保謚襄惠岳宏毅淵默博覽工文
章經術湛深學以程朱爲宗時王守仁倡良知之學士翕然
從之岳渡江見守仁猶持程朱遺言守仁曰子亦一時豪傑
奈舊聞纏繞耳岳歸立存養四條繼以威儀動作之節十七
條以爲學則而求端於未發以爲之本懸之草堂嘗與守仁
論明德親民之旨守仁曰明德之功只在親民後人分爲兩

事非也岳曰戒懼慎獨皆未與民親之功如公言又須立一
親民之本以補之守仁不能屈所著有小山類稿聖賢正傳
恭敬大訓載道集見明儒言行録

林次崖名希元

希元字茂貞同安人正德丁丑進士授南京大理評事嘉靖
初上疏言君道急務有六曰務正學親正人用舊臣清言路
急交修持久大而息中官機務罷中官鎮守所以清政本塞
亂源上嘉納之尋以議獄事忤大吏降判泗州泗大饑希元
悉心救賑民賴全活以巡按御史倨待希元棄官歸大臣方

獻夫霍韜交疏薦之起寺正遷廣東按察僉事掌鹽屯二政
條奏切近者爲四欵復以所行泗州荒政爲荒政叢言上命
頒天下改督學時劇冦王基作亂剽掠廣惠二府希元署按
按察篆討平之召爲南京大理寺丞上疏陳王政爲目二十
一皆切當世之務改丞北京大同軍叛殺主帥希元上疏請
誅之廷議不從遼東兵又告變希元言遠者大同之變朝廷
過爲姑息故悍卒咸生輕侮大臣因循不振致其益驕而朝
廷威令益削疏入詔責希元狂率欺罔謫知欽州會安南不
修歲貢上命征之希元悉其國虛實向背以興復土疆土爲

已責疏六上而在廷方圖安靖第受其疑然卒以希元故納
還欽州舊地擢廣東僉事備兵海北竟坐安南用兵事罷官
卒希元讀書刻苦經濟過人晚訂諸太儒大學格物致知之
說附以己見曰更正大學經傳定本併著四書存疑於世行
於世見明儒言行錄
林亨大名瀚
瀚閩縣人成化丙戌進士改庶吉士授編修歷修撰尋轉諭
德孝宗即位召修憲宗實錄遷國子祭酒屢與章懋講論爲
懋所重擢吏部右侍郎旋拜南京吏部尚書會災異率羣僚

疏陳明黜陟禁奸貪十二事未幾又疏保固南京以重祖宗
根本佑啓皇儲以重天下根本撫綏百姓以重邦家根本增
進人才以重政事根本四事皆見嘉納適御史王獻臣以巡
按被逮儒士孫伯堅等授中書舍人翰上疏害力言天命天
討宜協至公一乞寬宥以全風憲一乞回成命以杜倖進之
門忤旨自劾不報乞骸骨不許時與莆田林俊金華章懋浮
梁張敷華號留京四君子云正德初太宰缺邱陵石玠等交
薦瀚剛方廉介改南兵部尚書參贊軍務機務又疏勸武宗
割私忍公不改先帝舊人不易先帝舊政遠近習裁貴戚爲

逆瑾所深嫉會大學士劉健謝遷致仕御史薄彥徽等上疏
請留之且言上宴朝廢事日與佞倖遊飲射獵上大怒下彥
徽鎮撫司獄鞫之給事中戴銑等劾瑾逮詔獄瑾命錦衣衛
鞫之二詞俱連瀚謫浙江右參政致仕瑾怨不已又矯制與
謝遷劉大夏俱以朋黨布告天下瑾誅詔復故官時瀚年逾
七十命有司給廩役存問卒年八十八賜祭葬謚文安贈太
子少保謚文安瀚天性孝友質直好義立朝建論悉本至誠
不畏強禦章懋嘗言林瀚有秦誓大臣之容又有柳下惠之
介見明儒言行錄

馬恭敏名森

森字孔養侯官人嘉靖乙未進士授戶部主事榷九江關以廉能著績歷員外郎中出知太平府雪寃獄裁中璫減供億治行甲江以南民有兄弟訟者予鏡令照曰若二人老矣忍傷天性乎皆感泣謝去累遷至刑部侍郎調大理卿屢駁疑獄與刑部尚書鄭曉都御史周延得稱爲貫城三平病歸起南京工部侍郎尋總督漕運兼巡撫鳳陽遷南京戶部尚書隆慶初詔舉邊才森言往者輔臣楊一清以南人用陝西尚書王驥以北人任雲南俱有聲績宜勿論南北資格斟酌推

用務當其才改工部森申明屯鹽法奏祖宗舊制河淮以南
以四百萬供京師河淮以北以八百萬供邊一歲之入足供
一歲之用後邊陲多事支費漸繁一變而有客兵之年例其
初止三五十萬耳後漸增至二百三十餘萬屯田十虧七八
鹽法十折四五民運十逋二三悉以年例補之在邊則士馬
不多於昔在太倉則輸入不溢於前而所費數倍臣前所區
畫不過紓目前之急而於國家大體民之元氣未暇深慮願
廣集聚思令廷臣分理其事各陳所見帝嘉納之帝嘗命崔
敏發户部銀六萬兩買金黄金森持不可且言祖宗時御札

皆由內閣轉示各部院無司禮監徑傳者穆宗乃止又命購
美珠玉森力爭不聽以母老乞終養賜馳驛歸服除屢薦不
起居恒講明理學與歐陽德鄒守益羅洪先相質正要以程
朱爲宗值閩卒兩番倡亂森角巾野服出諭之隨解散臨武
劉堯誨撫閩議復夫甲庫役法森備陳其害議遂寢繼撫閩
者龐尚鵬欲行一條鞭法森力贊之卒賜祭葬贈太子少保
謚恭敏郡人立報功祠於九日山祀之所著有四書口義書
經數言周易說義春秋伸義辨疑地理正宗文集奏議見明
史泰通志

馬恭敏父年四十誕子甫四歲眉目如畫實若拱璧偶婢抱出門失手跌傷左額死公呼婢奔避自抱死兒入曰吾自誤跌死婦驚痛撞公倒者數四索婢撻之無有婢歸母家言其故感泣籲天願公早生貴子次年果生恭敏左額宛然赤痕見昨非菴日纂

馬恭敏精算術天下糧餉解部至千萬至毫忽但於掌上輪指算之無或遺失里中故事凡九卿官林下乘明轎出入公獨蔽幃幄以父母之邦不可行辟人也姑某老而寡每三日一謁見及出必趨不敢於姑之門登輿秀才時猶姓裴後復

原姓有祖嬀郊居當公既貴仍呼裴五秀才元旦坐受公拜立茶而別以爲常萬歷癸酉公老矣時鄉舉門人甚在棘闈閱卷欲物色公諸子公力却自矢諸天日江西總兵朱嘉謨都司賈勇向皆漕卒因公薦拔至尊顯至公歸二人於三山驛不私致餽金且曰謝政居家居不足爲清德之累公峻拒三人泣拜而去見槎上老舌

鳳岡劉氏諸賢祠碑記

馬森

劉氏諸賢祠祀宋名儒劉公彝康夫藻砥礪五先生也永樂間當路肇建於懷安邑鄉之八都豈以近里居而追崇表章

樹之風聲哉初扁名賢祠督學潘朴溪公改名諸賢祠宋陽山公三山公龍灣公僉議著之祀典每春秋次丁委官致祭蓋自萬歷三年始也夫聖賢之生弗偶五百年必有王者興其閒必有名世者唐虞三代氣運隆升應期而出至孔子時降世異故不得位而但與三千之徒大明其道以詔後世孟子没而學絶周濂溪崛起得不傳之緒於遺經以授二程吾閩楊龜山載道而南其一脉所宗者羅豫章李延平視當時諸賢較著朱晦翁則集諸儒之大成濂洛關閩並稱天下萬世宗之固鄒魯乎海濱者也楊羅李朱皆延建産也其在福

則有劉氏諸賢銀青光禄大夫彝從胡安定學居官多治績召對以正學啟沃著七經中義百七十卷及註禮記大全奉議郎康夫從周希孟學著志述二十七卷秘閣修撰藻公從羅豫章學以孝聞於朝賜束帛并名其里為錫類著禮書易解樂昌令嘉夔從李延平學迪功郎世南從林拙齋學與呂東萊相友善父子潛心問學路義秉禮為鄉邦敬仰砥礪中神童科從朱晦菴學嘉其篤志授先天太極圖傳嘗言履之兄弟可與進德以時禁偽學弗仕著王朝禮論語孟子解子价從黃勉齋學克承父志是皆賢人也而並生於一門世豈

有盛於此哉是宜祠而祀之然所祀止五賢尚遺其三初議或未之考耶程叔子謂無善士猶得以明乎善治之道以淑諸人而傳之後無眞儒則天下貿貿然莫知所之是可見澤在尚當時終不若繼往開來爲扶世功大也若劉氏諸賢究其所學皆足以羽翼夫道統則固不可謂之非眞儒也是故既崇之學宮列之道南書院又專祠表特舉秩文祀典如此其詳悉有以哉今撫龐惺菴公因前監察臺双雙江公曾堅華表題曰一門道學既兵火復申題之屬予爲記云

王懋復名應鍾

應鍾侯官人嘉靖辛丑進士授庶吉士改浙江道監察御史巡鹽長蘆東廠太監馬廣貪而虐應鍾疏論之詔切責廣一時中貴斂跡巡按順天糾郡縣不職者三十餘人嚴嵩十柄國十監錦衣衛妄指姦細誣殺人應鍾白其冤守備昌平太監王敏朘削軍士應鍾數其罪世宗爲逐敏河套事起應鍾以前與議逮詔獄十監錦衣衛修前隙幾斃杖下出按浙江所至墨吏解綬去入掌河南道會大計吏嵩欲庇其私人應鍾弗許出督學河南宗室有淩辱諸生者必繩以法轉山東叅政竟爲嵩所中罷歸環堵蕭然講明正學學使者宋儀望

爲建書院於道山從遊雲集應鍾性端毅居官以嚴見憚於
鄉黨則謙恭樂易引掖後進常若不及卒年九十著有正音
進集見分省人物考
應鍾弟應山字懋宣以春秋設教於武夷四方從者如雲詩
宗大歷婉而多致老益苦心編摩述作甚富著有經述源流
閩大記見明儒言行録
盧誠之名一誠
一誠福清人萬歷庚辰進士授行人累遷户部郎白下士大
夫俎豆新建宗王守仁招一誠入社講學謝不往曰吾不能

口誦程朱而心畔之是操戈入宋儒之室也出知潮州潮故
饒郡一誠毫無染指有黜僚筦郡權乾沒數多以其餘遺一
誠一誠怒叱之臺使知其廉欲并屬以權事曰奈何奪丞倅
職凝操峻行爲守郡僅見晚歲居道山麓有朱子石室清隱
齋杜門謝客著四書講述學者奉爲指南云見道南源委

曾惟馨名汝檀

汝檀漳平人嘉靖間以貢入太學受業於湛若水壬辰成進
士授都察院都事時若水爲禮部侍郎朝夕親炙及轉南京
禮部尚書汝 亦求改南遷以就學改南户部員外郎累遷

知撫州府首建陸象山吳草廬吳康齋三賢祠立五經閣教
民行鄉約月朔臨視政暇與諸生講明正學以拂當道意調
知南甯以終老養歸南甯人送者莫不流涕家居惟以養親
學講學爲事嘗以中庸戒懼愼獨教人四方來學者衆構心
源精舍爲講所父母歿如古喪禮葬起知安慶府陞山東鹽
運使卒於官汝檀姿禀異厚而信道篤所學淵源於龜山刋
落支節務窺本源著有心源問辯録學者稱廓齋先生見龍
巖志

蔡震湖名宗禹

宗禹字賓元漳浦人世遠之五世祖也父大壯字丕禮受業於周瑛告以主敬之學充然有得以舉人任寧鄉知縣大書居敬二字于衙齋而銘之凡折獄必引經文爲斷民以事至邑者必問讀書乎則告以講習之法所有田宅以均諸兄弟著毛詩釋義宗禹剛介明敏讀書求大意不事鉤索父教以因經求道因物求知一日大省萬歷間貢入學太學祭酒葉向高稱爲天下士登辛丑進士司李鎮江首嚴左道之禁勸諭空門還俗法令嚴明人莫敢犯惟罪跡未著或已著而情實可矜者率多平反郡丞某以私害人宗禹爭之遂被劾謫

潮州照磨事白授麗水令冰蘗自矢園有椿樹葅之以佐食蒼頭短衣不完所得俸悉以興學校資貧士凡淫祠改爲書院日與諸生談經講道曰吾所持以爲治者此耳然天下事宜古不宜今者多矣凡諸政令有不便於民諸生匡我哉歲饑爲糜以濟全活萬數事聞陞刑部主事以疾乞歸講學於湖西書院終日正容危坐諸生曉集必拜有問必趨退則一揖而別自臨文以至洒掃應對莫不循循然有規矩几席之下儼若朝儀四方負笈來者至不能容結草廬以居嘗放舟湖上顧謂弟子曰活潑地何人解得向來到此塵慮盡消不

豈如湖泉萬斛洗腸胃也先儒所謂吟風弄月有吾與點也之意爲學以力行爲主不儕流俗而婚娶喪葬一遵禮經或以舉業爲道學病曰君但從程朱講解則舉業即道學矣陳布衣有言程朱何嘗不科舉亦以其所學居敬窮理而得者以應試而已年七十餘卒平生屏絶異學有闢邪崇正之功著有明誠解程朱要言續毛詩解史記一家言叢桂軒語録杜詩註釋等書學者稱震湖先生

黄石齋名道周

道周字幼平漳浦人少負奇節不屑治舉子業抵博羅韓日

纘家得盡覽所未見書嘗即席援筆草羅浮山賦數千言立
就天啟二年第進士改庶吉士授編修監修國史實錄爲經
筵展書官故事奉書必膝行道周謂膝行非禮也平步而進
魏忠賢目攝之不爲動丁內艱歸崇正三年起故官典試浙
江以神宗針實錄成晉右中允明年冬故相錢龍錫以袁崇
煥事被逮道周疏救之貶秩鐫三級科臣有啣道周者中以
蜚語乞休許之瀕行上小人勿用疏曰臣自幼學易以天道
爲準考其治亂百不失一陛下御極之初正當師之上九其
爻云大君有命開國承家小人勿用陛下思賢才不遠得幾

小人不易絶蓋陛下有大君之實而小人懷奸命之心臣所見諸大臣皆無遠猷治朝端者以督責爲要談治邊疆者以姑息爲上策序仁義道德則以爲迂昧奉刀筆簿書則以爲務一切磨勘則葛藤終年一意不調而株連四起惟陛下超然省覽旁稽載籍自古迄今決無吹毛數睫可奏三五之治者彼小人見事智每短於事前言每多於事後亂視熒聽浸淫相欺馴生極壞不可復挽臣竊危之帝不懌摘葛藤株連數令語令具陳復上言曰邇來諸臣所目營心計無一實爲朝廷者其用人不過推求報復而已此非所謂葛藤株連者

乎今諸臣之才具心術陛下甚知之矣知其爲小人而又以小人矯之則小人之焰益張知其爲君子而更以小人參之則君子之功不立語蓋指輔臣周延儒溫體仁也帝怒削籍斥爲民還至浙江學徒爲築大滌書院而講學焉歸至石養山守墓三年門人自遠而至者千人乙亥復原官時久旱修省五日内繫兩尚書道周疏請慎喜怒以回天意又言陛下寛仁宏宥有身任重寄至七八載罔效擁權自若者當此南北交訌奈何與市井細民申勃谿之談修睚眦之隙乎時溫體仁方招奸人搆東林復社之獄故道周及之旋晉右諭德

掌司經局疏言已有三罪四恥七不如三罪四恥以自責七不如中有文章意氣不如鄭鄤語鄤方以杖母大詬帝得疏愕然責以顛倒是非道周疏辨帝怒嚴旨切責道周以文章風節高天下嚴冷方剛不諧流俗公卿多畏而忌之遂摘不如鄭鄤語爲口實其冬擇東宮講官張至發當國擯道周不與遂稱病乞休不許凡所建白未嘗得一俞旨會廷推閣臣道周已充日講官遷少詹事得與名帝不用用楊嗣昌等五人嗣昌奪情入閣陳新甲奪情起宣大總督方一藻以遼撫議和道周草三疏分劾同日上之帝持三疏不下疑其以

不用怨望下吏部行譴嗣昌從旁摭鄭鄤事抵詆道周因言鄤杖母禽獸不如今道周又不如鄤立心可知因自乞罷免帝優旨慰之召內閣及諸大臣於平臺併及道周帝問道周曰爾三疏適當廷推不用時果無所爲乎對曰臣三疏皆爲國家綱常自信無所爲帝曰先時何不言對曰先時猶可不言至簡用後不言更無當言之日惟孝弟之人始能經綸天下不孝不弟者根本既無安有枝葉嗣昌曰臣豈不知父母顧君臣固在父子前且仁不遺親義不後君難以偏重臣四疏力辭聞道周人品爲人宗師乃不如鄭鄤帝曰然道周奏

大臣聞彈義當退避未有御前爭辯不容小臣盡言者帝曰爾言不如鄭鄖何也對曰臣言文章不如鄭鄖耳帝曰鄖杖母若爾言不如非豈非朋比對曰衆惡必察帝曰喪固凶禮豈遭凶者即凶人對曰古三年喪君命不至過其門故軍禮鑿凶門而出奪情在疆外則可朝中則不可我朝自羅倫論奪情前後五十餘人多在邊疆故嗣昌在邊疆則可在中樞則不可今在政府尤不可帝以少正卯比之對曰少正卯心術不正臣心無一毫私帝命出候旨道周復奏辯乃召文武諸臣咸聆戒諭而退時帝憂兵事謂可屬大事者惟嗣昌道

周失帝意帝欲加以重罪會劉同升趙士春亦劾嗣昌將予重譴而部擬道周謫顧輕嗣昌宗丞購劾道周者刑部主事張若麒謀改兵部遂上疏劾之帝傳諭廷臣貶道周江西按察司照磨若麒果得兵部巡撫解學龍薦所部官以道周才堪輔導推獎備至帝怒疑爲黨立削二人籍下刑部獄並杖八十移撫鎮撫司掠治乃還刑部獄詞連黃文煥陳天定董養河文震亨俱下詔獄戶部主事葉廷秀太學生涂仲吉先後疏救並杖戍道周繫獄時獄吏日奉紙筆乞書道周爲書孝經百二十本在獄感明夷事著易象正方草十二圖錦衣

校徵急道周恬然曰俟吾畫一圖成就逮耳擁之去至北寺
與廷秀仲吉對簿以尚書劉澤深等言三人罪至永戍足矣
乃永戍廣西戍經年一日帝召輔臣入文華後殿問曰張溥
張采何如人也皆對曰讀書好學人也時延儒復相嗣而嗣
昌已死延儒與蔣德璟欲參用公議爲道周地即對曰張溥
黄道周徒以其善學故人人惜之餘皆言道周至孝且極清
苦帝不答傳旨復故官既召還道周見帝泣臣不自意今復
得見陛下乞致仕歸講學於浦之明誠堂後福王監國用爲
吏部左侍郎陳進取九策拜禮部尚書明年祭告禹陵瀕行

陳進取策時不能用南都亡見唐王聿鍵於衢州以爲武英
殿大學士時政歸鄭氏道周請往江西圖恢復得義旅九十
餘人由廣信至婺遇
大清兵戰敗被執至江寧因服著書臨刑過東華門曰此與高
皇帝陵寢近可死矣監刑者從之及門蔡春溶賴繼瑾趙士
超毛玉潔俱同時死越數載長子麑與門客趙子璧往金陵
扶櫬歸葬道周學貫古今所至學者雲集銅山有石室道周
坐卧其中故稱石齋先生生平著述甚富精天文歷數皇極
諸書所著易象正三易洞璣及太函經用以推驗治亂殁後

家人得其小删册自謂終於丙戌年六十二始信其能知來

也見明史泰通志

石齋先生圃中有荔枝一株名翰墨香圃爲先生大父所築中有赤石長數丈大數圍母夫人夢石墜而誕先生故號曰石齋先生既誕石旁茁荔一株十年生實三百六十五枚味甘色潤其臭如墨故名時先生已通易學矣每歲實如前數及先生鄉薦捷南宮入翰林俱倍之先生死樹亦枯見陳鼎

荔枝譜

石齋先生講學江東每臨講時堂設先聖位具琴瑟鐘鼓立

監史讀誓戒獻酬歌詩主賓百拜四方學者環江而來聽者千艘時比之河汾亦一時盛事云見龍溪縣志

石齋先生蔡夫人名潤石字玉卿工書法與先生逼似康熙庚辰春得其楷書律詩一卷楷法稍雜分隸題云偶寄夏太守時山中聞警崇正丙子秋八月蔡氏玉卿書於石養山中詩多崇正中魔道語蓋先生作也見居易錄

國朝方苞記石齋先生逸事云黄岡杜蒼畧先生客金陵習明季遺事嘗言崇正某年余中丞集生與譚友夏結社金陵適石齋黄公來遊與訂交意頗洽黄公造次必於禮法諸公心

嚮之而苦其拘也思試之妓顧氏國色也聰慧通書史撫節
安歌見者莫不心醉一日大雨雪觴黄公於余氏園使顧佐
酒公意色無忤諸公更勸酬劇飲大醉送公卧特室榻上枕
衾茵各一使顧盡弛褻衣隨鍵户諸公伺焉公驚起索衣不
得因引衾自覆薦而顧命顧以茵卧茵厚且狹不可轉乃使
就寢顧遂暱近公公徐曰無用爾側身內向息數十轉即酣
寢漏下四鼓覺轉面向外顧佯寐無覺而以體傍公俄頃公
酣寢如初詰旦顧出具言其狀且曰公等爲名士賦詩飲酒
是樂而已矣爲聖爲佛成忠成孝終歸黄公及明亡公縶於

金陵在獄日誦尚書周易數月貌加豐正命之前夕有老僕持鍼線向公而泣曰是我侍主之終事也公曰吾正而斃是爲考終汝何哀故人持酒肉與訣飲啖如平時酣寢達旦起盥漱更衣謂僕某曰曩某以卷索書吾既許之言不可曠也和墨伸紙作小楷次行書書幅甚長乃以大字竟之加印章始出就刑某卷藏金陵某家顧氏自接公時自慰無何歸某官李自成破京師謂其夫能死我先就縊夫不能用語在縉紳間一時以爲美談焉

進洪範月令儒行緇衣疏　　黄道周

原任詹事府少詹事翰林院侍讀學士今降六級調外任臣
黄道周謹奏爲奏繳職業事臣於去歲九月二十六日爲書
司經局頹壞書庫無存請理庫局鈔録寳書以存典故併稱
五經書中有鴻篇鉅章宜別爲圖録以備留覽十月初一日
奉聖旨東宫講讀循序漸進這所奏經書各種黄道周職任
宫僚着同詹坊等官精心講求彙集成帙次第進覽司經局
爲藏書之處據稱歷有營繕錢糧如何任其傾圮以致書籍
無有并着查奏該部知道臣奉聖旨於今已九閱月更大寒
暑爲時不多職業罔效臣雖久離局事而明旨如新詹坊諸

臣同此惕厲已於六月修理經局書庫二所併諸經廂房除

營繕司彙報外惟是各種經書臣與詹坊諸臣集思分猷多

未能竟臣所纂洪範月令儒行緇衣四種已先起草稍有次

第業形之奏牘欲繕寫進呈而值臣狂瞽曲荷優容引罪之

餘宜自廢絀然臣思古人身蹈不測尚圖纂述以贖殊辜況

臣受命在先豈得消藏以滋罪戾譬如蘆菼終畝之下則情

不忍荒又如曝芹靖獻之餘則誼不敢蔽用是冒昧將臣所

纂完洪範二册月令二册儒行二册緇衣二册凡八册四函

先呈進覽臣理宜覓疇人大書重衣而臣居貧薄手書雙行

以省浩費貫且去國日近不敢多營戀主微情聊存其鄉傳曰雖有絲麻不棄菅蒯詩曰采葑采菲無以下體臣苟罪愈深而受知特甚幸託菅蒯葑菲之言無當土壤涓埃之涘之實惟陛下鑒其辛勤存其憔悴不以人廢亦問察之心寓使過存亦芻蕘之獲文雖無用尚有明旨之當遵臣雖不才不借他途以自進

告李忠定公朱文公二公文　　黄道周

維崇正戊寅歲十有一月十三日庚子明中順大夫詹事府少詹事兼翰林院侍讀學士黄道周以謫官將之江西使道

入洞霄宮謹以牲醴侑辭告於有宋提舉洞霄宮李忠定公朱文公二先生之祠曰嗚呼道之廢興則亦命也時有倚伏人何知焉方忠定抗疏水災之時及文公投匭上書之日指斥柄臣攖鱗履尾揆之聖訓則容默異於三緘稽之物情則戇愚同於五噫衆啜之下沃以狂泉逢怒之餘擠以濁水曾不移時水落石出道主嘆其知希幾理君韙其格物及今而觀誠明之論南陽有所未窺格致之原華野有所未發二公以之上扶危顛下砥淪汩使來彥仰其雲漢當時捫其日月雖毀之而何傷諒吾之不奪嗚呼善道嘉肥亦上聖之所師

遵養清熙是至人之攸待然而突起堂焚舟傾棟覆將銀手
以爲儀金人而持戒固志士之所不安仁人之所無悔也夫
以邦昌之謫侂胄之恣不敢以二公爲不忠二公爲僨事但
權寄所趣戈戟橫起吾道之不託於欲門猶欲門之無賴於
青史時既值之又何訛焉嗚呼欲而得仁則曰不貪求而得
仁則曰無怨道足以濟一世則俟神聖而不疑道足以存其
心則蹈水火而無悲録今以觀二公何貪何怨録二公以觀
於今又何疑而何患乎嗚呼愛惡不齊吾齊之以性榮枯不
齊吾齊之以命語性則二公與萬世共和語命則萬世與二

公同敬敬義立而德不孤中和致而物性盡志二公之志不以盛衰殊觀學二公之學不以平陂因運遠近去就歸潔其身進退存亡不失其正不肖之所告於二公即二公之所質於先聖又何俟於人夢而天定天定而人勝乎於是與某等同致微忱以邀神聽

附太學生涂仲吉上懷宗救石齋先生疏

仲吉字德公漳州鎮海衛人通政使一榛子萬歷間入太學一日在金陵聞黃道周下詔獄一援觴而起曰仲吉當一行爲朝廷保正士其友難之仲吉歎曰黃公天下之正人也黃公殺則正人去朝廷殺黃公則負殺直臣名事無大於此者遂赴闕上書通政使施邦曜有難色仲吉作色曰朝廷奈何使巽懦者作納

言乎疏上詔杖仲吉於長安門下錦衣獄盛陳刑具鞫之指楞盡折不挫乃與道周並論戍尋赦歸嘔血死

南京國子監生臣涂仲吉謹奏爲冒死以救清忠之臣捐軀以裨聖明之化事臣草莽書生何敢妄言況當天威震怒誰甘以計身試法第讀書師古有志效忠每觀古忠臣義士捐一身以成君公之德如孔璋請代於李邕郭亮伏鑕於李固皆志本於誠死生所不顧臣覽古論世未嘗不痛哭而起今適當其事正臣效忠之日故匍匐萬里請死明志幸陛下察而誅焉日者黃道周因薦被逮廷杖之日臣工飲痛童嫗隨

淚以聖怒方殷無敢鳴其冤者幸一不怕死之葉廷秀昌言申救蒙杖一百天下聞之益爲驚心此真皇上從來未有之極怒諸臣從來未有之極慘自此人人見自危無敢復言者矣夫人臣事君猶子事父母父母有怒撻之至死而不敢怨然父母之極怒終不忍死視其子觀其箠楚哀號之狀未嘗不興憐而思痛焉皇上好問好察過於古先哲王兼鋭意太平勵精圖治思得一真正人才而用之乃有一黄道周而搏執僇辱置之必死之條甚非海內之所想望也臣觀道周通籍二十載半居墳廬自躬耕樵採而外稽古著書晨夜不輟

宗族憐其貧鄉黨推其孝孤踪獨立門無雜賓其一生學力
只知有君有親幸以遭遇聖明亦欲發抒所學雖其言過戇
嘗過戇而其志實純忠當酷暑萬里踉蹌就逮草履徒行飲
水啜蔬士紳挽繫不幾不能行道路見者莫不悲嘆今聞喘
息僅存猶且讀書不倦未嘗不以囹圄圜扉爲皇上教育之
恩霜露雷霆爲天地栽成之德此天下大小臣工至於兒童
走卒莫不知之莫不傳之非獨臣草芥一人之私言也惟是
天威方嚴陽和未布大臣緘默以靈時小臣蓄縮以全軀使
皇上所以教育栽成之意不能大白於天下臣不爲道周惜

而爲皇上天下萬世惜者也天下所以不治皆由臣子不清不勤墮其職業不忠不孝隳其家修皇上方嚴典引繩天下之不清不勤不忠不孝者若道周至清至勤眞忠眞孝而一旦顛躓至此豈不傷天下讀書之心灰海内爲善之志乎今者天下之人謬謂殺道周以激奮樞輔而樞輔未必能奮殺道周以緘閉諫臣而舉朝久已卷舌皇上必欲誅獨立孤介之臣則道周當死必欲誅結黨敗類之臣則道周非其人昔唐太宗恨魏徵之面折至欲殺而終不果漢武帝惡汲黯之直諫諍雖出而實優容皇上方欲遠法堯舜奈何智出漢唐

賢主下讀史漢唐宋之衰也其賢人君子皆受黨人禍蓋惟君子有聲氣不謀而應求其不與於人類者則從而誣之三季之主墮小人之術皆以此摧士氣失人心我皇上方振中興昌期之運斷不宜以黨人輕殺學行才品之臣伏乞聖明詳察道周鑒其苦節赦其無辜保全忠清消除朋黨無蹈晚季之覆轍爲小人所快心即殺臣狂妄實得死所矣臣家有垂白之母堂有未葬之親殺身求仁雖死何恨將以愧天下之立朝行道見義不爲者謹席藁顧從廷秀之後惟皇上幸炤察焉

附　國朝藍鼎元請石齋先生崇祀鄉賢文

蓋聞人生大節不外忠孝兩端儒者傳心惟有文章千古既已著書立說與學貫乎天人亦且竭力致身精誠篤於君父屹然乾坤之柱礎偉哉名教之干城百世下將聞其風況夫同里鄉先生可祭於社端在斯人伏見故明漳浦黃石齋先生諱道周兩間正氣一代名賢十歲能文推倒嶺南豪傑丁年喪父遥續屈子離騷邑大尹曾拔冠羣在制中求見若渴邦人士咸稱至孝謂守禮覿面爲祚難追筮仕於朝端復剛方而蹇直經筵側權閹之目典試推宵小之心抗疏陳言救

故相而坐貶瀕行極諫論時宰以掛冠廬墓事親仍然孺慕聚徒講學若將終身不意召復故官又使公校多士久旱修省有建言清獄之議晉秩司經上四恥三罪之疏批逆鱗者非一忿權要者百端至發秉鈞擯官僚於推讓三俊下吏因支飾以株連効嗣昌奪情天下遂無無父之子論新甲邪徑中樞應少不祥之人召對平臺特伸理欲之辨至於聖怒猶聞忠佞之爭既以直而謫官復因薦而削籍廷杖詔獄雲雷屯塞見精忠草圖備書地火明夷徵用晦葉廷秀初未相識囚服而通姓名涂仲吉藐焉諸生折指而無挫緘幸劉尚書

有毋殺直臣之議得戍廣西周相國有宜用博士之言遂還
故職家鄉念切築書院於鄰山守墓情殷開講堂於浦邑衣
冠鐘鼓先王之禮樂將興贈答歌詩前哲之典型可繼月令
廣義儒行集傳補經曲之精微三易洞璣革象新書探文周
之閫奥鈎深致遠天文歷數諸編繼往開來洪範孝經之作
著述宏富充棟足徵經史異名更僕難數蓋淹博似有天授
將敲金戛玉於百年乃貞烈本自性成遂取義成仁於一日
丹心貫河嶽庶幾無忝所生浩氣塞蒼穹以爲不負所學傳
之萬禩足令懦者立而頑者廉矧在梓桑所宜家爲尸而户

爲祝執事曠世偉人全閩師表膺世道人心之寄秉綱常名

教之權顯微闡幽將小善之必録報功崇德忽大典之久遺

行如黄公世所罕見天下之善士何況一鄉國人皆曰賢允

宜從祀故敢瀝賓敷陳懇行兼祀郡邑庶春蘭秋菊丹霞之

黍稷惟馨鹿水梁山大賢之俎豆不泯則後生小子聞忠孝

而奮興大夫國人式文章於不朽矣

明閩學諸儒列傳終

國朝閩中文獻志

卷之伍

中

閩中文獻志

惠安琥谿黄廷玉輯

李文貞公名光地

光地字晉卿號厚菴安溪人年十四舉家陷賊中挾以邀金欲殺者屢終不懼閒即讀書賊帥奇之因得歸日誦六經性理蒙存諸書非程朱不言敢言充然自得康熙庚戌成進士選庶吉士進河洛圖說拔第一授編修以親老假歸未數月耿逆叛福州鄭成功踞泉州沿途巨冦乘閒竊發光地遁深山與叔日煌謀具密疏言逆必敗狀爲蠟丸遣使僕閒道走

京師因同里學士富鴻基以奏上覽疏動容嘉歎
王師入閩詔定閩將軍護其家擢侍讀學士趨赴闕至三山以
父喪奔歸漳泉間寇起有白巾賊蔡寅者聚衆二萬圍安溪
城幾陷光地乃啟康親王乞皆糧募鄉勇據險設伏絶其糧
道賊窘潰圍去越明年臺灣賊寇通寇鄭克塽復圍泉州屬
邑皆不守南北道塞郡城援絶光地陰遣僕人潛從水關入
城語守者曰勉之救兵至矣出寧海將軍印信絹書示之城
中歡躍始有固志又分遣從兄光斗等迎將軍喇哈噠巡撫
吳興祚諸師提兵南下寧海將軍亦自漳平進發光地率鄉

里具牛酒犒軍分兩翼夾擊毋弟光埊與賊遇三戰皆捷遂
奪白鴿嶺遵將軍入泉州解圍悉復諸郡捷聞以功遷內閣
學士時廈門雖平臺灣尚爲賊據
朝廷將命將出師擣其巢穴會光地服闋入
朝召問機務因言鄭逆賊魁已死子幼將驕事權無統乘隙可
破薦內大臣施琅習海上情形有智畧可用琅果破克瓌臺
灣悉平歷陞翰林掌院學士充經筵講官改通政使兵部右
侍郎提督順天學政以內艱解任旋復原官就補工部侍郎先
是都人士拘俗學通經力古者少光地諭生童有能諷三經

及古文百篇以上者稍有文藝並加擢拔士風以振尋改兵
部侍郎兼副都御史巡撫北直隸築子牙隄以障漳滏開栁
坌以平桑乾不踰期巨浸悉爲沃壤民賴其利蒞任七載以
中正和易率屬文武各盡其才擢吏部尚書巡撫如故尋拜
文淵閣大學士時海宇寗謐
上留心經籍光地以耆碩特被
顧問
御製朱子全書周易折中及性理精義等書皆承
旨纂修嘗自言晚年學問始進得力於

聖訓居多屢疏乞歸尋

召還

賜第南城卒年七十有七給祭葬謚文貞雍正中贈太子太傅

追祀賢良祠光地少好讀至老不倦無聲色之好衣食裁取

粗給爲文根極理要辛未己丑典禮闈所得多知名士居政

府十餘年公誠懋著每決大事宏功若寂而民庶恬安遇

當宁求才推賢進惟恐不及所薦如衛既齊陸隴其趙申喬徐

元夢德格勤及門人楊名時李紱蔡世遠魏廷珍王蘭生皆

當世名平居手不停披與門人講論有一言之合即改己說

而從之論者謂元明以來惟光地篤敬義之實學得誠明之正傳造詣邃密直抉未發之藴著有周易通論觀彖詩所洪範說中庸章段餘論大學古本說論孟劄記榕村文集語錄等書見通志人物傳參泉州府志

蠟丸疏　　李光地

臣李光地謹題爲密陳機宜事臣自二賊搆亂以來遁逃山谷中賊遣人延致再於再三臣抵死固拒幸到於今未汙節清節以辱

朝廷然踪跡孱危尚未知草莽孤臣復能幸全要領以再瞻天

日與否蟲蟻微命無足言者臣不敢自惜獨至於一隅安危所繫敢冒萬死蹈不測之禍希徹

天聽惟

皇上垂察焉臣惟八閩疆宇褊小糧稅稀薄今自二賊蹂躪兵革不休椎骨剥膚民以大敝而賊之勢亦窮矣此時官軍誠宜以急攻爲主不可置此一方曠日持久恐粤東江右必生他變然所謂急之之道不可不審也今耿逆方悉力於仙霞關鄭賊亦併命於漳潮之界獨汀州一道與贛州接壤之地防備極疏耿逆置守禦不過千百疲卒竊聞北來大兵皆於

賊兵多處盡力鏖戰而不知出奇以擣其虛此計之失也以
臣愚度之仙霞地連浙江衢州等處杉關連江西廣信等處
此三者本地經制之兵堅壁深藏虛張聲勢自足以控制羈
縻之至於汀贛一道爲宜因賊防之疎選精兵萬餘人或七
八千人詐爲入廣之兵道經贛州遂轉而向汀界贛州至汀
州七八日耳而汀州至福州泉城卄來往非月餘不至比二
賊聞知則大軍入閩久此所謂避實擊虛迅霆不及掩耳之
類也此賊方悉兵外拒内地府州縣盡致空虛所在殘黎望
大師之來正若時雨苟出汀州小道橫貫其中則三路之賊

不戰自潰矣漳州守臣黃芳度嬰城固守以待大師此不可

以不急救而汀州漳州地畧相屬接應尤極便易臣乞

皇上密馳詔旨勅統總兵官間諜虚實隨機取效仍恐小路崎

嶇更須使鄉兵在大軍之前步兵又在馬兵之前庶幾萬全

可以必勝臣今者雖已爲獘鳥湯雞然葵藿之心睎見太陽

尚幾幸於萬一倘有可采伏乞

睿鑒施行緣在患難之中奏對失體仰惟

聖明照亮

答陳眉川中丞書　李光地

明府厲行清修得儒者淡泊寧靜之要而且克廣德心以教人成物爲念移蔡來茲眞九郡士民之福也前翰垂問未有以復蓋教化風俗四字自明季而不講禮義廉耻自士大夫犯之讀書者荒於業而不檢於行齊民亦惰於游而習於奸風聲日下殆非旦夕所能還返也司士者學使司民者郡縣令

聖上特重其選意有在矣明府莫若引學使縣郡縣諸君與之上下議論學校則清貨賄絶請謁以來外如何可以成材興學郡縣則謹溥書飭簠簋以外如何可以厚俗移風令之各

盡其心而各條陳所宜行者明府虛心採納而實意鼓舞之精誠聳動之下自然有風草之勢比之就士民而家喻户曉者萬不侔矣區區老生常談聊以備高明之擇惟裁教之至

書院師長一席在宋元間實與當路相者相扶持誠得其人造就不淺昨歸途見南浙江右所延致者粗讀書不放蕩耳求稱其任難之又難閩中先正流風已墜歇學植淺薄者固無以服衆即稍有聰明聞見而實爲華贋無高志遠識者羣居終日其誤學者更深也漳浦蔡翰林世遠有嘐嘐慕古之與俗志與俗下秀才一片名利心者不同所讀書又知以棐

朱程爲宗經史諸家漸能涉獵所見紳士未有過之者明府若欲引與共事更盡前輩切劘之義庶幾斆學交收其益也弟抵里來見自家子弟及鄉黨間習染深重未暇與之語上聊爲立規約數條望其去太甚者知懷刑守法而已謹録呈記曹非望推行他處但恐將來有頑梗負恃非懸車里老所能化者須藉威重加之禮牿故願預知之也吾輩受恩深重砥礪同心倘有教誨無惜嗣音不勝企望

南溪書院志序　　李光地

尤溪者子朱子所生處也朱子本婺源人先公韋齋生朱子

於閩而遂家焉少因依劉氏兄弟居於建陽而學於崇安後之人不忘其生處故尤溪有韋齋朱子之祠及所謂毓秀亭者南溪書院則宋理宗所賜額也光地嘗一再經此地登障望文公山窪突畢肖堪輿師書又載其在婺祖墳術者預占之曰當生一大賢聰明如孔子然亦知其遠去家鄉而自他有耀嗚呼豈偶然哉舊有南溪書院志紀其地山川奇勝朱子幼所嬉遊長而往來事蹟以逮祠亭廢興列代至於斯而紀詠者并其譜傳据摭成編乃崇建所未備其苗裔族居此者亦多今奉祀博士及祠廟勅額

天子推恩建陽與婺源等獨文公山踪跡光地曾詢問及之奏
述頗悉前撫臣道觀曾
賜扁符命揭尤溪祠宇而仍留建陽蓋尤溪僻非孔道將命者
訪問未的而身亦隨彫没也今大吏又據邑文題請
新賜且將修葺祠亭表其厥故址而攝邑事通判楊君既獨修
毓秀亭又討論南溪志而損益重刊之楊君篤志正學今爲
有德於民而尤勤勤文獻若此司馬遷自謂明易象春秋本
詩書禮樂之際是以至東魯入廟堂高山與慕低徊不能去
千載上下有志之士不有同心以哉以予適里居來索言余

故樂爲之序之

安溪考亭書院記　　李光地

昔朱子舉進士筮仕同安簿同安西北壤接安溪故朱子嘗往來安溪道中喜其山水幽奇以爲絕似建陽佳處有詩在集中可撿也光地於乙未年冬告休抵里拜邑父母曾侯寓其新落文昌祠中因請侯曰俗祀文昌蓋古者司中司命之遺雖然星辰河嶽必以人配五百年來朱子人師也今

天子崇重之優風闡天下斆學者知所嚮往地之歸也取道西江凡玉山鵞湖朱子信宿講論焉者其守土類能修舉吾邑

爲朱子奉檄往來品題名勝之區法得立祀非其人不與也
其有待於吾侯乎侯曰茲吾素志也舊有祠在庠東湫隘傾
圮侯乃捐貲買地於文昌祠後架後堂以棲神而以中楹
崇祀朱子攷古衣冠用上公冕服祔食則復齋北溪兩先生
皆南郡產也又拓其前爲敬業堂躬與諸生課業講藝蓋志
乎續朱子之墜緒而非特復宇升香循春秋之故事而已祠
成邑之人士感侯興起倡明之意相與請余記其事以示來
者余惟侯之派自東魯宗聖而南宋南豐先生亦其别族也
文行之承遠有端緒則其爲政而知所先後也固宜考朱子

生平爲學精察力行謹守曾氏家法其文章則一以南豐爲轂率然則侯於朱子之道所謂歸而求之有餘師矣明道先生爲顔亭銘曰千載之上顔惟孔樂百世之下顔居孔作蓋有取乎淵源世講相與表章之義余於侯之茲舉亦云侯諱之傳字惕若號石巖

重修泉州府學記　李光地

泉在前代文章科名爲天下蔚學者譚説至今藍之然其世升降俗漓澆士習人心之變則有羣然波逝其中而莫之貫省者蓋自成宏間虛齋蔡先生醇品邃學洛閩是承親炙之

士則有陳林張史諸君子皆所謂守章句踐規矩不謬於古人明經篤行之意泉之最盛時也其後傳李許相繼魁天下爲時文師科第遂壓列郡然而華繁實披學又一變及其季也則有猖狂以壞士習恠詭以軋文體者餘風荏苒而吾郡寖衰矣夫泉僻處濱海爲九州風氣裔末然虛齋以經解錦泉晉江以制舉業李贄以横議天下皆靡然宗之則豈非世道學術之高下占諸泉吾泉而可知焉與蔡陳諸先生勵行清修有進退大節其時風尚湻樸閒之長老士大夫有美田宅者衣冠不齒也其後則役於名利者多又敝則破行檢作

毒害鄉閭苦之而至今爲梗此又風俗人心漓澆之判然其
所以然者亦源乎世道學術而已矣嗚呼學校者四術所從
出故曰學術也其廢其興昔人重之詩曰於論鼓鐘於樂辟
雍蓋言學校之盛待文王而後興也又曰佻兮達兮在城闕
兮蓋言學校之廢爲賢人君子所憂閔也今
天子恭承道運以六藝漸摩四海必世而再矣周王壽考則應
在作人固宜其令行風流而蒸蒸者衆地之歸也兩浙江右
聚學之區玉山鉛山儒先講肄之所賢守類能令類能修舉
視聽一新吾郡劉侯侃來自齊魯有召南素絲之操顧瞻郡

學類敝憮然傷之此亦風詩城闕之志欲望學者以嗣音也請諸僉事黄君朝鳳而委學職陳君任賢以敦其事落成有期吾友舉人陳君萬策爲之請記於余夫學校之設遠矣古之知道能文者學記備矣重言累陳無以爲也蓋周禮在魯則問舊章諸子賦詩不逾鄭志泉故先儒舊遊理學名壤雖晦明有時然得賢牧守師儒作而興之廨宇既修必將延召宿名宿招誘有志之士課其道藝成其德業所以贊

聖天子而育材廣化者非僻陋荒遐素未耀乎人文者比也故爲道前代學術源流所以關鄉國汙隆者使返其始而維其

初庶幾望古劉今其則不遠矣

施將軍逸事　李光地

施將軍名琅閩之晋江人値閩亂少而從戎曾隨大學士黃公道周出仙霞關知事不可爲輒以偏裨有所建陳公報之曰君言是也顧吾大臣仗義守死則已倘有他奇變可以佐時君輩行矣勉之遂謝黃公去明亡寄食海上鄭氏嫉害公不相容因公艙中欲殺之公以計遁脱鄭遂殺其父若弟公歸

本朝用戰功數年間至大帥佩將軍印召入爲内大臣列伯爵

余素未深知公一夕就公燭計下話道及順治己亥年事余曰社稷之靈也今賊不頓兵城下驅而徑前者是誠可危矣公笑曰宜何向余曰循山而東奈何公曰南北步馬不相若久矣衆寡勞逸又懸所在雖響應作聲勢實觀望不能爲之助也纔涉北地與官軍交賊立盡耳徐又曰向彼舍短用長者委堅城泝江而上所過不留直趣荆襄呼召滇粤三逆藩與之連結摇動江以南以撓官軍則禍甚於今日矣棄舟檝之便而敝攻圍故知賊無能爲也余以是知公能明年

天子以海患久未熄復起公提督水師專平海事越二年余請

急家居邇逅公小店中雨甚稍憩余曰公出師在此月然衆皆言南風不利公必犯之何也公覽曰賈豎之言也夫北風日夜猛夜則更甚自此至澎湖舟戴星兢行就能魚貫相尾幸而不散然島嶼悉賊據到彼未能一戰奪之舟無泊處坐與行殊風浪飄拍軍不能合也將何以戰夏至前後二十餘日風微夜靜海水平如練可以拋舟泊洋聚而觀釁不過七日舉之必矣用北風者徒幸萬一南風則十全之算也然節候月離旬日後當有颶風亦偶閒歲不起此則天意非人慮所及又賊將劉者爲彼魁傑設以他將守澎湖雖敗未服也

必用再戰如守澎湖者劉或死或敗則勢盡膽喪矣臺灣可不戰而下余喜曰寇平矣公笑曰何相信也余曰聞爲將者必識天時利害地理向背較將之智力公兼之矣能無平乎公以六月十四日舟發銅山十六日至澎湖二十二日尅勝果在七日中戰之日東南角微雲起劉方調遣拒敵望見喜甚須臾雷聲殷殷動劉推翻食案歎曰天命矣海行占風者以雲起爲風兆聞雷則散云劉敗後乘小舟走至臺灣憂沮無復戰意率先納土悉如公料先時明李鄭之祖芝龍海大寇也歸誠後貴顯嘗朝京師過龍虎山有異人爲決未來事

語甚隱然意若誇土稱孤爭衡南面者末云金雞唱龍種消

公辛酉生其專征又以辛酉年龍種者芝龍子孫也余十五

六時便聞斯語後二十餘年而驗贊曰此余所聞見於公者

雖其子若孫不知也公以功進封侯爵及後裔史臣當有傳

故紀其逸事云爾

靖海紀序（靖海紀紀施將軍事文貞公爲作序）　李光地

韓淮陰指畫東征形勢及料楚漢成敗如指諸掌諸葛公校

計孫曹強弱圖荆益之利定鼎足之規皆先握算於前而操

券於後司馬仲達不足道也然其平公孫淵量敵計期不差

時日岳忠武對魏公定擒楊么八日而捷書果至蓋古之重
臣宿將其於天下大勢一隅要害未嘗不孰籌深曉制其短
長之策故一旦應機迎刄而解此固非冒利趨險迄無成謀
苟焉以國家民命爲試者也東南之苦海患六十餘年
聖朝受命恃其險遠據島嶼乘風潮出没爲梗自戊子以來攻
圍破陷郡邑者三跨有粵閩邊地曠日而後平者一己亥之
役浮長江犯金陵則中原腹心爲之震動議者剗棄沿海田
廬延袤數千里而又歲資鄰省軍糈動百萬計蓋毒生靈糜
國藏不可勝數此豈鱗介之偏不以衣裳易者比哉靖海侯

施公自其先任樓船則以疏言賊可滅將狀乘傳陛陳言之
彌切天末厭亂留心宿衛十有餘年而後出竟其志時異勢
殊而公前二疏所陳者無一不酬於後自奉
命專征至於受降獻俘籌畫措置連篇累幅又無一不符於前
吾以是知公計之熟料之明知己知彼算定而後戰故能役
不輸時而成不世之功所謂上兵伐謀者於公見之矣國家
之難在用兵用兵之事莫難於滄波巨浪之中與遠夷爭舟
檝之利珠崖南交漢明所以屢征而不服也遼左日東唐元
所以傾師而不再彼數君者皆以遠異窮兵績用弗底今鄭

氏境內逸寇託足孤島爲濱海無窮之憂

皇上憫惻殘黎赫然誅討天佑

皇仁風波助順而公以國賊家難忠孝交迫於中憤不顧身義

形顏色仰仗

皇上委託之專無復疑貳掣肘遂克受事報成宣威絕徼航海

之勳稽古莫及焉然則公之智勇蓋公之誠爲之而非

皇上救民伐罪內斷於心任公勿貳如議者舉棋不定之口其

不潰成者幾希耳閩之人取公前後章疏彙萃編刻而請序

於予予惟公之功

天子褒之史氏紀之其所以爲百世戎臣師者吾無綴乎爾故
復稱道古今以見遠圖之不可事耀兵之非得已以及
主之仁明臣之忠孝著厥成功之自覽是編者攷閩事之終始
尚將有以論其世也

吳將軍行間紀遇後序　李光地

我
國家誕受多方集命既固至我
皇上而內鋤畔亂遠拓疆索雖在窮島之中絕塞之外阻滄波
限大漠爲兵威之所不至使命之所不加莫不遣發專征親

頌

六御羈纓繫組前後致之闕下稽近代文德武功之盛未有如是之赫然巍巍者也大勛既底九域乂安

聖明不自以爲神武之力推恩酬勞久而彌篤其在元庸眷念滋甚蓋歷指三十餘年之間名積昭章如古之登於册府圖畫者數不過數人而吾閩水師提帥吳公其一也公自壯歲從戎兩浙即置三逆變亂當是時滇廣之寇度嶺嶠越江湖其勢猶遠而耿賊之兵則已出仙霞而駐衢婺旁散於江西沿海以分我師海孽助之結連搖煽如浙江不守則東南財

賦之地有呼噏之危故議者謂三徼用兵獨此爲門庭之急其後亦以閩關不守耿鄭破亾滇粤遂以次誅滅則此其明效顯證也公是時初佐戎耳且以閩人之故頗有讒構之者而能以忠勇自著使王將軍制府提帥以下皆推誠任之無所疑猜公又所向摧鋒績效騐白卒能披海道之竅以仙霞之師用區區裨貳之職而姓名功次洊聞於

朝大吏元戎爭先進達公之邁迹行間固已奇矣及爲總兵閩

中正

廟堂經畧海事之會時則自重臣宿將至於道路之口言海可

平者百無一焉靖海侯施公將銜
命而來乃亟引公自助公於於施公里戚也言無不盡而施公亦委心聽之自有明天啟初載而海患萌櫱至是六十餘年矣四世相繼樹本深堅又既據臺灣之遠扼澎湖之險舟檝便習風潮飄忽嘵嘵者大以爲非官軍之利及公斷以不疑以六月發銅山衆又以爲天時地利蓋兩犯之然二公算既定謀既合自始接至於破敵僅七日間盡燒其舟船奪其島嶼海之驍桀精鋭一朝殲焉又復大開恩信縱釋降俘使之還諭兵民動以禍福爲傾巢進取計賊窮迫無所奔竄遂稽

首納疑舉土降附斯役也論者謂自古海外立功蓋至我
朝僅見也
天子嘉悅公功晝接殷優賜賚重疊以東南既靖俾帥於西控
馭巴蠻夷民帖服既又以濱海重任非公不可水陸二閫公
歷專之恭遇山海清晏
九重以江淮氓庶爲憂間歲南巡察視務公輿南服制撫朝覲
行宫恩禮便蕃彌加於昔公於是感眷顧之隆循平生之蹟以
暇日記憶成篇題曰行間紀遇以地爲枌榆親串使以數言
跋其後地披讀終篇其成功於艱危萬死一生之狀足令觀

者驚愕悲喜而至於今日寵命始終備極渥注則又使人慨然於功名之際而益知聖朝之盛德爲難名故公此述不曰紀功而曰紀遇蓋上以自幸千載之遭而下以無忘當日羣帥知待之雅尤古人所謂勞謙君子厚之至也用是應命而謹書之

附王掞大學士謚文貞李光地墓誌銘

自古君臣相與明良一德莫不以道相契非僅以功業運會之隆度越一時而已我皇上聖學天縱制作淵深在廷諸臣莫能窺其涯涘而我安溪

李公獨能親承

聖主之指授與聞性道之精微故其發爲文章積爲事業一皆

純粹以精此固以道相契而非三代以下君臣相與之際所

得與之比量者也公諱光地字晉卿一字厚菴系本隴西世

居安溪之湖頭鄉至八世祖諱森以義烈著聲前代子姓貴

顯遂爲望族曾祖諱九濱祖諱先春好賢樂施繩其祖先武

考諱兆慶以孝德聞明於明季時獨尚宋人之學三世皆贈

光禄大夫文淵閣大學士兼吏部尚書妣皆爲一品太夫人

公幼有殊異之姿五歲入塾讀書功力過人年十四五舉家

嘗陷於賊猶時取賊兒書讀賊帥大奇之比脫歸家已破愈
自力於學至積月忘寢燃藜徹旦丙午舉鄉試庚戌成進士
選庶吉士改編修以親老乞假歸未久而逆藩作亂海寇乘
勢竊發山海訌潰公遯跡荒山深自晦匿思奮一旅爲
國效命勢孤而無資乃密草疏陳兩賊交搆必俱敗大兵分道
擣關入可指麾定也時道路梗阻置疏蠟丸中謀諸叔父日
焊道于家僕出關間關經年僅得達因同里內閣學士富公鴻
基以奏
上手自削蠟出疏覽之動容稱嘆

王師度仙霞有
旨超陞侍讀學士且命定閩將軍護其家將赴
闕謝道聞贈公喪匍匐歸時海寇尚踞厦門扇動遠近爲聲勢
妖人蔡寅裹白巾號白頭賊從之者二萬人再圍縣城幾不
保蹂躪公鄉燄張甚公乃啟康親王乞貸糧招鄉里健兒百
許人親鼓勵之扼險道以守賊驚咋不敢前又度賊雖衆糧
必乏檄諸鄉無資賊糧賊飢困盡散十八年夏寇海寇陷海
澄遂圍泉州屬邑無守者斷萬安江東兩橋救不至得至城
旦夕危公糾召鄉衆俾從兄光斗由西道迎將軍喇公哈達

之師於漳平母弟光垣由北道迎巡撫吳公興祚於之師於

仙遊光垣路與賊遇三關皆捷遂奪白鴿嶺光斗導將軍自

大深出經湖頭公率鄉里具牛酒爲犒兩道俱進圍遂解自

閩亂數年閒大師至城邑以次平定然山谷村落尚多嘯聚

者及是始廓然肅靖爲捷聞

天子嘉其績陞爲學士服闋奉太夫人趨覲

上大喜命入直辦事不當需缺

上意以廈門雖平海寇尚踞臺灣爲巢穴澎湖爲門戶數出入

窺伺非盡根株爬梳之閩患終不息將

命將往征之公因

召問獻言寇魁死子幼部下爭權民不堪暴

王師臨之必破滅具如

聖謀内大臣施琅久在海上熟於風潮信候有智略可用爲將

亦具如

聖鑒時

廟算先定而朝士或持賈捐之棄珠崖之議惟公贊決大計遂

平海外自是

眷遇益厚歷官翰林院掌院學士經筵講官通政使司通政使

兵部右侍郎丁太夫人憂服除未補官
命提督順天學政就補工部左侍郎右侍郎改兵部右侍郎兼
都察院右副都御史巡撫直隷就遷吏部尚書仍管直隷巡
撫事
召拜文淵閣大學士兼吏部尚書入贊便章其爲學使也患俗
學守陋明示生童有能諷三經及古文百篇以上者稍有文
義並拔擢之以示勸坐絳紗日召生童覆試有質問經義者
爲之從容剖悉發蒙解惑然後人知嚮學於古不爲俗學儒
曲說所誘北方之士駸駸與吳越相埒矣其爲巡撫也以中

正和易率屬文武咸得盡其才勤於執事無停牘滯獄而務
持大體不爲察察六七年間吏習而民安之畿輔歲有水
患有議大開河道合爲一流者公以爲壞民塚舍田產貽害
滋甚奏
命隄子牙以障漳滏開栁坌以平桑乾皆報功不踰期淹沒者
盡爲沃壤他如捐馬廠熟土及紅剥船田畝以業窮甿皆得
請蓋邦畿切近
宸居翠華春秋巡省民生風俗備在
日月照臨之下公於大事所宜施罷者常因扈從仰受

聖訓或擬議奏請
睿裁然後專心一力務要其成故事得其理其所建立吏道至
於今賴之在政府十餘年恭遇
皇上聖睿綿長仁澤周浹海內乂安無事從容綸閣爲太平輔
相是公與揆等千載一時之幸也公以耆舊元臣荷
恩尤甚
萬幾之暇輒蒙
召對移時方出於是
聖學精微之要多以授公蓋公之於學少而好之耄而不衰然

自承修周易恭請
皇上折中面承
指授平生所疑而未融者自是盡釋公嘗自謂晚年學問始進
揆等亦覺公談論殊異於往日公所述著悉經進
御覽其尤粹然者皆近歲撰次或舊藁更加改訂者讀之可以
想見公淵源授受之自非偶然也公屢爲揆言某平生苟全
名節實賴
聖慈至於一隙之明有所窺見又皆
皇上親加教誨自昔人臣恩遇之深未有如某者恨無絲毫報

答而年齒衰暮筋力耗矣大臣進退之際又有禮焉屢面陳

乞骸骨逮假歸還朝請尤力已具疏藁先呈

睿鑒

上許之未及繕疏以疾薨於位訃聞

上震悼自

行所在所

命

皇五子恒親王率內大臣侍衛臨奠茶酒

賜帑銀一千兩又

特遣工部尚書徐元夢翰林侍讀魏廷珍回京護理喪事
温綸下賁追數公敬慎清勤之大節學之淵博心之虛冲而於
一德交孚之際尤惓惓焉此余所謂君臣之間以道相契非
徒以功業運會之隆度越一時者也既
賜葬與祭謚曰文貞臨發引
皇十二子多羅貝子又奉
旨祖送於邸第公卿畢會嗚呼盛哉公始爲詞臣以孤忠結
主知驟登三品敭歷中外歲及二紀遂冠六卿乃踐台司復踰
一紀爲大僚凡四十年

召對之頻
恩禮之優
賜賚之渥以完節始終備極哀榮之典於朝列大臣罕有倫比
豈惟公清修純約恭慎小心有以承
眷顧之厚實以得事堯舜之君親聞堯舜之道故所被之恩獨
隆而所值之時尤盛也公生於前壬午九月初六日亥時卒
於康熙戊戌五月二十八日午時享年七十有七歲元配林
氏
誥封一品夫人貢生諱華捷公女以康熙庚子四月二十有五

日辛酉葬於本縣興二里白葉林之原坐庚向甲兼酉卯其
嗣孫清馥等來請銘掞與公同年進士同官翰林又於政府
從君後辱知愛厚且久其可以辭銘曰圖疇啟運
聖作君師必有皐萊見而知之猗歟隴西遭時之盛嶽神星精
于庭有命疾風勁草朝陽高梧白玉無玷素絲不渝十載京
畿持權衡杖節洪鐘大振芾棠勿伐既司喉舌尚賴股肱風
塵入夢舟楫斯憑十有餘年太平元輔
皇建有極膺時暘雨古之絕學在彼章編惟
皇之授直溯先天老而益明吾聞其語公之淵源親承

契

當宁

恩垂賻恤禮備榮哀丹青烟閣竹素蘭臺相兆崇卯其封若斧

永賁

天光昭哉來許

附李文貞公留題鼇峰書院詩 有序

趨朝道經三山觀所謂鼇峰書院者此地闢自儀封張公而海康陳公繼之二公皆以宿學清修建棨於茲下車之日首注意於文事是閩學將興之祥也陪讌講論竟日留此以誌喜

扶杖趨

朝命停車採國風諸姜齊稷三峽待文翁倡道中州傑師尊師

百粵雄有虔初秉鉞主靜日銷戎媚學招章素賢僚倚帳紅
葱青環藻梲幽翳滿芹宮我老迷非是羣徒質異同抗顏愁
笏曳寫腹已瓶空白首慙嘉會虛心紆聖功作人
天子意翩羽戾朝桐

榕村重構

西麓委初盡平疇曲水通開村名以樹跨岸勢因風偃作雙
橋斷聯成一幄同摧頹雷雨意緯繣鬼神功久矣勞于役歸
來若此中雲山皆接北軒棟盡朝東石峻希巖築池灣擬類
宮遠條陵廣沚清泚度幽叢無限晴光好尤今鼎氣融精心

藏秘册餘事息微躬是地方營構茲郊正起戎憂思忘後樂
雌守那知雄日齋今王會霜華既病翁白駒馳不住青竹業
何窮昔夢榕陰緑斯晨茘子紅懷哉聊慰志時復叩虛空

五月十日遊成雲洞

買山三紀事卜築舊無能雜樹全荒徑孤齋未宿僧宦遊如
泛梗代網類牽繩責諾成虛負移文固已曾密林喧虎吼繡
壁蝕蠛蟲蠛淇澳清千个終南白百層木棉松榦倚菌苔蘭
花朋隔岸環三渚連潭曳一泓　花苜蓿荇藻葉荷菱鳥
馭東西軌蟾弓上下絙谿風秋瑟眉峽雨夜彝崩信美知無

度懷思夢不勝深恩紓倦鳥老態劇寒蠅杖策拘去攣去扃
輿卷蹋登巨靈云旣許福地自然與禹蹟藏何極遷書寄有
承劚將巖石洞付與谷雲滕餘潦橫猶漫初嵐直似萊南訛
翻赤幟且比踏層冰

寄臺灣姚總兵

勲名已結
九重知借寇三年意不背宵旰無踰滄海郡恩威獨倚武臣師
更番樓櫓趨輚下絕島桑麻亞戟枝從此甌閩東漸遠如君
何用賈捐之

其二

歷鎮巖疆望翕然量移海外績堪傳南中須得張嶷久交趾未容英國還同事更欣來棨戟休居何幸息風烟迢迢隔島遥相祝明府高勳挂簡編

謁　御題學達性天武彝精舍

昔年長老逐遊與從問何處名山盛迤邐莫須數淺原曲深第一武彝徑尋幽易步衆壑殊獻奇觸眼羣芳競宋家南狩西山西光移婺女開賢聖

其三

居於夫子似鄒曾來往未曾拜舊宇此行棄舍浙江舟取道
迴邅西水滸探源莫憚九折深仰止方知萬仞古飄風爲謝
武彝君不是看山非采苦

其三

高山巋然哲人邁猶有手整六經在章句初年成習心專門
白首歸模揩下學淺刺寒溪風肅佩上趨精舍靄相看來裔
寖微茫誰念前修久相待

蔡文勤公 名世遠

世遠字聞之號梁邨漳浦人其六世祖大壯嘗從周瑛傳主

敬之學五世祖宗禹有傳見上明朝列傳爲學以力行爲主父壁羅源學教諭有醇行世遠少承家學儀封張伯行撫閩延壁主鼇峰書院而招世遠訂證先儒遺書丙夜手丹黄不輟尋受業李光地之門以聖賢爲必可學益搜討經書疑義學日邃密登康熙己丑進士改庶吉士乞養歸以孝友聞鄉里父卒哀毀幾不勝喪嘗設族規置大小宗祭田藉其餘以食孤嫠老疾鄉人化之服闋赴京師會翰林科道在假者並令休致或勸世遠以居憂列狀吏部世遠曰古者受爵則讓未聞投牒以自申也將歸以光地薦較

御纂性理精義踰歲書成又不欲以編官得官遂還里撫閩陳瑸聘爲鼇峰山長以躬行教門下士聞其指畫悉感興於正學先行誼而後詞章當是時臺寇朱一貴爲亂漳泉震動總督滿保率師討之世遠方家居集鄉勇團練保伍麿肅井閭恃以無恐復遺滿保書畧曰昔曹彬破江南忽稱疾不視事諸將咸問疾囑曰吾之疾非藥石可已但願諸君克城之後不殺一人則疾愈矣虞詡戒諸子曰吾事君直道行己無虧所悔爲朝歌長時殺賊百餘人其中何能不有冤者今臺灣故土故民特一時脅驅爲盜耳伏望飭將士約以入臺不妄殺

人庶幾曹彬之仁而無虞詡之悔矣臺灣既平世遠又遺書勸令慎選廉能興教化以美風俗和兵民以固夙地方内地遺親之民有司不得擅給符過臺以遏其助亂之心新墾散畊之地不必按籍編糧恐擾其樂生之計滿保從之人戴其惠

世宗嗣位召授編修侍

高宗純皇帝講讀累遷至禮部左侍郎充

經筵講官每進講經書史傳輒引之身心發言處事之際致辨于興亡理亂君子小人消長心迹異同之間反覆陳列如是

者十年同朝嘗稱曰忠信正直學足以達其言誠足以致其
志洵所謂惟其人者也雍正八年以族人事牽引吏議應鐫
一級
上命仍其故官方嚮用之遘疾卒
高宗純皇帝御宇贈禮部尚書謚文勤年五十二世遠性淡泊好
善恐不及既貴士有志行文藝必躬先禮焉得祿賜悉及姻
族舊知妻子僅免飢寒其著書原本所學一要於誠著有鼇
峰學約朱子家禮輯要合族家規各一卷性理精要歷代名
臣言行錄論定古文雅正漢魏六朝四唐詩各若干卷文集

十五卷行于世見續志理學傳

寄示長兒　　　　　蔡世遠

汝扶汝母柩至家必丙辰公車始得侍吾左右當時時哀痛刻勵勿使吾憂汝無成且夏憂吝戾日滋所示粘壁間朝夕警省

汝當時思汝母病篤兩月餘常呼汝不得一見汝至京汝母汝弟汝妹不知何往時念及此嗜欲嬾怠之念自消刻勵顯揚之志益篤矣

汝見人不可言笑自若高子皐之執親之喪也泣血三年未

嘗見齒㽞之

居喪不但酒食之宴不可與卽居家酒肉亦須戒汝仲弟在京至今尚不近酒肉而外寢也有生客至酒至三巡已執杯而不近脣切不可如平時留客也

居喪遇親朋嫁娶吉事汝當寫吾名帖往賀不可親往喪葬事則酌行之

平日無事不出門卽往來族友閒亦白衣冠家禮輯要所載吾閩已通行汝毫髮不可越我以文公家禮倡吾閩三十年而敎不行於子不大可羞乎

在家事叔父當如父事兩叔母如母凡事如已事不可推諉凡藉端避嫌者皆孝友之心不摯也我在家時由親及疎應爲謀者必悉心力人亦相諒汝所見也

從父弟視之如胞不時誨訓或飯後或晚聚皆當有嚴憚敎切之意勿使墮於閒談不義浮薄成性好美衣食爲念第一是使之知重倫輕利使一生之根基牢固又須刻刻告以讀書當切已身體以所言爲法戒不是只敎汝爲文章也家中外內外之防最宜嚴卽大石灣潭二處尤當時時照察如捧飯菜男女授受限以閾男僕不可適便自入厨房捧置宜守

此

我之從兄嫂寡居三人從弟婦寡居一人各有一女皆及

笄我此間無力可分助汝在家治喪欠負未清亦甚艱然不

可不勉力助之將適人時或先期字來或自行措助成我志

也平居則米鹽相分以澹泊有月給米石者無失

家中須節用爲先每日食用須有限制輕用不節其害百端

又切不可鄙吝爲心凡義所應用不可有一毫吝心也自家

用度卽紙筆油鹽以至微物皆宜愛惜宜用處則不然若只

以求田問舍爲心人品最下恥惡衣惡食志趣卑陋之甚者

推之凡事皆要虛體面以誇流俗此最壞品立心行事讀書
作文不如人實可耻也
待僕從不可刻薄然不可不嚴有玩法者立刻處置錢財不
清亦即酌其輕重而處之
讀書最要限程讀經史性理隨力而自限總是每看必反已
自考古文亦隨力讀時文以應試晚間以餘力及之
我與汝兩叔父俱不在家汝年少毫不曉事只是閉戶讀書
誨勗子弟不可一毫與外事但族中事有宜與知者亦勿推
諉我原立有家規隨家長贊成之凡事須至誠至公至謙和

處之自無咎戾亦無過分處

我在家時鄉鄰三百餘家西湖本族皆勸禁賭博二十餘年已成風俗汝力不能本族當與家長申明之鄉鄰則日與鄉耆里正同勸戒自然依我前約也

凡行事揆之以情理裁之以義切不可爲人所愚宵小之輩動以利不聽則脅以名欺誑初後則云不可中止須自主張不拘何人守義要切父命當遵

待人最要從厚人待我不循理我以薄施之是我無異以異於彼也只循我分盡我心

今日接汝桐鄉季父來字云汝凡事好自以爲通曉其實一毫不識蓋家中被人欺誑順奉故也當牢記痛改與人言語切不可有爭氣我見汝在京與人言說常有爭氣此損福損德之端須一端須戒

晚間方點燈時先生爲小子說小學數條汝與從叔父諸羣從同在堂坐要義各爲提撕小子傳集不可缺一將來子弟重倫輕利不染習尚庶不墜家風且成人物

凡事只可罪己不可罪人尤人薛文清云不忮不求何用不臧是守身常法不可不三思

吾家子弟最宜常勗以立大規模具大識見不可沾沾焉貪目前安卑近朱子云天下事壞於嬾與私最切今之弊嬾則不肯勤勵學殖荒而志氣亦墮私則至自至親間尚分畛域有利心尚望其器識有所建立哉村俗秀才株守時文一册止望得第夢夢一生全不計及異日施設若何結局若何者此鄙陋之尤最所當戒即學古而止以爲作文章用講學而不能躬行亦甚可恥也我老矣諸子弟有能副吾望此心者此心何日忘之

示族中子弟

數年來集族中衆子弟在家廟課業勤勵有加今秋闈在即
纍纍佳篇吾能不何能不快然然文章特一端耳立心制行
更爲要著願諸子弟篤倫理之際嚴義利之辨現在居家處
世何若將來居官理民何若醖此孝恭之念守其廉潔之操
今日強毅立志終身守此不移盟之幽獨質之鬼神則更獲
天下之佑助非徒科名可必也抑余又聞家祚之昌由於父
兄所培積更願諸爲父兄者各宏裕其量洗濯其心去其斤
斤沾沾卑卑之念常存此藹然惻然惇然之心日克臻斯日
加勉焉尚或不逮速自淬焉則子弟藉爲獲福之資父兄亦

享安榮之樂矣不佞閱世閱人頗多凡所諄諄非迂濶之言皆肝膈之要也

跋祖祠規條

右家規十六條乃世遠所稽之於古及聞之於今者已正之父兄叔伯以爲可行願吾家長上各以此勗其子弟相規相勸則人知尊祖敬宗而相親相睦之意行乎其間矣世遠更推本平日父兄之訓以爲衆子弟勗曰凡人之所以爲人者在篤於倫理而絕其自私自利之心而已薛文清公戒子書曰人之所以異於禽獸者倫理而已何謂倫父子君臣夫婦

長幼朋友五者之倫序是也何謂理即父子有親君臣有義夫婦有別長幼有序朋友有信五者之天理是也於倫理明而且盡始得稱爲人茍倫理一失雖有人之名實禽獸之行仰貽天地凝形賦理之羞俯爲父母一氣流傳之玷將何以自立於人世哉文清公此言極爲親切世遠竊謂倫理之虧大抵由於自私自利自私則忌刻之心起自雖同祖共宗之人不免自利則止知有己雖同氣兄弟不顧夫忌者小人之尤況施之於同祖共宗之人利者害德之物乃至同氣兄弟之間因財業而生嫌隙此眞禽獸之不若也嘗見兄弟不和

之人其家必有死亡之憂自古及今無得脫者人卽不懼身
入於禽獸獨不爲禍患計耶吾宗素奉祖宗之明訓凡所云
云皆不至是然履霜堅冰防其漸也抑又聞之人有常業必
興其家忠厚居心天必福之勿以氣淩人勿貪其非有勿爲
賭蕩不法之事勿爲游手無常之人游手則必入於匪類賭
蕩則將無所不至古今來未有好賭而不喪其品破其家者
其事則卑汙苟賤貪鄙不堪其歸至爲父母所不齒妻子所
厭惡人每自知之而自蹈之何邪凡此數者由於其人之趨
向關於自心之洗滌雖父母且不能勢禁豈旁人所能理諭

忝爲一本之親有同祖共宗之誼故不能以嘿嘿饒舌及之非敢爲文以示戒也至世遠有過吾父兄叔伯必加嚴督方有親愛之心或兄弟之間以錢財而分畛域或尊長之前以褻狎而取侮慢或恃己之勢奪人之有或明犯禮法以自取戾吾兄弟叔伯必切指其事而明訓之仍撻責於祖宗之前以示戒焉可也

喪葬解惑

葬必擇地自古有之故程子有草木茂盛之土色光潤之說

閩地多山水不比北方一望平原故爲風水之說者審擇夫

氣之所流貫勢之所凝聚山則拱衛而不背水則環抱而不瀉無風隙水蟻之患此亦何嘗不是蓋祖宗安則子孫亦與俱安理固然也乃有惑於其說不修人事專恃吉地以爲獲福之資遂有遲至三年而不葬者夫停柩不孝也世有不孝之人而能獲福者乎且天地人一理也地理無憑飭行於身行善於家天則報之以福幾見有檢身樂善孝恭敬睦而家不興者乎幾見有存心險刻門內乖隔而能獲福者乎舍昭昭之可憑索冥冥之莫據獨何心哉其至愚者則陰謀橫據相爭相奪以爲福在是矣不知其爲禍基也大矣又有鄉俗

寡識惑於房分之見者夫風水之說不可苟畧而房分之說理所必無有何所見而謂左爲長房中爲二房右爲三房不及生三子者無何以稱焉生子至十以上者何所位置之按之八卦方位謂震爲東方震乃長男子則所葬之地未必盡南向也度之五行揆之五方細求其說卒無有合即考之郭璞葬經及素書疑龍經撼龍經諸書亦無所謂房分者此乃後來術家欲藉此使凡爲子孫者不敢不尊信而延請之陰以誘其厚利陽以得其奉迎不知其遺害之深至使死者不得歸土而生者不得相和皆此說誤之也此亦如時日之說

古所不廢吉日良辰經有明文但不可過爲拘忌如襲斂入棺之時有造爲的呼重喪等名目謂至親不避必有大凶俗竟有不察而信者抑情壞性莫斯爲甚他省鮮有此說即吾閩如詔安等縣但棺物具備即入棺無另擇日時之事最爲合禮此亦術家藉以爲獲利之資與風水房分之說所當亟斥者也讀書識理之士固無此患其有中心實不信而不能自拔於流俗者曰寧可信其有夫信無稽之說至於啟惑停柩不葬狥拘忌之說失至於將斂奪情走避術家之說其可信乎惑之至矣

文勤公理學名臣凡所著述動關教化以上數條我
國朝陳公宏謀採入訓遺俗遺規籍中洵子弟之良藥垂世之
寶鑑也讀先生二希堂集其操行篤實學術純正具見於集
中矣

再與總督滿公名保書　蔡世遠

聞大兵由澎湖齊發載
聖天子之威靈稟制閫之節度長驅入鹿耳門遂據安平鎮乘
勝由七鯤身轉戰皆捷北路兵由西港登岸進克臺灣府賊
窮蹙潰散臺地悉定閩人抵掌相慶世遠前書所謂賊不平

足平者今果然矣又聞閣下先期諭飭將士凡村莊城郭有挂
大清旗號者即爲順民諸邑人等但有寫
大清二字帖縫衣帽即免誅戮此自離其黨之要計也且所全活無慮數萬人世遠前書所謂曹武惠復見者又不爽矣是役也不患臺寇之未平而患山寇之竊發自閣下鎮廈門以來威靈所播事事咸服人心故能內安外恬迅速至此何也承平日久大兵所至動多需擾民未苦賊而先苦兵閣下調發三省會討臺灣在道人不知兵既至市不改肆此其大服

人心者也兵衆既多米柴菜蔬之用動以萬計若科及民間
好亂之民藉以爲名閣下調發有方州縣奉行惟謹此又其
大服民心者也又聞諸路兵之下船也天氣炎蒸人人撫摩
而噢咻之纖物必周既至澎湖又令貿易者多載菜蔬魚肉
供其買用兵機神密七日而果大捷今沿海郡縣不論黃童
白叟皆曰此番非總督不能成此功總督非急至厦門不能
成此功未事而券之有由然矣世遠更有陳者夫平臺匪易
而安臺實難臺灣五方雜處驕兵悍民靡室靡家日相鬨聚
風俗侈靡官斯土者不免有傳舍之意隔膜之視所以致亂

之由閣下其亦聞之熟矣今茲一大更革文武之官必須慎
選潔介嚴能者保之如赤子理之如家事與教化以美風俗
和兵民以固地方內內地遺親之民不許有司擅給過臺執
照恐長其助亂之心新墾散耕之地不必按籍編糧恐擾其
樂利之計三縣縣治不萃一處則教養更周南北寬潤酌添
將領則控馭愈密爲
聖天子固海外之苞桑爲我閩造無疆之厚福惟此時可行亦
惟閣下能行之安集之後常懷念亂之心是區區之蓁恤也
不宣

安海詩序　　　　蔡世遠

皇帝誕敷文德敉寧武功歷數綿長版圖式廓數天之下覆幬涵煦罔不率俾其有阻疆自雄傲虐不共則赫然奮雷霆之師擣其區域畏威輸誠爭爲臣僕臺故紅毛地也鄭氏竊據三世

皇靈遠播命姚公啟聖施公琅削平奏績置一府三縣四十年來休養生息衍沃富饒顧土著鮮少火耨草闢多閩越無賴子弟地廣則易以叢奸民雜則易以召亂加以長洋重洋浩淼官吏有傳舍之思兵役更番不盡馴性制撫控馭阻於鞭

長康熙辛丑夏四月二十三日羣不逞之徒叫號嘯聚蹂我
人民賊我總帥安平副將許君雲遊擊李游君崇功北路叅
將羅君萬倉各率偏裨血戰死之賊遂據有全臺服優衣冠
相稱以名號文臣逃遁澎島賊勢益張五月五日制府覺羅
滿公聞變投袂而起别母夫人曰兒不剪滅此見無日矣晨
夜疾馳軍於鷺島大治樓櫓調八郡之兵尅期進取提帥施
公先已提師駐港滿公素知南澳鎮調餉佐軍總兵藍公忠
勇檄以副之將校卒伍分路責成撫軍呂公調餉佐軍不科
井里應時而具部署既定合大小戰艦六百餘艘兵萬六千

餘人滿公釃酒臨江天氣霽朗義聲昭布將一其心士百其競覘知賊將內訌頒發文告設幟懸賞賊棄逆効順自相攻擊六月十三日癸卯自澎湖齊發丙午施公遣其裨將林亮董芳乘潮入鹿耳門諸軍銜繼尾繼進兵已過險人懷必死之心乘勝克安平轉戰七鯤身賊衆尚數十萬藍公率精鋭由西港登岸繞出賊背紅礮鉤烈賊遂大奔薄至官寮悉衆相拒復大敗之走塗墼埕又連敗之癸丑長驅直入府治悉定先是滿公未至厦門時邊郡洶洶城市山村惶惑轉徙米價沸騰訛言流布既至汎舟之米四集平糶輯奸市不改肆

人不知兵羣策畢張紀律大肅衆於是知賊不足平也向使

滿公不早鎮厦門則內地山莽四伏鷺門盡逃澎湖將潰施

公雖激厲三軍而兵少餉涼其能浹旬奏績乎即滿公駐厦

門不撤藍公同征亦未能成功若是速也三旬治兵七日奏

績宣

天子詔縛其渠魁撫其脅從不殺而威不令而行此皆由

皇上知人善任

皇天眷佑篤生良傑同德一心式遏亂畧豈偶也哉吾漳處最

濱海回思鄭氏之亂孽山妖同時並作酷餉焚巢言有餘痛

今茲之喜不啻口出作爲詩歌用誌永久名曰安海者謂是役非徒平臺邊海郡縣皆安之也既安於臺警方熾之秋必能安之於臺地克定之後溯厥亂源選用廉能布昭德教艾其莠民漸次更始我閩人實世世食德孕育蕃息歌詠於靡窮也世遠忝在史氏有採風之責因與陳君元麟張君福昶郭君元龍摭篇什以付之梓焉

合祀陳黃二先生祠記

蔡世遠

唐陽亢宗爲國子司業告諸生曰學者所以學爲忠與孝也西山眞氏喜誦斯言以示學者蓋以忠孝之理蘊之於心則

爲所性所命之精發之於用則爲事父事君憂國理政仁民育物之實古之大忠大孝者恩怨不得而譽毀時世不得而磨滅俎豆千秋崇隆如山嶽炳曜如日星不可揜也當明文皇篡位詔至漳教授陳先生名思賢（茂名人洪武末任漳州府教授）升明倫堂鳴鼓集諸生曰此堂明倫今日之義安在諸生從之者陳子應家（名宦志作應宗）曾子廷瑞林子旺（名宦志廷作定旺作珏）鄒子君默呂子賢縗經設位爲舊君哭臨如禮當事執送京師咸以身殉追明運既終石齋黃先生抱剛直不回之氣丙戌三月五日死於金陵及門黃子春溶賴子繼謹趙子士超毛子玉潔繼

至抱其頭哭曰師乎魂其少須吾即来矣四子同時就義嗟乎君臣之義師弟之情無所逃於天地之間吾漳鬱積清奇代多偉人一則抗節於明初一則殉身於明季其精英靈爽雖謂之萬世不死可也嘉靖間學使邵公疏請祀陳先生於泮水之前以六生配有司春秋致祭後因傾頹寄主於名宦祠中石齋先生則經制撫學使疏請祀之鄉賢而四子尚闕夫陳先生直斥文皇之篡明之有天下者皆文皇子孫也然邵公疏請之肅廟允而祀之黄先生忠於勝國然制撫學臣共疏請之我

聖祖仁皇帝允而祀之此以見秉彝之好萬世維公而褒節錄
忠猶尤興朝之盛事其關於風敎倫常豈細故哉漳人議欲
特祠奉祀而限於土於土石之役僉曰郡城芝山朱子祠後
堂以黃勉齋陳北溪王東湖陳剩夫配前堂開敞軒豁敬於
堂之東奉祀陳先生以六生配堂之西奉祀黃先生以四子
配夫文公平生講明踐履大端不外於忠孝觀其居家立朝
公誠懇摯剛大之氣塞於兩間二先生及其徒生於數百載
之下在三之誼守之不渝前後相輝映如此可以升文公之
堂而無愧矣適際督學按部所屬紳士咸集斂金爲進主入

祠之費並置春秋祭田以永其祀是日也衣冠而拜祭者近千人亦可以頑廉立懦立矣

諸羅縣學記　蔡世遠

諸羅學縣學原在善化里之西茅茨數椽康熙四十三年甲申鳳山令宋君永清署篆諸學羅因縣署移歸諸羅山始就羅山議建丙戌郡丞孫君元衡攝縣事建大成殿櫺星門戊子宋君復來署篆建啟聖祠乙未遭颶風屋瓦門牆皆圮今令君貴陽周侯憮然曰是吾責也是歲十月興工修庀破壞大成殿啟聖門祠則易故而新之又建東西兩廡以祀先賢

東有名宦祠西有鄉賢祠啟聖祠之東建明倫堂西建文昌祠迤西爲學舍以便肄業櫺星門之外周以牆榜曰禮門義路牆之外爲泮池皆前所未有也縻白金千五百有奇侯獨肩之不擾民丙申六月告成世遠時膺中丞雷陽陳君之招主鼇峰書院吾友陳君夢林客遊臺灣周侯介陳君以書來求記且曰諸羅僻處居海外諸生觀化聿新願有以教之也世遠寡陋何知爰即鼇峰諸友相與砥礪者而告之曰君子之學主於誠而已矣誠者五常之本百行之原純粹至善者也人之不誠者無志者也人之無志者由不能盡其誠者也

誠以立其志則舜可法而文王可師其原必自不欺始程子曰無妄之謂誠不欺其次也其功由主敬以馴致之程子曰未至於誠則敬然後誠也敬也者主一無適以涵養其本然之謂由是而謹幾以審於將發慎動以持於已發則合動靜無一之不誠也雖然由明以求誠之方惟讀書爲最要朱子曰讀書之法當循序而有常致一而不懈從容於句讀文義之間而體驗乎操存踐履之實學者率此以讀天下之書則理浸貫致用宏裕雖然非必有出位之謀也盡倫而已矣孔子曰愛親者不敢惡於人敬親者不敢慢於人吾父子兄弟

肫然藹然盡吾愛敬之忱也克伐怨欲之心何自而生哉始于家邦終于四海皆是物也庸近之士不能返其本思其終但以爲讀書得科名而吾名成矣榮閭里利身家而吾事畢矣其幸者得第一其不幸者則老死於布褐而已矣其天姿厚而習染輕者居是官也猶可以寡過其天姿薄而習染重者則貪沒焉而已矣夫此身父母之身也天地之身也民物所胞與之身也以父母之身天地之身民物所胞與之身顧可不返其本思其終以貽父母羞以自外於天地以爲民物所詬病哉諸羅僻處海外

聖天子治化之所覃敷三十年餘年於此矣巨公名人相繼爲

監司守令其間風俗日上今若萃一邑之秀於明堂相與講

經書之要旨體宋儒之微言告之以立誠之方讀書之要倫

理之修經正理明則善人多爲國爲民胥於是乎賴非徒科

名之盛也陳君爲我言周侯清修幹固百廢俱興引人於善

惟恐不及吾知所以長育人材化民成俗者必有道矣

清茗書院記　　蔡世遠

皇帝御極之四十有二年例應分遣廷臣視學四方上特重其

選名翰詹詞臣試者再復飭大臣保舉非聞望素優學行兼

至者不得與是選而吾師吴興沈公適膺閩中之命閩之學
臣不統於督撫自公始歲科既竣三山人士構祠於烏石山
之陽扁曰清苕書院公鄉有苕溪故也於是博士弟子員再
拜稽首而誌之石曰今之稱學使者莫不曰惟公與明矣今
公兩試所取文武士凡二千九百九十一人纖毫不雜以私
可不謂公矣乎公所巡歷郡無留良之歎可不謂明矣乎公
亦可以上報
聖主而下對諸士矣雖然謂此不足爲公異也方今
天子聖明文治振興諸學使爭自祓濯以佐太平誰肯厚封殖

目迷五色以爲國家羞況公一代偉人了此宜無難者所難者公之清之愼之寛厚而忠恕淪浹我閩耳公之始入仙霞關也向天與神告曰自兹以往某有敢負此心者不復過此關爾時聞公言未卽信也及試一二郡衆乃大服卽除補起復諸事例亦飭胥吏都不用一錢吏胥至互相語曰公身自如是我復何言也往時學使者巡歷所至供億頗煩公省其費十之七曰吾寛一分則民間寛一分物力也帷帳服物下至纖悉細器具試畢一一還歸本州郡不私毫末也試之日晨向天九扣曰願天牖其衷使得佳士也所親僕從及胥吏

胥足跡不得到場中巡察封識甚嚴也公又嘗言吾於才多處苦遺珠才少處又苦濫額美惡只於毫釐辨之蓋其難也諸生補弟子員在三十年以前者不置下考其他下考亦減從前之半體聖

聖天子優老恤才之意終任未嘗苟狥有司褫革青衿一人正試外課詩賦雜文以敦古學新進文武生每月有課病學者鮮熟傳註特頒條教示以限年讀書之法與諸生語懇至如家人父子且曰士貴立品汝輩苟無品即獵取科第擁高官厚祿吾不忍見也至武選一途世久目爲具文且或視爲利

藪公曰吾爲朝廷愼選舉爲國家儲將才何可輕也試策論後躬自校射射中者卽行面試文理優而與卷字跡符者然後取之防代筆且倩射也嗚呼以公之公與明如此以公之清之愼之寬厚而忠恕之益以成其公與明如此小子等敢一言以斷之曰誠而已矣昔温公稱劉忠定一生惟誠字縱橫妙用無處不通趙清獻日所爲夜必焚香告天無他誠故也誠則純乎天理而萬善隨之今夫學使之官苟誠有不足則重於文而輕於武勉始而懈終愼大而忽小身家誤之苟可以爲之念誤之左右壅蔽誤之彼其初豈不嘐嘐然自命

哉理不勝私故也公至性過人學有原本心與天理相往復天理盡則人情畢周若農夫自謀其田梓人執其斧斤準繩以度物故能兼此數善如此今歲科兩試已畢公所自盟於天與神者可以告無憾矣閩中之士無論遇不遇言及公至有感者泣者卽至村山村里巷野老行商兒童走卒莫不欷歔感歎謂數百年來未有也是豈浙水閩山所流行鬱積磅礴陶鑄而成者歟抑由我

皇上求治育才知人善任故公應會而生歟公異日立朝必能規樹大業傳之無窮小子等幸得厠公門下亦宜不自菲薄

痛加刻勵倘異日或身立名成使人指而數之曰此某公所得士也庶無負公一片誠心而稍以報公於萬一也夫公諱涵號心齋浙西歸安人丙辰進士公之曾伯祖謚襄敏諱敬竑於明神宗時督學吾閩閩人亦立碑頌德云

月湖書院記

蔡世遠

國家定鼎六十餘年令漳浦者以十數未有立生祠者有之自如四明陳公始公爲介眉先生錫嘏令子本其家學由翰林出宰漳浦邑故繁劇難治公廉以居身儉以養德法立令行邑人抵掌慶曰六十年來無此矣邑賦役故偏累小民黠

者往往相緣爲奸公旣至究徵收法均保甲以二百家爲保家第其口多寡而籍之以供役五年一編丁卽按而增損之令民各爲親供計其實產自封投櫃雖至親無所波及其始也奸猾皆以不便病公公毅然行之至於今公私利賴課不懸籍吏不呼門是則公之良法美意大有造於吾邑者也邑忝號名區自高東溪倡學於前陳剩夫黃石齋繼起於後彬雅爲閬中最公益加鼓勵以文行交脩勗多士月訂兩期講五經性理綱目諸書兩期課古今詩賦崇正學闢邪教十餘年間砥行立名通經博古之士比肩接踵嗚呼公作興之功

不可忘也康熙戊子二月總督浙閩梁公巡撫張公以南靖
地雜山間溪谷萑苻時竊發廉公才守上於朝調公南靖邑
人相率列狀請留不可則歸取田器塞縣署門桔橰耰鋤山
積公每出則號於道曰公毋去公感百姓之厚也揭示通衢
曰吾在邑十三年無善政以及爾民今又煩苦我父老子弟
心甚不忍弗忍雖然此
上命也吾不行將獲譴吾雖在靖心猶在浦也衆皆感泣會有
金藩司公子令粵東者道過浦詣公至門問故衆跪伏曰吾
儕以留賢父母不得故如此公子曰吾爲百姓屈從角門入

耳次日公子出北關數百人焚香遮送於道曰公子行幸爲
百姓遍告當事還我使君六月十一日闔及公將行窮鄉僻
壤扶老幼至者及萬人共翼公輿環跪泣曰公毋去公乃入
太學李生家紿衆曰吾爲若等暫居此若等請得命留矣衆
大喜比昏稍解以數又十人卧李門度公之出必由東門更
以百人守東門夜過半公假城守二騎間道由北門去卧李
門者覺疾走東門問守者守者曰無之馳至北門公已出矣
更相率追送十里許泣別而歸時六月十三日也嗚呼士君
子束髮受書肆其譏評以古廉能自命一行作吏或迫於上

司之供億或苦於酬應之繁多夙昔清操消歸何有親朋相規動云見諒雖有小善寧足贖耶公治漳浦十三年凡百艱辛皆備嘗之勁節凌霜久而不變其政事又彰彰如是公可謂眞讀書人不負家學者矣公爲政嚴明奸胥豪猾動繩以法持之急至有造語以謗公者卒之萬喙同聲無賢愚一出於謳禱余於是歎公道之在人心廉吏之果可爲也公去後邑人歛金得二百有奇搆祠城北門名曰月湖書院月湖者所以表公之清且明又公鄉有月湖故也公諱汝字華學號心齋浙之鄞縣人辛未進士

建溪水石記　　蔡世遠

由三山往上游泝溪而上舟行日不能四五十里逆流也夾溪萬山森翠多怪石磈礧磊砢羅列岸上似枯樹橫倚似猛獸騰躍參錯水中似矢激絃似神龜負甲似巨魚露齒大抵多黑色少白多骨少肉多迴轉蓄縮多巉巗少坦夷嗚呼使此石生於通都大邑之中得其百之一皆足以爲名勝好事者將勒之詩歌編之圖記以垂不朽今生於荒山窮谷之中數者俱無一焉適足以苦舟人物固有生非其地用非其時者也惜哉余有感焉因於舟中筆之爲記

附方苞禮部侍郎蔡公墓誌銘

雍正十年冬十有一月禮部侍郎蔡公病不能興

皇子日使人問視

天子賜醫士大夫羣聚必詢公疾增減云何踰年正月朔後八

日薨

天子震悼自賢公卿以及雍庠之士重志節者無知與不知皆儻然若失其所倚余屢困於衰疾嘗屬公必銘余及公疾篤執余手而愴然曰子年先於吾吾亦自謂終當銘子而子今一銘余其喪之歸子弟生徒合辭以請嗚呼余安忍銘公雖然

義不可讓也始余與公相見相國安溪李文貞公所文貞引
公之袂以屬余曰是吾閩所謂蔡世遠聞之者也遂定交及
癸巳春余出刑部獄而公以是冬至服闋至京師會新令翰
林科道在假者竝休致而公之請假也旋丁父艱或謂宜自
列於吏部公曰吾聞古者受爵而讓未聞投牒以自申也時
文貞公承編
御纂性理精義薦公分校踰歲書成造余謀所處余曰天果不
廢子之學何患無周行坦步而出以編書復官去牒請一門
耳遂固請於相國以歸先是儀封張清恪公撫閩延公父主

鰲峰書院而招公入使院共訂先儒遺書至是大府復以鰲峰屬公公夙尚氣節敦行孝弟好語經濟而一本於誠信由是閩士慨然感興於正學而知記誦辭章之爲末也其家居設族規置大小宗祭田孤嫠老疾月有餼鄉人化焉環所居三百餘家二十年無博戲者今

皇帝嗣位

特召入都

命侍

皇子講讀

授編修五轉至而至禮部侍郎公侍
皇子凡進講四書五經及宋五子之書必近而引之身心發言
處事所宜設誠而致行者觀諸史及歷代文士所述造則於
興亡治亂君子小人消長里心迹異同反覆陳列三致意焉
當是時兼保傅之任者皆執政大臣政事方殷不得朝夕在
側惟公奉事十年晨入夜無風雨之閒諸公背面多語余曰
聞之忠信正直學足以達其言誠足以致其志或過於濶疎
而無近慮洵書所謂惟其人者也公議論慷慨自爲諸生即
以民物爲己任及從清恪放公遊吏疵民病言無不盡政行

眾服而莫知其自云辛丑夏臺灣蠢動公大會鄉人聯伍團練助官兵聲勢平生好善樂施出於天性故人皆信嚮既貴士有志行及文藝之優必躬禮先焉知其賢則思隨地而開通之汲汲如有所負然余每以公事至

圓明園必宿公池館公薄暮歸常挽余步空林坐石磯至昏暝或達夜中雖子弟莫知云何而所諏度皆民生之利病吏治之得失百物之息耗士類之邪正無一語及身家淺事者嗚呼以公之志在竭忠

天子知人善任使得竟其志業未知所就於古人何似而扼以

無年嗚呼惜哉公性淡泊所得禄賜半棄之族姻知舊妻子僅免飢寒敝衣粗食視窶人或甚焉其居外寢設一榻一帷余至則以讓余而卧後夾室方夏秋蚊虻噆膚竟夕不安而惟恐余之不淹留信也嗚宿也嗚呼此公之志氣所以颯乎海内之士君子與雍正四年公列爲九卿以侍

皇子廷議多不與八年秋以族人事牽連吏議降一級調補及

上特命復故職而公疾已不可復振矣卒年五十有二所著二希堂文集十五卷鰲峰學約朱子家禮輯要合族家規各一卷所編性理精要歷代名臣言行録論定古文雅正及與高

安朱相國共訂歷代名臣名儒循吏傳已刻行於世蔡氏世
居漳浦之梁山故學者梁村先生銘曰其材天植其學不迷
其志不欺其數非奇而不竟其所施匪予之私衆心所悽

附沈廷芳蔡文勤公祠記

祠祀蔡文勤公自乾隆甲申二月春祭始也公少爲諸生即
以民物爲己任儀封張清恪公來撫七閩設鰲峰書院延公
父爲師公隨侍焉後從清恪公遊招入使院共訂先儒遺書
博觀羣籍洞徹爲學眞源既入翰林歸主鰲峰凡所講論悉
本白鹿規洞規自心身以至治平之道一以程朱爲訓而必

本於誠更立五賢暨閩儒二十三子祠崇奉正學多士感悅
其學以端數十年來猶聞風興起也尋以李文貞公薦
召修周易折中性理精義時稱其采擇精當雍正間薦列卿貳
入侍令
天子講讀凡進講經書性理必齋肅詳明務引於道上敬禮之
每字而不名朝士咸引周書恂謂惟其人蓋公以深茂之學
純正之學詣上承考亭西山不特爲當代之儒而已海內士
以是宗仰之方佐春官公寢疾以族人事牽連吏議鐫級
世宗憲皇帝特原之俾奉故職及卒復爲震悼

特予祭葬白鏹以歸其喪今上嗣位晉贈尚書謚曰文勤官其一子且稱其經學閎深嗚呼觀兩朝聖主之於公恩禮若此則公之忠忱篤棐所以上契宸衷者可知矣是不可爲人臣勸哉公汲引後進孜孜忘倦士有學術行必禮下之其在鼇峰造就尤多雷副憲鋐鄭徵君文炳林通政枝春皆其高第弟子也廷芳以年家子曾謁邸第辱公獎勵甚殷乾隆癸未忝居講席企公教思慨乎如聞聽謦欬諸生謂公已祀學宮而於書院宜祠將授牒焉余告

於開府乃可其請即十二十三子祠北葺舍三楹神依先哲而為後進楷模亦公志也於是諏吉告虔謹奉栗主以妥公靈時公弟子嵩山山長吳編修嗣富實贊厥成偕余率諸生百人拜於堂下樂奏醴馨罔不優肅愉快禮成作記以栞於古石公諱世遠字聞之世居漳浦縣梁山之麓學者稱梁邨先生

康熙丙申初秋鼇峰書院有感兼示諸同學詩

憶昔鼇峰吟弄時先人曾此設臯比晨昏最天倫樂趨立常忘日影移兩弟侍書輪檢閱一堂聚講判危微析薪弗荷今

何怙手澤繙來涕淚垂

其二

閩州學業本師朱鄒魯名邦澤未孤道脉傳來今孰繼脚根立定即吾徒光陰冉冉駒過隙羽翰翩翩鳳集梧努力諸君加遜敏靈修覺我在前途

鼇峰書院九日偕林肅齋同年併諸生同學泛舟池中兼陟假山觀眺步袁子楚韻

高閣風清日未斜登臨不倦興方嘉三山星聚多名彥千里雲深是故家臺畔敧傾橫古石秋容淡蕩寄黃花且須細認

源頭水莫把雄心問泛槎

雷公賔一名鋐

鋐，甯化人。父鳴高，字文亮，爲名諸生，其氣肅而容安，語無枝葉，鄉人敬其學行。鋐幼承家學，篤志深思，所點定經書，宿儒莫能易。漳浦蔡世遠主講鼇峰，鋐從之遊，甚見器許，拔爲都講。世遠歸，錄性理存養省察之要授之。又嘗讀湯斌、陸隴其書，（斌號潛菴，河南睢州人，順治己丑進士，官至工部尚書，從祀賢良祠，謚文正。隴其號稼書，浙江平湖人，康熙庚戌進士，官至御史，從祀廟廷，謚清獻。）日有徹悟，自此所造漸深。雍正癸卯領鄉薦，公車惟手性理一編，人謂其迂，不顧也。以工部侍郎兼祭酒孫嘉淦薦授國子學正，癸丑成進士，改庶吉士。時內閣學士方苞以經學古文重天下，天下士鮮當其意者，獨心契鉉，謂當作第一流人。乾隆元年授編修，尋晉左諭德，入傳皇子時，同館某亦預教，而父喪未除，鉉上疏曰：皇子左右侍學之人，貴明大義，篤人倫，於學術性理方資贊助。今某隱忍父喪，則講書至宰我問三年章，何以出口？某由是得歸終制。累遷通政使，以應詔上言曰：上諭戒飭臺諫，處心積慮，不外名利二途，此裁成激勸，冀以古

之純臣爲法也。然臣子不惟不可計利，並不可好名，而朝廷
樂善讜言，不必疑其好名，並不必疑其好利。昔孔子稱舜之
大智曰：隱惡揚善，則知舜之時，不皆有善而無惡，惟舜隱之
揚之，所以嘉言罔伏，遂成執兩用中之治。
上嘉納之，尋視學浙江，浙故多佳士，鋐令月試于學，擇經義尤
粹者學官舉焉，由是更相激勵，又各授以小學及陸氏年譜，
俾爲力行之準，聞有名儒宿德，嘗就訪之，旋調江蘇學政，改
右副都御史，仍調浙江，値杭嘉二郡歲歉，民食草根木皮，且
盡，有司隱其實，鋐貽書兩開府，不聽，遂封章上聞，蒙

王陸實際之學不及鋐。鋐又精于醫學，此所傳不具知。

詔加賑緩徵，民賴全活。以母老乞歸，方終喪，以勞毀卒，年六十四。鋐天性孝友，律己嚴，而待人恕。其論學以朱子、薛瑄、陸隴其爲譜牒，嘗曰：象山陸九淵、姚江王守仁人品事功卓然千古，學術則恐誤後人。作禪學考以示學者。所著有自恥録、聞見偶録、讀書偶記、校士偶存及詩文集若干卷，見隱拙齋文鈔。

按雷先生有經笥堂集三十五卷。

鼇湖詩説　雷鋐

乾隆八年七月，余返自江南，取道鉛山，將遊武彝。鉛山令鄭君之僑振興鼇湖書院，躬課諸生，余與俱至鼇湖，諸君環侍。

鄭君請一言以示訓，余曰：講學之書，先儒備矣，惟在心體而身驗之矣，容贅！雖然，朱陸異同，聚訟至今，始於鵞湖之詩，試與諸生言之：當日朱子送呂東萊先生至鵞湖，東萊約陸子壽九齡、子靜九淵二先生來會，子壽賦詩云：孩提知愛長知欽，古聖相傳只此心。大抵有基方築室，未聞無址忽成岑。留情傳註翻榛塞，著意精微更陸沈。珍重友朋勤切琢，須知至樂在於今。孩提知愛，稍長知敬，此孟子引出人之本心所固有，使知察識而擴充，即如築室之有基，成岑之有址。子壽此詩，夫何間然，但所以築室成岑，正有結構積累之功，非即以基爲

雷氏此文甚佳。其學勝過李光地蔡及其師世遠矣、

室以址爲岑也。聖賢經傳，辨別是非邪正，以開牖人心胸，正恐鹵莽涉獵，不得其精微之意。顧謂傳註不可留情，精微可不著意乎！當曰：溺情章句，翻榛塞；著意虛空，更陸沈，則得之。子靜和云：墟墓興衰宗廟欽，斯人千古不磨心，涓流積至滄溟水，卷石崇成泰華岑。易簡工夫終久大，支離事業竟浮沈。欲知自下升高處，眞僞先須辨只今。子靜此詩首二句即子壽引孟子之意，子壽未說及工夫，子靜斡旋之，故曰：涓流積至滄溟水，卷石崇成泰華岑。今語人以一線之流可成滄海，一卷之石可作泰山，雖三尺童子亦不信之。滄海不擇細

有唯物論观点

流泰山不讓土壤多識前言往行以畜德集義以生浩然之氣正如是也如謂自有易簡工夫則孔子好古敏求博學審問慎思明辨篤行亦爲多事矣人不盡生安之質不用致知力行日積月累如何信得萬理皆具於心且朱子之學非支離世之學者徒務辭章記誦口耳之學實多支離浮沈一生枉費心力眞可悼惜若奮然立返求爲己則眞僞之辨明自下升高非一蹴可至正有多少工夫朱子三年後乃和詩以寄懷云德義風流夙所欽別離三載更關心偶扶藜杖出寒谷又枉藍輿度遠岑此追憶當日相會時事也舊學商量加

二陸之詩終不及朱熹之穩穩（全不合詩之旨趣）

這裏所說的讀書方法論：簡單說一句：就是書要怎樣的讀。

邃密新知培養轉深沉此探問別後工夫也因子壽脫離傳註子靜自矜簡易恐開蹈空之弊故曰却愁說到無言處不信人間有古今厥後朱子答項平甫書云近世學者務返求者以博觀爲外馳務博觀者以內省爲狹隘左右佩劍各主一偏而道術分裂不可復合此學者之大病又云子靜所說專是尊德性事而某平日所論却是道問學上多了今當反身用力去短集長庶幾不隨墮一偏朱子之心虛公廣大所以爲萬世儒宗子靜白鹿洞講義朱子深取之謂其足以發學者隱微深錮之病蓋陸先生兄弟之學固不可因鵝湖二詩

不起二字是說他永遠不起來了。人已死了。

定其生平。朱子答呂東萊書云：近兩得子壽兄弟書，却自訟前見之誤。東萊與朱子書云：陸子壽前日經過，留此二十餘日，幡然以鵝湖所見爲非。又云：陸子壽不起，可痛！篤學力行，深知舊習之非，求益不已。朱子祭子壽文，尤深痛惜，謂其降心以從善，豈有一毫驕吝之心！私子靜與曹挺之書云：學者且當大綱思省平時雖號爲士人，雖讀聖賢書，其實何曾篤志聖賢事業，往往從俗浮沈，與世俯仰，徇情縱欲，汩没而不能以自振，日月逾邁，而有泯然草木俱腐之恥。恥到此，能有愧懼，大決其志，乃求涵養磨礪之方。若有事役，未得讀書，未異代追仰、言稱如同一代之人。兄「陸先生」之稱呼，心欽其人矣。我亦云然。前輩學者相至如此。

一元論式之唯心論哲學。

得親師亦可隨處自家用力，檢點。見善則遷，有過則改，所謂心誠求之，不中不遠。若事役有暇，便可親書册，此段每讀之，令人通身汗下。陸先生未嘗教人廢書册，亦即此可見。今之主張陸學者，尚曰：据依在心，豈靠書册，爲有無。其弊不至不立語言文字，不入禪學不止。豈陸先生之教哉！即日在人情事勢物理上做工夫，並非頓悟，其不至師心自用，臆見自是者幾希。我輩惟在脱去俗學，如朱子所謂讀書則實究其理，行己則實踐其迹，念念向前，不輕自恕而已矣。鄭君之爲令，政行事舉，人皆信服，幸以此教諸生，使鵞湖山下正學日興，我谓可用科学化。

異同方針理一分殊原則。

人才日出，則特有功於是邑已哉講論之餘因書此貽鄭君、俾諸生互切磋焉！

學術辨　　雷鋐

學術自周程張朱得孔孟之正傳先儒言之悉矣其間如宋之象山明之白沙陽明先儒亦辨之悉矣百餘年來儒者遞起如容城孫夏峰關中李二曲錢唐應潛齋皆制行峻潔而學術未純最甚者博野顏習齋也夏峰二曲欲包羅朱陸合異爲同潛齋則力闢姚江而言性特異然皆不敢詆毀周程張朱以自樹一幟習齋刻苦孤立欲學者務遵六德六行六

包括学问·道德观·人生观·井之之法·皆軌範六藝·派以世立为行德·派别·及教条主義·在另一依據理一分析方法上·亦即行動指南·而其学总而发·不从自然科学而发·

藝之教不專求靜虛不徒事著述意非不善至自命爲孔孟後特出之一人則妄矣試問程朱之教有外於六德六行六藝者乎六藝中禮則冠昏喪祭以及視聽言動程朱之自治治人嚴矣者嚴矣習齋居喪疑朱子家禮之誤不知此乃朱子未定之書天下果能依家禮而行（行的道路·方法·）人心風俗不亦美乎（社會風和鳴的人生观·）樂則殘缺已久（此外·又須工業·農業·計生之産·富足·才能安定也·）習齋能取古之琴瑟簫管鐘鼓鞉磬日與羣弟子比音合律而克諧乎且樂有音即有容其舞蹈之節習齋能與羣弟子屈伸俯仰綴兆舒疾一一中其節乎射仁宜先男子所有事自文分途士多不習實爲缺憾御則今不盡由

古法習齋能教弟子曰御車曰鳴和鸞逐水曲過君表舞交衢逐禽左乎至於書與數日用不可闕學之有善有不善則存乎人耳且以程朱言靜言敬爲近禪靜恐近禪故程朱専重主敬孔子所謂修己以敬居處恭執事敬皆是也謂靖康之際戶比肩摩皆主敬習靜之人是何異夢囈語乎此其論學之大概也其論治必封建井田學校皆程朱所常言者特時有不同言之易行之難耳至其論性力攻程張朱子言氣質之性殊不因荀楊韓子誤以氣質爲性戾孔孟言性之旨故別之曰此氣質也非性善之性也然曰氣質可耳何必曰

氣質之性此因孟子性也有命焉動心忍性而言也之性而言也其謂氣質之性有惡即如習齋所謂拘謹乖戾狹隘愚蠢之性質耳學可力變非教人任其氣質也習齋乃謂蛇蝎蠍豺狼皆此天道之理之氣所爲而不可以惡言嗚呼是何言哉獨其謂孟子性善即孔子相近之旨惟相近故善也愚意亦隱合焉其存人一册專就五倫喚醒二氏足以破愚解惑於名教不爲無助節取焉可也

象山禪學考　雷鋐

世目象山爲禪學以象山教人閉目靜坐不讀書者非也象

山語録多近禪然未嘗言不讀書亦罕言靜坐惟詹阜氏所記象山云學者能常閉目亦佳其文集中并靜坐三字無之其與劉深甫書云開卷讀書時整冠肅容平心定氣訓詁章句苟能從容不迫而諷詠之其理當自有彰彰者與傅聖謨云已知者力行以終之未知者學問思辨以求之此與朱子教人無以異雖然象山謂有子之言爲支離爲私智杜撰言子貢非能知顔子又云宰我子貢有若智足以知聖人若責以大智望之以眞知聖人非其任也尤可怪者言子羔曾子皆爲夫子所喜於二人中尤屬乎意子羔不幸前夫子而死

按左傳哀公十五年孔子聞衛亂曰柴也其來由也死矣明年夏四月己丑孔子卒子羔後孔子而死不待言安有博學審問慎思明辨者鹵莽滅裂至此哉蓋象山所自得在心即理（見與李宰第二書）以此直接顔曾視子貢以下諸賢皆所不足夫心即理不必有人心道心之分達磨所謂直指人心見性成佛也惟其然遂信心自是憑臆武斷無所顧忌其與張輔之云吾有知乎哉此理豈容有知哉答楊敬仲云未嘗用力而舊習釋然此真善用力者也作楊承奉墓碣云（承奉即敬仲之父）顔回屢空夫子所喜必以所得填塞胸中抑自苦耳與似清云

何處轉不得法輪何人續不得慧命宜乎傳子淵猖狂放肆詩偈類釋子象山最屬意謂其功罪不相掩顔子堅竟變服削髮僧爲僧也

昔吾師蔡文勤公與高安朱文端公編歷代名儒傳沈端恪公諱近思力言象山只當入循吏傳近見穆堂李公諱紱推尊象山謂陸子全集二十八卷中絕無頓悟二字生平教人專以循序爲主鋐今所舉象山之言即在二十八卷中絕不一及語錄夫尚論古人貴擇善而從象山義利之辨終身服膺可也然其氣質果於自用其學問知理一而不析乎分之殊遂

中國接近黑格尔唯心主義哲學的學者陸象山雷鋐兹篇所考是部分禪學的闡明。

起癡凌虛駕空之弊其論子羔生死尚可顛倒又何怪陽明輯朱子晚年定論顛倒年之早晚哉自記

陽明禪學考

雷鋐

儒者闢釋學每以陸王並稱曩竊疑之象山論格物曰格至也與窮字究字同義皆研磨考索以求其至耳陽明則曰致知格物自來儒者相沿如此象山不復致疑此象山見得未精一也象山言爲學有講明有踐履大學致知格物中庸學問思辨孟子始條理者智之事此講明也大學誠意正心修身中庸篤行之孟子終條理者聖之事此踐理也陽明則曰

學問思辨便是行又曰良知之外更無知致知之外更無學何其學與象山互異考陽明之書凡象山之合乎聖賢學者則盡反之象山之近乎禪學者則力張之愚作象山禪學考象山之學既舉其端矣至陽明則直曰佛氏本來面目即聖門所謂良知又云無所住而生其心佛氏曾有是言未爲非也（見與陸元靜書）又云道一而已仁者見之謂之仁智者見之謂之智釋氏之所以爲釋老氏之所以爲老百姓日用而不知皆是道也曾有二乎（見與鄒謙之書）此皆象山所未敢明目張膽言之者然其根原則自象山以心即理爲心學故陽明亦曰心即

理也學者學此心也求者求此心也（見答顧東橋書）謂良知之發流見流行光明圓瑩（見與聶蔚文書）不即佛氏之淨智妙圓光明寂照乎嗚呼指心即理欲人反求諸心宜無不可而錮於氣稟蔽於私見必且師心自用認欲爲理其禍至不可究極當時爭大禮如霍韜席書黃宗明黃綰皆從陽明講學者陽明與霍兀厓（即韜）書云曾辱大禮疏見示時方在疚心善其說又與黃誠甫（即宗明）書云近得宗明賢（即黃綰）寄示禮疏明甚誠甫之議當無不同論者斥諸人迎合時局以希富貴而不知陽明實陰主之蓋亦其良知以爲當如是耳愚故曰象山如苗況陽

明似李斯
鋐考象山之學不據語録考陽明之學并不據傳習録故其言無善無惡堯舜萬鎰文王孔子九千鎰皆不置辨或曰象山陽明人品事功壁立萬仞後人豈易攀躋愚曰釋迦達摩皆絶大力量人子視爲泥塑木雕已乎　陽明集中駁朱子窮至事物之理若上去窮字下去理字直曰致知在至物烏可通然則克己二字不註身之私欲則將戕賊己以復禮又可通乎　拔本塞原與裂冠毀冕同語出左傳陽明集中每誤用又枘鑿二字本相入惟員枘方鑿則不相入耳陽明以

贅疣枘鑿連用亦誤此文義之末人多沿襲故爲指出王象山語録言天字臯陶説起忘却堯典欽若昊天乎語録門人所記或象山之門人有不讀尚書者誤記之耳 鋐再記

附任啟運贈文林郎翰林院庶吉士慎菴雷公墓表 慎菴鋐之祖父

皇帝卽位之初

詔徵翰林庶吉士雷鋐入京鋐故蔡文勤公高第弟子端重有學問時方以假省歸値王母張太君喪猶家居

皇帝素知其行誼

特召至與啟運同侍

皇子講讀而江陰楊文定公以宗伯兼祭酒亦入直蓋以養正是賴故重其選也鋐奉其父狀以王父王母合葬墓誌屬楊公以墓表屬啟運啟運德業文章不足擬楊公萬一顧與鋐與舉于鄉歲同成進士歲又同今職業又同於講讀暇道兩家先人事貧苦患難志節畧同輒相與感愴雪涕用敢題其墓石拜言曰公閩之寧化人諱世字衛夫號慎菴以

覃恩貤贈文林郎翰林院庶吉士張太君亦以

覃恩貤贈孺人公生有大志好讀書凡天文地利兵陣律數以

及百家技術家言靡不究悉然一以孔孟程朱爲歸由學得其正則百家皆吾用不然非道而行小慧祇足殺吾身當是時吳逆倡亂五嶺外多和之其以閩叛者爲精忠布僞劄誘致羣不逞或告公曰君幸受其劄可庇族且君夙負兵陣畧或藉就功名何爲栖栖挈父母走嶺崖間取危困公叱曰爾敢爲賊作説客耶彼爽狗狂噬旦夕醢耳吾無兵陣才吾才將爲國用豈爲賊用告者悤走遁迨耿逆平而公尊人以他事爲人所誣公代訊晝夜走二百里嘔血數升庭鞫詞慷慨理直事大白而室則已懸磬矣乃屈首爲童子塾師訓諸弟

子以邪正義利辨日嚴嗟乎士君子不患貧而患不能安其貧不憂難而憂不能正其難貧難與難自外至者也安之正之自我立也當

國之初正貞元之交剥復之運一切故家大族與時中熸不安義命妄負才能思藉羣不逞以自張一折而入于亂賊比比也碩果既亡安所復得復龍蛇不蟄安所存存身若公之負奇傑才而能審所處不苟用斯可貴耳孟子曰人有不爲也而後可以有爲公雖終無所爲然以此信公之大有爲也有爲者之所蓄不于其身則于其後今鋐方强仕受

聖天子特達之知且素學于蔡文勤公他日不負所學其大有爲者庸非即公之有爲乎祖孫一氣翕張一機固以公卜之也公孝友孚于家睦于族修宗廟續譜牒訪遠祖墓求族父骸表無後之坏土與太君之所以收親黨恤鄉里其爲政于家者事詳家乘不具載載大者表其所阡使人知君子之必有後而後人所以光昭先德尤在辨邪正析義利以不辱其身不隕其名有不爲而後可以有爲

李季豹名夢箕

夢箕連城人年十五而孤煢煢於兵燹艱困中獨精進學業

崇尚朱子爲文章有準繩不事耿逆事平乃出就試康熙乙酉領歲薦性介潔不通干謁自號穩卧先生其教人輒言爲善最樂人易而忽之曰爲之難汝爲之否乎繼善成性善之原仁義忠信善之實利善之間幾也善不擇則不明不固執則不能得而弗失問曰其樂何如曰不愧不怍曰孰與孔顔之樂曰熟之而已矣家苦儉然其施至施捨則未嘗有所吝或事倡於人亦必竭力襄之曰苟利於人惠無小也能成其惠不必出於己也事兄如嚴父撫姪如子每語諸子以氣質之偏使知變化易簀時謂所親曰吾生平竭力撿身將無有

不及省者第三言之得聞過而終亦云辛矣年八十一端坐而
逝著有四書訓蒙穩卧軒詩文集見蔡世遠二希堂集

鄭慕斯公名文炳

文炳莆田人少嚮知嚮學稍長有志操探討性命之學作正
學論附後要以洛閩爲宗父光春客遊四方音書久絶文炳將
往尋焉而莫知所在問於母葉氏熟記其狀貌及離家年月
以行展轉踪跡至滇南旅寓忽相見號泣懇俱還不果父趣
之歸歸未幾父没於滇復奔赴負父骸歸葬子身跋涉萬餘
里一笠一囊露宿草行徬徨江楚黔蜀間幾瀕於死志不少

衰人稱孝子汪學使薇爲補郡庠弟子員臺重其學行儀封
張清恪公伯行撫閩選入鼇峰書院從蔡世遠遊宿冠多士
伯行調撫江蘇遣使聘至姑蘇講業年餘而歸雍正乾隆兩
舉廉孝廉方正皆不就守太守欽其品詣延爲郡之洞橋書
院師訓迪不倦更倡修平海衛學建五賢祠年八十六卒著
周易要義明倫集性理廣義省心堂集諸書初文炳之往尋
父也娶婦吳氏纔數日及歸婦已死東昌守程鯤化嘉其孝
妻以女舉五子士仁自有傳帝眷有學行善事其親領庚午
鄉薦其後裔胥守道能文鄉里咸曰鄭孝子家見莆田縣志

及隱拙齋文鈔鄭士仁傳

正學論　　　　　鄭文炳

古之聖人聰明天縱宇內之理無所不知若伏羲黃帝堯舜文王孔子皆能闡乾坤之秘蘊發宇宙之精英察生人之倫常明庶物之法則此豈待學而知耶然以孔子之聖猶且好古敏求學而不厭發憤忘食老至不知次而亞聖若顏氏子明睿沉潛從事於博約之功至於竭才難罷曾子大賢也隨事精察力行不怠子貢達人也多學多識得聞聖道學之功蓋可少哉當時所學有不正者哉所尊者堯舜周孔之道所

誦者詩書禮樂之文所務者六德六行之理所習者二物六藝之業家無異書人無異學由士而希賢由賢而希聖雖不能至然所學皆正而無有邪説詖行參乎其間迨後聖王不作處士橫議惑世誣民靡所底止於是乎有楊氏之學學爲義而非義學墨氏之學學爲仁而非仁此學相傳正道滅絶人也而胥爲禽獸焉又其後有縱橫捭闔之學逞其才辯抵掌立談而取卿相士爭慕效長君逢君學之不正莫甚於此矣漢代肇興傳及武帝詔求亡書六經稍稍表章於世隋唐繼之崇尚詩文於是乎有訓詁之學有文詞之學士之窮經

者大率卑卑無足道耳卽有一二豪傑之士如董仲舒韓昌黎輩其學術文章不違於正然終不能紹先聖之學業承先聖之道統迄於五季學者專務博洽揮毫摹寫不過山川風景之勝究其所得浮華無實祇圖利祿而爲己之正學世全莫之省也有宋聿興大賢輩出濂溪周子得列聖之正傳闡太極之奧旨專務躬行以敎後學明道伊川從之受學修德勵行直以繼往開來爲己任嗣是有朱子出焉具亞聖之英姿集諸儒之大成窮理致知躬行實踐四子書賴以發以明六經旨藉以剖晰洵正學之宗師他非他人所企及也蓋嘗

思之聖人之學莫重於倫常故爲君則仁而明爲父則慈而教爲臣忠而爲子孝以至兄弟夫婦朋友莫不各有其理此所謂正學也以心契聖賢之旨以身體聖賢之言早求夜思未甞勿已者正學之功也由格物致知誠意由正心修身而後及於齊家至於治國平天下者正學之序也然而學有其法焉居敬以立本省察以致用詳問考核其眞愼思究其蘊踐履敦其行其法不可缺也學必立其志焉以聖賢爲必當效以理道爲必當由以倫理爲必當盡以屋漏爲必不可欺以衾影爲必不可愧其志不可餒也若至若持身涉世遭厄

窮而不憫處變故而不懼膺爵祿而不淫遇威武而不屈非
平日從事正學豈易臻此哉士之豪傑者誠能循其序焉致
其功焉由其法焉堅其志焉古君子爲己之學不外是矣若
夫摛詞掞藻以取科第苟能躬行其所言之理實踐其所作
之文如范歐司馬輩豈非粹然大儒哉若夫吟詩作賦刻意
敲推摹擬李杜語必驚人此騷壇之名公風人所欣慕與古
之學者毋乃南轅而北轍乎今欲司世教必從國學始其國
學之教法重道德而輕文學黜浮華而敦實行立爲規模朝
夕提命薰陶漸染必有實行實才之士出乎其間世之士人

非無有志於學者然見仁義而說之忽慕聲利而棄之始勤終怠比比皆是又或負過高之才以庸行爲無奇庸言爲迂濶不事博文約禮之功樂爲頓悟良知之學陽儒而陰釋使邪說横流心術不正其害甚矣而況辨別未明以非禮爲禮非義爲義瞢昧以終身襲取非眞自以爲狂而流於蕩自以爲直而流於訐夸詐以亂德若此者皆與正學爲仇讐所當辭而闢之者也果能有志於學毋以爲高而難及毋以爲遠而不求毋以得一而自足淺嘗而輒止孔子方十五而立志武公踰耄年而不倦周公貴且富猶思兼三王而坐以待旦

顔子貧而賤猶且事四勿而日進不止然則人安可以不學學安可以不正哉爲正學者篤信聖賢屏絶邪詖不以虛誣寂滅之教亂其中不以計功謀利之事紛其念則其學爲正學可以紹道統可以維綱常可以扶世道而不愧夫聖賢教我之心天地生我之恩父母育我之德名成行成名立卓然爲宇宙之完人矣

重建鄭烈女墓表依聶雙江謁墓原韻　鄭文炳

貞操凜凜擬冰霜、石闕長留姓字香。道上行人爭下拜，千秋誰不道綱常。

鼇峰書院賦　　鄭文炳

際景運之方隆快聖學之復崇天篤生乎名世以大道而爲公撫九閩之黎庶既人和而政通得昔人之遺址建書舍於鼇峰捐清俸之所餘鳴鼛鼓而召工民熙熙而子來樂趣事而赴功不逾時而告竣恍周室之辟雍若夫良工巨匠規員矩方運斤孔利望盡不傷百堵皆作既固且長無殊公輸之巧詎遜工倕之臧爾乃逡巡數仞儼然見舜於牆望門進步恍覩百官皇皇循其級兮知躐等之徒荒慌升其堂兮覺造詣之輝光入其室兮悟精微之難量登其樓兮見萬象之無

疆庭草不除兮樂生意之彰彰池魚活潑兮證道體之洋洋山川環繞於左右卉木挺秀而向陽允爲藏修之地洵哉息游之場況夫俊乂雲集濟濟冠裳晦明切劘日就月將旣搜昔賢聖之遺篋亦討前賢之縹緗尊周程而慕朱子邵屏老佛而黜管商相期以希聖之事業豈直爲逢世之文章在昔鹿洞興於有宋考亭起而爲師勉四方之學者時矻矻而孜孜或讀書而習禮或考樂而誦詩彼英才之蔚起端有賴於先知紹往哲之絕業幸正學兮在茲仰大賢之芳躅期化雨兮及時愧駑駘之鈍質敢自列於黃驪人一能兮我則百縱

下愚兮亦可移竭吾才以相赴彼顏氏兮豈欺余欺儻獲聞
乎大道庶賦畀兮無所虧

國朝閩學諸儒列傳終

退菴自訂年譜八卷

〔清〕長樂梁章鉅撰

清華大學圖書館藏清抄本

退菴自訂年譜八卷，清梁章鉅撰。章鉅（一七七五—一八四九），字閎中，又字茝林、芷林、芷鄰，晚號退菴。祖籍長樂，清初徙居福州。嘉慶七年（一八〇二）進士，選翰林院庶吉士。曾主浦城南浦書院講席。歷官軍機章京，儀制司員外郎，湖北荆州府知府，江南淮海河務兵備道，江蘇、山東、江西按察使，江蘇、甘肅布政使，廣西、江蘇巡撫。撰述頗豐，有論語集註旁證、三國志旁證、稱謂録、樞桓紀略、退菴隨筆、歸田瑣記、浪跡叢談、退菴詩存、退菴文存、楹聯叢話等數十種。

按梁氏年譜刊行者有二，一曰退菴自訂年譜一卷，作於道光二十四年（一八四四）七十歲，附刊於歸田瑣記之末，即其子恭辰輯二思堂叢書所收者；一曰退菴居士自敘年譜，作於道光二十八年七十四歲，後由恭辰補至次年（卒年）。二譜皆爲行年簡譜，文辭較略。此紅格抄本較刊本翔實，起其生年乾隆四十年，訖道光十五年六十一歲，末録道光十七年退菴隨筆自序。譜以年、月、日繫事，所記甚詳，凡家族師承、平生交遊、官履所至、歷年著述，皆有記述。附録除其父祖各人傳略、壽序、誥命、墓表、祭文外，各年所附他種文獻亦甚富，類於長編，亦名人自訂年譜之別體也。如嘉慶元年梁氏會試落第，試後拜謁紀昀，紀氏贈以舊存漢瓦當研二枚，謂「三代師生如此，石友也」，因墨拓裝册，請紀昀、翁方綱、潘世恩等人題跋，譜中詳録跋文，附作漢瓦雙研原委及題詞。梁氏著述宏富，於譜中詳載自作序跋，如道光六年（一八二六）輯古格言十二卷等，皆録有自序全文。

又按此抄本與刊本年譜或有出入。如抄本中「編退菴隨筆二十卷成書」繫於道光十五年六十一歲下，刊本年譜則繫於道光十四年六十歲。又此抄本所録退菴隨筆自序署道光十七年，謂「乙夏奉召復出，乃以稿自隨。去歲過關中，遽爲友人付梓……既抵桂林，公餘復有勘補，擴爲十五門二十四卷，重付手民」。今傳退菴隨筆刻本，二十卷本即源出道光十六年梁氏弟子李廷錫刻於陝西者；二十二卷本即源出道光十七年於廣西巡撫任上增訂重刊者，刻本自序文字與此抄本年譜所録幾同，惟將「十五門二十四卷」改爲「十五門二十二卷」，或付梓時又加改訂，考梁氏著述者當審之。

自訂年譜爲譜主一家之言，不免自行藻飾。梁氏晚年曾有福建通志編纂公案，然譜中一筆帶過，僅於道光十五年自記閩省大吏委任其編纂福建通志一事，因其人奉命北行聽命，而將原稿奉還，僅帶列傳一門之稿隨行云云。按福建通志刪毁，梁章鉅、陳壽祺失和及各家聚訟始末，詳見福建文獻集成初編之重纂福建通志議解題。是與梁氏自述不同。然譜中所載文獻，皆由譜主手訂，雖經取捨，亦不掩其文獻價值。

此抄本各册首末有「柯逢時印」白文方印，知經柯氏收藏。（林振岳）

寫本

梁章鉅著

退菴自訂年譜八卷 三册

退菴自訂年譜卷之一

乾隆四十年乙未一歲

七月初六日生於福州北門亭仁里屋時　家嚴翼齋

公工公車未歸是歲乃叔父九山公　諱上國成進士選庶

常公會試卷已擬元後改第四名　廷試卷亦先擬第

一本後改入二甲　文復工書會試首藝苟日新三月題膳

炙人口　廷試卷亦實足以魁多士當時藝林交口稱

之吾家自前明中葉至今累世以讀書相承有聲黌序

者十四傳無間也乙未有捷南宮除京職者至是乃以翰

林起家云

附録龔海峯先生景瀚與几山公書

足下既魁南省遂入清華故人聞之喜而不寐非敢薄待足下也喜足下之能稱其實而後進庶有所聞而興起也又知已魁大庭旋以小故被斥無論知與不知嗟惜累月狀元三年一人耳此何足為重輕僕之所竊喜者則以足下進身之始而不苟若此此誠君子敬慎之道也吾鄉之可恥者百餘年來未見有人物可比於古一李厚菴已多遺議他無論也京師為人才所聚秘府

多未見之書足以攬其英豪澤於古訓磨礲於道德而奮起於文章於以經世成身有本有末卓然負天下之望而為國家不可少之才斯宗黨之光也故人拭目俟之矣若其翰墨為勳績詞賦為君子揚子雲所謂雕蟲小技壯夫不為此時固大有人不願足下效之也併問近佳不備

乾隆四十一年丙申二歲

是歲　家嚴在京補充　內廷咸安宮教習

乾隆四十二年丁酉三歲

恭遇

覃恩九山公以本身官職呈請

貤贈先曾祖父砥峯公諱邦柱為儒林郎翰林院庶吉士

先曾祖妣林氏為安人

勅封先祖父天池公諱劍華暨先祖妣林氏亦如之余家

之受封誥自是始

恭録

勅命四章

制曰寵渥朝章錫類不遺於一命祥開家慶貤恩爰及夫

重闈爾庠生梁邦柱迺翰林院庶吉士加一級梁上國之
祖父弓裘衍澤欣紱綿麻作述相承再世式彰其祖武淵
源有自一經早裕夫孫謀茲以覃恩貤贈爾為儒林郎翰
林院庶吉士加一級錫之勅命於戲舊德宏昭用廣顯揚
之志新綸特賁永增泉壤之光
制曰禮由義起宏孝治於中閨命自天申賁榮施於大母
爾林氏迺翰林院庶吉士加一級梁上國之祖母德懋蘭
儀光生槐蔭珩璜作則式垂淑慎之型荇藻流芳丕振光
昌之緒茲以覃恩貤贈爾為安人於戲鸞書煥采合彤史

以揚休象服增輝荷雲章而永慶

制曰宣猷服采中朝抒報最之忱錫類推恩休命示酬庸之典爾增生梁劍華迺翰林院庶吉士加一級梁工國之父令德踐修義方夙著詩書啟後用彰式穀之風弓冶傳家克作教忠之則茲以覃恩封爾為儒林郎翰林院庶吉士加一級錫之敕命於戲篤生杞梓之材功歸庭訓丕煥絲綸之色榮播天章

制曰壺教凝祥懋嘉猷於朝宁國常布惠揚休命於庭闈爾林氏迺翰林院庶吉士加一級梁工國之母勤慎宜家

賢明訓後相夫以順含內美於珩璜鞠子有成樹良材於楨幹茲以覃恩封爾為安人於戲昭茲令善之聲榮施茀替食爾劬勞之報慶典攸隆

是歲同堂伯兄（功後改名際昌字用中又字虛白）入縣庠余家兄弟輩入庠自是始時伯兄年十三歲

乾隆四十三年戊戌四歲

是歲　家嚴教習期滿由內務府引見奉

旨以知縣用

十月初一日　先祖妣林太安人棄世　太安人為閫

縣營前里林氏女生五子次即 翼齋公也

乾隆四十四年己亥五歲

正月 家嚴由京旋里居 先祖妣憂

是歲始讀書 家嚴親教督之

乾隆四十五年庚子六歲

家嚴授徒於經院巷彭宅隨往讀書

乾隆四十六年辛丑七歲

家嚴授徒於開元頭林宅隨往讀書

乾隆四十七年壬寅八歲

家嚴授徒於楊橋巷蔣宅隨往讀書

乾隆四十八年癸卯九歲

家嚴授徒於鹽法道德清戚曉塘觀察蓼生署齋

四月十五日是中弟章埴生　家慈緣此卧病未起遂至廢學

乾隆四十九年甲辰十歲

閏三月二十七日先慈王太孺人棄世　先慈少以孝聞嘗割股療先外王父篤疾　家嚴作傳紀之

五月　家嚴先移居新美里屋與九山公同侍養　先

祖父
七月奉　先慈靈櫬淺葬於西郊后限山　是月章鉅
亦隨　家嚴移住新美里屋其淳仁里舊宅遂全歸伯
父叶所公矣

附録　家嚴所撰　先慈傳畧

割股愚孝也惟有至性而激烈者能之有至性則不必為名激烈則不邀瞻顧故惟婦人女子為多士大夫則不概見而議者猶以毀傷短之此士大夫所熟聞而豈可責之婦人女子哉余配王孺人同郡竹嶼登元公長

女也王氏本醝商至登元公而廢業家遂中落孺人幼食貧善操井臼登元公中年得篤疾醫者束手孺人乃籲天減紀私刲臂肉以進其母與其二妹初不及知登元公疾頓瘥而孺人遂憊三閱月而復令腕上瘢痕猶赤露也年二十三歸余敬余不敢逼視余性踈急而孺人善含忍所裨於余者良多余兄弟五人皆成家孺人處妯娌間無間言尤以孝為余母林安人所鍾愛余兄弟多以舌耕外出中饋之事孺人以一身任之孺人父母俱存兄弟多不慧家愈窘至無以為養孺人每心傷

之而對余無一言余知其意而無以周之孺人益心傷
而終以含忍不發遂成肝鬱之證余由教習得知縣家
貧親老戚友多慫恿就吏銓者孺人獨阻之謂君性方
嚴黑白太明似不宜外宦事親課子不愈於僕僕風塵
乎余心感其言因循不出山而孰知竟緣此得與孺人
面訣乎孺人所出子女各二最後得産疾奄至次年遂
不起是為乾隆甲辰閏三月二十七日距生於乾隆戊
辰二月十五日年僅三十有七其歸余纔十五年耳中
間余屢上公車家居恒就館於外晨夕相處者不過數

年而孺人德性之柔婉識見之明通即其為余商出處數言已非尋常閨閫所能及而況其至性激烈有如前所云者哉孺人將沒時其父母兄弟皆來訣而孺人無一言余固知其心傷而竟以含忍終也嗚呼痛哉自今而後仰事俯育余將與誰黽勉耶或曰孺人孝矣孝必有報然而孺人不及待矣余又烏從而知之雖然孺人之孝終不可沒也因收淚而勉記之聊以紓余之哀亦以質當世之議毀傷者或他日有述焉是即孺人雖死而不死也夫

乾隆五十年乙巳十一歲

三月二十一日 先祖父天池公棄世 公諱劍華字執瑩又字天池以名諸生授徒里中數十年高弟子如楊西喬廉訪鍾嶽 黄拱北儀部世樞 羅吉人司馬前蔭 魏耕藍明府瑛 皆能以文章政事表見於時者所輯策學類編四卷已梓行又撰數目通考十二卷草稿藏於家卒年八十有二

附録紀曉嵐先生所撰 天池公壽序

有安命之學有立命之學是二者若相反然安命即立

命也夫徼幸於所不可知是謂不安命頹然而不為所當為是謂不立命不徼幸所不可知而務為所當為久之未有無獲者是謂安命以立命其理昭昭然也乾隆甲申余視學福建得梁子斯明斯儀兄弟於童試中時其太翁年五十餘偕其長君斯震次君斯志與試諸生間俱高等朱石君觀察告余曰是其家自前明以來為諸生者十四世矣雖未有掇巍科登顯宦者然其志初不以此為得失也余聞而壯之既而梁子兄弟相繼舉於鄉乙未斯儀成進士入翰林有聲詞館今歲癸卯太

翁壽躋八衮諸賓友共謀稱觴而其鄉人官京師者屬
余為文以侑余因謂之曰人自數歲受書孰不期奮身
功名耶一挫於有司憤矣再挫疑矣數挫以後悔而謝
去者不知凡幾況能傳及再世況能傳及十餘世能傳
十餘世困頓三四百年而不悔此其人海內不數家也
困頓至十餘世命也困頓至十餘世而不悔安命也此
其志足立命矣今聞太翁諸孫復翹然庠序中蒸蒸繼
起福澤未艾而老人恭膺

錫命齒髮康强身名俱泰此在數載以前太翁豈遽期如

此耶莫之期而自如此且其勢將有不止於此者所以
為能安命之效也江出岷山不過濫觴河出崑崙瓠可
躍而過迨紆曲行數千里衆水會之乃極天下之浩渺
豈彌積彌盛遂沛然不可遏抑耶此足以驗立命之學
矣斯儀兄弟敬為傳語太翁前曰期頤壽考可以自致
其理亦如是也夫
又附録孟瓶菴師超然所撰天池公壽詩
弱齡初搦管濫竽登鰲峰執經師蘇湖奬進煩文翁彬
彬才雋士衿佩多春容翕集共談藝健筆爭摩空翁也

實都講沉默為儒宗不獻虀塩若外腴由中充模範秉
先正雅度歸謙沖時或試鋩及亦不盡其鋒我少始有
知共棲一畝宮鑑池春水滿泒亭夕陽紅甚荷丈人意
隅坐摳衣恭維時燕山桂漸欲茁芳蕤培之復壅之灌
溉無春冬蠖屈甘晦迹鳳翽逢時雍譬彼植庭槐乃以
兆三公契濶十載餘萬里鄙蔄通舊識多彫零一老靈
光同長君我夙好諸弟頎而丰趨庭看競爽迭奏如筳
鏞擊水則有鷗漸逵則有鴻既配河東鳳復媲高陽龍
翁乃棄場屋著述丹鉛中古學為條貫羣史羅心胷言

規兼行矩視明復聽聰山水有佳興時或支其節翁今愈矍鑠八十非龍鍾翁不事服食夕飧而朝饔詩書為丹砂能使顏還童翁不事生産早悲而晚菘但植芝與蘭能使年屢豐光華祕書首稠疊紫泥封南陔白華詩予舍樂融融歌聲發金石何須賴絲桐人言翁可樂翁樂無終窮我詩託舊言請以質宗工祝翁自難老不修喬松蹤

是歲　家嚴授徒於南郊安民崎陳宅隨往讀書

七月　家嚴復為廈防廳劉霽堂郡丞　嘉會聘往署齋

授徒遂以陳氏館讓與三叔父翠巖公挈章鉅赴廈門

館地距福州六百里而近四面皆海東接澎湖臺灣是

冬臺匪林爽文滋事軍興孔急道梗不得歸

乾隆五十一年丙午十二歲

居廈防丞署齋　時同郡進士鄭蘇年先生光策主講

紫陽書院　家嚴令章鉅時詣院舍執經問業遂蒙器

重欲以長女相許先生與　家嚴本為讀書社舊交至

是愈相契好明年旋里遂締姻焉

是歲同堂三兄雷後改名運昌字眘中又字曼朩入縣庠時年十四歲

乾隆五十二年丁未十三歲

七月隨　家嚴自廈門歸里

是歲虛白伯兄授徒於新美里本宅同曼亦三兄澤卿

四兄雲銑均受業學作四書文

乾隆五十三年戊申十四歲

是年始應童子試受知於督學使者雲間陸耳山先生

錫熊選入鼇峯書院主講者為孟瓶菴先生本父執晉

謁之日師就鑑亭池欄設一短几面試小詩有詩心如

水澈書味與花和之句師亟賞之告人曰此子必踐清

華惜吾不及見耳後嘉慶二十三年閩中大吏以吾師
題請崇祀鄉賢祠下部議覆時余已官儀曹故事於年
終彙列各省所題名宦鄉賢核其事實分別准駁是歲
外題獨多同人有從嚴去留之議余以吾師名實相副
力陳於各長貳及蘭省諸同官得手定疏稿上之邀
旨准行回憶三十年前期許之言輒為嗚邑

乾隆五十四年己酉十五歲

家嚴主講仙遊之金石書院隨往讀書

八月以應童子試旋里始從伯父叶所公學作小賦

乾隆五十五年庚戌十六歲

家嚴仍主仙遊講席章鉅以將應童子試弗克隨往遂肄業於鰲峯書院之二賢祠始從盧白伯兄曼卞三兄及廖佩香英曾禹門奮春學作駢體文及古近體詩

乾隆五十六年辛亥十七歲

二月應童子試報罷仍隨　家嚴赴仙游書院讀書

七月復回福州應童子試受知於學使者金匱吉渭厓先生夢熊入長樂縣庠試題爲管氏有三歸文以叅用劉向說苑語被賞識擢冠其軍

是歲同邑茂才陳茂真先生士煒授徒觀音橋齊宅余與澤卿兄並齊北瀛鯤李仙林鴻鈞輩同受業後復隨茂真師入誠交社文會與盧道存文乾高錫光允煥陳立恭豫善登卿金蘭高允培城馮笏辦縉及齊北瀛李仙林輩並為忘年之交

十二月伯父叶所公棄世　公諱上寶字斯震又字叶所為名諸生三十年以子運昌官　贈奉直大夫翰林院庶吉士生平深於易理著有易筮撥四卷於星命堪輿之學亦靡不宣究云

乾隆五十七年壬子十八歲

外舅鄭蘇年師授徒於洗銀營趙氏之紅玉齋，復同澤卿兄、齊壯瀛、李仙林偕往受業。館主人爲趙雲衢（聯鑣）。新同學者則廖斯雲（鴻翔）、張冠賢（登瀛）也。八月鄉試報罷，乃與虛白伯兄、曼叔三兄、廖佩香、曾禹門及其弟咸池（暉春）、鄭松谷（鵬程）、黃銘九（鐘）、陳賢恭（賡元）、齊成九（鎔）及壯瀛十許人聯爲敏求堂文課。

乾隆五十八年癸丑十九歲

仍在紅玉齋讀書

二月歲試列一等學使者為無錫鄒念橋先生奕孝

九月蘇年師以受替署聘解館遂寓讀於三官堂王氏書屋　是歲同門新友有郭韶溪龍光吳騰光炎而韶溪貧而力學最為蘇年師所賞識云

乾隆五十九年甲寅二十歲

林暢園師茂春授徒於洗銀營陳氏之鳳池書屋從受業焉同門新友有吳芝圃蘭蓀陳采屏廷煥鄭芸汀天祥葉文石申蔚次幔申藹莖汀申萬陳道濱金漢皆高才生也

是科鄉試卷出羅源令涇縣吳虛谷師濬房座主則中
允歙縣程蘭翹先生昌期庚子仁和閔晉軒先生槐中
式第十四名虛白曼卝二兄亦同榜而章鉅以五策詳
贍録呈
御覽故榜次特高逾月覆試於督部署閱卷者為督糧
觀察李絅齋先生學錦別第其甲乙榜示鼓樓即
蓋於舊榜之上前後科所未有也時曼壮兄冠其曹虛
白兄名居第八余居第十二
十二月同鄭在謙超齊九成鎔結伴上公車由江右取

道楚南訪齊北瀛於劉陽縣署時北瀛隨侍署中先有
計偕之約後以事不果行

附録鄭蘇年師送行序

道以不已為貴覆土闢基積而不已揭為蒼巖木萌於根喬枝歧分上茁不已干霄而鬱雲岷山濫觴其源涓滴日月不已渾渾而行挾漢流江滙於海閎龐寬惟是蛛之為蟲至纖也輸腹之絲以理其居所理者不已其緒若綦蟻亦至微也戴土若黍力負不已起封崇壘惟人亦然孕精於體其息不已脱然生乎官骸明備循是

蕃衍子姓百族至千萬而靡窮故曰織絲一尺旬日成匹跬步勿休千里可遊蓋不已者造道之大業聖學之極功則天之至效者也余壻梁生茝林嘗從余學弱冠得鄉舉將以公車戰藝於京師謁余告行余維閩之去燕遠矣然生奮於行計日可底生以美質能自得師今復遊聞擴見尚不盡其志其有所就無疑也夫經史者績文之源也忠孝者制行之本也勤儉廉潔者淑身之端也愛民仁物者赴仕之的也生能無忘所事而不已其功吾能測生之所至子哉荀子有云邱陵學山不至

於山百川學海終至於海惟已與不已焉已矣生其勉
思余言
乾隆六十年乙卯二十一歲
二月抵京與官志齋崇曾禹門及曼叔兄同僦居粉坊
琉璃街屋是科會試卷出比部鄱陽胡果泉師克家
房以額滿為總裁所擯遂留京夏課與鄉友王虛谷錫
齡李葭浦鴻詩劉心香士棻吳和庭觀樂陳綺石蘭疇
黃星巖肇光劉守齋為憲陳雙蘆羲聯為文課游彤
卣編修光繹葉蓮山檢討大觀及陳德羽鵬飛王虛谷

黄星巖陳雙蘆先後移来同居復聯為試帖詩課

十月同游彤甸王虚谷陳雙蘆移寓賈家胡同屋新来同居者為陳雲莊增慶宗都京余用都元燾

十一月考取　景山官學教習閲卷者為河間大宗伯紀曉嵐先生滿洲内閣學士那繹堂先生彦成及閻晋軒師紀大宗伯本為　先大父及　家嚴暨諸伯叔父等所從受業者章鉅初到京時以門下晚學生禮謁見至是亦受業焉

十二月又同李葭浦吳和庭陳雙蘆移居粉坊琉璃街

為四叔父新僦屋也

是歲澤卿四兄登鄉薦與虛白伯兄同計偕来京邸而

郭韶溪亦新来同居焉

退菴自訂年譜卷之二

嘉慶元年丙辰二十二歲

是科會試卷出比部靜樂李石農師（鑾宣）房以額滿見遺榜後謁紀曉嵐師告辭旋里師以舊存漢瓦當研二枚贈行謂三代師生如此石交也因墨拓裝冊徵同志題詠云

附録漢瓦雙研原委及題詞

陽研銘　銅雀瓦世所珍後乎此四百春　曉嵐（八分書）

陰研銘　乾隆丙午蘭泉於未央宮址得數瓦緘以見

寄有兩片皆印長生無極字因製其一為研其一為研
蓋雖復朴拙頗有古意遂併鐫數語識之是歲中秋後
五日河間紀昀記 楷書

匣底銘

此二瓦同時所得而其一字畫完好其一稍
剥蝕研工云入土不入土之分也余謂瓦不入土勢不
能留至今日蓋由工有良窳耳伊子墨卿有一瓦極堅
緻余為銘曰片瓦耳何其壽二千年猶不朽曰惟埏埴
之不苟是或探本之論乎丁未春分後三日昀又記 楷書

匣蓋銘

曉嵐銘研莲鄰著録漢瓦名齋覃溪題犢

紀文達所銘研予既題之屢矣今為題此研櫝又書其銘冊又為顏其齋扁蓋所以深期於我莅鄰者經術詞源切磋考訂有非一緒所能罄耳　嘉慶丁丑正月二十一日八十五叟方綱

道光甲申秋莅鄰先生陳杲三吳出所藏漢瓦雙研冊屬題研為河間紀文達公所贈公世思癸丑　廷試讀卷師也憶甲寅春攜一研入都公為之銘云稜稜其骨作作芒取墨則利潁亦傷繄包孝肅豈不剛我思韓范富歐陽蓋取魏文貞願為良臣之意以相勗勉顧惟頑

鈍深負厚期至今思之有餘愧矣先生早歲受知師門親傳衣鉢以承明著作之才出為蒼生霖雨文章經濟海内欽遲韓范富歐之勳庶其在是益信公之賞鑒為不虛也柳又嘗讀公集中劉文正公舊研詩有醉翁親付老門生之句先生珍重師傳後先同揆香火因緣流傳翰墨信足以昭示無極書此以志景慕云芝軒年愚弟潘世恩

五月同盧白伯兄買舟由潞河南旋同舟者為吳振江春瓊陳袖石金漢李葭浦吳和庭陳雙蘆五十餘日始

達清江浦
七月抵杭州同伯兄訪曾禹門於臨安縣署留住兩月
餘抱瘡旋里冬至後始痊
十二月十九日鄭孺人来歸
是歲恭遇
覃恩晋贈先曾祖父為承德郎翰林院編修加一級　先
曾祖妣為安人　先祖父暨　先祖母亦如之
恭録
勑命四章

制曰寵渥朝章錫類不遺於一命祥開家慶貤恩爰及夫
重闈爾梁邦柱乃前任翰林院編修加一級今陞山東道
監察御史梁工國之祖父弓裘衍澤瓜瓞綿麻作述相承
再世式彰其祖武淵源有自一經早裕夫孫謀兹以覃恩
貤贈爾為承德郎翰林院編修加一級今陞山東道監察
御史錫之勑命於戲舊德宏昭用廣顯揚之志新綸特賁
永增泉壤之光

制曰禮由義起宏孝治於中閨命自天申賁榮施於大母
爾林氏乃前任翰林院編修加一級今陞山東道監察御

史梁上國之祖母德懋蘭儀光生槐里珩璜作則式垂淑
慎之型荇藻流芬玉振光昌之緒茲以覃恩貤贈爾為安
人於戲鸞書煥采合彤史以揚庥象服增榮荷雲章而永
慶
制曰宣猷服采中朝抒報最之忱錫類推恩休命示酬庸
之典爾梁釗華乃前任翰林院編修加一級今陞山東道
監察御史梁上國之父令德踐修義方夙著詩書啓後用
彰式穀之風弓冶傳家克作教忠之則茲以覃恩贈爾為
承德郎翰林院編修加一級今陞山東道監察御史錫之

敕命於戲篤生杞梓之材功歸庭訓丕煥絲綸之色澤渥

泉臺

制曰壹教凝祥懋嘉猷於朝宁國常布惠揚休命於庭闈

爾林氏乃前任翰林院編修加一級今陞山東道監察御

史梁上國之母勤慎宜家賢明訓後相夫以順含內美於

珩璜鞠子有成樹良材於楨幹茲以覃恩贈爾為安人於

戲昭茲令善之聲榮施勿替食爾劬勞之報遺範長垂

嘉慶二年丁丑二十三歲

二月移居登龍巷屋　家嚴授徒於石井巷邱氏祠中

三月為古田邑侯完智柗閲試卷旬餘日畢事而回

四月同堂八弟雲鑲入縣庠時年十四歲

九月入瀛社文課社之初興凡十有八人因取登瀛之義以名之皆吾鄉英雋之選而續至者益多不數年中無不取科第以去者蹤跡遂疎而舊好如李研雲鴻瑞仙林兄弟林翰雲楚研樵慶章新知如林立瀚春溶鑑塘春溥兄弟廖儀卿鴻藻輩至今猶往来無間也

是歲復與林敬廬芳春林鈍村一桂萬虞臣世美謝甸男震趙穀士在田陳恭甫壽祺鄭鐵侯汝霖李秋潭大

玢
葉茳汀萁園申鄰兄弟迭為談藝之集以通經復古
相切劘名曰殖社數君子皆博學方聞負里中重望者
而敬廬文酋德尤尊羣推為祭酒云
嘉慶二年戊午二十四歲
授徒西門街劉紫石同年瑛宅
三月同胞弟章垍入縣庠時年十四歲
九月 家嚴以呈請願就教職援奉部咨選補汀州府
寧化縣學教諭遂挈章垍弟赴任寧化
十月復居新美里屋

十一月同曼叔兄為四叔父運眷北上即與計偕由杭
州買舟長行

嘉慶四年己未二十五歲

三月望後眷舟始抵台庄因春闈期迫同曼叔兄登車
進京寓四叔父張相公廟屋是科會試卷與曼叔兄
同出吏部吳縣吳壽庭先生樹萱房以額滿見遺曼叔
兄遂成進士選庶常

四月同齊北瀛結伴南旋

六月抵家時鄭蘇年師授徒於朱紫坊陳氏園亭仍偕

北瀛芸汀從受業焉

是歲恭遇

覃恩誥贈先曾祖父為奉政大夫掌山東道監察御史加

一級 先曾祖妣為宜人 先祖父暨 先祖妣亦如

之

勅授家嚴敎諭公為修職郎

恭錄

誥命四章 勅命一章

制曰沛酬庸之慶典茂對皇庥宏錫類之殊恩曲成臣孝

爾梁邦柱乃掌山東道監察御史加一級梁工國之祖父
箕裘緒遠詩禮聲宏貽厥孫謀樹芳規於綺里繩其祖武
奏茂績於彤廷茲以覃恩貤贈爾為奉政大夫掌山東道
監察御史加一級錫之誥命於戲開堂構以宏基德鍾家
慶沛絲綸而錫命澤渥泉臺
制曰德門衍慶淵源早裕夫孫謀盛世推恩綸綍載揚夫
母範爾林氏乃掌山東道監察御史加一級梁工國之祖
母高門毓德華閥傳芳有穀貽孫賴同心於內助自天申
命表異數於中閨茲以覃恩貤贈爾為宜人於戲光昭褕

翟常生彤管之輝德媲珩璜永著徽章之色

制曰誼篤靖共入官必資於敬功歸訓迪能仕而教之忠爰沛國恩用揚庭訓爾梁劍華乃掌山東道監察御史加一級梁上國之父躬修士行代啓儒風抱璞自珍克砥珪璋之秀析薪能荷彌新杞梓之良茲以覃恩贈爾為奉政大夫掌山東道監察御史加一級錫之誥命於戲貽令問於經籯義方久著佩徽章於策府禮秩加優茂典丕承湛

恩允荷

制曰移孝作忠茂簡勞臣之績推恩錫類式揚賢母之名

載賁榮綸用宣懿範爾林氏乃掌山東道監察御史加一級梁上國之母早嫻典則夙著規型敬以從夫宜室聿徵其順德勤於訓子備官一本於慈祥茲以覃恩贈爾為宜人於戲荷彩翟之天章緘音益暢被彤毫之仙藻惠問常流祇服寵光允綏福曜

制曰風化先於一邑學校宜崇人材出自諸生師儒是重爾福建汀州府寧化縣教諭梁贊圖持躬有素奉職無愆教以詩書文義實資於講習諭之禮讓士品正藉以陶成茲以覃恩授爾為修職郎錫之勅命於戲前勞已著用褒

訓誨之能後效方長益勵漸摩之術

嘉慶五年庚申二十六歲

授徒南營姜照隣祝齡宅

三月初一日大兒逢辰生　與萬虞臣劉心香陳雙蘆

葉莅汀萁園林研樵郭蓮渚仁圖何石農恒鍠志韓翊

運許蔭坪德樹聯為芝社文課

十一月與齊壯瀛計偕北行

嘉慶六年辛酉二十七歲

正月到京寓四叔父彰義門大街屋　是科以四叔父

入闈分校迴避未與試嗣應大挑亦不入選遂留京夏
課同寓者為林研樵及龔端伯式穀守愚受穀小峰豐
穀兄弟
五月補景山官學教習學舍在北上門外景山
之西麓同班凡十二人日過從於金鰲玉蝀之間者十
閱月
是歲與吳和庭締姻為逢兒定聘
嘉慶七年壬戌二十八歲
是科會試卷出中書高陽韓湘帆師掄衡房坐主則大

宗伯紀曉嵐先生大司寇鉛山熊謙山先生枚內閣學
士滿洲玉研農先生麟大庾戴可亭先生均元中式一
百三十九名殿試卷列二甲第九名為少司寇萊陽
初頤園先生彭齡所閱薦朝考卷入選第二名為大
學士大興朱石君先生及少司寇浦城祖舫齋先生之
望所閱薦由翰林院引見於圓明園勤政殿奉
旨改翰林院庶吉士大教習師為太宰南昌彭芸楣師元
瑞內閣學士那繹堂師小教習為編修黃梅師仙舟師
承瀛

八月二十三日　先教諭公終於寧化學署章鉅於十月十三日在京聞訃遂同虛白侶兄踉蹌南奔於旅次撰　先教諭公行畧附録於左

先府公諱　字斯志又字翼齋福州長樂人先世居縣南十九都之江田里五世祖雪園公始由長樂遷福州郡城　先大父天池公舉子五人次為　府君少篤異不輕言笑稍長即以讀書立身自勵弱冠應長樂縣試冠其曹補博士弟子員次年河間紀文達師督學來閩　府君與　先大父同與試皆超等師謂同時試藝

以　先大父及　府君為尤訪察淵源知由家學蓋自
前明至今累葉相承有聲黌序者十四世矣因製書香
世業匾表厥門閭同時大興朱文正師為糧儲觀察主
持鰲峰書院令　府君兄弟與林公樾亭香海龔公海
峯輩二十八人為讀書會重加拂拭　府君乃愈著文
名戊子與四叔父九山公同舉於鄉以禮經魁多士已
未會試後考取　內廷咸安宮教習　府君以眷戀高
堂急歸定省然每遇會試　先大父輒命　府君與三
叔父四叔父偕前後凡四試嘗受知於山右曹慕堂先

生學閔粤東陳觀樓先生昌齊皆薦而未信乙未四叔
父膺館選府君亦就補教習相依京邸時兩金川奏
凱
高宗純皇帝告成闕里順天學政羅方城先生精選在都
人士扃試之以備迎鑾得府君詩賦大擊節稱賞
資送至天津恭應召試適司衡校者為閩人以避嫌
置閩卷不閱府君毫不介意仍歸教習晨入暮歸悉
心課督無間寒暑歷三載如一日少司馬阿雨齋先生
為宮學總理喜府君樸勤每蒞學必舉為後師之

式復於報滿引　見時據實奏薦奉
旨即用知縣謁吏部選有日矣　先大母在家忽攖風疾
府君得信立乞假歸行抵閩果心忡忡不可耐至里
門望楹額封白紙大慟幾絕跋涉之餘驟加哀毀遂致
羸瘠　先大父屢諭止始稍自節時　先大父亦年近
八旬　府君視膳承歡弗忍離側遂不復作出山想
先大父病風痺　府君日夜侍寢食衣不解帶凡中裙
廁牏之類必躬自浣濯日購求虎骨鹿膏老桂諸藥物
手自煎熬煉治守火候嘗甜苦冀可得效而竟不起乙

巳三月丁 先大父憂 府君以變故相隨連年哀悼
體中頓減因患耳聵之疾服既闋令四叔父赴京補官
府君已絶意宦途是時州府屢有檄催或謂 府君
宜以病假少緩之 府君曰無病而言病不可也乃就
近呈改教職家徒壁立不得不仍資舌耕然 府君以
青氊舊物素性所安故訓課孜孜始終無斁倦意善講
論經指授者各得時名家居則弟姪輩咸執業焉辛亥
不孝章鉅入縣庠甲寅膺鄉薦明年會試被黜 府君
馳書諭令在京過夏遂考取 景山官學教習戊午 不

孝章垍入縣庠其冬部文至以　府君補寗化縣學教
諭因挈眷之官飭不孝章鉅使仍計偕北上臨歧訓勉
泣涕沾衣不孝方謂年壽未艾歸養有期孰知即此竟
成永訣也痛哉　府君内方正而外寬和與人無忤而
人常敬畏之處兄弟族黨間數十年無間言不孝伯父
前　府君十年棄世諸叔父又多宦遊門户賓祭諸務
府君以一身任之性雖儉約而於物多所濟賞以信
義見重於親友間其司寗鐸也正躬率物勤於任事寗
之學宮不修者數十載　府君捐俸復勸捐庀其役煥

然一新學左右舊多博場力廓清之邑有誠正書院方伯李石渠先生以　府君學品兼優令兼主講席　府君勤勤訓課一如在家授徒時每晉接生徒必以先器識後文藝為訓邑俗喜訟諸生有以訟詞諳者既面斥之仍委曲開導使之釋怨平爭士無馴梗無不嚴憚而加信服蓋雖歷任僅四載而振文風端士習盛德所被至今人能道之生平工翰墨所讀書多手自鈔寫自詩古文辭以及類書說部凡有裨於博聞强識者靡不蒐採間為點定行楷錯出裒然累帙至今　不孝等猶涉獵

未盡也壯歲詩文多散失數年以来屢有新篇不孝稍裒輯成帙而　府君仍以自攜曰此聊以自娱耳豈可自信而遽以示人乎嗣為大水所漂不留片紙今所存特十之一二耳尤喜録先賢格言琅琅口誦蓋生平所服膺亦用以提撕不孝輩也得不孝章鉅館選信即馳書至京曰詞林固為清貴然汝叔父汝同堂兄已開其端汝何足異但當以人重官不當以官重人也章鉅以信呈四叔父以為名言體素弱然勇於保身故亦鮮遘篤疾不孝章鉅自侍　府君未嘗有問醫嘗藥之役人

咸目　府君為福人　府君嘗語人曰吾生而善病然
知其源而自治之故雖病而不困又嘗曰吾一生在貧
病中然相與周旋久亦致可樂蓋惟貧故知節用惟病
故知保身惟節用可以安貧惟保身可以力學具見道
有得也類如此於嘉慶壬戌年八月二十三日考終甯
化學署距生於乾隆庚申年十月十五日享壽六十三
配　先太宜人少以孝聞嘗割臂肉愈外王父篤疾不
　孝章鉅猶及見瘢痕也歸　府君十五年以勤儉和睦
為族人所稱而惜其年不稱德前　府君十八年卒子

二長不孝章鉅乾隆甲寅　恩科舉人嘉慶壬戌科進
士由翰林院庶吉士改禮部儀制司主事娶鄭氏同郡
庚子科進士諱光第公女次不孝章埔邑庠生娶王氏
同郡國學生諱豐泰公女女二長適邑庠生林　溶次適
國學生陳　嘉福孫一女孫三俱幼
嘉慶八年癸亥二十九歲
正月抵甯化縣
三月偕是中弟扶櫬登舟至永安因避九龍灘之險復
扶櫬山行二十餘里仍登舟由西溪順流而下旬日遂

抵福州淺葬於梅亭山祖塋之側

附録鄭蘇年師祭　先教諭公文

嗚呼合離聚散不可期耶修短壽夭數有涯耶憂樂互倚渺難知耶修德獲福固有時耶維我二兄淑修令儀家庭孝友聲柔色怡規行矩言然諾不欺春風吹襟朗月涵思仁心為質物被其慈性好靜養視希聽夷玉藻其璞珠藴其輝和光塞兊兢兢自持名場撝退有藴未施隐宦學博冷署下帷禄未酬德位未稱資竊擬餘福宜享期頤去歲家慶喜溢門楣南宫報捷翰院摛詞能

羆兆夢抱孫含飴英英繼起玉樹聯枝竊疑欣暢丰采榮滋胡為遽逝遽駕靈輀憶與兄別七載於茲鬚鬢未白容顏未衰一官雖羈非同遠離鄉土相見寧無後機何意揮手頓成永悲念我良友存者無幾風流雲散雨絕星飛年来思舊更益悽其笛吹感發琴在人非何況姻婭情附蘿枝遥聽丹旐能不纍欷過車約在敬進一卮靈其来格式望雲斿

是歲編 先敎諭公遺詩文兩卷 編五代祖雪園公遺詩五卷 編家譜四卷

嘉慶九年甲子三十歲

四月鄭蘇年師終於講席爲襄事者旬餘日

十一月薄遊福甯温州兩郡有詩紀之

十二月羅源阮仿巖邑侯廾基延修族譜旬餘日成書爲之序

嘉慶十年乙丑三十一歲

正月編校鄭蘇年師西霞文鈔工下卷成書付梓爲之序

附録西霞文鈔序

西霞文鈔者吾師鄭蘇年先生遺稿也先生少作多不存近始裒輯各體十餘册總題曰西霞叢稿嘗欲自加釐訂而後示人竟卒卒不暇及臨終乃舉以屬章鉅且曰此不必皆可存然亦有不容沒者其為我嚴汰之十留一二足矣章鉅學尠識疎有歉於傳習之分聞命滋感媿顧既受而卒讀之則歎先生生平具見於此不可任其久遺佚以迄於散棄也適以語同門沙縣工舍生陳君孔揚陳君慨然任開雕之費乃敬體先生之志約擇散體文數十篇先行授梓工焉者類多經世有用之

言誨人不倦之旨次亦性情風格之所見端而應酬牽率者不與焉夫文所以載道顧非有以自得而强言之則道不著故曰言者心之聲觀其文而其人可知焉今先生沒且更歲矣然先生之文具在讀先生之文者雖不必親知如章鉅亦無不可以得先生之為人則雖謂先生至今存可也先生尚有駢體文及古近體詩稿如束笥時章鉅將以散館入都俶裝有日未暇編校謹以俟諸異日云

二月領咨赴京散館至杭州訪吳和庭留敘數日而别

四月到京仍寓彰義門大街四叔父屋十八日在
圓明園　正大光明殿考試以二等第五名引　見於
勤政殿奉
旨以六部主事改用籤分禮部儀制司行走
九月告假回籍與額中八弟結伴南旋
是歲長女蘭省生
嘉慶十一年丙寅三十二歲
是年太谷温景僑先生承惠撫閩曾因謁見陳剿撫洋
匪及查禁花會各事宜頗見施行

退菴自訂年譜卷之三

嘉慶十二年丁卯三十三歲

二月買舟赴浦城掌南浦書院講席　書院為真文忠公共極堂舊址地當粵山之麓臺榭參差林壑深邃擅一邑之勝曾作畫幅紀之

八月挈季生述堂肇文游武夷山七日而畢有游記二千五百餘字詩十餘首

是歲次女蘭臺生鄭安人緣此遘疾幾殆摒擋醫藥卒歲無歡悰

嘉慶十三年戊辰三十四歲

仍掌南浦講席三月挈大兒逢辰買舟赴館以書院地多蛇虺借寓粵山下之吳氏宗祠是年四月鄭安人病少瘥遂遷居賽月亭屋

九月為歸安張蘭渚撫部師誠延入節署代撰奏御文字安研於署東之思益山房逢辰隨侍讀書署中同人為劉敬輿澄波林少穆則徐沈蔭士庭槐

撰夏小正經傳通解四卷成書祖舫齋師為之序

嘉慶十四年己巳三十五歲

代張蘭渚撫部校編　奏御書籍四十餘種仿　四庫

館書之例各附案語凡七閱七而畢即同逢辰赴南浦

講席仍居吳氏祠中

九月挈逢辰過仙霞嶺訪吳和庭親家於江山縣署代

閱試卷者半閱月仍回浦城時少司寇祖舫齋師家居

屢以文酒侍談逾年遂有校刻浦城遺書及協纂浦城

邑誌之役

十月與浦邑祝東巖比部昌泰締姻為長女受聘

是歲恭遇

覃恩
誥贈先高祖父諱澄漪為通議大夫先高祖母陳氏為淑
人先曾祖父先曾祖母先祖父先祖母皆如
之
恭録
誥命六章
制曰盛代酬庸之典申錫命於五章良臣報本之榮極推
恩於四世載嘉舊德是沛恩綸爾庠生梁澄漪乃前任詹
事府少詹事加二級梁上國之曾祖父善以開先業能昌

後一經垂教發詩禮之菁華奕世貽休表弓裘之矩矱欣
逢慶典特賁天章茲以覃恩貤贈爾為通議大夫前任詹
事府少詹事加二級錫之誥命於戲秩崇報渥邀龍澤於
中朝源遠流長樹風聲於來禩欽承顯命用闡幽光
制曰朝廷布榮綍之褒禮求其始彝典錫重闈之澤恩逮
所生嘉命載頒徽音益遠爾陳氏乃前任詹事府少詹事
加二級梁上國之曾祖母柔嘉維則淑慎其儀矩法嫻明
夙協宜家之化風規表著式昭啟後之模集介福於曾孫
遡芳型於累世茲以覃恩貤贈爾為淑人於戲龍章煥采

猶傳珩璃之聲鳳誥增華益煥笄珈之色尚承龍渥允席

鴻庥

制曰恩敷有位晉顯秩於清班澤逮前人溯勤勞於大父

爾庠生梁邦柱乃前任詹事府少詹事加二級梁上國之

祖父善積厥躬慶流於後業守一經之訓允裕孫謀庭開

再世之祥克彰祖德茲以覃恩贈爾為通議大夫前任詹

事府少詹事加二級錫之誥命於戲穀貽有自貽懋績於

家聲寵錫彌彰荷殊休於國典

制曰朝廷廣錫類之仁恩貽晉秩臣子遂顯揚之志源溯

重闈爾林氏乃前任詹事府少詹事加二級梁上國之祖
母禮嫻内則澤裕後昆含飴早著夫恩勤祥綿華冑稱職
念由於壼教慶沛親綸茲以覃恩贈爾為淑人於戲佑啓
後人丕振光昌之緒褒嘉淑德允垂純備之儀
制曰委質策名榮既膺夫簪紱克家纘緒功必溯夫箕裘
爾增生梁劍華乃前任詹事府少詹事加一級梁上國之
父道足持躬謀能裕後經傳詩禮青緗揚奕葉之輝慶篤
芝蘭丹綍煥天衢之澤前徽允懋新典宜頒茲以覃恩贈
爾為通議大夫前任詹事府少詹事加二級錫之誥命於

戲被章服以增榮幸顯肯堂之緒承絲綸而無忝彌彰善慶之風

制曰教啓義方慈母克襄夫嚴父榮敷閨閫君恩宜體乎予情爾林氏乃前任詹事府少詹事加二級梁上國之母貞淑性成徽柔道協夙宣慈訓聿儲卓犖之材載布徽音用衍熾昌之祚丕昭令緒特沛溫綸茲以覃恩贈爾為淑人於戲龍章式賁壼德著美於當時象服欽承遺範垂光夫來葉

輯東南嶠外詩文鈔若干卷自為序

吾閩風氣晚開文物聲明至宋始盛五代以前傑人間
出而著述之存於今者蓋鮮　國家宏開四庫甄録靡
遺恭讀　四庫全書總目中所收五代以前閩人遺籍
子部僅得兩種為吾邑林慎思之續孟子伸蒙子集部
僅得四種為泉州之歐陽行周集福清之王棨麟角集
莆田之徐正字詩賦黃御史集而已甚矣吾鄉人之不
善為名殆自古然歟相傳唐會昌間詹雄之詩鄭誠之
文林滋之賦推為閩中三絶今惟鄭誠集名見唐書藝
文志詹雄遺句見唐詩紀事林滋小雪陽冰文戰大人

四賦載文苑英華中遺詩數首載曹氏歷代詩選中餘悉無考而外此如唐闕史載濮陽愿文體理精奥唐摭言載謝廷浩林傑以詞賦名今皆未見鄉郡中且鮮有能舉其名者顧嘗統稽唐志所録如歐陽袞集二卷陳陶文録十卷黄璞霧居子一卷陳黯集三卷陳詡集十卷鄭良士白巖集十卷王虬集十卷鄭準渚宫集一卷黄滔泉山秀句集三十卷宋志所録陳陶文録外又有集十卷黄璞集五卷外又有編畧十卷林藻集一卷鄭良士四六集一卷江文蔚集三卷江為集二卷陳致雍

曲臺奏議二十卷章士廉集二卷而直齋書録解題又有林蘊集一卷劉乙集一卷在當日原書袞然則亦不可謂之不富良由繼起士大夫表章不力薈萃不勤任其散棄湮沉而不少加顧惜故寖久而寂寥至此又非必前人之不善爲名也昔李穆堂先生謂能傳人遺篇斷句者比哺路棄之嬰孩瘞暴露之白骨功德更大人皆謂其言之痛而顧俠君刻元人百家集成至夢見衣冠百餘人拜謝而去呼呼文士愛名一至於此古今人豈異情哉自前明徐興公始編閩南唐雅有詩而無文

蒐採亦尚未備而莆陽文獻清源文獻閩汀文選諸書又皆例專一郡自餘所録則率自宋以後習近遺遠讀者歎焉章鉅每緒志乘慨然長懷博覽遐搜拓為斯集託始於六朝鄭南湖先生訖於五代之季凡得若干人詩若干首附以閨流方外鬼為若干卷又別為文鈔若干卷則唐五代之遺文略具於斯非敢謂盡之也然所遺者蓋亦寡矣嘗謂閩南唐雅録秦系周朴韓偓詩三人皆一時流寓未嘗鳩族吾閩取盈卷帙未免惜才之憾清源文獻録布衣王穀詩考王穀為江右宜春人直

齋鮮題所云乾寧五年進士者何烱以為布衣當必有誤諸如此類悉加别裁丹黄矻矻凡六閱月而成編以家鮮藏書局於聞見歧誤脱漏恐所不免正之補之必有興章鉅同志而興者循是而推由兩宋而元明而我
朝以次蒐輯則區區敬共桑梓之意行將擴為巨觀矣齋心同所願請以是集為大輅椎輪可乎

嘉慶十五年庚午三十六歲

是歲與同里諸君子合作庚午雅集畫卷為之記道光年間官吳門時徧徵名流題詠遂成巨觀

附録庚午雅集圖記

嘗聞京江張素存先生言士君子不可不抱虛生之憂亦不可不知有生之樂旨哉言乎茲圖所由昉矣圖中人或通籍而未出或席珍而待時意氣之歡游讌之盛一時里中罕有其匹蓋自客秋迄今每間日必集每集無不酣嬉盡致僉曰是不可以無紀因貌為圖而徵余記圖以酒為主携僮挈榼而首入者為鄭蓮渚比部蓮渚素不勝酒而圖顧先之其次為龔楞香吏部二人猶徉椰陰之下志若均不在酒者此見圖中人之於酒亦

興之所適非必如古之有託而逃者也稍進而立於橋上者為馮節樓別駕節樓舊豪飲而新止酒一僕韜琴隨其後則無絃之趣深矣橋之左為竹林對弈其下者何研農馮恪甫二孝廉並拈子徵茇似各不分勝負者再進則碧梧翠竹之間有亭翼然文具茗具井然方繪事初興同人即以記屬余至是遂貌余亭上作握管構思狀其倚亭啜茗者為魏香士孝廉循亭欄盡處為林研樵明府始作浮白欲飲狀蓋前此或對弈或握管或啜茗皆不暇及酒也又進則三人盤石對飲中為葉文

石明經右為林蓼懷進士其左則余弟桂巖明經三人飲量相埒而文石最豪又其左為文石之弟小庚庶常立椰塘之側手舉杯若有所招陽塘繫酒船一坐船頭若作拍浮想與小庚意相荅者為高甫申明經蓋二人飲興較之文石則又豪矣至是而繪事畢僉曰人之稱斯圖也其謂之何余曰事之緣起在己巳秋而圖成於庚午春夏謂之庚午雅集圖可矣圖不可無記尤不可無詩余不文既以蕪詞導尤願諸君子聲而永之俾使後之攬者知一時意氣之歡游讌之盛非荒宴亦非翰

精也則非但圖中人之幸云爾

又附録林少穆中丞題序

圖作於嘉慶十有五年是時茝林先生以儀部主事家居旣閑藤花吟館倡結吟社復與圖中十三人為文酒之會因仿西園雅集圖而為之記則徐雖不與於會然圖中人皆吾素交未嘗不樂與數晨夕也其次年則徐官翰林又三年而先生還　朝由是內襄樞機外陟岳牧由今以溯作圖之歲盖二十寒暑矣歲月不居良會難再而十三人中今日僅存其四南皮昔游之盛黃公

酒爐之悲舊雨晨星可勝慨哉圖舊藏蕖小庚司馬篋中道光己丑冬小庚歸閩道經吳下先生鍾情朋故取而重摹之明年四月則徐過蘇出初本相示且命題額因識其緣起如此先生敭歷中外交滿四海而於里中舊游雖死生契濶猶惓惓如此所謂久要不忘先生有焉而況於立朝事君之大者哉

嘉慶十六年辛未三十七歲

二月復入張蘭渚撫部節署與陳恭甫編修壽祺分纂

御製全史詩注六十四卷四閱月而書成

閏三月初五日次兒丁辰生

四月初八日合葬　先考教諭公暨　先妣王太安人於西郊外梁厝壟姚岐崙之陽祖舫齋師為之誌銘

附録祖舫齋師所撰　先教諭公墓志銘

嘉慶庚午梁儀部章鉅奉其父翼齋公行狀請曰將以明年春卜塟於福州姚歧崙之陽以母王安人祔敢先期請銘余故知君者其可辭按狀君諱贊圖初名上治字斯志又字翼齋系出宋丞相文靖公世居福州長樂江田里明司訓公諱珪者遷會城三傳為郡諸生通議

公諱劍華字執瑩又字天池以四子令少詹事九山先
生貴
贈通議大夫舉五子次即君生而篤異不輕言笑弱冠文
譽赫然乾隆戊子與少詹事同鄉薦以禮經魁多士歷
四會試皆僅薦未售又恭應津門
召試從得而終不遇乃考充　內廷咸安宮教習以勤慎
奏最引
見即用知縣疊遭二親大故哀毀得耳疾因請改補甯化
教諭勇於訓迪士氣以奮始通議公以耆儒教授里中

君既衍其緒斷斷持家學經指授者讀書作文皆有法而德罷嚴重孝友無間尤克肖通議公里黨羣欽式之以嘉慶壬戌八月二十三日卒於甯化學署年六十三配王安人少以孝聞嘗籲天減紀自刲臂肉以療父疾父竟壽考年二十三始歸君以勤儉宜其家前君十八年乾隆甲辰閏三月二十七日卒年三十七子二章鉅乾隆甲寅舉人嘉慶壬戌進士改庶吉士又改禮部儀制司主事章垍邑庠生孫二瑚章鉅出瑜章垍出余之獲交於君在乾隆戊戌己亥間時習聞紀文達師朱文

正公言其先代自前明來有聲黌序者累十四傳無間
令則有同堂之親同時入史館者三人相與偉其事以
為積之久者後宜大光而君猶以司鐸終論者惜之顧
察君辭氣常若充然有餘者此豈無所得而云然哉今
令嗣儀部入翰苑登蘭省敏學而方聞其掌教吾浦也
大鳴小鳴相悅以解一如君之所以教人者行將丕廸
君之顯緒以益擴十數傳之規嗚呼如君者其亦可以
不死矣　銘曰位不稱德天與直也有揚其烈哀厥述
也比千年之室既安且吉惟蔭之潤也

七月　全史詩注甫脱稿祖舫齋師屢以手書催赴館
有公門桃李渴需時雨之滋幕府芙蓉願速侵星之駕
蘭渚先生見之笑曰此殆不可以久留矣遂辭出署挈
逢辰買舟赴浦城
十二月旋里即遷居夾道坊屋　屋之東徧有古藤一
架時集陳秋坪郡丞登龍薩檀河邑侯玉衡林蓼懷進
士斬開余片玉瑛馮恪甫光祚裴古懋顯忠三孝廉及
游彤卣萬虞臣陳恭甫葉文石許蔭坪聯吟其下秋坪
題額為藤花吟館各有詩紀之自是旬日一集迭為賓

主競出新篇榕城詩事斯為盛矣

嘉慶十七年壬申三十八歲

三月同逢辰赴南浦講席寓祝氏有斐園校輯倉頡篇三卷成書 輯閩中 國朝以来四書文四卷名為閩文典制鈔皆徵實文字也書成付坊人梓行

十月與鄭松谷締姻為次兒丁辰定聘又與邱香圃締姻為次女受聘

是歲三女蘭樞生

嘉慶十八年癸酉三十九歲

三月同逢辰赴南浦講席時聯舟而行者為鄭松谷林蓼懷二同年遂紆道崇安重登武夷山前游晴而是游雨各極其勝有詩紀之

十月連江大澳林氏延修族譜半月書成為之序

十一月由本籍具呈銷假領咨赴京供職於初四日偕鄭安人挈子女登舟吟社同人各出贈言繪成畫册伊墨卿太守題無心出岫四字於册端並附截句云儀曹林首十才子忠惠蔡稱四諫臣君入文昌復星位定叅先輩作儔人

附録薩檀河邑侯玉衡送行詩

君家阿才鏘有聲衆流歸海来崢嶸藤花主人蘭荀客十月告戒燕南行燕南雪花大如掌正馳赤羽星騤營時聞曹衛閩警報君才用文不用武豈無范老胸中兵周官軍政要有禮欲以圖史凌韓彭藤花歲歲花滿棚看花對酒詩先成令也白日照執袂花雖不語花含情省曹喜逢劉夢得儒流愁別徐遵明海蠔如山霜橘熟鄉酤滿眼濃於餳勸君一杯軒且舞此行況同龍劍并蓼懷進士同行到日鶯花繞宮城五雲垂暉光紫清

廟謨收兵有長策禮官講禮歌升平

十二月舟抵浦城祝東巖親家延居有斐園度歲園擅泉石花竹之勝余前後寓此各有詩紀之

嘉慶十九年甲戌四十歲

正月由浦城挈眷度嶺

二月舟抵淮陰因水淺帰阻謀於漕帥阮芸臺先生移家附漕舟北上時寓隣舟者為粵東劉梅岩邑侯慶緗甲寅同年也因以詩酒唱酬往來無間云

五月十二日三兒恭辰生於舟中

七月初旬舟抵天津換僱小舟達張家灣由通舟乘車
進京賃居宣武門外香爐營頭條胡同屋遂到禮部銷
假仍在儀制司行走
是歲自春徂夏寓居漕艘凡百餘日取舊讀昭明文選
筆記之件編録而增益之是為文選旁證之權輿自是
每歲趨公之暇輙涉筆焉
是冬同李蘭卿舍人彥章謁大興學士翁覃溪先生於
蘇齋遂與陳石士用光劉芙初嗣綰吴蘭雪嵩梁輩過
從論詩並質經史疑義為著録弟子者三年作燈窓梧

竹圖紀之名流皆有題句

附録蘇齋師論詩二律

誰言葉宋分符去筠潭菭灣復得蘭卿約菭隣夢到潞河風雪夕傲他洱海唱酬人適得滇南伯玉亭制府見懷詩語及筠潭時筠潭觀察通州簷花索笑如拈訊行草無拘始見眞多少燈窓梧竹響欲憑舊雨為儔神

我於杜法叩元音工下千秋作者心只在豪芒懸轂率相期山海閲崇深蘇黄盡處途逾騁韶武原頭事孰任除却繡絲平尉帖更將何術度金針

又録蘇齋師題燈窓梧竹圖

笑我論詩處焉有景可補蘇齋容膝地虛几冷牖戶而

與二三子縱談馳萬古浩蕩極詞源問涉津與渚大海

莽迴瀾收之密絲縷上求雅頌師旁蒐傳箋詁漢晉唐

以來法必衷諸杜玉堂變丹青咀吮閟甘苦發的聽弦

聲按節豈名譜精微其如何圓神印方矩是有君形者

蒸菌皆尺黍謝馮二圖後悵結以延佇昔與謝蘊山馮魚山論詩蘊山

作對床聽雨圖魚山亦擬作此圖而未就松風響石銚瓷甌起花乳聞木犀

香予蒲薰濕春雨

嘉慶二十年乙亥四十一歲

在禮部儀制司任　京師城南二三月閒花事最盛時與同鄉楊蓉峯洗馬惠元葉蓮汀侍御達玉圃儀部麟李蘭卿舍人廖儀卿鈺夫鴻荃郭蘭石尚先林少穆王蘭谷道行五編脩迭為看花之集足跡徧於郊坰酒榼詩篇殆無虛日各有長短句紀之

七月兼精膳司行走　移寓宣武門大街靈石會館壯閣壁　聞四叔父太常公卒於粵西學署之訃

附錄陳恭甫編修所撰先太常公墓誌銘

大常梁公既卒之明年丙子九月將窆於福州西郭外祭酒嶺之陽其孤来請銘按公席十餘世縫掖之澤鬱久而光篤生賢儁少為學使者紀文達公所賞顏其堂曰書香世業追入翰林習　國書散館當改除金壇于相國惜其才請仍留庶吉士故公於　國書最明鄉後輩經公講畫皆擬高等既丁內艱尋以父疾乞養居里十二年而後還　朝當是時公有昆弟五人侍奉非不足而公獨不忍負祿以違其親可謂孝矣公質直好學不蹈脂韋不設戟級與人交必信面規人過而人不怨

自陟臺垣歷宮詹所建白多詳至方楚蜀用兵累年

詔臺臣極陳得失公上疏言平賊六事曰正罪名以申國法尚謀議以籌勝算設統帥以一兵權添士卒以壯軍威杜冒濫以收實用妥招撫以淨賊根

上覽疏動容趣令更立法紀悉如公所畫軍政由是始肅

卒所以剪除芽蘖保大定功自公發其謀也閩省奸民結黨通兵役號曰天地會蔓延他郡肆抄掠有司匿不

聞公從鄉人訪得其實疏請飭大吏密察掩捕獲其渠

餘黨解散一方賴以安巡視南城以為所轄六門郭外

遠濶多歧徑奸慝易溷因請分部落定坊戶以便稽察
汰冗役設鄉約以資講諭參用保甲法而通變之格吏
議不果行後十餘年逆賊林清構煽營窟適在近郊乃
服公之先見比於曲突徙薪焉巡視漕務釐積痼革陋
規押僕隷復濬引河施過壩運道以利勘泉於盛暑中
奔馳數百里雖疾不輟
上聞嘉悅之稽察旗學條上四事曰專教習則偷曠除立
多師則廸導廣增學額則勞來周修黌舍則規撫整其
他落落大者若請續修　大清會典收撫臺灣山後噶

嗎蘭地昭式法守杜絶盜資皆見施舉有裨國家大計蓋公之於事忠而能謀旁皇周浹雖處朋友之間亦然況朝廷乎所交鄉黨諸君子及輦下賢士大夫每從之博咨當世急務與桑梓利病汲汲以濟時為心故不為矯激沽直之行而讜論亦未嘗不見納於明聖也公分校鄉會試得士多知名今東河總督九江李公鴻賓其顯也服官四十年廉約如韋布顏所居曰四知為學政黜浮詭勤考校剔弊習試期輒終日冠服坐堂皇夜分少假寐或兀坐待旦無倦容有誚公自苦者

而公卒忘身盡瘁以歿嗚呼哀哉壽祺於公為後進又與公諸從子交習見公生平無嗜好持躬接物一出於禮蓋優為鄉人士式公逝而典型不可復睹矣嗚呼哀哉公所著有駁閻氏尚書古文疏證五卷駁毛氏大學證文一卷奏疏一卷進 御詩賦一卷山左遊記一卷遼瀋遊記一卷山右遊記一卷粵西遊記一卷詩文集十餘卷又輯 國朝閩海人文未完書 系曰公姓梁氏諱上國字斯儀一字九山其先福州長樂人 國初徙居省治十五世皆為郡縣諸生曾祖澄濟祖邦柱考

劍華並贈通議大夫詹事府少詹事妣林氏贈淑人公于次四未弱冠補縣諸生乾隆三十三年與仲兄同舉於鄉四十年成進士選庶吉士散館仍留學習四十四年冬丁母憂歸服闋以父疾乞養尋丁外艱五十五年再散館授編修分纂 國史五十七年八月分校鄉試得士林芬等十三人嘉慶二年擢山東道監察御史六年分校會試得士冉永淦等十七人是秋充會典館提調巡視濟甯漕務七年秋遷工科給事中冬除内閣侍讀學士九年夏除太常寺少卿秋拜奉天府丞兼提督

學政十二年內遷詹事府少詹事稽察覺羅官學十四
年奉
命祭告北岳河海及歷代陵寢是冬以前失察通倉盜米
罣吏議十五年冬補授內閣侍讀學士十八年夏擢太
僕寺少卿秋八月提督廣西學政晉太僕寺卿十九年
晉太常寺卿明年夏五月二十八日以勞卒於慶遠試
院春秋六十有八娶許淑人山西聞喜縣知縣崇楷女
子三雲銑乙卯科舉人雲鑲附貢生雲鏞太學生女子
子三婚姻皆名門孫六堯辰拱辰應辰昭辰康辰亨辰

銘曰性之温德有隅志之潔行有梱學之篤刊皮膚

言之忠安槃盂好正直天所孚發文章

帝所愉古醇聽孰其符身可滅道不渝名山岩岩謚曰前

儒此吾九山先生之𢇁廬

嘉慶二十一年丙子四十二歲

在禮部儀制司任　是年接司福州會館事遂建議捐

購虎坊橋西屋與同里諸君子創立福州新館

九月由禮部保送考選軍機二十日在圓明園軍機

堂工考試樞廷故事以速爲貴是日試通飭直省採買

倉穀諭文一道余以三百字駢體文首先繳卷合計起
草作楷爲時不過三刻也閱卷者爲德州侍郎盧南石
師廕溥二十八日以第一卷由軍機處引見於乾
清宫奏
旨以軍機章京補用
十二月同達玉圃入貢院監辦考試繙譯教習七日而
竣事
是冬劉芙初及董琴南國華黃霽青安濤三編修邀入
消寒會即所謂宣南詩社也時社中舊人吳蘭雪乞假

同里謝向亭編修崧督學楚南還京皆復入社而續入者則周小濂觀察藹聯潘功甫舍人曾沂翁鳳栖太常元圻三人此後再續入者則在余出守之後矣

附録胡墨莊承珙給諫所撰消寒詩社圖序

嘉慶十有九年之冬董琴南編修始約同人為消寒詩社間旬日必一集集必有詩嗣是歲率舉行或春秋佳日或長夏無事亦相與命疇嘯侶陶詠終夕不獨消寒也尊酒流連談讌間作時復商榷古今上下其議論皆足袪疑蔽而泯異同不獨詩也然而必曰消寒詩社者

不忘所自始也歲月積久會者滋多而得詩亦愈富黄
霽青編修將裒而輯之都為一編而先為圖以紀其事
且命余為之序夫吾人繫官於
朝又多文學侍從之
職非有簿書期會卒卒無少暇而得以其餘從事於文
酒唱酬之樂斯足幸矣然而數年之間會中之人或以
使出或以假歸或以憂去者已不克常聚而即望衡對
宇朔別會期咫尺之違一宿之約每至燭上會食停杯
以竚尚有倉卒他故而不能至者此可見人事之錯迕
離合之不常而行樂之不可不及時也由是思之不又

有足慨者乎霽青以為會中之人終必有散而唯圖可以聚之即圖亦未必不毀而唯文可以存之顧予文恐不足當此而必以相屬者則以數年來惟予足跡未出國門每歲必與於會每會則多在座以為常蓋尤悉其原委焉烏可以不識是會也始於甲戌之冬而圖成於己卯夏自琴南霽青暨予外先後與會者則有周小濂觀察陳石士劉芙初謝向亭三編修朱蘭坡侍講陶雲汀給事梁茝林儀部錢衎石農部吳蘭雪李蘭卿兩舍人也

輯南省公餘録六卷春書題名四卷成書
是歲四女蘭衡生
嘉慶二十二年丁丑四十三歲
在禮部儀制司任
正月二十日四兒映辰生　輯東南嶠外書畫録十八
卷成書
十二月充禮部則例館纂修
是歲與同年陳蘭隣徵芝締姻為四女受

退菴自訂年譜卷之四

嘉慶二十三年戊寅四十四歲

四月十二日由軍機處奏署軍機章京即於是日入直

退食於圓明園七峯别墅之東偏小樓與吴荷屋比

部榮光分上下直互居之荷屋因以畫箑見贈並附詩

紀之

附録吴荷屋小樓畫箑詩

平生湖海氣麄豪却愧元龍百尺高高處置身原不易

讓將霄羽得翔翺

昨夜樓頭廿雨零陰晴天氣費調停斜陽散直無多事
領取西山一角青
七月扈蹕盛京凡七十三日回京途次登鎮海
樓又登醫無閭山各有詩紀之
九月以校勘科場條例事被議降一級留任旋以扈從
加一級
嘉慶二十四年己卯四十五歲
在軍機處行走
三月扈蹕

東陵次　盤山又次　南苑凡二十八日回京在　盤山
時張栁泉農部先垂於月夜招飲古中盤同人各有詩
紀之
十月恭遇
覃恩加一級
誥授奉直大夫
誥贈先教諭公如章鉅官　先母太安人為宜人
誥封配鄭安人為宜人
十一月移寓虎坊橋東新屋

是歲同堂十弟雲鏞登鄉薦

恭録

誥命四章

制曰考績疏庸特重推恩之典服官資敬聿推式穀之功

爾原任福建甯化縣敎諭梁贊圖乃禮部儀制司候補主

事加一級梁章鉅之父世擅清門代傳素業家風淳厚垂

弓冶之良模庭訓方嚴啟詩書之令緒兹以覃恩贈爾為

奉直大夫錫之誥命於戲薄羸金而示誨世德常延錫肇

帶以加榮天麻弗替

制曰官學方成讀父書而繼業愛勞交備稟母訓以揚名
爾王氏乃禮部儀制司候補主事加一級梁章鉅之母克
樹芳型尤多慈教著承筐之雅範早知率禮無愆寓從宅
之深心果見克家有子茲以覃恩贈爾為宜人於戲彤毫
灑潤爰推顧復之恩彩翟流芳允荷寵綏之典
制曰職隸春官清秩居諸曹之最名高華省通方報厥績
之成爾禮部儀制司候補主事加一級梁章鉅練習章程
詳明典故雍容仙署堪為禮闈之光騤步南宮並擢郎官
之宿茲以覃恩特授爾為奉直大夫錫之誥命於戲贊雅

化於中和被湛恩於優渥欽兹寵賚勵乃靖共

制曰勤宣聲績聿徵服采之才茂著規型式獎同心之孅

爾禮部儀制司候補主事加一級梁章鉅之妻鄭氏夙諳

内則作配名門訓典嫻明允協珩璜之度禮儀純備克彰

蘋蘩之風兹以覃恩封爾為宜人於戲荷天寵以流芳魚

軒煥采被國恩而錫譽象服增榮

嘉慶二十五年庚辰四十六歲

二月由軍機處奏補軍機章京

七月扈蹕灤陽是役恭進

睿廟升遐變生倉猝前無故實可稽樞廷直務填委而禮臣隨扈者堂官僅黃左田大宗伯鉞一人司員僅章鉅一人奏章文移責無旁貸時樞臣禮臣皆日數召見斟酌典禮體大思艱章鉅以一小臣往復其間哀苦之餘益增凜懼蓋不敢休息者徹數晝夜自禮部堂屬官續到者數人乃始分任其勞藉免隕越云

八月以恭送

睿廟梓宮還京加一級　是月二十七日恭逢

覃恩加一級

誥授中憲大夫

晉贈先奉直公為中憲大夫　先母太宜人為恭人

誥封配鄭宜人為恭人

九月以禮儀繁重樞廷與春官相待而行時樞長文秋

潭先生孚晉大宗伯遂令章鉅兼祠祭司行走

十一月恭逢

覃恩加一級

恭録

誥命四章

制曰考績疏庸特重推恩之典服官資敬事推式穀之功爾原任福建寧化縣教諭前贈奉直大夫梁贊國乃禮部儀制司主事加四級梁章鉅之父世擅清門式傳素業家風淳厚垂弓冶之良模庭訓方嚴啟詩書之令緒茲以覃恩贈爾為中憲大夫禮部儀制司主事加四級錫之誥命於戲薄籯金而示誨世澤常延錫鞶帶以加榮天庥弗替

制曰官學方成讀父書而繼業愛勞交備禀母訓以揚名爾前贈宜人王氏乃禮部儀制司主事加四級梁章鉅之母克樹芳型尤多慈教著承筐之雅範早知率禮無愆寓

徙宅之深心果見克家有子茲以覃恩晉贈爾爲恭人於
戲彤毫灑潤爰推顧復之恩彩翟流芳允荷寵綏之典
制曰職隸春官清秩居諸曹之最名高華省通才報賡績
之成爾禮部儀制司主事加四級梁章鉅練習章程詳明
典故雍容仙署堪爲禮闈之光聯步南宮並耀郎官之宿
茲以覃恩特授爾爲中憲大夫錫之誥命於戲推稚化於
中和被湛恩於優渥欽茲寵眷勵乃靖共
制曰勤宣聲績聿徵服采之才茂著規型式將同心之媺
爾禮部儀制司主事加四級梁章鉅之妻鄭氏夙諳內則

作配名門訓典嫻明允協珩璜之度禮儀純備克彰蘋藻
之風茲以覃恩封爾爲恭人於戲荷天寵以流芳魚軒煥
彩被國恩而錫譽象服增榮
道光元年辛巳四十七歲
在軍機處行走
二月二十八日由禮部引　見於　乾清宮奉
旨補授主客司主事　仍在儀制司行走禮曹四司至是
乃徧歷焉
三月扈　蹕易州以恭襄

山陵大典加隨帶二級

四月十八日在　保和殿考試差　二十日由吏部引

見於乾清宮

五月初九日五兒敬辰生

六月十五日由軍機處　奏稱行走勤慎之禮部主事

梁章鉅本係應陞員外郎之員請作為候補員外郎先

換頂戴遇有禮部題選缺出即行奏補等因奉

旨依議

七月充　大清通禮館纂修

十一月二十日由禮部引　見於乾清宮奉
旨補授儀制司員外郎
十二月充　内廷方略館纂修先是館中奏修西域圖
志程春廬駕部同文為總纂屬余與二三同志協同編
輯嗣春廬擢通副出直其事遂輟又因前此奏請校勘
遼金元三史地名人名官名至是勒限成書余分得金
史次年甫成書而余亦出直矣
道光二年壬午年四十八歲
在軍機處行走

是歲由禮部堂官以才具練達克稱厥職保舉 京察
一等時漢大宗伯汪瑟菴先生廷珍意已他屬而滿大
宗伯文秋潭先生孚為章鉅力爭久之議乃定
二月初八日由吏部堂官引 見於 乾清宮奉
硃筆圈出交本部堂官復加才識精明辦事老練堪勝外
任考語十五日由吏部復行引 見奉
旨交軍機處記名以繁缺道府用仍加一級
閏三月初一日奉
旨補授湖北荆州府知府次日具摺陳謝

名見於乾清宮之西房

四月與太谷温南村學士啓鵬締姻為四兒映辰定聘

十一日挈眷出都惟大兒逢辰以鄉試留京是行春明同好各以詩文贈行繪成宣南話别册

六月初一日抵湖北荊州府在行館中接篆視事初二日進郡署旋奉陳望坡督部若霖楊雪颿撫部懋恬以廉能勤慎奏薦兼護荊宜施道並兼督荊關即於十七日接篆視事

荊州府所轄七縣江陵公安石首監利松滋宜都枝江三衛荊正荊左荊右兼有監收商稅修防江隄及收支駐防兵米

兵餉之責　荆宜施道舊為上荆南道所轄三府荆州宜昌施南監督十一關中關東關在沙市壯關在草市西關在箐冀窪奚關在宜昌大關在枝江由關在潛江港關在公安調關在石首周關越關在監利相距八百餘里歲徵額銀一萬七千一十餘兩

十二月吳氏長媳由閩到署二十七日大兒逢辰在署畢姻

輯樞垣記畧十六卷成書自為序

自雍正庚戌設立軍機處迨茲九十餘年綱舉目張人才輩出而載稽故實尚缺成書章鉅於嘉慶戊寅迭充

章京儤直餘閒繙閱舊檔輒思輯成一書隨筆甄綜日
有所積至道光壬午春季奉
命守郡匆匆出直此後遂無由再綴一詞因思五年以来
手不停披在方畧館宿直時常徹夜為之或屢代人夜
直為之以用力之勤竊喜稍存梗概因於簿書之隙重
加勘彙閱月而成編為門八為卷十六卷首恭録
訓諭次列
除授又次紀
恩叙又次詳規制又次考題名而以詩文及襍記附末適

補章鉅缺入直者為李侍讀彥章因以稿本寄之拾遺
正誤又經年而稿還遂付梓人書中艮限仍以壬午春
李為斷俟好事者續增焉軍機處為我　朝政府考官
制者謂即唐宋之樞密因題為樞垣記畧云
道光三年癸未四十九歲
正月二十七日接奉初七日
上諭補授江南淮海道
二月奉李鹿苹晉部　鴻賓楊雪颿撫部奏稱荆州守梁
章鉅現有限工經手要務未竣應飭令一手經理俟新

守到荆再行交卸等因得

旨報可

二月祝壻普慶自閩來長女于歸即在署中成禮時祝東巖親家亦至署小住月餘

四月十一日長女隨壻返浦城　二十一日卸荆州守事移寓西園

五月初十日挈眷由大江順流東行有留別僚寀士民七律二首　所屬七邑侯各有贈詩繪成七子賦詩册附以士民及知好寄贈之作編江漢贈言二卷羅山黎

湛溪河帥世序為之序

六月二十四日抵清江浦入淮海道署二十六日接篆

視事淮海道所轄一府淮安一州海州五縣桃源安東阜甯沭陽贛榆六廳山安海防海阜海安桃壯中河九營山安以下六營及葦左葦右船務三營兼有督

催漕艘稽核鹽務之責河防本非素習葦蕩叢弊尤多

而海州民氣刁獷獄訟繁興又甲於大江南北公事之

繁劇蓋較守荆時又不啻倍蓰也

九月以霜降安瀾奉

旨交部議叙紀録二次

是歲恭遇
覃恩
誥授朝議大夫
誥贈先教諭公如章鉅官
誥贈先母王太恭人為恭人
誥封配鄭氏為恭人前此以京職應照加級請封已得
中憲大夫之
誥至是以外官不得照加級請封故雖換新銜而轉得
從四品封典也

恭録

誥命四章

制曰求治在親民之吏端重循良教忠勵資敬之忱聿隆
褒奬爾梁賛圖乃湖北荆州府知府令陞江南淮海河務
兵備道梁章鉅之父禔躬淳厚垂訓端嚴業可開先式穀
乃宣猷之本澤堪啟後貽謀裕作牧之方兹以覃恩贈爾
為朝議大夫湖北荆州府知府錫之誥命於戲克承清白
之風嘉兹報政用慰顯揚之志貽乃遺謨
制曰朝廷重民社之司功推循吏臣子凛冰淵之操教本

慈闈爾王氏乃湖北荊州府知府今陞江南淮海河務兵備道梁章鉅之母淑慎其儀柔嘉維則宣訓詞於朝夕不忘育子之勤集慶澤於門閭式被自天之寵茲以覃恩贈爾為恭人於戲仰酬顧復之恩勉思撫字載煥絲綸之色允賁幽潛

制曰政先領郡虎符寄千里之權職重專城熊軾表萬民之牧爾湖北荊州府知府今陞江南淮海河務兵備道梁章鉅才猷卓犖資性寬和易俗移風廣德心而登治理飭躬率屬謹亮節以樹風聲鉅典式逢鴻章宣錫茲以覃恩

特授爾為朝議大夫錫之誥命於戲登御屏而紀績允勵
素絲沛綸誥以推恩式榮華衮
制曰良臣宣力於外効厥勤勞賢媛襄職於中胥兹寵錫
爾湖北荆州府知府今陞江南淮海河務兵備道梁章鉅
之妻鄭氏終温且惠既靜而專綦縞從夫克贊素絲之節
蘋蘩主饋爰流彤管之輝兹以覃恩封爾為恭人於戲敬
爾有官著肅雍而並美職司其内尚黽勉以同心
道光四年甲申五十歲
四月奉到吏部行知以前在方略館校勘金史奉

旨從優議敘加一級紀録三次以史中地名人名官名悉遵欽定金史語解校改復於所改名下注明原作某

九月奉孫寄圃節相玉庭張蘭渚撫部奏調署理江蘇按察使挈大兒逢辰登舟十八日抵蘇州接篆視事

是月以霜降安瀾奉

旨交部議敘紀録二次

十一月初十日卸署臬事回清江浦是役寓居滄浪亭行館繪冊徵詩作者七十餘家編成滄浪亭題詠兩卷林少穆廉訪為之序

遂次奉孫節相急札以洪澤湖

决口高家堰失事飭令速回本任時氷凌凍阻遂由常州登陸渡江星夜冒險渰流壯工到浦後督工催料卒歳奔走不敢告勞有詩紀之

附録林少穆所撰滄浪亭題詠序

滄浪亭去蘓公七百餘年　國朝宋中丞犖以來復漸圮矣其東偏今為𠋫館輿騎坌集山林為之不韻僕以道光癸未春陳臬吳越下車止其中有句云魚鳥親官舫林巒送使軒劇憐風月地欲换雪泥痕蓋歎之也旣又思山林之韻自若耳儻得風雅如昔賢者居之雖

萍跡偶寄當必有異無何僕以憂去觀察梁茝林前輩權臬事亦游息焉公暇命儔嘯侶擘牋徵詠且圖以紀之一時風雅之士為山林幸謂昔賢韻事復見今日也夫韻事視乎其人必其才與福兼而後地以人重僕在吴時淫霖為災滄浪兩岸積潦没踝方議賑之不暇君至而西成屢豐民氣恬懌則福為之也僕釐積牘校秋録皇皇孳孳恒若有遺君至而庶獄咸理秩然肅然則才為之也昔宋中丞作滄浪亭記用陽明詩語謂看山遊寺正所以了公事僕自分無了公事之才看山遊寺

之福抗塵走俗杳無古歡覩斯圖也未嘗不振觸心情追尋昨夢而才福慳薄適恐騰笑山林耳觀察行將再至吳閶搴帷行部更期為政之暇葺是亭而新之近追商邱遠媲長史而歐梅歌詠尤當與山林並垂無窮斯册固其嚆矢也夫

是冬文秋潭太宰汪瑟菴大宗伯奉
命查辦事件皆余舉主也時與河帥有調余淮揚之議上書力辭得免因採訪輿論請修復高堰二隄議格不行

附錄上嚴小農河帥烺乞免調任書

日昨祗謁鈞顔承諭與兩星使往復商榷將来淮揚道
倘須開缺擬以章鉅調補當將自顧萬難勝任嘗試必
致誤公激切面陳未蒙體察肅退後復又通計前後熟
慮深思當此河防孔棘之時自當力竭駑駘斷不敢稍
存畏葸惟念淮海一缺係河務兼管地方章鉅於修防
本非諳練莅任之始尚冀極力講求乃才力限之精神
又限之是以今年春間曾將實在情形籲求前督憲閤
部孫公暨前河憲張公遴選能員將章鉅掣回地方候
補免致貽誤維時水尚未長工務亦不甚緊而章鉅自

知之渭已如此矧此時形勢之難數倍春間淮揚之難又數倍淮海乎當蒙兩憲體察允於霜降安瀾後酌行調度自交卸署臬回任袁浦正欲復理前說適有堰盱之事一時未敢遽陳是章鉅之不宜河工即淮海亦不能勝任並非為淮揚多事有意推辭此固質之孫張兩憲而可信其無他即浦上僚案士民無不知之甚悉此時執事甄擇人才力求襄助如章鉅者即應首在甄汰之列而反以備調繁之選勢必致輿輪譁然伏念河工所重首在機宜必先成竹在胸庶臨事不至張皇失措

淮揚所屬為全河咽喉如何蓄清如何刷黃以及空重兩運往來東欒兩壩啟閉並督修堰盱土石工段即在事機極順之日亦無一定章程况明歲機宜更非昔比章鉅到工年餘於淮揚所轄並未周歷堰盱一帶更屬茫然倘使漫然臨之則是大敵當前而以不諳紀律之師披堅執銳其為必敗可知即謂執事明燭無遺隨時可以指示而時當大汛豈能常侍襜帷維時設有緊要事宜必致請命則不遑專主則失當安危呼吸所係匪輕執事仰邀

倚畀移巡南河理財用人事當慎始不特星使之興利除弊察核人才必訪之執事而後行即督憲初蒞河工事非專管於屬員之賢否人地之是否相宜似亦尚未深悉則此時之舉措日後之責成惟執事實肩其重今以不能勝任之人而先置之要地而章鉅亦並不量而後入冒昧相從在執事何所據以為薦揚在章鉅又何所憑以為報稱雖章鉅身家榮辱無足輕重負德辜
恩亦猶其次但恐誤一事而全局為之動摇失於前而事後更難補救於此而始另擇賢員治章鉅以不職之罪

不亦晚乎且章鉅蒲栁早衰夙有眩暈之疾即强當緊劇勉力從公勢必内外交勞乞休可待現在本任職守已滋竭蹷之虞既非精明又不强幹若再强以所不能則與其廢棄自甘又何敢以因循而滋咎戾語云操刀使割其傷必多又云陳力就列不能者止章鉅今日豈不當審所自處乎伏祈執事俯察下情力持大計俾下走得以稍藏其短即無累於執事知人之明而於公事亦有益無損矣瀝誠虔懇不勝惶悚待命之至

又附録上星使文秋潭汪瑟菴二先生請修復堰盱二

隄書

一昨樞謁蒙垂詢河工大局及堰盱情形曾略據所知以對雖山海何資塵露而諮詢不廢芻蕘仰見吾師求治之殷懷形於詞色此真南河吏民之福也因前言尚有未盡謹畢其說而再陳之竊謂古之治河專治黃河今之治河兼治運河淮水者運河之源洪澤湖者淮水滙注之地蓄之而收其功足以濟運且蓄之而盡其力足以敵黃顧蓄之而有十三堡息浪庵之害者則以二堤不修重門失守故也居今日而欲求一勞永逸始費

終肖之計則非修復堰盱二堤不可嘗考高家堰之築始於漢之陳登其時止有淮流並無所謂洪澤湖者堰之距水甚遠然遇秋霖暴漲亦有浸淹之虞故築土堰以限之訖乎唐宋元三朝淮不為患自前明改海運為河運我朝因勢利導修治益精於是轉漕之利專賴蓄清始因土堰不足恃改為板工磚工復改為石工更恐大堤不足恃又築二堤以為重門保障然其時大堤之外尚有湖灘寬數十里即嘉慶初年武家墩至盱眙一帶皆有低路可通迴非近年堤前水深丈餘可比而

靳文襄公思患預防已早料後此必有掣缺瀉水之害
屹然而築二堤曾無有識其妄費者又聞從前二堤本
與大堤相埒厥後大堤日見增高二堤日見殘塌甚有
私挖二堤之土以辦大堤之工者百餘年來無人理論
及此此次漫水所經殘破較甚若再數年不修則將並
此區區基址而無之嘗考嘉慶十五年間吳徐兩河帥
曾於請復南河舊制案內附奏修復二堤估需銀二百
餘萬時方有碎石坦坡之請議者主之次年陳河帥復
理前說欽奉

聖諭所稱現在有坦坡處所大堤仍不免塌卸而有越堤之處大堤可以無虞是二堤之勝於碎石坦坡具有明驗朕面詢初彭齡伊亦稱在清江時曾親履查看採訪輿情皆云修築二堤比碎石坦坡更為得力此次若再發交廷臣集議懸揣臆度仍未能定議勢必往返詢問徒延時日既據陳鳳翔所奏如此該處衆議僉同著即照該河督所奏辦理等因欽此是二堤之必應修復久經明奉

諭旨追黎襄勤公之帥河也十三年中節帑不下千餘萬

若當時以三分之一分年而修二堤則帑不見其費工日見其成斷無今日衝瀉之害然襄勤未嘗見不及此即如現在大二兩堤之間所築格堤若干道原欲聯絡兩堤俟庫款充裕之日補完二堤永資保衛去歲秋冬屢與章鉅覼縷及之惜乎天奪其年而不得竟其志也

或曰二堤之修所以防大堤之失也乃當時需費已約估二百餘萬此時更須加增查本年兩處漫口連估還土石工不足二百萬且漫口非常有之事一則所省若此一則所費若彼似圖新不如守舊不知今冬失事已

在淮源久弱之後故施工尚不甚難兼之下游高寶諸湖無多存水盈科而進徐達於興化泰州等處入海為日既久人得徙居立涸之源長消皆易倘在伏秋大汎淮揚一帶殆難言之工程幾何蠲賑幾何或竟一時難堵則一年空重兩運又從何處經行此實不堪回首者也或又謂二堤之修不過為大堤之副大堤既不足恃二堤安見無虞且現當大堤殘缺之後即使補築如前而客土性鬆灰漿未老迴不若原堤之鞏固不知大堤挺處湖心每遇風浪掀騰人難立足竟無搶護之方惟

二堤屹立於後距湖面較遠即使大堤失守風浪如前而缺口所過之水與湖心洶湧情景迥不相同一有二堤則人力可施且有近土可取不難竭力搶築立收以木抵水之功況詢之年老兵民均言今冬風暴兩晝夜不息而石工塌卸後一線土堤猶能支至次夜甫經掣通是似此風暴數十年而一見如有二堤保衛則尚可免掣通之患然則二堤之關繫在昔猶輕在今更重況昔之洪湖僅為淮水容納之地今之洪湖並為黄水減漲之區如將山盱之兩壩三河隨時酌放原可無虞風

掣然清水洩枯漕艘何由得濟黄流倒灌運河，並見淤高惟二堤修復之後可以盡力洩黄，可以放心蓄清，可以長閉東清壩而疏滌淤墊之運河，並可藉其餘力以刷黄而海口獲深通之利，不特此也，清水既可長蓄，則山盱河壩得守且守，高寶等七邑民困亦可稍甦，更於二堤完工之後再仿照黎襄勤所築格堤，或按堡或間堡添設一道，脱不幸而再有今冬之事，後身已三面捍護，必無意外之憂，且大堤溝槽蟄陷等工，或一年十數次，或一月二三次，向係隔堤繞越取土，用船裝載，方價極昂有小堤以通其路所便實多所謂一勞永逸始費終省者此也國家經費有常籌款原知非易人人知二堤之有益所以因循至此者職是之由查堰圩一堤綜長一萬七千丈今擬估築頂寬五丈高三丈底牽寬二十丈每丈約用土三百七十五方共土六百三十七萬五千方每方銀四錢約需銀二百五五萬連格約共需銀二百六七十萬尚有舊堤土基可扣以減銀數今作三年每年只須籌款七八十萬似亦尚不甚難伏查旬年籌復馬巷口故道經當時督憲既河憲再

三陳奏然必待主使揆諸始能定議然後下事者歌
頌不啻今吾師以公忠篤棐之身上膺
帝簡倚畀方隆大力深心實為中外所仰望堰圩二堤若
不能以此時議復必更無修復之期章鉅非河員
身上職又非所屬惟習聞在昔耿耿未能去懷茲復親
歷目睹博採輿論知有不容稍緩者用敢敷陳梗概惟
鑒察核施行不勝激切翹企之至

原書缺

萬石全數渡黃遂以局報銷較原請之數節存三十二
萬金奏入自督部河帥以下皆甄叙有差於余以請
河工力辭以七府不登薦牘而是冬遂拜東臬之

命矣
九月得聞信之兒逢辰登鄉薦第二名有詩紀之是
月以霜降安瀾奉
旨交部議叙紀錄二次　時運道未能復舊河工議論紛
紛有欲改海運有欲開王營減壩者皆在余所轄境
內因力爭其不可而惟主修復毛城鋪及增築高堰二

隄兩說則非余所轄地亦不果行

附録復友人問改海口書

客有寓書於章鉅者曰比聞黃河以南糧艘阻滯者二千餘船禦黃壩以外河身日高清水不能外出有獻議請改海口者果可行歟乃報之曰黃河之東也古以雲梯關為海口千百年來未之有改今雲梯關至海口尚百數十里而遥前人偶因漫口分溜以後正流停緩横起疑端遂有擸門鐵板沙之說自力守永定攻沙之議者兩岸接築長堤百數十里河流得以順軌奔注者十數

年於茲今歷考上下游頻年長水消水尺寸與雲梯關外各工所報情形如呼吸之相通影響之不失其為海口並無梗阻信而可徵然則海口又何煩議設乎乃獻議者謂河身之墊全在清江浦以下附近各工若於外北山安西廳之北岸別開洩黃之路使黃水跌塘而趨則新墊之泥即可盡行滌盪而黃水既落禦壩一開清水自然滔滔外注歷年積淤並可刷清且所洩之水直達鹽河而東經莞瀆河響水口入北潮河出灌河口入海較雲梯關外入海之路近至百十里有差云云大府

頗為心動已檄委幹員由源竟委順途勘視丈量尚未據將所勘情形稟覆而鄙人博稽成案廣採輿情竊思然於斯議之難行也自前明萬歷初年河決崔鎮泊戒朝康熙初年河決茆良口黃流皆由灌河入海然均因去路不能暢行旋即挽歸舊道此海口之再徙而再復也迨康熙三十五年河臣董安國擬議改道就薛套地方築攔黃垻開馬港口導引黃流由牡潮河出灌河入海其時三年之間河決者四次以致倒灌停淤淮不壯流者數年遂大為下河州縣之害至三十九年河臣張

鵬翮奏折攔黃壩挽歸舊道河患始平此海口之三徙
而三復也乾隆五十一年河督李奉瀚因黃流盛漲開
二套引河以資分減亦由灌河入海而引河不久停於
正河旋歸舊道此海口之四徙而旋復也蓋自董安國
之後更無人復敢議改海口直至嘉慶八年衡工漫口
始又有以此議獻之　闕下者旋經星使姜晟等查明
不便情形奏寢其議迨嘉慶十一年六月王營減壩開
黃流漫過鹽河民堰由六塘河入海次年三月合龍後
即歸舊道又十三年六月馬港口開黃流由灌河入海

十五年十月合龍後又歸舊道此數年中未歸舊道之先又皆未嘗不作海口可移之想工屢

聖心之延佇下費大吏之籌維經星估吳璥等將斷不可改情形勘視明確報聞其議遂又寢此又海口之四徙五徙而[illegible]復也十六年五月王營減壩復開黃流由鹽河舊路達於灌河入海是年十二月合龍即歸舊道此又海口之六徙而旋復以迄於茲未之有改者也凡此所由徙之地或在桃宿上游或在雲梯關外或因漫口而掣溜或因減壩而分流其所以屢徙而終復之由

昭昭在人耳目今議者乃欲於外圩山安接壞之處擇
地而行之宜莫若李工矣然李工距清口較遥於滙清
刷黃之機恐不得力且查嘉慶八年五月初六日啟放
李工至初十日黃流始落二尺餘寸九年十月初八日
啟放李工至初十日黃流僅落一尺二寸是跌塘之初
不暢即歸墟之勢難成也如是而復近以求之宜莫若
王營減壩矣然嘉慶十一年減壩下注之水自入六塘
河後散漫無紀大溜直衝大伊山東穿場河復越東門
六里義津等河其尾閭又分為三段南為灌河口中為

五圖河北為龍窩蕩河槽既不歸一海口遂立見停淤
今必使減壩所注之水全由鹽河直出莞瀆壩經北潮
河以達於灌河入海而後可則非土堤以束之不為功
矣今議者擬以大河之北堤為南堤以鹽河之遥堤為
北堤然遥堤身高不及大堤之半其長僅百里而近足
以容鹽河而不足以受大河其迤東應行接築之堤又
不下二百餘里大堤則自東門工以下其勢順大河而
偏趨於南安東縣城在堤北若必以此堤為南堤勢不
能委縣城於堤外則又必越繞縣城之北圍築月堤若

千里以合於大堤緣此南北無堤之處必須接築有堤之處又不能不加圈築合計兩岸堤長不下七八百里其中應設立埽工之處不一而足所費不知凡幾則以北堤為南堤以遥堤為北堤兩語言之似易而行之大難不但爾也盐河以東地勢之高低今不異昔萬一河不直行而旁溢悉如前此故事則民田廬舍在在淹沉撫卹賑蠲勢所難免所費又不知凡幾防河原所以為民乃未見其利先見其害此尤章鉅所未敢輕議者矣章鉅足跡未至灌河其自盐河東至莞瀆河北潮河則

爲每歲周視堤堰圖估蕩柴所必經之區尚能言其梗
概今且俟委員詳細勘量繪圖貼說呈之大府自有折
衷想無煩以口舌爭也此復不宣
十一月復上請修復堰盱二堤議大府皆不以爲然惟
陳心畬漕帥中孚深韙之曾採以入
告有
旨飭議終格不行
附錄上督部暨漕河二帥請修復堰盱二隄書
竊謂河漕有相因之勢河湖有相輔之功湖不治即河

不治而全局失宜漕運於是乎大困蓋河患不始於今日而漕病莫甚於今日溯查百數十年来空重軍船豈無偶阻而從無運道隔斷以致海運盤運並興者無論二者均非經久之計且歲增百十萬帑金有漕之省頓添雜費其中旗丁病商病民又不可勝計尚不預為籌畫其害迄無所終然則治漕必本於治河而欲其疏河利漕則必先使禦壩可閉清水暢出而後徐徐圖治始可漸復舊規是洪湖之機宜實為全局之關鍵而長隄一綫關係淮揚保障更不得不力求保衛之方從前堰

盱一帶石堤之外普面皆灘有遠至數十里者亦有寬數百丈及數十丈不等者時非盛漲水不到堤而濟運敵黃當時亦大收其效夫猶是水也何以昔日之湖不蓄亦能暢出蓄亦不過一丈即可刷滌黃流今已蓄之一丈二尺九寸且在黃水歸槽之後而黃高於清尚有一尺餘寸則河底益淤益高受病殆非一日求諸古人之言揆諸今日之勢補偏救弊實無過於蓄清既欲蓄清則必將湖水擡高且必高至一丈六七尺始能外出有力然而狐堤挺立風暴靡常借鑒前車不寒而慄是

以去冬堰盱失事星使按臨因詢補救之方章鉅曾以修復二堤為請嗣因有碎石坦坡之奏其事遂寢近聞碎石事不果行則二隄並應議築二隄向有舊基然亦殘缺殊甚且僅距大隄八九十丈氣似太促茲查二隄迤東七八十丈以外尚有三隄之基其形猶約畧可辨該處地勢本高取土甚易地高則有基可憑土近則方價可減以視舊二隄之西臨二河東有深坑者辦理迥分難易且離大隄較遠設遇異漲風暴人力得以展施積水足資容納如將二隄移建該處且並於兩堤之間

犯風險要處所估築格隄十數道仍酌留橋門以通料船以消積水從此大隄搶工取土既無繞越舟載之勞每年填築瀉槽亦所省甚大即遇有非常風暴而官弁兵夫均可咸集新堤並力搶護一面將新隄趕廂防風一面將兩頭橋門塞斷後身已三面捍衛必無意外之虞查自高家堰武家墩至山盱周橋向有二隄今應做照約長一萬一千二百六十餘丈又自周橋至東水壯隄向無二隄今應接築約長一千三百餘丈二共約長一萬二千五百餘丈擬估頂寬五丈按三收底寬二十

丈高二丈五尺每丈土三百一十二方五分約共土三百九十二萬六千五百餘方係估用挑河之土先易後難每方聾銀三錢共銀一百一十七萬七千九百餘兩又擬估格隄十八道新隄離大隄約一百五六七十丈不等每道東西聾長一百五丈頂寬二丈按二收底寬十四丈連隄匹水塘聾築高深三丈每丈土二百四十方每道土三萬六千方共土六十四萬八千方係估用舊二隄以東之土遠近難易不一每方聾銀四錢共銀二十五萬九千餘兩合共約銀一百四十三萬餘兩併

於新隄迤西離隄五丈挑河一道口寬十丈深一丈二收底寬六丈以土築隄不估錢糧河成之後隄土如有不足准取隄東就近之土其武家墩鹽河高澗潯河周橋草澤河向通水道之處應建閘座約尚需銀數萬兩通共約需銀一百五十萬兩隄成之後雖保護石工不如坦坡之得力然修守得此把握自可放心蓄清使之敵黃濟運計工程數月可畢較碎石省費實多明年空運南回禦壩即可啟放不但此也黃河減水各壩均在南岸以洪湖為尾閭即如嘉慶二十四年秋間東河蘭

儀之決全黃驟至堰盱遂險不可支如果二堤築成則有備無患淮揚一帶亦得高枕無憂矣或謂二隄既成自武家墩以迄來水北隄固資後衛而五壩檔內勢難一律築堤何從修守不知該處地居湖尾向來不甚犯風即有疎虞搶辦亦易為力且其下注之水係達高寶諸湖尚與田廬無礙要之二隄之築其本意雖在蓄清而保衛民生亦關大計惟現當帑項艱難之候計明春盤運所費已屬不貲而接築長隄加倍土工估挑運河以及預備王營減壩請帑無算在

聖主垂念河防誠不少惜而經費無出似應別求其方即
如兩淮鹽斤加價一事似不可行然以本地之錢而辦
本地之事所裨實多且所加不過每斤一文在民間亦
無擾累一經足數即可奏停此亦籌款之一端而未必
不邀
俞旨者也章鉅地非所屬本不當越畔陳詞而全局攸關
亦不應稍分畛域用敢徧訪輿情詳勘地勢忘其檮昧
謬獻芻蕘並將前冬稟稿録呈於情形較爲詳細惟前
估土方丈尺係約略而言恐有不符之處伏乞飭交該

本管道將廳營核實議覆施行幸甚望甚

十二月二十九日奉

上諭補授山東按察使次日即卸淮海道篆

道光六年丙戌五十二歲

正月拜摺請　覲十一日由清江浦迎摺壯上大兒逢

辰侍行　成蜀別僚案士民七律六首浦中以詩贈行

者十餘人繪成袁江話別册　二十日在汶上途次摺

回奉

硃批准来見

二月初一日到京次日詣 景運門遞摺請
安連日在 養心殿
召見二次在 乾清宮
召見一次
賜克食二次即 陛辭於十一日出京有詩紀之京中同
人各有贈言繪成宣南話別第二冊
二十二日抵濟南府在行館接受山東按察使篆務後
數日鄭淑人挈子女至遂同入署
四月邱婿藜光自閩來次女于歸即在署中成禮

九月逢辰同媳吳氏往湖北時吳和庭親家令天門有信招之也

十一月二十六日奉

上諭調補江西按察使拜摺請覲奉

硃批知道了

十二月初六日奉

上諭補授江蘇布政使拜摺請覲奉

硃批不必進京應陛見時再行奏請　時滿洲訥近堂漕帥訥爾經額署理山東巡撫為余奏留兼署山東布政

使篆務兩署政務皆極繁劇藩署歲會之期事尤叢冗平生案牘之勞殆無有過於此時者矣　東省近聖人之居民氣樸淳斷獄較他省為易時荷澤有兵役越境釀命之案與直隸之東明互相推諉衆疑莫敢決者半年余甫下車訪治月餘日而罪人斯得又有高苑謀殺二命之案延五年餘不能結原審官青州某太守仍欲以緝兇了之舊牘積兩大簏余悉心研閱數晝夜得間而入遂囑首郡鍾雲亭太守祥重加推鞫立成信讞論者快之又詳請奏改東省竊盗三人以上執持器械者

不分首從贓數次數發極邊烟瘴充軍新例仍照舊例擬以杖徒程月川撫部含章採以入告從之

附録上程中丞請復竊盜舊例書

竊查嘉慶二十三年前臬司温承惠以山東竊盜倚衆肆横議將結夥三人以上執持繩鞭罷械者不分首從贓數次數發雲貴兩廣極邊烟瘴充軍三人以工徒手行竊者杖一百徒三年結夥十人雖無執持繩鞭罷械而但行竊者仍照三人以工執持繩鞭器械之例擬軍

稟蒙和前憲奏准通行追後器械有無分别又奉咨准
部覆一人携帶各人同論凡非徒手即屬持械等因遵
照在案章鉅自涖任後留心查核始知從前定例之始
所辦者多係蔑法匪徒迄今數年有犯必獲有獲必懲
擬軍擬徒者已不下萬餘名而盜風迄未消息查向来
定例初犯再犯贓至五十兩方擬杖徒即一百二十兩
亦僅止流罪其有拒捕應行加等者方擬軍罪如辦理
積匪不論人數之多寡器械之有無必糾竊六次以上
或被糾疊竊及獨竊至八次者方擬軍罪糾竊四次或

被糾疊竊及獨竊至六次者方擬徒罪又如竊盜臨時盜所拒捕及逃走拒捕或殺人或傷人其爲從幫毆之犯但非金刃折傷俱罪止於軍例内既言首從則結夥可知既言殺傷則持械可知似此情節重大疊次犯竊贓數累累論罪亦僅止於軍徒核與現辦三人以分別持械徒手不計贓次不分首從擬軍擬徒之例則輕重懸殊　國家設立科條與民遵守無不一氣貫串情法兩平即有一時爲懲創起見從重問擬者亦不過照其所犯本罪加等而止伏思鼠竊狗偷之徒何地蔑有在

他省止問笞杖者在東省則問極邊烟瘴較之定例加
重八九等至十五六等於情法實未允協
聖朝惠愛黎元寬嚴並濟即如私梟一項因其病民病課
定例何等森嚴而獨於老少男婦挑負四十斤以下者
概不許禁捕嘉慶二十三年又欽奉
聖諭不得任聽私設巡役濫拏肩挑背負之人徒滋紛擾
實於懲儆之中仍寓矜憐之意以此類推此時如乞丐
同伴三人其中偶有一人隨身攜帶竹棒遇便偷竊一
雞一鴨一衣一褲之類此與貧民之挑販私鹽相去一

閭論其所犯本無重情而繩之以例則名數已及三人竹棒即為罷械贓數次數又在所不計有司格於科條一經被獲到官不能不照例擬以軍罪與以上所指疊次犯竊贓數累累者情有重輕而罪無差等在刀頑者明知夥伴三人所帶不過軟梯籃筐所竊不過零星微末破案後罪即不能輕減若疊次糾竊任意逞兇但不致刃傷不至滿貫罪亦無可再加是使畏怯者之所為轉不如膽玩者之得計因此而肆無忌憚相習成風則名為峻法以懲奸馴致法敝而民玩所關殊非淺鮮章

鉅職在提刑有弭盜安民之責何敢姑息以養奸惟立法未得其平情輕者科以情重之條轉使情重者無畏法之心情輕者起玩法之漸故不得不悉心籌酌擬就管見所及量與變通應請將十人以上執持器械行竊兇暴衆著者不分首從贓數次數發極邊烟瘴充軍若結夥十人並未執持器械者於軍罪上減一等杖一百徒三年至三人以上未及十人執持器械者亦杖一百徒三年如三人以上不執持器械者杖一百其中有竊贓數多及拒捕情事仍照各律各例從重擬斷如此衡

情科罪示以區別因地制宜則已較他省為重因時立法則已較舊例為嚴而小民為貧所迫偶罹法網亦不致畢生莫贖無路自新核諸從改之例似為平允不揣冒昧據實直陳仰懇憲臺查照所議情形核定具奏實為公便不宣

輯古格言十二卷成書自為之序

章鉅少承庭訓不敢讀無益之書顧性喜涉獵又方習舉業經史而外旁及子集雖未嘗一日釋卷而口耳之學不足言心得也自入仕途時與通儒碩士上下其議

論知今人學術厥有二端溺於詞章訓詁者每以宋人語録為詬病其務近理着己者又墨守近思録而盡束古書不觀所謂楚則失之齊亦未為得也竊謂宋以後講學家言陳陳相因固令覽者生厭然簡粹處無非原本古訓即其言心言性剖析豪芒亦無非在古人籠罩之中非宋人能自闢戶牖也自維譾陋好服膺唐以前名人著述沿流溯源輒以此意取之日積月累手録成帙前列聖賢遺訓之在經外者餘以子史集略為詮次間附案語亦本前賢成論以疏證之卷以類分其無可

類歸者綜為名理一卷殿於篇終大都義兼勸戒期於人事深切著明昔論語比攷識曰格言成法斯為近之因自題曰古格言將使講學家不得反脣相譏而樸學嗜古者流亦藉收檢束身心之益庶幾哉其不為無益之書乎惟行篋既鮮陳編趨公復少暇日擇焉不精語焉不詳所望同志者匡益之云爾

編梓藤花吟館詩鈔十卷

附録翁覃溪師舊序

余與海内才士以詩相切劘者垂五十年其就吾齋學

詩稱著録弟子者亦不下百十輩莖林最後至而手腕境界迥異時流又最篤信余説嘗與劉芙初吳蘭雪陳石士李蘭卿諸子分題角勝每一稿出必就余點定之既又以舊稿相質虛衷雅懷往復商確愈唱而愈高蓋不名一家而能奄有諸家之美者也憶昔年並几論詩如謝蘊山之圖巂馮魚山之縱横皆不若莖林之得路不過沉着按切而已無他巧也而一時才巂竟皆莫能近惟蘭卿可為莖林畏友耳蘭卿之失在手腕輕鬆然實衆妙之門無不可以鋭入莖林之失正貪寫正面欲

求其鬆而不可得然究其極致則成就正果直造古人

余謂莲林已考選樞庭行將簪毫禁近不復能從容談

藝亟宜秉此未厲繁劇氾涉問津倘更精進不已余能

測莲林之所至哉嘉慶丁丑中秋八十五叟翁方綱題

退菴自訂年譜卷之六

道光七年丁亥五十三歲

二月初三初四兩日遍卸藩臬兩篆 初四日鄭夫人率領眷屬先期起身由湖路南行 初十日挈次兒丁辰由山路南行 成留別察衆士民七律四首和考數十家編成東南棠蔭圖詠三卷朱蘭坡同年為之序 是行順途登泰山有詩紀之

三月初五日抵蘇州接篆視事

附錄朱蘭坡侍講所撰東南棠蔭題詠序

同歲生長樂梁君莅林在京師往還最密頃由東臬擢任蘇藩東省人士感懷嘉惠而以君嘗權蘇臬澤先南被因繪東南棠蔭圖題詠甚衆君携至蘇將授梓來徵弁言余惟君子之服官身去而繫謳思蓋自詩之甘棠始考名公分陝實古方伯之職而小序言聽訟則似兼今之廉訪揆諸圖義於是為稱君初外授守荆州旋晉淮海觀察臨行有江漢贈言集江漢之閒固召公所布化也棠符其地兹乃符其名矣近世郡縣德政碑例有明禁斥誣譽也大吏勢尊嚴分尤濶絕在其位或競獻

訣詞及出郊郭此意遂慤焉誰復瞻蔽芾之蔭而溯芰
憩之蹤哉君居東僅一載明允克孚而余過吳門往往
聞道君權臬舊事則昔之自蘇而移東臬也南人戚而
東人喜今之自東而陟蘇藩也東人戚而南人不更喜
予顧余與君車笠誼深不敢涉虛美側念蘇壤爲國家
財賦之區疊經荒歉閭里疲苦天下之物力必常留其
有餘乃可轉輸於不匱竭澤而漁前哲所戒故欲裁召
伯之棠當先問郇伯之黍余將爲君歌陰雨焉康熙中
睢州湯文正公撫蘇膏淚黎庶久之以司空內召攀

輮卧轍羣跪送河千樹之楣曰民不能忘閱百餘年猶屹立通衢想當日應亦有繪圖而賦詩者惜未裒輯流傳使後人得展帙而生其慨慕也君倘如湯公之遇我知南人必效東人之所為而繁富過之余幸親見尚願為之序序猥命余者謂余曾典試東土三宿有緣適又主講於蘇且性樸所言惟其實不惟其文也雖然余何能不愧於君也耶

是歲修治泖湖並籌濬吴淞江有詩紀之復繪成淞泖扁舟冊題詠者徧吴中

附録覆勘泖湖並請籌款挑濬吳淞稟稿

昨據松江守李景嶧稟稱松郡之泖湖本為江浙諸水滙洩之區且為松屬漕運必由之路近年淤淺已甚多由沿湖小民設簖栽蘆攔阻水勢當經議立築圩插栁章程詳准遵辦在案嗣奉撫憲札飭以三泖僅存一區雖係淤淺尚堪瀦水若併此而無之則一遇歲澇必致壅遏上流現據元和令何士祁稟稱築圩插栁恐礙水道所陳該處情形甚為明晰未便以業經批准稍存回護飭司轉行停止即速遴委諳練之員前往勘視由司

妥議詳辨等因本司伏思泖湖為東南瀦水之區旱澇藉資蓄洩又為糧艘經行要道一有阻礙所係匪輕但李守所稟築圩插椰章程是否妥協未經目覩不敢冒昧詳覆且聞東南水利動稱三江今劉河已成平陸吳淞又復淤高僅恃黃浦一江恐不足以資宣洩本司職守所關自涖任以來無日不留心諮訪終未得實在情形茲於本月十五日帶同原勘吳淞之總捕同知范博文近勘泖湖之候補縣齊彥槐督率該守令等先至泖湖次至吳淞逐細察看查長泖大泖圓泖古稱三泖上

承浙西諸郡及吳中薛澱諸湖之水以達於黃浦江沿泖居民因貪小利張設魚籪種植茭蘆溜滯淤停蔓滋灘長剧致長泖大泖久已淤平僅存圓泖一區周圍約有二十餘里自嘉慶年間泖塔前後及大草墩等處漲出草灘四百餘畝奉前督部費公札飭犁平緣坭深灘老人力難施不惟工費浩繁抑且出土無地雖經入告終未舉行而小民因無限制恣意拋撒蘆根漸淤漸廣道光六年勘丈已有二千餘畝之多每歲糧艘經行插標作識時虞淺阻若非嚴立界址不及數年必至淤

成陸地長泖大泖即其前車本年李守與婁縣青浦二
令計議即將萬難剷除之老灘作爲界限委巡檢方景
雯勸諭沿泖居民押令折毀罾基魚斷將老灘外所有
茭蘆連根拔去挑撈淤泥堆置老岸之上沿圩種柳以
清眉目此實截流杜佔不得已之苦衷舍此則更無良
策潮查舊牘上年泖湖寬處不過二三十丈中泓水深
四尺今本司以一葉扁舟周回履勘寬處一百四十餘
丈狹處五六十丈中泓水深丈餘沿邊水深五六七尺
不等比較從前寬深丈尺不啻加倍盖蘆灘剷淨湖流

通暢則水亦刷深似此辦理甚屬得法細察大草墩一帶老灘離岸遠者五六里近者二三里並非接連一片或斷或續港汊極多四通八達於来源毫無阻礙現在隄堰出水二尺餘寸設遇水潦此圩已没入水中更無妨於宣洩則李守現辦之築圩插椰仍應准行所有停止未完之工應飭婁青二縣赶緊辦理完竣惟元和界内之長州漊一片蘆灘二百餘丈挺入湖心誠恐蔓延滋患應飭設法剷除以歸畫一至善後事宜尚須詳議經界不清則無可查考賞罰不立則無所勸懲再四思

維惟有委明幹之員將全湖寬濶丈尺分段牽量即於各段對岸立碑將所量丈尺大書深刻以垂永久每月派員查驗一次向来吳淞泖湖等處漲出草蕩不准陞科原為得少失多恐妨水利起見然任民間自種自收爭奪紛紜亦屬不成事體查泖塔前後大草墩等處漲灘經前司詳明將草息充公以資書院膏火是此灘本屬官地嗣後沿泖農民應按名編冊佃種草地即責令剷闢新淤每歲所入除交草息外餘即為該佃刈蘆挑淤之費嚴禁胥役人等需索陋規一如屯田之河丁海

塘之汛保將河隄海塘餘地歸其耕種收穫而保守隄塘即責成之勤則永令承佃惰則立與革懲賞罰分明農民自知奮勉所收充公之草息雖微所省治湖之經費甚大此雖不報陞科實與陞科無異老灘既充公有著豪猾自無所用其覬覦從此再無續漲之灘則萬民之爭端亦息矣然法立不得其人終歸廢弛查婁青二縣主簿本有水利之責既令專司其事三年之内果無續漲新灘即加陞擢倘或巡查不力得規徇縱致有仍前種蘆設斷之事重則叅處輕則撤回即守令之疎防

亦不能辭應得之咎如是官民交儆泖湖可保無淤實
於運道農田均有裨益竊謂此法不特泖湖可行如龎
山薛澱諸湖吳淞黃浦二江凡有關瀦蓄宣洩要害之
區均當遵照辦理庶水利可興水患可息而東南不憂
昏墊也至吳淞為太湖入海尾閭尤關緊要自嘉慶二
十三年借帑疏挑未協機宜旋復淤墊一遇淫潦則港
溪漊蕩泛濫無歸以致道光三年之水災遂為從來所
未有此不但國賦所係亦為民命所關道光四年曾經
奏明估挑以費無所出而止茲本司逐如履勘四江口

以上寬濶尚有十餘丈水深八尺餘寸四江口以下節節高仰迤至上海之野雞墩濶不盈丈深不及尺舟舫往来非潮不達蓋不惟溜弱沙停而兩岸壅種灘田坡坦土鬆時時坍卸據委員范丞禀稱此次所勘情形較前月已增淤數寸若不急加挑濬竊恐轉瞬之間即為劉河之續查龐山薛澱諸湖向皆由吳淞入海因吳淞淤墊均趨黄浦蓋来源不暢則不足以刷浞沙而去路不寬又不足以容灌注故欲濬治吳淞總須從源竟委徹底疏通挑深必一丈有餘展寬必十丈以外始可得

建翎之勢而收敵潮之功若將就估計苟且目前隨挑
隨淤終歸無益統計五六十里之內切難築岸打垻挑
河似四年所估三十餘萬之數必不可少工程浩大經
費難籌又當邊陲軍興河餉孔亟之際斷無庫款可撥
惟查松江府志載康熙十年江蘇巡撫瑪公曾奏援明
臣海瑞挑濬吳淞江故事請留江浙兩省折漕銀十餘
萬以充工用奉
旨准行此時或仿照辦理為民請命諒亦可仰邀
俞允考明史河渠志載陳懋德請開吳淞疏中有渙小儲

以成大儲之語言之至爲懇切若再事因循萬一復遇
偏災躅賑所需何止此數此則不可不深長思者也伏
惟鑒裁不宣
六月會同署臬司潘恭常護蘇松太道陳鑾詳請備款
挑濬吳淞江
七月陶雲汀中丞據詳轉奏奉
旨准行
附節録詳稿
竊查吳淞江前因淤墊日久屢經議請借欵興挑仍於

得沾水利州縣各花户名下徵還歸款嗣奉部飭一切
工程概行緩辦遂爾中止本年五月本藩司因查勘泖
湖復赴吳淞一帶勘得該處淤墊愈甚必須大加疏挑
統計數十里之遥一切切灘築岸打壩挑河非照四年
分所估銀三十餘萬兩之數斷不敷用當查松江府志
載前明及我 朝康熙年間均係截留江浙兩省折漕
銀兩以充挑濬吳淞工費現當 國用浩繁之際動帑
固難踵行即前議借墊攤還而蘇松各屬自道光三年
水災後民間元氣未復近年以來時有偏災緩徵錢漕

新陳並納力已不逮恐借帑墊辦難徵還款亦有所難此外又無巨款可以籌措而本年新漕欽奉

諭旨仍由海運則吳淞江為各縣駁運米石經由要道尤應趕緊興挑以免繞道黃浦致虞疏失未便拘泥停緩工程期內貽誤機宜伏查蘇松常鎮太四府一州漕糧項應徵贈五及白糧盤耗運飯等米九萬八千七百餘石河運年分本係給丁之款上屆米由海運無須給丁節省存倉當經糶變得價銀二十二萬二千餘兩解歸道庫報撥在案米春復辦海運則贈五等米亦應歸節

省可否將此項節省米石照案仍請糶變將糶存米價
免其報撥作為桃濬吳淞經費以海運節省之米價即
為海運駁米河道之用不但各屬駁船免涉黃浦波濤
之險而吳淞江六十餘里淤墊盡除為各郡農田永
賴之利上無損於
帑藏下不累及閭閻實於國計
民生兩有裨益雖覈計原估挑費尚有未敷仍可在外
籌湊惟挑濬工程九十月間必當及早舉辦而本年節
省之米須俟全漕完竣後截數次年三四月間方能照
時價糶變應請先於本年平糶緩漕米價銀內暫借銀

二十餘萬兩給發領辦以便及早興工仍俟明春撙節
省各款米石變價銀兩如數歸款一轉移間要工既得
速舉而民田運道利賴無窮矣相應合詞具請伏乞照
詳轉奏幸甚
九月吳淞工興十月大壩合龍先是潮水衝壩旋築旋
圮勢且岌岌余為虔禱於岸側周公祠一夜而工成為
碑紀之
道光八年戊子五十四歲
三月吳淞工竣親赴驗收

附節録陶雲汀中丞奏稿

竊照吴淞江工程已報全竣並據蘇州藩司詣驗如式

臣復遵

旨親往驗收按照估册逐段勘量自青浦縣頭壩起至上海縣攔潮大壩止通工計長一萬八百八十九丈有零

悉與原估寬深丈尺有盈無絀内太倉新陽工海嘉定

吴江鎮洋青浦寶山等州縣均於原估丈尺之外加工

挑空其寬深多至二三尺及六七尺不等均係捐資辦

理不在原估之内隨復按段測探水深各有一丈九尺

至二丈不等實為一律深通毫無淺滯之處訪詢沿途
耆庶歡聲載道咸稱百餘年來未有似此深通之工從
此舟楫暢行旱潦無慮民生永資利賴　國賦愈樂輸
將堪以仰副
皇上軫念農田水利之至意所有通工挑河築壩共銀二
十九萬九千一百八十七兩零原議籌動海運案內節
省贈五等米價銀　奏准於平糶緩漕米價先行借動
二十六萬五千七百餘兩給發支用在案今海運停止
贈五等米無從節省歸款懇將原借平糶緩漕米價銀

二十六萬五千七百餘兩即作為桃濬吳淞經費就款
開銷此外不敷銀三萬三千餘兩皆在外自行捐措由
藩司核實辦理免其報銷至此次工程經該藩司梁章
鉅屢次親詣督率籌辦署臬司蘇松太道潘恭常協同
商酌均極精詳妥協但係司道大員不敢仰邀議敘其
承辦各員實在勤奮出力者據藩司開單詳請保奏臣
覆查無異相應仰懇 量加獎勵等因謹奏奉
旨藩司梁章鉅署臬司蘇松太道潘恭常籌辦商酌均極
精詳俱著加恩交部議敘欽此 謹按此次蘇州守陳

之楣鑾督糧司馬王香湖青蓮俱准以應陞之缺陞用
上海令捐陞知府李碧山廷錫准以本班儘先選用不
數年間陳遂南府王晉賡訪李亦擢監司矣
三月為鄭夫人五十壽辰時次媳鄭氏自閩来即為次
兒丁辰畢姻子女團集合署稱觴頗極門庭之盛署外
有饋遺者悉却之惟受闔郡屬吏緞詞挂軸十二幅
附録蘇州府屬吏公祝鄭夫人壽序
詩三百篇首周南次召南說詩者曰召南方伯之化鵲
巢騶虞之德諸侯之風也顧一十四篇中什九為家人

婦女之辭詩若曰修身以正其家而后可及於國矣是故有夙夜在公之諸侯而采蘩作有宗室牖下之大夫而采蘋作用之飲射用之燕禮始乎房中達乎四境國中之化益行夫人大夫妻之德益著夫是以美意宣被而風俗大醇也今之太守刺史視古諸侯則古之方伯實視今之承宣使者今天下分省為十八而方伯之官十九 國家以江南財賦甲天下區其地以分轄之而蘇松常鎮太四府一州積重又為江南最專其成於江蘇布政使司居其官者必有練達之才廉靜之守通貫

古今之學而家之人又能相輔以成理則經濟日宏樹立日遠閭閻之化亦日新如我茳林先生洵古之所謂大君子也先主於道光七年正月自東臯晉擢来吳下車伊始興舉廢墜丕變氓俗是式是力仲山甫之匪懈也来旬来宣召穆公之維翰也逾年而政大成景嶧等居帡幪之下窺化理之原蓋微特先生為古名臣也其淑配鄭夫人者固有鷄鳴戒旦之風為先生賢内助矣夫人閨中名進士蘇年公女自其總笄之年即明詩禮之學既歸先生執餁抱甕門庭無閒言洎乎副珈盛飾

中外偕行瑜珥盈前彬彬濟濟所歷之境日以豐而貴不忘貧寬而能約伊古劉圖所載范書所述何以加茲故知先生型家之化視召南之諸侯大夫殆有過焉而夫人柔順文明助先生以宣化亦大合於蘩蘋詩人之義也今年三月四日為夫人五十壽辰夫祝言非古也而先生所以修之於身以齊其家者不可以無稱也夫羔裘素絲之節秉於上甘棠行露之歌作於下而閨以內之雍雍肅肅可以知矣易曰積善之家必有餘慶家之昌也邦之福也敢再拜以頌

是歲恭遇

覃恩誥贈先曾祖父砥峯公爲通奉大夫如章鉅官先

曾祖妣林氏爲夫人皆章鉅以本身及妻室應得封

軸呈請工貤者也

誥贈先祖父通議公暨先祖母林太淑人先父朝議

公暨先母王太恭人亦如之

恭録

誥命六章

制曰嘉謨垂弈葉允昭世德之求殊寵錫公朝益展曾孫

之孝衹承新渥用報曩徽爾庠生前贈通議大夫梁邦柱廼江蘇承宣布政使司布政使梁章鉅之曾祖父敦修無斁垂教有方種德開先堂構益恢於來緒詒謀裕後箕裘克紹於前休懿矩攸彰恩施遂逮茲以覃恩晉貤贈爾為通奉大夫江蘇承宣布政使司布政使錫之誥命於戲四世其昌久聚德星之慶九原可作永承褒命之榮國典洊膺家風益振

制曰綏猷佐治寵既被於外僚貞順垂休恩聿推於內德特敷惠澤用播徽音爾前贈淑人林氏廼江蘇承宣布政

使司布政使梁章鉅之曾祖母肅雍可範令善堪模樹慈
訓於後昆爰著鍾祥之德傳素風於奕葉式彰詒穀之謀
允作母儀庸昭國典茲以覃恩晉馳贈爾為夫人於戲九
重錫慶洊邀丹詔之褒四世承恩益煥朱幩之色勤宣令
問益闡幽光
制曰表臣報績爰歸美於詒謀司士詔功必溯源於繩武
殊榮洊被積代增華爾增生前贈通議大夫梁叡華廼江
蘇承宣布政使司布政使梁章鉅之祖父衍緒開先垂庥
裕後緜枝挺秀聿昭樹德之符世業丕昌大啓承家之學

茲以覃恩晉贈爾為通奉大夫江蘇承宣布政使司布政
使錫之誥命於戲錫五章而敷澤珂里流光推三葉以承
恩德門毓慶祇膺茂典長荷寵綏
制曰鴻章錫類聿彰詒穀之休令範宜家益著含飴之美
式逢慶典爰沛殊施爾前贈淑人林氏迺江蘇承宣布政
使司布政使梁章鉅之祖母度協珩璜訓嫻圖史心莊體
順著壼範於中闈善積慶餘表母儀於奕世茲以覃恩晉
贈爾為夫人於戲播蘭陔之芳澤寵被重闈揚芝檢之徽
音光流華胄榮章洊逮德範猶存

制曰夙夜宣勞事君資於事父雲霄布澤敎孝實以敎忠
特賁綵綸用光閥閱爾前贈朝議大夫湖北荆州府知府
梁贊圖迺江蘇承宣布政使司布政使梁章鉅之父操修
淳篤矩範嚴明術在詩書克啓趨庭之訓業恢堂構實開
作室之模茲以覃恩晉贈爾為通奉大夫江蘇承宣布政
使司布政使錫之誥命於戲錫天府之崴章殊榮下逮際
人倫之盛美茂典欽承祇服誥詞永光譽命
制曰家聲昌大夙彰式穀之休壼教嚴明不替樹蘐之慕
適逢上慶用錫殊榮爾前贈恭人王氏迺江蘇承宣布政

使司布政使梁章鉅之母敦習禮規恪循箴訓寢門治業
著恒德於貞心閨塾授經寓慈風於雅範茲以覃恩晉贈
爾為夫人於戲恩能育子挺杞梓之良材善必稱親被笄
珈之茂寵祗承嘉奨允播徽音

道光九年己丑五十五歲

九月陶雲汀宫保入 覲奏請以章鉅護理江蘇巡撫篆務遂于十月初二日受篆視事

十二月二十一日卸護撫篆仍回藩司本任

是歲創建吾宗伯鸞高士祠繪冊徵詩題詠者徧吳中

因撰碑記並輯梁祠紀畧

附録新建梁公祠碑記

國家設祠廟以尊先賢俾人瞻仰而薰感於心厥典甚茂其有未備則蒐補遺逸固守土長吏之責也章鉅奉職蘇藩訪吾宗漢高士伯鸞先生祠及墓稽諸志乘祠缺焉求墓於要離塚旁又不可得或曰金匱縣有鴻山先生墓在焉遂有疑漢之置郡與今異者博徵往籍未見其合先是唐大歷中吾宗敬之補闕旅於吳拜先生墓樹碣而去郡志金石云碣在閶門今文傳而碣已不

存聞里諺舊有識要離墓碑不可樹樹則致殃此固於先生無與然卒無敢實其地者余既不欲拂人情而鑿古蹟惟念聖人制禮廟視墓尤重故古無墓祭而焄蒿悽愴多發於几筵榱桷之間然則墓即湮而祠烏可不立竊嘗例觀之先生高世逸民與漢末徐孺子若合圭璧孺子未聞居吳而吳有二祠竝列祀典景慕之誠原不以地限况先生寓於斯卒於斯遂葬於斯者哉其以處士流寓者如宗之尹和靖鄭所南祠皆具先生行誼無不及何獨缺祠前明朱君勝守郡建徽國文公祠

本朝韓君良臣暨予議亦建昌黎文公祠兩文公俱未
覊吳中也於其裔嗣来而祠遂建章鉅望出安定湖扶
風舊支譜系雖遥淵源不隔又幸官此邦詎應讓朱韓
二君專美於前且夫先生之風見諸先補闕所述者足
使鄙夫寛薄夫敦其非余一人族姓之私明矣苟得肸
蠁豐融千數百年之墜典藉玆創興于以坊表来世蓋
不為無助皐槁者先生托居故壤也神之迟迟當依乎
是爰擇近槁一區營構祠宇工既竣蠲吉廾主謹勒記
用諗後人期修而弗廢云爾

道光十年庚寅五十六歲

八月二十八日奉護理江蘇巡撫之

命

九月十五日受篆視事陶宮保擢補兩江總督之缺也

十一月新撫涿州盧厚山宮保坤莅蘇遂於十八日卸

護篆仍回藩司本任

十二月復奉護理江蘇巡撫之

命十二日受篆視事盧宮保擢補兩廣總督之缺也

是冬奏請挑濬常州府屬之孟瀆河得勝河澡港河估

需工費銀二十萬六千七百餘兩借動緩漕米價一款將来歸於武進陽湖無錫金匱宜興荆溪六縣分別受益業民攤徵歸款奉
旨准行

是歲編刻吳中唱和集八卷作者二十一人皆壬戌同歲生也自為之序

聲音之道與政通若詩歌則心聲也詩歌而有唱和則又同聲之相應也古君子秉政敷猷必先滌其煩宣其滯俾志慮清明然後物来畢照遇紛糾而無蔽壅況風

雅揚於尤足陶冶性靈而周旋於直諒多聞之友相深以道誼相勗以事功往往隱資其益夫豈汎然詩詞章修結納漫無關繫者比哉嘗觀詩大雅自崧高烝民而下序俱屬美宣王顧二篇之末明云其風肆好以贈申伯云仲山甫永懷以慰其心則確為同儕之相語至於韓奕并旁及顯父饜父餞筵相倣之事而此數詩內如營築征伐朝覲封錫疆理諸大典靡弗賅備古者無言不酬有贈斯有荅特世代杳遠散佚滋多又曾經刪訂之餘故屋存於今者無由尋其唱和之迹而如謂政不

可於詩見則孔子言誦詩即可授政者其又何說歟余通籍為嘉慶壬戌比藩牧吳中撫吳者安化陶宮保同舉禮部試同入翰林者也外此或星使或僚屬或主講席或居里第又得同譜十許人幸簪盍一方簿書之暇酬倡頗多幾不減春明聚首時即官中朝官他州江雲渭樹之感間亦郵筒往復聲響相聞積久遂成卷帙竊以我

國家興賢育德館閣翹材壬戌一科仰邀

奎藻褒以名榜宜益求其報稱廿餘年來同人閱歷之境潛翔略殊而氣誼孚洽共飭圭璧總期工副

朝廷作人之化下立士大夫砥俗之型詩歌雖其餘卷阿矢音亦於古有合考蘇郡學宮有宋紹興元年同年酬倡詩石刻時維建安袁說友泣臺憲浦城張體仁司倉庾兩人本偕第乃集在吳之同歲生大會於蘇臺袁首賦詩張和之與會而續和者成欽亮等六人會未至而補和者章澥等四人一時稱盛舉范文穆序其端以為傾倒情素增重名義匪直一觴一詠令宮保持節既似袁而余任職差類張張亦閩人也同年在吳之數又適相彷彿文字因緣前後若合符節惟詩之繁富實過之

爰推勒碑之意彙付剞劂氏庶幾追媲曩賢竝傳佳話集中多修廢振墜量雨課晴之作而懷古詠物紀事言情諸什雜綴其間其詩非成於吳中而事與吳中相涉者亦附見因題為吳中唱和集使後之人知我輩篤念金蘭固不徒欲與元白皮陸爭能而區區襄政罔敢自逸之微尚兼有所觸發而警勵焉

退菴自訂年譜卷之七

道光十一年辛卯五十七歲

二月程梓庭中丞祖洛蒞蘇遂於十二日卸護篆仍回藩司本任

次孫僑年生丁辰出

三月為三男恭辰畢姻適楊竹圃親家携眷在蘇也

四月次媳鄭氏棄世

七月江淮大水成灾流民蔽江而来者日以萬計時程中丞因監臨鄉試駐金陵余與蘇州守李石舟國瑞長洲令陳陶圃玉成元和令何竹薌士祈署吳令藍子青

蔚叟盡心籌畫倡捐廉俸並示諭紳富助捐一面給船資送一面設廠留養計自秋至冬三月餘日資送出境者六十餘萬人自冬至次年春四月餘日設廠留養者四萬餘人外郡縣視此有差其在蘇廠者余復倡捐棉衣袴萬領聞風好義者又從而附益之故竟一冬數萬人無啼饑號寒疾病死喪之事迨次年三月陸續厚資令回故里沿途頗有頌聲以為吾屬歸不少一人且增新產兒數十百輩云何竹薌為繪成目送歸鴻畫卷因屬同人以詩紀其事而邵武高雨農舍人澍然為作記

尤詳

附録高雨農所撰撫流民記

國家分江南置三布政使而下江一治蘇州奄有婁淞壯接淮黄東際太湖大海三萬六千頃沉浸其中固天地澤國也霖雨之漲決口之懷襄不時告警治此者豈惟敷庶政秩百官總貢賦而已將使億萬昬墊流離之民不失其所然後為盡職故其選重於他布政道光十一年吾鄉長樂梁公藩其地是年秋江壯異漲堤水下奔淮揚三百里悉成巨浸二郡非公轄而流民携老扶

幼渡江而南者日萬計截回則無歸轉徙則委溝壑羣
聚則不能遍食且虞非常而境内本年旱稼不登三年
六年疊困大水公私赤立相顧不知所為公乃賦鴻雁
之詩而起於是資送養留二政並舉條十議上軍門捐
廉倡屬以恤窮即保富曉勸居者得官捐若干金民捐
及認養者又若干餘金費有經矣然又有難焉者是時
江北漕停運鹽場停煎游手縴夫竈丁梟徒盡化災民
不可爬梳而不遑災頭私立總管副總管名目號聚徒
侶千百為羣沿途繹騷艒船倒撐船故載販私叢奸匪

者亦乘機攔入內河肆掠居者阽危朝不謀夕民船畏
逼不願載往往賄胥役脱免無錢者遠匿欲濟無舟顛
踣溝道而資送坐絀故事煮粥有攙糠之弊添水宿飲
之弊冷食者病熱者死迫冬月不惟仰食兼仰衣防之
不周備之不豫民幸不死於饑轉死於饐卒死於凍其
嚴設近城滋擾遠城無市男女混處易藏奸分處禁不
可理亦無所而留養亦絀公初舉二政即檄鎮江守率
文武僚屬陳兵江上按名籍記里貫生業男女名數給
符如記並給顧留顧送籤照驗嚴幾匪船進港重估集

船户預艤以待隨到隨發又檄所由彈壓宂頭戮禁鶩

者以屬其餘至闕顧送者驗符籤給資趣行令毋稽顧

留者分設三十七廠遠郊外男女以族從無夫男女婦

區置尼菴易煑粥而給筭錢俾自食懼其多耗也不彙

發而日給之懼其託市物竄入城也廠設柴米鹽菜局

以便市病者醫藥有專司産子給錢五百筭公日巡察

必周公之夫人亦率子女發私藏製衣屬初冬頒棉衣

九千領棉袴九千裲其五千領五千裲由公内署出也

又稻藁人十斤以藉寢於是自秋徂冬資送者六十萬

餘人居民耕市不變留養者四萬餘人如歸如土著初
嚴兵六門屬城禁已皆帖帖奉約束遂撤守既皆資歸
有司言條內載死者官殮埋而揭之竟度不用流民亦
相慶吾屬歸不少一人且有增以為美談蓋數萬人皆
無恙又新產兒多數十百人云鴻雁詩曰雖則劬勞其
究安宅微公此數十萬災黎何恃而究安宅哉公屬吏
何士祁繪目送歸鴻圖載公績公覽圖欷歔繫以詩首
述
聖天子宵旰之憂次敘羣職效命吳中士大夫尚義之美

不自有其功焉而公以積勞疏病歸矣十三年秋公出是圖屬尉然記尉然每間客席見公端居不怡若有憂色及聞今歲淮黃循軌上下江均大熟爲數年来未有則大喜然則公雖歸未嘗一日忘江南民也江南民能一日忘公哉矧下江憂潦數矣前冗方靖後警復迺公撫恤之完善特最於往歲葢百世之守也鴻飛遵陸公歸不復吳中士庶有不繼鴻雁作歌哉嗚呼天休難恃人事可憑所以慰吳民之望者不在一時之捻乃在安不忘危有備無患也公屬記之微意其在斯乎因詳次

公經畫俾後之使其地者有考焉

道光十二年壬辰五十八歲

二月初八日奉護理江蘇巡撫之

命十三日受篆視事程中丞擢補閩浙總督之缺也遂卸

江蘇藩司之任

四月初七日第三孫佳年生恭辰出　初十日拜發因

病請假之摺　二十二日奉

上諭梁章鉅奏因病陳請開缺回籍調理一摺梁章鉅着

俟林則徐到任後再行開缺回籍調理欽此

附録請假摺稿

竊臣渥受

恩慈力求報稱平日體氣素健辦理公事從不敢稍涉偷

安自上年夏間忽患頭目昏暈雖時發時止而精力漸

疲彼時即擬請假調理曾面商之撫臣程祖洛允為代

奏嗣因江北被水撫臣須親往履勘倉猝出門而江南

續有偏災臣亦分投勘辦又因江北流民南來就食者

日以萬計分別資送留養事體極為繁難撫臣久出未

歸臣責無旁貸不敢不力疾任事一面服藥以冀速痊

入冬以後漸就平復迨今春肝氣復發頭暈益覺難支
跪拜漸形蹇滯每論事稍久理牘稍多輙即耳鳴心跳
現服藥至百十劑尚未見功據醫家言因心血過虧之
故若非加意靜養數月不能收攝浮陽恐轉作怔忡便
成痼疾伏思臣本任蘇州藩司政繁賦重甲於各省全
力相赴尚恐照察難周若體氣未能强固豈堪當此劇
任現雖力自振刷而五中焦切萬狀悚惶再四思維實
不敢以諱疾誤公益滋咎戾不得已仰乞
皇上天恩准臣開缺回籍調理臣自揣年力未衰不敢稍

耽暇逸惟有趕緊醫治一俟痊愈即當進京銷假約計

新任撫臣林則徐月內總可到蘇臣俟交卸護篆後敬

候

諭旨遵行其本任蘇州布政使員缺即請

聖恩另行簡放以重職守所有微臣患病恐致誤公懇請

開缺回籍調理緣由謹專摺瀝陳伏乞

聖鑒謹奏

五月二十五日鄭夫人率領眷屬先行登舟

六月初八日卸護理江蘇巡撫篆務　十五日挈四兒

映辰登舟成留別寮寀士民七律四首和者百餘家韓桂舲尚書崶石琢堂廉訪韞玉吳玉松太守雲朱蘭坡侍講珔吳棣華廉訪廷琛尤春樊舍人興詩汪閬原觀察士鐘彭詠莪舍人蘊章餞於葑門舟次繪成葑江話別冊各綴以詩

七月抵浦城與眷屬相遇因溪河阻淺小住月餘日祝東巖親家為分宅而居

八月初八日登舟十八日抵福州遂全家進黃巷新宅成歸帆雜詠截句三十首

九月大兒逢辰自京請假回閩

十月為逢辰續娶王氏

十一月修葺宅西小樓工竣黃巷為唐黃德温先生璞故里今巷中以此樓為最古因署扁曰黃樓樓之下為芝南山館庭前有方池池之南有橋橋之後有假山間以雜樹而横橋古梅一株特大因復於隙地蒔松栽竹題曰小三徑竹外通小門為古瓦研齋時集同人觴詠其中馮笏軿舍人縉曾霽峯州牧暉春郭蓮渚比部仁圖吳魯庭孝廉贊韶陳恭甫編修壽祺趙穀士編脩在

田林鑑塘編修春溥陳香農邑侯登華往来尤密此三山唱和集所由始也

是歲吾鄉秋禾為風雨所傷米價驟貴而臺灣逆民陳辦滋事臺米不能内運民間蓋藏空乏衆心惶惶余為致書大府力懇奏請借撥江南漕米十萬石承程梓庭督部入告准行於次年青黄不接之時運到鄉里便之

道光十三年癸巳五十九歲

五月二十六日鄭夫人棄世余為狀其事略同堂第九

妹許蓉函韻書為之誄濰縣劉次白觀察鴻翺光澤高
兩農舍人各為之傳林少穆中丞為之墓表
八月十九日第四孫倞年生恭辰出
十一月初四日第五孫億年生逢辰出
十二月十七日逢兒繼媳王氏棄世
附録鄭夫人行略
夫人體貌豐腴而禀賦實弱在室時已嬰危疾瀕死而
更生迨歸余以一身鞠育五男四女備極劬辛此後遂
無歲不病惟去年由吳門冒暑遄歸摒擋行李經營新

宅僕僕者竟年其勞倍於往歲而夙疴轉減今春旋病
旋愈旬日間稍劇奄至不起嗚呼痛哉婦人行不出閨
闥宜無事於狀者顧念夫人相余三十八年自食貧以
至通顯中間欣戚非一端而黽勉同心始終無間有使
余哀思不置者不忍以無言也夫人姓鄭氏為福州庚
子進士鄭 諱光策 字蘇年先生長女先生與吾 父通
奉公同入讀書社甚相得乾隆甲辰余甫十齡隨吾
父游學於廈防廳署先生適主廈門講席見余喜甚遽
有絲蘿之訂迨歸而謀諸家人以余家貧有違言而先

生意已決力請於母廖太孺人並邀吾　父親往相婦
竟定婚焉夫人六歲失母祖母實顧復之廖太孺人以
苦節持家嚴於訓督故夫人幼明大義敦詩說禮蘇年
先生患足疾卧病經年夫人晝夜扶侍甚至嘉慶丙辰
年十八歸余以不及見　先姑為恨吾　父治家嚴夫
人佐余侍養動協機宜吾　父喜謂余曰新婦非貧相
而能安貧汝可專心所業吾無憂矣時余已再詣公車
不利將謀赴補　景山官學教習以為出身地夫人莊
容相告曰竊聞吾　翁與君談論相期甚遠大所為顯

揚計者似不在此君其勉之余甚愧其言嗣於己未辛酉兩科復再詣公車仍不利遂留京補教習時吾父以應選知縣改就教職挈眷赴甯化司鐸任夫人適有身八月不克隨行乃獨居黄巷舊宅以一媪一婢自隨嘗爲余述當時易衣而食數米以炊情狀甚悉無何並婢亦遣去且述長女分身之夕風雨蕭然媪出呼穩婆房中更無他人一燈熒熒了不知怯至今思之但堪酸鼻而已日者吾父自甯化學署寄所存齋俸數十金餙分致家中諸弟姪人各二金計得餘二金留與瑚官

即大兒逢辰少名也夫人持原封請長房伯氏虛白兄主其事伯氏集諸人信手分送適有鄉居陳氏姑至單中所未列亦得分遂至無餘伯氏恧形於色夫人遍揚言曰瑚官另有二金早收去矣衆始歡然而散其恐傷人意如此腕上兩銀條脫即余定聘物也歲入質庫至四五次司質櫃者為余親每質輒得贏曰吾稔知此物必贖耳余於庚申計偕時鳩集行計得百金以其半留家瀕行之晨夫人私割所留之半暗置余篋行擔既出門始告余曰竊聞寒士上公車率以隨路措資為能事

殆與沿門托鉢無異吾知君性不樂此故甯以有餘歸君家中自當支持毋煩内顧也余笑領之夫人口不言貧雖極窘而面無菜色見戚黨談笑自若從不露乞貸之情中外恒以此歎異之篋中新布衫僅二領有告貸者輒畀其一卒歲惟絮衣余通籍後始置一裘此外澣濯補綴之雜衣至今猶不離體嗚呼此皆鄙所不足為外人道然夫人此數年中艱窶之情横逆之境與其通達識大體之處歷歷憶之不能忘也壬戌余成進士入翰林報至家夫人始有喜色而旋遭吾 父大故復銜

哀茹痛以待余歸吾　父終於甯化學署地距京六千里距省亦將千里余由京星奔踰歲春莫方得偕余弟章堉扶柩歸里計離家已四年與夫人相見於苫凷之中毀瘠餘生幾至不能當大事幸外有諸兄弟共襄內事則惟夫人是賴嗣是食指漸多家計益窘服雖闋而不克葬親友多慫恿出山者余心益傷之每憂形於色夫人必多方寬慰且云葬事固不宜再緩若仕宦遲速佀有數存君豈因人言而動者乎嗣余連歲筆耕所節存館金稍夥乃於辛未三月敬奉吾　父通奉公及吾

母王太夫人靈柩合窆於西郊外姚岐山之陽而虛其左右穴為余暨夫人壽壙逾月而封樹之工全竣余懷稍釋竟有誓墓終焉之想夫人乃酌酒相勞曰君之子職盡矣前此輕出不可繼此懷安亦不宜吾雖女流竊有井蛙之耻願扶此病軀率二子三女從君壯上君其勉之余宦情素淡至是又甚感其言蓋自壬戌後家居已逾十載遂以癸酉孟冬將新屋鬻作旅資所謂藤花吟館者是仲冬挈家登舟至浦城余姻祝東巖太守留度歲全家寄寓有斐園中園擅一邑之勝主人款客

甚周余有詩以紀有隔墻多少遊人妒都為梁鴻挾眷
來之句夫人讀之笑曰十餘年來殆以此境為最樂乎
新正過嶺二月至淮安因黃河水淺移家附漕艘以行
八月抵天津舟中三男恭辰生時甫彌月遂由通州登
車進京京中井臼之勞事事與南方異夫人悉心訪求
時偕媪婢雜作廚竈間不逾月盡得其竅要余直軍機
常早起夫人隔宿治具丑初刻即披衣視余食寒暑無
間余扈
蹕之行無虛歲夫人庀具裹糧應期悉辦凡余歷部曹九

年中閒內直　禁庭者五年得以一力趨公絶無米塩凌雜之累者皆夫人之力也道光壬午余出守荆州首夏偕夫人挈家登車長途顛頓委頓及舍車而舟夫人始驩然謂快見南中景物也余有樊城登舟雜詩句云明知未許扁舟老且作浮家泛宅人夫人最喜誦之曰此等詩我亦理會殆所謂竈嫗能解者乎又句云團圞一醉斜陽裡不顧雙珠乞漢皐則笑曰仕宦人殆難言之然君之素志我固早信之矣又句云愛與家人說招隱幾回指點鹿門山夫人悚然曰君固淡於榮進然銜

命之初即萌退休之志如報稱何余改容謝之嗚呼夫人素不言詩而此前後數語乃堪入詩話此又余所最不能忘而必欲筆記之者也余由荊州守遷淮海道又遷山左臬司旋擢江蘇藩司四次權江蘇撫篆皆極劇要地趨公無片刻暇署中內政亦日以繁夫人以一身任之井井有條理余毫不過問不特情所不近事所不必勢亦有所不能也猶憶甲申冬余方權臬吳門眷屬仍居淮海道署時洪澤湖盛漲逾月夫人熟聞倒了高家堰淮揚不見面之諺不勝其憂無何高家堰果失事急

報至合境倉皇一直轅軍校稟曰署後有一大舟可請官眷鑿墻出避夫人曰此時徧地皆水無舟者多我舟能保獨完乎萬一有他故更貽笑柄非策也水至大門速來報吾將登樓守之僉曰水高下不可知樓材又不可恃事已急請早為計夫人斥之曰此莫大之劫數吾夫已脫身吳門吾長子幸又隨侍吾長女已嫁浦城一家逃出三口不為絶矣復又何求吾志已定汝曹有怕死者各覓生路可耳合署竟肅然不敢動而急報踵至水已南注幸保無虞時袁浦自帥垣以下各官廨眷屬

皆有登舟之議因探聞夫人之言莫敢先發河工人至此能述之辛卯秋江北大水流民就食吳門者日以萬計吳民大恐夫人愀然告余曰甲申冬之情事復見矣彼時咎有攸歸此時責無旁貸君其聚精會神為之乎時余與所屬守令議並舉資送留養二政率屬捐廉復出示勸捐以濟之吳民好義不數日而集事合計兩月之間資送往返流民計六十餘萬人其不能遠去而復無所歸者尚四萬餘人乃於城外分設三十七廠日給口糧時已迫冬啼寒者紛紛夫人聞而憐之乃集予女

等諭之曰：吾將捐給流民寒衣，吾力非不能獨舉，但汝曹在此安享容容之福，亦宜各節衣食費稍助善緣。衆皆喜諾。下至司閽之僕、筦庫之吏，咸仰感夫人德意，踴躍輸將，不旬日已製成棉襖五千件、棉袴五千件。余為分飭局員散給，合之官紳所製八千餘件，遂使鳩形鵠面之數萬衆自冬徂春五閱月無一凍死者。今吴中所刻辦理流民事略，將製衣一節歸余捐項名下，而不知其為我夫人之賜也。夫人本貧家女，勤儉是其故常，至遇義所當為、力所能勝者，慷慨揮金，惟恐不及。余任東臬時夫人每歡余恤囚於盛夏捐給蒲扇凉蓆嚴冬則清晨煑粥遍飼之任蘇藩時余舉瘞埋之政城内外積棺一空夫人復捐貲重興葆元堂鳩備常年施棺及收埋之費每屆酷暑施藥嚴寒施衣夫人皆力襄其事有樂善不倦之風吾鄉親友至署者無虛月數年中有往返至數次者夫人皆分別資贈各滿其意以去其分款寄閩助喪助葬助婚及為年老親串預庀壽具暨孀寡貧乏待以舉火者不下十餘家客秋偕余旋里不數日即請發所餘廉俸各房弟姪並戚黨分給之無一缺

望者此外疏遠来求助者無虛日亦隨手應之無猒怠意戚黨聞者咸以為不修舊怨不侮寒微女流中所僅見凡諸善舉有與余商酌而行者亦有余所不及知者是以中外女眷来送者無不哭失聲至有攀戀呼號如失所恃者夫人之惠能逮物如此綜計夫人生平久歷寠艱無慍色疊膺

封誥無矜容持家務巨細畢舉為人謀亦旁皇周浹所經畫者皆不僅在目前其智力勝余遠甚惟偏於噢咻子女推及於子婦以暨於內外孫無不為之察纖悉計久

遠有小疾痛即怔忪莫釋雖子婦等多能承順而在夫人則實爲過於慈者心盡耗而形氣隨之矣嗚呼痛哉余素有眩暈疾比歲因積勞加劇時方行巡撫事擬專疏陳請開缺調理詢之夫人夫人曰我病甚於君年来燕齊吳楚寸步相隨者以署中內政無可委諉不敢請耳但君係大員去留遲速皆恐不能自由奈何及讀余疏稿乃喜曰疏語真切必邀

恩允惟疏回日正當盛暑宜緩俟秋後首途吾請先歸營宅以待君耳余曰自外宦十年我二人未嘗有三月之

別令豈堪白髮參商君登舟後但緩緩歸余自能追及
也嗣余得
旨留俟新任到後交卸遲至兩旬日乃成行時夫人已抵
浦城相待竟得同舟歸里嗚呼孰知留此為今日面訣
之緣乎大兒逢辰於去秋乞假歸省冬杪本應回京會
試乃因循不果余與夫人皆聽之嗚呼又孰知留此為
親視含斂之地乎夫人離鄉久女黨半零落所最親愛
者惟同懷女弟何門鄭孺人逝之前一月尚偕鄭孺人
挈三女及子婦等飲於夾道坊老屋之賑雨亭為少時

侍奉釣遊舊地也又嘗偕登九仙山放舟小西湖皆竟日盡歡而罷嗚呼孰知此為夫人償未了之清福增臨去之勝緣非親愛之鄭儒人未易與此也逝之前三日告余曰頃夢至一宅甚深邃每入一層輒有執紅柬者鞠躬相迎最後有明璫女使十餘輩齊来扶護不知此何境也余强解之曰君屢隨任此景慣見故偶形夢寐耳夫人曰幾見隨官到任而有女使出迎者乎余為之默然而榻旁兒女已淚涔涔下矣嗚呼夫人其真登忉利天耶果爾則修短之數又不足云耶彌留之際神氣

湛然但呼五男三女三孫等一一與訣時長女隨宦浙
中而其外女孫適在側顧之而瞑嗚虖在夫人其又何
憾然何以弭余之悲耶嗚呼痛哉夫人生於乾隆已亥
年三月初四日酉時卒於道光癸巳年五月二十六日
戌時享年五十有五以余官得疊膺
誥命為夫人子男五人皆夫人出長逢辰道光乙酉科舉
人內閣中書委署侍讀娶故湖北天門縣知縣吳諱觀
樂公三女例贈孺人再娶故南靖縣學教諭王諱大經
公孫女國學生諱珣長女次丁辰國學生娶故湖南常

德府知府鄭諱鵬程公三女再娶刑部直隸司郎中即
用知府祝名昌泰公三女次恭辰國學生娶現任湖南
按察使楊名黃公四女次映辰聘故直隸總督温諱承
惠公孫女故內閣侍讀學士改禮部主客司郎中諱啓
鵬三女次敬辰聘候選布政司理問林名榮芳公三女
女四人亦夫人出長適浙江温州府同知祝普慶郎昌
泰公長子也次適故甲子科舉人郎諱瑞雲公孫增貢
生名紹瓊次子國學生藜輝次適故浙江泰順縣知縣
林諱軒聞公次子慶祐次適現任浙江秀水縣知縣陳

軍機出知荆州府遷淮海道山東按察使江蘇布政使引疾得請歸閩一寒暑而夫人卒自食貧以至通顯三十八年中夫人庀家政如一日内事咸理未嘗以瑣屑累君方君之上公車也留京師補教習通奉公官甯化教諭不能盡室以行夫人攜一媪居黄巷舊宅者四年易衣而食數米而炊泊如也通奉公嘗寄齋俸數十金分畀弟姪暨諸孫畫以定數君之冢嗣與焉主其事者偶舛之數遂絀夫人陰以所畀冢嗣者補之衆乃釋然其不惜捐己以全人率類此居常勤苦自勵口不言貧

尤恥丐貸於戚鄙戚鄙亦用是相歎異既君在翰林聞
通奉公訃星奔至甯化扶柩旋里繭足荒山閱數載始
安窀穸其間竭蹷將事惟夫人實左右之既窆迺勸君
挈家北上居京邸米鹽井臼黽勉有無一如在家時洎
隨外任祿入漸豐夫人自奉約而好施予義所當為與
力所能勝者行之惟恐弗及於山左恤獄因於吳門瘞
胔骼重興葆元堂施醫藥棺槨辛卯秋江北大水淮揚
流民就食於蘇者數十萬計君方與屬吏議資送留養
二政夫人命舉室節衣食費捐製棉衣袴各五千襲之

流民無凍死者吳人以是頌君惠政而不知成之者夫人也歸里後自冬徂夏所施棺已百數十具歿前數日猶料檢花鈿命家人斥賣以續其事又增給敬節堂恤嫠經費其惓惓於濟人利物者非有要譽求福之念殆天性然耳若親族之喪葬婚嫁賴其佽助則猶任卹之常不足為夫人多也抑其深識遠見有進於此者先是甲申冬君以淮海道權江蘇臬事夫人率子女仍居淮浦會高家堰決羣情惶惑訛言煩興有以登舟避水請者夫人斥之曰淮浦民廛數萬無舟者什九吾安能獨

以舟免脫有他故徒貽口實水至門登樓守之未晚也或曰樓材不可恃請早為計夫人曉以大數持前說益堅合署肅然不敢動時官河工者每陰遣其家人登舟聞夫人言咸止不發人心以定嗚呼此豈尋常巾幗中之能事也哉夫人生於乾隆已亥年三月初四日卒於道光癸巳年五月二十六日年五十有五以布政君官得封夫人子五人長逢辰道光乙酉舉人內閣中書次丁辰恭人並國學生次映辰次敬辰女四人浙江溫州府同知祝普慶國學生邱藜輝林慶祐陳延詵其婿

也孫男八人佺年億年逢辰出僑年佐年佶年丁辰出佳年倞年儔年恭辰出以甲午年正月十二日祔葬於西郊姚岐崙之先塋即曩所治生壙也布政君以狀來屬為表墓之文則徐未冠受業於鄭進士師即與君習繼與君居同巷又同館於人數晨夕者有年通籍以來中外宦跡時復合并夫人之懿淑聞之久且詳者莫則徐若也奚敢以不文辭遂撮其大略書之於墓云

退菴自訂年譜卷之八

道光十五年乙未六十一歲

正月與詩社諸君子設局勸捐義倉穀價忙碌者數十日而後集事合城廂內外共得穀價四萬九千餘金彙交鄭夢白方伯祖琛處存貯　本省大吏以福建通志稿委令覆勘力辭不獲後以應　召北行將原書送還復委攜帶列傳一門稿本入行篋

二月第七孫佶年生丁辰出

三月第八孫儔年生恭辰出

五月初五日恭奉

恩名入都即於二十二日束裝就道大兜逢辰四兜映辰

侍行

恭録

廷寄　道光十五年四月十六日奉

上諭前任江蘇布政使梁章鉅前因患病告假回籍迄今

三年自已就痊着該督等即飭知該員來京聽候簡用將

此諭令知之欽此

附録本省大吏覆奏摺片

閩浙總督臣程祖洛福建巡撫臣魏元烺跪奏臣等承

准軍機大臣字寄奉
上諭前任江蘇布政使梁章鉅前因患病告假回籍迄今
三年自已就痊著即飭知該員来京聽候簡用欽此當即
轉行欽遵去後查該員梁章鉅於道光十二年八月回
籍後杜門養痾臣等罕得接見上年夏間藩司鄭祖琛
倡議捐建義倉邀集在省紳士會商面見該員詢知病
已漸痊惟夏間頭暈之症間猶舉發該員于義倉一事
與在籍一二可靠紳士竭力勸捐不辭勞瘁現已捐有
成數惟穀價尚未催齊又　奏修通志一事因總纂陳

壽祺辦理未能妥協臣等商請該員接辦該員參互考
訂刪繁補漏亦尚未能成書本擬將此二事一手辦竣
再行進京銷假茲欽奉
諭旨行據該員呈稱恭讀之下伏地叩謝
天恩感悚莫可言喻不敢因有經手公務稍事遷延隨即
趕緊束裝起程北上匍匐宮門恭候
諭旨等情並據報五月二十二日起程前來臣等謹附片
覆奏
是行詩社諸君子排日飲餞賦詩繪成榕陰話別冊贈

行作者九人得詩三十二首已編入北行唱和集中

舟次成紀恩七律二首

六月至蘇州小住三山鄉館中林少穆中丞陳芝楣方伯朱蘭坡侍講吳棣華廉訪連日招飲賦詩而別

閏六月至揚州陶雲汀宫保俞陶泉都轉德淵李蘭卿觀察廖竹匡權守鴻荃程定甫廉訪贊清謝梣石觀察亦連日招飲賦詩嗣因患瘡移居城北長生菴者五十日始復登舟

七月杪至清江浦時畏風避客謝絶應酬惟李石舟觀

察江春濤瀚熊益堂增朱春旉楹三郡丞時来晤談而已是行大江南北以詩贈行者盈篋因合里中贈言編成北行酬和集四巻陳芝楣方伯為之序

附録陳芝楣方伯鑾北行酬唱集序

嘗讀二雅天保采薇蓼蕭魚藻皇華四牡諸詩輒歎古君臣相與之美凡山川行役燕饗贈答班孟堅所云攄下情而通諷喻宣上德而盡忠孝者靡不於詩發之其音莊以和其節豫以順詩之正聲所以列於六經者乎莲林先生以特達之知荷

聖主殊遇旬宣吳中倚毗方始聞者以疾告歸不二年
天子思之即家起用先生適以宿疴有瘳感激報稱應
召壯行為詩二章以喻其隱微而將其忠愛同人和之凡
若干首合而梓焉題曰壯行酬倡詩集予惟古人難進
易退之節往往引疾避賢昔紫陽朱子仕值季世屢召
屢以疾辭蓋其時君民事物必有不能慊於志者若富
文忠司馬文正則真以病解職病愈則起桴鼓相應以
開太平繇其穆明一德豪髮無間而宋之盛衰因以見
焉今先生遭逢盛世天保治內采薇治外以矢其音誠

有合乎二雅之義即一時屬而和者亦莫不踔厲奮發
鳴國家之盛殆所謂吉甫作頌穆如清風者歟先生
召見後即日簡任西陲尋復移節三輔未幾遂拜開府粵
西之
命夫遇合者盛德之感孚出處者君子之大節明良之慶
相得益彰希蹤昔賢庶幾無媿先生乎守郡時舉主也
大賢之門實有深幸軺車過吳手書屬和庸音足曲既
廁作者之列復攄其一得以詮讀是詩者焉
八月由楊家庄買舟北上水程極為順利自初二日解

纜十八日即抵津門有詩紀之舍舟登車於廿一日抵
京越日詣　圓明園遞摺銷假蒙
召見於　勤政殿之東書房又越日　授甘肅布政使恭
摺陳謝復蒙
召見兩次即　陛辭於九月初出京恭紀以詩
十月抵蘭州省城廿四日接受甘肅布政使篆務
編退菴隨筆二十卷成書自為序
退菴隨筆者隨所見之書而筆之隨所聞之言而筆之
隨所歷之事而筆之而於庭訓師傳尤所服膺藉以教

束身心講求實用而已初無成書義例也日月既積俵墨遂多里居多暇方取而整比之以類聚以卷分則凡可以勸善黜邪訂訛砭惑者咸具焉曩有古格言之刻以唐五代前為斷茲編則自有宋以迄今茲時代愈近其辭愈費而其旨益暢其境亦益新乙夏奉
召復出乃以稿自隨云歲遏闕中遼為友人付梓攜至日下同人皆以為有用之書非說部雜家比爰暫之儀徵師相承為增刪數事題字卷端既抵桂林公餘復有勘補擴為十五門二十四卷重付手民因紀其緣起如此

道光十七年春退菴居士自記

八閩文庫

福建文獻集成

續編 史部 二七

吴格 主編

八閩文庫
文獻集成
267

海峽出版發行集團
THE STRAITS PUBLISHING & DISTRIBUTING GROUP
福建人民出版社

本册目次

觀我録一卷

［清］侯官林楓撰

福建省圖書館藏民國間抄本

觀我録一卷，清林楓撰。楓（一七九八—一八六七），字芾庭，號退村居士，侯官人。道光二十四年（一八四四）舉人。工詩，善岐黄。連試不第，遂絶意科舉，晚以行醫自給。撰有三禮備覽四卷、四聲辨義八卷、詩韻異同辨四卷、二十二史輯抄十卷、史屑四卷、閩中藝文志十二卷、全閩郡縣圖説八卷、榕城考古録三卷、岐瀨叢談二十卷、醫學滙參十卷、聽秋山館詩抄十二卷等。

是書卷首有咸豐元年（一八五一）自序，略云：少年時與二三知己文酒過從，享琴樽山水之樂，至道光十一年辛卯（一八三一），移居玉尺山房，貧困無聊中，惟恃禿管殘編，爲消遣計。因置一册於案頭，凡所與游及所習業，皆記之，備遺忘也。積之十餘年，遂裒然盈篋。今歲上元夜，偶檢故簏，逐年翻閲，覺此中過眼雲煙，都成陳跡，而升沉離合、存亡聚散之感，不禁交迸於中，因取其中可藏者，略爲詮次，録成一帙云云。後有同治二年（一八六三）識語，曰「此咸豐辛亥所録也，迄今又十二年矣。時事益左，筋力益衰，年未盡而紙已盡，因重録之，並取癸巳（道光十三年）以前之稍可記憶者補焉。無可名之，因顔曰觀我録。嗚呼，未來之我不敢知也，已往之我歷歷在前」，「我自觀之，而尤欲與此中舊雨之碩果僅存者共觀之也」。其撰述之旨如此。

按易觀九五：「觀我生，君子無咎。」是書既以名之，實類自撰年譜，行文則似回憶録兼以日記。以年繫事，始嘉慶三年林氏出生，訖同治五年六十九歲時。林氏生平固無足奇，然文筆粹美，於日常瑣事外，尤詳於師友交遊。又林氏長居省垣，耳聞目見，或涉一省之軍政民生大事，輒隨手記録，時地翔實可考，如咸豐間閩省鐵錢一案，散見咸豐三年至九年諸條，敘述條理明晰，於稽考榕城故實、補史乘之闕略不無裨益。正合象傳所謂「觀我生，觀民也」之意。

是書迄未刊刻，此抄本一册，半葉十二行，行二十八字，黑格紙，版心下有「福建叢書稿本」六字，知爲民國間董執誼、林汾貽、沈祖牟、郭白陽等編纂福建叢書時所抄。而其所據之本，蓋已不存。（劉國宣）

觀我録

余性粗率且善忘凡既往事多不復省憶每當花辰月夕回憶往年事與二三知己文酒過從琴樽山水之樂心怦怦若前日事辛卯移居玉屏山房貧困無聊中惟恃禿管残編為消遣計因置一册於案頭凡所與游及所習業皆記之備遺忘也積之十餘年遂裒然盈篋今歲上元夜孤窗對雨心境惡劣偶檢故簏逐年翻閱覺此中過眼雲煙都成陳迹而升沉離合存亡聚散之感不禁交迸於中喟然嘆悄然悲也因取其中可藏者畧為詮次録成一帙嗟呼少壯光陰都歸棄擲五十無聞老將至矣已往者既無足觀未來者更何所望哉爰弁數言用識吾愧時咸豐紀元孟陬望夜

芾庭自記

此咸豐辛亥所録也迄今又十二年矣時事益左筋力益衰年未盡而紙已盡因重録之並取癸巳以前之稍可記憶者補焉無可名之因顏曰觀我録嗚呼未來之我不敢知也已往之我歷歷在前玩時愒日老

大無成猶復耗紙費墨大書特書不一書不亦大可恥哉涼月在户秋聲滿庭斗酒自勞取而閱之忽而嬉笑忽而怒罵忽而高歌忽而痛哭我自觀之而尤欲與此中舊雨之碩果僅存者共觀之也時同治紀元秋八月望後芾庭又識

嘉慶三年戊午一歲　　侯官林楓芾庭編

嘉慶四年己未二歲

嘉慶五年庚申三歲

嘉慶六年辛酉四歲

嘉慶七年壬戌五歲

六月十八日次弟衍生

嘉慶八年癸亥六歲　六月二十四日大父　泰華公卒壽七十二公體豐而健雖老尚操家政事必躬親子婦三房久未舉子不肖生時公已六十有七欣喜有加攜持保抱珍愛逾常甫能言即教以句讀形聲點畫指點不倦甫能行即與共寢處飲食步趨非親檢視不安也公之歿距今六十年矣回憶髫齡親聆色笑如在目前所恨少壯暴棄荏苒無成雖忝舉於鄉而適逢寇亂不克邀一命之榮以慰泉壤燈下録此媿感交集不禁

淚涔涔下也
嘉慶九年甲子七歲
嘉慶十年乙丑八歲　正月初五日三弟宗枝生是歲始入塾從師劉名
允文邑儒士
嘉慶十一年丙寅九歲
嘉慶十二年丁卯十歲
嘉慶十三年戊辰十一歲　二月四弟宗桂生
嘉慶十四年己巳十二歲
嘉慶十五年庚午十三歲
嘉慶十六年辛未十四歲
嘉慶十七年壬申十五歲
嘉慶十八年癸酉十六歲

嘉慶十九年甲戌十七歲

嘉慶二十年乙亥十八歲　十月登雲鋪祖宅燬十二月暫移居登俊里

嘉慶二十一年丙子十九歲　二月自登俊里移居於都倉巷之三營自是在家讀書不復至舅氏店矣

嘉慶二十二年丁丑二十歲　是歲在家讀書與同學陳邦望名景祺長邑諸生蔣夢蘭名芝三副貢生蔣邦培名菁副貢生臧正中諸公結文社十一月應縣試十二月應府試邑侯張學尹府尊王楚堂

嘉慶二十三年戊寅二十一歲　正月應院試入泮學使吳退旃名椿首藝題子貢曰詩云如切次由孔子而來至於今詩梅柳渡江春是歲隨陳紫南師名嘉玉讀書於鐘峯精舍八月應恩科鄉試薦而不售房師建陽縣沈名士煜首藝題無為而治者二句次明乎郊社之禮二句三學則三代共之二句

福建叢書稿本

嘉慶二十四年己卯二十二歲　讀書鐘峯精舍四月娶程孺人八月應鄉試首題斯民也二句次宜民宜人四句三天子之卿受地視侯三句十月先府君裕堂公季父敬齋公卜葬於祭酒拓元山十二月望大母祁太孺人棄養

嘉慶二十五年庚辰二十三歲　丁先大母承重艱授徒於後曹程外舅家從游者名倫名煥名彝三内弟中表祁瑞麟季弟桂也

道光元年辛巳二十四歲　是歲　恩科鄉試丁先大母憂未與八月先慈郭太孺人卒

道光二年壬午二十五歲　是科鄉試丁内艱不與

道光三年癸未二十六歲　是歲生府君開五枝藥鋪於南街宮巷口因讀書於店後静室七月程孺人舉一女因而遘疾綿延至九月遂卒

道光四年甲申二十七歲　生慈陳太孺人以六月四日棄養六年連遭

四喪生府君以中饋乏主權為仲弟宗衍迎婦陳

道光五年乙酉二十八歲　七月服闋八月應鄉試薦而不售主司翁心存首藝題上好禮一節次義者宜也二句三達不離道四句詩春草秋更綠

道光六年丙戌二十九歲　六月長姪熊生十二月赴漳州石碼始編己卯以後詩為卧湖剩稿

道光七年丁亥三十歲　客漳州石溪五月聞生府君之訃匍匐奔歸既殯復赴漳嫁婢女冬梅於曾姓

道光八年戊子三十一歲　六月自漳歸館於越山之環翠樓八月應鄉試首藝君子易事而難說也一段次憲章文武三入其疆三句詩月色隨處好薦而不售九月以後與王子希（景賢）家子萊（仰東）張仲凡（振鳳）謝樵雲宗善為分燈吟社自是每五日一集得詩甚夥編丙戌以後詩為漳南

集戊子詩為環翠樓集
道光九年己丑三十二歲　四月續娶十月三弟枝完娶是歲讀書於北
後街藍祠八月衍弟婦陳以暴疾卒
道光十年庚寅三十三歲　正月客梅溪館於劉氏之麓草山館從游者
劉為法祖芳佑輿佑洋諸兄弟七月芷女生
道光十一年辛卯三十四歲　八月應鄉試薦卷首藝題東里子產潤色
之次人十能之己千之三后稷教民稼穡樹藝五穀詩蟋蟀俟秋吟九月
移居泔液里之玉尺山房編庚寅詩為梅溪集
道光十二年壬辰三十五歲　八月長兒辰生應鄉試首藝題詩云桃之
夭夭三節次恐徵以為知者三句三附於諸侯曰附庸詩詩雜仙心同社
捷者吳芝林景禧解元家子萊仰東編辛卯壬辰詩為寄巢集
道光十三年癸巳三十六歲　仍居玉尺山房十月以後移居宜秋橋西

是歲同研友李淮慶延教其子姪遂館於宜興橋巷同曹克承世昌劉德

坡觀吳立亭樹卓陳磷石霦之孝闓昆仲聯文社　七月七日七從毋邱

孺人卒　八月十日葉卓人倬昌招同蔡錫五福林家子蒸謝樵雲飲酒

家送黃清美孝廉歸延平清美名宗苑梧鄉謝退谷先生門下士劍溪名宿也後二日謝孝知宗本

昆仲復招同卓人自武安橋泛舟出水關訪黃清美於臺江夜飲翁蕙卿

時穉寓齋翌日復飲於白馬橋諸君皆有紀游詩　九月二日招葉卓人

蔡錫五家松門振濤謝樵雲集玉尺山房為豫登高會　九日曹克承招

同磷石立亭烏石山登高飲克承家　十月四從妹歸於周　十一月十

二日冬至聞雷　程外姑鄧孺人卒

道光十四年甲午三十七歲　是歲夏大水禾盡偃早稻不登　八月應

鄉試薦卷主司吳鐘駿首藝題蕩蕩乎民無能名焉一段次今用之吾從

周三滄浪之水清兮四句詩飛泉漱鳴玉同游提者翁次竹祖烈丁式如

福建叢書局[illegible]

道光十五年乙未三十八歲　夏應科考學使吳孝銘列一等八名八月皇太后萬壽恩科應鄉試主司金應麟李煌首藝題行夏之時六句次素隱行怪三句三故曰域民不以封疆之界三句詩終日松聲雜水聲是歲鼓樓災揭曉於撫署照墻同社捷者家鏡颿汝舟楊陶逕春藩陳綫臣嘉勳黃潄石紹芳曹克承以上二年日記缺故時事多畧

道光十六年丙申三十九歲　正月兩書院甄試制府程梓庭改場規凡應試者皆塡明三代年歲用彌封塲中編號生東童西監生另編二號官給茶水制府及糧塩二觀察前期皆住宿貢院鰲生題舉直措諸枉至何謂也鳳生題古之人若保赤子此言何謂也詩何惜階前盈尺地州安得廣厦千萬間顏童生題孰愈詩有美玉於斯鰲孰賢詩有璞玉於此鳳是月鳳池山長趙穀士先生卒是歲與愼社諸君聯文課二月館於文興里

之謝氏祠與劉壽海慶祺鄭友松襄忠同寓邱雲齋元淦鄭金洛鄭襄昌咸來受業四月縣試五月府試會試邸報至同社捷者三人林勿邨第一翁次竹庶常黃小石比部七夕同張仲凡李竹隣高枝劉德坡雅集吳立亭寓齋明日梅溪劉荔石懿璋吳航謝航石煥章復招立亭仲凡德坡集鳳池講院之又一村為續七夕會十四日張門大姊卒八月應選拔試此後遂撤館歸十月二日同沈秋澄錦波張仲凡劉德坡游長慶寺小飲西河邨店遂從江干買舟南下臺江眺釣龍臺夜二鼓登酒樓痛飲而歸游竟日得詩八首十四日蔡錫五吳立亭劉德坡張仲凡攜酒過訪適予他出諸君開樽飲以待既歸聞拇戰聲狂喜入座痛飲至三鼓各大醉而別憶戊子秋寓越山環翠樓家子萊謝樵雲攜蝌酒來訪予適扃戶出樵雲撬戶入取火炙蝌對飲以待及予歸則二君已大醉臥榻上矣流光荏苒垂二十餘年人事多左豪興全消同時諸君亦復流雲散迴憶此樂

可再得哉故記之十二月朔同劉德坡送劉荔石赴粵荔石選拔已得雋而其尊甫官粵東
文昌全訃適至遂不及會考而赴粵扶櫬、薫訪錫五於臺江時錫五佐瑞蓮石司馬幕主南臺榷務是歲自五月
至七月旱二稻皆歉舊友方薫三友蘇家展初達泉皆下世
道光十七年丁酉四十歲　正月朔後五日敬社諸同好集冶山樓團拜
飲極歡自甲午以後同社賦鹿鳴者多計偕北上或留寓京邸故年來聚
會恒少今歲翁次竹通籍改庶常歸省諸君亦多歸者故有此會然亦足
見人生聚散無常而少年文酒過從之樂不可多得也　二月王師竹書
雲復舉慎社文會　三月四十初度蔡錫五家松門沈書田世華劉壽海
烟甫昆仲劉德坡沈汪千曹克承諸君醵金為置酒可感亦可媿也　四
月枝桂兩弟相繼病五月朔與内子同日得病病一月幾殆葉蘭墅孝廉
為治療劉德坡蔡錫五曹克承謝碩甫樵雲昆仲沈汪千葉旬卿　脩昌諸
君日饋錢米藥餌而德坡日二三次來視疾遂得不死嗚呼良朋任恤之

意可感也　七月程外舅卒八月應鄉試薦首藝題士而懷居一節次詩云在此無惡一節三來則得之四句同社捷者謝碩甫陳心泉濬月之二十六日招諸同好集宜秋齋小飲病久止酒適有以良醞餽者故為此會至者十九人李竹隣王師竹蔡錫五劉壽海謝碩甫樵雲昆仲劉德坡沈汪千楊陶逕家松門荷三怡年吳立亭陳心泉西茹澧泉湘庭祖襄王藹人吉士何靜甫有茹及梅溪老友黃蘭素麟書也屈指年來舊雨過從之樂此會為會云九月五日集同社捐祿者於歐冶亭流連凡五日　十月受丁家聘館於通賢里之雨香書屋受業者丁生煥基綬三人　是月省會紳士建節孝總坊於西湖之濱初武陵趙文恪公督閩時與諸紳士倡捐敬節堂凡窮嫠之無告者歲有賙恤然以經費未充但及士族而編氓弗與焉至是紳士因脩志之便遍查全郡節烈之婦力未能請旌者得四千餘人稟請　旌表建總坊於西湖立總主祀於城西南二祠其見存者

卷

福建叢書稿本

並聽謌祠拜坊是日鼓吹之聲喧闐於道二百年來鄉黨第一善舉也
是歲大有年　成史肎十卷
道光十八年戊戌閏四月四十一歲　是歲仍館丁氏雨香書屋　二月丁
梅仲七丈招同張仲凡沈秋澄劉德坡郭政如拱長陳眷阿之絅及子存
式如為詩賦之社自是每十日一集　四月六日大雷雨地震　閏四月衍
弟納側室曾　八月朔地震　九月九日同沈秋澄望北臺登高買舟抵
釣龍臺飲於臨江酒樓　是月丁式如十一丈卒式如舉甲午孝廉年甫
弱冠即喜著述所著有百警編見聞錄潛確察文鈔等書嘗與予約纂閩
中文獻拾遺至是偶以微疾遂不起予有詩哭之　是歲六月舊友曹清
皋卒克承兄也十月應歲試學使吳晴舫十二月衍弟移居閩山巷
道光十九年己亥四十二歲　仍館雨香書屋與慎社文會奎社古學會
三月應科試古學題閩問仿柳子厚晉問體瀛州玉膏賦以膏如酒味服

之長生為韻賦得蜜熟黃蜂亦懶飛得飛字言八韻七送春詞不拘體韻覆試題斗為帝車賦以斗為帝車運乎中央為韻詩倉卒欲吹那得譜得雝字言八韻七正場題五畝之宅二段梁惠章詩五色筆江覆試題有不虞之譽二句詩揚帆采石華俱列一等　五月十七夜地大震　七月梅溪劉荔石自粵歸來敘贈邱瓊山海忠介二先生集　八月應鄉試首藝題子貢欲去告朔之餼羊一章次書同文三大人者不失其赤子之心者也詩筆非秋而垂露同社捷者葉旬卿修昌第一王子希丁子存斌而旬卿旋於十月卒　九月同劉德坡沈秋澄何靜甫江搏九鵬程由臺江泛舟游鼓山邂逅松門壽海炯甫池秋如劍波相與攜酒遍歷岩壑住山凡三日松門炯甫議登屴崱峯觀日出同游無應者遂止憶壬午秋游山聲夜半獨登大頂峯觀海時天風怒號海雲如墨屢顛躓無退志距茲游僅十餘年筋力未衰而氣則綏矣可慨也是月杪曹克承招同沈秋澄劉德坡張仲凡游洪江金山塔院並訪能始

先生石滄園故址流連一夕而返　十月集環翠軒送劉德坡之豫章十二月聞子莢病往視之留談半日自後遂不復再見子莢天分過人才思英挺而尤雄於詩戊子予館於越麓之環翠樓與子莢子希仲凡樵雲為分燈吟社閲半載得詩三百餘首子莢手繕成帙存之而自為之序其所著小芙蓉舫詩集亦最富家薌溪謀梓之而未果昨從其令嗣公珽借閲全稿錄其尤佳者數十首凉月在户秋聲滿庭朗讀一過淚涔涔下蓋不獨有子敬人琴之感也　是歲成詩韻異同辨三卷

道光二十年庚子四十三歲　正月丁梅仲丈屬為整頓上游雨埠鹺務五日赴梅溪家居久意境頗齷齪此行聊藉溪山風景開豁心目無意遂鹽車也自是月至五月常往來梅箸兩館與之所至多所吟咏時同客者有黄步雲劉沅汀林溥美諸君而黄培軒（名寶鏞舊藩司吏員老而健與人交無城府嘗游塞外）王繹庵（名巽涵天津人其尊甫嘗宰吾邑遂家於閩能琴善畫亦佳士也）二君與予尤相契詎今未數年而

諸君皆宿草矣，廻憶雪泥鴻爪相聚之樂，為之慨然。是月七日七叔卒。

二月暫歸應書院甄試，三月復赴梅溪。五月老友黄蘭素訪予於客館，邀游天王寺（在梅溪北）邑小飲，僧寮賦詩而别。憶庚寅授徒鹿革山館，曾與劉佑鈞、佑興昆仲游斯寺，題詩僧壁，距今甫十年，剩墨猶存，而二君皆宿草矣，故予詩有"滿頭白雪思公度，一鍾青山哭伯倫"之句。六月歸自梅溪，同仲凡、秋澄、德坡訪松門於蒼霞洲，其居停陳超亭留飲，晚復赴包叔雲之約，飲於客燕樓，夜宿松門館。八月應鄉試，薦卷本房師光澤縣盛名朝輔，首藝題"不知言無以知人也"一章，次日省月試三句"三盡信書則不如無書"。九月三日次男庚生。十月劉德坡之姑蘇，應陳綏臣之招也，同松門、秋澄置酒餞之。是歲《四聲辨義》成，凡八卷。

道光二十一年辛丑（閏三月）四十四歲。是歲辭南路鹺務，賦閑在家。二月補廩膳生。六月吴芝林（景禧）解元卒。七月夷人犯厦門，省會戒嚴，諸

紳富捐修城垣招募義勇城內外分廠督率操練街巷皆設柵防守未幾
罷　十月府縣歲試文童與保結十一月十一日南街安泰橋火　十二
月院歲試前一日同謝樵雲翁蕙卿飲葉倬人小雪浪齋既醉假卓人筆
墨赴學署應試時學使為溫葆淳歲試畢即告病
道光二十二年壬寅四十五歲　是歲仍館雨香書屋　上元日招同社
諸君在館聯吟且訂文會　三月重游梅溪十日而歸四月松門招同仲
凡烱甫卓人飲味閑居夜留宿　六月朔日食　八月晦有星晝見西南
十二月二十八日聞松門之訃同子希烱甫往哭之松門天性肫摯與
人交無城府貧約三十年授徒養母無幾微戚戚色其閨人亦賢配雖數
日不舉火晏如也舊歲島夷肆擾省會人心皇皇有力者多攜輜重為辟
患計松門闔心桑梓憂形於色常以母老不任驚恐為慮今冬以無疾遽
卒惜哉憶松門嘗與予言曩歲遘大疾幾不起脅忽中夢泰山府君召使

掌冥曹事以母老家貧痛哭求免許以十年為期以今數之恰與夢符越四年其母太孺人疾亟時恍惚見松門奉冠帶輿從來迎因戒諸孫曰家貧殮衣不必多備爾父已齎來也夫幽冥事不可知然正直為神理也吾於松門之素行信之

道光二十三年癸卯閏七月　四十六歲　仍館丁氏雨香書屋是歲正月縣科考三月府考四月院考皆與保結　二月八日日入白虹見西方斜指東南逾時始滅翌日雨雪聞葉卓人之訃葉氏昆仲予皆獲與之游而旬卿卓人過從尤密旬卿既早逝而卓人復繼萎每過小雪浪齋輒為悵惘累日七月丁梅仲丈卸南路鹺務尋移居高節里自是館課遂中輟　八月應鄉試薦卷本房師甯化縣鮑名錫年首藝題桓公九合諸侯　三句次文理密察　二句　三如知者若禹之行水也　二句是月晦聞葉蘭墅之訃十月十六日生府君生慈卜塟於西關外梅亭大烽山以元配程孺人弟

[illegible]書稿本

婦陳附壙坐亥向巳兼壬丙　十一月朔日食次日冬至

道光二十四年甲辰四十七歲　是歲授徒於文筆書院之六子祠從游者蔡生繼齊丁生基黃生懋和王廷楓林允中黃捧誥及翁婿長兒凡八人　二月丁梅仲移居東湖草堂　初十日自宜秋橋移居左營司巷時寓齋距家稍遠暫假蔡錫五東偏屋以居計自癸巳冬居宜秋橋十二年矣編癸巳以後詩為宜秋齋集　三月邑歲試四月府試五月院試皆與保結所保三十人而入學者六高梅生王夢脩許　端薩克莊石鴻慶陳瑞年　五月霪雨城西南隅大水旱稻不登　六月應歲試列一等五名題至於犬馬三句學使李鐵梅夫子嘉端　七月德坡自姑蘇歸陶逕自都歸遂招炯甫秋澄仲凡飲於不礙山樓叙別況也　八月應鄉試首藝題仁者必有勇次及其廣大四句三堯舜之仁二段詩挹露收新稼中式七十三名主司瑞常號芝生蒙古鑲紅旗人壬辰進士內閣學士兵部右侍郎楊福祺字子厚山東歷城人戊戌進士翰林

院編修本房師尤溪縣劉廷臯字又賡貴州遵義人辛巳舉人乙未大挑一等同門八人光澤傅方杰建寗謝隆京同安王宗澄南平應鑾階長樂柯蔭芝施挺鋒上杭羅明閩縣劉錫奎　九月四日衍弟長姪女歸於劉　十月五日飲子希秋澄摶九師竹雨棠炯甫於簪堂劉德坡已於前數日赴吳故不與　十日宣政鋪火鼓樓災　十一月二十六日北行同行者張仲凡黃滄秋圖南吳少耆英年三同年是科新行覆試例凡中式者皆以二月十五日以前到京覆試逾三科不到則永遠不准會試亦不許赴吏部截取銓選故此行較他科為速云　二十九日抵水口驛遂舍舟而陸十二月初五日抵延平停劍浦驛一日驛在郡城隔溪舊為浮橋達郡治之東門今毀易以渡船郡城負山阻溪為省會上流鎖鑰北關城樓高踞山巔形勢極壯臨溪一帶民居皆高出雉堞上南向兩塔鎮鎖下有危灘建邵二溪建瓴而下環城左右昔人詩云孤城削壁全臨水八面無山不到樓信哉　初八日

抵建甯府建郡形勝稍遜於延而氣象特寬衍城下亦二溪合流東達松政西通崇建故廛市亦較盛十一日抵建陽建溪驛驛在城南有橋跨溪曰通都俗稱水南有謝文節先生祠相傳即先生賣卜處也十六日雨停浦城一日翁玉樵令弟振千招飲席上晤陳秋溟先生鵬元十七日宿漁梁洞天記天下十名山漁梁其一也劉克莊宿漁梁詩水入陂渠喧似瀑雲從山巔上如炊寫景最肖 十八日過大竿嶺有關曰分水關前一望諸山隱伏二水分流天然界限下嶺名溪口十里抵二十八都宿焉至是入浙境矣自溪口以北兩山夾徑一澗中流景特幽閒十九日度仙霞嶺是日密雨寒甚上下行濃霧中松篁滴瀝衣裝盡濕奇景亦危景也 二十二日抵衢州 二十四日泊富春驛夜半大雷雨翌日過子陵釣臺弗克登二十七日抵杭州三十日抵嘉興府是夜置酒與諸君舟中守歲

道光二十五年乙巳四十八歲 正月朔午刻發嘉興府初二日抵姑蘇

與仲凡訪德坡於胥門不遇陳綫臣嘉勳大令留飲署齋且贈行貲　初七日抵丹陽阻壩遂由陸抵京口翌日渡江泊瓜步初九日泊揚州夜雨寒甚索維揚舊事詠之得八首初十日晚渡射陽湖殘霞散采皎月當空萬頃澄波一舟蕩漾心目為之爽然夜半泊露筋祠下　十六日抵清江浦卸舟權住逆旅明日坐手車獨赴安東訪丁子存且致其家報安東古漣水地宋米芾曾令其地黄河自北而東循邑境入海然瀕河窪下井邑殊蕭條時宰是邑者為吾鄉陳翼堂兆鵾先生留飲署中夜與子存同榻話別後事翌日別子存赴王家營十九日發王家營二十七日過兖州二月初三日過德州謁周同序瑞圖刺史初八日抵都住福州新館曹克承老友來訪握手歡甚克承自庚子入都遂客山左至是別五年矣十五日在貢院應覆試　欽命詩文題我叩其兩端而竭焉詩王道平平得平字

三月初六日移内城水磨胡同小寓與碩甫子存東序滄洲仲凡少耆樵

山同住初八日入闈首場　欽命詩文題人焉廋哉二句詩曰妻子好合一節今有璞玉於此一段十六日闈事畢仍回會館十七日移寓驢馬市街逆旅與東序子存同寓二十二日瑞楊雨夫子招飲於宴滙堂　四月初十日揭曉報罷十二日同曹克承曹壽農慶嵩陳少軒發彰義門十八日抵荏平時方逾午諸君以連日疲困暫停半日為休息勞筋計夜有歌女二人携琵琶至因令歌以侑酒消旅况也自河間以南多流妓每客車抵逆旅携琵琶至者常數十所度曲皆塞劣不堪聽予以一二文則欣然以去其長者曰媳婦少者曰姑娘沿途皆有之而荏平腰站為甚亦鄒魯之桑間濮上也或曰皆外來流妓非土著也未知然否十九日宿東阿有楚重瞳墓碑考之史項羽卒歸葬穀城東阿即古穀城地也二十六日抵王家營渡河易舟五月初三抵姑蘇遂游虎邱登千人石弔五人墓遍覽仰蘇樓諸勝遇劉德坡於短簿祠下立談而別明日陳綏臣招飲因與德

坡約游滄浪亭遍覽吳門諸勝又明日雨遲德坡不至遂解纜行初十日抵杭州　十一日同克承壽農少軒游西湖從南山路循南屏山背七里行山翠中抵淨慈寺寺枕南高峯前有塔曰雷峯登其上望蘇白二提入寺游羅漢堂出賃湖船遍覽湖心亭三潭印月諸勝至平湖秋月亭憩焉亭後舊為水仙王祠後為三賢祠祀樂天和靖子瞻祠有井曰薦菊取蘇詩不然配食水仙王一琖寒泉薦秋菊語也後仍祀三賢於孤山仁廟南巡賜平湖秋月額其地遂甲湖山之勝後為陸宣公祠即西湖書院也明天啓初詔毀天下私創書院惟公祠全陸氏子孫世守今主祠皆公後也循棲霞謁岳忠武祠祠在宋為智果寺孝宗廢寺為王祠賜額曰褒忠衍福寺尋燬洪武中正祠典即寺址復建稱宋少保鄂武穆王廟今正殿祀王像旁以雲雷五子祔後為寢殿祀王夫人及女銀瓶娘子其前廡左右則烈文侯張憲烈武侯牛皋在焉祠右舊有流芳亭刻王遺像最後即王

墓不立碑碣旁一塚即繼忠侯塚也墓前有檜折幹為二名分屍檜考杭志景泰間同知馬偉所植未知即此否鐵人四鑄檜及妻王氏及其黨張俊万俟卨皆反縳北向跪今俱漫漶委蔓草中然游客謁王墳者無賢愚咸指而唾之前有石刻精忠報國四大字明巡按御史張景所立也再拜祠下循湖濱取道得酒肆曰五柳居沽湖醞共酌既復登舟入孤山路登照膽臺三義閣清嘯亭寺僧出玉印相示白質黑章瓦紐中有一穴似常所佩帶者一面刻漢壽亭侯印一面鐫帝諱印紋斑駁或云漢物也出數武折而北即白蘇二公祠過祠拾級而上即孤山也曲折行梅徑數十武則巢居閣巋然在焉閣上下皆祀和靖先生像右即放鶴亭有 仁廟御製詩碣尋先生墓莫知其處時已薄暮遂下山鼓枻而東謁錢武肅王祠祠本靈芝寺故址王故苑也兩廡有東坡所書表忠觀碑碑凡六字皆完好旁名人題識殆遍正殿有順天者存四大字匾字徑六七尺而鋒稜端

偉明王陽明先生筆也中祀王像及子文穆王元瓘孫忠獻王宏佐忠遜王宏倧忠懿王宏俶儀表英偉真英雄面目也後為慶系堂則錢氏子姓居之日將入舟人催促再三尚以未得游靈隱天竺為憾同游曰湖山佳勝不可一覽而盡姑留有餘以待他日何如予曰然遂取故道歸舟翌日發錢塘　十八日抵清湖二十三日抵浦城二十九日抵建甯府城連日大雷雨溪流驟漲放舟南下雖水迅行速然經數險動色者屢矣初三日午刻抵家距出行凡百八十五日入都行七十日出都行五十二日住都中者六十三日　初五日出候諸戚友梅仲丈留飲東湖草堂　七月球陽生向克秀以詩來受業餽土布竹箑為贄報以雁門詩集生球陽世家子性和易詩筆頗清婉嘗讀書國學三年假歸首以未得便舟滯閩中自是每數日輒一來談詩予亦從詢其山川風土甚悉是冬竟以微疾卒於館驛予有詩弔之今未知其旅櫬得歸否耶　十四日颶大作　二十五

日内兄陳際隆卒十月五日諸同年公讌於玉尺山光禄吟壇

道光二十六年丙午閏五月　四十九歲　是歲賦閑在家　正月晦大雷風雨雹　三月七日諸同譜春燕於萬歲寺千秋堂聞南臺夷人滋事遂不盡歡舊歲夷目李太廓佔居城内烏石山積翠寺建高樓築垣墉豎大旗於山巔當道優容縉紳結舌無敢言者又欲佔居神光寺經諸生石鴻基等控於制府又經臺臣風聞入告事乃得寢自是南臺一帶如横山鋪梅塢大嶺天安寺等處皆成夷居日游奕城内外多方窺伺是日夷人之居横山鋪者與市人口角夷目欲開炮轟擊市皆罷肆文武員弁出彈壓二日乃稍安二十二日地震四月朔地又震　閏五月望同陳春茂炯甫秋澄仲凡摶九集歐冶亭消夏德坡自姑蘇歸與焉歸聞張茂貞姊丈之訃往哭之十九日從弟宗拔卒　八月鄉試主司孫葆元蔡念慈同社江摶九中式王師竹劉炯甫亦以優行貢成均　十二月四日復北上同行者

薛樵山錫揚家笑山朝熙黃滄秋李遠泉廷煥王紫林慶翔五同年也初七日抵水口驛時許熙亭春臺劉植夫齊珪陳松軒喬榮三同年及陳梧岡貳尹攜眷之皖江舟同時並至遂訂同行　十三日泊裳洲夜雨大雷電翌日大雪不得發維舟殘蘆敗荻中四山堆玉杳無人跡夜苦寒覓酒不得出青蚨嗝舟子冒雪行三十里沽村醪二斗共酌用聚星堂體成對雪一首　二十九日抵浦城住江家行作客中除夕詩諸君皆有和章

道光二十七年丁未五十歲　正月初二日發浦城初五日抵清湖沿途與諸君倡和得詩甚多十三日抵杭州十九日抵姑蘇二十二日抵常州謁陳綏臣明府時宰武進適公出令弟蘭臣及劉德坡留飲署中遨游城隍廟閱壁間古碑刻晚別歸舟德坡託寄山陽令陳翼堂書為吾鄉林子棟孝廉扶櫬事次日抵丹陽阻壩由陸抵京口覓舟不得權住逆旅二十五日同諸君游金山訪裴頭陀洞遂登浮屠矚覽大江南北寺僧以山泉來餽

所謂中冷泉也以武夷茗試之殊劣二十九日抵淮安謁陳翼堂剌史致綬臣書留飲衙齋 二月二日渡黃河登車四日抵宿遷夜半大雷雨初七日抵嶧縣陰平旁晚大雷雨是日同樵山滄秋遠泉三車不作午先行諸君後至皆遇雨衣裝盡濕雨徹夜不止時方初春河冰未泮連日迅雷驟雨甚於南方甚夏時居人亦詫以為未見翌日大雨雪十五日抵茌平自登車以來非雨即雪車行淖潦中顛越頗苦是日始晴諸君議停半日遂止夜月色如晝置酒以消旅況招歌者二人歌以侑之詢其名則一寶菱一芙蓉也憶乙巳南歸同曾壽農陳少軒曹克承宿此地夜半呼酒有携琵琶至者即其人也雪泥鴻爪荏苒已三年矣俯仰今昔不獨有落葉成陰之感也是日邂逅浙孝廉宋君光 機 宋金華人乙未舉人老而健自言六度公車備嘗甘苦談道中事甚悉遂與結伴同行二十二日抵都仍住新館二十六日出拜同鄉諸先達並謁瑞楊兩夫子瑞師己丁外艱歸

浙矣二十七日許熙亭席上晤陳心泉心泉自己亥入都旋客山左别七年矣二十九日訪劉烔甫於李氏邃園出途中詩見示烔甫自舊冬隨李鐵梅學使入都廷試也林鏡帆太史來叙

三月初六日移内城觀音寺街小寓初八日入闈首場欽命詩文題君子賢其賢一句蓋有之矣我未之見也孟子曰予豈好辯哉詩天心水面得知字十六日闈事畢仍回會館二十一日諸同年燕集才盛館演四喜部二十二日同陳松軒許熙亭葉馥田張仲凡崇效寺觀牡丹並游黑窑廠陶然亭二十三日天后誕辰諸同鄉燕集於會館平生舊雨之賦鹿鳴至者如曹克承王子希劉烔甫張仲凡楊陶逸陳心泉江搏九陳湘庭祖襄丁子存謝碩甫諸公咸至京華聚首無殊桑梓過從亦一時之盛也二十九日楊子厚夫子招飲於舊蓮子胡同寓齋四月四日都中諸先達燕公車諸公於黑窑廠之龍樹寺

初九日揭曉報罷十二日出都同行者許熙亭吴少耆家笑山劉植夫

黄滄秋李遠泉六同年及曹克承老友也是夜始聞雷十六日抵德州曹克承分道赴山左至是又別二十七日抵王家營　二十九日抵淮安府謁陳翼堂刺史留飲署齋五月四日雨渡揚子江是日風色欠利上流積雨波濤洶湧僱江船挈帶以行同舟諸君皆有怖色往返四次無此奇壯也初六日抵昆陵作書別德坡且謝綬臣午刻德坡蘭臣來舟中話別十七日抵杭州連日苦雨至此始晴翌日遂與植夫滄秋遠泉游西湖補前游所未及也時有袁姓者處州諸生為吾鄉會館司事老而豪健能小詩請為導遂沿北山路謁於忠肅公祠祠左即公墓祠有聯曰千古痛錢塘並楚國孤臣白馬江邊怒捲千堆雪浪兩朝冤少保同岳家父子夕陽亭裏傷心兩地風波明楊鶴筆也祠墓近頗頹廢再拜祠下遂登三天竺上天竺觀音最著靈應瞻仰者無遠邇僧多列肆於寺門外市香楮游客至者爭迎欵如道上逆旅主人下天竺以古蹟為勝三竺之間雲影天光泉

聲松籟步步引人入勝左轉入靈隱寺西有洞若曲室玲瓏相通中外琢佛像泉自石罅出滴石上鏗然鳴出洞憩冷泉亭澗水經其下極爽澈考樂天記舊有虛白見山觀風望仙四亭今俱不可考入數武即靈隱寺寺枕北高峯　仁廟南巡御書雲林二字今稱雲林寺入寺涉覽遂取道棲霞嶺入孤山路踰南屏山背歸舟明日發錢塘二十六日抵衢州自過杭以後天氣苦熱篷窓跼蹐鬱冐殊甚遂沾風暑寒熱間作蓋瘧也自是每二日輒一發六月四日抵浦城時蔡錫五任浦城翁玉樵居建陽擬便道訪之邀與同游武夷至是患瘧且聞錫五已移席房村遂不果信乎游覽亦有數存耶今老矣不出山者近十五年名山之願殆不能償姑録此以誌吾憾

[illegible]書稿本

福建叢書稿本

十一日抵建甯之小瓦舟礙石遂止小瓦距房村僅十餘里回雇山輿訪蔡錫五相見歡甚蓋別四年矣未幾瘧作遂就客室小憩明日申刻別錫五歸舟十六日抵家卧病至秋初始漸愈　八月六日有星晝見　十三日丁梅仲七丈卒　二十六日張鵬飛姑丈卒　九月朔日食　初十日南臺大火日又火　十七日諸同年秋會於鰲峯坊　十月府試十一月院試學使彭蘊章吳縣人宗人府府丞中表陳文標以八月卒於建陽醮館十二月歸葬於文山

道光二十八年戊申五十一歲　是歲賦閒在家正月十一日同葉馥田劉植夫兩同年游釣龍臺且訪李遠泉並觀梅於吳氏園亭夜飲遠泉寓齋　是月杪丁子存自皖江奔喪歸　三月諸同譜春會於文藻山薛氏園亭　五月杪大雨數日溪流驟漲城西南禾盡偃　六月二日東牙巷火七月望同馥田植夫訪薛樵山李遠泉於臺江飲臨江酒樓夜宿龍潭

書院 八月楊閩徑辭赴臺是月院科試生童並選拔十月諸同年秋燕

於簪堂 二十日移居去舊居僅數十武是歲以賦閑故頗習岐黃書成

友之以疾疢告者頗多因顏所居

道光二十八年戊申五十一歲是歲賦閒在家正月十一日同葉馥田劉植夫兩同年游釣龍臺且訪李遠泉並觀梅於吳氏園亭夜飲遠泉寓齋是月杪丁子存自皖江奔喪歸三月諸同譜春會於文藻山薛氏園亭五月杪大雨數日溪流驟漲城西南不盡復六月二日東牙巷火七月望同馥田植夫訪薛樵山李遠泉於臺江飲臨江酒樓夜宿龍潭書院八月楊陶徑薛赴臺是月院科試生童並選拔十月諸同年秋燕於簪堂二十日移居去舊居僅數十武是歲以賦閒故頗習岐黃書戚友之以疾疚告者頗多因顏所居為無恒不可無恒之齋二十五日同馥田植夫滄秋熙亭遠泉應高芝友同年之招飲於洛杳小榭十一月八日辰刻地大震十二月九日劉筠川招飲得過草堂編甲辰以後詩為再北集

道光二十九年己酉閏四月五十二歲正月朔雙門鋪火焚死燈籠店一家四人二十九日諸同譜春燕於簪堂二月朔微雨日食夜雷雨三月從

十弟宗保完要四月十二夜地震十七日同植夫應李遠泉之招飲釣龍
臺五月王師竹招同吳立亭劉炯甫江搏九劉荔石諸君啖荔於環碧軒
遂訂為消夏之社自是每數日輒一集既秋乃止八月朔諸同譜秋燕於
簪堂夜南門火鄉試主司黃侍郎贊湯史編修 洋首場題禹稷躬稼至南
宮适出次仁者人也四句三景公說大戒於國 五句詩石上泉聲帶雨秋
同社劉炯甫同年王簡臣 賓皆得雋二十四日從弟宗溥卒九月二十日
臺江火十月長女于歸翁十月十日鰲峯坊火十一日西門大街火十四
日王少蘭慶章自粵解組歸招飲於簪堂聞李竹隣之訃十二月同年家
笑山卒是冬已請咨赴會試尋以貲弗給遂不果行
道光三十年庚戌五十三歲正月朔日食初八日登雲鋪火祖屋燬登雲
鋪祖屋自高王父以來居此者百七八十年矣各房同居無異嘉慶乙亥
始遭回祿因各房財力不齊議析地起蓋嗣復以人口繁漸分析他徙亦

有析售他姓者經此番再燬而舊址不復存矣二月邸報至聞宮中大事
二十七日登極恩詔至閩三月十二日行弟長姪女劉卒姪女生甫周晬
失恃侍哺於乳媼從母吳孺人極憐愛之賴以扶持及長性和婉然顧羸
弱及歸於劉上無尊嫜躬操井臼習勤儉內外無間言舉二子而長者殤
遂以哀痛兼積勞旋得咳血疾旋至不起惜哉四月十七日丁子存招游洪
塘妙峯寺為梅丈求塋地也夜留宿寺中月色如畫因携酒出寺門眺望
溪山遠近咸在眉睫而蠏火漁燈時出沒於沙洲葭溆間覺胸次頓爽輙
有所吟不覺東方已白也五月會試報至吾鄉捷者九人薩大年鄭守誠
馮承基謝慶雲高鑾宣鄭植黃榮庚鄭惠帝及政和同年楊汝為也首場
題所謂誠其意者 二句 泰伯其可謂至德 一章 五十而慕者 二句 詩取人
人以身總裁卓秉恬花沙訥賈楨孫葆元閩同年王簡匡卒於京邸劉樓
山卒於衢州十月劉炯甫辭赴粵從軍時粵西匪徒滋事朝命起前陝甘

總督林則徐赴粵剿辦而延炯甫襄幕府行至潮州而文忠卒於軍炯甫遂不果行十一月四舅輝朝公卒生妣兄弟六人惟舅獨享大年至是母黨之老成盡矣是歲四月縣歲試六月府試十一月院試內兄陳倬甫入泮

咸豐元年辛亥閏八月五十四歲正月八日丁子存之皖江送之洪江夜宿舟中二月二十二日諸同年燕集姚藍坡大令園亭三月十一日午刻地震十三日井樓門御橋火四月二十五日同黃滄秋游釣龍臺李遠泉留飲寓齋五月八日六叔母陳孺人卒二十一日井樓門大街火六月十二日都人士奉林文忠像祀於西湖之桂齋隨衆展拜後同諸同年飲於澄瀾閣翌日郭鑒夫京銘同年招同姚藍坡蔣少陶鎔陳春茂斌風於諸古嶺夜飲達旦十六日蔣少陶亦治其招集其別業園亭消暑七月望颶作一日夜始止八月三日府學文廟災是日丁祭司事者弗謹遺炬於公

廨祭畢門閉而火發當道方閱貢院弗能援自大成殿及兩廡皆燬獨李常二公祠及鄉賢祠存是月恩科鄉試主司羅惇衍通政徐士穀編修首場題郘有道危言危行次衣錦尚絅一節三悅周公仲尼之道詩詩情又入早秋天二十六日移居會潮里老屋三間樹木交蔭時聞鳥聲頗覺幽寂因顔所居曰靜聽作移居詩四首寄德坡秋澄以舊與二君同里閈最久也是日仲凡德坡秋澄博九皆不速而來因留小飲閏中秋日招德坡克承仲凡秋澄飲於靜聽軒留連凡三日為秋澄德坡打弱瑈也二十二日德坡克承仲凡博九立亭茘石同集小齋餞秋澄赴梅溪九月九日諸同譜公餞姚藍坡大令於簪堂時將赴蜀翌日劉植夫招同郭警夫李遠泉張仲凡黃滄秋臺江探菊晚歸集劉筠川得過草堂飲達旦十二日陳超亭招同劉炯甫自臺江泛舟游文山夜宿蒼霞洲十二月杪得丁子存皖江書時子存已授蕪湖令且贈行貲促赴公車時程限已迫且卒歲正之用遂用

以給叩門者可笑也是歲二月邑科試三月府試六月院試自秋入冬五閱月不雨城中水泉皆竭至六月二十七日始雨然旱麥已違時矣編戊申以後詩為蛙吹齋集

咸豐二年壬子五十五歲二月四日津門樓大街火三月望邀家建標兄作觀我圖小影是月杪同植夫春茂餞劉荔石之福安四月五日季弟宗桂卒六月葬於梅亭山上先府君墳側五月望月食九分有奇六月杪颶風作大雨水漲及室尺許八月朔有白虹見於東南是月鄉試主司甄檢正藍旗人黃兆麟湖南人首場題隱居以求其志二句設其裳衣二句撫周公仲尼之道一句是月楊陶遷自臺歸來敘十一月朔日食十四日聞丁子存九月之訃子存補蕪湖令未一年遽以疾卒時其母太孺人攜眷方赴皖子存已先一日卒明年始以其喪歸不旋踵蕪湖即失守江南北戒嚴是歲已請咨赴會試且束裝矣嗣聞金陵失守道梗且資斧弗充遂

止未幾吾鄉訃偕者皆阻於江迓者將百人予尚幸免此一番跋涉也
咸豐三年癸丑五十六歲正月十九日鼓樓大街火三月十六日地震是
月杪上游匪徒滋事陷沙縣永安下游林俊等倡亂攻大田德化等縣而
海澄同安厦門等處皆蠢動四月竄入漳郡鎮道皆被戕省垣紳富捐貲
團練編查保甲設立柵門賊由沙縣竄延平圍數日援兵至始解五月省
城錢鋪相繼倒罷時上下游皆不靖省會戒嚴居城市者入鄉村居鄉村
者入城市人心皇皇紛然從還錢鋪滚支不給同日倒閉者五六家無賴
之徒藉支票為名因而掠取當道擒六人梟之於市乃稍定然市肆如水
米價驟長各鄉遏糴典鋪停止過半蓋岌岌乎殆矣六月發義倉平糶時
又苦旱十八九兩日得雨四郊霑足早稻登場民心始稍靖然自是以後
雨亘晝夜不止凡十餘日河渠皆溢東南隅城圮十餘丈城中屋宇墻垣
傾倒無數北隅尤甚高田未穫者復遭漂沒始設永豐銀錢官局鑄當百

當五十三十二十大錢八月賊陷仙游署縣令黃曾惠死之賊遂圍興化九月劉筠州遨往萬歲寺觀鄉勇操演時城內紳富捐貲募勇分八廠團練筠川主南廠也閱畢因留飲席間談及守禦之策余因言團練守城專雇鄉民非計也彼無室家之戀休戚之關有急則潰散而已有何足恃且團練之法只宜於鄉使之各自為保但定其聯絡策應之法防其淩弱暴寡之弊足矣若城內則但當嚴保甲籌儲積倉廩既足則人心固有急鄉近郊之人皆可入保有糧不患無人也諸君雖韙之而心頗以為迂也十月曹克承歸自興化來敘言興郡各鄉烏白旗分黨之害甚詳時克承客俞太守幕賊圍城時困圍中至是圍解乃從間道歸十二月十五日長女舉外孫十八日常豐倉河沿火二十七日北門柴井火焚死一家男女四人

咸豐四年甲寅閏七月五十七歲正月同社王師竹卒二月長兒始應童

試丁生基入泮三月初十日南臺火三月二十四日初度老友曹克承蔡
錫五楊陶遷劉德坡葉馥田沈秋澄咸至治具款之歡聚竟日克承久客
山左錫五客建陽德坡客姑蘇陶遷亦秉鐸臺陽彼此睽隔或十餘年或
五六年相聚恒少今歲倦雲復合促膝談心樂何如耶然彼此相看皆斑
白矣名利驅人韶華不再絮談往事感慨係之翌日同錫五德坡克承秋
澄友松餞楊陶遷於靜聽軒時陶遷將赴邵武教諭也又次日陶遷亦治
具話別四月十三日大雷雨雹閩長樂雨豆曾於劉植夫同年席上見之
作六角形深紫色大如常豆云熟食之與豆無異是日並聞楚匪自豐北
渡河北上蔓延山左各郡縣五月二十四日大水時連日大雨上游溪流
暴漲水一夜溢八九尺西南隅田盡淹時早稻將登場倏淹沒米價驟長
七月初五夜南大街郎官鋪火十七夜大風五鼓南臺大火延燒千有餘
家至午後始熄海防司馬署燬省垣火患自嘉慶間開元寺災後此次為

最大二十五日又火焚百餘家九月二十四日從弟宗隆卒葬梅梆山二十五日地震十月望夜福州府署災時署府篆者為婁君浩陰人十二月同年薛樵山錫揚同社黃芝臣紫涵並卒是歲夏極熱冬極寒堅冰有寸二稻半稔上下游匪徒雖稍戢然萑符四伏道路梗塞行旅苦之省會錢荒兵餉經費多用官局票支給兼以捐輸兵餉及捐運天津米石諸例紛然並舉官錢局銀番價值任意長落利權既一錢鋪相率停止市中交易卒皆官局票矣官局初設時以制錢不足添鑄當百當五十等大錢然銅觔不給多收民間廢銅以充之銅色既雜模式又不能畫一私鑄者紛起民苦於無從辨識稍稍廢格不行制錢日絀官票日增於是有盤支之禁有限支之令始而攙雜小錢繼而另設壹百文貳百文小票謂之準錢圜法既壞於是鐵錢之議決矣鐵錢既行又漫無分別所謂銅錢者一文不可得見矣官票一千僅準錢二三百文百物騰貴至數倍商賈裹足人心

皇皇苟且度歲幸矣是年偶與高穀友慶祺家敦夫士倫葉與端滋森何秀臣翼為立人樹為昆仲結飲社數日輒一集葉何諸君皆少年英爽予年獨最高每當酒酣年熱故態復作頹忘老醜近於强作解事者然去日苦多故交零落聊借諸君豪氣豁我愁懷亦不得已者之所為也

咸豐五年乙卯五十八歲正月初十日聞雷自是連數日多雷雨二月杪至三月不雨官祈雨澤禁屠宰四月初旬始得雨然早禾已違時矣五月發義倉平糶中旬大水七月移居城邊曹八月鄉試主司景康首場題子温而厲三句禘嘗之義一句學問之道一節詩次第看花直到秋劉荔石自福安歸遂同蔡錫五陳春茂劉德坡沈秋澄聯為詩社自是每數日輒一集十月二十二夜外間傳聞天鼓鳴編辛亥以後詩為靜聽居集是歲中稔以下然錢法大弊官私鐵錢混雜行使官票愈賤銀價愈高百物昂貴諸凡生理無不齊行皆取償於民其實局票鐵錢使不出郭闕之外而

福建叢書稿本

鄉民不通也官以鐵錢私鑄多出示收買計觔給直而受病又在市肆矣
是年歲暮米一石值錢八千柴一束值錢七八十文
咸豐六年丙辰五十九歲正月仍與談社諸老友三日輒一集是月杪得
黴雪聞謝碩甫之訃碩甫試令山左署鉅野縣以兵差註誤留滯有垣旋
以疾卒二月楊陶遷赴邵武劉荔石赴政和談社遂中輟三月得陶遷邵
武書聞賊陷江右撫建二郡邵武戒嚴四月五日大雷雨連日夜不止溪
流驟漲初十日梟粵匪五人於茶亭南臺茶市初開時粵之無賴結隊來
閩附托夷勢睚眦市井動則糾搶時南臺中洲錢鋪被劫至數千金故有
是獄五月久雨衆旬溪流又漲低田盡偃六月朔鄭大姑母卒年八十有
三姑母早失所天撫遺腹孤辛苦垂五十餘年晚歲善自頤養故得享大
年自姑之亡而父黨老成盡矣八月內兄陳少杭卒十八日夜大雷雹以
風雨傾盆近年所少見者順昌匪徒復猖獗調兵防勦是月府歲試九月

五日大風颶作次日得雷風息而雨不止十五日南臺火十月順昌土匪滋擾邵武建陽各鄉守備王三貉戰死延平府全萬清亦遇害是年早晚二冬皆歉錢法益壞銀每兩值錢七千市中行用鐵錢局票率以二折計值百貨價長將十倍紳士耆民相繼呈請補救時艱官無如何也歲暮米一石值十七千薪百斤值五百他物稱是

咸豐七年丁巳閏五月六十歲正月多雨二月院試鄭生奎華梅溪劉生訓銓皆入泮楚匪入杉關守將張從龍等遁賊遂圍光澤陷之三月邵武失守署知府裏浩同知毛健知縣孫翹江皆死之督糧道王訓時督師邵郡不知存亡或曰與守備薛長安同遁云廿四日六十初度諸戚友咸至治具款之席間聞建陽不守賊散擾建甯泰甯等縣四月四日制府始出師駐延平時建郡告急延平戒嚴順昌賊與楚匪合窺建甯按察司保泰駐延平督勦稱病以署汀漳龍道趙印川率兵援建保不待趙至遽歸

建安令率民兵出禦賊被害時下游林俊餘黨復熾圍泉郡省城紳富紛紛遷徙所在戒嚴十五日大雷雨溪水驟漲上游流屍隨流而下不堪觸目是月劉荔石至自梅溪遂為庚兒定聘曹克承卸漳浦學篆歸來叙五月賊入汀州連陷寧化武平等縣武平教諭林寶辰罵賊死之是月杪同年陳春茂卒閏五月楚匪竄由江右邵武收復賊據邵郡久淫掠不已民弗堪各鄉聯甲起而殺賊且絕其糧道賊懼而遁自是崇建以次亦復建邵稍安然順昌土匪尚肆擾未戢也六月張鍔有聞卒得劉炯甫都中書知巳棟發甘肅七月朔申刻三叔母吳孺人卒聞葉馥田同年長溪之訃十六日颶風大作城無完宅制撫署及貢院旗竿皆折廿四日侯邑學宮崇聖祠災廿五日颶復作九月陳紱臣大令自姑蘇歸來叙廿四日為辰兒完娶十月朔地大震聞同年王紫林之訃十一月廿六日葬三從母吳孺人於祭酒嶺是歲麥大熟二稻亦中稔以上春間米價石十五六千夏

秋間長至四十餘千冬每石六十餘千銀價每兩易錢至二十餘千市間百物皆長至十倍諸工匠日索值千餘局票每千只準銅錢百二三十文官局委員局夥乘機壟斷銀番價值倏起倏落官員幕友子弟報捐雜職者幾千餘人夏間賊氛四起暫行平糶一月而義倉之積貯空矣歲杪官給無告者米數升周貧士百人人鐵錢數千云以補救時艱也是年開鴉片之禁抽釐金以充軍餉

咸豐八年戊午六十一歲正月十六日臺江火十八日五鼓聞雷自是連日雨二十日地震是月杪江右鉛山失守崇安戒嚴二月十八日甲子雷風大雨雹賊陷浦城邑令韓全家遇害賊焚殺甚慘遂踞浦城三月松溪政和相繼失守有會戒嚴調兵防守福安甯德屏南等處十二日南關民罷市初英夷犯廣州執總督葉名琛廷議簡放黃宗漢為兩廣總督攜帶欽差關防赴粵督辦時撫建道梗改由閩入粵是日啟行南臺司馬遠妾

員諭民户出一丁執械列門首以送蓋欲飾團練之名以壯觀也有一二弗應者官怒笞之數百且繫二人遂激衆憤自南關外數里咸閉肆次早擁入督署言局票鐵錢累民狀初鐵錢之鑄雖有成議而未行也吕中丞佺孫滋閩始奏行之吕故吾鄉廖鈺夫尚書門下士衆疑以為廖主之羣入其家詈毀之挾入督署公議閉至晚大憲諭以二十日為始局票每千折文銅錢三百文以後漸增至五百文始撤去後數日米價每斗僅銅錢三百餘文銀價每兩減至六千嗣又以銅錢不敷支給定每千只支現錢壹百文銅錢局票貳百文於是市價復長視前尤甚矣是日始平糶户減半給是月杉光澤失守邵武復陷四月二十日大雷雨以風蔡生繼齊卒五月建陽復失制府王以病告中丞慶署督篆六月出師赴延平崇安失守邑令莫自逸死之莫公最得民心善守禦賊屢攻不得入至是卒以無援力竭城陷死之八月十三日辰兒舉長孫淞制軍王病可赴延接辦軍

務廿七日有星孛於西針指東北十餘日始滅九月朔中丞慶自延鲦奏報上游肅清以軍功保者數百而賊尚擾順將間也十月順昌陷於賊屠戮甚慘時局票愈賤鐵錢不行私燬為器者頗多省城市肆忽錢荒零星貿易雖鐵錢亦不可得官訪獲鑄鼎者一人肆於市明日錢復出十一月雷十二月朔南關外火是冬米每石值六十餘千銀每兩值三十千他物稱是蓋地方之敝圜法之壞至此極矣

咸豐九年己未六十二歲正月永豐官局停止每局票一千折支銅錢五十五文計通局歷年以來銀錢番併餉票約三千餘萬除現存銀錢不足支給則仰富戶鋪戶捐輸以濟之謂之捐輸票本主其事者福郡守劉翊辰也是月杪制府王自延平旋省奏報上游一律肅清四月廿一日迅雷大雨自是連三日大雨雷皆震甚五月朔荔石解赴長溪聞得及門邱雲齊之訃廿三日內弟程名弊卒六月歲試童生入泮加額每學多至七八

福建叢書稿本

十名七月初八日五鼓有流星自西南入西北有聲光芒如月八月鄉試
並補行戊午正科揭曉中式者二百五十人以捐輸廣額也十八日地震
廿八日又震十月南臺洲邊大十一月熊姪完要同社家鏡帆侍講卒十
二月朔病痰嗽逾旬始瘥廿九日甲子大寒節雷雨見電除夕同楊陶遷
同游市中遇雨而歸陶遷以七月自建溪抱病歸至是始愈是夜飲酒守
歲得詩二首寄陶遷是年官局雖撤復用銅錢然捐輸屢變地方元氣傷
憊已極二稻中稔而市間物價昂貴如故惟米價銀價稍平耳各典鋪議
行息概三分皆銀當銀贖貧民愈困聞英夷犯天津川黔皆有警
咸豐十年庚申閏三月六十三歲正月聞河南捻匪擾江北宿遷清河等
處道梗吾鄉計偕有阻而返者二月朔劉德坡自昆陵歸十二日陳起亭
招赴臺江飲蒼霞洲廣聚酒樓夜留宿中亭醉後不得寐作長歌紀之十
七夜外間喧傳有怪鳥夜鳴俗呼為九頭鳥沈秋澄云親聞之是月賊陷

杭州僅數日援兵至遂收復然焚擄一空矣三月上游匪復騷動臬司裕赴建督勦且云援浙十六日辰兕舉次孫沂閏三月二日大雷風雨雹四月常州失守姑蘇繼陷從妹倩周賡颺卒五月艇匪闖入臺江滋事沿江居民婦女多避入城南臺茶市既開粵之無賴附夷人入閩者數千人皆聚居南臺脿毗市井莫敢攖者艇船者粤之盜藪也藉為夷人攬載貨物出入海口吏莫敢稽時與漳泉人角逐因之起釁屯集江中聲炮約鬭官彈壓之弗聽初水師捕獲洋匪六人置於獄皆粵人也艇匪藉口六人皆枉欲索之大府黄夜殺六於市翌日臨之以兵乃漸退出六月五日內弟程敦甫卒九日微雷小雨鎮海樓災後數月重建物料偷減制視昔獨卑形家言其失前人創造之意於風水有碍未知然否因憶甲辰冬鼓樓燬謀重建當事以地處通衢多火患改甃以磚如獅子樓之制又設自鳴鐘以代更點為形家言者亦非之謂鼓樓當省會之中為藩司首案通省文

[illegible][illegible][illegible]書稿本

運所關宜於棟宇飛揚丹雘煥發且自鳴鐘夷製也不可以代古更漏識者頗譏之然自甲辰以後又經兩次大患而鼓樓皆無恙亦不得謂改作者之盡非也特以自鳴鐘代閩王點則斷乎不可耳七月十六黃肖巖自杭歸來敘肖巖客杭州僑寓僧寺猝逢寇亂城陷不得出有僧導使踰城遁途中崎嶇萬狀幸獲生還因言蘇杭兩地失守事甚詳又聞英夷犯天津通州守守駕幸熱河八月夷人入京師焚圓明園三山尋退出天津九月十三日為庚兒完娶熊姪舉長姪孫十月聞安副將吳鴻源獲洋匪二百餘人盡殺之十一月夷人以和議至十二月聞曹克承漳州之訃克承署平和訓導既卸任居郡城以疾暴卒是歲有會頗安帖然貿易抽取釐金百物騰貴民間艱苦尤甚兼以蘇常失守浙省軍情緊急上游一帶土匪未戢商賈輟業閒民傭力者益無所得食幸而二稻中稔稍可支吾耳

咸豐十一年辛酉六十四歲正月朔至五日皆雨而微雪初九日聞劉筠

川海南之訃筠川以佐貳需次粵東權文昌縣廵檢卒於任所是月杪劉荔石歸自甯德三月汀郡失守時學使者方按試郡城無備賊驟入學使踰垣遁行裝文槀盡失四月制府始出駐延平五月五日大水是月杪有星孛於西北指東南數日而沒六月朔日食十三陳紱臣招飲半野軒水榭觀蓮集者楊陶遲家翰卿秋澄德坡廿五日同陶遲諸君集華林寺爲陳起亭排悶也時起亭新喪其長孫翌日同翰卿錫五游古咩佛菴飲馬七月望有流星自東而西光芒如月是月杪黃肖巖卒是月旱當道咸步禱廿六日得雨頗霑足八月始聞宮中大事各官咸摘纓素服九月三日梅溪老友劉郁堂 燿文來訪別二十年矣因置酒款之並邀劉渭臣沈秋澄共談十月復令捐輸並行舉商貼貲令委員四出亦署鹽法道劉翊宸任之廿三日得荔石書福鼎失守福甯戒嚴大行遺詔至閩十一月聞聖駕已旋京師載垣端華肅順等皆伏法黜陳孚恩黃宗漢等四人永不敘

畐畫菱書高本

用十二月十三日營造梅亭山先塋始啟土十五日五叔母郭孺人卒始聞杭州以十一月廿八日失守時賊由江右入浙竄入三衢陷龍游據金嚴甯紹相繼失守遂攻省城江閩援兵久不至城中糧盡人相食至是乃陷將軍瑞昌巡撫王有齡提督饒廷選皆死之廿三日鼓樓大街大廿六日辰兒舉三孫翰（廿五夜寅刻庚兒亦舉一男僅七日而殤）歲暮連日得雪

同治元年壬戌閏八月六十五歲正月朔登極恩詔至閏六日立春得雪農人以為瑞也三月二日午刻火藥局搗藥火發焚死者十餘人初九日錫五秋澄携雪魚至遂招漢卿同飲四月聞甯波收復溫州圍解非路稍安沈幼丹觀察奉召赴安徽大營途中擢江西巡撫新任中丞徐樹人宗幹蒞閩特命廣撫耆齡赴浦城援辦軍務五月十一日亥刻地震陶遜歸自建溪六月招錫五超亭陶遜秋澄漢卿聯酒社每六日一集時有倡和得詩甚夥七月十七日聞中表鄭金照之訃聞徽皖肅清賊目四眼狗受

擒於壽州大兵直抵雨花臺京陵不日可以蕩平矣八月歲試福郡屬生童學使厲恩官（宗人府丞儀徵人）場規甚寬試日率繼燭至二三鼓前此所無也廿二日南臺中亭街火廿四日井樓門外又火是月梅亭墳工竣費錢百千有奇九月九日劉渠石親家招同錫五紱臣陶遷超亭秋舲立亭世華德軒集越山古吽佛菴登高游竟日而返十月舉行恩科鄉試並補行辛酉正科主司行秀馬壽金首場題爲之難言之得毋訒乎次知遠之近二句三又尚論古之人五句詩釀梅天氣不多寒中式二百三十餘人是科以臺匪滋事奏請展期至十月又以道梗兩主司十四日始抵閩遊以十六日入闈十一月十九始揭曉十一月杪陶遷辭復赴建溪十二月十二日劉荔石自寧德歸廿七日衛卷口犬

同治二年癸亥六十六歲正月二日劉荔石生日招同錫五秋亭德坡秋舲漢卿薌秋曉農德軒渠石飲盡歡初四日鄒佑人（啟元）招同錫五德坡

漢卿秋舲醵餞携酒至痛飲盡歡佑介秋舲皆大醉二月十日寅刻庚兒四孫灘生劉蕘石復赴富總二十九日同社友家漢卿卒三月九日黃滄秋同年招飲廿三日內子五十生辰招諸親友飲是夜風雷大作雨如注四月學使馮奉召入都新學使章鋆由海道抵閩接任浙撫左宗棠補閩督曾國荃授浙撫是月諸孫相繼出痘照料藥餌月餘乃皆痊愈自舊臘以來患足疽繼又得肝胃痛疾凡半年始稍痊然老態漸侵不復能健步矣五月聞黃滄秋同年之訃滄秋由貴州學使任滿乞假道歸省至是航海入覲以暴疾卒於舟中惜哉又得吳東井慶奎同年之訃東井以大挑一等試令浙江杭城陷殉於賊至是家中始得其耗而吾鄉何松亭大令亦死焉是月杪得陳文漢中表之訃六月劉蕘石歸自東洋八月城內外好事者募建全閩普度集僧道百餘衆於鼓山湧泉寺自是月二十日始至十月上旬凡四十九日而畢費鉅萬已而各里社效之爭建水陸施孤

幾於舉國若狂矣九月九日申刻辰兒五孫榮生十月杪荔石辭赴水口
稅局十一月家岱宇東藩招同周介農元豐孫文卿德樹王偉甫廷俊同
年陳巻阿內兄及德坡秋舲為逸老社月兩燕集予與焉十二月十九日
東街民罷市初夷人之傳教者城中設立教堂凡數處男女混雜民疑焉
適有與之口角者因毀其室夷人訴於官官枸其近隣數家將治以法民
不服鬨然自東街至鼓樓一帶咸罷市數千人擁至府署請釋無辜官不
得已悉放之乃安靜入冬以來復患胃痛時復痰嗽羸頓不堪是年夏頗
熟二稻中稔米價稍平然百物騰貴逾數倍則抽釐之為害也聞姑蘇已
收復浙江亦漸次肅清冬杪紳士捐濬城內河道
同治三年甲子六十七歲正月二日劉荔石六十壽招諸老友飲至者十
餘人十三日招蔡錫五陳趣亭馬泉珂劉德坡沈秋舲並德軒渠石荔石三親家
為頤年園拜之會飲至夜分盡歡而散沈秋舲名其社曰步香自是約月

一會社中人輪司會皆以佳節十六日大雨雪屋瓦盡白數十年來所罕見者是月杪劉荔石辭赴水口二月沈秋舲六十壽諸公皆以詩為祝予亦得六首十五日飲其齋頭聞陳級臣大令之訃十六日得陶遷建陽書聞楚匪自京陵竄入江西浙江邊境掠常山玉山正月杪陷江西廣豐弋陽貴溪等處二月擾汀邵邊邑有會調兵赴上游防堵各城俱派兵弁盤查出入三月十四日迅雷大雨擊死數人（龍山巷薩姓婦手抱一子並腹中妊俱擊死）十一日荔石歸自困關翌日招諸老友飲至者周介農蔡錫五家岱宇趙亭秋舲東珂石德坡德軒志和荔石曉農並諸戚屬也（廿四初度適遇院試故先期）四月初三日劉荔石辭赴同安（受陸璒園明府之聘）廿一日楊陶遷歸自建溪來敘五月朔劉炯甫世兄自甘肅歸來敘贈篤舊集一部（炯甫在甘所刻）並辭挈眷赴粵候補初五日西湖競渡舟覆其二溺者七八人時溪流暴漲故也中旬大水月杪又大水六月大兵覆京陵獲逆首李秀成洪仁達解京盡法餘匪竄入

江右及閩廣邊界七月初五日颶風作二日始止八月三日楊陶遷招步香社諸友飲西湖之宛在堂游竟日而返十四日劉渠石親家六十壽招諸老友飲盡歡十八日赴沈秋舫社會席間聞劉荔石同安之訃為之罷飲唈怏者累日九月九日步香社會招諸老友飲於家是年春夏多雨潦入秋遂旱城内外多患吐利死者頗多好事者醵錢賽會扮街坊俚俗故事夤夜迎賽金鼓喧闐燈火達旦云以逐疫也人情昏謬一至於此可嘆也是月杪以旱祈雨遂禁止迎神而吐瀉亦漸愈是月九日金陵潰匪由廣東大浦竄入永定初十日陷武平十一日臬司張運蘭敗績於武平死之十二日賊陷龍巖十三日平和南靖相繼失守十四日陷漳郡城漳鎮陸魁汀漳道徐曉峯及府縣皆被戕逆首李世賢入漳踞守六日之間一府一州五縣相繼失陷賊勢飈忽上下游皆震動省垣戒嚴是歲正科鄉試以汀邵等處賊氛未靖奏請展期至十月時兩主司已抵延平而諸生

亦陸續到省驟聞警報軍書旁午廿一日中丞牌諭軍務緊要暫停科場
諭諸生回籍翌日諸劣生鬨於撫署請科場勿停十月朔復鬨於撫署婉
諭之不退因飭各學教官查其倡率滋鬧之主名乃止其實上下游士子
聞警已亟歸所滋鬧者皆垂涎場利與謄錄經紀等輩耳時城内外錢鋪
滚支倒閉者數間無賴者乘機搶奪十六日殺一人於市始稍靖制府左
宗棠由浙遣兵入援浙江提督高聯升率所部三千五百人由海道入閩
記名提督黃少春率馬步四千人由浦城入臬司劉典率八千人由汀州
入廿五日高軍門由海道先至停一日即由泉援漳十一月率黃提軍馬
隊亦至皆先後啟行初二日署陸提林文察進攻漳州敗績於瑞香亭死
之同時陣亡者參將以下凡五人餘兵退紮江東橋勢甚危急幸浙兵已
抵泉民心稍安廿三日酉刻外姑張孺人卒廿五日督中副將署癸廿六
日小古樓火是歲水旱疾疫間作幸二稻尚中稔惟錢法太壞行使小錢

市中百物昂貴已甚自舊臘病復作入春寒甚增劇益以便血逾旬月氣

血愈虛中秋稍瘥入冬復作肝胃痛益甚繼以嘔吐將成翻胃矣十二月

謝制府入閩督勦駐節延平

同治四年乙丑閏五月六十八歲正月二日辰刻範甫二弟卒十四日步

香社團拜諸老咸集是日極熱夜半雷雨二月六日出訪錫五同赴秋舲

館小叙逾午始歸冬舊冬得病至此始出游然疲乏已甚非復從前健步

之態矣翌日陳起亭以酒菜來邀同錫五秋舲小飲盡晚而散初十日秋

舲生日招諸老飲二會予皆與焉然扶病相於了無樂趣三月以軍需急

行抽租坐賈市釐牙帖等法市肆騷然三日上巳偕稧于藹叔家詡安失

守署令趙人成全家死之廿四日楊陶還歸自建溪來宿留同友松小飲

四月望日左制府自延駐省龍巖已收復也是月杪賊之踞漳者潰竄潮

粵嘉應大浦等處有旨嚴追清勦是月杪左制府移駐泉州漳郡已復也

廿四日招步香諸老飲滿前月初度之會也五月二日黎明地震望日大水暴漲米價騰湧石七千有奇始開義倉平糶廿五日往南臺釣龍臺訪李遠泉同年便道游覽沿江一帶茗話於廣聚樓自舊冬抱病以來不出城者將逾年是日信步登陟頗覺清健然距辛亥之游十餘載矣時局變遷舊人寥落俯仰今昔感慨係之六月朔同陶遷訪秋舫於其寓齋談甚暢越日秋舫携酒錢飲陶遷家病久少歡趣自陶遷歸過從無間時共開游逍遣或茗話半日頓忘羸憊是月杪偶有感冒病復作廿九未刻三弟宗枝卒半年之間連遭兩弟之喪愁病之餘益以傷感愈不支矣八月五日應翁德軒親家之招十日應劉渠石親家之招連日歡聚是月聞鄧佑人之訃八月望月食九月補行甲子鄉試以初八日入闈主考丁簡庭辛於衢州副考丁濂甫獨掌文衡首勢題固天縱之將聖 至 太宰知我乎次發强剛毅足以有執也三不以六律不能正五音詩霜高初染一林丹 丹

十月初十日揭曉中式百又三名十月以後復病恒數日不起床七月初九日辰刻庚兒舉長孫女十二月三日卯刻辰兒舉第五孫十二月杪陶遷自建溪寄洋銀拾圓為醫藥計也感其意受之

同治五年丙寅六十九歲正月七日步香社團拜集翁德軒家翌日德軒復招飲兩日皆扶病强應意不適也廿三日四從母劉孺人卒二月十八日左制府奏凱旋省奏報漳潮一帶肅清是月杪上游齋匪陷崇安連日陷建陽是云是時抽鹽釐鹽販激變也是月以久雨祈晴三月廿一日遣辰兒往玉蘭谷展墓廿四初度招諸老友飲翌日聞逸社老友孫立卿之訃四月冊封琉球正使趙新至自京五月八日張煦有恭卒廿七日鄭學雅妹婿卒七月七日同梁石東柯德坡秋舲消暑於萬歲寺是月旱此兩日連日得雨設正誼堂書局考取舉貢百餘名校刻張儀封中丞舊所脩書月給薪水五兩舉人楊浚為總裁八月郎杪至左制府調陝甘總督吴

崇補閩督九月十八日聞劉植夫同年姑蘇之赴廿八日督署前火十月
初一日兩邑科試廿八日府試兩邑童十一月十三日渡鷄裡火廿七日
南門外火延及南門大樓燬並及城内近城數家十二月院試辰兌入泮

觀我錄終

鰲齋日記不分卷

［清］侯官陳則誠撰

福建省圖書館藏稿本

鰲齋日記不分卷，清陳則誠撰。則誠號鰲齋，侯官人。同治元年（一八六二）舉人。曾充福州正誼書院分校。陳氏生年，檢同治元年壬戌恩科補行辛酉科福建鄉試同年録，有第三十九名舉人陳則誠：「二十四歲，福州府增生。」據此前推，似生於道光十九年（一八三九），然官年常少報年歲；是書同治七年十月十九日載「余今年卅二歲」，則生年推爲道光十七年，當爲實歲。

此稿本前粘一未具名之信函，曰「又有家藏鰲齋日記四册（係閩縣陳則誠著），中關於地方資料頗多……陳則誠係同治舉人，充正誼書院分校，此日記係其手書原稿」云云。信函出自胡孟璽，蓋經胡氏收藏而轉歸福建省圖書館。胡氏言陳氏爲閩縣人，不確。正誼書院刻書存世多種，卷端均署「侯官陳則誠鰲齋分校」、「侯官陳則誠鰲齋覆校」，本貫侯官，應無疑義。

是書所記起同治五年八月一日，訖八年十二月十四日。康熙間福建巡撫張伯行創鼇峰書院，以「正誼」二字名堂，刊刻遺書五十五種，年久版壞。同治五年六月，閩浙總督左宗棠設正誼書局以校補之，又酌量新增品種，於同治九年刊成正誼堂全書六十八種。此間陳氏供職正誼書局，故日記於生活瑣事外，亦詳記書局校書過程。如同治五年八月十一日「入正誼局值班，校朱子文集寫本」，廿六日「入局校文山文集寫本」，廿九日「入局校許魯齋集」，三十日「入局校二程粹言」等。六年春，閩省又專爲貢舉設正誼書院，陳氏亦應課其中。或以爲同治六年正誼書局裁撤，改立正誼書院，其説似不確。是書同治八年十二月十二日記：「雨，晨入局，見書院詩案發，予在特等，心安。」十四日：「雨，晨起雪，氣冷甚，易裘而從，閲真文忠集數頁，入局。」可知至該年歲末，書院、書局尚並存，則書局之裁撤，當在同治九年正誼堂全書刻竣後。

閩中乃朱子所居之地，士人崇尚理學之風濃厚，故是書又可視作理學修身日記。如開篇同治五年八月一日即載：「與劉本波兄、曾鼎三、葛實夫年丈，談及讀書爲人之理，仝約自今日始，各作日記一本，互相觀摩，有善共勉，有過共規，談至戌刻方返。」知作是書初旨。此稿本存有大量劉、曾、葛三人眉批、尾批，如同治五年十月廿二日記：「午往南街買筆，鈔嚴舊作文稿一篇，心未靜，錯一字；易之，又錯；又易之，落一字；因不敢寫，息頃寫之，又錯一字。心大忿恨，我何如是不敬。程子曰：我非欲字好，即此亦持敬。可知凡寫字皆當持敬，況我父之文乎？恨極。斯時一好有人將我痛打一番，心始爽快。」眉批葛云：「難得。」劉云：「斯時確有此心，然太過矣。人豈有以痛打爲快乎？痛打豈足以塞補過乎？寫父之文，不可錯，父之遺體，其子傷乎？此忿大錯，宜以加敬爲妥。」曾評劉語云：「鼎云是。」十月下旬又有葛尾批：「所記如常，惟念二日寫字不爲可嘉之至。」劉云：「所記頗詳，但少見有用功處，似宜以靜坐養心、讀書養氣爲要。」曾云：「本波評極合鄙意，不贅，願共勉之。」觀此，則理學家修身之不易，同約互相監督之嚴格，俱活現紙上矣。（張　劍）

鰲齋日記 壹

又有家藏鳌齋日記一册。（係閩縣陳則誠著）中關於地方資料頗多。去年北客因出價太低未售。貴館要不要？價目請酌之！

陳則誠係同治舉人、充正誼書院分校、此日記係其手書原稿。

茶僧日記四冊查係實物

陳則誠鰲齋所著

則誠同治壬戌舉人先正謂方

府分校

一條內林文字治改出者

瑶記

壬申英赴

齋之為言齋也所以齋其不不齋以致于齋也持齋特當體此意否則雖日日持齋要亦何有于心身當丕省之

規勸之意通將久而不忘願共勉之是

丙寅年八月起日記

初吉日晴

朔持齋並祖碩貴公忌日巳刻起盥漱焚香後往后街黄祝壽飯後梳浴更衣習字百餘字後往達明里與劉本波、曾鼎三、葛實夫、年丈談及讀書為人之理仝約自今日始各各日記一本互相觀摩有善共勉有過共規談至戌刻方返亥刻往王親處一詣回家後代人作告貸信一封

初二日晴

留叔

二語可採

某亦云可採

若能于初觸時警之更密

某云叔評極是

讀書當体會聖賢立言之意以為身心之助方好謹云讀書能變化氣質必讀書後氣質依然不變則雖讀猶未嘗讀也以爲之學當知戒之 某

刻起焚香閲寡過編數頁至薛文清公羣居防口獨坐防心二語不覺悚惕敬書座右以便觸目警心云午後繕張伯卿扇一楷安谿對聯一篆鍾瑶庭同年手袁从先横披二艸劉心芬綾聯一隸晚改王生日課八題

初三日陰晴下午雨

司命誕持齋長刻起盥漱焚香後讀上論一頁曲禮上三頁飯後出門晚回戌刻有俗客來談約至三更纔去

初四日雨

書中有理解處宜錄出以便覽，俾不忘記方得，不則掩卷漠然亦何益矣。長

幹俗事最易失腳，當于敬上用工夫，則鮮失矣。長

到客後論時以其議論，若能檢點即思齊，此有意亦是在有心人自領耳。長

巳刻起，焚香後閱漢鑑一卷。飯後習字百餘字。午後繕縕山聯一隸（黃松卿表兄手）、崇棋易、柳條四幅、艸。晚讀古文數篇。

初五日風雨

巳刻起，焚香後閱漢鑑半卷。飯後俗事出門，亥刻回。改日課三。

初六日晴

辰刻起，承嚴命出門。飯後回，又出門，亥刻回。是夜有客來，家談到三更纔睡。

初七日晴

務能謹疾即此亦是
學問也

幸係同輩又是同年于
稱實不敢受以後切勿復
尔　寅六八

亭後有

卯刻起隨　家嚴往探鄒姑病、姑得木淺痞、午後浴於八仙居
晚回、是夜頭痛、睡極早

初八日晴

辰刻起、往李豐玉處祝壽、堂慶、飯後寫左泉摺扇一、并瑞庭
團扇一、冡午出門、晚回、病惡寒、

初九日晴

辰刻起、焚香後閱唐鑑一卷、飯後有俗客來坐、午後往葛
五叔館中閑談、順往王親處一詢、晚回、又往張舅處探病、亥

刻回、痰嗽喉痛、

初十日晴

辰刻起、焚香、往劉醫處診脈、飯後往正誼局支膏伙、午後鈔送局日記、薄晚服藥、夜看唐鑑一本、

閒來旬文有俗務病而才同子輩除去中年齡不能盡汰俗塵息心觀理惟有間候必讀書始雖勉强久之可望自然庶心由去靜理由去明未而　兄當共勉之　十一夜未寅夫識

味於無間中求間續來息心習字亦是學問惟奔忙時

[illegible]

軫句收放心被去為要　十二日弟[illegible]叔識

謹閱旬記覺吾兄於讀書應事時其得失之處多
未明言嗣、是務必隨地檢點其所得者深自刻厲
其所失者切自痛懲存正心為此讀書可應事
亦可當否願與
高明者商之　八月十九夜　省吾識

寫字尤能處處不苟亦
主敬之一端實

此是善端發現處亦須
乃欲遽作其私意所蔽不
能常保惜守之
善端發見誠則然之所
難者力行耳
睡不着定有所慮治之
實難須積累制之實

十一日

辰刻起入正誼局值班校　朱子文集寫本未刻回寫吳耀西同年扇一則陳仰山團扇一則俱小楷申刻往何翊卿府上送姜季韶賦稿廿餘篇順到王妹處一詢酉刻往敦復齋繳上旬日記本朝萬實夫年丈東與劉曾葛三人談所以為己之學。覺甚有味歸時二鼓攜灯煮茗靜坐默思忽有俗客來談去時不止三鼓矣憊極比睡又眠不着

十二日

春云莽評極是

長刻起焚香後入局未刻回往烏山瓣香堂豫祝　奎宿眞君
誕並代曾鼎三兄借秋叙公所到時社友來已過半隨衆拜祭畢
與王絢甫妹丈飲福同歸歸時聞族叔才桓已於本晨病故不
覺惻然久之頃劉心芬來商歛葬事約將四鼓纔去

十三日

巳刻起焚香後入局至未刻回順到蓉圃兄處少坐覺頭疼甚赶
回頃本波兄至交巳閲日記四本又何翊卿至寄還姜季韶賦稾廿餘
題帶去韓蘭馥賦稾七題閒談半刻翊卿去後與本波兄坐說

所論固是鄙意于惡念尤宜防之于始較易爲功至于移念因勢或難遏矣實體切之言

有是到語若能存此心即遏欲存理之功也矣

子之所慎疾居其一當為吾兄誦之矣

慎疾在于未疾之先吾兄素體較弱尤須隨時調攝矣

及凡人要端始念當防轉念譬如始念近善邊轉念稍或游移而善行不果始念近惡邊轉念不知改悔而惡事遂成始念起於無意轉念則有成心人之防轉念似宜更急於始念談未終適内兄來本波兄去纔送出門覺頭疼腰硬急入臥全身酸痛發熱惡寒無汗心焦甚頃王妹丈來蓉圃兄來只得寄聲道勞不能出與之坐矣于刻服藥忽汗流至踵

十四日

長刻起病少差入局午後回仍惡寒頭疼申刻有要幹出門

此对佐客安能有此议论，是善言可兼石，因君益信也

二句連讀可醒世人，亦可己也

凡人心不善則邪入，不修收放心，常誘耳，若能先有是心，收後而有是慢，準此用心，憬憬收去，可量也，皆可力之力也

惠以治心之術在是，頗其勉之，是

並買香回時病又作心煩甚歐頃蓉圃來與之談品行氣節〇至三更始去斯時病若失〇丑刻進香伺至天明纔睡

十五日

望持齋已刻起入局飯後即回理還外欠各賬〇是時心稍淨焚香祝　奎星誕並供中秋節閱上由日記此時有感觸心〇又有苦惱心〇掌灯時本波兄到與談未悟渠以治心比磨鏡塵垢去而清光自來教某先收放心始覺恍然有悟〇談頗酣暢惜不久坐而去去後家無甚歡忽頭疼痰嗽大作是夜睡不安席

小知尚不害實也垂
但於表裏
看破說曉筆誠肝膽
以為訓千古腦後鍼危
請讀聖賢語詩問約垂墨
無尺度
張云叔評極是
後居于句真是當頭一棒吾
輩用功恐墮入平道且恐
入平道而不自知須于平實辨得分明否及……實識

十六日微雨晚晴是夜月食

巳刻起心煩甚觀綱鑑數頁適　家嚴起問汝近日作何事蓋前夜與本波談論已微聞之因述與劉曾葛三人互相摩勵共作日記學為好人　家嚴云汝能與諸友共學甚好但我恐汝不肯為真小人徒作一偽君子汝自思之因舉李忠定于忠肅楊忠愍諸公事實相示且命將傳家寶書時時翻閱有益身心午後檢出此書因閱數頁寫高㽔臣葉和堂扇二俱小楷晚出門是夜看綱鑑一卷

連日有病似宜戒勞神
□以靜養爲上

密評極是当謹佩之
何忽 [illegible]

十七日晴

起床焚香後往子初兄處要幹午後回往劉醫處診脈寫鶴皋七姊扇一萦申刻出門往朱壽峯處回信聞王妹有感冒願到其家一論歸来蓉圃在舍要字帖四紙寫完憊極服藥即睡是夜痰嗽更甚

十八日陰晴

長起寫小楷二百餘字覺腰疼息往楊橋巷丁祝壽留坐閒談過午始返往局送日記交昂三途遇黃友竹表叔邀入說話

呂新吾云有涵養人心思極細雖應倉猝而胸中依然暇豫。吾粗疎之病心粗便是學不濟處當於涵養上用工夫朝至遇有事時宜戒一忙字遇忙則多錯不可不知也愛之深不覺言之激諒之 易識

至工夫句心可採焉

平日讀書窮理養氣定言至動不害故而靜頗休泳涵泳之深細也為之門教 戒

第六有此病且較 見輕

與今何異只源流雨于

涵養 實

送物還仕賢兄不遇而回代人寫扇一小楷王妹丈來招去説話又到黃巷黃宅有容在留飲因病力卻之又到王妹丈處回話回時漏已三下矣連日奔忙心甚粗而且神倦奈何奈何

雖是記實之言然[illegible]人[illegible]不[illegible]予病何不[illegible]

十九日晴

晨起焚香後閱綱鑑十餘頁飯後往仕賢兄處回寫蓉圃摺扇杰友摺扇俱楷書看性理精義二頁晷往雙拋橋河沿鏡心軒祝奎星誕回時二鼓葛年丈來取扇二書三即回去

二十日

起遲飯後往黃巷送行並出南街要幹晚回與黃生談至三
鼓纔去是夜代 家嚴撰數睡時雞鳴矣
近閱兩句話記中句大有悟境然尚而不行爲君實等語黃
調攝精神扶持正氣當為則為當有則有當行則行當止
則止吾所徇[illegible]內句挑[illegible]善身在是善心在是而依兄之意
正以驗吾學也已　廿二日弟雪翁識
兄謹慤人也怙過遂非知所必無但念心之失亦宜檢制
必於言動時用工夫其端則在於主敬未知當否願共

商之 廿四夜 蜀吾閱

為學不在多言即一二語而謹持之則獲益不少如恐徒作一偽君子向真入道之指南針常持此意而勉勉必求其誠道不外是矣當共勉之 翁七夜半實夫識

效复齋

每日課功實基于此
匡列神氣優與檢制
必然亦驗之屢矣本共
今日是極
嚴〻〻〻〻〻事但
〻〻〻作〻方斯
人〻〻見功先見過
矣
所語不出于正者益見
任中之杖六年礙也
前作日近日不甚能
能有見識有我者好
雖然尽善者慎之

廿一日風夜雨

起遲焚香後寫金泉摺扇一草楷黃軒兄攜箋來要寫小楷數百餘字力辭之又林沛兄至坐頃即去飯後隨〻家嚴往黃巷代表昆仲解紛幸各允諾但吾言未免有非出於正者晚往旬訪鼎三兄未遇歸來即往辛丁草堂繳日記是日劉文東遇雨家僮攜傘接回

廿二日晴

巳刻起焚香後習楷百餘字黃表叔來招飯後隨　嚴往談頃

心煩要回固留不忍去適年壽二昆仲來議修祠事各挾私意
爭論不休不知彼視祖宗為何物此時心怒甚欲言又忍強制
之。恐出言必至過重也。欲歸又不肯此時心更煩汗流滿身幸
有客來稍平靜然吾心總不爽快晚留飯飲酒數杯心中勃勃
似前言必出而後快者急忍之。與表弟姪輩說八音解悶久之
心漸平。頃壽年二兄弟去吾亦隨嚴歸來不覺雞聲滿耳回
思上刻情形半幸半悔。

廿三日晴

遇爭等事何宜平心日論勸之以誠如其…之。

言此合瑞未必收擧
之以盡吾言。所不聽
則操之人之然意志已
盡矣。小小…為
明。鼻許是
此是應出之言何
必屢忍哉
忠得有理。忍得有力
不可個悔進境處修
無此境前評極是願
加意焉

不覺之覺乃為真覺
說言周妙安閒坐靡煩
亦此意洵
道人非吾輩當
之之
尺人要人不觀我
畏許是
去時卻有清境
誦經直欲從此出

起遲劉本波兄來頒中旬日記坐頃申益來與羅本波兄去六

四來與之坐談不覺失言頃劉心芬又來託寫帖式談頃渠訴

榕叔之不自愛瑣甚聞之生厭煩心胡亂答應之比去悔甚頃

鄒漢鼎先生來談甚久葛先生又來連陪數客倦甚若不可支

去後急入臥靜聽內子誦 東廚經心稍清欲寐趙錫孫來請

往黃巷寫字留飲固卻之晚回閱同約日記三鼓即睡

廿四日晴

辰刻起往黃巷送別平回睡頃閱庸齋閑話一則至見水與油

似亦不妨入意

數語可采

科目二字係依他本改正、学問似誤否

豈徒、

時過請我書目有功力處

原後讀宜檢制言　具詳何氏家陳

得君子小人之情狀其言甚明晰易曉又閱至香山（廣東）書院對聯
句云諸君到此何爲豈徒學問（科目）文章擅一藝微長便算讀書種
子在我所求亦匪不過子臣弟友盡五倫本分共成名教中人
因急錄之以便自惕晚往局須日記交鼎三閱順到壽峯兄處
催其速辦要事坐頃回

廿五日晴

起遲葛四叔來坐頃去寫修梅先生聯一則楷看格言數則華
兄來午後往葛五叔齋閒談順到丁公館坐頃回時已晚看果

有

看畢報不貴尤貴有力有思之之方好

多有客來坐擁卻了了工夫真是可惜如此晚間之論文則坐愈久而心愈暢矣

頗覺下得是胸印動養未到

報十餘頁睡 看畢報未嘗不歎古人有志無志之處皆是由此做出來諺云雖閱畢報方為善不為功名之故讀書者即曉義利之辨也不可不知

廿六日晴

晨入局校文山文集寫本午後回才呈叔來坐至晚去黃生來與之論文至三更始去此時頗暢

廿七日晴

晨入局飯畢即回書季韶對聯一合亮宗柳條一建侯柳條一和庭條幅全綬之摺扇一則 宮保諭楷九十餘字書竟天已昏黑此日頗不虛擲夜閱儒門語要數頁忽本鄉唱戲人聲嘈

﹅﹅不許人動我靜急睡詳是

賓客是

服丸藥好格言聯璧攝生節兩界看

知才既言之後不如檢于未出丶丶之先此方為所以言丶丶不出也

刻丶檢察是見有用心處

雜以煩甚急去睡

廿八日晴早有微雨

辰刻起焚香後入局本日服丸藥飯畢仝五叔往嶧丞府上未遇往翊卿府上遇順到卯長處一候回往林萊仙府上祝年母壽登席散回值蓉圃來坐至二更靜去本日在局失言二本夜在家失言二此自知者也不自知者不可勝紀後宜慎之

廿九日晴

巳刻起入局校許魯齋集飯後回往剃頭寫扇二東升述錡往

腰痛甚此中年所宜要內外交養曠功猶可曠心則不可

鼓樓前買紙筆仝王妹丈出門俗斡歸時已晚夜腰疼未看書

本日曠功

三十日晴

巳刻起入局校二程粹言求扇午後回往南街查南門外火燭

順到楊橋巷丁處送行亥刻回修簿至三更睡

是閒日已〃吾兄有事日多無事日少且于有事時

當戒一憍字蓋憍則多錯無事時〃〃一惰字蓋惰

於懷安除此二失可幾于純是吾南〃

術幹太多，守心自不能靜。前評戒忙字、偷字之失，即求靜之方之。初七早蕃

吾兄素行醇謹，心持久矣。我細察言動，似有文過于質，反失本真者，未知能言之有當否也。蕃又識

葉石之論前評已詳，終身奉之可也。韋向所常設忽之。弟八識

王石如曰作之厭惡者人也于此然見酒善乎於忙中能好整以暇佳處　吳評也

九月上旬日記

初吉日晴巳刻葛年文來纔起焚香後往鏡心軒寫聯順往胡長慶賀壽飯後書忠華扇一翼臣聯一新購筆不如手心甚厭怒適葛先生來談事黃表叔來請客七兄來商買聯黃生來請課題軒兄來催書扇奔走斗室之中應接不暇諸客去後出門往後街買雜件回頃劉曾二同約到繳末旬日記葛丈亦到談時曾議每旬各鈔史典十條輪閱互記冀克腹笥俱許諾矣曾先去與劉葛二丈談頗酣因請其斷一字之病而急自痛改者

善可陳者惡可指此等人最難與入聖賢之[illegible]

[illegible]

善惡之果[illegible]以為之[illegible]

可證得此學之本矣

善哉吾子之說吾子也細不受香句行不違言

卻有强用功時氣象

實評是[illegible]人語

二人皆道不出嗚乎凡人皆有可斷者如浮廷俗巧奸等字可得而指之吾之無可斷者殆平日掩著甚多隱微未見所謂作僞者即吾其人乎吾因自斷曰僞從今以往當步步出之以誠何謂誠内外如一當先於家庭間驗之誠乎汝名誠而實不誠竟自安爲小人乎竟不思爲人乎時劉葛去後亟錄之

初二日起早靜坐頃覺此心甚動若無所主盥洗後焚香楳叔來請 家嚴寫大帖飯後到局足昨所求扇順往烏山之辮香堂秋斂回時已二鼓矣七兄攜鑑來嗟乎友之於我亦甚愛矣

不負良友即不負己處此友甚難得此等甚甚難得須刻刻計較況此友時時如何待也之

此等之旨能操危即日以入

有此畏而提防便是畏人為人即是偽然能悅[illegible]即事所去偽存誠是[illegible]了。不前有所畏不在存益不又畏乎[illegible]評是

聞吾欲看史而無書彼多方購借百忙中自攜過來其情亦甚摯倘於此不隨時細閱何以對此友歟記之頃袁兄來所談皆不切己事叨叨絮絮至三更纔去閱同約日記此時未免粗率

初三日起極遲高珍臣來託代求聯二幅坐頃去李六叔來訴及近況難堪莫圖生計不覺生憐憫心然徒安慰之而已飯後往況劉太母壽順到陳宅查江的回未覆閱同約日記樑叔來談其家事甚儉心竊羨其得好內助也去後往楊墻巷到達明里繳交日記與鼎三兄隨眾談笑頗有提防因同約在前有所

今人危作之可以□□
所剣之前讀書見于□□
危擬以初四日起讀禮經
免有舊書已伏情想無性
質無味也蘇因有云非子
操心敢肩者不入□□
殊入徐之
有觸即動券未到之當
子走字用之
凡遇有煩多之處起自力
制之事字一乃可須心定
自然有味切戒紛亂切
戒兩置

畏也席散而歸拈筆即記

初四日起早葉康官來談事飯後往弔盧太年母喪拈禮經來讀不特無味且有急了心遂捨之鈔叔祖文半篇神倦甚執宋鑑搜典看數則又起足文全篇往祝鄒姑母壽淡雙二表姪將課文來請閱其文清（甚）室步驟井然初學有此為之一快（喜）頃執扇索書者三人俱答之是時賀客滿堂人聲嘈雜心煩甚入與姑母坐談往事皆吾祖妣當年孀幃中教子訓女之言吾所未之詳聞者心傷甚頃登席散歸漏已二下

强抑好極

氣躁抑便是學力

[illegible]

心歉為公乎為私乎此去可驗胸襟之廣狹

初五日起早補鈔史典五條飯後往洗銀營黃巷俗幹回又往小排營坐至亥刻冒雨歸本日俗務未清心煩甚晚心頗靜與舅談又心煩起强抑之歸檢舊作課文自閱數篇雞聲四作急往睡

初六日早晴午陰晚雨起遲讀曲禮八頁飯後寫昌泉扇篆蘭舫聯楷千往花園俗幹半途阻雨至晚歸鈔叔祖文一篇睡

初七日陰晴巳刻起改黃生課文一篇焚香後往朱紫坊俗幹途聞宮保有往來甘之信心歉甚頗到局一採並支膏伙回午

不慎　病所以
有病之亦
失於
前半是憾
今寒暖之際安有識
倘存平日之不棄

後鈔曾伯祖文一篇黃生來請題與之坐覺天寒甚懶加衣忽
腹痛因思我之所以多病皆由於不慎之於先也急入臥少頃
愈晚讀數遍文章倦甚睡
初八日　晴　起早鈔曾伯祖文一篇往南街俗幹午後往鏡心軒
祝　天官誕與葛張諸友坐至三更回
初九日　晴　辰刻起本波兄來坐頃去所談多世情焚香後寫楷
數十字頗酣寫紫岩聯一仰山聯二小則往南街順到黃巷訪
蓉圃相左到局與提調孟翁談片刻回不過寒暄語晚飯後往

過當宜戒

稱人之惡覺其所深惡必不戒欤

深悟能悔善哉

前評是

洗銀營朱處俗幹晚改黃生課文三篇不覺四鼓矣遽極即當就寢

初十日 晴 起稍遲蓉圃來坐與之談暢極失檢不覺言人過失急忍之悔甚寫敬勝扇一行篆二十字林沛兄來所談皆家事又與之仝往買牋紙歸王妹丈來與談文到晚聞郭僕舊態復萌因呼其來前訓之上燈後鈔 家嚴舊作稿一篇鈔典五則

董以句記知之〻茲事後切時最多妨僉〻切更宜加謹少〻〻恐不免故態復萌尤宜慎之

本旬所云前去更思認真○但係子太多○

識、是可以論之以繹為記中所云步○入出之○○

謀○則靜○中○存○動中○御○自不為○務○所役

知○神○加○澈○之○十四夜識

用功之要前許君表終身奉之可也兄贊之

復之

此夜是請字訣證心也

讀書便佳

言近寢近隋实出于不
凡已方可

九月中旬日記

十一日 晴 辰刻起入局校朱子學的寫本午回黃樑叔來趙申益來留其晚飯去後寫繳局日記一本往何翊卿處不遇順到王妹處一詢晚往懷德坊順途往早題巷復不遇即往曾文府工繳日記值和臣兄先在聞尚幹事頗詳頃鼎三歸葛丈亦到匡坐談心誠屬至樂二鼓後同劉葛二丈歸看傳家寶書半卷

十二日 晴午雨晚会三乙起楚香後入局午阻雨久之纔司寫本波丈代仰山辦了、晚倦臥頃看傳家寶書半卷此時如對嚴

讀書時須存〻氣象〻好

對句不改

言動必〻有得失當細察之

此時諒必熱鬧未到

言動何如

師不覺起敬起〻〻〻代人作登高啓一篇搜索枯腸大屬草率知平日少做工夫所致也業精於勤荒於嬉誠哉是言當三復之

十三日　雨竟日晨入局校謝疊山集寫本下午歸代　家嚴核數至三更

十四日　晴　起遲入局午回由楊橋巷仝林葛李三丈往林子宏同年處赴花燭之席戌刻歸又核數

十五日　晴　起早入局飯後往花園衙歸往達明里視　朱子誕

無心之失尚可原也但無心之失則不自知既知之不得謂之無心

本日所言中卻與聞所說不得體者要遠之

中有所主遊戲何妨前評亦是惟當境約之自應如是〻〻也

飲福歸往鏡心軒亥刻歸本日邪視一次雖屬無心亦宜戒之

十六日　晴　晨起核數午後剃頭華兄樑叔葛翁陸續來客去後急往鼓樓前買梨物又往鏡心軒亥刻歸又核數本〻在軒言有不得體處以後當慎之

十七日　晴　晨起本波兄來頒日記尖頂去將所核數結清胸中一快午祝梅表叔壽留席作葉子戲始堅不從無如眾口交譏不便卻之晚有表昆與學父爭口受其侮辱欲興訟者事經月係前兩調停未妥延〻於今兩邊皆來訴我為兩勸和之一勸以尊師一勸以息訟意欲兩和之

從宋理諭何大高聲
大言 評以
能大旁觀之明不能化局中之識來也宜講生善氣
少懲忿之功也
凡論事諭之以理耽必動之以情
是真不 世途雖險我能平心處之則無險之非平矣 人須有此學問
妙在急字

不以為然因高聲大言以理說破斯時滿堂賓客俱說吾言為是而在局者反以我為偏蓋彼之利心動也因對眾說明不敢干預此事本晰氣甚粗暴恐悞人事急歸漏已二下

十八日 晴晨起寫字帖數張往南衙斡事往鏡心軒坐頃與葛文談處世之道略舉一二甚屬可驚歸家宴樂晚葛年文又來坐是夜寫極小楷數百字黃生來說文極有味

十九日 晴晨起復寫數百字七兄仝其令姪來談事王鄉士令其子來托事去後 家慈傷風寒甚重急往延醫午又寫小楷

買藥不急歸順道到別處亦未權輕重也用工稍進本該先寄是寄信當可原也細思之後見未妥不如先回家後舟往寄信較見穩當矣

本日本亦有失檢處知聚会間最易放縱最宜刻刻持防

所論極是願交勉之

劉醫來往南街買藥順到鏡心軒到洗銀營談事　家慈所寄信也晚鄒翁來談事李豐玉來托寫聯蓉圃又寄入聯十餘幅此刻心甚煩亥刻閲日記未免太率

二十日陰下午有小雨晨起心甚急静坐頃往鏡心軒本日言動有失檢處悔防之不力也晚身若不支心且焦急歸值王妹歸來視母與談頃倦甚即入睡　本旬言動起居往往失檢舊態復萌曠功實甚奈何奈何

防檢尚嫌未密如辛浪足之刻刻自持詢

屬可嘉昂顧與 兄共勉之 念二日識

兄之純謹識兆弟所及而精鋭則遜凡心皆是顧

與 閣下共勉之

本日所記盡古時切其息以叔疾病理論而反至于急

迫 事親時當夫延醫卯要急迫而又出于從容此皆未得

制事之宜也故在事時不可不審顧其……

是見忠厚懇惻極

必如是乃見篤友有真情

九月下旬日記

念一日　晴陰夜有小雨　巳刻起摘鈔史典八條飯後往城北下土堤訪舊戚葉姓家不遇值張嶧翁同到鏡心軒一敘聞其述相者言未免太認真因舉古今來吉相惡移凶相善改者歷告之意欲寬其隱憂而激其善念也談戲酣腹餒急歸飯後欲寫字微倦入臥不覺睡去晚內子呼起急往葛約處繳日記到時神尚倦飲茶漸清劉曾二丈亦到談頃葛丈說吾學當力行力行必先祛一病痛改劉丈又以吾言多唯諾唯諾恐至於同流

但愛人之氣象

同約已兩月至末日復生

真情始見逕露

由強勉而至于自然

切要非也

合汙嗟夫吾今日方受二友之益矣斯言也何今日始聞之耶

而吾也何今日始知斯言之益耶今試以易易者先行之自此

刻起戒交股跛倚趨蹶三節

念二日 上午雨下午晴晨刻起靜坐觀人譜十餘頁錄墓誌銘

百餘字往葛大舘坐頃去晚復書墓誌銘本波丈來談二鼓後

去本日交股有十餘次覺即移下若不甚便者徐強宜制之勿

自便便則至於肆

念三日 晴晨刻起錄墓銘完往官巷何姑處順到張嶧臣家坐

可謂認真省察

幾乎二字極有來歷

此時有打坐功夫

寅之眉

頃到朱紫坊王宅來往凡四息晚往葛丈館欲談昨夜與本波丈所約交責事適萊仙丈留飲中止至十點鐘畧回是日趨無蹶二跛倚三交股無

念四日 晴 起遲鈔曾伯祖詩一家嚴詩二樸叔全斝凡來托事晚往黃巷問事蓉圃來言事二鼓去本日心甚雜夜坐頃自問茫然若無心者本日趨蹶無倚一即覺跛無交股幾乎一次

念五日 晴 起稍遲申益水官來談事坐至晚陪之甚倦何姑歸往楊橋巷少坐同嶧丞丈到何處坐頃回劉丈來交日記葛丈

節意以為辭人邪去
九气于雅俗若貴
人雅而邪反不俗
而王也未免有屋

亦來坐片刻申益又來有醉意甚矣我之不能避俗也無如之
何心煩甚急斂之黃生又來談頗相得三更後雨來催之去即
入睡

念六日 晨雨午後晴 即起入局校新刊朱子文集飯後即回意
天開晴仍往北門祭墓也到家王妹腳尚痛 家嚴說改期因
往延劉醫來診脈寫星溪聯四幅大廳宣紙對聯一合 子琳對
聯一合 新彪對聯一合 連鑣對聯一合又豐玉蠟箋四幅內子
磨墨吾乃振筆直書何姑仝王妹俱出來看字彼斯時病若失

[redacted]

此時有何喜居然自困何意而敢胆也

予笑曰我字可愈病否非我字能愈病乃我藥適對症也本晨較昨冷而風大我由局回聞汝脾痛雖未診脈已知為傷風即遣郭僕買藥工刻所飲是也藥非他即前日防風、砂殼二味取其袪風理氣而已風去氣通其痛自定言未歇劉醫來所說亦合往買藥同憊極與何姑坐少頃急出閱日記本兩日幸勉交股之失有趨無蹶而跛倚尤甚奈何

念七日　晴　起極早入局校道南源姿書摺扇二急歸　雲溪叔大祥祭畢與何姑談家事不覺傷心姑亦淚下急出來寫家魁

鄙臣聯二心猶未淨頃何姑蓄來有要事不敢留此時心更焦
煮茗消悶戌刻劉文來談易卦頗待解甚妙皆吾所未知也心
喜極劉文去試演之頗解一二聞鷄唱矣急入睡
念八日晴起時日未出坐久入局坐時因思心不可斂平旦試
斂之看如何閉目危坐以兩手按兩膝但覺茫然如睡頃聞敲
門聲若始醒然江的來請說話隨答之此時心紛甚少頃入局
日將午聞總督口失火心甚亂仝葛丈出街探聽此時心稍安
彼时弟尔在傍底無人勢阻來者相隨未與有之乎
見人登樓觀火亦欲一登纔登數層江夫子叫回甚矣予之

养心宜悟不宜寂
如憶仍近禪是
是
用功檢刹刹、皆是
斂心至靜坐时或參
神或悟理仍是整齋

茂甫以數字批之似

未□茫然欠睡乃禪

宗入定之功非吾所欲

心之學也

夜夢不出心靜

失檢也登高臨深非如是乎此時非有賢師阻我安知不蹈危

險耶急宜戒之午後往建兄處潘兄店一賀晚往丁宅坐少頃順

到葛丈處問胡長府工如何值作文不敢坐歸寓琴軒聯一倦

即睡

念九日辰刻起入局午往明倫堂看嶧丈見其全眾保結若為

之甚喜者堂頂回林秀翁來林文光兄來坐許久去往蓉圃一

是日發出月分除寫

行渠似有事不敢久坐即歸本月廿初五起無夢 雜時小小

存何有制方無著心宜進以讀書懊悔但貫

束縛之迹何如

用功之道前評盡之矣於下贅願共勉焉

來句用功可當得一密字再能多讀

書以會古人之氣象多悟理以化一己之

拘牽則層樓更上矣

出街时須有持敬方去才與是搥门聲时有耳何以心即大動何以半久方定知予前所謂静静者仍是未静也

十月上旬日記

初吉日晴辰刻起焚香後侍　嚴親談頃入局飯後歸往南街俗幹傍晚回心甚粗多出街所致也（程子甫出所以教人靜坐也）急斂之坐頃似稍靜思讀文忽聞搥門聲甚急心大動出問之乃擡酒席送人誤搥吾門者仍入坐久之久之心始定閱文數徧睡本日趨一倚四跛一

初二日晴巳起摘鈔宋史十則陳僕來聞近況貧病相連心惻之見其不忘舊主心頗取之頃趙姓來坐許久所言皆俗事而款段又粗心猒之忽轉念曰我此刻敬字丟那裡去何以有此

作如是想列何人不
可弃後　若從前心
大舜秋槃所以持於
近言況我　所致于心
肇字　人時必有
眷眷方將

心待人此念一持覺其言亦有中理處至其說勤說儉雖俗人

吾亦有不及之處因悔前刻之厭心晚往葛文館閱其工商日　[illegible]以齋

記見其用功之密有一段勇往氣象心竊慕之仝到辛丁草堂

歸時漏已二下本日倚二鄉一以上兩日無看書心甚恨之明

日起當記過以自警

初三日晴午大風巳起看人譜至胡敬齋先生處家庭如對朝

堂對妻孥如對大賓因思古人於敬字未嘗一刻忘之吾何以

持之不力若是事事皆於作後悔之往者既不可追來者安知

種種病根均已拔
出德在今我思及布
還是 是
可見衷……
氣。

無失況覺着悔之不自覺者良多安得明師益友刻刻指出使吾自覺即有明師益友刻刻指出則吾又以為束縛我矣否則以為似此諒無大礙矣嗟夫此不敬孰甚焉可知敬字當刻刻持之孔子曰以約失之者鮮謝氏註不侈然以自放之謂約侈放二字非不敬乎錄之以質同約千習楷百餘字往總督后言事晚蓉圃來坐始談時事終論文題至三鼓去

初四日 晴辰起靜坐記昨夜夢與人爭口甚悔之蓋我之忿心所致也寫杏坡聯一扇一往黃巷探表親平安信往洗銀營言

足見課徒細密處

事往富横巷代何姑催錢項晚看人譜未洽讀文數徧睡本日趨一履閾一大不敬

初五日 晴 巳刻起鈔 嚴親文稿一篇往南營張宅赴飲本日有高聲處有躁言處歸已二鼓順到王妹處一行回時漏三下

初六日 晴 辰起看人譜一頁零 嚴命往洗銀營言事午往南街順到局探膏伙已發支同往楊橋巷葛文館通知仍出南街買物歸王生來袖文一篇閱之甚通順猶恐其楚材晉用也面試之覺無異喜極因告之以偏全長搭諸法至三更去心甚暢

此處皆來正是人驗心之候也一起煩便能於數字間强抑可也

初七日晴巳起往何姑處回言事由芙蓉衕往貢院前等處皆言事弄得心粗脚痛無可奈何晚回心甚急而黄姓客又來託借錢事坐久倦强持之比去急入臥

初八日晴辰起思前日無静坐故心粗今日可以多看數行書多寫數箇字纔開房門西風甚大榕葉滿案拂之又來屋小亂稀葉漏如雨心厭且急纔入坐而趙姓來趙未去江的來江去程嫗來趙程去而郭僕回開門閉門有八九次莫停莫歇心大起煩强抑之而讀書寫字二事不果午到向順到葛文館值梁

一至也誰能八字以來
惟吾夫汝之最多
真情之語只日不悚
然
宜加留識此言
力字堂
記

德鄰同年在煩予代寫小楷晚王生來至二鼓去侍　嚴慈談
始言時事繼言在都時事頗得歡顏。睡時鄰雞已唱
初九日晴晨起讀時藝數徧鈔　嚴親詩稿三首改日課八題
晚閱同約日記見劉文評學者雖不可安於小成不求造道之 引
極致亦不可騖於虛遠不察切己之實病四句大有悟於心及 若
閱堂前一拜上通於天二語不覺悚然因思平日所爲吾何違
天如是即入約以後有檢制處亦未能循乎天理自今日起定
當奮發精神一話一動必能合天方好思正有味郭僕接　嚴

親回急出開門衣鉤椅角幾至跌倒不敬實甚奈何奈何

初十日　晴　晨起檢　雲溪叔稿數紙欲鈔入謙豫堂本子初凡來與談多時甚敬之其所言皆有益事始言立品繼言持家終言待人惜福之道談甚暢王姓來渠去趙姓來黃表來坐頃去晚復閱同約日記黃王生來袖日課五題即改之不覺三鼓矣閱同約所抄史典睡本日倚一跛倚一

本旬自訟之言多矣非細心省察猶不能如是幸力持之以觀後效

謹遵間記有奮發處有檢制而亦有悔悟處只自之間

却不覺疏得于應事時多生厭煩此亦道成術外養

中道當兼盡

從兄以故標制大勝從前章加審是以見於牘

享約齋

藏之未嘗不是，蓋吾於一人之日記同約中尚有與蓉圃兄未盡相知者，當面與閱，尚有未便之處，況吾入約之初所言未必無當與吾約笑。大方何如。論開功過日記皆當如是，刻刻皆當如是，顧安能乞藏之於函。古君子且有其述等身，未嘗出而問世者，況吾人之日記乎。若是，君一人之日記出而兩人好於商之不可已。

十月中旬記

十一日 晴 起稍遲鈔宋史十則黃秋岡同年來坐頃去棋弟來王金銘先生來坐許久與 嚴親言事也往南街買物步近趨覺遂緩之○然心急晚同約到蓉圃來吾恐其覷及日記急藏之渠亦與同約談性理至二更許俱去頃閱日記纔數頁葛丈又來蓋亦欲看日記也坐片刻去 嚴親回談頃就寢睡不著因默記本日言動得失覺蓉圃來藏日記一節大有欺於人○入吾所以作日記者凡以事無不可對人言也所以筆之於書互相

（君與蓉圃交好，前言不當，知之嫌在乎日記）（求其本心也）

所以不与外人道耳誠恐我为善不終徒作笑話累能成功何處人知

規勸豈有可對同約三人言之不可與外人觀之乎欺其思甚悔之何及（果學蹇友數不可欺再還有正話时出[illegible]未曰吾雖也[illegible]不[illegible]哉）

十二日晴晨入局校思辨錄輯要寫本讀立志居敬二篇心頗洽若甚有味午後同子初兄來六兄來沛兄來有急迫心有厭煩心頃諸君去往楊橋頭仝赴何翊丈處壽席順到王妹處二鼓方回惡寒急睡本日言動上半日幸少失下半日不自制者屢矣奈何奈何

十三日晴沛兄來坐頃入局午回鈔　高曾祖詩稿二首寫崑

真善讀也

不選艷曲杜其邪也

臣扇一往後街欲買書不果復閱同約旬記史典晚王生來坐頃去黃生來盖院試在即前日囑其每夜來舍作首講一欲其嫻熟也改後與談文並囑其多讀無間此時心頗樂比去漏已三下矣

十四日晴晨入局與葛丈仝校近思錄寫本午後回繕載飛楹對一竹齋子輝條幅二趙來喚羅坐頃去送信往黃巷路逢其同年立談頃往倉前言事順到翊丈處見其賦已選定間有一篇過纖語且褻甚彼欲不刻吾亦力勸其抽去到王妹處見風

寒已愈頗安心晚葛丈來談始言五常繼欲以五常配五行生
剋之説殊欠了了比去將其言思之愈馳愈遠不覺大笑燈滅
不敬甚心甚惱之頃入睡
十五日晴晨入局言動有失檢處敬字忘持也午後往自怡軒
仝葛丈往達明里一觀飯後又往坐頃見其勤於習字心羡之
晚仝嶧丈葛丈來坐頃去本日心散未靜夜看書屢易之都不
洽急入睡
十六日晴晨入局午後回到黃巷賀壽歸聞妹丈口瘡痛楚往

視之往萊丈處借衣服又往劉醫處問藥滿街跑走覺心振動
不安身困倦不支晚與　慈談家事頃即睡
十七日晴卯刻往宮巷曾宅執紼至舖前頃回午後入局探送
宮保之信聞係明日辰刻順到葛丈館通知見有楚勇在門前
坐不敢入晚往王妹處一詢夜黄生來作日課一改首講三本
日跋一
十八日晴晨入局代薛芷庭表叔校伊洛淵源六頁午往宮巷
拜主順到萊丈處送衣服還往洗銀營魏處託其催先手項見

所估道云汲汲人者不服
閱兄所論義所論者
英佩之

其言甚拒因就其雪中送炭錦上添花二語反復辨駁彼語始塞嗟乎人心之澆漓如是乎歸時心甚忿與嚴親述之嚴曰外邊人心大抵如是如此即忿人多我讐矣笑付之始聞此言心甚急繼漸平晚看儒門語要數頁頗洽黃生來作日課一

十九日晴辰起心頗清王妹丈來與談文頃仝往達明里燒香順到各壇一觀見人擁擠即欲仝同遇劉丈立談頃人稍寬即歸午寫壽序稿一篇晚仝衆往佳住樓銷翊丈項歸時心尚悶鈔文稿二篇睡本日懈一

二十日　晴　起遲閱儒門語要至人若於日間閒話語省說一兩句閒人客省見一兩人也此二句若甚有味思之極覺有理似此是立學持敬之一端矣不覺念不忍釋頃黃生來攜題去午出南街買物並到洗銀營言事仝妹丈往局探　宮保行期晚往總督后言事二鼓後隨　嚴親歸談頃睡本日多言二次失言一次

近日於識字大有進境惟本句忿心尚重安南見理既明正氣自不少壓然不可不講求以養氣也

稾後齋

前評是賴出勉

時時均有檢察可望彬進于識尚須多讀書多

悟理以充之勿語泛於責備也 弗賓老珍識

十月下旬記

廿一日　晴　辰刻起鈔宋史十則趙姓來葛姓來黃姓來所託皆俗事晚往丁宅坐頃順到葛文館不遇回路遇之邀入談頃並寄句記一本二鼓後王妹丈來要同往普度壇觀制又風冷甚强出一行卽催其同歸坐頃覺心甚放默斂之看文數徧極有味黃生來作日課去已三鼓矣急入睡

廿二日　晴　辰刻起寫學約心頗靜午往南街買筆鈔　嚴舊作文稿一篇心未靜錯一字易之又錯又易之落一字因不敢寫

彼時確有此心然太過矣人豈有以痛打爲快乎痛打豈足以塞補過乎寫父之文不可錯父之遺作尤可偽乎此爲大錯宜以加敬爲要　長者氏

似此不情理宜直呼而切責之但其中或有苦折弟亦尝則不敢嘖

息頃寫之又錯一字心大忿恨我何如是不敬程子曰我非欲字好卽此亦持敬可知凡寫字皆當持敬況我父之文乎恨極斯時一好有人將我痛打一番心始爽快坐頃　慈召入談事出心漸平寫之卻無錯落夜黃生來領題去

廿三日陰辰刻黃姓來呼起所言皆俗事力卻之華凡來坐久去聞鄒姑病往候之見表棣輩猶弄葉子戲譁然得意欲阻之奈其不出來欲入又不便心怒甚不耐坐歸順到劉丈宅聞其有恙不敢通名卽出途逢張嶧丈共歸談頃去壽凡來聞其將

心溺此事時有敬心對、不至記錯是是

外出催其前項不應匆匆欲去强留之催如前含糊應去心實
悶悶晚往劉丈處繳句記聞其未起因對令弟説改期並通知
葛丈聞已出門去怏怏歸坐頃葛丈來始悟本期冒丈值司予
自記錯不覺自笑繼而自思知本日心雜以致昏昧若此
廿四日晴巳刻起與華兄坐頃攜句記等交冒丈收趙姓又來
坐久去　嚴命往何姑處言事並到朱紫坊黃巷數處傍晚歸
聞劉丈來急往一行談片刻往葛丈館始言養體讀書又聞要
治禮經心切羨之欲與之俱焉繼談觀人之法坐許久歸攜燈

根柢於且思乎濟
見精神所之文字
乎

未敢大言如何凡此
類須得作方妥
是

煮茗錄叔祖詩稿數章侍　嚴談頃睡補記昨晚蹶一
廿五日晴遲起寫小楷三百餘字心頗靜七兄來託事王生來
邀到其家借　太外祖詩稿數本鈔得寄吾　高祖壽詩留別
詩喜極猶識當年契合之情意晚往萊仙丈處代人言事二鼓
回看儒門語要數頁黃生來作日課神頗倦睡
廿六日晴起遲葛丈來坐頃去七兄昆仲仝來鄭江來完祖短
額而挑租又要起價出以大言悚之始退往局查　宮保行期
江師來葛丈來文彩來天送來天海來作文詩甚艸率葛丈來

更放心直急收之

善惜也

見其文安且速未免有急迫心頃葛丈又來予詩尚未完丁管來催心愈急趕寫付之去神倦睡

廿七日　晴　入局校困學錄集粹午後歸攜衣往黃巷往洗銀營叫僕同往總督后言事往楊橋巷言事晚仝葛丈往辛丁州堂坐頃歸細兒水官來留宿談至四更皆俗事不耐煩入睡本日工午心頗靜下午心甚散夜多雜夢

廿八日　晴晨入局午後浪費筆墨晚細兒又來坐與之談有失言處急止覺四肢酸倦知本日辛苦所致入睡

理真如是

廿九日 晴 晨入局代省軒讀養正類編心甚暢午後往芙蓉衙
總督后見其驚惶之狀未定與之坐頃歸往楊橋巷萊丈適出
門順到桑棉局一觀並代何姑查桑事歸見 嚴親惡寒身痛
急往尋劉醫未遇尋林醫方近燥劑不敢服又往劉醫處二鼓
始見之問妥帶藥回 嚴親尚未歸又往總督后接回不遇頃
全㮚叔同心方安下
三十日 晴 晨劉丈來醒起聞其昨夜失千金心為之惜與之談
頃去 嚴親醒問今日頗見瘥心稍安入局午後出來將 宮

係尚可留閱之信喜述之　嚴亦大喜鈔宋史十則

所記尚常惟念二日写字不爲可嘉之至

所記頗詳但少見有用功處似宜以靜坐養心諫之

養氣爲要

本波评極合鄙意不贅願共勉之

孝思之一端孝更有大於此者願共勉之

十一月上旬日記

補十月三十日午鈔宋史後往葛館劉宅俱相左即到自怡軒繳日記劉丈先在座頃曾丈來出畫像一紙道是先代物心羡之因思我家前代遺稿頗多至今求之尚不可得悵然久之坐談聞曾丈說莫作分外事葛丈說吾學當先驗諸家庭妻子二人之言皆有味謹記之歸時二鼓與　嚴談頃睡

初一日　晴晨起焚香後入局心未靜午回寫疇年條幅四初寫頗留心及第二幅未免厭怠知敬字忘持也急斂之王生來聽

此為之師即不可不責
若以不誠故忍則又病
在平日此舉似兩失之
星

雖是倚容亦又不可存厭
惡心亦持於一二道也
此謝俗客非一朝夕之
功處亦不必參問

其言多誑欲責之因思我或不誠不然彼何敢欺我姑忍之晚

何不直責

往鏡心軒二鼓後方歸擬作詩不果

初二日 晴起遲蓉圃來坐頃去所言尚知檢樑叔來不覺道人非彼說俗人大都如是汝未免過求不勝愧悔頃鄭姓來陸姓趙姓相繼來往返開門甚恨無術謝之午往鏡心軒一行即往后街祝誼母壽此時言動頗自檢二鼓後席散方回黃生來作日課一

初三日 晴晨起赶寫石谷聯四幅始磨墨手已酸繼復懸腕書

此若似不免有不善處々
處

所謂無人而悅之日安
不足矣看破便是

見判語

之臂痛欲折息頃往七賢境交還恐失信也晚入局聞宀宮保
明午啓程到葛文館通知歸有俗客以難為事相託婉辭之不
肯去力卻之不歡去因思凡事一一責度理二當量力理既不順
力又不勝焉得曲徇人意彼枉怪我聽之可也何必介意晚葛
文來惜坐頃即去言若未酣者
初四日晴極早聞敲門聲起鄭姓來也正打點出城送　宮保
聞渠說改期不信到局查之果然要往通知葛文途遇邀館坐
頃回寫祝文二往鏡心軒並往南街買物到楊橋巷口聞失火

檢制不難難在密字頗宜勉之　實話

本日有代人作文一事何以不記將無以爲常可乎

心大驚見眾人紛紛救滅之心纔安下晚子初兄來坐始談爲人涉世之道繼言交友去時漏已三下閱同約日記因思凡人未檢制自以爲過少常檢制則愈覺過多即如此刻坐不已箕踞乎幸覺之否則此時且自爲無過矣奈何奈何

初五日晴晨劉丈來纔起談頗暢又有黃姓二客來比去仝往翊文處相左順到王妹一行歸有長輩命作字姑應之晚劉丈招往未及坐仝葛丈往鏡心軒將二鼓倦甚即歸寫小楷四百餘字心纔安入睡

对老人宜持敬

初六日晴辰刻起寫送灰船旗交鏡心軒回與嚴親談家事
間郭僕刁頑甚怒欲罵之已出街去怒漸釋午往候岳母並到
安民里見其家甚乏心憫之幸本日俱無恙心頗慰焉坐許久
而老人猶叨絮問家常事心厭苦之婉辭歸日入矣逢孟世叔問
膏伙將出心頗安歸黃生來作日課葛丈來坐頃去
初七日陰晨往太平橋西門街言事不遇往牛育巷遇其弟言
頗達歸寫堯鎔表妹丈聯八幅心頗暢往鏡心軒二鼓歸
初八日晴晨往鏡心軒午回寫連鑣凡博古四幅見親友聯幅

失儀何以爲贊禮凡此類
仍不宜擔任 是

俱已書清心甚爽快晚到局支膏伙與世叔談頃心甚煩又往
鏡心軒二鼓後歸
初九日 晴長刻起換襯褲往鏡心軒祭祀贊禮失儀一心悔之
送灰往南臺茶亭歸又往安蒙橋下隨 舅氏查姻事到局查
明早送 宮保信又往鏡心軒二鼓歸往小排營一探回即睡
初十日 晴黎明即起仝葛文往西關外之貝子祠送 宮保啓
程到者並予只十一人歸往小排營陪客赴席歸漏已三下矣
倦甚是日言動幸少失倘不檢則觸人忌諱歸頗自喜黃生來

未遇倦即睡

亦有檢制終欠讀書參理之功故如是不長

進處

檢制之功自入約後諸不免之但能檢于大而忽于小能檢

於暫而忽於常此通病也當隨時隨事檢之又檢以幾

於純乃有實功甚游忽之見必銷除衆

雖有防檢疏處仍多

解除外境即能書內
心由靜中一集也
是

十一月中旬日記

十一日晴晨起鈔稿半篇有客來中止修整書案洗滌筆硯心頗爽午訪子初兄未遇聞其近日甚忙下午又訪之遇與言事許諾約在明早順到萊丈處適相左歸仝葛丈往辛丁草堂繳旬記坐頃胃丈說精神不可誤用亦不可過用葛丈說學問由於讀書亦由於看書二人之言極有味默識歸即錄之夜讀文數遍心頗洽

十二日晴晨起候七兄來急入局校二程語錄午歸閱宋鑑數

瑣碎之事心爲所役
殊屬沒法未知所御
之乎先否 是
均有發心
欠涵養之言也兄頗
共勉之

袁復齋

頁接得萊文信一封急攜往七兄處未遇又往其店庫等處訪之仍不遇心急甚往萊文處一行心益急無可解因鈔宋史十則心稍斂夜又往其家仍不遇心愈急沒奈何囑其來而已歸閱綱鑑二頁心未洽與　嚴親談頃睡

十三日　晴晨入局午歸寫小楷二百餘字往王妹處坐頃心甚焦又寫字數十字錯二易之黃生袖文來與之論心頗細領題去作信寄子初兄心又急肝氣微痛晚訪葛文未遇到鏡心軒坐頃歸正敲門見對河祠後火光燭天心大驚而人聲已鼎沸

此即身體力行之一端 惟能謹與肅方不是徒託空虛文

矣頃 嚴親回聞火已滅談片刻睡

十四日 晴 晨入局午後歸心焦甚往王妹處坐肝氣微痛急回

十五日 晴 晨入局午後歸備冬節物心焦悶晚與 嚴親談頃睡

十六日 晴 晨入局午歸憶前日校朱子集有冬至祭始祖之儀

謹儆之肅衣冠入拜晚家燕後即睡

十七日 晴 起遲飯後往 舅處一候所談多不切己事宜戒之

十八日 晴 晨棵叔來聞其女病甚危爲之駭然午往萊丈處一

坐晚黃生來作文一

十九日 晴 晨起内兄來見其不事生業婉勸之頗枘鑿不忍不
言也○坐許久去往南街買物晚黃生來談文
二十日晴晨起黃生來談府案已發彼名落去勸其勤讀書多
作文半解其憂半勵其志午後去趙姓來喚羅心甚悶坐許久
去晚往小排營二鼓歸

敬謹中肯未詳察

前評是

有孝心
誠所應爾

十一月下旬日記

廿一日 晴 晨起隨 嚴親出門午風寒甚重急勸回晚劉醫來診脈服藥後稍安眠比睡已交四鼓矣

廿二日 晴 黎明聞 嚴親痰嗽聲即起辰刻稍平靜蓉圃來說其令弟病故即仝往襄殯事晚劉醫來又服藥是夜三更許即睡全身酸痛夢寐不安

廿三日 晴 晨蓉圃又来招見 嚴親風寒已愈頗安心二鼓回

廿四日 晴 樑叔來聞林表妹昨夜病故甚為悼惜何翊文來仝

往鏡心軒一探午又往蓉圃處見其事辦已妥晚纔歸
廿五日 晴晨仝 嚴親往南街午後少皋叔來談琉球事大抵
俗尚勤儉有路不拾遺夜不閉户之風心甚羡之晚黄王二生
袖文來談至三更去
廿六日 晴晨往林宅賀喜午往劉丈處一候順到葛東處一賀
晚到林宅赴席回
廿七日 晴晨入局與葛丈仝校小學集解午後同伴妹丈到明
倫堂識認晚歸亥刻南城失火心大驚急查之四鼓纔睡

此段筆理宜如是
以撮要列出讀何益
是

廿八日　晴　晨入局午後歸子姪來坐許久與之談先世可法者數事○晚往學院前遇萊丈與之同歸

廿九日　晴　晨入局午後歸往學院前接親友科考出場晚隨嚴親往黃巷小排營等處二鼓後歸

三十日　晴　晨入局午後歸往津門樓晚過辛丁草堂繳日記

所記簡略務求可自參之　閱

前評是兩旬日記自己刪訂仍仍不免麤浮

擬刪去孔子顏子四字商之

十二月上旬日記

初吉日晴晨入局散班後仝梁葛二年丈往學院前一觀順到七表叔處坐頃心甚煩歸覆張橫渠集刊本十餘頁倦極入室少臥不覺睡去醒近晚往鏡心軒二鼓回神頗爽黃生來坐頃比去作自有樂齋記一因錄以請同約政之

名敎之中自有樂地（上段著名教二字則下句似覺宜另易之未知是否）樂非世俗紛華嗜好之謂乃性眞流露天機洋溢有不期然而然者曲肱飲水孔子樂在其中陋巷簞瓢顏子不改其樂讀聖賢書當知孔顏樂處司馬溫公之

極簡括亦極精當可作座銘

更有餘味之言歎

未知飢者有思食否　閒從略

好內助也惜談發勿視爲不曉事之談也

獨樂園邵堯夫夫子之安樂窩即此意也人能爲名教中人斯真樂矣因顏吾齋以自勉云

初二日　晴　晨訪子初兄仝到萊丈處回已過午腹飢甚雖菜羹亦覺有味因思孟子飢者易爲食二句與內子說下午往蓉圃兄談事夜往學院前送親友進場本日心頗靜無煩言動有失檢處

初三日　晴　起遲剃頭與　嚴親談往事猶有不平心知涵養未到也午後往學院前接場夜歸惟飯食內子說親友院試何用

大凡因事過於勞碌
不免總須以閒時
補之為安則無憂
不能無濶也
是

汝忙得兩日因思之曰汝以我為不切己事乎此數人皆我所
關切也遂與之談頃始就寢
初四日 晴 晨黄生袖文來頗圓妥心甚喜午往朱紫坊王祝壽
又往仙塔街潘賀喜 嚴親命往鄭姑處查表弟姪輩文何如
晚歸隨 嚴親往建兄處言事歸閱日記二本聞葛丈來兩次
未遇欲往已三鼓矣再閱日記睡
初五日 晴 晨起交日記與葛丈坐頃歸往魏處賀喜午往鏡心
軒仝盧葛二年丈往周辛仲同年處赴花燭席亥刻同本日言

於守處最宜留神
根蒂未接繼即逝矣譚子
雨評是

謹慎誠有之似無前此
疏忽即改

心中不免有秀才呀些
秋榜句為再勤

動雖自檢而間人諧謔未免神移觀人走動未免從衆此皆持
之不力也
初六日晴辰刻起訪子初兄不遇怏怏歸王生攜文來見上半
甚妥心頗喜閱至後半大失所望因責之午拜　曾祖妣　祖
妣忌心頗肅徹饌後妹丈來留共飯聞院案已發急往視之遇
葛丈同到愚文處并往劉丈宅見和臣尚有未安心處始笑終之
見其人謹慎有不可及者予酒氣未退亦隨衆飲亥過纔同與
內子談新進諸君回憶昔年事猶覺心動談及親戚讀書并我

家弟姪輩不覺心惻久之始睡

初七日　晴　晨起鈔文一篇往洗銀營午往楊橋巷仝林葛二丈往祝鼎三年母壽往學院前看閩縣新進認標晚赴席亥歸是日言動仍失檢記過一次

初八日　晴　起遲　嚴親命出門要幹并往麗文坊擬往曾丈處不果去晚蓉圃來未遇往訪之坐頃歸夜有微雨閱文數遍未洽寫字數十字睡

初九日　晴雨　午晴　起稍遲修整書籍心頗爽午梳髮濯足心頗快寫

勢必不能靜之證是

果能用功外誘不足處
慮盡不必專事靜坐
方為用功即有及我
處此及極周妥即此
便是學問何必以外
誘所源為慮乎

小楷百餘字心頗靜往學院前歸聞江兄來即往劉宅坐頃往

黄生館閲文同時漏已二下

初十日　陰　起早黄生來坐許久去建兄招問事心俱焦急午往

自怡軒坐頃心頗清下午有友以難事相託婉辭之間其運甚

蹇頗憐之然無如之何矣晚隨　嚴親往舅處談事亥刻歸

前段兩句似是極畏用功而務外援所謂未能治顧本亦病也足見

平心處事何法曾有是所望于同仁許君之錫我以指南針也

讀書窮理致知也處事力行也故善處可難做而不做不善處可難不做

要做好功何嘗以勤密定靜爲之未免歎否

勿動心尚宜以奮勉畢乃可

十二月中旬記

十一日 雨晨起讀文數徧心頗淨午往鏡心軒坐仝葛丈到辛丁草堂繳旬記坐許久劉丈以猫鼠喻理欲最合又論巧言令色章切中我們病症歸猶思之晚 嚴親遣往南街亥刻歸製丸藥三更飲酒睡

十二日 晴晨起心甚清爽內凡來言事不覺煩起急入局校上蔡語錄散班後往丁宅一行晚往學院前看親友侯官案觸景生情心大動二鼓纔歸與 嚴親談往事三更睡

可見用功有得處梳之濯之即日新之理也功尤在手斗間斷清若詞謹銘是凡予皆堪悟理句從無之方是實功

十三日 晴 晨入局散班歸看文數偏作楷百餘字王親來同往學院前看認標晚蓉圃兄來說家事未免代之苦惱三鼓纔去換襯褲睡

十四日 雨 晨入局班散歸梳髮濯手見垢甚多因思未梳未濯之先尚未見垢多梳之濯之而垢始見猶之人不知克己尚未見己之惡及克之〻而惡始自見小人閒居為不善是未梳未濯不知有垢也其無所不至是明知為垢而不梳不濯也下午往蓉圃處二鼓歸聞葛文來往訪之歸作小楷二百餘字睡

好極是

落也

十五日　晴　晨入局散班後往蓉圃虞處助理司虞事見諸友好謔談心欲馳者屢矣幸强持之晚往鏡心軒亥刻歸

十六日　晴　晨入局班散後送柳條還松卿兄回家後覆横渠集十餘頁往鏡心軒與葛丈坐頃歸夜讀文數遍甚洽

十七日　晴晚雨　晨起德輝僧不待冩香摺二本往王妹聞其脾痛待劉醫來始歸午看鑑數頁未洽心麤也内兄來言事晚去（未必屢有定者病）

夜　嚴親與商事心始煩終緊睡不着

十八日　雨　黎明聞郭僕嘔吐急起查之煎藥茶與之食頗瘥頃

寫字百餘字　嚴親起命往三官堂比回全身雨濕急入換之

剃頭洗手始爽快晚舅氏來招談至三鼓纔回

十九日　雨晨起閱舊作文稿十餘篇寫楷百餘字新泮貴來拜

客者接踵至郭僕不在家不得已冒雨自出荅應心煩悶午後

内兄來坐談至晚去下午日出夜鈔文一篇錯一字

二十日　晴晨起往南街查火往鏡心軒午代内兄往計江兩處

言事往後曹言事又往南街順到局晚又往軒夜又往黃巷三

鼓歸　本日俗務甚多心身俱放不堪將如之何

免俗在心者還自問之

寡俗事身心放恭未到也請誦君子無終食違仁章

郭後齋

悔過識善甚若何為也是

請補三自反平氣自
時切宜平心靜氣
以処之不以問於益反
害矣勿為傲耳是

十二月下旬記

廿一日　晴　晨往鏡心軒午往倉前等處言事午後往自怡軒張何二丈在閒談許久晚劉曾二同約到繳甸記談明年書院事心甚苦自悔從前之不讀書也二鼓歸檢賦約閱數過心未洽有瑣事即掩卷去

廿二日　晴　晨起有客陸續來言事比去急往某戚家言事細述事體與之相商不意老姜竟變成怒無可奈何祇盡吾心而已歸時心甚不平迨晚細思氣和心靜看人譜數頁睡

故夏齋

廿三日　晴　晨起閱旬記往江師劉文處午往計宅三訪之不遇
下午謝年晚祀司命夜家宴甚樂
廿四日　晴夜　雨晨起往南街各處俗幹心甚急且煩夜往小排
營坐頃歸
廿五日　晴晨起在家理雜件忙至三更全身酸痛飲酒睡
廿六日　晴晨起在家理瑣事午往洗銀營聞葛文來招飲即往
二鼓歸
廿七日　晴　極早永昆兄來呼起往局用印見衆人擁擠如滾支

幹事最忌煩急
當于涵養上用功

初非驅人為牛何（歟）

不足戴本存旁觀習
因〻推類以自戒
識是

何嘗無良心只是為私
欲所蔽耳

踈而不近往〻如是
不能盧雄無人也

狀心甚懣之且有素不相識之人擁吾身前要用印者急辭之
歸理雜事心甚忙夜往舅宅言事心煩回
廿八日 陰晴本日俱在家理瑣事郭僕未來心甚急至夜竟不
來無可如何因擬彼有好處去矣否何無良心如是與內子閒
談平裏應辦事件少頃睡
廿九日 晴夜雨晨起又理瑣事午往看春歸郭僮尚未來煩江
僕往探之渠歸述心大怒蓋彼尚在盧雄羣中呼喝得意時也
宜其不來晚郭僮來責之不敢應恕因解夜倦二鼓即睡後家宴

三十日 雨 晨起理店數至午纔完剃頭浴身換襯褲出門買雜件至晚回家團飲仰瞻 二老俱有歡容心甚暢適三更後隨嚴出街散步四鼓歸供新歲飯巡視香蠟五更少睡

為此事所忙切己之功所記多且畧改宜加勉之

前評是切己二字最宜味

實事多忙急養未到也若能持敬何忙急之有

孫泗上書曰。深宮之中。侍左右者刀鋸之餘。悅耳目者艷冶之色。宸禁晝嚴。乘輿天遠。未見款召名臣。清問外事。詢祖宗之紀綱。質於廷之得失。徒修簡易之名。未益承平之化。又曰。願推擇大臣。講求古道。極論精思。品藻賢哲。選刺史縣令老懦貪殘之輩。以利於民。羅公卿大夫諂佞詭誕之士。以肅於朝。簡掖庭之奄腐。以求錫羨之慶。抑臣侍之重任。以防暱近之私。書奏。責監永州酒務。

元領中書行省楊惟中建太極書院於燕京。延趙復為師。時廬濂周子之學，未至河朔。楊惟中用師於蜀湖京漢，得名士數十人，始知其學道之粹，乃收集伊洛諸書，載送燕京。及師還，遂建太極書院及周子祠，以二程、張、楊、游、朱六子配食，又刻太極圖、通書、西銘於祠壁，選俊秀有識度者爲道學生，由是河朔始知道學矣。

陳埙，史彌遠之甥，德剛之族弟也。紹定中爲太常博士，上疏乞去君側之蠹媚，以正主德，從天下之公論，以新庶政，蓋指要貴犯及彌遠也。彌遠召語曰：何爲好名？埙曰、好名孟子所不取，猶

求士於三代之上。惟恐其好名。求士於三代之下。惟恐其不好名

耳。因力請外。彌遠卒。乃召還。至是以吏部侍郎改司業。諸生相

慶。以爲得師。學益相勵。論者以中興國學未之有也。

趙葵上疏曰。今天下之事。其大者有幾。天下之材。其可用者有

幾。吾從其大者而論列之。疏其可用者而任使之。有勇略者治

兵。有心計者治財。寬厚者任牧養。剛正者持風憲。爲官擇人。不

爲人擇官。用之既當。任之既久。然後可以責其成效。帝嘉納

之。

宋理宗甲辰四年春正月。製訓廉謹刑之銘。戒飭中外。訓廉銘曰。周典六計。吏治條陳。以廉爲本。乃良而循。彼肆貪虐。與豺虎均。肥於其家。多瘠吾民。縱逭於刑。愧其冠紳。貨悖而入。菑及後人。我則忠厚。黜貪爲仁。咨爾群辟。是訓是遵。謹刑銘曰。民吾同胞。疾痛猶已。報虐以威。刑非得已。仰惟祖宗。若保赤子。欽謹庶獄。惻怛溫厚。金科玉條。毫析銖累。夫何大吏。藐棄法理。逮於郡邑。濫用箠笞。典聽朕言。式克欽止。

孟忠襄珙在軍中參佐部曲論事言人人異。珙徐以片言折衷

志皆愜竭士、游客、老校、退卒、一以恩意撫接名位雖重惟建
所按臨爲吏面色懍然無敢僥倖若退則掃地焚香隱几危坐
若蕭然事外其遠貨色絶滋味尤邃於易學自號至庵居士
許衡號魯齋幼有異質七歲入學授章句過目輒不忘一日
問其師曰讀書欲何爲師曰應舉取第耳曰如此而已乎師大
奇之語衡父母曰此兒穎悟非常他日必有過人者吾不能爲
之師遂辭去
許衡弟子皆能自立爲世用衡之言爲學者治生最爲先務苟

生理不足。則於為學之道有所妨。彼旁求妄進。及作官嗜利者。
殆亦窘於生理之所致也。
陸秀夫性沉靜。不苟求人知。每僚吏至閤。賓主交歡。秀夫獨斂。
焉。無一語。或時宴集府中。矜莊終日。未嘗少有希合。
王栢少慕孔明之為人。自號長嘯。年三十始知為學之源。捐去
俗學。勇於求道。讀論語至居處恭。執事敬。惕然歎曰。長嘯非聖
門持敬之道。亟以魯齋。更以從何基游。所立志向愈篤。

兵在先定謀　岳武穆詣河北西路招撫使張所，所以飛充中軍統領，問之曰：汝能敵幾何？飛曰：勇不足恃，用兵在先定謀。欒枝曳柴以敗荊，莫敖採樵以致絞，皆謀定也。所矍然曰：君殆非行伍中人。補武經郎。

所交皆天下士　高宗初即位，除楊時工部侍郎，陛對，言古聖賢之君未有不以興學為務。除兼侍講，以老求去，遂舉洞霄宮。時至東郡，所交皆天下士，先達陳瓘、鄒浩皆以師禮事之。時登渡江，東南學者推為程氏正宗。

梁夫人擊鼓助戰　韓世忠與兀朮戰江中，凡數十合，世忠梁氏親執桴鼓，敵終不得濟，虜兀朮之婿龍虎大王。

岳家軍來矣　曹成擁衆十餘萬，由江西歷湖湘，據賀、邵、郴、道。武穆付金字牌黃旗招成，成聞飛將至，曰：岳家軍來矣。即今道而遁，飛追至賀州，力戰大破之。

幾虛過一生　羅從彥，南劍人（即今延平府），初為博羅主簿（今廣東惠州府），聞楊時得程氏正學，慨然慕之。時為蕭山令，從彥徒步往見時，日即驚汗浹背，曰：不至是，幾虛過一生矣。既卒業，築室山中。

意仕進。終日端坐，時行溪上，吟詠而歸，充然自得。

學問不至多言　李延平侗，初從從彥學，從彥好靜坐，侗退入室中亦靜坐。從彥令侗靜中看喜怒哀樂未發前氣象，而求所謂中者。久之，侗於天下之理該攝洞貫，以次融釋，從彥甚重之。侗舉業、退居山中，謝絕世故，凡四十年，飲食或不充，怡然自適。其接後學，答問不倦，嘗曰、學問之道不在多言，但默坐澄心體認天理，若見，雖一毫私欲之發，亦退聽矣。稱為延平先生。

湖上跨驢　韓世忠屢抗疏，言秦檜誤國之罪，檜諷言官論之

遂罷爲醴泉觀使，世忠自是杜門謝客，絶口不言兵，時跨驢携酒，從一二奚童，縱游西湖以自樂，處於郎如爲將帥有權位者

撼岳家軍難 岳武穆御士卒嚴而有恩，凡有犒賞均給軍吏，秋毫不私，善以少擊衆，將有所舉，令召諸統制与謀，謀定而後戰，故有勝無敗，猝遇敵不動，故敵爲之語曰：撼山易，撼岳家軍難。

尹焞不失其正 焞質直宏毅，實體力行，程頤嘗以魯許之，且我死而不失其正者，尹氏子也。

老倔强猶昔

趙鼎不附和議，秦檜怨之。高宗十四年秋九月，檜徙之吉陽軍。鼎謝表有曰：白首何歸，悵餘生之無幾；丹心未泯，誓九死以不移。檜見曰：此老倔强猶昔。

廳事僅容旋馬　李文靖公沆，性直諒，内行修謹，居位慎密，不求聲譽，遠度識大體，人莫能干以私，公退終日危坐，未嘗跛倚。治第封丘門内，廳事前僅容旋馬，或言太隘，沆笑曰：居第當傳子孫，此爲宰相廳事誠隘，爲太祝、奉禮廳事則已寬矣。及卒，贈太尉、中書令，謚文靖。

一琴一鶴自隨　趙清獻抃，參政，出入蜀，帝曰：聞卿匹馬入蜀，以一琴一鶴自隨，爲治簡易，亦稱是矣。

老吏不如也　周敦頤，初名敦實，避英宗諱改焉，以舅

郭復齋

勇郭向佺為分寧主簿，有獄久不決，數願至一訊之，辨，邑驚

日老吏不如也。

鄭俠進流民圖　神宗时久旱，民饑，征斂苛急，東北流民

愁苦，身無完衣，或茹木實草根，至身被鎖械，而負瓦揭

木，賣以償官，累累不絕。監安上門鄭俠繪所見為圖，發馬遞

上銀臺司。

海濱四先生　陳襄少與周希孟、陳烈、鄭穆為友，相與倡道

於海濱，人謂之四先生

一路福星　鮮于侁字子駿、爲轉運使、司馬光語曰今

復以子駿爲轉運使、誅求所宜、然於拯救安之弊、非子駿不

可。此所謂福星也、安得百子駿布在天下乎

范忠宣戒子弟　范忠宣公純仁戒子弟曰、人雖至愚、

責人則明、雖有聰明、恕己則昏、苟能以責己之心責人、以恕己

之心恕人、不患不至聖賢地位也

程子學本於誠　程顥、于書無所不讀、其學本於誠、以大學

論孟中庸爲標指、而達於六經、動止語默、一以聖人爲師、其不至

之[illegible]下

於聖人不已也

稟後齋

黃榦、字直卿、號勉齋、初見朱子夜不設榻朱子語人曰直卿志堅思苦與之處甚有益因妻以女及病革以深衣及所著書授榦與之訣曰吾道之託在此吾無憾矣榦嘗言曰道之正統待人而後傳自周以來任道之責者不過數人而能使斯道章章較著者一二人而已耳由孔子而後曾子子思得其微至孟子而始著由孟子而後周程張子繼其絕至朱子而始著衆以為知言

陳淳少習舉子業林宗臣見而奇之語曰此非聖賢事業也因

授以近思錄讀之遂盡棄其業而學焉及朱子至漳高受學朱子語之曰吾南來喜得陳淳由是所聞皆切要語義理貫通悟退自守名播天下仕終安溪主簿

李方子端謹純篤初見朱子語曰觀子為人自是寡過但寬大中要規矩和緩中要果決方子遂以果名其齋嘗曰吾於學問雖未能周盡然幸於大本有見處此心常覺泰然不為物所潰耳

李燔曰凡人不必仕宦有位有職事方為功業但隨力到處有

以及物既於業也
呂祖儉從弟祖泰性疏達尚氣誼論世事無忌諱乃擊登聞鼓
上書乞斬韓侂胄以防禍亂其略曰道學自古所恃以爲國也
丞相汝愚今之有大勳勞者也立僞學之禁逐汝愚之黨是將
空陛下之國而陛下不之悟耶陳自强侂胄童稺之師躐致宰
輔陛下舊學之臣彭龜年等今安在耶蘇師旦平江之吏胥周
筠韓氏之廝役人人知之今師旦以潛邸隨龍而得節鉞筠以
皇后親屬而得大官不知陛下在潛邸時果識師旦乎椒房之

親果有筠乎佐曹之徒自善大而卑陵狷廷一至於此顧亟誅
佐曹师旦周筠而迺罹自經之徒書出中外大駭佐曹忽然紀
景德

欽州

程松諂佐曹自知錢塘縣不二年爲諫議大夫滿歲未遷意殊
怏怏乃獻一妾於佐曹名曰松壽佐曹曰奈何與大諫同名松
曰將使賤姓名常蒙記憶耳

婁機之狗能面諂好稱獎人和不遺示長訪問賢態疏列姓名
及其所用以實以備採取至是以老罷

真德秀爲江東轉運副使，將辭，奏五事：一曰宗社之恥不可忘，二曰比鄰之道不可輕，三曰幸安之謀不可恃，四曰道諛之言不可聽，五曰至公之論不可忽。

趙方少從張栻學，初知青陽縣，告其守史彌遠曰：催科不擾是催科中撫字，刑罰無差是刑罰中教化。人以爲名言。

劉子羽天性忠孝，慷慨自許，每有攄身御國之願，當事之際，衆人惶撓失措，子羽色逾厲，氣逾勁，遇事立斷，凜不可犯，其爲詞章，抑揚伉健，若衛詞闕不畏強禦，輕財貨如糞人，過絕傾貴任慮

湖家塾延名士以教鄉之秀子和吏部郎朱諱朱子父也疾病
以家事托子羽築室居之舍旁教朱子與其子均卒以道文職
立平生再貶之從屬之惱怨不以介意而其誤國之謝則出於從
而不憚也

呂祖謙字伯恭，學以關洛爲宗，而旁稽載籍，心平氣和，不立崖異，一時英偉之士皆歸心焉。少褊急，一日誦孔子言躬自厚而薄責於人，忽覺平時忿懥渙然冰釋。朱子嘗言學如伯恭，始能變化氣質。世稱爲東萊先生。

癸亥の年十二月，使者自金還，言金人問朱先生安在，光宗因以知潭州府。

葛邲爲相，專守祖宗法度，薦進人才，博採公論，惟恐不及，人服之。嘗曰：十二時中，莫欺自己。其實踐如此。

朱子每進對務積誠意以感動帝心以平日所論著敷陳開析

坦然明白可舉而行講筵者可以開益帝德者罄竭無隱帝亦

虛心嘉納之

韓侂胄然趙汝愚朱子以其從游皆當世名士欲盡去之而不可

患誣以罪或語之曰凡相與者皆道學之人若以道學目之

則有何罪當名曰偽學由是善類皆不自安

王沈上疏乞置偽學之籍於是偽學逆黨得罪者籍凡五十九

人黃由上言人主不可待天下以黨與乞置籍以示不廣張

嚴勅由阿附罷之。

劉光祖撰涪州學記，語學之大者明聖人之道，以修其身，而世方以道爲僞；小者治文章以達其志，而時方以文爲病。物忌出於時，是記定於鄭世。張釜劾光祖佐逆圖上，遂落職。

李燔初見朱子，告以曾子弘毅之語，燔因以弘名其齋。朱子語人曰：燔進學可畏，處事不苟，他日任斯道者，必燔也。

劉爚字晦仲，從朱子學，一以謀道明理爲心。朱子釋四書及僞易詩、編通鑑綱目、太極圖等書，皆與爚往復論辨參訂。

享從康

張洽從朱子學朱子嘉其篤志自少用力於敬平居和興盡人

至義所當為則勇不可奪仕至直寶章閣

太學之教以德行為先　建寧布衣魏掞之師胡憲與朱熹游
詔司薦其學行召赴行在入對孝宗曰治道以何為要掞之奏
治道以知賢知邪正為要詔為太學錄時將釋奠孔子掞之請
廢安石父子勿祀而追爵程氏兄弟俾從食不聽又言太學之
教宜以德行為先今一以浮說其言取之此是其他政事有係
安危治亂之機者無不抗疏盡言
英督義烈　宗隆興五年五月帝不視物六月始視物陳俊卿
言於帝曰陛下未能忘騎射者蓋志圖恢復耳誠能任智謀之

士以爲腹心仗威權以收心以爲所私好賞罰以鼓士氣恢信義
以懷歸附則英豪義烈不出樽俎之間而敵人固已逡巡懾
於千萬里之遠尚何待區區馳射於百步之外哉
汪應辰歎言不遜　應辰剛方正直敢言不避至於多革弊政
中貴人皆側目上皇方鑿石池以水銀浮金鳧魚於上帝過之
上皇指示曰水銀正乏此買之汪尚書家帝怒曰汪應辰力言
朕建房廊與民爭利乃自販水銀邪然水銀實非買應辰家也
敬天圖　孝宗曰無逸一篇享國長久皆本於寅畏朕近日取

尚書既載敬矣。編為兩圖，以便觀覽，以自警省。名曰：敬天圖。虞允文對云：「唯陛下躬行之。實敬畏不已，為古所致大驗。」帝深然之。

宰執近習皆憚之。時栻至於僅一年，召對至六七，所言皆修身務學、畏天、恤民、抑僥倖、屏讒諛，於宰執、近習皆憚之。

安貧守道，廉退可嘉。時陳俊卿、劉珙薦朱文公為樞密院編修，累召不至。梁克家奏乞褒錄之。帝曰：「朱某安貧守道，廉退可嘉。」以主管台州崇道觀。

破家徇國　李顯忠生而神奇。立功異域。父子破家徇國。志復中原。見忤秦檜。屢遭廢黜。帝奇其貌。及卒。命繪像閣。

宰相先務何事　右丞相王淮問太子侍讀楊萬里曰。宰相先務何事。萬里曰。人材。淮問其人。萬里即疏朱熹袁樞以下六十人。

吾不欺　黃洽為人質直端重。有大臣體。嘗言吾家所以歷仕。不欺君。仰不欺天。俯不欺人。幽不欺鬼神。何用求福報哉。

歸裝僅書數簏　留正泉州晉江人。在蜀以儉簡素化民。歸裝僅書數簏而已。人服其清。

以成吾志 王居正之學根據六經，楊時器之，出所著三經義辨示居正曰：吾舉其端，子成吾志。居正感勵，首尾十載，為詩書周禮辨學三十九卷，與時書同進。二書行天下，遂不復言王氏學。

雅歌投壺 岳武穆好賢禮士，覽經史，雅歌投壺，恂恂如書生。每辭官，若曰：將士效力，飛何功之有？然忠憤激烈，議論持正，不挂於人，卒以此得禍。蓋與檜勢不並存也。

趙鼎銘旌 趙鼎潛居僻處，門人故吏皆不敢通，嘗遣人語矣

子涵曰秦檜乃欲殺我我死汝無患不然禍及一家矣先有
疾自書墓中石記鄉里及除拜歲月且書銘旌云身騎箕尾歸
天上氣作山河壯本朝遂不食而死天下聞而哀之

夏二子傳　太常主簿吳元美作夏二子傳指蚊蠅也其鄉人
告之以為譏毀大臣且言元美與李光交故其亭謂潛光檜大
怒竄之容州

以直行己　張綱初為給事中以秦檜用事遂致仕臥家二十
餘年嘗書座右曰以直行己以正立朝以靜退高天下以篤守

如此。

作損齋記　高宗二十八年九月，作損齋。帝以治道貴清靜，宜恬澹寡欲。清心者，予乃屏去玩好，置經史古書於中，以為燕居之所，自撰記文。

不求人知之。胡憲生而靜，愨，不妄笑語。紹興中與劉勉之同入太學，時禁伊洛之學，憲與勉之求得程頤書，潛抄默誦，夜以繼日。聞涪陵譙定受易學於頤，二人往從受業，久未有得。定曰：心為物漬，故不能有見，惟学乃可以取。憲悟曰：所謂學，非克己也。

工夫耶？自是一意下學，不求人知。一旦揖諸生，歸崇安墳山，力田賣藥以奉其親。從游者日衆，號籍溪先生。

立馬吳山　徐慶還自金時，金主南侵之議既決，乃密遣畫工於奉使中，俾寫臨安湖山以歸，為屏而圖己之像，策馬於吳山絕頂，題詩其上，有"立馬吳山第一峰"之句。

沖晦處士　郭雍，陝州布衣，父忠孝，師事程頤，號兼山先生。雍傳其學，號白雲先生。及孝宗隆興元年十二月，召之不起，賜號沖晦處士。

桓靈敬穆　孝宗好鞠戲。又將游獵白石。陳俊卿上疏力諫。至引漢。桓。靈。唐。敬。穆。以爲。戒。後數日入對。帝迎謂曰。前日之奏。備見忠讜。朕決意用卿矣。

宰相須用讀書人　宋乾德五年，初，帝將改元，諭宰相曰：年號須擇前代所未有者。及蜀平，蜀宮人入內，帝見其鏡背有識乾德四年鑄者，怪之，以示宰相，皆不能答。翰林學士竇儀曰：此乃蜀物，昔蜀王衍有此號，當是其歲所鑄也。帝歎曰：宰相須用讀書人。由是益重儒臣矣。

治世莫若愛民養身莫若寡慾　宋開寶三年，宋徵處士王昭素為國子博士。昭素有學行，善易論，著十三篇，學者多從之。帝召見便殿，年已七十餘矣，令講乾卦，至九五飛龍在天，則斂容曰：此爻正當陛下今日之事。引援證據，因示諷諫微旨。帝大悅，問以治世養身之術。對曰：治世莫若愛民，養身莫若寡慾。帝愛其言，書于屏几。

灼艾分痛　宋太祖友愛光义，雖其弟，恩禮亦厚。光义嘗有疾，親為灼艾。光义覺痛，帝亦取艾自灼以分其痛。每對群臣言光义龍行虎步，他日必為太平天子，福德非吾所及也。

讀軍戒可免面牆　宋太宗以王顯為樞密使。顯既拜，帝語之曰：卿家世本儒，少遭兵亂，失學。今典機務，亦無暇博覽群書，能讀軍戒三篇，亦可免于面牆耳。

歐陽之

開卷有益

宋太宗勤于讀書，自巳至申始捉卷。詔文館修太平御覽一千卷，宋琪以勞瘁爲諫。帝曰：開卷有益，不爲勞也。朕欲周歲讀遍是書，可毋曠日。以呂文仲以經史問，王著以筆法。文仲時爲翰林侍讀，王著爲侍書。

忠正之士不以窮達易志操

宋太祖語侍臣曰：學士之職，清要貴重，非他官可比，朕常恨不得爲之。又曰：士之學古入官，遭時得位，紆朱拖紫，廷爲學矣，豈得不竭誠以報國乎？錢若水對曰：高尚之士不以名位爲光寵，忠正之士不以窮達易志操。其或以爵祿恩遇之故而效忠於上，中人以下者之所爲也。帝然之。

真鹽鐵陳恕

宋陳恕有心計，掌鹽鐵，帝優寵之，親題柱曰：真鹽鐵陳恕。每便殿奏事，帝或未察，恕必詳議。必毅然殿陛，俟帝意稍解，復進擬於前，論證不已，帝亦多從之。

大事不糊塗

宋太祖欲相呂端，或曰：端爲人糊塗。帝曰：端小事糊塗，大事不糊塗。決意用之。端居任持重，識大體，以清簡爲務。時同列奏對多有異議，惟端罕所建明。一日帝手札戒諭曰：今中書事必經呂端參詳，乃得聞奏。端愈謙讓不敢肯。

王氏三槐 初宋太祖遣王祐按符彦卿于魏，祐还，与王溥言之，祐不徇太祖意，竟不大用。祐曰：祐不做，兒子二郎必做。手植三槐于庭，曰：吾子孫必有為三公者。至太宗淳化年三年，旦果為相。

寇萊公北門鎖鑰 準出知天雄軍，契丹使者過大名，謂準曰：相公望重，何故不在中書？準曰：主上以朝廷無事，北門鎖鑰非準不可。

文夏齋

鰲齋日記 弍

怡為分內事心斂
靜終則浮客外
擾來矣心故雜

丁卯正月上旬記

元旦晴黎明焚香詣　文帝　司命　祖龕前禮拜伺嚴慈起同內子入拜坐頌讀文數遍寫楷數行錄舊臘末旬日記飯後陪客晚誦　本願經心始靜而紛〻

初二日晴晨起出門往親友處拜年晚回同約來繳旬記散時已二鼓矣閱同約旬記神倦甚急入睡半夜遺精

初三日晴晨起讀文數遍心未洽送日記與劉葛二丈均不遇往蓉兄處相左往嶧才處適何葛二丈在仝到葛宅游覽勝陛

失檢由命命可見精神不可不振何如也
前評極是但振作須先從定靜方能周緒
循子職也大学閒隱五倫做起洵然

官圖本日昏昏多失檢處
初四日　晴　晨起讀文數遍改句記與葛丈午在家修整諸雜物
晚劉丈來談至二鼓去接神後睡
初五日　晴　晨起往北關外祭墳晚歸神倦甚
初六日　晴　晨往鏡心軒因　少峯邀同客聯以陪席散歸已二
鼓矣往建兄處接　嚴回
初七日　陰晴　晨往葛宅聯吟二鼓歸聞午後郭僕大猖獗去心
怒甚少頃靜思無良心之奴不如早去之為愈本日在予父子

待小人有道彼或以剛來我必先以柔制之彼或以柔來我必先以剛禦之俾其狂冒之氣無從而生至于猖獗若癲犬多我只可閉户避之俟其氣平再為開導于人非至良未有不心悔者與之氣何道矣然不請到

不在家竟敢邀其兄母輩橫行無忌以後恐有更甚於此者亦可知其敢為矣思及此怒少解無如　慈親已被他氣病王妹亦被他氣得肝氣痛百般解勸大費唇舌此時之心不可言狀

初八日陰微雨晨往安民巷祝壽順川局晤孟世叔談頃午往後街買燈下午女客林姓來留宿冉忙半日心甚雜

初九日晴晨起焚香拜　玉皇誕理瑣事午客陸續來比去往葛丈處一行即回王妹脾微痛稍差往蓉園處赴席聚談時頗自持夜歸王妹脾大痛忙至四鼓纔睡

初十日晴晨起理瑣事多陪客心甚雜午又理雜事

謹閱旬記非全用功但心終未靜亦是大病程

夫子靜坐之功誠𠍾𠍾諒有數

時有檢制似於其心德理之功未密故易爲外

誘所紛

阬檢身心從覺有流畧處

光陰誠不可再乃此境難過對此境而能自勵方真難得能自考且能自勉乃真難得也

正月中旬日記

補記初十日午後往曾文處繳旬記談頃留飯共約廿一日作文課散歸日夕妹丈來坐頃去讀文數遍心頗洽頃月明如晝焚香煎茗靜坐對燈自考本旬所行事能持者十之一二失檢者十有八九有無心者有明知而不得不然者羣過叢集渾身汙濁奈何奈何二鼓後陪客飲酒睡

十一日　晴　晨往劉醫處改方往黃巷代黃生言館事力薦之午歸在家理瑣事心雜且緊晚往鏡心軒悅　神在稠人中言動

未免流連往返

未免无節　回太遲也

大失檢制夜歸異　嚴親商事難再鳴始就寢

十二日晴夜有小雨晨起永宰兄來所言多不洽忍之甚哉事之難察也午復到黃巷訂實黃生館順到曾文處查局事晚往王妹處坐頃歸寓寄黃生信一封

十三日陰夜[illegible]雨晨起往王妹處午回晚往黃巷二鼓回畱飲也王妹又催往鷄鳴回睡不成寐

十四日雨晨往王妹處晚往葛宅赴壽席夜鏡心軒悦神二鼓歸往王妹處雞再鳴回

十五日晴晚雨往鏡心軒午往曾文處未遇到局與綺翁談頃回

十六日雨晨往葛東處賀壽心甚焦急回往南街黃巷幹事晚回

十七日晴晨起俱俗事夜回心甚雜

十八日晴晨起俱理雜事心甚忙多拂意

十九日晴晨起入局本日開局

二十日晴晨入局晚回往洗銀甞貢院前言事

弟亦有此病

享老有

本句俗事甚多不能詳寫且不便詳寫有願記大過望同約

諸君勿若某之自甘於暴棄也

能多之累人讀是俁法推於閒時印證、

欲心或不至為外務所奪移擾也

前條是不贅

未免近疏略得失君自參之

宜矢以恆終怠乎

古人云處難處之事愈宜寬此言[illegible][illegible]已到[illegible]也然吾輩見在亦不可不知 是是

正月下旬日記

廿一日 晴晨入局覆胡敬齋集心尚細。傍晚歸到黃生館聞陳友店已封閉大駭前日 嚴親曾代渠轉借錢款至今未趙急往追之到店見爭鬧聲皆索逋者問之纔知數日前渠已挈眷私逃不知所之矣惱極忿極伴 嚴親先歸肝氣大動忍之往其居隣查之屋是人非毫無消息復往問其連財友據說外欠賬簿均被其攜去現無頭緒俟月底查明始有款目見人皆散去無可奈何亦歸漏已三下肝氣作痛心緒如麻竟不成寐

前日校書心尚細參
日則但急矣甚矣
有恒之難也南人
而無恒不可以作巫醫
可不戒歟

直時猶忍力耶
自若律好勝意不能
有[illegible]人為善也即
此亦是工夫緊要

廿二日午後雨晨入局覆胡敬齋集心甚焦急强抑之午試小楷數十字自視近日字較前大減心又煩晚出遇沛兄在家略談頃聞嚴親晨出至今未回心甚憂悶往自怡軒繳旬記坐許久口雖言而心實未安先辭歸嚴親亦回心頗放下寫葛大哥信一對與嚴談至三更睡

廿三日陰晨入局覆真西山集心頗靜未入局之先葛丈交日記來入局之後思日記一事卻有自持午後諸友談近褻急止之不能止談愈甚因即其說託報應二則以勸之談稍止晚歸

望此所評可謂法語之言能無從乎一舉一動鬼神臨之皇天后土實聞斯言

前評極見悚動閱之令人汗下

到王妹處一詢夜閱日記讀文數遍頗有味

廿四日　雨晨朱先生來與言有失檢處入局頗自持然不免有放縱處晚出往陳友店查之無信息到王妹處一行歸衣履均溼夜訂簿修書至三鼓

廿五日　晴晨起往自怡軒作文會題係子曰先行其言而後從之機甚澀而心甚雜由於少讀書多應事也見同約文皆有內心者而予文獨潦草愧甚擬明日起必當立志讀書同劉丈歸攜白記去聞王妹遣人來招往詢之見其肝氣又痛尚在牀未

下心焦甚至三鼓始回倦甚内子已沽酒俟吾矣飲之入睡

廿六日 雨晨起與 嚴親談家事心甚焦苦後論交友心不平午往探王妹恙坐許久往何翊丈處送份金不遇寄其家收入即回晚蓉圃來談許久忽趙姓來酒醉氣麤麤徑來借宿口喃喃不知作何語心大驚疑欲遣之別處雨甚大 嚴親許之徹夜呼號爲之不成寐

廿七日 雨晨起欲讀文趙姓起所言多不洽語厭之坐許久而文興竟被中阻比去 嚴親命談事午往洗銀營工學夜回已

能中節否只自參之

禮之用和爲貴忽入忽出不免性急之乙

二鼓矣讀文數徧

廿八日　陰午有小雨　晨起往朱宅言事不遇順到王妹處探其恙已瘥心稍安午往南街黃巷等俗幹並到葛丈館坐頃回夜林秀岩先生來談至四鼓去本日心極忙且多惱並時有忿意

廿九日　晴　晨起供㧺九粥即往辛丁草堂作文課題乃朋友切切偲偲兄弟怡怡審題後刻意搜索其奈胸無宿墨意竭詞枯潦草成篇歸時漏將三下聞何姑來忽入一候聞魏伯在忽出與坐是夜家宴頗樂不覺雞既明矣換襯褲睡

喜甚

做得多而心境雜，句怪貫然，然急須以閒讀書以鎮之，道味

深厚於諸不以而奪之，亦理境熟時也，故不以爲約之矣

前評極當，願共勉。

作者原不能免而本句檢制較勝於前矣

能以閑讀書更好，勢

月來細察吾兄言更覺謙謹十分，真是正愜

可擊出飛得力於檢制之功乎，願諧同爲共

勉之　華又識

二月上旬日記

初吉日 雨 起尚早焚香後與何姑談心頗和。松卿兄來探趙姑錢項被倒事心甚急頃秀翁又來言陳友負心事心甚忿恨午往鏡心軒伺香心頗斂。劉丈在因將前旬日記先交晚歸與嚴親談頗得歡顏。上燈時往王妹一行歸即睡

初二日 雨 黎明間 嚴親敲門聲驚醒詢知昨四更後王妹肝氣大作請 嚴親往因余睡熟家中不忍呼醒也悔甚。聞其病尚未瘥急往視之。查其來歷似有積滯私擬平胃散不敢開候

真是细心人

佛論也卑

識也

善能推闡至理

劉醫來三請之午後方到心急甚不覺有怒容彼知之設辭遮掩過○及開方彼用四逆散因問其可加平胃否彼喜甚用之一服而睡晚間頗瘥心纔安急歸稟嚴慈知之○又往至三鼓歸

夫人之病豈真藉醫乎○可知在病者自知病之由來○否則在照顧者細查詳察○知其所由來○遇醫生來詳告之○不然混混過去大則藥足以殺人○小亦不見效○子之所慎疾慎者何慎於未疾之先○防之慎○既疾之後治之慎○推之不特己疾慎即親友之有疾○亦未嘗不慎矣○細看此章能勿汗下○

修敬石

初三日　晴，晚雷雨。晨起曾文來攜《横渠集》去。後焚香誦《文昌誥》，往鏡心軒叩文昌聖誕。往王妹處一探。午後復往鏡心軒與祀事，飲福歸，已交二鼓。在家伺香並收拾雜物，至三鼓睡。本日言動有放縱處。

初四日　雨雷，晚有雷。起極早，到館先安頓椅桌，後提點書籍，酌定課程，未嘗稍暇。晚講《上論》首章與諸生説，不覺有悟。薄暮往賀林萊文同年壽，聞陳乙巖赴玉樓之約，駭極。又聞葛東所以未來之故，不覺詫異。嗟乎！事之出於意外者，大都皆人之所不

可解也如是二事即鐵石人能勿不忍聞之心乎席散冒雨歸

髮辮皆濕梳頭洗面飲茗纔睡王妹丈來聞妹脾痛甚緊冒雨

仝往渾身濕透至四更見其肝風大作心大驚惶五更始定將

入館睡奈眼不能合

初五日雨因昨夜未睡天明即在館課讀二鼓後始歸本日心

尚平善

初六日陰晨入局覆黃勉齋集午到館理館政未嘗閒曠夜將

歸適嚴親至與王妹談頃仝回黃生來與之論文至三更去

甚周詳

初七日 晴 晨入局覆黄勉齋集心頗勤○晚出仝妹丈往祝少皋叔壽席散後又到王妹處坐頃歸讀文數徧○

初八日 雨 晨攜書入局交曾丈未遇暫頓桌腹仍到館覆工蔡語錄理館課晚又入局聞曾丈未來因將書攜歸復到館二更靜回閱日記看文數篇睡○

初九日 晴 晨到館午稍暇讀文十餘過○心若酣暢午後仍理館課○夜歸出門順到葛丈處談頃即回本日心卻無放○

初十日 陰 午有日 晚微雨 晨起收拾雜物洒埽堂室待同約來

郭復齋

作文會題乃子曰毋以與爾鄰里鄉黨乎葛劉曾三丈傍晚俱
脫稾予亦潦草成篇但間有字眼未的處語意未圓處神理未
得處音調未諧處必以刪改為快掌燈後仝劉葛二君到薛秋
航先生處攜前兩課文回到自怡軒坐頃歸移燈靜坐改拙作
至四鼓纔安寢

尚有持心非同泛泛

本句得一緊字

有林否

戒之甚是

二月中旬日記

十一日 晴 早起到館心頗恬靜午後入局言稍放急防之晚出祝張嶧丈堂慶席散仍到館坐頃回本日係同約繳旬記期應予輪值因昨日說明權假一期俟下旬統繳

十二日 晴 晨到館繕文一篇江師來坐頃去午後往葛丈館坐片刻即到館理館課見王生多躁氣戒之夜二鼓回

十三日 晴 夜有小雨 晨何翊丈來纔起到館出月課題午往蓉兒書房言事早題卷交字並到局晚復來館見諸生文多草率

心雜居

因與之細講文理三鼓纔歸

十四日　晴晚有小雨　晨到館改課文二德輝僧並六嫻伯王鉎官相繼而來俱坐許久比去天已近晚本日館課甚疏

十五日　晴　晨到館習榻一開理館課心尚細夜往葛文江師二處送卷票還

十六日　晴　晨到館坐頃入局校居濟一得心未靜午後出往萊丈處一坐同磨墨壺彙考具夜飲酒睡忽大雨驟至

十七日　晴　黎明入貢院與考正誼書院題得見有恒者斯可矣

盡弟道也

此弟無心之談也但言必察足見好學

詩如衡如石得箴字見題後頗苦心思索奈文甚不佳午後江師命寫卷繕完已晚心甚急開卷照書二鼓始繳扶江師歸汗下如雨比到家憊極幸雨未至

十八日　晴晨蓉兄來劉丈來談頃説書院事予恐無名稞局中作笑柄劉丈言人諒無如是之不情嗟夫劉丈之心勝吾一層矣比去急來館午入局聞諸友論題心甚悔惱甚歸館理館政三鼓同

十九日　晴晨入局校完本班書晚出到局心甚悶有所繫也夜

不覺二字可見讀有異會處

與諸生講說不覺三鼓

二十日 晴 晨到館理館政鄒表姪兩人來上學館所甚狹諸凡調度甚戚煩晚到局查書院案見其未發心甚悶夜葛丈來館坐頃去二更後隨 嚴親歸

課徒頗見細心照此便是學則於養中功之要也循此求之可不愧爲學中人矣

合讀兩旬檢制詳密能如此讀書參理之功則中國有用人才

勉進成效望之若

少從心學求是近日通病勉

二月下旬日記

廿一日　晴晚雨　晨來館心尚靜午到局查正誼書院案有患失心晚歸劉葛二丈已來矣坐頃繳日記所談多書院文並前二課文而於心學少論及蓋近日少讀書無以窮理多縱欲不能居敬也前後相形能無懼歟

廿二日　晴早入局見榜已出予名在附課末即來館作文凡三篇心甚急完時已二鼓矣文甚潦草然盡日危坐構思精神未免過用歸家憊極强起磨墨壺修考具江師作示來約明日寫

心安理得其樂可想
此非心專靜者不能

字欲辭之因思此日斷不可辭急唯之睡時已交四鼓矣

廿三日　晴　黎明到護院行臺覆試文題君子坦蕩蕩賦題銅雀臺瓦硯賦詩題遠聞佳士輒心許予本日專寫卷出場初交二鼓心甚悔全無興會手甚疲幾不轉動內子已備酒待予矣飲之睡

廿四日　晴　晨來館因前兩日館職甚疎總不得以予之事誤彼之課詳理之無閒候身甚疲而心頗爽午後往局一行即來館又細講書說文章至三更始回

持久方好

謹于始而忽于終最可惜也

自知病根急除之是

廿五日 晴 晨到館出月課題見諸生文將完篇傍晚到局一行
見眾人談論紛紜始知自持靜坐拱聽忽然心移不禁舌掉頃
自覺慚甚急止來館坐許久欲改文夜深矣即歸
廿六日 晴夜微雨 晨入局值班言有近放處心大驚予兩日何
至如是細省之皆心放所致也午來館理館政未清有客來坐
近晚去改課文四篇至三鼓回腰痛
廿七日 晴 晨入局覆試錄取草底已貼見眾人皆列前矛予名
（此心不可容）
（今年以此未足可止有）
仍附課末心大慚且悔來館坐頃名利心大動行臥不安若行

真是讀書有得

軍敗仗游耍敗興之狀午與諸生講説並無意味急舍之往局坐頃心稍平江師來談許久去夜葛丈來因與同歸坐談閒有失言入睡不能寐因有馳思四鼓後記得進學解業患不能精（何不早思及此）的不覺心火頓熄嘻予眞愚人矣何至如是乎

廿八日　晴晨來館心頗靜午葛四叔來坐頃言雖知檢終未免有失頃入局覆近思錄晚出與諸生説書至學而不思攻乎異端二節大有意味不覺言之叨絮夜歸看制藝數遍

廿九日　午前微雨晚雷雨雷晨到館午入局覆完本班書晚出

改文一篇本日心尚細言似少失夜回閱賦數篇未洽睡

三十日　陰　黎明鄭内兄來醒起盥洗後即來館見鄒生帳掛未安穩囑其改掛因與之論讀書看書之訣

少讀書無以窮理之句知心病也曷不勉之

既失已自知之自勉爲要

省過心尚細所語有不善未嘗不知也至知之未嘗復行則具有大識力矣希加勉之

不得歸一於不知何故須追究究竟所由來加察下和用功寔是是〻極因偷懶而生倦因倦而愈懶二病常於困宜振作精神以制之是〻

三月上旬記

初吉日 雨午後晴 晨多理雜事午祭清明節下午多出門夜讀文數徧心未洽本日心尚悶悶自問不知何故

初二日 陰夜雨 晨起有偷嬾心因有館職急來館午出門俗幹並到局傍晚回讀文數徧見諸生文多不中肯與之說至三鼓方罷本日身多倦

初三日 雨午後晴 晨來館聞羣鵲亂鳴聲甚厲擡頭見婢在假山上一鵲啄其頭羣鵲和之急呼婢下因笑婢之愚且羡鵲之

其理具在目前惟細心人能領悟之記中用筆亦秀潤可愛

本並有悟可以人而不如鳥句隨處悉可以悟理真極學問

此均分內事依序理之有可斂心亦是學問

此兩日極有從容自得

智鵲巢在梧上高三丈餘可望不可即彼欲攫之不亦愚乎鵲知其將攫已即啄之不亦智乎貪其巢遭其啄尚不知避利令智昏也婢既下鵲猶飛啄防其再來也因悟人皆曰予知並色斯舉章極似有味午改課文心甚浮午後讀文頗洽夜理館政心欠細

初四日 晴午後陰晨在館理字債午往局即回理館政晚讀文頗洽

初五日 晴晨起至晚俱在館理館政心無外務頗清爽夜讀文

之趣　可見心清楚处

一入閙場心即放矣仍是操持之不力也　所謂開卷合有益處

識是　即外斂亦非易用何况内流勉

便見有持心工

學之所以貴時習

一手即來不易能也

亦頗有味

初六日　晴　晨入局心未靜午來館江夫子來坐談我輩無論功過但能日對詩書亦日與聖賢相親雖不見功尚可寡過覺斯言甚有味下午理館課晚讀文夜劉丈來談近日用功多從外斂非由内充甚中近日病根因錄之

初七日　晴　晨入局心頗斂午間省軒德鄰二丈談理學書味盎然自愧不及午覆近思錄潛心細閱似有所得一掩卷仍茫然矣晚往鮮輔里曾宅餞楊總校隨衆附和此時主人翁不知何

得毋因昨日飲食不謹乎
昂不列士氏公飲宜設防之
此日奇語無眞
出門心即雜且時爲見大
賓一語書紳毋可也

往
初八日　晴晨入局神倦午來館又瀉一次身愈倦臥頃強起改
課文五篇神未定飲茗心頗清改完天已傍晚葛丈來坐頃同
歸即睡
初九日　晴晨起心頗爽來館後理館政頗密午覆本班書下午
入局晚出頗平安夜閱日記
初十日　晴晨來館見諸生皆歸去有事即來局並出南街晚攜
卷回往楊橋巷本日心雜

豪後齋

细揣用功静时有餘動时不足安能有静而無動哉宜於動时密檢之

静時有餘之句極中吾之之病願共勉

前評極佩

亨復齋

不合格處道寫以來做至于今合拗方好是
讀書理以簡明為上叨絮恐聽者厭反失精味
神道設教迎機善導是

三月中旬日記

十一日　晴晚風雨雷電　早起到館心平靜試大卷數行不合格舍之讀文數偏午鄒生爲其繼母疾革回王生爲其女病亦回本日館政頗簡靜坐看鑑數頁下午與妹丈談書理言之不覺叨絮傍晚擬往自怡軒繳旬記阻雨不果與妹坐聞雷迅心慄然久之因戒其婢惜字惜穀二事即現時景以聳動之歸時已三鼓矣

此日不可少又中不可錯去

十二日　雨雷無　起欲來館雨大又入睡午來館改課文一

本日心志甚疏想是過睡神昏所致

何不奮起精神

看卷時有何怠否

嚴訓常佩讀此安不覺汗下

潛心似乃緊要之功！

大卷數行神倦且姑卧頃讀文數偏心未清起坐有妄想下午
神仍倦晚歸看文頗洽
十三日 晴晚雷電小雨 晨起心清自樂○到館出題後往局隨衆
入書院一觀並看各附課卷晚來館見諸生將完卷安心歸途
遇雷心動路滑步緊幾跌一交到門心始定 嚴親亦歸談間
聞 嚴說我歷觀汝近作俱無內心文不自努加老大徒傷矣○
聞之不覺汗下蓋余近日心雜且粗俱無細心講究也夜看文
數偏心仍未潛

隔兩日先生寄日記來見
過遲□□請讀具三見
十一日所記數語

此後亦好

分內事也

葛丈之可慕非徒於之力
條誠之盛識中形於也
堯

十四日晴午後雷雨晨起心未淨訪葛丈未遇寄日記與葛生來館改課文一心未靜張邱二長陸續來始談文繼談心頗有味○夜歸看文數徧

十五日雨晨起心尚淨○來館坐頃往郯姑處慰其喪媳○途積水轍履俱濕回濯足心甚爽下午誦經至晚往鏡心軒二鼓歸

十六日陰早來館理午至完葛丈來坐頃見其言動皆有持心甚慕之晚出門夜與王生說書心未細二鼓歸閱文數徧睡

十七日早晴午雨午後晴晨起多雜念入局見天將雨急攜書

滌心當嚴如筆硯之是矣
靜中一樂
爽快便頗洽否十三夜未
潛而反觀而悟
本日往西非皆大宜持敬
之地如何有浮氣此雜
夢所由來也
讀書靜坐心清為居一
夜堅持守心清平時其覺予懵

來館校之午後將所帶來館書籍收拾平妥筆硯皆洗滌一新
心胸爽快○晚歸看文頗洽○
十八日　雨　晨起往華林坊謁見　山長午來館下午往祝　江夫子
壽席散歸本日言動有浮△氣△夜有雜夢
十九日　晴　晨入局言頗檢○午往閩縣前山坪頂等處心近粗午
後來館心尚靜○晚往葛文館談至二鼓後纔回言動仍有浮氣
二十日　陰　晨入局校完本班書心始爽午後來館改課文一靜○
坐○許久○心○清○晚心泛△看書無意味夜往鏡心軒二鼓回

細讀詩記後無檢制而疏處尚多務大之
者心術之法也○兄弟謹人也就所見言動論之實無可
議及讀詩記不覺氣浮心淺信乎若寂不若自然也夫真
學問由於真性情有真性情而後有真路愚所以入手似乎不
失之遠也
必求內外出一方物
刻刻深心而尚未足純者皆由展卷之時少也讀書
便匯同約中所宜共佩服語

敬夏齋

三月下旬日記　早起即如此平旦之氣何在

廿一日　雨晨起心未靜雜念環生强持之不相下即來館午看鑑心頗歛下午多客來坐至晚心急成刻往辛丁草堂繳句記談頃無切要語及談子職俱悚然心動比歸心猶驚悸　未成尺道

廿二日　早雨午晴夜雷電風雨起遲急來館心猶動干理館政後與諸生談淫孝果報事實似皆有感予亦有所觸不覺淚盈盈然可知天性人皆有之特未有以激之發之耳下午心頗歛多看文夜歸痰嗽不成寐　常留此可以起懦

卻是實情亦亦常有之病皆由無所養於先也是

强持是不能勝而非誠意故不相下

當因其已然之理而益窮之以求至乎其極

足徵天性之厚

可知特未四字極着

此作喜然後然不足

看人以看書[?]看此條
此不可悄[?]擾持未宜耳目
之所以用心處為鍊手心不
服存作此游思雜念此由
素所踐履未之實未不
戒耶
親切如是余何愚乎
必如是始無負約中
人是

廿三日晴起早来館心尚清午入局心亦有持下午與曾六同往總督后訪粥臣未遇曾文欲看戲徵阻之然彼已由督衙前歸矣足之所至目亦至焉且目即未至而耳之所至心早至焉余安能阻之乎仍来館心終不下因思余與禺三戚屬也同年也會友也同約也既曰約則彼之過即吾之過也不告則吾之過更大彼之過也甚悔余之不誠處且悟同約中不欲責吾之故

自本[?]以真不友乎

廿四日雨黎明往書院應課題乃詩云樂只君子一節詩經正

学未熟于平時故作文時乃有荒忙之狀此通病也
是所謂稍縱即逝也
故存養之功不容以須臾間是
已負約矣以早能一旦耽不學也

民興午飯時見諸友携卷出門未開竹紛紛入頃亦如之余卻心定葛林二丈心亦定迨門開後余三人始出是日在葛丈館作文始有持繼漸放終且肆蓋葛丈亦有忘持處此時彼此無忌也吁此何心哉五更完卷文甚軟冗弱且有欠解句悔之不及而心終不安

廿五日 晴天明由林宅回睡頃午來館理餘事劉丈來天近晚矣談致知先誠意功夫若大有悟心甚爽朗且似聞所未聞者因與約看大學夜歸精神大不支即睡

第兩段具見誠得陽明先生
真　入手安靜收斂之道
大約大本之發見處也若
不若不存則盡不識之處

安本收心常常在側　東後齋

廿六日　晴夜雨晨來館看大學與昨夜心大異若合若不合有
客來坐許久心不清比去斂心復看終未洽下午改課文四篇至
三更歸神憊極
廿七日陰夜雨晨來館又改課二篇完時日已斜西心急又有
客三人來索書扇婉辭之不許行楷兼揮共六柄上燈後漸去
然余已憊矣痰嗽大作歸時已二鼓睡不安寢
廿八日　晴　晨到館分發館政即入句各人未來與綺翁談往事
渠云百餘年世誼至今猶聯絡此大幸事也余聞之不覺心動

識者是言
得此安適故佳處宜
弟所目擊信非虛語也
難得之至敢不拜服

蓋祖澤至今未艾，子孫所患不自立耳。午來館理數事，心欠從容。下午往鏡心軒祝　蒼聖誕，頗自持。迨飲福時聞諸位談論，卻得人動我靜、人言我聽八字樂處。（此制檢愈廣苦工）迨夜心漸放，口亦將出，急收之。少頃復如此，吁，我之制動何其難乎！夜閱日記，心未細，有所繫也。三鼓後寢，多不成眠。

廿九日　晴。黎明起，心頗定，然總欠從容暇鎮靜之貌。午見內子頗平靜，因往館理館政，並攜草底回錄日記，收整諸物，心終未安。

幸句时有識心遠霞處

幸自檢制尤窮然自識意以後又也能失其然所發則

不若安不懈矣

時能持敬其失自鮮矣人字業當先親當

之可見名教非束人也

情景與繪或恐或不恐皆得其中識難行也本日忙中卻有條理

四月上旬日記

初吉日 晴 廿九夜同約來繳自記坐須閒兩子將分晚俱散去余即入理諸瑣小玉雞鳴心大恐不敢言只作安慰之詞從容之狀僕之而已追黎明尚未產 家中皆懼余之心亂急延醫抓藥作諸厭法辰刻小女生心頗定而衣胞未下心又驚惶午後心緒放下理諸俗事晚神甚不支睡頃即起喘合家靜睡餘事余一人任之

初二日 晴 黎明見兩子工汗不止下淌不禁心大懼急往到醫

凡情之發有皆向恨天乎恨父母乎此情之偏任之蔽也

分內之事應當安理也然累心則不可耳然此非強予之過

膚於藥罔刻刻調視不敢出門夜每服藥始少減
初三日晴晨起理諸瑣事件件彤親因恨△無兄弟思及前夜情
形不覺垂淚午小女洗三親姿抱出拜　嚴慈俱有歡容予心
頗寬蓋抱孫望切並亦乃少慰親心也倘係男兒不知當上更
如何歡喜矣念及此心又一動晚見內子漸少愈心頗安一刻
疾不覺入黑甜鄉矣
初四日　陰晨起來館理館政片刻即回理諸雜事心多未安
初五日　陰雨在家理雜事午後多出門為家計也心總未淨

葉後齋

因勞所致。入睡識

是根局間中心要理

問何以急矣

識是少暇即極

密之地

初六日 雨。黎明聞女啼，强起，起頭眩身寒，全身痠痛，仍睡，午後

急起往薛、曹二處拜壽，强起起吐，復入睡。蓋前數日多辛苦而

感冒也，因病心多急。

初七日 陰雨。黎明强起，病小愈，往家理積事，畢即來館，并入局校

書一卷，仍不支，午後歸，病復作。

初八日 晴。晨起理積事，午後出門雜幹，心急步趨，比回天已晚，

幸日午後起頗有益。

初九日 陰雨。晨起來館，見許生，多外感，嘆其服藥。靜坐館政少

粗改課文四篇遂粗心

初十日 晴晨起理積日心頗自持巳刻到館理館政近閱兵政

即回冒雨出門晚飯夜睡不着

此句似加用工

分內之事勞而無傷惟事雜而心不雜方能成何讀書

瑕瑜參半

集後齋

有持子見飭之有應

四月中旬日記

十一日　雨。晨來館，心頗静。午後家中呼回理條事，渾身雨退，心急氣粗，急飭之，始稍平。晚出門，多急心。

十二日　雨。晨來館，心雜，往扃校書，心急。午後來館，心頗静，改課文二篇。晚回。

十三日　雨。晨出門理條子，午來館，改日課，到晚即回。見雨子雨尚浮心未安也。夜雨甚，未出門，到蕅之丈，未坐頃去。

十四日　雨。晨起收拾雲室，并打點各事。至晚腰痛，息。夜多雜夢

一止一行皆有用心

情有可原

十五日雨黎明起整頓雜物既出門買雜件關門見此睹不承

到墻邊遂止午往家多雜念晚買水出門明夜刻後回家已

幹楚心為之一清

十六日雨黎明往正誼書院接卷題作為政以德兩句詩乎秩

南訛得南字弁本日著一論題潤閣省風俗余作成冒雨出到家

理境已得刻則破未作文至五鼓後繳卷心甚雜文甚草率殊有

所怍也

十七日正午雨下午晴天明回館回睡次即起本日乃 嚴親

鼻花君

本日常出閒雜弟的甞勝于於内外兼理一人識難則在先不布置之功

即此亦是用功

壽長多陪客心頗乐晚心急蓋余理外事而內事多缺也連理之殊安夜心頗清

十八日 晴 在家理瑣事至午始出門要幹雨來心又急傍晚安客皆回心殊安是夜早睡

十九日 當雨晨來館理館政畢全日俱還字債心殊少清

二十日 晴 晨來館即入局午後來館改日課月課文詩殊心雜靜坐收心靜殊下氣畫晚方清趕回以上兩日俱無讀書是心多不靜奈何

以兩句云云有自知之明罔不勉

以予煩不能讀書不讀書而心愈雜雖因強制亦虛有

其表此弟之實病也願與兄交勉之必不得已總須執

一兩句以常持勿失

吾人為學最怕係予紛心強制于臨時與

前也惟於靜中時存養其心勿使少縱行之久

久自不為外物所搖

老爲之子厭之便是過能耐還好

前戒交股不知凡費苦心惜乎未能持久也 交股既戒不足奇以有大于交股者也交股又犯甚足憂以有但之交股者也

須思彼大友也何由傲起敬便有個

閒人曾已兩之以謙是防不虞之萬也思之不可去見心

時時以愛子之心愛父母亦可以興孝

四月下旬日記

廿一日 晴 晨心清來館館政畢入內心頗靜午防溪水上河郎回有瑣事躬理之起厭心（世事兩可非有不平者未識是）轉念無旁貸耐之。晚甚倦足有失容處急改之然而前功盡廢矣

廿二日 陰 晨來館理館政還字債至午不清心煩晚江師遣人來召飲不敢辭隨往比到見座皆老前輩不覺起敬。頃登席諸老輩屢獎余心更不安緊持之。夜客散盡始歸心仍有持更後聞女啼聲甚厲視之心始安因思我之愛子如是親之愛我不

思得是背處丶句忘缺此
推己及人忽見慈孝子不匱永錫以類
得宜
爾
心雖志於孝而非取樣
本日功已稍畧

如是乎我之女纔數十日我之保抱如是我之生已數十年我親之身心交瘁不知如何可以曲體也遂以我親生我汝親生汝汝我生女三層一律與内子談至四鼓纔睡

廿三日　陰　晨來館見諸生皆有惷館政暫鬆改課文三篇往葛大館赴飲夜回腹微痛即睡本日有持者十之一二忘持者十之八九

廿四日　晴　晨入局心雜午往舅處助理外祖妣塋事晚回　嚴親有風寒不敢往

憂親之心所迫而
形諸急切之狀
是

廿五日陰午雨晨往延醫心急步近趨午劉醫尚未來 嚴親
瀉亦未愈心大急欲再往催之又無人闢門望其早來轉至遲
到此時有憂懼心有忿怒心不可言狀雨後醫來心始定晚服
藥瀉少減心始安急往舅處陪家堂定更後赶回是夜不敢睡
五鼓始寢
廿六日 陰黎明 嚴親呼欲瀉驚醒大洩頃舅處遣人催送葬
心不安且急因作字煩妹丈往延醫余急往送葬由西門出南
臺之對湖山泥滑途長且窄步履甚艱而心又懸家中萬慮交

孝心誠篤

此何事也如果可怒之事怒亦宜然當自審是

集甚悔無兄弟伯叔之可分任者酉刻入城先到家一探心纔放下夜請　慈親回心始定

廿七日晴晨來館心未清午歸見　嚴慈俱起神色頗復心纔定入局頃出街俗幹夜回有親戚逆理事聞之有怒心見之不覺怒氣沖沖高聲詈之蓋此時不可遏制也夜悔之已不及矣余之欠涵養如是記過一大次

廿八日晴晨入局心未淨言動有忘持午來館還字債至晚不清神散手疲心甚不快夜歸往拜建兄壽即回是夜　嚴親出

門回亦早見頗安心因談至三更纔睡

廿九日晴晨來館理館政畢還字債至午後仍未清神倦息入局

本旬在讀書窮理功𣑭心所以多逸也

本旬頗有檢覈故良見多而少可發更加以讀書則

存心處乃終少收斂處

刻刻於根本上見真情純土以求之不遠矣

世事累心對症臨時所能
制也直求養之于先
先治可弭是

善解親憂
是

善承親歡

五月上旬日記

初吉日晴晨起心未清来館心仍〻心午回理瑣事心多健忘晚
復來館心雜夜回心仍急嗟乎世事累心有如是乎
初二日晴午後大雷雨晨起見　嚴親牙痛腫知心急所致也
往劉醫處攜藥適相左心大不爽快急回假作傳聞可喜之事
對　嚴親説之予頗自喜不覺一笑被　嚴識破干出門順到
館阻雨心急甚晚涉水歸稍理家事復出門夜祝　雙親壽並
抱女兒出拜祝見　嚴慈歡顏相視呼曰汝作姊即添弟了即

名之曰添弟凡以慰予 親抱孫之念也是夜心稍暢

初三日陰午晴黎明起理瑣事頃男女客陸續來午後供司命臨水並祖宗香蠟心有持敬○晚何姑回心大動頃梁僮回心始安夜神倦强持至四鼓纔睡是日待客禮有未周到處無可如何也

初四日晴晨起心甚急午瑣事方清往局一行並出門晚回心頗定算數至三更纔罷神不支入睡

初五日雨晨起理瑣事[illegible]還親友午時書心[illegible]將近午纔完午

知無依乃之累矣人安得無依事當知所以制之勿使累心焉可耳

心身一也看似着可皆須轉入一層方是真學

後收聯軸雜件到晚心頗清夜家宴頗樂

初六日晴晨起心。目。俱爽朗。入局校前修補書上午心靜下午心稍放幸未忘持晚來館見諸生未來坐頃歸夜核數至三更睡

初七日晴晨起理雜事心尚靜即來館遣江僕移床案等件心煩午理館政後還字債心頗靜頃開櫥見不還者甚多心轉急强勉為之不過應數人之屬而已天已昏黑甚矣有好皆能累此身也此非吾從前好名之心所累乎不特累身。並足累心矣。

猛以濟寬猛寬先
尤不可不有己是
兩句一公一私天理人欲
待童僕如己子刻刻（在家佛語）
宜有此心學道亦在是矣
足徵不敢不見有扶
緣偃字前皆尚須用
功醒扶擇扶擇不移
久始也

晚改課文兩篇心尚靜夜歸心雜閱同約句記稍清
初八日晴晨來館心清理館政頗加嚴厲諸生有懼色午往局
並出門午後來館改文五篇神不支臥頃起夜歸心不爽
初九日晴晚小雨晨起見梁僮病心未安○恐家中之腳也囑其
服藥茶即來館校局中書並理館政午後見有二三句可疑處
不敢强改往局檢原本來對心始定晚多陪客言不敢放○而神
甚倦夜回見雜事俱未部署即理之至三鼓睡
初十日晴午後小雨雷大起心靜來館後心心時雜為諸生所擾

句樸便饒筆有秀層有
此病其源不精全惜無
用功也

也靜坐讀久仍未急字下後心頗靜讀文數遍若有味因
與諸生說夜歸葛丈来坐頃去通知明夜之期展作後夜諾之
頃　嚴親歸談至三更睡
心之出入仍是無定欲求所以治心舍讀書
似無他法也
前評確當願共勉
葛評去一似字換分行之可也

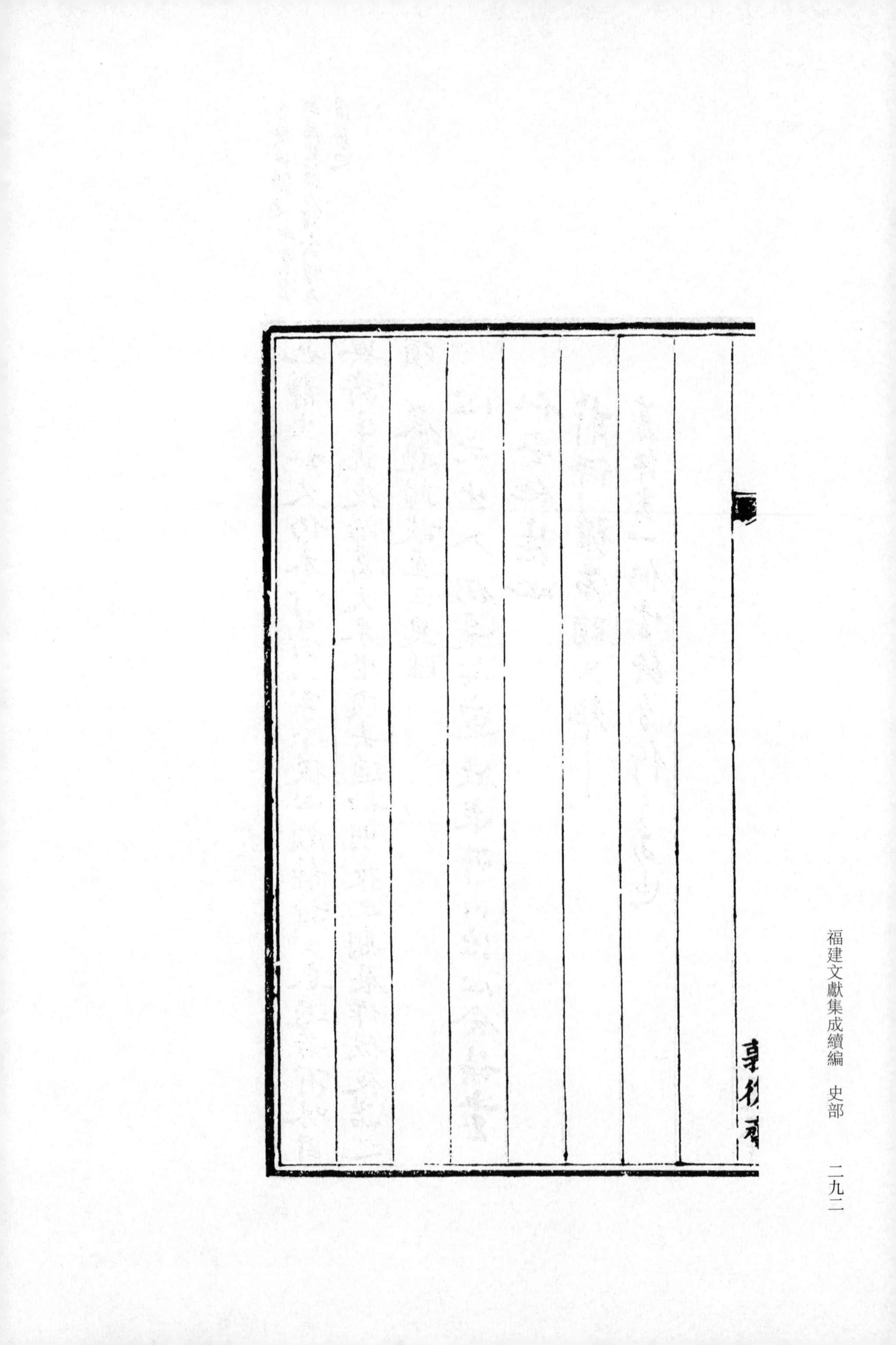

五月中旬日記

十一日晴午雷雷雨晨興心頗斂出門後心漸散午來館多應容心雖持而身甚倦午後與諸生講羣居終日一章至晚方罷欲防其弊不覺辭之費矣夜策其讀文三鼓歸神力疲乏就枕即睡

十二日晴晨興神氣清爽即來館館政畢校局中書午後方完入局班散後仝鼎三到葛館繳旬記談方入家中有事召回是日心頗靜無怠迫

少出門是養心之第一法 此非矣

身倦即不能語之有於彼未有擇于外而能於存內者

有觸即動養未純也 漸字可怪凡病無不見

然見苦心可謂良師

扶心尊課徒皆本也爲倦易疲則難繼此類又須用功

十一日多見力疲身倦可見用功先須保養精神

能見于恬靜之日則心自所養矣

有好

更有請方債局
不思還
有所得否最不
詳記是

亦是培養工夫是
本日午睡與晚步
即所以調折精神
是極、、

十三日晴晨興焚香祝　聖誕也有持敬來館後館課外代江師書古學卷心尚靜幸無錯落午閱同約日記心尚斂午後還宇債數件入局交旬記與鼎丈晚俱出門夜到萬館談至三鼓處歸

十四日晴晨興神尚倦昨夜少睡也來館後心頗靜午寫聯扇數件睡頃神頗足讀文數徧改課文三篇晚緩步數十步氣頗舒夜回逢劉丈邀至家談頃理瑣事至三更睡

十五日晴晨興心未靜必須甚清有客來言事復擾矣來館後

妙訣也

心靜有所繫也午後與諸生講論頗詳○晚歸理俗幹見梁僮已來以情理二字諭之○

十六日晴黎明興神尚倦巳刻往葛館聽題未來即到館午煩王生往攜題係子曰片言可以折獄者全章詩異書渾似借荊州得州字接題後略布文局倦極睡去晚醒心急往攜卷到家至五鼓始完繳文詩俱劣皆由少讀少作也然徒悔之而已奈何奈何

十七日晴午纔起日烈甚不敢出門○晚往局一行即來館夜林

可惜可惜，鈌悔之後尤可惜
櫥內所常存者何物？似不只字債也
當以預防為主是
皆中節否

葛二大來談至二鼓仝歸去本日甚混混天又值天氣炎熱甚煩躁有可
昨晚勞神去書早幸日晴……去年
十八日　晴　晨興心清來館後心轉不清午後館政完心甚爽開原主家惟餘田宜知必至今勿困補也
櫥見字債仍有許多未還心又煩强抑之於是分作三等打算
明日書之坐頃讀文心甚洽不覺朗誦數過汗流滿身執扇揮
之扇未放脾痛甚歸此余之不謹疾也記之
十九日　晴　晨興神尚清來館理館政或喜或怒不一午還字債
終日未嘗稍閒到晚不過三之二心急捨之夜二鼓歸
二十日　晴　晨往拜岳太母壽午至晚俱在局晚赴壽席　本日心或持或忘

心多出入無常皆由未能下堅苦功也静須立定脚
根檢之又檢乃有實效吾兄之病不在疎狂特恐因切中
循耳　然否請自參之
前評太高之論於吾兄尤當句謂不疎狂之子性也
往日機要可學古道傳樹聽流泉此語可味
來旬還字債頗勤課徒亦密寺並分内事仍是
為人非為己也為己之學在於課心細閱所記刻刻
有求靜之功而心仍未脱患靜寺則勇為外擾

所渥養未到也須求勝急方有進功

遊必有方

課徒固密理應如是

此乎蓋厚待同約也惜第無平章贊語耳

有惕勵通靈氣象此篇方見未不可極形不可縱正己正人益友定多從亂

五月下旬日記

廿一日 晴午後風雨雷雷晨興神尚清稟 親知昨約涼風所在先來館理館政不覺天將午心煩急往瓣香堂知移所遂來道山觀赤日當空流汗浹背步近趨到所見同約俱早來心甚樂午後所移誠意軒心仍泛及劉丈與予談心忽斂蓋服彼之有持而愧予之忘持也日初斜風雨驟至心大動所復移入恆社頃天顏開霽山骨通靈俯察仰觀神清氣爽晚防雨催同約歸步尚緩夜身微倦睡極早

可見有惡心于學矣

勤極

涵養怒中氣極也

怒乃大賊宜制

可見用功亦宜量力否則有初鮮終之弊可從于此

廿二日晴午後雷雨晨興日初升心清且靜見女兒神亦極清因悟平旦之氣性相近之理已入局心雜午在館心靜理館政還字債改課文至晚未嘗稍息夜與諸生講論二鼓後力實不支携燈緩步而歸到家聞梁僮私歸心大怒强制之氣稍平與嚴親談頃氣頓消　慈親催予睡因入寢

廿三日晴晨興神倦心泛來館後政頗繁詳理之心有持午看漢鑑十餘頁心尚斂還字債心煩臥頃神稍復兩脇微痛晚靜坐推究病源知由於昨日之過用精神也蓋精神不可不用不

有見之論是

心雜由於沒奈何所以沒
奈何所今日之過此行耶
且倚此後宜加功
此行已盡吾分矣

難得

用則惰惰則昏精神不可過用過用則勞勞則損均失保養之道也後宜自戒夜見燈目澀有暈急回且即睡
廿四日晴晨有客来喚起託予言事予明知必不濟力辭之不肯去因教其設身處地一思終不悟沒奈何為之一行果不諧然予心已為之雜矣午来館坐許久心始靜改課文兩篇晚纔完夜見諸生讀文無細心詳勉之三更歸
廿五日晴午微有雷晨起心靜来館出課題後入局言有過多處知即縮之然已出其半矣午回家一浴垢猶未盡再浴之身

子當盤銘宜常佩　長云此言
知此則知盥心法矣
讀到此令人悚然

頗潔出來甚覺涼快因思我之看身何其重視心何其輕耶身之垢一濯無妨再濯心之垢多於身者何限竟忍舍之未嘗刮之乎日日口說性理手寫節記用功固在那裏念到此不覺有憤然之意晚煮茗靜坐閱寡過編數頁心頗洽

廿六日晴午後有雷聲起遲神不清心泛已來館政頗簡心頗靜入局見局已移入書院較涼心甚爽本日俱在局言有縱處忘持也當記過晚復來館肝氣微痛歸夜在家散步數十次心仍煩制之不可制須大下始瘥甚矣暑熱之逼人也可不慎與

泛有味真力行

精的語

袁巳柏批

今人作氣掉服掉服天不可負親亦不可負尚求于無負矣乎

所謂無忝厥職

廿七日　晴　晨興心淸閱寡過編數頁有味來館館政畢復入局見藩臺課巳發予名仍下心甚悶悶午間同局閑談心泛晚來館心仍悶悶坐頃自思夫不用功而望文字入彀都此小人僥幸之心也無佳構而恨有司不取都此小人怨尤之心也予無此心何悶悶爲男兒當自强此刻起如再隨波逐流將愈趨愈下矣負身矣負親也負天也予能不勉哉夜讀文數過睡

廿八日　晴　起遲神尚倦出廳見　嚴親弄女孫甚樂而彼亦知與乃祖笑心甚喜來館後入局校本班書心細午熱極少息聽

君同約中果能之否

至情所感

俱見細心

同約局閒談始巧對繼酒令終趣語俱可解人頤蓋數人平日無謔談相狎者所以言無違理晚往貢院前探姑母病見其症甚危不禁有感予無伯叔與我親同毋者惟姑而已夜歸已二鼓閱文數篇睡有雜夢

廿九日　晴　晨興心煩知暑氣鬱也來館後理館政心尚細午鈔日記千零字始心靜未手乏有錯落心起煩少息入局校書十餘頁有疑義索原本不差討字典則在有說有無說之間不敢僭易之然心煩急來館有微雨晚閱旬記夜歸心頗砰三更聞

仁之端也當擴充之

朱紫坊失火急出南街查之聞已滅矣即回睡

三十日 晨小雨午晴 晨興有客來聞昨夜火有傷人心為之惻然○頃來館復入局聞昨夜傷人甚多且無完膚不忍聞之○午後聞鄒姑症甚緊來通知心大動急往商事

本旬大有振作讀之心動不已願更加警語但以勿懈為頌

前評但以勿懈六字請常味之行之久之可以獲效

念念有求識之功無旬可謂妄覓

知病自棄難得之至

此處既被要幹打斷中情

作文閱文比自最虛想安用不何檢書有心得否

六月上旬記

初吉日 晴晨起有持心來館後心泛館課畢急以寫字斂之心頗靜晚往鏡心軒始言有未節處後有持（便是學）夜歸心急舉動欠從容

初二日 晴早起心泛來館後擬作文又恐天熱猶豫不決忽有要幹當立出門遂立意不作到書院一觀仍在館改課文晚倦臥頃復往書院一行始意閱他人文比到一卷俱未繳敗興而返坐頃殊悶悶夜歸心雜檢書至三更寢

文夏齋

可想其孝心事親
三省止於是々々
是

李紱覺之
同約謹言於兄弟最為偶然
忘抄不覺發怒可謂言之最
易放也可不謹哉

初三日 晴 起遲郎来館館政畢入局以上均有持午後心漸泛晚有雷有雲疑將雨急來館坐頃心頗靜有客陸續來與之坐有持心尚無失言夜葛文來坐頃去鄒姑有人來間今日症又復心動歸見 慈親有傷畧容心大驚急問方知非也心始安是夜有雜夢

初四日 晴 晨起心靜來館後心煩頃入局心雜午後言有過放處近利處忘持也頃覺即不敢說晚來館改課文二心尚細神倦夜回心頗清

此等所親見必於服之

日中難于何如

心煩亦情但此猶有形之患耳

初五日 晴 起遲神尚倦急來館心頗靜還字債晚到局往祝范年伯壽席散歸二鼓矣是日心有持

初六日 晴 晨起曬書心頗暇午翻書心急晚收拾完妥心始清到館一行身倦

初七日 晴 晨起曬衣服翻箱倒篋件件躬親心煩力倦夜悶睡

初八日 晴午後大雷雨晨起在家曬雜物見雲起即收起雨驟至巳曝書被濕數部心煩頃雨息涼氣襲人心稍爽晚聞鄰姑疟又緊心動夜倦睡極早

動靜出入歷歷言之本旬檢心甚密君實以來理便是由著以前之騐

初九日 晴晨心清到館後入局校書心頗細有持也午後漸泛

晚閱日記心粗因出門順交葛文館

初十日 晴夜小雨晨心雜入局午後來館心仍未靜寫扇五把

心頗清改課文兩篇心頗細晚防雨歸神倦睡

端謹忠厚乃之質也再加以學養之功庶幾近矣

所謂忠信可以學禮也曷不勉之

檢制之功於兒頗有成效由反己省過所讀句記甚少書中情境未翻可以著中手

不必讀文講授之時遇其一觸機心即何不錄之以助問約

尚還爲前惟未見有用功參理處

享復齋

心無所操則昏泛一好手
吾子四時將平日所讀之書
或制藝或詩賦共作記憶
者隨口而默誦之亦斂心之
一法也
善言補行　此後有
功于名
教
孝日殆有可操心不能
乘御不能何制心泛是
之跡也

六月中旬日記

十一日　晴晨心泛入局心斂午鄒姑喚商事且說症甚亟心動先通知葛丈本夜改期即歸隨　嚴親往姑處坐久見其症雖沈重而精神脈息尚未即壞着心稍安趁閒隨嚴出浴返與表昆仲輩商事心煩因將根本二字反覆駁之羣言始息歸時漏將三下矣

十二日　晴晨心急來館心粗午後入局心泛傍晚在家候同約來心靜談閒間劉丈言事勿使後悔心竊喜之復勸讀書心滋

斯為是彼何可不疾但
以憎已甚其論可不謂恕
也
本日心學極匡
何故如是若病故
也
坐至四鼓亦其偽

愧焉頃余訴何表事劉以為疾之已甚者余以為無之比去自
思余非疾之何對同約說隱惡揚善余有過焉後切戒之
十三日 晴巳後雨晨心靜館政畢入局頗斂抑午後出改課文
兩篇心細閱旬記心靜晚脾痛歸
十四日 風雨晨脾仍痛雨甚因在家多倦睡心全日昏悶
十五日 陰有小雨晨在館代寫大卷心靜午出門順入局見曾
大在復攜日記交之雨濕衣復心急晚往鏡心軒一行歸誦
經心頗靜二鼓後有俗客來坐至四更力陪不支心大煩躁以

草稿本

客也

極行文之樂矣

往往困到飯而心急可已

見飯而心是耶子孜改

未之能行意也此急

[illegible]字反覺可厭

辭遣之去比睡已交五鼓矣

十六日 晴 起遲邀葛丈到書院領卷題係文武之道未墜於地詩為政如沐得韓字接卷後回家神甚倦午熱甚少卧不覺睡去傍晚醒心急振筆直書完時已四鼓矣繳卷歸方安寢

十七日 晴有小雨 起遲心急館政畢入局頗自持午後出晉諸生課奈其皆病也不敢過於責備晚回身倦睡蓉圃來坐至子

十八日 晴午後微雷小雨晨起心頗歛館政畢入局校書心尚細午後脾微痛强制之實不支復來館神大憊急入卧至晚

幸日心學極純能求放心學在是矣

起夜與諸生說文心頗靜言尚詳歸時已二鼓矣錄日記睡

十九日晴晨心濇入局始心斂午後漸泛覺急收之晚往何姑處一行仍到館夜回有客來坐心急

二十日晴晨聞鄒姑甚危即往探之比到已逝矣哭之不覺傷甚午回 慈親亦往余又往三更始歸甫及門聞內子瀉而兼吐心大驚四鼓劉醫來服藥稍定本夜俱未睡

操心仍密使生滿疏精詳间幸勿忽

前評極當不贅

總真心學是即克復之機也要加勉耳

本日患兵鎮定之氣其源皆由于未睡某煩急固由怯生然煩急稍易即功如如何宜劉其云是耶此邀傳也不必然然究其故究其若然不得已似亦不然何赴約故而踏邀傳之機

六月下旬日記

廿一日 晴晚大雨昨夜未睡晨神倦見 慈親甚瘁心大急見內子猶未大差添兒索乳屢啼心更煩已延醫到王妹處煩其价來步近趨歸脚酸痛不支午後心仍煩晚心急繳旬記錯往劉宅到門方覺即往自怡軒雨驟至心極急蓋藥爐方熱街門未闗也歸心纔放下是夜睡極早四更五更猶起三次

廿二日 風雨晨起心頗定理雜事至午未清劉丈來坐許久談書理余心茫然心甚愧之比去雲齋兄來詐事或合或不合俱

收極此之謂敬 舉動之
以不放處
須知心與而後體不着兒
體不着而後心馳也
欠操存之功

嚴密二字何可當況仍守
同朝中以閒過為學之學章
句、似亦嫌種種之也
奉行故事乎所深
憾也 本有以發之

以正言告之不敢作一偽辭久之方去往鏡心軒慶 天官誕
飲福歸頗自持夜神倦睡又不着心馳
廿三日晴午小雨黎明起心煩被添兒擾也晨心稍定往局校
書心尚細午後漸泛晚心忽夜心仍煩
廿四日晴晨興見上下老少俱平康心頗喜入局心斂午後曾
丈攜旬記來閱之見葛丈有振作氣象劉丈仍嚴密用功鼎丈
似奉行故事與余無甚懸殊者欲與談論適有人來遂止晚仝
鼎丈訪葛劉俱相左歸心悶夜劉丈來談讀書頗詳惜余惜無

能自厚幸乃難言長讀同
可不必而仍因於
以忠恕待之則君哉
而不言於人何害於友但不
可一語激人而怒自責也
此等評也
要有清靜之時保不
更心亦不可靜
非笑由人不可越禮
是

以與之講論也比去心仍悶悶本日有三過厚責人薄責己一也引友食心動二也好浮名三也其餘不及覺者不知凡幾悠悠泛泛能勿懼哉

廿五日晴晨袁兄來説事諸之入局心静午到館見聯扇甚多未寫心煩復入局卧頃神頗清班散後往葛館交句記到丁宅一候回已上燈矣與 嚴慈談頗歡

廿六日晴晨興心静隨 嚴親往鄉姑處陪堂尚自持午後見衆人多畏熱且越禮並笑余為愚者夫余豈眞好自立異哉吾

情深語摯 是

人死有何欢喜不特子孙不敢道为欢喜丧即外人亦不忍道也此语胡为来哉甚矣人心之未死也甚没人道者违中之言 是

周到

又同胞惟一姑吾視之猶伯叔此安能不用情乎且稠人中有長於吾者有同輩者有晚輩者俱以歡喜喪三字一唱百和嗟乎俗語此三字為節哀之詞所以慰孝子之思親也今豈孝子孫自忍道此三字乎今日之事余方苦無以激其天良而長輩不覺言之同輩聽而和之晚輩更不知之天下無人心矣因任其非笑終不敢懈晚容散與少皐叔往觀放生池歸全身發癢腹微痛即睡四鼓後内子復水瀉又起煎藥茶勉强為之恐擾兩老醒不覺身倦門開幾一跌心大驚力持之五鼓心頓清忽

悠古終身不行何忘後炎

頽然之佳境也忽然煩躁然眩

奈何　何得也

悔怨字最要緊功夫

廿七日　晴　晨心斂入局心靜。神微倦午後漸泛散晚始覺夜歸

口燥煮茗靜坐約一更許心煩飲茗四五杯至三鼓方就枕

廿八日　晴　晨心煩巳刻往粥臣處作書頗自持歸入局心未靜

急斂之。頗靜。下午漸泛覺之晚歸灑埽書榭至二鼓始可坐

然無制心然無悟境而煩惱甚多皆由無以定之故

稍縱即逝也幸以坐少試勉之何如

念六日最可取以其情深摯也其守堅定也循此

求之超乎唐宋矣

方寸頗有主持惟未能純一然功進以漸

業嫻於恆年加勉乎

得近一步想法
分三層層層言之是大有從
心處用而長然中分遲速
勉而進行窮理層樓更
上矣

七月上旬記

補廿九日　晴晨神倦心泛到館見諸生多病心急入局心欲午見所刻書少余名查之中有為人改去者始心若不甘繼漸平終且悔晚往辛丁草堂繳旬記未到先自愧愧無讀書少窮理也坐談聞見劉葛二丈説書理津津有味余或解或不解心大動及勸余讀書心更動意此時歸去即當讀書方好頃往鼓樓前要幹回時已三鼓矣頭痛甚急入睡

初吉日　晴晨心靜頗有持午倦少睡蓉圃來有要事催同行不

敬夏齋

可謂極手矣人轉之練書
更好

容辭也到晚方歸身不支强到館視諸生病稍瘥心頗放已上
燈矣緩步回頭微痛睡
初二日　晴晨到館政極簡不敢行也見扇收許多心煩坐頃書
之手不停歇神倦方息已十數把矣臥頃蘭婢呼晚飯驚起蓋
余夢中猶寫字也夜見王妹丈感冒甚深心急至三鼓後歸
初三日　晴晨起即往探妹丈病始說少差繼說轉重問妹則曰
似差於昨而其如親母則要請大名望醫生此時方寸紛如因
坐頃說他事許久細詢之始知有差無增症囑其仍請舊醫遂

篤親之道於是
於是

入局晚攜方請　嚴親定之歸送扇還葛文本日心多煩言動
欠和雅
初四日　晴夜颶風　晨心雜到館心煩入局心急晚見妹丈稍健
心少鬆歸家心泛雖看書無所得是日劉襟姪來
初五日　晴黎明起遺精且惡寒復睡頃身仍倦往妹丈一探入
局不支午後出在家見　嚴慈與添兒談笑甚樂心稍寬晚臥
頃將入夢夜舅呼往說姈母病忽大變心大駭步急足軟幾跌
比到見稍定心纔安已不支矣强勉歸即睡

讀小中又有寬大氣象

初六日晴夜小雨晨身倦心泛入局稍靜午少睡神頗足晚到館心靜夜往葛館交句記晤劉丈談頗酣

初七日雨全日在家理瑣事心雜

初八日雨仍在家理瑣事晨心斂午煩晚稍靜夜泛

初九日雨晚晴夜仍雨晨心斂到館書扇三腰痠歸午錄日記晚蓉圃來坐至三鼓去始談文終談家事余以事當預防福無獨享八字告之比去倦極寢

初十日晴晨往鄒姑處陪堂心終日急夜歸已二鼓矣本旬所記多未詳

念念不忘此事但於俗務不免心有未靜擾之

識難刻惟求於俗事中可有則有之事有則

心寧用功何有下手處矣

制心處可願見周刻既記雖畧尚能說也惟十月

中必無虛賊請責之候則未敢信譬又同約中有

一事相煩斷無不暫放虛賊所代理之雖此心靜躁

不負未嘗不可由淺入深也章其勉之前修近說

俗事家事何人無之所恃者中有所主

不為所搖乃是學問

享後齋

揚湯止沸不如釜底抽薪
得訣

七月中旬日記

十一日晴晨心泛入局卻斂晚出南街心雜夜同約到繳日記坐至二鼓神近倦比去即入寢多雜夢

十二日晴晨心靜入局煩抑之不可遏熱如沸湯上沖因默然散步久之方定夜觀日記心尚細乘涼改課文三神倦睡

十三日晴晨心急入局心清閒督憲課改於八月初九局門親試心甚喜蓋其良法美意極有得體者午後來館還字債見諸生病者有事者仍俱未來心悶訪葛丈交旬記坐頃歸改課文

未免太遲三更血不歸心當以御春為之是

如何言事至于五鼓

已久客主均失節

五篇不覺漏聲四下細用功知須保養精神如勿亡勞為要

十四日　晴　晨神倦入局心細午後出到館一視即往賀郎長壽留席卻有持夜順到館言事歸蓉圃已來鄒表亦來言事至五鼓纔去

十五日　晴　起遲神不支强來館修筆硯午後出門要幹晚往鏡心軒本日心多汎

十六日　晴　晨往書院接卷本日撫軍課題學而知之者四句詩天山早挂弓得弓午後出往薛處祝壽强留席力辭歸心有所

繫也始擬此文當細心作詳看書說奈終憒憒晚起作至五鼓纔完繳牌痛睡

十七日 晴 起遲葛丈招往議軒事坐頃歸在家多悶睡晚入局即出心稍暢夜復往軒二鼓歸天明遺一次

十八日 晴夜微雷 晨心靜入局校梁谿補板心稍細午後多閒談晚到館一視歸看文數篇神倦息葛丈來談讀書見其訣甚得心服久之比去改文二篇睡

十九日 晴晚小雨 晨多應客心雜入局神倦午後來館臥頃神

已許非養作之道也是

稍清與鄒生說文頗詳歸已二鼓矣蓉兄來談至三更後去力不支睡

二十日晴晨心急入局稍寬心晚來館心仍急改課文二心漸歛夜葛文來坐談心事未暢比去復改文二雞鳴矣入睡當於涸者上用工夫蓋精神一振則有為之本立矣

吾兄體素弱要之煩勞有所謂可云當于調養上用工夫誠是確論要勿至於勞神可也

雨評極當

役齋

過飲爽約似乎不可

七月中旬日記

廿一日　晴　晨心泛到館後入局稍稍自斂晚往蓉兄處飲過遲爽約夜與少皋叔談有道人非處不自覺也追思悔甚歸時漏已三下

廿二日　晴　晨脾仍痛臥頃少愈到館課畢入局上半日心尚不雜晚黃生來訴事驟聞之駭然轉念有成見夜為查之始釋歸與嚴親談至三鼓睡

廿三日　晴晚小雨虹見起遲神仍倦心未清到館心尚細午入

難以安處

局心急晚祝伯母壽留席辭歸見劉標姪食炭責之夜改文睡
廿四日　晴晨偏身痛心急午理雜事多用力神愈倦下午隨
嚴親出浴並鄭宅言事晚多應客心煩夜往鏡心軒二鼓歸
廿五日　晴晨心清來館後入局心極沈看書頗有味班散往葛
館丁宅一詢歸改課文三難號矣急入睡
廿六日　陰晴晚雷雨晨心之來館心急多寫字神不支臥頃有
雜夢晚心清夜閱日記多客來心雜
廿七日　晴心有馳思比起心轉靜來館多應客寫字多錯落夜

得當事之快

葛丈來坐頃去神倦入床即睡是日王妹歸

廿八日　晴夜小雨晨心斂到館心急入局心仍靜午出門有要
事幸以平心處之晚心清忽聞劉禖姪不循理心急夜心煩

廿九日　晴午後雷微雨晨心泛多理雜事多陪客午後祭中元
節心有持晚出門心急夜心煩身倦至三鼓睡

看書有味為君一友幸加勉之以向勿忽

刻刻省心仍勞出入極力操存為要

僅小之人患不廣大請勿以細務糾纏心

頭則日進于高明矣

享復齋

或持或縱最是害事

可見手筆

八月上旬日記

初吉日 晴 晨起理瑣事心泛午出門心急下午往鏡心軒心仍未靜夜伺香心有持

初二日 晴午後雨仍晴 晨起心急往鏡心軒伺香竟日心或在或忘身或持或縱無定着夜歸腰痛甚即睡

初三日 晴 起遲神不清入局腰仍痛多臥飯後代蓉圃謄卷心極斂謄完留坐且飲余實不支渠疑余之不久坐强留許久仍到館晚歸往丁宅應酬即往自怡軒談頃知鼎丈已回劉丈來

下一排字全入一
書一格

到遂歸錄工前日記三日續全神倦極睡

初四日　晴晨醒脾微痛復臥頃起與岳母談頃心煩來館課畢入局午仍來館改課文三全身酸痛臥頃少差晚交劉大日記且欲與之談比到見有客在坐頃歸本日心多悶悶

初五日　晴黎明醒有馳思蓋因岳母王妹昨日歸而心有所憶也急斂之又睡頃到館授課尚細心午入局校讀書錄尚詳細晚歸改文四篇尚靜本日敬心始有持防

初六日　晴晨起即往觀主考入闈心動往鄒姑處拜七聞本夜

庸俗之至何嘗則嘗以此為案案似乎近泥

放水燈要余一行欲辭之轉念此我姑也余㪅道上何得㪅我
姑乎午歸視家中無甚事心稍安晚又往貢院前事竣歸往蓉
圃處代助其理塲具三鼓歸乏極天明遺精一次
初七日 晴晨心多雜巳 慈親出門理瑣事身倦午添女多啼
心未安晚心稍安 復岳丈來坐頃心未清二鼓後聞火藥庫失
火心大驚出查之始定
初八日 晴晨心靜入局多談文午歸家磨墨壺心尚靜晚有客
來言事心大擾夜 慈親未歸心悶悶 嚴親歸聞本日跌一

心動爲文去詳問無辛苦心始安前客復來擾心急三鼓後去纔入寢

初九日晴晨入正誼書院應課題子游爲武城宰二章論懷忠信以待擧力行以　收詩人心如印板得摹字見題後心甚粗身且倦夜心稍靜精神不佳强勉爲之至五鼓始完繳

初十日晴晚小雨午起入局出門夜助蓉園理二塲具二鼓歸

本日精神未清並昨日多忘持　檢制未純

本旬較有檢制而煩急紛擾処尚多

前評是

課之識是何急耶

八月中旬日記

十一日 晴陰夜大雨雷電 晨興有瑣事關心心動造館心未舒入局心焦急午出門心雜晚雜泞心粗夜心煩閱日記稍斂

十二日 晴有小雨 晨興心仍煩伺 慈親出門後課襟姪習應對心急午理瑣事畢。方罷喉痛夜有客來 嚴親與之坐至四鼓去方安寢

十三日 晴黎明起喉痛神憊强支之午還字債心尚舒暢晚出門心急順到局見楷課案已發余附超等末領賞出到葛宅通

文夏齋

知即歸夜夢境不清

十四日　晴晨心煩午理瑣事心稍急晚出門夜　慈親歸心稍安是夜進香頗有敬心

十五日　晴夜小汗天明睡已起理賬目午心始清拜　魁誕　臨水誕並懺　斗諸事晚祀　祖身倦何大來坐頃余痰嗽大作夜病甚强陪家宴不終席急入睡

十六日　晴晨仍發熱不能起臥頃强起部署諸事午又臥睡不着心煩晚欲往蓉本二兄一觀惡寒不支遂止夜痰嗽

十七日晴小雨晨少愈强入局飯後心煩出遇劉丈歸復惡寒

十八日晴晨起病若失入局心爽午全施梁二年丈往白塔寺秋敘夜歸尚健

十九日晴小雨晨到館心尚適午往鏡心軒心始煩繼悶甚晚飲纔半席肝氣大痛歸是夜睡不着

二十日陰晴夜大雨晨到館强持許久不支歸午往劉醫處步甚艱晚心煩夜添兜痰嗽大作工喘下瀉驟然而來心大驚徹夜無眠

然無防檢心境欠和
制心尚未靜定
以病故心多昏請于調養心性上用工夫
身病除則心病亦除矣

八月下旬日記

廿一日 晴天明 嚴親歸心少定延劉醫來症仍未減心甚惱
午後漸睡心仍未安夜復痰喘心大驚是夜仍未着席

廿二日 晴 黎明濟兒吐痰神稍清午後氣漸平仍未能吃乳晚
口瘡起用珊砂塗之夜頗見效余是夜已不支矣痰嗽大作

廿三日 晴 晨見濟兒漸瘥心稍安兩子并余痰嗽大作且氣喘
終日昏昏如醉如癡

廿四日 晴 晨起頭暈畏寒仍就枕擬往葛宅賀喜大不支祇得

昕之病已午後肝氣少舍晚痰嗽不寧

廿五日晴晨起心頗往鐵心仍頗到局混之少差午人仍不爽

剃頭神稍佳晚歸仍畏寒

廿六日晴晨起有十二分要辭當自行強行之步尚張眠到局

飯後出來鐵臥頃晚歸心甚急

廿七日晴晨起　慈親亦痰喘畏寒急往延刘醫心甚煩腹悶

到局後用飯歸午往家候醫心煩悶夜二鼓醫來擬前藥為主

四更後就寢是夜痰嗽少差

廿八日雨晨稍健而瘦嗽不差心緒怏怏午往王妹處一視順至
萊丈處視毛年母壽即歸聞葛丈之感冒便視之歸復惡寒夜
阮刈丈來身甚倦不能坐略見之是夜慈親稍念余與兩子
并添兒瘦嗽無歇
廿九日風下午晴晨神不清昨夜少睡如患風不敢出心甚悒
午見慈親復有重感意心余焦悶晚少差因往錢一行終歸
阮刈丈來一見甚青坐少頃去黃生枕堂至二鼓余識不支催
其去

亨後齋
合讀三旬日記心境之煩急者多雖際遇使然要亦能善付
處之方保體也况前此宜以窮理養心為急
多病而兼俗忙所以心境不能常泰嗣向宜
力求養心為要
三評極是請共服之

此頁不擬出每原石張
刪之也

九月上旬記

補記三十日　晴　晨到館心煩悶懶作事午後痰嗽不止多臥晚往自怡軒繳旬記所談無心得蓋近日俱久用功也而余較三人尤甚二鼓心煩歸是夜痰嗽轉增

初吉日　晴　起早焚香畢坐頃欲以收斂心氣百念環生轉覺焦悶因散步數十次漸平午出門有要幹心尚沈惟身倦即到館見諸生作文多潦草始責之繼與之說遂罰其改作言太多嗽復作因靜臥頃黃生來訴事極細末着圖始開導之猶不悟因責

俗事累人如是
如是言
此煩實由天性之厚所致
不甚此也使平日有存心養
理之學則豈又能纏繞之
其煩自無故謂將仁厥
存其嚴也蓋此也

之始退余心復煩矣夜服藥嗽如故

初二日晴起早聞劉堣事事與 慈親執拗怒責之心復煩來館見鄒生尚未起問之病也視之全身熱而人昏迷大驚疑頃醫來症係風火心未安查王妹何未出來蓋昨夜瀉七八次也入視之心又煩起坐項氣壅上痰嗽甚作急臥之少平午連聞敲門聲皆索字債者有二至三至焉心大煩强起磨墨疾書之各攜去心稍清身甚憊天已晚矣歸夜服藥頗平靜

初三日小雨起心未安即來館見鄒生少愈王妹亦差心稍定

理庵先生

課畢入局心復煩與德鄰丈談近證渠素知醫理者囑余服温膽湯遂抓之午後歸訪葛丈往劉丈處祝堂慶席散回身不支蓋本日少臥也夜服藥早睡

初四日 晴 起早心清嗽亦減來館見鄒生病未愈且下利心又煩遣何僕備轎送其歸午入局有不謹言處覺悔之不及來館代何丈書摺扇小楷頗慎心夜葛丈來坐頃復有客來敗興去是夜心復煩肝氣痛服前藥睡未見差

初五日 晴 夜雨 起遲來館課畢入局校尊堯集底本嗽大作止

切記切記言見似多類政石枝作字之勞神所致

出門要斡即來館心少舒改文五篇體多倦晚往萊文處乞藥未遇歸攜燈錄日記五天服藥安寢

初六日晴晨興體頗健心亦靜來館課畢察諸生讀作多濫汎嚴督之午還字債作碗大草書濃墨揮灑卻能散煩然十幅未完頭目昏眩矣甚矣精神不宜過用也後宜戒之夜閱日記心未沈改課文大有興會凡五篇俱有意思極多欲寫寫不出之狀心甚暢三鼓入睡痰嗽不止且遺精本晚訪林葛丈仍未遇

初七日晴晚雨虹見夜電有雷黎明間添兒啼夢中驚醒遂起

入納年餘牲未見吾兄有此失謹之矜之此端不可啓也

閑列處不可及

與内子有咀唔心煩坐許久默識舊讀文多不清心大動恃
嚴慈起即來館出題後說尚詳午入局交旬記與禺丈閱遂往
蓉圃兄處坐始談近事終談文下午復入局公議重九日往蒙泉
山館登高喚余與焉談間言有近放處忘持也晚來館收諸生
課文往鏡心軒一行心不爽即歸改課文兩篇心煩遂入睡
初八日陰雨黎明起心不爽來館後改文一入局辭登高之約
午復來館改文二心尚靜下午往鏡心軒祝　神誕身多倦飲
福歸内兄來談事心復煩

已再鳴鷄此人胡為而來催之歸宜哉

初九日 陰晚小雨晨起劉丈來坐頃心尚爽即到館課畢改文詩心尚靜下午嗽復不止歸閤坐傍晚睡鷄再鳴聞叩門聲心驚疑出問乃七兄也坐頃以為有要事見其言皆搔不着癢者催其歸天將明矣冷甚睡不着

初十日 晴 起遲入局心尚靜午來館課畢倦睡頃即起晚心雜歸劉葛二丈已來矣談尚暢

傷累甚多請于定之性上用功

勿過勞勿過慮格致誠正盡大為期

兩評極是不贅

東彼齋

对观可作吴孝是在

九月中旬記

十一日　陰　晨興心有所繫入局心轉雜來鏡心軒坐立不自安晚仝葛丈到報局一探二鼓歸心仍紛雜無定是夜添兒病多啼一夜無合眼

十二日　晴　晨往延醫順到館一視即歸仝日俱在家心極煩惱夜葛劉二丈先後來坐頃去

十三日　晴　晨心仍煩惱午多出門晚見添兒熱漸減下漸差人漸醒心稍寬夜自己病作急入睡

十四日晴晨心清到館課畢復延醫順入局即歸午在家心急
晚心安有便酒飲之心轉緊往葛宅值劉丈在坐頃心頗舒歸
即入睡
十五日晴晨出門皆要幹午在家理諸事下午往辛丁草堂拜
朱夫子誕見於禮有未習處心不自安夜歸有妄想
十六日晴晨入正誼書院應課文題舉賢才曰焉知賢才而舉
之曰舉爾所知詩題聲在樹間得秋字接卷歸客陸續來心厭
之午後託詞往葛丈處攜成文回入門已有客在心大惱坐至

倦容累人者是此是何不用刻文急遣之法

上燈纔去文機大踸思之無一字心急二鼓後就巻揮之四鼓始完繳心不爽

十七日晴晨往黄巷祝壽即歸全日俱在鏡心軒飲上午身尚健晚多倦容且有失言於人失禮於人處

十八日晴起遲入局有倦容午來館課畢還字債晚改文至三鼓歸本日心尚靜夜閱日記

十九日晴晨肝氣微痛來館後多改文心始靜終煩强制之至三鼓始清歸肝氣復痛

二十日晴晨起肝氣仍未愈來館出題補昨課即入局並到蓉圃兄處坐思疏散之法晚往葛丈處坐夜歸心稍爽暢

課心能不密但無查理以消融之故少見靜深之趣

前評確當不贅

心尚爲俗所縛未見有泰然之象

親在也既以智事則行矣

是

有愧於言不敢不勉

九月下旬記

廿一日 晴 晨興心尚爽何表來託事明知其不濟事也然親者毋失其爲親自當盡情爲之設法因許之來館課畢入局午後出錄旬記改課文三篇夜歸誦經心尚歛

廿二日 晴 晨肝氣微痛到館坐頃尤甚緩步入局與各友查書數多行少坐氣轉舒晚往鼎丈處繳旬記見劉丈侍同約有誠心處心忽動談至二鼓歸是夜仍誦經一遍心未靜

廿三日 晴 晨興思近日多曠功皆由於自恕之念自恕故事每

攸復齋

只此一念卽超凡入聖之基勿忽可也

此卽所謂本體之明未嘗息也嘗取在明之德語中參互考固甚至發而遂明之旬細味因遂二字之義自有異境

善補過也

此等處出入情似不必過於拘

明錯知姑錯非眞蒙然罔覺者觀小人閒居爲不善章聖人之言小人非指我輩而何不覺悚然來館課畢心緊出門要幹郎來館心少舒晚歸仍誦經心尚不雜二鼓後隨　嚴親觀普度壇

廿四日　晴晨來館課畢入局核字數晚歸到各壇燒香佛誦經一心雜再誦之心始安

廿五日　晴晨到館出課題入局晚書院案發有通賞心遂喜攜卷出與葛丈通知相左往劉宅晤及數語卽同輕浮之態可恥

著數語改字愉快事改字
想亦二相追局出

何故數處心動如是
因未去何太心動耶
知神之前通也
本日記人有改處否

之極坐頃仍誦經仰瞻　文帝像心不自安二鼓有客來葛丈亦來坐頃去本夜鄉閒事竣滿路喧嘩睡不着

廿六日晴晨入局心急午後漸平晚往祝劉老師壽夜閱文數過心未洽

廿七日晴晨入局多閒談始風俗繼文名終時事午後張葛二丈來邀赴何翊丈壽席將完心大動先歸一視心纔安卽往鏡心軒伺香頃同看文數遍心微洽

廿八日晴夜小雨晨到館心始雜終靜午後多出門夜神倦

廿九日 晴 晨聞輪船事宜似未備北行之心遂動不止入局多
作字午後出心煩悶晚往自怡軒繳旬記

本旬有本心透露處率擴充之
一念之佳令人醒目常攖常存日新月異矣幸
共勉之

本質極好充以學養未可量也

斃鼠猶除暴也殺人而當亦仁於心何損

吾兄此過尚少率善防之句似謹慎

十月初旬日記

初吉日　晴　起遲入局多縱容午仝諸友往林宅行弔進退欠從容下午往數處燒香心頗持夜在家斃一鼠初心喜繼誦經心動

初二日　晴　晨動怒有太過處午來館俱作字心尚舒夜改文二篇

初三日　晴　晨入局談事有未圓通處午來館理課心尚着夜改文三篇

怨無過節可也何必假

初四日 晴入局心頗暢午在黃宅觀納采心急晚歸仝葛文往

辛丁草堂坐心急歸

初五日 晴入局多談字午來館還字債夜歸復假怨頗無過節

初六日 晴晨往自怡軒應會課題係子貢曰如切至言詩已矣

心未靜且多疏原稿甚潦草夜歸稍修飾之奈機局已不堪矣

遂舍之入睡

初七日 雨起遲來館已午後心急索紙謄真昨作晚即往繳之

心始安本日上半日多曠功

初八日 陰 晨入局多談時事心動午來館課畢入局赴諸友約

夜歸改文二篇

初九日 晴 入局心寬午來館多作大小楷人催急有速了心夜

歸改文半篇葛丈來坐頃雨催去心悶悶續改之機澀舍之睡

初十日 陰 晨起聞南街失火急出視之到荅圍處並到劉老師

公館一候坐頃來局心未靜午來館心多悶悶晚歸改文二篇

所記近簡所失幸自參之

日記近簡即稍從印證之機切須立定得腳根

句姑任也

少振作氣

買物何必念
此念何由萌自省之
此日總募似乎已晚作
文秋貢小技也
既時不柰其困心中已躁之
打錫也苟心中之錫匠不
動則耳中之錫聲無妨矣

十月中旬日記

十一日 晴晨心靜來館入局心稍雜午後出門買物有念心即釋之晚仝鼎丈往辛丁艸堂繳旬記

十二日 晴晨起打點明日要作文今日當汰諸事以養心來館先往何宅拜壽意下午不赴席也及來館打錫聲喧刻不可柰因來局午後耀西請酌遂往三友齋夜分歸

十三日 晴晨往劉宅應文課題魯一變至於道詩起弄明月霜天高得霜字盡日構思文思艱澀心甚急夜歸改足之雖已蹄

心潔乃可誦經

靜為甚佳

仍無妥講　嚴催睡急入寢睡不着雞再鳴作一講樣方安枕

甚矣奉不離手曲不離口古語之有明徵也

十四日　晴晨起即來館作講一繕清稿煩鄒生謄清彼未來心

急改課文二夜歸

十五日　晴晨來館作詩一午攜文交葛文並出街雜幹心頗潔

晚歸誦經心轉未靜

十六日　晴晨往書院應課行動有浮躁處本日題係見善如不

及一節詩猶有黃花晚節香得花字接卷後有貪嬾心轉念悚

然即來館構之夜歸繕至三更纔繳本日心尚靜但文甚疏略
十七日晴晨入局意卷未送學憲署可觀他人之佳者比到送
之久矣聞輪船事有影響來往之議心大動來館與王妹談及
雜念駢臻不能殫述下午心稍定晚改文二篇閱日記
十八日晴晨入局與肖軒談題擬說人字勿看輕見字須着實
深服其相題有識歸途尚有餘思來館後改文三篇二鼓歸
十九日晴晨入局到館出課即歸午後俱在家理瑣事适劉丈
來坐談許久比歸復改文一篇睡

豪復齋

二十日 晴 本日俱在家理雜事心多雜

課心處尚少

向道莫先習靜習靜莫先去煩煩瑣之可屏人者之能

遇之勢不同所去之之方實一然要當先思吾

為何等人當為何等事何等之可否可為相不能為何等之見

可為且勢所能為決其見之所要貴緩急其可否為何下手為何

收功各以己身之理參以己見之所明靜坐中早了卻大半矣煩何有哉不

自君子之事心所為小大之事力勢所能為之也都見為自是頓其心不

李波足所評識是年共佩之

十月下旬日記

廿一日　晴　晨心靜有客來遂雜到館課畢入局午後出心茫茫然無所主復來館坐頃身倦臥許久起閱文頗洽不覺高聲讀之日暮歸左脇微痛夜大痛急入睡

廿二日　晴　晨起偕劉暢洒埽後即入局并來館改文一篇往南街買雜件仍到館　嚴親亦來坐許久天晚矣急歸影文已來項劉葛二文亦來坐談閱影文有警心録一卷心竊慕之文閱其養雞鴨也伏皆中肯栽械不如栽花木眼前都成生意二語不勝

文夏齋

歎賞二鼓後右脇又痛且掣及脾腹閃三人護身甚不支强持
之比去急入寢三鼓後纔少安
廿三日晴起極早先拂拭洒埽清楚遂呼劉錫起烹茶待項實
夫來問舊東復吳璋心為之一喜坐頃看題乃樊遲請學稼一
節詩人在蓬萊第一峰得萊字劉曾二丈俱到矣午前多客來
衙門復鬧不歇心大急不敢言午後稍靜聞添兒啼要出國慶
抱之到晚文尚未脫稿同均俱歸余脇無疼唯肝氣甚動因不
敢作文先就睡

都翔和以傲黎
和是

何不來兩個侈

悟得極是

廿四日 雨 晨閱署漏表心大喜蓋秋後雨甚少人物俱患燥今
有雨甚難得即起觀之坐頃出門要斡順到句飯後出來館理
諸課心尚靜身之稍健夜歸渾身濕透心慌甚非作文之意諸
與
嚴親談頃睡
廿五日 雨 起遲不敢出門見後廳皆雨漏心厭之午後有客來
坐至晚蕓兄續來坐至夜身大倦臥頃因思人心之易變不可
測也昨之雨我何喜今之雨我何厭之友之於人想如是哉之
於人更可知古云恕字終身可行真閱歷人情參透道理之言

故夏卜

如此胸次而趣蓋可悟及此是有得學者

可不行之終身乎夜有夢一不甚記憶

廿六日晴早醒見日光心復喜尚未起復思昨雨喜今晴復喜喜易則厭之亦易此心何能滿以後切不可動此心復睡去夢看文都不解其說不覺大笑添兒啼始醒起後遂入局午遇薛秋舫先生詢其何處來曰星天久不雨既雨晴之佳故出來散步余悅從遂憶本早之所思誤矣午後未館改文二篇心悶之晚即歸有客來坐至二更後送回接乃賓之文一讀之下心大動肝氣微痛急入睡

寢興亦宜有節

廿七日晴晨起劉丈來與談文服其認題之真作文之細談頗
暢李表來渠遂去頃入局見學憲案已發余仍無超等甚矣不
用工之難獲雋也愧甚頃劉丈之來携已閱前課文與余觀之
余惡人見畧翻閱即文選煩其先與二丈看以後旅余可也劉
丈遂去余心悶悶飯後遂來館改樊遲請學稼一節文煩王生
繕之晚復到局冀閱超等卷也仍未下怏怏歸夜改課文五篇
雞再鳴始入睡猶不安寢
廿八日晴晨入局見超等卷下讀之自愧不如也午來館諸生

敦復齋

不知音者何以見其甚好
向你是

俱有山復入局合畢丈看書讀至晚歸心不爽見日記俱未錄
携灯錄之
廿九日 晴 晨来館課畢入局午後合各丈赴吳雅雨同年席派
設道山之玉雨樓逢經天元嶺謁 朱文公祠仰瞻 文公像
心肅而言爲若有所畏到所之有指後撤從晚不可言而夜合
弼文往其舍弟處听七絃琴平日所未見其彈甚好奈余不知
音何歸即睡想日中各友作牌渡何雜劇古有理可惜漏世之
道其法一牌一稱子二牌子在一處牌妝渡何貧一子則一子

人不知幾幾哉端于
危地此人不如鳥
夫子所以歎也
篤手觸情

必飽雞腹猶豫兩難〻際先虎負虎母子至雞子過河再過來負一
虎子連過去手帶雞子又過來放在這邊又負第二個虎子過去又
過來負雞子過其事始了可知世路崄巇○其周旋而能周全
雖一往復功力而已○不覺津〻有味雖小子不能不錄質同約
三十日晴晨來館錄日記入局復來館下午往黃宅言事晚仝
具丈回府激甫記
未有借幾洞力行之以開其識
前評是宜於心境所以須暢以求序

敬復齋

日來極知檢制自少逐差濟以寬紓為

望

稟復齋

十一月初旬日記

初吉日　晴　晨起心尚潔来館多應客心欹雜下午見妹丈病心大煩惱晚往視誼母壽言動幸有分寸而幸　嚴命往黃巷理瑣事身倦甚三鼓復到館一探心猶安是夜病惡寒頭疼

初二日　晴　晨到館心稍安黃宅催商事設法到局一行心無定着下午赴壽席夜復到館本日言動俱欠從容

初三日晴　晨到館代人理筆墨下午代　慈侍幹到晚方清仍往黃宅理三鼓歸

初四日晴晨同　慈親出门後在家料理瑣事夜少皋琳來留
飲後次有輕吐㾗言未慎也三鼓後往黃宅辦奩了雞再鳴歸
初五日晴晨往黃巷理雜了即歸操　嚴親往李日在家理瑣事
心甚悶夜　嚴嗽至五鼓睡
初六日晴晨起往黃宅送行開门見劉丈告之遂行此时心大
煩見彼處事了依人了了就明晚子路後也不覺自搞煩起午
往接　慈親歸心稍安下午心復煩晚飲酒有辞突言近從夜
復往黃宅理謝事二鼓後隨　嚴親歸後往了有憤激心

懼日已發評到後日再
持此念是其何境象
極是

初七日 晴 晨往局即到葛宅探視午見其宅甚煩躁入局坐許久下午陪席去晚見洪客欠安處入為之周旋劉文來訂會期改作十一日 喘甚 晚去復入為之周旋殆竭要是夜心多急

初八日 晴 晨到館入局往黃宅聽戲心始煩遂撤手後大煩躁抑之幸因為人講解四章總從無甚費力夜歸心精雜

初九日 晴 晨來館入局心未靜午復來館靜坐許久心始清瑩數日任事多而心放也此念一起覺得心擲不如甚大懼晚歸訪葛丈頌與坐談不值在館心舒見洪友設普度事篇耳嘈譁

心逆煩二技歸閲日記錄日記睡

初十日晴黎明醒復睡至巳刻有客來急起來館後作小楷字

後往鏡心軒恢到萬館坐頃即來館改日課二技歸

但據所記似少用功辛力振之

瑣事纏擾屢屢發煩想古人當此必有善處之

法幸力率以求之量有樂境

前函評極是

似宜于未煩惱之前求此
以舒暢處

十一月中旬記

十一日 晴 起早往館探妹丈血積瘧即往縣丈處應課題乃子張對曰在邦必聞在家必聞子曰是聞也終日搆思不過粗稿夜急歸到葛二丈留少待姑從之復到王姊處心稍安到家身倦入睡

十二日 晴 晨到館入局午復到館適有事心大惱不能已復入局晚歸改文心未靜不強之即入睡

以上二日心多煩惱少舒暢

能幹之源由於勇敢俟
修身要如修城何如

十三日晴晨到館改文午後便至與葛丈出南臺言事并看鏡心軒題晉度緣腳痛身倦至四鼓後安睡

十四日晴晨入城見新修之城遠勝舊作心服彭海防之能幹并思其平日審慕之所因自愧我若為官能如是否不覺赧然到局日已斜矣腳步之緩甚屬可笑遂往軒交緣金晚歸腰疼急入睡

十五日晴晨入局心悶見諸友談笑强應之言不由衷可懼之至午未飯晚往軒夜歸有妄想

何太達也

十六日　晴　晨往書院接卷題石曰其名詩先向百花頭上開限開字見題後心甚忙予出門雜辦晚即歸作至三更後歇

十七日　晴　晨入局心殊清繼斷炊惱予來館多將田夜回家多悶坐

十八日　晴　晨入局一行即來館理諸事晚往朱姓處言事至五鼓歸

十九日　晴　晨至館理筆墨至夜萬東樵飲本日心多放縱

二十日　晴　晨往新局與肖新瀚秋會理筆墨至歸時日已西矣

到館一行即出门至三更歸春日言有過分處

未見振作

評是

享復有

十一月下旬日記

廿一日 晴 晨在館程課 午出门要幹有怒心 下午到軒 一行

晚歸看时文數篇 心未洽

廿二日 晴 晨入局 心静 午往軒幫普度筆墨 晚起多闹看

廿三日 晴 晨起地震 心大懼 呼 嚴慈出廳上 恐墙倾也 心急

门未開不無失檢處 午往軒局 仝各友来軒观普度 晚聽六和

清夾礶因思凡人嗜好各有不同 寒天長夜絃管親調以娛人

聽 何乐為之 真不可解 彼尚以意揚揚 我見其狀 若求媚之技

敬復齋

此怒当理否

问得是

非危懼而不動心 斷

資存養 此慎似不防

於迅雷風烈必變亦也

呼 嚴慈亦是周到

此等習俗人之見誤之也甯願

以後尚不如技而正已求

之切己者[illegible]人之觀我哉

观人所以思之曰厚色莊
斷君子者也　此輩之
狀與莫
臥在何故

若乞憐之丐矣人各有好而好名不可不慎也

廿四日晴起遲到局仝各友往蒙泉山館赴施聘侯續絃席并
到侯邑署遇諸咨稟歸已二鼓矣到軒一行即回心甚喜

廿五日晴晨入局查　即來館課畢往軒晚王姝遣人來問其
肝气又痛即仝其人來至四鼓歸

廿六日晴晨來館午入局晚往軒一行即歸理瑣事

廿七日晴黎明敬诣　祖宗前拜冬即写篆四幅并大小联对

三合往局閩侯署要補供結即歸譆之夜家宴甚歡

七

稟復齋

敬恩識是能以一日勉一
日於愈乎●不為
是
此總有氣

廿八日晴晨入局会各友往侯異缴供结未果午出往列大處
應禄題子曰關雎樂而不淫詩題侯劍佩鳴相磨自磨字作至
晚未脱稿歸讀之二鼓後往轩一行即困困思太剛則折四字想
出甚多未可尽錄姑舍之
廿九日晴晨入局会識友往缴供结心猶清午刻餘社政文禄
長繁至暝及夜歸復有客來坐心大急因思文章如是性情如
是所遇又如是北行不過奉行故事耳奈何奈何比睡夢中若
有人大眼大背高坐我廳正中我心大怒此處係供神之案字
文度界

二語極有意不外以夢視之決行以終身

厚于責己君子之心

豪彷肴

何伯據此譏罵之其人忽拍桌高呼曰陳某起來可餓風不可動思想驚醒天已明矣係兒臣在枕邊打手呼我好笑之極粘錄之以當癡人之說

三十日晴晨起見劉锡宦食罵之蓋彼無知之吾之失教也悔之即來館催字帖添來將改文不求理語復錄日記晚往辛丁草堂繳日記

夢中謂終身可行者方踐之

合閱兩句非無檢上身心惟有少剎励之氣

足驗培養之效

激者是之
以人想必未作存約故
至於此

十二月初旬日記

初吉日 晴 晨往局謁山長校志心俱斂抑晚班散出到館一行即歸祀到鏡心軒伺候二鼓歸

初二日 晴 晨到館寫眹扇全日無少歇夜歸改文并繕清三更睡卻無十分倦容

初三日 陰 晨入局校志心靜晚到館夜歸有辞威借辞來悔吾親心忽極氣大動罵之勸之終不釋而親已大怒矣急避之去至五鼓纔歸甚矣人心之澆漓至於此是乎比寢睡不着因感

啟夏齋

必將此息乃見實效此
屢痛所以畏鬼神也
前評極是章勉之

往事不覺氣動動不平記前夢氣不可動四字知鬼神義先有以告我者自反反下反側不安嘗記大過一大次以自警

初四日 雨下午晴晨入局午往朱紫坊祝壽晚往小排營勇處一候夜歸心大雜强改課文兩篇

初五日 陰晨入局校志晚到館王姝脾痛作肝風三次歸

初六日 晴早起往王姝處一行往自怡軒作文課題子曰參乎吾道一以貫之曾子曰唯諸從善如登以登字心急至晚方成祖稿本日乃 曾祖曾祖妣并祖妣忌辰歸補拜之然不興登

稚論不磨然婦人之見
多不及此故易怒也
凡稚奴之之最宜恩之即
格致之功也句謂口苦難
言

心終未安夜往玉妹處見已未痊二妓後始歸

初七日 陰微雨 起早即往玉妹處問其稍痊遂入局午後江价來局說妹肝風又作要予來即出視之較昨尤甚靜伺其醒問之方知由於怒也勸之口雖勸渠而予心甚急矣嗟乎人之乃天一也乃有賤而為婢者即有賤而狠心者此所謂下愚不移也人之有情一也乃有執而不通者即有執而多事者此亦下愚不移也吾自用賤自書此是以是往而予心苦矣對誰言之

晚復到局棋志來挑燈對數頁并為之主壁賀玉三妓方回

用婉辭極是所謂以柔濟剛也 是之

初八日雨晨起葛丈昆仲先後來交日記即往王妹處入問之見其又係昨風狀問之不能應筋搖搖於心大驚問其婢答曰不知問妹丈則渠本早即往鈸讀書矣房門虛掩并無一人視之遂過齋中問妹丈彼則怒態可掬以予不顧問之狀不覺動於強忍之用婉辭問之且不明白蓋其庶母病不數天未起也予以為彼殆為此而怒查之亦不知細探之裏猛始知彼今日要作工去也笑付之復入視王妹尚未回氣如續且急喘甚延新醫少頃醫來用清劑治補瘧本日易丈年母壽辰不能往祝

友愛之情如是如是

嚴親在南臺復未歸雨復不止本日心甚煩惱夜閱日記畢

初九日陰晨起往王姝處一探心稍安入局極志一本終究晚

班散復到館至三鼓歸本夜添兒連啼不止予与內子俱無睡

初十日陰晨添兒稍睡往姝處一行見其漸瘥心頗喜入局飯

後告假歸視添兒仍未照常下午抱之睡至晚醒都如故心亦

安上燈後予即就寢矣

謹小慎微素行可嘉新修參理則漸進矣

本旬甚見忍字訣每事向有進然幸家理以神其用

本句尚有涵養之處

談無具無行無可能何謂效何謂復願名恩義能無愧哉

貌無可為也心有可為也擇居存亡其報甚捷似不得以貌觀律心

十二月中旬記

十一日 晴 晨入局校通志心急晚到館夜歸〻約陸續來繳白記無淡学少心得處余近日功疎也噫光陰逝水焉复增能無愧哉是夜多不成寐

十二日 雨 晨入局看曾林孟三人選藝童一以貌次以聲大抵以未及丁清秀者為工而應選者大半皆冠者偶遇一童於穫桑寶見之甚覺好笑因歎以貌取人尚難多得況以心取人乎可知余平日誤怪〻人者皆余閱歷未到也晚到館夜改文三

檢齋入細第此常恩

徧閱日記雞既鳴矣

十三日 霧午晴 晨起目微痛入局校志表經輩來求字值余手忙雅晚輩殊欠優待之禮此去心悔之訪話忙裏錯也可不慎哉晚到館見王生永初從歸詢其近狀心甚喜之夜改文三篇睡

十四日 雨 晨入局校志目復痛知前兩夜睡過遲所致也强制之晚到館仍候劉醫未非歸夜肝氣痛不可忍目多淚二更後即睡

人甚衆各行其礼由下遂
未館已行礼乎柳未行礼
乎

勤而無中不子不节

十五日晴晨起校志五頁入局下午到館還字債到晚未清夜
往鏡心軒坐許即回对志五頁改文五篇
十六日晴晨起改文一篇入局校志適值書院散館人甚衆遂
未館還字債少清午入局晚出見志仍未完心大急夜　嚴親
說年事心須大急強抑之携志对数頁目腮遂改文四篇字畫
模糊多不可辨心大悔雞再鳴矣手足如冰急入睡
十七日晴晨詣館將所改文指明与諸生觀心始安入局校志未
完晚出過歸劉毅吾来出抓商心急灯暗摸索而歸夜俟潘兒睡
文夏下

原有改異

是日忙迫弟赴心街阻歸
之語頗抄不慎蓋在言

復改文二篇催課文始告心頗歉
十八日晴晨起赶志葛丈來遂抱孫兒出与之坐須入局校仍
未完頻溯匡讀數頁除門弟三看數頁心緒不安午後到館公
辭夜歸往依并招首約二枝後歸復改文二篇蓋卻生新作今
夜方帶來也
十九日晴晨起孫兒鴻仍未減心甚且嚴親說有小北行看
心甚雜且急頃往曹失院聽文課無子奈何也題係子曰三年
學一章擬正書畢責早歸余心雜且急萬限須如始先歸見列

亭稿齋

会弟弟之拘执处幸能窥之言路愈开矣

真心流露

曾二人尚津津有味不敢言枯燥之晚留饮後出即到依洲王妹稍舒心少安归见添儿少差心始放下夜写信三封

二十日晴晨入局午志校完未覆先澂与丕世孙出门要斡复入局饭後出到依洲依微饭席见许生与余有留恋意因款余之无以教之道以误之罪识重也

拙中尚有觉察再加详密可也

每事精细即力不足而心亦足　兄颇璜实人之不能及此诀语也然必须读书参理以助才识否则徒乱

心意積久恐懈前功可惜也

相心先生因宜從內用功

十二月下旬記

廿一日晴晨起往南臺魏禎甫處隨勳自視舉動殊欠大方

申歸到局查咨文事并到黃宅代黃生議來歲館地晚式如兄

來託為擬同記意煩葛丈代繳途遇劉丈即寄之往朱宅商及

相左歸脚痛甚苦

廿二日晴晨入局將已牧志須須心終未妥午隨眾往陳緱丞

林慶卿兩處拜冢壁順出門晚往何詗丈處拜壽席散歸閩叢

兄來訪稱次急往一視三更始歸

廿三日晴晨起劉丈來䔥兄來商之令嫂的近多午拂拭神
前之集弟廚房等處夜祀竈心尚有於家宴後往䔥兄處三鼓
歸
廿四晴晨起列丈來坐許久去黃生來代之出門一行午歸腹
餒甚飯畢收拾書桌等物黃生又來送東修和開之大駭吾歎
年來未見渠有送與物品今日突然送來彼必有因也詢之始
知其費力卻之心甚不爽快晚核數心急
廿五日晴晨出門要幹午入局商請沼多外人有不滿於局中

稾 葉徵

戒行畏之

者情見乎辭心竊笑之既而彼之心忘也余笑之亦不免心驕也從切戒之晚登席飲尚暢余尚有指歸往拜坐至三鼓

廿六日晴晨出門午謝年夜往茉丈處言子蘐兄來坐至三鼓

廿七日雨晨出門要辭午往蘐兄處代其理筆墨子晚歸今武政兄往茉丈府宴子歸已二鼓後有二客來坐談兩利心大動夜多馳思

廿八日陰晴晨往侯友處查乎晚到暑丈處一詢遲子同往申林錄名山長言六科詢心甚悔之歸途心甚不安許久纔放下

以此事〻俱寛心聲字海紀之居子往葉丈處与其商可廣

弟已謀利也晚往王妹老心甚急夜葛丈来合往葉丈廬一坐

利心復懈

廿九日晴晨出門雜事午在家理瑣事晚往葉鐸人處說已矣

母壽見諸友俱来至即歸初入門閑　慈親說到姪倫放花炮

於所邊添兜聽中驚啼心大恐閑內子何果禁之香稀心念恐

責之復出門歸又閑一〻心甚恐强抑之劉丈来坐談閑犹有

忿心夜作小歲家宴强歡

三十日 晴 晨即出門有己事又有他人事至午未清歸理瑣事

晚家宴夜往洗銀營南街寓處至三鼓後歸復理瑣事四鼓後

神不支睡去天明供新年飯 從同年入酒以來已一年餘矣

救我依然毫無心得對同儕多愧無狀淺對自己亦愧無實學

將何遍此頑哉君將何以教我

迫歲之併冗課心故雖讀味之藏自因對病之方

往不可諫來猶可追發憤自強是詠在我

希共勉之

鰲齋日記 叁

將打共

戊辰閏四月中旬記

十一日雨 早起打點静坐處影觀拂拭互午不清厭倦遂息與嚴親談心甚直諸弟俱嬾作

十二日陰 全日無稍坐时事仍不清夜阅诗經數首即就睡

十三日陰晴间有小雨 早起打點應行各親友盡一日行楚比出去晚方歸不過行了五處神倦看書無心得

十四日陰雨 早起多依忙午後稍静看史鑑數頁神倦不覺沉睡夜讀詩數首心粗

雞既鳴矣病猶不去
是何濡滯也

十五日晴上半日多出門晚到鏡心軒歸稍遲神憊即睡
十六日晴起早理瑣事晚陪客至雞鳴睡
十七日晴晨起陪客至四更睡不着
十八日晴起理瑣事到午方清晚何丈邀飲二枝歸
十九日晴睡起遲午後睡晚出門夜看文數篇心未洽
二十日晴起遲多嬾臥午後睡許久晚往自怡軒交日記
大有疲倦之象力求振作為匡
急宜振作
似多糊塗宜立志振起精神

閏月下旬日記

念一日　晴　起早神尚爽檢書見舊作茫然自覺此心放極矣閑坐許久雜念環生執綱鑑閱數頁不相入復閱之心漸歛沉睡至晚方醒往自怡軒綴旬記

念二日　晴小雨　巳出門要斡午在家雜作窓多倦晚出門代人斡事

念三日　晴午後雨　晨起理瑣事後閱鑑數頁午劉丈來坐許久交日記也晚往黄巷言　二詩歸閱上旬記

廿四日陰雨早看鑑終二頁應客許久午有佐幹晚往楊橋巷

并到鏡心舒伺候夜鄒表兄來言事天明終睡

念五日雨起遲心進午神倦強制之書聯扇數事傍晚極不支

入臥即睡

念六日晴起早作小楷意藉此習靜也緩緩書書葛丈來坐頃

去午往縣三兄寓文甸紀順到局過瀚秋談頃出南街言事相

左歸見丙子腳痛心急夜閱文數過無少有心得處捨之睡

念七日午雨起遲心不清午作楷數百字仝浩表弟往王味盧

一樣晚讀文數遍

廿八日 雨 起早皆應客午作小篆數十字即往看鏡緣教員復酬應晚往貢院前一帶并往雅文齋祝婦掌燈時矣理鏡了至二鼓并無讀文看書

廿九日 雨 起遲因昨夜睡不着也午寫聯扇晚理雜了夜候同仍來附句記

力求養心平勿為攖攖者所勝也

急尋浩然之氣以制群動

外誘甚多急宜籌理以制之

五月上旬日記

初吉日雨起遲心欠清悶坐頃見事事皆觸發為殊厭倦午後往鏡心拜伺候二鼓歸乏甚睡

初二日雨晚晴早起心尚鬆忽有事擾心悶悶久之理瑣事心急身且倦強支支夜陪客至三更睡

初三日晴天明起理班事多縱容○巳午以多陪客身倦強扶之明知有未周處無如何也四鼓睡脚痛睡不著日出後合眼

初四日晴起極遲脾腰仍痛手足俱懶舉強起模數行坐久從

夢覺之機為奮發
章

宗守後睡許久少差晚往兼丈處一候往榮光處代寫木主夜
歸即睡
初五日　晴午有小雨早起程節數午程節事脾痛仍未減晚何
潤丈來坐頃與余仝往葛劉寓談心甚喜之有小軒不果行夜
脾痛甚息入睡
初六日　晴早起靜坐閱鑑數頁自思從舊年入泮以來無所近日
疏放之極從正月北行之後之無近日怠惰之極思及此行坐
不自安盡前此多昏之也午時返隨　嚴親往城北八仙居洽

晚歸蓉兄來商少至四鼓歸
初七日　晴　起稍遲心雜多外擾也午作字多任意少斂心過一
晚出訪探書便來心悶夜歸閱日記心稍斂抑
初八日　雨　晨起讀文數遍心尚浴午作篆數種心尚細晚出門
即歸夜心雜閱書多未合修舊紙至三鼓睡
初九日　雨晚　晴見　起遲磨墨畫心尚靜午作大字數幅雨治桌
上心急晚肝氣雖痛夜睡尚早
初十日　雨　起稍早入向坐頃出門午飯書出來收拾訝人指

稾後[illegible]

妥貼晚出門歸剡文未曾許久去是夜睡之乎

如石有志為事學體弱何必不可石振也

處處省心用功御極得至但須得閒讀書

參理始能存養此心否則仍是泛泛

也

兩評俱是請細參參

思慮著按慮要切記之

是極

是

五月中旬日記

十一日雨晨起核書葉午往祝舅母壽衣留飲夜歸閱文數篇

小學數頁目澀思睡

十二日晴晨興多雜忙午核書葉檢舊簿混混至晚往辛丁艸

堂應約坐許久強持之無甚意味蓋余近日無用功所聞多隔

膜也嗟夫天地生余為何如人父母望余為何如人即余入約

之始自思為何如人而余今日自顧為何如人恐自暴設自棄

耶因思今日急救之法唯有無事與靜坐有時還讀書十字最

之又下

令余〻現症當刻〻於此念頭磨有用功日子也謹記〻

十三日晴晨起讀文數過心悶抱添女到　嚴房坐　嚴見〻長嘆一聲余不覺心動急抱〻出盖添女近日學乖余讀文彼則隨聲高唱余作字時不要拈筆塗抹雖向鬼戲亦慎防近我親抱孫心急恨其為亂紙墨也午有人來訴說串中事心甚怒無善法以處〻強抑之晚出門做韓至夜歸身甚倦

十四日晴晨起黃仁堂世兄携扇來浼余書〻見其純粹心甚遠之吹出門代人詢事午歸身倦睡許久晚向丁走軍來催以

是極句讀

晨入局辦西園年来坐閲瓶岡表作古心為之悼然
十五日晴晨入局無事只坐談北行事飯後出往鏡塘處并往鏡心齋一行心俱攝坐片刻歸理瑣事晚出門雜辦夜有客来陪之坐次誦經心未清連夜書扇之柄
十六日晴雨晩地震晨入局校未稿午会訪友往山長府上坐甚久歸近晚矣神倦極閲前記近程心
十七日晴晨入局校志心尚細蓋余所校乃節孝條以彼數十年苦節不過留姓氏於人間倘或誤筆此豈雖小挂此念不能

陳梓亭先生言種蘋數月即長人一日不能往對草木安有愧何況巾幗

不細心也晚出修書索等件至四更睡
十八日晴晨入局校至午後神倦劉丈來坐談臥片刻神稍清
晚出蒙書籍入新櫥夜深矣閱談叢山集數頁睡
十九日陰晴晨起照瑣事葛丈來合往黃秋岡同年處一吊即
到局校志見所載節烈條閱之令人起敬遂思巾幗中尚能完
其為人男子當如何始全為人乎思近妄急斂之晚出往梓郊
指示詳飲後歸蒙書籍數千卷神倦力疲 老親催睡遂入寢
二十日晴晨起先出門即入局言有近縱害急收之幾被人移

也晚令舅丈出到家一詢即往葛丈處赴壽席夜劉丈來坐許
久與談多心內話不覺已遲矣比歸余即入睡
本旬心尚恬靜進學有機請將所記十字
銘念念不忘為要此件極是
已有穩制力學以求進句為十字銘

規劝之友難得如是
好極受謗即自謗也

五月下旬記

廿一日晴晨起喉嚨痛恐舊疾復作也靜坐頃入局校志心殆浮終尚沈细晚出到王抹處一行夜閱思辨錄數頁○睡

廿二日晴晨起理瑣事堂室頗覺一清午還宅僕風掃落葉滿硯心甚厭之頃氏工不知何水滴下心大急强書之朱老之遣人來邀辭之再三來即往一行過雙抱橋防路滑轎跌一交心甚悪之夜往自怡軒徹明記談許久聽劉蘅之丈論氣質

廿三日晴晨入局見昇之來默察之○踐昨夜約也言動無縱環

听之子也早镑旬阻
児于疑年

稟後有

人疑焉余憯笑之作来知集肯察余遍否晚出门夜阅文数
遍目疲止
廿四日晴晨起多驰思入局静坐须校志心尚细作文动有少
从处觉即持之晚往前衢恐雨步急比归汗涔涔下坐许久心
稍敛阅卷正类编睡
廿五日晴晨阅卷正数编数页入局午出剥郑并抱添儿剥郑
多烦力身甚倦往镜心轩供中丞图来催之归又有客来坐
至三鼓后去

諡以少孝為哭
人則果耳非俗所

廿六日晴晨入局校志心緒急午出即往鏡心軒晚歸理雜事
夜讀文數過心尚洽
廿七日晴晨起還字債數主入局校志神多倦晚到軒并往總
督後五二鼓後歸
廿八日晴夜有小雨晨起磨墨畫往局飯後往果兒坊要事歸
憊極仕賢之畫又來言予盡心據理言之不曉心甚急久久久
之力辭歸葛文來坐欲去復來以三故歸甚矣俗見累人如是
如是吾其奈之何哉

之人下

能果人也

可惜

可惜

人皆讀論見書先將

仿鎮靜是微學養

錯此字

廿九日晴發明往育德院應正誼書院考課見人已陸續交卷出遂易

初心為題作子曰君子易事而難說全章詩風帶潮聲枕簟涼

得涼字晚閱蕭印芳所作已四枝漸完澈李日多疑寃

三十日晴晨起有客來午入局所聞皆奇事心甚悔之蓋余之

遺已料到此所恨無學無識臨境易為搖惑矣自錯誤而且誤

人悔之何及摩居終日一章而轉思之聖人之言真如讖語無

不立驗四書不讀真愚人也晚出看教諭如睡翀

用伯校前為察句間為幸　劉是不數

有檢制先以讀書觀理乃修居又不削

思得着踏實了此後便須踏實

弟親見如是

拜服拜服

六月初旬筆記

初吉日晴晨起神頗爽。盥漱畢詣神前祖龕前上香，行儀坐頃思平日所作皆非踏實工夫，不覺星然有難安之念。入局見聚訟紛紛，余卻有爾動我靜之意。（見出養）午後出往本境禁香，月例也。往軒蔡怙翁未言事。嗟夫，世人以功名為可恃，且於我為可護，功名也少恃之物，而我也結護人之人哉。（不錯）（似有語病）力破此議，犹導也。心許久，繼去，心甚悶悶。晚往軒上來，心更悶悶，復出門，二鼓歸。鄧表來，擒說毛子本年所施之歸甚好，並言余之保薦不錯，心

不失同約之誼
其兄之返所規之難
安得益友常在側甚
矣自檢之難也
凡一食一物皆存此心則於
情而存者矣

甚安焉
初二日晴午後小雷雨晨起心急有煩言入局校志心尚細比
諸友到多談書院事心厭之見其言有少從即陽渠即止
焉遇善人觀此人所以難得也晚歸劉醫來為內子深究診脉
印出前街檢藥回與黃生談許久臨去防較職催之去余將讀
文焉
初三日晴晨入局心靜神清爽快無比想此間房舍如係余居
則我父我母我妻我子皆不俱樂家中苦熱而我獨來涼間心

此係正情心似所私意有間○
不踏
得要仁長之言
拙見其大

真過不去頃復思之此余之私意也急除之校志十餘頁目睏
睏晚歸劍侯因內來惟影之來到坐談閒棋以期日多虛談無
實乃商評久無定規各散歸余閱文數頁乃睡
初四日晴晨閱景山探來起與之坐詢近況聞已行醫知其有
生計心喜之又恐已年輕閱歷尚淺謹慎為貴勿墮祖父聲譽入
局後日較去來壹念不過六七頁眾以為多余以為少也人生
百年有多少福分明於則居庸食豐度支庫款備不用心盡力
此心安和晚出閱日記夜閱文數篇睡

好極

談則談矣何幸之有未免口中有肯軒 此評何謂偏

安得居不人意但求無愧我心是

初五日晴晨起刘丈来坐談去即入局頭痛且眩想是傷暑也

午後涼少愈与諸友談余所果根昭彰悚動之意致截是謔談

也張章甫軒未来渠於主座将以丈余為腐論矣下午鼎三来坐

談令出余往軒至二鼓歸

初六日晴晨有客来言下心大急入局晚出有他人至幹至四

鼓後歸頭痛神疲其人尚未滿意

初七日晴晨有客来説至入局晚出往刘丈处坐談　嚴往依

歸来門至四鼓歸

良友之言敢不敬服

初八日晴晨客來坐許久去入局晚出書扇二柄又出門至四鼓歸他人多欺妄我而數日來之累吾心亦甚矣易曰君子作事謀始大哉言也吾深信之乃知勢不行矣

初九日晴起遲多倦容入局校志神甚昏有舒語吾字近俗勸臨帖善言也謹記之晚出心無十分雜念黃生來坐許久去倦甚臥萬丈來起坐片時歸即睡

初十日晴晨起遲入局神多倦異之來初有檢斗伐閱其與人言多強發心不謹適以渠係同鄉不能不記之以規之也然而

余責人明而自責闇矣諒吾二老有閲余之過失而記之以相
規也畏友不當如是耶晚出多與孫兒讀夜本文來坐許久去
讀字無讀學
本日外又雖頻心多御有檢制漸進之機也
惟同約規過更以直言爲切
本日談心密亦有見涵蓄處功進以漸業
期于恆幸加勉乎
本日有內返心修身可行其忱恕乎

教念識之

六月中旬記

十一日晴晨起神近倦入局見落卷檢收之校志心尚靜午後見數人甚好事嘖有煩言心厭薄之又許久閱人指畢報爲下愚之書固言非吾儒所可閱心甚不平移出來與論轉念贊極遂止晚出往辛丁草堂繳旬記歸頗早理瑣事至三鼓後睡

十二日晴午後雷小雨晨起見添兒全身热世濡心未安往劉醫處請之來入局午即出在家坐看莽理雜事心多急放不下也晚劉醫來又爲之商藥夜睡頗遲

念凡是謹記之
彼此對勘可以見孝

十三日晴下午微雷晚陰數點雨炎暑逼人如是如是節嗜慾薄滋味古人所以慎疾於初也本日晨入局頭微痛神逾倦傷暑似矣校志多謬擬晚出閑係兒尚未大痊心繫之夜伺其睡心始放余之所愛如是吾親之愛余不如是乎長而漸忘之已謹記之

十四日晴午小雷雨晨入局心終未安校志無精神午後出候鑒泉在家理訟瑣事心煩晚神不支睡夜多起

十五日晴夜雨晨起工夫如儀多在家看係兒心甚急午後姊

閱已此前見有同心
愛我者於是之其
敢不自愛乎
是應送不應送宜[illegible]自參
之
慈命謝下界上三字宜遵
下三字可厭遵護之例俱覺
宜遵不覺可厭

表未題往鏡心齋請符來伺未即歸晚誦經二遍二鼓後睡
十六日晴晨入局心稍清見其三有抄[illegible]晚出閱濤兒
仍未痊心大急往林醫處未遇往黃先生處閱其子之病往盧醫
處一問歸坐次心煩悶三更後睡不成寐
十七日晴晨到局隨眾往周護院處匡遂行未見歸在家理雜事
心焦炊給難夜多煩悶心睡多不成眠
十八日晴晨起理雜事後入局午倦去臥頃晚出查濤兒稍痊
心漸放夜接 奎宿如侃嵩丈來坐次去 慈命謝下界瑣碎
文夏下

形視神又倦甚
十九日晴竟日在家上半日還手債下半日理瑣事晚出門雜
幹夜觀鑑數頁念涼睡去本日心迹雜
二十日晴晨陪陪客入局有泛後晚出多雜事夜往自怡軒徽
勾記本日欠讀書
檢制視前為疏
尚有省察但少着實用功處
當評極是

果然可喜

凡事皆真如此
遲者人無不適行無愧之
路者也

六月下旬記

廿一日午後雨晨起早雜幹後即入局鎮日校志無懈心亦無隋容心私喜之晚出神倦閒覩串中有來訴事者惜其人未讀書也余因默斷之曰愚好自用賤好自專僕妾原不足責近之不孫遠之則怨在渠未免自招夜閱鑑數頁目酸澀遂舍之臥頃不覺睡去

廿二日晴夜數點雨晨入局反覆校對竟日不敢懈衆嗤余怕鬼非也亦行吾心之所安而已晚出往鏡心軒拜 神誕飲福

更有畏而不爲激而不奮者何也

亦係體之一

歸夜畏熱多不成寐

廿三日午後數點雨晨起俱雜事巳入晌晚出往王妹一行歸夜坐頃因思爲善有畏而始行惡根終伏而未斷爲學有激而始奮志氣雖銳而不堅致知力行二者不可缺也葛劉二丈所議條規甚善蓋前日所爲多託諸空言今日所爲方可徵諸實事也閱鑑數頁睡

廿四日陰晨起身見冷穿衣後理雜件多强持巳入晌飯後甚不支乏倦歸臥頃睡極熟比醒天巳傍晚往劉丈處祝壽席散

此節責植兄敢兄弟
何能及

葛丈出所擬考過格較昨妥甚心竊喜之夫聖人不外人倫人
至以此為格極切近極平常事也天下惟非人始不知五倫也
蜂知翼戴何嘗無君臣也羊能跪乳何嘗無父子也蟻而聚族
何嘗無兄弟也雁不易配何嘗無夫婦也鶯每呼群何嘗無朋
友也乃以人而不如之乎可以吾人而不如之乎根本不立未
聞枝葉能生也根本既固未有枝葉不茂也則葛丈此舉可謂知
本矣謹記之與葛丈同記之且留為吾子吾孫觀之始知余之
不流為十分之下等者幸有良友之時為規勸也余之十分

時存志外鮮大異

分亮至於不篤也，皆余之自暴自棄也。無良友之規勸，是暴棄就乃說也。有良友而暴棄其規勸，無所施也。至於良友之規勸無所施，而余之暴棄，猶自以為乃說，是余之自視不如禽蟲魚鳥矣也，可不自勉哉。

廿五日晴。晨入局，心尚靜，校志頗細心。晚出，往蔥丈處一行，即歸。多陪客，未寫字，有爽約之過。夜磨墨盡五三鼓，後睡，心急

廿六日晴。晨往正誼書院投考，題：君子謀道不謀食。全章詩：秋在梧桐疎處多，得秋字。鎮日構思頗疲，晚開門後，隨出改書之

終不堪貪甚矣逐日之案牘作也奈何奈何三更後撤之歸卧

就寢

廿七日晴晨起頭脹强理訟牒事入局校志尚未完晚出書考

過格一張目甚眩字多不停匀心緒急夜坐聽門外小兒環

坐乘涼褻語粗言不堪入耳閉門出印羣散去心緒靜閱鑑數

頁睡

廿八日晴晨起有人來訴事靜聽之入局校志候縣丞未來晚

往看水井要路收川往縣丞處途遇列世兄問其舅不在家未訪

丈人遵仪论未尽
可恶

之夜归阅正谊堂集数页睡
廿九日晴晨入局校志阅省怀论节孝列女可憑不可憑处近
校牍散心躁不肆之文格局甚大心粉乱半往往精处屡见倚
买物晚出往来无端侘傺夜归多陪客
有振作气课心亦废
精细处固不可缺宜进以广大为纲

七月上旬記

初一日晴日食晨上朱為儀理瑣事心雜入局身倦多臥坐有縱談下午往鏡心軒即歸夜誦經心尚斂閱正誼集頗有○味本日大過一因勸慈親食失懽顯過二縱言縱髓叢過曠功

初二日小風雨起遲過已還字債午出浴城北之入仙居並出門晚纔歸夜閱正誼○集心浮本日顯過惰慢箕踞傲過有妄念叢過訃席爽約作字潦草

初三日風雨起早陪客有厭心須出門入局阻雨與孟世琳閱

你能責己然見學者

本無闌[illegible]文字心瓶不

安心改本句猶呆

似誤

趁時各卷午後與贊爲讀時事頗有得晚出閱文數篇睡本日

大過嚴移水缸余未能代叢過瞞功

初四日晴晨興拂埽各室心未靜葛丈來交角記此須去入局

有得任衆友諧謔聽之愧甚蓋余平日無學問少用功一朝偉

獲宜受人之揶揄也校志心甚雜夜歸刘葛二丈來補昨宵之

約多談文比去心尚爽本日叢過瞞功

初五日晴晨入局午公刘曾二丈往謁山長承諭用功宜按日

按課一定不移始有見效謹記之歸步近趨晚復出门夜閱日

閱後師生終須復讀書
之名字是
緩之識是

記心俱已散本日題過趙瀫一叢過有詐語
初六日晴晨往拜韓謝芳未見歸時到王小梅處祝其外姻母壽
領黄格交嚴親閱入闈校志午黄生來見其言行皆有未當
處不書不忍言之不便心甚煩晚出門雜幹有怒心夜劉丈來
商有私發孫材之入余勸其宜緩勿急恐致擇之未精也頃讀
書理與與會葉兄來言事到遂去余與葉坐至三鼓後睡本日
大過子職上不可勝數
初七日晴晨黄生來言文有自是處不便責之以心絕不甚頃訪
文夏午

棗從齋

癢醫相左遂入舍收心放縱漸斂晚出門依幹夜復出門心動
閱書數節睡本日大過於夫道未盡完題過小又叢過睡功

初八日晴晨往玉妹處言事入舍校書心清午有閒談晚出門
有妄思夜閱文心欠沉細本日題過多言叢過睡功弛甚

初九日晴小雨晨往祝玉妹丈即入舍心清午有雜言急斂之
晚到蒙兄處坐歸出門心急夜卸表棣來與之言乃有情欠和
過細之來伺門去四段神倦不支心厭之閱竣喬集○初有倦過
缺頁心復煩閱本日下半日心甚煩雜多叢過不盡錄

初十日情晨起身甚病强持〻理瑣事即入局收到抹文處閱其昨夜服石膏心頗覺閒矣今日稍愈心始放午往葵兄處拜其會母陰壽到局眼甚發悶與衆友坐有失言心茫〻無所主皆係事之累未能去諸懷也晚出门頃歸夜多游思閱書讀文俱無心得處本日顯過 行路復鬪有议人非處 書過 煩言浪體

隱過 胸愛多疑

檢察嚴密責不厚餘不勝數怒殘覺默人

所記比從前較密總此檢之可底于純

循

省王有實心是謀功澈察候也但須改
之為貴
稱呼用文字最善似把左足子肩隨列也至
人稱謂者到其中門約中务用寸字未免為習
俗所發其之太过懷鄙意均宜易之實之
諸君以為然否

自把握幸哉

忠係　文忠公旋梓付葉李翁所謂句匕矣云校限則語意不合矣

七月中旬記

十一日晴晚雷電風雨晨在家理雜件心泛入局近午心靜聽諸友閑談多仙佛怪異事心戕爲之移強鎮之晚出坐頃卽往赴約阻雨不果行早睡本日頭過对人有淋語叢過癖讀作

十二日陰雨起遲樸甸記託葛丈代繳卽入局諸友談朕內心甚愛之晚輓林文忠云郊原雨足雲歸岫臺閣風清月在天何等冠冕何等渾脫至千秋青史[illegible]公論天下蒼生惜此人則儀中艾詞遒有慨焉午校志有馳思處衆有縱言晚出步近急夜

讀文有怠心本日既過二題過二大過不能服勞奉養

十三日雨起早有依幹入局校志尚有佃檢午出往拜壽兄壽有拍留席力卻之歸神極憊身畏冷即睡比醒已三鼓矣神仍倦復睡本日大過多縱子与內子爭是非

十四日陰夜雨晨起多瑣事心急須往郎老伯處祝壽入局校志心甚焦午後神倦臥頃非往赴壽席恐食傷脾蓄數日來多不爽快也途中止晚往王特文処見其已痊心遂安夜讀文無意味書扇四柄已三鼓矣頭痛睡本日大過不能服勞奉養

檢察義無不檢察恕乎
獨細矣

十五日陰晨起上香如常入向心斂舉動頗自持諸友有識余吃素者不与辯彼豈知余不知戒殺少為余學佛也午出依幹晚有表弟來訴兄其始聽之繼尋其間難之終勸之總不入甚矣予之不足以動人也斯言胡為不入哉甚矣予之未曾反己也斯人胡為敢來哉予与兄弟此功未经考察於心為易也此後宜细参之夜心雜未誦经未讀書只寫素箋三葉而已本遏

五校服勞事養承欢上俱違於兄弟未曾细参致人来訴我

十六日晴晨入向棲參題祆民如承大祭五左邦無怨詞喜雨

志平氏以时字見題以心尚斂沈思竟日尚欠末之股晚出鞍
廷之蔣刪改與嚴親歸忽大吐心大驚急以姜湯服之三鼓始
稍平出謝勞書之四鼓完瀲李自顛過二轅言大過一生平孔
十七日晴起遲即入局神倦甚午出收到自怡軒疑菊史不用
易話題也閱其念佳作純此坐飲歸理瑣事晚出門夜歸與王
椿談家事飲即睡李自院過有過廬
十八日晴晨起理雜事午後燒紙衣心殷激晚請親友飲餞餘
夜理雜事倦甚即睡蒙兄來坐許久去比睡已三鼓不止李回

棨人兼齋集己

敗過多，脱體盡過，負的大過，服勞未至。

十九日　晴。晨起作雜事，斂清還入局，校志完。朱霞荔丹來坐，閑聽其言多諧刺，娓娓不倦。省於吾心，甚笑之。可知人未遇勝我之人，不免自為得意。一旦棋逢勝手，則安得不望風而降。凡事皆然，何止言論。晚出作字數行。夜閱日記，睡早。日頃過。手服

二十日　晴。晨起理雜事，心急入局，心尚清。午會施文傳、陳瀚秋處一行。訪何翊文不遇。歸校志數頁，心尚細。晚蕭鼐叢見馮文到高等學，心青之。歸即往直刻之。夜劉文來坐許久，去。心甚暢。

睡矣卿表未坐也雞鳴去並肅家了也比入寢神亦不支幸日

叢過多言涯倖訊友

考過歷歷力求寡過可也

欲寡未能考過之心也更宜參理以觀其大

兩辟均當

同約之中理名居官

雅反

七月下旬記

念一日晴早起理雜件多從體入局見超等卷卷皆肯讀多用功之文心甚愧服午有多言處聞县三阻我即斂之晚出訪何翊卿不遇心悶悶夜往自怡軒繳旬記無讀書言多無味二鼓歸修整書案睡本日大過詳於格頭過失言叢過有議友

念二日晴起稍遲神仍倦葛文來坐頃入局竟日有特晚往即六雜處未遇攜物交葛回雜心始清一事夜閱旬記至葛記心大驚急評評然言太過矣讀文數過心未洽本日大過詳於格

養生之道固宜爾是

得法

以兩日[illegible]過手柳未詳手

悔過　有雜思有怨心　頗過　言欠和

念三日　晴　晨理積事心雜　入局　有請午後出往祝伯母壽留席

詭言謝之蓋心不甚爽不該飲也　本日言動尚無[illegible]但神甚倦

夜讀文少得心處

念四日　晴　晨入局校志許久　閱德鄰後亡友被迷魂設命共查

其由皆自召也　余因自作孽不多語有訊吾好議論不當之辯

付之以笑　午後隨眾友往觀武世[illegible]壽留席五[illegible]之後歸　言動稍知

自檢不覺其未和如何多也

有自覺便當就此用功

念五日晴晨起默省近日來居心轉不善從前之真應事轉不及從前之當心甚驚入局謹持之不敢縱晚出鄒表來坐許久波兄來久坐許久去本日叢過多怠惰曠功

念六日晴黎明有客來訴事即起頃陸續客來陪許久入局飯後出復陪客午後見波兄未來遂出門要幹晚善兄仝葛兄攜卷來閱其名則子猷也力謝之鄧生來坐許久去黃生來商文許久乃去倦極即睡本日頗過偽言叢過曠功

念七日晴晚小雨晨起頗遲即入局為與魏老之洵仝謁房師

凡題特須平心以參理有不
至于肆所謂春戰爲不輕
易也

也是未來雖兩復後到遂相左午後多倦室隱漸疼臥頃少差
想是炊力所致也晚出有怒心閒言之礙也靜想之氣平夜讀
文數過睡本日犯過惱怒數過忿情平倂
廿八日晴晨起檢雜件理瑣事心頗從容入局對志已刻出撲
糊缺頁已多未刻者殊繁不可究目反覆細檢心煩急頗立定
主意令刻而於稿與原書殊意合遂於之晚出門雜幹到夜方
清此心雜矣本日犯過心雜多急數過言未當
廿九日晴晨八句午往劉房師出館一候下午往朱紫坊收到

王宅一候閔王生不入試詢其來歷大房境況心急行往催其
入且被其見之述也歸已晚矣　慈命往王姨　行問其肯定
即往探之歸之更矣身倦腳痛不能行折文閱數過為心難目倦
悭本日閱過思心二次跌過多言書過有矜心爽約
檢過所宜求補過之功
所記必常再求振作精神可也
謹小慎微本質也加之充擴則更佳矣

當求所以能感

審此節若能有學問仍能釋然此時之心可謂入道矣

八月初旬筆記

初吉日晴晨起脾痛復臥頃往王生處一行往王妹處言事并往黃表叔處祝壽言動有拙●歸脾仍痛臥頃起拜 先祖忌辰午後强出门要幹也晚邹表来與言多不合蓋彼封於俗余不能感以诚也夜姝丈来言事蓉兄来言事心雜二鼓後復出门閒一事心怒不明則吾之累犹小而人之被诬實大明之則吾之招怨既深而彼則受虧不淺轉念閒遂有小不忍三字在心○遂釋然○北歸 嚴親已回矣談至四鼓後睡本日既過見上

文履下

有功世道

見人是非若能不形辭色藉以內省便是用功不必要過也

不往是公理便是通權如不公理便是徇私意此處宜辨○吾兄依乎最多可通為上

初二日晴晨起偏身并脾痛靜坐頃卯姪來坐頃去不能與之談復入睡午後起往書院一探詩卷已全數完課矣心甚悔之○往瑩兄處赴飲席間見詩友多褒詞殆不敢和○轉念不如阻之遂乘机以正言挽之○歸已掌灯時遂往黃生館并王姝處一行部署歸是夜心多煩雜本日大過一因微疾貽親憂顯過縱體叢過見人多非是處況過見工

初三日晴黎明睡醒擬往送湯轉念不如勿往也復就枕巳刻起神仍倦遂入局晚出閱本日　司命誕尚未供心急聞江僕

稟復齋

家君俯原令人起敬章吾若
承之勿耗思也要使人愛忠厚
之賜且不敢忘其師訓之心中
大費盤錯勉之

已買物來心遂安見滿棗皆樣葉遂拂拭之閃内子尚未飧遂
棲宽代抱之閒棵妝説南臺少心大怒且急蓋吾親素以忠厚
待人〇每惜人之廉恥〇果恬隨其術中并恐其別有枝節也行坐
多欠從容吹剡葛二同仍來氣從口出不覺訴之心誠忘忘二
故 嚴親歸心遂安二仍去後入拜 司命誕心尚敬須便出
门至四鼓歸本日既過題過見上
初四日晴晨心多雜入局午後往親友看文晚歸見黄生文嗷
合作心尚喜夜讀文數遍睡本日既過見上題過有微倖

第自入約之後多為家人争口以彼許為多不中節也及予後思之殊覺彼未嘗議其是理也心遂平但惜此意不能推諸予時見及附記於此願為兄共勉之

初五日晴晨起心緒未清入局校志至淮言多淮倅晚出赔劉約房作文往丁处一行歸多陪客夜与兩子争口因其欠细心滿兜跌在床下也看文數過心未洽本日過見工

初六日晴起遲神仍倦因昨夜遲睡也卻表来言予坐談刘約来心緒歛式为之来言予坐許久心急張表文来共接客至六人心煩甚晚急書之無夷生坐談往本丁咔堂一坐歸寫扇一柄看文十餘過睡本日多説過餘未看及

初七日晴晨起書扇一柄入局晚出间舅頭痛尚未差又阅其

信神方急往一探不及阻鬯已數半日矣心殊悶悶夜歸　嚴

親不甚爽快心復甚急本日叢過言默失宜大過奉養未周

初八日晴晨英生到門業已發勸毛霞識坐許久入局休後與

雄西出門議送太老師祭品復入局晚出門歸復往季丁忡堂

處已閱所記本日多行走神疲大過奉養失當

初九日起遲因昨夜與鄧表坐久也入局心尚靜午後皆出門

夜歸看文數遍頗合本日說過有妄思類過趨跛書過唯謹

初十日早雨小復晴晨往慶城古寺祭太老師連日辭驗有知友

之奸猾小巧處午後眾往天涯館小飲不得已也入局晚出門

歸腳後痛擬到行省客來託事坐許久力辭不免為之一行往

而吾心實不爽矣夜　嚴周飲墨庄房嘯心大驚久之方安睡

本日既過有寬人語處盡過勝功

省過極密若能參理以繼之則過自寡矣

持己處眾確有用功亦細密亦周到

愧弗及也

謹言之道得矣參理之功亦不可少

所戒誠是大凡人有疾病
揆厥所自不由不謹之于先
須知不謹躬即愚不孝方
紛附以極崮 切極當極可
怕
極也

八月中旬筆記

十一日晴夜小雨晨起心静理瑣事遂雜入局校志心斂下午好極
神倦臥頃不覺入黑甜鄉矣非謹身之道後宜戒之晚出往辛去了
丁炑堂繳自記閱鄧壯文有疑心坐許久曾蔦陸續到所談有
是非余心領之余口不能禁失之高泰切戒切記歸錄日記與
抹談許久入睡本日大過有違訓不謹疾也 阢過善癢疑過癢
叢過見上

十二日陰夜小雨晨起神欠清少睡也入局與謝老伯擬聯例

檢點極細密

知禮而失

葛評固當，但失度過小，囑人害大。若蒼年石及細辨，仍以保身為重，候質同約

劉評極是

即須由此契緊用功，勿使後日再蹈平日也 是

偶呈山長勁定心尚細氣欠和午寫柳條一幅自視慚愧不及

諸友遠甚晚與講友談多近果報事出遇儒元言許久遂逢牽

豬牛一人執其首一人執其尾其聲哀以鳴其勢怒以奔防其

噬人急避之步走失度逢似秋兒自覺赧然歸有客來坐談二

該去本日默過見上 書過 議論有粗氣未爽約

十三日晴晨理雜事心多煩入局校志尚有錯仍有失檢處由

於平日非由於一旦也晚出門為己事並代人忙夜核賬後往

自怡軒坐談歸本日說過見上 題過 多言妄斷

私有涵養之功不能如是
忙中從容却是難得
持敬之心有停歇否
何以不
觀所記之過則此日竟是
忘持矣

十四日晴晨理雜事午出門後又理瑣事竟日忙中却有從容之象○夜黄兄來坐頃去言有近矜處子刻進矣有持敬心有急心之五鼓始睡本日過俱見上

十五日晴自晨至晚俱理雜事身無停歇夜稍息劉丈來坐説其師渠翁語嘖嘖稱善甚矣此友之善承師訓也謹記之家宴至二鼓後即睡本日顯過趨飲聽說過有詭詞叢過多言失檢大過與親言有大聲呼應處

十六日晴晨入局身多倦晚出心稍靜劉丈來談許久苗丈來

[illegible]

談歡暢有云不當言而言過也當言而不言亦過共檢点周到謹
記之此去即入睡本日頗過從侍叢過多談人非處大過應親
言有欠親處代說子者未周處
十七日晴晨有客來託事力辭不許心急性急之人亦多甚故
從晚出與客往萊仙處言事未諧歸磨墨畫讀文趙過睡本日
叢過有詭詞對客談之頗過有惰容大過服勞未周
十八日晴晨接去院奏即隨衆出驗畢後屬上不驕之內詩後
天下之東而東乃西字旁之構思五四技完繳文甚附合字之

大凡受人所託有所知其無難而又不容以直言非不得不託言以謝之似不太概以詭詞論也是詭詞不得已也還以直言為是

慘怛如此勝功安在愧矣本日省過略
十九日晴起遲入局午後出偕吉坐頃往鏡心軒祝神誕頗稱
歸頃往遇剛仍坐許久始歸本日上午多昏倦晚後稍勝頗過
高聲言語叢過（訴人短長）勝功大過（息惰）定省暇務有未周
二十日晴起遲身倦腸痛入局校志午後多惰容晚出門男頭
劇尚未瘥往格才之見請羅銅坐頃待之甚哉人之愚也以父母
遺體而作遊戲之資偽託鬼神而賭自為活計甚哉知之當戒
也以聰明之人而受陰棄所惑不惜拜跪而冀徼當靈心頗

文復齋

勇氣須集義以生之

事徐君

紀之送婦思閔南閩外失火出探無實信寧心從君多勇拔後

睡奉日既過無勇氣有色心畫過縱律隊坐行動欠整大過有情功

紀議事長心

前半句頗有檢點下半句似多疎畧

屢觀數句方見有讀書窮理何也

兩評俱當奉交勉

必須決意必須嚴密是

所謂嚴密者安在

溺愛之失使初未最易者亦

最甚長

八月下旬記

廿一日陰晨起決意從今日起事事宜加嚴密入局校志遂較往日加倍但腰痛而已餘仍照常晚歸鄰表兄來談事有從容甚矣操之不密也記〻戒〻夜有游夢本日隱過心有馳思有貪顯過对客盤膝坐叢過無看書

廿二日陰小雨晨黄生來携文去有矜心入局照前晚出見添兒有溺愛處往自怡軒應約有強持處有徇衆處身口之未純也記之本日大過應約遲歸慈親心急與謝老伯談燈謎侮聖言既過見上顯過不

緘口不整肅叢過懶功怠業

廿三日陰晨多褻見喜步代親勞罪甚入局較昨略校減半怠也

午後見鐸人作字心慕之於是有字興晚出門催字者俱已數

來心厭之遂廢書之五四技指清本日大過見上叢過見上

廿四日晴晨有妄念入局多讀少校午心急神倦晚出文桂來

嗁送武試要出門辭以明早往鏡心軒遇刻仍今行到坐須歸

拜竈媽神誕有缺儀記之夜看學的二頁本日大過訊友欠規勸

恍過臨事有推諉心頭過驚騰輕唾

享復齋

仍于心上用功，或觀匯參之講解，排駁甚詳，諸易入心

廿五日晴。晨心浮，入局心煩，玩舊志典礼條所載祭丁罷儀樂舞，大有興會。午神倦，臥許久。觀肯綮作輓聯，有讔語，從此宜痛戒之。晚出，蔡兄來坐，至三鼓去。閱學的，心粗無一目，真予廣也，甚奈之何。本日過見工

廿六日晴。晨心急，以未能免俗也。入局有務無甚，縱晚往礪臣处，據弟問，案已發，往視之，見余名在末等末，心甚恥之。歸途自問，宜也。天下豈有不習練之士而戰勝，不利器之工而善事，不耕穫而豐歲，年不積聚而思富足之理乎？揣摩[illegible]功缺而在利

自問己自知

心畫乃何處此夜閱文數篇心仍粗雜今始知收放心之難也
今始知心之躬不可救也援筆記之以自勉云本日既過心有貪
大過違訓誡友
廿七日午雨晨心煩為瑣事也入局取奏并閱趣等各卷午出
門心泛晚會德鄰往祝某仙年伯大慶留席歸作字數百睡本
日大過服藥違既過有惡人叢過輕浮
廿八日終夜雨晨心泛入局午出門晚歸往王妹處之後歸身
倦怠睡本日既過多疑毀過多言叢過飲食失節

東行齋

廿九日　陰。晨起，書扇二。心急。入局，有特。午出門，晚偕怡舒商事。夜書字二付，睡。本日說過多，虛驕過，狂言叢過，說笑大過。見格

三十日　陰。晨起，心急。與內子有爭論。入局無狀。下午隨出飲醵。中有特。夜歸，心未靜。本日頭過，輕言大過，欠恢，勞叢過，懶功。

防檢自密，參理求深。

極有日省之功，尚宜加以策勵。

決意嚴密兩字，請勿忽之。

改復齋

何此想何此笑

九月初旬記

初吉日晴晨起有妄想入局後不禁自笑何其不自量也午出同約來談未酣暢多爲客擾也晚往鏡心軒伺ゝ心尚欲二坟歸腰𣹢酸即睡本日阮過見上叢過曠功

初二日陰晨起聞嚴親已往送試心大悔急擬往忽有要幹往蒙兄处心終不安遂歸丈仝往較場覓許久見嚴親喜極至上灯歸腹餒甚夜往王特一行後讀文數篇睡本日大過與爸親有違訓阮過好勝一叢過貪眠

初三日雨晨入靜心清午出門要韓下午往劉約處祝堂慶壽
跪〔最〕有失禮處行坐不自安訪舊約室過舊友兄弟往事心緒百
起不多過席散後到自怡軒坐談至二鼓後歸言有輕出處以
切戒切記本日院過忿怒愛惡貪癡恢怨詐心俱有蹤過見上步一時觸起也
叢過多院道人作
初四日降晨起心縱雜為有係多也入靜時余過中已靜定念頭
本日齋謹過諾過逢謹友開口即諾余口不言心已為之奪矣
急轉之甚費力午往鳳池書院探舊志稿見山長行動諭和語

言不正心甚蕩蕩晚出門夜與芳生坐至二鼓零多論文情無

以教之也自覺無味比去深悔悔本日顯過有謔詞叢過勝幼

初五日晴晨起理積事往下處坐極完要也比到見其父子兄

弟有和氣無戾形心喜甚午歸煩入局腰痛甚晚出閱日記心

尚斂本日顯過縱體

初六日晴晨起多語客心雜入局午出往劉老師一候口音未

清與世之談有失禮處想正須入局晚出門爲親友幹事頗多

心粘無夜讀文數遍睡本日既過妄念叢過輕浮大過訊友

初七日晴晨皆陪客心烦入局校志心静晚出往王孫双一詞并往卿表杞处一探访剑士不遇访葛士值识祝天官诞之与马夜归录书许久读文数遍即睡本日書過言人紀处

初八日陰雨早起出门午攤文心难敛力不足以济之夜心多烦息本日改過見之書過輕浮

初九日雨陰晨起陪客倦午出门夜与葛诗坐吹终日昏闷

初十日陰晨心雜入局心仍烦晚出门夜歸倦甚本日書過多言題過縱肆

檢察仍密

既知察過尤宜與緊用功

當評極是

弟已多所对友失且
觀閲不如何

是否宜有恒

九月中旬日課

十一日陰晨起慾泛入局精神不振午出门步急心雜晚由自怡軒往辛丁艸堂應約共约本日起讀書謹誌之以自課本日大過慾未用遏赤查房之条掃備聽婦言多用錢隐過有讥友心起

十二日晴晨理瑣事入局校志有强打精神處晚往探男病有打夜讀楊椒山公集。十罪五奸疏。精神明爽。大有興會。至三更睡本日善過起宜未夯

十三日晴晨心泛入局有求靜心默驗之仍未靜晚出门访人

何以思夢

悲心何太過

此處自己看出了亦甫令々乎亦晚了後似不必事求思也

是

未遑收晤葛文士旋歸黃生來論甚久々閒存書叢即煩查々

心大不樂旋悔已又旋忽甚又旋思之美無實身處長矣計之

不早也宜矣私之難除也無用功而終日意難矣無用功亦甚

乎之如吾意不難予能截來日收過非身易言收過偷惰意大

過奉壽丰同叢過者思夢

十四日晴晨起心煩往章丁炸堂坐旋到向午後出門雜幹夜

今卯出門本日大過見格叢過多言既過心煩悶

十五日晴晨往視林年伯壽并出門雜幹旋入向午後拜　文

公誕飲福後偕出门本日叢過多忙迫脱過有怠心有急惱心

頭過有傷言大過見格

十六日晴晨起心浮接書談奏疏仿子曰可与共學全章詩英辭

潤金石後辭字畫日構思有好奇心至晚始定三更完澂後知

成物奈何本日大過見格叢過徑倖

十七日晴晨神倦入局弃視黄表姊壽晚出门夜讀文未专心

本日頭過失言叢過怠惰

十八日晴晨浮浮搖心也昏昏搖神也入局玉晚尚去惰心夜

讀書未曾　剛不失于
怪弟失于惰也

讀文數過總是心目本自顛過急步浮過夜有愁問心煩

十九日晴晨讀文心未洽入晌午出往探易慕才心為動坐久之

晚歸書院對擬訪劉伯已今葛伯到矣坐談間說聿經而葛伯

看得極是心服之言讀書余未曾行焉如何如何本自浮過有

煩悶心躁過有失言叢過粗略忍浮

二十日晴晨讀文心未洽入晌書自有持晚出門夜往小排管屯

三鼓始歸憊甚用作睡本自浮過有甚急心有急怒心俱夜起　生來

叢過待人欠忠念頭遲惡

讀書以窮理力行以齊己二者本加意焉能於切近處檢察須進以窮源之本方不失之演

慕後齋

心雜制之最難制之未有不復起也然愈制愈起愈起愈制即是皆數之功行之久似可動難而見易　此語見大意

有得之評

九竅自當檢與先須知理心

九月下旬日課

廿一日晴晨閱文數過心漸雜入局竟日皆校志少言亦少失

晚往自怡軒繳旬記手足無靜時（亦似有日是）心口多浮氣歸已二鼓有餘

靜坐看盧人童經無見解遂入睡枕上自思總是心未收神不

足之病本日頭過見上叢過有激言有忿氣

廿二日晴晨赴黄生来商事决以一言未達細釋之始去入局

多閱書心或洽或不洽無定时晚出门代人言事不济心頗為

生厭夜歸多陪客俱長輩言無失辭多從近日来檢點轉遜穩

前不自覺也劉約昨宵已去矣幸良友不棄常記之本日大過見格既過頭過見上叢過勝功急志

廿三日陰小雨晨看文容來中正遂入局檢李文貞集閱之午後神彫倦心之漸難晚出理瑣事蘭兄來張袁來坐至二鼓後

本日頭過多言失言叢過輕浮既過喜譽偏惡

廿四日晴起遲肝動卵黄々生來坐須入局自省言動多未純強攝之仍時流露於不自覺之間晚出王親來商可惡風應之識不及也夜劉葛々約來坐比去看富與貴是人之所欲章此

章似宜提中節為主，非為君子不求仁，求仁不外遏欲存理陸

緣書謂其初先打破富貴貧賤關，其終在打破忙閑生死關，最

合首節是工夫入手處，於二不字認取，中節是勘實念頭處，於

惡乎句把定，末節是保養全體處，於二必字挽喫緊，末卻是吾

牿己之本，日叢過見上

廿五日，陰。晨理雜事，入局，有倦容。晚出，心焦，往探親串病，閱其

家話，許蔡噌平庚氣溢，心大驚，怦怦然動，坐許久，再三勸解之，

始歸，已三鼓矣。睡有悸，夢本日頭過將詞，倦臥叢過，勝功大過

文又下

所見不錯，此等工夫在二不字，一字字亦

字由求仁以至不違仁，絲毫不容鬆放

首節二不字可味見富貴貧賤乃人生第一要

之關，惡若不大段著力，安去使不在中節語

中節所以為君子擇其名便見在中有實

仁字非一貫字，便見仁乃自己有的方育

着落末節貴體一家字是一層追一

層語語末回環循環相生最妙

洞徹是

味首節可與則善斷之，不承之味中

節可與不求仁斷之，不與人味末節可與

作縱斷之無功助

見格

廿六日晴晨書扇心欠細對客有詭言入扃上午多作字下午出门晚出多陪客心且雜本日大過見格叢過臃動

廿七日晴晨理雜事入扃尚靜午出门心雜體驗晚出往候何卿丈壽登席歸出门心泛夜閱子張問明節不甚了了本日大過見格叢過行坐欠耗重語言欠莊敬

廿八日雨晨起取前書復閱之見此章遠字當體認未詳不蔽於近四字明字是答子張所問之目遠字是破子張言中之意

是是

此章所言正即遠句分兩層俗說皆用倒作解說只是可謂明也已矣句下直接可謂遠也已矣但味詩中其辭繁而不殺所以致丁寧之意形容神正在複敘處耳

此章說教主說功夫步須對其政所不行處在居敬窮理方合天下歸動而以天下不若靜而御其心意

可謂遠也已矣與雖百世可知也一樣此氣下不行二字似即不逆億先覺之說子張意至高遠重人教以明即是遠即近思（此非之外更有遠）切問之功也枯錄之以質因約入局竟日無懈晚往探男病坐閒心甚直夜點小學集解心未靜伺莫之的披睡半日叢過計利勝功

廿九日晴起遲神倦多陪客有厭心入局午出探孀嬸病甚可憫也坐許久慰解之而已恨力不足爲目前之憫恤之復入局晚求理雜事夜與利侄坐三更去即睡本日大過見格叢過

文夏齋

多言有彩

制外即所以養中。然亦有外貌端莊，而内心傲慢者。以兄之質，似制外較易，制内較難，須刻刻一哭熏，仍不外於一敬字，以主之，勿畏難而節

如則自有進境矣

葛評切實中病，幸佩之

葛評精當，刻刻于心上用工夫，甚見學養

享衍齋

十月初旬日課

初一日晴晨理瑣事心煩入局午出门心雜氣動夜诵 經心未斂本日顛過跛倚翹叢過勝功

初二日晴晨起至晚俱勞力事夜葛曾二约到强與坐谈神極疲比去入飯睡夜半忽大吐本日說過多煩處顛過有傲言多忿氣叢過勝功大過見格

初三日晴晨 慈親臂少愈心稍安入局午出门代人言乃晚歸見內子以枕掐脾痛 慈親尚未飯 嚴親猶未歸添兜㦸

善體親心

乳啼心煩急不可言狀左抱兒右手作了四鼓身實不支矣就寢腰痛而甩本日題過多言既過自態叢過勝功大過見格

初四日晴黎明起頭理批了比入向心未免不入向又拂慈親意○午歸一探○復去心稍平晚出門夜復理瑣了多陪客本日題過詭言浮談既過輕惡人叢過勝功大過見格

初五日陰夜微雷電晨理瑣了默誦文心動入向午出探孀嬬病細查之損也靜詢之皆由七情來也貧病相尋不採之心未過採之心念過不去思及此煩甚晚歸陪客本日題過急步

高聲阮過　妄念叢過　曠功大過　兒格

初六日陰雨。晨倦不能起，客來訪，乃強起，心厭之，體有縱處。入局尚無情實。夜劉洵來坐，頃客來，令出門，比歸三鼓矣。本日大過兒格，阮過計利心顯過兒工，叢過與人言多欠遜檢。

初七日晴。晨理瑣事，入局心尚細，午往黃表處，責其不讀書，雖奉嚴訓而行，言有未得侍處，回思悔之晚矣。晚歸探舅病，心動甚，悟及表弟妹只以小心伺候四字書之，餘無言，不無可言也。環思親阮眷開手之來，線盡心料比之矣，奈何奈何。夜閱日記

心有所繫未細閱且起炊本日叢過　兄上

初八日晴晨起客來坐入局將去年閏巳舟後多近狂心竊笑之諸君才勸之余不及遠也下午秋紋無失言夜歸閱我不孜人之加訕我章無心得本日叢過　訊友心起

初九日晴夜風晨起理瑣事入局即出代人成事至夜方歸本日說過　惡人計利戲人瑣屑叢過　議人非大過　見格瑣過　聯倖

初十日晴晨起理瑣事入局午出門心未靜晚探渴病心稍安夜復閱我不孜人章心粗浮未洽本心叢過　喜譽

享復齋

檢摩入微宜參大手

傳云見惡如農夫之務去草既解覺

察焉不肯除

尚少讀書与弟同病

敬復齋

清明之氣何在

十月中旬日課

十一日晴晨理瑣事有妄念入局有損午後与林之兄談聞其所經凡十一省隨在名勝言之最詳心境為之一爽夜易兄請酒席間之有損二妓往年下帖堂赴約坐許久祇談題圖無意味夜睡不着默計舊債數日來少清一半心為一快本日大過見格悅過見工

十二日晴晨理雜事心急入局心馳午往說何老伯壽順往外館一探見其老少俱無恙心少喜晚赴席晤林同年一語近讒

悔吝悔入理因知是
當以持重為本
被字似未安

此等心人所應有何自云
過是 修中節爲請
自參之

即被悔盖持之不力也今刻葛到自怡軒坐許久論議正一層
兩層工夫有悟歸已三鼓奉閱添兒被上 嚴親跌下心動入視
之無傷也然吾親已受驚不小矣因悔歸家過遲不能服勞罪
鼓也後許久入睡本日大過見格 叢過見上
十三日晴晨理雜務入肉心俱有猶晚出門心雜夜往探甥恙
見其内症稍愈外症不減心為悶悶坐至二鼓歸身倦畏寒息
入睡本日大過見格晚過見不肯戚房有怒心閲人訴多有忿心 叢過喜譽厭託
十四日晴晨讀文心静理瑣務入肉午出門雜幹晚歸心俱雜

尚當友宜無負

程謹之先也

周到處不可及

且馳夜讀文少有日本日與過氣粗言急步趨叢過急了了

十五日晴晨理瑣事舊約來復言識字畫并勸余好讀書會友

也與客坐許久理訖事竟日無閒身無靜心佐兄也夜磨墨盡

作三四次至三更纔安讀文無心日本日與過縱倖叢過多忘持

十六日晨起即入書院府課題人道敏政至為政在人詩千月

以恭梅蔭從乃恭字謝友託代接詳見之及中丞親點不誠工又

恐負約寫之畢鄰謝君命白不宜心懷急見題后閱責世弊說

中丞查余品學并說前課文心一時無乙字意會之又閱飯後

或復下

吾见过人处即在此

蓋戳心急趕首請諸之心識未悟此究已三年矣刻意求新奈
娛母而求学而施舍形只魂已存日叢過粗率大過只格既過
喜譽好名
十七日晴晨起遲心不爽入向心尚持午何润翁来坐許久去
夢石肯曹来议赌榜要往天涯銀小玛余不肯又特訛余為税有貴
格遲諸之夜歸復要余往看新人余不從之遲歸甚受侮兇多
而忘精之不少矣夜葛沔来談文坐頃刻去本日既過私喜譽
過言有近移处

葉役齋

可惜　其幾已動　惜未修行

十八日晴晨有人來言事坐甚久入齋心殊清午忽想起學問念頭心動猶有興會晚有事出門順到鍾心齋敲門許久不開興盡而返夜擬看書擬讀文俱不果多陪客也本日大過 兄格

既過心有芥蒂未清

十九日雨起遲心散入齋心殊靜而終散晚出與少皋談言事比去看思辨錄數頁心或浮或不浮未靜也夜與嚴親談近事因近日有說余於神道殊敬而淺論者予笑付之凡人之敬敬於心也能敬以身亦不以身在為敬則余能不能之神依人

凡可行乎心之所安人言莫
恤惟個閱所記未免有迂
氣處似不可不知所節也
是
是

而行也豈有老親在病而倚閭神轉以余為教乎若親即世常
而勞力神轉誤余宜避伏就雅乎天下豈有如是之神如是不
孝之鬼仍以為神況吾之敬神敬之以心余今年卅二歲神試
察吾之明知故錯無因而不可對神者有感予之不可對神者
余未嘗對人也孔子曰敬鬼神而遠之特此理不可為俗人
道也即道之亦未能詳悉即聽之亦未能洞徹也惜哉本日畫
過勝功抵過怠心大過有訊友謗議處上心
二十日陰晨起早理雜事入簡心未靜以讀多錯音也帳到黃

善于排解

袁處閲袁烺孫錫數日說買生意有礙長正道有未滿之意並
毋氏之不甚照顧心大驚疑奈眾歸人之言不可破因設法力
排眾議語余生時且有六歲去今却亦無礙但庸碌可遣遠甚
備歸往說且告之曰如能為帝王初生有償斗者如能為官
則生歲生大牙難得之晚供有子出來閱個語心尚懸之夜未安
詢來坐許久後汝余說明子狀有怨氣也心未平也知之詳而後
之難奈何來日改過有懲心有愚心蓋過忽復大過有所改之陽飾之
極窮有操心之處宜加懲忿之功

郭後齋

省察密而存養尚疏

謹小慎微敬之基也再修讀書悟理心氣遂自

和平矣此學養之功不可缺也

收此对勘方有实功

十月下旬日課

廿一日晴晨心雜入局心馳晚自怡軒應約心怡散後嘶斂劉蔔二約勸余當讀書旁引曲喻語語洞切心愧且感夜歸閱思辨録數頁畢竟心粗掩卷茫然矣本日大過過見格院過過見工叢過浮

廿二日晴晨忘掛久方覺入局緊持持閑某友昨過飲失度心駭然蓋此友係余平日防除慕者一時失檢全易舊態葛約前言質美未學四字信哉言也況余之質猶美者不學能勿懼乎

此段似是見理未徹處然無若須行之而未聞也但其以有較在也

晚往探男病心轉紛夜讀文數過睡本日陀過馳思過慮頭過
倚趋叢過徇人
廿三日晴晨心隹以理評當行而事有必不可行者往來胸中
未能丢也入局有持晚晤葛約詢余中間評記疑余有怨言實
非也然其意不便对人說出笑付之夜劉約來即去袁兄來談
事破其惑力御之時已三鼓矣睡本日大過見格叢過勝功
廿四日晴晨心清閱思辨錄入局对志心静見局友所对多錯
過思維日余心未静付其錯正復不少校書且往檢身少知矣

此種多疑何必多

用活字 是

何又遲眠

求静之方似非持敬不可持敬之方似非畏天不可姑志之于
歸 慈親出门後俱理雜事夜作字心粗腕硬本日叢過言燥
廿五日晴晨起遲探核素已發余名之低葛內高等遂信書之
益人處歸坐許久忽悟恥躬不逮輩愧甚夜劉沔來說之心之
字对偏字言遂悟诚之所係工夫甚之三條後閱思辨錄心思
洽忽不洽坐許久神散入睡本日既過趨倚叢過賬功
廿六日晴晨起神昏以昨夜少睡也竟日理瑣事毋少息身雖
倦心甚肅夜葛來坐須去讀文數編閱思辨錄數頁睡時已五

鼓矣本日叢過多言
廿七日晴晨起遲身倦作字至午後錯亂一心未靜也曇舊至
晚慈親歸夜往探壻病至三鼓回心懸無定着睡尚早本日
大過兄格悅過忿懟叢過當言不言
廿八日晴晨起有人來翹予以理勸之心精雜入局心有投魏
兄失珠卷兩本問余有攜否彼逢人問及原無心也余心大驚
余平日果有實用苦功則彼必不敢以問他人并問我何至更
有餘言耶閱粵志數頁晚出復往壻處見病甚沉重心大不安

利令智昏人所不免學者當防之
凡有物因思之而起發甚乎中無所主則此思有據物之乃不必謂之馳思

夜歸與嚴慈商至三鼓睡本日記過多憂慮煩急叢過懈功

廿九日晴晨起堅持昨夜心出門一次入局校志至陽明鄉祠修心淡久之下午聞友談某家有美婢貪厚聘嫁與五十餘歲之第七位妾心大非之因思余於此多肯行否將心細審一番頗能自信遂思此事并商遍戒眾人後將恐覺心馳久之急斂看志數頁晚出復往舅處一採心復煩歸已三鼓矣本日記過凡格頭過言贅叢過懈功

卅日晴晨心煩入局校志心斂晚出往舅處察其病實緊心煩

閩二姪得歸閩玉孫有要事復往之行歸三姪矣寒雨無寐坐

吹腫本日既過閩甥有急心見譽有憂心修兄上大過見梧叢過勝功

肯過尚密總須待事參理以為補過地

作事尚多須養正氣以制之

菓殺齋

十一月初旬日課

初吉日晴晨心煩午往探舅病睹其證實危聞其家俱云少愈心煩悶歸往祝寄母壽晚復往舅處坐至三鼓見其言笑自若神氣稍加心少安歸四鼓聞搥門聲心大驚出問之聞舅證變急趨視之已逝矣心慌手足幾無措　嚴親到始商事本日檢過蹟

初二日晴天明出西城長已皆出門竟日在舅處助喪事歸時四鼓矣精力不支即入睡本日檢過又踈

享復有

初三日晴晨出門順入局印出門妹丈有恙急視之甚要緊心煩急不可言狀午林醫來陪之坐細詢之心緒未安張表叔有事來招急往助之夜歸復往王妹处二鼓後歸本日大過 見格點過 趨叢過 多言愧過 心雜

初四日陰晨往妹處聞其親眷中有定為損證治封心大驚遂余雖不敢武斷然細詢病由乃正月下旬夜間傷風所致本月初後見音啞氣喘痰嗽諸症如果肺痿肺癰斷不如是之速彼語不詳一定要用補藥心大驚遂囑妹醫來適知余當來遂歸

訊王厝園程失火心慌少頃親友來心稍定晚往小排營夜往
王姝處二鼓餘歸本日阮過心雜多忘捍叢過手足多忙亂
初五日晴晨往王姝處行閱未忘療心煩雜往小排營代幹
事下午復王姝處陪醫夜往小排營本日阮過心俱雜無定向
初六日晴往返數次照排日情心稍安些
初七日晴竟日在小排營敘多夜往王姝處二鼓歸心雜肝氣
樣圖
痛本日檢過仍疎
初八日晴竟日在男處陪坐心緊夜往姝處心稍安本日阮過

多應顛過倚

初九日晴陰竟日在舅寓陪堂晚往梅霞心復煩夜睡不着多

馳思古人書過有礙人語

初十日晴晨入局心雜午出門到局心靜晚往梅霞心轉煩

夜代梧出門幹中心俱雜李月大過見格叢過勝功

所記多為人謀能以忠字自省否請自

猛省

享[illegible]府

見得是

十一月中旬日課

十一日晴晨往彭宅隨 勅到將軍前脾微痛思歸恐違師命强制之竟日行坐欠舒暢晚復隨 勅叱歸上灯矣刻葛二約到坐頃去即往王抹處一行心殊安腹餒吃飯畢脾復痛入睡本日恍過有不滿於人心大過見格題過小交叢過言燥

十二日〃〃晨往和卿處一坐即入局對寫本心歛午夏首達來見其度右重厚深遠之國思大凡識人都鮮觀壞快辯也晚往王抹處一行往張表處一詞始歸夜與英生談心悶之本日叢過

此心不可写

凡此皆不可不写也

問友學食話有謔語

十三日晴晨坐頂思近事因歎天生予不能為民物致太平之

當為混（戈人解少有濟今如某親某戚此尚處於萬難之際余乃不

及余心不朱尽也奈何奈何心馳久之入局心仍馳晚出心少

靜點思辨錄教員鄭表來言予心炊訪劉得往伯怡軒坐久歸

析已四鼓矣本日大過兒梧叢過有小忽

十四日陰小雨晨侯鄭表來未心急入局心滯午往梯史處今

烱伯往林醫此改方心尚細晚脾微痛夜隨嚴親往學隱前

送場歸時雖已再唱心煩睡不著本日大過 又格題過 跛叢過

有慾情應物予

十五日晴下午雨晨起腹痛濡由昨夜受涼也入局閱昨宵有

搶手被獲者不放閱又詳心他辭亂之午出身心皆不爽坐臥

不自爲晚往王姝處一行渾身雨濕歸身仍不爽本日叢過 辟

功題過 至局有失言沉過 心煩問

十六日陰晨往接書院課題 題則得之四句詩定有詠花人得

山字四路長混久用功也三枝成微卷雪風長到 歸即睡本日

叢過多忘掛說過煩悶
十七日晴晨多語客入句心尚斂○午出门至夜歸冷去睡本日
大過兒語叢過臊功
十八日晴晨入句午往王偉處晚出门夜歸病脾痛本日吃過
心多煩悶頭過言多雜健忘
十九日晴晨過字太煩到朱兄言多晚歸赴席本日多忘掛
二十日晴晨候醫種洋痘午出门夜歸心多煩厲本日大過樓
叢過臊功

亭觀齋

兩句多見敏迫宜多存以鎮之

合閲三句俱有檢以之需惜無進字

之功

葛評極是

汲古閣

十一月下旬日課

廿一日晴晨往舅處陪坐心殊悶晚脾痛歸往王沫庵一行心猶多本日顯過小交大過見格

廿二日晴晨入局心不清午往洗銀營陪醫晚往拜袁處商之夜赴辛丁林堂约坐以歸脾仍痛本日悦過心雜叢過言嗽

廿三日晴晨理瑣事午李兄來坐許久心積多往洗銀營晚歸脾仍痛本日叢過心浮雜大過見格

廿四日晴晨往洗銀營往林璧臣方來過收到曾甥處之探坐

激詞者親愛之情
所迫而為

許久仍未過閩昨夜手諭未歸也心急脾仍痛歸臥不看有要

亨利看

韓復出門本日叢過諸佚睡功大過 見格

廿五日晴晨客來言少見其人甚冒失心厭之入局午出到林

醫取方晚出往院銀貨閱據失不謹慎心急有斷詞夜歸脾很

痛且酒本日叢過 氣粗睡功

廿六日晴黎明起掃除理雜力去病坐須氣粗動恐心去爽入

局心細晚出門之後歸本日頭過言躁步趨

廿七日晴晨出門遂入局鎮日無倦容晚出門夜劉洵來坐許

久閱思辨錄數頁睡本日蹤過多倚背叢過不謹慎大過兄格
廿八日晴晨入局閱日記校志心細晚出門夜點思辨錄一卷睡本日
蹤過趨叢過有失言
廿九日晴晨理瑣事入局午出門心俱靜夜往旅表处探費商
地未遇撤再訪葛丈有客未果心亦閒本日蹤過有雜慮
大過兄格
三十日晴晨理雜事入局心頗雜後漸靜晚出往王孫處兄偕
丈偕出所心尚定夜黃生來坐許久點思辨錄睡本日蹤過心

多馳叢品過言過激大過只格

本旬餘日閒看書便知虛度本加勉焉

能讀書自能檢心幸勿作輟

十二月初旬日課

初吉日陰黎明起理雜事心煩午後稍清出门雜幹比歸已上灯矣姪表格商了坐至二枝餘力乏回即睡本日大過兒格叢過懶功頭過擦掌脫過多煩雜

初二日晴晨起煮茗供六妹祖忌追思余幼时蒙愛處心輒動點思辨錄數頁心急出门遊舍之午拜忌有㤅心下午代妹丈彙丸藥料晚赴內歸飲汤睡本日脫過心仍雜

初三日陰晨點思辨錄數頁入局校志心斂晚出门夜脾痛睡

寡欲齋

本日叢過言有放處大過欠格
初四日晴晨陪客入局極志心粗謹斂之懈靜午往拜朱紫
坊拜壽僅入局晚出黃星來坐許久劉林來談刻許劉萬之約
到談許久比睡已三鼓後夢間極門喜急起問之乃王妹肝氣
大作極念往也即行到彼服吐藥痛不減天明倦極歸本日大
過見格既過有小忽心有些急心
初五日天明睡至午醒即出門要辦晚歸神全不清爽早睡本
日叢既過言有忽略處辯有從容處

初六日黎明起理瑣事心有持午拜祖妣忌心敬不敢軼下午入局晚歸閲教諭語數页睡本日大過兒格叢過多閑

初七日晨起理瑣事往親友處賀喜午歸腳痛甚心思炽悶往王椿處一行果有事也坐許久歸已晚矣心事大起閲教諭語為陽壞入睡至四鼓不合眼本日大過兒格既過忿心訊心怨心惡心厭心

初八日晨起理筆墨事入局校志頗詳慎午往王椿一搭晚出門要幹夜歸閲日記心仍粗本日大過兒格

初九日晴晨起作小楷二百餘字心静入局午出門心有執晚

喜……有

揉揉痛心急夜門口唱戲心厭雜亟之後睡李日叢過厲功

初十日夜小雨晨起仍小楷三百餘字心忽動錯亂補之入局

稍志心銘閒說諷詠心移久之急合之下午有傳客夜往王綠

下探心其若歸讀學規頗偏較知李日顯過趨傳

檢過仍多

用功有恒

得閒即知讀書亦檢心之良法也但讀書似宜

专一部採畢再換方有實功本向讀書

尚有錯雜處

且用實功

得訣

十二月中旬日課

十一日晴晨心泛入局有持晚林兄來約言申頃三約到余心猶馳比去与鄒朱二兄坐至四鼓本日大過見格叢過有雜夢

十二日晴晨書聯扇有急了心入局心泛晚往辛丁草堂坐許久夜朱兄來言事因歎書之不可不讀也本日叢過輕言騃過

足容不謹手容不恭

十三日雨晨作楷數千字欲斂心收緩書之頃入局却無倦晚往有怡軒坐頃歸閱徂徠集心未洽与 嚴設年以心大擾三

數睡本日既過心雜大過見格

十四日晨聞叔兄咳血往視之坐許久入局心馳晚往祝范年母壽留席二柭歸晤萬仍坐須往小排〻甚心煩睡多不看書日踈過多從寬

十五日晨入局午出門心多放晚閱書心未洽眼且懶李日大過見格

十六日晨心靜入局讀古靈先生傳云少時讀書多遺記及讀孟子求放心章大悟閉門靜坐百餘日後遂所讀無遺漏余因

見到語

歎余病非悶惱不足實在心未收也爽快久之諸友以余為出神因記之晚出門數處皆緣心事余心遂緣矣奈何奈何本日叢最過痛功

十七日晴夜雨晨心馳午往鄧拈處晤家叔見所行多有未合礼處告之然言太多也何啓口如是之易乎夜閱親屬閑談有弟訴其兄甚多怨妒之詞有誇其親甚多浮誕之詞閱俱不樂幸緘口無大失心實炊炊墓客來厭極徹夜無少寐孝日過兄上

十八日陳晨送葬五半余遂歸代理諸事午後有多言處失人歡埪

寡欲齋

予不得已也心殆急終不平晚出門二鼓歸即睡本日課過足

客趙口客躁

十九日雨晨起劉友來坐許久午入局心稍舒晚出往自怡軒

坐許久歸錄日記睡本日叢品過瞞功課過身客惰大過兒稔

二十日雨晨多語客心雜入局心仍粗晚往玉樓處傳春晚夜

歸矣筆墨二鼓睡本日晚過浮浮課過趙

讀李璩龍句鈔南公常　星不贅甚三

李句蚤功過互見能迫在上暮不為俗累所奪仍存有

察其常實屬難得

十二月下旬課

廿一日陰工半日在局心雜下半日多出门夜辛丁卅卡坐飲身

心俱泛本日過兄格

廿二日雨竟日在局心泛夜有客言少至三鼓本日叢過有妄言

廿三日雨在家理雜务心粗夜祀竈有赴家宴甚樂本日叢過

计過疎

廿四日陰俱出门心頗雜夜核數心急本日联過言動浮

廿五日晴理雜务後俱出门心多馳泛夜坐至三鼓餘本日大

過欠格

廿六日晴理瑣事午後局帮忙晚歸理廿日來日踐過言動悟

廿七日晴往局帮辦件下午出門晚謝年存日記過心雜

廿八日雨理瑣事併出門心俱煩悶夜家宴自歉心孝日計過跡

廿九日雨在家理雜件午後還清各賬心稍清夜多雜忙孝日

檢過又跡

疎畧是

是

鰲齋日記 肆 止

以第一日為第一事
能入心方好

己巳履端上旬日記

元旦晴晨興上香拜跪有[illegible]唄讀聖經三過文三篇作楷數十字心俱斂午後出门往各長輩拜年心遂泛夜脚痛早睡本日顯過步急

二日雨上午在家理雜件午後往朱宅三鼓歸本日叢過無功

三日晴晨多陪客午出门晚歸有馳思本日過見上

四日晴晨理雜件午往朱宅代其陪客至三鼓歸接神四鼓後睡本日叢過有訊人心

五日雨晨與嚴親論家事驚喜交集午往朱宅躡屐而行諸
人以予為儉予曰今日宜坐轎來乎眾語遂塞余不知失言比
夜閒眾人無論遠近俱坐轎始悔余言之失甚矣言之無易也
可不戒歟孝日過見上
六日晴晨陪客無閒心煩急午往外飯祝壽晚往自怡軒澂旧
朧下間記何林二丈俱在談許久歸孝日大過見格
七日雨晨理瑣事午出門雜幹晚看詩至夜心頗恰多忘記孝
日叢過多言欠整

具極

如此爭論殊覺
可笑

者過得源凡了々先
旨由無把握也須先
把握從何處來

八日晴晨心繫对句多忘將午往安民巷祝壽與一表姊談閑
其言多自褒心竊笑之然別人聽余之話安知不竊笑余哉人
不可不自反也念及此心遂有將晚晤表說聚泉倒居了一回
外欠三弟一日二弟七錢頗爭余因解之曰汝兩人非其居黟
安得有真數目余明日與汝到其家一核始不至爭執兩人一
笑而罷席散歸已二鼓矣靜課本日言動毫無把握奈何過見上
九日晴晨作对句心雜午出門心浮夜身欠爽本日大過見格
十日晴夜雨晨程雅了午往贊兄處寫聘帖見其家大小不相

畧

屬心异之因歎吾家法二字不可不講也晚往鄰表处查药翻

閲二扬手鈔文多别字因責之夜歸陪 嚴親坐談至三鼓始

本日叢過多言頗過足窘經

有過尚寬宜進讀書窮理之功

檢身尚嚴進以檢心之功爲務

兩評均當

京復齋

端月中旬日課

十一日雨晨興有馳思張表儀託了詳之訪人不遇心煩午後出门心泛夜往鏡心軒悅神心雜本日大過見格

十二日陰小雨晨往還讀齋唱對竟日心忘持夜雜夢過見上

十三日晴晨有雜事清理〻午往董宅賀壽席散歸有馳思本日顚過坐有倦容

十四日晴夜小雨晨作字并諳客心雜午出门要幹思寒歸晚外感亦重本日大過見格

十五日晴多在床卧人延昏計過名疎

十六日晴早晨起精㾗往賀葛東壽歸卧次入局本日閒局至夜歸甚疲尚余只疲散本日沈過 有訟友心

十七日晴晨入局心尚静夜晤葛丈見其悒坐次去本日有指

十八日晴晨入局心泛下半日頗沈静夜多对白本日大過 兒格

十九日晴入局心多泛已不正不破正人晚出门夜阅日記本日顯過 失言欠細心大過 又格

二十日晴入局心泛晚出门夜在辛丁艸壹應酌本日顯過 士罵道

稟稿

本旬近疏

有稍縱即逝之机亟力振之

力振之字不可不省

於此内照乃見吾心此吾了頃刻不忘親也

端月下旬日課

廿一日晴晨起默坐頃妄念環生不可遏抑入局校忠節傳心漸斂晚閱表妹歸往候之相隔兩年餘面容轉佳我 父與之同庚獨覺瘦悴服勞奉養余乃曰無罪耶夜睡不着本日隱過見上 顯過身容倚

廿二日晴夜雨晨讀文心欠沈葛约来坐頃入局有人訴某子余談許久因曰無他色利兩関未透也所以傷人所謗行於我單轉多讓之晚出門心泛本日大過見格

廿三日陰夜雷雨晨閱文有味入局校志心細晚閱 嚴親出城疑有小心欠安夜閱文心雜李日題過 氣粗身怯

廿四日陰入局夜點文山集心泛李日大過 兒嬉

廿五日午後雨晨閱文心泛入局有待夜多雜夢

廿六日陰雨入局後出門撤詩心泛晚到還讀齋坐頃心不泛李日大過 兒嬉

廿七日晴午雷雨夜雨晨點文山集心快入局午出心靜晚出門夜冒雨歸李日題過 叮寧不謹

廿八日雨晨作信數封代人商了入局與林友談飲冷晚出门順到章丁帅堂坐頃歸夜閱文心未合李日顕過　贊勝叢過来行先言

廿九日陰晨起客陸續來心泛入局心仍泛午曾宪送詩來閱之心無主意請老師定局晚往鼻涕处輪唱指彩後漸泛夜歸与玉琳談頃睡李日顕過　言迷蹊叢過　見灯谜心喜極

三十日雨竟日心煩悶整書桌理雜件人定即睡李日叢過曉幼

亦有檢制但讀書尚少心得所宜靜
坐以養其氣

二月初旬日課

初吉日雨晨點文山集數頁心尚静入局校良吏傳心歛午後燒香心亦静作辛丁草堂坐須見萬姓文提二比可誦劉約所改極佳余實不及焉有急讀心夜閱文數過心尚浮本日叢過有失言大過見格

初二日晴晨讀文數過未浹洽入局校志心静下午訪妹丈仝往瓣香堂祝　文帝誕見諸友有急於聲頰言欠通融而余徐解之俱以為然然未免形人之短矣悔之夜歸拂拭香案三坟

睡本日缺過 手容重

初三日雨黎明起叩　帝誕心尚持敬已往吳年丈处商了坐許久心靜午後往鏡心軒舉動失檢共有十之三四夜歸仍同氏至後乃睡本日叢過 睡功大過 足格

初四日雨晨作楷百餘字心急入局校志心頗靜後午後與鄉臣談文心動晚姓表來坐許久心頗喜後有思心夜讀文睡心尚合本日大過 足格

初五日晴晨寫字心清入局校志心頗動繼漸靜晚三泊來頗

係此道有以感之但不知何言使之悔悟畧不錄之

讀後繼作文及謝啓數段閱日記睡至日晝過廉功大過見孫

初六日雨晨起過摩神道昏入局有特夜改文一篇睡至日大過

見格顯過口宗蝶君宗祖

初七日晴晨讀文數過入局午往視少泉叔壽防雨即歸復入

局校畏史傳有一條說兄弟爭訟數千年一旦使之悔悟交好

如初心甚慕之以其識足感人也夜課稍靜至日晝過失言

初八日陰晨起過摩入局隨眾往林山長賀喜途中有謔我者口

孫應之急揆轄多後入局校志心不靜夜寫字至三鼓完至日

裛復齋

大過兇格

初九日侵晨起遲心不七爽入局心況午仝黃表往辛下作書

上學復入局校志夜出門心粗本日顯過 氣容粗聲容大

初十日雨雷電起遲心煩入局校志心仍煩午往良巷祝何姑

壽所託乃辭之不肯諾之七雖心復煩悶晚歸理雜事夜改文

一篇腰本日叢過 勝功

謹小者造道之基宜讀書以觀其化則

不入于躁矣 事事留心能惟謹小能馴服

步步却有據心再求從容可也

二月中旬記

十一日晴晨心泛入局心馳午往祝張嶧蒴堂慶仍入局心少斂晚葛林二丈招赴席比至打詩牌少興趣夜往曾宅應約歸已二鼓矣本日叢過懈功

十二日晴雨晨讀文未洽入局心斂夜改文二篇本日顕過氣浮

十三日陰晨興心雜入局心靜晚出讀文未洽本日過見格

十四日晨起覺日來心放甚閱書文多妄內心悶甚入局心煩夜脾痛本日顕過趨跛

十五日雨晨理訟事心斂入局心雜夜多雜夢本日大過見格
十六日晨多出門午入局晚復出門本日悅過多煩悶
十七日起遲入局心俱泛夜代人斟事心煩睡不着本日叢過
懶功大過見格
十八日陰晨讀文心較洽入局心靜夜心亦靜本日踈過高声
十九日陰晨心靜入局有特夜出門心雜本日大過見格
二十日晴晨理瑣事午入局心泛夜多出門心雜本日叢過辭
功踈過側坐

二月下旬記

廿一日陰晨入局午往舅處襄葬事竟日心懸三鼓歸李日跋過高声

廿二日晴黎明送葬至西湖外之天才山仰視俯眺見山水頗佳心喜未歸復料理紙事四鼓歸身甚憊而心甚安李白叢過有矜詞悦過有飢人心

廿三日雨起遲腰痛竟日在家行坐俱不自如以后多偏也夜與嚴慈談甚樂李日大過兒梧

廿四日晴入局晚出心甚閒夜劉葛二仍來談許久阻雨心不暢且急本日叢過 晴均

廿五日晴入局心静晚出門夜雨讀文數過頗甜本日過只檢

廿六日晴入局心有馳思午出会試友小飲夜歸本日過只檢

廿七日雨在家代人構文機限三更後完本日叢過有些人心

廿八日晴晨入局午往祝山長壽夜早睡本日頗過有浮氣有急言

廿九日陰晨入貢院四談出至葛均處睡本日計過跡

三十日晴晨負水歸午睡晚起神仍昏夜早睡本日計過之跡

三月上旬日課

初吉日陰雨晨興理瑣事心放入局校武功傳心浮與諸友談文知所作甚劣心悶午出伺香并整書籍心復煩張表來說事心喜晚劉约来坐許久心甚爽比歸閱文數篇覺心甚粗神甚倦遂就寢本日叢過 曠功隱過多疑

初二日雨晨起可重表嬾閑箱腹遂洩痛非謹疾之道戒之入局校沿革表心靜晚往還讀齋應约始泛談終有實议予甚懼不能践也記之以自課本日大過見格

初三日陰晨看雜志心仍浮入局讀何少臣文一篇深服其火候讀梁陳二同年文俱勝予十倍嗟嗟夫少壯不努力老大徒傷悲余能無懼哉夜讀文心頗洽本日頭過失言

初四日晴晨讀文心泛入局校沿革表心尚斂晚收拾書案心清讀文有味二鼓後肝木動急就枕本日頭過倚背搔腳

初五日晴晨舊友來託事見其留髮心悶悶人生幾何轉瞬予髮亦掛矣能勿勉旃入局心泛晚候江夫子談許久出辭從事本日頭過浮大過見格晚過多煩悶

上智惟二等氣質而言與徒
承上二字說來相近之中又有一等
不移者此不移對上智相遠言

初六日晴晨興理雜事入局飯後出往西關外掃墳晚歸飲餕
夜往黃表處言事本日既過心雜歇過雲頂赤卿
初七日晴午後雨晨陪客閱其詞知其人之忠厚而世途之多
詐也以身應之可不慎哉入局神倦繳詔草表心緒午防雨出
坐頃憶晨往葛鈞館闲刻約上日來繳本的將去有作為吾將何
議彼哉有客來此心頃息夜閱近思錄程子說下愚條目以暴
棄注解剛惡柔惡知其善總廢不為自棄其性所謂柔惡吾人之
此惟由本而遷上年
似之又云雖聖人與居不能化則下愚非性之罪下不移對上

字程注（性字）不承上章另提出
本義、惟故言然（下愚）不可移
又以不可移者與（能）才言此才
字皆見上章惟字（亦此）前半截
原直承上章惟字實是不
不同所以隔之圈不須分
別觀看上章白文與此章
程註方各觀之章程注自
見

習字看來始合未知是否係之本日叢過浮泛
初八日晴晨理雜務心泛入向心靜見眾論紛紛悟信守從岩
君民章晚出門夜讀文數篇本日躁過多倦惰
初九日晴晨入向心動往葛館一坐浮入向心浮煩悶夜訪鈞
格欲心總悶悶歸即睡本日叢過懈功泛散大過只格
初十日晴晨葛鈞來同書院出外肆心始定不知前日何患之
也入向心復泛脾胃痛多臥晚訪鈞一詢歸往妗處商嫁女
事亡該後歸神倦即入寢本日隨過浮泛叢過懈功

享復齋

有振作氣章勉〻爲同約劝
雖有請書實理章句一暴十寒
循此求之可望日進

敦復齋

三月中旬日課

十一日晴夜雨晨讀文後入局晚應約在辛丁艸堂談至夜分歸本日頗過有惰容

十二日雨起遲入局心有抑午出門代戚家詢事順到還讀齋談許久夜歸侍　嚴親坐談家事心轉緊睡不着本日過見格

十三日雨晨起頭痛身倦入局靜坐頗自得午朱翁來說予心爲之動夜寫扇三柄應催也於心急後漸爽本日叢過　勝初

十四日晴晨神頗爽綫翻卷客來坐許久入局午出寫家四紙

赴同譜妻敘席收散忽聞有人跌於地心大驚一妻救出梅生仿

也心動久之歸全梁周之同年歸坐許久去入睡來日既過心

十五日陰晨往書院上學已不及矣坐頃回更衣復入局諸友

有訊予曰禮也雖不及心頗安而午出默坐頃妄念擾起

知日來只用工夫急斂之祀誦經榮兄來坐三鼓去本日大

過見格

十六日晴晨瑣的理請入局午往鄭表處談極定聘也見訊客

談坐俱不相屬出訪舊友坐許久赴席歸本日復懈功

十七日晴晨讀文頃入局午出会葛約謁山長天熱汗湿重衣比歸頭痛本日頗過浮動言語手足俱欠從容

十八日小雨晨修墨處入局諸友俱未來静坐頃心覺一種清淨午後懶惰雜心又屢屢移可知平日恭敬見異思遷之易也能無懼哉晚出代王生作文一本日過兄格

十九日小雨黎明入書院應課文題所識窮乏者得我歟詩畏人多言得多字晝日構思葫蘆依様四鼓後完繳本日晝過縱

二十日陰晨起有僕客入局多雜思出門復入局晚訪葛約遂

喜[illegible]看

何夫設許久，歸看文讀書俱無味，欠精神也，每逢睡本日阮過多

煩悶頗過多倦睏

少噢點用功處

三月下旬日課

廿一日晴摹篆兩小幅入局校志心浮讀文心尚洽午間諸友謗師阻之轉受侮避之自愧無德足以服人也往亦園亭賀孟六兄吉席行坐却有恃夜各友看新孃予先歸回憶課文心從志志本日叢過 睡功

廿二日晴晨心煩入局校志有惰心午出门晚往辛丁卅堂談頃復出门夜讀文多口有心無處本月隱過 心雜

廿三日晴晨摹篆廿餘字皆從前之好所累也入局多寫字晚

歸有舊友不得於其兄來詢余者余直告之以二事一曰悔從前之過從今莫聽婦人言一曰奮此日之功以後重興切己業始未入漸說入脾渠忍淚下嗟乎人孰無良皆我之無以感之矣斯既下問於余可無忠告之道哉夜三約俱來姑泛談頃散去心始悶轉計即坐至天明亦不過如是不如早去主客皆宜也本日叢過賺功頗過輕言

廿四日晴晨起遲有客來託事力辭之入局校志頗潛心晚出門見窮親心動歸謀於　嚴慈久之夜讀文心未洽復自記睡

本日叢過氣浮顯過足容縱

廿五日晴晨理瑣事心泛之入局行坐頗有矜諸友有識我者笑置之夜作一分內事心頗過自去本日院過心近於

廿六日晴晨入書院應制軍課題博學而篤志而向詩膺雅肄三鎮日構思晚出四段終完繳本日計過疎

廿七日晴午以數點而起遂入局神不清嬾作事晚往王生處催其作讀文吹到還遂論齋談許久歸夜寫柳條八幅倦睡李日大過見格

廿八日晴晨入局託友代書午出往鏡心軒席散歸書箋○讀
文數過睡本日叢過多言題過足宜輕身宜倚
廿九日晴晨理瑣事心泛入局校志心尚靜晚出門歸已二鼓
矣讀文數過俱未洽本日題過輕言叢過懈功
三十日晴起遲入局午見師課案心稍安往還讀軒眠歸家剃
頭浴身晚雷雨不出門上燈時即睡本日叢過懈功浮氣

四月上旬日課

初吉日雨晨入局心静午出多瑣事晚誦經心欠斂本日過見格

初二日有小雨晨應師課題乃仰不愧二節構至四under後完本日過見格

初三日雨起遲神倦入局多談文少作事本日叢過惰

初四日陰晨入局心雜午心尚静往祝吳年伯壽席散歸已二更矣心多馳看書讀文俱未洽本日恍過心欠静

初五日雨前半日出門後半日在局心較斂本日頭過手容不恭

稟稿

初六日晴晨入局校志午後多倦寐晚視曾年母寿恐水漲身心俱不爽刻葛二均来坐吹去本日托過多庵欵過多言

初七日陰晨大水漲至墙晚至庭看書作字俱無心本日過兄校

初八日晴水仍漲在家竟日心烦

初九日晴晨水退入局午出门心烦晚歸大水驟至心大急乘輿涉途而回理讯夕是夜水及堂有尺不設寢

初十日小雨水漸退理讯夕至夜腰痠難折臥即睡本日心漸寬

四月中旬日課

十一日晴晨水退理諸事心漸安身轉倦晚葛來招飲不敢往劉約來坐頃去夜往接 嚴親回即睡本日顯過舉動粗浮

十二日晴晨入局携大叅午到還讀齋即歸搬鋪盖下樓楚蒼木蒼訪心漸靜晚魏同年招飲於若汎亭地小且熱人浮於業心不爽夜歸錄日記脾痛睡本日叢過言有過假處

十三日晴入局心粗身倦全體酸痛晚出門心亦雜本日叢過歸約

十四日雨晨寫古學手硬午入局心泛夜倦睡本日覲過多臥

十五日晴晨入局午多出門本日恍過心多煩

十六日晴晨應課古草學晚理雜事本日叢過懶作事

十七日晴竟日陪客三段睡本日過兄捨

十八日雨竟日在家陪客三段睡本日過兄捨

十九日陰晨出晚理瑣事本日恍過心多煩悶

二十日晴入局校書心頗靜夜理雜事心泛本日叢過睡幼

未盡榮窯

四月下旬日課

廿一日晴晨赴遲神昏入局校選本有惰心午往還讀齋坐許久復入局身仍倦夜書扇四葉倦睡

廿二日雷雨晨入局心未斂遇諧友侮予予多言也大悔之午往三星廟觀劇心甚煩席散歸且病

廿三日雷雨甚晨心逸改文一入局有惰午劉約往訪坐頃去晚往黃宅阻雨留飲歸已二鼓矣

廿四日晴晨理瑣事心雜入局午出阻雨心煩夜观書心未合

本日頭尚過維俸

廿五日晴晨理雜事後寫扇入局校書心靜午出門見何稚坐許久不禁心傷晚出往還論齋應約夜歸有奮心本日遇見格

廿六日晴晨起精起念頭覺甲々都未懂入局有精午出探大水復入局心俱靜夜讀詩數首頗洽

廿七日雨竟日在家心煩夜大水入室

廿八日雨大水

廿九日陰水漸退

五月上旬日課

初吉日晴晨理諸事水平河午後到局支膏伏身極辛苦本日

計過錄

初二日陰晨應試課午後撥卷理雜事心多煩因身倦强支也

夜上壽見孫兒拜跪心爲之喜本日顯過言動俱粗浮

初三日雨未半晴多陪客晚理雜事有失　慈親懽罪甚夜脾痛

初四日晴前半日在局後半日在家理賬目本日叢過多急怒

初五日晴晚雷雨未出見今日理瑣事夜　嚴親病疾未赴約

本日阮過驚恐煩悶

初六日晴入局午出飲於采珍館後日昏々似醉似夢夜在鏡軒坐頗爽歸即睡本日持身未嚴整

初七日晚雨入局移去心尚細夜看書無味本日書過勝功

初八日午雨晨往魏宅祝壽慶歸已下午入局收到葛館歸晚復出門夜歸點陸集心仍粗本日過見招

初九雨竟日在局夜仝列坐二鼓睡本日神仍倦過見招

初十日雨晚大水日在局夜無睡本日頗過有謊詖

稟稿本

五月中旬日課

十一日雨晨水漸退睡頃心未安多雜夢午寫扇二柄又二葉神倦晚　嚴親歸閱琹小艇入城心騃然久之始定夜點完陸公集梅叅何茫然心放極矣奈何夜仍寫二次本日既過多慮

十二日雨晨起甚病一水氣所侵一煩力過度也入局極辛苦午歸見表叔信說前月杪部郡一帶被水山崩地陷漂没民田千餘畝經水之處如新闢河渠惻然久之晚讀文無味本日既過心煩急

十三日雨匙遲見水勢甚横往局託事午出往劉約齋賦渾身淋漓復出買雜件夜理雜事本日心極雜

十四日陰黎明水及階巳升堂約兩時辰漸退夜水退及階

十五日晴晨水及庭理瑣务午及门晚及衢未遂去遲因悟学問嘆進步荒踈忘緩進銳退速不特地道從也聽寫古字卷子硬腰痛辛苦百倍本日心多放

十六日陰晨應課坐四坡收撒心古粗文多不安心处本日计過踈

享行

十七日陰晴晨往柏林坊中有指入局神倦晚間多心急夜讀文肝氣痛遂寢本日睽過倦惰大過 見格

十八日晴晨入局工半日格志心靜下半日遂散夜有模痛女來集於家留之歸知之心大急往返數次遣其罪本日過 見格

十九日晴午雨晨入局心尚靜午後倦卻有指晚往鄧拈吐拜大祥夜歸仍指同言多心甚煩雜本日叢過 惰劣

二十日晴晨往祝葛太母壽入局格志尚堅惰下午倦間人論題心有悟晚赴壽席歸改文一目倦即睡本日既過 見格

五月下旬日課

廿一日晴晚雷雨晨興理雜事頃入局校志始心細午後精神不支卧頃閱眾友論某秀才詩晚出雨來未赴約夜侍 嚴親坐三鼓寢本日叢過腓功

廿二日雨晨陪客後入局校完閱隘閱諸友談文調心動下午有友談褻予以予在不敢出不覺諫於色予足以感之名書以言壓之令人不快也予性不自勉哉晚讀文心未洽本日大過見格

廿三日晴晨起神倦入局工半日心静下半日出门心雜晚還
情局作心始爽仍未快往訪劉約坐許久相約規過甚善夜讀
文少會心本日頭過趨浮
廿四日晴晨入局見榜案已發予在特等入攜卷知業不精從
有司不收也午往葛飯坐頃晚歸看舊書心三鼓寢
廿五日晴晨出门入局校志有時晚多出门夜葛約來坐許久
多讀近作比去即寢
廿六日雨晨讀文數過心粗入局工半日校志改多看課卷晚

有黄狗入局咬兔斃心甚不忍夜讀文心未沈本日過　兄格

廿七日雨晨入局心静校讀俱細心晚訪蓂兄未遇歸夜讀文多耕格本日大過　兄格

廿八日晴晨入局心静午出门心雜晚集昭防雨未往亭丁艸堂由局歸檢書後讀文頗有興會本日大過

廿九日晴晨訪蓂兄坐頃入局校完祥异楊何二友來所談多詭且褻走避避晚歸多陪客本日過　兄格

享[illegible]齋

凡〻用功当在心不止在仪

字近粗

罵日何爲[illegible]切

六月上旬日課

初一日晴晨上香如仪入局有抄午出门晚歸俱有抄心夜讀文頗有興致本日叢過 静功

初二日晴晨應師課文题長國家而務財用者三句詩作善降祥李課要封门午歸構思無當意處筆墨荒疎可慚也五鼓後究缴本日大過 見格餘檢疎

初三日晴起遲神仍倦入局午出為依忙也晚往葛飯收到劉宅坐許久曾來相约以寫天責善朋友之道古人所以有寫友

政夏齋

君指將病寫作書何
道以醫之器不明指之
啟字不識何毀也真是之教
處

也然吾自責不慨何敢罵人然吾亦自責不慨不能不先罵人
世人不能罵我也此際為己為人只爭一間諒同仍未知之於
先罵葛仍葛之氣近粗次罵劉仍劉之心過執次罵賈仍賈之
性情太放吾看所偏皆欠涵養功也記之請三仍同閱
初四日晴晨程瑣事入局夜病頭痛本日叢過多倦卧
初五日晴晨程瑣事入局午出隨　嚴親游于八仙居且全叢
兄小飲[illegible]士習固是耶人記以戒濡染也甚矣取友不可
不端斯言宜記之夜多雜事本日叢過悔功

姓名亦不知何欲之
有
何必辭之亦可
作人亦不解所謂
不且有作建醮重燈況
估人乎
謝下素無此失不可不慎

初六日晚雨微雷晨理雜件心泛入局心煩後斷靜午倦幾睡
鷺理晚出有佑人不知姓名持絹幅索筆索書且限以付日
芙蓉頌之夜有人來訴事叨絮至三更後睡本日叢過癖功
初七日晴晨起入局途過水流湍間燈繞竹鄉間建醮及詢撰
琴則雖有畏乎天壤間不可解之事亦多然妖由人興不修道
而建醮何足患也晚出門通雜事心復煩夜早睡
初八日晴小雨晨理瑣事入局神不爽晚出與雨子多鬭話夜
作於書扇百字本日大過兇檢點過倚臥

暴見怕否

初九日晴晨起極早神尚清爽以數日來皆晒晝多睡了如今
早心稍爽 嚴設頃入局尚有稍見曾指稍涉漸移而放可寫
也記了晚歸多陪客三鼓矣倦而睡本日曠功
初十日晴晨作字數十心急入局心靜雖午後心大進急歸一
探心始安復入局晚出门夜讀文看書心俱未洽本日頗過倦
多臥曠功

尚有留心但無實效

前評確 但可檢正惜又曠功

須有恒

不能踐言弟之過也兄何忘之有

六月中旬日課

十一日晴晨起書箋二欠細心入局書箋一有從容劉約来訂期坐頃去午熱甚臥頃起校志目仍暈遂息晚歸埽室待之約来神尚爽本期諸友有振作氣

十二日晴晨起思昨事皆切吾病有奮發心入局校志心歛午多寫楷晚鄒生来書痾交其去夜閱劄記見曾説訒言有以救我劉約并無一辭何也且規過之約劉倡之而劉即不自行之（弟能老心何以忘之兄某性正士之病宜痛除之）我之訒言未免妄甚且天下事出言易力行不易我輩中覌人

規過朋友之道何戒之有
御雅以爲善有譏矣有此篇之
友尤難得

亭從肩

最以責已難以大抵其也我不蹈此轍耶記之戒之夜睡不着
有馳思
十三日晴晨入局交司記與吳約竟日見其有折心甚喜晚出
理瑣事夜讀文未洽
十四日晴晨往王肅如處陪坐熱極午歸頭腦痛倦且睡不覺
晚矣出門幹事心雖夜痛甚幸日大進見格
十五日晴晨寫大卷至午只文詩兩件神疲不支痛轉增晚送
帽還局即出瘧嗽又作夜早睡

十六日晴晨接卷即歸題乃子曰賜也女以予為多學全章詩多文為富歸後病甚午後强作文二鼓撤劉约来心頗爽比去病復不支

十七日晴晨就診於劉醫寫大卷完日斜矣撤入晚歸到葛館晤何丈談頃回服藥即睡

十八日晴晚有雷無雨晨入局神頗健午不支晚出葵兄來訴事心不爽伴至出門三鼓歸神不支畏寒且汗急入睡本日大遇見格

稟稿

十九日晴晨出门後入局心仍未爽午有客来談多譏語阻之客殆怫然終之自知轉圜從於我笑待之夜書扇二有追之者故先應舊欠以塞之然而詐矣如此居心切不好任了

二十日晴晨起書扇一入局校志午神倦晚訪葛未遇訪劉交曾閱日記坐頃歸理雜事心泛泛本日頭過之足實身實未謹

似仍泛泛無實踐功

前評是貴未見有奮發處

十二日所記有奮發心幸勿未見有奮發處當一擢手

然一番[illegible]自己仍有文過之念[illegible]

審己刻著之以救待人刻傳之以戒勿徒作風旋世故想庶有實驗而又共勉之

吾言丕言兼不倦
守便是進訓畧

六月下旬日課

廿一日晴晨入局心泛午倦多縱寢晚訪萬約數語即往曾宅應約蒙劉約數言深中予病蓋予自稍長以來陷溺於世故甚深真性斵漓不自覺也責善有良朋此衷寔自負哉二鼓歸坐頃思往事皆過失之懲也甚悔之本日叢過曠功

廿二日晴晨往鏡心軒拜神誕入局校志心靜晚携右參還葛約即歸夜侍嚴親坐至三鼓蒙示讀書當奈若作人須吃虧二語謹記之本日頭過言急身躁

两日積過每似

即此可以見道

廿三日晴竟日在家晒書并理雜件熱極有從體處夜靜坐頃

神倦睡

廿四日晴在家晒書有傷暑意午後臥口愈渴晚祝劉約壽留

席歸收書籍心急步趋夜痠嗽不止

廿五日晴黎明起坐堂中見天色澄空日光初上清爽宜人萬

慮俱息頃添兒呼甚急入問之曰郎罷何往也抱出之甚矣孩

提之無不愛親也何長大轉遂遂之耶蓋知好色有妻子以來此

心漸易於不覺吾賢所以為孝子誨諄諄也辰入局与渠同年

甲子春尽秋中

校韓文見祭十二郎文至情至性滿紙哀音心惻久之午後何子逸來談詞雖暢卻無疵所之因嘆做官之難也晚携蕃若課卷出所評皆中吾病誰謂有司皆不眼乎往辛丁艸堂坐頃歸錄日記閱旬記見其約語我三人親善于彼古疎者嗟乎其三非不明者也故以劉評細閱之則自知之矣本日題過倚跋

廿六日晴晨入局午出代作文倦睡晚醒急持筆二藝完机緒不清何論它也甚矣近日之懈功也能勿懼哉往辛丁艸堂嘯卿招一譜見劉王二篇情吾遠古眼目一清歸目昏即睡

廿七日晴晨入局心煩午雷雨後精神一爽晚出门夜烈風雷雨急入睡

廿八日晴曉夜小雨晨入局心静檢舊稿有節烈卅增入心俱静閩留兆鳴女未婚守節長屬可嘉頃又閱其長媳夫死以殉曾經屢救其貞節萃於一門亦吾閩之美事也因思及志中節烈門更不容輕忽之處晚出往葛館一行即歸有客〻人來坐甚久心悶〻夜添兒多煩嘁睡不安寢本日叢品過牖功

廿九日午後雨早入局校志心尚專昇〻來見其坐許久所談

奈何至此

俱非正語及受侮於人始止習約不特設似近於明知故錯者而吾誠不足以感之吾之過也記之午後 嚴親召諭并出門晚歸多雜事夜看書神未斂本日既過 心浮散

三十日夜雨晨起心多悶入局閱眾讀論教心煩午後出訪葛約何生未來也歸臥頃心未舒晚葛約來始遂赴佳佳飲防雨步趨夜尚早睡本日叢過 眠勿顯過 言躁

步步有留神此手但閒話太多尚宜汰之

始見廬山真面也

所無續動但未見嘹警处

兩評俱當

此故已排去

七月初旬日課

初吉日晨起有一言失　慈親歡罪甚入局檢舊稿節孝增入心尚靜神實不支晚歸聞添兒仍傷心不爽訪葛均適相左歸坐頃狂風雷雨堂室淋漓臥頃心仍悶計明日復當作文心更煩靜坐許久按不住不知何故本日過見上

初二日晨接卷題有賤丈夫焉至人皆以為賤詩霄漢長懸捧日心目懸字歸後多陪客下午訪劉見其有慈豪行又在葛處即到鏡心齋坐頃歸晚起作至夜明終徹本日計過踈

畏難苟安習久不覺
深爲當力懲之

初三日晴已終起渾身汗出且遠精殆昨宵精神過用所致也
熱甚入局尚涼終日倦不可支夜應約於還讀齋見劉約甚誠
見日記忽觸目中所想及劉約字畫多舛訛此亦欠細心處故
記之本日顛過多縱臥既過馳思
初四日晴晨入局將午出遊永宝表弟今往虎婆宮拜祝熱甚
且本社不及從前遠甚身倦心煩比晚繞歸沐浴即睡本日叢
過有鄙舊人心
初五日晴在家擬涼榻弄孫雜之午後睡至晚起夜劉約來談

自足自畫當局者
昧旁觀者明詳爲指
示益何如之處無脫
其人能自悟否

急余能振作良友也余何以慰之頃葛鈞之來談至二更餘去
本日耿迪從龍叢過購物
初六日晴入局校完宋列傳心稍安午見鼎鈞恐於指不能忍
於終日以為恐其實與不能忍等因與談頃晚出代人幹一事
由於山往返兩妥指歸不覺二更餘矣倦即睡本日顯過言急
初七日晴入局多寫字忽覺神不支手厥汗出急臥頃始瘥晚
與虞卿論賦解除未了了夜訪葛鈞坐談即歸因作賦詩韻布
局已三鼓矣即睡本日大過識題過言過遽

稾後廣

初八日晴入局代翰林寫墓碑字至午後續完神倦臥頃仍校

志神總不支也矣余體之孱弱也竟如是乎晚訪畀同年煩其

作賦即許諾託余問喉疾因避往蔡之處取藥歸思作賦總舉

筆中表來言事至三鼓去貴京來本日題過言字既過心煩

初九日晨入局校習文午後完多臥晚與葉兄坐論口音有失

言處急斂之夜容連番來心煩且急比去神已散矣只好睡幸

日叢過晡乃

初十日晨入局仝県約校列傳午後県去閱經解若干一本差

内近亦是

師責丁役昨晚瞬後少落而彼不受責且推過老爺們捨去下
甚之輩往之如斯誠屬可笑也然我輩於公共之物每存不甚
愛惜之思如果井井有條互相保護何至此輩有此言哉晚往
蕓兄處携繳歸擬賦稿詞意俱竭工拙睡來日顯過多言倦臥
能不留神但未見有甚踏實處急宜讀書
體認入德門逕
功課實處
似近仍循

七月中旬日課

十一日情晨起有人来訴事惱甚許久仍不能去諸懷入局校志心仍繫之午後遣去大喜自思工半日之心何以如此蓋怨之根未除也幸而未發發不中節可知矣晚出訪劉約未遇悶〻歸夜復訪遂應約馬風雨驟至歸已二鼓餘入寢睡未着憶劉約所示舊作前腴而後瘦前多作意後近膚詞二年之間變易如是況余數年來少讀少作耶反覆多馳思四肢幾就寐

本日過見工

十二日晴晨入局有持午後黃表來言事晚往辛丁艸堂嘱卻拉歸說事坐頃即歸心急於古学也夜擬賦六路已將四鼓遂入睡本日大過見格

十三日晴入局遲午歸往祝朱二兄壽晤鄉丈携賦與余甚喜即錄清頻渠復之到局見舅約忘在遂昔昔且喚其閲之晚訪葛約坐頃歸擬作詩閉門聲舅約來說劉約有恙与余商古学嘱余足前夜所作与之嗟夫即此一事余之過大矣其損人利己者余所不及知也其不能全己以成人者余則知宜不為也

誤使仲夫〇聞之未免過冷況與共〻左衷焉耶切戒切戒〻
夜足前賦并改〻鼓四下仍未安遂入睡本日大過兒格
十四日晴黎明起改賦錄清主劉伯羽就正焉順入局見昇伯
通知〻午歸睡至晚訪葛伯合祝鄭會稽壽席散到何宅坐飲
歸見　嚴親風暑心悶〻夜睡仍遲本日叢過懶惰大過兒格
十五日晴晨起理瑣事後寫大卷賦詩各乙晚入局飯後出作
靜坐說百餘字夜早睡本日頗過縱体
十六日晴夜迅雷雨大晨接卷文題賦得立〻斯立五內詩得

詣沈承亭歸即思之所其生也荣向未達訪萬的仍未達往視
薛表姪翁壽帆借寓計惟四間文律皆無還之即歸恩久不肩
晚始作至四技完繳文全慣之本日大過只格
十七日晴晨起改説足完大卷午後繳局見他人所作皆佳有
費懷心晚昇約來攜卷與余觀之其虛心可取不替今日猶也
余不及之夜客來多陰坐睡覺早本日顯過躁很口快大過只格
十八日晴晨起皆雜事心多放兼前數日此心皆累於詩文賦
字中此道之屬放縱入局後靜坐頃復出門謹持此心幸無

甚肆下午杜完列傳心頗安晚出彙書籍夜早睡本日過 只格
十九日晴晨起早往南關外斗南境隨 勅熱甚近午方歸飯
後睡頃神稍定入局葉尚未發晚歸葉門遇劉府坐頃歸葛約
來坐頃去潘兄來見其言甚猾大抵皆官場套也比去讀文數
偏睡本日大過 只格
二十日晴晨入局尚有指午後多倦臥晚往葛館遇劉約坐許
久神尚爽因約下月起每人各看四書一章至約期互相質難
此舉甚善也歸時已二鼓閱晚生井格之格知工刻之心動繫

字中有了也讀了文教偏極李白叢遺言有浮处躁遺停有浪處

稟錄齋

八月中旬日課

十一日晴晨入局見移稿紛紛心煩行坐俱不樂午歸見係究照常心頗安合諸友往看新書完復到局晚出往王棣史処一探心殆靜夜琛雜伴倦睡既過忙迫悦過心雜

十二日晴晨入局午出往辦事坐視杯 奎誕夜核數心多煩列約來以賦示余直告之坐頃去雜事紛心心大煩雜

十三日晴晨入新局領薪水歸閲棣史來格復往視之病甚不能自攝伺候者又欠細心另請醫生奈何奈何下午仍枯歸又慮

一雜事心更紛雜不可問矣題過多俟次過煩急
十四日晴晨往到醫處午後俱出門晚理瑣事夜進來天明睡
十五日晴起遲理諸事兩數日後即出南臺晚歸夜家宴後往
視諸丈至之後歸連日奔走腳痛不可言狀
十六日小雨風晨赴馮古學手療午後理雜事夜葛約來坐談
去即睡夜闌後內子腹痛瀉八九次心復擾
十七日夜雨雷晨延醫後入局心總未安午出醫來坐許久復
出門夜理瑣事二鼓睡

十八日晴晨入局心雜午後漸斂然校書時自驗總不及前日之細下午代瀚秋寫大卷晚往仰沾并各处雜幹心頗急身倦脚痛不能作夜 嚴親嗽甚心又懸

十九日晴晨入局心尚靜思改課仍改廿六尚有數日 心稍寬午歸至家候醫未來往鍾心軒談談 奎運執事者有損心頗確歸擬整并理雜事夜少睡

二十日晴晨起見 嚴親稍健而予亦少瘥心頗安入局極志心尚斂晚視稗史心頗喜夜綜日記後復理雜事

八月下旬日課

廿一日晴晨入局心雜校志許久稍斂午後步院中見芳棚忽想起作文心大怦動晚歸家一視往還讀齋應酌坐許久閒同酌近自皆泛之不獨予故也不酌而同真不可解二鼓歸閒 嚴親往貢院前忽動氣急往一行半途 嚴親回矣心始放下坐至更餘方睡夜多驚悸夢

廿二日晴夜小雨晨起往劉醫处一行入局將校志土木丹青人声煩劇心煩遂息午往肅如接主復入局校志數頁晚往球

丈處有客來不果行近日親友中有二事一則兄欺弟至於訟口一則弟欺兄至於動手世風之壞至是乎而余愚不能化之奈何之夜讀文數篇比來給本日題過多倦臥叢殘情

廿三日陰有微雨晨起甚病理瑣事稍愈想是氣血流通而活也入局校志稍倦惰午後漸健晚往王臬處適劉醫診脈謂其可以服消補藥心甚喜頃思其調攝失宜因細告之歸見兩子尚未全愈小兒不甚見効心煩之客漸次來坐至二鼓去心厭之夜人不甚爽本日閱過心雜且多煩叢殘過多言一次

廿四日晴晨理雜事心煩入局心稍斂午後多倦臥燈出門心悶夜讀文心未洽蓋晴放極而隔膜也本日過　見格

廿五日晴晨入局計昨日課期心甚緊午後見撇椅桌共修之心煩晚出檢考具心急不放讀文磨墨處睡本日頗過大交

廿六日陰晨起早往書院應撫台課文題再命曰善賢育才詩長官齋馬吏事廣乃廣字構至三枝修完自視甚乏無可如何也隨　嚴親往徽之歸即睡本日計過疎

廿七日晴晨入局頭暈肝動多得未校去多論文旋與友作詩

佳而余將考信錄少讀少作之病也晚出往玉林坐許久夜歸

睡甚早本日說過四條跋過多言

廿八日晴晨往何處步家堂帖入俞宅去去扇二晚祝林年伯母

壽席散歸夜作字百餘已至四跋矣以後睡叢過作十欠精細

廿九日晴晨出門要幹之入局校去心尚細年以有觸於心大

煩悶晚歸讀文數篇睡尚早本日過見語

九月中旬日課

十一日晴晨起思作論心雜不果遂入局午出訪葛伯坐次出門晚陪鑒儕兄執篆隸來商言絮坐且久心煩比去始構論夜闌入睡本日顯過高声

十二日晴天明即起構思日照地不能成半遂捨之入局復往來於心不能去痛除之因往果同年處一詢晚出王抹同去不敢留之閱一事繫於心夜睡不著本日隱過煩雜多馳思

十三日晴晨起覺近日心大病不及所遠甚其弊由於多應功

少持敬也急斂〻入局稍有持覺眾言皆不合午出繕賦二開
晚訪劉未遇夜讀文數過心未洽本日過見上
十四日晴晨繕完大卷入局校志有戲言一縱即逝識可畏也
晚出理積事并出門心總欠爽本日過見格
十五日晴晨入局午出門到辛丁州堂叩　朱文公誕飲福歸
劉丈囑予取錢意厚長夜告　嚴親商〻未決心多馳本日題
過手寫不肅深見格
十六日夜小雨晨讀文頗以彼依客擾心急已入局代人去大

卷尚細心無錯落晚出劉門來坐談次去葛來又談深去遂隨

嚴親出門歸頗遲本日題過言動粗浮叢過懈多

十七日晴晨入局心始靜继漸放縱後遂雜亂手足幾被之移覺急

斂之然外靜而内終動晚出理筆硯是日過見之

十八日晴晨應制軍課題五題善其事句詩秋山瘦益奇乃

奇字接卷出審題未精訪葛鈞心始定午客陸續至心煩夜至

五更始完繳文甚滯究少讀故也本日計過疎懈見格

十九日晴起遲入局校曾文閱諸友談近事近日士品卑甚也

即從吾身自振始

[illegible]

孰從而振之哉又聞　文廟樂器并舞佾各件輒余幼時所現

大半廢弛於是有馳思聖賢國之本也禮樂士之所觀法尊聖

賢重禮樂本盛而蔡茂也如是如是誰從而正之晚出檢書集

劉向來坐次去印縣李日躋過有怒言洗過有愧心

二十日晴超遷入局校完列女志王維楨來說應移入儒林爲

謝退光太老伯雷之貫先生諸位設艾實不禁肅殺識之動人

固如是之有驗哉晚出理雜錄夜錄向記縣李日叢過嘛功

靜躁參半　每有檢制餘源爲忽

九月下旬日課

廿一日晴晨起頭暈坐許久對鏡瘦甚心悶有馳思入局校曾文心頗歛午出訪鄒表順到張宅談許久復入局心轉雜夜劉葛來應酌多談文比去腰酸甚遂睡本日叢過廢功

廿二日晴起遲遂入局校志心尚細午後聞諸友談近事心甚厭之晚出到葛館坐頃歸夜閱的記讀文數過睡本日頭過多臥倚隱過有輕人心

廿三日晴晨起讀文數過入局見習業已費賈葛二酌名列高

等十名內心甚喜即有問予云汝好友好工夫耶笑頷之校文
苑傳晚往葛館令往何丈處一候近夜歸本日頗過有雜念叢
過懈功大過見格
廿四日晴入局心逸午漸斂校志有興會晚張友來喚余易居
坐至二鼓後聽談多家事其所處甚難其人又甚滯觀其戀戀
之態要子如何心甚憐憐比去與嚴親談許久睡本日頗過
有放言一次大過見格
廿五日晴起遲入局遇高均交旬記校志有隨心謀事頗急心

晚出門心雜夜應客心煩本日過見上

廿六日晨出門入局閱諸友談論静臥聽之心畢露矣甚矣心之難治也以我觀人而人見以人觀我而我見心之未治檢身胡為哉校學不慎思獨也午後總核携寫本末錯字甚多余之過也其吴辭心甚愧之晚特发邀看屋不可居也却之夜黄荅才伯飲二枝後隨　嚴親歸本日默過出門有失言

廿七日晴晨入局夜訪丈萬丈俱來坐擬惜字序一

廿八日晴晨出城去局夜早睡

廿五日陰晨歸睡午入局夜往别宅坐談

廿六日陰晨入局晚多出門

十月上旬日課

初吉日晴晨往薛宅陪堂有拜○○午歸沐浴伺候晚往書院查案步急濺水汙韈心甚惡之夜接 城隍入行臺屏開風大作有戒心

初二日晴晨往應師課文題吾將瞯良人至求富貴利達者接卷歸至四鼓纍纍詠暖知人寒寒字係刻作

初三日晴晨起督木司修理房屋心雜夜早睡

初四日晴終日皆督工多煩言

初五日晴晨理瑣事午入局心放々

初六日晴晨入局校志多亂々情寂々

初七日晴在家寫工多々忙雜

初八日晴晨入局心尚雜夜作賦心粗々

初九日晴晨入局晚出門與劉仍坐頃歸賦仍未完

初十日晴晨入局午出門晚歸多陪客夜睡不着

有猜疑即甚之機務猶省之

亭鐵齋

十月中旬日課

十一日晴竟日在家增工心尚暢晚閱抹丈嗽血心大驚往視之許久歸往舊館一行是夜睡不着

十二日晴晨入局懶作事多卧晚出往抹丈一探赴還讀齋宴約多論烘劉約云數語心動有兒讀書心夜檢書乙頃睡

十三日晴晨入局晤畢年丈心安校志數頁有急心夜多陪客心泛

十四日晴晨寫大卷葛约来坐頃去復入局午出寫完大卷遂

出門夜作試帖一首心頗暢擬就正於葛訪之門敲久人方應乘
燭興歸
十五日晴晨起寫完詩往仙塔街陪坐申回往書院探葛未遇
遂到桂處一行夜葛來坐談磨墨壺
十六日晴晨接書院卷舊台扃試文題君子有三樂詩題君子
有四時竟日構思晚出後有味添兜跌歸來大異於常入視入
鼻鼻傷矣幸未深心大驚又思渺不知所之矣坐息頃又聞啼
泰女大遂入呼內子罵之四肢完漱肝氣微痛

十七日晴晨起遲入局仁人實大參垂晚始完神力疲憊殊甚

約來訪今到約出未歸坐許久回仍出门歸即睡

十八日晴晨入局午出门晚歸聞梯丈病往探之心驚且煩歸

請嚴親視之衎坐未多讀文皆不入

十九日晴晨出门入局晚歸閱數子皆煩悶於心往葛汋坐談

有客來心轉悶遂歸夜復梯丈處一探心緒不安

二十日陰雨數點晨往梯丈處一問聞昨藥頗見效心少寬入

局敉志心尚平靜晚出復往視之心大驚蓋与早所說大异也

靜坐許細詢之復与早合古哉此人之病之難知也奈何〻〻

夜多馳思

十月下旬日課

廿一日晴晨起心進悶往浣銀营伴妹丈就診於林醫坐太久心煩比其出又不得詳述細詢心甚悶午後歸適建兒遯數人來言錢債事市井伎倆令人生厭久久始去腹餒汗出坐頃復出門順到局晚歸剡葛二約來應約談時心甚雜斷靜以兩人回矣翻時文一閱心復煩本日內送見上

廿二日晴晨起心憧憧動肝氣脇痛往浣銀營一行心稍安入局校列女傳有抄晚往官巷言事復到王妹處始驚疑細詢之

指定夜作信代人薦託　嚴親回後親戚近事言有近暇處是

夜復讀功

廿三日　晴　晨起口乾腳微痛散步頃往琳丈處一衍查其症細閱之遣其僕隨往就醫診余入向閩藩課稟發余在特來葛看忘無賞急攜卷既之閱變鈎卷作古乃手宜其冠場也飯後出門晚到葛館坐頃晤劉乃身雖坐而心幷不調暢往琳丈見其精神少佳歸郵表來言子并說其第宅症古奇二枝俾去閱文數篇俱不入心快奈何〻是日頭運放言二次

廿四日晴晨心静阅文数比入局午出门多杂念晚往院银营心多烦闷

廿五日晴晨往株丈处一询入局校列女心静晚出到林宅借衣服归又往院银营心多烦杂

廿六日晴晨往珠妈庙澯　勅有持見巳叢諸公有不有我師章晚往院银营二鼓后归

廿七日晴晨入局校完列女午后多闹谈晚往丁萬处到株丈少行夜神疲早睡困甚早往尉卯表棣也

故更不

廿八日陰晨起磨墨畫竹邀妹丈就林醫診脉午後歸服藥七神散會說雨暌七情神復散坐談須往王宋二處言事

廿九日小雨晨起頭眩往王林二探入局撤已校志錄新志標數頁心欠靜晚往刘葛二处坐片时歸看文數過倦睡三鼓聞東街失火出查室歸夜眠欠安

十一月上旬日課

初吉日雨起頗早工未為儀已往拜張舅小祥午入局與林梁二友談氣字却有興會晚往洗銀營一探見妹丈尚未大瘥心煩甚遂往後街訪祝誼母壽因以日應課也夜葛約來坐頃有自斥心比去錄日課覺近日多曠少持心浮氣粗神昏體惰不檢點一番非特盡屢前言且將百出醜態矣記之

初二日雨晨往書院應課文題質諸鬼神而無疑知天也詩題君子有穀得今字構至三鼓纔繳本日放言一

初三日雨起稍遲寫春聯三对入局多讀文晚出檢書葛未坐
頃邦辭文强〻邵拯来允〻本日阮過心多思
初四日雨晨起閲文数篇鄧拯来遂往胡怡轩午歸心尚歛
嚴親由阮銀営歸聞横逆〻加者怒甚以与校　嚴止〻遂往
轩心動不能平晚鄧拯来至三鼓去肝氣微痛徹夜不眠
初五日陰雨起遲葛来爲寫字怱應〻已入局校志心総未歛
晚出门心多雜夜多陪客心見煩本日叢過懈功
初六日陰雨晨入局校志有人笑我畏之有笑我不諧俗聽〻

思一事心復動往鄭宅見其妻子爲之惜焉夜擬賦不成至三鼓睡

初七日雨晨入局午出門俱有持晚復出門心轉雜

初八日小雨晨入局心逸後斷斂夜讀文頗恰

初九日陰晴晨出門午入局晚歸竟日心雜

初十日陰晨起理積事入局心煩午出門夜歸心逸

十一月中旬日課

十一日霧小雨晨擬賦二段未成入局校志心不屬晚出门借衣服見其衣甚新急還之携其舊者歸之夜改賦二段睡本日阮遇多煩悶

十二日霧晴在家理雜件午後 慈親出门心多悶夜作賦二段至四鼓睡

十三日晴晨起多雜事干 嚴親出城猶未歸心甚煩晚心稍安德鄰来改賦頌与往葛館坐二鼓歸復改賦三鼓睡

十四日晴黎明起脾胀痛午往鄭表賀壽并謁胡姻处再祭印
歸夜改賦至二鼓候门至四鼓本日心多雜
十五日晴起稍遲全日在家檢衣服并瑣件夜神疲
十六日晴晨往接杲課卷題乃所惡於上十二句請絜矩天下
平之机括與刘借宗訂頗有定見孫心煩急至二鼓即完繳
十七日晴晨起遂入局繳古学卷心悶悶午出往探妹丈心稍
安覆出门夜心建閱書不入眼
十八日晴晨入局心多悶見人談笑心俱煩午出门黄生病故

心大悅僉頌與　嚴親設坎甚悍愜々下午往鄧表叔飲叙衙
見其親友戲謔多無忌心厭々席散歸已二鼓矣聞其男女家
皆悅心甚安夜睡不着五鼓後睡
十九日晴晨入局神多倦心稍斂夜晚往朱宅夜歸楊園見老
幼皆歡心亦甚是夜頗早睡
二十日晴晨入局代人寫大卷晚出門夜寫小楷百餘字後家
宴頗甜樂本日心尚斂

享

十一月下旬日課

廿一日晴晨起作小楷一則趙牲韋犬來見其馴且肥受之入局校志數頁出往劉宅賀喜晤望叔兄說前一日已回帖心為之安到家無甚事復入局校志晚出門有雜念

廿二日晴晨入局心多煩午後漸瘥晚出門要幹有念心抑之夜閱朱文公集無心得三鼓後朱宅來報喪呼余即往言多拉々見其無甚事四鼓復歸寢

廿三日晴晨往朱宅心雜午有议非其礼者力阻之不聽復变

尋夜

適言言葉入耳晚歸神倦早睡

廿四日晴晨理雜件入局校典謨心始浮閉目坐頃始定晚復

出門雜幹俱有措夜劉約來坐談頃心尚爽

廿五日晴晨起往鏡心軒送字交到南關外即歸日已過午矣

復入局校志數頁晚往朱宅言事

廿六日晴晨入局坐頃劉約來取文午歸往朱宅寫字夜歸腹

痛本日既過心雜叢過多言

廿七日晴夜少而晨起寫大字數十字力疲甚入局校典謨全

夜出门代人作斡二坟歸
廿八日晴晨起即往朱处陪堂晚歸倦甚早睡本日叢追浮泛
廿九日晴入局校列女志心欲平後集課費余仍無賞格肖軒
請小飲歸朱又呼往言事二坟隨 嚴歸
三十日晴晨入局校列女志鎮日俱有持晚出携卷過葛沟坐
頃同趙卿来說館事坐許久去現書一頁無心乃

亭後齋

十二月上旬日課

初吉日情晨赴往魏宅一串即歸巳到局校列女寫本心俱斂

晚出门夜葛约来坐頃去見　嚴親代人作書力甚憊而句猶

腴心情喜談許久睡

初二日晚雨晨應師課見古學案發余名有賞心頗喜本日係

詩課題靜養觀書眼卩觀字携卷到局作二首復視多泛句泥

鐸人削之晚小飲歸有雨遂爽约夜忽動來歲念通宵不合眼

有馳思本日頭過　行坐欠從容

初三日晴晨入局心始浮坐許久静校典謨有諭孝一條於親禁割股刲肝諭節一條於夫禁捐軀殉命甚矣仁人之言也心怨大動午曾約寄桂庭題項出訪葛館不遇遂往朱紫坊預祝夜歸汗透氣噓坐頃復訪葛文之心始爽本日幸有揚

初四日雨天初明醒起神頗爽書小楷數十於箑入局校列女條心尚細午林勛甫來言事非予所能爲力也其奈之何晚出门夜與嚴親談家事心雜且煩睡遲

初五日晴寒甚起極早書柳條一幅入局校列女晚出多陪客

夜劉葛〻絢來坐許久多談館事本日心俱雜

初六日晴晨起書完覺世經冊頁入局午出拜 曾祖 曾祖妣 祖 祖妣忌辰晚往鄭宅一弔歸邀絢甫來飲餞夜與張表談延〻談後睡本日心多他

初七日陰小雨晨往局竟日校列女完心俱斂晚出门夜擬題蔡兄舉杯問月玉照未成句 嚴親談至三鼓睡

初八日晴晨起作字辭託事即入局校列傳心嚮往久〻他日爲作臺座不當如是耶晚仝又來往祝曾年母壽席散歸悼然

痛有少觸也臥頃憶前日葛伯言秋帆前此境甚艱然余今日悟之并無窮士態甚矣詩書之能益人也愈可信矣

初九日晴晨理雜事心煩入局午出見家中無甚事復入局晚有不肯親戚一事其兄嫂妻於　嚴辦之始閉心煩甚幾斷乎夜擬蕙兄送圖詩一睡

初十日晴晨起做事甚煩入局心仍雜午出門晚候人未來即歸心仍煩到約來坐頃去囑其刪詩始就總辭心疑之無不之何也夜睡多不着

十二月中旬日課

十一日陰晨起赴朱宅來催即隨　嚴往陪堂上半日心雜下半日有侍夜歸睡尚早

十二日雨晨入局見書院諸肅叢予在坊等心安坐須防雨歸主家与　嚴親談船近事及家事心一觸煩起夜寒甚飲早睡

十三日雨晨起看書持筆手凍甚遂舍之入局檢典謨余讀翰林院徽矣晚歸覺日心泛夜見內子蔘兜欠細心責之不無過當處記之

十四日雨晨起雪氣冷甚易裘而坐閱真文忠集數頁入向与
獅砥柱節孝有奇烈一名讀其傳不覺悚然始余盤膝坐至此
端矣誠〻感人國為是為是

八閩文庫

八閩文庫

文獻集成

268

福建文獻集成

吴格　主編

續編　史部　二八

海峽出版發行集團
THE STRAITS PUBLISHING & DISTRIBUTING GROUP
福建人民出版社

本册目次

葉恂予日記不分卷

[清] 閩縣葉大焯撰

福建省圖書館藏稿本

葉恂予日記不分卷，清葉大焯撰。大焯（一八四〇—一九〇一），字迪恭，號恂予，閩縣人。同治七年（一八六八）進士，選庶吉士。十年，授編修。歷任侍講學士、實録館總纂、咸安宫總裁，主考湖北、湖南鄉試，終廣東學政。後因圭誤失察去官，主講正誼書院。撰有拙齋藏書目、補拙齋文鈔補等。事詳謝章鋌葉恂予學士墓誌銘、陳寶琛葉恂予同年哀耒等。

此稿本分四册，第一册日記起八月初一日訖九月廿九日，年份不詳，爲該年湖南鄉試闈中記録。九月九日記「赴福建會館天后宫行三跪九叩禮」，故撰者當爲福建人，或爲鄉試正考官。覈以第二册葉大焯湖南鄉試日記行程及時間，皆無法對應，則第一册撰者絶非葉氏。考此册末附葉氏所抄送程儀清單，人員皆光緒二年（一八七六）葉氏典湖北鄉試時鄂省在任督撫司道府縣各級官員、鄉試各房考官及在籍湖北官員等，故疑此册係葉氏摘録他人鄉試日記以資借鑒，從日記僅記流程而略去具體人名，如「内監試送到硃墨卷」、「請十一房來寓加批試卷」，亦可推知。檢光緒二年前與葉氏交好且出典湖南鄉試之閩人，僅有陳翼（典同治十二年湖南鄉試），疑即摘自陳氏日記，存疑待考。

第二册起光緒八年六月初八日訖十月廿八日。該年五月丁未，諭旨以翰林院侍講學士葉大焯爲湖南鄉試正考官，編修楊文瑩爲副考官。此册即記録葉氏從北京啓程，八月一日至長沙，八月六日入闈，八月十七日接京報奉旨視學廣東，九月六日送到咨文，九月九日鄉試發榜，九月廿五日登舟赴廣東學政任，十月廿八日行至廣東三水縣。後附沿途里程數及「到粤應辦事宜」。

第三册起光緒九年二月十四日訖十一年四月廿九日，記葉氏於廣東學政任上事，如至廣東各府、州舉行歲、科兩試，巡查各地師儒優劣及生員勤惰等。中間日期多有跳脱，故能以數十葉而記三年之事。後附各府州録遺數目，各府地方志相關資料，禮部議同治九年九月二十七日閩浙總督英桂、船政大臣沈葆楨等上奏請特開算學一科，釐捐章程，税關，田賦等，内容駁雜。

第四册起光緒二年六月廿四日訖十一月十二日。該年六月辛丑，諭旨以詹事府右春坊右贊善葉大焯爲湖北鄉試正考官，江南道監察御史梅啓熙爲副考官。記録葉氏從北京啓程，八月一日至武昌，八月六日入闈，九月八日鄉試發榜，十月一日返程，十一月十二日抵京。後雜録回京謝恩折、致各當道、各簾官信稿、往東陵路程、由鄂至湘旱路日程、由湘至鄂水路日程、打賞當差數目、參與公局人員名單、湖北官員所送程儀水禮清單等。

是書於晚清鄉試及學政權責尤稱詳細，所記行程聞見及詩作，亦有資稽考當地士風民俗。如光緒九年四月十三日記：「至清遠縣泊，縣令羅玉山（煒，己未同年）晤談，邑之書院曰鳳城，諸生膏伙尚不薄，山長修脯百金，間或延之他邑。肄業於院者無慮四五十人，文風中平，與文試者五六百人，武試百餘人，民情刁悍，西北、湜江一帶尤多盗。」四月十七日記韶之含光關水路，每歲學使巡試過關，舟人即隨之擅打旗號，私裝鹽越關，爲關吏拏獲，即持械鼓噪、要挾開釋云云，述官吏民衝突情狀頗詳，並謂「粤中積習之重、人情之悍，勢須痛繩，而操之蹙又易潰，操縱輕重之間，不可不致意」。

此稿本書衣有後人題「葉恂予日記」，每册均鈐有「先人手澤」白文方印、「在琦兄弟子孫永寶」朱文方印、「崙齋所藏」朱文方印，知先後由葉氏之子在琦、沈祖牟遞藏，後捐入福建省圖書館。（張　劍）

葉恂予日記

自京到彰惠一千二百二十里　彰惠至竹陽一千一百里

竹陽到漢口四百五十里

初一日行五十里，渡水二次，至湖南省城，日近府，持帖迎來到□□門，况

者李邊，儀仗甚盛，入城約廿里，住玉堂公館。未刻到此，臨即持帖回，後又來逢。

初二日書聯廿付，交李家人請送。縣聯扇食各一千一个。初三日擬鄉試

錄前序

初四日料理箱匣

初五日開行李點繡等物，交與家人並路應用箱匣，與行人有圖并

考具去，以補備取，闈中應用書籍

初六日中丞送銀壹盤一付，紅係大綵各二疋，巳刻午飯，后發行李入闈

午刻升要三速門后田一幅朝冠揖畢起宴主畢向待會時揖開
门外將佐侍立左右揖出簾外首府之属俱揖撤筵相見后作揖
就中左位次位保付卷　三中出四分使皆南向左一位分提調左位
内提調次之西向右一位外監試右二位内監試皆東向員并向監二次
各照手献席二畢謝恩行三跪九叩礼畢提調收等以次送後藩
台送正考臬台送付考揖畢即回送藩台後揖畢各就代坐次毋
中丞近略談數語堂下奏樂二止覚閱點一声燕品已一搶而尽急離
座至暖閣立員弁啓請登輿監臨及学使揖送直至貢院至公堂宜

兩旁侍立者約數百人，于滴水下輿，徑入立蒲台上，少刻監臨至，並各叙坐，三獻點畢，負弁請入內簾，監臨及提調等官並送入至內簾門，監試立處，向監臨一揖而退，更衣用朝珠補褂，拜內簾監試及內收掌十一房，各一揖，略談數句即起。初七日辰刻，坐衡鑒堂，挈識分房內監試送到應用書籍，並向內監試約以後取應用物件凡紙筆用查蓋戳者，不必名付。初八日辰刻，請內監試及房官三位進內院，封門出題目，付刻，共六刻，板三付。已刻，刻畢互校無訛，始付刷，又派家丁查擦題紙有無漏印，嚴防。亥刻刷畢，外簾傳梆，內簾傳點，至第三次，啓內簾門，掛珠補服，送題與監

臨場門二場退冊房房官侍三時監臨瑞差

既日擬經題繡閱五經校對題目

初十日擬策題

十一日辰刻請內監試房官等事門刷印二場題帝並首場子刻刷畢

送題策與監臨二場送

十二日校對策題 宋

十三日未刻傳集書匠寫策題中刻付刻二鼓後次早辰刻印題刷

十四日午刻請內監試書堂下四面十一房俱照來當堂發首場卷

房官阅拟荐内监试内监试阅毕荐堂上阅至酉刻正堂是日即得元
卷戌刻送监督第五初二场
十五日辰刻内监试内帘官场即持帖差役寻觅内场门出与监临并三
拜谢监临复监临送节礼八色月饼石榴金桔盒点饼馔兰花兰
寿桂阅内监试送阅卷单场差帘内传供送帘自内闱及三场出
题。秋卿阅卷。始有落凡六次巳刻阅卷至晚共六千卷
十六日阅卷五千卷
十七日阅卷五千卷

十八日閱卷五千本

十九日閱五千本

廿日閱五千本

廿一日閱五千本

廿二日閱五千本

廿三日閱四千本首場閱畢共取五百七十四本稍爲編定晚付到十箱

廿四日閱首場房卷一百本

廿五日夜閱首場房卷一百本

廿六日閱首場卷畢各得廿本約取三百本

廿七日將所取卷二百本細加推閱定去留晚付刻文七篇

廿八日各閱所取卷共選五十本晚付刻四篇刻詩七首

廿九日閱二場卷

九月初一日閱二場卷

初二日閱二場卷畢經文內選試注定初六日揭曉

初三日閱三場卷

初四日閱三場卷畢晚將所取卷二場併閱得五本三十七本付榜

安事備手卷三本

初晉辰刻，堂官升構，已刻，內簾監試請外簾第收墨卷。但書吏、案字號、鈐印、不書卷

我於本號卿迴避院也。齋勘合接封條墨，應時納彌封，彌封卷號50畢，刻送謄錄所

官集來到，春書卷。刻交內監試收，申刻朱御筆墨卷，稍於號房正

付卷監臨，遂使至其內外提調監試及內簾監試，奉下西向坐，十二房

東向坐，自第二名填起，正考書墨，卷名次付，考書填卷，將名成列

題案、主考填魁、內簾撤炷燭火，大息，院內接付榜，退堂，晚堂開墨

名次填知付奏

初六日归硃墨卷发出磨勘。各衙门催取闱墨。是日各官来往不绝。汝循甚廉访

初七日内监试送到硃墨卷，即归书籍发出。又内监试卸。晚料理箱簏。

初八日辰刻梅台送金花彩缎如前。巳初三点撤回一帖。赴梅署鹿鸣宴。李竹侪行

礼毕出闱。时宴罢，梅学送上舆，至玉堂公馆，中丞送戈什哈二人。

初九日赴福建会馆。天后宫行三跪九叩礼。收送礼客。

初十日新门生来寓磨勘试卷。

十一日送各衙门扇对。请十一房来寓加批试卷。

十二日长宁明府　十三日接广文送公请　十四日十一房李公请

十五日二磨勘试卷

十六日加批試卷　十七至廿一日皆赴飲
廿二日磨勘試卷
廿三日磨勘試卷畢，歸卷交文簿署收
廿四日謄真鄉試録前序文，内簾監試
廿五日拜行　廿六日辭行　廿七日檢裝
廿八日巳刻發行李下船，午刻出大西門，門内提調至兩船及廣補道十一房咸在
身送至館候相見，我仍獻茶點畢，揖而别，登舟，新寧在舟中所送還印
各官皆舟中送，皆辭

廿九日雨舟行一百里中丞遣炮船二枝送至漢口

八寶書屋校文之

道班首

黃呂輔號席臣 江鄉舉人 前泉 春日耕

張麐仙名炳塈 興人 丁未 前輩 前粮道 ○今程張憲和己未同年

何芷舠名維鍵 前道 前輩

方菊人名大湜 湖南人 前首府 ○惲祖翼 崧耘 署鹽局 戊午舉 癸丑翰 江蘇

楊宗濂 江蘇金匱人 甲辰 ○唐泰恩 江蘇六合 丙辰進士 庚申前輩

張炳塈 浙江平湖 丁未前輩 世道樣 ○蕭劍 正黃旗 廩生 養泉 現在牙厘局

周世眉 安徽合肥人 子良 ○吳光灣 河南固始附 貢生 牙厘局

魏楙 湖南衡陽人 ○程以輔 安徽六合 供事 現在軍需局

程秉藻
胡鳳丹
李作勳 宜興人
唐秀德 茝階 內府前筆 蘇州人
楊宗濂 号藝芳 甲辰舉第江蘇金匱人 安徽人
程桓生 尚齋 優貢 益陽道
馮鵬霄 卿雲 癸亥進士 己未舉人 河南人

張蔭桓 廣東南海人
唐協和 湖南祁陽優貢 号時雍
胡鳳丹 浙江永康附貢 號文甫 号月樵
張之洞 直南皮附 蓴江 現署雲南
王遐湘 山西鳳台人 己酉拔貢 步松 現在指湘南
程秉藻 浙江錢塘 辛酉舉人 号鳳笙
潘寶齡
閻克駿

方中和 湖南衡陽監 小滄
張麐 廩貢 二陽生 号趾堂 現在指湖南
沈錫慶 江蘇通州乙巳舉 號鶴卿 現襄陽道
崔蘭馨 直南宮監 號芸堂
吳蔚文 陝西涇陽附 號西軒
李壽榛 湖南長沙 辛亥 雨原會 號望仙 查銜
蔣德鈞 湖南湘鄉監
吳炳翼 湖南湘陰附 號屏齋

孫家穀 稼生
沈鎔慶 賓卿
○瞿廷韶 賡甫 庚午舉人 宜昌府知府
○李廣霖 惺天 庚午 另候府
○吳敏 僕村 戊午舉 己未 前輩
倪文蔚 豹岑 壬子前輩
楊宗濂 藝舫 世兄弟

府班

張澤
王彥楨 江蘇無錫 乙卯副榜
吳任熓 湖南澧州 監
胡亦燡 安徽宿松 廩貢
王典謨 湖南湘鄉 文童
吳廷華 安徽涇縣
張澔 浙江會稽 監
葉含章 四川洪雅 監

○凌卿雲 晴嵐 河南光州人 己未鄉 庚申會
史致銘 順天大興 監
恩榮 廂白旗 己未進士
劉棨 江西南豐 壬辰
徐暢達 四川南部 庚子舉
劉步騆 直隸高陽 戊戌進士
江麟瑞 安徽旌德 童
蔣炳森 漢軍 監

荊宜襄道孫稼生
安襄鄖道沈錫慶

魯點仁 安徽宣城附監	龔寶英 江蘇崇明 戊午舉人 鳳台 壬子舉揀發御向
楊心鑲 湖南鳳凰所 丁酉舉	牟嗣龍 江蘇武進監
甯龍彩 正藍旗監	福增 鑲黃生員
沈保祥 浙江烏程 壬子副榜	吳篠仙 安徽全椒廩貢
劉春堂 安徽合肥附貢	周祖禛 湖南益陽監
唐訓邦 湖南常寧童	李謙 湖南巴陵監
羅忠祐 安徽宿松監	呂品律 雲南〻〻 己未副榜
盧筆佺 湖南常寧附	陳長清 江蘇丹徒

楊宇濟 本閔 藝芳
唐志德 寶盖山 藩防
恩榮 荊門州 華甫
（幽蔭）
恩溥 襄陽府 星五
沙祥 鄖陽府 季鷹
瞿廷韶 宜昌府 賡甫
吳廷華 施南府 韓臣
李慶森 安陸府 澗九
英啟 黃州府 候補 前署
倪文蔚 荊州府 豹岑

初八日

瞿廷韶 直隸宛平庚午科舉人 賡甫 署宜昌府	何從勤 江蘇昆明 供事
黃國瑾 貴州貴筑	金星楠 浙江桐鄉 監
楊恩壽 湖南長沙庚午舉人 蓬海 鄂道銜	周文濬 河南商城甲戌進士 山西冀寧道備倉
丁秉堯 直隸平 監	吳慕貽 廣東番禺 監
王鈞康 江蘇江都 監	陳必蕃 安徽建平 壬子副榜
張勝亭 直隸昌黎 壬子副榜	
〇武昌府同知李佐宸 順天宛平甲辰	
高應庚 河南祥符 壬戌舉人 竹坡	知州 吳鴻恩 四川銅梁 辛酉拔貢

知縣

羅湘 四川華陽 辛酉拔　　洪鈞爵 四川華陽丁卯舉

鍾桐山 雲南華陽 丁卯副榜　　徐璽 浙江永興庚午舉 金坡 代理通山

潘唐保 江蘇吳縣 己未舉　　蔡迪康 四川巴岳 戊午副

○潘心垣 四川宜賓戊辰 異盛府 東鄉　　朱世守 浙江錢塘 丁卯舉人

陳鎔 順天大興戊午舉　　朱華 江西南昌壬戌舉人 柳西

李世任 湖南長沙辛酉舉 特書　　何錦璟 江西鄱陽壬戌舉人

送○陳樹蓁 四川忠州辛酉拔 署歸州　　戴開基 貴州平越 辛酉拔

傅廷昌 江蘇江寧 己未舉 字雨霖 實缺歙甯司 留省另委

吳耀平 江西瑞昌 乙丑 潤之 署萬陽 趙星

送 柳正簡 湖南長沙 乙丑 實缺□陽江□

送 尹文翰 山東蘭山 辛酉拔 實缺□陽

送 高時雋 四川銅梁 乙丑 實缺竹溪

李祺俊 山東歷城 乙丑 補廣濟 黃州府□

戴昌言 禹卿 安徽人 丁卯舉 署黃陂縣

送 鄒世恩 伯常 壬戌 辛酉舉 辛未會 現署漢川

吳同壻 子厚 戊午副 現署當山

吳茂先 華溪 甲子乙丑 現任應山

洪欽爵 相雲 丁卯舉 現署應城

宗景藩 子□ 辛未舉 現署公安

鄧振聲 嘯琴 辛未舉 現任鄖西

盧夢麟 子祥 辛未舉 建始縣

王士錚 又錚 甲子舉 署來鳳縣

送 陳龍雲 霖臣 戊午舉 專任巴東縣 署宣恩

送○胡呂銘 號又彩 己未庚申鄉會 李任天門通判　　王方田 子埜 辛未會 署潛江判

周〻益 號子謹 戊午鄉己未會 部選恩施判　　送○蕭山 辛酉拔 署巴東判

送翁鍾 同鄉 韵秋 通城判

張林瑛 廿两门敬廿两[illegible] 左宗佐 八两门敬廿两

〇朱美燮 卅两门敬卅 札勒哈哩 廿两又四两

龍錫瑞 十两门敬忓 朱侍谿 廿两

蘇鳴藻 廿两门敬廿又十两 〇于炳章 廿两 门敬卅

、撫臺送程敬四百两

又史記壹部 漢書壹部 荊紬袍褂壹付 荊紬被面貳床 寄內

宮燕兩匣、銀耳兩匣 普茶兩匣 魚翅四匣 寄內乂匣

、前首府方送程敬四十两

、合署送程敬叁拾两 又荊紬被面壹床 紅毡一領、貢茶四塊

、銀耳兩匣 詩箋[illegible]匣 墨搨[illegible]張

月陰[illegible]日[illegible]木

標送 飯單四條 角縵被面二件 寄閩 補料二件

十一房潘鹿保送程儀卅兩 又廿兩 公仟川帖

七房蔣德華送程儀卅兩 內監試 提調 三兩

四房吳樑升送程儀卅兩 又卅兩 內收 房例送 六百兩

九房邵樹聲送卅兩 五兩 供給

一房鄭慶華 卅兩 加以兩

十二房孫成謨 卅兩 又十兩 精接司道及府州縣

六房汪邦基 卅兩 五兩 照舊 加三兩

雜出[illegible]內十兩

十二房楊應桓　廿月

二房李保徵　廿月

六房陳嶸　廿兩

五房楊鈞　廿月

三房陳延益　廿月

回收李汪陽三程發　廿月　又上月

供給警醒送程發　廿月

替換回道及府州科公項千兩

路費叁百兩

何恒鏈吉助糧道程儀廿兩

阜台王大經曉蓮程儀廿兩

首府王開楷稼軒程儀廿兩

督標司道及府縣送水禮 荊恒袍料貳件 褂料貳件 荊恒被面貳床

野山樸夜貳匣 洪恒鹽筍四簍 普耳貢茶二筒

新鮮女荔二匣 銀片魚翅四匣 金華火腿一隻

昭明文選壹部 樂府詩集壹部 唐四家詩壹部 宋本四家詩壹部

儀禮圖壹部 國語壹部 國策壹部 宋儀禮壹部

東鑑節要壹部 臺灣縣志壹部

小隱書屋抄本

仲彬送程儀卅两

崔蘭馨瀛生侯送卌

紀福阿 妍門敬冰

蒯漁樵萃岩賓右 佰两又卅两

李明墀玉階 百两

漢陽府蘇防柳生 五拾两

程東藩雅芬 六月 又洋烟壹斤、天生木一匣 蘭肥两斤 什錦衣箋

張之洞香江 送地圖 嶺墨 芷席 煙絲 羊蘭 金腿 牙茶二 鱼麵二

胡月樵送程儀拾圓 又東萊文集全部、龍川文集全部、王忠文集、閩南唐賦全部、楊忠愍公集全部、黃鶴

武夷山志、鷓鴣洲志、退補齋詩文存

龔[illegible]七十刀

吳元瀚二圓

惲菘耘祖翼八兩

凌時霄送席壹桌

張月卿送洋表一對、竹簾貳匣、木耳貳匣、銀魚貳桶

孫琴西送拾兩又卅兩

李寶齋送 廿角

鄭宜施送孫稼生 廿兩

傅丙龢 廿角

江夏龢 廿角

唐卿雲 廿角

凌幸廬 小烟袋四把 厚朴二匣

湛福生 烟袋五把

林鷺之 銀耳兩匣 墨壹匣

周濟升甫遜 对十刀

程尚齋 廿刀

龍岡都 四十刀 一式杭都 廿刀

劉維楨臣韓 佰刀

鄒宗孟少松 对十刀 又參茸二匣

月隱書屋藏本

公寄信壹 全稿式甘 彩下扇乙 云潟乙包 蠵花壹包

念堂寄王安佩信壹 其書包壹个 薛洄甫信壹 仰潛信乙

陈嶒寄信三封 诒書六 何地山（唐秉林） 易道李

仲耕寄仰潛信乙 書乙箱

叢也寄实夫信乙 書乙匣 書式包 寄高晴信件乙 書乙箱 又水烟袋二把

李蓬靖（東藝）寄太僕寺志信壹 高景星 桃壺蒸壺

瞿也龍寄信乙封 書乙箱

陈鹏寄信壹封

孫炳煋寄信壹封

林鶯巡寄信壹封　木耳魚面各壹匣

吳根恆寄毛信壹封

劉旭膺寄澂之信壹封　書箱　糖一匣　花褂料一套　白木耳一匣

閑常物件

馬杌凳貳个　樟圓繡花几　茶几　茶几圓貳个

繡花椅披墊六个　地毯壹床　帳褥三件　另帶背椅披七个

四方嵌桌罩壹　書案坐椅桌罩乙　磁帽架二　門簾貳个

文具全付　朱印盤　水注　玉皮筆筒　錫糊盒　硯台　小玉皮屏　玉皮印色匣　玉皮筆架　烏木墨床二　另郁齋買生炉一个

鍋盆架　銅盆　木面盆　洗面銅盆七个

購買書籍

子書百種　百十本　[illegible]　明鑑三部　每十本　[illegible]　稽古錄四部　每四本　[illegible]

讀史兵略　十六本　[illegible]　前刻胡集三部　每八本　[illegible]　後刻胡集三部　每十本　[illegible]

張升先送書籍
勵志書屋叢刻十七種二套
呂東萊先生古文關鍵一函
斯文精粹一二套
廿史感應錄壹本

桂氏說文卅二本 [illegible] 段氏說文十六本 [illegible]、各省地輿圖 [illegible]
長江圖一冊 [illegible] 郡縣圖四張 [illegible] 漢官儀三部每部七本 [illegible]
書掌錄二部每部七本 [illegible] 史雅韻編 [illegible] 經傳必讀十本 [illegible]
包孝肅奏議六部每部四本 [illegible] 楊忠愍集六部每部兩本 [illegible] 七頌堂四本 [illegible]
湖船錄一本 [illegible] 書題二本 [illegible] 詩抄一本 [illegible]

外送書籍
史記十部 前漢書七部 昭明文選七部 樂府詩集七部
唐四家詩一部 六朝四家詩七部 儀禮圖壹部 周禮壹部
園蔬壹部 宋儀禮七部 史鑑節要一部 [illegible]志一部

芷花誌果四本
東塾填遺十本

東萊先生集一部　龍川文集一部　王忠文集一部　閩南唐雅一部
楊忠愍公集一部　近補齋詩文存一部　黃梨洲太冲鷓鴣洲集各一部
譬鋳令一部　譬鋳鄭安峰集一部　地圖一函

外送物件　龍井二匣　子毅茶二匣
荊緞花襖料三付　又襖料二件　被面二床　白木耳八匣　飯單四條
紅毡一条　魚面十匣　芽茶四匣　貢茶四塊　普耳茶二筒
瀏河藍布四疋　野山朴參二匣　厚朴二匣　大肥八隻　天生术一匣
甘菊二匣　羊角二匣　湘蓮二匣　建蓮一匣
詩箋一匣　關烓一張　素絹一斤　山谷墨一匣（蕭湘八景）　竹兵兵武姐

月陞書房藏板

洋表乙对　水烟袋　五把　草席一床

鄭中和烏箱茶壹匣　幼旭商縐面飯單共壹件

縣買物件

白木耳壹斤二匣　坰　三藍被面二床　安賢　五彩被面壹床　明

三藍飯單四个　安珠　家炉乙　勞　水烟袋賞銀廿兩乙把　坚

又中白長的　六把　安堃　又短白　安　物四把　蟒袍料壹件　鄧

家帶松銀物

撥用陳姓 貳兩 京高銀貳兩

撥用門役 貳兩

撥用米換 錢

撥用門役 壹兩

撥用潘廣仁 壹兩捌

撥用倪祐阿 錢

撥用崔道 錢

撥用吳元潮 壹兩

撥用崔孚雲 貳兩

用賬

道中撥去松銀拾陸兩　又借用廖治郎京平 肆拾

八月初二交武昌公館撥京高銀〔？〕九兩八錢八分 合[illegible]平 每[illegible]

買 烟袋 斗 先孝帶 壹兩 合[illegible]斗

九月初十日賞內當試家人 貳兩 又壹千 內收掌家人 壹兩

又賞 印刷字匠 貳兩 書辦 叁兩叁錢 宮宗字先生 壹兩

十三日撥公請燒烤費 錢 十六日公請燒烤費 錢

撥去送禮賞封 捌兩 捌兩 又二有封荷包小刀五[illegible]

前撥送禮費 四兩

撥用六房陳六房吉芌補水

撥用收字匡廿芌

撥用首府廿刀

撥用梁道刃

撥用于熄章廿芌換不作

撥用陳延益廿芌補女

撥用陳延益廿芌補女 彩東房

撥用朱國楨刃不扎旧補女

共撥醫西又门女刃

撥用贄孩用實[illegible]芌 [illegible]

贊接司道公送費賞	拾兩	蔚長厚貼水	帀
[illegible]	梅西	付旭之手	芌
陳雨癸	用貝	子敦	百刀
林肇派	西仟	葉俊	仟
蕭台送礼	刃	換銀炫担合	刃仟
張月卿送礼	刃	買書鈁合數；賞興補家人仟、另差家人仟、付差仟	
孫寔敦送礼	壹兩	府房仟、葉房收仟、葉炉仟；號房仟、跟出門號房	佰
以上什用	[illegible]	前號炮手仟；把门吹手	佰
本宮東[illegible]刃		看公館	佰

揆用卦枝都[illegible] 付都商買物 陪乘以外 實[illegible]

併上共用 收兩[illegible]

換銀[illegible] 又門[illegible]

買物[illegible]

買書 卅兩

賠[illegible]長厚[illegible] 彩[illegible]厚[illegible] 加年 少年[illegible] 毛水[illegible] 共[illegible]

換新[illegible]厚銀尾[illegible]

換銀[illegible]不[illegible]

付都[illegible] 漢[illegible] [illegible]

轎夫 [illegible] 執事人等 [illegible]

民壯 [illegible] 打更 [illegible]

打掃 [illegible] 管盤 [illegible]

馬夫 [illegible] 共 [illegible]

又買巡捕八色 禮扇 礼對 小刀 [illegible] 三連什[illegible] [illegible]二匣 羊[illegible]二匣

[illegible]二匣

卦巡捕[illegible] 又次禮扇禮對

找什[illegible]二人 [illegible]

又換銀[illegible] 付余之[illegible]

九月初四日在漢口換銀十兩 [illegible] 合[illegible]

還閻升[illegible] 還余之[illegible] 還李之[illegible] 什用[illegible]

[illegible]書[illegible]

付李[illegible]斤　付郁[illegible]斤　潘[illegible]貴斤

[illegible]

祝益豐以上 鍾毓崇文 陳家德以上 陳仙舟校

李呂毅 字薌耘湖南人 仲輝文 孟毓光 字叢江蘇人 輝文 朱世澧 蘇人以上 葉澂文

劉模文 字子通漢陽人 輝文 孫炳煌

高萼星託查驗訖

廈門誌局補刻

葉恂予日記

六月初八日辰刻啟行，道路泥淖，途中遇雪海同年，行四
十里至長新店尖，午後大雨，行廿五里至良鄉宿。良鄉令謝佛
盦詩來迎。
初九日雨，由良鄉行廿五里至竇店尖，又五十五里至涿州宿。州牧李星堂
初十日自涿州行三十里至高碑店尖，又卅五里至定興縣宿。縣令
十一日自北河侵晨行六十里至安肅尖，縣令觀祐又五十里至保定府宿。
方伯鎮青，臬戊午同年，慶訪剛子良，穀清河道史松園光寬，
首府榮甄甫鈞，清苑縣何筱甫庚生，己酉拔貢。
十二日自保定行四十五里至滿城縣尖，縣令胡壽嵩，又四十五里至
完縣之北河宿。縣令周銘三山東登州蓬萊人、孫愼堂壬戌舉人來，晤談少許，人尚悃愊
彭部

十三日自北河行六十里至定州尖州牧李鍾沅〔?〕舉人丙辰進士又五十里至新樂

縣宿

十四日自新樂行四十五里至伏城驛尖正定府屬又四十五里至正定府宿

知府王湖南人 正定縣王冠英辛酉拔 是日酷熱水雲縱容纖風不

作漢從陽甚使數瓶王許一題

十五日由正定行十里至渡滹沱又廿里至某鋪尖自尖又卅里至藁

城縣宿縣令戴倬安徽人丙子進士

十六日由藁城行四十里至趙州尖州牧楊蔚本貴州人辛酉舉人甲戌進士又五十里至柏鄉宿

縣令褚登瀛杏軒安徽人辛酉舉人甲戌進士是夕雷雨又作沙河陡漲河壖積潦深三四尺

十七日雨霽阻水住柏鄉晚仍雨

十八日晴自柏鄉行卅五里過沙河是處本無河流每夏雨驟至山水衝灌積潦彌望深至丈許淺數尺蓋地窪店淤泥沙徹底故一值水漲行者病涉常時則一片淖溢耳又不能預辦船隻以濟來往行旅患之其地屬内邱縣境。是日擬宿順德因晨探河流不確遲至巳初始行而沿路潦水未消與大轍礙涉沙河淺再行廿五里抵内邱宿縣令李申和號致庵山西代州人丙子丁丑來謁

十九日由内邱行卅里至廿里鋪小憩是處乏旅店可炊食雞子數枚而行又卅里至順德府

宿祗郡終未初刻甚早自十一至十九日放饍策問五道郡守李贊元軍功四川雅州府人（邢臺）縣令尹潤元辛亥乙丑雲南楚雄府人

二十日由順德府侵晨行七十里至臨洺關尖永年縣屬縣令夏貽鈺江蘇常州人又卅里至黃粱夢入盧生祠憩焉又廿里至邯鄲縣宿縣令丁璪瀾北人辛亥舉人

重過盧祠輿中口占二首

七載邯鄲兩度經夕陽祠外筍輿停黃粱世境知誰屬習習涼風水上亭

計程日日逐征塵慚愧先生夢裏身此去瀟湘吟楚些古來誰有獨醒人

念一日由邯鄲侵晨行七十里至磁州實州牧張延寶善蘇人軍功又卅三
里過漳河再二三許至豐樂鎮宿安陽縣屬邑入河南境之始是日自邯
鄲至磁州中數十里地多石浪大者如鵝卵小者如彈沿途犖确
行甚艱難自磁至豐樂鎮前十餘里多高陵憑輿遠眺有
山行風味漳河水淺而揚而湍流卒急晚值大風渡尤慄慄詢
之土人云夏秋驟雨河水盛漲既丈許人不得渡爾須候於退
乃可
念二日由豐樂鎮行四十里至彰德府尖行館在孝桐彰德府清
瑞安陽縣令方祚勳江蘇上元人己未同年均謁晤又四十五里至湯陰

縣在岳忠武廟茶畢見忠武所書後出師表刻萬石者壹

近年袁筱塢侍郎家業甚殷勳可一紘又卅五里抵宜溝

驛宿已薄暝矣驛在湯陰屬驛令楊欽琦辦公韓江蘇太倉人丁卯

舉人甲戌庶常於岳廟謁經

念三日由湯陰行六十里至淇縣尖驛令又五十里至衛輝

府宿知府李德均

念四日由衛輝行六十里至新鄉驛尖驛令又五十里至亢村

驛宿驛丞蘇藏嘉驛令丁秉燮辦事江蘇常州府無錫縣人

念五日由亢村行五十里渡黃河已晌午矣過河行廿里至滎澤

澤釣之處武駒宿亦名等也坡 孫令達魁錦梅若滿人手功
過河憩府武駒亭食鯉魚全尾者戲作二首
冷官苜蓿四鷄餘葉久閒河鯉鱸鱨鯋茲 挂帆喜全
慈天風吹渡張鷽檣寶山六六年無險惕僥倖口福摩殘
牙山村深繼墟市步魚果人散聞魚叉呼便買取二盈尺
真以鹽豉調薑芽芳肥難比枇鄒又清脆遂發松鄉
況儒生賤命笑窮薄庚鮭風味咸生涯淡淡小鮮亦
要當百金之墓毋乃奢洞庭瀟湘古南國爰必景山魚
有泰三年鐵網萬萬一獲天池燒尾何人詩龍門聲譽

吾豈敢更杜老眼多昏花特視楊侯搏桀盡夕陽

旅館啼林鴉

念八日由廣武驛行五十里至鄭州天州牧王成德心赤人庚午辛未又四十里

至郭店宿新鄭屬地新令鄭金生蘇人羋功是日陰雨泥濘山路

崎嶇尤不易行

念七日由郭店行四十里至新鄭宿是日晴

自過河入河南境沿途樹木葱蘢可愛遊行叢薈中

殊得幽迴之致

將至新鄭輿中口占一首

城堞〻卧近人烟又若家野禽聲在礫外少鬚賁〻䑕沙
四水欲觀稼桐陰聽讀〻谷兒童非竹馬〻究笥瀬〻灘
古筑與瑞康村童環集以堵為之戲甚

補作 道出芒碭見樹甚稀感作一首

有樹村便肰无樹村便枯我行芒碭日百里苹郭原莽
長荒平蕪野人生計表種樹而此不種翻為乎村中老
父為余道回首少狂如須臾八年〻負鉏親手鑱植大類木槿
忘朝晡槿枯非不茁生惡牛羊與〻蹂躪非不勤所苦蠶
熊蘇里兒鍾斧諸里鈞濯〻遂与童山俱意嘻良材

遺蹟新城古今一軌堪長吁十年百年有遺祠憑風懷

想高夷至

念八日由新鄭行六十里至鎮屬許州又四十里至許州

宿州牧孫嘉蓀號雲芑星人中

許州詢荀淑舊宅

使晨渡溱洧晌午抵許昌茲為潁川郡佳氣聚以

蒼西望德星亭在州治西湖上漢荀淑故宅遺址舊業亦緬懷古長

者門第孫高陽太邱相伯仲鍾韓亦頡頏韓韶鍾皓名長社一丘太陳

林潁川四長清芬海內麗星垣儀州鄉人生若蒐賊才皆生

矜張醞雜不自惜，向誰騖汪洋。先生今已遠，要得流風揚。式閭竊私淑，世急深傍徨。

灌嬰（州南有灌臺，相傳潁陰侯灌嬰故宅舊址）

萬戶封侯亦壯哉，究來回首賸荒臺。功名祇博長沙哭，絳灌何曾妒忌才。

司馬德操（潁川人）

知人冰鏡高千載，得士金刀仗一言。欲向先生借天眼，買絲不再繡平原。

念九日由許州行廿里至大石橋尖，又廿里至臨潁縣宿。縣令王

𦶜祥甘肅人，與弟林寧別十七載矣

潁谷　潁谷封人所出

垂鞭躑躅潁河濱，往事當年不忍聞。嗟我思親終罔極，肝腸裂斷太行雲。由晉至豫途中望太行山，累日思狄梁公故事，不禁淚下

尚書臺　漢馬融舊臺在今潁郡境

卻聘鄧將軍身，便名山壹如何。醜依梁冀緩陪賓，從依梁冀當

金臺李公書劍送，此華蓋見人讀書處二賦田　辨伏今崇室

石室六郎龍　馬融石室在陝西鳳翔，鄉仙游潭見蹤跡　遺址數丈臺，吟遊何人頌

悲吒淒淒風傳君長笛矣

三十日由信頡行卅里至小石橋茶尖郾城屬又卅五里至郾城宿

小石橋長不盈丈跨潁以濟渡者河太淺不易潦消非舟時舊觀矣郾城令涂景蘆乙亥丙子湘人號

七月初一日由郾城行卅里至郭店尖郾城屬又卅里至西平宿縣令張紹曾直隸永平府人號少眞辛酉同年西平古柏園中是日出郾城遇河一道名汝岡河上流至襄城郟少眞同年云

途中畏熱憩樹下口占一首

征途愛樹遍愛山諸樹何如楚廣然槐杉松梓不暇辨但喜蔥翠相迴環我行六月觸炎暑僕夫肩赬汗流雨由樹

年殊皇歲心遙指綠陰已肩舞清風蟪蟪鬧鳴蟬賣瓜賣茗
指點途中有羲皇太世界、野人企腳林間眠驕陽車馬集南陌
蓬蓋夢覺前逕空野人對空自閒閒空對野人憎役役故山
園林豈不羨胡為纏鎖拘形骸倘得結茆來此住青鞵布
襪真余愫此懷憧憬老不愉揚鞭催向前程去
初二日由西平行卅里至蔡寨尖（屬西平）又卅里至遂平宿縣令延懌
滿洲人
雪漁同年見和前作疊韻以答
平生未見浙西山得見君子開心顏新詩答我重瓊玖羅誦

不惜〻循環苦行駘〻鑣〻已祖暑看高談晨夕驚風雨〻君聲

嗟〻壺為我歌我持如意羊君擊君詩不似昌杖蜂海波澌

〻移殘達下坂疾如神駿駛探珠抄及驪〻眠頦趁瑠光

吟紫陌更和鳳凰池上落巴曲誰工下里詞鄰人敢說東門復

不如酒中趣更堪然燕醉亦殘骸醉醒醒辨吾山眼南

來處處風物多娛情至倚憂樂誰能論應向岳陽樓

上去

初三日由道平行四十里至練江寨共又五十里至礄山後宿夜

令鄭華林廣東惠州人 丁卯優貢 戊辰教習

初四日由確山行四十里至新篁店尖確山屬又五十里至明港驛

宿信陽州屬州牧白文光滇人

由新篁店抵明港驛途中口占

林光隱隱護山光對面遙看穠遊泄尚有沙源尋練水未曾見竹過新篁篷車三兩自成隊信陽多車道俗用手車盛儀行李人自推挽夏則車上張篷以蔽炎日今日道中極見之土室周遭便是鄉卻趁多方悵睡靜籃輿趺坐當僧牀

初五日晨由明港驛行里許過淮水水淺可涉不待舟渡而清澈照人水底華露詢之土人云源在西逆桐柏山東流西而南

至正陽匯流淺處矣又卅餘里至常勝關矣又五十里至信陽
州宿是日午後水雲布於東南與向西行入陰四霧須臾黑
雲壓頭雨陣驟過不半晌仍杲杲矣途中南望山色如畫道
旁稻畦林木雨後益明媚

初六日由信陽行六十里至李家寨宿信陽屬

曉發信陽竟日山行蒼翠如畫次韻呈雪漁同年

路轉山開山復圍白雲追逐馬蹄飛心怡目眩劇應接戲我
山陰道上思山城長官清不酷犬豕生毛朝睡熟桔槔轆
轤水聲轆轆大兒騎犢小兒眠

天啓亦作天平亦作
太平特效

天公知我游山行，風吹積雨萬峰晴。青山知我者突兀插，作龍蛟不皆平。羊腸盤形穿幽入窔，歷萬態紛羅。逶迤（得）攜茶具竹開道徽部本山歌舞筵。

前作亦畫山中情景，再爲長歌以誌茲勝。

我來（神）道趙瞻太行，有客移雜祇微從。久閱嵩洛慕少室，驅車不涉河之陽。渡河而（薊行）過鄴許，平原莽莽（迤邐）麾土教（鄗薊）險。今已是劉項戰場悲廣武，自（渡）淮上（操）征鞭，碣（石）一一何蒼茫。逶迤澶衍半黃麓（土人云皆黃山之麓）（不知所道中所見山色），南之（來）從此多雲煙。天啓冥阮尤青（此去）特（我）遇至極中州（信陽州唐曰中州），郟臺（縣）□特來家

寨上終日看未盡山，不飽山色。初行只覺兩山夾，扁舟疾下瞿塘

峽；洎夾路轉（下）□□，闊，漁人重入桃源村，蓊鬱蟠仿龍蛇盤迤（附評：突兀；奇中帶靜，寄心淨潔）

斜趨旋轉，蜿蜒曲曲紆迴，蝸篆盤旋，重重包裹，蠶絲之縛，似千蘭說

頂襄匠循仰俯攀躋隨所向，此時置身萬峰間，但見陰晴日萬

狀。最歲忽忽，嘗一至峰（山）宕，約略至彼。記松筐巖寥寥，重來盡（下）

馬低細雖拋置狂去，不忘忘，遲遲，尚書借人，懷島嵐寄語山

神，勿見怪。且南步江湘，又登九疑。

初四日由李家寨行卅五里至道觀音驛，武陵劉玉本手居矣（應山）

又卅五里至廣水驛宿。（應山）知縣今柳玉麐，湘人。（庠生，軍功）

初八日由鹿水驛行卅里至邵店尖鹿山屬六十里淳江鎮又卅里至小河渓宿孝感屬孫令朱希白號芸墅湘之長沙人

初九日由小河渓行卅里至柳店尖又六十里至楊店宿皆孝感屬

初十日住楊店

十一日由楊店行四十里至双廟尖又四十里至灄口宿皆黄陂屬孫令耀元爍字芸壄湘人己酉拔

十二日由灄口登舟行四十里至漢口宿住長沙會館孫令鄭樹蓌罥忠州人辛酉拔

灄口舟中作

車轍倦行旅，登舟興彌起，直達三天纔，乃似鐵艫枝，窗臨六
不遠，頓濤後，一日。初秋擁黃襖，倚扇淚停揮，思心急，乃趨靜
與驕陽抗，天邊風急緊，船底水聲微，篷上燕知泥，桅上旋自
移。此時四顧情物，我皆以機浮意擬觀類，行歌怪洛訴，那知
帆梢處，漢樹渡頭陵。
十三日由漢口登舟渡江至武昌省，寓住東南門內皇華館，丙歲舊
傳舍，中宏敞，歲重葺，規模非昔觀矣。郡令葉炳榮（嶧臣，湘人）理口剌
府，謁翁門（容瀛）中丞彭芍亭（祖賢）、方伯王曉蓮（大任）、廉訪蒯蔗農（崑）
德標、學使臧（濱臣）、糧道英子壽（彭年）、鹽道□（震）、首府

蘅湘生 晴 雨晨

十四日住武邑

十五日發武邑卅里至安家港荖尖廿里過油坊嶺與少憩

又廿里至五里界宿道左之朝陽庵〻小僅數椽湫就頹隘傍

晚與雪漁同年出庵外散步歷數十武皆仄徑遠眺山翠

頗足幽致尋雨乃還飯後仝雪漁分詠羽扇黃鶴樓雪漁句云凌鷹

氣〻前茬巔句指揮兒意頗縱橫又梅花笛裡深〻月杏子衫邊

肅〻風自句云〻〻揮風雨吟梁父腳踏雲烟墨武昌又懷袖動

搖明躍雪濤千縹緲對晴川又先生一去綸巾令仙子千年黑

留題嶺樹補衡 雪漁句云催詩豈受明經請拙鼓誰嫌作賦才
又成誰淚積 精鄘數典才高敵賦鸚又班列雁行書帙
宗鼓樞三疊序贅書自句云鳳凰兒戲花婆勇鸚鵡驛赴
草一洲又名郎垂老珍官篋坊海棲木入薦書又巴山蕭
瑟詩人 勇鄰下窜謾鼓吏樞 雪漁述舊題聰閣及青白
湯凡 杭佑清明余拙句云枷鎖風來花騎路 倉此凡 誤用 桃山先生典 粉資妻
臟壹將來家又乘中生死皆銅壺眼底浮沈紛紛步兵又杖無
簪成天啟獄粉係樣編武林妻拈縫留體覽 又委恩茄花歸窠窟 清明拋火話團窠
焦魁油坊嶺村中人 扶老攜幼環與而觀值天午酷熱

汗味薑蒸徐〻不去窘甚　雪漁云此到處聚觀來業

處〻余對〻曰滿〻前翻若內屏風相與一噱　祇宿棧前

句戲足成之〻

占星益部合傳聽鬨動郡童田舍翁到處聚觀來業處滿

前翻若內屏風光陰自覺身如寄人我渾忘相本空莫唱

銅鞮齊拍手枉將泥醉笑山公　時方戒飲

十六日由五里界行卅里至板橋茶尖又卅里山坡鎮宿候館張氏典

鋪　瑎江及屬

十七日由山坡鎮〻〻五里過賀勝橋又廿五里至紅濟橋茶尖　咸寧又屬

咸寧南相傳洪崖先生煉丹之處
嘗有老桃株藉其地開花，開之日至
號桃中忽不見。
一統志咸寧東南鍾臺山上有
桃花洞，即李邕讀書處，石
室尚存

廿里抵咸寧縣官城內驛館。縣令陳樹楨號筱圃，山西之安人，甲子補壬
戌舉人，辛未印用。睦縣，閒唐永安縣，宋改今名，以湖而名。縣北有梓潭湖
六日咸寧湖為邑，坑泉流之匯
十八日晨起早膳，行卅里至丁泗橋，茶尖，屬咸寧，又卅里至官埠
驛宿。蒲圻縣縣令張集慶，號雲生，陝西人，癸酉舉人。是日借宿黃氏屋舍，飯後
仝雪漁同年散步郊外，登峰晚眺，步須遊行，與雪漁分詠
華帽玻璃燈 雪白半畫擔首何描，色如傳心不礙，死一氣風，佳人在
嶠池凡不夜，如題出窗球，自向雲頭頂，有時濡墨汁，透光全不礙
冰積又健顯生時，發已出脫靈光，致處怪摩遊，平官首尾遊裡

蒲圻背倚陸溪口，陸水入江處。○水經注：陸水北逕呂蒙城西。元和志：在蒲圻縣西南八十里，孫權以呂蒙為橫野將軍於此鎮守。

要向平勃同心誅滌賊，呂王祁汲誤周官。自向平章入省，唐三品
郎將，子曹魏五官，又平子十年構作賦，先生五斗亮為官，又平○
極○樂○從○無○周○旋○泥○流○中○無○思○象○愚
十九日由官埭驛行卅里至五里畊萘芡，又卅里至蒲圻城內試院宿
○縣為孫吳置，以湖多蒲而名。蕭梁屬上雋郡，並秫上雋。○張雲
生太令及陸生伯高文壤均旺談
去年今月先室但化，思之悽咽。適雲溢同年以顯婆果三字
令作集錦，婆果者嶺南名果，以謂婆心二語，因是成長句
忘情豈悲到家，莊若懷釵裙老孟光一種婆心林蔔果廿年

掃識澗蘋來句語不分離中歲炊夢何堪對異鄉回望來所

松柏猶故山、空淚痕痕

集錦茶建溪句、小將龍鳳評茶譜杯向溪山建酒樓五分步秋光橫

建業茶溪山色入洛溪紅紗燈雪漁句云詩護碧紗蕭寺裡曲吟紅豆

畫樓燈自句云燈閃疏紅邀留步櫓搖淺碧浣紗黏天官賜福雪漁句

云福老堯階五福翔天萬壽大官賢又天開官府祐極福帝許

湖山明賀鹽自句云和秋賢壽邊郎主萬福綿天表謝官又萬壽老

賢書福地九天龍樂侍仙官

二十日由蒲圻行卅里至岑要嶺茶尖又卅里至港口鎮萬年庵宿港口

司巡檢葉根彩汀郡人卄二處皆蒲折屬

蒲邑萬年菴為使車往駐之地前明董宗伯題曰歇心處 國朝

雍正癸卯 吳荊山文恪公士玉吳縣人以詩紀其事自後行役過此者和韻相接也

橋外澗溪合奔流觸石喧豗廣並夜寂高枕聽濤擲洗鉢持清課 乾隆丁酉

在碑識舊恩思省題額左長與鎮山門卅文恪原詩也

邑侯何君光晟萃諸作鋟梓名之曰諸賢錄取是華五言之意云

粵僧道遠來閩余至以是錄相示并索和作錄中 先高祖宮詹

公使湘時遺墨在焉讀之下爰次元韻無成五律二首并𥉻道

遠上人道素 緣詩

十笏維摩心 諸天寂不喧前賢開壇唱舊曲瀨重翻 次韻 作林立

瀰介留先世 乾隆庚辰先高祖宮詹公、嘉慶癸酉先曾祖省江公皆出識林之彥
已、續中宮詹公詩續於西省江公舊句稿檢不見，壽中任正記
自嘉慶辛酉 先乙未諸作缺，癸中茲謹錄宮詹公前作二首。曰古寺僧
荒驛曾停車 之頭秋山兩岳頻望野雲翻樸被，聊暖宿騎斯共作恩
迹來心歎歇不 〈空門〉禪雲真淨土，不厭水聲喧，月夜寒鐘起，風飛宿
鳥翻，頻年補倦 清夜攝君恩，敢爾至何敢倦人，睽左門
驍征紀 國恩慚無能，望西公業結山門
遠公今七十，卓錫獲崖宣，宗稱喜皇無，歸來在唄葉翻生
天得雲建淨土，傳燕思剔蘚殘碑讀，斜陽掛寺門
廿一日由港口行十五里至洋樓司鎮，入臨湘縣，又廿五里至水鋪茶尖 山作
署已後移縣丞板細至此，近以後相隨入首 典中 又廿五里長安驛宿 店村僻 臨湘縣，臨湘宋王朝移縣
陂令在縣有雲城山，左縣南卅五里，山極高峻，望之可見岳州郡城

○唐歆陽草吏 非湘人

廿二日由長安驛行廿里至路口鋪茶尖又廿五里南村鋪廿里雲溪驛宿 內係武聖宮現 改住民間茶棧 ○非湘私令黃慶萊 粵人辛酉拔

廿三日由雲溪驛行廿里至郭公嘴茶尖 非湘備 又五里冷水鋪茶尖 巴陵備

又廿五里岳州宿 住考棚 知府文喬生 鑰 己酉拔 乙卯舉 通判徐繼鏞 巴陵

令黃世昀 春伯 江陰人 篆功 守備葉培 湘人 考 出郭迎陶鎮戎立忠鄉勝戎

德郝持帖候○是日入巡捕二人 候補典史徐章麟 號 德清人 湖州 林葆光 號 侯官人 左滄

水鋪迎○按岳 襄山帶江處百越巴蜀荊襄之會全楚之腰膂七

氏祀曰巴陵與武昌蓋輔車之勢岳陽志曰四瀆長江為長五湖洞庭

爲宗江湖〻滕巴處觜有〻○巴邱山在府城西南一名幕阜山洞庭
湖在府西南其㫄有亭湖至西曰赤沙湖凡七八百里亦謂之三湖巴陵一西湖汉凡巴
八十城陵山在府西北十五里蜀江西來洞庭南注合流於此乃一郡水口○山下有
城陵磯長江奔流於磯下○盡曰荆江口
廿四日往岳州午飯後謝鄉試錄前敘
廿五日由岳州行卅里至甬鎮市茶尖又卅里至青岡驛宿有行館巴陵屬
廿六日由青岡驛行廿餘里渡湖汊一歷彩墻鎮街人烟稠密道旁有祠宇
額曰三閭故宅左門額曰湘曲右門額曰楚材又五里至長湖茶尖共此二里巴去亦備又卅里至大荊驛
宿有行館湘陰屬

廿七日由大荆驛日行四十里至黄谷鋪茶尖又廿里中歷湖汊二道至歸
義驛宿有行館皆湘陰屬
於巴陵丞王海珊明府出舊作相示展讀之喜其詩骨清秀走
筆贈之
怪君瘦肥似食肉猶把詩骨清於竹槎枒芒角寫天真不
負十圍好便腹世才未合風塵老下坂鹽車去局束廿年錢
餘走江湖秪為人饔乞微禄不然五斗歸去來高枕羲皇遇
願足雕蟲學亦何有知君吏隱耽幽獨巴陵蒼蒼僅郡邑
官齋户牖伊一線一春花事倚琴鶴壺泉聲供對詠詩

人為政例風氣以年聽取萬千曲

廿六日由澤義三十里至六塘鋪茶矣，又卅里湘陰縣宿。縣令黃耀焜，江夏人（号石孫，字切臣）。

海珊明府由臨湘境相從至長沙，行將歸巴陵矣，賦二律送之

白雲家住貴陽城，舊國江南尚有情（君言先世籍江南太倉）。桃葉渡頭懷素宅，旗亭壁上賭詩名。不知朝市居中隱，大有湖山寄此生。（萍水等閒恰相值，依依楊柳）極贈素箋青玉案，多煩送我客鄉程。

不換龍華丞君又還（且一線光，闌浣）柘移科擬棧壢顏壺觴應去家人

勞棄旗旌客老子閑兵火卅年迷世亂功名了了謗天

慳已陵萬水千山底祗識潛夫在此間

廿九日由湘陰行卅里至文家橋（湘陰屬）茶共又卅五里橋頭驛宿（長沙屬）

將至橋頭驛道中作

飽看風物倦征車自笑疏頑興未除芋葉濃青似荷葉

槿花爛紫謂藤花天留殘熱遲無雨水散重湖遍作

寒一路山光行盡明相城郭是長沙

八月初一日入城住墟大公館

初二至初五日理　赴進呈録肩對等子

賈公祠本賈太傅宅
接祀屈子

九月初六日入闈至乙〻初八〻均辦闈了　十七日接京報李粵督□□恩命九月初六□□□到十二防□
初九日晚中式〻榜　初十日揭曉〇十一〻十二日兼批試卷
十二日移署替代□了後回漁塘公館
十三至廿四日均酬酢宴會等了　十六日公請在賈公祠廿日福建會館□□廿三日仝謝曉
莊觀察徐雲渠山長登靈祀殿〻樓於衡麓　長沙書院三：求忠書院、城南書院、岳麓書院
廿五日晨往蔡公祠行禮
午刻起程登舟
廿六日謝曉莊觀察約徐雲渠山長邀仝楊〻留仙觀岳麓
先至岳麓書院〻內對面左耗天馬山右常□皇山中間

青揚

嵐翠屏列形勢雄特院之東有〇〇聖廟〇〇聖像由山左

曲阜摹塑迎祀於地雲文之湘城送於岳久而〇〇聖像不

遭毀大有可護之者院中學舍數百間肄業者多居焉

任本科（護）集書院盧以餘人濟濟矣少頃出館與山行數十

寺舊有山鉦樹林桐以藏東西諸峰中第叢書本小雲文本

武至萬壽寺聽尺時再行數武有亭曰白鶴泉井水甚之

瀟而不竭由歷爰晚等數亭靖幽迴再行望雲湘亭之左岳之

（高）巔處眼界空闊　往城上望（上）有眺少頃行二里觀禹碑乃宋時仿

（添註）于一亭拓本　右其碑篆甚古字剝蝕矣雲文之前五十年

（乃首）嘗來一觀今　再至此地蓋地極高峻游人不易到山田

逢德萬壽寺，以莊丈〻〻盡以待飲，半酣天色已暝，急〻六
速呼舟子別
廿七日開舟自辰至未行九十里，風色順利，抵湘潭縣權。縣亦稱
湘南漢縣也。昭山在縣東北，昭王南征至此，故名，下為昭潭，深不可
測，縣取以名縣。縣有昭潭書院。知縣黃教鎔，號子玲，湖北漢陽人
廿八日午刻開舟行四十五里至馬家河泊
廿九日晨開舟行七十五里至沙門灘（壩）泊
卅日晨開舟行四十里至朱亭司，又卅五里至〻魚市灣〻十萬〻黃泊
十月初一日晨開舟行七十五里至衡山縣泊，縣令姜鍾琇，號芳宸，貴州人

渴旺〇稍衡縣為三國吳衡陽縣後改今名〇衡山在縣西北卅

里山〻祝融芙蓉紫蓋石囷天柱五峰皆在縣境蓋縣去衡

山最近也〇泊舟〻道傍有馬王廟當為五代時馬氏閩叔

有七十二峰碑甚善匆〻不及購覓可惜

初二日午刻開舟行卅里至羅林村泊

補記 壽保請羅生芳城以禮尊甫琪齋先生五十初度

萌陳德器杖〻年春浦先生几席前讓〻產久知同氣睦

授絳青有〈侍秋風桂子開瑤樹晴雪梅花入綺筵

彩取郭〻 馳策〻覓叢高唱大羅天

初三日晨開舟。十五里至七里塘泊

初四日晨開舟。四十五里至衡州府泊。晤蔣鶴莊觀察（庚申進士）、蜀敘珊太守、桂張文星衡陽令（同年）、憲和（己未）朱純卿清泉令（益清，江西蓮花廳人，癸酉舉，丁丑庶常）、谷華甫通判（鍾英，山東曹州人）、協戎韓殿爵，未晤。晚接鄧首以檢汪佑淦（号渭源，徽人，与同年胡雨臣戚屬）字棫，以丙子科鄉試錄進京，差竣得妻匣局，謂秦代為收惺，寄因循例中。此次備墨筆數事，以伸璞報，專俾遠致，情殊拳拳耳。復之，贈具儀物。○長沙炮船至此四首，由衡郡水師營管帶槐戎廖德茂（号派山）舟板前護。○府刑幕荊湖柎引

交底衡山蟠其後瀟湘繞其前御右與區也酃湖在府
東湛其綠色水可釀酒所謂湘酃也岣嶁峰山在府北五十二里
衡山主峰也迴雁峰在府城南々山藏洪峰由雁為首衡陽
古臨蒸縣以府北蒸水而名三國吳所置隋改今名清泉
今增設以縣境有清泉山也
初五日申刻開舟行二十里抵黃螳嘴泊
至鄉船戶甚以官差往々向縣役使費求免湘地不出日官
價遍於民　無官差大船戶謀々據恐不得蓋沿路州縣
例給水腳其　較民雇歲倍向由長沙雇把杆至衡陽

價約廿千有□ 四官價每邑須給水脚十二三千由長沙至衡
陽凡歷三□ 其所入直倍民雇閱江西江南一帶皆甚設遏
大差不病民 病官矣亦當劃一使平也
初六日晨開舟風色順利行百□十里至茶梿鎮泊
初七日晨開舟行八十里至飛林浦泊
初八日晨開舟行九十里至大碧寺泊
初九日晨開舟行六十里至耒陽縣泊 代理縣令黃元善 号仁菴 貴州人
教諭宋世煦 字号号 永順人庚子舉人 遷 前耒陽令甘西達 号篤山 南昌府人 甲辰年伯乙丑
即用典史葛宗培 号粲九 供事 均陽縣 ○縣秦澤時買以車來水之陽

故名。侯計塋郡未相待洪高武侯憩此付兵去存侯憩山肥

水出焉下流合耒水

初十日晨開舟行八十里至清水鋪泊

十一日晨開舟行四十五里至

十二日晨開舟行十五里至永興縣泊縣令呂鳳藻號子京宛平功杭州人

。自衡陽以下河多小石水淺易膠距永興以北數里尤犖确

不易行兩旁山岸甚窄且無纖路榜人撐篙呼聲[illegible]

詩、殊多刻　已閱

十三日晨四[illegible]七十四里抵長春鋪距郴陽尚二十里已二鼓

郴州在五嶺以北當山之內湘楚上游中漢建初八年鄭宏為大司農因交阯七郡貢獻轉運皆從東冶汎海而至風波險阻宏奏開零陵桂陽嶠道至今為常路此桂陽於楚粵之交有咽喉之重也郴州自漢及唐宋為桂陽郡五代時馬楚稱敦州

矣天雨路滑不敢前進傍民居一宿

十四日晨行二十五至郴州城州牧陳灝汝霖里人也學正譚澐湘潭人號心齋壬戌舉人現任正蘭送禹貢章句一冊

十五日晨行四十五里至良田司住李崇茂家房屋後有小園地僅數武枕山瞰江郡時竹木上構一亭亭前小軒備為過旅寓榻其間榻前頗有一螢二內之概晚露月上潤櫺凝雪亦饒勝致良田司巡檢章煥文浙江紹興人號藉蕤

十六日晨行五十里至宜章縣任露樓上縣令陳闓江西貴州人號端甫縣方試題與史章煥文江西人號珠謂翌日晨赴天氣

黄岑山在州南卅六里即五嶺之一從東為之騎田也嶺高千餘丈絶頂一望郴桂皆在目中至支日騎嶺為楚粤之関与洪嶺連属横截南北寒燠殊候

嚴冷道嶺行數十里輒氣候漸暖良田以北前所
二日甚雨良田以南自九月後迄今乾旱相去尺咫僅隔
數重山而陰晴不齊又出由郴州至宜章山徑平坦前為
湘粤商賈輻湊之所今百貨皆航海而集潯口此地蕭索
昔往來者由湘而粤則春陵茶市由粤而湘則直騎耳鹽皆
騾馱舊粤兜鞋貫畜獸發三千餘騎今不及千矣○章
水在縣北有大 康小章二水俱出黄岑山西麓至郴境合流又东
洪溪水皆六 經流入江西崇義界○為贛江西源支流入鹿
东樂昌郴下 一瀧也○

十七日晨行十、羅家觀入粤东昤又廿里歷嶺路至平石宿楚南館（樂昌屬）由宜章至平石水路九十里坐单船首尾兩頭上坐一二人小船如此地水淺秋冬尤涸雖為下水非一日不至旱路卅里多嶺道並階級尚坦因需夫孔多行李僕從均走水路而輿送陸路

十八日由宜章坐𩃬船行四十里至韩瀧祠祠祀昌黎伯屋宇僅數椽香火甚盛凡趋船過瀧者均於此處禱因赤衣亂登挾例如六禮如歷韩瀧祠以南凡九瀧十八灘瀧險於灘灘長於瀧（瀧）石嶢而湍急洪灘（瀧）又在距樂昌四十里之白馬瀧為最惡水勢高

下陡絕下水之舟篙之稍蹉跌易至不測諸灘雖多頑石然相去僅丈許亦激浪洶涌而已是日午後由韓灘行再行四十里泊

十九日晨開舟行六十里中歷十餘灘至白馬灘舟子請登岸行數十步至岸觀舟過灘形勢可駭濟白馬後趁舟復行四十里歷六灘冬數抵某邑泊署知令魯宗頤江西人號敬堆甲辰進士兄弟壬戌同年魯之友之親姪孫之婁甥如辛未科譚觀正堂教諭湯執號允庵廣州人近模質辛酉戊午舉邑之書院曰晶山掌教亦湯廣文也

二十日晨由某邑舟行百十里旱路約七十餘里抵相碌泊緣江水淺多石間有急灘之上行更作声然石圓滑若彈子渦不觸舟也

廿一日晨行八十里，韶州西関泊。觀察華堯峰前輩（祝三，癸卯，丁未[illegible]）

名日彰，丁酉舉，甲辰會榜四□，用謐和菴貴（兵部司官）；署令富文甫綍；均旺府學教諭

楊康（廟府，又東，己亥舉人）侯□巡芝（附籍，墨生，庚子舉人）馮梓材（喬南，高要人，庠生，近□）署之書院曰湘

江此郡文風未壯肋

廿二日晨行九十里，至北沙泊。

廿三日晨行百廿里，至觀音龕（龍）泊。是處少村落，拔地一巖壁立數十丈，巖腰有洞，土人砌龕洞中，供大士，洞口窄不盈丈。土人云中頗寬曠，有結茆處，其武陵之勝境乎？匆匆一宿不捨舟入，未免為漁父笑。

廿四日晨行六十里至英德縣泊。日六轉午，縣令阿克丹布（同知班，號小川），

教諭盧允炳宸（廣甯人，辛亥舉人，號嶽垣）謁晤（仇廉之似，有才具者），訓導王天錫（瓊州人，癸酉拔貢，號晉

源）。晉省各邑有三書院，曰匯英，曰文昌，曰進聖。匯英為大，能屬

人消〻衿鄉〻業舉子業，不圖鄉試，其秀者則出文衙署干與

地方事。仇廉文府云：英邑民情強悍，樂私鬥，邑多深山，群

盜出沒，有司莫敢詰，然尚畏官，較之廉屬潮屬差勝。午後

行五十里至（連州）江口汛泊。

廿五日晨行六十里至白廟汛。是處有鹽局抽私，最蕃，人煙密。

廿六日晨行卅 小遥司屬（廣州），司令羅維煒（號玉山，江西人，己未同年）下鄉未晤。

訓導曾鑄（[illegible]人）典史沈寶源（浙江山陰人）均晤邑之書院曰鳳
城○巳正刻解維行八十五里晚至上斫碑汎泊
廿七日晨行六十里至木綿頭汎泊
廿八日晨行十里至三水縣縣令劉秉鏊（江西贛州府人癸酉拔貢號楫軒）晤訓
導彭鹿封（瓊州人甲子舉人）晉省未晤邑之書院曰行臺（舊有鳳岡書院廢行臺之名又典蓋書院之背枕考棚也）本鄉來邑肄業院中者不下四五十人月有
四課一官課二師課較之他邑課程最密葛四課均按帖
括不問以經古雜學則陋矣

良鄉宿 七十里 涿州宿 七十里 定興縣宿 七十里
安肅縣宿 七十 保定府宿 五十里 慶都縣宿 六十里
定州宿 六十 新樂縣宿 五十里 正定府宿 九十里
欒城縣宿 六十里 趙州宿 四十里 柏鄉縣宿 六十里
內邱縣宿 六十里 邢臺縣宿 順德府治 六十里 臨洺關宿 七十里
邯鄲縣宿 四十五里 磁州宿 七十里 安陽縣宿 入河南境 彰德府治 七十里
宜溝驛宿 七十里 淇縣宿 六十里 汲縣宿 衛輝府治 五十里
新鄉縣宿 五十里 亢村驛宿 六十里 滎澤縣宿 開封府屬 五十里
鄭州宿 四十里 新鄭縣宿 五十里 石固驛宿 四十里
清頹驛宿 許州屬 九十里 襄城縣宿 許州屬 六十里 葉縣宿 南陽府屬 六十里
保安驛宿 六十里 裕州宿 六十里 宛城驛宿 六十里
林水驛宿 六十里 新野縣宿 六十里 襄陽縣宿 六十里 入湖北境 襄陽府治
樊城宿 六十里 宜城縣宿 七十里 麗陽驛宿 九十里 安陸府鍾祥縣屬
石橋驛宿 六十里 荊門州屬 荊門州宿 六十里 建陽驛宿 一百里

江陵驛宿荊州府 荊南驛 同作 孱陵驛宿 六十里 孫黃驛宿 入澧州境 六十里

順林驛宿 八十里 澧州宿 澧州 八十里 清化驛宿 八十里

大龍驛宿 八十里 府河驛宿 六十里 常德府武陵縣屬 桃源驛宿 桃源縣屬 八十里

鄭家驛宿 六十里 新店驛宿 六十里 界亭驛宿 六十里

馬底驛宿 六十里 辰陽驛宿 六十里 辰州府沅陵縣屬 船溪驛宿 六十里

山塘驛宿 七十里 懷化驛宿 七十里 羅舊驛宿 六十里

沅水驛宿 六十里 沅州府屬 便水驛宿 七十里 晃州驛宿 六十里

平溪驛宿 八十里 入貴州境 思州府屬 清浪驛宿 六十里 鎮遠驛宿 鎮遠府鎮遠縣屬 九十里

施秉驛宿 六十里 施秉縣屬 黃平驛宿 六十里 黃平州屬 清平驛宿 六十里 清平縣屬

楊老驛宿 四十里 酉陽驛宿 五十里 貴定驛宿 貴陽府貴定縣屬 五十里

龍里驛宿 六十二里 縣屬 貴筑縣 六十里

郭基桓　濟甯州

到粤應辦事宜

到任謝恩摺

到任題本　廿日

〻移咨儘八日内發于豫填日子處折

另摺及夹板黄綾包袱油布内前任備用

又將咨不能豫填日子諭限照摺擺劃殺不收

觀風告示

飭各屬速办縣府試

打□□

點名 防槍檔 查年貌符否

查號

蓋戳

鎖手卷號

出棚 若干人 每名文

船戶有無裝貨

幕友殘卷

應□□各任事件

防弊 十 武試防弊及馬步弓刀技藝情形

錄遺去取情形 一 名冊 卷號 [illegible] 保人江令

稿房科房等書吏傳差 差吏書等規例多少

歲科試棚規 [illegible] 各棚 [illegible] 棚規 觀風告示

幕友脩金伙食若干 [illegible] 若干 署中家人紅伙若干 沿途上下伙食 [illegible]

出入款如何 出試若干 開銷若干 沿途 [illegible] 路費伙食包 [illegible]

文風如何 經古如何 有無延請精算學者朋友 觀風題目若干

每府試多少天畢

各府州縣 [illegible] 接受回話 [illegible] 史 [illegible] 日併試

寶印花到 [illegible] 每歲印花 [illegible] 若干

科歲考試 [illegible] 各沿 [illegible] 州 [illegible]

由西城馬路站　湘潭縣　湘潭至淥口司
淥口司至朱亭　朱亭司至衡山縣
衡山縣至雷溪驛　雷溪驛至七里站
七里站至衡州府　衡州府至嵐溪驛
嵐溪驛至茶社　茶社驛至小江口
小江口至新城街　新城街至大小溪驛
大溪驛至耒陽縣　耒陽縣至上湖街
上湖溪至永興縣　永興縣至修江口
秦江　至瓦窑坪　瓦窑坪至郴州

由宜　縣至單廠六總水舡百四艘八隻　縣至樂昌換十艘至
韶州府韶關首縣　曲江縣至英德縣至七十　江縣至二十一水程至
廣東首城　曲江縣英盖驛至英德縣真陽驛三百里又至清遠縣安遠驛三百十里又至三江口縣西南驛二百里又至首城七百十里
未覽之莫元善程一縣之得鶴年親程信

汪薇字思曰號柳莊歙縣人康熙乙丑進士卅年任福建
督學道以崇文端士習為首務考校公明嚴絕請託
嘗自題文場此為文字當表命秋行光張書謹書
奉世視閔甲乙　貢識精當

四書二句、共四題

人〻親其親〻長〻　非礼之礼非義之義

必為之隱其事隱〻　擇其所求學其所習

無徵不信〻〻徵　君〻臣〻父〻子〻

祭不在堂神其神矣　中〻之中矣〻其中

食未明食其事其畫中　佚其周所佚所其周

葉恂予日記

西北江

癸未二月十四日由省起程二十日抵肇慶府十八日開考迄三月初三日文試竣止初四日考試武馬射三天步射五天於十三日蕆事十四日簽押 會射武員肇協副將董明禮安徽人

十五日由肇起程二十日午刻抵羅定州廿一日開考卅日文試竣

四月初一日校武馬射一天有半步射二天有半於初六日蕆事

初柒七日簽押 會射武員羅協副將唐高遷揚州人

初八日由羅定起程巳刻始碇行八十里泊河口

初九日晨行百七十里晚至羅定江口泊

初十日晨行五十里抵東安馬路邑令里人陳璵皋自彭城次往羅州補調[illegible]

回署旺謁片刻又百八十里抵肇慶府城泊。陽春令蕭炳堃號文峰湖〻善化人適在郡未謁謁次詢知邑之書院曰鳳雲月四課官一而師三肄業住學宮共六百下數十人魏程尚好但山長脩脯仰生膏伙均歉薄耳以故山長皆從本邑延請無外聘者文峰又云邑有勝蹟曰第四崆峒與肇之七星巖互相頡頏請撰書數字鐫石間壽敦促沛克一履其地為之神往肇之七星巖余於己巳歲游覽及之

十一日晨行百卅里歷鋪前羚山龍门後涯而歷羅隱洞廣利墟橫槎大鰲貝水青奇墟丑質潦江口等地至三水縣泊

十二日晨行八十五里歷木梯南津口黄塘墟永益沙豐蘆邑

鹽局厘局育江等地至大塘墟泊此地人烟隱軫村鎮之大者

十三日晨行百有五里歷下峪排上峪排排替屆迴岐墟壚石岗

墟山塘正江口塔脚等地至清遠初泊永令羅玉山埔已未同年

旺談邑之書院曰鳳城諸生膏肓伏尚不薛山長脩脯百金

間歲延之他邑肄業於院者無慮四五十人文風中平而文

試者五六百人武試百餘人民情刁悍要北灉江一帶尤

多盜

十四日晨行百有五里歷七星岡雞抱白廟峽關鹽峽山古寺灉江

口採壚羨洞太平角等地至横石壚泊

十五日晨行九十里歷三門挂波沙大廟峡黎洞小梓大梓欖坑横城口至連州江口泊至此與韶州分派入韶北行入連西行

十六日晨行五里過灣石卅里過幽寨水口又卅里歷西小灘旗鼓灘至高道灘白洋水口泊

十七日晨行四十里江流紆曲抵含光關稅廠已申刻矣含光關北韶首之分關也粵學使者按試水路多舟人覬漏貨物視為僞善如船向有規例歷任以來甚有儀垂行遷關津恃播者惡役余莅鄂謹以裁其規費先期併咨督撫兩署飭經過各關

繳一律查驗舟人頗懼不敢肆而每舡仍私攜少許廣紅其爲水手等沾取微利以償勞苦亦聽之不爲已甚也乃近日有四小舟越關而行擅打旗號關吏不敢詰後一舟行少緩僕人見之牽至司送關聽辦其前三舟關吏復駛舢板趕程追之余亦[illegible]命開舟矣行不里許前舟遽泊乘篙工駁而譟爭入艙取器械將前抗阻不得以故詢之乃知越關之四小舟乃水手等因舟禁小船不敢增攜私貨數小船裝鹽偷渡初見一舟爲某獲心已皇皇剛見關吏派舶前尾追計益窘處三舟均獲亡撒集衆懇情而關吏見舢板去久不回復派一營弁前探消

息營弁不識輕重常數兵持兵器往役筆遊鼓譟矣衆勢
皇浦間閩十艘被差弁均遁回余親於六往彈壓始散其情衆要
挾既釋其前之艘其群被之一日後求開釋余方持不可閩吏
以慮事愈惡余已登其艘釋其舟懲責其人而事結閩吳
子寶同年以試過韶因譯史登舟查視舟人不服亦鼓乘醵
事情狀亦相似可見粵中積習之重人情之悍殊須痛懲
而躁躁樵（蘆）又為瀆躁從輕重之間不可不致意因書之
十八日晨行八十里至蘆莛石大灣壩蓑衣灘至錦浪灘泊
十九日晨行八十里至歷三峽經桂嶺達州坪青蓬壩至通儒水口泊

二十日晨行二十里至陽山驛按塘汛廿里實五十里邑令李平先号壽菴四川重慶人辛未進士由
兵部改授晤談及川省考試弊竇成都敘州夔州等屬為最甚而
所謂一根蔥者自郡府試至院試皆冒頂原名也敘州之九姓鄉及松潘廳最甚
川中招客一場自至鄉郎玖丹先生視學時始午後行十
五里至金釵灣泊陽山驛書院曰韩山與潮郡同以潮州陽山文公俱
至其地也按韩集送區册序即謫官陽山時作中
云陸有邱陵之險虎豹之虞江流悍急橫波之石廉利侔劍戟舟上下失勢
破碎淪溺者往往有之所部無居民官無丞尉夾江荒茅篁竹之間小吏
十餘家皆鳥言夷面始至言語不通畫地為字然後可告以出租賦
奉期約云云今則邑壤饒沃城居闐闐適由連州下口近邑境江湍漂急
春夏盛漲時舟人若若而洪瀧甚處數十瀧石皆排列一處亘且長
遞與舟行已無碍蓋似磯而非鄙矣
廿一日晨行六十里歷黃蓮瀧小神瀧小江口瀧石螺瀧溫泉瀧界瀧

連州又一書院曰楳山

至銅灘水口泊

廿二日晨行四十五里歷牛皮灘寒崖灘龍湫灘絓灘羊跳峽俞纜灘馬面灘抵連州城時晌午矣至岸入試棚

廿三日開考至五月初三日文試竣（生一場，童二場）初四日校馬射初五六日校步射初七日覆武童初八日簪花（會射武員連營游擊張鵬，号翼菴，直隸人，進士）

連州書院曰南軒北宋張紫巖魏公謫官來此子栻偕至南軒先生結茅讀書於今書院之地故名州有列秀亭魏公石刻尚在前翁覃溪學使於試棚後樓得之且紀以詩載今州志。陽燕喜亭唐王宏中守是土作昌黎

有記又書不在樓劉賓客禹錫謫居時作書係以長白州
勝蹟非一二數今存者若三也。陽山書院、韓山、達山書院
曰象山。連山邪也地多深山猺民聚族居之分十三排四出為
土民害後設綏猺同知鎮守遂改邪為廳並設（今）三江協撥兵
分布以資彈壓並猺民之據按如先是土民強猺民
弱猺民受土民欺侮無歷時久不勝其憤輒一出尋釁相讎
地方有司以理曲在土民置猺不問其後猺族日衆勢日暴
有司尚祖舊見遇猺民控事輒曰此土民激之也養癰成潰
此十數年來遂為閭閻之病猺地瘠而族衆無所食則出

獞人藏匿處以待賺不賺因加以極刑斃其命彼此效

尤甚鳴鑼劫殺舊時處近猺地凡三十六汛千把總駐守於以

鎮壓此沿汛倉兵第武弁兵敢居其蓋猺不獨獞民且獞

官兵猺々頭目曰猺練猺長亦食官糧然糧微不足以要結

反噬其黨獞人勤騐而自居中取利心々內皆可知矣或曰

連々猺族楚南辰沅間五溪蠻々種也

五月初九日由連州啓程巳刻開舟行百卅里抵陽山縣又廿

里至通儒水口泊

初十日晨行二百六十五里至連州江口泊

十一日晨行六十里歷湞陽峽波羅坑牛市灣抵英德城泊。

縣令秦侍堯號宗菴，江蘇常州人。邑書院曰會英，每歲膏伙息銀

叁百兩，紳董思司院長束脯貳百元，又伙足錢肆拾兩，現院

長馮純章順德人，己卯舉人。課期三官一兩師二。韶屬文風英德爲勝，

童試七百餘人，武場三百人。

十二日晨行八十里歷菜洲江灣太平坑黃岡塘觀音巖至

龍頭塘泊。

十三日晨行九十里歷新旺水清溪沙口塘塘鳳田高橋大坑

口塘烏石塘至濛裏石泊。

十四日晨行九十里歷昕灘白沙黄茅峽白土壢孟洲壩銅鼓

石車頭壢官灘至石灰坪泊

十五日晨行十里抵韶州府城十六開考至廿五日文試竣生童場

二場廿六日馬射廿七至廿九晨步射畢六月初二日簪花金閉武員吉学歲考

紫齋出衙人游戎
祀石搬兵聽無協〇府之遺蹟曰風度樓爲張曲江作曰風采樓

爲余襄公作靖二公爲韶陽首數人物九戲壹風景亦勝

書院曰湘江人文近稍凌替翁源英德二属文風差善

曲江以下識自檜矣

六月初三日晨由韶州起行過太平關歷腊石灘黄浪水灣頭

瀨古廟仁化江口凡六十里至古洋泊

初四日晨行七十里歷南石塘平圃雞水塘雞籠塘彩莊水墟泊

初五日晨行六十五里歷烏泥總鋪羅碑至始興江口泊。

初六至初十日舟行共五十里歷羅圍田子地斜潭挑魚灘三口塘等處由江口抵南雄旱路一日可達水行約二三日每屆夏令江水淺涸雖輕舟或經旬始至茲則遲緩一日僅括里程延既處而炎溽蒸逼渴不可耐余已商之邑令（邱雪帆延年人）派捕護送輕騎作陸計於明晨啟行

按南雄據粵上游地最高水由北來趨之下而流駛歲久

六、秋…之錄

沙漲迅急，輒涸而舟為之膠。按州大水三：東江一名保昌水，一名東溪水，源出大庾，流至城西，與凌水合，環抱郡邑，又稍帶西南流入保昌縣北，又西入韶州府曲江縣界，合北江，有保昌大江之稱。凌水源出大庾，南流注於東溪。唐仲初記云：大庾嶺水（寰宇記作鏈水，誤。水多鏈魚，因名），橫浦水下石樓館水，以漢樓船將軍楊僕得名，亦名凌江，水源出大庾，南流經保昌縣西，合北江。保昌書院曰文明。

十一日，由三石塘起程，與行六十里，抵南雄州城（歷馬子坳、塩鄰、安丸、小水塘、兩境、丹鋪，行）

仁白塘角塞塘水吹凡九十里

十二日開考至十九日文試竣（生童各一場）二十日至廿二日馬步射

畢（會射委員仍吉榮齋、招吳協戎）廿五日簪花。州之書院曰道南，諸士膏

火甚厚（餘目所僅見）規模亦好（掌教現聘江西進士謝姓）。自十一日登陸後

各船續行至馬古市墟，與護送礮船爭路，而礮船管帶

六隨入州，差人彈壓，遂而相毆（座船幸免不與焉）。各船戶復倡眾擄

囊礮船家具毀壞，嗣由礮船字稱船中軍械衣服均被船

戶奪取，當將船戶交州追問，船戶不肯承認，被州官以封艤

需索嚇之，庭責請回，有交南康訊辦。據吉協戎云，該船戶

為首者係周亞福，去歲偷載私鹽，經礮船弋獲（並非此礮船）

䝉由此起粵中船戶甚強橫而光蛋者尤爲悍惡

不可不懲治○州之協戎識吉齋名端記名副都統頗有戇直稅說

次於地方情形亦極関心整頓滿人中難得者

廿六日五鼓到萬壽宮慶賀禮畢回棚於辰刻起程登

舟水仍淺行廿里至白營角泊

廿七日水長九寸許舟行七十里歷修仁丹鋪塘角墟心水都安

水馬子坳墟至三台塘泊

廿八日水增長二尺許午後雨天氣清爽舟行百六十五里歷拱

魚灘斜潭四子地羅團格兵江口羅碎總鋪烏泥彩庄小墟新

龍塘、飛水塘，抵平圃泊。平圃有巡檢司。晤始興令邱雪喬文翼，教諭江有焯，聲名甚劣，隨事苛索。

廿日晨行八十里，歷南石塘、古洋、仁化江口、瀨古廟灣，經黃浪水、賭石灘，至韶州府城小泊。晤華竟峰觀察，談次知海南邊事，當事調方軍門鎮廣州，吳軍門全美鎮欽州，省垣宋心均謐。竟峰云：現今海防，濱海各省當有專兵專守各海口，仿長江水師之法，練一支水師沿海游弋，再練一支陸兵防守沿海要隘。若臨時由綠營額兵練兵抽調，不免顧此失彼，彼處且以防兵作戰兵，甚不濟事。前據吳誠吉齋談，各海口砲臺均無專兵防守，未免虛設。南雄守兵僅六百餘人，連州守兵僅四百餘人。

均不敷分布議者商協成張星庵游戎府述併記〇午後

復行五十里歷石灰坪官灘車頭埔銅鼓石孟洲壩因雨泊

三十日侵晨行二百二十里晚抵英德縣泊

七月初一日晨行二百六十五里晚抵清遠縣泊

初二日晨行百七十里抵南津口泊

初三日晨行二十里過木棉路抵三水縣小泊復行百六十里歷西南

舊黃馬獅子竈心塘荔枝園仙管寺濟沙口沙腰黃馬司張槎

佛山鎮底步木莿沙五叉口大通滘貝底水抵花埭泊

初四日晨行十里抵省垣大南門馬頭

九月十四日午刻由省起程出大南门登舟行六十三里過东炮臺歷沙河堡獵德東圃魚珠烏涌泊
十五日晨行百廿五里歷白沙敷頭印鹿步滘南岡西洲东洲彩坭蒙埗大墪十字滘石灘口涿家江抵石龍泊。石龍乃东莞邑之大鎮東莞左駐此。經標後營游擊重壽庭錦棧滿洲人
粵撫陸路提標凡五營後營駐石龍右營駐河源前營駐龍川中左三營駐惠州
惠州左營守備轄中營協戎兼轄前營後營右營游擊四營守備
十六日晨行百里歷瓶瓦洲象蘭下南上南赤墈溪石底石禮村鐵岡泊。鐵岡入博羅界

十七日晨行卅里抵蘇村距博羅令阮羣玉同年邑書院二

曰金山曰羅陽而共一山長現延本邑李孝廉藻芳膏火亦薄。又四十里

抵歷金竹沙鮎魚角抵博羅縣泊

十八日晨行五十里歷蘇女洲劍潭界歸善金雞湛抵惠州府城泊。歸

善惠二首邑而別一城與郡城隔河相望。豐湖在府城西廣袤

十餘里亦曰西湖宋知州陳偁築堤防築亭館以為勝游太守

林俛叙云湖之潤溉田數百頃葦藕蒲魚之利數萬民之取於

湖者其施以豐故曰豐湖隔水有山曰豐山自西邊迴入之湖中

有瀲玉灘點翠洲明月灣逍遙臺雁花島披雲島歸雲洞

秘縣左有蘇公堤以蘇軾謫居時所築而名。東江在府城東北源出江西安遠縣界南流過龍川河源二縣界流入境繞白鶴峰之陰至府城東西江水流入于西溪歷城北經博羅縣而入廣州境亦謂之龍川江。西江在府東南源出九龍山西流與摩川水合至府城東受西湖水乃北折而合於東江。志云城東有斤半水亦曰百田水有魚利官收其稅。賬署陸路揭背蔡紹庭軍門錦章知府楊子和前掌歸善令鄧石卿三麟

十九日晨行六十里歷小鞋滙鳳園水口井馮亭抵橫瀝泊

二十日晨行八十里歷天罡園獨石度狗瀧釣魚公赤墈抵梹榔塘泊

廿一日晨行五十五里歷盤石觀音閣（河源和界）秋溪水口抵扁布泊（觀音閣有鹽卡稽私商役）

廿二日晨行六十五里歷牛牯口善竹派小蒲藍田水口饅頭抵黃泥屈泊

廿三日晨行三十里歷彩庄水玉王寨抵河源縣小泊，已未正矣。晤署縣令通判張士彥（號仲英，浙仁和人）、陸操右營游擊王傳訓（號受之，湘永順人）。邑〻書院曰茶江齋，伏稀蕭山長周，本邑孝廉，另明倫堂又一山長，司邑人趙省秋議川費及彩進印金等，為六埽官聘。惠俗男逸而女勞，土地瘠善。河源自觀音閣以下曰大江，觀音閣以上曰小江，小江鄉依益寵歸雜治。

廿四日晨行卅五里歷黃河歌塘抵徐洞泊

廿五日晨行四十里歷古雲禾溪洪軍抵上屯泊

廿六日晨行六十里歷白馬桂步清溪黄田滿坑抵学塘泊

廿七日晨行六十里歷窑溪忱頭石司藍口大灣水袱頭石將軍甲抵柳城泊

廿八日晨行二十五里歷虎頭岡界龍川塔脚抵龍川縣小泊縣令楊夢龍號竹卿江西南昌人邑之書院曰三台課生膏火正課二千餘文附課半之每歲只供六閱月而已課生自甄别後有竟年不應課而坐支膏火者院規廢弛極矣當飭當事者加意整頓○

申刻復行十里抵澗步泊

廿九日晨行十里抵老隆巳刻矣人夫與簥未集在此住
卅日由老隆登岸行卌里歷興龍庵距老隆十五里秦嶺距興龍庵五里
西口塘至通衢左巡檢司署在焉巡檢揭祜忱江西人亍斐明許沫文前等搨塔山
矣後行廿七里歷藍關長樂和界距通衢七里有韓文公廟宇岐嶺黃塘峽
水抵清溪登舟船由清溪入潮皆行內河水淺入冬益涸須
蹤趟沙路舟乃不膠過清溪八十里在七都河口衆流匯
以下水較淺鴨口長樂和合方觀海號星槎當閩幕二十年故官粵省幾二十餘年矣
十月初一日由清溪解維行卅里過高沙抵長樂和泊溪路沙滯
而易行坐舟淺備前後兩堵頭軒而尾軾土人謂之小蓬船

初二日晨行卅里過封水又行十五里泊距七都河口尚十五里也

初三日晨行十五里至七都河口舟人捨篙動槳矣順流復行卅五里過橫石界（興甯縣）興甯水曲邑令沈春畦潤枚（?）彩安巫日候交卸未晤旺水口司巡檢鄒喬齡（号建長，安福人）過 尋復行廿五里歷老鴉帶至余坑泊

初四日晨行二十里至水東新任興甯令沈鳳[illegible]（号韶仁，仁和人）（代理）浙 自潮來晤 又六十里歷官塘彩塘羅衣（?）坻袁家州城未泊途次晤州牧陳善圻（号吉圃，湘鄉人）[illegible]郴州之書院二一日培風舊矣一日崇實大坍圯陳牧准復清查畝粮籌經費（已得四千餘串）當復整[illegible]地瘠而士尤貧往往不顧行檢當槍程至餘了司牧（此官有以）

塘寨之廣聊乃子復出續暗鎮標右營游擊李鵑順天人潮
鎮凡四營右營游擊駐嘉應州左營游擊駐揭陽中營及城
守都司均駐潮城左右營守備亦於潮駐[illegible]口尋復行廿五里
歷張公渡至西洋泊
初五日晨行百里歷赤水埠寨內村莊社銅盂松口並籟抵蓮
蛛灘行棠灘神灘入[illegible]昔年稱險今浪平港闊不得
舟矣復行四十里歷水兵洋桃坪至三河壩泊有巡司在大埔界為大埔河口
初六日晨行百卌五里歷合口鈎溪南坑九龍潭宋公坑高陂大麻
黃竹村水朱坑散溪抵畱隍泊有巡司

初七日晨行七十里歷葛布嵒故隴烏石松水曲灣爲帰湖鳳棲

蔡家園抵潮州府城時晌午矣

初八日開考至廿二日文試竣生一場童四場廿三日校武至十一月初

六日試竣初七日簪花申刻赴金山公讌。潮書院三曰韓

山帰道管曰金山帰府管曰城南帰縣管韓山城南由來久矣金山

則近年方寧門雅彩觀齋胥伏均建城南院長素庭張

彥高進士其翻譯林碩學其著作西學朔閏表推步精核

韓山院長則廣州吳進士國鎮也丞棚會射爲潮陽城

守營遊擊陳必達少岳光州人接調未少虞同年丙壽

代此共吳碩卿通判景萱子寶同年之壹弟也
初八日巳刻登舟行四十五里至松水泊 是日南風
初九日晨行六十里至赭水泊
初十日晨行七十五里至銀溪泊
十一日晨行卅里至三河壩有潮郡鹽運分司分局有巡檢司
距大埔邑四十里時代理令俞士俊大埔老七院曰蔡陽大屬當塲
邑令籌係潮之文風卅邑最勝午後復行卅里至水興泊
十二日晨行十五里過蓬辣灘復廿里抵松口時卸興寧邑令沈
壬暉號料珊浙人調署新安縣談良坊頗悉復廿里抵蘇祖泊

十二日晨行六十里抵張公渡泊

十四日晨行十五里抵袁应州

十五日開考至廿六日文試竣　生一場　童三場　廿七日校武至十二月

十三日竣事　会同李游戎鵬代楊調易司馬

十二月十二日替花禮歲於午刻起行至申行十五里泊

十四日晨行六十五里至畲坑泊

十五日晨行六十里至七都河口泊

十六日晨行卅里至精水泊

十七日行卅里抵長衆灘過七都河口水淺甚須疏通

沙頭乃可行又廿里抵高砂
十九日晨行十里抵清溪
二十日過山行六十五里抵老隆
廿一日行廿里抵龍川泊晤提標前營守備盧光瀛
歸翹木彩合人皆由老隆至河源所沿途水多淺處龍
人頭倜儻駐龍川
川僱舟最枝太笨重膠不能行復商換數小舟備用
廿二日候換舟畢申刻開駛十五里至虎頭岡泊
廿三日晨行四十里水仍淺暮抵大灣水泊
廿四日晨行九十里至洪峯泊

廿五日晨行六十里抵河源縣泊

廿六日晨行九十五里抵扁布泊

廿七日晨行百廿里抵天罡圍泊

廿八日晨行七十里抵惠州府城已晌午矣

廿九日開試除夕矣

甲申

元日未試初二接試至十二日文試藏生一場童三場十三日校射至廿二日馬步畢馬三天步七天廿三日發試廿四簪花會射場戎王鄒松泉順天人午後赴西湖公謹長任孝廉文杰惠郡書院曰豐湖歸善書院曰觀瀾山

廿五日晨登舟行五十里抵博羅縣泊

廿六日晨行百七十里抵東莞石龍泊

廿七日天未明彭湖行百八十里抵省（[illegible]）

南岡為入省之總港歷歷頭沙島甫魚珠東圃獵德沙河僅凡六十餘里而抵東炮大臺北經中沙島浦之界共峰列東從、九隻底似船殼而形四方上樹木架橫桁九桁蓋覆後內用大石壓沈之以橫塞港道此時法虜有擾粵之說當軸彭張二帥預為之備云岸上依山處所增築炮臺營帳林立

甲申二月十八日由眉起行，歷西塘十五里，貫底水至大通港泊。共卅五里

十九日晨行百七十里，過三水，邨抵青奇埭泊。

二十日晨行六十里至三垈灘，又卅十里抵棗府城泊。

廿一日晨行五里入彩興江口，又廿里歷大合泳蓮塘，至彩橋泊。

廿二日晨行八十里，歷韓郎那栄金新長江寺腰古官渡，同村卑岡泊。

廿三日晨行五十里，歷土橋至彩興邨禹陂，又廿里歷戴圩地，至楓木朗泊。

廿四日晨行四十里歷同山寺勒竹雲霧漲至黃金朗泊

廿五日晨行卅里歷潞子坪馬鞍（亦名三根松）河頭泊。由彩典江口至馬頭水易淺由馬頭至河頭凡九汛地水尤常涸舟行須預疏沙道是次雨多水長行較駛

廿六日由河頭登岸行五十里至黃泥灣下船

廿七日晨開舟行九十里抵陽春縣晤縣令鄒炳春（号枚仙湘鄉人）陽春營守備虞朝佐（号雪亭番禺人。署廣協標）

廿八日晨行九十里抵那旦泊

廿九日登岸晨行四十五里至舊茶亭尖又五十五里至太平

宿均陽江局。署陽江司出輔良

五月初一日晨行卌五里至白子天局陽江又卌五里至五蓝宿

電白局新令袁沫蘭
電白書院曰郜陽

初二日晨行廿八里至傑㙟尖局電白又四十五里至石藤宿即遊

水池亦電白局

初三日晨行四十五里至三橋尖局電白又廿五里至分界局宿茂名境

初四日晨行五十五里入高州府城

初五日開考文五場生一童四至十八日文試畢十九日校武馬步七

天步十至四月初八日武試畢初九簪花
一天
全尉武首額宗勳字布亭
茂名令祥林字瑞生瑞

四月初十日晨由高府起程，行五十五里至南盛尖（茂名屬），又十里化州分界，又卅里抵化州城宿。從孫隼平椒州牧

十一日晨行六十里至新安尖（化州屬），又五十五里至石城宿（侯邑）。

郭樹榕號壽農，芸樵老夫子之從孫叔細

十二日晨行卅里至清陂尖（石城屬），又五十里至遂溪宿（侯邑）。

鄭蕖清號紹荃，貴州人

十三日晨行七十五里至城月宿（遂溪屬）。

十四日晨行八十五里至雷州府城宿。海康令李璋麟，貴州人，號少卿

十五日晨行卅五里至南興尖（海康屬），又七十里至英利宿（徐

閑居

十六日晨行四十五里至下橋尖又四十五里過徐聞縣葛壽邑令號文山贛人又廿五里至海安宿雷防同知全紹興字芾村武寧人

十七日聽海安候行李時瓊郡以法越事籌辦防在防輪船尚可抽撥渡吳婺珊軍門全義遣二舟來一曰海長清一曰綏靖甚穩便

十八日渡海抵瓊州府城 雷瓊道王之春爵棠 瓊州守德和藩 瓊山令陳起倬漢章

二十一日開考至閏五月十四日簪花 凡五十四日事竣生二場童五場○科生一場共十七場武童七千餘人馬步箭閱十四天先步箭○瓊之書院曰蘇泉書院府瓊台

書院再郡有祠曰景賢祀蘇文忠及海忠介鄒文莊

閏月十七由瓊登陸行至海口宿

十八日由海口登舟至海安十九日宿英利二十日抵

雷州城

廿二日開考至六月十四日歲科均竣生一場童一場。向例童二場本屆格於部議

航太守文武童錄送甚衆人數裁減十之五六。邑書院曰雷陽府管山長為林逢瑚

兵部曰潘元再管山長為李丹九

彝道李鏖詒譯

六月十六日由雷郡行十五里陸公泉（茶）又六十五里至城月宿（遂溪屬）

十七日行五十里至楊青（遂溪屬）又四十里至安鋪宿（石城屬）

十八日由安鋪早飯後行十五里至橫山（過河）又六十里至清平宿（石城屬）

十九日行卅五里過河至高橋（石城屬）又五十里至白沙宿（合浦屬）

二十日卅里公館（合浦屬）四十里閘口宿。廿一日卅里白水四十里抵廉府城

廿二日開考至七月十三日文試畢（生一場童二場）十七日武試畢十八日簽發

郡書院曰宋城。著廉州守黃杰（輔臣貴州人）合浦孫楊生春（奉天人号震峰）高州鎮張得祿現駐廉加防

七月十九日由廣州西門五十里至三水尖（合浦屬）又卅里至閘口宿（合浦屬）

廿日行四十里至公館尖（合浦屬）又卅里至白沙宿（合浦屬）

廿一日行五十里至榕樹舖尖（石城屬）又廿五里至清平宿（石城屬）

廿二日行廿五里至沙塵過河又四十五里至石嶺尖（石城屬）又廿里

至英崗過河又廿五里至石城縣宿

廿三日行五十五里至新安尖（化州屬）又十里至琉璃寺（寺有先曾祖

觀察公題壁七律一首石刻任高廉道時作）又五十里至化州城宿

廿四日行四十里至南盛尖（茂名屬）又五十五里抵高州府城

廿五日閑考至八月十一日試竣十二日簪花（高州守張廣雲縵卿時羽至卸）

試未了彩穿李廸（宣山，廣西桂州人，癸未進士，刑部案院）接西瓜調子。高郡考棚遠過鄙舍，居東西者甚淺，緣均繞越（東西北），東與道署接壤，西與鎮署接壤，科房（兵丁）緣為料科待遞，久成痼習，其法鑿牆孔由竹筒遞入，難於稽察。此次歲科兩考，場內外加嚴防緝，弊乃弭。郡書院曰高文（府）、觀山館，水甚勝也。

八月十三日，由高州西門（應在郡北矣）後免出，五十五里至分界宿（茂名屬）。

十四日，晨行卅里至三橋矣（電白屬），又四十里至溫泉寺宿（電白屬）。

十五日，晨行廿五里至傑炮矣（電白屬），又卅五里至五藍宿（電白屬）。

十六日，晨行卅里至田子矣（陽江屬），又四十五里至太平山宿（陽江屬）。

十七日晨行四十五里過河至大墟吳又五十五里至郡旦上船

十八日駐船候行李

十九日晨解纜行七十里抵陽江城

二十日開考（生童共山陽二童文千七百餘人武童民百人）至九月初四文試畢初六外

試畢初七日簪花○書院一曰南恩一曰濠渠○二廳舊隸

肇慶郡人士以距郡遠處試之艱請改廳分棚考試由

同治十一年壬申始時学使（井乃）何地山前輩有聯云郡皇

下經輕從豁峽南來見此郡人物（山川可）觀列郡千閒關府

廈村鼇峰西崎頗多士文章事業冥過前賢○考棚

歸舍藝齋堂廡甚廠而散步余戲曰云地曠心清生靈

皇亦是一適秋高氣朗對雁士自之言文未付刻

初八日由陽江西行已刻開舟行卅里歷五王廟牛塘至麻

山泊陽江尾。代理陽江同知何廷獻係湖北山之門應若中

初九日晨開行卅里至秦獅入陽春界又卅里至新圩泊

初十日晨舟行六十里抵陽春縣又行數里泊

鄧梅仙明府以三增三水增城輿頌見示縣長曰二章章會

墨侯銅音領百城當官循懷繫蒼生語意剴切求賢

吏持事色說童太平將來中年新史續之慚高出舊

家聲一篇示我，唱琴譜題見循良起學京

人〻都說使君慈，衆口鑄成到處碑，堂但程歲寒

歲已晏矣，且久坐麓。湘江秋水歌來艤，越嶠清風播

重思此後事與老潘在也，應回首種莪疇　君時將拜省親

廿一日行六十里至麻公廟泊

十二日行卅里抵黃泥灣

十三日過山行五十五里至河路登舟

十四日解維行百有五里抵新興馬頭泊，水長而濶

十五日晨行五十里，歷土橋、車則、桐村、官渡至腰古泊　十十裡　水淺沙深

十六日晨行九十里，歷長仁寺、金雞、鄰樂、新橋、蓮塘、大合水，出新興江口，抵肇慶府城，泊已申刻矣。（代理高要令李瑞棻乃高弟，秀丞，江右人，戊戌前輩甲辰年伯李[illegible]驥之胞姪也。時舊令蕭丙華調署樂山，已赴任；新令俞未來。）經守石菴來晤，陳及府試事明春請補展期，年前僅能試五縣：四會、德慶、高要、高明、新興旁邑，須燈節後士子方集，沿成例矣。肇協刁明經用甫、水師營參府梁卓高文峰晤。

綜之海口有伏波祠，一新息侯馬援，一邳離侯路博德。又江公祠，公名起龍，籍隸安徽，國初定鼎，援高廉雷瓊

郡水師督提捕擒彩巨盜轄境文安嗣督師船巡抵信宜
洋面遇颶風波於王事同行部伍亡多淹殁公英靈不
泯每逢月朗風清往來波中救護商船士民祀焉

科
江東

十一月十六日未刻西行五里過東炮臺八里沙河口十里獵德二十
里東圃泊共四十三里
十七日晨開舟十里魚珠十里烏涌十里白沙十里鹿步滘十
里南岡十里西洲十里東洲十里新塘十里泯滘十里大墪十
里十字滘泊共百乙十里
十八日晨開舟十五里石灘口十五里某家江十里石龍東莞馬頭小泊
昨遊罄璽壽以檢　又廿里靠瓦洲十里緇蘭十
里下南五里上南泊共八十里
十九日晨開舟廿里赤勘五里溪石十里底地十里禮村十里鐵

岡時羅界十里浪海角五里永平十五里蘇村十里合竹洲泊

共九十五里

二十四日晨開舟十里鮎魚角二十里時羅翁小泊又十里蘇子

洲十里國潭界歸善十五里金雞滙泊共六十五里

廿五日十五里惠州府城經歸善令張士鏗人庚辰印用雲南大理李耀廷與粵邑

同出陳伯屏同年門下鄭心泉年門從逮楊子和前輩又十里楓

茅鞋滙十里楓園十里水口井泊凡四十五里

廿六日晨開舟十里馮亭二十里橫滙十里天罡圍十里猪石泊

共五十里

廿三日晨行十五里渡桐灘，十里釣魚公，二十里赤磡，十五里橫榔埏泊，共六十里。

廿四日晨行十里盤石，十五里觀音閣（河源界），十五里秋水口，十五里偏布，十五里牛牯石，共七十里。

廿五日晨行十里，晝行派（藍關）十里小埔，十里藍田水口，十里雙頭，十里黃泥窟，十里彩座水，十里三王寨，共七十里。距河源縣尚十里。河源令晏聯奎（號紫垣，江西瑞州府上高縣人，壬子舉人，壬戌大挑二等，任廬溪縣訓導，洪文卿同年）。

贊學江右附片：奏保查江西建昌府瀘溪縣學訓導晏聯奎潛心數理，著有中西算學合訂、地球圖說、駁去類編等書，於推步測量暨天元四元代數曲線等術，均能洞明條理，竟委窮源，實為該訓導抗奧樸誠，由舉人大挑選授訓導，專精算術，課士有方，尚錄於長寶

堪勁用等語具奏奉 旨著江西巡撫飭令該員尊即行來京
由總理各國事務衙門查看欽此光緒八年七月己酉到任總署查
看覆奏奉 旨著以知府在任候選旋遇缺
廿六日晨行十里河源稍小泊又十五里黃沙十里歌塘十里徐洞
共五十五里
廿七日晨行十里古雲十里禾溪十里洪峯十里上屯十里三馬共
五十里
廿八日晨行十里桂沙十里沙溪十里黃田十里滿坑十里學
塘共五十里
廿九日晨行十里袁洲十里桃頭石藍口司巡檢王濟瀛號達

珊湖南永順府人謁臣又十里大灣水十里猪頭石十里將軍甲共五十里

廿日晨行十里柳城十里虎頭岡界龍川十五里龍川縣共廿五里

十二月初一日晨行十里澗步十里老隆共廿里

初二日過山十五里興龍庵住與飲庵僧一盞茶又五里秦嶺

五里雨口塘十里通衢巡檢署尖七里藍關界長樂謁韓文公廟

十里岐嶺五里黃塘五里峽水五里清溪登舟

初三日晨解纜行十里高沙二十里長樂縣泊長樂縣杜保堂先參源河南滑縣人

初四日晨行卅里抵轉水泊

初五日晨行廿里七都河口廿里紫高五里横石與甯界縣令王滿治湖北

（寧邑廟人號瑶堂）五里興寧水口廿五里老鴉嘴（斷 袁在）五里

畬坑又七里泊凡九十七里

初六日晨行十三里水東十里管塘十里新塘十里羅衣廿里嘉

應州（州牧撰克譜號子祥浙江和人）十五里張公渡十里西洋十里青草十里

鄭寨凡百七十八里

初七日晨行十里丙村十里羅祖二十里銅盤十里松口二十里

藍瀨十里蓬辣灘（斷 大埔）十五里水興十五里洋枕坪十五里

三河壩十里合口凡百卅五里

初八日晨行二十里銀溪十五里南坑十里九龍潭十里宋公塘

十里高陂卅里赭水十里朱坑十里散溪十里陷湟十里

葛布凡百卅五里

初九日晨行十里乌石十里松水十里曲湾十里归湖十里凤栖十里蔡家园五里潮州府城 惠潮道张联桂丹林苏人 潮守朱丙寿少虞杭人 盐运分司钱瑨玉堂浙人 海阳令温树棻月侨汀人 潮州镇戴祖佐湘臣新会人 中营游戎方懿荣峯潮人 城守部司李从龙云阶

初十日开试至廿四日藏事 廿六日簪花 代办提调沈鸿寿司马学毂娄浙人 宋湘

廿七日午刻登舟行廿五里至归湖泊

廿八日晨行七十里抵朱坑泊

廿九日晨行五十里抵宋公塘泊

卅日晨行六十五里抵三河壩泊

元日駐舟

初二日晨行四十五里至蓬辣灘又卅里至松口泊

魯仲連

連蜑浮雲一笑輕紛紛排難振英聲拂衣千載誰同

調濟蕩人懷倜儻生

惠州東坡三賢祠內八角亭楹聯

圖畫分明撐將山色湖光縱眸遠眺闌干徙倚每值煙

晨月夕寄懷古人

范文穆石湖

姑胥臺畔寫漣漪漁夢鷗盟水石奇（石湖别墅有説虎軒、夢漁軒、綺川亭、盟鷗亭。詩勝○邑稱清賞。餘范文穆好談虎）讓與詩孫占清福扁舟一去笑鴟夷

舟次嘉應懷梅作

人間玉京在羅浮深林翠羽爭啁啾秋鶴來兩度曦蘭

舟花時未及剛清秋東風着力吹梅洲（嘉應别名）合有梅

、祁折月三、錄

荒破盡愁繼山家子白髮衰哉將招之致蹇從庵

慎深沈沈樓仙人不驂鸞與對萼綠條脫將安

求豈是顏色六迴群山攀水仙非良儔不如鄧尉

山工游姑蘇蘇約何時酬

君晉時戊斬甬鑽李核何似征西留難白由來政寶即風流

竹頭木屑休拋擲 晉書庾亮傳

初三日晨行四十里至兩村泊

讀岳忠武滿江紅詞

撩眼仰天嘯未已志破賀蘭八千里輸與五郎 忠武小字見 陳楨文學圖

哥奴李林甫小字
㺚奴陸贄〃
官奴王獻之〃

韓滉五（韓王少時人呼爲韓滉五見山堂肆考）尚書一曲南鄉子（尚書蘇仲甫也見西湖志餘）

書傳畫儒林待後

師法相承之一家遺經秦燼後前芳蒲車徵到諸儒

清談渢飊山博士辰（見衛宏古文尚書序）

布簡自表行五千五里抵嘉應州城

平遠劉印組典典籍諸茂堂集序（名璣由貢生援例官閩鹽）

籍善詩有志行平遠義化王孺璿孫鄉人弟璣從國柄

貢弟子世孝入歲庠

梅州古多人奇秀篤爽之士嘉道間嘉應王竹坪（香雪）太史

鎮平黃舜（香鐵）鐵僑詔（直隸牧）復以詩文爲子耳其名久矣比來

[illegible]拾[illegible]三、鈔

校試文闈長樂之士於詩者有溫伊初李廬[illegible]以敘

造物清淑之氣無地無之乎遠山川秀特其中必有

二三隱君子劉門高嘯抗心希古不為流俗識者稱以

未獲一聞為恨適今讀其[illegible]詩以得之[illegible]籍[illegible]

之敦節概壯歲謝科舉擺脫韁鎖而自樂於[illegible]其村淹

讀其詩而其人可想也士誠[illegible]重過不過不與校也

昔之諸君子往矣吾不得而見今日劉焉處天之地鄰

於一覲則[illegible]既喜而[illegible]也爰為之序

初五日闈試至十九日竣事

二十日午刻登舟行五里泊

廿一日晨行七十五里抵畲坑泊

廿二日晨行六十里至七都酒口泊

廿三日晨行卅里至村水泊

廿四五日行六十里抵清溪

廿六日天雨住清溪

廿七日過嶺行六十五里抵老隆登舟是日晴

廿八日晨解維行百六十五里抵上屯泊

廿九日晨行百七十五里至鰀頭泊

廿日晨行六十里抵觀音閣入歸善界又百十里抵橫瀝泊

二月初一日晨行六十里抵惠州府城

三月初八日未刻開行經府五里西炮臺十里背底水十里

大通灘泊凡行廿五里

初九日晨行十五里五丫口十里茉莉沙十里瓜步十里佛山

鎮十里張槎十里黃鼎司五里沙腰五里紫洞口即沙十里

仙管十里萬枝園泊凡九十五里

初十日晨行十里小塘十里獅子竈十里舊黃鼎十里西南鎮

十里三水馬頭口即河十里江口十里四貫灘十里青岐十

里見水十里大舲泊凡百里

十一日晨行十里橫槎十里崖利十里羅隱涌十里後瀝

峽口十里龍門十里羚山十里鋪前凡七十里又十里抵
肇慶府城
十二日閱考至廿九日試竣
四月初一日午刻登舟阻風行五里至黃江廠泊
初二日晨行五里白沙十里桂林十里盤沙灣十里三榕十里
小廟五里大廟十里蒲田十里大逕十里村前十里祿步
市十里新村十里梅子十里青槎泊凡百廿里
初三日晨行十里楊柳十里悅城廿里蕩枝十五里六都市
赤安高頭十里辣頭泊凡六十五里

初四日晨行十五里西濱十里馬壋十五里羅定江口卅里茲
思卅里雙涌泊凡百里
初五日晨行四十里逍遙卅里達灘市泊凡七十里
初六日晨行廿里宗桂灘二十里河口四十里大灣市
初七日晨行四十里抵羅定州城
初八日謁考至十九日蒇竣
十九日午登舟行廿里。廿日晨行六十里抵河口泊
廿一日晨行歷白渡中河口宗桂灘達灘市逍遙抵雙涌
泊凡百七十里

廿二日晨行百四十里歷落星崗羅定江口歷馬墟西濱辣

龍六都市荔枝悦城泊

廿三日晨行百四十五里抵肇慶府城泊

廿四日晨行百卅里抵三水行臺泊

廿五日晨行百廿五里抵工界排泊

廿六日晨行百五十里抵澄江口泊

廿七日晨行六十五里抵桂波沙泊

廿八日晨行七十五里抵連州江口泊

廿九日晨行卅五里抵朗寨水口泊

錄遺
成告

廣州 府学弍百五名錄旨 南海弍百廿七名錄旨 番禺二百〇五名錄旨
東莞弍百〇七十五名錄旨 順德三百〇六名錄旨 香山三百廿四名 取二百廿名
新会弍百九十五名取旨 增城乙百六十九名取旨 三水乙百七十二名取百十六
新甯百卅名取八十五名 龍門卅八名取廿四名 從化五十六名取四十五名
新安五十二名取卅八名 清遠七十四名取五十五名 花縣七十二名取四十二名
旗籍百卅四名取全
韶州 府学卅五取廿七名 曲江十五取十一 英德四十三取廿八 樂昌十八取十一
仁化二名取 乳源一名 翁源廿七取十三
惠州 府学百六十七取百〇三 歸善百九十五取百廿九 博羅百五十九取七十九
龍川廿七取十七 河源五十乙取卅三 連平四十八取卅八
和平十五取十名 永安廿乙取十七 海豐五十乙取卅 陸豐四十七取七
長甯十名取七名
肇慶 府学弍百廿二取百四十九 高要百七十七取百廿六 新興百二十九取八十
高明乙百十八取六十四 陽春百乙十取八十六 四会百〇二取七十二
開平百十七取七十六 廣甯卅六取廿 德慶卅一取廿二
封川卅取十六 開建九取五 恩平七十八取四十九
鶴山九十七取六十六

雷州 府学百○三 取五十九 海康九十四 取五十四 遂溪五十六 取卅六
徐聞卅 取廿

廉州 府学二十四 取十七 合浦二十四 取十七 欽州十四 取九
靈山二十三 取十六

陽江 乙百五十五 取百廿乙

潮州 府学百卅四 取九十六 海陽百卅三 取九十四 潮陽七十九 取六十三
揭陽卅八 取廿六 澄海百四十九 取百十乙 饒平四十五 取卅四
大埔六十八 取六十乙 惠來五十 取卅乙 普寧廿三 取十三
豐順卅五 取卅乙

高州 府学百六十四 取百乙十 茂名百九十九 取百五十 電白百七十五 取百卅
化州百四十五 取百○乙 吳川百廿乙 取百○乙 信宜七十四 取五十六
石城五十 取卅二實錄全

瓊州 府学百九 取七十二 瓊山九十九 取六十七 儋州十五 取十二
崖州八 取 萬州十五 取十四 澄邁卅九 取卅五
臨高廿乙 取廿 文昌百十三 取百○二 定安十八 取十四
會同廿 取十七 樂會十五 取十

羅定　州七十四　取五十三　東安百卅　取九十四　西寧五十三　取卅六

連州　州卅九　取廿七　陽山十八　取十六　連山八　取四

南雄　州卅八　取廿四　始興卅四　取廿三

嘉應州　州三百卅九　取二百卅三　興寧百卅九　取百〇三　長樂九十九　取七十二

平遠五十五　取卅　鎮平四十六　取卅六

計送貢院乙千乙百卅九　取九百〇六名

端溪書院　生乙百五十三　取百卅三　監九十四　取十四

粵秀書院　生乙百九十三　取百六十六　監四十六　取十

越華書院　生乙百卅六名　取百〇二　監四十七　取十

羊城書院　生七十八名　取六十三　監卅　取九名

例監二千〇卅六名　取四百廿七名　又旗籍例貢監八名

教職二百八十三　取二百六十三

補考二百卅四　取七十六

共録八千〇九名

生員考遠八千五百卅三名　録四千日(?)　進貢監二十〇卅六名　録卅[illegible]

四書院生五百五十二名　録[illegible]　四書院監弍百七十九名

正途貢監千乙百廿九名　録[illegible]　教職二百八十三名　録[illegible]

補考弍百弍十四名　録七十六

共考乙萬三千乙百四十四名

雷郡人物　國朝首數陳清端公瓆初官閩臺灣道後官
閩撫有實政惠民閩人戴之今所居曰清端里在郡城內其
裔孫在庠序者若登其考優置第一登其之弟登夏亦
取錄入泮年已四十餘矣又陳觀樓先生昌齊前官浙西
觀察使亦海康人學富而制行莊峻歸田後掌雷陽書
院教澤深厚規條詳府志後掌省垣粵秀書院卒後
士林祀之其生平箸作夥余方飭海康兩學博至其家
搜遺書編行狀送史館作傳而其孫宗惠適於去月
物故事遂寢聞學博云宗惠之子頗流蕩將有式微之慮

海口

潮州饒平縣（在府東二百里）海口要隘曰柘林寨（柘林澳名，舊置寨於此，為防守之地）在縣南大尖峰西南，波達南澳，為閩粵之交（也。寨或山或礁或港，皆有險可恃。柘林寨南面平洋，今附近衛所可以緩急應援）。其水寨在縣南，去柘林一日程（近澄海縣界。明洪武二年指揮俞大猷築置水寨於西北，隔溜道，依港自南而西，抱入水澳，周迴灣曲，瀦之以泊戰船）。柘林澳之東北百餘里，有南澳山，形如筆架（去福建元鍾澳口約三百餘里），內三澳，曰青，曰深，曰隆。青澳險惡，雖有泊，舟必深澳，內寬外險，中（容千艘，隆澳則舳艫往來門戶）。又有宰豬、後澤、華澳，皆寬衍，海寇嘗竊據於此（又有錢澳，或以為即淺澳，宋少帝駐蹕處）。柘林之南澳、海道之門戶也。前明置潮州衛。由柘林而西，有大城守禦千戶所（在饒平縣西），海門所（在潮陽縣南），靖海所（在惠來縣東）、

崖門横門
寺門虎跳
磨刀等門

蓬洲所在澄海縣境舊在揭陽東南

惠州海口要區曰甲子門在海豐縣東二百十里志云龍溪洪水俱由此入海其口有大石壁立上下各有六十甲子字故名近口有石門曰甲子澳明洪武五年設又遮海豐縣南百里有長沙海口一名飛江浦合龍漈蛟溪洪水東流入海明置碣石衛在海豐縣東二百十里所屬守禦千戶所又海豐所在海豐縣東捷勝所在海豐縣南甲子門所在海豐縣東又平海所在府治東二百里又濁水坑在府東南海濱亦名乾溪山下爲浦船澳宋文天祥移軍駐此亦曰船澳

廣州海口要區曰虎頭門在東莞縣西南五十五里大海中有虎頭小虎二山志云即秀山也頭門之東曰南頭澳亦爲省會門戶紀事云東莞南頭城

營制

潮鎮九營　城守都司　中軍　左　右　[illegible]　外營五　潮陽游擊　惠來　饒平

平鎮　揭陽　黃岡　西營　右游擊　右守備　每營二千總、四把總，下汎兵凡七

千餘人，裁兵后改作練兵

肖出齋三少
一

補操兵三、錢

潿洲　舊隸遂溪今歸合浦同治六年開營

廉州鎮標二　又增一隊春字營三　舊一毅字營也　安勇七營　水師二

步兵　守兵　馬兵　外委　六

統領　營長　營官管一營　幫帶　哨官管百人　幫哨長　什長管十人

每營伍百人

禮部謹○奏為遵○○旨議○奏事同治九年九月二十七日軍機
處片交閩浙總督英桂船政大臣沈○○等附片奏稱以師
輪船以船礮為宗船礮之巧拙以算學為本西洋船礮愈
出愈奇我於不可思議實則由厘毫絲忽積算而來其積一分
則巧逾十倍故後來居上耳我○○聖祖仁皇帝天亶聰明
萬機餘閒常及象數當時儒臣梅文鼎等○○親承○○睿裁
刊類能與西人爭歷數論近世通達梅氏學者為不乏人而經
生成一家言所贊證欽天監衙門墨守推步成法於理
算殊罕服今○新造閩滬船廠門造礮可謂備矣然
工匠依圖仿造雖盡其巧亦未嘗無其中之趣其實其不及
京師設同文館閩滬兩廠均設學堂以講求算法可謂
求其專矣然精通算學者不肯輕去其鄉其遠涉
重洋從出商賈家間其所肯授者皆庸劣之徒未必有精於

補抄第三節

抄理印義募人赴西國就學而應募者多飄泊至賴荒
隨亦棄之人雖費歲月二十餘年陳奏譯出文字雖亦未能
臣竊以為再四籌商合無仰懇 聖恩特開算學一科
誘掖而獎進之使家有其書人自為學互相長益學者因
命揀擇其國可精諳門戶兵二部外而水師測權擡標諸術
門及船砲各局並使均以不可少之才使適相當之地各本
係正途出身薦通西學者尤宜格外加優異以示殊榮使得
在業印證船砲不如其及群賦核算各事可宜使曉一切晚其於
所以然之理庶幾精益求精者諸軍械大臣等亦該部設
奏欽定當任臣部以算學係隸國子監乃查本後並於國子監內
設立算學業接及現辦理章程有寧前未臣等查算學
一門權輿隸首而詳於周官之九數周末疇人子弟失官分
散於籍更遠甚史中原之典章財多流佚海外之支流及
乃真待以西學之所以有本中堪作我 聖祖皇帝聰明天

算宜薈萃中西算法御製數理精蘊一書加減乘除凡分
審輕重貴賤盈朒等差其比例分合及方圜乘中遠近高深
靡遺理微至用則測天地之高深審日月之交會察四時之節
候較晝夜之短長以至協律度同量衡通食貨便營作施於
統兵權出元年鎔錢刻漏以爲算者下萬世依康以算學爲律理
者精深學者莫發受其所需從事于求以衡進於康大精微之
域而爲國家異日有用之才好正時就不爲之一科目設令分門
別戶專爲一家書中進旨不廢施之于大用取精審律之用爲
道之部表而不學或學而不精矣特開專科爲以求能研究
於平日要能應試於臨時昔康熙年間楊光先與湯若望
賭測日影於午門外九卿中無一人知其法者無以相折
應試者人數不敷即主試者亦亞聯誰復選至數定以程式
又如開礦之事務而多濟於用查道光二十三年兩廣總督祁
𡊮請開礦以濟國用科開滇省元年首出推廣高其制施

學之科均經臣部以予多寡存衷駁均奉 旨在案所有該
精算學之科特開算學一科亦毋庸議擬查同治元年十月奉
旨上諭現在山林隱逸以及末秩下僚多技所長理設不乏甚為。
著京外三品以上各官並各省學政悉心訪查所舉所知諸方錄
用當閱歷世務兼工時務者確舉十數其庸才亦宜現充林
隱逸以及末秩下僚中之果有專精算學並諳節次二品外三
品以上大員擬薦 諭旨核實保舉聽候錄用其本條至達者
身兼通西學者即如諸增等所請另加優異以示鼓勵兼有
資質所敏願學算法並就揀入國子監算學五年學習後論舉貢
生監及大員子弟均准錄取其各省學政考試生童時如有
精通算學者准其報名考試果其學術優長由學政諮送禮
部轉送國子監錄試例一體錄送科場不阻其上進之路
旌勵世故浮而從之者即其藉以瀰至年既做備翻譯造選
就人才之意也此多設之途發之特開一科尤覺鼓勵舊典

不至以實求而以名應，庶算学不難日益精密矣。

禮部爲通行事。儀制司案呈，准江蘇学政咨称：江陰縣附生張森玉由該学詳稱，該生等祖世業疇人之術，現在指考，呈請備文申送等情到院。查考試算学事屬創始，應如何出題，及作何文體式，希由中部酌覈，並將作何體式迅咨，以便考試。由本部院考試後，將試卷密封咨部，俟核其算法果優，再行咨送等因。當經本部以算学係隸國子監，片查去後，茲據國子監咨称：本監算学考試算法，神非考試時俱令其明晰先行演作術，令就所學著述，凡御製數理精蘊及考成前後編註法出題考試，至作文體式，應令該生擇題作論，敘法繪圖，繕寫成卷，並用註移送本部考試。卷本年前来奉本部十二月本部議覆，咨行該省，並將英才等來請開算學科稱因称各省学政，立等因，東淮通行在案。今江蘇附生張森玉呈

……摺奏手錄

請考試算學自應由該學政出示考選惟考覈嚴格如何出
題及作文體式並未明定程式並於考試書本未載遺稍常取
六年從前原係應擬出圖算學無程云云並有於習
止一術者亦不必拘於程式務令盡其所長試卷專用正楷
以便考者備無庸用楷直行於所得併係右一場考試至命題
衡文取中等第係為學政專責應由學政所請由其發題
云云應毋庸議相應照錄圖式並送來試卷式樣劄行學
政一律遵照毋違可也
據吏部諮準郵傳部咨出力堂兩年有屆擬保保舉舊章年
有到期准照文案本年明定當年月予管保獎
順天學政孫詒經奏直隸承德府教諭潘恩塘品端篤誠介並不苟請
給予五品銜等語潘恩塘著賞給內閣中書銜以示獎勵

劉克猷藝苑之烏獲也汪運房者朱而文品雅達吳天章

詞林之羅隱也汪右者王而詩名益著蔡之杜嶺袁之孟

郊也汪學使李雨才名念彩局黎稱子云士之行身立節而

竟不遇遇已周古以來不多勝數王仲任之文章滂沛不遇

有力之將拔引薦掌將柔遠於衛門之下不自卑陋

主之庭論說深之務信盛

看山先蘇目次[無書]實通於彼以為東及古人甚其最所為文

二万餘篇又之屢時甲中劉緒莊研齋古今詩考傳紀作

類者一百卷歸其山編其生平無作甚富而今所傳止據

州送人五律二首甚至橫舟庵先生詩讀之遺稿而歎曰

何許人

天牧惠公之視學來粵也其於桑梓表章闡幽搜舊而安風

一文不妄徇一時詞志以通經為先每試士扁以潛邱庵嘆天

壹遵程經手遇越俛鑽案琅琅背誦為諸生法○梯州

李學使愛才若渴抽拔者衆甚夥謀觀海集及閩海

一書至六百餘種而海內聞風之士咸奮起負書謁於李

下莊貫驚焉

上清珠與海南道家法公出其不磨雅者濟生歌石鼓

曾經鼇掖侍金坡三公文命扮衡重百粵哥老表鄉

多魏企東平真寧相𦳫霄駕鳳出菁莪

水陸功課高雷廉瓊潮嘉一起登葉撤條南番東新莞狀三起撤條餘均二起

釐厰

凡釐捐章程皆一起一驗第一厰起捐第二厰驗捐過第三厰只驗票不復捐矣其中弊竇偷漏々々外攬儎者取巧既過重而就輕如一銅錫物報銅器錫器則釐重只報銅若干錫若干則釐輕此類甚已巡查者受私又屢多而報少總局々々酬應濫取乾脩委員之開銷潛歸中飽　國家所入實則不及十之四五而比年以來遂有撤釐捐裁釐卡之議

凡頭厰起捐有起貨票二厰驗捐有驗貨票起驗二票貨色應符而弊多參差無查報朦混中前督瑞麐察其弊定核對起驗票章程而該厰委員複過同改報以歸畫一於是遂有比較之法擇其釐較旺之年數按月比較或按季比較以考厰員

東江總廠二 白沙 無分卡 石龍 東莞界分卡四 彩塘 增城界

西江總廠二 後瀝 都城

北江總廠三 蘆包 河西尾務

河口 三水縣境為西北江出入總匯前蔣薌泉中丞創增此廠並攬西北江貨物歲厘較他廠最旺年收四十餘萬近自河口設而河尾廠之厘日減 國家歲入不增而多糜局費見彼不見此也

雷州厘廠一 赤嵌

洋菓厘 洋厘 貽餉 膏釐 分三項

惠州惠洪

彩岳[illegible]洲距東灣五十里

稅關

達部者知西院銀
循環批知藩署
共只硬單批

省城

東江　黃沙

西江　黃江稅廠，肇慶府年征十萬有奇，正課萬式千，羨耗或萬六千，凡三萬兩，達部。而不達部者，歷任只有三成或三成半，光緒四年六月經汪葉撥內銀之款，又有奈揭原兩項代朝用撥，相共三萬兩，只撥藩庫。

北江　分四關，曰西關，曰東關，曰金魚關，首歸南韶道，蔣薌泉中丞改派委員董之。事歲撥千金津貼道署。四關：東關、曰西關、曰太平南關、曰金洗，皆徵船貨。北關徵陸路商稅，課最少，四關歲課二十餘萬。

甫出齋手抄

田賦

藩庫入款每年丁粮七十餘萬雜項羨餘卅餘萬塩課百卅餘萬厘金百廿餘萬洋藥百卅餘萬膏厘貼餉百廿餘萬海關貼兵餉五萬○出款洋款七十餘萬京餉協餉百餘萬春廣兵餉百餘萬約卅四百萬餘百五十餘萬視養廉府經費之多寡以爲贏絀

三多 傑山 石龍 有灣
江湖峽 新卿

古之屯門鎮乃中路也一云南頭城東南海路二百里至屯門山唐置屯門鎮門以防海寇故屯門山下石標渡山在東莞縣東南百二十里下濱海也西沿海諸澳如佛堂門亦曰鷄樓佛堂門在新安縣南二百里潮汐相通志云祥柯水經官富山西南入海分爲二門佛堂門海在其左急水門海在其右凡潮自東南大洋西流經官富山而入急水門番舶至此乃停泊之處故曰佛堂。官富山在新安縣西南八十里大海中山之東有官富場即胡錦景炎二年四月帝舟次於官富場其中十字門冷水角老萬山俱外洋。老萬山古名大奚山在新安縣南三百餘里大海中環三十六嶼週迴三百餘里俱外洋在香山縣東百七十里與文灣相望者此又西則大小横琴山志云縣南百里海中有金星門兩峰相對廣袤多漁船此相距爲寇又南百里有大小横琴山其下即大洋也宋景炎二年張世傑奉帝至此颶風大作舟覆帝溺。志又云縣有浪白澳爲番舶道泊處三竈山志云三竈山在縣南三百里海中周回三百里有三石如竈多居民仙女澳九星洋諸處。一統志海中有九曜山環列如九星洋因以名又稱

山峡一名仙女澳在新縣境 又西為崖門 在新会縣南百里大海中山相对立如两扉潮汐所出入也亦曰崖门山

西為崖門海宋帝昺立於碙洲都張世傑以崖山為
天險乃奉帝駐此海防考廣海有虎頭門澳乃廣海衛之首 寨門 志云碙鼓海

南二百里為番舶往來之衝是曰寨門海。○按新寧志云 縣南二百里銅鼓山東北合于風濤洶涌石聲如銅鼓故曰銅鼓海 萬斛山硐

洲等處 宋洋顧氏景范云浪白澳在東山澳之南為番舶

等候接濟之所。東山所之戍守官兵。望峒澳在崖門之西。

為番舶停泊避風之所。則廣海衛及新寧海朗二所

之戍守官地。○明代粵海中路置衛二。○一曰南海衛 在東莞縣

治南所屬守禦千户二。○東莞所 在縣南洪武時置有磚城環城為池一名南頭城

大鵬所 在東莞縣東三百五十里以相近有大鵬山嶺而名 一曰廣海衛。在新会縣南百五十里旧

高褥州所屬守禦千戶所二○東山所在府治東彩合所在府治東彩

甯川所在府城內

高州○府南百五十里濱海之防考府境所轄海澳蒸蓮頭港汛

州山兩家灘廣州灣皆南面之險也蓮頭港在電白縣南四十里源出縣西北十五里之高豐山西麓

沙尾港南流經蓮頭山二水流合為同名蓮頭港又南有大含洲水流經

此入海○石城縣志云縣東南卅里有兩家灘海澳通大海賊船多泊

此為石城遂溪兩縣之襟要向設兵防守○廣州灣在吳川縣南四

十里海寇出沒處也○又吳川縣志云縣南三十里有限門港合晨峰

川之流注於海水道曲狹值潮退沙磧淺之處若潮滿風急舟楫甚

不能往來因名○又硇洲在縣南大海中宋置硇洲寨

黃雲慶陶逆
再王永年劉
樹元欽命
管帶大黃滘
及海心岡

虎門爲入省第一要隘，黃埔、沙路、長洲、魚珠、鳥涌次之，大黃滘、
南石頭、海心岡中流砥柱，又次之。現於虎門大角、沙角、海心岡、鳥涌、大
黃滘等處安置兵營。虎門以西，西面則如新、永順等礮臺
屬之。橫門、中門、磨門、蕉門、虎跳門、磨刀門、江門、崖門，皆通入達港汊。然
設大輪、鐵甲，頭不能駛入，小輪船則隨處可以登岸。
於炮臺後開鑿山洞，上蓋暗道，小門以藏兵勇，使得隱蔽，兵勇以
便出攻敵。瑞寬所雕山曲，以爲埋伏，使潛伏有兵，出敵不意，出奇制
阻擊。炮台左右餘基築綿亘堅厚土墻，前掘深濠，使兵勇可以
至。墻內通路，俾聲勢易聯，使門外營爲游擊之師，勝則隨
機策應，不勝則退守墻內，不致爲其所乘。炮臺外堆積沙，
高與炮臺相埒，庶時以水淋透，可禦開花炮子。

壽邑江汛海防以入海之口有島名曰信達號為東方極好商埠法
人於此為我師據埠之東後患何可勝言越南

馬尾一區上抵省垣南臺水程四十里下抵五虎門海口水程八十里
有奇自五虎門而上岀浦出口如壺金牌館頭亭頭閩安皆形勢
之區而金牌為最要自閩安而上洋嶼羅星塔烏龍江林浦皆形勢
之區而羅星塔為最要馬尾地隸閩縣而羅星塔在上流三江交匯中
閩港汊旁通長樂福清連江等邑重山環

初六住西肖
水东门

何趙俊 字穎初湖口人 庚午舉 与蕃行

達泉將軍 其母四乳胞胎及一胞兄兩胞弟均陣亡俱世襲恩騎尉

周替 胞弟存匡一 花翎游击 達泉將軍于閏外七月廿三日擊逆于莫瑶砂閘將軍等

其人敢死為當代最為勇人 渤憲擢為海門参將 ○其保守江西南昌

府以數千人禦退李秀成數十萬之衆 又在河南軍營將已名不應飲勇粮

錄兆萬餘年十兩於軍作餘萬兩 相勤經前 撫張芾 代奏語

假府開陽府永遠學額為不應 又仁壽母年九十餘 予曾拜讀其應試

補抄奏手錄

除徐佩韋先生台英經左侯相特奏請入循吏傳外，尚有朱子勸先生次琦、

康祥芝先生國禧三位，勳業德惠皆堪鼎足。朱公前年請張曾為奏請

特加卿銜。李莉園守惠州時稔出而保重之，去年已作古，身後蕭然，當道應資身妻，貧往治其喪。

收葬以平藍山股匪，功成柔痊，沒於王事，請旨卹典，邑志經列入忠義傳，前年崇祀鄉賢祠。

○映昌崇祀祿一表，附望其人，標榜亦曉，可見未必可讀甚多，推著仿問者，目行付史。○

定例：紳士商民人等有樂善好施、急公賑動，捐修文廟、書院、義學、考

棚、義倉、橋梁、道路，及捐輸穀石銀兩，所捐谷石照原以銀兩計算，核其

實捐銀數在三千兩以上者，給予道員職銜。至捐數較多，品秩無可

加，請於所捐銀數請予加級，已經十年……

黄山生楊氏
吴州生謝正昌 祈杜
祀州生洪崢嶸
頗千采維朐許姓何寬李楷何蕤祇緣誼屬通家謹鑑照人面
長命者言也聽如樁也遠其族必録今非禄借所堵昔人所謂曲高和
圓

泉甫謝觀棠
廷安陳樂臣 南陔祈尊陳緒芳親弟 儋州曾毓琪 沙河源祈尊曾志雄弟 曾毓琪祈尊擢弟
許世恩 張海十八 王喆 劉峻廿 羅德廿二
楊鐘廿 楊成廿 歐拔 謝寶十六 陳川
慶知 馬淵

湖府 廓傑元代名
饒平 張廿丑

補拔萬手錄 禮定 西華
又州首
崇安州首 葉八棠

蔡衢寶錄

雄 郡葉培鏞

湖 福清 府首 園 士 饒平 府首 鄭景淇 揭子 府首 林舉

高 茂名 府首 謝輔 茂名 府歲 江培岱 化州 歲 曾詠沂 信宜 歲府 陳慶琛 吳川 府首 陳賡桐 府 吳川 林晉壇 方

茂名 府科 莫椿齡 化州 科 李大光 信宜 府科 陸耀遵 科 吳川 府科 李棠 吳川 府科 林希梓

瓊 瓊州 府歲 瓊州 府歲 瓊州 府科 瓊州 府科 澄邁 府歲 陳燊範

澄邁 府科 澄邁 府歲 臨高 府歲 臨高 府科 會同 府歲

會同 府科 樂會 府歲 樂會 府歲 樂會 府科 林興王

雷 瓊州 府歲 林 瓊州 科 陽江 府科 蘇基謀

廉 彩 府科 增歲科

湖 惠來 科 陳地蘭 饒平 科 張楚湘 嘉應 長樂 科

嘉 西 府 科 李文炳

一、節孝移請從核办

一、算學咨礼部移監考

一、指察冊金飭免

一、查碼業翁生俏生　優生擬李為其仿學詳查存另

一、訪查優劣生員兼解無勸懲責監戒者飭府由州出示詳县

一、教官品學優者給匾

一、貢生有行者派給俏生

一、考拔生文能而善且優者擬升一等書

一、優送貢應考

祁桂房檢 琅琊椿字那庠生 桂山書屋詩鈔二 祁鄉吳

莫元伯 字台可 號善堂 高安人 番禺司鐸有聲 四書繹旨乙 子寅冊乙

危群芳 字佛文 號苑花 高安人 茂才 著治心集言 行實錄一本 行狀一本

吳進士林熙桂 舉人吳璉 新淦 茂舉人楊廷桂 拔貢郎詠

鄧文莊遺書 孫李公鶴收存 摘要有抄留 大學衍義補 朱子學的

使者掄才肯辛負寒畯十年艱苦

諸生守分要植有科條三尺森嚴　辛慶

山水得靈中有人焉莫道一州千大

文章不負聖斯世者請看卒地梯高　連州

文章發越鳴韶石　韶州

人物風流望曲江

[illegible]章五經四書當體認尋常道理

功名期遠大三年兩試要搜羅多少賢才　韶州

含英咀華推古子文必己出　集昌黎語　潮州

補耕齋手錄

抑邪与正氣患有身之不公

勳名事業誰不從此中來胡為試以文章要自文章𤼵器識

黜陟予奪要雖伊異人責莫託涉全陰隲當知陰隲在兒孫

廣州

高安業 附榮郡庠生元伯孫

迪錢 監生元伯曾孫

○南海附吴壽全 治說文 署可李文閩 治說文

歸善帝江道辰 歸善庠生孫子劉為那

承安黄蘇為陽 均有孝行 出派傳生 附張普流為安

劉云竟陳祖訓 以歲十八世裔孫

東莞 陳炳焜思

長 陳□塩□所惧祖恩□□□□敵溫初蕃□江岱英李陸□李□閣

曾佑□媛齊以梅張燁光

廣州老棺麥維誠 同黃三水人 陳佑卿 歐芳 東莞

東[redacted] 生員朱載葆習洋務州 朱錦雄 雲南知

吳□□李鳴瑞 文海方藩作 黃遵憲道員 黄使 文名鴻□官知

應生員黎思禮黃□討□辨說 左侍□□ 府县之黄遵憲翻日本國誌 現全

生員陳□華親翁錄隨筆 羽綴錄炎學 一領□□林鶴□現住□尊

□□□辨□辨斠

長樂温仲和刑 [redacted] 鴻砂脚 四天

番州海康陳觀樓先生詩吕寄子著簡麗 孫宗惠著出

廣州定安張岳崧 王勝半子嶺 臣成

[redacted]

從方何英李潘何孫[redacted]陸陳

晉江生員李應時許奉國枝爭阻了控郡詳華杏

長泰生員吉蓁毫擅入坟塞小道了似詐被控

建寧武生李上青被戚貢曾文亮等控毀坟了

龍溪生員魏希亮被人控挖墳了　又本生葉潤時被控挖坟　清被控挖人

海澄武生吳鄭亮被人控毀墳壙人

龍溪武生張欽奕光輝等與本族人爭收地租被控○　又生員李出倫無吉

東山銘渠等被人控踞座作地立祠

興寧生員劉班范　劉芹英應清又子均被控挖墳　又廩生古琛生古紹被控

嘉應例貢生吳洪輝與生員朱了銘互控　又附生楊燾楨被舉人楊地清控

鎮平附貢吳煥迎被生林俊控於產寧命　又附韓運勝被曾姓控私刑拷打

嘉應州附生劉維新鄭文被鄧控吞產損害　又附曾榮彥黃偉文被控毀祠

又附陳鶴猜訟不安分　又生員王以鑑被控毀屋　又附羅長被控

古應秀被控不法

興寧生員劉地邑被控邪教

鹽務

賬全　大江
半桂

何平齋話夢集有歎舊懷呼詩二十二首

葉恂予日記

竇店即竇儀故里
琉璃河下有王秀才鉄
篤長二丈餘建帝北去百
橋乃當時所建又有祥
桑有廟又黄帝故墟
也

廿四日啟程出彰義門九里許至[illegible]候少裴[illegible]偕憩
馬少頤行廿餘里至長新店尖。[illegible]五里至良鄉宿。[illegible]
會王亦鍔（廣西人，丙午舉人，戊戌進士）持東遊回一帖，是日江西典試文秋瀛對
博泉西前等偕行，晚間住候，談少許（由京師四十五里至長新店，廿五里至良鄉縣，爲西路所屬）
廿五日由良鄉行廿餘里至寶宏思寺憩，寺爲唐時建，規模宏
敞，寺前有老松數十株，甚幽迴，徘徊一刻許，復升輿，行二里至竇
店尖。竇店過十五里爲琉璃河，跨河一石橋，寬可方軌，極平坦
又十五里至羅有村店，土人名曰仙峰坡，又十餘里至永濟橋，橋長二百
丈
野爲往來共托足地，楹聯頗多足雅者

漳州城南十里有蕭張
植侯故里碑即昔年語
義處

為知州子番禺石續題句云一曰馬駕長虹任此橋南橋到此
一亭思野若幽延閒橋廣（即漳）廣看迴塘出洪語春双塔将
題詩由亭上壘見漳州城裡双塔故云南有華表歎曰皇
澗風清華表旁有碑亭二一刻永清橋三字過橋七里
許至漳州城橋一聯云日邊險（衙）要無双地天下繁雜第一州入
城界於閩度南閩府〇州牧吳（廣貢）福安嶺人持東迎答一
帖並晚秋瀛特最六安此来諸生許明白江西走雄（像此）和不同
道矣
廿六日由漳州行二十里至松林店五十五里至高碑店宿〇又卅五里

至定興縣，縣有宣化驛，有燕昭王黃金台故址存，又燕太子丹送荊（往來處）軻處存，唐賈島祭詩處存，戰國高漸離擊筑處存。至縣換夫馬行，至許渡河，為北河境，（繼盛有）楊椒山先生祠，門外有大石存，書於太常寺少卿諡楊忠愍椒山墓道。並晚宿於此。縣令朱乃恭（奉天錦縣人）諱允卿，己未、戊辰同年，持柬迓，答一帖。

廿七日　由北河行卅里至固城，尖。（以上皆自尖）尖畢，行廿餘里至異聖橋，旁有三官廟，橋外有白塔，憩少許，復行數里抵安肅縣，宿。縣令蕭祖幕，四川跋那人，持柬迓，答一帖。縣為之故蹟，相傳有劉伶墓，北向麒麟故塚，道中均未之見，麒麟塚亦未詳其來歷，計

乾隆年間方恪敏公呈棉花圖十二幅，每幅總幅均有御製詩題跋

固城至安肅共卌里，是日行六十里，未初即宿店，甚早

廿六日由安肅行卌里至曹河尖。愛慶（寺名）旅店，題慈航寺佛供

素麪。寺後有方恪敏公祠像（名觀承，前直督，桐城人），因展謁之。午後行卌

里抵保定城府西關外，借寓于公祠（諱成龍）宿。方伯孫省齋、臬使花楣生（省敬，乙未庶吉士）、梁

觀察業冠卿（伯英）、首府李静山（培祐，雲南人，丁未）、清苑令鄭岱東（振岳，癸未）、

庭常均持帖來，差人一一答帖。樓西內外壁旁有孟姜女孫夫受

有楊椒山先生祠，有忠烈祠，祀殉李守城殉難共二百八人

廿七日由保定城外行四十五里至陘陽驛尖。驛屬滿城，換夫馬

復行四十五里至望都縣宿（屬定州）。由陘陽驛抵望都，路過郭村，有黃

金台址過郭村即郭隗故里慶都城內則有堯母祠墓滿城知縣胡壽
嵩江西人慶都知縣吳士銓奉天人
七月初一日由慶都行卅里至清風店。又卅里至定州尖。州治旁有古中
山國碑又劉禹錫故里碑過堯母鄉有第一井過古城即昔日張飛
擂鼓斬蔡陽處又韓魏公種李園劉禹錫陋室其石公修遠交
之勝讀州多眼藥園以壞目爲准尖後換大馬行卅里至明月
廟。又卅里至新樂（正定府）。縣有伏羲故里碑是日宿此。由慶都至定州
過河一道定州牧李敷榛河南人辛戌進士新樂知縣張恒吉山東濟寧
州人

正定乃古鮮虞常山郡
水　旅嘉地城南五六里
一　兄趙雲祠相去十里

初二日由新樂行四十里至伏城驛，係驛爲正定所屬，伏羲畫卦
臺在焉。隨四十五里至正定府，宿崇興寺。寓新令貫孝章錫縣
官（貫中書之姪孫）來謁，談少許。知府盧君楷林東迎，均善人，答拜府
城旁有學，南越王趙佗故里存，離城北數里，有閣子，飲罷存故
正定城週圍四十里，城外有大佛寺，金身高七丈，文殊宇堂陸北
魏時所建。行卅里即燕太子送荊軻處。由新樂至正定，過河二道。
初三日由正定行廿里至蓬鋪（芝），十五里至鋪中，歷沙河一道、滹沱
河一道。又行六十里至欒城，歇南關外，宿。欒即古欒竹君故
國也。欒令勞輔芝（勞崇光之子），福提鄉湖南長沙人

邢臺縣南關外即古邢國

初四日由宋城行四十里至趙州，又穿城行五里抵南關尖。尖畢換夫馬，行卅三里過古鄗城，即光武破王郎處，又卅七里抵柏鄉宿。是日雨甚，道泥濘不易行，中間過河二道。趙州牧存祿，旗人，庚子進士。柏鄉令吳光愚，江蘇武進人，壬辰舉人。

初五日由柏鄉行六十里至内邱尖，縣令王福謙，湖北人，辛酉。行六十里抵順德宿。順德府首邑邢臺縣，知縣彭美江西安福人，蔣山遠（筱渠），己未乙丑同年，晤及知府羅淦，亦以前輩特柬來，均答帖。

初六日由順德行卅五里至沙河縣自尖。沙河相傳即宋廣平賦

槑苑詩云又尉遲敬德唐王安一帶即古戰場也再二十五里
至禮禋店有冉伯牛祠再十五里至臨銘關即臨洺驛永年縣 距城四十五里
即永年縣為古趙國有藺相如墓南門外有相如迴車巷學步
橋昔日繁華今荒涼矣按五代時石晉李龍(敬瑭)割燕雲十六州賂契
丹宋時未能恢復惟銘關以宋終為華夷之限再由道涉河
七八道中歷泥路艱至與夫瘁甚渡河水者皆一步不挂如入
裸壤此地夏秋之交雨至則山水漲甚不易走然春冬河乾
皆平地也永年縣知縣夏詒鈺江蘇人
初七日由臨洺關行四十里至黃粱夢廟有祠曰邯鄲古觀即宿

年廬所逕呂仙廟，殿宇凡三層。前殿塑漢鍾離像，有聯曰：鬚烱烱双眸，自來早醒塵世夢；坦便便大腹，料應還識漢時書。中殿塑呂純陽像，有聯曰：萬井烟樣人間，應熟黃粱飯；四山雲起天上，正開碧桃花。後殿塑盧生睡像，有匾曰「仙因夢果」，乃兩江制軍百菊溪　所題。楹聯甚多，最佳者為蔡古聯棲題，内云：富貴有同情，莫笑癡人方說夢；神仙亦好事，故留紅塵遍徵詩。由盧生祠行廿五里至邯鄲縣南關外。知縣令周鐵綍　人。吏畢，行五十里至杜村茶尖，復行。申正至[illegible]磁州宿，州有滏陽驛。州牧程光瀅，道光丁酉拔

貢四川人　由杜村至磁州有山路五六里多圓石難行更數里西

旁皆磧水亦西南列道泥濘亦不易走

初八日由磁州行廿五里至豐樂鎮（安陽和房）安陽中道沙（漳）河一道河為直

隸河南交界長文浮橋長秋船渡漳河々東里去三四里許河

中隱現沙灘即銅雀臺故跡也由豐樂鎮只後行四十里至彰

德府住北關內公館房宇甚敞供帳亦好知府清瑞特來安

陽縣知縣趙集（孫鶴州）安徽涇縣人來謁均長於吟詩彰德縣時

為河亶甲所遷々亦後魏（晉）以為鄴城自陽陰至此凡高縣乃至西

德七十二疑塚也五代時為石季龍鄴城有宋佛魏公故里及

畫錦堂遺址（今江漢書院）東坡醉雪堂遺址說徵宙軍巴故里
均在焉
初九日由彰德行卅五里至湯陰縣。古為蕩陰即嵇侍中死節
處縣為岳武穆故里城內有廟偕少岩叔前等下輿觀于廟廟前
鐵鑄秦檜夫婦万俟卨張俊雕光五人跪像（王本像有施全下跪像）廟內碑碣駢廬
甚夥不能備述其匾出督學使吳培芳題一聯云詔持
金牌千秋冤獄莫須有廟依梓里百戰忠魂歸去來後殿
祀李夫人神位殿之右祀銀瓶小姐像兩廡一祀岳公四子像一祀
楊再興牛皋等像縣之城外聞有文王羑里城前有文王廟演

按淇縣即古朝歌地，城外有商賢微王碑，十里許有孔子擊磬處碑，東有殷碑，刻殷太師比干墓六字，乃孔子親筆也。城內有廟祀，祠殷三仁，故王坊。衛輝即古廣牧故地，城內有東京樓，即摘星樓也。又有殷湯廟，崇高數丈。呂望墓前即武王牧野誓師處。

易臺俱未及覽。由湯陰尖畢，行卅五里至宜溝驛（亦湯陰屬），中過洵水，河閘有子貢故碑，再數里即伏陵公殺趙處，又有扁鵲祠碑。是晚宿宜溝。湯陰縣知縣鄔鉞，江蘇常州人。

初十日由宜溝行廿二里至大賚店，又十二里至淇水關，關書淇澳菉竹四字。又廿七里至淇縣尖。縣令陸士述，號子俊，江蘇清河人，出郭迎。黃儀仗尖畢，行五十里抵衛輝府宿（西關外）。汲縣知縣葉晉蒂，號子壁（乙卯順天舉人），江蘇吳江縣人，亦出郭迎。知府李德均，號坪甫，直隸人。

十一日由衛輝行五十里至新鄉縣尖。縣令孔廣電，山東曲阜人，庚漢武東巡至此，適滅南越獲呂嘉，因以名縣。

于羊八村怙迎，実後行四十里至小冀鎮，蕭吳鎮，有堡寨，人烟稠密，樹木葱鬱，六崖境也。再十里至杏莊，十里至亢村驛，宿驛。為獲嘉縣縣令丁秉綬，江蘇之鎮人，打怙迎接。亢村驛入河北界，相傳即漢高祖與霸王大戰鴻溝處。河岸上廷有廣椎廟，敖山即敖倉，晉文公踐土會盟處，又有黃砂山，即楚漢爭鋒處。

十二日，由亢村驛行卅五里至詹家店堡，武陟縣屬。自此再行十五里至渡黃河。河面寬七八里，春冬水涸易渡，夏秋水漲難渡，兼逢風則四時俱不能渡，必待風息方穩。過河行十八里抵滎澤。縣令之廉慶保雲譜輩

浙江諸暨人來謁

十三日由滎澤行四十里至鄭州矣。知州王蓮（呂希曾）塘山東青州府諸

城縣人，丙午舉人，癸丑進士，先後撫夫馬以供，星夜上迎，注居小

憩。又十五里至郭店（新鄭屬）宿。縣令張懷仁號比樓，甘肅蘭州人，

壬子舉人，壬戌大挑。

十四日由郭店行四十里至新鄭宿。縣城東有溱洧二水注，

旁有子產京與清人碑。宋時歐陽修避居潁田（口）即此，今有

歐陽公祠，並裴晉公墓、呂蒙正故里宿。

十五日由新鄭行六十里至（丈）陵地矣（許州屬），復行三十里至許州宿。

州牧楊宗驗，号印川，奉天錦州人，庚子舉人，壬戌大挑，來謁。按許

州春秋時許國，戰國為韓魏二國境，秦漢時均為潁川郡北。枕限大河，曾無潰溢之患；西枕虎牢，不乏山谿之阻；南通蔡鄧，實包

淮漢之源，亦形勝地也。諺曰：自天下而言，河南為適中之地；自許

州而言，許州又適中之地。

十六日 由許州行卅里至大石橋自尖。又卅里至臨潁宿。公館在

城内。頓宮教和令王蘊祥（号彬臣），甘肅隴西人，出郭迎。按臨潁春秋時

鄭地，莊公遷姜氏於城潁，即此。郡國志：臨潁皋東南長五十里，名曰

龍脾岡，今縣治在其上。又豢龍城在縣西四十里，即古豢龍氏邑。又

東潁河至和北廿里潁河之支流也曹魏初棗祗募民屯田許下引流以溉得穀數百萬斛後人因以名河或謂之棗村河又南許昌至和東南四十里漯馬驛嘗讀書其上因名唐高宗於此閱武更名講武臺潁水在和城西自襄城縣界流入水經注潁水至臨潁小㶏水注之又東過西華縣北又南過汝陽縣北又東南過南頓縣北大㶏水從西來注之

十七里由臨潁行廿里至王孟楊的寨又廿里至小商橋自宋之後行廿里抵郾城縣宿知縣王鳳森號子林直隸永平府灤州人戊午舉人己未進士出郭具儀仗迎至寓公館在城內景文書

汝南郡即今汝寧府
蔡也
言也府

院宇宏敞。按郾城即春秋時召陵，僖四年齊楚盟於召陵是也。又有陘亭在其南，志云即齊伐楚次於陘者。又葛伯城在縣南，相傳古葛伯國也。又征羌城在縣東南，漢來歙封此，光武以歙征羌有功，因築城以寵之。又討虜渠在縣東五十里，曹魏黄初六年通討虜渠，謀伐吴也。又洄曲在縣東卅里，唐元和中討吴元濟，降將李祐言於李愬曰：蔡之精兵皆在洄曲是也。

十八日，由郾城行卅里至鄧店尖，自又卅里至西平宿。縣令王喬，号松甫，江蘇通州府蕭縣人，出郊迎。按西平古柏國（今縣西南有柏亭），漢置西平縣，屬汝南郡，宣帝封于定國為侯邑，更始時立李通

先後

為西平王所出。嘗觀村志稱西北昔時富庶全甚精，所謂崇勲之金天下之材也。又稱西白有龍淵水，淬刀劍特堅利，故劍有龍泉之名，蘇秦所稱龍淵之劍也。

十九日由西平行卅里至蔡寨，寨屬西平。又卅里抵遂平縣，知縣令瞿承業，江陵人，村東迎接。縣為春秋時房國，今縣治即古吳房城也。定公五年吳王闔閭弟夫概奔楚，封此，故曰吳房。唐元和十二年淮西之役，李愬攻吳房，克其外城而還。是年吳元濟因敗，改曰遂平。又稱西南七十里有查牙山，亦曰嵖岈山，以山勢嵯岈而名。嵖岈山又狀類蓮花，曰蓮花山。又孔穴玲瓏，風嘯則如鳴一

名於飛山書院公館主和之試院，院之祀文昌帝君有廚去侍於西

龔指信會心非口耳衣衣朱係方知出色衆文手頭甲剖致附

併以備觀覽

廿日由遂平行三里過河四十五里至綠江寨宿（碓山）處。按碓山

在西北四十里有崇山山頂有皓月池及雙龍泉又有瑩花澗

凍水出於此矣畢行四十五里至碓山縣宿城內公館頗宏敞

縣令戴文海安徽鳳陽縣人號鐵珊丙午舉人早仗仗出郊

迎按縣為漢朗陵縣地屬汝南郡隋開皇十八年改曰朗山宋

大中祥符五年改為確山（朗陵本縣山名）又縣南二里有蟠山環繞

按信陽秦屬南陽郡漢
為南陽江夏二郡地魏
分南陽置義陽郡至元
時始稱信陽州

邑城其形如龍亦名蟠龍山又鷹窩寨在縣西南五十里山嶮高
險惟一徑可通可容萬人避兵要又縣東有棗里亭左傳魏人
奪晋侵蔡楚救蔡禦諸桑隧是也
廿一日由確山行四十里至彭王店為確山又五十里至明港驛
宿。信陽州屬按州有明港河其水自信陽流經確山入淮故名
廿二日由明港驛行四十里至長台關宿。又五十里至信陽州南關
外宿。知州張嗣麟順天人按州為禹貢荊州境春秋時申國地杜佑曰申國在南陽
據三關全楚襟要古稱義陽三關勢相首尾是也三關一平靖關
在州東南九十里即古冥阨塞一黃峴關在州南九十里即古之直轅

義陽三關南接湖北應山縣境

一武陽關在州東南百五十里即古之大隧此為義陽三關夫義陽南可以制全楚北可以爭許洛西可以出宛鄧東可以障淮西固自古必爭之地也

廿三日由信陽州行卅里至戴家灣自知又卅里至李家寨宿河南境至此已盡此入湖北界矣委員文巡捕二人來接一試用巡檢吳振恆號采卿河南懷慶府溫縣人一試用從九俞鵬號丹溪浙江紹興府上虞縣人由信陽至李家寨無車道路大車用擡槓沿途崎嶇環抱林木蔥蒨中數里兩旁皆叢竹尤覺幽迥可愛南來勝境當由此漸入矣

按：西河溪發源於環河，河自位陽州界流經庶山縣北境雞頭山，爲天慶河，又經孝感縣北之彭店，匯清風澗水爲雙河口，又南經縣北之太公潭下流爲西河溪，至小河溪鎮左縣北百廿里地，陸俗志云：即王莽時王常起兵處。

廿四日由李家寨行卅里至觀音店換馬，五里至武勝關換夫。信陽界　庶山分十里東皇店宿。庶山屬　卅里廣水驛宿。庶山屬　庶山縣吳茂先號華溪，四川敘州人，乙丑進士，供帳頗甚。按：縣漢時爲隨縣地，梁置永陽縣及應州，隋大業初廢州，改爲應山縣。縣之東南有應臺山，其形方平，一名印臺，或曰應山之名因此。黃州宗備丰同棟舅降任通

廿五日由應山行卅里至郭店宿。庶山屬　又四十里至小河溪驛宿。公館甚廟　孝感屬　孝感縣汪登瀛，號童隨，河南固始人。孝感縣與蔡炳榮，號霖臣，浙江人，遊擊彭山茂，號長清，均迎謁。按：孝感爲漢安陸縣地，劉宋時置孝昌縣，以孝子董永名地。至五代唐始改曰孝感。

廿六日，由河溪驛行卅里至柳店尖，又卅里至楊店宿。二驛均孝感屬。

辛酉年四十三

溪河巡檢孫之駿及蔡令俱迎謁。乘口公館甚敝，乃移借屋宇以為旅帷暫駐之所。按孝感縣東北百卅里有大悟山，高二百餘丈，廣六里，上有平疇可耕種，其下為獅子巖，下名上界山（方輿記云：縣東北有大悟山，悟山北里安行任而名悟，即大悟之譌）。又黃茅嶺，在縣北二百五十里，與相近者又有白楊嶺，險要。說者孝感之英、黃陂西、應山之高貴山、隨州之樓機山，與信陽三關形勢聯絡，上接光、襄、鄧，下達光、黃，固漢西語天下之中，經楚北之要害也。又縣西南所湖陂甚多，東五里有董家湖，亦以董永得名。

廿七日由楊店行廿里至火石橋茶尖又卅里至雙廟宿均黃陂屬

黃陂縣知縣戴昌言安徽人辛酉舉人因公他出未返謁無由

戴令移請宿漢口均於火石橋另備茶尖後告以為日甚寬不便

早到仍宿雙廟是日由店來及午尖後請縣主人備晚膳數

品亦不多費按黃陂為漢鄉縣地後漢末劉表以地當江漢之口

懼吳侵軼使黃祖於此築城鎮遏因名黃城鎮晉宋因之及高齊

始置黃陂縣又縣西廿三里有石陽城亦名石梵為歷代爭戰地又

武湖在縣東南廿五里相傳黃祖閱戰處亦名黃漢湖湖宋開慶初

蒙古忽必烈侵宋取道黃陂登香爐山（在黃陂）俯瞰大江江之北曰武湖湖之

東曰陽邏堡，蓋自陽邏濟師是也。又沙武口在和東南五十里，上連武湖，下通大江。曰沙口，曰白沙洑口，曰武口（武口地有城，曰武城），曰白沙蘇口，距汴京凡十八驛。二廣、湖湘皆由此而濟，蓋要地也。

廿八日，由叔廣運行四十里至灄口，登舟宿。去歲之役，讀胡同年避於此，思之殊悸悸，腹痛。抵灄口，乃灄水入江處，在武口之上，對岸即夏浦，陳大建五年郢州刺史李綜克齊灄口城是也（灄水發源自德安府黃陂縣）。灄口司巡檢許鎣來謁（千總王德安），辭未見。

廿九日，舟行四十里至抵漢口，住江蘇會館。漢陽孫濮文，祖號棣館，江蘇溧陽人，乙丑同年，來謁，以近省地謝未往。漢黃德道李

此摹差怡迎答一指 是日知河南考官汪漫舟 楊霖 山東俞騰 曹炜 山西集賢蕃 馮光勛

廿日住漢口鎮家信二封由彭泰厚寄邢寄閲均貿城內鄉

許藹丞來謁謝未晤。按漢水自西陽州景陵縣界東流入漢

陽府境經漢川縣南流至此又東與大江會於大別山北是地名漢

口志曰漢水與潢水合流入江處也山麓石上有石穴二土語名之鎖穴

晉王濬伐吳吳人於磧險要害處皆以鐵鎖橫截之即此穴也。

大別山在漢陽府城東北江水逕其南漢水自西北來會南入於

江亦名翼際山又名魯山 志曰山有魯肅寺因名司馬貞曰大別山土人謂之數山 杜佑曰魯山三國

南北之際必爭之地也孫氏曰鬭於東南者保江淮不可不知保漢

以東南而論中原毋用江淮不可不知用漢地勢得也

八月初一日，由漢口登舟，行祭江禮，一跪三叩禮畢，開船行一時許，抵武昌岸，登岸入漢陽門（府有門九：東二門，曰大東、小東；西二門，曰竹簰、平湖；南三門，曰漢陽、保安、新南；北二門，曰望澤、草埠。明末請中更：大東曰賓陽，小東曰忠孝，竹簰曰文昌，新南曰中和，望澤曰望山，草埠曰武勝。城周二十里有奇），住保安門大街大公館。部署畢，即差節房持帖拜文營邑。汪夏縣知縣鍾述瑞，號穌棠，四川人，戊辰同年；總辦供給補用知縣鄧塘，號次坪，均來謁，留未見（鄂省舊例，初到省首縣送一切供給，此均可見，此不見者抄）。接夏口。

查武昌府城西南曰沔口，亦曰漢口，又名魯口，蓋以夏水名，或以漢水名，或以對魯山岸為名，實一處也（案沔口江別入沔為夏水，夏水枯於大冬竭，至夏乃名夏水）。

至唐置鄂州而夏口之名移於江南漢水入江之口止謂之沔口或謂
之漢口夏口之名遂與漢口對立於據江之南北矣
初二至初五日普解封八十付交办差家人黄供給所配盒
膳清策題故撤前序性氣事
初六日晨發行李至此補先行入闈午刻外提调 内提调 外監試 内監試三速帖
到回一帖常服掛珠赴接罷雜戲各官在頭門外迎府所州縣等
官在儀門外迎司道在滴水檐下迎到此下轎上堂与監臨學院
各揖司道迎上堂一揖就坐獻茶點三次畢員弁啟請謝
恩行三跪九叩禮畢即上堂換坐顯轎行各官次第先行次

各道次兩司次正副主考次學院四畢次監臨同至貢院官兩旁侍立數百人揖至公堂滴水下下與上東司道延坐坐少頃監臨至入坐三獻茶畢貢齊請入內內簾監臨及提調等官送入至內簾門與監臨一揖提調監試等官一揖而退封門後揖內簾監試內收掌及十二房官畢坐即起少頃內監試分官以次答揖延坐片刻散晚與少巖前輩商定題目

初七日辰刻坐衡鑒堂掣籤分房午刻延仲穆林來談

初八日早與象孫前輩親書頭場題目交書紙書畢延內監試內收掌入督刻四人坐督刻刻付刷并令家丁數人密看刻刷

畢白紙共一萬弍千餘張紅紙四百張傳御三次監試及提調監試

入請題啟内簾門送題了監臨隔門一揖揖後出談數語監臨

起内提調監試迎上來一揖退候監試收掌房官散各歸寢

初九日書應酬字扇數把楹聯數對晚擬經題

初十日書應酬字晚仝少農前輩書經題送各重紙

十一日早延仲稼妹入出看刻二場題闈防如頭場晡時刷

畢子時送題紙傳如頭場四鼓白并接策題諸房官五人

今書中丞送禮物六色 火腿二 石榴 梨 餅二 山茵重付

十二日書應酬字晚間進試卷坐堂掣籤分第幾房第

發策　以後每日均陸續進卷，按次掣籤，至廿三日首場卷畢

十三日坐堂閱試卷，申刻方散，共薦卷五本，乏佳者。是日刻三場題目紙。

十四日閱卷廿本。令刷字匠仍於堂上刷三場題紙，二鼓時送題紙，儀仍如首次場。

十五日中丞羞怡賀節，內監試、收掌、監臨、房官俱入賀。少頃羞怡往各處答賀，事畢仍閱卷。

十六至廿三日均閱卷，無他事。十七日恭寫備擇題目

廿四日中丞出闈，入內簾門外相見告別，坐談數語退，仍閱

卷
廿五至晦日閱頭場卷畢中卷略定
九月初一日閱二三場卷擬元之卷三場默寫二場題語全不符
要甚延內監試與本房官入商[illegible]因請外簾調首場墨卷
檢對無疑義此卷遂擯棄令不得錄房官請置之副榜
許之
初二日仍閱二三場卷
初三日中丞入闈商揭曉日期仍到內簾門次坐談少許
返仍閱卷

初四五日均閱卷

初六日閱二三場卷畢，中卷冊本如額定。

初七日與少荃前輩將中卷互閱，并商定名次。

初八日早晨無事，午後至堂填草榜，并先填硃卷內取中名次（只書第幾名副榜則書副榜第幾名）。事畢，憩少許，掌燈時啟內簾門，同內監試、收掌及各房官出，至明堂填榜，與各官相見，一揖入坐，書吏啟諸試卷，遂以次填，填至三鼓畢，放榜人聲喧沸中，至懷念堂，學使入內簾坐談，刻許散歸寢。

初九日藩臬司道暨各州縣均來拜，應接不暇，既而治席

二東請內監試收掌及各房官飲二鼓方散

初十日請各房磨勘試卷午後出門答拜各省道諸公乃酬應而已

十一日各房磨勘試卷先後畢乃 夕監臨前輩親加點勘一過

十二日仍磨各試卷午後甫畢中丞招飲念堂坐

十三日仍磨試卷午後方畢、文以補送至藩署

十四日早晚檢箱篋令跟人搬回公館午時赴撫署鹿鳴宴

謝恩禮成入闈時事畢回公館

十五日拜客見客無他事
十六日午刻督撫司道及首府縣公請左勇公祠飲畢順路
拜客回
十七日過江拜漢黃德道漢陽府漢陽縣在漢道署飲宴
主三人而已傍晚渡江回
十八日早晨拜客午時赴同鄉公請局在安徽會館傍晚回
十九日未出門客來絡繹無暇晷
廿日午後赴黃鶴樓飲是日為壬戌己未乙丑戊辰五同年公
請局宴畢順路拜客回

廿一日到危重處談少許仍與伯桂先回

廿二至廿四日均柱家見客客別事夜間前送星五侄策

廿五日檢治箱篋晚間赴鍾蘇常同年局二鼓回

廿六日齋行

廿七日檢治箱篋晚畢

廿八日本擬啟行因少荪於前芊術得感冒改期初一出日

不出門

廿九卅日均未出門客來少稀頗清靜　卅日午刻先發行李到華口公館

十一月

初一日晨啟行出城至皇華館拜學司道及各屬官均候

送相見揖畢入坐獻茶一次訖飲茶被起告别与各官仍一

揖而與行數武抵江干登舟不片刻到漢口住江西會館

漢陽府漢陽縣均來謁談少許午後至福建會館掛匾向

天后前行三跪九叩禮禮畢就飲傍晚回

初二日到漢黄道漢陽府縣各處賀行香午時至周謨選甫

軍門處飲江西人傍晚回

初三日查整行篋各同鄉均過江來談

初四日早查庭酬字午後赴一品軒同鄉公局龔蒼池謝湜雲劉旭齋羅子翹

林篤之諸人飲頗酣晚回家

二二八

初五至初七日均以書應酬字謝同鄉先後來訪

初八日由灤口啟行四十里至灄口尖黃陂令戴昌言號禹卿安徽合肥人來謁尖畢行卅五里至双廟宿

初九日由双廟行卅里至大石橋尖又卅里至楊店宿孝感屬

初十日由楊店行卅里至楊家寨尖又五十里至小河溪宿孝感令蕭炳藻號丞汪登瀛遊擊彭茂山迎謁均來晤

十一日由小河溪行四十里至鄭店尖卅里至廣水驛宿應山縣吳茂先來來守備王國棟號梁臣來謁是日住民房另撥家

十二日由鹿水驛行卅里至東皇店尖又四十五里至李家寨宿

赴補二人叩留館差四首

十三日由李家寨行卅里至郝家灣茶尖去處士飯庄官

山石庄差又卅里至信陽州南關外宿州牧張麒麟號仲孚

江蘇武進人來謁晚往答拜

十四日由信陽行五十里至長臺關尖又四十五里至明港驛宿湖

南學使朱肯夫前輩亦宿此晚晤及

十五日由明港驛行五十里至彭王店尖又四十里至確山宿 信陽關在旁

縣令戴文安號丞過謁是晚途中遇雨

十六日阻雨住礶山午後開霽整頓行李須用大車。縣
有顏魯公祠魯公使李希烈殉節之地又有范孟博墓
均在城東數里縣令鈇珊所述
十七日由礶山行四十五里至渫江寨尖又四十五里至西（遂）平宿
縣令瞿遂業持帖來迓
十八日由遂平行卅里至蔡寨尖又卅里至西平宿縣令
李特時号聘珍直隸廣平府永年縣人己未同年迓謁
晚往答拜。是歲武會試殿撰張鳳鳴榜眼張思祥均
此邑人一家林祉亦佳話也

十九日由西平行卅里至郭店驛茶尖又卅里至郾城縣尖後行卅里至小石橋茶尖又卅里至臨潁縣宿縣令王蓮祥迎謁如來時晝日行百二十里到詁已定更候矣

廿日由臨潁行卅里至大石橋尖又卅里至許州宿

廿一日由許州行卅里至丈地尖又六十里至新鄭宿

廿二日由新鄭行四十里至郭店尖又五十里至鄭州宿知州王蓮塘（安吳人）來謁甚健談

廿三日由鄭州行四十里至滎澤縣宿縣令韋慶保來謁

廿四日由滎澤行廿里抵河岸登舟渡黃風甚順閱一時許

渡渠北興行十八里至豐樂營自此啟行廿二里至元村驛宿

廿五日由元村驛行廿里至小冀鎮此自此又四十里至新鄉縣宿

廿六日由新鄉行廿里至林箐店此地僻而陋無村店少坐片刻食蔬粥而已復行卅里抵衛輝府宿

廿七日由衛輝行五十里至淇縣此由泛東坦去年修洪人來謁此後行六十里至宜溝驛宿公館甚敞乃新修葺共緣李和忠河祠由此淮豫也。由淇縣抵宜溝中歷淇水

關外多圓石關前數丈有石橋湛流注其下激石潺潺浪

花如雪洵可賞也

廿八日由宜溝行廿五里至湯陰忠武廟尖購鄂王墨拓數種

尖後行卅五里至彰德府宿知府清瑞號芝生滿洲人來

謁旋往答拜

廿九日由彰德行四十五里至豐樂鎮尖尖後歷漳河行

卅里至磁州宿（直隸廣平府屬）知令戴華勛號頤亭蘇之丹徒人

來謁

卅日由磁州行七十里至邯鄲縣尖又四十五里至臨洺關宿縣

邯鄲令周鈞蓀永年今夏詒錘均未晤。日來途次閱岳
忠武廟志作七絕數首指歸尚覽
平生涅背志雄圖辭算如何棄故都痛飲黃龍嗟已矣
翻令酌酒賀諸胡
書生叩馬早先知太息長城竟壞之丞相和戎真底事
回思撻辣送嗉時 撻辣金太子檜之歸也撻辣送之。又檜在金與室撚善 洪皓由金回於對檜言室撚寄聲檜怒與皓私論之
功棄垂成恨有餘老奸辣手鍊爰書獄成祇無莫
須有遠語還軍盡子惡 桂之飯樹也誣岳要子張憲之謀還 王秀軍又誣王以淮西之役逗遛不進
後為同謀木柱撕 著賢 迫居祿之又轅駒不圖愛國張韓等

竟如回天一疏多。

揚子方摧胡虜驕，背嵬遥逼岳家軍。驪車河朔驅（南風）

車過父老傷心述舊謀。

風馬雲旗故里過，浩然正氣壯山河。誰言即是閑孫等，公論千秋自不磨。忠武孫亦喬先生名珂有籲天辯誣見光錄

丞城究竟為英雄，俎豆馨香廟貌崇。莫話東窗當日事，陰前環跪可憐蟲。

東窗剝橘，橘一日在書室，以手劃柑若有所思，檜妻王氏揣其意曰：老漢何不決耶？放虎易，擒虎難也。檜即付片紙出，少頃報岳王死矣。

十一月初一日由臨洺關乃卅里至沙河縣，自此又卅五里至順德府在邢臺縣署宿。晤王石卿同年，霽名夢麐吉安旅

注杜薛後之前輩理談少許回
初二日由順德行六十里至內邱宿邑令王福謙號綸臣湖北
德安府雲夢縣人來謁旋往答拜○王君送子華子重部
共弍本子華子乃程本著與孔子傾蓋而談者子華邑縣也內邱人
初三日由內邱行六十里至柏鄉宿邑令吳光鼎未來謁
是日瑞雪繽紛霧景如畫晚霽
初四日由柏鄉載星行六十里至趙州吳州牧存禮號誠齋
未來謁尖後行四十里至欒城宿邑令陳以培安徽人
未來謁○懷初秋過此由晚發雨甚輿中口占一首拈錄留覽

驍々甚窠包宿兩晨未闢旸日迫炎溽令人生眚寒策
影兩前路々々何湧々危坡歷碶灰低溼泑波瀾僕夫行
身卻舉步殘蹣跚濕輿里禾黍油々秀可餐最裏共妻
不捲今年慈旱乾膏澤良匪乃秋成背足觀征夫
一日苦田家終歲勤劬以苦易歡莫言乃飽難
初五日由藁城行六十里至董鋪尖々後行卅里至正定府宿
知府蔡鈞号毓甫來謁孫令賈孝穀未來送龍興寺及李
寶臣碑搨兩種々正定為尉佗故里至孚咸一律姑錄存覽
掉舌功成陸大夫尺書衆疊漢家謀未忘墳墓先人在此合

飈表大長峥翔雪濤浣往故了東天桂烟隔雄都陋嚣
不堪扶風論一著輸君計亦愚
乾寅初同年初秋有遠游之行以詩索和遂用作此將答
即次元韵
濕才黼黻佐今 皇治軍陪宣賦我將石室鳴鐘暮標
史玉雲制誥從歐陽寅初于役陪都篆列聖神主遠問道遠行旌
枉鄂渚秋來堠館涼攬轡騑騑謬承無自慚綴線手
無長
初出昌毅集行東城西道廿三年後因在案出及冊當首定相良淵校

初六日由正定行四十五里至伏城驛尖又四十里至新樂縣宿縣令張恒吉未來謁

初七日由新樂行廿五里至明月店茶尖又卅五里至定州尖州牧李錞未來謁尖畢行卅里至清風店茶尖又卅里至望都縣宿縣令張彭齡号鶴汀辛酉拔貢李天錫州人來謁

初八日由望都行四十五里至溫陽驛尖又四十五里至保定府宿旋拜署理李中堂孫省齋年伯范梧珊臬使清苑縣令邵振岳前輩中堂送禮六色益富二匣　豆蔻二匣　英紙二匣　方伯送火腿二隻　板鴨四隻　牙茶二瓶　火腿二隻　芽茶二匣　還弓十斤　羊毛包一　是日自僱大車二輛轎車二輛備用

初九日由保定行五十里至安肅縣尖縣令葉祉蕃村來迎
尖後行六十里至北河宿
初十日由北河行卅五里至高碑店尖又卅五里至涿州宿
是晚偕小宗劉霽林穎林方伯均在此寓旋拜晤
十一日由涿州行五十里至寶店尖繆佩卿夫子往西陵適
尖此因拜謁焉後行廿五里至良鄉宿是日是處官差應
馬不應夫計進京轎夫八名費四金又六錢叁千文蓋辦差
家人尚從中漁利也
十二日由良鄉行卅五里至長新店尖又廿餘里至京寓住

他處崇文門費廿七两

復命摺式

湖北正考官臣〇〇〇副考官臣〇〇跪

奏為恭摺

恩命仰祈

聖鑒事竊臣等奉

命派充湖北考官當即星馳赴省遵例入闈取士如額

於九月初九日揭曉臣等旋即起程茲於十一月十三日到

京恭覆

恩命爲姓落棲里案伏乞
皇太后
皇上聖鑒謹
奏

由宗堡冒雨曉發途中口占

驍驍發宗邑，宿雨晨未闌。昨日過夫渡，今朝出峭寒。策蹇向前路，路路何漫漫。危坡歷傾仄，低隰漲波瀾。僕夫行且卻，舉步殊蹣跚。遙與池禾黍，油油秀子畏。纍北麥不穗，今無甚旱乾。膏澤良匪易，秋成當足觀。征夫一日苦，田家終歲歡。願以苦易歡，莫言行路難。

十月差旋途次閱勵志齋叢書乃紀河間編集藏之武英殿

其內澗泉日記宋韓淲撰拙軒集金王寂撰寬舖閒洋宗

表文撰

左夏口右漢川烟水浩無垠疊畫江城猶聞弄笛

前崔顥後李白風流今絕在往來騷客誰能題詩

滄來

致允昔送作稿

比來●鄂洪華識○荊州古賦庭鳴重拂○篋得之分旋

歌驪唱益深輕結之思矣作

大人 云云 ●叔句 ●一四六 勉居○爲朱宜叶頌私 ●第使節

遄歸征鞍甫卸無有勞徒積粟陸以恆田里投藝秋閑

無切珠遺之惧若值傳鐵梅驛愧吟瓊報之章 云云

致允篁宜作稿

頃聞其事○教益頻叨同郷華黨重拂○承篋之惠頻（驛傳遄歸定頓首啟）

致乃甲益第書 一四八 長良○○○○○ 遠言之未○所華（繞）

箋祐。福高洪鈞、遠、百官出群。庶治夫甫。冠百

倚命謂最引居。屬來空叶娛私。第使節遄歸，當

歸垣邊徂駿甫卸。層陸如坦迴思枝藝棘闈，無切遺

珠之慎；茲值侍騰梅驛，搆廣拔玖之章云。上西蔗菜

詩好青留翰墨之緣。投李情深，愧乏瓊瑤之報云云。

往东陵路程

由京出東便门卅五里至八里橋尖 中經松厰有宿店 双桥有宿店 又八里至

通州 由通州东八里至松厰有宿店 又廿里至燕郊宿 共七十里

由燕郊四十五里至旱林尖 又四十五里至邦均宿 邦均西十餘里曰段家嶺有宿店

由邦均卅里至蓟州尖 又五十里至隆福寺 寺东数里曰夏家林 又寺东十五里曰馬彩橋

又寺东廿五里曰蔦子门 三處皆有店 馬彩橋為大

由鄂至湘旱路日程 鳳石冊

七月十六由武昌省城卅里至安家港茶尖 卅里油坊嶺鎮 又廿里至五里界宿 江夏属

十七日卅里板橋自尖 卅里山坡鎮宿 江夏属

十八日十五里賀勝橋 廿五里紅蓮橋尖 廿里咸寧縣宿

十九日卅里丁泗橋 十五里官塘驛宿

二十日卅里 五里哨尖 卅里蒲圻縣宿

廿一日卅里茶庵嶺尖 港口鎮宿 萬年庵石壁題五律詩 吳荊山先生 宣翰且門 原韻

廿二日十五里洋樓司鎮 入湖南界過此有湖南之省長至廿五里

平水鋪夫，又廿五里長安驛宿

廿三日，二十里路口鋪夫，二十里南村鋪，卅里雲溪驛，武聖宮宿

廿四日，廿里郭公渡（此渡有備）茶夫，又五里冷水鋪（西湖備）茶夫，又卅五里岳州宿

廿六日，卅里角鎮市茶夫，卅里青岡驛宿

廿七日，廿三里長湖茶夫，卅里大荊驛宿

廿八日，四十五里黃岳鋪夫，廿里歸義驛宿

廿九日，卅里六塘鋪夫，卅里湘陰縣宿

卅日，卅里文家橋，卅里[illegible]橋頭驛宿

八月初一日，卅里花石埠茶夫，卅里進省

由湘至鄂水路日程

由湘下駛廿日泊霞駁河　百廿里宿湘陰　順風半日即達

六十里磊石山（在洞庭湖）　六十里鹿角

六十里岳州　卅里城陵磯

二百里嘉魚縣　一百里冬依腦

七十里武昌

洋戶案六件　六月七、亡

○番攬口書吏、武家人四兩，第一房家人四兩

起馬、自管、兩稿、衙差、家人洋四元　又肩封

又　茶房二千　飯房七千六百文

民壯四百　換子一切洋七元

炮手二百　吹手四百

把門六百　聽差二百

皂班二百　打更四百

差役二百　打楊夫二百

馬夫二百　大轎夫六千

○刻字匠洋二元　○刷字匠洋二元　○寫字匠洋七元

○看公館四百　○送夜人書　三件二百　○司當把門四百

○看頭號一百　轎子三千　上虹放禮炮八千

○巡捕送至岳州　席錢六元　又肩封包　俱中等

○戈什哈送至岳州　席錢六元　仝上　次等　至岳州時如中未甚

岳陽樓犒賞洋二元　席、角、洞庭、雜用洋一元　俱不在帳　……三百文　六……

蓀台王山百兩　又水禮　　蔭棠山　又水禮山
赫翠泉山　又水禮　　葉道暨誠惠山百兩　又水禮山
搭潤溪浦省道三壹壹百　又水禮山
以上五人公送公禮乙千五百兩　使合十六元
又公水禮山下　使合二元
內監試呂升　長沙府陽升　又水禮　協台韓罕十
借寓順西昔郡媂君之西邦为達程儀甲十两　半[illegible]十六兩
門生贊敬幼嫺勇還之　此外有年世即送世及有外官送一首[illegible]指
中仲十七年經計數

候補府高僉事　李厚

岳州府張德容　松坪　癸丑庶常

永州府張修府　左壁　丁未翰林

紳士

劉崐　韞齋　辛丑前輩　陳琳　陵冷舫　丙辰前輩

易東俊　掌教城南書院　庶常　徐棻　雲岳　掌岳麓書院　書門外　庶常

何伯源　掌教求忠書院　子貞先生子　許蘇文　胡子勳　文忠子　男爵

左孝寬　中堂子　陶桄　少雲　文毅公子

楊正儀　岳斌子　李杭　仲雲　文恭公子

李桓　男任甘肅　觀察湘江　文恭子

黄鶴樓公句

吴朗星　易帝程　陸仙洲　沈朗三　凌東膺

楊秉衡　朱柳屯石青　徐蓀山　鍾毓棠　陳酉峰

潘秋舫　陳樹楠小園　李月舲　濮梓舲

同鄉公句

陳仲穆　黃筱園　龍熙叢也　謝管雲　羅子熊　劉旭齋

劉宗元長蓉　曹秉綱禮堂　畲韻秋　袁叔卿　林賓丞

吴元藻石臣　秦劍泉　張之洞孝仁　惲祖翼菘耘

程幼藻叔舉　孫禄生

陳鵬 樹屋日年樣星光號海秋
岵峰館

羅鎮 羅嘉杰號少耕弟
請江侯

廿四至七月初六日共十二天房洽銀京平四兩八錢

初七至初十日又銀弍兩壹錢捌分

十一至十七日又弍兩弍錢弍分

西 东

西 东

西 东

东

西 东

西 东

五

則九号十房8何焕章 又 翰丞 、 上 ○

雲 五十乙 一房8 紀福阿 武 紫薇 、 川 ○

器 四号 二房○ 王禹權 上 上

首 五号 九房○ 文而林 又 雪舟 三

善 八十七 六房○ 蘇鳴藻 又 小坡 又芝 又

積 七十 八房○ 傅鑾蓀 又 曉林 蓮友 上

鞠 卅八 四房○ 錢毓芳 又

知 卅一 七房○ 全宗培 上 相人 、 上 、 山

衣 壹号 十一房○ 張以彩 三 学杰

十 坐 十号 五房○ 孫庭揆 又 蘭齋

东　西
東西
东　西
东　西
西西
东（西）
东西　寄东

十五人

十一號（第十）
十二房〇　周燮時　朝夫　黄岡　上
敵　九　三房〇　王慶祐　梓翔　黄陂　十二、
積　八十　十房8　左作佐　笏卿　又、
貞　弍　十房8　胡与瑚　海樵　十二
知　廿七　七房〇　鮮于光煥　世　黄岸
呂　壹　四房　任学富　祥嵐　上
臣　五十號　十二房　换寅士　十二房
賴　四十五　六房〇　段忠　四十九　六房　吴琳　上
旗　廿　四房

東 西
東 西
東 西
東△
東 西
東 西
東

五廿 卅

經七號 三處 換修廿二 十一房 余士珩 麻城 上
收 式十 九房 夏槐 乂 午庵 上 々
實 六十二 二房 徐元休 乂 祥宇
薑 四十四 八房○ 朱美燮 二 曉林 乂
過 卌九 四房 朱傳瀚 三 楚北 三 々
餘 壹號 七房 鄭浚明 德夫 上 上
谷 五十式 五房 張佩元 如南 三 十
才 卌九 十二房 石琨 學梯 乂 乂
龍 十三 五房 王學典 叙亭 好 上
半廿一 十房 夏煥奎 子琴 乂 乂

东 东 东 东 东 东

西 西 西 西

卅一 卅五

朗十號 十房○刘玉珂 文月坡 録

重十七號 三房 張拱璞 子春 上中

才廿七 十二房 朱宗堿 述庵 上

河十五 一房 胡正棟 幹卿 上 文

才八號 一房 杜炳衍

虞廿六號 二房 王皆陞 上 星階 上

才廿號 二房 王皆被 上 倬甫 上

旗甲 三房 塘林 上

婦四十一 二房 李秉澤 文華甫 三

李燕光 [illegible]

东 东 东 东 东 东

西 西 西 西

十五　五四

延平 五房 魏澤濃 文

白 四十七 九房〇劉炳獻 文 知

貝 廿八 四房 賀請南 亡 定吳 文

雲 卅四 五房 方近銓 上 少甫 上

义 廿五 七房 德 四十九號 十房 呂文暹 文 南陔 文

莫 廿三 八房 萬邦華 文 未雲 文

豐 十八 六房 鄭炎 亡 桂庚 祥

政 九十 七房 鄭世均 亡 子宜 祥

森 五十六 十二房 朱夢春 子惠生

旗 武桔 十二房 松溥 上

東　報　東

西　西　西　西　西　西　西　西　西　西　西

卄三　ㄨ　ㄨ　88

敵算　八房　吳鳳起　ㄨ　卄

賢二　九房　易良琳　貢三　午

館廿　十三房　梁敦七　三房　陳炳坤　ㄨ　星甫

賓六十　十二房　梁登升　十三房　周元丙　二　閣臣　八

鳴十三　一房　王炳章　ㄨ　文韜

業四十四　二房　程潤卿　ㄨ

在五十三　四房　曹宗　ㄨ　漢庭　上

景五十四　七房　陳文璣　十　伯高　ㄨ

飛十二　十房　唐祖棣　ㄨ　東山　十三

忠四十九　六房　○　段賴　四十五　六房　張士瀛　子鴻　ㄨ　上

五

戎十八 五房○

量七十二 九房○

虞卅五 二房

文三十六 五房

雲十七 八房

萬十四 九房

荐四十五 一房

鳴卅六 四房

信七十三 六房

雲孫織錦裳 當

春風得意馬蹄疾

一日看徧長安花 顛

艤舟明蕋惠僂 虎踞

磨戡亂致治

葵花向日 鷹揚

科臉輦獻羲

順凝私福

府属　黄家琮　柳毓和　黄華洁　陈廷荣　黄家璟

張祖蔭　洪炳燧　王文明　吴荣昌　谢金村

胡秉臻　石成金　金以砺　周兆麟　刘錦春

然趙渭　李燦勛　吴敦照

鎮寧　聶文蔚　刘清真　趙清　皮仁藝　侯樹屏

楊景晗　汪廷源　邵鵬宗　陈明楫　楊振墉

雷世傑　華鄂

永寧　沈寶熀　盧國泰　黄澤銘　錢濟邦　彭文明

吴興紀　毛惠厚　夏允愷　馮紹宗　王寬章

清鎮 刘子峻 刘森妫 刘子高 庄兆斗 黄学瀚

陽燦瀛 刘克甫 楊士英 陈学孝 黄作舟

王憲中 陈德裔

安平 王炳麐 王世昌 陈炳 黄廷魁 金曜午 石山明

孫錫緣 張廷燦 譚濟遠 唐樹中 張兆魚 祝成熙

普定 黄理才 柳元魁 汪守仁 任文錄 王克明 郭金鉊

羅文榮 謝鳴文 金樹濤 邓饒清 刘世青 柳鳴文

郎岱 彭文治 張曲霖 王清堂 朱耀甫 姚世润

翁燦文 范翊枕 袁生發 田宗勳 鄒明煜

安順七屬歲試壹等生員

府屬 吴孚孫 廩 楊光暑 候廩 涂夢江 廩 劉兆燦 附 降等

黄鳳岐 候廩 周錡 附 六月廿補 陳鳳匹 附 黄道學 附

封文銘 廩 郭鳳翔 增 金鑄人 附 黄國匹 附 改名副如

鎮寧 丁錦昌 廩 吴方焕 附 劉桂馨 廩 陳峯 廩

李郁清 附 黄元綸 附 喬之章 附 雷丕基 附

永寧 張燈 廩 胡汝達 廩 喬易魁 附 六月廿補 胡汝鶴 增 六月十補

吴琳周 候增 夏焕元 附

清鎮 趙鏡源 附 鄭蘭 附 杜防 附 改名滂泠 王廷匹 廩 周永靖 廩

杜心元序 馬名驤附

安平 梅汝思 柳煦春 秦文煜 胡文德 徐春演序

劉榮基序 鍾文燦 王嵩 吳翠衍

晉江 文明淳抄 張藻序 李玉璋序 唐際彥序

楊澍春附 鄭世榮附 蔡春光附 鄭作元抄

管學基附 吳貴正附 劉長楷附 林音康附

邵武 王熙滌抄 謝法鏞候序 蕭國柱附 毛貞鑫附

雷鳴基序 王芳附

安順七屬歲試新進生員

史觿十七卷（卷一至卷三）

〔明〕長樂謝肇淛撰

上海圖書館藏明崇禎間刻本

史觽十七卷，明謝肇淛撰。肇淛（一五六七—一六二四），字在杭，號武林、小草齋主人、山水勞人，長樂人。萬曆二十年（一五九二）進士。歷官湖州司理，南京刑部主事、兵部郎中，北京工部屯田司員外郎，雲南布政使司左參政，廣西按察使，廣西左布政使等。工詩，嘗與同里曹學佺、徐熥、徐𤊹等結社吟詠。喜藏書，在京時常至内府抄閲珍本。撰有北河紀、滇略、太姥山志、五雜俎、文海披沙、小草齋詩話、小草齋集等。

是書之名「觽」者，據謝氏自謂「解結者也」，又引詩之「芄兰之支，童子佩觽」以釋其名，自謂「尚有童子之心也」，知爲其讀史治學之筆記，不以考論爲重。蓋采擇十七史中隱奥精微之辭，略加考説，逐條編列，凡一史爲一卷，所謂「字之鉤者，事之僻者，人與地之隱者，耳目未之及也，則疑滋甚，於是求其解而筆之」。如史記常儀條曰：「常儀，司月者也。俗訛爲嫦娥。然帝摯之母亦名常儀，不獨羿妻也。」既正俗語之訛，亦辨一名之兩義。然多數條目較略，故四庫提要謂之「於史、漢、三國諸書，原有舊注者，所載尚爲明晰。於晉書以下原本無注者，亦僅録舊文，絶無考證。仍不足以釋學者之疑」云云。

是書二册十七卷，卷首有崇禎四年（一六三一）曹學佺序、萬曆三十八年自序。卷端署「陳留謝肇淛著，建安黄師表、黄師正校」。書末葉鐫「建陽黄氏景晉齋藏板」，蓋前署黄師表、黄師正之書坊。此書另有哈佛燕京圖書館藏本，除曹、謝二序外，另有崇禎三年黄師表序。又有臺北「國圖」藏本，卷首有曹、黄序而無謝序，存前十五卷。日本内閣文庫藏兩種，僅有謝序。明史藝文志著録爲二十一卷，觀今傳十七卷本之内容體例，皆較完備，不似殘缺。

此本卷首曹序殘破，卷一目録葉二，卷七目録葉二，卷十一目録葉一，卷二葉四一，卷三葉十一、十三、十四，卷四葉一、十六，卷六葉十九，卷十葉二、三、十，卷十一葉十三，卷十四葉三，卷十五葉五、六，卷十六葉二四破損缺字，今以哈佛燕京圖書館藏本配補。（盧義愷）

史觿序

讀史家著述不一，且勿論誰

昔而近日，如鄧潛谷之史函、

胡元瑞之史要、鍾伯敬之史

懷、余趣潛之史纘，即謝在杭

亦自有史考史測其餘有已
成書而予未之寓目者又何
可勝數也予頗摘史鑑之要
以治源亂本民賦戎機四門
夫世之一治一亂久矣

而治有其本焉必人君之恭
儉與其臣之靖獻而後可以
共理稱幾康矣厥亂之源皆
繇女戎而宦官之專橫土木
之奢侈又乘之也天地生財

不在官則在民取之無藝用
之匱節閭閻消耗喪其樂生
矣于是而盜賊繁興兵戎事
起故夫戡亂廓清決勝于俄
頃非有潛天潛地之謀曷克

以濟夫治亂之相尋治日少
而亂日多知爭戒而後足法
此歷代史鑑所為作也顧欲
識其大者則不能以識小道
其常者則不能以語性而在

杭史觿一書又非漢之隽魏
之記劉宋之世説大有以膾
炙人口者手命名曰觿以童
子之佩也予年垂六十舉其
一二則尚有所不知也予卒

業之而日置諸左右也其亦

有童之心也夫

旹

崇禎四年辛未菊月眷友弟

曹學佺能始撰

史觿序

觿解結者也人之有疑也甚於結余好讀書而性弗慧故多疑至於史上下幾千年汗漫幾百萬言其中字之餉者事之僻者人與地之隱者耳目未之及也則疑滋甚於是求其解而筆之其觿也筆也客見之而笑曰夫書以代結繩者也而子復以代解是結者解者兩無當也詩曰芄蘭之支童子佩觿於序余尚有童之心也夫

萬曆庚戌八月初吉晉安謝肇淛識

史觿卷一目錄

史記

騣戾　鹿毛壽　射天

吳囘　忍詢　秝紬

上佼　防輿先生　跳驅

冒絜　措指　俷德

公戸湳意　重射　時力距來

左建外易　剌蜚　跿跔

爇啜　燒檝焚杅　仇液機郝

襒席　牛鼎　嘍喑

韉矢　砥硯　甗鍋

諸倩　竄　易賀

詿亂　引繩批根　石人

比余　全甲　塌鞠

浚孔車　轅終古　湠河

蓀莸　漉沈贍蔄　輂車

闕門慶忌　茵伏　魚翁叔

毛摯　投鍼　次骨

推滅　軥牛　狗中

㢧韝鞠臢　奪糈　八名龜

史觿卷二目錄

漢書

王檣　分刌　甲觀

蒼陽　名田　顧山錢

秏悼　左官　慤隸轉屍

桐馬　漢爵　庛

名察發斂　抵冒　壽人

三屬之甲　駮　頌繫之

䁆突　渫　刼假

泉布　肉好　么錢　一流

鍾官　猪突豨勇　化色五倉

弄口　跋盭　藺石渠答

虎落　亂從　充賦

張長公　不幾　自徒

輿　居室　視天畫地

嫪　投輂　遺入獲

荃蔮　桼欿　服匿

民母　伏聽　舍服

抵誅　都養　自將

熏轑　羼靳　王莽

捽草杷土 泱流抑隊 魁壘

七亡七死 漿酒霍肉 毣毣

邅蕩 地恐之 剌取

敖盪 米獲 正先

佗佗 鐵炭 玉堂

連紀 廿忠可 鉅篇

掌畜官 鞮鞻 足大

浩穰 重轑 迹射士

公乘輿 棘木 祕獄

碣磍　秖隤　獿人

伆　簡鄉　丘盖不言

靡容　魏倩　盭綬

罶犂　焚如　五尺道

桂蠹　小歩馬　幕

荞平　漫衍　十四等

子客　沓冒　祝延

眚病　稼飾　諸干

盪腸　蘭　繞霤

甓甋　甓　甓甎

寳黄厮赤　天因行尸　目閞

泣軍　底劇　梃

滃㬝　漢書内古字

史觿卷三目録

後漢書

綠褠　息耗　釦罷
偃子　貙劉　乘之
逐疫十二神　巖郎　廾丞
牛頭馬脯　里魁　百官受奉倒
就　方鈧　袧
鐂口　蕆　半頭幘
鑴胡　錯鍉　赤車
支閔　叵　祋諷　羊腸倉
首施　稽故　批抵

捲握　芻會　祇禍

鬄剔　公孫弘　朱壽

矘眄　意錢　狐尾

皋蘇　洮汰　東里先生

爭賕　柮　侈長

貫行　稱娖　專愚

在醜不爭　流唱　飛禍

小杜律　元二　告寧

吐珠　五禁　牢賞

史觿卷四目錄

三國志

燔翳捎褶　無澗神　五熟釜

駭耳　欐　伊邑

晝外　朱墨　三餘

三不肯　逌健　考竟

槎桎　邔津　冥

推築　譓詷　逌侻

廓落帶　四窓八達　欺魌

皃沷　栢孝長　瞻諦

馬排　外劇　任子

行縢　咄唶　縹祓

負毦　三版　薄落

懀定　矌宇　蘢瓜

幅裂　下髪　八絕

錫　鋼絡

史觿卷五目錄

晉書

飛白　鬣母　葦茇

省事吏　十八曹　合函

五路　華轙　躅豬車

流蘇馬　委貌冠　鳪

賧布　鈌薄　沈郎錢

娒母　鐘出涕　逈

縹絖　貊槃　擷子紒

無顏帢　露卯　韓尸尸

當歸遠志　毹毲　地狼　賈

軯輗　勃辱　律義較名
懸籥　鉤蔽　飛筆
梓澤　靃靡　無景
辭曹　完牢　苯蓴
竊柎　黝黈黓黕　軿張
簷角　大臠　乾沒
光光文長　殺公掾　三更稲田
日劇　露板　銜蓋
定見　尺一　齎印

跰指　攫獸　碎審

黄沙御史　竦踴　破頭

頷頷　神狐　有龍無尾

容刀　斬囿　陶兀

鋸木屑　尻背　戮尸

水心　黑幰　官攤

無難督　鶯　零節

左右甄　白版侯　服劉鳥

割昂　刀尺

陽燧車　流蘇　敦煌五龍

小苛大苛　楚剣　書麓

馬羅披　三品酒　高柞

灼然　高擽　造微

刀繩　闔拓　鈴下威儀

五儁　蒸荒　斷道解廬

靈根　慱頭　陵遲

紛葩　管穴　白望

阿鄮　龍荒　驢鼠

凞氷　隨牒　寥蕭　傴儛

牙尺　落毛　試守孝子

日痛方　摽置　勃窣

王白鬚　龍莞　傖鬼

帶腰舟　三明　膾截

神游　鴝鵒舞　禁臠

謝白面　便串　菰葑

不覆　風聞　黑犢

庸神　鷗若　倚柱觀

鎮守藥　獸壁　忍辱

灼燂　重兼常見　充隱

僻蓋　桓詔　飛豹

毛面　號滓　遮須夷

管滓　訇　張良

振紛　鄭櫻桃　葛陂

暁暁　皈齒　熟食

棲氷　巨霸　斷堤　羂

侏張　王茹　望空

史觽卷六目錄

宋書

蘷　三嚴　揮人

廗宮　黄閤　剛戎

比李　遮迵　毋追

㡘巾　帙岐　透舒

箛　車轂　飛天紒

拉颯　張騁　巛

保林　停弱　伀

戸限上　[illegible]　押符

公城子野　彭排　籠冠

惛墊　臑酒　抵蹋

和香方　塗步郎、二始

笨車　出卮　麤中

嵏醜　攫爂　任竿

彭　耳學　猪鼻

細腰鼓　纂嚴　六慎門

槃停　蹄領　筩袖

事力　埋兒　六棊

俚民　奇温　蚿蟲

史觽卷七目錄

南齊書

前准　自剳　銀柱

笪屋　折膠　拍張

袊裾　善禁　快牛

互鏊　菧席　纏鬚繩

大蹄馬　閉目痛打　老蜂

鏢　朴澀　五龍

黃紙帽箱　蟵屐　上湯

訛黑　腰鼓　食蛙

圍棊州邑　蕭四繖　銀纏

觧毛　竹翹　量腹

四皓　上頭　十夫客

丁公藤　鮭稟　俯屈

史觿卷八目錄

梁書

聖書　彯纓　羊體

芠席　看屋梁　豢

膝痕　范長頭　梓材巾箱

魚餧　解龜　無對日下

漏蹄　酸耿　幡毦

沒突艦　百幅被　妓衣

四畫　白題　嚴棘

皮褁晉書　養炬　茷客

上口　孔獨誦　半氊

杖花　筌蹄

史觿卷九目錄

陳書

抑劄　意聖人　入門

援繩

史觿卷十目錄

魏書

宿官　几案才　白臺

備圓方　累魚　略略

赤牛中尉　飁鼠　奔漏

麦將　洸鄣　握蛇

傾衿　千奴一膽　酃酒

雨漠　鐵小兒　位置

筆公　校練　黑稍公

徵口　歸食　鯆脊

官樫　牛毛　擨監

縹繆　銅鋌　連雞

漏刃　轤王　穿角履

早含　光價　身短慮長

斤板　子細　城狐

豪盛　隨牒　栖屑

舉接　莖豆　黃中

待放　攘衰　袍鉀

惡傷　放蛆　䖘兒　喉脣

四維之个　永宅　趙郡鹿

雍容　苞蔭　劉石經

物祖　彭彼　寱呼

卷帛　俠貨　聚納

仙人文綾　木手　麤冗

淲手　煩緩　黃飄

郭尖　永年之宅　臥虎

李錐　重死　呀

龍道　失衷　鐡星

瞋頭　摽置　騰跡

金滲灌　刀勑　飛鵶

姸姸　女帀　六指

烏銪　咽唾　銜術

史觿卷十一目錄

北齊書

史觽卷十二目錄

周書

左轄　老公　朱買臣

番上　稗竈　謝章

盱衡　如州

史觽卷十三目錄

隋書

五枉　死龐　木魚符

歷山飛　珠松　鏷

九服　潛潭　阿練

絳帽　打替　壺手

獨杖　引喤　鶴頭板

黃沛　潤筆　韋韝

露門學　水閒墻　蹲狗

昨暮兒　譀匿　共硯

五牙　神皐　餘勇

錐舌　汪色　豊兗渠

八釆　踢壁　偶人

許公袙　容容　玉麟符

重閉　炙頞　肉飛仙

重瞳　辭見帳　銀窟

馬坊　四僊　覵風行戳

戴干　牟甲　鬚本出骨

戴帽餳　羅刹政　似鴨
兩雋　犎額　齶舌
扁螺　治葛　文軌
犎杖　獠僚　劢氏
鳥卜　礫

史觿卷十四目錄

南史

藺相如　聚憂　金蠶

朝隱　麞肌　爍爗

玉巵無當　玉昆　發八

山資　氄狗　黃羅羅

冰引餅　危脆　徙癰

苔颯　顏虎　朱買臣

鱝頭林　尖冢　方幅

狂華　阿桂　墟王

誘口　桃花米　綠沈瓜

史觿卷十五目錄

北史

四括　四黄　入麤入細

鬲揖　健婦　漁獵夫

遊艇子　李錐　三短

種鬚　三徽　伎京

陽五　弱顔　藺

水荘　祟齡　豢牸

鴈臣　空頭漢　蕣駁

六俊　客量　簺

老華　綠沈甲　四大

觸髑生　通倪　李練
漢狗　雀息　康寺三火
鼠乳　丁掾

史觿卷十六目錄

唐書

銀莵符　庫牛　不驚

二聖　天中王　拔河

潑寒　珠繩　長髮會

侍老物　穭稻　立伏鋌

外辨　平脫　大綳蝎鍪

古爵　刀　鳥歌

秦漢子　襙䘯　驪䮷

趙公渾脫　齋娘　義髻

囚髻　旗子草　井蠹

族鹽　猨母鬼　綖牛

颱颰兒　道舉　別頭

三無坐處　聖書　跳盪

塗歸　旌節　五坊

戶婢　常參　白望

門匠　鵂赤　鼙

獄持　宿囚　悟先

奴賊　右史渠　籠銜

拍刀　忽雌賊　疻辱

笱囊　鳥賊　管䩞

膜皮　賣昏　小杜公

搏手　勞劬　翔擔

杜固　罯語　姓曆

孅兒　契箭　玉契

兩脚狐　國肴　蒙排

中裏小兄　三戟　飛擔

口伐　掉鞶　紫粉

阿匼　饔餼　夜覈

肉譜　根　二聖

鳴珂里　學直　胖肆

點頭　梶私　鶴膝

霹靂手　碧雞鸛雀　鷙侻

八塼　權許　室最

自雨亭　熱洛河　平射

轅門二龍　曳落河　隱背

輭脚　逃瘧　媒蝎

私白　側竟　四其

闌魚　勳尾榆　白眼相公

定霸都　一漿十餅　夜飛

僞荆卿　突厥雀　飛鳥使

鬼市　雙　鵝鬭

人貓　棹許　察子

火迫酇侯　釘鼈　白影

感恩都

史觽卷十七目錄

五代史

手勢令　公子亭　偉估

隨年杖　竹龍　肉臺盤

五粒松　玉界尺　畫日筆

鬪鷄紗　僕邀　落馬都

拔釘錢　廳子都　頭子

梯頭　地仙　鐵鞭郎君

複子　排甲錢　粥飯僧

三不開　合尖　東西眷

五鬼　賊王八　危腦帽

雕鹿　慦獠　衣鎼營

白馬三郎　賴子　雕青

明殿　帝羓

史觽卷一

陳留　謝肇淛　著
　　　黄師表
建安　　　　　較
　　　黄師正

史記

○常儀

常儀訶月者也。俗訛爲嫦娥。然帝摯之母。亦名常儀。不獨羿妻也。

碣石

禹貢有二碣石其一夾右碣石入於海注云在樂浪遂城縣又云在遼西臨渝縣南水中其一太行常山至于碣石則今北平之碣石也

九主

伊尹説湯以九主之事劉向别録曰九主者法君專君授君勞君等君寄君破君國君三歲社君凡九品圖畫其形索隱謂向説無所憑據但三皇五帝及夏禹耳

游靡

昭王南巡狩濟漢膠液船解沒於水中而崩其右辛游靡長臂且多力從水中拯得王屍周人諱之

○逃責臺

周赧王爲秦所役逼負責於民無以償乃上臺避之故周人名其臺曰逃責臺責與債同

餌人

百里奚游困於齊而乞食餌人蹇叔知而收之汪餌地名在沛縣

八子

秦孝文王尊母唐八子爲太后注八子者妾媵之號

斗食

秦王翦將十八日軍歸斗食以下什推二人從軍注斗食佐史之秩也

兼方

秦法不得兼方不驗輒死注民之有方伎者不得兼兩

寄豭逃嫁

秦始皇會稽頌德文曰夫爲寄豭殺之無罪男秉義程女爲逃嫁子不得母咸化廉清寄豭者淫於它室也逃嫁者背夫而私奔也

人魚

始皇墓中以人魚膏爲燭度不滅者久之人魚鯢魚也似小兒有四足

人頭畜鳴

班固謂秦二世人頭畜鳴即俗所謂人面獸心

是也。

鐸椒

鐸椒爲楚威王傅。爲王不能盡觀春秋成敗。卒四十章。爲鐸氏微。

嘄噭

樂書云。雅頌之音理而民正。嘄噭音擊、叫之聲興而士奮。

爟火

秦以十月上宿郊見。通爟火。注、烽火也。索隱一

作爟爟火官也

族纍施糜

秦巫祠社主巫保族纍之屬荆巫祠堂下巫先司命施糜之屬注族纍二神名施糜主施糜粥之神

公玉帶

漢武帝濟南人公玉帶上黄帝時明堂圖

見知

張湯爲廷尉於是見知之法生注吏見知不舉

劾爲故縱。

牢盆

募民自給費。因官器作煑鹽。官與牢盆。注。牢廩食也。一云價直也。

甲梁

楚邊邑甲梁氏之處女與吳邊邑之女争桑。二家怒相滅。兩國邊邑長相攻。吳因而伐楚。

魚菽

齊世家。田乞。請諸大夫曰。常之母有魚菽之祭。

注言魚豆者示薄陋無所有也

騣戾

魯世家叔孫氏之臣戾救季氏敗公師注左傳曰騣戾

○鹿毛壽

燕世家子之使鹿毛壽說燕王以國讓子之注一作厝毛壽

○射天

殷武乙以革囊盛血射之名曰射天宋王偃亦

以韋囊盛血，懸而射之，命曰射天。

○吳回

楚世家：吳回者，重黎之弟，爲祝融。吳回生陸終，陸終生子六人，坼剖而産焉。

忍詢

趙世家：知伯以酒灌擊毋卹，群臣請死之，毋卹曰：「君所以置毋卹者，爲能忍詢。」伍胥傳亦曰：「負爲人剛戾忍詢。」按詢，猶詬也。

秫絀

趙世家武靈王謂公子成曰黑齒雕題卻冠秫縫大吳之國也注秫一作鉥綦鍼也絀縫紩也言其女功鍼縷之麤拙也

上佼

蘇厲遺趙王書曰齊之事王宜爲上佼而今乃抵辠注佼獄行也

防與先生

楚元王世家贊曰趙任防與先生豈有篡殺之謀爲天下僇哉注趙人防與公也然其事不可

考。

跳驅

劉濞世家、濞還兵備西界。遂跳驅至長安。注馳、、

、、也。

冐絮

絳侯世家、太后以冐絮提文帝。注頭上巾、、也。

措指

梁世家李太后與任王后爭門。措指。注措笮也。

、、謂措、爲門、扉所笮。

佩德

漢武帝策燕王旦文曰毋作怨毋佩德注佩一作菲廢也薄也按漢書作棐

公戸滿意

燕王旦謀反上使宗正與太中大夫公戸滿意御史二人往燕風諭之注公戸姓滿意名

重射

孫子列傳孫子謂田忌曰君弟重射臣能令君勝注弟且也重射好射也此解非是第但也重

射出重物與賭射也故下云忌與諸公子逐射千金

時力距來

蘇秦列傳秦說韓王曰天下之彊弓勁弩皆從韓出谿子少府時力距來者皆射六百步之外注谿子出弩又有少府所造時力距來二種弩也又曰韓之劍戟皆出於冥山棠谿墨陽合賻鄧師宛馮龍淵太阿皆陸斷牛馬水截鵠鴈當敵則斬堅甲鐵幕革抉㕹芮無不畢具注棠谿

以下皆斂名也鐵幕以鐵爲臂脛衣也革抉以革爲射韝也吷䐀也芮繫楯綬也

左建外易

商君列傳趙良謂商君曰今君又左建外易非所以爲教也注左建謂以左道建立威權也外易謂在外革易君命也

刺蜚

蘇代列傳令言如循環用兵如刺蜚無注

跣跔徒倶

張儀列傳張儀說韓王曰秦虎賁之士䟡跔科頭貫頤奮戟者不可勝計秦馬之良戎兵之衆探前趹後蹄閒三尋騰者不可勝數注䟡跔跳躍也馬前足探向前後足趹於後言疾走也馬疾走一擲而過三尋也

熱啜

張儀說燕王曰趙襄子與代王飲陰告廚人曰即酒酣樂進熱啜注謂熱而啜之是羹也

燒掇焚杅

犀首傳犀首說義渠君曰中國無事秦得燒掇焚杅（一孤切）注燒掇謂焚燒而侵掠也焚杅謂焚蹂而牽掣也

仇液機郝

穰侯傳趙使仇液之秦請魏冉爲相注戰國策作機郝蓋一人也

○襒席（襒疋結反）

鄒衍傳鄒衍適趙趙平原君側行襒席注襒拂也謂側行而衣襒席爲敬不敢正坐當賓主之

禮〻也。

牛鼎

同上、太史公曰。伊尹負鼎而勉湯以王。百里奚飯牛車下。而繆公用霸。作先合。然後引之大道。騶衍其言雖不軌。儻亦有牛鼎之意乎。按牛鼎、指飯牛負鼎語意甚明。而注引函牛之鼎。甚無謂可笑。

。嘍嘈　上烏頁反下莊白反

信陵君傳、公子曰。晉鄙嘍嘈宿將。注謂多詞句也。正義曰。嘍。大笑。唶。大呼。

。韊矢 韊音蘭

信陵君救趙平原君。負韊矢。爲公子先引。注。韊。盛弩矢。

砥硯

范雎傳、雎上秦王書曰。周有砥硯。宋有結綠。梁有縣藜。楚有和朴。此四寶者。土之所生。良工之所失也。無注

。甗鞨 烏曷反

蔡澤相貌如此

蔡澤傳唐舉相澤曰先生曷鼻巨肩魋顏蹙齃膝攣注曷一作偈共側切謂鼻如蝎虫也魋顏顏貌魁梧也蹙齃謂鼻蹙眉膝攣謂膝又攣曲也

攝衽抱機音紀

魯仲連傳仲連謂新垣衍曰齊湣王亡之魯夷維子謂魯人曰天子巡狩諸侯辟舍納筦籥攝衽抱機視膳於堂下天子已食乃退而聽朝也

無注

大期

呂不韋傳、姬自匿有身。至大期生子政。注、大期。過月也。按呂姬既自匿有身。而產又偶過期。故子楚不疑。此天所以滅嬴祀也。索隱謂既云自匿。則生政固當踰常期。產期能自由乎。可笑。

禽鹿視肉

李斯傳、斯辭荀卿曰。處卑賤之位。而計不為者。此禽鹿視肉。人面而能彊行者耳。注、禽鹿猶禽獸也。言禽獸但知視肉而食之。

胥人

同上斯說秦王曰胥人者去其幾也注胥人謂胥史小人也去失也言君子見幾小人多失機會也

砙𡙇　砙音宅

同上十公王吒𡙇於桎注砙與磔同

䄄韝

張耳傳高祖過趙趙王朝夕䄄韝蔽自上食注韝者臂捍也

䩞山　䩞音蔽

韓信傳信選輕騎二千人人持一赤幟從閒道
華山而望趙軍注謂依山自覆蔽也
全兵
韓王信傳上被圍白登天大霧漢使人往來胡
不覺陳平言上曰胡者全兵請令彊弩傅兩矢
外嚮徐行出圍注全兵言惟兵刃無雜仗也
不能爲人
樊噲傳他廣代侯舍人上書曰荒侯市人病不
能爲人令其夫人與弟亂而生他廣注言不能

行人道也

靣雍樹 雍疑作擁

夏侯嬰傳嬰收載曾元孝惠徐行面雍樹乃馳注大人以面向臨之小兒抱大人頸似懸樹也

肥誅

灌嬰傳嬰破英布別將肥誅按肥姓誅名也漢書作肥銖後漢魯恭傳有肥親

陳平

魏相傳有使掾陳平等劾中尚書按此是宣帝

睞陳平也

。田文

邴吉傳長安有善相工田文者相魏相韋賢邴吉皆爲丞相按此與孟嘗君同姓名

握齱

酈生傳諸將過高陽者數十人酈生問其將皆握齱好苛禮注握齱急促之貌

魋結 椎計

陸賈傳尉他魋結箕倨見陸生注卽椎髻也

云如字髢其髮而結之也

○職志

周昌傳沛公以周昌爲職志注云王旗幟之官也

○輓輅

婁敬傳敬脫輓輅衣其羊裘注輓牽也輅者鹿車前橫木二人前輓一人後推之

○廣柳車

季布傳濮陽周氏髡鉗季布衣褐衣置廣柳車中注喪車也一云大牛車也

欒公社

欒布傳。齊人爲布立社。號曰欒公社。

掊生

袁盎傳。盎家多怪。乃之掊生所問占。注。掊。姓也。掊生。秦時賢士。善術者。

陳蘩

陳釋之傳。上謂羣臣曰。嗟乎。以北山石爲椁。用紵絮斮陳蘩漆其間。豈可動哉。注。謂斮陳蘩以漆着其間也。按漢書無蘩字。

戲車

衛綰傳、綰以戲車爲郎。注、櫟機轉之類。謂能左右超乘也。車行不停。而能左右跳躑。謂之超乘。

○蟲出

田叔傳、趙王齧指出血曰。先人失國。微陛下。臣等當蟲出。注、如齊桓公死。未葬。蟲流戶外是也。

移德

任安傳、衛將軍怒田仁任安曰。兩君家自爲貧何爲出此言。鞅鞅如有移德於我者。何也。注、移。

猶施也。

○俞跗

扁鵲傳中庶子曰臣聞上古之時醫有俞跗治病不以湯液醴灑鑱石撟引案杭毒熨一撥見病之應因五藏之輸乃割皮解肌訣脈結筋搦髓腦揲荒爪幕湔浣腸胃漱滌五藏鍊精易形注鑱石鍼也撟引按摩也杭音玩亦謂按摩而玩弄身體使調也毒熨謂毒病之處以藥物熨帖也揲荒膏荒也爪幕以爪决其闌幕也

纏緣

同上、陽入陰中。動胃纏緣。中經維絡。別下於三焦膀胱。注、纏緣。謂脈纏繞胃也。

尸奪

倉公傳、曹山跗之病。所以加寒熱者。言其人尸奪。尸奪者形弊。形弊者。不當關灸鑱石及飲毒藥也。無注

諸倩

同上、宋建曰。往四五日天雨。黃氏諸倩見建家

京下方石即弄之注倩女壻也

寫

同上韓女病寫以藥注寫薰也

易貨

同上年二十是謂易貨法不當砭灸無注

詿亂

詿音挂

吳王濞傳漢有賊臣進任姦宄詿亂天下無注

引繩批根

批步結切根音痕

灌夫傳魏其侯失勢亦欲倚灌夫引繩批根生

平慕之後棄之者注抵排也言賓客有慕嬰夫後見其失職而棄之如此者共排退之不與交如相對挽繩而根括之也

○石人

同上太后怒不食曰且帝寧能爲石人耶注謂不如石人得長存也

○比余

匈奴傳孝文帝遺單于繡袷綺衣繡袷長襦錦袷袍各一比余一黃金飾具帶一黃金胥紕一

注比余櫛也具帶要中大帶也胥紕或作犀毗又作師比帶鉤也

全甲

霍去病傳殺折蘭王斬盧胡王誅全甲執渾邪王子及相國都尉首虜八千餘級注全甲謂其足不失落也

○塌鞠

同上卒乏糧不能自振而驃騎尚穿域塌鞠注穿地爲營即毬場域也塌鞠打毬也

。洨孔車

主父偃傳偃方貴幸時賓客以千數及其族死無一人收者惟獨洨孔車收葬之注洨縣在沛孔車姓名也

。轅終古

東越傳樓船將軍率錢唐轅終古斬徇北將軍爲禦兒侯注轅姓終古名

涉河

朝鮮傳元封二年漢使涉何誘諭右渠 姓名

蒢就

西南夷傳、上罷西夷。獨置南夷夜郎兩縣。一都尉稍令犍為自蒢就、注、令犍為自葆守而漸脩成其郡縣也。

漉沇澹菑

司馬相如傳、相如諭蜀文曰。夏后氏堙鴻水。決流疏河。漉沇贍菑。東歸之於海。注漢書作灑沈澹災。灑、分也。沈、深也。澹、安也。謂分其深而安其菑也

葥車 葥巴足切

淮南厲王傳厲王謀以輂車四十乘反谷口注

大車駕馬曰輂

閼門慶忌

儒林傳鄒人閼門慶忌爲膠東內史注姓閼門

名慶忌

茵伏

酷吏傳周陽由與汲黯俱爲忮有忮害心司馬安之文惡二人姓名

俱在二千石列同車未嘗敢均茵伏注伏軾也

魚翁叔

同上張湯始爲小吏乾沒與長安富賈田甲魚翁叔之屬交私注魚姓也

田甲魚翁叔俱姓名

毛摯

同上義縱以鷹擊毛摯爲治注鷙鳥將擊必張羽毛也

○投缿音項

同上王溫舒爲方略吏苛察盜賊惡少年投缿購告言姦注缿受投書之器可入不可出

○次骨

同上、杜周外寬內深次骨注言其用罪深刻至骨

推減　推直追切

同上、蜀守馮當暴挫、廣漢李貞擅磔人、東郡彌僕鋸項、天水駱璧推減、河東褚廣妄殺、京兆無忌、馮翊殷周蝮鷙、水衡閻奉扑擊賣請、何足數哉、注減當作成、謂推繫之以成獄也。俱當時酷吏。

軥牛　軥音雛

游俠傳、朱家衣不完采食不重味乘不過軥牛。

注小牛也

狗中

佞幸傳李延年坐法腐給事狗中注犬監也一云主獵犬近日有鷹大人狗大人之名即是此等官屬

帣韝鞠腃

滑稽傳淳于髡謂齊王曰親有嚴客髡帣韝鞠腃侍酒於前注帣收衣褏也韝臂捍也鞠曲也在嚴客之前收其褏捍而曲腃小跽言敬謹之貌腃與跽同小跪也

奪糈

日者傳賈誼宋忠曰卜而有不審不見奪糈爲人主計而不審身無所處注糈者卜求神之米也言卜之不中乃不見其奪糈米詩云握粟出卜

八名龜

龜策傳一曰北斗龜二曰南辰龜三曰五星龜四曰八風龜五曰二十八宿龜六曰日月龜七曰九州龜八曰玉龜凡八名龜得之者財物歸之家必大富

佗髮

同上求之於白蛇蟠杅林中者齋戒以是誠然狀如有人來告之因以譙酒侘髮求之三宿而後得。汪侘髮被髮也。侘當拖

湆湯

同上宋元王曰寡人念其如此䐓如湆湯汪湆沸也。

絲灼

同上紂爲尾室紂爲象郎徵絲灼之務以費民汪灼燔也燒絲以當薪務費人也按此解恐未

然。

三尾

同上、天尚不全。故世爲屋。不成三尾。而陳之以應之天。注、陳。一作棟。居也。言爲屋不成。欠三尾以應天。猶陳、列、而居之。按此解。未甚明。

肣 音琴

同上、足開肣開。注、謂兆足歛也。按肣恐是身體名。

數箾 音策

同上卜龜祝曰假之玉靈夫子玉靈荆灼而心令而先知而上行於天下行於淵諸靈數箣莫如汝信今日良日行一良貞注箣即策之別名也

羯羠 音兕一慈巳切 羯音潔羯羠大小羊也故云不均

貨殖傳代地迫近北夷師旅亟往中國委輸時有奇羨其民羯羠不均注皆從羊名

○巵茜

同上素木鐵器若巵茜千石馬蹄躈千注躈尻

胃也一曰口也又曰九竅

酒削

同上酒削薄技也而郅氏鼎食胃脯簡微耳濁氏連騎注酒削治刀劍也

○佛異

太史公自序五家之文佛異維太初之元論作歷書第四注五家謂黃帝顓頊夏殷周之歷佛悖也

史觽卷二

陳留　謝肇淛　著

　　黄師表

建安　黄師正　較

漢書

公乘

漢高紀七大夫公乘以上皆高爵也注公乘第八爵

五姓

同上、徙齊楚大族昭氏。屈氏。景氏。懷氏。田氏五

姓關中。與利田宅。注利。便好也。

白粲

惠紀赦天下當爲城旦舂者。皆。耐。爲鬼薪白粲。

注、城旦旦起治城。舂者婦人。令舂米。皆四歲刑

也。耐耏也。完其鬢髮也。鬼薪者。取薪給宗廟。白

粲者擇米令白。皆三歲刑也。

五算

同上、令民得買爵。女子年十五以上。至三十不

嫁五算注漢律人出一算算百二十錢唯賈人奴婢倍算今使五算罪謫之也

纖

文帝紀服大紅十五日小紅十四日纖七日釋服注紅即功也纖禫也

大功之服小功之服也纖者禫祭之服也

磽陿

景帝紀詔曰郡國或磽陿無所農桑毄畜注陿褊隘也毄古繫字養也

朱轓

同上、長史二千石車朱兩轓。千石至六百石朱左轓。注、轓車之屏蔽也。

盜盜

同上、縣丞長吏也。奸法與盜盜。甚無謂也。注與盜盜共盜爲盜也。

受鬻　鬻音讀粥。

武帝紀、民年九十以上。巳有受鬻法。爲復子若孫。令得身帥妻妾遂其供養之事。注、受鬻給米粟以爲糜鬻也。復子若孫者免其子若孫之徭役使其遂供養之事也。

平原君

同上、王皇后之母。武帝外祖母也。

流馳

同上、受爵賞而欲移賣者、無所流馳。注、馳、物之重次第也。言欲移賣爵者、無有差次、不得流行故爲置官級也。言以所賣之爵、欲移之他人、必次第其級而授之、不得仍舊職也。

余吾

同上、馬生余吾水中。注、在朔方北。

撟虔

同上將百姓所安殊路而撟虔吏因乘勢以侵蒸庶耶注稱詐爲撟強取爲虔呂刑作撟虔言蚩尤之民至於撟詐虔劉也與此同

○脽上

同上立后土祠於汾陰脽上注以其形高起如人尻脽故以名云脽音葵

○因杅

同上遣因杅將軍公孫敖築塞外受降城注因杅匈奴地名也

膢音劉

天子有事於四夷而公卿或出馬出弩漢時已有之不特今為然

同上令天下大酺五日膢五日祠門戶比臘注

貙膢祭名

弄田

昭帝紀上耕於鉤盾弄田注弄田在未央宮中

謂宴游之田天子所戲弄也

馬弩關

同上罷天下亭母馬及馬弩關注武帝數征伐

無馬令天下諸亭養母馬欲令繁孳也又令馬

高五尺六寸齒未平弩十石以上皆不得出關

令不禁也。後漢書靈帝紀。詔公卿出馬弩。

以律占租

同上。罷榷酤官。令民得以律占租。注。律。諸當占租者。家長身各以其物占。占不以實。家長不身自書。皆罰金也。占者。報之於官。不得隱匿也。

馬口錢

同上。令郡國毋歛今年馬口錢。注。往時有馬口出歛錢。今省。

齊三服官

元帝紀罷角觝上林宮館希御幸者齊三服官
北假田官鹽鐵官常平倉博士弟子毋置員以廣學者注齊國舊有三服之官春獻冠幘縰爲首服紈素爲冬服輕綃爲夏服凡三北假地名也

王穡

同上王穡字昭君又作穡今作嬙恐非

分刌 千本切

同上分刌節度窮極幼眇注刌切也

甲觀

生字疑是坐字傳寫之誤

成帝紀、元帝在太子宮。生甲觀畫堂。注、甲者甲乙丙丁之次也。畫堂畫飾也。一云畫九子母。

蕢陽　蕢音倍

同上、從胡客大校獵。宿蕢陽宮。

名田

哀帝紀、諸侯王得名田國中。列侯公主得名田縣道吏民名田。無得過三十頃。賈人皆不得名田。爲吏。注、名田私占田也。

顧山錢

平帝紀天下女徒已論歸家顧山錢月三百注女徒論罪已定當於山伐木今放歸家但令一月出錢三百以顧人也。顧即今雇字。

眊悼 禮曰九十曰耄。七年曰悼。悼与耄雖有罪不加刑焉。与此不異。

同上前詔有司復貞婦歸女徒誠欲以防邪辟全貞信及眊悼之人注八十曰眊七歲曰悼。

左官

諸侯王表武有衡山淮南之謀作左官之律注舍天子而仕諸侯為左官猶左遷也。

慇隸轉屍

功臣表或絶失姓或乏無主枯骨孤於墓苗裔流於道生爲慇隸死爲轉屍注慇隸者爲徒隸可哀慇也轉屍死不能葬屍流轉於溝壑也

挏馬 取其乳汁挏治之如今人取牛乳挏治之而為餅

百官表太初元年更名家馬爲挏馬初置路軨注主乳馬取其汁挏治之因以名官太僕屬也

漢爵 漢承秦制

同上一級曰公士二上造三簪裊四不更五大

夫。六官大夫。七公大夫。八公乘。九五大夫。十左庶長。十一右庶長。十二左更。十三中更。十四右更。十五少上造。十六大上造。十七駟車庶長。十八大庶長。十九關内侯。二十徹侯。皆秦制也。

庣條

律曆志、五量之法。用銅方尺而圜其外。旁有庣焉。注、庣。不滿之處也。

名察發斂

同上、蓋聞古者黄帝合而不死。名察發歛。定清

濁起五部建氣物分數注謂黃帝造歷得仙名
察寒暑也春夏爲發秋冬爲斂五部五行也建
氣物分數皆叙歷之意也

○抵冒

禮樂志習俗薄惡民人抵冒注抵忤也冒犯也

壽人

同上周有房中樂至秦名曰壽人

三屬之甲

刑法志魏氏武卒衣三屬之甲操十二石之弩

負矢五十箇置戈其上注三屬大甲也上身一
髀褌一脛繳一凡三屬也

駮

同上文書盈於几閣典者不能徧睹是以郡國承用者駮或罪同而論異注駮用意不同也按今人謂反爰書曰駮出於此也又按薛宣傳兄弟相駮不可反平反也反字讀平聲

頌繫之

同上年八十以上八歲以下及孕者未乳師朱

儒當鞫繫者頌繫之注頌讀作容寬其桎梏也

騂突 騂音惺

同上漢承衰周暴秦極敝之流俗已薄於三代而行堯舜之刑是猶以鞿而御騂突違救時之宜矣注怒馬也

渫 先列切

食貨志募天下入粟縣官得以拜爵除罪如此富人有爵農民有錢粟有所渫注渫散也

刼假

同上豪民侵陵分田刼假注分田謂貧人無田而耕種富人田分其所收也假亦謂貧人賃富人田也刼謂刼奪其稅也

泉布

同上太公立九府圜法黄金方寸而重一斤錢圜函方輕重以銖布帛廣二尺二寸爲幅長四丈爲匹故貨寶於金利於刀流於泉布於布束於帛

肉好

同上景王鑄大錢文曰寶貨肉好皆有周郭以勸農澹不足注肉錢形也好孔也

〇幺錢

同上一銖曰小錢三銖曰幺錢五銖曰幼錢七銖曰中錢九銖曰壯錢後世總名曰五銖錢者以其有五品名目也

〇一流

同上朱提銀重八兩爲一流注朱提縣名屬犍爲出善銀朱音殊提上支切

〇鍾官

同上莽時犯私鑄者郡國檻車鐵鎖傳送長安

鍾官。注鍾官主鑄錢者。

豨突豨勇

同上匈奴侵寇甚莽大募天下囚徒人奴名曰豬突豨勇

化色五倉

郊祀志谷永言世有僊人不終之藥遠興輕舉登遐倒景覽觀縣圃浮游蓬萊耕耘五德朝種暮穫與山石無極黃冶變化堅冰淖溺化色五

倉之術者皆姦人惑衆挾左道懷詐僞以欺罔世主。注五德五方之德種五色禾於此地而耕耘也。黄冶冶丹砂爲黄金也。堅冰淖溺詐爲藥石投冰使立消也。化色五倉思身中有五色腹中有五倉神。五色存則不死五倉存則不饑

鶴髏

同上。莽時方士蘇樂種五粱禾於殿中各順色置其方面。先鬻(煑)鶴髏(音髗)毒冒犀玉二十餘物漬種計粟斛成一金。言此黄帝穀僊之術也。注師古

承所言五德禾也。鬻古煮字。髏古髓字。

跆籍 跆音臺

天文志、二世即位。太白再經天。因以張楚並興。兵相跆籍。無注 跆籍。互相踐踏也。

亂鬊 音舜

同上、元平元年。正月庚子日出時。有黑雲。狀如焱風。亂鬊。轉出西北。東南行。轉而西。有頃亡。無注

追非

五行志、歸獄不解。茲爲追非。厥水寒。殺人。注謂

釋有罪之人而歸無辜者也解止也追遂非遂非也

此言濫赦爲遂非故曰屢赦非盛世所宜

蝝蠹

同上宣公十五年冬蝝生劉歆以爲蟓蝝蠹之有翼者汪郎蚍蜉也

蝝蠹即飛蟻也

脂夜

同上在人腹中肥而包裹心者脂也心區霧則冥晦故有脂夜之妖一曰有脂物而夜爲妖若脂水夜汗人衣滛之象也一曰夜妖者雲風並

趑而杳冥故與常風同象也

枝柱

地理志漢中淫泆枝柱與巴蜀同俗注謂意相節卻不順從也

貫頭

同上儋耳珠崖民皆服布如單被穿中央爲貫頭注着時從頭而貫之

高卬 仰

溝洫志穿六輔渠以益溉鄭國傍高卬之田注

卬謂上向也。

非調

同上、遣大司農非調。調均錢穀河决所灌之郡。

注、非調、謂、司農名也。

讕言　讕音爛

藝文志有讕言十篇。不知作者。陳人君法度。一云孔穿作。

謷　工釣切

同上、名家者流。出於禮官。古者名位不同。禮亦異數。孔子曰。必也正名乎。名不正則言不順。言不順則事不成。此其所長也。及警者爲之。則苟鉤鈲普華切析亂而已。注。警。訐也。鈲。破也。

○半菽

項羽傳。歲饑民貧。卒食半菽。注。謂食蔬菜以菽雜半之。

近人多用半菽謂爲形容窮苦之狀而不知雜蔬菜相半

此解甚妙

四隤山隤徒回切

同上。引其騎因四隤山而爲圜陳外嚮。注。四下隤陁也。

田儋傳、螘蠚手則斬手蠚足則斬足注蠚螫也

蠚火各切

專死

韓王信傳、上賜信書責讓之曰專死不勇專生不任寇攻馬邑君王力不足以堅守乎注謂爲將齋必死之意不得爲勇齋必生之心不任軍事

長耳目

楚元王傳、廣陵王曰願長耳目毋後人有天下

汪言常伺聽勿失機也

舛午

劉更生傳章交公車人滿北軍朝臣舛午膠戾乖剌汪公車三上書者北軍治獄者舛午違悖也刺來曷切

皂隸

同上陛下爲人子孫而令國祚移於外親降爲皁隸縱不爲身奈宗廟何汪引左傳大夫臣士士臣皁皁臣輿輿臣隸 皂隸賤人之稱

守殘

劉歆傳專巳守殘黨同門妬道真注專執巳見苟守殘缺之文也黨同師之學妬道秖之真也

糠覈

陳平傳亦食糠覈耳注覈麥糠中不破者也京師人謂粗屑爲紇頭

求盜

漢高帝作小冠令求盜之薛治之淮南王安謀反令人衣求盜衣持羽檄從南方來核求盜卒

之掌逐捕盜賊者也

雜襲

韓信傳天下之士雲合霧集魚鱗雜襲飄至風起汪雜襲猶雜沓也飄讀作猋

寧子安弟

伍被傳秦收太半之賦發閭左之戍父不寧子兄不安弟汪言不能相保也

犬臺宮

江充傳充召見犬臺宮自請願以所常被服冠

見上。上許之。兗衣紗縠禪衣。曲裾後垂。交輸。冠禪纚步搖冠。飛翮之纓。注犬臺。走狗觀也。禪音單中單也。交輸。割正幅。使一頭狹。若燕尾。垂之兩旁。見於後也。

蓄縮

息夫躬傳。躬上疏。歷詆公卿大臣曰。方今丞相王嘉。健而蓄縮。不可用。御史大夫賈延。墮弱不任職。左將軍公孫祿。司隸鮑宣。皆外有直項之名。內實騃。不曉政事。諸曹以下。僕遬不足數。卒有彊弩圍城長戟指闕陛下誰與備之如使狂夫嗥譁於東崖匈奴飲馬於渭水邊竟雷動四野風起京師雖有武蠭精兵未有能窺左足而先應者也軍書交馳而輻湊羽檄重跡而押至小夫愞臣之徒憒眊不知所爲其有犬馬之决者仰藥而伏刃雖加夷滅之誅何益禍敗之至哉

抵讕

文三王傳丞相長史大鴻臚丞即問王陽病抵

讕置辭驕嫚不首。注：抵距也。讕，諦也。

弄口

同上。大臣皆尚苛刻，刺求微密。讒臣在其間，左右弄口，上下不和，更相眄伺。

○𨂂盭蹠戾

賈誼傳，病非徒瘇也，又苦𨂂盭。注：言足蹠戾，不可行也。

藺石渠答

晁錯傳，高城深塹，具藺石，布渠答。注：藺石可投

人石也晏子曰城上二步一渠立程長三尺冠長十尺臂長六尺二步一荅荅廣九尺袤十二尺

虎落

同上調立城邑毋下千家爲中周虎落注虎落外藩也謂以竹篾相連遮落之也詩家每用村落籬落即此意

亂從

同上高皇帝親除大害去亂從注謂禍亂蹤跡也從當音縱

充賦

同上、臣窋等。迺以臣錯充。賦。注謂備數也。

張長公

張摯。字長公。釋之子也。官至大夫。免。以不能取容當世。故終身不仕。

不幾

鄒陽傳、高皇帝燒棧道。水章邯兵不留行。收斃民之倦。東馳函谷。西楚大破。水攻則章邯以亡其城。陸擊則荊王以失其地。此皆國家之不幾者也。注、謂不可庶幾也。

白徒

同上、吳楚王練諸侯之兵、敺白徒之衆、西與天子爭衡。注、猶言白丁也。

奰

魏其傳、有如兩宮奰將軍、則妻子無類矣。注、奰怒貌。

居室

田蚡傳、劾灌夫罵坐不敬、繫居室。注、署名屬少府後改名保宮。李陵傳。老母繫保宮。

覗天畫地

同上。不如魏其灌夫日夜招聚天下豪傑壯士與論議。腹誹而心謗。卬視天。俛畫地。辟睨兩宮間。幸天下有變。而欲有大功。臣乃不如魏其等所爲。注。辟睨。旁視也。卽睥睨。卬作仰

嫮

韓安國傳。梁王父兄皆帝王。而所見者大。故出稱蹕。入言警。車旗皆帝所賜。卽以嫮鄙小縣。驅

馳國中。欲夸諸侯。注。嫮。好也。飭以車服之好。曜

邊鄙之邑也。

投鞍

同上、高帝圍於平城。匈奴至者投鞍。高如城者

數所。注。解脫馬鞍。示閒暇也。

遺人獲

同上、今將卷甲輕舉。深入長驅。難以爲功。從行。

則迫脅。衡行。則中絕。疾則糧乏。徐則後利。不至

千里。人馬乏絕。兵法曰。遺人獲也。意者有它繆

巧可以禽之，則臣不知也。不然，則未見深入之利也。注：謂以軍遺敵人，令其虜獲也。

荃葛

景十三王傳：江都王建遣人通越繇王閩侯，遺以錦帛奇珍，繇王閩侯亦遺建荃葛、珠璣、犀甲、翠羽、蝯熊奇獸。注：荃，細布也。

絫欷

同上：中山王勝對曰：臣聞悲者不可爲絫欷，思者不可爲歎息。故高漸離擊筑易水之上，荊軻爲之低而不食。雍門子壹微吟。孟嘗君爲之於邑。今臣心結日久。每聞幼眇之聲。不知涕泣之横集也。注紆重也。欷歔欷欷也。於邑音嗚咽。

服匿

蘇武傳單于弟於靬王賜武馬畜服匿穹廬。注服匿如罌小口大腹方底受二斗。言在穹廬中。內寛而外窄。防閑之不得出也。

民母　民母究竟未詳

衛青傳青爲侯家人。少時歸其父。父使牧羊。民母之子皆奴畜之。不以爲兄弟數。注謂鄭季正

妻本在編戶之閒以別於公主也一云嫡母非

伏聽

同上斬輕銳之卒捕伏聽三千一十七級注謂

伏於隱處聽軍虛實也即細作

舍服

霍去病傳可謂舍服知成而止矣注服則舍之

成功則止

抵誅

司馬相如傳奉幣使至南夷即自賊殺或亡逃

抵誅身死無名謚爲至愚注抵至也亡逃以至於誅也

。都養

兒寬傳貧無資用常爲弟子都養注都凡衆也養主給烹炊者也按晉書祈嘉傳貧無衣食爲書生都養以自給爲人炊飯煑羹以自給其食

自將

同上寬爲人溫良有廉知自將注謂以智自護衛也

熏轑

杜業傳排擠英俊託公報私橫厲無所畏忌欲以熏轑天下天下莫不望風而靡注轑即燎也

犛軒

張騫傳大宛諸國發使隨漢使來觀漢廣大以大鳥卵及犛軒眩人獻於漢注眩幻也如今吞刀吐火植瓜種樹屠人截馬之術犛軒即為怪術者

王莽

燕王旦傳獨患大將軍與右將軍王莽注莽天

水八字雅叔。偶與新莽同姓名

蓬葆

同上、樊酈曹灌。携劍推鋒。從高皇帝芟菑除害。耘鉏海内。當此之時。頭如蓬葆。勤苦至矣。注、髮亂不理。如蓬草秋葆也。

逈宮

昌邑王傳。以王家錢。取卒逈宮。清中備盜賊。注、逈遮也。

格五

吾丘壽王傳以善格五召待詔注郎今戲之簺也。格五，枝術名。

窶數

東方朔傳郭舍人覆樹上寄生令朔射之朔曰是窶數也舍人曰果知朔不能中也朔曰生肉爲膾乾肉爲脯着樹爲寄生盆下爲窶數按窶數注解不同楊惲傳眞人所謂鼠不容穴銜窶數者也。所覆者寄生，而朔射之曰窶數也。郭謂其不能中，而不知一物有四名也。故朔詳言之。

令壺齟

同上舍人妄爲諧語曰令壺齟老柏塗伊優亞狋吽牙何謂也朔曰令者命也壺者所以盛也齟者齒不正也老者人所敬也柏者鬼之廷也塗者漸洳徑也伊優亞者辭未定也狋吽牙者兩犬爭也齟音樝塗音荼亞平聲狋五伊切吽五侯切

無隄

同上騎馳東西車騖南北又有深溝大渠夫一日之樂不足以危無隄之輿注隄限也猶言不訾也

甲乙之帳

同上、陛下誠能用臣朔之計。推甲乙之帳。焚之於四通之衢。洼帳多。故以甲乙第之耳。

遺蛇

同上、臣觀其函齒牙。樹頰胲。吐唇吻。擢項顧。結股腳。連脽尻。遺蛇其迹。行步偊旅。臣朔雖不肖。尚兼此數子者。

鼱鼯 精 觔

同上、譬猶鼱鼯之襲狗。孤豚之咋虎。至則靡耳。

何功之有，注小鼠也。

南窌普教切

公孫賀傳，賀以功封南窌侯。按左傳，銚司徒文，封之石窌。

車丞相

田千秋傳，千秋年老，上優之，朝見得小車，入宮殿中，故因號曰車丞相。

山郎

楊惲傳，郎官故事，令郎出錢，市財用，給文書，迺

郎官欲休沐一日必償其所出之錢也

得出名曰山郎移病盡一日輒償一沐或至歲餘不得沐注山者財用之所出故以取名

牟首

霍光傳昌邑王召內泰壹宗廟樂人輦道牟首鼓吹歌舞悉奏衆樂注牟首池名也疑牟首亦伶工名

温明

同上光薨賜金錢繒絮繡被百領衣五十篋璧珠璣玉衣梓宮便房黃腸題湊各一具樅木外臧槨十五具東園温明皆如乘輿制度注便房

藏中便坐也。柏木黄心致累棺外，故曰黄腸。木頭皆內向，故曰題湊。東園署名也。温明形如方漆桶，開一面，漆畫之，以鏡置其中，以懸屍上。大斂并蓋之。

黄金塗　霍光之妻名顯

同上。顯廣治第室，作乘輿輦，加畫繡絪馮，黄金塗韋絮薦輪，侍婢以五采絲挽顯游戲第中。注：絪，茵也。以繡為茵，馮而黄金塗輿輦也。御輦以韋緣輪，着之以絮，取其行安不揺動也。

羔菟蠱

同上、霍山曰：丞相擅減宗廟羔菟蠱，可以此罪也。注：三者皆祭品。

奏厠

金日磾傳：莽何羅亡，何從外入，日磾奏厠心動。注：向厠也。

綠車　日磾音密低

同上、日磾子敞病，上拜其子涉爲侍中，使待幸綠車載送衛尉舍。注：輦綠車，常從以待幸、眷

也

浩星賜

趙充國傳充國振旅而還所善浩星賜迎說充國令歸功二將軍注浩星姓賜名

居次

常惠傳惠從西方入至右谷蠡庭獲單于父行及嫂居次注匈奴女號若公主之類

爇脂火

爇古然字

陳湯傳卒徒功庸以鉅萬計至爇脂火夜作取

土東山且與穀同貫。

臯俊

同上。耿育訟湯寃曰。今國家素無文帝累年節儉富饒之畜。又無武帝薦延臯俊命敵之臣。獨有一陳湯耳。蓄積不如文帝。用材不如武帝。而獨有一陳湯。不可使之蒙獄也。

儻蕩 音蕩

同上。陳湯儻蕩。不自收斂。卒用困窮。議者閔之。汪。儻蕩。無行檢也。按史丹傳。儻蕩不脩。與此同。

縣東

薛廣德傳廣德爲御史大夫免東歸沛太守迎
之界上沛以爲榮縣其安車以傳子孫

撙銜

王吉傳吉諫昌邑王曰大王不好詩書而樂逸
游馮式撙銜馳騁不止口倦乎叱咤手苦於箠
轡身勞乎車輿朝則冒霧露晝則被塵埃夏則
爲大暑之所暴炙冬則爲風寒之所匽薄數以
耎脆之玉體犯勤勞之煩毒非所以全壽命之
宗也注撙促也

華元

同上吉子駿妻死不復娶或問之曰德非曾參子非華元亦何敢娶汪華元曾參二子也

洿朝

貢禹傳禹上書曰臣禹犬馬之齒八十一血氣衰竭耳目不明非復能有補益所謂素餐尸祿洿朝之臣也汪洿污也

捽草杷土

同上商賈求利東西南北各用智巧好衣美食

歲有十二之利而不出租稅農夫父子暴露中野不避寒暑捽草杷土手足胼胝已奉穀租又出藁稅鄉部私求不可勝供故民棄本逐末耕者不能半貧民雖賜之田猶賤賣以賈窮則起爲盜賊何者末利深而惑於錢也

決流抑隊

同上以漢地之廣陛下之德處南面之尊秉萬乘之權因天地之助其於變世易俗調和陰陽陶冶萬物化正天下易於決流抑隊注決將流

之水抑欲隊之物言其甚易隊當作墜

魁壘魁去聲魁即塊也

鮑宣傳朝臣亡有大儒骨鯁白首耆艾魁壘之士汪汪貌

七亡七死

同上民有七亡陰陽不和水旱爲災一亡也縣官重責更賦租稅二亡也貪吏並公受取不已三亡也豪強大吏蠶食亡厭四亡也苛吏繇役失農桑時五亡也部落鼓鳴男女遮迣六亡也

盜賊刦略取民財物七卞也七卞尚可又有七死酷吏毆殺一死也治獄深刻二死也冤陷亡辜三死也盜賊横發四死也怨讎相殘五死也歲惡饑餓六死也時氣疾疫七死也

漿酒霍肉

同上陛下私養外親與幸臣董賢多賞賜以大萬數使奴從賓客漿酒霍肉蒼頭廬兒皆用致富非天意也注霍豆葉也視酒如漿視肉如霍也或云數字連萬字讀

毣毣 音沐

同上顧賜數刻之間極竭毣毣之思退入三泉宛亡所恨注毣毣謹愿之貌

逋蕩

丙吉傳吉馭吏耆酒數逋蕩注逋亡也蕩放也謂亡其職而游放也

地忍之

同上西曹地忍之此不過汙丞相車茵耳注地但也 地當作第

刺取

同上馭吏嘗出適見驛騎持赤白囊邊郡發奔命書馳來至馭吏因隨驛騎至公車刺取知虜入雲中代郡注刺謂探候之也

敖盪

同上吉卽時病輒使臣尊朝夕請問皇孫視省席蓐燥濕候伺組徵卿不得令晨夜去皇孫敖盪數奏甘毳食物注敖盪遊戲也

采獲

以其學問鴻博。以從父而反師其從姪也。

夏侯勝傳、勝從父子建，字長卿，自師事勝及歐陽高，左右采獲，注於兩處采其疑義而得之。

。正先

京房傳、昔秦時趙高用事，有正先者，非刺高而死，高威自此成，故秦之亂，正先趣之。注：姓正名先，秦傳士。

仡仡 秦誓曰：仡仡勇夫，射御不違，我尚不欲，此改過之詞也。仡仡，武勇貌。

同上、昔秦穆公說諓諓之言，任仡仡之勇，身受大辱，社稷幾亡。注：諓諓，小善也；仡仡，壯健也。

鐵炭

李尋傳致治感陰陽猶鐵炭之低卬見效可信者也注冬夏至縣鐵炭於衡各一端令適停冬陽氣至炭仰而鐵低夏陰氣至炭低而鐵仰

玉堂

同上臣尋位甲術淺過隨衆賢待詔食大官衣御府久汙玉堂之署注玉堂殿在未央宮

連紀

同上臣聞月者衆陰之長銷息見伏百里爲品

千里立表。萬里連紀。注。品同也。百里則度數同。千里則立表。度其景。萬里則紀其本所起。紀其宿度也。

廾忠可

同上。成帝時。齊人甘忠可詐造天官歷包元太平經十二卷。以言漢家逢天地之大終。當更受命於天。天帝使真人赤精子教我此道。忠可以教重平夏賀良容丘丁廣世東郡郭昌等。

缿篇 缿音項

趙廣漢傳教吏爲缿筩注若今盛錢臧瓶爲小孔可入而不可出按卽今撲甌之法

掌畜官

尹翁歸傳翁歸緩於小弱急於豪彊豪彊有論罪輸掌畜官使斫莝責以員程不得取代不中程輒笞督極者至以鈇自剄而死

鞮鞪 鞮丁奚切鞪莫侯切

韓延壽傳延壽在東郡時試騎士治飾兵車畫龍虎朱爵延壽衣黃紈方領駕四馬傳總建幢

棨植羽葆鼓車歌車功曹引車皆駕四馬載棨
戟五騎爲伍分左右部軍假司馬千人持幢旁
轂歌者先居射室望見延壽車噭咷楚歌延壽
坐射室騎吏持戟夾陛列立騎士從者帶弓韊
羅後令騎士兵車四面營陳被甲鞮鍪居馬上
抱弩負籣又使騎士戲車弄馬盜驂延壽又使
官銅物候月餘鑄作刀劍鉤鐔放效尚方事

　足大

張敞傳敞爲人敏疾賞罰分明見惡輒取時時

越法縱舍有足大者

浩穰

同上京兆典京師長安中浩穰尤爲劇注浩大穰盛也

重轑

同上敞自將郡國吏車數百兩圍守廣川王宮搜索劉調等果得之殿屋重轑中注轑椽也謂匿重轑中

迹射士

王尊傳南山群盜傰宗等數百人爲吏民害拜故弘農太守傅剛爲校尉將迹射士千人逐捕歲餘不得禽注迹射謂能尋迹而射之也傰音倍

公乘輿

同上尊坐暴虐免湖三老公乘輿等上書訟寃

棘木

同上上不得以功除罪下不得蒙棘木之聽注三槐九棘公卿於下聽訟

祕獄

劉輔傳輔諫封趙婕妤父上使侍御史收縛輔
繫掖庭祕獄

擿觖

孫寶傳寶請覆治馮太后事傳太后大怒曰帝
置司隸王使察我馮氏反事明白故欲擿觖以
揚我惡注擿觖謂挑撥之也

建鼓

何並傳王林卿既去北度涇橋令騎奴還至寺
門拔刀剝其建鼓注諸官曹之所通呼爲寺建

鼓植鼓也。即今太僕寺太常寺苑馬寺之類。

金選 音刷

蕭望之傳甫刑之罰小過赦薄罪贖有金選之品注選即鍰也

發軵

馮奉世傳隴西羌彡姐旁種反奉世對徃者數不料敵而師至於折傷再三發軵則曠日煩費威武虧矣注軵推也淮南子曰內郡軵車而餉

彡所廉切姐音紫軵而隴切

○匡鼎

匡衡傳無說詩匡鼎來注鼎方也一云衡初字
鼎後更字稚圭

踔絕　踔竹角切

孔光傳竊見國家故事尚書以久次轉遷非有
踔絕之能不相踰越注踔高遠也

行內

同上光爲帝太傅位四輔給事中領宿衛供養
行內注猶禁中也

○靈壽杖

同上令太師母朝十日一賜餐賜靈壽杖黃門令爲太師省中坐置几太師入省中用杖賜餐十七物注靈壽木名似竹有枝節長不過八九尺圍三四寸自然有合杖制不須削治也

若盧

王商傳請詔謁者召商詣若盧詔獄注獄名屬少府黃門北寺是也

伸眉

薛宣傳宣封與高陵令楊湛曰吏民條言君如
牒或議以爲疑於主守盜馮翊敬重令又念十
金法重不忍相暴章故密以手書相曉欲君自
爲進退可復伸眉於後汪伸眉言無憂也
上浸
同上禮下公門式路馬君畜產且猶敬之春秋
之義意惡功遂不免於誅上浸之源不可長也
汪浸近也謂偪近也
疻痏音侈鮪

同上、傳曰、遇人不以義、而見疻者、與痏人之罪鈞、惡不直也、注、毆擊人、腫起靑黑、謂之疻痏、

披抉

同上、太皇太后、賜敬武長公主藥、主怒曰、嫂何與妹、披抉其閨門而殺之、注、披發也、抉挑也、

養名

朱博傳、齊郡舒緩養名、注、言齊人之俗、其性遲緩、多自高大、以養名聲、

〇大祒 音紹

同上、功曹官屬多褒衣大袑。不中節度。注謂大袴也。

慹服 慹之涉切

同上、豪強慹服。言折服也。

抆拭

同上、慱謂尚方禁曰馮翊欲洒卿恥。抆拭用禁能自效不。涅抆拭。塵洗也。

耳剽

同上、廷尉治郡斷獄以來。且二十年。亦獨耳剽。

日夕汪獪竊聽也

縌音逆

翟方進傳翟義舉兵莽遣使者持黃金印赤韍縌朱輪車郎軍中拜授汪縌系也

芋魁

同上方進奏罷鴻隙大陂童謠曰壞陂誰翟子威飯我豆食羹芋魁反乎覆陂當復誰云者兩黃鵠

湔瀾

谷永傳。欲末殺災異、滿讕誣天。注末殺、掃滅也。

滿讕、欺罔也。即今人所謂抹殺。

檻塞

同上、欲以政事過差丞相父子、中尚書宦官、檻塞大異、皆瞀說欺天者也。注檻、閉也。

槃辟

何武傳、所舉方正、召見槃辟雅拜。有司以爲詭衆虛僞。注、行禮容拜也。

失闌

王嘉傳、爲郎。坐戶殿門。失闌免。注、戶止也。掌守殿門。止不當入者。而失闌入之。故坐免。

敢告之字

同上故事尚書希下章。爲煩擾百姓。證驗繫治。或死獄中。章文必有敢告之字。乃下。注所以丁寧告者之詞。絕其相誣也。

炔欽　炔音桂

師丹傳、廷尉劾丹事未決。給事中傳士申咸炔欽。上書訟丹寃。

摲邑 摲音懺

楊雄傳高祖奉命順斗極運天關橫鉅海票崑崙提劍而叱之所麾城摲邑下將降旗一日之戰不可殫記注摲舉手擬之也

碣磍 上一轄切下音轄

同上鳴鞀磬之和建碣磍之虡注碣磍刻猛獸之形爲之

阺隤 阺音氐

同上蕭規曹隨留侯畫策陳平出奇功若泰山

史觽 卷二 三乙

鬱若陊隤。注、陊。山旁堆。欲墮落者。

獿人

同上、鍾期死。百牙絕絃破琴而不肯與衆鼓。獿人亡。則匠石輟斤而不敢妄斲。注、獿。古之善塗墍者也。

仞

孟喜傳、蜀人趙賓飾易文。持論巧慧。云受孟喜。喜為名之。後賓死。莫能持其説。喜因不肯仞。以此不見信。注、仞。亦名也。

簡卿 簡音姦

夏侯勝傳勝師事同郡簡卿簡卿者兒寬門人

丘盍不言

王式傳唐生褚生詣博士摳衣登堂頌禮甚嚴試誦說有法疑者丘蓋不言注不知之意也又云齊俗以不知為丘也

靡密 即今人云米鹽瑣屑之意

黄霸傳米鹽靡密初若煩碎注言雜而且碎也

魏倩

朱邑傳陳平雖賢須魏倩而後進注倩士之美稱

○盭綬 治安策云又苦跋盭即此盭字

匈奴傳賜黃金璽盭綬注戾草名也以染綬

○留犁

同上單于以徑路刀金留犁撓酒注徑路匈奴寶刀也留犁飯匕也撓攪也

○焚如

同上莽作焚如之刑燒殺陳良等注易有焚如

死如棄如之言，犇，蓋依此作刑也

五尺道

西南夷傳，滇池秦時嘗破略通五尺道注其處險阸故道纔廣五尺

桂蠹 蛾眉山常出雪蛆人以為美味故桂蠹亦可食也

同上，尉佗獻文帝紫貝五百桂蠹一器注桂樹中蠹，漬以密，而食之 密疑當作蜜

小步馬

西域傳，烏秅國出小步馬，有驢無牛，其西則有

縣度注小細也縣度縣繩而度也 檀弓云細人之愛人也以姑息故細可訓

幕

同上罽賓國以金銀爲錢文爲騎馬幕爲人面

注幕漫也 罽字音稽

莽平

同上烏弋國地暑熱莽平注有草莽而坦平也

漫衍

同上設酒池肉林以饗四夷之客作巴俞都盧

海中碭極漫衍魚龍角觝之戲以觀視之注巴

俞賓人也都盧國名碭極樂名

○十四等 等有十四而宮人之數尚多

外戚傳皇后之下凡十四等云昭儀位視丞相爵比諸侯王婕妤視上卿比列侯娙娥視中二千石比關內侯傛華視真二千石比太上造美人視二千石比少上造八子視千石比中更充依視千石比左更七子視八百石比右庶長良人視八百石比左庶長長使視六百石比五大夫少使視四百石比公乘五官視三百石順常

視二百石無涓其和娛靈保林良使夜者皆視百石上家人子中家人子視有秩斗食云

子客

同上盖主私近子客河間丁外人注子之賓客也外人其名也

沓冒

同上昭儀居昭陽舍其中庭彤朱而殿上髹漆切皆銅沓冒黃金塗白玉階壁帶往往為黃金釭函藍田璧明珠翠羽飾之自後宮未嘗有焉

注切門限也沓冒其頭也釭壁中之横帶也

祝延

同上傳昭儀有材畧善事人下至宫人左右飲酒酹地皆祝延之注祝之使長年也

眚病

同上山中孝王有一男求㵎歲有眚病注妖病也

𧰙飾𧰙音象

同上莽改太后爲黄皇室主令立國將軍成新

入公孫建世子豫飾將醫往問疾注盛飾也

諸于

元后傳政君坐近太子又獨衣絳緣諸于注大掖衣即袿衣之類也

盪腸

同上王章言王鳳知其小婦弟張美人已嘗適人而内之後宮且羌胡尚殺首子以盪腸正世況於天子而近已出之女也注盪洗滌也言婦初來所生之子或它姓也正世正其世系也

蘭

王莽傳、置奴婢之市。與牛馬同蘭。注、遮蘭也。

繞霤

同上、莽命明威侯王級曰。繞霤之固。南當荊楚。注、謂隘險之道也。

〇躄頤、

同上、莽爲人侈口躄頤。注、侈、大也。躄、短也。頤、頷也。

口大而兩頤尖狹也。

氂

史觿　卷二　四四

同上莽好厚履高冠以氂裝衣汪毛之強曲者曰氂以裝褚衣中令其張起也

○[illegible]惲[illegible]音帶

同上莽時中常侍姓名

寶黃廝赤

同上杜陵便殿乘輿虎文衣廢臧在室匣中者即藏字出自樹立外怪異也堂上良久乃委地吏卒見者以聞莽惡之下書曰寶黃廝赤其令郎從官皆衣絳汪以黃爲寶而赤乃廝役賤漢德也光武中興之象

天囚行尸

同上、莽召問群臣禽賊方略。皆曰。此天囚行尸。命在漏刻。

日闋

同上、盜賊不敢略有城邑。轉掠求食。日闋而巳。注、闋。盡也。隨日盡也。

泣軍

同上、莽遣太師王匡更始將軍廉丹東祖都門外。天大雨。霑衣止。故老嘆曰。是爲泣軍。

底劇

敘傳、孝哀彬彬、克攬威神、彫落洪支、底劇鼎臣、

注、底致也、劇刑也、

挻　式延切

同上、魏其翩翩、好節慕聲、灌夫矜勇、武安驕盈、

凶德相挻、既敗用成、注、謂柔挻也、

滛醟　音詠

同上、趙敬險詖、中山滛醟、注、酗酒也、

漢書內古字

訾貲臧贓藏視示鬻粥撟矯襢禪截耋揩稽蒜

益卷遷篹饌逸遙禮詛叟要嘄叫𤏣然关笑丞

攀轃臻榜析

史觿卷三

陳留　謝肇淛　著

建安　黃師表
　　　黃師正　較

後漢書

諸于繡𧝑其物切

光武紀、諸將過、皆冠幘、而服婦人衣、諸于繡𧝑、莫不笑之。注、諸于、大掖衣也。繡𧝑、如今半臂也。

𧝑一作褔、

苦眩

同上。上以日食避正殿，讀圖讖多，御座廡下淺露，中風發疾，苦眩甚。左右有白大司馬吏病苦如此，不能動搖自強。從公出，乘以車，行數里，病愈。四月二日，車駕幸偃師，病差數日，入南陽界，到葉，以車騎省留數日，行黎陽兵馬十餘匹，遂到章陵，起居平愈。

放手

明帝紀、詔曰：今選舉不實，邪佞未去，權門請託，殘吏放手，百姓愁怨，情無告訴。注：放手，謂貪縱爲非也。今日殘吏之放手者何多也，而大官不知者，又故縱之，民何以生。

燠沐

同上：京師冬無宿雪，春不燠沐，煩勞群司，積精禱求。注：燠，煖也；沐，膏澤也。

麃門

同上：昔麃門失守，關雎刺世，飛蓬隨風，微子所歎，永覽前戒，悚然兢懼。注：麃門，聽政之處也。言不以政事爲務，則歌關雎以感之。管子曰：無儀

法程式飛搖而無所定謂之飛蓬飛蓬之間明

王不聽

典城

章帝紀舉孝廉郎中寬慱有謀任典城者以補

長相注任堪使也典主也

吹綸絮　者者減損也

同上詔齊相省氷紈方空縠吹綸絮注方空者

紗薄如空也綸細絮也吹者言吹噓可成也

令丙

同上詔曰律云掠者雖得榜笞立又令丙箠長短有數注並者並而考訊之令丙者令之次第有甲乙丙也

劇易

同上篤言出游欲親知其劇易 劇易猶難易也

鬼區

同上詔曰朕聞明君之德啓迪鴻化緝熙康乂光照六幽訖惟人面靡不率俾仁風翔於海表威霆行乎鬼區然後敬恭明祀膺五福之慶獲

來儀之鬼。注鬼區即鬼方。商高宗伐鬼方。

扶拔

同上、月氏國遣使獻扶拔師子。注扶拔似麟無角。扶拔。師子二獸名。師即獅字。

流宂

和帝紀、遣使者分行貧民舉實流宂。注宂散也。流散者舉案其實而給之。

伏閉晝日

同上、詔令伏閉晝日。注伏日萬鬼行故晝日閉不干宅事。

長檄

安帝紀、冀并二州民訛言相驚、棄捐舊居、若欲歸本郡。在所爲封長檄、不欲勿强。注封印封也。長檄猶長牒、給之、使爲驗也。

○充庭車

同上、元日會、徹樂、不陳充庭車。注每大朝會、必陳乘輿法物車輦於庭、故曰充庭車。以年饑、故不陳。

過更

同上、詔以三輔比遭寇亂人庶流冗除三年逋租過更口筭芻稾注天下人皆戍邊三日不能人人自行行者任一歲不行者出錢二百入官以給戍者言過其本更之日故曰過更

參䜌 力全反

順帝紀漢陽太守張貢擊燒當羌於參䜌破之注縣名屬安定郡

葦笥

靈帝紀建寧中京師長者皆以葦方笥爲裝具
時有識者竊言葦笥郡國讞篋也後黨人禁錮
會赦有疑者皆讞廷尉人名悉入方笥中

四出文錢

同上復脩玉堂殿鑄銅人四黄鍾四及天祿蝦
蟆又鑄四出文錢

算人

后紀漢法常因八月算人遣中大夫與掖庭丞
及相工於洛陽鄉中閲視良家童女注八月初

爲算賦故曰算人　計良家童女之數

贅行

同上當其接狀第承恩色雖險情贅行莫不德焉及至移意愛析燕私雖惠心妍狀愈獻醜焉愛升則天下不足容其高歡隊故九服無所逃其命

綠褠

同上馬太后詔曰前過濯龍門上見外家問起居者車如流水馬如游龍蒼頭衣綠褠領袖正

自顧視御者不及遠矣注襪臂衣也

息耗

竇后紀家既廢壞數呼相工問息耗注息耗善惡也

釦器 釦音口

鄧后紀蜀漢釦器九帶佩刀並不復調注釦以金銀緣器也

侲子 侲音振

同上太后以陰陽不和軍旅數興詔饗會勿設

戲作樂臧逐疫侲子之半。注：侲子，逐疫之人也。侲，善也，善童幼子也。

貙劉　乘之

禮儀志：武官肄兵習戰之儀，斬牲之禮，名曰貙劉。兵官皆肄孫吳兵法六十四陣，名曰乘之。注：一作貙膢，當新始殺食曰貙膢。

逐疫十二神

同上：先臘一日大儺，謂之逐疫，乘輿御前殿，黃門令奏曰：侲子備，請逐疫。於是中黃門唱，侲子：

秖曰甲作食殃胇胃食虎雄伯食魅騰簡食不祥攬諸食咎伯奇食夢強梁祖門共食磔死寄生委隨食觀錯斷食巨窮奇騰根共食蠱凡使十二神追惡凶赫女軀拉女幹節解女肉抽女肺腸女不急去後者為糧（女當作汝）

巖郎

百官志羽林郎比三百石選漢陽隴西安定北地上郡西河凡六郡良家補本武帝以便馬從獵還宿殿陛巖下室中故號巖郎

廿丞

同上。丱丞主膳。具湯官丞主酒。果丞主果。

牛頭馬脯

同上。丁邯字叔春。爲漢中太守。妻弟爲公孫述將。收妻送南鄭獄。免冠跣足自陳。詔曰。漢中太守妻。乃繫南鄭獄。誰當搔其背垢者。懸牛頭。賣馬脯。盜跖行。孔子語。以邯服罪。且邯一妻。冠履勿謝。宜有注

里魁

同上里有里魁民有什伍善惡以告

百官受奉例　奉字作俸字

同上大將軍三公奉月三百五十斛比二千石奉月百八十斛二千石奉月百二十斛比二千石奉月百斛千石奉月八十斛六百石奉月七十斛比六百石奉月五十斛四百石奉月四十五斛比四百石奉月四十斛三百石奉月四十斛比三百石奉月三十七斛二百石奉月三十斛比二百石奉月二十七斛一百石奉月十六

斛斗食奉月十一斛皆半錢半穀。錢穀相半猶搭配給之也。

就

輿服志錫樊纓十有再就注就重也鞶纓飾以旄尾金塗十二重。

方釳

同上象鑣鏤錫金鍐方釳插翟尾注金鍐馬冠也方釳鐵也在馬鬉後。

袀 漢高所製

同上祀宗廟則冠劉氏冠皆服袀玄注皁服也。

○鐁口

同上、佩刀皆以白珠鮫爲鐁口之飾。注刀鋒曰鐁。

蔮

同上、皇太后入廟。服隱領袖縁以絛。翦氂蔮簪珥。耳璫垂珠。無注 烏桓傳、有蔮步搖。注或爲幗。

半頭幘

劉盆子傳、俠卿爲制絳單衣。半頭赤幘。直綦履。乘軒車大馬。赤屏泥。絳襜絡。注、半頭。童子幘也。

其上無屋。

帛意

李憲傳軍士帛意斬憲。注帛姓也。宋帛產之後

見韓非子。

鑴胡

盧芳傳隨昱封鑴胡侯。注謂琢鑿之。故以爲名。

下又有鑴羌侯。

錯鍉

隗囂傳牽馬操刀。奉盤錯鍉。遂殺牲而盟。注鍉

即題錯置也。

赤車

同上、囂移檄數莽罪曰尊任殘賊信用姦佞誅戮忠正覆按口語赤車奔馳法冠晨夜宛繫無辜妄族衆庶注小使車赤轂白帷蓋赤帷從騶卒四十人。

支閡　叵

同上、囂又多設支閡帝知其終不爲用叵欲討之注支柱閡障也三國志韓軍枝柱難窮叵猶遂也。班超傳。超欲因此叵平諸國。

祋諷 祋丁外反

來歙傳。光祿勳祋諷。亦姓名

羊腸倉

鄧訓傳。理虖沱石臼河。從都慮至羊腸倉。欲令通漕。注。汾陽故城。積粟所在。謂之羊腸倉。

首施

同上。小月氏與羌戰。常以少制多。雖鼠施兩端。漢亦時收其用。注。首施。猶首鼠也。

稽故

同上、諸葛萬騎來至塞下、未敢攻、訓先欲脅月氏胡、訓擁衛稽故、令不得戰、注謂稽留事故也、

批抵

寇榮傳、臣兄弟獨以無辜、爲專權之臣所見批抵、青蠅之人、所共構會、注抵側擊也、

質确　嚴棘

同上、尚書背蠅墨案空劾、不復質确其過、寘於嚴棘之、注質正也、确實也、嚴棘獄也、

狃忕 狃逝

馮異傳虜兵臨境狃忕小利遂欲深入注謂慣習也

儔具

耿恭傳烏孫大昆彌已下皆歡喜遣使獻名馬及奉宣帝時所賜公主儔具

牢戶

同上蘇君恩不及嗣恭亦終塡牢戶追誦龍蛇之章以爲歎息按牢戶獄也

期門

銚期傳帝嘗輕與期門近出注武帝將出必與良家子期於殿門故曰期門

城頭子路

任光傳城頭子路者東平人姓爰名曾字子路與肥城劉詡起兵盧城頭故號其兵爲城頭子路

出

耿純傳純真定宗室之出注男子謂姊妹之子

爲出

灄強

堅鐔傳鐔封灄強侯注縣名屬汝南

遺種

竇融傳河西肥富一旦緩急杜絶河津足以自守此遺種處也

符要

同上羌胡犯塞融輒自將與諸郡相救皆如符要注赴救不失期契也要平聲

儀適

同上融先遣從事問會見儀適注猶儀注也

天際

同上竇融始以豪俠爲名拔起風塵之中以投

天際注天之間際也

萎腇

馬援傳援書與嚻將楊廣曰春卿事季孟外有

君臣之義内有朋友之道言君臣耶固當諫爭

言朋友耶應有切磋豈有知其無成而但萎腇

咋舌叉手從族乎汪萎腰耎弱也

夜誦

馬廖傳顛置章坐側以當瞽人夜誦之音注夜誦者其辭或秘不可宣露故於夜中歌誦也

蘊憤

卓茂傳蘊憤歸道之賓越關阻捐宗族以排金門者衆矣注蘊積也

白山

曾恭傳白山之難不絕如綖注卽天山也

迂久

劉寛傳嘗坐客遣蒼頭市酒迂久大醉而還注猶良久也

自搏

趙憙傳仇皆臥自搏注猶叩頭也

藺栗犢

同上憙年未二十引見更始笑曰藺栗犢豈能負重致遠乎注犢角如藺栗言小也

宿留 秀溜

韋彪傳司徒劉愷謂彪兄豹曰卿以輕好去就爵位不躋今歲垂盡當選御史意在相薦子其宿留乎注言待也

宣巨公

宣秉傳楚國二龔不如雲陽宣巨公

駘藉

馮衍傳江湖之上海岱之濱風波騰踊更相駘藉注蹈藉也

軑

申屠剛傳、光武嘗欲出游、剛諫不聽、遂以頭軔乘輿輪、帝遂爲止。注、軔、止輪木也。軔、以頭撞其車輪使不得行也。

赤制

郅惲傳、漢歷久長、孔爲赤制。注、言孔子作緯著漢家之制、火德尚赤、故云赤制。

手而不憂

同上、惲友董子張父爲鄉人所害、病將終、惲往候之、歔欷不能言、惲曰、吾知子不悲天命而痛讎不復也、子在、吾憂而不手、子亡、吾手而不憂、

史觿　卷三　十五

也。子張但目擊而已。

緹衺

楊厚傳。厚祖父春卿臨命戒子統曰。吾緹衺中有先祖所傳祕記。爲漢家用。爾其脩之。注。緹。厚繒也。

太平清領書

襄楷傳。順帝時。瑯琊宮崇詣闕上其師于吉於曲陽泉水上所得神書。皆縹白素。朱介青首朱目。號太平清領書。注。素。縑也。介。界道也。首。標也。

見題目也。

捲握

張堪傳、公孫述破時。珍寶山積。捲握之物。足當十世。而堪去職之日。乘折轅車。布被囊而已。注、猶掌握也。

芻藁

蘇不韋傳、時右校芻藁在寺北垣下。注、藁芻藁藏也。如人家積柴之屋

衹裯

羊續傳、續爲南陽太守，妻與子祕俱往郡舍，續閉門不內，妻自將祕行，其資藏唯有布衾、敝祗裯、鹽麥數斛而已。注：祗裯，短衣也。

鬄剔 鬄音目剃

馮魴傳、延褒等聞帝至，皆自鬄剔，負鈇質，將其衆請罪。注：鬄鬄，謂剃去髮也。

公孫弘

虞延傳、延欲辟幽州從事公孫弘，以弘交通楚王而止。 同姓名

○朱壽

梁商傳、商薨朝廷賜以東園朱壽之器銀鏤黃腸玉匣什物二十八種注壽器棺也以朱飾之

○矑眄

梁冀傳、冀爲人鳶肩豺目洞精矑眄注矑目精直視也眄吟舌言吃也

意錢

同上能挽滿彈棊格五六傳蹴鞠意錢之戲注詭億一日射意即攤錢也

狐尾

同上。冀改易輿服之制。作平上幘車。埤幘狹冠折上巾。擁身扇。狐尾單衣。

皐蘇

曹褒傳。樂非夔襄。而新音代起。律謝皐蘇。而制令亟易。注。皐陶虞士官。蘇忿生周武王之司寇也。

洮汰

陳元傳。解釋先聖之積結。洮汰學者之累惑。注。

猶洗濯也。

東里先生

周磐傳，令其二子曰：吾日者夢見先師東里先生，與我講於陰堂之奥。旣而長歎，豈吾齒之衰乎。

爭賕

第五倫傳，爭賕抑絶，文職脩理。

枕

鍾離意傳，藥崧家貧，爲郎，常獨直臺上，無被枕，

杫食糟糠注俎几也 在不堪之几上食糟糠而已

侈長 去聲

宋均傳時府下記禁人喪葬不得侈長注不得奢侈有餘也

貫行

東平王蒼傳孝明皇帝大孝無違奉承貫行注貫行謂一皆遵奉也

稱娗

中山簡王傳五國各官騎百人稱娗前行注猶

齊整也

専愚

朱穆傳穆耽學或時思至不自知忘失衣冠顛隊阬岸其父以爲専愚幾不知數馬足

在醜不爭 禮曰在醜夷不爭

張敏傳託義者得減妄殺者有差使執憲之吏得設巧詐非所以導在醜不争之義注醜類也

流喝 一介切

張酺傳郡吏王青被矢貫咽聲音流喝注嘶也

飛禍

周榮傳常敕妻子若卒遇飛禍無得殯斂注謂倉卒而死也

小杜律

郭躬傳躬家世衣冠父弘習小杜律注杜周為廷尉子延年亦明法律故言小

元二

鄧騭傳時遭元二之災注即元元也陳忠傳自帝即位以後頻遭元二之厄

○告寧

陳忠傳孝文皇帝定約禮之制光武皇帝絕告寧之典湼告寧休謁之名即宋制百官有休沐之期

吐珠

翟酺傳孔子曰吐珠於澤誰能不含湼春秋保乾圖曰臣功大者主威侵權弁族害已姦行吐珠於澤誰能不含踰權柄外假則必競取以爲已利

五禁

應奉傳思關雎之所求遠五禁之所忌注婦人有五不娶喪婦之長女不娶爲其不受命也世有惡疾不娶棄於天也世有刑人不娶棄於人也亂家女不娶類不正也逆家女不娶廢人倫也

牢賞

應劭傳可募隴西羌胡守善不叛者簡其精勇多其牢賞注牢稟食也西羌傳諸將多斷盜牢稟私自潤入盜牢稟私自潤入者謂剋減軍粮以肥己橐

〇筩中女布

王符傳徒御僕妾皆服文組綵牒錦繡綺紈葛子升越筩中女布 筩中越地名女布女紅也紅即功字之義

反支

同上明帝時公車以反支日不受章奏帝聞而怪曰民廢農桑遠來詣闕而復拘以禁忌豈爲政之意乎 上書者爲公車故今之會試孝廉亦曰公車

囘洑

仲長統傳用明居晦囘洑於曩時與戈陳組參

差於上世注回泬猶擕互不齊一也

收汙

梁節王暢傳今陛下爲臣收汙天下注汙惡也天下以帝赦王爲惡是收惡天下也

欽頥

周燮傳燮生而欽頥折頞醜狀駭人注欽曲也

用板

楊賜傳宜絕慢慠之戲念官人之重割用板之恩愼貫魚之次注板謂詔書也

纓緌

楊彪傳孔融諫曹操曰今天下纓緌搢紳所以瞻仰明公者以公聰明仁智輔相漢朝舉直厝枉致之雍熈也

朱文

王龔傳立德者以幽陋好遺顯登者以貴塗易引故晨門有抱關之夫柱下無朱文之軫也注朱文畫車爲文也言貧賤之人多被淪棄柱下之徵永無朱文之轍也

麑塲

劉陶傳妄假利器委授國柄使郡醜刑隸芟刈小民彫敝諸夏虐流遠近故天降衆異以戒陛下陛下不悟而競令虎豹窟於麑場豺狼乳於春圃麑塲春圃囿圃之地非虎豹豺狼之所居

鳥鈔

同上群小競起進秉國之位鷹揚天下烏鈔求飽吞肌及骨並噬無厭烏鈔究竟未詳

歐刀

虞詡傳寧伏歐刀以示遠近注歐刀刑人之刀也案書多用歐刀古有歐冶之名取其銛利

三怨成府

蓋勳傳皇太子副王望其所愛頗帝之寵臣而子遂之所謂三怨成府者也注府聚也

埋根

馬融傳臣頑裁假部隊之號盡力率厲埋根行首以先吏士注埋根言不退

○側匿

蔡邕傳：元首寬則望舒眺，侯王肅則月側匿。注：晦而月見西方謂之朓，朔而月見東方謂之側匿。

三互法

同上：朝議以州郡相黨，人情比周，乃制婚姻之家及兩州人士不得對相監臨，至是復有三互法。注：三互謂婚姻之家及兩州人不得交互爲官也。三互者，迴避也。

欽章

同上臣一入牢獄當爲楚毒所逼趣以飲章辭情何緣復聞汪飲猶隱郤告人姓名無可對問章表也案飲猶飲泣之飲

引高

左雄傳言善不稱德論功不據實虛誕者獲譽拘檢者離毀或因罪而引高或色斯以求名（色斯即論語山梁章意）州宰不覆競相辟召汪因罪潛遁以求高尚之名

木舌

黃瓊傳忠臣懼死而杜口萬夫怖禍而木舌

章鉞

李固傳、葛露固尸於四衢。固弟子汝南郭亮年始成童，遊學洛陽，乃左提章鉞，右秉鈇鑕，詣闕上書，乞收固屍。注：章，謂所上章也。

薄醱

盧植傳、亟遣丞掾除其墳墓（除，即埽字，義在艸莱也。），存其子孫，幷致薄醱，以彰厥德。注：醱，祭酹也。

完封

皇甫規傳、自永初以來，將出不少，覆軍有五（有五次），動

資巨億有旋車完封寫之權門而名成功立厚加爵封動資巨億者言所費不貲也旋車完封歸旋之師也寫之權門則以勳代書叔臣也

悢悢

陳蕃傳天之於漢悢悢無已注猶眷眷也

轉側

王允傳是時宦者橫暴睚眦觸死允懼不免乃變易名姓轉側河內陳留間注轉側去來也

交鬬

黨錮傳諸爲怨隙者因相陷害睚眦之忿濫入

黨中。又州郡承旨。或有未嘗交關。亦離禍毒。離音罹

溷軒

李膺傳宛陵大姓羊元群。罷北海郡。臧罪狼籍。郡舍溷。軒有奇巧。乃載之以歸。注廁屋也。

龍舒君

范滂傳從龍舒君歸黄泉。注滂父顯。故龍舒侯相也。

同衣

檀敷傳家無產業。子孫同衣而出。即儒行篇易衣而出之意。

基峙

鄭太傅尊卑無序王爵不加若恃衆怙力將各基峙以觀成敗注峙止也

大鑪　巨瓠

孔融傳融報操書子産謂人心不相似或矜執者以取勝爲榮不念宋人待四海之客大鑪不欲令酒酸也至於屈穀巨瓠堅而無竅當以無用罪之耳

天逸

同上贊曰北海天逸言北海聰明天縱音情頓挫注逸縱也

蛾賊

皇甫嵩傳黃巾亦名爲蛾賊注蟻也

干說　說作悅

同上故信都令漢陽閻忠干說嵩注干冐進也

犕　服

同上卓抵手言曰義直犕未乎　言心服否

搜牢

董卓傳卓縱放兵士突人廬舍淫略婦女剽虜

資物謂之捜牢注言牢固者皆捜取之也

竿摩車

同上卓僭擬車服乘金華青蓋爪畫兩轓時人號竿摩車言其服飾近天子也注竿摩相逼近也

叟兵

同上呂布軍有叟兵內反注叟蜀也劉焉傳遣叟兵五千助之

尾敦

劉虞傳公孫瓚斬虞傳首京師故吏尾敦於路刼虞首歸葬之　注尾敦姓名

柴轂

袁紹傳紹既累世台司賓客所歸加傾心折節莫不爭赴其庭士無貴賤與之抗禮輜軿柴轂填接街陌　注柴轂賤者之車

理頭

劉焉傳張魯自號師君其來學者初名爲鬼卒後號祭酒　祭酒各有部衆衆多者名曰理頭

按三國志作治頭

義舍　三原

同上諸祭酒各起義舍於路同之亭傳孫置米肉以給行旅食者量腹取足過多則鬼能病之犯法者先加三原然後行罰按三國志云置義米肉 傳孫二字三原二字俱未詳

累息

任延傳威行境内吏民累息注累氣也 猶帖服貌

窮怒

酷吏傳重文橫入爲窮怒之所遷及者亦何可勝言

寠杯

董宣傳勅令詣大官賜食宣受詔出盡寠杯食機上大官以狀聞上問宣宣對曰臣食不敢遺餘如奉職不敢遺力

兩墮　左县徐唐四侯也

單超傳四侯轉橫天下爲之語曰左回天具獨坐徐臥虎唐兩墮注謂隨意所爲不定也

○塞具
曹節傳既誅武等詔令大官給塞具注塞賽祠
也
飛條
呂強傳蔡邕毀刺貴臣譏呵豎宦陛下不密其
言至令宣露羣邪項領膏唇拭舌競欲咀嚼造
作飛條注飛飛書也
外草
同上趙忠憂憚復譖曰強見召未知所問而就

外草自屏有姦明審注謂在外草野中自殺也

倚席

儒林傳安帝覽政薄於蓺文博士倚席不講朋徒相視怠散注倚席言不施講坐也

䑽陽鴻 䑽胡尨反

注丹傳山中䑽陽鴻字孟孫亦以孟氏易教授有名注䑽陽姓鴻名

儳和 儳仕鑒反

孔僖傳鄰房生梁郁儳和之注謂不與之言而

儞對也案似今攙越之攙

九裂

楊倫傳倫不之官以疾自上日有畱死一尺無北行一寸刎頸不易九裂不恨匹夫所執彊於三公固敢有詞

右師細君

包咸傳咸受榛長安師事博士右師細君注右師姓

秕僻

蔡玄傳栖靈之間。君道秕僻注秕穀不成也。

折札

同上鞠躳昏王之下。狼狽折札之命。注折簡也。

觜觽

杜篤傳稚蜯蛤碎瑠璃甲。瑇瑁戕觜觽。注大龜也。

斗極

趙壹傳昔原大夫贖桑下絕氣。傳稱其仁。秦越人還虢太子結脈。世著其神。設曩之二人不遭

仁遇神則結絶之氣竭矣然而精脯出乎車軨
鍼石運乎手爪今所賴者非直車軨之精脯手
爪之鍼石也乃收之於斗極還之於司命使乾
皮復含血枯骨復被肉允所謂遭仁遇神直所
爰傳而著之

蹀躍

禰衡傳方爲漁陽參撾蹀躍而前

梲杖

同上衡乃着布單衣疏巾手持三尺梲杖坐大

營門以杖籌地大罵注柺〻大杖〻也

下借

李允傳大將軍鄧騭貴戚傾時無所下借注郎〻假借〻也

詭求

陳重傳有同署郎負息錢數十萬責古債字主日至詭求無已注詭〻責〻也

灌謁者

雷義傳三府同時俱辟二人義遂爲守灌謁者

汪求滿歲稱灌謂者

捃拾

范冉傳推鹿車載妻子捃拾自資採拾野菜以自給

鍥斧

戴就傳燒鋘斧使就挾於肘腋注鋘刃也

脫素

向栩傳及之官時人謂其必當脫素從儉而栩更乘鮮車御良馬注脫易簡素

䑛䑛

郭憲傳關東觥觥郭子橫注觥直之貌

削哺

楊由傳有風吹削哺太守以問由由曰方當有薦木實者其色黃赤頃之五官掾獻橘數包注削杮也哺當作脯

航踠

李南傳向度宛陵浦里航馬踠足注航以舟濟水也踠屈損也

鶍息

華佗傳冷壽光行容成公御婦人法常屈頸鷸息注雅也

陜輸

列女傳動靜輕脫視聽陜輸注不定貌

僕鑒　獨力

南蠻傳帝女既嫁槃瓠於是解去衣裳爲僕鑒之結着獨力之衣注未詳 今旗丁之賤者號苦獨力着其衣甘為斷養也

精夫　姎徒 姎胡朗反

同上名渠帥曰精夫相呼爲姎徒注姎我也

倓錢　倓徒濫反

同上。殺人者，得以倓錢贖死。注：倓，蠻夷贖罪貨也。

蘭干

同上。哀牢土地沃美，宜五穀蠶桑，知染采文繡，罽毲帛疊，蘭干細布。哀牢，外國名。

軻蟲

同上。出水精、瑠璃、軻蟲、蚌珠。

羊羧

同上冉駹夷其人能作旄氈班罽毳毲羊羖之屬汪未詳

風災鬼難

西域傳㰂山棧谷繩行沙度之道身熱首痛風災鬼難之域

客賜

南匈奴傳事畢之後裁行客賜汪言以主客之禮裁量賜物不多與也

㾓疽

鮮卑傳、邊番之患。手足之蚧搔中國之肩背之瘭疽。方今郡縣盜賊。尚不能禁。況此醜虜而可伏乎。

八閩文庫

福建文獻集成

續編 史部 二九

吴格 主編

文獻集成 269

海峽出版發行集團
THE STRAITS PUBLISHING & DISTRIBUTING GROUP
福建人民出版社

本册目次

史觿十七卷（卷四至卷一七）

[明] 長樂謝肇淛撰

上海圖書館藏明崇禎間刻本

史觿卷四

陳留　謝肇淛　著

建安　黄師表
　　　黄師正　較

三國志

死綏

曹操紀、司馬法將軍死綏。注、綏、却也。有前一尺、無却一寸。按綏、恐是車綏。今作却、未詳。俟再攷。

椎冰

同上初討袁譚時民亡椎冰令不得降注川渠
水凍使民椎冰通船民憚役故亡

邔音巳

曹叡紀分襄陽臨沮宜城旍陽邔四縣置襄陽
南部都尉

了烏

同上文帝拆銅人承露盤董尋諫曰陛下既尊
群臣顯以冠冕被以文繡載以華輿所以異於
小人而使穿方舉土面目垢黑沾體塗足衣冠

了鳥。毀國之光。以崇無益。甚非謂也。

登女

同上壽春農民妻。自言爲天神所下。命爲登女。當營衛帝室。蠲邪納福。飲人以水。及以洗瘡多愈。於是立館後宮。甚見優寵。及帝疾。飲水無驗。乃殺之。

罰首

郭后傳。后勑諸家曰。今世婦女少當配將士。不得因緣取以爲妾也。宜各自慎。無爲罰首。

隆車

袁紹傳紹檄州郡文屯據敖倉阻河爲固乃欲以螳蜋之斧當隆車之隧

熛炭

同上雷震虎步並集虜庭若舉炎火以焫飛蓬覆滄海而沃熛炭有何不消滅者哉

旝

同上旝動而鼓說曰旝發石也於是造發石車

拳捷

呂布傳卓嘗小失意拔手戟擲布布拳捷避之

爲卓顧謝卓意亦解注拳力也

連雞

同上陳珪曰暹奉與術卒合之軍耳策謀不素定不能相維持子登策之譬之連雞勢不俱棲可解離也

急疾

夏侯淵傳淵爲將趣急疾常出敵之不意故軍中爲之語曰典軍校尉夏侯淵三日五百六日

一毛。

○崖柴

曹爽傳丁謐何晏鄧颺言無不從故于時謗書謂臺中有三狗二狗崖柴不可當一狗憑默作疽囊默爽小字也言三狗皆欲嚙人而謐尤甚也

韓莫

荀攸傳攸言於太祖曰紹運車旦莫至其將韓莫銳而輕敵擊可破也注或作韓猛或作韓若

居府

國淵傳太祖征關中以淵爲居府長史統留事

擘履

邴原傳原至門下通謁太祖大驚喜擘履而起

衮梡

管寧傳寧稱草莽臣上疏曰德非園綺而蒙安車之榮功無竇融而蒙璽封之寵衮梡鷩衣荷棟梁之任垂沒之命獲九棘之位懼有朱博鼓妖之眚

戴鵀

同上、鉅鹿張臶、養志不仕、正始元年、有戴鵀之鳥、巢臶門陰、臶告門人曰、夫戴鵀陽鳥、而巢門陰、此凶祥也、援琴歌咏、作詩二章、旬日而卒、

瓜牛廬

同上、隱者焦先、自作一瓜牛廬、淨掃其中、營木爲牀、布草蓐其上、一云瓜當作蝸、

葙芫　藥名有青葙子、與兎緣無別、

同上、初平中、山東人有青牛先生、字正方、客三

輸曉知星歷風角鳥情常食青葙芫華

氍毹

同上扈累字伯重京兆人黄初元年徙洛陽喪婦不復娶獨居道側以氍毹爲障施一廚牀食宿其中

燔翳捐褶

崔琰傳琰諫世子田獵曰褻虞旅之賤服忽馳騖而陵險志雉兔之小娛忘社稷之爲重斯誠有識所以惻心也唯世子燔翳捐褶以塞衆望

不令老臣獲罪於天欲世子損棄田獵之具也

無澗神主牢獄之神以事無澗神而繫獄豈牢獄之神曰無澗耶

司馬芝傳苛進曹洪乳母當與臨汾公主侍者共事無澗神繫獄注無澗山名在洛陽東北

五熟釜

鍾繇傳文帝在東宮賜繇五熟釜爲之銘曰於赫有魏作漢藩輔厥相惟鍾寔幹心膂靖共夙夜匪遑安處百寮師師楷茲度矩

駭耳

同上縣欲輕減大辟復向刑司徒王朗議以可

按縣所欲輕之爲罪使減死之髡刖嫌其輕者可倍其居作之歲數内有以生易死不訾之恩外無以刖易釱駭耳之聲

欐

王朗傳孫策令使者詰朗朗稱禽虜對使者曰朗以瑣才誤竊朝私受爵不讓以遘罪罔前見征討畏死苟免因治人物寄命須臾又迫大兵惶怖北引從者疾患死亡略盡獨與老母共乘

一權流矢始交便棄權就俘稽顙帥首又云委命下隸身輕罪重死有餘辜串脰就鞅蹴足入絆叱咤聽聲東西是命

伊邑 欝討而不舒之意

同上朗諫伐孫權曰設其傲很殊無入志懼彼輿論之未暘者並懷伊邑按伊邑即於邑也

晝外

同上文帝伐權還詔三公曰屋漏在上知之在下然迷而知反失道不遠過而能改謂之不過

不特左氏傳他書亦皆

今將休息樓倘高山沉權九淵割除擯棄救之
畫外（畫者界畫之外也）

○朱墨　三餘

王肅傳弘農董遇善左氏傳更爲作朱墨別異人有從學者遇不肯教而云必當先讀百徧言讀書百徧而義自見從學者云苦渴無日遇言當以三餘讀或問三餘之意遇言冬者歲之餘夜者日之餘陰雨者晴之餘也

三不肯

梁習傳、高陽劉類爲弘農太守、苛慝尤甚、吏民患之、乃題其門曰、劉府君有三不肯、謂遷免與死也。苛慝每事不循矩度也。

通健

賈逵傳、逵世爲著姓、少孤、家貧、冬常無袴、過其妻兄柳孚宿、其明無何著孚袴去、故時人謂之通健。

考竟

同上、兵曹從事受前刺史假、逵到官數月、乃還考竟。按各傳多有考竟，猶問結也。

槎桎

蘇則傳：則從行獵，槎桎拔，失鹿。不詳

郖津 郖音豆

杜畿傳：畿拜河東太守，值衛固據陝津，不得渡，遂詭道從郖津渡。

冥

同上：畿試樓船，遇風沒。帝歎曰：昔冥勤其官而水死，稷勤百穀而山死。注：冥，契六世孫也，為夏

水官勤于其職而死於水

推築　猶蹋足云意

倉慈傳顏斐爲京兆太守司馬宣王在長安立軍市而軍中吏士多侵侮縣民斐白宣王宣王怒召軍市候於斐前杖一百時長安典農與斐共坐以爲斐宜謝乃私推築斐斐不肯謝

謥詷

臧霸傳部從事謥詷不法

通侻

王粲傳粲徃荆州依劉表表以粲貌寢而體弱通侻不甚重也注通侻簡易也

廓落帶

劉楨傳文帝常賜楨廓落帶其後師亾欲借取以爲像

四窓八達

盧毓傳諸葛誕鄧颺等馳名譽有四窓八達之誚

欺鬼　鬼没

學蒙莊之道者

常林傳沐並字德信豫作終制戒子曰道之爲物惟恍惟忽壽爲欺魁夭爲冤滅身淪有無與神消息合悅陰陽甘夢太極奚以棺椁爲牢衣裳爲纏尸繫地下長幽桎梏豈不哀哉

栢孝長

杜襲傳劉表攻西鄂西鄂長杜子緒帥縣男女嬰城而守時南陽功曹栢孝長亦在城中聞兵攻聲恐懼入室閉戶牽被覆頭相攻半日稍敢出面其明側立而聽二日往出戶問消息至四

五日乃更負楯親鬬請子緒日勇可習也

膽諦

裴潛傳韓宣當杖見原褌腰不下遂趨而去帝目送之笑曰此家有膽諦之士也 二字未詳

馬排 蒲拜反

韓曁傳曁徙監冶使者舊時冶作馬排每一熟石用馬百疋更作人排又費功力曁乃因長流作水排計其利益三倍於前 今淛中近山澗谿谷處作水碓亦此意

外劇 任子

分列郡縣有劇中平三項

王觀傳、觀爲涿郡太守。明帝下詔書使郡縣條爲劇中平者。王者欲言郡爲中平。觀教曰：此郡濱近外虜，數有寇害，云何不爲劇耶。王者曰：若郡爲外劇，恐於明府有任子（爲劇郡者例其子爲質是爲任子言子），明府不便也。觀曰：夫君者所以爲民也。今郡在外劇，則於役條當有降差，當可爲太守之私，而負一郡之民乎。遂言爲外劇郡，後送任子詣鄴。時觀惟一子，又幼弱。其公心如此案。此任子即質子也。

○郭汾陽

郭淮傳淮以著勳前朝改封汾陽子。同姓同封爵

耐掠

胡質傳頓丘民郭政通於從妹。殺其夫。皆耐掠隱抵。何為耐掠 耐掠不畏以款朴之謂

白棓棒 白帢

鍾會傳會已作大坑白棓數千。欲悉呼外兵入。人賜白帢。拜為散騎。

迆 勅連反

同上會既被殺。所養兄子毅。及峻迆等下獄。當

伏誅司馬文王原之

快雨

管輅傳到鼓一中星月皆沒風雲並起竟成快雨占驗奇妙如此

致止

劉焉傳董扶字茂安發辭抗論益部雙故號曰無致止言人莫能當所至而談至也止

結毦

諸葛亮傳備性好結毦適有人以髦牛尾與備

者備因手自結之亮曰明將軍當復有遠志但結毦而已乎明字當作知字解

護前

關羽傳亮知羽護前朱桓傳亦云桓性護前恥爲人下宋書劉穆之傳瑀性陵物護前

老革

彭羕傳羕遷江陽太守怨望謂馬起曰老革荒悖可復道耶注猶云老兵也

分子

同上。羕獄中與諸葛亮書曰：從布衣之中擢爲國士，盜竊茂才，分子之厚，誰復過此。注謂分兒子厚恩施之於已。

瓠壺

張裔傳：雍闓趑趄不賓，假鬼教曰：張府君如瓠壺，外雖澤而內實麄，不足殺。何以有假鬼教三字，不甚易解。

談嘲

同上。裔爲丞相長史，遺書與所親曰：近者涉道晝夜接賓，不得寧息，人自敬丞相長史，男子張

君嗣附之疲倦欲處其談啁流速皆此類也

震攇　虛晲反

許慈傳慈與胡潛並爲傅士更相克伐謗讟忿爭形於詞色書籍有無不相通借時尋楚撻以相震攇震攇者震嚇而軒輊之自爲誇張也

讙咋

孟光傳光好公羊春秋而譏呵左氏每與來敏爭此二義光常譊譊讙咋

訴啁

馬忠傳忠爲人寬濟有度量但詼啁大笑

儘

王平傳平遵履法度言不戲謔從朝至夕端坐徹日儘無武將之體儘字疑作絶字解

掞張

言無實義每好張而大之也

鄧芝傳權書與亮曰丁厷掞張陰化不盡和合二國唯有鄧芝注謂丁厷之言多浮豔也

猘兒

孫策傳曹公聞策平定江南意甚難之常曰猘

兒難與爭鋒也

闔閭門

孫權傳、吳中童謡曰、黄金車、班蘭耳、闓閭門、出天子。

噂

同上、權詔公孫淵曰、燕王久噂賊虜、隔在一方。

王表紡績

同上、臨海羅陽縣有神、自稱王表、周旋民間、語言飲食、與人無異、然不見其形、又有一婢名紡

史䚩　卷四　十四

績。權迎之。說水旱小事。往往有驗。

〇𩅦 灣 𠅨 觥 𡋯 莽 𠅨 褒

孫休傳休爲四男作名字皆取難犯。𩅦字𩃬。迄

𠅨字𥏼。礥 𡋯字昷。舉 𠅨字㵀。擁

察戰

同上使察戰到交阯。調孔爵大豬。注察戰。吳官號。今楊都有察戰巷。

〇鬼目

孫皓傳有鬼目菜。生工人黄耇家。依緣棗樹。長

丈餘塹廣四寸厚三分

蕉邪

士燮傳燮每遣使詣權致雜香細葛輒以千數明珠大貝流離翡翠瑇瑁犀象之珍奇物異果蕉邪龍眼之屬無歲不至

笮

諸葛瑾傳長文之徒昔所以能守善者以操笮其頭畏掾威嚴故竭心盡意不敢爲非耳曹操也

倉髮

張紘傳李廣之氣倉髮益怒樂一當單于以盡餘憤

○行滕

呂蒙傳蒙陰賖貰爲兵作絳衣行滕及簡日陳列赫然賖貰人姓名

咄唶

同上蒙病權穿壁瞻之見小能下食則喜顧左右言笑不然則咄唶夜不能寐

縹被

蔣欽傳、母疎帳縹被。妻妾布裙。

負毦

甘寧傳、挾持弓弩。負毦帶鈴。民聞鈴聲。即知是寧。

三版

凌統傳、過本縣。步入寺門。見長吏。懷三版。恭謹盡禮。

薄落

徐盛傳、從建業築圍。作薄落。圍上設假樓江中

浮船

儈定

朱異傳權謂異從爻據曰本知季文儈定見之

復過所聞

曠宇

虞翻傳評曰虞翻古之遺直周難免乎末世然

權不能容非曠宇也

葩瓜

賀齊傳齊性奢綺尤好軍事兵甲器械極爲精

好所乘船雕刻丹鏤青盖絳襜干櫓戈矛葩瓜文畫弓弩矢箭咸取上材蒙衝鬬艦之屬望之若山

幅裂

周魴傳魴合衆隨陸遜横截曹休休幅裂尾解斬獲萬計

下髮

同上魴詐降曹休時頻有郎官奉詔詰問諸事魴乃詣部郡門下因下髮謝故休聞之不復疑

吳劉趙三人伎術皆不傳

慮。

。八絶

趙逵傳皇象工書嚴武善圍棊宋壽占夢十不失一曹不興善畫權使畫屏風落筆點素因以作蠅既進御權以爲生蠅舉手彈之孤城鄭嫗能相人及吳範劉惇趙逵世皆稱妙謂之八絶

鑴

諸葛恪傳恪嘗獻馬先鑴其耳范愼時在坐嘲恪曰馬雖大畜稟氣於天今殘其耳豈不傷仁

恪答曰母之於女恩愛至矣穿耳附珠何傷於仁

鉤絡

同上先是童謠曰諸葛恪蘆葦單衣篾鉤絡於何相求成子閤成子閤者反語石子岡也建業南有長陵名曰石子岡葬者依焉鉤絡者校飾革帶世謂之鉤絡帶恪果以葦席裹其身而篾束其腰投之於此岡

史觽卷五

陳留　謝肇淛　著

黄師表

建安　黄師正　較

晉書

着爐炭上

宣帝紀孫權上表稱臣陳說天命魏武帝曰此兒欲踞吾着爐炭上耶

追鋒車

同上明帝病召帝手詔曰閒側息望到到便排闥入視吾面帝大遽乃乘追鋒車晝夜兼行

李廣 同姓名

文帝紀攻諸葛誕將軍李廣臨敵不進帝斬之

窮蹴

惠帝紀公私窮蹴米石萬錢詔命所至一城而已

藉草

同上帝乘牛車行宮藉草公卿跋涉

互市

同上、政出羣下。綱紀大壞。貨賂公行。勢位之家。以貴陵物。忠賢路絶。讒邪得志。更相薦舉。天下謂之。互。市。焉。

○五斗叟

懷帝紀、支胡五斗叟郝索。聚衆數千爲亂。

結草

愍帝紀、國政迭移於亂人。禁兵外散於四方。方岳無鈞石之鎮。關門無結草之固。

藉藁

元帝紀、帝生於洛陽。有神光之異。一室盡明。所藉藁如始刈。

百六掾

同上、帝即晉王位。諸參軍。拜奉車都尉掾屬。駙馬都尉辟掾屬。百餘人。時人謂之百。六。掾。

弊善

同上、詔曰。長吏有志在奉公。而不見進用。有貪惏穢濁。而以財勢自安者。若有不舉。當受故縱。

獎善之罷有而不知當受闒塞之責

崔釵

同上將拜貴人有司請市崔釵帝以煩費不許

白籍

成帝紀實編戶王公已下皆正土斷白籍白丁也

毒賦

孝武帝紀道子荒於朝政國寶稟以小人拜授之榮初非天官鬻刑之貨自走權門毒賦年滋愁民歲廣

○庚子

安帝紀河右諸郡奉李玄盛爲秦涼二州牧涼公年號庚子以干支紀年

緑綟綬

恭帝紀桓玄執政進位太宰加衮冕之服緑綟綬綬用綟色者綟若盭下也

○女帛

天文志東南有三星出名曰盜星出則天下有大盜西南有三大星出名曰種陵出則天下穀

貫十倍西北三大星出而白名天狗出則人相
食東北有三大星出名曰女帛見則有大喪

○諸國雲氣

同上韓雲如布趙雲如牛楚雲如日宋雲如車
衛雲如犬周雲如車輪秦雲如行魏雲如鼠鄭
雲如絳衣越雲如龍蜀雲如囷車

風山

地理志黃帝則東海南江登空躡岱至於崑峰
振轡風山訪道存諸汗竹不可厚誣

八堯

同上、當塗馭寓。瓜分鼎立。世祖武皇帝。接千祀之餘。當八堯之禪。先王桑梓。罄宇來歸。斯固可得而言者矣。何謂八堯。

寃天

律歷志、日之錘朔。此乃天驗也。而歆反以巳歷非。此寃天而負時歷也。歆。是劉歆耶。

飛白

禮志、常侍戴邈詣闕上疏云。方今天地更始。萬

物權與蕩近世之流弊創千齡之英範是故雙釼之節崇而飛白之俗成挾琴之容飾而赶曲之和作

雙釼飛白挾琴赶曲俱未詳

蠶母

同上取列侯妻六人爲蠶母蠶生日皇后率公主以下親采桑擾之

葦茭

同上歲日常設葦茭桃梗磔雞於宮及百寺之門以禳惡氣

磔雞者禮曰取食草之物磔之以助陽氣

省事吏

職官志賈充爲尚書令以目疾表置省事吏四人

十八曹

同上康穆以後但有殿中祠部吏部儀曹三公比部金部倉部度支都官左民起部水部主客駕部庫部中兵外兵十八曹郎

合稱

職官志陳勰爲文帝所待特有才用明解軍令

又甲乙校標幟之制總悉闇練之武帝每出入總持白獸幡在乘輿左右鹵簿陳列齊肅太康末武帝常出射雉總時已爲都水使者散從車駕遏暗乃還漏已盡當合函停乘輿良久不得合乃詔總合之總舉白獸幡指麾須臾之間而函成

五路

輿服志玉金象革木等路是爲五路並天子之法車皆朱斑漆輪畫爲櫎文三十輻法月之數

卷五

重轂貳轄以赤油廣八寸長三尺注地繫兩軸頭謂之飛軨金薄繆龍之爲輿倚較較重爲文（閩後繆龍繞之者則之字可去）獸伏軾龍首銜軛左右吉陽筩鸞雀立衡橋文畫藩及轓青蓋黃爲裏謂之黃屋金華施橑末橑二十八以象宿兩箱之後皆玳瑁爲鶡翅加以金銀雕飾故世人亦謂之金鶡車

華轙　周時謂玉輅爲大輅見顧命

同上玉路駕六黑馬餘四路皆駕四馬馬釦以黃金爲文髦插以翟尾象鹿而鏤錫金鍐而方

釓繁纓赤罽易茸金就十有二五路皆有錫鸞之飾和鈴之響鉤膺玉瓖龍輈華轙朱幩

蹋豬車

同上獵車重輞漫輪繆龍繞之一名闟戟車一名蹋豬車魏文帝改名蹋獸車

流蘇馬

同上大駕鹵簿有流蘇馬六十匹

委貌冠 夏人曰毋追周人曰委貌殷人曰章甫

同上行鄉射禮則公卿委貌冠以皁絹爲之形

如寢杯與皮弁同制

鳫

食貨志昔在金天勤於民事命春鳫以耕稼召夏鳫以耘耡秋鳫所以收斂冬鳫於焉蓋藏■

賧布

同上元后度江軍事草創蠻陬賧布不有恒準中府所儲數四千匹

鍥薄

同上漢和帝時孝廉劉陶上書頌陛下寬鍥薄

之祭後谷鑄之讖。

洗郎錢

同上元帝過江。用孫氏舊錢。輕重雜行。大者謂之比輪。小者謂之四文。又吳興沈充又鑄小錢謂之沈郎錢。

娍母

五行志會稽王道子。寵幸尼及娍母。各樹用其親戚。

鍾出涕

同上。惠帝元康二年閏二月，殿前六鐘皆出涕，五刻止。

䖸音禍

同上。凡草木之類謂之妖，妖猶夭胎，言尚微也。蟲豸之類謂之孽，孽則牙孽矣。及六畜謂之䖸，言其著也。及人謂之痾，痾病貌也，言寖深也。

縹紈

同上。魏明帝着繡帽，披縹紈半袖。

貊槃

同上泰始之後中國相尚用胡牀貊槃及爲羌煑貊炙太康中又以氊爲絈頭及絡帶袴口百姓相戲曰中國必爲胡所破

擷子紒

同上元康中婦人結髮者旣成以繒急束其環名曰擷子紒始自中宮天下化之其后賈氏害太子之應也

無顏帢

同上初魏造白帢横縫其前以別後名之曰顏

帢傳行之至永嘉之間稍去其縫名無顏帢

露卯

同上舊爲履者齒皆達編上名曰露卯太元中忽不徹名曰陰卯識者以爲卯謀也必有陰謀之事

韓尸尸

同上惠帝元康中洛陽南山有蟲作聲曰韓尸尸其後韓謐誅

○當歸遠志

同上姜維歸蜀失其母魏人使其母手書呼維幷送當歸以譬之維報書曰良田百頃不計一畝但見遠志無有當歸即漢高分我一杯羹之意非不顧其母也

瓿甊

同上建興中江南謠歌曰訇如白坑破合集持作甒揚州破換敗吳興覆瓿甊

○地狼　賈

同上尸子曰地中有犬名曰地狼夏鼎志曰掘地得犬名曰賈

輧幌

同上桓玄出遊大航南飄風飛其輧幌蓋經三月而玄敗大航輧幌俱雜動者或飄或飛玄之敗徵

勃辱

刑法志盜律有勃辱強賊

律義較名

同上知而犯之謂之故意以爲然謂之失違忠欺上謂之謾背信藏巧謂之詐虧禮廢節謂之不敬兩訟相趣謂之鬭兩和相害謂之戲無變

斬擊謂之賊。不意悞犯謂之過。失逆節絶理謂之不道。陵上僭貴謂之惡逆。將害未發謂之戕。唱首先言謂之造意。二人對議謂之謀。制衆建計謂之率。不和謂之強。攻惡謂之略。三人謂之群。取非其物謂之盜。貨財之利謂之贓。凡二十者，律義之較名也。

懸簫

桂后傳、帝御太極前殿，羣臣畢賀，晝漏盡，懸簫，百官乃罷。

鉤鈸方物反

何曾傳都官從事劉享嘗奏曾華侈以銅鉤鈸

引車瑩牛蹄角

飛筆

石崇傳司隸中丞等飛筆重奏劾案深文累塵

天聽

梓澤

同上崇有引館在河陽之金谷一名梓澤

靃靡靃息委反

同上石崇學乃多聞情乖寡悔超四豪而取富踰五侯而競爽春畦靃靡列於凝沍之晨錦障逶迤亘以山川之外撞鐘舞女流宕忘歸至於金谷含悲吹樓將墜所謂高蟬處乎輕陰不知螳螂襲其後也

無景

羊祜傳蜀之爲國非不險也高山尋雲霓深谷肆無景束馬懸車然後得濟

辭曹

同上荆州人爲祐諱名屋室皆以門爲稱改戶曹爲辭曹焉 戶与祜同音故諱之

完牢

杜預傳事爲之制務從完牢 牢固也

苯蓴

衛恒傳恒作字勢云雲委蛇而上布星離離以舒光本卉苯蓴以垂頴山嶽嵯峨而連岡蟲跂跂以若動鳥似飛而未揚 苯蓴二字義未詳

竊惜

同上師宜官每書輒削而焚其柎梁鵠乃益爲版而飲之酒俟其醉而竊其柎

黝黈點䵋 黝幼上聲黈知主反䵋乃簟反

同上崔瑗作草書勢曰竦企鳥跱志在飛移狡獸暴駭將奔未馳黝黈點䵋狀似連珠絕而不離

輣張

張華傳算無遺策功不在賞輣張跋扈遂遘凶逆

敬王恬傳大司馬桓溫屯中堂吹警角

警角

大嚼

梁孝王彤傳彤嘗大會謂參軍王銓曰我從兄為尚書令不能啖大臠大臠故難銓曰公在此獨嚼尚難矣彤曰長史大臠為誰曰盧播是也彤曰是家吏隱之耳銓曰天下咸是家吏便恐王法不可復行彤又曰我在長安作何等不善因指單衣補幰以為清銓曰朝野望公舉薦賢

才使不仁者遠而位居公輔以衣補愆以此爲
淸無足稱也

乾浚

馮紞傳賈充女之爲皇太子妃也紞有力焉及
妃之將廢紞勗乾浚救請故得不廢潘岳傳母
誚岳曰爾當知足爲乾浚不已乎

光光文長

楊駿傳永熙中溫縣有人如狂造書曰光光文
長大戟爲墻毒藥雖行戟還自傷及駿居內府

以戟爲衛焉

殺公掾

魏舒傳陳留周震累爲諸府所辟辟書旣下公輒喪亡僉號震爲殺公掾莫有辟者舒乃命之而竟無患

三更稻田

李憙傳憙劾奏故立進令劉友前尚書山濤中山王睦故尚書僕射武陔各占官三更稻田請免官

何以為三更

日制

劉寔傳、寔年踰九十。命在日制。

露板

同上、斷章敎諭經涉二年。而寔頻上露板辭旨、
懇誠。

衝蓋

王濬傳、猥頻亢六軍。衝蓋露次。

定見

同上、濬自理曰。渾又索蜀兵及鎮南諸軍人名

定見。臣以爲皓已來首都亭。無緣共合空圍。又兵人定見。不可倉卒。皆非常今之急。不可承用。

尺一

山濤傳。濤與石鑒共宿。夜起蹴鑒曰。今爲何等時而眠耶。知太傅臥何意。鑒曰。宰相三不朝。與尺一令歸第。卿何慮也。濤曰。咄。石生無事馬蹄間邪。

蜜印

同上。濤薨。策贈司徒。蜜印紫綬。侍中貂蟬。新沓伯審印。青朱綬。

跰指

樂廣傳、道揆將聖。事乖跰指。掾情獨往。自天其生。

攫獸

劉毅傳、毅將彈河南尹。司隸不許曰。攫獸之犬。鼷鼠蹈其背。毅曰。既能攫獸。又能殺鼠。何損於犬。

碎密

劉頌傳人主不善碎密之案必責犯彊舉右之奏。

黄沙御史

同上劉友辟公府掾尚書郎黄沙御史按武帝太康五年。初置黄沙獄。

踈踊

傅玄傳玄天性峻急不能有所容每有奏劾或值日暮捧白簡整簪帶踈踊不寐坐而待旦。

破頭

傳咸傳、楊濟與咸書曰，左丞總司天臺，維正八坐，此未易居，以君盡性，而處未易居之任，益不易也，想慮破頭，故有此白。盡性即任性之意。

額顉 五陌反

局上自知所陳，額顉觸猛獸之鬚。

神狐

段灼傳，臣欲天下太平，而靈龜神狐未見，仙芝蓍莆未生，麒麟未游乎靈囿，鳳凰未儀乎太極之庭，此臣之所以不敢華言而爲佞者也。

有龍無尾

闕續傳、楚國處女諫其王曰有龍無尾言年四十未有太子

容刀

同上、在禮太子朝夕視膳昏定晨省晚問安否於情得盡五日一朝於敬既簡於恩亦疏易致構間故曰一朝不朝其間容刀

新固

嵇康傳、康臨刑顧視日影索琴彈之曰昔袁孝

尼嘗從吾學廣陵散吾每靳固之廣陵散於今
絕矣

陶兀

劉伶傳伶雖陶兀昏放而機應不差

鋸木屑

胡母輔之傳彥國吐佳言如鋸木屑霏霏不絕
誠爲後進領袖也

尻背

胡母謙之傳輔之正酣飲謙之闚而厲聲曰彥

國年老不得爲爾將令我屍背東壁

戮尸

皇甫謐傳古不崇墓智也今之封樹愚也若不從此是戮尸地下死而重傷魂而有靈則寃悲沒世長爲恨鬼

水心

束晳傳秦昭王以三日置酒河曲見金人奉水心之劍曰令君制有西夏乃霸諸侯因此立爲曲水

黑幰

陸機傳機夢黑幰繞車手決不開天明而秀兵至。

官攤

潘岳傳岳轉懷令時十里置一官攤使老小貧戶守之又差吏掌主依客舍收錢岳議罷之

無難督

周處傳孫晧末為無難督

驡子朗反

周玘傳石冰別率趙驤

零節

周筵傳筵於姑孰立屋五間而六梁一時躍出墮地衡獨立柱頭零節之上其危雖以人功不能然也後竟覆族

左右甄 音堅

周訪傳訪擊杜曾使將軍李恒督左甄許朝督右甄按宋書禮志兇獵一日遣屯布圍領軍將軍一人督右甄護軍一人督左甄

白版侯

趙王倫傳倫以苟且之惠取悅人情府庫之儲不足於賜金銀冶鑄不給於印故有白版之侯

服劉鳥

同上倫於殿上得異鳥問皆不知名累日向夕宮西有素衣小兒言是服劉鳥倫使錄小兒并鳥閉置牢室明日開視戶如故並失人鳥所在

割品　刀尺

李含傳含爲秦國郎中令秦王柬薨含依臺儀

葬訖除喪中正麗騰便割合品臣雖無祁大夫之德見舍爲騰所侮謹表以聞乞朝廷以時轉議無令騰得妄弄刀尺

陽燧車

張方傳方以所乘陽燧車青蓋素升三百人爲小鹵簿迎帝

流蘇

同上軍人亂入宮閤爭割流蘇武帳以爲馬帴

敦煌五龍

索靖傳靖與鄉人汜衷張甝索紒索永俱詣太學馳名海内號稱敦煌五龍

小荀大荀

荀晞傳晞以嚴刻立功日加斬戮流血成川號日屠伯弟純領青州刑殺更甚百姓號小荀酷於大荀

楚劍

劉喬傳股肱之臣不惟國體職競尋常自相楚剟害轉深

書簏

劉柳傳右丞傳迪好廣讀書而不解其義柳惟讀老子而已迪每輕之柳云卿讀書雖多而無所解可謂書簏矣書簏藏書之箱也

馬羅披

段疋磾傳文鴦力戰不已季龍軍四面解馬羅披自鄃前捉文鴦

三品酒

劉弘傳酒室中云齊中酒聽事酒猥酒同用麴

米而優劣三品校醪當與三軍同其厚薄令不得分别

高莋 子各反

陶侃傳江濱孤危地非重險非可單軍獨能保固故移就高莋以避其衝

灼然

温嶠傳後舉秀才灼然鄧攸傳舉灼然二品

高𢷣

同上高𢷣之士被褐而從戎負薪之徒匍匐而

赴命幸其私僕致其私杖

造徵

郗超傳沙門支遁以清談著名于時風流勝貴莫不崇敬以爲造徵之功足恭正始足恭二字未詳

刀繩

顧榮傳榮與州里楊彥明書曰吾爲齊王主簿恒慮禍及見刀與繩每欲自殺但人不知耳

鬭拓

紀瞻傳二儀著象陰陽交泰萬物始萌六合闓

拓。劉拓。疑即開拓之意。

鈐下威儀 威儀似官名

楊方傳方初為郡鈐下威儀公事之暇輒讀五經菝能遠傳刁協令威儀牽捽盧琳墜焉

五儁

薛兼傳兼與同郡紀瞻廣陵閔鴻吳郡顧榮會稽賀循齊名號為五儁

蒸荒

劉隗傳自頃蒸荒殺戮無度罪同斷異刑罰失

宜。

斷道解廬

同上、周嵩嫁女。門生斷道解廬。斫傷二人。

靈根

劉波傳、超然易慮。爲於未有。則靈根永固。社稷無虞。

愽頭

周顗傳、顗之死也。敦坐有一參軍摴蒱。馬於愽頭被殺。因謂敦曰。周家奕世令望。而位不至公。

及伯仁將登而墜有似下官此馬。

陵遲

卞壼傳弟裒嘗忤其郡將郡將怒訐其門內之私粹遂以不訓見譏議陵遲積歲粹壼父也

紛葩

鍾雅傳雅劾奏梅陶曰家庭侈靡聲伎紛葩絲竹之音流聞衢路

管穴

孫惠傳櫛風沐雨來承禍難思以管穴毗佐大

獻道題時吝未敢自顯伏在川泥繫情宸極謹
先白箋以啓天慮

白望

陳頵傳頵與王導書曰中華所以傾弊四海所
以土崩者正以取才失所先白望而後實事浮
競驅馳互相貢薦言重者先顯言輕者後叙遂
相波扇乃至凌遲

阿鄢

高崧傳謝萬爲豫州都督疲於親賓相送方臥

在室嵩徑造之謂曰卿今疆理西藩何以爲政萬粗陳其意嵩便爲敘刑政之要數百言萬遂起坐呼嵩小字曰阿鄠故有才具耶

龍荒

郭璞傳惠懷之際河東先擾璞筮之投策而歎曰嗟乎黔黎將湮於異類桑梓其翦爲龍荒乎

驪鼠

同上時有物大如水牛灰色卑脚脚類象胸前尾上皆白大力而遲鈍來到宣城城下衆咸異

焉太守殷祐使人伏而取之令璞作卦遇遯之蠱其卦曰艮體連乾其物壯巨山潛之畜匪兕匪虎身與鬼并精見二午法當爲禽兩翼不許遂被一創還其本壄按卦名之是爲驢鼠卜適了伏者以戟刺之深尺許遂去不復見郡綱紀上祠請殺之巫云廟神不悅曰此是䢼亭驢山君鼠使詣荆山暫來過我不須觸之

凞氷

同上窟泉之潛不思雲鼂凞氷之采不羨旭睎

滉光曜於埃藹者亦昺願滄浪之深秋陽之暵乎

隨牒

庾亮傳臣凡鄙小人才不經世階緣戚屬累忝非服叨竊彌重諮議彌興皇家多難未敢告退遂隨牒展轉便煩顯任

寥蕭　傴僂

庾翼傳殷浩父羡爲長沙在郡貪殘兄冰與翼書屬之翼報曰殷君始往雖多驕豪實有風力

之益。亦似由有佳兒弟故小令物情難之。自頃以來，奉公更退。私累日滋。亦不稍以此寥蕭之也。既雅敬洪遠。又與浩親善。其父兄得失豈以小小計之。大較江東政以傴僂豪彊以為民蠹。時有行法。輒施之寒劣。

牙尺

同上。璿暮見誅。物議稱其拔本牙尺垂訓。帝念深於負芒。

落毛

王坦之傳首陽之情。三黜之智。磨頂之甘。落毛之變。枯槁之生。負石之死。格之中庸。未入乎道。而況下斯者乎。

試守孝子

王綏傳父愉爲殷桓所捕。綏未測存亡。在都有憂色。居處飲食。每事貶降。時人謂爲試守孝子。

目痛方

范甯傳甯嘗患目痛。就中書侍郎張湛求方。湛因嘲之曰。古方。宋陽里子少得其術。以授魯東

門伯曾東門伯以授左丘明遂世世相傳及漢
桂子夏鄭康成魏高堂隆晉左太冲凡此諸賢
並有目疾得此方云用損讀書一減思慮二專
內視三簡外觀四旦晚起五夜早眠六凡六物
熬以神火下以氣篩蘊於胸中七日然後納諸
方寸脩之一時近能數其目睫遠視尺捶之餘
長服不已洞見牆壁之外非但明目乃亦延年

標置

劉惔傳高自標置韓康伯傳殷浩稱曰康伯能

自摽置。

勃窣

張憑傳勃窣爲理窟。

王白鬚

王彪之傳彪之年二十，鬚鬢皓白，時人謂之王白鬚。

龍莣

虞嘯父傳論龍莣爲出內之端，鯯魚非獻替之術，嘯父之對，何其鄙歟。

傖鬼

陸玩傳玩嘗詣王導食酪因而得疾與導牋曰僕雖吳人幾爲傖鬼

帶腰舟

蔡謨傳謨性篤愼每事必爲過防故時人曰蔡公過浮航脫帶腰舟

三明

諸葛恢傳恢字道明潁川荀闓陳留蔡謨皆字道明號中興三明人爲之語曰京都三明各有

名蔡氏儒雅荀葛清。

膾截

孔坦傳昔肅祖臨崩。諸君親據御床。共奉遺詔。孔坦疏賤。不在顧命之限。既有艱難。則以微臣為先。今猶俎上肉。任人膾截耳。

神游

同上庾亮報書曰。廷尉孔君。神游體離。嗚呼哀哉。

鴝鵒舞

謝尚傳始到府通謁導以其有勝會謂曰聞君能作鴝鵒舞一坐傾想寧有此理不尚曰佳便著衣幘而舞導令坐者撫掌擊節尚俯仰在中傍若無人其率詣如此

禁臠

謝混傳混初欲尚王後帝崩袁崧欲以女妻之王珣曰卿莫近禁臠初元帝始鎮建業公私窘罄每得一㹠以爲珍膳項上一臠尤美輒以薦帝羣下未嘗敢食于時呼爲禁臠㹠野豕也

○謝白面

謝石傳。石少患面創。療之莫愈。乃自匿。夜有物來舐其瘡。隨舐隨差。舐處甚白。故世呼爲謝白面。

便串

桓伊傳。勑御妓奏笛。伊又云。御府人於臣必自不合。臣有一奴。善相便串。即今無賴子弟有串戲之名。本此。

菰葑

毛璩傳。海陵縣界地名青蒲。四面湖澤。皆是菰

史觿　卷五　三十

葬。逃亡所聚。蘄水墓。

不寢

習鑿齒傳。桓溫不悅一星人。送絹一疋。錢五千文與之。星人乃馳詣鑿齒曰。家在益州。被命遠下。今受旨自裁。無由致其骸骨。緣君仁厚。乞為標碣棺木耳。鑿齒問其故。星人曰。賜絹一疋。令僕自裁。惠錢五千。以買棺耳。鑿齒曰。君幾誤矣。君嘗聞千知星宿。有不寢之義乎。此以絹戲君。以錢供道中資。是聽君去耳。星人大喜。明便詣

溫別溫問去意以鑿齒言答溫笑曰鑿齒憂君
誤君定是誤活然徒三十年看儒書不如一詣
習主簿

風聞

顧和傳明公作輔寧使網漏吞舟何緣採聽風
聞以察察爲政

黑犢

劉毅傳東府聚樗蒲大擲一判至數百萬餘人
並黑犢以還惟劉裕及毅在後毅次擲得雉大

史觿　卷五　三二

喜褰衣繞床叫謂同坐曰非不能盧不事此耳裕惡之因挼五木久之曰老兄試爲卿答既而四子俱黑其一子轉躍未定裕厲聲喝之即成盧焉毅意殊不快 樗蒱之戲又以得盧爲大勝也

庸神

魏詠之傳常見桓玄既出玄鄙其精神不雋謂坐客曰庸神而宅偉幹不成令器竟不調而遣之

鴟若

張軌傳軌敗劉聰於河東京師歌之曰涼州大馬橫行天下涼州鴟苕寇賊消鴟苕翩翩怖殺人

倚柱觀

張寔傳永嘉中長安謠曰秦川中血沒腕惟有涼州倚柱觀

剌舉

張茂傳氾公書生糟粕剌舉近才不惟國家大計

犎牛　犎音封

張駿傳西域諸國獻汗血馬火浣布犎牛孔雀巨象

積賢君

同上駿勤脩庶政總御文武咸得其用遠近嘉詠號曰積賢君

漸冉　漸冉疑即漸染

同上兆庶離王漸冉經世先老消落後生靡識

白帢　苦洽反

張重華傳謝艾乘軺車冠白帢鳴鼓而前

銜膽

同上今王室如燬百姓倒懸正是殿下銜膽茹辛厲心之日

仂 音勒

張天錫傳中錄事席仂

仂字見禮記徽州人呼為賴亦出力以事人之名

桐椎

李士棻傳有敦煌父老令狐熾夢白頭公衣帢而謂熾曰南風動吹長木胡桐椎不中轂士棻

小字桐權至是而亡

哭堇

劉殷傳曾祖母王氏盛冬思堇殷年九歲澤中慟哭忽若有人云止止聲殷收淚視地便有堇生得斛餘歸食而不減

二郎

杜軫傳涪人李駿亦爲尚書郎與軫齊名每有論議朝廷莫能踰之號蜀有二郎

道

曹攄傳。流人王道。姓名

惡抵　軟抵　不甚易解。

韋謏傳。謏謂其子伯陽曰。我高我曾。重光累徽。我考我祖。父父子子。汝爲我對。正値惡抵。伯陽曰。伯陽之不肖。誠如尊教。尊亦正値軟抵耳。謏慙無言。時人傳之。以爲嗤笑。

蚩儜

王沉傳。公門有公。卿門有卿。指禿腐骨。不簡蚩儜。多士豐於貴族。爵命不出閨庭。四門穆穆。綺禡是盈。

孤奮

同上、吳郡蔡洪字叔開、有才名、作孤奮論、與沉

意同。

怨雙

曹毗傳、執朽轡以馭逸駟、乘勁風以握秋蓬、從

恬性以充勞府、對羣府以偶怨雙。皆不相稱者。

蕃落 即藩籬也。

褚裒傳、物各有所施、榱椽之材、不合以爲藩落、

犀杷

王濛傳、濛卒。臨殯。劉惔以犀杷麈尾置棺中。因慟絶久之。

螊蠘

夏統傳、採梠求食。星行夜歸。或至海邊。拘螊蠘以資養。

白汗

同上、聞君之談。不覺寒毛盡戴。白汗四匝。顔如渥丹。心熱如炭。舌縮口張。兩耳壁塞也。

鯔鶚鳥　鯆鮃音鋪孚

同上。賈充問鄉居海濱，頗能隨水戲乎。荅曰：可。統乃操柂正櫓，折旋中流，初作鯔鶚躍，後作鯆鮃引，飛鷁首，掇獸尾，奮長梢而船直逝者三焉。於是風波振駭，雲霧杳冥，俄而白魚跳入船者有八九。觀者皆悚遽。

木人石心

同上。充使鼓吹伎女繞船三匝，統危坐如故，若無所聞。充等各散曰：此吳兒是木人石心也。

鶴企

郭瑀傳遣使者盧左授綏鶴企先生乃眷下國

卵汁

戴逵傳總角時以雞卵汁溲白瓦屑作鄭玄碑又爲文而自鐫之

○盼刀

陳訓傳耳卓爲歷陽太守訓私謂所親曰耳侯頭低而視仰相法名爲盼刀又目有赤脉自外而入不出十年必以兵死

息意

韓友傳、鄧林婦病積年垂死醫巫皆息意 無意故云也

此浮圖以輪上之鈴聲何以云 相書名云云以書

相輪鈴音

佛圖澄傳、石勒攻劉曜澄曰相輪鈴音云秀支替戾岡僕谷劬秃當此羯語也秀支軍也替戾岡出也僕谷劉曜胡位也劬秃當捉也此言軍出捉得曜也、

鎮守藥

單道開傳、日服鎮守藥數丸大如梧子藥有松

蠶薑桂茯苓之氣。

獸睡

杜有道妻嚴氏傳。晏等驕侈。必當自敗。司馬太傅獸睡耳。

忍辱

同上。杜預被誣徵還。嚴氏戒之曰。彥云。忍辱至三公。卿今可謂辱矣。能忍之。公是卿坐。

灼烜

王敦傳。導與含書曰。大兵一奮。導以爲灼烜也。

○重兼常兒

桓玄傳小名靈寶嫡媪每抱詣温輒易人而後至云其重兼常兒　小兒以重者爲佳

充隱

同上玄以歷代咸有肥遯之士而巳世獨無乃徵皇甫謐六世孫希之爲著作并給其資用皆令讓而不受號曰高士時人名爲充隱

儛盖

同上殿上施絳綾帳縷黃金爲顔四角作金龍

頭。銜五色羽葆旒蘇。羣臣竊相謂曰。此頗似轜車。亦王莽僭蓋之流也。旒蘇。即是流蘇。帳上所用

桓詔

同上。玄左右。稱玄爲桓詔。桓胤諫曰。詔者施於詞令。不以爲稱謂也。漢魏之主。皆無此言。惟聞北虜以苻堅爲苻詔耳。

飛豹

王彌傳。彌才馬迅捷。膂力過人。青土號爲飛豹

毛面

張昌傳新野王歆上言妖賊張昌劉尼妄稱神聖犬羊萬計絳頭毛面挑刀走戟其鋒不可當

號涔　蹄涔

劉聰記趙染斬長史魯徽大司馬曜聞之曰號涔不容尺鯉染之謂也　蹄涔者蹄所蹋之迹而積水故不能容尺鯉也

○遮須夷

同上聰子豹死復蘇言見元海於不周山宮室壯麗號曰蒙殊離國元海謂豹曰東北有遮須夷國無主久待汝父爲之

○管涔

劉曜記、曜隱管涔山、以琴書爲事。嘗夜閒居、有二童子入跪曰、管涔王使小臣奉謁趙皇帝、獻劍一口、置前再拜而去。

○冑 音背

石勒傳、胡部大張冑督、石虎祖曰、冑邪。

張良 同姓名

同上、以張離張良等爲門生主書。

振紛

同上徐光侍直偪然攘袂振紛倪覘不顧

鄭櫻桃

石季龍記惑優僮鄭櫻桃而殺妻郭氏更納清河崔氏櫻桃又譖而殺之

葛陂

同上韋謏諫季龍微行曰白龍魚服有豫且之禍海若潛游罹葛陂之阬

晼晼

同上太子詹事開侍中崔約曰吾患目疾何方

療之約素狎珍戲之曰溺中則愈珍曰目何可溺約曰卿目晼晼正耐溺中

版齒

慕容皝記龍顔版齒

○熟食

符登記登每戰殺賊名爲熟食謂軍人曰汝等朝戰暮便飽肉何憂於饑士衆從之噉死人肉輒飽健能鬭

忍心之言在戰鬭時或所不諱蘇真之來無此語

棲冰

姚興記、銜膽棲冰、孤城獨守、

巨覇　斷堤

呂光記、光左臂肉脉起成字、文曰巨覇、營外夜有一黑物、大如斷堤、揺動有頭、目光若電、及明、而雲霧四周、遂不復見、

罽　古犬反

同上、以手索罽、策馬擲人、多有中者、

侏張　侏張流反

慕容垂記、生爲叛臣、死爲逆鬼、侏張幽顯、布毒

存亡。

王始

慕容德記、妖賊王始聚衆太山、自稱太平皇帝、號其父爲太上皇、兄爲征東將軍、弟征西將軍、慕容鎮討擒之、斬於都市、臨刑、或問其父及兄弟所在、始荅曰、太上皇帝蒙塵於外、征東征西亂兵所害、惟朕一身獨無聊賴、其妻怒之曰、正坐此口、以至於此、柰何復爾、始曰、皇后自古豈有不破之家、不亡之國哉、

望空

沮渠蒙遜記朝士多違憲制不遵典章或公文御按在家臥署或事無可否望空而過至今黜陟絶於皇朝駮議寢於聖世

史觿卷六

陳留　謝肇淛　著

黃師表

建安　　　　　較

黃師正

宋書

鼓排音敗

高祖紀孫恩以鼓排自載僅得還船。

丐士

同山進至寖舟山東。使丐士張旗幟於山上。以爲疑矣。

社錢

同上。高祖家貧。常負刁逵社錢三萬。經時無以還逵。逵執錄甚嚴。王謐造逵見之。密以錢代還。由是得釋。

裁當

同上。褚粲等備位大臣。所懷必盡。執憲不允。自應據理陳訴。而橫興怨忿。歸咎有司。宜加裁當。以清風軌。

土斷 土斷疑即務本力田意

同上大司馬桓温以民無定本傷治爲深庚戌土斷以一其業於時財阜國豐寔由於此

越紼

同上舊章乖昧事役頻苦童耄奪養老稚服戎空戶從役或越紼應召每永懷民瘼宵分忘寢

金銀塗

同上斷金銀塗

局脚牀

同上宋臺既建有司奏東西堂施局腳牀銀塗釘上不許使用直腳牀釘用鐵

假板

文帝紀制交寧二州假板郡縣俸祿聽依臺除

連山　忸惡　忸字疑即杻字

孝武紀詔曰往因師旅多有逋亡或連山染逆懼致軍憲或辭役憚勞苟免刑罰雖約法從簡思務弘宥恩令驟下而逃伏猶多豈習愚爲性忸惡難反將在所長吏宣導乖方可普加寬申

咸與更始。

杶榦 字畫与禹貢別。

同上、杶榦瑤琨。任土作貢。

裘絺

同上、四時供服。可詳減太半。庶裘絺順典。有儷民華。纂組傷工。無競壍帀。

五光

同上、朕聿舍五光。奄一天下。思盡寶戒之規。以塞謀危之路。

賀貨

廢帝紀藩王賀貨壹皆禁斷。

面首 女侍之屬。

同上帝爲山陰公主置面首左右三十人。

蟓蚔

明帝紀古者衡虞置制蟓蚔不收川澤產育登

罷進御所以繁阜民財養遂生德。

幽品

同上全命長戶。施同造物。庶簡惠之化。有孚羣

萌好生之德無漏幽品

巧泩

同上大赦天下巧泩從軍不在赦例

洗畢

後廢帝紀遣尚書郎到諸州檢括民戶窮老尤貧者蠲除課調丁壯猶有生業隨宜寬申貲財足以充限者督令洗畢 难解

青蔑車

同上三年秋冬間便好出遊行太妃每乘青蔑

車隨相檢攝

○蒙疑郎薦字

禮志高陽氏以十一月爲正薦玉以赤繒高辛氏以十二月爲正薦玉以白繒

三嚴

同上校獵日平旦正直侍中嚴上水一刻奏搥一鼓爲一嚴上水二刻奏搥二鼓爲再嚴上水三刻奏搥三鼓爲三嚴

嚴者申儆從禽之衆使無失隊伍也

撣人

同上行人巡省撣人誦志

樟宮

同上皇太子妃薨樟木爲櫬號曰樟宮天子為梓宮

黄閤

同上朱門洞啓當陽之正色也三公之與天子禮秩相亞故黄其閤以示謙

剛戎

同上太祖文皇帝功耀洞元聖鑄昭俗內穆四門仁濟群品外薄八荒威憺殊俗南腦勁越西

髓剛戎裁禮典稼穡之根張樂協四氣之紀匡飭境序弭無題之災旌廷寶臣盡盛德之範訓泳彷農政高刑措萬物棣通百神薦祉動協天度下洽地德用字俱新亦不易解

比李

同上龍麟已至鳳凰已儀比李已實靈芽已茂雕氣降雰於宮欄珍露呈味於禁林嘉禾積穗於殿蔥連理合幹於園籞

遮迴

同上諸侯王遮迾出入稱警設蹕

　　毋追出禮記

同上太古布冠齊則緇之夏曰毋追殷曰章甫周曰委貌

　　㡘巾

同上漢末王公名士多委王服以幅巾爲雅是以袁紹崔鈞之徒雖爲將帥皆著㡘巾

　　帢峡

同上俗說帢本未有岐荀文若巾之行觸樹枝

成岐謂之爲善因而弗攺

趫舒

同上、正冬會不得鐸舞杯柈舞長蹻伎趫舒九劔傳山伎緣大橦伎五案伎自非正冬會奏舞曲不得舞

箛

樂志箛號曰吹鞭晉先蠶注車駕住吹小箛發吹大箛箛卽笳也

車鼓

符瑞志晉陵人車藪善相人相帝曰君貴不可言願無相忘

飛天紒

五行志宋文帝元嘉六年民間婦人結髮者三分髮抽其鬟直上謂之飛天紒

拉颯

同上太元末京口謠曰黃雌雞莫作雄父啼一旦去毛衣衣被拉颯栖

張騁

同上。晉惠帝太安中。江夏張騁所乘牛言曰。天下方亂。乘我何之。騁懼而還。犬又言曰。歸何蚤也。

巛

胡婕妤傳。德昭巛範。訓洽母儀。按隋書許善心傳。乾儀資始。辰象所以正時。巛載厚生。品物於焉播氣。巛恐即坤字。

保林

何皇后傳。上更爲太子。置內職二等。曰保林。曰

良嫌

儜弱 即怯弱意

明恭王皇后傳后在家爲儜弱婦人不知今段遂能剛正如此

伀

陳貴妃傳妃叔伀念步兵校尉

戸限上

劉穆之傳穆之孫瑀願爲侍中不得謂所親曰人仕宦不出當入不入當出安能長居戸限上

謫

王弘傳既鯨鯢折首西夏底定便宜謫其本懷避賢謝揖而常人偷安日甘一日

押符

同上士人在伍謂之押符同伍有愆得不及坐士人有罪符伍糾之

公城子野

同上弘少時嘗樗蒱公城子野舍及後當權有人就弘求縣辭訴頗切此人嘗以蒱戲得罪弘

詰之曰君得錢會戲何用祿爲答曰不審公城子野何在弘默然

彭排

王鎮惡傳顯之不見蕃而見軍人檐彭排戰具朱齡石傳設彭排於轅上 彭排是兵器中何物

籠冠

劉懷慎傳懷慎子德願善御車孝武聞其能爲之乘畫輪車幸大宰江夏王義恭第德願岸着籠冠短朱衣執轡進止甚有容狀

○九種鹽

張暢傳魏主又遣送氊及九種鹽并胡豉云此諸鹽各有宜白鹽是魏主自食黑者療腹脹氣滿刮取六銖以酒服之胡鹽療目痛柔鹽不用食療馬脊創赤鹽駮鹽臭鹽馬齒鹽並不中食

自占

孟懷玉傳係祖自占求行

巾鞲

毛脩之傳吾昔在江南殿尚幼少我得歸罪之

日便應巾韝到門耶

乙士

蒯恩傳縣差爲征民充乙士使代馬芻

定准

劉道規傳道乖常憲記無定准求之法外裁以人情

轉嚥

謝景仁傳每嚥轉嚥左右人衣事畢郎聽一日澣濯每欲嚥左右爭來受

衿甲

袁豹傳其有衿甲反接自拔軍門者一無所問

華大

庾登之傳豫章與臨川接境郡又華大儀迓光赫 四字太澀

耐煩

庾炳之傳炳之爲人彊急而不耐煩

宂管

同上事若復在可否之間亦不敢苟陳宂管

榮伍

謝惠連傳、居父憂。贈杜德靈詩十餘首。行於世。坐被徙廢塞。不豫榮伍。

栢裝

謝瞻傳、凶門栢裝。不出禮典。起自末代。

署紙尾

蔡廓傳、我不能爲徐干木署紙尾。遂不拜。干木。羨之小字也。選案黃紙。錄尚書與吏部尚書連名。故廓云。署紙尾也。

閑寓

蔡興宗傳、劉公比日思一閑寓。

標寄

王惠傳、兄鑒頗聚斂，廣營田宅，惠意甚不同，謂鑒曰，何用田爲。鑒恐曰，無田何由得食。惠又曰，亦復何用食爲。其標寄如此。

履腸

江智淵傳史臣曰，夫將帥者，馭衆之名，士卒者，一夫之用。坐談兵機，制勝千里，安在乎蒙楯前

驅履腸涉血而已哉

雄狐

王淮之傳淮之嘗作五言范泰嘲之曰卿惟解彈事耳淮之正色答曰猶差卿世載雄狐

輕訬

廬陵王義真傳以義真輕訬不任主社稷

蒼鷹船

江夏王義恭傳二十九年冬還朝上以御所乘蒼鷹船上迎之

○飛耳

王微傳比君曰表裏無假長因飛耳也按飛耳猶言風聞梁武帝紀兼明廣照屈於堂戸飛耳長目不及四方

○麤笨

同上小兒時尤麤笨無好俗言笨伯即此字

牽車

王華傳張邵性豪每行未嘗引夾轂華出入乘牽車從者不過一二以矯之

字棨

王曇首傳車駕出北堂嘗使三更竟開廣莫門南臺云應須白虎幡銀字棨不肯開門

隱人　錢多唯積等身可遮隱人也

鄭鮮之傳高祖與毅歛局各得其半積錢隱人

格佞

同上高祖少事戎旅不經涉學及爲宰相頗慕風流時或言論人皆依違不敢難也鮮之難必切至未嘗寬假要須高祖辭窮理屈然後置之

高祖有時慙恧變色動容旣而謂人曰我本無術學言義尤淺比時言論諸賢多見寬容惟鄭不爾獨能盡人之意甚以此感之歸人謂爲格倣

傖燕

杜驥傳驥兄坦晚度北入朝廷常以傖燕遇之雖復人才可施每爲清塗所隔

五條

王敬弘傳左右常使二老婢戴五條五辮著青

雜看

紋袴襦飾以朱粉。

惛墊

南郡王義宣傳、惛墊無復神守。

臑酒

劉湛傳、命臑酒炙車螯。

抵蹋

范曄傳、孔熙先謂沈邵之曰、凡諸處分符檄書疏皆范曄所造。及治定、云何於今方作抵蹋耶。

和香方

同上畢撰和香方其序之曰麝本多忌過分則害流實易和盈斤無傷零藿虛燥詹唐黏濕甘松蘚合安息欝金捺多和羅之屬並被珍於外國無取於中土又棗膏昏鈍甲煎淺俗非唯無助於馨烈乃當彌增於尤疾也

塗歩郎

巴陵王休若傳外間有一師姓徐名紹之狀如狂病自云爲塗歩郎爲使

二始

顏延之傳延之出爲始安太守謝晦謂之曰昔荀勗忌阮咸斥爲始平郡今卿又爲始安可謂二始

笨車

同上常乘羸牛笨車劉凝之傳夫妻共乘薄笨車

出面

臧質傳質長六尺七寸出面露口禿頂拳髮

齇中

魯爽傳：漸染殊俗，無復華風；麤中使酒，數有過失。

　　㚇醜

同上：闔門效欵，招集義銳，梟翦㚇醜，肅定邊城。

　　攫㚇

沈攸之傳：朝野審其易取，含識判其成禽；熊羆厲爪，蓄攫㚇之心，虎豹摩牙，起吞噬之憤。

　　任竿 筭

同上：矯情任竿。

○鬑

王玄謨傳孝武狎侮羣臣隨其狀貌各有比類多鬚者謂之羊顏師伯缺齒號之曰鬑劉秀之儉吝呼爲老慳

耳學

沈慶之傳衆人雖見古今不如下官耳學也

猪鼻

同上慶之每朝賀常乘猪鼻無幰車左右從者不過三五人

細腰鼓

蕭思話傳年十許歲未知書以博誕遨遊爲事好騎屋棟打細腰鼓侵暴隣曲

纂嚴

竟陵王誕傳内外纂嚴按即戒嚴也

六愼門

同上大禍將至何不立六愼門誕問六愼門云何答曰古時有言禍不入六愼門

桀停

吳喜傳、西雅既殄。便應還朝。而解故槃停。託云

扞蜀。 即盤桓之意。

蹄領 即踵頂意。

同上、且當今邊疆未寧。正是喜輸蹄領之日。

筩袖

殷孝祖傳、御仗先有諸葛亮筩袖鎧帽。二十五

石弩。射之不能入。上悉以賜孝祖。

事力

蕭惠開傳、惠開有舫十餘。事力二三百人。 用力也。

埋兒

郭世道傳家貧傭力以養繼母婦生一男夫妻共議曰勤有功養力猶不足若養此兒則所費者大乃垂泣瘞之

六朞

良吏傳守宰之職以六朞爲斷雖沒世不徙未及曩時而民有所係吏無苟得

近功令以九朞爲斷至踰朞猶有不徙者

俚民

徐豁傳中宿縣俚民皆巢居鳥語不閑貨易之

宜）中宿縣屬何郡

奇温

朱百年傳百年家貧母以冬月亡衣並無絮自此不衣緜帛嘗寒時就孔凱宿不悉袂布飲酒醉眠凱以臥具覆之百年不覺也既覺引臥具去體謂凱曰緜定奇温因流涕悲慟

蚿蟲

王素傳素既屢被徵辟聲譽甚高山中有蚿蟲聲清長聽之使人不厭而其形甚醜素乃爲蚿

賦以自泥。

屠剝

恩倖傳、帝弟宗王。相繼屠剝。

了了

戴法興傳、鼓城王義康。於尚書中。覔了了令史、得法興等五人。

鑰牡

同上、法興臨死。封閉庫藏。使家人謹錄鑰牡。

聳踊

王道隆傳道隆棄衆走向臺所乘馬連蹵蹶不肯前遂爲賊兵及見殺

却霜

索虜傳六月末率大衆至陰山謂之却霜陰山去平城六百里深遠饒樹木霜雪未嘗釋蓋欲以暖氣却寒也

矜蜫

同上此邦解網舍前矜蜫育鷇七澤八藪禽獸豐碩虞侯蒐草義非所恡

史觽卷七

陳留 謝肇淛 著

建安 黄師表
黄師正 較

南齊書

鹿行錦

太祖紀、禁民間不得作鹿行錦。及局脚檉柏牀。牙箱籠雜物。

王介導

同上勑中書舍人桓景眞曰主衣中似有玉介導此制始自大明末後泰始尤增其麗留此置主衣政是興長疾源可即時打碎

端委

鬱林王紀微服潛行信次忘反端委以朝虛位交戟而守空宮

纏帷車

明帝紀王子侯舊乘纏帷車高宗獨乘下帷儀從如素士

裹蒸

同上大官進御食有裹蒸帝曰我食此不盡可四片破之餘充晚食

青莽

東昏侯紀起仙華神仙玉壽諸殿刻畫雕綵青莽金口帶麝香塗壁錦幔珠簾窮極綺麗

杠軸

天文志北辰不移據在杠軸衆星流動實繫天體五星從伏非闕一義故徐顯思以五星爲非

星。

荒遰

州郡志交州荒遰水與天際外接南夷寳貨所出山海珍怪莫與爲比

龍汗板

輿服志王輅漆畫輪西廂上望板前優遊龍汗板斗蓋

胡奴車 香衣輦

同上夏后氏輦曰金車殷曰胡奴車周曰輜車

皆輦也。晉武帝給安平獻王孚雲母輦。晉中朝又有香衣輦。

紫荷

同上。百官執手板，尚書令、僕，尚書手板頭復有白筆，以紫皮裹之，名曰笏。漢末仲長統謂百司皆宜執之。其肩上紫袷囊名曰契囊，世呼為紫荷。

梘木

祥瑞志：武陵白沙戍梘木連理。戍音恕

倚勸帽

五行志、永明末。民間制倚勸帽。及海陵廢。明帝之立。勸進之事。倚立可待也。

四種帽

同上、東昏侯造四種帽。因勢為名。一曰山鵲歸林。二曰兎子度坑。三曰反縛黃離嘍。四曰鳳皇度三橋。

客食

同上、永明中。宮內坐起御食之外。皆為客食世

祖以客非家人名改爲別食時人以爲分別之
象未幾上晏駕

蘭馬

同上建武中南岸有蘭馬逐路上女子

王勝

高昭劉后傳后母栢氏夢呑王勝生后

韓公

武穆裴后傳吳郡韓蘭英婦人有文詞世祖以
爲博士教六宮書學以其年老多識呼爲韓公

責賧

豫章王嶷傳沈攸之責賧伐荆州界

榷格

同上以市税重濫更定榷格以税還民禁諸市調及苗籍

前准

同上詔曰漢之梁孝寵異列蕃晉之文獻秩殊恒序況乃地侔前准勳兼往式雖天倫有本而因事增情宜廣田邑用申息禮

自刎

同上臣五十之年爲翫幾時爲此亦復不能以理自刎 爲此爲字去声

銀柱

褚淵傳淵涉獵談議善彈琵琶世祖在東宮賜淵金鏤柄銀柱琵琶

笪屋

褚澄傳聞笪屋中有呻吟聲 笪屋中者以竹爲之也

折膠

張敬兒傳魏晉舊事帝鄉蕃職何嘗豫州必曹

司州必馬折膠受枉在體非傀

掮張

王敬則傳年二十餘善掮張曹虎傳每好風景

輒開庫掮張向之

矜褯

同上敬則名位雖達不以富貴自遇危拱傷是

略不矜褯

善禁　禁字作唲字解

陳顥逵傳、顥逵破賊、矢中左眼、拔箭而鏃不出、地黄村潘嫗善禁、先以釘釘柱、嫗禹步作氣、釘（出柱上釘）即時出、乃禁顥逵月中鏃出之、（出目中鏃）

快牛

同上、當世稱快牛陳世子、青王三郎、烏呂文顯、折角、江瞿曇白鼻、

互鼇

李安民傳、領軍討漢川互鼇賊、

苮席

崔祖思傳宋武節儉過人。張妃房帷碧綃蚊幬。三齊茵席，五盞盤桃花米飯。

纏鬚繩

同上。祖思宗人文仲嘗獻太祖纏鬚繩一枚，上爲納受。

大蹄馬

桓榮祖傳不知諸人云何，我不畏此大蹄馬，在近急便作計。

閉目痛打

周山圖傳、勑山圖曰、天下事、惟同心力、山甫可摧、然用兵、當使背後無憂慮、若後冷然、無横來處、閉目寢臥、無不摧碎、吾政應鑄金待卿成勳耳。

老蜯

王廣之傳、世祖見廣之子珍國、應堪大用、謂廣之曰、卿可謂老蜯也。

鏉 亦箭鏃名

戴僧静傳、陳僞叔啓世祖、以鍜（鍜、冶鐵所也。）箭鏉用鐵多不

如鑄作東冶令張候伯以鑄鏢鈍不合用

朴澀

焦度傳爲人朴澀欲就太祖求州比及見意色甚變竟不得一語

五龍

張岱傳岱少與兄太子中舍人寅新安太守鏡征北將軍永弟廣州刺史辨皆知名謂之張氏五龍

黃紙帽箱

蕭炫傳在選部門庭蕭索賓客罕至出行左右捧黃紙帽箱風吹紙剝殆盡

蟬腹

王僧虔傳檀珪求祿不得與僧虔書曰九流絕平自不宜獨苦一物蟬腹（所求有限）龜腸爲日已久饑寒能嘯人遽與肉餓麟不噬誰爲落毛

上湯

同上郡縣獄相承有上湯殺囚僧虔上疏言之曰湯本以救疾而實行冤暴或以肆忿愚謂治

說則是矣然亦有變通行乎其間

下因病必先刺郡求職司與醫對共診驗遠縣家人省視然後處理可使死者不恨生者無怨

訛黑

虞玩之傳玩之躡屐至席太祖取屐視之訛黑斜鋭蒵斷以芒接之

腰鼓

沈冲傳冲與兄淡淵名譽有優劣世號爲腰鼓兄弟 兩頭尖鋭而中間肥大

食鮭 二十七種者三九二十七也九与韭同音令人亦嘗以此為言

庾杲之傳杲之食惟有韭葅瀹韭生韭雜菜或
戲之曰誰謂庾郎貧食鮭常有二十七種

圍棊州邑

王諶傳明帝好圍棊置圍棊州邑以建安王休
仁爲圍棊州都大中正諶與太子右率沈勃尚
書水部郎庾珪之彭城丞王抗四人爲小中正
朝請褚思莊傅楚之爲清定訪問

蕭四繖

長沙王晃傳晃便弓馬多從武容煙赫都街射

人爲之語曰。燠燠蕭四繖。

銀纏

同上世祖嘗幸鍾山晃從駕以馬鞘刺道邊枯蘖上令左右數人引之銀纏皆卷聚而鞘不出

泥洹轝

劉祥傳以泥洹轝送葬

菟皮衾

劉悛傳悛宅盛治山池造甕牖世祖着鹿皮冠被悛菟皮衾於牖中宴樂

○黄頷臛

虞悰傳豫章王嶷盛饌享賓謂悰曰今日肴羞寧有所遺不悰曰恨無黄頷臛何曾食疏所載也○何曾最奢侈○一食費萬錢○猶云無下箸處○故黄頷臛其食疏所載也○疏即饌○

白⿰牛俞牛

蕭穎胄傳上賜穎胄以常所乘白⿰牛俞牛

○服匿

陸澄傳竟陵王子良得古器小口腹方而底平可將七八升以問澄澄曰此名服匿單于以與

蘇武子良後詳視龜底有字髣髴可識如澄所言

趨販

同上顧測殘與太守蕭緬云澄欲遂子弟之非未近義方之訓此趨販所不爲況緇紳領袖儒宗勝達乎

玖陛

竟陵王子良傳臣一月入朝六登玖陛屢陛稱人裁奉顏色縱有所懷豈敢自達

麝臍

竟陵王昭胄傳、吏於麝。臍。中。得其事迹。

風過耳

廬陵王子卿傳、上勑曰。汝比在都。讀學不就。年轉成長。吾日冀汝美。勿得敝如風過。耳。使吾失氣。

茅蕝

魚復侯子響傳、繼體扶疏。世祚舂陵。茅。蕝。菴藹。彖嗣莫移。

蘆茹丸

隨郡王子隆傳子隆年二十一而體過充壯常服蘆茹丸以自銷損蘆茹二藥名揉削之劑

曳步

張融傳融風止詭越坐常危膝行則曳步翹身仰首意制甚多

樹綱

同上人生之口止可論道說義惟飲與食此外如樹綱焉樹綱者若有所障蔽不得饒舌也

枝剝

周顒傳野牧盛羣開豢重圈量肉揣毛以揆枝剝如土委地僉謂常理百爲愴息如土委地出莊子枝剝二字未詳

騶寺

蕭諶傳諶兄誕爲建康令與秣陵令司馬迪之同乘行車前導四卒左丞沈昭畧奏尼有鹵簿官共乘不得兼列騶寺請免誕等官

坐甲

沈文季傳一夫不耕或鍾饑餒緣邊戍卒坐甲

千羣故叓盡收地利因兵務食

香火　有所誅殺而預索香火豈以此告上帝耶

始安王遥光傳常乘輿自望賢門入每與上久清閑言畢上索香火明日必有所誅殺

風榮

王融傳臣聞春庚秋蟀集候相悲露木風榮臨年共悦夫惟動植且或有心況當生靈而能無感　春庚謂倉庚秋蟀謂蟋蟀

二驥

劉繪傳豫章王嶷以繪爲左軍主簿瑯琊王詡爲功曹詡謂僚佐曰吾雖不能得應嗣陳蕃然閤下自有二驥也

欻爾

王奐傳奐欲請車駕幸府上晚信佛法御膳不宰牲使王晏謂奐曰吾前去年爲斷殺事不復幸詣大臣已判無容欻爾也

八掆輿

江夏王寶玄傳分部軍衆乘八掆輿手執絳麾

幟。

　　𧶅縱

丘靈鞠傳靈鞠宋世文名甚盛。入齊頗減。蓬髮𧶅縱無形儀。不治家業。

　　河洛金匱

檀超傳豫章熊襄著齊典。上起十代。其序云。尚書堯典。謂之虞書。則附所述。故通謂之齊。名爲河洛金匱。

　　涓濩

于彬傳彬作蚤蝨賦葦席蓬纓之間蚤蝨猥流
淫癢渭濩無時恕肉探揣擭撮日不替手

○千里船

祖冲之傳冲之以諸葛亮有木牛流馬乃造一
器不因風水施機自運不勞人力又造千里船
於新亭江試之日行百餘里

逐夷 此是何物

虞愿傳帝素能食尤好逐夷以銀鉢盛蜜漬之
一食數鉢

逗極

顧歡傳張融作門律云道之與佛逗極無二吾見道士與道人戰儒墨道人與道士辨是非昔有鴻飛天首積遠難亮越人以爲鳧楚人以爲乙人自楚越鴻常一耳

解毛

庾易傳民樵採麋鹿之伍終其解毛之衣馳騁日月之車得保自耕之祿於大王之恩亦已深矣

竹翅

同上安西長史袁彖欽其風。通書致遺易以連理机竹翅書格報之。易，庾名。連理机，絹類。竹翅書格，謂画竹為箋之格。

量腹

宗測傳。少有狂疾。尋山採藥，遠來至此。量腹而進松朮，度形而衣薜蘿。淡然已足，豈容當此橫施。

四皓

徐伯珍傳。伯珍兄弟四人，皆白首相對。時人呼爲四皓。

○上頭

華寶傳、父豪戍長安。寶年八歲。臨別。謂寶曰。須我還。爲汝上頭。長安陷虜。豪歿。寶年至七十。不婚冠。或問之。輒號慟彌日。不忍答也。

○十夫客

吳達之傳、嫂亡。無以葬。自賣爲十夫客。以營冢槨。十夫客。厮养之役。

○丁公藤

樂頎傳。解仲恭母病不差。入山採藥。遇一老父語之曰。得下公藤。病立愈。此藤近在前山際高樹垂下。便是也。忽然不見。仲恭如其言得之。治母即差。

鮭稟

紀僧真傳。坐役使將客。奪其鮭稟。

○俯屈　明朝直殿每用廣漢將軍。食指揮俸。其形軀長丈餘。西廣滇黔人多有此。

扶南國傳。房法乘身長八尺三寸。行出人上。常俯屈。青州刺史明慶符。亦長與法乘等。朝廷

惟此二人

史觽卷八

陳留　謝肇淛　著

建安　黄師表

黄師正　較

梁書

斷弊

武帝紀永言叔世偷薄成風嬰諐入罪厥塗匪一斷弊之書日纏於聽覽鉗釱之刑歲積於牢犴

孤獨園

同上於京師置孤獨園孤幼有歸華髮不匱若終年命厚加料理

公劇

同上凡是田桑廢宅沒入者公劇之外悉分給貧民

戊夜

同上高祖少而篤學洞達儒玄雖萬機多務猶卷不輟手燃燭側光常至戊夜

○宇宙將軍

簡文紀、侯景自加宇。宙。大。將。軍。都督六合諸軍事。

○四柱錢

敬帝紀、鑄四。柱。錢。一當十。

坦塞

昭明太子傳、高祖勅曰。我比更無餘病。正爲汝如此。胷中亦坦塞成疾。

皷肋

曹景宗傳景宗謂所親曰我昔鄉里騎快馬如龍與年少輩數十騎拓弓弦作霹靂聲箭如餓鴟叫平澤中逐麞數肋射之渴飲其血饑食其肉甜如甘露漿覺耳後生風鼻頭出火此樂使人忘死不知老之將至今來揚州作貴人動轉不得路間開車幔小人輒言不可閉置車中如三日新婦念此邑邑使人無氣

景宗自持好勝每作書字有不解不以問人字皆以意造

野虖

同上爲人嗜酒好樂臘月於宅中使作野虖逐

除遍詣人家乞酒食。野虜逐鬼之人。

魚軍稅

蕭穎達傳穎達啓乞魚軍稅御史中丞任昉彈之。

三足雀

夏侯詳傳年十六遭父喪哀毀三年廬於墓嘗有雀三足飛來集其廬戶衆咸異焉

假板 假板猶告身也。

韋叡傳叡於故舊無所遺惜士大夫年七十以

形容病狀切摯之極

上多與假板縣令鄉里甚懷之

前劇

沈約傳解衣一臥支體不復相關上熱下冷月增日篤取煖則煩加寒必利後差不及前差後劇必甚前劇百日數旬革帶常應移孔（腰圍漸小）以手握臂率（臂瘦也）計月小半分以此推筭豈能支久

憑空

同上未至牀而憑空頓於戶下因病夢齊和帝以劔斷其舌

懸鈴

任昉傳母裴氏嘗晝寢夢有彩旗蓋四角懸鈴自天而墜其一鈴落入裴懷中心悸動既而有娠生昉

○弄口

王亮傳曲學謏聞未知去代弄口鳴舌祇足飾非謏聞讀小聞俗儒讀謏聞大謬

四張

張稷傳充融卷稷是爲四張

洽滙

馬仙琕傳以功封洽滙縣伯

○李膺 同姓名

劉季連傳涪令李膺

○掇面

陳伯之傳在鍾離數爲刼盜嘗掇面覘人船船人斫之獲其左耳 掇面猶側面也

○三術

王瞻傳高祖每稱瞻有三術射棊酒也 三術俱妙

書聖

王志傳徐希秀亦號能書常謂志爲書聖

影纓

張充傳彯纓天閣旣謝廊廟之華綴組雲臺終慙衣冠之秀

羊體

栁惲傳竟陵王子良置酒後園有晉相謝安鳴琴在側以授惲彈爲雅弄子良曰卿巧越嵇心妙臻羊體

艾席

安成王秀傳、或橡飯青羹惟日不足或蔭墻艾席樂在其中

看屋梁

南平王偉傳偉子恭每從容謂人曰下官歷觀世人多有不好歡樂乃仰眠牀上看屋梁而著書千秋萬歲誰傳此者勞神苦思竟不成名豈如臨清風對明月登山泛水肆意酣歌也

爹 徒可反

始興王憺傳民爲之歌曰始興王民之爹赴人急如水火何時復來哺乳我

膝痕

蕭藻傳藻性恬靜獨處一室牀有膝痕

范長丨

范岫幼孤事母以孝聞外祖顏延之早相題目以爲中外之寶

范岫傳范雲謂人曰諸君進止威儀當問范長頭以岫多識前代舊事也

梓材巾箱

同上爲長城令時有梓材巾箱至數十年經貫

遂不改易在晉陵帷仰不筭管一隻猶以爲費

魚餧

傳昭傳郡溪無魚或有暑月薦昭魚者昭既不納又不欲拒遂餧於門側

解竈

蕭琛傳琛性通脫常自解竈事畢餕餘必陶然致醉

無對日下

陸杲傳甥張融有高名杲風韻舉動頗類於融

時稱之曰無對曰下惟舅與甥

。漏蹄

明山賓傳家中嘗乏用貨所乘牛既售受錢乃謂買主曰此牛經患漏蹄治差已久恐後脫發無容不相語買主遽追取錢

真誠有本心都自宜如此勿謂其呆也

酸耿

殷鈞傳居喪過禮昭明太子憂之手書誡喻曰知比諸德哀頓爲過又所進殆無一溢甚以酸耿迥然一身宗奠是寄毀而滅性聖教所不許

室徵自遣劄。備存禮制。

幡毦

陸襄傳、郡民鮮于琛服食脩道法。嘗入山採藥。拾得五色幡毦。

沒突艦

裴邃傳、䆠客作沒突艦。會甚雨。淮水暴溢。邃乘艦經造橋側。魏衆驚潰。

○百幅被

裴之横傳、少好賓遊。不事産業。兄之高以其縱

誕乃爲狹被蔬食以激厲之之橫歎曰大丈夫富貴必作百幅被後竟如其志

妓衣

夏侯亶傳妓妾數十人並無被服姿容每有客常隔簾奏之時謂簾爲夏侯妓衣

○四盡

魚弘傳歷南譙盱眙竟陵太守常語人曰我爲郡所謂四盡水中魚鱉盡山中麞鹿盡田中米穀盡村中民庶盡

○白題

裴子野傳西北徼外有白題及滑國遣使由岷山道入貢此二國歷代弗賓莫知所出子野曰漢潁陰侯斬胡白題將一人服虔注云白題胡名也又漢定遠侯擊虜八滑從之此其後也

嚴棘

劉孝綽傳日月昭回俯明枉直獄書每御輒鑒蔣濟之寃衮髮見明非關陳正之辯遂漏斯密網免彼嚴棘得使還同士伍比屋唐民生死

肉骨豈侔其施。

○皮裒晉書

同上、孝緯子諒少好學有文才尤博悉晉代故事時人號曰皮裒晉書

養炬

王筠傳謝有覽舉王有養炬炬是泰養是筠竝小字也

殘客

張纘傳纘與參掌何敬容意趣不協敬容居權

軸賓客輻湊有過詣纘者輒距不前曰吾不能對何敬容殘客

上曰孔獨誦　范雲曰孔休源相逢曰不期思盡清顏瓠法嘉言藹天授處聽之忘日

孔休源傳休源識具清通諳練故實自晉宋起居注誦略上口除儀曹郎中是時多所改作每逮訪前事休源即以所誦記隨機斷決曾無疑滯吏部郎任昉常謂之孔獨誦按何終之傳讀禮論二百篇略皆上口

半氊

江華傳謝朏過候華時大雪見華弊絮單席而耽學不倦嗟歎久之乃脫所着襦并手割半氈與華充臥具而去

底突

同上高祖謂華不奉佛教乃賜華覺意詩五百字云惟當勤精進自強行勝修豈可作底突如彼必死囚以此告江華并及諸貴遊

何敗何

何敬容傳汝門釋寶誌嘗遇敬容謂曰君後必

貴然總是何敗何耳及敬容為宰相謂何姓當為其禍故抑汝宗族無仕進者至是竟為河東王譽所敗寶誌即梁武所崇奉誌公禪師也何敢何隱語乃河東也

寄命金山萬伊玉海于再用山賓薦朱异表　曾持日枯骨見輕之异語

朱异傳异以景孤立寄命必不應爾

賀雅

賀琛傳凡郊廟諸儀多所創定每見高祖與語常移晷刻省中為之語曰上殿不下有賀雅琛容止都雅故時人呼之

侃不飲酒而好賓
客終日獨其醉醒
侃于兗州堯廟蹋
壁直上至五尋橫
行得七跡 侃姬人
孫荊玉能反腰貼
地銜得席上玉簪

反腰 近日梨園中幼者每見其反腰貼地。

羊侃傳。有彈箏人陸太喜。着鹿角爪長七寸。舞人張淨琬。腰圍一尺六寸。時人咸推能掌上舞。又有孫荊玉。能反腰帖地。銜得席上玉簪。

端右 侃於衡州于兩艖䑲起三間通梁水齋飾以珠玉加之錦繡盛飾屏帷女樂

蕭介傳。每軍國大事。必先詢訪於介。高祖謂朱异曰。端右之材也。

〇三筆十六詩

劉潛傳。幼孤。與兄弟相勵勤學。並工屬文。孝綽

常曰三筆六詩二郎灌六孝威也

○臧虎

臧厥傳爲政嚴酷少恩吏民小事必加杖罰百姓謂之臧虎

鞭板 鞭板未詳

韋粲傳稚柳仲禮爲大都督報下流衆軍裴之高自以年位恥居其下乃云柳節下是州將何須我復鞭板

草芿

王僧辯傳耀軍城東隴上芟除草菁開八道向城

凝威　　寵刀

同上高祖菲食卑宮春秋九十屈志凝威憤終賊手大行皇帝温嚴恭默不守鴻名於景何有復加忍毒皇枝繈抱已上總功以還窮刀極俎旣屠且膾

鶣䑺

同上賊又以鶣䑺千艘並載士兩邊悉八十棹

棹手皆越人上來趣襲捷過風雹

○鯤鮞　小魚也

吉玢傳凡鯤鮞螻蟻尚惜其生況在人斯豈願虀粉

書淫

劉峻傳自謂所見不傳更求異書聞京師有者必往祈借清河崔慰祖謂之書淫

格酒

劉杳傳又在任昉坐有人餉昉格酒而作榐字

昉問沓此字是否沓對曰葛洪字苑作木旁沓

鯿魚舟 到溉人姓名

陸雲公傳時天淵池新製鯿魚舟形濶而短高祖暇日常泛此舟在朝唯引太常劉之遴國子祭酒到溉右衛朱异雲公時年位尚輕亦預焉

通隱

何點傳點雖不入城府而遨遊人世不簪不帶或駕柴車躡草屩恣心所適致醉而歸士大夫多慕從之時人號爲通隱

大小山

何衢傳衢一兄求點並棲遁求先卒至是衢又隱世點爲大山衢爲小山

離垢

劉慧斐傳居於東林寺又於山北構園一所號曰離垢時人謂爲離垢先生 余居五畝園人亦謂予五畝先生

顧公

庾詵傳夜中忽見一道人自稱顧公容止甚異呼詵爲上行先生授香而去

蹋靣

孫謙傳謙從子廉便辟巧宦委高爽以文記爽嘗有求不遂乃爲假謎以嘲廉曰刺鼻不知嚏蹋靣不知嗔齧齒作步數持此得勝人

巧罪

伏暅傳一紀之間三世隆顯曾不能少懷感激仰荅萬分反復拙謀成茲巧罪

箋香

林邑國志置水中則沈故名曰沈香次不沈不

浮者曰幾香也

尼乾道

同上國王事尼乾道鑄金銀人像大十圍

蕃 蠻夷姓

同上其大臣蕃僧達

酒樹

扶南國傳有酒樹似安石榴采其花汁停甕中數日成酒

杖花

武陵王紀傳內寢柏殿柱繞節生花其莖四十有六靃靡可愛狀似荷花識者曰王敦杖花非佳事也

筌蹄 胡牀非牀似牀非椅似椅晉時名士多設此具

侯景傳牀上常設胡牀及筌蹄著靴垂脚坐

史觽卷九

陳　翟　謝肇淛　著
建安　黄師表
　　　黄師正　較

陳書

舸艥

高祖紀、侯景乃以舸艥貯石。沉塞淮口。

剌閨

世祖紀、一夜内剌閨。取外事分判者。前後相續。

每雞人伺漏傳更籤於殿中乃敕送者必投籤於階石之上令鏘然有聲云吾雖眠亦令驚覺也

金翅

程文季傳乘金翅助父鎮郢城按徐敬成傳乘金翅自歐陽引埭出

拍車

黃法𣰰傳爲拍車及步艦豎拍以逼歷陽

上測

陳方泰傳上下方泰獄方泰初但承行淫不承拒格禁司上曰不承則上測方泰乃投列承引按測猶考訊也沈洙傳有測囚之法日一上起自晡訖盡於二更

瞻準

袁樞傳凡尚公主必拜駙馬都尉魏晉以來因爲瞻準

俠侍

韋粲傳號驍騎之職舊領營兵兼統宿衛自梁代

巳來。其任逾重。出則羽儀清道。入則與二衛通直。臨軒則升殿俠侍。

管庫

馬樞傳。貴爵位者。以巢由爲桎梏。愛山林者。以伊呂爲管庫。束名實。則芻芥柱下之言。翫清虛則糠秕席上之說。稽之篤論。亦各從其好也。

甁筲

韓子高傳。韓子高華皎。雖復甁筲小器。輿臺末品。

宮坊

蕭允傳侯景攻陷城臺百僚奔散允獨整衣冠坐於宮坊

波駭

同上時寇賊縱橫百姓波駭衣冠士族四出奔散

供御囚

王瑒傳齊文宣帝每行載死囚以從齊人呼曰供御囚

○紛帨

闕弘直傳臨終勅其家曰斂以時服古人通制但下見先人必須備禮可着單衣裙衫故履旣應侍養宜備紛帨或逢善友又須香烟棺內惟安白布手巾麤香爐而已

劇難

袁憲傳及憲試爭起劇難憲隨問抗答剖析如流

黃札

徐陵傳永定之時聖朝草創干戈未息亦無條
序府庫空虛賞賜懸乏白銀難得黄札易營權
以官階代於錢絹

目色

同上梁武帝云世間人言有目色我特不目色

范悌言宋文帝亦云人生豈無運命每有好官缺
輒憶羊玄保何謂目色

○柴瘠

姚察傳自免憂後因加氣疾後主嘗別召見見

察紫瘠過甚爲之動容

劓人

始興王伯茂傳嗣君喪道由此亂階是諸凶德咸作謀王允宜釐彼司甸刑斯劓人二字不詳

剟刺

會稽王莊傳左右有不如意輒剟刺其面

門基

陸瓊傳從祖襄歎曰此兒必荷門基所謂一不爲少

鐃鈸

蕭摩訶傳胡挺身出陣前十餘步彀弓未發摩訶遥擲銑鋧正中其額應手而仆

抑割

沈文阿傳君臣吞哀萬民抑割豈同於惟新之禮乎

意聖人

沈不害傳不害傳綜墳典而家無卷軸每製文操筆立成曾無尋檢僕射汝南周弘正常稱之

曰沈生可謂意聖人乎

人門

蔡凝傳高祖嘗謂凝曰我欲用義興主壻錢肅爲黄門郎卿意何如凝正色對曰帝鄉舊戚恩由聖旨則無所復問若格以僉議黄散之職故須人門然美

挼繩

周迪傳迪性質朴不事威儀冬則短身布袍夏則紫紗袜腹居常徒跣雖外列兵衛内有女伎

援繩破篾傲若無人

史館 卷九 九

史觽卷十

陳留　謝肇淛　著
建安　黄師表
　　　黄師正　較

魏書

○秘署

太祖紀鮮甲伏乞國仁。秘署大單于。按魏書言秘署猶僭號也。

衆文經

同上集傳士儒生比衆經文字義類相從凡四萬餘字號曰衆文經

轒轀

太宗紀城内乏水懸綆汲河帝令連艦上施轒轀絶其汲路

幢校

世祖紀或有故違軍法私離幢校者以軍法行戮

門誅

同上百工伎巧騶卒子息當習其父兄所業不聽私立學校違者師身死主人門誅

極墨

高宗紀牧守百里不能宣揚恩意求欲無厭斷截官物以入於己使課調懸少而深文極墨委罪於民

公文

第一妙法

高祖紀詔沙門不得去寺浮游民閒行者仰以公文

開一　門房之誅

同上詔曰朕應歷數開一之期屬千載光熙之運雖仰蒙誨猶懼德化不寬至有門房之誅然下民愚戾不顧親戚一人爲惡殃及合門朕爲民父母深所愍悼

六沴

同上詔曰朕以寡薄政缺平和不能仰緝緯象蠲茲六沴

閑房記

同上詔曰圖讖之興起於三季既非經國之典徒為妖邪所憑自今圖讖秘諱及名為孔子閉房記者一皆焚之

錮貼

肅宗紀七品六品祿足代耕亦不聽錮貼店肆爭利城市

矛釤

孝靜紀內外解嚴百官悉依舊章從容雅服不得以矛釤從事

女職

皇后傳高祖改定內官左右昭儀位視大司馬三夫人視三公三嬪視三卿六嬪視六卿世婦視中大夫御女視元士後置女職以典內事內司視尚書令僕作司大監女侍中三官視二品女尚書美人女史女賢人書史書女小書女五官視三品中才人供人中使女生才人恭使宮人視四品春衣女酒女饗女食奚官女奴視五品

〇菴䕡子

馮后傳、太后嘗以體不安。服菴䕡子。宰人昏而進粥。有蝘蜓在焉。后舉匕得之。高祖侍側大怒將加極罰。太后笑而釋之。怒者。人子之道。笑者。母后之信

申訟車

胡后傳、太后勑造申訟車。時御焉。出自雲龍大司馬門。從宮西北入自千秋門。以納寃訟。

隔山

拓跋萇傳、萇性未嘗笑。高祖遷都。萇以代尹留

鎮除懷朔鎮都大將因別賜長酒雖拜飲而顏色不泰高祖曰聞公一生不笑今乃隔山當爲朕笑竟不能得高祖曰五行之氣偏有所不入六合之間亦何事不有左右見者無不扼腕大笑

一生不笑之人与之爲父子兄弟君臣朋友夫婦絶無情趣不如立一槁木在前尚有搖動

〇擲吐

拓跋子華傳子華母房氏曾就親人飲食夜還大吐人以爲中毒甚憂懼子華遂掬吐盡噉之其母乃安

不特見孝子之心而且釋親人之疑

名帳

拓跋子思傳。去月朔日。臺移尚書索應朝名帳。而省稽留不送。名帳者。名之簿籍。

踏榆賊

元天穆傳。河間邢杲反。衆踰十萬。刼掠村塢。毒害民人。齊人號之為踏。榆賊。先是河南人常笑河北人好食榆葉。故因以號之。

○折尺量道

元志傳。為洛陽令。與御史中尉李彪爭路。俱入見面陳彪言御史中尉避承華車蓋駐論道劔鼓安有洛陽縣令與臣抗衡言神鄉縣王普天之下誰不編戶豈有俯同衆官避中尉高祖曰洛陽我之豐沛自應分路揚鑣自今以後可分路而行及出與彪折尺量道各取其半

宿官

元暉傳御史之職鷹鸇是任必逞爪牙有所噬搏若選後生年少血氣方剛者恐其輕肆勁直傷物處廣愚謂宜簡宿官經事忠良平慎者爲

之。

凡案才

元慶智傳、美容貌有凡案才。

白臺

樂平王丕傳高允著筮論曰。昔明元末起。白臺高二十餘丈。樂平王常夢登其上。四望無所見。王以問日者董道秀筮之。曰大吉。王默而有喜色。後事發。王遂憂死。而道秀棄市。道秀若推六爻以對王曰。易稱亢龍有悔。窮高曰亢。高而無

民不爲善也夫如是則上寧於王下保於已福祿方至豈有禍哉今舍於本而從其末釁咎之至不亦宜乎

儁圓方

濟南王彧傳彧與從兄安豐王延明中山王熙並以宗室博古文學齊名盧道將謂崔休曰三人才學雖無優劣然安豐少於造次中山皂白太多未若濟南風流沈雅時人爲之語曰三王楚琳琅未若濟南備圓方

莊飾合巹筵宴一本于此

累魚

臨淮王孝友傳夫婦之始王化所先共食合瓢足以成禮而今之富者彌奢同牢之設甚於祭槃累魚成山山有林林有木木之上鸞鳳斯存徒有煩勞終成委棄仰惟天意其或不然

略略

元欽傳欽少好學早有令譽時人語曰皇宗略略壽安思若思若欽欽字也

赤牛中尉

元仲景傳爲御史中尉京師肅然每向臺恒駕赤牛時號赤牛中尉

髭鼠

元慶和傳蕭衍以爲北道總督魏王至項城朝廷出師討之望風退走衍責之曰言同百舌膽若髭鼠

奔涌

元順傳順鬚鬓俱張仰面看屋憤氣奔涌長歔而不言

支將

元英傳破賊軍於梁城斬其支將四十二人

沈鄣

廣陵王羽傳遷都洛陽議格天地但汝之迷徒未開沈鄣耳

握䩛

彭城王勰傳勰謂咸陽王禧曰兄識長年高故知有夷險彥和握䩛騎虎不覺艱難

傾紛

同上䚋之定壽春也。獲蕭寶卷。汝陰太守王果。豫州治中庾稷等數人。䚋頎衿禮之。常參坐席。

千奴一膽

崔玄伯傳。胡眾雖盛。而無猛健主將。所謂千奴共一膽也。

酃酒

長孫嵩傳。裕於舟中。望嵩麾蓋。遺以酃酒及江南食物。

兩漠

長孫道生傳從征蠕蠕與尉眷等率衆出黑白兩漠間邊外曰漠漠有黑白也

鐵小兒

長孫稚傳稚諸子驍果蕭衍將裴邃頗難之號曰鐵小兒

位置

穆𪨊傳𪨊有風格善自位置

筆公

古弼傳弼頭尖世祖常名之曰筆頭故時人呼

爲筆公

校練

安同傳同在官明察長於校練家法脩整爲世所稱

黑䅺公

于栗磾傳劉裕遺栗磾書遠引孫權求討關羽之事假道西上題書曰黑䅺公麾下栗磾好持黑䅺以自標裕望而異之故有是語

徵口

封軌傳權宜徵曰使人常體但光揚有稱宜轉一階

歸食

宋隱傳隱臨終謂其子姪等曰苟能入順父兄出悌鄉黨仕郡幸而至功曹史以忠清奉之則足矣不勞遠詣臺閣恐汝不能富貴而徒延門户之累耳若忘吾言是爲無若父也使鬼而有知吾不歸食矣

輔春

公孫軌傳世祖將北征發民驢以運糧使軌部詣雍州軌令驢主皆加絹一疋乃與受之百姓爲之語曰驢無強弱輔脊自壯衆共嗤之

官慳

賈秀傳乙渾妻求公主之號秀議不與渾夫妻默然含忿它日乃書太醫給事楊惠富臂作老奴官慳字令以示秀

牛毛

崔浩傳東州之人常謂國家居廣漠之地民畜

無算號稱牛毛之衆

擨竪

同上屈丐不思樹黨強隣報讎雪耻乃結忿於蠕蠕背德於姚興擨竪小人無大經略正可殘暴終爲人所滅耳

縹醪

同上太宗賜浩御縹醪酒十觚水精戎鹽一兩日朕味卿言若此鹽酒故與卿同其旨也

銅鋑

同上浩明識天文好觀星變常置金銀銅鋌於酢器中令青夜有所見卽以鋌畫紙作字以紀其異

連雞

同上義隆與赫連定同惡相招連結馮跋牽引蠕蠕規肆逆心虛相唱和義隆望定進定待義隆前皆莫敢先入以臣觀之有似連雞不得俱飛無能爲害也

漏刃

刁雙傳中山王熙謀其弟略投命於雙雙護之周年時購略甚切略乃謂雙曰我兄弟屠滅已盡惟我一身漏刃相託

齇王

王慧龍傳王氏世齇鼻江東謂之齇王慧龍鼻大崔浩曰眞貴種矣

穿角履

王遵業傳嘗着穿角履好事者多毀新履以學之

早含

李茂傳茂遜位居定州之中山自是優游早含不入京師

光價

李神儁傳凡所交遊皆一時名士汲引後生為其光價四方才子咸宗附之

身短慮長

陸俟傳俟策高車必叛世祖笑曰卿身乃短慮何長也高車人姓名

斤板

陸扆傳聖懷無內念之慮兆庶休斤板之役

子細

源懷傳懷性寬容不好煩碎恒語人曰爲貴人理世務當舉綱維何必須太子細也譬如爲屋但外望高顯楹棟平正基壁完牢風雨不入足矣斧斤不平斲削不密非屋之病也

城狐 寺巷廷尉之署

薛慶之傳慶之爲廷尉寺鄰接北城曾夏日於

寺僞執得一狐慶之與廷尉正傅陵崔纂或以
城狐狡害宜速殺之或以長育之月宜待秋分
二卿裴延儁袁翻互有同異雖日戲謔詞義可
觀事傳於世

豪盛

酈範傳範夜夢陰毛拂踝它日說之時齊人有
占夢者曰史武進云豪盛於齊下矣

隨牒

裴宣傳謂親賓曰吾本閭閻之士素無當世之

志直隱隈推移遂至於此祿後養親道不光國

瞻言往哲可以歸矣

栖屑

裴安祖傳有人勸其入仕安祖曰高尚之事非敢庶幾且京師寥遠實憚於栖屑耳

舉接

盧度世傳崔浩之難其庶兄弟常欲危害之度世常深忿恨及度世有子每誡約令絕妾孽不得使長以防後患至淵兄弟婢賤生子雖形貌

史觿　卷十

相類皆不舉撥爲識者所非

莖豆

盧昶傳蕭鸞以腐米臭魚莖豆供之

黄中

高允傳允少孤夙成有奇度清河崔玄伯見而異之歎曰高子黄中内潤文明外照必爲一代偉器但恐吾不見耳

待放

慕容契傳高祖謂羣臣曰古有待放之臣亦有

離俗之上卿等自審不勝貪心者聽辭位歸第

攘衰 續

崔光傳帝崩廣平王懷扶疾入臨呼侍中黄門領軍二衛云身欲上殿哭大行又須入見主上諸人皆愕然相視無敢抗對者光獨攘衰振杖引漢光武初崩太尉趙憙横劍當階推下親王故事辭色甚厲聞者莫不稱善

袍鉀

同上左右僕從衆過千百扶衛跋涉袍鉀在身

蒙曝塵且漁汗流離

惡傷

同上臣聞野物入舍古人以爲不善是以張孫

惡傷賈誼忌鵩

放蛆

甄琛傳琛曾拜官諸賓悉集尚書邢巒晚至琛謂巒曰卿何處放蛆來今晚始顧雖以戲言巒變色銜忿 放蛆猶今人所謂嚼蛆也

麒兒 喉脣

高聰傳世宗幸鄴還於河內懷界帝親射矢一里五十餘步侍中高顯等奏伏見親御弧矢臨原弋遠弦動羽馳矢鏃所逮三百五十餘步臣等伏惟陛下聖武自天神藝夙茂巧會騶虞之節妙盡矍圃之儀威稜攸疊彪兕懾氣才猛所至勍憝弭心足以肅截九區赫服八宇矣盛事奇迹必宜表述請勒銘射宮永彰聖藝詔曰此乃弓弧小藝何足以示後葉而喉脣近侍苟以爲然亦豈容有異便可如請

四維之個

袁翻傳翻議明堂制曰裴頠又云漢氏作四維之個不能令各據其扆

永宅

傳永傳永常登北邙於平坦處奮矟躍馬盤旋瞻望有終焉之志遠慕杜預近好李冲王肅欲葬附其墓遂買左右地數頃遺勑子叔偉曰此吾之永宅也

趙郡鹿

李孝伯傳孝伯父曾爲趙郡太守令行禁止賊於常山界得一死鹿謂趙郡地也賊長責之還令送鹿故處隣郡爲之謠曰詐作趙郡鹿猶勝常山粟

雍容

李安世傳廣平人李波宗族彊盛殘掠生民屢破官軍公私成患百姓爲之語曰李波小妹字雍容褰裙逐馬如卷蓬左射右射必疊雙婦女尚如此男子那可逢

苞蔭

李冲傳立三長則課有常準賦有恆分苞蔭之分可出僥倖之人可止案食貨志魏初不立三長故民多蔭附蔭附者皆無官役豪強徵歛倍於公賦

劉石經

劉芳傳芳與王肅論男子有笄引禮內則稱子事父母雞初鳴櫛纚笄總以茲而言男子有笄明矣高祖稱善者久之肅亦以芳言爲然曰此

非劉石經耶昔漢世造三字石經於太學學者

文字不正多往質焉芳音義明辯疑者皆往詢

訪故時人號爲劉石經

○物祖

劉懋傳懋又撰諸品物造作之始十五卷名曰

物祖

彰獲

蕭寶夤贊寶夤忘恩背義梟鏡其心此亦戎夷

彰獲輕薄之常事也天重其罪鬼覆其門至於

毋子兄弟還相殲滅抑是積惡之義云

寢呼

韓顯宗傳沙門法撫三齊稱其聰悟常與顯宗校試百餘人名各讀一遍隨即寢呼法撫猶有一二舛謬顯宗了無誤錯法撫歎曰貧道生平以來唯服郎耳

卷帛

同上顯宗斬高法援高祖詔曰卿破賊斬帥殊益軍勢朕方攻堅城何爲不作露布顯宗曰臣

頃聞鎮南將軍王肅獲賊二三驢馬數疋皆爲露布臣在東觀私每哂之近雖仰憑威靈得摧醜虜兵寡力弱擒斬不多脱復高曳長縑虚張功捷尤而效之其罪彌甚臣所以斂毫卷帛解上而已

俠賢

程駿傳詔曰程駿歷官清慎言事每惬又門無俠貨之賓室有懷道之士

聚納

薛懷吉傳懷吉本不屬清節及爲汾州備有聚
納之響

仙人文綾

畢衆敬傳衆敬臨還獻眞珠璫四具銀裝劒一
口刺虎矛一枚仙人文綾百疋

木手

李彪傳曾與彪在領軍府共太尉司空及領軍
諸卿等集閱廷尉所問囚徒時有人訴枉者二
公及臣少欲聽採語理未盡彪便振怒東坐攘

祆揮赫曰稱賊奴叱吒左右高聲大呼云南臺中取我木手搭奴肋折察傳末云始彪爲中尉號爲嚴酷以姦欵難得乃爲木手擊其脇腋氣絶而復續者時有焉

麤冗

宋弁傳遷右衛將軍領黃門弁屢自陳讓高祖曰吾爲相知者卿亦不可有辭豈可專守一官不助朕爲治且常侍者黃門之麤冗領軍者二衛之假攝不足空存推讓以棄大委

澆手

宋鴻貴傳疏凡不達律令見律有梟首之罪乃生斷兵手以水澆之然後斬決

煩緩

郭祚傳祚爲青州刺史雖決斷淹留號爲煩緩然士女懷其德澤

黃⿰鬲瓜

同上祚曾從世宗幸東宮肅宗幼弱祚懷一黃⿰鬲瓜出奉肅宗時應詔左右趙桃弓與御史中尉

王顒遷相啓齒深爲世宗所信祚私事之時人諺祚者號爲桃子僕射黄䶉少師

郭尖

郭景尚傳景尚善事權寵世號之曰郭尖

永年之宅

邢巒傳高祖因行藥至司空府南見巒宅遣使謂巒曰朝行藥至此見卿宅乃住東望德館情有依然巒對曰陛下移構中京方建無窮之業臣意在與魏昇降寧容不務永年之宅

臥虎

李崇傳崇在揚州凡經十年常養壯士數千人寇賊侵邊所向摧破號曰臥虎

李錐

李世哲傳性傾巧善事人亦以貨賂自達高肇劉騰之處世也皆與親善故世號爲李錐

重死

鄭幼儒傳幼儒亡後妻淫蕩兇悖肆行無禮子敬道敬德僉亦不才俱走於關右幼儒從兄伯

猷每謂所親曰從弟人才足爲令德不幸得如
此婦令死復重死可爲悲歎

呀

鄭巨倫傳葛榮聞其才名欲用爲黃門侍郎巨
倫心惡之至五月五日會集官僚令巨倫賦詩
巨倫乃曰五月五日時天氣已大熱狗便呀欲
死牛復吐出舌以此自譬獲免

龍道

崔挺傳州治舊掖城西北數里有斧山峰嶺高

峻北臨滄海南望岱嶽一邦遊觀之地也堤救頂上欲營觀宇故老曰此嶺秋夏之際常有暴雨迅風巖石盡落相傳云是龍道恐此觀不可久立堤曰人神相去何遠之有虬龍倏忽豈惟一路乎遂營之

失爽

崔勉傳以舉人失爽爲中尉高道穆奏免其官

鐵星

楊津傳置爐鑄鐵持以灌賊賊遂相語曰不畏

利渠堅城惟長楊公鐵壘

蹟頣

裴絢傳比因大水蹟頣不免羣情所逼

㓷置

裴粲傳世宗聞粲善自㓷置

騰跡

裴衍傳詔曰知欲養痾中岳練石嵩嶺栖素雲根餌芝清壑騰跡之操深用嘉焉但治缺古風有媿山客耳

椰瘨

椰達傳性麤疎無拘檢時人或謂之椰瘨

雄鋉

楊大眼傳大眼善騎乘裝束雄鋉擐甲折旋見稱當世

狗舐泉

爾朱榮傳所居之處曾有狗舐地因而穿之得甘泉焉至今名狗舐泉

咨量

同上畜牧蕃盛牛羊駝馬色别爲羣谷量而已

雙兎碑

同上爾朱榮將討葛榮也軍次襄垣遂令軍士列圍大獵有雙兎起於馬前榮乃躍馬彎弓而誓之曰中之則擒葛榮不中則否旣而俱應弦而殪三軍咸悦及破賊之後即命立碑於其所號雙兎碑

解了

爾朱世隆傳畏爾朱榮威深自克勉晋心几案

傍接賓客遂有解了之名

局子倒立

同上世隆曾與吏部尚書元世儁握槊忽聞局上欻然有聲一局之子盡皆倒立世隆甚惡之

彌尾青

朱龢傳縣舊有大枷時人號曰彌尾青

碎職

劉桃符傳舉孝廉射策甲科歷碎職

矑巴

董紹傳蕭寶夤之反也紹上書求擊之云臣當出瞎巴三千生噉蜀子肅宗謂黄門徐紇曰此巴真瞎耶紇曰此是紹之壯詞云巴人勁勇見敵無所畏懼非真瞎也

黑宇

宇文忠之傳除中書侍郎裴伯茂與之同省常侮忽之以忠之色黑呼爲黑宇

神口

祖瑩傳王肅曾於省中咏悲平城詩云悲平城

驅馬入雲中陰山常晦風荒松無罷風彭城王勰甚嗟其美欲使更詠乃失語云可更為誦悲彭城詩肅戲勰云何意悲平城為悲彭城也勰有慚色瑩時在座即云所有悲彭城王公自未見耳肅云可為誦之瑩應聲云悲彭城楚歌四面起屍積石梁亭血流睢水裏肅甚嗟賞之勰亦大悅退謂瑩曰卿定是神口今日若不得卿幾為吳子所屈

倉雅

張仲繼傳學尚有父風善含雅林說

濶碎

平恒傳不為子營事婚宦任意官馬故仕聘濶

碎不得及其門流

檢格

徐遵明傳師事張吾貴吾貴門徒甚盛遵明伏

膺數月乃私謂其友人曰張生名高而義無檢

格凡所講說不㮕吾心

䫂䫊

董徵傳饜龜返國昔人稱榮使節還家一云萠不樂

桐君

裴伯茂傳余攝養舛和服餌寡術自春徂夏三嬰湊疾雖桐君上藥有時致効而草木下性寔縈衿抱

牛象

邢昕傳以本官副李象使於蕭衍昕好忤物人謂之牛是行也談者謂之牛象鬬於江南

逋峭

温子昇傳自以不脩容止謂人曰詩章易作逋峭難爲

脛纏

于洛侯傳州人富熾奪民呂勝脛纏一具

天狗

羊祉傳頗爲深文所經之處人號天狗下

義孝

王劭傳劭之葬也假親姻義舊衰絰縞冠送喪

者千餘人皆舉聲慟泣以要榮利時謂之義孝

按北齊書和士開母喪附託者咸往奔哭鄴中富商丁鄒嚴興等並爲義孝

腂聲

抱嶷傳御史中丞王顯奏言風聞前洛州刺史陰平子石榮積射將軍抱老壽恣蕩非軌易室而姦腂聲布於朝野醜音穢於行路

佞濁子

苻承祖傳承祖坐贓應死高祖原之削職禁錮

在家援悰義將軍侯濯子

射人意

劉騰傳姦謀有餘善射人意

楚剌

劉裕傳意氣楚剌僅識文字樗蒲傾産爲時賤薄

鬼目粽

劉子業傳子業誅義恭刳剔支體抽裂心藏挑其眼中投之蜜中謂之鬼目粽

金澡灌

蕭賾傳賾常至益州刺史劉悛宅晝臥覺悛自捧金澡盤面廣三尺愛姬執金澡灌受四升以充沃盥因以奉獻

刀勅

蕭寶卷傳愛幸茹法珍梅虫兒等及左右應勅捉御刀之徒並執國命民間謂之刀勅

飛鵄

蕭衍傳侯景圍棚深塹內外斷絕衍數募人出

戰常爲景所執獲有一小兒請以飛鷄傳致消
息因西北風而颺之頻放數鷄景令走馬射取
之竟不能達也

姸姸

沮渠蒙遜傳蒙遜聞劉裕滅姚泓怒甚有校書
郎言事於蒙遜蒙遜曰汝聞劉裕入關敢姸姸
然也斬之案綱目作

女市

龜茲國傳俗性多淫置女市收男子錢入官

○六指

疏勒國傳人手足皆六指，產子非六指者即不育。

烏鰂

蠕蠕傳銅烏鰂四枚，柔鐵烏鰂二枚，各受二斛。

咽唾

徒何段就六眷傳伯祖日陸眷，因亂被賣為漁陽烏丸大庫辱官家奴。諸大人集會幽州，皆持唾壺，唯庫辱官獨無，乃唾日六眷口中。日陸眷因咽之，西向拜天曰：願使主君之智慧祿相盡

移入我腹中

街術

刑罰志更置謹直者數百人以防喧鬪於街術

史𩿨卷十一

陳留　謝肇淛　著

建安　黄師表
　　　黄師正　較

北齊書

高顴

神武紀目有精光長頭高顴齒白如玉

團焦

同上抵楊州邑人龐蒼鷹止團焦中每從外歸

三王人逢聞行響動地蒼鷹母數見團焦赤氣赫然屬天

梗楊

同上建牙楊曲川陳部分有欵軍門者絳巾袍自稱梗楊驛子願厠左右訪之則以力聞常於并州市搭殺人者乃署爲親信都督

二拔

同上祕孝明之時洛下以兩拔相擊謠言曰銅拔打鐵拔元家世將末好事者以二拔爲𢬵拔

賀拔言俱將衰敗之兆

胡荒

同上祈孝昌中山胡劉蠡升自稱天子年號神嘉居雲陽谷西土歲被其寇謂之胡荒

汪熒

文襄紀罷械精新士馬彊盛内外感恩上下勠力三令五申可赴湯火使旗鼓相望埃塵相接勢如沃雪事等注熒

狗脚朕

同上上王常侍飲舉大觴曰臣澄勸陛下酒東魏主不悅曰自古無不亡之國朕亦何用如此王怒曰朕朕狗腳朕使崔季舒歐之三拳奮衣而出

重踝

文宣紀及長黑色大頰兊下鱗身重踝

木犬

同上要荒之所舊多浮僞百室之邑便立州名三戶之民空張郡目譬諸木犬猶彼泥龍循名

皆實事歸爲有

劉向

同上冀州民劉向於京師謀逆黨與皆伏誅

○自反

廢帝紀年六歲性敏慧初學反語於跡字下注云自反時侍者未達其故太子曰跡字足傍亦爲跡豈非自反耶

無愁天子

後主紀盛爲無愁之曲帝自彈胡琵琶而唱之

侍和之者以百數民間謂之無愁天子

盡勢

同上爲刀子者刃皆狹細名曰盡勢遊童戲者好以兩手持繩拂地而却上跳且唱曰高末高末之言蓋高氏運祚之末也

眉目

馮翊王潤傳開府王迴洛與六州大都督獨孤枝侵竊官田受納賄賂潤按舉其事二人表言王出送臺使登魏文舊壇南望歎息不測其意

武成使元文遙就州宣勑曰馮翊王少小謹慎在州不爲非法朕信之熟矣登高遠望人之常情鼠輩欲横相間構曲生眉目於是迴洛決鞭二百獨孤枝決杖一百

內參

范陽王紹義傳好與羣小同飲擅置內參打殺博士任方榮

○家家

南陽王綽傳俗云五月五日生者腦不壞綽兄

弟皆呼父爲兄兄嫡母爲家家乳母爲姊姊婦爲妹妹

腦滿

瑯琊王儼傳儼殺和士開斛律光執其手彊引以前請帝曰瑯琊王年少腸肥腦滿輕爲舉措長大自不復然願寬其罪帝拔儼帶刀環亂築辮頭良久乃釋之

鳳毛

北平王貞傳沉審寬恕武成常曰此兒得我鳳

毛

嚇漢

平秦王歸彦傳魏時山崩得石角二藏在武庫

文宣入庫賜從臣兵器特以二石角與歸彦謂

曰爾事常山不得反事長廣得反反時將此角

嚇漢歸彦額骨三道着幘不安文宣常見之怒

使以馬鞭擊其額血被面曰爾反時當以此角

嚇漢其言反竟驗云

乾啼

尉景傳小兒慣去放使作心腹何須乾啼濕哭大
不聽打耶

穿錐

庫狄干傳干不知書署名爲干字逆上畫之時
人謂之穿錐

麗龜

斛律羨傳羨及光並少工騎射其父每日令其
出畋還即較所獲禽獸光所獲或少必麗龜違
腋羨雖獲多非要害之所光常蒙賞羨或被捶

捷

河陽錢

王則傳則性貪惏在州取受非法舊京諸像毀以鑄錢于時世號河陽錢

○蒜髪

慕容紹宗傳私謂左右曰吾自年二十以還恒有蒜髪昨來蒜髪忽然自盡以理推之蒜者算也吾算將盡乎

括頭

高季式傳季式留司馬消難飲命左右索車輪括消難頸又索一輪自括頸仍命酒引滿相勸消難不得已欣笑而從之

八絃

李元忠傳元忠子搔聰敏有才藝音律博奕之屬多所通解曾采諸聲別造一器號曰八絃時人稱其思理

霜傖

盧文偉傳山西霜傖

損幹

赫連子悅傳世宗問民所不便悅答云歸水武安二縣去郡遥遠山嶺重疊車部艱難若東屬魏郡則地平路近世宗笑曰卿徒知便民不覺損幹子悅答云所言因民疾苦不敢以私潤負公心

屬書

陽休之傳除中書侍郎時有人士戲嘲休之云有觸藩之羝羊乘連錢之驄馬從晉陽而向鄴

懷屬書而盈把

規檢

韋聿脩傳聿脩少平和溫潤素流之中最有規
檢

應急像

封述傳一息娶隴西李士元女大輸財聘及將
成禮猶競懸違述忽取供養像對士元打像作
誓士元笑曰封公何處常得應急像須誓便用

齊鬢公

許惇傳惇美鬚髯下垂至帶省中號爲長鬣公顯祖常因酒酣握惇鬚髯稱美遂以刀截之唯留一握惇懼因不復敢長時人又號爲齊鬚公

鏤冰

儒林傳鏤冰雕朽迄用無成

邪蒿

邢峙傳廚宰進太子食有菜曰邪蒿峙命去之曰此菜有不正之名非殿下所宜食

趙棘

馬敬德傳其妻夢猛獸將來向之敬德走趍叢

棘妻伏地不敢動敬德占之曰吾當得大官趍

棘過九卿也爾伏地夫人也

緼緎

祖鴻勳傳首戴萌蒲身衣緼緎出藝稻粱歸奉

慈親緩步當車無事爲貴

銅烏

樊遜傳陛下受天明命屈已濟民山鬼效靈海

神率職湘中石鷰沐時雨而群飛臺上銅烏慰

和風而朽轉

醜舍人

荀士遜傳狀貌甚醜以文詞見用曾有事須奏值世祖在後庭因左右轉通者不得士遜姓名乃云醜舍人世祖曰必士遜也

本帳

宋世良傳詣河北括户還孝莊勞之曰知卿所括得丁倍於本帳若官人皆如此用心便是更出一天下也

過軀

孟棻傳棻形貌短小及謁見清河王岳心鄙其耿小笑而不言後尋棻斷決之處乃謂棻曰卿決斷之明可謂有過軀貌之用

瘖疵

宋遊道傳文襄判之曰遊道禀性遒悍是非肆口吹毛洗垢瘖疵人物

科斗形

同上時人爲之語曰遊道獮猴面陸操科斗形

意識不關貌何謂醜者必無情

打竹簇

爾朱文暢傳魏氏舊俗以正月十五日夜爲打竹簇之戲有能中者即時賞帛

逆刺

許遵傳曉天文風角占相逆刺其驗如神

○開心符

吳遵世傳少學易入恒山從隱居道士遊處數年忽見一老翁謂之云授君開心符遵世跪取

呑之遂明占候

○面如刻畫

崔㥄傳身長八尺面如刻畫聲欬爲洪鐘響胸中貯千卷書使人那得不畏

取急

崔瞻傳因患耳取急十餘日

棘刺丸

孫搴傳嘗服棘刺丸李諧等調之曰卿棘刺應自足何假外求

玄肆

杜弼傳才思優洽綦尚通遠息棲儒門馳騁玄肆既啓專家之學且暢釋老之言

鑿櫨

同上聖人合德天地齊信四時言則爲經行則爲法而云以虛示物以詭勸民將同魚腹之書有類鑿櫨之誥安能使北辰降光龍宫韞櫝

停年

薛琡傳崔亮奏立停年之格不簡人才專問勞

舊

狼家

金祚傳召募狼家以爲軍導

四使

李湛傳渾與弟繪偉俱爲聘梁使王湛又爲使

副是以趙郡人士目爲四使之門

白雲堂

鄭述祖傳初述祖父爲兖州於城南小山起齋

亭刻石爲記述祖時年九歲及爲刺史往尋舊

跡得一破石有銘云中岳先生鄭道昭之白雲
堂述祖對之嗚咽悲動羣僚

阿家

崔暹傳顯祖嘗問安樂公王逹拏於汝何似答
曰甚相敬重唯阿家憎兒顯祖召逹拏母入内
殺之

九龍

王昕傳昕母淸河崔氏學識有風訓生九子並
風流醖藉世號王氏九龍

爛熟

王睎傳帝欲以睎爲侍中苦辭不受或勸睎勿自疎睎曰我少年以來閱要人多矣充詘少時鮮不敗績且性實疎緩不堪時務人主恩私何由可保萬一披猖求退無地非不愛作熱官但思之爛熟耳

野豬

王琳傳琳將帥各乘一艦每行戰艦以千數以野豬爲名

石婆

徐之才傳内史皆令呼太后爲石婆葢有俗忌故改名以厭制之之範出告之才曰童謠云周里跂求伽豹婆斬冢作媒人唯得一量紫綖靴今太后忽改名私所致怖之才曰跂求伽胡言去已豹祠嫁石婆豈有好事斬冢作媒人但令合葬自斬冢唯得紫綖靴者得至四月何者紫之爲字此下糸綖者熟當在四月之中之範問靴是何義之才曰靴者革傍化寧是久物至四

月一日后果崩

○齲牙

同上武成生齲牙問諸醫尚藥典御鄧宣文以實對武成怒而撻之後以問之才拜賀曰此是智牙生智牙者聰明長壽武成悅而賞之

方麴

楊愔傳有選人魯漫漢自言猥賤獨不見識愔曰卿前在元子思坊騎禿尾草驢經見我不下以方麴障面我何不識卿

鄉音

裴讞之傳楊愔每稱歎云河東士族京官不少唯此家兄弟全無鄉音

爲羣拜紀

陸卬傳邢劭又與卬父子彰交遊嘗謂子彰曰吾以卿老蚌遂出明珠意欲爲羣拜紀可乎

釋巾

邢劭傳釋巾爲魏宣武挽郎案郎釋褐之義

兎絲鷰麥

同上國子雖有學官之名無教授之實何異兎絲燕麥南箕北斗哉

銳滅

魏收傳夏月坐板床隨樹陰諷誦積年板床爲之銳滅而精力不輟

倮然禱

同上託附陳使封孝琰牒令其門客與行遇崑崙舶至得奇貨倮然禱表美玉盈尺等數十件

厮濫

元文遙傳齊因魏朝宰縣多用廝濫至於士流恥居百里

白鄭

同上文遙子行恭少頗驕恣文遙令與范陽盧思道交遊文遙常謂思道云小兒比日微有所知是大弟之力然白𨟠劇飲甚得師風思道荅云六郎辭情俊邁自是克負堂構而白𨟠劇飲亦天性所得

金叵羅

祖珽傳神武宴僚屬於坐失金叵羅竇太后令
飲酒者皆脫帽於珽髻上得之

史觽卷十二

陳留　謝肇淛　著

建安　黄師表
　　　黄師正　較

周書

○宇文

文帝紀曾囘因狩得玉璽三紐有文曰皇帝璽普囘心異之以爲天授其俗謂天曰宇謂君曰文因號宇文國并以爲氏焉

坐甲

同上專麩違吉國有常刑梲戈坐甲指日相見

○大布錢

武帝紀更鑄五行大布錢以一當十與布泉錢

並行

品色衣

宣帝紀詔天臺侍衛之官皆着五色及紅紫綠

衣以雜色爲緣名曰品色衣

貊子

王羆傳老羆當道臥貉子安得過

○呼藥

盧辯傳依周禮建六官戶一萬以上郡守大呼

藥戶五千以上郡守小呼藥又有州呼藥

醻與

長孫澄傳雖不飲酒而好觀人醻興常恐座客

請歸每勑中厨別進異饌留之止

錞于　芒筒

斛斯徵傳樂有錞于者近代絕無此器或有自

蜀得之皆莫之識徵見之曰此錞于也衆弗之信徵遂依干寶周禮注以芒筒擣之其聲極振衆乃嘆服

着翅

韓果傳稽胡憚果勁捷號爲着翅人太祖聞之笑曰着翅之名寧減飛將

鐵猛獸

蔡祐傳與齊神武戰於邙山祐時着明光鐵鎧所向無前敵人咸曰此鐵猛獸也

枇杷門

楊紹傳從柱國燕國公於謹圍江陵紹鬭於枇杷門流矢中股而力戰不衰

○舉身是膽

王雅傳從戰邙山大軍不利爲敵所乘諸將皆引退雅獨廻騎拒之敵人見其無繼步騎競進雅左右奮擊頻斬九級敵衆稍却雅乃還軍太祖歎曰王雅舉身悉是膽也

孝魚泉

陸逼傳父政性至孝其母吳人好食魚北土魚少政求之常苦難後宅側忽有泉出而有魚遂得以供膳時人以爲孝感所致因謂其泉爲孝魚泉

黃驄年少

裴果傳永安末盜賊蜂起果從軍征討乘黃驄馬衣青袍每先登陷陣時人號爲黃驄年少

洛陽王人

趙肅傳獨孤信東討肅率宗人爲鄉導監督糧

儲軍用不匱太祖聞之謂人曰趙肅可謂洛陽
王人也
窾木
李彦傳彦臨終遺誡其子等曰昔人以窾木爲
櫝葛虆爲緘下不亂泉上不泄臭此實吾平生
之志也
二蘇
蘇亮傳亮少與從弟綽俱知名然綽文章少不
逮亮至於經畫進趣亮又減之故世稱二蘇云

燭燼

呂思禮傳思禮好學有文才雖務兼軍國而手不釋卷晝理政事夜則讀書令蒼頭執燭燭燼夜有數升

鞶褵

薛憕傳韋潛度謂憕曰君門地非下身材不劣何不鞶褵數叅吏部憕曰世冑鼎高位英俊沉下僚古人以爲歎息竊所未能也

三敧罷

同上魏文帝又造二欹器一爲二仙人共持一
鉢同處一盤鉢蓋有山山有香氣一仙人又持
金瓶以臨器上以水灌山則出乎瓶而注乎器
烟氣通發山中謂之仙人欹器一爲二荷同處
一盤相去盈尺中有蓮下垂器上以水注荷則
出乎蓮而盈乎器爲鳧雁蟾蜍以飾之謂之水
芝欹器二盤各處一牀鉢圓而牀方中有人言
三才之象也

左轄

韋瑱傳入爲行臺左丞瑱明察有幹局再居左
轄時論榮之

老公

王軌傳後軌因内宴上壽又捋高祖鬚曰可愛
好老公但恨後嗣弱耳

朱買臣

王褒傳梁元帝將朱買臣

番上

蕭撝傳世宗命諸文儒於麟趾殿校定經史仍

撰世譜擣亦預焉壽以母老兼有疾疹五日嘗上便隔晨昏請在者書有所詔許焉

禪窟

皇甫遐傳負土爲墳後於墓南作一禪窟陰雨則穿窟晴霽則營墓曉夕勤力未嘗暫停積以歲年墳高數丈周回五十餘步禪窟重臺兩匝總成十有二室中間行道可容百人

● 謝章

冀儁傳儁教世宗及宋獻公等隸書時俗入書

學者亦行束脩之禮謂之謝章

盱衡

蕭詧傳詧彊士旣狹居常怏怏每誦老馬伏櫪志在千里烈士暮年壯心不已未嘗不盱衡扼腕歎咤者久之

○如州

宗如周傳有人訴事於如周謂爲經作如州官也乃曰某有屈滯故來訴如州官如周曰汝何小人敢呼我名其人慙謝曰秪言如州官作如

州、不知如州官名如周、早知如州官名如周不敢喚如州官作如周、如周乃笑曰、命卿自責見傳反深

史𩰚卷十三

陳留　謝肇淛　著

建安　黄師表

黄師正　校

隋書

五柱

文帝紀額上有五柱入頂目光外射

死𪋮

同上伐陳詔巴峽之下海澨已西江北江南爲

鬼爲蜮一死隴竄發掘之酷生居極擾怨之苦掠
掠人畜斷截樵蘇市井不立農事廢寢

木魚符

同上頒木魚符於總管刺史雌一雄一

○

歷山飛

煬帝紀王谷人王須拔反自稱漫天王國號燕
賊帥魏刁兒自稱歷山飛衆各十餘萬北連突

厥南寇趙

珠松

禮儀志首飾則假髻步揺俗謂之珠松是也

鏌

同上公主三夫人大手髻七鏌九鐼及公夫人五鏌世婦三鏌又内外命婦從五品已上蔽髻惟以鏌數花釵多少爲品秩

九服

同上諸公夫人九服其翟衣雉皆九等俱以雉爲領襟各九自褘衣已下五曰褘衣鷩衣𪃃衣鶡衣翙衣并朱衣黄衣素衣玄衣而九

瀡潭

天文志五星瀡潭皆以類逆所犯行失時指下臣承類者乘而害之皆滅亡之徵也

阿練

五行志開皇末渭南有沙門三人行頭陀法於人場圃之上夜見大豕來詣其所小豕從者十餘謂沙門曰阿練我欲得賢聖道然猶負他一命言罷而去

○絳帽

同上梁太清元年丹陽有莫氏妻生男眼在頂上大如兩兒墜地而言曰兒是旱疫鬼不得住母曰汝當令我得過疫鬼曰有上官何得自由母可急作絳帽故當無憂母不暇作帽以絳繫髪自是旱疫者二年揚徐兗豫尤甚莫氏鄉鄰多以絳免

○打稽

刑法志王侯驕横轉甚或白日殺人於都街刼賊亡命咸於王家自匿薄暮塵起則剝掠行路

謂之打稽

壺手

同上死罪將決乘露車着三械加壺手至帀脫手械及壺手焉

獨杖

同上有司折獄又皆酷法訊囚則用車輻獨杖夾指壓踝又立之燒犁耳上或使以臂貫燒車釭既不勝苦皆致誣伏

引喤

百官志御史中丞給威儀十八人其八人武冠絳韝執青儀囊在前、囊題云宜官吉以受辭訴、一人緗衣執鞭杖依列行、七人唱呼入殿引喤至階、一人執儀囊不喤、

鶴頭板

同上用官式、吏部先爲白牒錄數十人名吏部尚書與㕘掌人共署奏勑、或可或不可其不用者吏銓量奏請、若勑可、則付選吏色別量貴賤内外分之、隨才補用、以黃紙錄名八座通署奏

可即出付典各而典以名帖鶴頭椒整威儀送徃得官之家

○黄沵

劉昉傳昉封黄國公與沵國公鄭譯皆爲心膂前後賞賜鉅萬出入以甲士自衛朝野傾矚稱爲黄沵時人爲之語曰劉昉牽前鄭譯推後

潤筆

鄭譯傳復爵沵國公位上柱國上令内史李德林立作詔書高熲戲謂譯曰筆乾譯答曰出爲

方岳杖策言歸不得一錢何以潤筆上大笑

韋韝

源雄傳徃牧徐方時逢寇逆建旟馬邑安撫北蕃嘉謀絶外境之虞挺劒息韋韝之望

露門學

豆盧勣傳勣自以經業未通請解職遊露門學帝嘉之勑以本官就學

水閒墻

元諧傳諧白高祖曰公無黨援譬如水閒一堵

墻大危矣公其勉之及高祖受禪顧諧笑曰水
閘墻竟何如也

蹲狗

同上諧令弟滂望氣滂曰彼雲似蹲狗走鹿不
如我輩有福德雲上大怒並伏誅

旿暮兒

蘇威傳威子夔議樂與國子博士何妥各有所
持於是夔妥俱爲一議使百僚署其所同朝廷
多附威同夔者十八九妥恚曰吾席間函丈四

十餘年反爲軺嶲見之所屈也

謙匿

李德林傳大齊之興實由武帝謙匿受命豈直史也

○共硯

元暉傳暉少得美名於京下周太祖見而禮之命與諸子遊處每同席共硯情契甚厚

五牙

楊素傳素居永安造大艦名曰五牙上起樓五

層高百餘尺左右前後置六拍竿並高五十尺容戰士八百人旗幟加於上

神皐

同上徧歷川原親自占擇纖介不善即更尋求志圖元吉孜孜不已心力備盡人靈協贊遂得神皐福壤營建山陵論素此心事極誠孝

餘勇

宇文慶傳從武帝攻河陰先登攀堞與賊短兵接戰良久中石遒墜絕而復蘇帝勞之曰卿之

餘勇可以賈人也

○錐舌

賀若弼傳父敦臨刑呼弼謂之曰吾必欲平江南然此心不果汝當成吾志且吾以舌死汝不可不思因引錐刺弼舌出血戒以慎口

汪色

盧愷傳吏部預選者甚多愷不即授官皆汪色而遣

豊兗渠

薛胄傳先是兗州城東沂泗二水合而南流泛濫大澤中胄遂積石堰之使決令西注陂澤盡爲良田又通轉運利盡淮海百姓賴之號爲薛公豐兗渠

八采

盧思道傳文宣帝崩當朝文士各作挽歌十首擇其善者而用之魏收陽休之祖孝徵等不過得一二首唯思道獨得八首故時人稱爲八采盧郎

躢壁

薛道衡傳道衡每至構文必隱坐空齋躢壁而臥聞戶外有人便怒其沉思如此

○偶人

柳䛒傳帝每與嬪后對酒時逢興會輒遣命之至與同榻共席恩若友朋帝猶恨不能夜召於是命匠刻木偶人施機關能坐起拜伏以像於䛒帝每在月下對酒輒令宮人置之於座與相酬酢以爲歡笑

許公䘖

宇文述傳述好着奇服炫耀時人雲定興爲製馬韉於後角上缺方三寸以露白色世輕薄者爭倣學之謂爲許公缺勢又遇天寒定興曰入內宿衛必當耳冷述曰然乃製䘖頭巾令深䘖耳又學之名爲許公䘖勢（䘖耳即暖耳也）

容容

柳彧傳上嘉其婞直謂彧曰大丈夫當立名於世無容容而已

玉麟符

樊子盖傳凡可施行無勞形迹今為公別造玉麟符以代銅獸

重閉

衛玄傳還鎮京師帝謂之曰關右之任一委於公公安社稷乃安公危社稷亦危出入須有兵衛坐卧恒宜自牢勇夫重閉此其義也

灸頞

麥鐵杖傳遼東之役請為先鋒顧謂醫者吳景

玄曰大丈夫性命自有所在豈能受炷灸頰爪帶歕鼻治貴不差而卧死兒女手中乎

肉飛仙

洸光傳初建禪定寺其中幡竿高十餘丈適遇繩絶非人力所及諸僧患之光見而謂僧曰可持繩來當相爲上耳諸僧驚喜因取而與之光以口銜索拍竿而上直至龍頭繫繩畢手足皆放透空而下以掌拒地倒行數十步觀者駭悅莫不嗟異時人號爲肉飛仙

重瞳

魚俱羅傳俱羅相表異人目有重瞳隂爲帝之所忌

辭見帳

裴政傳武職交番通事舍人趙元愷作辭見帳未及成太子有旨再三催促

銀窟

郎茂傳工部尚書宇文愷右翊衛大將軍于仲文競河東銀窟茂奏劾之

馬坊

榮毗傳晉王在揚州每令人密覘京師消息遣張衡於路次往往置馬坊以畜牧爲辭實給私人也

四儛

裴蘊傳高祖不好聲伎遣牛弘定樂非正聲清商及九部四儛之色皆罷遣從民

觀風行殿

宇文愷傳又造觀風行殿上容侍衛者數百人

離合爲之下施輪軸推移倏忽有若神功戎狄見之莫不驚駭

○戴干

王劭傳劭又言上有龍顏戴干之表指示羣臣又乾鑿度曰泰表戴干鄭玄注云表者人形體之彰識也干楯也泰人之表戴干

年甲

楊玄感傳取賜布爲年甲署官屬

○鬚本出胃

王頒傳夜發陳武帝陵剖棺見武帝鬚並不落其本皆出自骨中

戴帽餳

梁彥光傳臣前待相州百姓呼爲戴帽餳按謂柔軟無能也

羅刹政

庫狄士文傳士文爲貝州刺史時有京兆韋焜爲貝州司馬河東趙達爲清河令二人並苛刻唯長史有惠政時人爲之語曰刺史羅刹政司

馬蝮蛇嗔長史含笑判清河生喫人

○似鴨

元善傳善言於上曰楊素麤疎蘇威怯㥘元胄元旻正似鴨耳可以付社稷者唯獨高熲

兩儁

何妥傳時蘭陵蕭眘亦有儁才任青楊巷妥住白楊頭時人謂之語曰世有兩儁白楊何妥青楊蕭眘

犀額

劉焯傳焯犀額龜背望高視遠

齧舌

王孝籍傳毒螫憯膚則申旦不寐饑寒切體亦卒歲無聊何則痛苦難以安貧窮易爲戚況懷抱之內冰火鑠脂膏腠理之間風霜侵骨髓安可齧舌緘脣吞聲飲氣惡呻吟之響忍酸辛之酷哉

扁螺

劉臻傳性好噉蜆以音同父諱呼爲扁螺按臻

文名類

冶葛

諸葛穎傳甚見親倖出入臥內帝每賜之曲宴輒與皇后嬪御連席共榻穎因間隙多所譖毀是以時人謂之冶葛

文軌

杜正藏傳著文章體式大爲後進所寶時人號爲文軌乃至海外高麗百濟亦共傳習稱爲杜家新書

犀杖

譙國夫人傳初夫人以扶南犀杖獻於陳至此晉王廣遣陳主遺夫人書諭以國亡令其歸化并以犀杖及兵符爲信夫人見杖驗知陳亡集首領數千盡日慟哭

獠僻

劉昶女傳昶子居士轉恣每大言曰男兒要當辮頭反縛蘧蒢上作獠僻取公卿

劢氏

百濟傳國中大姓有八族沙氏燕氏劦氏解氏
貞氏國氏木氏苗氏

○鳥卜

女國傳有樹神歲初以人祭或用獼猴祭畢入
山祝之有一鳥如雌雉來集掌上破其腹而視
之有粟則年豐沙石則有災謂之鳥卜

磧

附國傳無城柵近川谷傍山險俗好復讎故壘
石爲磧而居以避其患其磧高至十餘丈下至

五六丈每級丈餘以木隔之基方三四步礫上方二三步狀似浮屠於下級開小門從內上通夜必關閉以防賊盜

史觿卷十四

陳留 謝肇淛 著

建安 黃師表 黃師正 較

南史

竹篷

宋文帝紀車府令嘗以輦篷故請改易之又輦席舊以烏皮緣故欲代以紫皮上以竹篷未至於壞紫色貴並不聽改其率素如此云

僑人租

宋孝武帝紀始課南徐州僑人租

齇奴

宋前廢帝紀帝自以爲昔在東宮不爲孝武所愛及即位將掘景寧陵太史言於帝不利而止乃縱糞於陵肆罵孝武帝爲齇奴

禾絹

宋明帝紀中書舍人胡母顥專權奏無不可時人語曰禾絹閉眼諾胡母大張橐禾絹謂上也

雹箭

齊高帝紀蒼梧王漸行凶暴屢欲害帝常率數十人直入鎭軍府時暑熱帝晝臥裸袒蒼梧立帝於室内畫腹爲射的自引滿將射之帝神色不變歛板曰老臣無罪蒼梧左右王天恩諫曰領軍腹大是佳射堋而一箭便死後無復射不如以雹箭射之乃取雹箭一發即中帝臍蒼梧投弓於地大笑曰此手何如

聖火

齊武帝紀先是魏地謠言赤火南流喪南國是歲有沙門從北齎此火而至色赤於常火而微云以療疾貴賤争取之多得其驗二十餘日都下大盛咸云聖火詔禁之不止

西弄

齊鬱林王紀出西弄遇弑

餘濼　褁蒸

齊明帝紀嘗用皂莢訖授餘濼與左右曰此猶堪明日用大官進御食有褁蒸帝十字畫之曰

可四片破之餘充晚食

擔幢

齊東昏侯紀初學擔幢每傾倒在幢杪者必致踠傷其後白虎幢七丈五尺齒上擔之折齒不倦

解菜

同上潘妃生女百日而亡制斬衰絰杖衣悉麤布群小來吊盤旋地坐舉手受執蔬膳積旬不聽音伎左右直長閹豎王寶孫諸人共營肴羞

云爲天子解菜

毛人

梁武帝紀巳未夜郢城有數百毛人踰堞且泣因投黄鵠磯蓋城之精也

棖棖

同上都下訛言有棖棖取人肝肺及血以飴天狗百姓大懼二旬而止

足佰錢

同上詔曰朝四暮三衆狙皆喜名實未虧而喜

怒爲用頊聞外閒多用九佰錢佰減則物貴佰足則物賤非物有貴賤是心有顛倒至於遠方日更滋甚自今可通用足佰錢

憤風

同上丁文帝憂拔劾星馳不復寢食倍道就路憤風驚浪不暫停止

籥牡

梁簡文帝紀江夏宮南門籥牡飛

游手

同上雖戎略殷湊機務繁多軍書羽檄文章詔誥點毫便就殆不游手常日我韜於文士愧於武夫

一把子人

陳武帝紀侯景登石頭城望官軍之盛不悅曰一把子人何足可打

王勝

高昭劉后傳后母桓氏夢吞玉勝生后

栢直

徐妃傳妃與暨季江淫通季江每嘆曰栢直狗雖老猶能獵蕭溧陽馬雖老猶駿徐娘雖老猶多情

隱囊

張貴妃傳後主怠於政事百司啓奏並因宦者蔡臨兒李善度進請後主倚隱囊置張貴妃於膝上共決之

藺相如

營浦侯遵考傳子季連出建陽門爲蜀人藺相

如所襆

聚憂

劉述傳述嘗有緦麻之慘或詰之問其母安否述曰惟有愁憯以訪其子對曰所謂父予聚麀蓋謂麀爲憂也

金蠶

王玄謨傳玄謨弟玄象爲下邳太守好發塚每朝日初升見一女子立冢上近視則亡或以告玄象便命發之有一棺尚全有金蠶銅人以百

數剖棺見一女子年可二十姿資若生臥而言曰我東海王家女應生資財相奉幸勿見害女臂有金釧破冢者斬臂取之於是女復死

朝隱

王僧祐傳遷司空祭酒謝病不與公卿遊齊高帝謂王儉曰卿從可謂朝隱答曰臣從非敢妄同高人直是愛閑多病耳

麞肶

王瑩傳懋後往趙宗處設精白鯢羨鮓麞肶

獛婢

王琨傳父懌不辨菽麥時以爲殷道矜之流人無肯與婚家以獛婢恭心侍之遂生琨

王巵無當

王球傳球簡貴勢不交游筵席虚靜門無異客曇首常云蒨玉亦是玉巵無當耳

玉昆

王銓傳銓雖學業不及弟錫而孝行齊焉時人以爲銓錫二王可謂玉昆金友

發八

王褅之傳褅之形狀短而起坐端方袒玄謂之彈棊發八勢

山貸

王秀之傳後爲晉平太守朞年求還或問其故答曰此郡沃壤珍阜日至人所昧者財財生則禍逐智者不昧財亦不逐禍吾山資已足豈可久留以妨賢路

毿狗

韋粲傳粲誅有小兒數歲乳母將投粲門生狄靈慶靈慶曰吾聞出郎君者有厚賞今韋氏已滅汝匿之尚誰爲乎遂抱以首乳母號泣呼天曰公昔於汝有恩故冒難歸汝奈何欲殺郎君以求小利若天地鬼神有知我見汝滅門此兒死後靈慶常見兒騎大羝狗戲如平常經年餘鬬場忽見一狗走入其家遇靈慶於庭噬殺之少時妻子皆沒

黃羅襹

褚淵傳彥回爲吳郡太守帝寢疾危殆馳使召之欲託後事及至召入帝坐帳中流涕曰吾近危篤故召卿欲使着黄羅襹指牀頭大函曰文書皆函内置此函不得復開彥回亦悲不自勝

黄羅襹乳母服也

水引餅

何戢傳高帝好水引餅戢每設上焉

危脆

張邵傳人生危脆宜有遠慮

○徙癰

張融傳時有薛伯宗善徙癰疽公孫泰患背伯宗爲氣封之徙置齋前柳樹上明旦癰消樹邊便起一瘤如拳大稍稍長二十餘日瘤大膿爛出黄赤汁斗餘樹爲之痿損

荅颯

鄭鮮之傳范泰嘗衆中誚鮮之曰卿與傅謝俱從聖主有功關洛卿乃居僚首今日答颯去人遼遠何不肖之甚鮮之熟視不對

顏彪

顏延之傳延之性既褊激兼有酒過肆意直言曾無回隱故論者多不與之謂之顏彪

、朱買臣

周弘正傳武昌太守朱買臣上舊左右而閹人也

鱝頭林

沈攸之傳攸之敗無所歸乃與第三子中書侍郎文和至華容之鱝頭林投州吏家

○尖冢

蕭穎胄傳子敳爲巍興太守梁州有古墓名曰尖冢或云張騫墳欲有發者輒聞鼓角與外相拒推埋者懼而退敳謂無此理求自監督及開唯有銀鏤銅鏡方尺

方幅

蕭坦之傳帝賂逯文季不受帝大怒謂坦之曰我賜文季不受豈有人臣拒天子賜坦之曰官遣誰送帝曰內左右坦之曰官若詔勅出賜令

舍人王書遂往文季寧敢不受政以事不存幅

故鄉遣耶

狂華

始興王鑑傳劉亮爲益州刺史齋前石榴樹陵

冬生華亮以問道士邵碩碩曰此謂狂華宋諸

劉滅亡之象

阿杜

周盤龍傳盤龍拒魏大破之上聞之喜下詔稱

美送金釵以十二枚與其愛妾杜氏手敕曰餉

周公阿杜

墟王

吳平侯景傳祖道賜以禮讓稱居鄉有爭訟專賴平之又周其疾急鄉里號曰墟王皆竊言曰其後必大

誘口

昭明太子傳建康縣獄誣人誘口獄翻縣以太子仁愛故輕當杖四十令曰彼若得罪便合家拏戮今縱不以其罪罪之豈可輕罰而已可付

治十年

桃花米

任昉傳爲新安太守卒於官惟有桃花米二十石無以爲斂王僧孺謂昉亡身世存行可以勵風俗義可以厚人倫

緑沈瓜

同上武帝聞問方食西苑緑沈瓜投之於盤悲不自勝

炰鱐

朱异傳好飲食極滋味聲色之娛子鵝炰鱐不

輟於口

目色

徐陵傳梁武帝云世間人言有目色我特不目

色范悌

繞喙

鮑泉傳泉既專征長沙久而不尅元帝乃數泉

二十罪爲書責之曰面如冠玉還疑木偶鬚似

蝟毛徒勞繞喙

元帝以世子方諸為郢州刺史泉為長史方諸使泉伏床騎背為馬

理縣譜

傳琰傳琰父子並著奇績時云諸傳有理縣譜子孫相傳不以示人

虜父使君

王洪軌傳洪軌既北人而有清正州人呼爲虜父使君言之咸落淚

細蔆

孫謙傳臨終遺命棺足周身壙足容柩旐書爵里無日不然旐表命數差可停息直僦轜痳裝之以蔆以常所乘者爲魂車他無所用第一子

貞巧乃織細蔴裝轎以蔑爲鋑佩雖素而華
○水滸
何佟之傳性好潔一日之中洗滌者十餘遍猶
恨不足時人稱爲水滸
發越
顧越傳時又有會稽賀文發學兼經史與越名
相埒故都下謂之發越
齋名
何思澄傳終日造謁每宿昔作名一束曉便命

駕朝覽無不悉狎狎處即命食有人方之婁護

欣然當之拔虢還家齋名必盡

青鏤筆

紀少瑜傳少瑜嘗夢陸倕以一束青鏤管筆授之云我以此筆猶可用卿自擇其善者其文因此遒進

溪蜮毒

孝義傳諸暨東洿里屠氏女父母卒負土成墳忽空中有聲云汝至性可重山神欲相驅使汝

可爲人療病必得大富貴女謂是魃魅弗敢從遂得病積時鄰舍人有溪蜮毒者女試療之自覺病便差

齒冷

樂預傳隆昌末預謂丹陽尹徐孝嗣曰外傳籍籍似有伊周之事君蒙武帝殊常之恩荷託付之重恐不得同人此事人笑褚公至今齒冷無爲効尤

飲谷

宗少文傳栖丘飲谷三十餘年

鴨劃

茹法珍傳祈左右刀敕之徒悉號爲鬼宮中訛云趙鬼食鴨劃諸鬼盡着調當時莫解梁武平建業東昏死群小一時誅滅故稱爲諸鬼也俗間以細剉肉糅以薑桂曰劃意者以凶黨皆當細剉而烹之也

干漫

扶南國傳始令國内男子着橫幅橫幅今干漫

也

史觽卷十五

陳留　謝肇淛　著
　　　黄師表
建安　　　　較
　　　黄師正

北史

籍坊

魏孝文紀幸廷尉籍坊二獄引見諸囚

澆人

東魏孝靜紀夏五月大旱勑城門殿門及省府

寺署坊門澆人不簡王公無限日得雨乃止

劉向

齊文宣紀巢州人劉向於鄴謀逆伏誅

厠籌

齊文宣紀雖以楊愔爲宰輔使進厠籌以其體肥呼爲楊大肚

縮屋

齊廢帝紀太子監國集諸儒講孝經令楊愔傳旨謂國子助教許散愁曰先生在世何以自資

對曰散愁自少以來不登孌童之牀不入季女之室服膺簡策不知老之將至平生素懷若斯而已太子曰顔子縮屋稱貞柳下嫗而不亂未若此翁白首不娶者也

聖杖

隋文帝紀素無學術好爲小數言神爥聖杖堪能療病

氅毦

隋煬帝紀芟夷宇宙混一車書東漸西被無思

不服南征北怨俱荷來蘇駕氈乘風歷代所弗
至辮髮左衽聲教所罕及莫不厥角關塞頓顙
闕庭譯靡絕歲書無虛月

○二聖

獨孤后傳后雅好讀書識達今古凡言事皆與
上意合宮中稱爲二聖

○十錢主簿

陽平王熙傳子慶智性貪鄙爲太尉主簿事無
大小得物然後判或十數錢或二三十錢得便取

之府中號爲士錢主簿

福輿

崔彧傳臨終戒其二子曰夫恭儉福之輿傲侈禍之機乘福輿者浸以康休蹈禍機者忽而傾覆汝其誡歟吾没後斂以時服祭無牢餼棺足周屍瘞不泄露而已

絶倒

崔瞻傳行過彭城讀道傍碑文未畢而絶倒從者遥見以爲中惡此碑乃瞻父徐州時所立故

袁感爲

竊級

崔儦傳叔義弟子偘以寄名從軍竊級爲中書
郎爲尚書左丞和子岳彈糾失官

熊皮鄣泥

長孫道生傳一熊皮鄣泥數十年不易時人比
之晏嬰

鐵小兒

長孫承業傳梁將裴邃虞鴻襲據壽春承業諸

子驍果遂頗難之號曰鐵小兒

捫膝

賈𧃋傳葛榮陷冀州賈景興稱疾不拜每捫膝而言曰吾不負汝

氷稜

盧詢祖傳長廣太守邢子廣曰詢祖有規檢禰衡思道無氷稜文舉

蜀牛

高允傳特賜允蜀牛一頭四望蜀車一乘素几

杖各一、蜀刀一口

司徒帽

高昂傳轉司徒公好着小帽，世因稱司徒帽。

馬皂

同上范陽盧曹率其徒自薊入海島得長人骨以髑髏爲馬皂，脛長丈六尺，以爲二𦓗送其一於神武，諸將莫能用，惟彭樂强舉之。

𤢺獬

崔楷傳楷性嚴烈，能摧挫豪強，時人語曰莫𤢺

獅付崔楷

十三環金帶

李穆傳遣使謁隋文帝幷上十三環金帶蓋天子服也

四括

李士謙傳李平字伯括爲樂平太守弟機字仲括位國子博士䁢字叔括保字季括位並尚書郎兄弟皆以儒素著名時謂之四括

四黃

同上機子楷有男子五人輯晃萊勁獻輯字護
宗晃字仲黄萊字季黄勁字少黄獻字纫黄並
以友悌著美爲當世所宗時所謂四黄者也
入麤入細
李雄傳入麤入細李普濟
鬲揖
李纫廉傳後主時和士開權重百寮盡傾纫廉
鬲揖而已
健婦

裴澤傳妻鉅鹿魏氏恩好甚篤不能暫相離澤每從駕其妻不宿亦至性强立時人以爲健婦夫半

漁獵夫

裴俠傳除河北郡守此郡舊制有漁獵夫三十人以供郡守俠曰以口腹役人吾所不爲也乃悉罷之

遊艇子

楊素傳南海先有五六百家居水爲亡命號曰

遊艇子

〇李錐

李崇傳崇于世哲性傾巧善事人亦以貨賂自達高肇劉騰之處勢也皆與親善故世號爲李錐

三短

李諧傳諧爲人短小六指因瘦而舉頤因跛而緩步因謇而徐言人言李諧善用三短

種鬚

同上諸子庶生而天閹崔諶調之曰教弟種鬚以錐徧刺作孔揷以馬尾庶曰先以此方回施貴族蓺眉有効然後樹鬚世傳諶門有惡疾以呼沲爲墓田故庶言及之邢子才在傍大笑

三徵

張烈傳烈字徽之時青州有崔徽伯房徽叔與烈並有令譽時人號三徽

佞哀

陽休之傳天保之世魏侯時遇甚深鄙夫以衆

人見待俠哀詐泣實非本懷

陽五

同上休之弟俊之多作六言歌辭淫蕩而排世俗流傳名爲陽五伴侶寫而賣之在市不絕俊之嘗過市取而改之言其字誤賣書者曰陽五古之賢人作此伴侶君何所知輒敢議論俊之大喜

弱顔

祖珽傳高元海奏珽斑白分跡并云與元海素

嫌必是元海諸臣帝殺顏不能諱曰然

薛

爾朱文暢傳為任氏家客薛季孝所告、

水萍

慕容儼傳侯瑱任約幷力圍城惟煮槐楮葉幷

紵根水萍葛艾等及靴皮帶筋角等食之

噤齘

彭樂傳神武怒其放宇文泰令伏諸地親稱其

頭連頓之幷數沙苑之失舉刀將下者三噤齘

良久乃止

駦驛

司馬子如傳子如本從夏州策一杖投相王王給露車一乘駦驛牛犢犢在道死唯駦角存此外皆人上取得

鴈臣

斛律金傳詣雲州魏除爲第二領人酋長秋朝京師春還部落號曰鴈臣

空頭漢

同上金曾遣人獻食中書舍人李若誤奏云金自來武成出昭陽殿敕侍中高文遙將羊車引之若知事誤更不敢出映廊下文遥還覆奏帝罵若云空頭漢合殺亦不加罪

踳駁

蘇威傳隋承戰爭之後憲章踳駁

六俊

唐瑾傳時六尚書皆一時之秀周文自謂得人號爲六俊

客量

漢王諒傳先是并州謠言一張紙兩張紙客量小兒作天子時僞署官告身皆一紙別授則二紙諒聞謠喜曰我幼字阿客量與諒同音吾於皇家最小以爲應之

簺

乞伏慧傳曾見人以簺捕魚者出絹買而放之其仁心如此百姓美之號其處曰西河公簺

老華

裴蘊傳蘇威勸帝赦群盜可滅高麗蘊奏曰此
大不遜天下何處有許多賊帝悟曰老革多姦
將賊脅我欲搭其口但隱忍之誠極難耐
綠沈甲
張奫傳後賜綠沈甲獸文具裝
四大
熊安生傳宗道暉好着高翅帽大屐與州人爲
之語曰顯公鍾宋公鼓宗道暉屐李洛姬肚謂
之四大

觸觸生

同上安生將通名見徐之才和士開二人相對以徐之才諂雄和士開諱安乃稱觸觸生羣公哂之

通侻

李文傳傳魏郡侯白字君素通侻不持威儀好爲俳諧雜說人多愛狎之

李綀

李順興傳常冠道士冠人有憶者不過數日輒

至其家號爲李練

漢狗

韓鳳傳鳳恒帶刀走馬未曾安行瞋目張拳有啖人之勢每咤曰恨不得剉漢狗飼馬又曰刀止可刈賊漢頭不可刈草

雀息

高麗傳左右雀息不敢動

康寺三火

序傳李師上與范陽盧公順俱爲符璽郎待詔

文林館與傳陵崔君洽同志友善從駕晉陽寓
居僧寺朝士謂之康寺三火

鼠乳

同上李神儁頸多鼠乳而性通率不持檢度

丁掾

同上洑苑之敗神儁策馬而走曰丁掾办馬
倒日丁掾誤我

史觿卷十六

陳留　謝肇淛　著

黄師表　較

建安　黄師正

唐書

銀莵符

高祖紀改銀莵符爲銅魚符

庫牛

同上禁獻侏儒短節小馬庫牛異獸奇禽者

不驚

太宗紀生而不驚

二聖

武后紀高宗號天皇皇后亦號天后天下之人謂之二聖

天中王

同上封嵩山爲神岳封其神爲天中王

拔河

中宗紀及皇后幸玄武門觀宮女拔河爲宮市

以嬉

潑寒

睿宗紀作潑寒胡戲

珠繩

玄宗紀禁採珠玉及爲刻鏤器玩珠繩帖絡服

着廢織錦坊

長髮會

同上禁白衣長髮會

侍老物

同上巳巳如并州降囚罪徒以下原之賜侍老物、

稽稻

同上揚州稽稻生

立仗鋌

同上有事於南郊、大赦流人老者許致仕停立仗鋌、

外辦

肅宗紀立爲皇太子有司行册禮其儀有中嚴

外辦其服絳紗太子曰此天子禮也乃下公卿
議太師蕭嵩左丞相裴耀卿請改外辦爲外備
絳紗衣爲朱明服乃從之

平脫

同上禁珠玉寶鈿平脫金泥刺繡

大綱蝎鑿

代宗紀禁大綱蝎鑿六破錦及文紗吳綾爲龍
鳳麒麟天馬辟邪者

古爵

德宗紀賜文武官階爵民爲户者古爵一級

丌 巨基切

敬宗紀魏博行營兵馬使丌志沼反

鳥歌

禮樂志天授鳥歌皆武后作也天授年名鳥歌者有鳥能人言萬歲因以製樂

秦漢子

同上琵琶圓體修頸而小號曰秦漢子盖絃鼗之遺製出於胡中傳爲秦漢所作

襈襭

儀衛志龍旗以前、朱雀等隊各二人持襈襭騎夾、

騼䮝

同上第十九騼䮝、旗左右武衛折衝都尉各一人主之、

趙公渾脱

五行志太尉長孫無忌以烏羊毛爲渾脱氊帽人多效之謂之趙、公渾脱

齋娘

同上景龍三年十一月郊祀韋后爲亞獻以婦人爲齋娘以祭祀之服執事

義髻

楊貴妃常以假鬢爲首飾而好服黄裙近服妖也時人爲之語曰義髻抛河裏黄裙逐水流

囚髻

同上僖宗時内人束髮極急及在成都蜀婦人効之時謂爲囚髻

旗子草

同上光啓元年七月河中解永樂生草葉自相樛結如旌旗之狀時人以爲旗子草

毋蟲

同上大中十年三月舒州吳塘堰有衆禽成巢闊七尺高一尺水禽山鳥無不馴狎中有如人面綠毛紺爪觜者其聲曰甘人謂之甘蟲

族鹽

同上武后時民飲酒謳歌曲終而不盡者謂之

族鹽

猍母鬼

同上咸通十四年秋成都訛言有猍母鬼夜入人家民皆恐夜則聚坐或曰某家見鬼眼晃然如燈熖民益懼

㹝牛

地理志鹽州土貢鹽山木瓜㹝牛

鼧鼥鼠

同上蘭州土貢麩金麝香鼧鼥鼠

道舉

選舉志開元二十九年始置崇玄學習老子莊子文子列子亦曰道舉

別頭

同上初禮部侍郎親故移試考功謂之别頭

三無坐處

同上中宗時韋后及太平安樂公主等用事於側門降墨勑斜封授官號斜封官凡數千員内外盈溢無廳事以居當時謂之三無坐處言宰

相御史及員外郎也

聖書

同上開元十八年侍中裴光庭兼吏部尚書始作循資格而賢愚一槩必與格合乃得銓授限年躡級不得踰越於是久淹不收者皆便之謂之聖書

跳盪

百官志矢石未交陷堅突衆敵因而敗者曰跳盪

塗歸

同上給事中四人凡百官奏抄侍中既審則駁正違失詔勑不便者塗竄而奏還謂之塗歸

旌節

同上凡命將遣使皆請旌節旌以顓賞節以顓殺

五坊

同上閑廄使押五坊以供時狩一曰鵰坊二曰鶻坊三曰鷂坊四曰鷹坊五曰狗坊

戸婢

同上諸司營作須女功者取於戸婢

常參

同上文官五品以上及兩省供奉官監察御史員外郎太常博士日參號常參官武官三品以上三日一朝號九參官五品以上及折衝當番者五日一朝號六參官弘文崇文館國子監學生四時參

白望

食貨志是時宮中取物於市以中官爲宮市使
兩市置白望數十百人以監估

門匠

同上河中有山號米堆運舟入三門顧平陸人
爲門匠執標指麾一舟百日乃能上諺曰古無
門匠墓謂皆溺死也

鵜赤

同上鵜赤縣令俸錢四萬五千

鏧

刑法志自隋以前死刑有五曰罄絞斬梟裂

獄持　宿囚

同上推劾之吏以深劾為功鑿空爭能相矜以虐泥耳籠頭摺脅籤爪縣髮燻耳臥隮穢溺刻害支體糜爛獄中號曰獄持閉絕食飲晝夜使不得眠號曰宿囚

悟先

后妃傳險言似忠故受而不詰醜行已效及偪而為奸左右附之憸任甚之後謀餌其悟先衰

誓楗於寵祿天下之事已去而恬不自覺此武韋所以遂簒弑而喪王室也

深痛

武后傳后城寓深痛柔屈不恥以就大事

十二文

同上作曌照𠀑天埊地𡆠日𠥱月〇星𠺞君𢘑臣除𡕀載𠡦年𠙺正十有二文

外宅

上官昭容傳婉兒與近嬖至皆營外宅衺人穢

夫爭候門下肆狎昵因以求劇職

雄狐

楊貴妃傳虢國素與國忠亂頗爲人知不恥也每入謁並驅道中從監侍姆百餘騎炬密如晝靚粧盈里不施幃障時人謂爲雄狐

武抃

懿安后傳武宗喜毆遨角武抃攫五坊小兒得出入禁中

㢋尺氏切

永安王孝基傳尉遲敬德至與崇茂夾庋官師遂大敗按王忠嗣傳軍庋翼擊之

摯賊

河間王孝恭傳進擊朱粲破之俘其衆諸將曰粲徒食人摯賊也

無長

霍王元軌傳或問王所長於劉玄平答曰無長問者不解玄平曰人有短所以見長若王無所不備吾何以稱之

口打賊

號王巨傳楊國忠謂巨曰比來人多口打賊君不爾乎巨曰誰爲相公手打賊者乎

天孫墓

江安王元祥傳皎子叢以幼流死嶺表葬南安人號其家爲天孫墓

尋橦

常山王承乾傳使戶奴數十百人習音聲學胡人椎髻剪綵爲舞衣尋橦跳劍鼓鞞聲通晝夜

不絶按元載傳客有賦都盧尋橦篇以諷其危

載泣下而不知悟

祝禬

惠宣太子業傳嘗被疾帝自祝禬既瘉幸其第

置酒賦詩爲祓生歡

平牒

永王璘傳吳郡採訪使李希言平牒璘璘因發

怒曰寡人上皇子皇帝弟地尊禮絶今希言乃

平牒抗威落筆署字何耶

娘子軍

平陽公主傳帝度河柴紹以數百騎並南山來迎主引精兵萬人與秦王會渭北紹及主對置幕府分定京師號娘子軍

紛礪

太平公主傳主衣紫袍玉帶折上巾具紛礪歌舞帝前帝及后大笑曰兒不爲武官何遽爾主曰以賜駙馬可乎帝識其意擇薛紹尚之

隥彴

安樂公主傳司農卿趙履溫爲繕治累石肖華
山隥彴橫邪回淵九折以石瀵水又爲寶𨫼鏤
怪獸神禽間以璖貝珊瑚不可渾計

徐鴻客

李密傳齊方士徐鴻客上書勸密因士氣趍江
都挾帝以令天下密異其言具幣邀之已亡去

破野頭

同上密遥謂化及曰公家本戎醜破野頭爾父
子兄弟受隋恩至妻公主上有失德不能諫又

虐弑之冒天下之惡今安徃能即降尚全後嗣

化及默然

王粲

王世充傳支頽禱死其妻與霸城人王粲爲厖

妻頽禱子收從之冒粲姓生世充

狼頭纛

劉武周傳突厥以狼頭纛立武周爲定楊可汗

趄梁

蕭銑傳吾聞帝王之興必有符命隋冠帶悉號

起梁蕭氏中興象也

糟豚

朱粲傳遣使乞降高祖以前御史大夫段確假散騎常侍勞之確醉戲粲曰君噉人多矣若爲味粲曰噉嗜酒人正似糟豚確怒罵曰狂賊歸朝乃一奴耳復得噉人乎粲懼收確於坐并從者數十悉烹之以享左右

蜉結　奮釁

劉文靜傳上南幸兵塡河洛盜賊蜉結大運州

縣小阻山澤以萬數須真主取而用之誠能投

天會機奮欃大呼則四海不足定也

抵龜

屈突通傳贊投幾之會間不容穟公謹所以抵

龜而決也

自張

殷開山傳時闒輔羣盜鷙力自張不相君命

掠麻

劉崇魯傳李磎墨麻出崇魯輒掠麻大哭帝問

焉崇魯曰今雖乏人豈宜取傖人爲宰相

奴賊

丘行恭傳原州奴賊圍扶風

右史渠

溫造傳出爲朗州刺史開後鄉渠百里溉田二千頃民獲其利號右史渠

籠街

同上聞元和長慶時中丞呵止不半坊今乃至兩坊謂之籠街

拍刀

闞稜傳善用兩刃刀其長丈名曰拍刀一揮殺數人

忽峍賊

張士貴傳本名忽峍、彎弓百五十斤、左右射無空發隋大業末、起爲盜攻剽城邑、當時患之號忽峍賊、

㾞辱

羅藝傳秦王左右嘗至其營藝㾞辱之

筍囊

王君廓傳無行善盜嘗負竹筍如魚具內置逆刺見鬻繒者以筍囊其頭不可脫乃奪繒去而主不辨也

烏賊

李客師傳喜馳獵雖老猶未衰自京南屬山西際澧水鳥鵲皆識之每出從之翔噪人謂之烏賊

管筊

李彦方傳靖舊物有佩筆以木爲管弢刻金其六
上别爲環以限其閒筆尚可用也

膜皮

薛萬均傳嘗賜羣臣膜皮及萬徹而誤呼萬均
愴然曰萬均朕勳舊忽口其名豈死者有知冀其
此賜乎因命取焚之舉坐感歎

賣昏

高士廉傳初太宗嘗以山東士人尚閥閲後雖
衰子孫猶負世望嫁娶必多取貲故人謂之賣

皆

小杜公

杜審權傳與杜悰俱位將相悰先進故世謂審權爲小杜公

搏手

杜讓能傳藩鎮貢賦不輸行在無以備賞勞衛兵往往乏食君臣搏手無它策

勞効危瑞切

肅遂良傳刺史民之師帥也得人則下安措失

人則家勞劬

翔艙

同上遂良諫伐高麗其地固不可失但遣一二
慎將付銳兵十萬翔艙雲輣唾手可取

杜固

杜正倫傳諸杜所居號杜固世傳其地有壯氣
故世衣冠

晉語

趙弘智傳弘智舉五孝諸儒更詰辨隨問酬悉

古無譜語

姓曆

李敬玄傳員外郎張仁禕有敏才敬玄委以曹事仁禕爲造姓曆狀式銓簿鈐鍵周密

孅兒

傅奕傳佛西胡黠人爾欺誅夷狄以自神至入中國而孅兒幻夫摸象莊老以文飾之有害國家而無補百姓也

○契箭

裴行儉傳是日傳契箭召諸部酋長悉來請命

○玉契

崔神慶傳古者召太子用玉契此誠愼重防微之意

兩腳狐

楊再思傳左補闕戴令言賦兩腳狐以譏之

國奢

竇懷貞傳懷貞娶韋后乳媼世謂媼壻爲阿奢懷貞每謁見奏請輒自署皇后阿奢而人或謂

爲國著軒然不懟

蒙排

馮子猷傳高宗遣御史許瓘視其貲瓘至洞子猷不出迎後率子弟數十人擊銅鼓蒙排執瓘而奏其罪

○中裏小兒

泉男生傳九歲以父任爲先人遷中裏小兄猶唐謁者也又爲中裏大兄知國政

三戟

張儉傳儉兄弟三人門皆立戟時號三戟張家

飛檐

王方翼傳飛檐擊賊火其柵

曲敵

張仁愿傳初建三城也不置壅門曲敵戰格或曰邊城無守備可乎仁愿曰兵貴攻取賊退守寇至王當併力出拒敢回望城者斬何事守備退恤其心哉

無算爵

韓琬傳舉茂才名動里中刺史行鄉飲餞之主人揚觶曰孝於家忠於國今始充賦請行無算爵儒林榮之

提搦

同上不務省事而務提搦夫提搦者法也法設而滋章滋章則盜賊多矣

會錢

崔彥曾傳龐勛陷宿州發會錢募兵亡命者從亂如歸

斗南

狄仁傑傳藺仁基每曰狄公之賢北斗以南一人而已

杳墨

王方慶傳部中首領杳墨民詣府訴府曹素相餉謝未嘗治

擲倒

王及善傳太子宴於宮命宮臣擲倒及善辭曰殿下自有優人臣苟奉令非羽翼之美

淙齧

李昭德傳洛有三橋洛水歲淙齧之繕著告勞

昭德始累石代柱銳其前廝殺暴濤水不能怒

指目

同上然昭德頗怙權爲衆指目

剟脞

李甘德傳鄉人能齧疽剟脞急親之病皆一時

決耳鐕蒙表其閭脫之徭

李下無蹊徑

李乂傳與宋璟等同典選事請謁不行時人語
曰李下無蹊逕

傅南

張柬之傳昔漢歷傅南山涉蘭倉水更置傅南
哀牢二縣蜀人愁苦行者作歌曰歷傅南越蘭
津度蘭倉為它人

垂崖

劉幽求傳宰相盧懷慎等奏言幽求輕肆不恭
失大臣體乖崖分之節

內宰相

王琚傳帝於琚眷委特異豫大政事時號內宰相

房箙

王毛仲傳坐事沒爲官奴與李守德並侍臨淄王左右而毛仲爲明悟景龍中王還長安二人常負房箙以從

各如擺

魏元忠傳有司選士非賄即勢上失天心下違

人望非為官擇吏乃為人擇官葛洪有言舉秀才不知書察孝廉濁如泥高第賢良怯如黽

五雲體

韋陟傳常以五采牋為書記使侍妾主之以裁答受意而已皆有楷法陟唯署名自謂所書陟字若五朵雲時人慕之號郇公五雲體

隨駕隱士

盧藏用傳始隱山中時有意當世人目為隨駕隱士

〇化臺

姚最傳自作壽藏於萬安山南原崇塋之傍署兆曰寂居穴墳曰復眞堂中剟土爲牀曰化臺而刻石告後世

廋蔽

蘇瓌傳時十道使括天下亡戶初不立籍人畏搜括即流入比縣旁州更相廋蔽

燒尾

同上時大官初拜官獻食天子名曰燒尾瓌獨

不進及侍宴宗晉卿嘲之帝默然瓌自解於帝
曰宰相燮和陰陽代天治物今粒食踴貴百姓
不足衛兵至三日不食臣誠不稱職不敢燒尾

玲瓏鞭

蘇頲傳時前司馬皇甫恂使蜀檄取庫錢市錦
半臂琵琶捍撥玲瓏鞭頲不肯予

鐏柄

張說傳是猶倒持劔戟示人鐏柄

黄羊

同上說持節從輕騎二十直詣隃虜帳下召見酋豪尉安之副使李憲以虜難信不宜涉不測說曰吾以肉非黃羊不畏其食血非野馬不畏其刺

三鳳

薛收傳元敬與收及族兄德音齊名世稱河東三鳳收爲長雛德音爲鸑鷟元敬年最少爲鵷雛、

寒毛

崔湜傳玄宗在東宮數至其第申欵密湜陰附主時人危之爲寒毛按鄭從讜傳士皆寒毛惕伏

口伐

鄭元璹傳太宗賜書曰知公口伐可洋如約遂使邊火息燧朕何惜金石賜於公哉

掉磬

權萬紀傳萬紀與侍御史李仁發既以言得進頗掉磬自肆衆情凛凛

紫帢

蕭嵩傳嵩罷相是日荆州進黄甘帝以紫帢包賜之

阿匼

蕭復傳盧杞對上或諂諛阿匼復厲言杞詞不正

饔幹

蕭遘傳時溥爲饔幹所毒

夜嚴

岑文本傳文本卒是夕帝聞夜嚴曰文本死所
不忍聞命罷之

肉譜

李守素傳守素通姓氏學世號肉譜虞世南與
論人物始言江左山東尚相酬對至北地則笑
而不荅歎曰肉譜定可畏

根 户恩切

韓滉傳滉檢制吏下及四方輸將犯者痛根以
法按崔咸傳劉栖楚等十餘人悉力根㧻之

二聖

張弘靖傳俗謂祿山思明爲二聖

嗚珂里

同上方嘉貞爲相時嘉祐任右金吾衛將軍昆弟每上朝軒蓋騶導盈閭巷時號所居坊曰嗚珂里

學直

裴耀卿傳爲相王府典籤與掾丘悅文學韋利器更直備顧問府中號學直

胖肆

同上萬人之命倚於將亦不得已故鑿凶門而出今酣歌朝夕胖肆自安非愛人憂國者不可不察

點頭

蘇晉傳裴光廷知尚書有過官被却者就籍以朱點頭而已晉因榜選院曰門下點頭者更擬光廷以爲侮己出晉汝州刺史

柅私

畢構傳按察劍南振弊梳私號爲清嚴按李固
言傳收寒素梶吏姦
鶴膝
鄭惟忠傳時議禁嶺南酋户不得畜兵惟忠曰
善爲政者因其俗且吳人所謂家鶴膝户犀渠
此民風也禁之得無擾乎
霹靂手
裴漼傳漼爲同州司户參軍積案數百省決一
日皆畢名動一州號霹靂手

碧鸖雀

裴寬傳韋詵許妻以女幃其族使觀之寬時衣碧瘦而長既入族人皆笑呼爲碧鸖雀詵曰愛其女必以爲賢公侯妻也何可以貌求人卒妻寬

鷔佷

李夷簡傳京兆尹楊憑性鷔佷

八塼

李程傳學士入署常視日影爲候程性嬾日過

八塼

時號八塼學士

權許

沈旣濟傳時給事中許孟容禮部侍郎權德輿樂挽轂士號權許

空最

宇文融傳然吏下希望融旨不能無擾張空最務多其獲而流客頗脫不止

自雨亭

王鉷傳第舍以寶鈿爲井幹引泉激霤號自雨

亭

熱洛河

哥舒翰傳翰素與安祿山安思順不平帝每欲和解之會三人皆來朝帝使驃騎大將軍高力士宴城東翰等皆集詔尚食生擊鹿取血瀹腸爲熱洛河以賜之

平射

侯仲莊傳僕固懷恩以朔方反仲莊爲都將訓兵自守號爲平射人畏其鋒

韓門二龍

烏承玼傳與族兄承恩皆爲平盧先鋒沈勇而決號韓門二龍

曳落河

房琯傳琯每詫曰彼曳落河雖多能當我劉秩乎

隱背

李泌傳泌嘗取松樛枝以隱背名曰養和後得如龍形者因以獻帝四方爭效之

○裁度

同上泌請廢正月晦以二月朔爲中和節因賜大臣戚里尺謂之裁度民間以青囊盛百穀瓜果種相問遺號爲獻生子

僕射巾

裴冕傳自製巾子工甚人争効之號僕射巾

斬狎

韓全義傳全義素懦貪無紀律爲下斬狎

勃繆

崔祐甫傳贊天以河北亂唐故君臣不肖勦繆其謀惜哉

恩子

元結傳舉進士禮部侍郎陽浚見其文曰一第慁子耳有司得子是賴

顛官

同上四方貢賦爭上尨異諸臣顛官怡愉天顏

哀丘

同上痤戰死露胔於泌南名曰哀丘

伊川田父

郗士美傳辭疾還東都號伊川田父十年不出

剔窠

田神功傳入揚州遂大掠居人貲產發屋剔窠殺商胡波斯數千人

巡句

李吉甫傳罷諸道歲終巡句以絕苛斂

駷馬　駷音竦搖銜走也

王難得傳吐蕃贊普子郎支都耆悍趫敏乘名

馬寶鈿鞍略陣挑戰甚閑暇無敢校者難得怒

挾矛驟馬馳去都不暇鬭直斬其首

容容

李元素傳一不建爲容容持祿

豆踖 又白切

張孝忠傳河北蝗民饑死如積孝忠與其下同

粗淡日膳裁豆踖而已

豪帀

史憲忠傳故帥沓荒使游奕兵覘戎有良馬牛

强取之歸直十一戎人怒因與盜掠憲忠廉儉少所欲嘗曰吾居河朔去此二千里乃乘五健馬今守邊發五百餘奉不患無馬何恐豪市哉

厥淤

劉宴傳河汴自寇難以來不復穿治崩岸滅木所在厥淤�森泗千里如罔水行舟

捉驛

同上祁州縣取富人督漕輓謂之船頭主郵遞謂之捉驛稅外橫取謂之白着人不堪命皆去

爲盜賊

葄枕

李揆傳儀兼禮部侍郎揆病取士不考實徒露搜索禁所挾而迂學陋生葄枕圖史且不能自措於詞乃大陳書廷中進諸儒約曰上選士弟務得才可盡所欲言由是人人稱美

麞頭

同上初苗晉卿數薦元載揆輕載地寒謂晉卿曰龍章鳳姿士不見用麞頭鼠目子乃求官耶

䤨伯他合切

常袞傳袞懲元載敗窒賣官之路然一切以公議格之非文詞者皆擯不用故世謂之䤨伯以其䤨䤨無賢不肖之辨云

排笮

董晉傳右丞元琇爲韓滉排笮得罪

義合

韋滋傳爲華州刺史政清簡流民至者給地居之名其里曰義合

○孝童

段秀實傳秀實六歲母疾病不勺飲至七日病間乃肯食時號孝童

詆吏

邢君牙傳布衣張汾者無紹而干君牙軒然坐客上會吏擿簿書以盜沒宴錢五萬君牙怒其欺汾不謝去曰吾在京師聞邢君牙一時豪俊今乃與詆吏論錢云何君牙慙遽釋吏引爲上客

銀塗衣

韋皐傳善撫士至雖昏嫁皆厚資之壻給錦衣女給銀塗衣賜各萬錢

怒猊

徐浩傳草隸尤工世狀其法曰怒猊抉石渴驥奔泉云

光學錢

劉伯芻傳伯芻孫允章改國子祭酒又建言羣臣輸光學錢治庠序宰相五萬節度使四萬剌

史萬詔可

○依字去人

韋綬傳太子書依字輒去人曰上以此可天下事烏得全書耶

史遁

張鷟傳朱泚反詭姓名伏匿城中著史遁先生傳

山棚

呂元膺傳東畿西南通鄧虢川谷曠深多麋鹿

人綦射獵而不事農遷徙無常皆趫悍善鬭號
日山棚

羼名 初限切

薜存誠傳瓊林庫廣籍工徒存誠曰此姦人羼
名以避征役不可許

下碇稅

孔戣傳蕃舶泊步有下碇稅始至有閱貨宴所
餉犀琲下及僕隸戣禁絕無所求索

珍味

穆貞傳兄弟皆和粹世以珍味目之贊少俗然有格爲酪質美而多入爲酥貞爲醍醐賞爲乳腐云

觳薄

薛苹傳治身觳薄所衣綠袍更十年至緋衣乃易

聖米

杜悰傳時方旱道路流亡藉籍民至漉漕渠遺米自給呼爲聖米

禿角犀

同上傳雖出入將相而厚自奉養未嘗薦進幽隱佑之素風衰焉故時號禿角犀

跛芳

裴延齡傳京右偏故有萑葦地數頃延齡妄言長安咸陽閒得跛芳數百頃

黃頭軍

王式傳忠武戍卒服短後褐以黃冒首南方號黃頭軍

蓬陋十禾切

王伾傳伾本闒茸貌蓬陋楚語無宅大志

七屬甲

伊慎傳李希烈恐慎爲曹王皐所任遣以七屬甲詐爲慎書行反間

刮城門

范希朝傳遷振武節度使部有黨項室韋雜居暴掠放肆日入慝作謂之刮城門

襄様

于頔傳劒襄有髯髭、天下以爲法至頔驕蹇故

方帥不法者號襄樣節度

○雄邊

同上率戸二百取一人、使習戰貸勿事緩則農急則戰謂之雄邊子弟

援毬

同上高文端歸命稱稹糧乞皆女子援毬哺乓

輤車

李紳傳葬母有烏銜芝墜輤車、

縵闕

李蔚傳佛骨至京師高貲相與集大衢作繒臺縵闕注水銀爲池金銀爲樹木聚桑門羅像考鼓鳴螺繼日夜錦車綉輿載歌舞從之

飣座梨

崔子遠傳子遠有文而風致整峻世慕其爲目曰飣座梨言座所珍也

人瑞

鄭仁表傳嘗以門閥文章自高日天瑞有五色

雲人端有鄭仁表

造扆天

陸扆傳舉進士時方遷幸而六月扆出至是每甚暑宅學士輒戲曰造扆天也○

盧言

杜中立傳京師惡少優戲道中具騶唱呵衛自謂盧言京兆驅放自如中立部從吏捕繫立箠死

東頭學士

熊望傳敬宗喜爲歌詩議置東頭學士以備燕
狎
琵琶枕
盧簡辭傳福建鹽鐵院官盧昂坐贓簡辭窮按
乃得金牀琵琶枕大如斗
七松處士
鄭薰傳既老號所居爲隱岩蒔松於庭號七松
處士云
驪布

李景讓傳李琢罷浙西以同里訪之避不見及去命斵其騙石焉

◎魚鄭

鄭注傳注本姓魚冒爲鄭故當時號魚鄭及用事人庾謂曰水族

脂盝

李德裕傳詔浙西上脂盝粧具

貙牙

韓偓傳贊觀際朴輩不次而用捭豚臑拒貙牙

趣亡而已

疥瘆賓

顧彥暉傳彥暉嘗會諸將堂上養子瑤尤親信彥暉以所佩劒號疥瘆賓佩之使侍左右語諸將曰與公等生死同之違者先齒疥瘆賓

祗祓

李罕之傳初爲浮屠行匃市窮日無得者負祗鉢褫祗祓去

里黑雲都

楊行密傳行密有銳士五千衣以黑繒黑甲號黑雲都

定南刀

同上馬殷將許德勳以銳卒號定南刀

鷂兒

高仁厚傳賊號蜀兵爲鷂兒每戰輒戒曰毋與鷂兒鬬

爪牙都

田頵傳頵志自料死士數百號爪牙都

鐃彩

張雄傳徐約驅民墨鐃其彩曰願戰南都

地癖

李憕傳憕頗殖產伊川占膏腴自都至闕口疇墅彌望時謂地癖

南金口

張巡傳調眞源令土多豪猾大吏華南金樹威恣肆邑中語曰南金口明府手巡下車以法誅之

四公子

周曾傳與王玢、姚憺、韋清志相友善號四公子

于蔿于

元德秀傳玄宗在東都酺五鳳樓下令三百里縣令刺史各以聲樂集河內太守輦優伎數百被錦繡或作犀象瓌琦光麗德秀惟樂工數十人聯袂歌于蔿于于蔿于者德秀所爲歌也

狐刺

孝友傳張進昭母患狐刺左手墮而終及殯進

昭載左歸廬于墓

冢樕

裴敬彝傳曾祖子通居母喪哭喪明有白烏巢

冢樕

○聖童

孫思邈傳通百家說善言老子莊周　洛州總
管獨孤信見其少異之曰聖童也

癭栢

武攸緒傳盤桓龍門少室間冬蔽茅椒夏居石

室所賜金銀鐺鬲野服王公所遺鹿裘素障麈

棲塵皆流積不御也

寧極

盧鴻傳鴻所居室自號寧極

擊木

陸羽傳或獨行野中擊木裴回不得意或慟哭

而歸

九經庫

谷那律傳淹識羣書褚遂良嘗稱爲九經庫

畫腹

王紹宗傳嘗與人書曰鄙夫書無工者特由水墨之積習耳常精心率意虛神靜思以取之吳中陸大夫常以余比虞君以不臨寫故也聞虞被中畫腹與余政同虞即世南也

籤縢

馬懷素傳是時文籍盈漫皆炱朽蟫斷籤縢紛舛

腜腴

元行冲傳下之事上璧㽞畱家儲積以自資也脯腊腶腒以供滋膳參朮芝栭以防疾疢

膹馥

杜甫傳贊它人不足甫乃有餘殘膏賸馥沾丐後人多矣

連錦書

呂向傳工草隸能一筆環寫百字若縈髮然世號連錦書

寄坐

武士彟傳討捕兵悉起唐公威君雅無與徒寄坐耳

兩何

武懿宗傳始萬榮入寇也別帥何阿小略冀州殺人無餘種以懿宗暴恐似之故號稱兩何相語曰唯此兩何殺人最多

輭脚

楊國忠傳帝臨幸必徧五家賞賚不訾出有賜曰餞路返有勞曰輭脚

○逃瘄

高力士傳力士方逃瘄功臣閣下

媟蝎

程元振傳素惡李光弼數媟蝎以疑之

私白

吐突承璀傳是時諸道歲進閹兒號私白

例竟

來俊臣傳詔於麗景門別置獄敕俊臣等顓按

事百不一貸弘義戲謂麗景門爲例竟謂入者

側皆盡也

四其

郭弘霸傳自陳往討徐敬業臣誓抽其筋食其肉飲其血絕其髓武后大悅授左臺御史時號四其御史

闌魚

周利貞傳調錢唐尉時禁捕魚州刺史飯蔬利貞忽饋佳魚刺史不受利貞曰此闌魚公何疑問其故答曰適見漁者禽不獲而有魚焉闌得

之刺史大笑

鼢尾櫶鼢方結切

敬羽傳凶態不能忍乃作巨枷號鼢尾櫶因人多死、

○白眼相公

張允伸傳張公素性暴厲眸子多白燕人號白眼相公

定霸都

劉仁恭傳仁恭悉發男子十五以上爲兵涅其

面日定霸都

一漿十餅

李師道傳公初不示諸將腹心而今委以兵此皆嗜利者朝廷以一漿十餅誘之去矣

夜飛

劉悟傳裴問守邢州有募兵五百號夜飛

僞荆卿

同上甄戈者頗任俠從諫厚給餽坐上座自稱荆卿從諫與定州戍將有嫌命戈取之因爲逆

旅上謁晉欽三日乘間斬其首它人又使取佻
人乃引不逞者十餘輩刼之從諫不悅號僞荆
卿

突厥雀

突厥列傳始虜未叛鳴鵽羣飛入塞吏曰所謂
突厥雀者南飛胡必至比春還悉墮靈夏間孳
無首泥孰果亡

○飛鳥使

吐蕃傳會飛鳥使至召其軍還遂引去飛鳥猶

傳騎也

○鬼市

西域傳西海有市貿易不相見置直物旁名鬼

市有獸名竇大如狗獷惡而力

○雙

南蠻傳凡田五畝曰雙上官授田四十雙上戶

三十雙

䳇鶋

同上膾魚寸以胡瓜椒蔱和之號䳇鶋

人猫

李義府傳時號義府笑中刀又以柔而害物號曰人猫

掉訐

喬琳傳與聰舍畢曜相掉訐

察子

高駢傳呂用之既自任濫刑重賦人人思亂乃擢廢吏百餘號察子厚廩食令居衢閧閭凡民私閱隱語莫不知道路箝口

火迫酇侯

朱泚傳源休自比蕭何顧令言曰成秦之業無輩我者我視蕭何子當曹參可矣即收圖籍貯府庫效何者人皆笑謂爲火迫酇侯

釘轡

黄巢傳劉巨容壁荆門使沙陀以五百騎釘轡

藻韉望賊陣縱而遁

白幘

同上王處存遣鋭卒五千以白幘自誌

感恩都

董昌傳有五千餘姓當族昌曰能孝於我貸而死皆曰諾昌厚養之號感恩都

史觿卷十七

陳留 謝肇淛 著

建安 黃師表 黃師正 較

五代史

鸂鶒巵

唐莊宗紀年十一從克用破王行瑜遣獻捷於京師昭宗異其狀貌賜以鸂鶒巵翡翠盤而撫其背曰兒有奇表後富貴無忘予家

暖殿物

同上河南尹張全義及諸鎮進暖殿物

横衝都

明宗紀太祖以嗣源所將騎五百號横衝都

買宴

明宗紀幸會節園羣臣買宴

添都馬

廢帝紀羣臣獻添都馬注都者軍伍之名

梟捩鷄

晉高祖紀其父臬捩雞本出於西夷

○皇桼錢

同上以皇桼錢作受命寶注皇桼錢者私錢也

○撲馬

出帝紀高祖崩使左驍衛將軍石德超以御馬二匹撲祭於相州之西山注夷狄之禮也案下文皇祖母劉氏崩亦使德超撲馬於西山

○擦剌

漢高祖紀契丹耶律德光送晉高祖至潞州歸

決指知遠曰此都軍甚㨾㓝無大故勿棄之注

世俗謂勇猛爲㨾㓝

木拐

同上遣牙將王峻奉表契丹耶律德光呼之爲

兒賜以木拐一木拐虜法貴之如中國几杖非

優大臣不可得峻持拐歸虜人望之皆避道

鸗脫

周太祖紀隱帝遣内養鸗脫覘威所御

○夾寨夫人

莊宗劉后傳莊宗攻梁軍於夾城得符道昭妻
侯氏寵專諸宮宮中謂之夾寨夫人

鷹視

秦王從榮傳其爲人輕雋而鷹視

天無眼

蔡王信傳楊邠等死信大喜謂其僚佐曰吾嘗
謂天無眼而使我鬱鬱於此者三年矣王上孤
立幾落賊手諸公可以勸我一杯矣

蝴蝶塹

符道昭傳與康懷英等攻潞州築夾城爲蚰蜒塹以圍之

一丈烏

寇彦卿傳太祖賜以所乘愛馬一丈烏

踏伏

安金全傳爲人驍果工騎射號能擒生踏伏

入草

李嚴傳初莊宗遣嚴以名馬入蜀市珍奇以充後宮而蜀法嚴禁以奇貨出劍門其非奇物而

出者名曰入草物由是嚴無所得而還惟得金二百兩地衣毛布之類莊宗聞之大怒曰物歸中國謂之入草王衍其能免爲入草人乎於是決議伐蜀

擔子

盧程傳莊宗以程爲中書侍郎同平章事是時朝廷新造百度未備程與豆盧革拜命之日肩輿導從喧呼道中莊宗聞其聲以問左右左右曰宰相擔子入門莊宗登樓視之笑曰所謂似

是而非者也

○沒字碑

任圜傳天下皆知崔協不識文字而虛有儀表號爲沒字碑按安叔千傳叔千狀貌堂堂而不通文字所爲鄙陋時人謂之沒字碑

靜獄

蘇逢吉傳高祖嘗以生日遣逢吉疏理獄因以祈福謂之靜獄逢吉入獄中閱囚無輕重曲直悉殺之以報曰獄靜矣

手勢令

史弘肇傳他日會飲王章第酒酣爲手勢令弘肇不能爲

公子亭

同上由是將相如水火隱帝遣王峻置酒公子亭和解之

○僵佔

王章傳百官俸廩皆取供軍之餘不堪者命有司高估其價估定又增謂之僵估章猶意不能

潚往往復增之

○隨年杖

劉銖傳民有過者問其年幾何對曰若干即隨其數杖之謂之隨年杖每杖一人必兩杖俱下謂之合歡杖

竹龍

劉仁贍傳世宗攻壽州束巨竹數十萬竿上施板屋號爲竹龍載甲士以攻之

肉臺盤

孫晟傳晟事昇父子二十餘年官至司空家益富驕每食不設几案使衆妓各執一器環立而侍號肉臺盤時人多效之

○五粒松

鄭遨傳遨聞華山有五粒松脂淪入地千歲化爲藥能去三尸因徙居華陰欲求之

玉界尺

趙光逢傳光逢在唐以文行知名時人稱其方直溫潤謂之玉界尺

畫日筆

蘇循傳獻晉王畫日筆三十管

鬭雞紗

孫德昭傳梁太祖頗患其附已以龍鳳鉥鬭雞紗遺之

僕遨

康延孝傳延孝責董璋曰吾有平蜀之功公等僕遨相從反俛首郭公之門

落鴈都

朱漢賓傳鄆州朱瑾募其軍中驍勇者鯨雙鴈
于其頰號鴈子都太祖聞之乃更選勇士數百
人號落鴈都

拔釘錢

趙在禮傳在禮在宋州人尤苦之已而罷去宋
人喜而相謂曰眼中拔釘豈不樂哉旣而復受
詔居職乃籍管内口率錢一千自號拔釘錢

𦖋子都

王晏球傳梁太祖鎮宣武選富家子之材武者

置之帳下號廳子都
頭子
王守恩傳周太祖過洛陽守恩以使相自處肩輿出迎太祖怒即日以頭子命白文珂代守
梯頭
晉從簡傳莊宗用兵攻城從簡多爲梯頭
地仙
張筠傳筠居洛陽擁其貲以酒色聲伎自娛逍者十餘年人謂之地仙

鐵鞭郎君

安重榮傳又使人爲大鐵鞭以獻誑其民曰鞭有神指人人輒死號鐵鞭郎君出則以爲前驅

襁子

杜重威傳契丹兵潰諸將欲追之重威爲俚語曰逢賊得命更望襁子耶

排甲錢

李守貞傳晉兵素驕而守貞重威爲將皆無節制行營所至居民豢圉一空至於草木皆盡其

始發軍也有賜賚曰掛甲鐵及班師又加賞勞

曰卸甲錢

○粥飯僧

李愚傳廢帝亦謂愚等無所事嘗目宰相曰此

粥飯僧爾以爲飽食終日而無所用心也

○三不開　[illegible]

馬胤孫傳胤孫臨事多不能決當時號爲三不

開謂其不開口以論議不開印以行事不開門

以延士大夫也

合尖

李崧傳崧議以石敬塘鎮太原晋高祖深德之陰遣人謝崧曰爲浮圖者必合其尖盖欲使崧始終成己事也、

東西眷

裴皞傳裴氏自晉魏以來世爲名族居燕者號東眷居涼者號西眷居河東者號中眷

五鬼

李景世家景以馮延巳常夢錫爲翰林學士馮

延魯爲中書舍人陳覺爲樞密使魏岑查文徽爲副使夢錫直宣政殿專掌密命而延巳等皆以邪佞用事吳人謂之五鬼

○賊王八

王建世家少無賴以屠牛盜驢販私鹽爲事里人謂之賊王八

○危腦帽

王衍世家當王氏晚年俗競爲小帽僅覆其頂俛首即墮謂之危腦帽

雕面

孟昶世家王昭遠手執鐵如意指揮軍事自比諸葛亮酒酣謂昊曰吾之是行何止克敵當領此二三萬雕面惡少兒取中原如反掌耳

憨獠

劉晟世家劉思潮等死陳道庠懼不自安其友鄧伸以荀悅漢紀遺之道庠莫能曉伸駡曰憨獠韓信誅而彭越醢皆在此書矣

衣錦營

錢鏐世家加鏐檢校太師改鏐鄉里曰廣義鄉勳貴里鏐素所居營曰衣錦營後又升錦衣營爲衣錦城石鑑山曰衣錦山號其幼所嘗戲大木曰衣錦將軍

白馬三郎

王審知世家審知爲人狀貌雄偉隆準方口常乘白馬軍中號白馬三郎

○賴子

高從誨世家南漢與閩蜀皆稱帝從誨所嚮稱

臣盖秫其賜予俚俗語謂攘奪苟得無媿恥者爲賴子猶言無賴也故諸國皆目爲高賴子

雕青

劉旻世家周太祖少賤黥其頸上爲飛雀世謂之郭雀兒太祖見旻使者具道所以立贇之意因自指其頸以示使者曰自古豈有雕青天子幸公無以我爲疑

明殿

契丹傳其母述律遣人齎書及阿保機明殿書

賜德光明殿若中國陵寢下宮之制其國君死葬則於其墓側起屋謂之明殿置官屬職司歲時奉表起居如事生置明殿學士一人掌答書詔每國有大慶吊學士以先君之命爲書以賜國君其書常曰報兒皇帝云

○帝羓

同上德光行至欒城卒於殺胡林契丹破其腹去其腸胃實之以鹽載而北晉人謂之帝羓

建安黄氏景吾齋藏板

圖書在版編目（CIP）數據

福建文獻集成續編. 史部. 第三輯：10冊/吳格主編. --福州：福建人民出版社，2024.12.--（八閩文庫）.--ISBN978-7-211-09680-0

Ⅰ.K295.7

中國國家版本館CIP數據核字第2025NG3023號

福建文獻集成續編・史部（第三輯）

主　　編：吳　格
責任編輯：張煜傑
裝幀設計：張志偉
美術編輯：陳培亮
出版發行：福建人民出版社
電　　話：0591-87533169（發行部）
網　　址：http://www.fjpph.com
電子郵箱：fjpph7221@126.com
地　　址：福建省福州市東水路76號
郵政編碼：350001
經　　銷：福建新華發行（集團）有限責任公司
印刷裝訂：雅昌文化（集團）有限公司
地　　址：深圳市南山區深雲路19號
開　　本：787毫米×1092毫米　1/16
印　　張：392.5
版　　次：2024年12月第1版第1次印刷
書　　號：ISBN 978-7-211-09680-0
定　　價：5000.00元（全10冊）